A-Z LO

D0062959

CONTENTS

REFERENCE

Motorway	M1	Map Continuation / Large Scale Map Pages	62 / 160
A Road	A2	Built Up Area	BANK STREET
Under Construction		House Numbers A & B Roads only	51 19 / 22 48
Proposed			
B Road	B408	Church or Chapel	†
Dual Carriageway		Fire Station	■
One Way Street	→	Hospital	Ⓗ
Traffic flow on A Roads is indicated by a heavy line on the drivers' left.		Information Centre	🄸
Junction Name	MARBLE ARCH	National Grid Reference	⁵30
Restricted Access		Police Station	▲
Pedestrianized Road		Post Office	★
Track & Footpath		Toilet with facilities for the Disabled	♿
Residential Walkway		Educational Establishment	⌐
Railway	Tunnel / Level Crossing	Hospital or Hospice	⌐
Stations:		Industrial Building	⌐
National Rail Network	⇌	Leisure or Recreational Facility	⌐
Docklands Light Railway	DLR	Place of Interest	⌐
Underground Station	⊖ is the registered trade mark of Transport for London	Public Building	⌐
Croydon Tramlink	Tunnel ⸺ Stop	Shopping Centre or Market	⌐
The boarding of Tramlink trams at stops may be limited to a single direction, indicated by the arrow.		Other Selected Buildings	⌐

SCALE
Pages 4-138
2.88 inches to 1 Mile

0   ¼   ½   ¾ Mile
0   250   500   750 Metres   1 Kilometre

1:22,000
7.31cm to 1 mile
4.55cm to 1 km

Geographers' A-Z Map Company Limited

Head Office : Fairfield Road, Borough Green, Sevenoaks, Kent TN15 8PP Tel: 01732 781000 (General Enquires & Trade Sales)
Showrooms : 44 Gray's Inn Road, London WC1X 8HX Tel: 020 7440 9500 (Retail Sales)
www.a-zmaps.co.uk

Ordnance Survey This product includes mapping data licensed from Ordnance Survey® with the permission of the Controller of Her Majesty's Stationery Office.

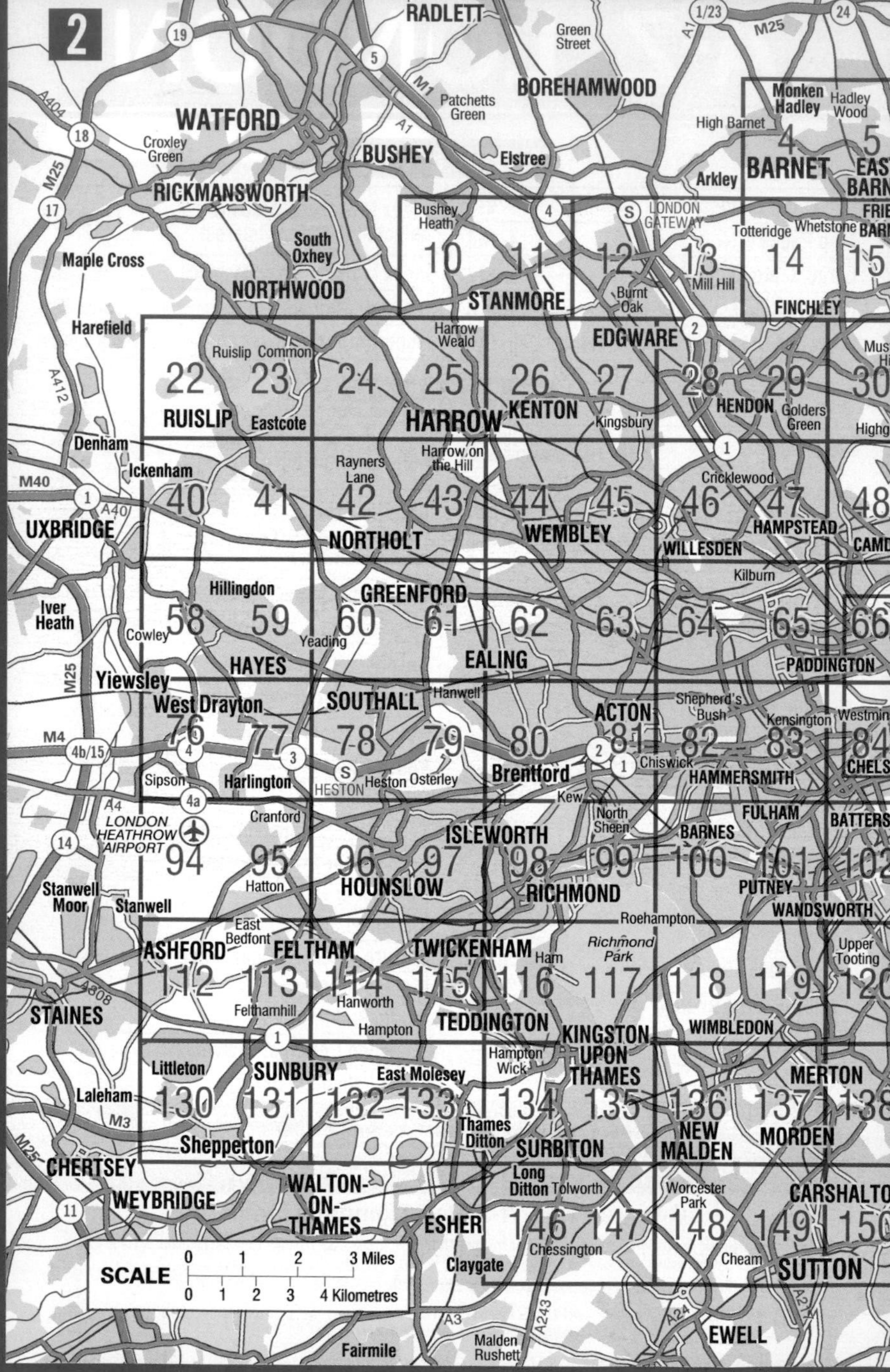
2
RADLETT
Green Street
BOREHAMWOOD
Monken Hadley
Hadley Wood
High Barnet
4
5
BARNET
EAST BARN
WATFORD
Croxley Green
Patchetts Green
BUSHEY
Elstree
Arkley
RICKMANSWORTH
Bushey Heath
LONDON GATEWAY
Totteridge
Whetstone
FRIERN BARN
Maple Cross
South Oxhey
10
11
12
13
Mill Hill
14
15
NORTHWOOD
STANMORE
Burnt Oak
FINCHLEY
Harefield
Harrow Weald
EDGWARE
Ruislip Common
22
23
24
25
26
27
28
29
30
RUISLIP
Eastcote
HARROW
KENTON
Kingsbury
HENDON
Golders Green
Denham
Rayners Lane
Harrow on the Hill
Cricklewood
Ickenham
40
41
42
43
44
45
46
47
48
UXBRIDGE
NORTHOLT
WEMBLEY
WILLESDEN
HAMPSTEAD
CAMD
Hillingdon
GREENFORD
Kilburn
Iver Heath
Cowley
58
59
60
61
62
63
64
65
66
Yeading
HAYES
EALING
PADDINGTON
Yiewsley
Hanwell
Shepherd's Bush
West Drayton
SOUTHALL
ACTON
Kensington
Westmins
76
77
78
79
80
81
82
83
84
Chiswick
CHELS
Sipson
Harlington
HESTON
Heston
Osterley
Brentford
HAMMERSMITH
Kew
LONDON HEATHROW AIRPORT
Cranford
North Sheen
FULHAM
BATTERS
ISLEWORTH
BARNES
94
95
96
97
98
99
100
101
102
Stanwell Moor
Stanwell
Hatton
HOUNSLOW
RICHMOND
PUTNEY
WANDSWORTH
Roehampton
East Bedfont
ASHFORD
FELTHAM
TWICKENHAM
Ham
Richmond Park
Upper Tooting
112
113
114
115
116
117
118
119
120
Hanworth
STAINES
Felthamhill
Hampton
TEDDINGTON
KINGSTON UPON THAMES
WIMBLEDON
Littleton
SUNBURY
East Molesey
Hampton Wick
MERTON
Laleham
130
131
132
133
134
135
136
137
138
Thames Ditton
NEW MALDEN
MORDEN
Shepperton
SURBITON
CHERTSEY
Long Ditton
Tolworth
WEYBRIDGE
WALTON-ON-THAMES
Worcester Park
CARSHALTO
ESHER
146
147
148
149
150
Chessington
Cheam
SUTTON
Claygate
SCALE
0 1 2 3 Miles
0 1 2 3 4 Kilometres
EWELL
Malden Rushett
Fairmile
M25
M1
A1
M40
A40
M4
A4
M3
A404
A412
A308
A3
A243
A24
A217
1/23
24
19
18
17
5
4
2
1
3
4b/15
4a
14
11
S

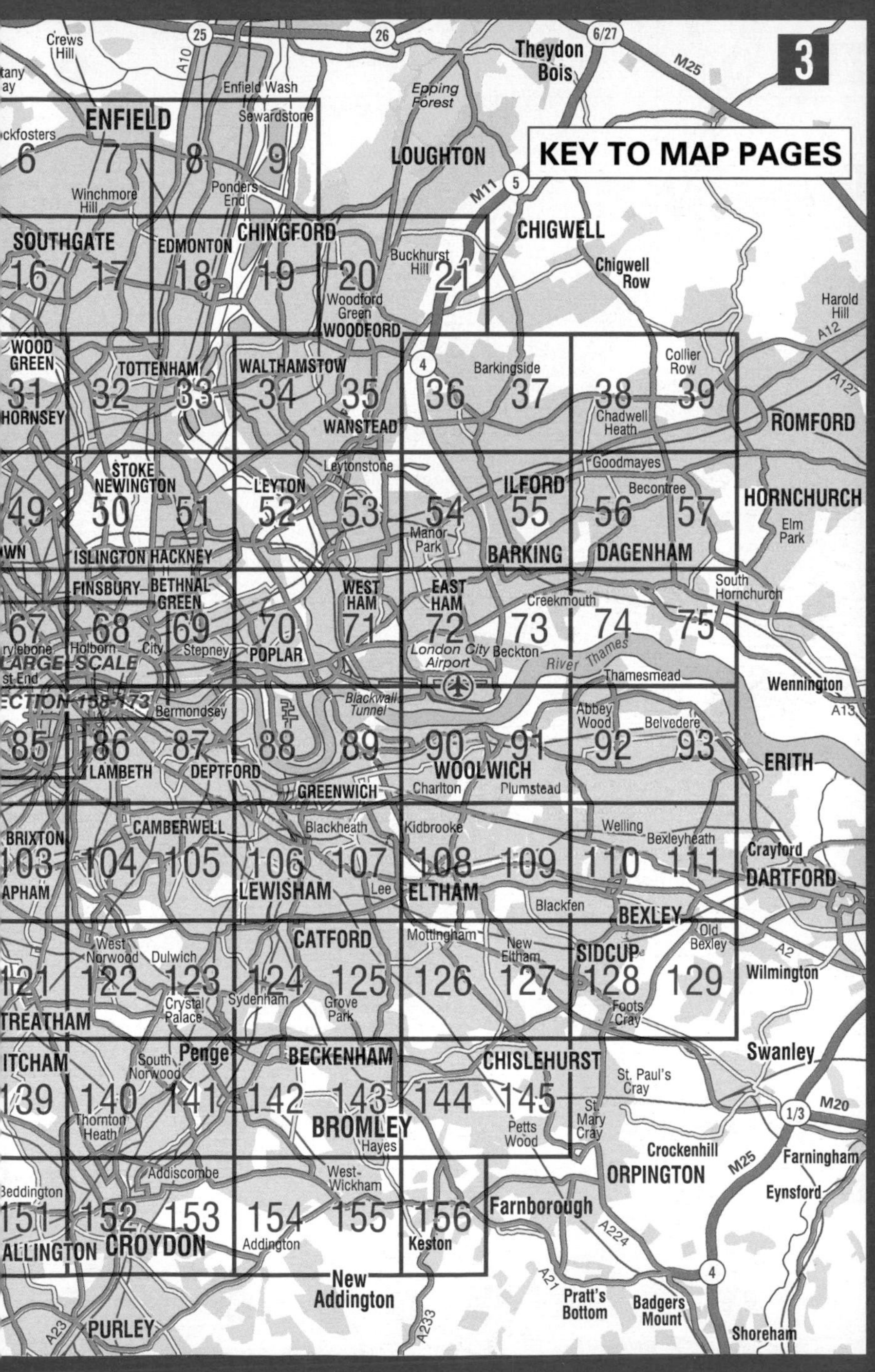

OLD FOLD MANOR GOLF COURSE
BRIDGEDOWN GOLF COURSE
Club House
Electricity Transformer Sta.
Playing Field
HIGH BARNET
Christ Church C. of E. Prim. Sch.
Play. Fld.
ST. ALBANS ROAD
A1081
GREAT NORTH RD.
HIGHSTONE (HADLEY) GT. NORTH RD.
A1000
KITTS END ROAD
WARWICK GDS.
BEAUMONT PL.
LANGLEY ROW
BOUNDARY CL.
DURY RD.
Hadley Green
Rectory Farm
Monken Hadley C. of E. Prim. Sch.
St. Martha's Convent R.C. School
CAMLET WAY
HADLEY ROAD
Bournwell Hill
MONKEN HADLEY
MONKEN HADLEY COMMO
Priddeon's Hill
COMMON
THE CRESCENT
THE SPINNEY
HADLEY GREEN
SUNSET VW
HADLEY GRO.
GLADSMUIR RD.
FALKLAND RD.
BARNET BUS. CEN.
STRAFFORD RD.
CARNARVON RD.
SALISBURY
HADLEY
King George's Field
BARNET
HADLEY MANOR TRADING ESTATE
BARNET TRADING ESTATE
TUDOR
NORFOLK
BOSWORTH ROAD
LATIMER
WOODVILLE ROAD
CLIFFORD
Play. Field
Queen Elizabeth's School
THE SPIRES SHOP. CEN.
HIGH ST.
WOOD STREET
A411
Whalebone Park
BARNET HOSP.
Psychiatric Unit
Cemy.
CHIPPING BARNET
STREET BARNET HILL
Queen Elizabeth Girls Sch.
High Barnet
MEADWAY
KINGSMEAD
POTTERS
Res.
Highlands Gds.
GREAT NORTH
STATION
Barnet Vale
UNDERHILL
WESTCOMBE
Barnet F.C.
Pavilion
Underhill Playing Fields
Gravenor Av. Inf. Sch.
The Rainbow Cen.
HOME FIELD
Ducks Island
Recreation Ground
RIVERSIDE WALK
Dollis Brook
KING GEORGE PLAYING FIELDS
Pav.
East Barnet Old Grammarians Playing Field
Grange Playing Fields
GRANGE AVENUE OPEN SPACE
TOTTERIDGE PARK OPEN SPACE
Tennis Courts
Ravenscroft School
Playing Field
Wyatts Farm Open Space
Recreation Ground
SOUTH HERTS GOLF COURSE
Pavilion
Brook Farm Open Sp
Sports Ground
Club House
OAKLANDS RD.
Hall
Fairlight Cottage
Hillsborough Cottage
Totteridge Park
TOTTERIDGE COMMON
Redings
TOTTERIDGE
TOTTERIDGE VILLAGE
WYKEHAM RISE
Hillsdown
Montebello
A B C D E
1 2 3 4 5 6 7

14

HADLEY WOOD
BEECH HILL PARK
HADLEY WOOD GOLF COURSE
TRENT PARK
(Country Park)
NEW BARNET
COCKFOSTERS
EAST BARNET
OAK HILL PARK
OAKLEIGH PARK
South Barnet
Lyonsdown
BRAMLEY
A111
A110
B193
A1000

6
A
B
C
D
E
1
2
3
4
5
6
7
16
5
29
530
98
97
96
195
Park Farm
Park Farm Cottages
Reservoir
Camlet Moat
Moat Wood
Picnic Area
Parkside Farm
Pumping Station
Vicarage Farm
Wolverton
Camlet Hill
Ride Wood
TRENT PARK (Country Park)
Leeging Beech Gutter
Salmon's Brook
Fish Pond
Icehouse Wood
Tennis Courts
Hog Hill
Williams Wood
Noddins Well
Middlesex University
Lodge
Shaws Wood Cottages
Shaws Wood
The Rookery
Miniature Rifle Range
Rookery Cottages
Sports Ground
Merryhills Brook
TRENT PARK GOLF COURSE
SNAKES LANE
Triangular Wood
Eastpole Farm
EAST POLE COTTAGES
Club House
Depot
Oakwood
Playing Field
Southgate School
ENFIELD ROAD
A110
BRAMLEY ROAD
Chicken Shed Theatre
De Bohun Prim. Sch.
Saracens Rugby Football Club
CHASE SIDE
A111
Lib.
Res.
Highlands Village
Nursing Home
Prim. Sch.
Liby.
Boxer's Lake
CHASEVILLE PARK RD.
OAKWOOD PARK
OAKWOOD
Yacht Pond
Ten. Cts.
Prim.Sch.
Superstore
SOUTHGATE INDUSTRIAL ESTATE
Osidge Prim. Sch.
B1453
OSIDGE LA.
Sch.
Leis. Cen.
Bowling Green
Pav.
Tennis Courts
GROVELANDS PARK
Bourneside Sports Centre
Boating Lake
GROVELANDS PRIORY HOSPITAL
Southgate
SOUTHGATE CIRCUS
College

7
FORTY HILL
CHASE FARM HOSP.
CEMETERY
SILVER CHASE COURT
Gordon Hill
Chase Side
Sports Ground
Chase Side Prim. Sch.
ENFIELD TOWN
Enfield Grammar School (Lower)
Play. Field
Sports Ground
Enfield Sch.
Civic Cen.
Chace Community Sch.
Lavender Prim. Sch.
Play. Field
Rec. Ground
ENFIELD
SLADES HILL
WINDMILL HILL
CHURCH ST.
SOUTHBURY ROAD
A110
A1005
RIDGEWAY
Enfield Chase
Enfield Town
Town Park
Tennis Courts
High Sch.
World's End
Salmon's Brook
Club House
Moat
ENFIELD GOLF COURSE
Playing Field
Grange Park Prim. Sch.
GRANGE PARK
Grange Park
The Golf House
BUSH HILL PARK GOLF COURSE
Bush Hill
New River (old course)
LONDON ROAD
A105
Cricket Ground
BUSH HILL PARK
Bush Hill Park
VILLAGE RD.
GREEN LANES
RIDGE AV.
WINCHMORE HILL
Winchmore Hill
Prim. Sch.
Hounsden Gutter
CHURCH ST.
B154
GT. CAMBRIDGE RD.
Play. Fld.
Bury Lodge Park
Rec. Grd.
The Paulin Ground
Sports Ground
17
8
F
G
H
J
K
1
2
3
4
5
6
7
32
33
97
98
195

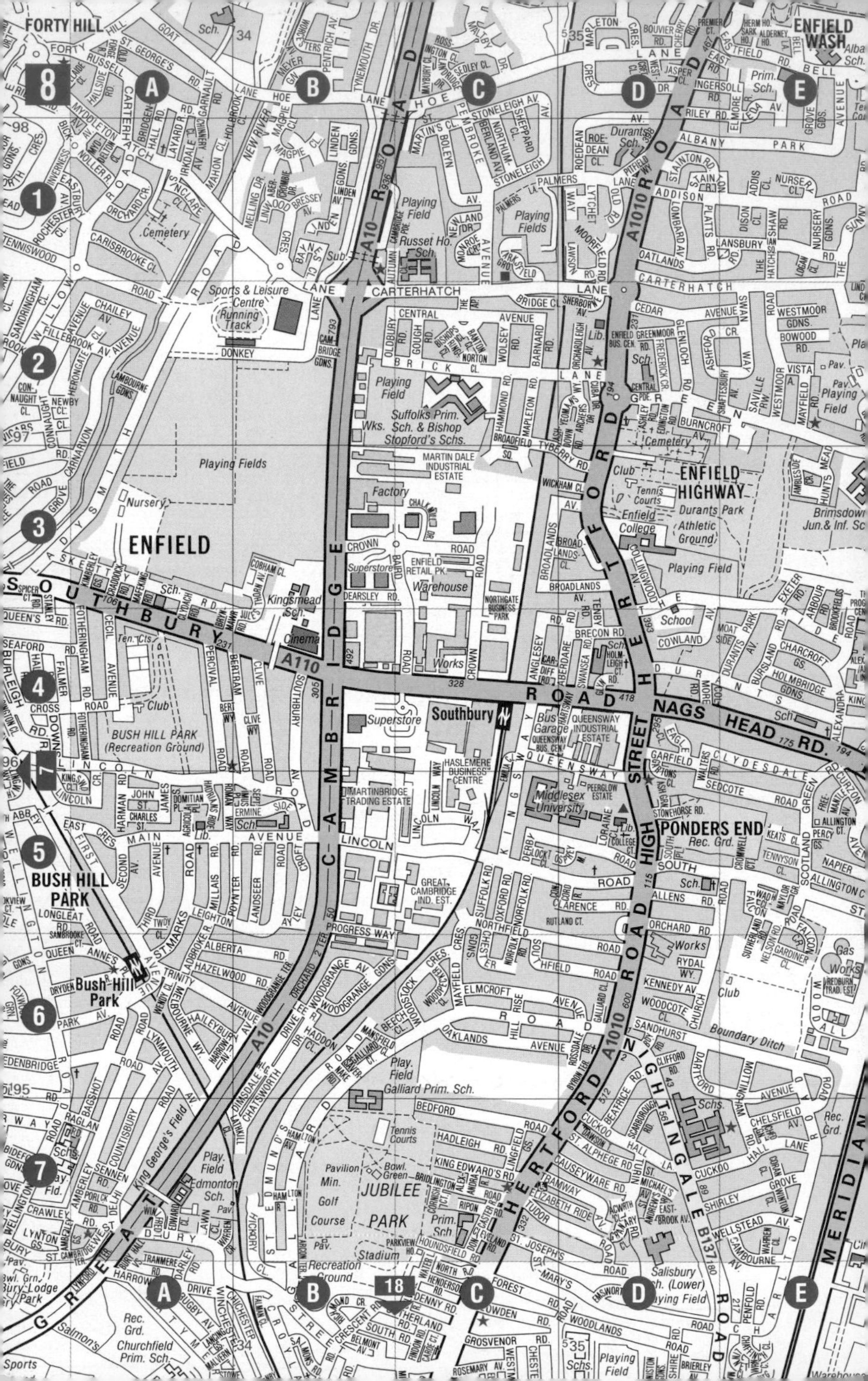
8
FORTY HILL
ENFIELD WASH
A
B
C
D
E
1
2
3
4
5
6
7
98
97
96
195
34
35
534
535
7
18
ENFIELD
ENFIELD HIGHWAY
PONDERS END
BUSH HILL PARK
Bush Hill Park
Southbury
GREAT CAMBRIDGE ROAD
A10
A110
A1010
B137
HERTFORD ROAD
HIGH STREET
SOUTHBURY ROAD
NAGS HEAD RD.
NIGHTINGALE ROAD
MERIDIAN
CARTERHATCH LANE
CARTERHATCH ROAD
HOE LANE
BRICK LANE
GREEN STREET
LINCOLN ROAD
MAIN AVENUE
QUEENSWAY
KINGSWAY
LADYSMITH ROAD
WILLOW ROAD
DURANTS ROAD
SOUTH STREET
HILLY FIELDS
ALBANY PARK AVENUE
GREAT CAMBRIDGE ROAD
Sports & Leisure Centre
Running Track
Cemetery
Playing Fields
Playing Field
Russet Ho. Sch.
Suffolks Prim. Sch. & Bishop Stopford's Schs.
MARTIN DALE INDUSTRIAL ESTATE
Factory
Superstore
ENFIELD RETAIL PK.
Warehouse
NORTHGATE BUSINESS PARK
Kingsmead Sch.
Cinema
Works
BUSH HILL PARK (Recreation Ground)
Nursery
Durants Sch.
Enfield College
Durants Park Athletic Ground
Tennis Courts
Club
Brimsdown Jun.& Inf. Sch.
School
Bus Garage
QUEENSWAY INDUSTRIAL ESTATE
HASLEMERE BUSINESS CENTRE
MARTINBRIDGE TRADING ESTATE
GREAT CAMBRIDGE IND. EST.
PROGRESS WAY
Middlesex University
PEERGLOW ESTATE
Rec. Grd.
Gas Works
REDBURN TRAD. EST.
Boundary Ditch
Galliard Prim. Sch.
Play. Field
JUBILEE PARK
Pavilion
Bowl. Green
Tennis Courts
Min. Golf Course
Stadium
Recreation Ground
King George's Field
Edmonton Sch.
Salisbury Sch. (Lower)
Playing Field
Bury Lodge Park
Rec. Grd.
Churchfield Prim. Sch.
Salmon's
Sports

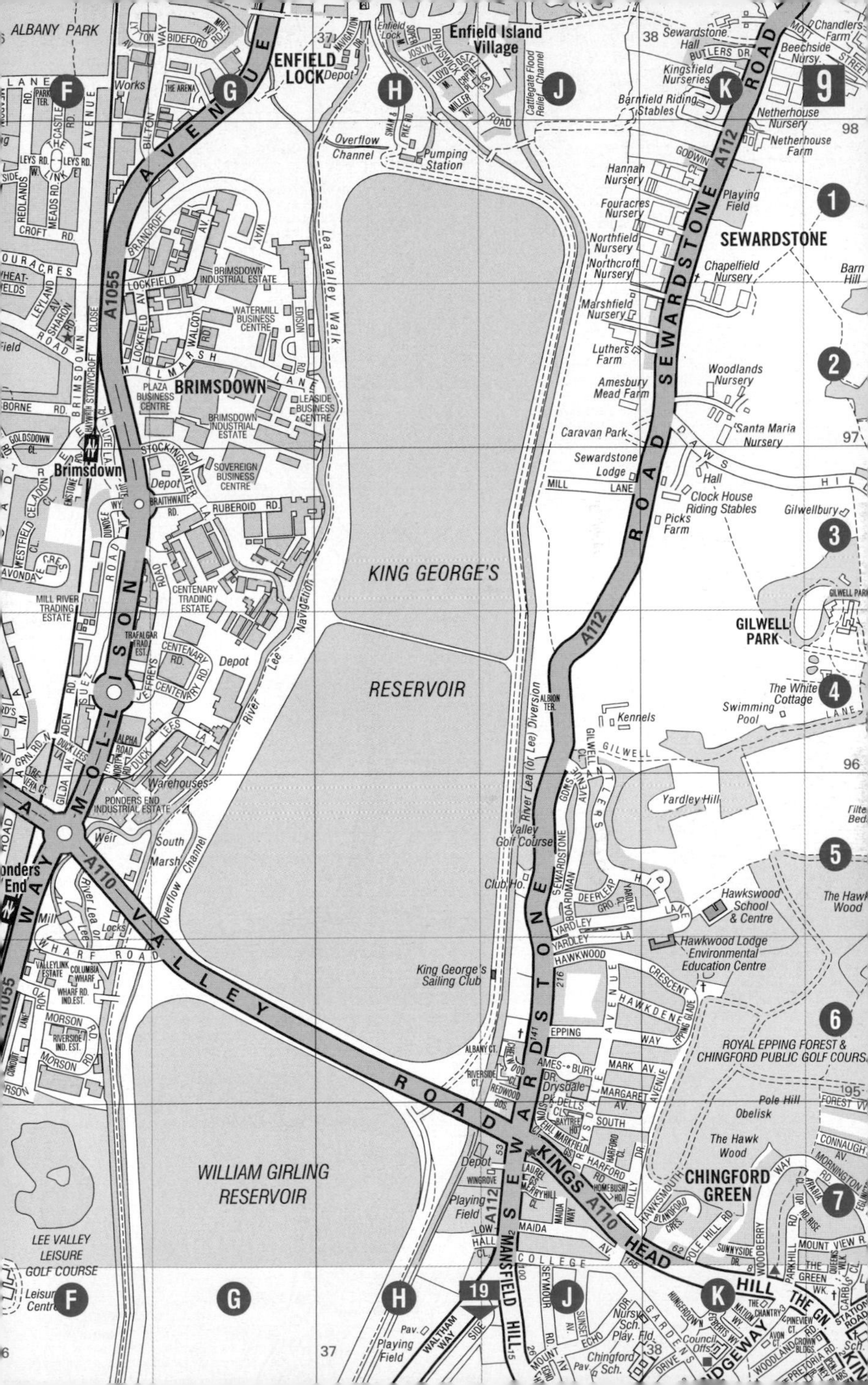
ALBANY PARK
ENFIELD LOCK
Enfield Island Village
BRIMSDOWN
Brimsdown
SEWARDSTONE
GILWELL PARK
KING GEORGE'S RESERVOIR
WILLIAM GIRLING RESERVOIR
LEE VALLEY LEISURE GOLF COURSE
CHINGFORD GREEN
ROYAL EPPING FOREST & CHINGFORD PUBLIC GOLF COURSE
MOLLISON AVENUE
SEWARDSTONE ROAD
LEA VALLEY ROAD
KINGS HEAD HILL
MANSFIELD HILL
Ponders End
Pumping Station
Overflow Channel
Lea Valley Walk
River Lee Navigation
Hawkswood School & Centre
Hawkwood Lodge Environmental Education Centre
King George's Sailing Club
Valley Golf Course
Yardley Hill
Pole Hill Obelisk
The Hawk Wood
19

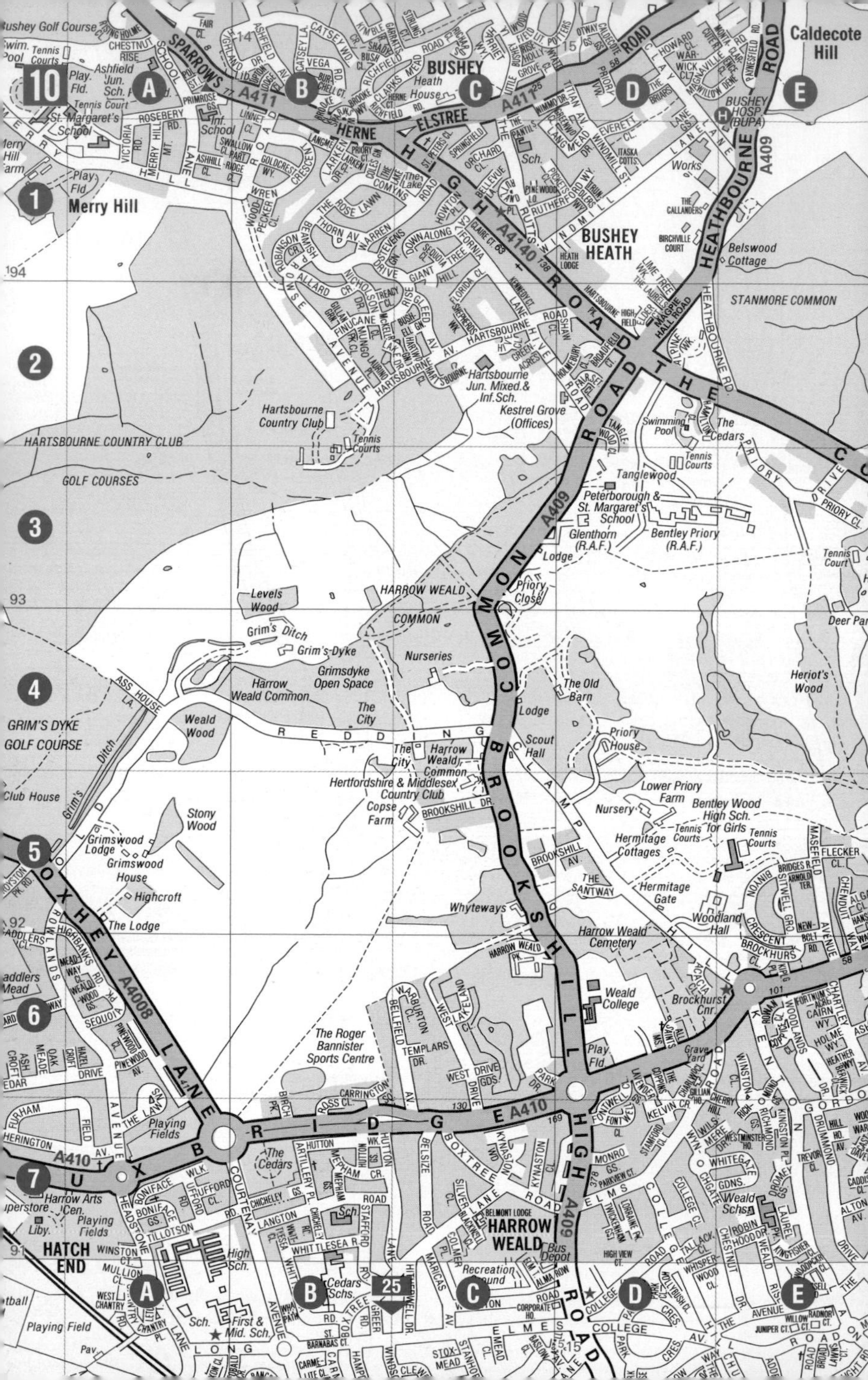
10
Bushey Golf Course
Merry Hill
BUSHEY
Heath House
HERNE
ELSTREE
Caldecote Hill
BUSHEY HOSP. (BUPA)
BUSHEY HEATH
Belswood Cottage
STANMORE COMMON
HEATHBOURNE ROAD
A409
A411
A4140
SPARROWS HERNE
HIGH ROAD
Hartsbourne Jun. Mixed & Inf. Sch.
Kestrel Grove (Offices)
Hartsbourne Country Club
HARTSBOURNE COUNTRY CLUB
GOLF COURSES
The Cedars
Tanglewood
Peterborough & St. Margaret's School
Glenthorn (R.A.F.)
Bentley Priory (R.A.F.)
COMMON ROAD
HARROW WEALD COMMON
Levels Wood
Grim's Ditch
Grim's-Dyke
Grimsdyke Open Space
Harrow Weald Common
Nurseries
Priory Close
The Old Barn
Lodge
Scout Hall
Priory House
Heriot's Wood
Deer Park
GRIM'S DYKE GOLF COURSE
Club House
Weald Wood
REDDING
The City
Harrow Weald Common
Hertfordshire & Middlesex Country Club
Copse Farm
BROOKSHILL DR.
BROOKSHILL
CLAMP HILL
Lower Priory Farm
Nursery
Bentley Wood High Sch. for Girls
Hermitage Cottages
Hermitage Gate
Woodland Hall
Stony Wood
Grimswood Lodge
Grimswood House
Highcroft
The Lodge
OXHEY LANE
A4008
Whyteways
Harrow Weald Cemetery
Weald College
Brockhurst Cnr.
The Roger Bannister Sports Centre
Play. Fld.
Playing Fields
UXBRIDGE ROAD
A410
Harrow Arts Cen.
HATCH END
High Sch.
Cedars Schs.
First & Mid. Sch.
HARROW WEALD
Bus Depot
Recreation Ground
Weald Schs.
Playing Field
25

11
12
26
Junction 4
M1
M1-MOTORWAY
WATFORD A41 BY-PASS
A5183
ELSTREE HILL SOUTH
CENTENNIAL PARK
CENTENNIAL AVENUE
Elstree Open Space
Norwegian Barn
Tennis Cts.
EDGWAREBURY LA.
Penniwell Farm
Brockleyhill Farm
Sports Ground
Pavilion
Brockley Grange
Brockleyhill House
BROCKLEY HILL
EDGWARE WAY
A41 (WATFORD BY-PASS)
NUTT GRO.
THE GROVE
Works
Lodge
SIR HENRY FLOYD CT.
Mike Heaffey Centre
ROYAL NATIONAL ORTHOPAEDIC HOSPITAL
Pear Wood Cottages
Limes House
Wood Farm
Pear Wood
Fish Pond
A5 (WATLING STREET)
ROMAN ROAD
Newlands
WARREN LANE
Cricket Ground
Grove Field
Pavilion
Husaini Shia Islamic Centre
Cloisters Wood
SPRINGFIELD CL.
Little Common
LITTLE COMMON
HILLTOP WY.
PARK LA.
Stanmore Hall
DENNIS LANE
GRANTHAM CL.
NEWLANDS CL.
HAMLYN GDNS.
PIPERS GREEN LA.
Club Ho.
Edgwarebury Golf Course
Offices
BROCKLEY AV.
BROCKLEY AVENUE
PIPERS GRN. LA.
Playing Field
Pav.
A410 SPUR RD.
STANMORE HILL
A4140
FALLOWFIELD
AYLMER DRIVE
AYLWARDS RI.
HERIOTS CL.
PINE CL.
HALL FARM CL.
OLD FORGE CL.
SPRING LAKE
ADELAIDE CL.
AYLMER
St. John's First & Mid. Schs.
EMBRY WAY
BERRY HILL
CHEVALIER CL.
REES DRIVE
PARTRIDGE CL.
BROCKLEY HILL
CANONS CORNER
KERRY AV.
GLANLEAM RD.
RENNLASS RD.
Syn.
WILLOW CT.
LACEY DRIVE
STONEGROVE
A5
Bowling Green
KNIGHTS CL.
OAKMEAD RD.
VALENCIA ROAD
WHITE HO. DR.
WARREN FIELDS
A410 ROAD
Stanmore
SNARESBROOK DR.
THE SPINNEY
COURT DR.
MORECAMBE GDNS.
TINTAGEL DR.
BROCKLEY CL.
JESMOND WAY
GORDON AV.
WESTBERE DR.
PANGBOURNE DR.
DOVERCOURT GDS.
Lake Grove Rec. Grd.
LAKE GROVE
Stanmore Rec. Grd.
FRANKLIN COTTS.
PINNACLE PL.
HEWETT CL.
STANMORE LODGE
EMBRY CL.
BEN HALE CL.
WOODSIDE CL.
HALSBURY CT.
THE WOODLANDS
RAY GDNS.
COVERDALE CL.
DENNIS LANE
LONDON ROAD
TERMINAL HO.
MERRION AVENUE
Aylward First & Mid. Sch.
Playing Field
Tennis Courts
The Lake
Boot Pond
OLDFIELD CL.
WINSCOMBE WAY
DEARNE CL.
HOLLAND CT.
LODGE WAY
CHURCH RD.
THE BROADWAY
ELM PARK
MARSH
DEYWOOD CT.
DALE GARDENS
COPLEY RD.
SANDYMOUNT AV.
CRAIGWEIL DR.
CHARLBURY AV.
WEIL CL.
CRAIGWEIL
DALKEITH
North London Collegiate School
BENTLEY WAY
WHITE ORCHARDS
A410
OLD CHURCH
STANMORE PARK
Offices (R.A.F.)
RECTORY LA.
DOUGLAS CL.
RECTORY CL.
MANOR HOUSE ESTATE
GLEBE RD.
HAIG RD.
INGRAM PL.
ASCOT
CHATSWORTH CL.
BEECH TREE CL.
MALCOLM CT.
CARGREY HO.
NELSON RD.
BEATTY RD.
HALF ACRE
ELIZABETH GS.
ORFORD CT.
PAXFOLD
HOWBERRY CL.
Pool
CANONS DRIVE
ROSE GARDEN CL.
DUKE'S AV.
POWELL
SHERBOURNE PL.
ELLIOTT RD.
BOYLE AV.
STANMORE
Stanmore College
DU CROS DR.
PETERS CL.
CHEYNEYS AV.
King George V Memorial Gdns.
CANONS PARK
CONWAY CL.
DOWDING PL.
ROBB RD.
TRENCHARD CL.
Temple Pond
CAPUCHIN CL.
TEMPLE MEAD CL.
LEAVESDEN RD.
MONTROSE WK.
SEPTIMER WAY
BERNAYS CL.
MAXBY FOLD
BURTON CL.
SILVERSTON WAY
RIDGEWAY
PEMBROKE LODGE
CANONS PARK
WYCHWOOD AV.
WYCHWOOD CL.
CHESTNUT AV.
WOODSTEAD GRO.
ORCHARD CL.
HANDEL CL.
SALISBURY HO.
WEYMOUTH
GEORGIAN CL.
LINKS VIEW
CHASE
ROSEDALE CL.
COLMAN CT.
SAVERNAKE CT.
BARN CR.
LANSDOWNE RD.
WILDCROFT GDNS.
Gas Works
HOWBERRY RD.
CANONS PARK
Bowls
Tennis Courts
Club House
GLENEAGLES
GREENACRES
WOLVERTON RD.
OLD CHURCH LANE
CRANMER CL.
GREEN VERGES
STANMORE HILL LANE
CLOYSTER WD.
CORNBURY RD.
LONGCROFTE RD.
AVENUE
DONNEFIELD AV.
CANONS PARK CL.
Pav.
Playing Field
LAWRENCE CL.
Sports Ground
Pav.
Tennis Courts
Whitchurch First & Mid. Schs.
Stanmore Marsh
WATERS WAY
STATION P.
Canons Park
LANE
STANMORE GOLF COURSE
QUADRANGLE
GOLF CL.
ABERDEEN COTTS.
TRACY CT.
OAK TREE CL.
ACORN CL.
Stanburn Schs.
ABERCORN RD.
Bowling Green
WHITCHURCH ROAD
BARTHOLOMEW CT.
B461
Offices
BRAMBLE CL.
HONEYPOT LANE
Tennis Courts
Pav.
TORBRIDGE CL.
BUCKINGHAM GDNS.
BUCKINGHAM RD.
HONISTER CL.
HONISTER PL.
BELMONT
GYLES PK.
BUSH GROVE
BROMEFIELD
MAYCHURCH CL.
BRICK LA.
Works
Edgware
Little Stanmore First & Mid. School
BEVERLEY
VERNON DRIVE
VERNON CT.
WEMBOROUGH RD.
BELLAMY CL.
ST. EDMUND'S DR.
HERMITAGE WAY
AVENUE
FLORISTON GS.
KYNANCE
BRAITHWAITE
ANDREWS
COLLEDALE
MEADE
Sports Ground
PARR RD.
GARLAND RD.
HONEYPOT BUS. CEN.
WIGTON GS.
Prince Edward
94
93
92
91
17
18
F
G
H
J
K
1
2
3
4
5
6
7

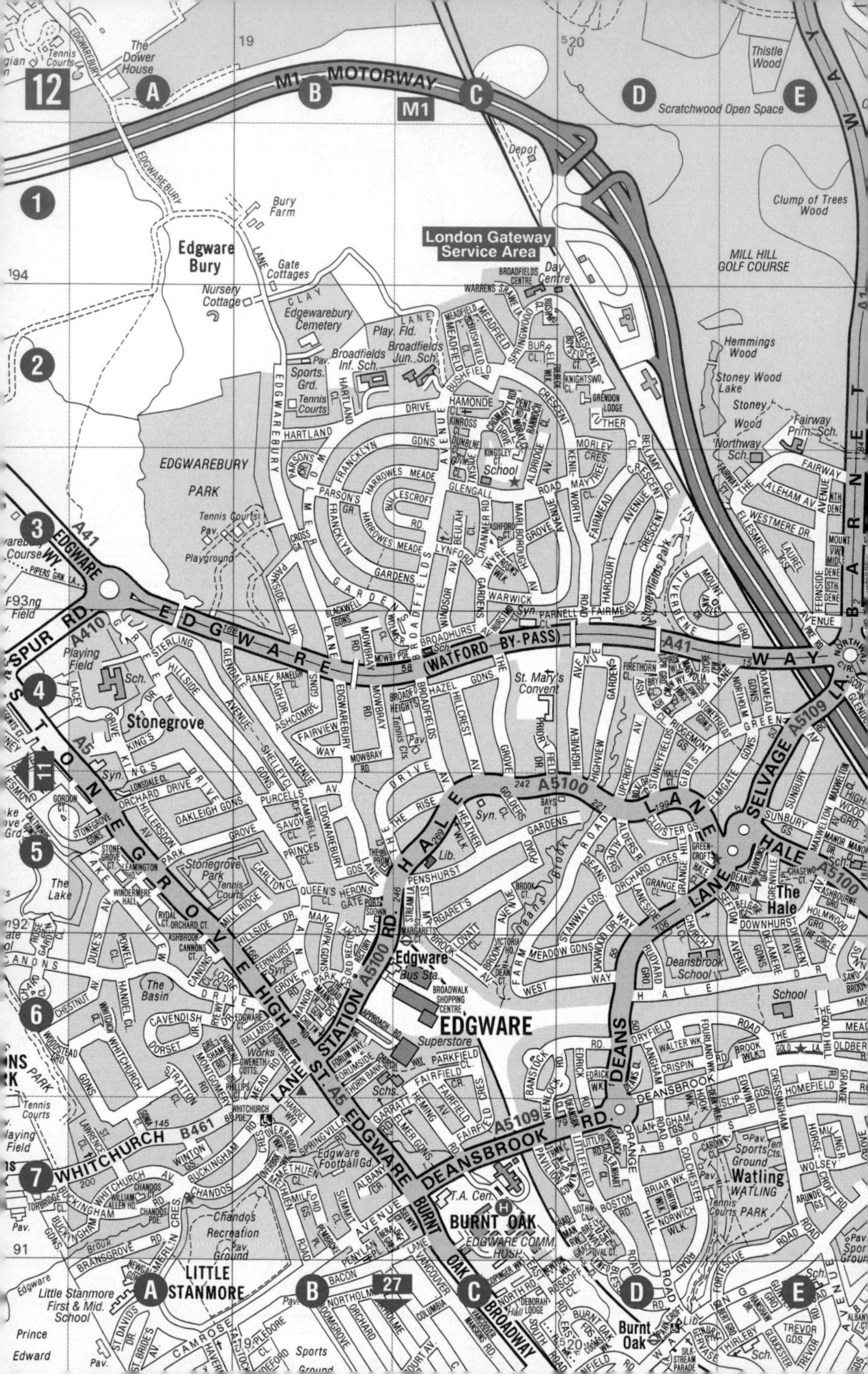
12
M1 MOTORWAY
London Gateway Service Area
Edgware Bury
EDGWAREBURY PARK
MILL HILL GOLF COURSE
Scratchwood Open Space
EDGWARE (WATFORD BY-PASS)
Stonegrove
EDGWARE
The Hale
BURNT OAK
LITTLE STANMORE
Watling
Burnt Oak
11
27

13
Barnet Gate Wood
Gravel Pit Wood
Tanglewood
HENDON
BARNET GATE LANE
Allendale
Brent Lodge Farm
Dollis Brook
F
G
H
J
K
B552
WOOD
LANE
HENDON WOOD LANE OPEN SPACE
Sports Ground
Pav.
Fairlight Cottage
Totteridge Park
MOAT MOUNT OPEN SPACE
The Shrubbery
Leg of Mutton Pond
Mote End Farm
Mote Mount
Abattoir
St. Edward's College
Oak Lodge
A5109
COMMON
TOTTERIDGE
Ellern Mede Nursing Home
Ellern Mede Farm
Totteridge Common
Fairlawn
The Lynch House
Boundary House
Farmleigh
Nut Wood
White Lodge
NAN CLARK'S LA.
Hendon Park
CROWN CL.
Tennis Courts
Mill Hill High Sch.
Playing Field
Beech Wood
Highwood Park
The Barn
Highwood Ho.
Highwood
Highwood Hill
HIGHWOOD HILL
1
2
3
4
5
6
7
RAMILLIES
BEDFORD RD.
HANKINS LANE
WORCESTER
GLENWOOD
NORBURY GRO.
Highwood Hill Cottage
Holcombe Dale
Folly Brook
Holcombe Hill
HOLCOMBE HILL
THE LINCOLNS
LAWRENCE GDS.
ABBEY VIEW
HORNBEAM
MARSH LANE
A5109
BRABOURNE HGTS.
AUSTELL GDS.
THE REDDINGS
REDDINGS CL.
SUNNYFIELD
Pool
Playing Field
Riding School
Folly Farm
Sports Ground
Cricket Club
Pav.
Sports Ground
Nursery
Belmont Sch.
Belmont Farm
St. Mary's Abbey & Sch.
The Mill Field
THE RIDGEWAY
B552
MILLERS CL.
St. Paul's C. of E. Prim. Sch.
Cemetery
Medical Research Laboratory
Works
St. Vincent's Convent
St. Vincent's School
14
APEX CORNER
UPHILL RD.
TRETAWN PK.
TRETAWN GARDENS
LAWRENCE AV.
GROVE
Tennis Courts
DRAPERS' COTTAGE HOMES
CHALET ESTATE
Spts. Grd.
St. Joseph's R.C. College
SHAKESPEARE RD.
MILTON RD.
TAYLORSMEAD
TENNYSON RD.
DRAPERS' COTTAGE HOMES
MARSHALL ESTATE
Mill Hill School
HIGH ST.
B1461
HAMMERS LANE
B552
RIDGEWAY
BURTONHOLE
Oakfield
St. Vincent's R.C. Prim. Sch.
Wentworth Hall
Drivers Hill
WATFORD WAY
A1
MILL HILL CIRCUS
VICTORIA RD.
ALBERT RD.
M1 MOTORWAY
WEYMOUTH
NEWCOMBE PK.
Hall
GOODWYN AV.
MONTEREY PL. SHOPPING CEN.
THE BROADWAY
Lib.
HARTLEY AV.
DAWS LANE
Sub.
BIRKBECK RD.
BYRON RD.
MARION RD.
Ten. Cts.
Pav.
MILL HILL
Playing Field
WINTER-STOKE GDS.
WILLS GROVE
HOLLIES END
Tennis Court
Ridgeway Ho.
VINERIES BANK
Play. Fld.
The Mount Sch.
Watch Tower House
Pavilion
Burton Bank
School Park
Garden Centre
Featherstone Hill
ARRANDENE OPEN SPACE
Playground
AVENUE
WOODCOTE
MILL HILL CEMETERY
MELDEX CL.
RUSHDEN GDNS.
BITTACY PK. AV.
BITTACY RISE
LANE BUNNS
Mill Hill Broadway
GRANARD BUS. CEN.
Lyndhurst Park
Pav.
Cricket Ground
Tennis Courts
MILL HILL PARK
FLOWER LANE
SYLVAN AV.
WOODLAND WAY
Tennis Cts.
PARKMEAD GDS.
Sub.
BARNET BY-PASS
A1
PARKSIDE
HOLMDENE AV.
LANE WISE
MOORLANDS AV.
BROOKFIELD CRES.
BROOKFIELD AV.
BROOKFIELD CL.
FEATHERSTONE RD.
GRENFELL CT.
Playing Field
HILL
MORETON CL.
SALCOMBE
BITTACY ENGEL PARK
Ten. Cts.
ROAD LYNDHURST AV.
WOODCROFT AV.
Woodcroft Park
AVENUE
GRAHAME PARK
MILL HILL IND. EST.
BUNNS LA.
DOVE CL.
THE RISE
SUNRISE VW.
GLENMERE AV.
HILLSIDE GRO.
COPTHALL GDNS.
COPTHALL DR.
TUDOR CT.
HOLLAND CL.
STREET
Copthall School
PAGE MDW.
PURSLEY ROAD
Playing Field
Dollis Co. Inf. & Dollis Jun. Schs.
ROAD SANDERS LA.
GRANTS CL.
SANDERS CL.
ASHLEY LA.
Sports Ground
Pavilion
M1
PENTAVIA RETAIL PK.
FARM HO. CT.
ROWLANDS CL.
CALDEW CT.
SANDWICK CL.
LADYSMITH CL.
COLENSO DR.
Chase Lodge Playing Field
Pav.
Tennis Courts
Club House
ABERDARE
STORKSMEAD RD.
MAPLE GDNS.
WARDELL CL.
RIVINGTON CR.
FIELD MEAD
Games Courts
SOPWITH
SLATTER
WIGGINS MEAD
PARK
LONGFIELD AVENUE
Stadium
Rugby Club
Copthall Swimming Pool
COPTHALL SPORTS CEN.
HENDON GOLF COURSE
NORTH GRN.
LEA
BIRCH GRN.
HIGHLEA CL.
BROOKLEA CL.
LARCH GN.
PARKLEA CL.
SOUTH GRN.
CLAYTON FIELD
LONG FIELD
ROE
SATCHELL MEAD
SASSOON
WITHERS MEAD
ORDE
Play. Field
Tennis Courts
Hendon Coll.
Sub.
GREAT FIELD
NOEL
NIMROD
NIGHT-HAWK
NAPIER
MOORHOUSE
NICOLSON
THE CONCOURSE
MARTYNSIDE
SOUTH MEAD
LONG MEAD
Grahame Park
MEAD
THE WLK.
WAY
Play. Fld.
28
Junc. 2
FIVEWAYS CORNER
Pavilion
CRANFIELD DR.
HEYWOOD
EDGWARE
MOSTYN RD.
HEMSWELL
ELVINGTON

TOTTERIDGE
TOTTERIDGE COMMON
A5109
TOTTERIDGE VILLAGE
SOUTH HERTS GOLF COURSE
Darland Lake Nature Reserve
Burtonhole Lane Farm Estate
Consolata Missionary College
Woodridge Prim. Sch.
Woodside Park
Woodside Park Club
FINCHLEY GOLF COURSE
Frith Manor Prim. Sch.
Inglis Barracks
Mill Hill East
Bittacy Hill Park
Sports Ground
Gas Works
West Finchley
HENDON CEMETERY
HENDON GOLF COURSE
CHURCH END
FINCHLEY
Nether Court (Club House)
Partingdale Manor
Watch Tower House
Folly Farm
Burtonhole Farm
Copped Hall
Laurel Farm
Mill Hill Sub. Sta.
Riding School
Frith Manor Ho.
BITTACY BUSINESS CENTRE
Brook Farm Open Space
Recreation Ground
B552
B1462
A598
4
13
29

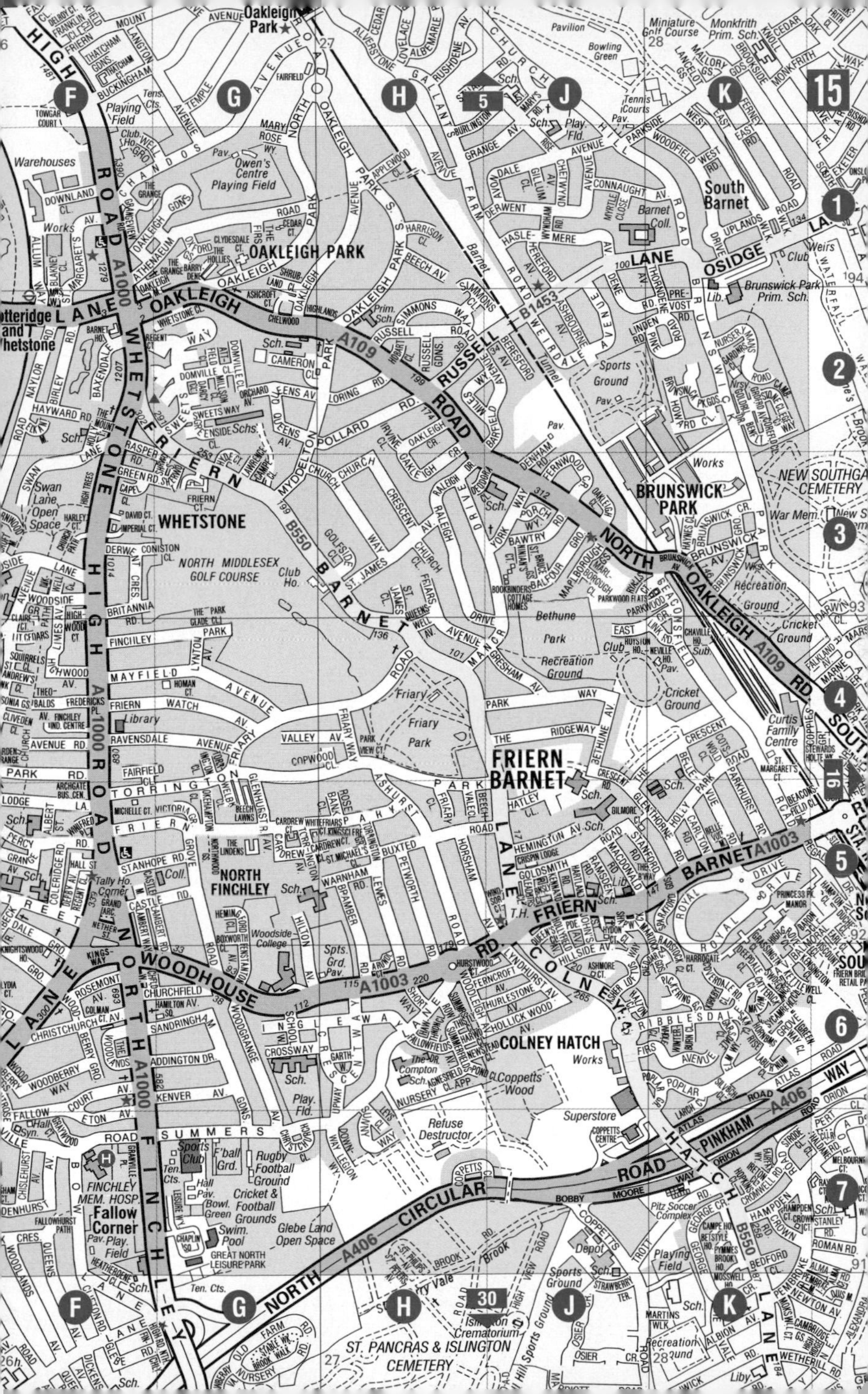
15
Oakleigh Park
Miniature Golf Course
Monkfrith Prim. Sch.
Pavilion
Bowling Green
Tennis Courts
Playing Field
Warehouses
Works
Owen's Centre Playing Field
OAKLEIGH PARK
South Barnet
Barnet Coll.
LANE
OSIDGE
Weirs
Club
Brunswick Park Prim. Sch.
Lib.
Totteridge and Whetstone
Sports Ground
Pav.
BRUNSWICK PARK
Works
NEW SOUTHGATE CEMETERY
War Mem.
Recreation Ground
Cricket Ground
WHETSTONE
NORTH MIDDLESEX GOLF COURSE
Club Ho.
Bethune Park
Recreation Ground
Cricket Ground
Curtis Family Centre
Library
Friary Park
FRIERN BARNET
NORTH FINCHLEY
Tally Ho. Corner
Woodside College
Spts. Grd.
COLNEY HATCH
Works
The Compton Sch.
Coppetts Wood
Refuse Destructor
Superstore
Pitz Soccer Complex
Sports Club
F'ball Grd.
Rugby Football Ground
Cricket & Football Grounds
Glebe Land Open Space
Bowl. Green
Swim. Pool
GREAT NORTH LEISURE PARK
FINCHLEY MEM. HOSP.
Fallow Corner
Play. Field
Playing Field
Sports Ground
Depot
Recreation Ground
Islington Crematorium
ST. PANCRAS & ISLINGTON CEMETERY
HIGH ROAD
A1000
WHETSTONE HIGH ROAD
OAKLEIGH LANE
OAKLEIGH ROAD
A109
RUSSELL ROAD
OAKLEIGH ROAD NORTH
OAKLEIGH RD SOUTH
B1453
Barnet Tunnel
FRIERN BARNET ROAD
B550
FRIERN BARNET LANE
FRIERN BARNET ROAD
A1003
WOODHOUSE RD
KINGSWAY
NORTH FINCHLEY HIGH ROAD
BALLARDS LANE
COLNEY HATCH LANE
NORTH CIRCULAR ROAD
A406
PINKHAM WAY
BOBBY MOORE WAY
ROYAL DRIVE
F
G
H
J
K
1
2
3
4
5
6
7
5
16
30
27
28
93
194
91
92

16
A
B
C
D
E
1
2
3
4
5
6
7
6
15
31
CHASE
LANE
B1453
OSIDGE
SOUTHGATE
Southgate
GROVELANDS PARK
Bourneside Sports Centre
GROVELANDS PRIORY HOSPITAL
Boating Lake
Pitch & Putt Course
Sports Grd.
A111 BOURNE
BOURNE
A111
SIDE
HIGH STREET
A1004
Southgate College
Ashmole Sch.
Playing Fields
Morton Lodge
Southgate Cricket Club Ground
Cemetery
NEW SOUTHGATE CEMETERY
New Southgate Crematorium
Pymme's Brook
A1003 ROAD
CANNON HILL
ALDERMANS
A1004
Palmers Green
ARNOS PARK
Arnos Grove
Putting Green
Broomfield Park
Broomfield Ho. Museum
Sports Ground
WATERFALL
BOWES
A1110
WILMER WY.
POWYS LA.
B1452
A406
ROAD
A109 STH.
FRIERN BARNET
STATION
New Southgate
NEW SOUTHGATE
Friern Bridge Retail Park
Superstore
TELFORD RD.
A109 RD.
BOUNDS
WAY
A406
Middlesex Univ.
Bounds Green
BROWNLOW
B106
GREEN
A109
Bowes Park
CLOCKHOUSE JUNCTION
A105
HIGH RD.
Hollickwood Park
MUSWELL HILL
GOLF
COURSE
DURNSFORD
Scout Park
Recreation Ground
Club House
Curtis Family Centre
Cricket Ground
Factory
Depot
Brunswick Park Prim. Sch.
PINKHAM
ALEXANDRA
Pymme's Brook
Broomfield Sch.

17
WINCHMORE HILL
Winchmore Hill
PALMERS GREEN
TOTTENHAM
White Hart Lane
GREEN LANES
RIDGE AV.
CHURCH ST.
A10 ROAD
GREAT CAMBRIDGE ROAD
NORTH CIRCULAR ROAD A406
STERLING WAY
HEDGE LANE A111
WHITE HART LANE
THE ROUNDWAY
A105
A1080
B154
EDMONTON CEMETERY
TOTTENHAM CEMETERY
The Paulin Ground
Winchmore Sch.
City Amenity Site
Clowes Sports Grd.
Playing Fields
Firs Farm Prim. Sch.
Latymer School
West Lea Sch.
Haselbury Jun. & Inf. Schs.
Aylward School
Tatem Rec. Grd.
Hollywood Gardens
Pymme's Brook
GREAT CAMBRIDGE JUNCTION
Lib. Arts Cen. & Thtre
THE NORTH MIDDLESEX HOSP.
Wilbury Prim. Sch.
New River Sports and Recreation Centre
White Hart Lane Sch.
Football Ground
Selby Sports Cen.
Middlesex University
BRUCE CASTLE PARK
Bury Lodge Park
Highfield Schs.
Superstore
F
G
H
J
K
1
2
3
4
5
6
7
7
18
32

A
B
C
D
E
1
2
3
4
5
6
7
8
17
33
JUBILEE
PARK
Stadium
Recreation Ground
Rec. Grd.
Churchfield Prim. Sch.
Salmon's Brook
Playing Field
LOWER EDMONTON
CHURCH STREET
B154
HERTFORD ROAD
A1010
Edmonton Green
EDMONTON GRN. SHOP. CEN.
Lib.
Baths
Salisbury Sch. (Lower)
Playing Field
NIGHTINGALE ROAD
B137
A1055
MONTAGU ROAD
MERIDIAN WAY
PICKETTS LOCK
Meadowville Day Cen.
Refuse Disposal Depot
Sewage Wks
Tottenham Park Cemetery
Federation Cemetery
Jewish
Montagu Rec. Grd.
EDMONTON
PYMMES PARK
FORE ST.
Craig Park
Warehouse
Refuse Incineration Plant
ELEYS ESTATE
MONTAGU ROAD IND. ESTATE
Silver Street
STERLING WAY
ANGEL ROAD
A406
CONDUIT LANE
Angel Rd.
ANGEL EDMONTON
UPPER EDMONTON
THE NORTH MIDDLESEX HOSP.
NORTH CIRCULAR ROAD
LEA VALLEY ROAD
ADVENT WAY
KENNINGHALL
RAVENSIDE RETAIL PARK
Superstore
Gas Works
Works
LEESIDE ROAD
Sports Ground
Club Ho.
TRIUMPH TRADING EST.
WINGATE TRADING ESTATE
Middlesex University
White Hart Lane
Tottenham Hotspur F.C. (White Hart Lane)
Sports Cen.
WILLOUGHBY LA.
B137
WATERMEAD WAY
A1055
Northumberland Park
Recreation Ground
River Lee Navigation
Pymme's Brook
Chalk Bridge
LEE VALLEY REGIONAL
Valve Tower
RIVER LEA or LEE
Bruce Castle Park
TOTTENHAM
Bruce Castle & Haringey Mus.
HIGH ROAD
Depot

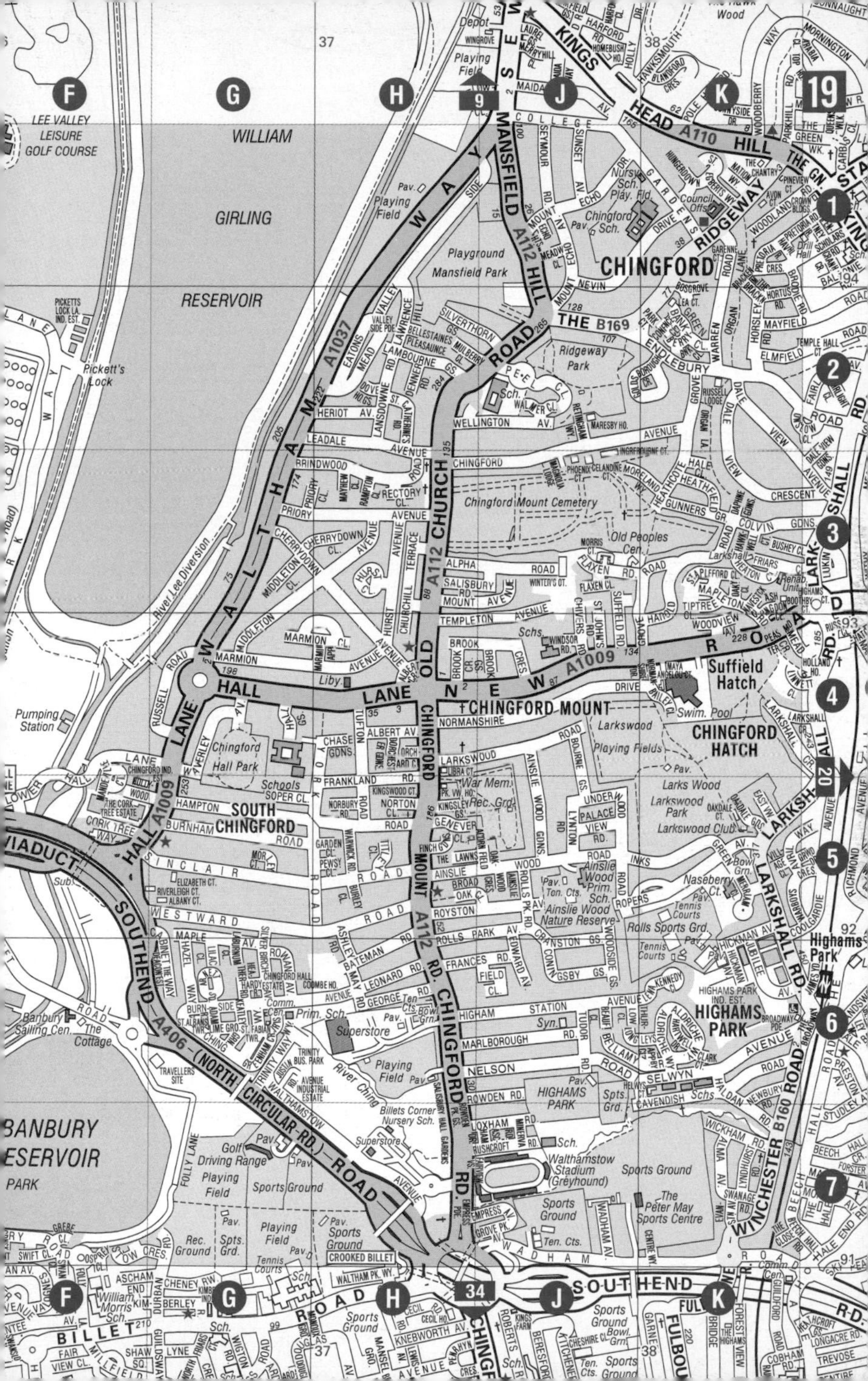
19
9
20
34
37
38
F
G
H
J
K
1
2
3
4
5
6
7
91
92
93
94
LEE VALLEY LEISURE GOLF COURSE
WILLIAM GIRLING RESERVOIR
PICKETTS LOCK LA. IND. EST.
Pickett's Lock
Pumping Station
River Lee Diversion
KINGS HEAD HILL A110
COLLEGE
SEYMOUR RD.
SUNSET AV.
MAIDA AV.
Playing Field
Depot
WINGROVE
HAWKSMOUTH
Nursy. Sch.
Play. Fld.
Chingford Sch.
Council Offs.
RIDGEWAY
CHINGFORD
MANSFIELD HILL A112
Playground
Mansfield Park
THE B169
Ridgeway Park
ENDLEBURY
WARREN
ORGAN
DALE VIEW
CRESCENT
LARKSHALL
MAYFIELD
ELMFIELD
TEMPLE HALL
Sch.
WELLINGTON AV.
MARESBY HO.
AVENUE
CHINGFORD
Chingford Mount Cemetery
WALTHAM WAY A1037
EATONS MEAD
VALLEY SIDE PDE.
LAWRENCE HILL
BELLESTAINES
PLEASAUNCE
LAMBOURNE GS.
SILVERTHORN GS.
MULBERRY
HERIOT AV.
LEADALE AVENUE
BRINDWOOD
PRIORY
RECTORY CL.
CHERRYDOWN
MIDDLETON
OLD CHURCH ROAD A112
CHURCHILL TERRACE
HURST AVENUE
ALPHA
SALISBURY
MOUNT AVENUE
TEMPLETON AVENUE
Old Peoples Cen.
FLAXEN RD.
SUFFIELD RD.
GUNNERS GR.
COLVIN GDNS.
FRIARS
MAPLETON
TIPTREE
WOODVIEW
NEW ROAD A1009
MARMION AVENUE
HALL LANE
Liby.
CHINGFORD MOUNT
NORMANSHIRE
Swim. Pool
Suffield Hatch
CHINGFORD HATCH
Larkswood Playing Fields
Larks Wood
Larkswood Park
Larkswood Club
LARKSHALL RD.
Chingford Hall Park
Schools
SOUTH CHINGFORD
HAMPTON
BURNHAM ROAD
SINCLAIR ROAD
WESTWARD ROAD
MAPLE
HAZEL
LOWER HALL LANE
CHINGFORD IND. EST.
THE CORK TREE ESTATE
CORK TREE WAY
VIADUCT
SOUTHEND
A406 (NORTH CIRCULAR RD.) ROAD
War Mem. Rec. Grd.
LARKSWOOD
FRANKLAND RD.
CHINGFORD MOUNT RD. A112
AINSLIE WOOD GDNS.
Ainslie Wood Prim. Sch.
Ainslie Wood Nature Reserve
Rolls Sports Grd.
Tennis Courts
ROYSTON
ROLLS PARK AV.
FRANCES RD.
LEONARD RD.
HIGHAM STATION
MARLBOROUGH RD.
NELSON
ROWDEN RD.
HIGHAMS PARK
Spts. Grd.
HIGHAMS PARK IND. EST.
Highams Park
SELWYN
CAVENDISH
Schs
HALDAN
WINCHESTER B160 ROAD
Prim. Sch.
Superstore
Playing Field
River Ching
TRINITY BUS. PARK
AVENUE INDUSTRIAL ESTATE
Billets Corner Nursery Sch.
Golf Driving Range
Sports Ground
Walthamstow Stadium (Greyhound)
The Peter May Sports Centre
Ten. Cts.
WADHAM AV.
WADHAM
CROOKED BILLET
WALTHAM PK. WY.
SOUTHEND
RD.
Banbury Sailing Cen.
The Cottage
TRAVELLERS SITE
BANBURY RESERVOIR
PARK
FOLLY LANE
Rec. Ground
BILLET ROAD
William Morris Sch.
FAIR VIEW CL.
KNEBWORTH AV.
CECIL RD.
ROBERTS
BERESFORD
FULBOURNE
FOREST VIEW
GUILDFORD ROAD
LONGACRE RD.
TREVOSE
COBHAM
Sports Ground
Bowl. Grn.
RICHMOND
STUDLEY
BEECH
HALE END RD.

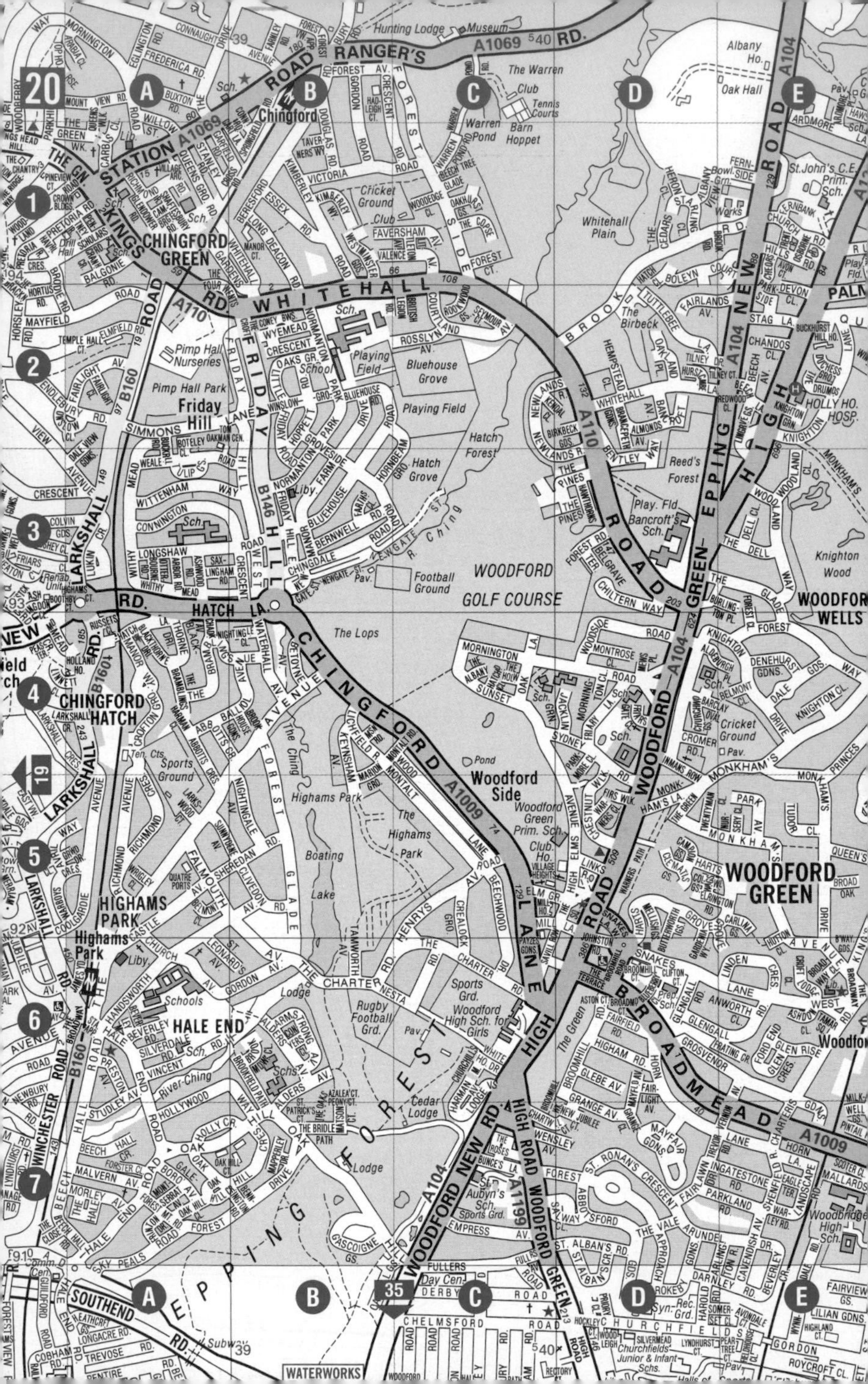
20
CHINGFORD GREEN
CHINGFORD HATCH
HIGHAMS PARK
HALE END
WOODFORD GREEN
WOODFORD GOLF COURSE
Woodford Side
Friday Hill
Chingford
WHITEHALL RD.
RANGER'S RD.
STATION ROAD
CHINGFORD LANE
EPPING FOREST
Higham's Park
Hatch Forest
Whitehall Plain
Knighton Wood
19
35

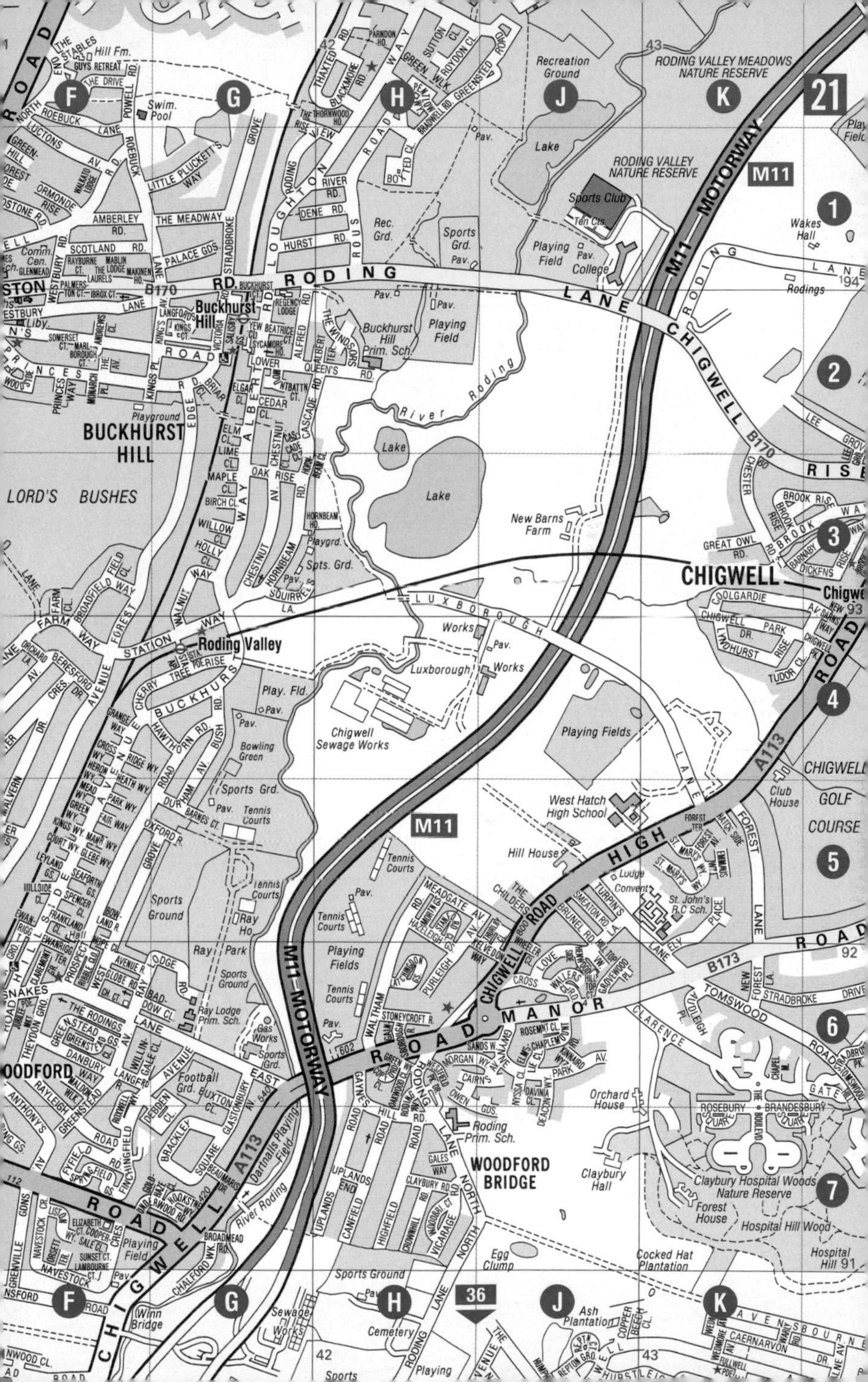
F
G
H
J
K
Recreation Ground
RODING VALLEY MEADOWS NATURE RESERVE
RODING VALLEY NATURE RESERVE
M11 MOTORWAY
M11
Lake
Sports Club
Ten Cts.
Playing Field
Pav.
College
Wakes Hall
Rodings
RODING LANE
CHIGWELL RISE
B170
Hill Fm.
Swim. Pool
THE STABLES
GUYS RETREAT
THE DRIVE
ROEBUCK LANE
POWELL RD.
LITTLE PLUCKETT'S WAY
THE MEADWAY
AMBERLEY RD.
SCOTLAND RD.
PALACE GDS.
STRADBROKE GROVE
Comm. Cen.
RODING RD.
Buckhurst Hill
Liby.
QUEEN'S RD.
PRINCES WAY
BUCKHURST HILL
LORD'S BUSHES
Playground
ALBERT RD.
CHESTNUT AV.
OAK RISE
Buckhurst Hill Prim. Sch.
Playing Field
Sports Grd.
Rec. Grd.
LOUGHTON WAY
RIVER RD.
DENE RD.
HURST RD.
RODING VIEW
River Roding
Lake
Playgrd.
Spts. Grd.
New Barns Farm
GREAT OWL RD.
BROOK RISE
CHIGWELL
Chigwell
COOLGARDIE AV.
CHIGWELL PARK DR.
LYNDHURST RISE
TUDOR CL.
LUXBOROUGH LANE
Works
Luxborough
Chigwell Sewage Works
STATION WAY
Roding Valley
FARM WAY
FOREST AVENUE
BUCKHURST WAY
Play. Fld.
Bowling Green
Sports Grd.
Tennis Courts
Playing Fields
West Hatch High School
Hill House
CHIGWELL GOLF COURSE
Club House
A113
HIGH ROAD
Lodge
Convent
St. John's R.C. Sch.
Tennis Courts
Playing Fields
Sports Ground
Ray Park
Ray Ho
Ray Lodge Prim. Sch.
Gas Works
Sports Grd.
Football Grd.
MANOR ROAD
CHIGWELL ROAD
B173
TOMSWOOD RD.
STRADBROKE DRIVE
Orchard House
Claybury Hall
Roding Prim. Sch.
WOODFORD BRIDGE
Claybury Hospital Woods Nature Reserve
Forest House
Hospital Hill Wood
Hospital Hill
Egg Clump
Cocked Hat Plantation
Ash Plantation
WOODFORD
Dartnalls Playing Field
River Roding
Playing Field
Winn Bridge
Sports Ground
Sewage Works
Cemetery
RODING LANE
36
AVENSBOURNE
1
2
3
4
5
6
7
42
43
91
92
93
94

HAREFIELD
John Penrose School
Shepherds Hill Farm
Shepherds Hill House
Battlers Wells Wood
Furzefield
Deadman's Grove
Ashain Spring
Scarlet Spring
Knightscote Farm & Agricultural Museum
Kiln Pond
Claypits
Dell
Raveners Spring
Badminton Shooting Ground
Duck's Hill Farm
Ducks Hill Grange
Duck's Hill
Ashby Cottages
Ashby Farm
Youngwood Farm
COPSE WOOD
YOUNG WOOD
MAD BESS WOOD
NORTH RIDING WOOD
Mad Bess Wood Cottage
RUISLIP COMMON
Breakspear Crematorium (Ruislip)
The Lodge
Football Ground
Bourne Farm
Breakspear House
Middle Lodge
Nature Reserve
Warren Farm
BAYHURST WOOD COUNTRY PARK
Willow Tree Farm
Lower Lodge
The Bungalow
Oak Cottage
St. Leonard's Farm
Pylon Farm
Elm Tree Farm
High View Farm
Highway Farm
Dewes Farm Cotts.
Newyears Green
Braemar Farm
Newyears Green Covert
Crows Nest Farm
Old Clack Farm
Whiteheath Jun. & Inf. Schs
The Corner
Tile Kiln
Grays Cottages
Dunster Cottage
Works
Depot
Gatemead Farm
Brackenbury Barn
Playground
DUCK'S HILL ROAD A4180
BREAKSPEAR ROAD
BREAKSPEAR ROAD NORTH
BREAKSPEAR ROAD SOUTH
NEWYEARS GREEN LANE
HARVIL ROAD
NORTHWOOD ROAD
FINE BUSH LA.
TILE KILN LANE
CLACK LANE
SKIP LANE
JACKETS LANE
NORTHGATE
COPSE WOOD WAY
NICHOLAS WAY
LADYGATE LA.
HOWLETTS LA.
40

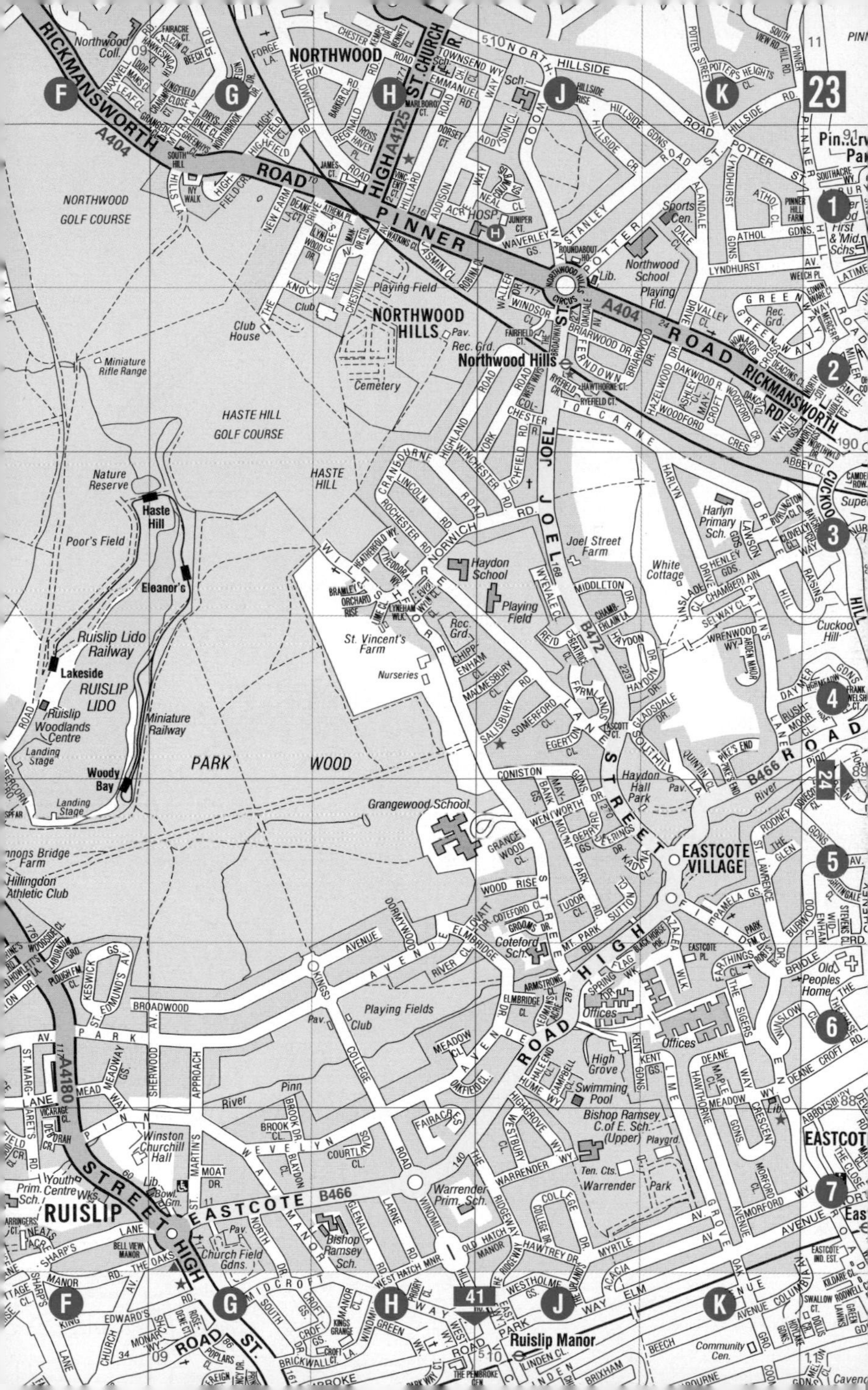

PINNER HILL GOLF COURSE
Pinnerwood Park
Pinner Wood First & Mid. Schs.
PINNER GREEN
Playing Field
UXBRIDGE ROAD
A404
A410
HATCH END
Rugby Football Ground
PINNER PARK
Pinner Park Farm
Tennis Courts
ST. THOMAS' DR.
GEORGE V AVENUE
Little Common
Innellan Ho. Sch.
Cemetery
Superstore
CUCKOO HILL
B466
Cuckoo Hill
Pinner Village Hall
Pinner Memorial Park
West Lodge Schs.
Pinner
PINNER
Reddiford Sch.
Nower Hill
Pinner New Cemetery
Nower Hill High Sch.
Woodlands Open Space
Pinner Village Gardens (Rec. Grd.)
Yeading Brook Open Space
North Harrow
Old Peoples Home
The Croft
Cannon Lane First & Mid. Schs.
Heathfield Sch.
Streamside Rec. Grd.
Longfield Schs.
EASTCOTE
Eastcote
Playground
Roxbourne
Rayners Lane
RAYNERS LANE
Sports Ground
IMPERIAL
A4090
ALEXANDRA AV.
Cavendish

23
42

25
10
26
43
F
G
H
J
K
1
2
3
4
5
6
7
14
15
16
91
90
89
88
HARROW WEALD
Harrow Weald
Rec. Ground
Bus Depot
High Sch.
Cedars Schs.
First & Mid. Sch.
The Cedars
Weald Schs.
Headstone Lane
Playing Fields
Sports Ground
Model Railway
Tennis Courts
Pinner Park Schs.
Headstone Manor
Harrow Museum & Heritage Cen.
Headstone Manor Recreation Ground
Yeading Brook
Salvatorian Coll.
Works
WORKS
The Clivedén Cen.
Harrow Crown Court
Library
Belmont First & Mid. Schs.
Recreation Ground
WEALDSTONE
Harrow Dr Cycling and Safety Cen.
Swimming Pool Leisure Cen.
Harrow & Wealdstone
Civic Centre
Lib.
HEADSTONE
Sports Grd.
Sports Ground
Harrow Recreation Ground
Harrow Cemetery
GREENHILL
Superstore
Coll.
Comm. Cen.
St. George's Shop. & Leis. Cen.
St. Ann's Shopping Cen.
NORTH HARROW
Vaughan Schs.
West Harrow
WEST HARROW
Rec. Grd.
Harrow-on-the-Hill
Bus Sta.
Liby.
Rec. Grd.
The Grove Open Space
HARROW
Harrow Hill Golf Course
Club Ho.
Miniature Rifle Range
Playing Fields
Whitmore High Sch.
Cricket Ground
Music Sch.
Parade Ground
Harrow School Playing Fields
Grange
HIGH ROAD
A409
ST. GEORGE GANGE WAY
STATION ROAD
SHEEPCOTE RD.
A404
PINNER ROAD
LOWLANDS RD.
KENTON RD.
BESSBOROUGH RD.
A312
B457
PETERBOROUGH RD.
HEADSTONE LANE
HARROW VIEW
HEADSTONE GDNS.
HEADSTONE DR.
WHITMORE ROAD
SHAFTESBURY AV.
COLLEGE ROAD
ELMES COLLEGE AV.
KENTON LA.
CHURCH HILL
WEALD LANE
CARMELITE AVENUE
PINNER PARK AV.
PINNER VIEW
MARLBOROUGH
WATFORD ROAD
RIDGEWAY

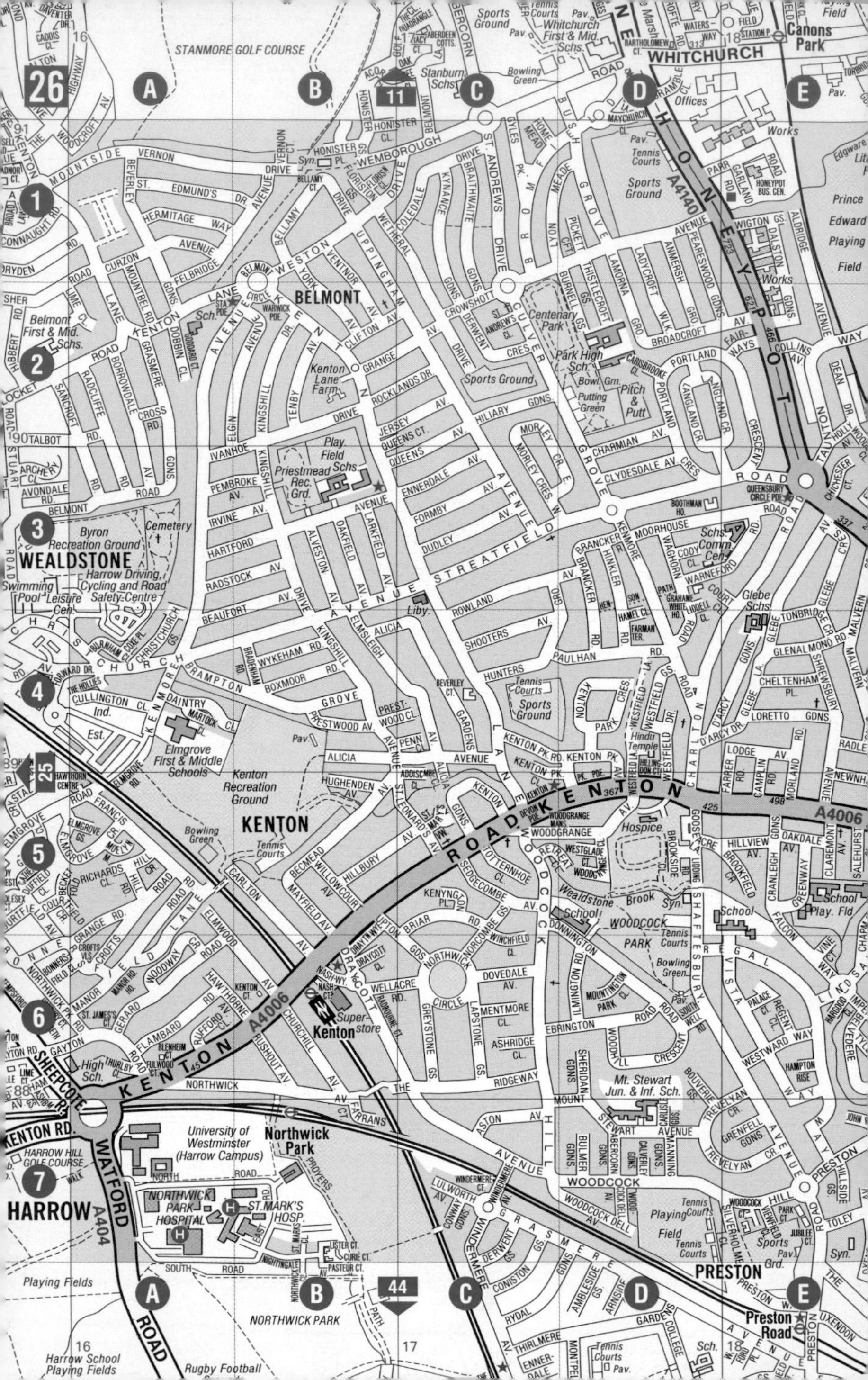

26
11
25
44
STANMORE GOLF COURSE
Sports Ground
Whitchurch First & Mid. Schs.
Canons Park
WHITCHURCH
Stanburn Schs.
Bowling Green
Offices
Works
Pav.
Tennis Courts
Sports Ground
A4140
HONEYPOT
Prince Edward Playing Field
HONEYPOT BUS. CEN.
MOUNTSIDE
VERNON
BEVERLEY
ST. EDMUND'S DR.
HERMITAGE WAY
WEMBOROUGH
HONISTER GS.
FLORISTON
BELMONT CIRCLE
WESTON
BELMONT
UPPINGHAM
ST. ANDREWS DRIVE
CROWSHOTT
Centenary Park
Park High Sch.
Putting Green
Pitch & Putt
Bowl. Grn.
BROADCROFT
PORTLAND
CHARMIAN AV.
CLYDESDALE AV.
QUEENSBURY CIRCLE PDE.
TAUNTON
Belmont First & Mid. Schs.
KENTON LANE
Kenton Lane Farm
Sports Ground
HILIARY GDNS
Play. Field Schs.
Priestmead Rec. Grd.
ENNERDALE AV.
FORMBY AV.
DUDLEY AV.
STREATFIELD
Byron Recreation Ground
Cemetery
WEALDSTONE
Harrow Driving, Cycling and Road Safety Centre
Swimming Pool
Leisure Cen.
Liby.
ROWLAND
SHOOTERS AV.
HUNTERS
Tennis Courts
Sports Ground
Schs. Comm. Cen.
Glebe Schs.
CHRISTCHURCH
KENMORE
BRAMPTON
DAINTRY
Ind. Est.
Elmgrove First & Middle Schools
Kenton Recreation Ground
KENTON
Bowling Green
Tennis Courts
KENTON ROAD
A4006
Hindu Temple
Hospice
Wealdstone Brook
School
WOODCOCK PARK
Tennis Courts
Bowling Green
NORTHWICK CIRCLE
Super-store
Kenton
High Sch.
SHEEPCOTE RD.
KENTON RD.
WATFORD ROAD
A404
HARROW HILL GOLF COURSE
HARROW
University of Westminster (Harrow Campus)
Northwick Park
NORTHWICK PARK HOSPITAL
ST. MARK'S HOSP.
Mt. Stewart Jun. & Inf. Sch.
WOODCOCK
Playing Field
Tennis Courts
Sports Grd.
PRESTON
Preston Road
Playing Fields
NORTHWICK PARK
Harrow School Playing Fields
Rugby Football
Sch.
16
17
18

27
BURNT OAK
DEANSBROOK
EDGWARE
BURNT
T.A. Cen.
12
Watling
WATLING
Sports Ground
Tennis Courts
PARK
Edgware Football Gd
LITTLE STANMORE
Chandos Recreation Ground
Pav.
F
G
H
J
K
1
2
3
4
5
6
7
19
20
21
Canons High Sch.
Sports Ground
School
Lib.
Burnt Oak
BROADWAY
A5
OAK
Silk Stream Park
Prim. Sch.
Montrose Recreation Ground
COLINDALE HOSPITAL
COLINDALE
Superstore
YAOHAN PLAZA
CAPITOL INDUSTRIAL PARK
EUROPEAN BUSINESS CENTRE
COLINDALE BUSINESS PARK
Works
Roe Green
Schools
Recreation Ground
Queensbury
QUEENSBURY
A4140
KINGSBURY COMMUNITY HOSP.
BOWMAN TRADING ESTATE
Kingsbury High Sch. Play. Fld.
Roe Grn. Jun. & Inf. Sch.
Kingsbury Manor
Roe Green Park
Kingsbury Manor Studio
School
Liby.
T.A. Centre
ROAD
KINGSBURY
Kingsbury
KINGSBURY CIRCLE
A4006
Police Cadet Training Centre
Sports Ground
Sch.
Spts. Grd.
Tennis Courts
Kingsbury Grn. Prim. Sch.
St. Robert Sothwell Sch.
KINGSBURY TRADING ESTATE
Kingsbury Green
Rec. Grd.
Silver Jubilee Park
88
B454
FRYENT WAY
KINGSBURY
FRYENT COUNTRY PARK
Barn Hill
Open Space
Pond
45
28
Nursery
Field Study Centre
Woodfield Sch.

28
A
B
C
D
E
1
2
3
4
5
6
7
13
22
23
21
27
46
Grahame Park
GRAHAME PARK ESTATE
THE CONCOURSE
Library
Schs.
High Sch.
R.A.F. Museum Hendon
Battle of Britain Hall
Hendon Coll.
Play. Field
Tennis Courts
COLINDALE HOSPITAL
Colindale
COLINDALE
Colindale Park
Library
Peel Centre (Metropolitan Police Training Establishment)
Sports Ground
COLINDEEP
A5150
M1
M1 MOTORWAY
WATFORD WAY
A1
Junction 2
FIVEWAYS CORNER
Hasmonean High Sch.
Rugby Club
Copthall Swimming Pool
COPTHALL SPORTS CENTRE
Stadium
Club House
Chase Lodge
Playing Field
Dollis Co. Inf. & Dollis Jun. Schs.
GREAT
(BARNET-BY-PASS)
Playing Fields
Rugby Club
SUNNY HILL PARK
A41 WATFORD WAY
THE GARDEN HOSP.
St. Mary's C. of E. High Sch.
Museum
Comm. Cen.
Middlesex University
HENDON
BURROUGHS
CHURCH RD.
BRENT
PARSON
B552
A502
QUEENS B551 ROAD
Hendon Central
HENDON PARK
THE HYDE
CONNAUGHT BUSINESS CENTRE
THE HYDE IND. EST.
GARRICK INDUSTRIAL ESTATE
Rushgrove Park
Silk Stream
EDGWARE
THE HYDE
ROAD
A5
KINGSBURY
A4006 RD.
Malcolm Park
STATION ROAD
A504
Hendon
WEST HENDON PLAYING FIELDS
Silver Jubilee Park
Sports Ground
Cycle Track
Brent Reservoir
York Park
Youth Sailing Base
Cool Oak Bridge
COOL OAK LANE
BROADWAY
WEST HENDON
BRENT CROSS INTERCHANGE
BRENT CROSS SHOPPING CENTRE
Brent Cross
Junc. 1
A406 NORTH
STAPLES CORNER
CLAREMONT WAY INDUSTRIAL ESTATE
Depot
WOODFIELD PARK
Rifle Range
BRENT RESERVOIR
Woodfield Sch.
Nursery

29
14
30
47
FINCHLEY
Finchley Central
CHURCH END
Holders Hill
HENDON CEMETERY
Hendon Crematorium
HENDON GOLF COURSE
Windsor Open Space
Avenue House Grounds
Sports Ground
St. Marylebone Crematorium
ST. MARYLEBONE CEMETERY
Christ's College
College Farm
HENLYS CORNER
Temple Fortune
Princes Park
GOLDERS GREEN
Golders Green
Golders Green Crematorium
Jewish Cemetery
Brent Cross
Big Wood
Little Wood
Willifred Green
Mutton Brook
The Decoy
HAMPSTEAD
HEATH
Pentland Centre
Superstores
NORTH CIRCULAR ROAD
HENDON WAY
REGENTS PARK ROAD
FINCHLEY ROAD
GOLDERS GREEN RD
HENDON LANE
EAST END ROAD
BALLARDS LANE
DOLLIS ROAD
FALLODEN WAY
NORTH END RD
A1
A406
A504
A598
A502
B552
F
G
H
J
K
1
2
3
4
5
6
7

30
A
B
C
D
E
1
2
3
4
5
6
7
15
29
48
26
27
28
88
89
90
Fallow Corner
FINCHLEY MEM. HOSP.
HIGH RD. NTH. FINCHLEY
HOLDENHURST
ETCHINGHAM PARK RD.
WOODLANDS
QUEENS AV.
CLIFTON RD.
Rugby Football Ground
Cricket & Football Grounds
Glebe Open Space
GREAT NORTH LEISURE PARK
NORTH CIRCULAR ROAD
A406
A1000
HIGH ROAD
BOBBY MOORE WAY
COPPETTS RD.
COLNEY HATCH
Pitz Soccer Complex
Strawberry Vale
Brook
Islington Crematorium
ST. PANCRAS & ISLINGTON CEMETERY
Muswell Hill Sports Ground
Sports Ground
Recreation Ground
COLDFALL WOOD
Coldfall Prim. Sch.
Playing Field
TETHERDOWN
Martin Jun. & Inf. School
Playing Field
Library
CHANDOS RD.
EAST FINCHLEY
EAST END ROAD
A504
MARYLEBONE CEMETERY
FORTIS GREEN
FORTIS GREEN A504
Fortismere Sch.
ST. LUKE'S WOODSIDE HOSP.
Oak Lodge Sch.
ABBOTS GARDENS
East Finchley
NATIONAL HOSP. FOR NEUROLOGY
Cherry Tree Wood
Rec. Grd.
GREAT NORTH RD.
LYTTELTON ROAD
A1
AYLMER ROAD
ARCHWAY RD.
HAMPSTEAD GARDEN SUBURB
Playing Fields
MKT. PL.
HIGHGATE WOOD
Stormont Lawn Tennis & Squash Club
Sports Ground
HIGHGATE GOLF COURSE
Club House
HIGHGATE PRIVATE HOSP.
NORTH HILL
B519
HIGHGATE
Highgate Jun. Sch.
Playing Field
Sports Ground
Prim. Sch.
HAMPSTEAD GOLF COURSE
Bunkers Hill
HAMPSTEAD HEATH
Turners Wood
Club House
HAMPSTEAD LANE
B519
North Wood
Kenwood House
ATHLONE HOUSE
SOUTHWOOD LA.
B550
The Spaniards
WILDWOOD RD.
MILLFIELD LA.
Bowling

31
MUSWELL HILL
GOLF COURSE
Bowes Park
Recreation Ground
Club House
Tennis Courts
Pool
DURNSFORD RD.
ALBERT RD.
ALEXANDRA PARK RD.
B106
BOUNDS GREEN RD.
A109
GREEN LANES
TRURO RD.
FINSBURY RD.
COMMERCE RD.
HIGH ROAD
A105
WHITE HART LANE
Civic Cen.
Depot
Nightingale Gdns.
Avenue Gdns.
VICTORIA RD.
ALEXANDRA PALACE WAY
Football Ground
The Lake
Alexandra Pavilion
Alexandra Palace
Blandford Hall
WOOD GREEN
Wood Green
Wood Gn. Common
Middlesex Univ. (Quicksilver Pl. Campus)
MAYES RD.
STATION RD.
Shopping City
ALEXANDRA
PARK
ALEXANDRA PALACE
Reservoir
Cricket Ground
Filter Beds
Playing Field
Olympia Ind. Est.
Gas Works
B138
PARK RD.
HORNSEY PARK RD.
MUSWELL HILL
Muswell Hill Jun. & Inf. Schs.
MUSWELL HILL BROADWAY
MUSWELL HILL A504
PRIORY RD.
HIGH ST.
HORNSEY A504
TURNPIKE LA.
Works
Hornsey
HORNSEY
Parkland Walk
Cranley Gardens
QUEEN'S WOOD
PRIORY PARK
PARK RD.
A1201
HORNSEY CENTRAL HOSPITAL
Swim. Pool
Cricket Ground
Playing Fields
Tennis Courts
Sports Gd.
TOTTENHAM LA.
A103
CHURCH LA.
HORNSEY VALE
Stationers Park
Town Hall
Lib.
THE BROADWAY
CROUCH END HILL
CROUCH HILL
A1201
CROUCH END
Sports Field
Highgate
Lib.
SHEPHERD'S HILL
A1
HORNSEY RD.
B540
Covered Reservoir
STROUD GREEN
Parkland Walk
Crouch Hill
Rec. Cen.
HORNSEY LANE
HIGHGATE HILL
STROUD GRN. RD.
WATERLOW
16
32
49
F G H J K
1 2 3 4 5 6 7

TOTTENHAM
TOTTENHAM CEMETERY
WOOD GREEN
Wood Green
NOEL PARK
LORDSHIP RECREATION GROUND
Open Air Theatre
The Moselle
Playing Field
BROADWATER FARM ESTATE
DOWNHILLS PARK
Belmont Rec. Grd.
WEST GREEN
Turnpike La.
Hornsey
HORNSEY
HARRINGAY
Harringay
Harringay Green Lanes
Superstore
COLINA
ST. ANN'S HOSPITAL
Chestnuts Rec. Ground
ST. ANN'S ROAD
SOUTH TOTTENH
Stamford Hill
STROUD GREEN
Stationers Park
New River
FINSBURY PARK
American Gardens
Cricket Ground
Green Lanes Bridge
Sports Arena
MANOR HOUSE
Manor House
Covered Res.
Seven Sisters Bri
WOODBERRY DOWN EST.
EAST RESERVOIR
WEST RESERVOIR
Sir Thomas Abney Prim. Sch.
LORDSHIP LANE
A109
A10
THE ROUNDWAY
A1080
WESTBURY AVENUE
DOWNHILLS WAY
B155
A105
GREEN LANES
GRAND PARADE
WEST GREEN ROAD
A504
A503
SEVEN SISTERS ROAD
AMHURST
A107
B152
B138
B150
HERMITAGE ROAD
ENDYMION ROAD
WOODBERRY
17
31
50
A
B
C
D
E
1
2
3
4
5
6
7

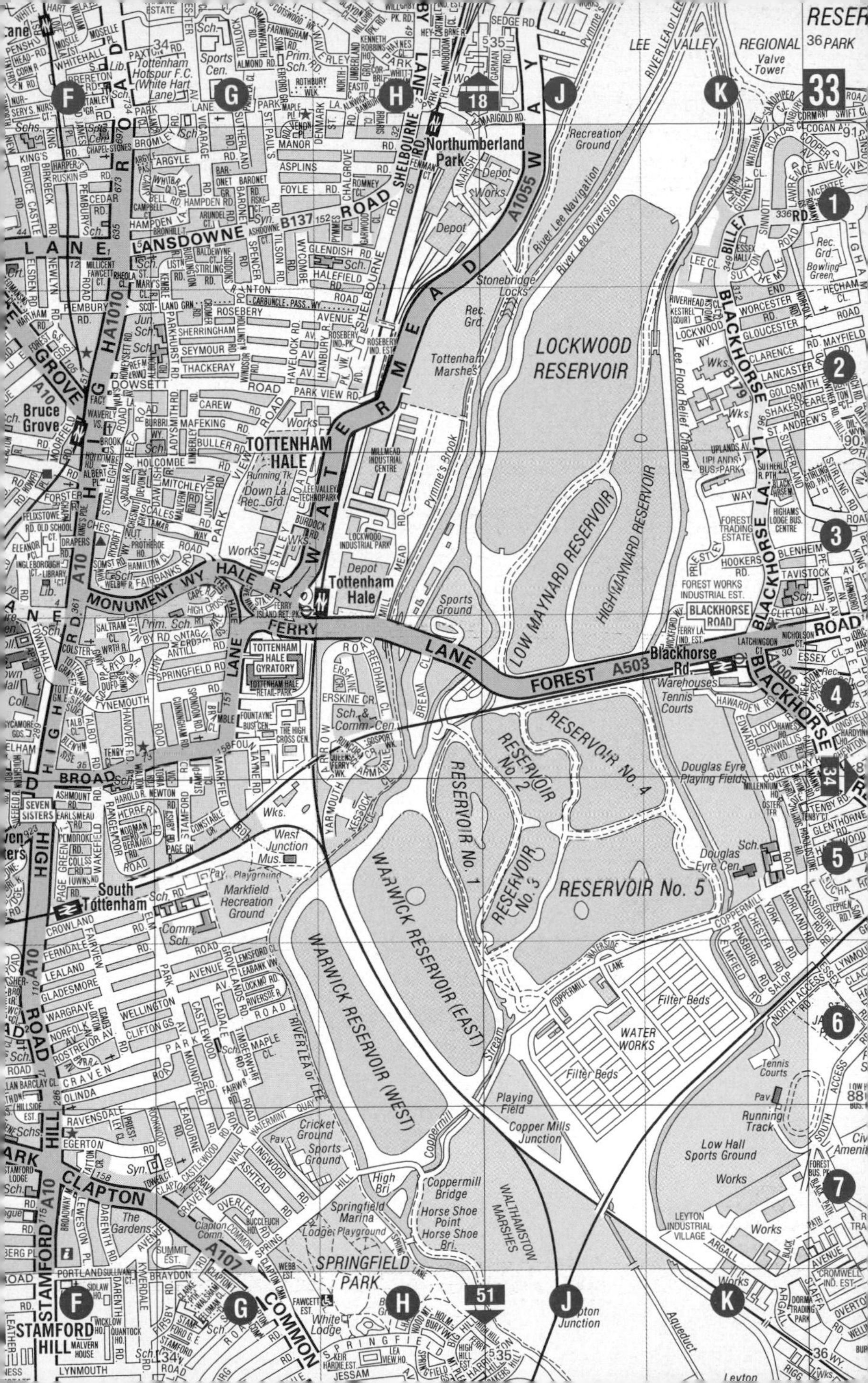

33
LEE VALLEY REGIONAL PARK
Valve Tower
Tottenham Hotspur F.C. (White Hart Lane)
Sports Cen.
Northumberland Park
18
Recreation Ground
River Lee Navigation
River Lee Diversion
Stonebridge Locks
LANSDOWNE ROAD
B137
A1055
WATERMEAD WAY
HIGH RD
A1010
LOCKWOOD RESERVOIR
Tottenham Marshes
Lee Flood Relief Channel
BLACKHORSE LA.
B179
TOTTENHAM HALE
Bruce Grove
LOW MAYNARD RESERVOIR
HIGH MAYNARD RESERVOIR
Pymme's Brook
MILLMEAD INDUSTRIAL CENTRE
LOCKWOOD INDUSTRIAL PARK
Tottenham Hale
MONUMENT WY
HALE RD
FERRY LANE
FOREST ROAD
A503
Blackhorse Rd.
BLACKHORSE ROAD
A1006
TOTTENHAM HALE GYRATORY
TOTTENHAM HALE RETAIL PARK
Sports Ground
RESERVOIR No. 1
RESERVOIR No. 2
RESERVOIR No. 3
RESERVOIR No. 4
RESERVOIR No. 5
Douglas Eyre Playing Fields
Douglas Eyre Cen.
34
West Junction Mus.
South Tottenham
SEVEN SISTERS
Markfield Recreation Ground
WARWICK RESERVOIR (WEST)
WARWICK RESERVOIR (EAST)
Filter Beds
WATER WORKS
COPPERMILL LANE
Playing Field
Copper Mills Junction
Tennis Courts
Running Track
Low Hall Sports Ground
Works
LEYTON INDUSTRIAL VILLAGE
Cricket Ground
Sports Ground
Coppermill Bridge
Horse Shoe Point
Horse Shoe Bri.
WALTHAMSTOW MARSHES
Springfield Marina
SPRINGFIELD PARK
White Lodge
CLAPTON COMMON
A107
STAMFORD HILL
A10
51
Clapton Junction
Aqueduct
Leyton
F
G
H
J
K
1
2
3
4
5
6
7

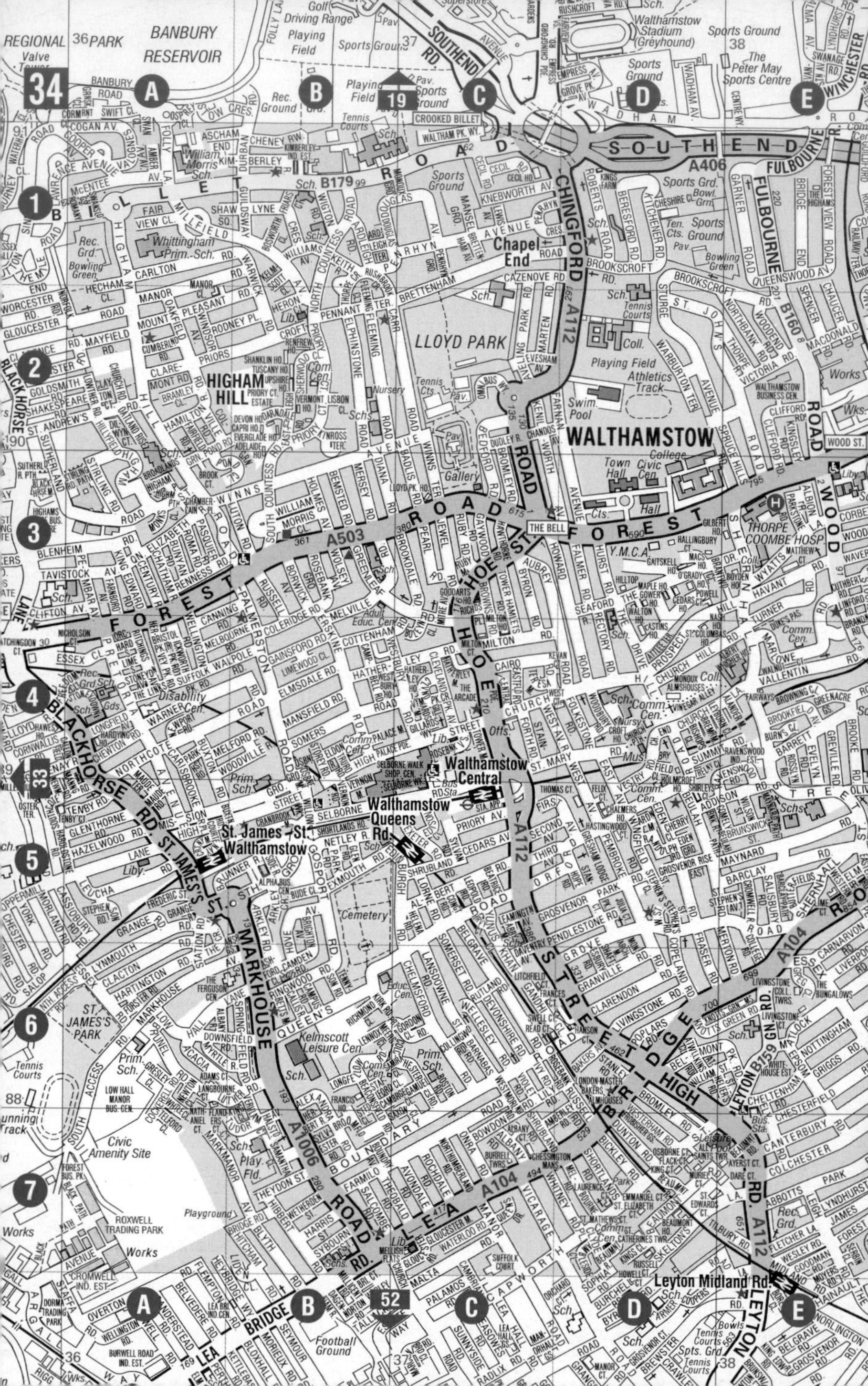

34
REGIONAL PARK
BANBURY RESERVOIR
Golf Driving Range
Playing Field
Sports Ground
Walthamstow Stadium (Greyhound)
The Peter May Sports Centre
19
CROOKED BILLET
SOUTHEND RD.
SOUTHEND ROAD
A406
BILLET ROAD
B179
William Morris Sch.
Whittingham Prim. Sch.
HIGHAM HILL
Chapel End
CHINGFORD ROAD
A112
LLOYD PARK
Playing Field
Athletics Track
Swim. Pool
WALTHAMSTOW
Town Hall
Civic Cen.
FOREST ROAD
A503
THE BELL
THORPE COOMBE HOSP.
Y.M.C.A.
HOE ST.
BLACKHORSE RD.
FOREST RD.
Walthamstow Central
Walthamstow Queens Rd.
St. James St. Walthamstow
ST. JAMES'S ST.
SELBORNE WALK SHOP. CEN.
Cemetery
MARKHOUSE RD.
A1006
HIGH STREET
Kelmscott Leisure Cen.
ST. JAMES'S PARK
LOW HALL MANOR BUS. CEN.
Civic Amenity Site
Playground
ROXWELL TRADING PARK
Works
LEA BRIDGE RD.
A104
HIGH RD. LEYTON
B159
Leyton Midland Rd.
Football Ground
52
33
A
B
C
D
E
1
2
3
4
5
6
7
36
37
38

35
EPPING FOREST
A406
ROAD
WATERWORKS CORNER
WOODFORD NEW ROAD
A104
NEW ROAD
SOUTHEND RD.
(NTH. CIRCULAR RD.)
A503
Walthamstow Forest
Reservoir (Covered)
Gillbert's Slade
HIGH ROAD
A1199
WOODFORD
SOUTH WOODFORD
South Woodford
CHURCHFIELDS
Churchfields Junior & Infant Schs.
Halls of Residence
Sports Grd.
Woodbridge High Sch.
GEORGE LA.
B168
THE VIADUCT
CHIGWELL
HILL
A113
Sports Ground
Horse Ride
Sports Ground Forest Schs.
Boating Pond
Community Hall
Wood St. Walthamstow
UPPER WALTHAMSTOW
B160
STREET
SNARESBROOK ROAD
Eagle Pond
Snaresbrook Crown Court
SNARESBROOK
Snaresbrook
Hollow Pond (Boating Lake)
HOLLYBUSH HILL
WANSTEAD
HERMON
WHIPPS CROSS
WHIPPS A114 CROSS ROAD
WHIPPS CROSS HOSPITAL
Playing Field
Recreation Grd.
EASTERN AV
PARK
A106
CAMBRIDGE
A12
Wanstead George Green
WANSTEAD
BLAKE HALL
A1008
ROAD
GREEN MAN ROUNDABOUT
LEYTONSTONE
BUSH
A114 ROAD
GAINSBOROUGH RD.
Leytonstone
HIGH ROAD
The Basin (Fish Pond)
Tennis Courts
Sports Ground
WANSTEAD GOLF COURSE
Reservoir Wood
Shoulder of Mutton Pond
F
G
H
J
K
1
2
3
4
5
6
7
20
36
53

36
A
B
C
D
E
1
2
3
4
5
6
7
21
35
54
41
42
43
91
90
88
BROADMEAD RD.
ROAD
WOODFORD BRIDGE
Claybury Hall
Claybury Hospital Nature Res
Forest House
Hospital
Cocked Hat Plantation
Egg Clump
Playing Field
Sports Ground
Pav.
Sewage Works
Cemetery
Sports Ground
Playing Field
Ash Plantation
Winn Bridge
CHIGWELL
A113
M11
Junction 4
WANSFORD ROAD
FAIRVIEW GS.
LYNWOOD CL.
CRESCENT
RAVEN RD.
KENSINGTON DR.
WESTVIEW DR.
RIVINGTON AV.
SUMMIT DR.
HILLINGTON GDNS.
MARSTON
CHALGROVE CR.
WENSLEYDALE
ATHERTON ROAD
HAREWOOD
COUCHMORE AV.
HEATHCOTE AV.
Caterham High Sch.
Tennis Courts
EWELLHURST RD.
COTTESMORE AV.
KIRKLAND
DOVEDALE
STRAFFORD
HURSTLEIGH GDS.
BASILDON
FULLWELL
CAERNARVON
SOUTHEND RD.
(NORTH CIRCULAR ROAD)
CHARLIE BROWN'S ROUNDABOUT
WOODFORD TRADING ESTATE
THE ORBITAL CENTRE
BOURNE CT.
CLAYHALL
CLAYBURY
STRADBROKE
GROVE
BRINKWORTH RD.
MARLBOROUGH
HEATHERLEY DR.
GAYFERE RD.
CHADACRE AV.
MELLOWS RD.
WOODFORD A1400
Works
Warehouse
Hatton School
Sports Field
P.D.S.A. (Veterinary Centre)
RODING HOSPITAL (B.U.P.A.)
A406
River Roding
Beal High Sch.
Ten. Cts.
WOODFORD BRIDGE ROAD
BROADWAY
STONELEIGH
CLAYHALL PARK
Tennis Courts
Pav.
ABBOTSWOOD
WERNETH HALL
MONKSWOOD
DELLWOOD
EVESHAM WY.
QUEENBOROUGH
NORTHWOOD GARDENS
LONGWOOD
HIGHWOOD
BEECHWOOD
COLLINWOOD
GLENWOOD
GANTSHILL
GANTS HILL
Nightingale Prim. Sch.
Tennis Courts
Sports Grd.
CADOGAN GARDENS
Recreation Ground
TORQUAY
WHITNEY AV.
LAKESIDE AV.
MERRIVALE
BRAINTREE AV.
BERGHOLT AV.
Jun. & Inf. Schs.
RIDGEWAY GDNS.
AMBLESIDE
GRASMERE
BRANTWOOD
DERWENT GS.
CONISTON GS.
EAST
SOMERSBY
BEEHIVE
WOODFORD AV.
A1400
FOWEY
TRYFAN CL.
COLLEGE GS.
GRANGEWAY
HIGHCLIFFE GS.
DANEHURST
INGLEHURST
WINDERMERE
ELLESMERE
VISTA
FERNHALL
FAIRMEAD
EDWINA GS.
GARDENS
ETHELBERT
WYCOMBE RD.
LIMEWOOD CT.
Sports Ground
REDBRIDGE ROUNDABOUT
SOUTH WOODFORD TO BARKING RELIEF ROAD
A406
Redbridge
MARGARET WY.
EASTERN AVENUE
A12
AVENUE
291
202
Gants Hill
CRANBROOK RD.
A123
B192
REDBRIDGE
CASTLE DR.
CASTLEVIEW GARDENS
PRESTON GS.
WANSTEAD LANE
P.L.A. Recreation Ground
Tennis Courts
Club House
Pav.
Syn.
BLENHEIM AV.
ST. GEORGE'S RD.
ST. ANDREW'S RD.
LINCOLN GS.
CHELMSFORD GS.
CHICHESTER GS.
ROCHESTER GS.
VAUGHAN GDNS.
COWLEY RD.
CLARENDON GDNS.
HOLCOMBE RD.
Ilford Cricket Club
Bowls
Pav.
Offs.
EXETER
HIGHLANDS
Prim. Sch.
STANHOPE
SACKVILLE
GARDENS
CRANBROOK
EASTERN AVENUE
A12
Sports Cen.
Wanstead High Sch.
Sports Ground
Golf Course
WANSTEAD
Pumping Station
ROYSTON GS.
WARREN
LANGLEY
COLEBROOKE DR.
OVERTON
WARREN DR.
RAYNES AV.
Club Ho.
The Heronry
Lincoln Island
Rook Island
River Roding
WANSTEAD GOLF COURSE
WANSTEAD PARK
The Temple
Heronry Pond
ILF

37
38
55
FAIRLOP
FULLWELL CROSS
BARKINGSIDE
NEWBURY PARK
ALDBOROUGH HATCH
SEVEN KINGS
FAIRLOP WATERS
Country Park
FAIRLOP WATERS GOLF COURSE
Fairlop Lake
Hainault Recreation Grd.
Fairlop Oak Recreation Ground
Lloyds Sports Club
Old Blue's Football Club
Bracken Industrial Estate
Forest Industrial Pk.
Oakfield Sch. Sports Centre
Redbridge Sports Centre
King Solomon High Sch.
Ilford High Sch.
Clore Hillel Sch.
Fairlop Prim. Sch.
Ilford Jewish Prim. Sch.
Barkingside Rec. Grd.
Barnardos
Fullwood Prim. Sch.
Aldborough Hall (School of Riding)
Aldborough Hall Farm
Aldborough Ho. Farm
Aldborough House
Nature Reserve
Activity Centre
Fairlop Lodge
Forest Farm Cottages
Newbury Park Prim. Sch.
Timber Mill
SEVEN KINGS PARK
VALENTINES PARK
FENCEPIECE ROAD A123
HIGH ROAD
EASTERN AVENUE A12
FOREST ROAD
HORNS ROAD
ALDBOROUGH ROAD NORTH
ALDBOROUGH ROAD SOUTH
PAINTERS ROAD

Hainault Rec. Grd.
FOREST ROAD
HAINAULT ROAD
Works
Farm Cottages
Hainault Farm
FAIRLOP WATERS
Country Park
Seven Kings Water
Marks Gate
WHALEBONE LANE
A1112
Furze Cottage
Furze House Farm
PAINTERS ROAD
Aldborough Hall Farm
ALDBOROUGH HATCH
Red House Farm
Hainault House
Willow Farm
Playing Field
Little Heath Sch.
Sports Ground
Little Heath House
BILLET ROAD
Chadwell Heath Cemetery
Jun. Sch.
Infant Sch.
EASTERN AVENUE EAST
A12
KING GEORGE HOSPITAL
LITTLE HEATH
Nursery
Redbridge College
Ethel Davis Sch.
Grove Prim. Sch.
GOODMAYES HOSPITAL
Sports Ground
Club House
CHADWELL HEATH HOSPITAL
The Chadwell Centre
ST. CHAD'S PARK
Playground
Works
Warehouse
Playing Field
Brookside Sch.
Farnham Green Prim. Sch.
CHADWELL HEATH
HIGH ROAD
A118
BARLEY LANE
B177
Superstores
Superstore
Goodmayes
Chadwell Heath
CHADWELL HEATH INDUSTRIAL PARK
Mayfield Sch.
56
37

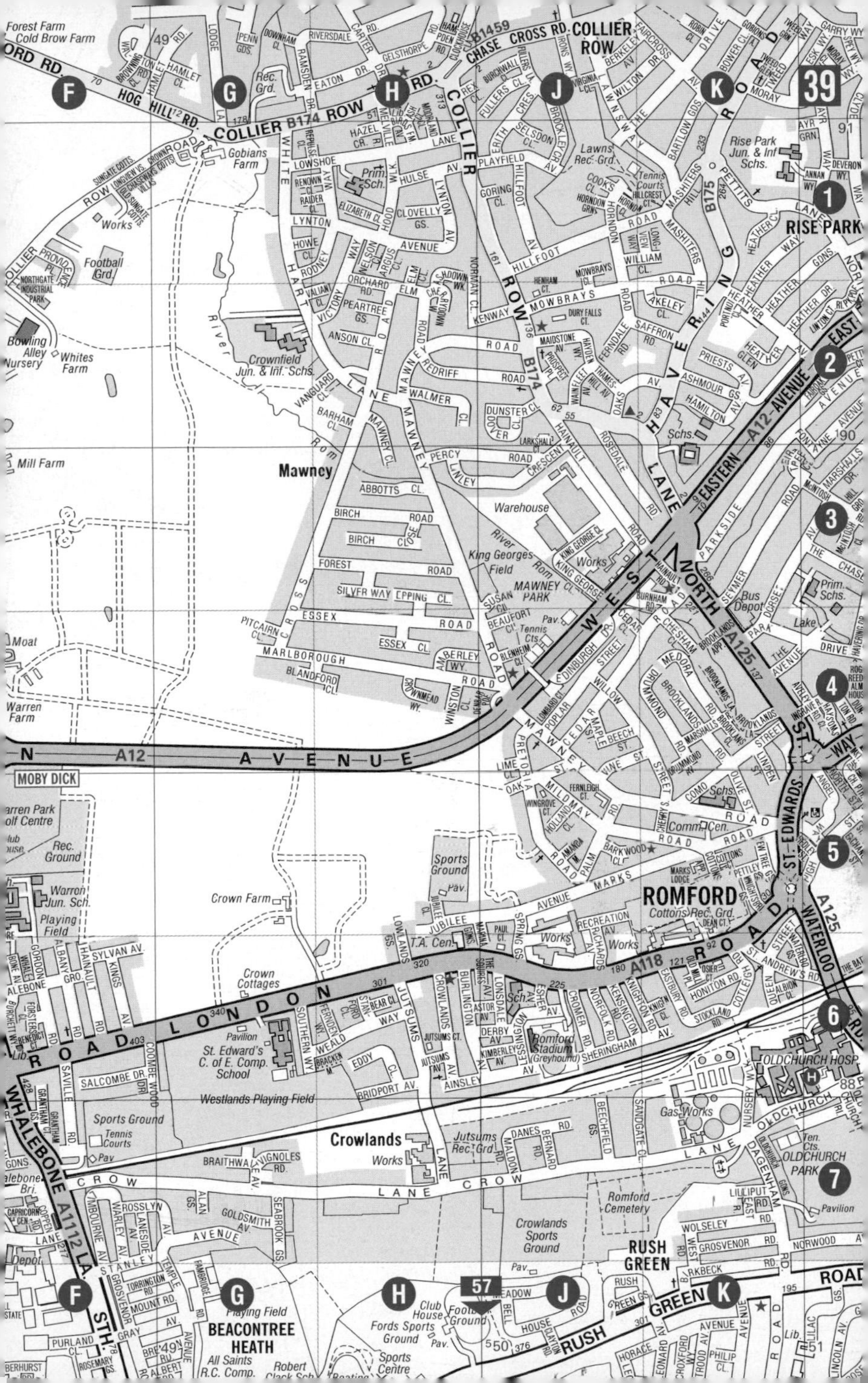
Forest Farm
Cold Brow Farm
HOG HILL RD.
COLLIER B174 ROW RD.
CHASE CROSS RD.
COLLIER ROW
Gobians Farm
Rise Park Jun. & Inf. Schs.
RISE PARK
Lawns Rec. Grd.
Tennis Courts
HAVERING ROAD
Works
Football Grd.
Bowling Alley
Nursery
Whites Farm
Crownfield Jun. & Inf. Schs.
River Rom
Mill Farm
Mawney
Warehouse
King Georges Field
MAWNEY PARK
EASTERN A12 AVENUE
Bus Depot
Prim. Schs.
Lake
Moat
Warren Farm
A12 AVENUE
MOBY DICK
Warren Park Golf Centre
Rec. Ground
Warren Jun. Sch.
Playing Field
Sports Ground
Crown Farm
Crown Cottages
ROMFORD
Cottons Rec. Grd.
Comm. Cen.
LONDON ROAD
A118
St. Edward's C. of E. Comp. School
Westlands Playing Field
Romford Stadium (Greyhound)
Gas Works
OLDCHURCH HOSP.
Crowlands
Jutsums Rec. Grd.
Romford Cemetery
Crowlands Sports Ground
OLDCHURCH PARK
RUSH GREEN
WHALEBONE A1112 LA.
BEACONTREE HEATH
Playing Field
All Saints R.C. Comp.
Fords Sports Ground
Club House
Football Ground
Sports Centre
57
RUSH GREEN ROAD
A125
WATERLOO RD.
ST. EDWARDS WAY
F G H J K
1 2 3 4 5 6 7

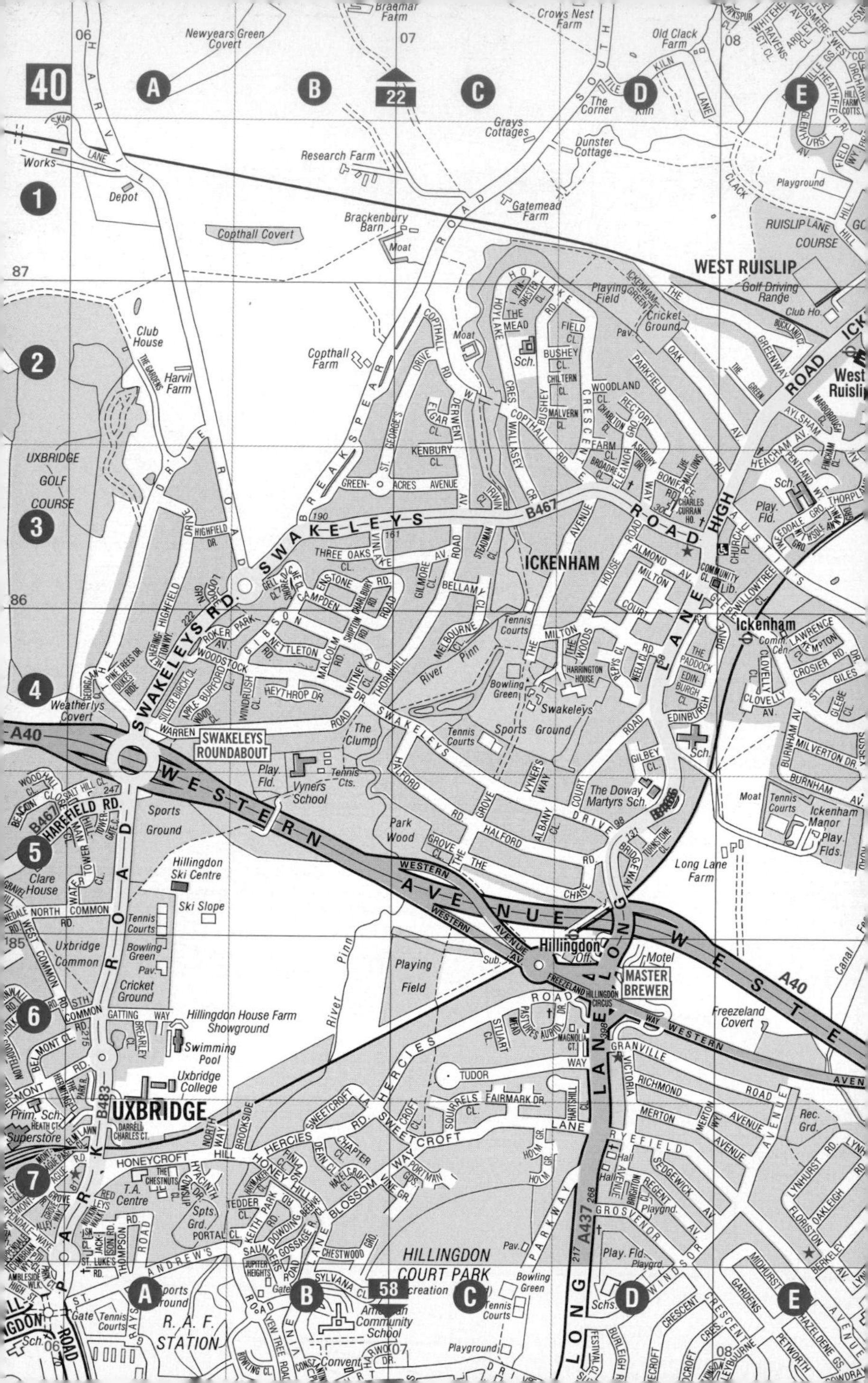
Braemar Farm
Crows Nest Farm
Newyears Green Covert
Old Clack Farm
A
B
22
C
D
E
06
07
08
Skip Lane
Works
Depot
Harvil Road
Research Farm
Grays Cottages
The Corner
Kiln
Dunster Cottage
Gatemead Farm
Brackenbury Barn
Moat
Copthall Covert
South Road
Playground
Ruislip Lane Course
West Ruislip
Golf Driving Range
Club Ho.
87
86
85
1
2
3
4
5
6
7
Club House
Harvil Farm
Copthall Farm
Uxbridge Golf Course
Playing Field
Cricket Ground
Pav.
Sch.
Breakspear Road
Swakeleys Road
B467
Ickenham
Community Lib.
Ickenham Comm. Cen.
High Road
Long Lane
Tennis Courts
Bowling Green
Swakeleys
Harrington House
Swakeleys Sports Ground
River Pinn
Weatherlys Covert
A40
Swakeleys Roundabout
Western Avenue
Vyners School
Play. Fld.
The Clump
Park Wood
The Doway Martyrs Sch.
Long Lane Farm
Moat
Ickenham Manor
Play. Flds.
Harefield Rd.
Sports Ground
Clare House
Hillingdon Ski Centre
Ski Slope
Uxbridge Common
Cricket Ground
Hillingdon
Hillingdon Circus
Master Brewer
Motel
Freezeland Covert
Hillingdon House Farm Showground
Swimming Pool
Uxbridge College
Uxbridge
Superstore
Prim. Sch.
T.A. Centre
Spts. Grd.
Hillingdon Court Park
Recreation Grd.
Bowling Green
Rec. Grd.
Playgnd.
Play. Fld.
Sports Ground
R.A.F. Station
American Community School
Convent
Playground
Schs.
58
A437
B483
Park Road
Hercies Road
Sweetcroft Lane
Blossom Way
Windsor Avenue
Richmond Avenue
Merton Avenue
Ryefield Avenue
Grosvenor Avenue
Parkway
Freezeland Way
Granville Road
Canal

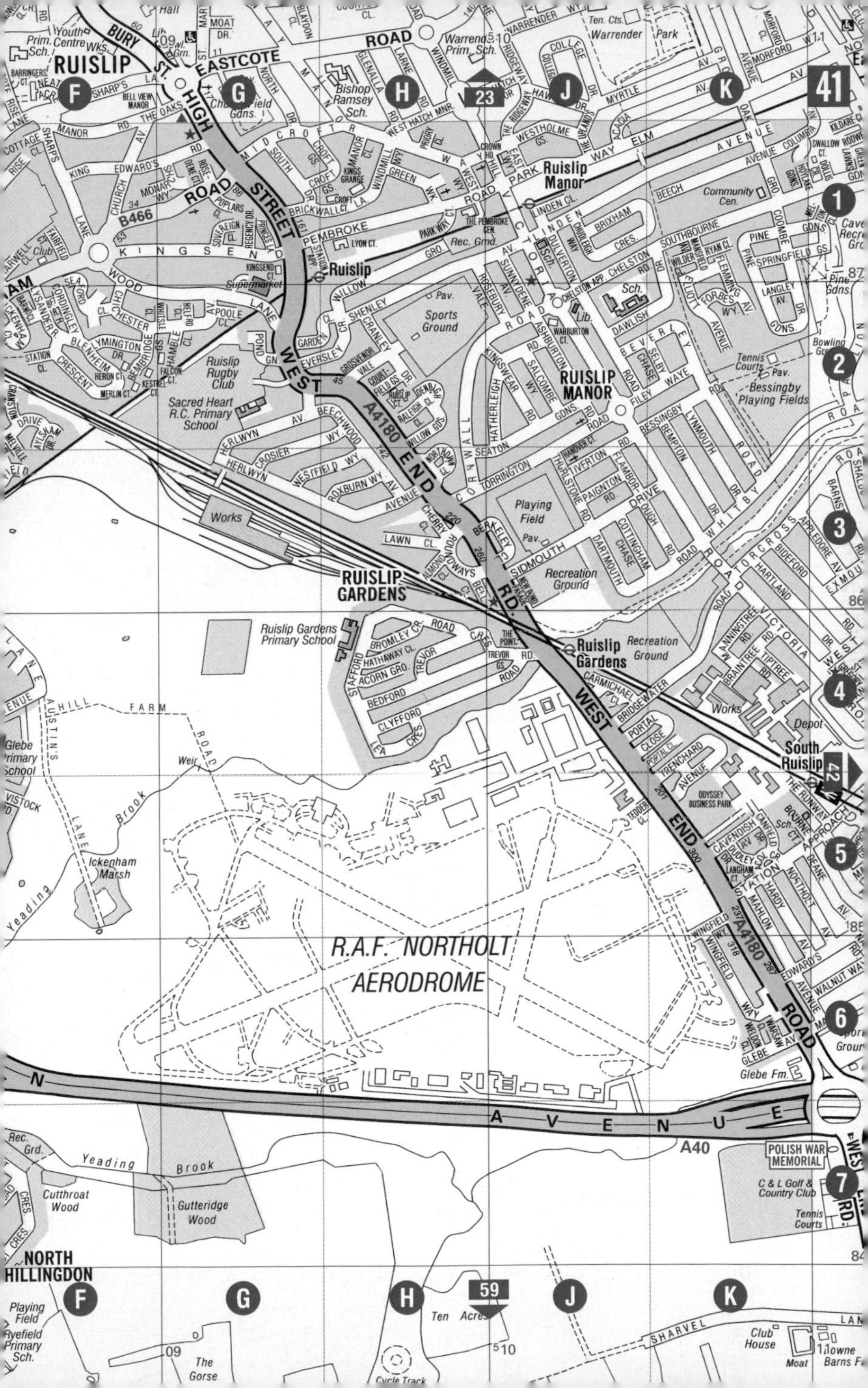
RUISLIP
RUISLIP MANOR
Ruislip Manor
Ruislip
RUISLIP GARDENS
Ruislip Gardens
South Ruislip
R.A.F. NORTHOLT AERODROME
NORTH HILLINGDON
WEST END RD.
HIGH STREET
A4180
A40
POLISH WAR MEMORIAL
C & L Golf & Country Club
Ruislip Rugby Club
Sacred Heart R.C. Primary School
Ruislip Gardens Primary School
Sports Ground
Playing Field
Recreation Ground
Bessingby Playing Fields
Ickenham Marsh
Cutthroat Wood
Gutteridge Wood
Glebe Fm.
Odyssey Business Park
23
42
59

42
24
41
60
Eastcote
Rayners Lane
RAYNERS LANE
SOUTH RUISLIP
South Ruislip
NORTHOLT
Northolt
Cavendish Recreation Ground
Pine Gdns.
Bowling Green
Bessingby Playing Fields
Roxbourne Park
Yeading Brook
Miniature Railway
Roxbourne First & Mid. Schs.
Recreation Ground
Field End Jun. & Inf. Schs.
Newton Farm First & Mid. Sch.
Newton Park West
Newton Ecology Park
Alexandra Sch.
Sports Ground
High Sch.
Deane Park
Deanesfield Prim. Sch.
Queensmead Sch.
Queensmead Sports Cen.
Playing Fields
Rec. Grd.
Earlsmead Sch.
Harrow Borough F.C.
Victoria Retail Park
Warehouses
Waste Transfer Station
Bourne Primary School
Polish War Memorial
Lord Halsbury Memorial Playing Flds.
Willow Tree Prim. Sch.
Northolt High Sch.
Northolt Park
Play Centre
Islips Manor Park
London Golf Course
Walford First & Middle Sch.
Northolt Prim. Sch.
John Chilton Sch.
Walford High Sch.
Target Roundabout
Belvue Park
Towne Barns Fm.
WESTERN AVENUE
A40
A4090
A4180
A312
ALEXANDRA AVENUE
EASTCOTE ROAD
FIELD END ROAD
WEST END ROAD
CHURCH ROAD
MANDEVILLE ROAD
VICTORIA ROAD
LONG DRIVE

43
44
25
61
WEST HARROW
HARROW
HARROW ON THE HILL
ROXETH
SOUTH HARROW
South Harrow
Northolt Pk.
Wood End
Greenford Green
Greenford
Sudbury Hill
Sudbury Hill Harrow
Harrow School
Harrow School Playing Fields
The Grove Open Space
HARROW HILL GOLF COURSE
Playing Fields
Parade Ground
School Lake
Kennet End
Cricket Ground
ST. ANDREW'S AT HARROW
THE CLEMENTINE CHURCHILL HOSPITAL
Burial Ground
Schools
The Purcell School of Music
Orley Farm Sch.
Playing Fld.
Toll Gate
Harrow Ckt. Club
Bowling Green
Roxeth Rec. Grd.
Tennis Courts
Welldon Park First Sch.
Superstore
Whitmore High Sch.
Grange Schs.
Cemetery
Sudbury Hill Play. Flds.
Games Courts
Pavilion Cotts.
Ealing (Northern) Sports Centre
Swimming Bath
Horsenden Primary Sch.
BERKELEY FIELDS
Horsenden Hill Rec. Grd.
GREENFORD GOLF COURSE
Sports Ground
Warehouses
Works
Factory
GRAND UNION CANAL
(PADDINGTON BRANCH)
Lyon's Dock
GREENFORD INDUSTRIAL ESTATE
Depot
Mosque
Youth & Comm. Cen.
Radio Station
Oldfield Rec. Grd.
Perivale Wood Local Nature Reserve
Union Canal
A312
A4005
A4127
A4090
B457
LOWER RD.
BESSBOROUGH RD.
ROXETH HILL
LONDON RD.
HIGH ST.
SUDBURY HILL
SUDBURY COURT
NORTHOLT ROAD
PETT'S HILL
WHITTON AVENUE
WEST WHITTON AV.
GREENFORD ROAD
WHITMORE ROAD
SHAFTESBURY AV.
WOOD END
KENTON RD.
PETERBOROUGH RD.
ALEXANDRA PARK
F
G
H
J
K
1
2
3
4
5
6
7

HARROW
44
43
26
62
NORTH WEMBLEY
SUDBURY
PERIVALE
NORTHWICK PARK
SUDBURY GOLF COURSE
HORSENDEN HILL GOLF COURSE
Horsenden Hill
Horsenden Wood
South Kenton
North Wembley
Sudbury & Harrow Rd.
Sudbury Town
Wembley Central
Alperton
Preston Road
KING EDWARD VII PARK
BARHAM PARK
Preston Park
Maybank Open Space
Vale Farm Sports Centre
Wembley Commercial Centre
Northwick Park Hosp.
St. Mark's Hosp.
WATFORD ROAD
A404
A4127
A4088
A4005
A4090
A4089
EAST LANE
HARROW RD.
HIGH ROAD
EALING ROAD
WHITTON AVENUE EAST
BRIDGEWATER RD.
SUDBURY COURT DRIVE
GRAND UNION CANAL (PADDINGTON BRANCH)

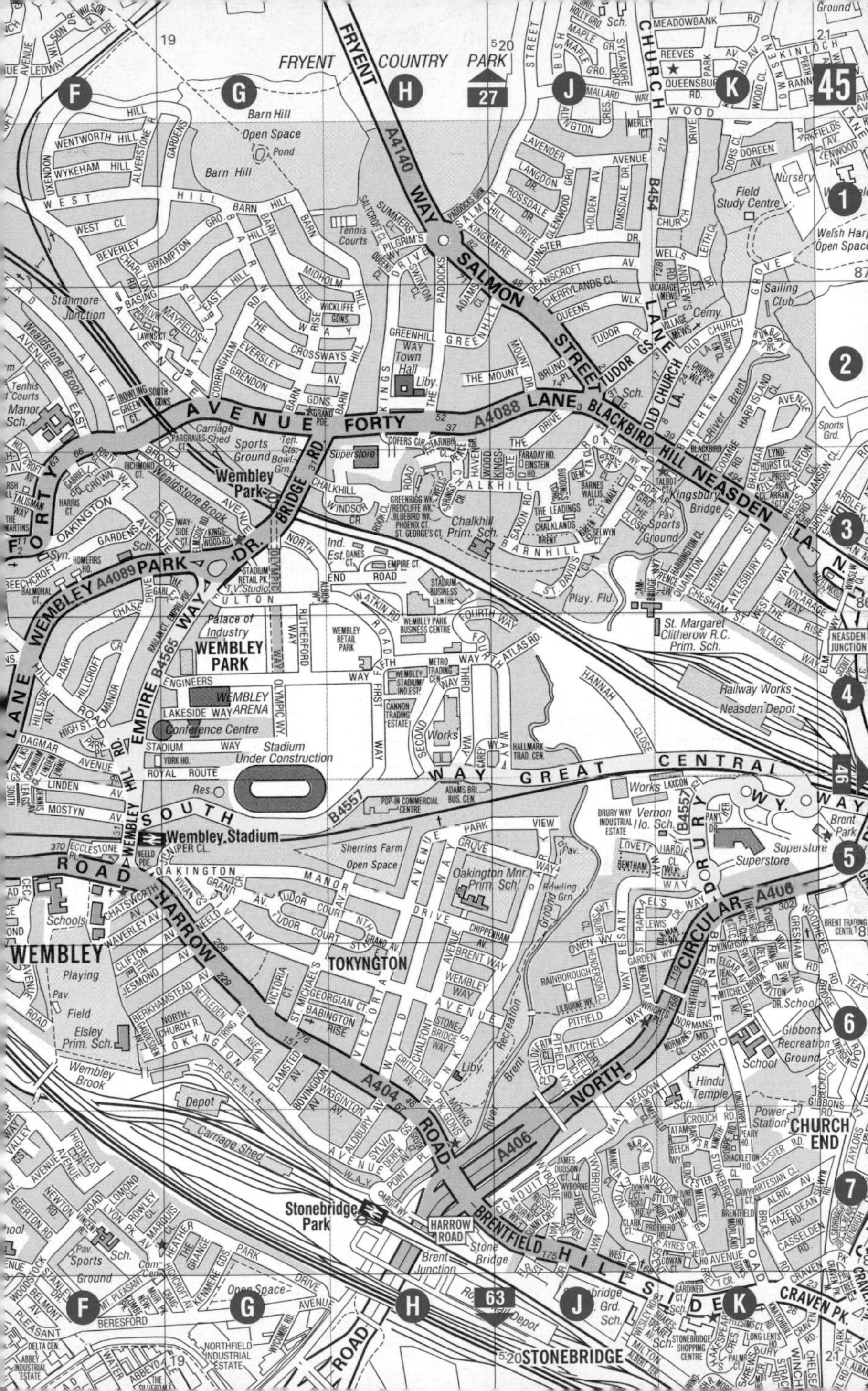
FRYENT COUNTRY PARK
27
Barn Hill
Open Space
Pond
Barn Hill
A4140
FRYENT WAY
SALMON STREET
B454
CHURCH LANE
Field Study Centre
Nursery
Welsh Harp Open Space
Sailing Club
Stanmore Junction
Wealdstone Brook
Tennis Courts
Manor Sch.
Town Hall
Liby.
FORTY AVENUE
FORTY LANE
A4088
BLACKBIRD HILL
NEASDEN LA.
Sports Ground
Carriage Shed
Superstore
Wembley Park
Chalkhill Prim. Sch.
Kingsbury Bridge
Sports Ground
Ind. Est.
WEMBLEY PARK DR.
A4089
Play. Fld.
St. Margaret Clitherow R.C. Prim. Sch.
Palace of Industry
WEMBLEY PARK
EMPIRE WAY
B4565
Stadium Retail Pk
Wembley Retail Park
Stadium Business Centre
Wembley Park Business Centre
Wembley Arena
Conference Centre
Stadium Under Construction
Railway Works
Neasden Depot
NEASDEN JUNCTION
GREAT CENTRAL WAY
46
B4557
SOUTH WAY
Wembley Stadium
Sherrins Farm Open Space
Oakington Mnr. Prim. Sch.
Bowling Grn.
Drury Way Industrial Estate
Vernon Ho. Sch.
Brent Park
Superstore
A406
NORTH CIRCULAR
HARROW ROAD
A404
TOKYNGTON
WEMBLEY
Playing Field
Elsley Prim. Sch.
Wembley Brook
Schools
Recreation Ground
River Brent
Gibbons Recreation Ground
School
Hindu Temple
Power Station
CHURCH END
Depot
Carriage Shed
Stonebridge Park
HARROW ROAD
Brent Junction
Stone Bridge
BRENTFIELD
HILLSIDE
Open Space
Sports Ground
63
Depot
Stonebridge Grd. Sch.
STONEBRIDGE
Northfield Industrial Estate
Abbey Industrial Estate
Stonebridge Shopping Centre
CRAVEN PK.
F G H J K
1 2 3 4 5 6 7
19 20 21

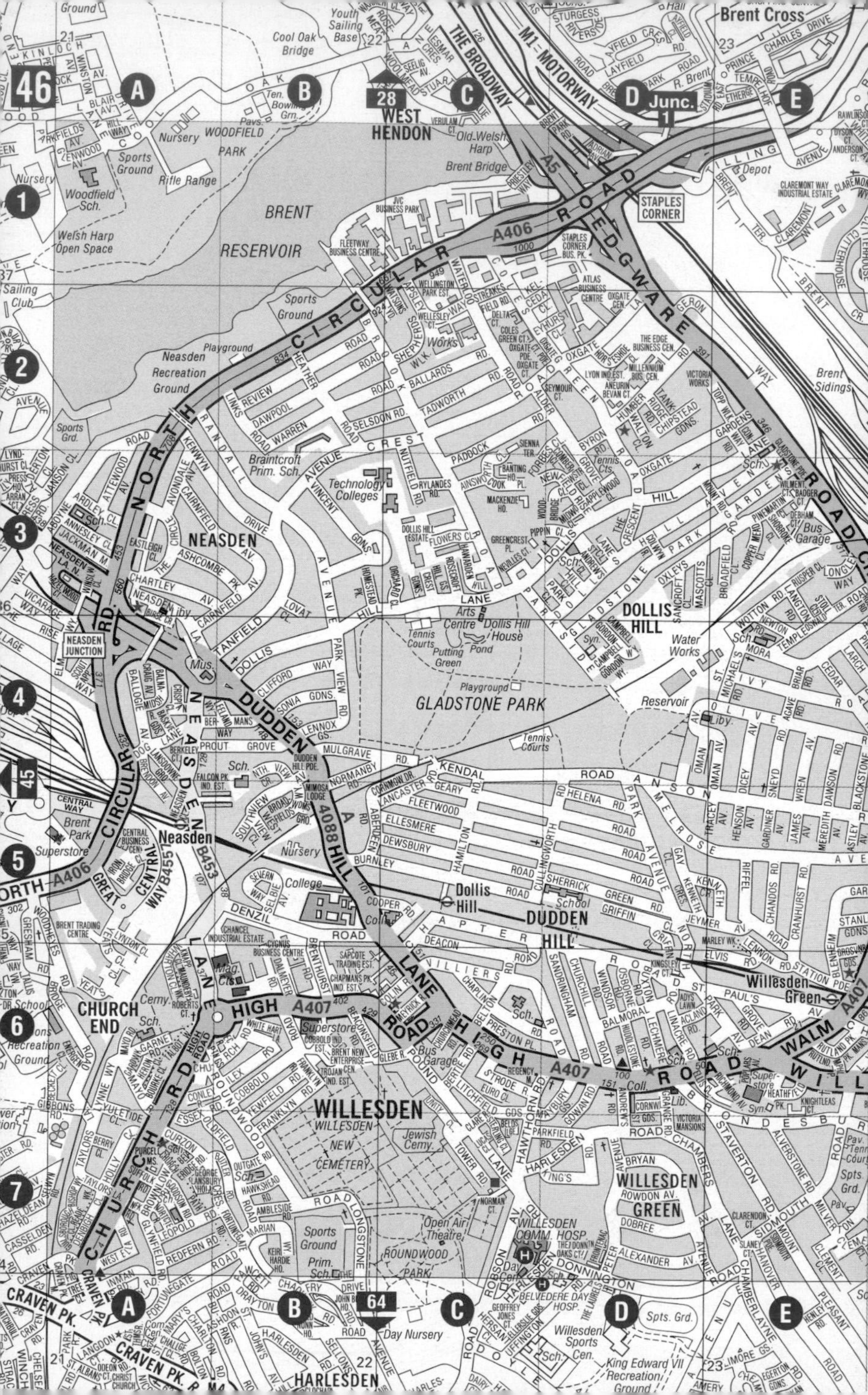

46
A
B
C
D
E
1
2
3
4
5
6
7
28
45
64
Brent Cross
WEST HENDON
M1 MOTORWAY
Junc. 1
BRENT RESERVOIR
WOODFIELD PARK
Welsh Harp Open Space
Sailing Club
Neasden Recreation Ground
NORTH CIRCULAR ROAD
A406
EDGWARE ROAD
STAPLES CORNER
NEASDEN
NEASDEN JUNCTION
Technology Colleges
DOLLIS HILL
GLADSTONE PARK
Dollis Hill House
DUDDEN HILL LANE
A4088
Neasden
Dollis Hill
DUDDEN HILL
CHURCH END
HIGH ROAD
A407
WILLESDEN
WILLESDEN NEW CEMETERY
Jewish Cemy.
Willesden Green
WILLESDEN GREEN
CHURCH RD.
WILLESDEN COMM. HOSP.
Roundwood Park
Willesden Sports Cen.
King Edward VII Recreation Ground
HARLESDEN
CRAVEN PK.
Brent Sidings
Brent Park
Superstore
Brent Bridge
Old Welsh Harp
21
22
23

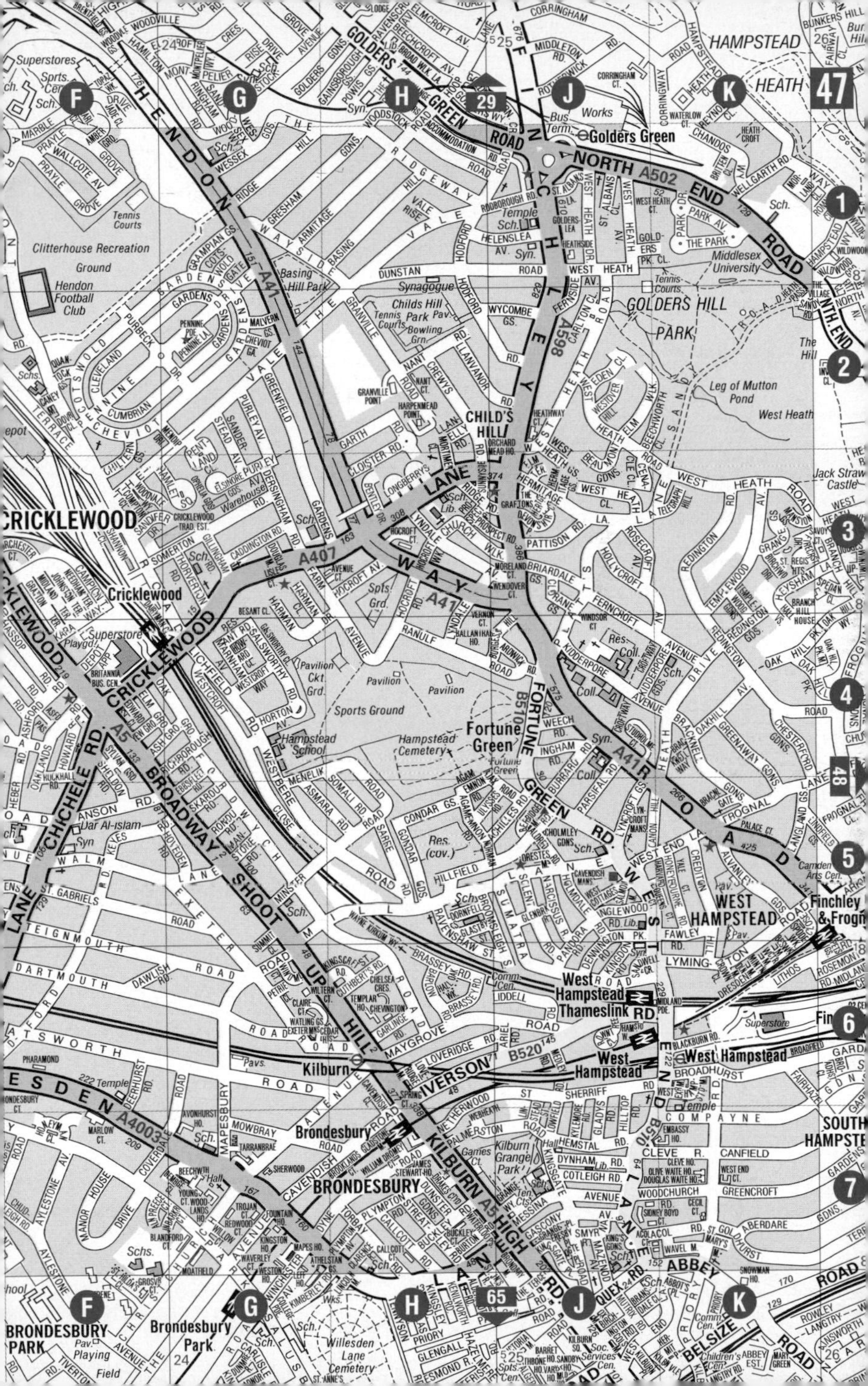

47
F
G
H
J
K
29
48
65
1
2
3
4
5
6
7
HAMPSTEAD
HEATH
Superstores
Sprts. Cen.
Sch.
MARBLE
PRAYLE GROVE
WALLCOTE AV.
Tennis Courts
Clitterhouse Recreation Ground
Hendon Football Club
HENDON WAY
A41
WOODVILLE
HAMILTON
MONTPELIER
RINGHAM
WESSEX
RIDGE
GRESHAM
ARMITAGE
BASING
WAYSIDE
Basing Hill Park
GOLDERS GDNS.
GAINSBOROUGH
GOLDERS GREEN ROAD
WOODSTOCK ROAD
BEECHCROFT AV.
ELMCROFT AV.
RIDGEWAY
VALE RISE
Golders Green
Bus Term.
Works
CORRINGHAM
MIDDLETON RD.
NORTH END ROAD
A502
WELLGARTH RD.
Middlesex University
GOLDERS HILL PARK
Leg of Mutton Pond
West Heath
The Hill
Jack Straw Castle
WEST HEATH ROAD
DUNSTAN ROAD
Synagogue
Childs Hill Park
Tennis Courts
Bowling Grn.
HODFORD
WYCOMBE GS.
LLANVANOR
NANT ROAD
CREWYS
GRANVILLE
CHILD'S HILL
FINCHLEY ROAD
A598
CRICKLEWOOD
Cricklewood
CRICKLEWOOD LANE
A407
HOCROFT AV.
Spts. Grd.
A41
RANULF
Pavilion Ckt. Grd.
Pavilion
Sports Ground
Hampstead School
Hampstead Cemetery
Fortune Green
FORTUNE GREEN RD.
B510
A41 ROAD
REDINGTON
HOLLYCROFT
ROSECROFT AV.
FERNCROFT
Res. Coll.
KIDDERPORE AVENUE
Coll.
Syn.
OAKHILL AV.
GREENAWAY GDNS.
CHESTERFORD GDNS.
TROGNAL
PALACE CT.
Camden Arts Cen.
Finchley & Frognal
WEST HAMPSTEAD
WEST END LANE
FAWLEY RD.
LYMINGTON
West Hampstead Thameslink
West Hampstead
Superstore
BLACKBURN RD.
BROADHURST
SOUTH HAMPSTEAD
COMPAYNE
CANFIELD
GREENCROFT
ABERDARE
ABBEY ROAD
BELSIZE ROAD
Comm. Cen.
Children's Cen.
MILL LANE
SUMATRA
BROOMSLEIGH
PANDORA
INGLEWOOD
RAVENSDAW ST.
BRASSEY RD.
LIDDELL
Comm. Cen.
MAYGROVE
IVERSON
B520
SHERRIFF
Kilburn
KILBURN HIGH
A5
SHOOT UP HILL
BROADWAY
CHICHELE RD.
Superstore
Playgd.
Dar Al-Islam
Syn
WALM
ST. GABRIELS
TEIGNMOUTH
DARTMOUTH
DAWLISH ROAD
WILLESDEN
A4003
Temple
Brondesbury
BRONDESBURY
MAPESBURY
MOWBRAY
CAVENDISH
Kilburn Grange Park
Games Ct.
Schs.
ABBEY
BRONDESBURY PARK
Brondesbury Park
Pav.
Playing Field
Willesden Lane Cemetery
Sports Cen.
Soc. Services Cen.
GLENGALL
PRIORY

HIGHGATE
Highgate Jun. Sch.
Sports Ground
Kenwood House
Caen Wood Towers Farm
Nursery
ATHLONE HOUSE
North Wood
Club House
Turners Wood
The Spaniards
Mount Tyndal
Open Air Stage
KEN WOOD
Bowling Green
Ladies' Bathing Pond
Highgate Ponds
Bathing Pond
HIGHGATE CEMETERY
North End
The Hill
West Heath
HAMPSTEAD HEATH
VALE OF HEALTH
East Heath
Sports Ground
Jack Straws Castle
Whitestone Pond
Bathing Pond
PARLIAMENT HILL
Tennis Courts
Bowling Green
William Ellis School
Parliament Hill School
Swimming Pool
HAMPSTEAD
Hampstead Ponds
Running Track
Pavilion
GOSPEL OAK
Gospel Oak
Hampstead
Hampstead Heath
THE ROYAL FREE HOSPITAL
Belsize Pk.
Camden Arts Centre
Finchley Rd. & Frognal
Finchley Rd.
SOUTH HAMPSTEAD
Swiss Cottage
South Hampstead
Chalk Farm
PRIMROSE HILL
Reservoir (Covered)
HAMPSTEAD LANE
SPANIARDS ROAD B519
NORTH END A502
HEATH ST.
ROSSLYN HILL
HAVERSTOCK HILL A502
FITZJOHN'S AVENUE B511
FINCHLEY ROAD A41
POND ST.
FLEET ROAD B518
MANSFIELD ROAD B518
GORDON HOUSE ROAD
MALDEN RD. B517
PRINCE OF WALES RD.
ETON AVENUE
ADELAIDE RD.
ADELAIDE ROAD B509
CHALK FARM ROAD
BELSIZE RD. B509
FINCHLEY ROAD
ELSWORTHY RD.
WILLOW ROAD
EAST HEATH ROAD
MILLFIELD LANE
HIGHGATE WEST HILL
SWAIN'S LANE
HIGHGATE ROAD
WEST HEATH ROAD
FROGNAL
ARKWRIGHT
BELSIZE PARK
BELSIZE AVENUE
LAMBOLLE RD.
STEELE'S ROAD
KING HENRY'S ROAD
REGENT'S PARK ROAD
GLOUCESTER AVENUE
30
47
66

49
F
G
H
J
K
31
67
50
1
2
3
4
5
6
7
Crouch Hill
ARCHWAY
HIGHGATE
HORNSEY RD.
HOLLOWAY RD.
Archway
Upper Holloway
UPPER HOLLOWAY
DARTMOUTH PARK
HOLLOWAY
Tufnell Park
TUFNELL PARK
NAG'S HEAD
SEVEN SISTERS
H.M.P. HOLLOWAY
Holloway Rd.
LOWER HOLLOWAY
KENTISH TOWN
Kentish Town
Caledonian Rd.
CALEDONIAN RD.
H.M.P. Pentonville
BARNSBURY
Caledonian Rd and Barnsbury
Camden Rd.
CAMDEN TOWN
Camden Town
King's Cross Freight & Freightliner Terminal
CAMDEN RD.
YORK WAY
JUNCTION RD.
BRECKNOCK RD.
FORTESS ROAD
Highgate Wing
HIGHGATE CEMETERY
WATERLOW PARK
Paradise Park
STROUD GREEN RD.

50
A
B
C
D
E
1
2
3
4
5
6
7
FINSBURY PARK
Manor House
MANOR HOUSE
32
49
68
Sports Arena
American Gardens
Green Lanes Bridge
Covered Res.
EAST RESERVOIR
WEST RESERVOIR
The Castle (Indoor Climbing Cen.)
Sir Thomas Abney Prim. Sch.
ABNEY PARK CEMETERY
STOKE NEWINGT
CLISSOLD PARK
Council Offices
Clissold Ho.
Lake
Tennis Courts
Paddling Pool
Bowl. Grn.
Baths
BROWNSWOOD PARK
Finsbury Park
FINSBURY PARK
Isledon Village
Arsenal
Gillespie Local Park
Arsenal F.C. (Highbury)
Drayton Park
HIGHBURY
HIGHBURY FIELDS
Highbury & Islington
Canonbury
CANONBURY
Essex Rd.
Dalston Kingsla
KINGSLAND
DE BEAUVOIR TOWN
BARNSBURY
ISLINGTON
P.O. Depot
Paradise Park
Old Peoples Home
Swim. Pool
Univ.
University
SEVEN SISTERS ROAD
GREEN LANES
STROUD GREEN ROAD
WOODSTOCK RD.
BLACKSTOCK RD.
HIGHBURY PARK
HIGHBURY GROVE
BROWNSWOOD RD.
LORDSHIP PARK
MANOR ROAD
STOKE NEWINGTON CHURCH ST.
ALBION ROAD
NEWINGTON GRN. RD.
ST. PAUL'S ROAD
BALLS POND ROAD
ESSEX ROAD
NEW NORTH RD.
CANONBURY RD.
UPPER ST.
HOLLOWAY RD.
LIVERPOOL RD.
ISLEDON RD.
TOLLINGTON RD.
CALEDONIAN RD.
ENGLEFIELD RD.
DOWNHAM RD.
WOODBERRY DOWN
ENDYMION RD.
A105
A503
A1201
A1199
A104
A103
A1
B105
B104
B515

51
F
G
H
J
K
1
2
3
4
5
6
7
33
52
69
CLAPTON
The Gardens
Clapton Common
Syn.
Sports Ground
Low Hall Sports Ground
Works
High Bri.
Coppermill Bridge
Springfield Marina
Horse Shoe Point
Horse Shoe Bri.
Lodge
Playground
SPRINGFIELD PARK
WALTHAMSTOW
LEYTON INDUSTRIAL VILLAGE
CROMWELL IND. EST.
STAMFORD HILL
STAMFORD HILL A10
A107 COMMON
White Lodge
Bowl. Green
Clapton Junction
MARSHES
Aqueduct
Leyton Marshes
Lea Bridge Riding Sch.
Playing Field
UPPER CLAPTON
UPPER CLAPTON RD.
Saw Mill Works
Leeside Wharf
Lee Valley Ice Centre
Filter Beds
Stoke Newington
NORTHWOLD
B111
Clapton
NORTH MILLFIELDS Recreation Ground
Lea Bri.
LEA BRIDGE ROAD
A104
Middlesex Filter Beds Nature Reserve
LEA BRIDGE
SOUTH MILL FIELDS
South Millfields Rec. Grd.
Power Sta. (Dis.)
Rectory Road
RECTORY ROAD
A10
Comm. Coll.
Mosque
LOWER CLAPTON
SHACKLEWELL
HACKNEY DOWNS
Stormont House Sch.
CRICKETFIELD R.
PEMBURY R.
Kingsland School
HOMERTON HOSPITAL
HOMERTON HIGH ST.
A102
URSWICK RD.
DALSTON LA.
AMHURST
Hackney Downs
Hackney Cen.
Homerton
MORNING LANE
B113
GRAHAM ROAD A1207
QUEENSBRIDGE
WICK
MARE STREET A107
HACKNEY
Swim. Pool
London Fields
LONDON FIELDS
DALSTON
CASSLAND A106
WELL STREET
WELL STREET COMMON
SOUTH HACKNEY
VICTORIA
Victoria Fountain
Royal Gate East
Bandstand Pav.
34
35
36

HACKNEY MARSH
RECREATION GROUND
LEYTON
CLAPTON PARK
HOMERTON
HACKNEY WICK
SOUTH HACKNEY
VICTORIA PARK
OLD FORD
Temple Mills
Stratford Marsh
STRATFORD
Leyton Midland Rd.
Hackney Wick
Homerton
LEA INTERCHANGE
EAST CROSS ROUTE
A12
A102
A106
A1006
A104
A115
A112
B112
B113
B161
ORIENT WAY
LEA BRIDGE ROAD
EASTWAY
RUCKHOLT ROAD
HOMERTON HIGH ST.
MARSH HILL
KENWORTHY RD.
CARPENTER'S RD.
HIGH ROAD LEYTON
Middlesex Filter Beds Nature Reserve
Cow Bridge
Changing Rooms
Recreation Ground
Manor Lodge
North End Gate House
Running Track
Dagenham Brook
MARKET PAVILION
NEW SPITALFIELDS MARKET
Cricket Ground
Eastway Cycle Circuit
Container Terminal
Channelsea River
Cold Stores
ROUTE OF CHANNEL TUNNEL RAIL LINK (EST. START
Freight Terminal
Warehouses
Mabley Green
Arena Field Rec. Grd.
Wick Field Recreation Ground
Marshgate Bri.
Temple Mills Bri.
River Lee Navigation
Hackney Cut
RIVER LEA or LEE
Sports Ground
Bandstand
Victoria Fountain
Royal Gate East
Three Colt Bridge
Waterworks River
City Mill River
Leyton Orient F.C. (Brisbane Rd.)
A
B
C
D
E
1
2
3
4
5
6
7
34
51
70
36
37
38

53
GREEN MAN ROUNDABOUT
GAINSBOROUGH RD.
BUSH RD.
35
BLAKE HALL A114 ROAD
The Basin (Fish Pond)
Tennis Courts
Sports Ground
WANSTEAD GOLF COURSE
Reservoir Wood
Shoulder of Mutton Pond
Bush Wood
Leytonstone
LEYTONSTONE
Leytonstone High Rd.
HIGH ROAD LEYTONSTONE A11
GREEN
A12
A106
GROVE
CATHALL
WOODLANDS AVENUE
ALDERSBROOK RD.
A116
Horse Ride
Playing Field
CENTRE ROAD A114
WANSTEAD FLATS
HARROW ROAD
DAMES ROAD
B161
LAKE HOUSE ROAD
St. Patrick's R.C. Cemetery
Cann Hall
West Ham Cemetery
CANN HALL RD.
CAPEL ROAD
Wanstead Park
54
WOODFORD RD.
WOODGRANGE RD.
SEBERT ROAD
HAMPTON
OSBORNE
CLAREMONT
WINDSOR
A112
CHANDOS
CROBHAM RD.
LEYTONSTONE RD.
FOREST GATE
Forest Gate
FOREST LANE
EARLHAM GROVE
A118
ROMFORD ROAD
Maryland
WATER LA.
THE GROVE
ANGEL LA.
GREAT EASTERN RD.
Stratford
BROADWAY
WEST HAM LA.
HIGH ST.
VICARAGE LA.
B164
PARK ROAD
Football Ground
WEST HAM PARK
Netball Court
Playground
Football Pitch
Tennis Courts
T.A. Centre
THE CEDARS
UPTON LANE
A114
UPTON
UPTON PARK ROAD
B165
ROAD
GREEN STREET
Convent Sch.
NEW PLAISTOW RD.
PORTWAY
71
PLASHET
WEST HAM
Upton Park
F G H J K
F G H J K
1 2 3 4 5 6 7

54
A
B
C
D
E
1
2
3
4
5
6
7
36
53
72
WANSTEAD PARK
WANSTEAD GOLF COURSE
Heronry Pond
Perch Pond
The Temple
Keepers Lodge
Lincoln Island
Rook Island
Sewage Works
CITY OF LONDON CEMETERY
City of London Crematorium
Crematorium
ILFORD GOLF COURSE
River Roding
Alders Brook
SOUTH WOODFORD TO BARKING RELIEF ROAD
A406
CRANBROOK
Cranbrook Coll.
Ilford Cricket Club
ALDERSBROOK ROAD
A116
WANSTEAD FLATS
ALDERSBROOK
Aldersbrook Prim. Sch.
Horse Ride
FOREST DRIVE
A117
MANOR PARK
MANOR PARK CEMETERY
Manor Park Crem.
Manor Park
ROMFORD ROAD
A118
Woodgrange Park
HIGH STREET NORTH
LITTLE ILFORD LA.
LITTLE ILFORD
Little Ilford Park
CHURCH RD.
BROWNING ROAD
B165
PLASHET
Jewish Cemetery
PLASHET PARK
Tennis Courts
Bowling Green
GREEN STREET
KATHERINE ROAD
B109
B167
PLASHET RD.
PLASHET GROVE
EAST AV.
East Ham
Sports Ground
Gasholder
Running Track
Playing Field
Depot
WALLEND
Upton Park
UPTON PARK
RON LEIGHTON WAY

55
37
56
73
F
G
H
J
K
1
2
3
4
5
6
7
SEVEN KINGS
Seven Kings
ILFORD
LOXFORD
FAIR CROSS
BARKING
Barking
Upney
SOUTH PARK
The Lake
BARKING PARK
VALENTINES PARK
Swim. Pool
Sports Ground
Playing Field
Railway Workshop
Cemetery
Cricklefield Rec. Grd.
Running Track
Town Hall
THE EXCHANGE
Gordon Fields Prim. Sch.
T.A. Centre
Inf. Sch.
Woodlands Jun. & Inf. Schs.
Loxford Sch. of Science & Technology
Loxford Water
Playing Water
LOXFORD PARK
Hyleford (Home for the Elderly)
Swimming Pool
Tennis Courts
Putting Green
Bowling Greens
Miniature Railway
Bus Depot
Barking Abbey Comp. Sch.
Manor Jun. & Inf. Schs.
BARKING HOSP.
Upney Sidings
VICARAGE FIELD SHOPPING CEN.
RODING TRADING ESTATE
ABBEY RETAIL PARK
Superstore
Abbey (Remains)
Courts
Lib.
T.H.
RIPPLE JUN.
Mayes Brook
Seabrooke Manor
A118
A108
A1083
A123
A124
HIGH ROAD
HIGH STREET
GREEN LANE
WINSTON WY.
GRIGGS APP.
ILFORD LANE
FANSHAWE AV.
LONGBRIDGE ROAD
BARKING NORTHERN RELIEF RD.
LONDON RD.
ABBEY RD.
RIPPLE ROAD
VICARAGE LANE
CAMERON ROAD
ALDBOROUGH RD. S.
SOUTH PARK DRIVE
SOUTH PARK CRES.
SOUTH PARK TER.
WATER LANE
MEADWAY
AVENUE ROAD
ASHBURTON AV.
DAWLISH DRIVE
LEVETT GARDENS
MORRAB GDNS.
EGERTON GARDENS
BREAMORE ROAD
GORDON ROAD
SUNNYSIDE RD.
MEATH ROAD
DALKEITH RD.
WOODLANDS RD.
RICHMOND RD.
CLEVELAND RD.
ALBERT RD.
BEDFORD RD.
RUTLAND RD.
DUDLEY RD.
GRANGE RD.
WINDSOR RD.
KINGSTON RD.
HAMPTON RD.
HENLEY RD.
MORTLAKE RD.
HICKLING RD.
ST. LUKE'S AV.
WINGATE RD.
KHARTOUM RD.
HUNTER RD.
HARVEY RD.
NORMAN RD.
SAXON RD.
ROMAN RD.
FAIRFIELD RD.
VICTORIA RD.
MADRAS RD.
JERSEY RD.
HOWARD RD.
HAMILTON RD.
CECIL RD.
TYLEHURST GDNS.
ELSTREE GDNS.
TWYFORD RD.
HARPOUR RD.
FAIRCROSS AV.
UPNEY LANE
WESTROW DRIVE
SANDRINGHAM DRIVE
WESTWOOD BRIDGE ROAD
OULTON CRES.
SALISBURY AV.
ROSSLYN RD.
WILMINGTON GDNS.
HULSE AV.
STRATHFIELD GDNS.
HURSTBOURNE GDNS.
LYNDHURST DR.
VENTNOR GS.
SHIRLEY GDNS.
CAMBRIDGE RD.
STATION PDE.
EAST ST.
NORTH ST.
SUFFOLK RD.
DAWSON AV.
STUART RD.
LAMBOURNE RD.
TRESHAM AV.
SISLEY RD.
DENHAM WAY
DEVON RD.
ST. PAUL'S RD.
AXE ST.
BROADWAY
ST. MARGARET'S
MOVERS LANE
HIGHBRIDGE RD.
WEST BANK
BENTON RD.
KINGS GS.
DUNEDIN RD.
COLOMBO RD.
TORONTO RD.
AUCKLAND RD.
MELBOURNE RD.
CHRISTCHURCH RD.
BALFOUR RD.
THOROLD RD.
LEY ST.
ADELAIDE RD.
WARWICK GDNS.
INGLEBY RD.
SEVEN KINGS ROAD
LADYSMITH AV.
MAFEKING AV.
COLENSO RD.
NORFOLK RD.
ELGIN RD.
LANSDOWNE RD.
ST. ALBANS RD.
PEMBROKE RD.
CHESTER RD.
SPENCER RD.
WESTWOOD RD.
BLYTHSWOOD RD.
KINGSWOOD RD.
ASHGROVE ROAD
VERNON RD.
FELBRIGGE RD.
HERBERT RD.
HIGHBURY GDNS.
CLARKS RD.
BUCKINGHAM RD.
CONNAUGHT RD.
STANLEY RD.
PELHAM RD.
AUDLEY GDNS.
OAKWOOD GS.
LEAMINGTON RD.
CHARLBURY GS.
LYNFORD GS.
WESTROW GDNS.
TRESCO GDNS.
BROWNLEA GDNS.
TRENANCE GDNS.
GYLLYNGDUNE GDNS.
COBHAM RD.
HOLMWOOD RD.
GUILDFORD RD.
ESHER RD.
FRIMLEY RD.
BETCHWORTH RD.
MALVERN DR.
BROADHURST AV.
THURLESTONE AV.
TAVISTOCK RD.
CHUDLEIGH CRES.
BRIXHAM GDNS.
SEATON AV.
SANDHURST DR.
RADLEY AV.
CAPEL GDNS.
SHERINGHAM AV.
DEREHAM RD.
HALSHAM CRES.
MELFORD AV.
BECCLES DR.
CAVENDISH GDNS.
BULLER RD.
SHERWOOD GDNS.
NETHERFIELD GDNS.

56
38
55
74
HIGH ROAD
A118
Chadwell Heath
Goodmayes
GOODMAYES
Superstore
Superstores
GOODMAYES LANE
BARLEY LA.
GREEN LANE
A1083
Mayfield Sch. & Coll.
Play. Field
CHADWELL HEATH INDUSTRIAL PARK
Playing Field
Works
GOODMAYES PARK
Bandstand
Paddling Pool
Playground
Tennis Courts
BENNETT'S CASTLE LANE
B151
BECONTREE AVENUE
VALENCE AVENUE
BECONTREE DAY HOSP.
Valence Ho. Mus.
VALENCE PARK
BECONTREE
Mayespark Prim. Sch.
Playing Field
LONGBRIDGE ROAD
A124
WOOD LANE
University of East London
Play. Fld.
Playground
Football Ground
Running Track
Sports Ground
Barking Abbey Comp. Sch.
MAYESBROOK PARK
Boating Lake
Mayes Brook
PORTERS AVENUE
A1153
LODGE AVENUE
Sydney Russell Comp. Sch.
PARSLOES PARK
Pavilion
Paddling Pool
IVY HOUSE WALK
Becontree
HEDGEMANS ROAD
Goresbrook Park
Goresbrook Leisure Centre
GORESBROOK ROAD
RIPPLE ROAD
RIPPLE ROAD JUNCTION
Cemetery
47 CASTLE GREEN
Subway
B177

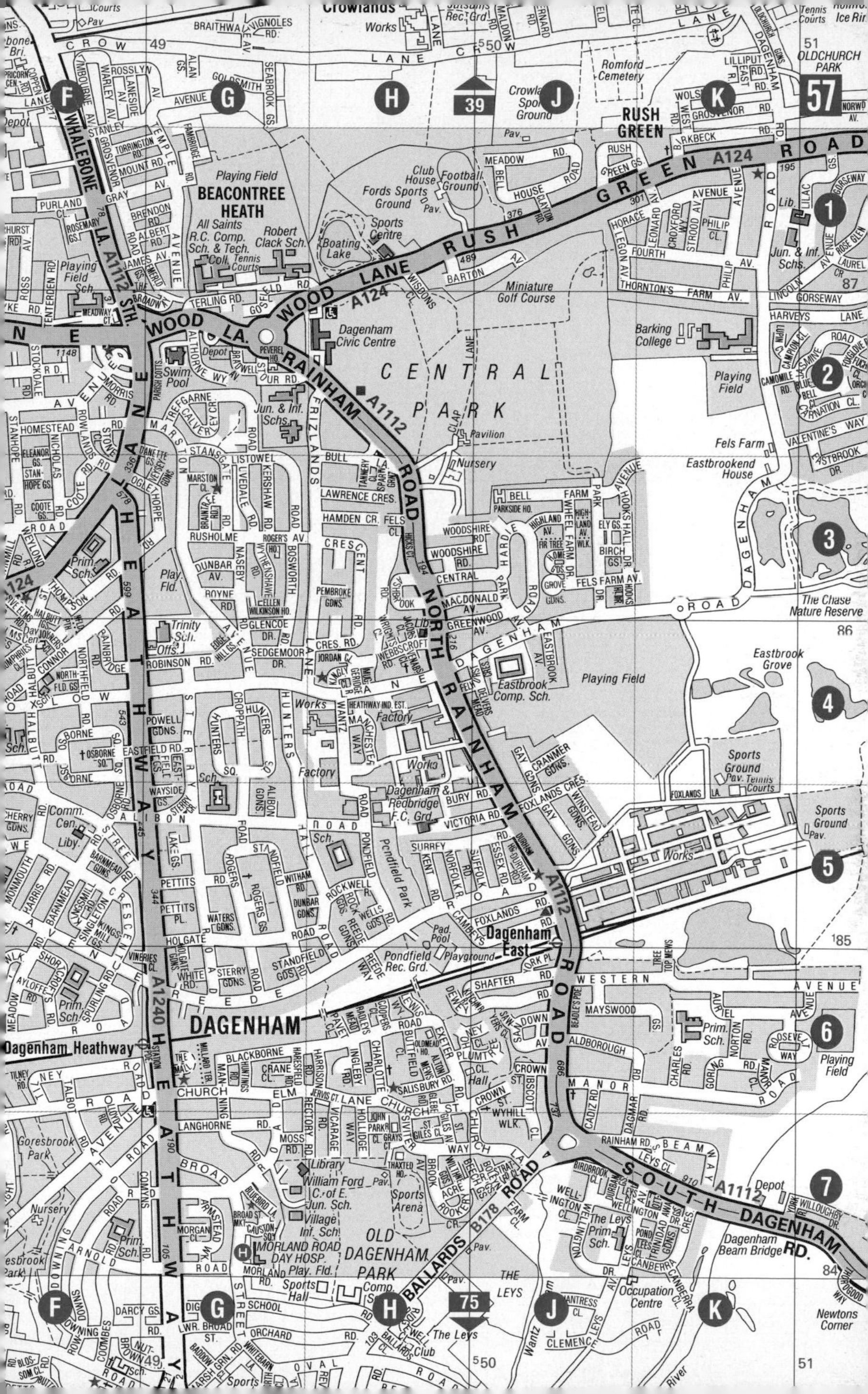
57
39
75
DAGENHAM
BEACONTREE HEATH
RUSH GREEN
CENTRAL PARK
OLD DAGENHAM PARK
Dagenham East
Dagenham Heathway
Dagenham Civic Centre
Eastbrook Comp. Sch.
Barking College
Romford Cemetery
OLDCHURCH PARK
The Chase Nature Reserve
Eastbrook Grove
Fords Sports Ground
Miniature Golf Course
Pondfield Park
Dagenham Beam Bridge
Newtons Corner
RUSH GREEN ROAD
WOOD LANE
RAINHAM ROAD NORTH
RAINHAM ROAD SOUTH
HEATHWAY
BALLARDS ROAD
DAGENHAM ROAD
A124
A1112
A1240
B178

58
40
76
UXBRIDGE
R. A. F. STATION
HILLINGDON COURT PARK (Recreation Ground)
American Community School
HILLINGDON GOLF COURSE
BRUNEL UNIVERSITY
COWLEY
PIELD HEATH
COWLEY PEACHEY
COLHAM GREEN
HILLINGDON HOSPITAL
HILLINGDON HEATH
HILLINGDON
Swakeleys School
Abbotsfield School
Bishopshalt School
Hillingdon City Academy
YIEWSLEY
WEST DRAYTON
Goulds Green
STOCKLEY PARK COUNTRY PARK
STOCKLEY PARK GOLF COURSE
Stockley Park
HILLINGDON HILL
UXBRIDGE ROAD
HARLINGTON ROAD
LONG LANE
FALLING LANE
STOCKLEY ROAD
A4020
A437
A408
B465
B483

59
POLISH WAR MEMORIAL
WEST END RD.
C & L Golf & Country Club
Yeading Brook
Cutthroat Wood
Gutteridge Wood
F
G
H
J
K
41
NORTH HILLINGDON
Ten Acres
SHARVEL LANE
Club House
Moat
Barns Fm.
1
The Gorse
Cycle Track
Westways Fm.
Lane Covert
Recreation Ground
Hare Plantation
West London Shooting Grounds
Children's Cen.
Canal Feeder
Charville Prim. Sch.
Play. Fld.
Hedgewood School
Grosvenor Playing Field
Corporation Yard
2
Sch.
MEAD AV.
HARTFIELD AV.
RUSHDENE
TREVOR
DOWN WAY
RUSHDOWN CRESCENT
Prim. Sch.
GURNEY
ATTLEE
OWEN
AVENUE
BRYANT
3
Belmore Primary School
Playing Fields
LANSBURY
ADELPHI
KENMORE
CHESIL WAY
KINGSHILL DRIVE
Hayes Shrub
Field House
Hayes Park
Home Farm
HAYES END
The Paddocks Fm.
FROGMORE
MANSFIELD
RAYNTON
FAIRHOLME
LEAMINGTON PL.
CRESCENT
WARWICK
FREDORA AV.
Grange Park Jun. & Inf. Schs.
VANCOUVER
WELBECK AV.
STRATFORD
SHERWOOD
CHATSWORTH
BARNHILL
4
SHAKESPEARE
YEADING
60
Belmore Playing Fields
Hostel
Nursery
WESTCOMBE LODGE DRIVE
BALMORAL
MARVELL
SHELLEY
LOTHIAN
FINDHORN
5
UXBRIDGE ROAD
A4020
Rosedale Park
WOOD END GREEN
WOOD END
Nurs. Home
Norman Leddy Mem. Gdns.
The Beck Theatre
Day Cen.
Cricket Ground
GLEDWOOD
CHAUCER AV.
SPENCER
WARLEY
BELMORE
MILTON
DUNBAR
HOLLYWOOD GS.
BEDFORD
SELAN GDNS.
Lib
Yeading Schs.
The Hayes Manor Sch.
Hayes Manor Sports Cen.
Playing Fld.
Hayes Stadium
Sports Centre
Barra Hall
Open Air Theatre
Town Hall Park
Play. Fld.
Prim. Sch.
ADDISON WAY
Essoldo Theatre
DORCHESTER WAYE
CRANBORNE WAYE
DEVONSHIRE WAYE
PARKWAY
6
HEATH
LANE
PRINCES
JUNIPER WAY
ASH GRO.
LIME
GROVE
BOTWELL
FREEMANS LA.
HAYES
Convent
Hayes F.C.
CHURCH ROAD
LONGMEAD
ST. MARY'S CR.
ORCHARD
Uxbridge Coll. (Hayes Campus)
HARBOUR AVENUE
Superstore
LOMBARDY RETAIL PARK
ST. CHRISTOPHER'S DRIVE
STIRLING
HAMILTON RD.
HUGHES RD.
NEWMAN
7
A312
HAYES METRO CENTRE
Recreation Ground
A437
COMMON
COMPTON ROAD
CHARTWELL CT.
77
BIRCHWAY
Minet Jun. & Inf. Schs.
ABBOTSWOOD
THE
Spts Grd.
Subway
ROAD
09
10
11

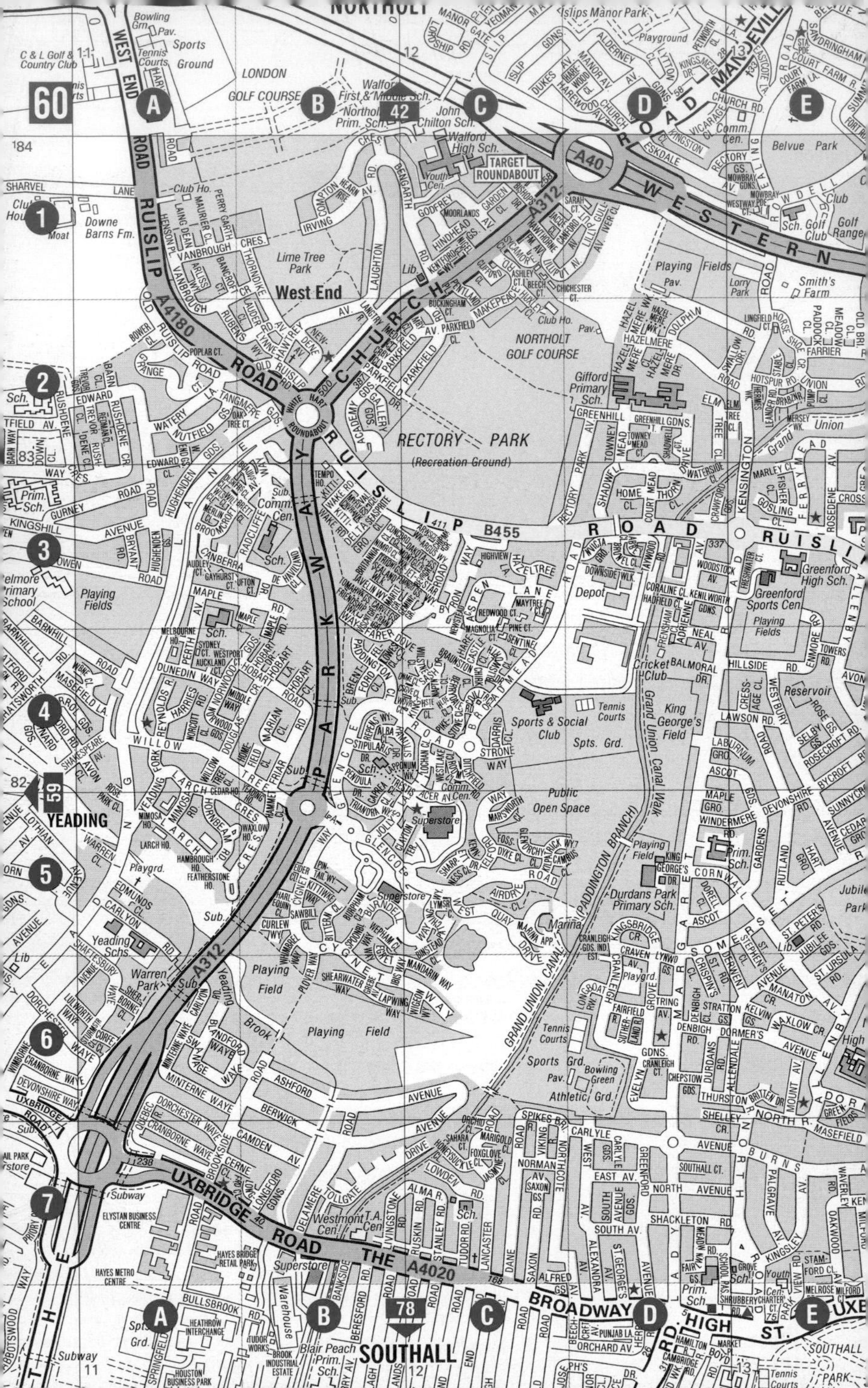

60
NORTHOLT
WEST END
RUISLIP ROAD
A4180
LONDON GOLF COURSE
Walford First & Middle Sch.
Northolt Prim. Sch.
42
John Chilton Sch.
Walford High Sch.
TARGET ROUNDABOUT
A40
WESTERN
A312
Islips Manor Park
Belvue Park
Lime Tree Park
West End
CHURCH
Downe Barns Fm.
Northolt Golf Course
Gifford Primary Sch.
WHITE HART ROUNDABOUT
RECTORY PARK
(Recreation Ground)
RUISLIP ROAD
B455
PARKWAY
Greenford High Sch.
Greenford Sports Cen.
Playing Fields
Depot
Sports & Social Club
Grand Union Canal Walk
King George's Field
Public Open Space
Superstore
GRAND UNION CANAL (PADDINGTON BRANCH)
Durdans Park Primary Sch.
Marina
59
YEADING
Yeading Schs.
Warren Park
Playing Field
Sports Grd.
Athletic Grd.
UXBRIDGE ROAD
THE A4020
BROADWAY
HIGH ST.
ELYSTAN BUSINESS CENTRE
HAYES BRIDGE RETAIL PARK
HAYES METRO CENTRE
HEATHROW INTERCHANGE
BROOK INDUSTRIAL ESTATE
Westmont Cen.
78
SOUTHALL
HOUSTON BUSINESS PARK

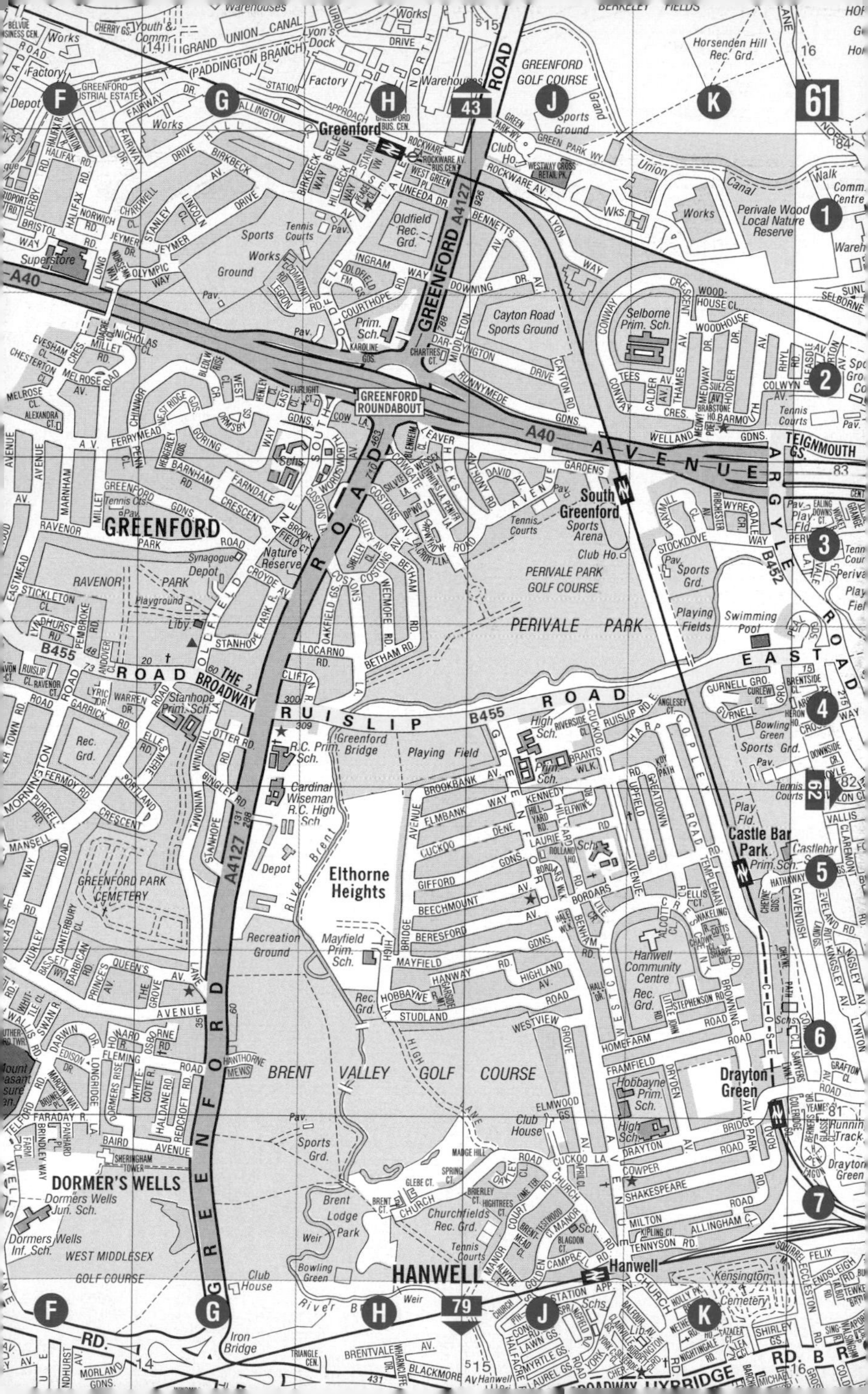

61
F
G
H
J
K
1
2
3
4
5
6
7
43
79
62
GREENFORD
GREENFORD ROUNDABOUT
Greenford
South Greenford
Castle Bar Park
Drayton Green
Hanwell
HANWELL
DORMER'S WELLS
Elthorne Heights
GRAND UNION CANAL
(PADDINGTON BRANCH)
Lyon's Dock
GREENFORD GOLF COURSE
Horsenden Hill Rec. Grd.
Perivale Wood Local Nature Reserve
WESTWAY CROSS RETAIL PK.
Oldfield Rec. Grd.
Cayton Road Sports Ground
Selborne Prim. Sch.
PERIVALE PARK GOLF COURSE
PERIVALE PARK
Swimming Pool
Playing Fields
Sports Arena
RAVENOR PARK
Nature Reserve
Synagogue
Liby.
Stanhope Prim. Sch.
R.C. Prim. Sch.
Cardinal Wiseman R.C. High Sch.
Greenford Bridge
Playing Field
GREENFORD PARK CEMETERY
Recreation Ground
Mayfield Prim. Sch.
Hanwell Community Centre
Hobbayne Prim. Sch.
BRENT VALLEY GOLF COURSE
Brent Lodge Park
Churchfields Rec. Grd.
Kensington Cemetery
Dormers Wells Jun. Sch.
Dormers Wells Inf. Sch.
WEST MIDDLESEX GOLF COURSE
Iron Bridge
River Brent
A40
A4127
B455
B452
GREENFORD ROAD
RUISLIP ROAD
RUISLIP ROAD EAST
ARGYLE ROAD
A V E N U E
THE BROADWAY
UXBRIDGE RD.

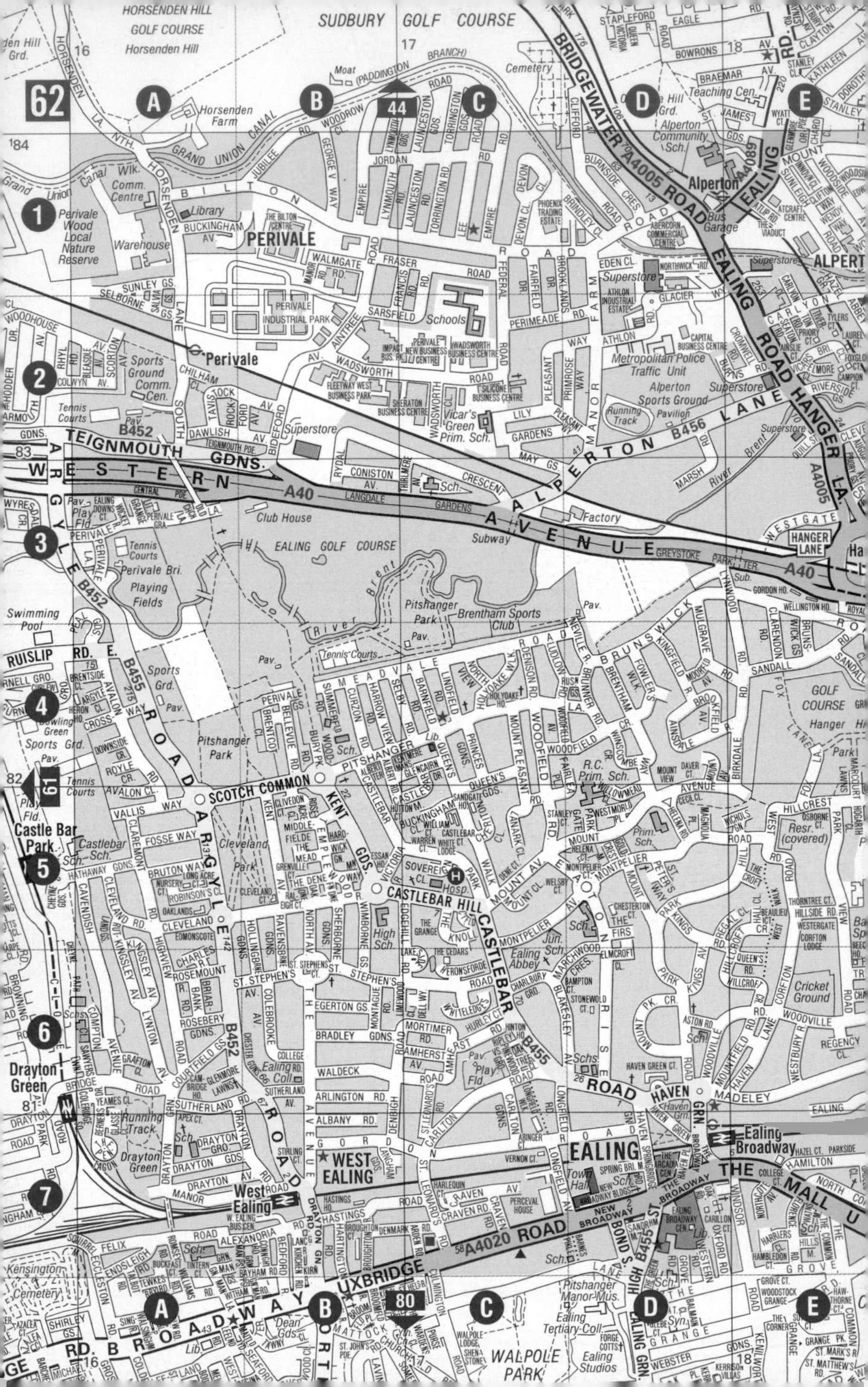
62
HORSENDEN HILL GOLF COURSE
SUDBURY GOLF COURSE
PERIVALE
WESTERN AVENUE
EALING GOLF COURSE
Pitshanger Park
SCOTCH COMMON
CASTLEBAR HILL
EALING
WEST EALING
Ealing Broadway
UXBRIDGE ROAD
WALPOLE PARK
44
61
80

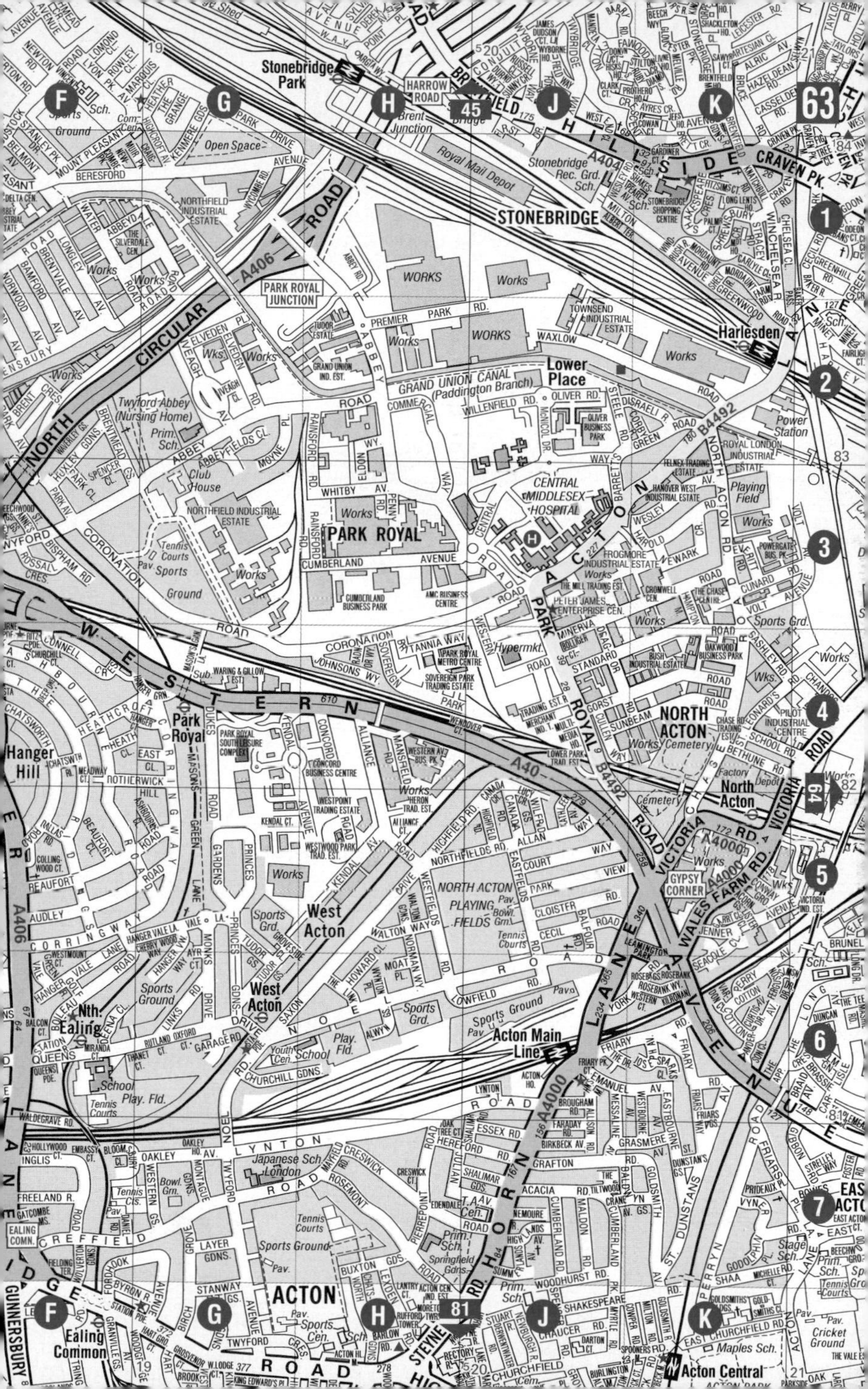
F
G
H
J
K
Stonebridge Park
HARROW ROAD
45
Brent Junction
Royal Mail Depot
Stonebridge Rec. Grd. Sch.
HILLSIDE
CRAVEN PK.
A404
STONEBRIDGE
STONEBRIDGE SHOPPING CENTRE
1
Open Space
NORTHFIELD INDUSTRIAL ESTATE
NORTH CIRCULAR ROAD
A406
PARK ROYAL JUNCTION
WORKS
Works
PREMIER PARK RD.
TOWNSEND INDUSTRIAL ESTATE
Harlesden
WAXLOW
Lower Place
GRAND UNION CANAL (Paddington Branch)
2
Power Station
ROYAL LONDON INDUSTRIAL ESTATE
83
Twyford Abbey (Nursing Home)
Prim. Sch.
Club House
CENTRAL MIDDLESEX HOSPITAL
PARK ROYAL
Playing Field
3
CUMBERLAND AVENUE
CUMBERLAND BUSINESS PARK
AMC BUSINESS CENTRE
FROGMORE INDUSTRIAL ESTATE
PARK ROYAL ROAD
ACTON LANE
Tennis Courts
Sports Ground
CORONATION ROAD
Hypermkt.
WESTERN AVENUE
A40
Sports Grd.
Park Royal
Hanger Hill
NORTH ACTON
Cemetery
4
North Acton
64
82
B4492
VICTORIA RD.
A4000
GYPSY CORNER
5
WALES FARM RD.
NORTH ACTON PLAYING FIELDS
West Acton
Sports Grd.
Sports Ground
Nth. Ealing
Acton Main Line
6
School
Play. Fld.
Tennis Courts
Japanese Sch. London
HORN LANE
Sports Ground
Tennis Courts
EAST ACTON
7
ACTON
81
Ealing Common
GUNNERSBURY
UXBRIDGE ROAD
Acton Central
Cricket Ground
Maples Sch.
19
20
21

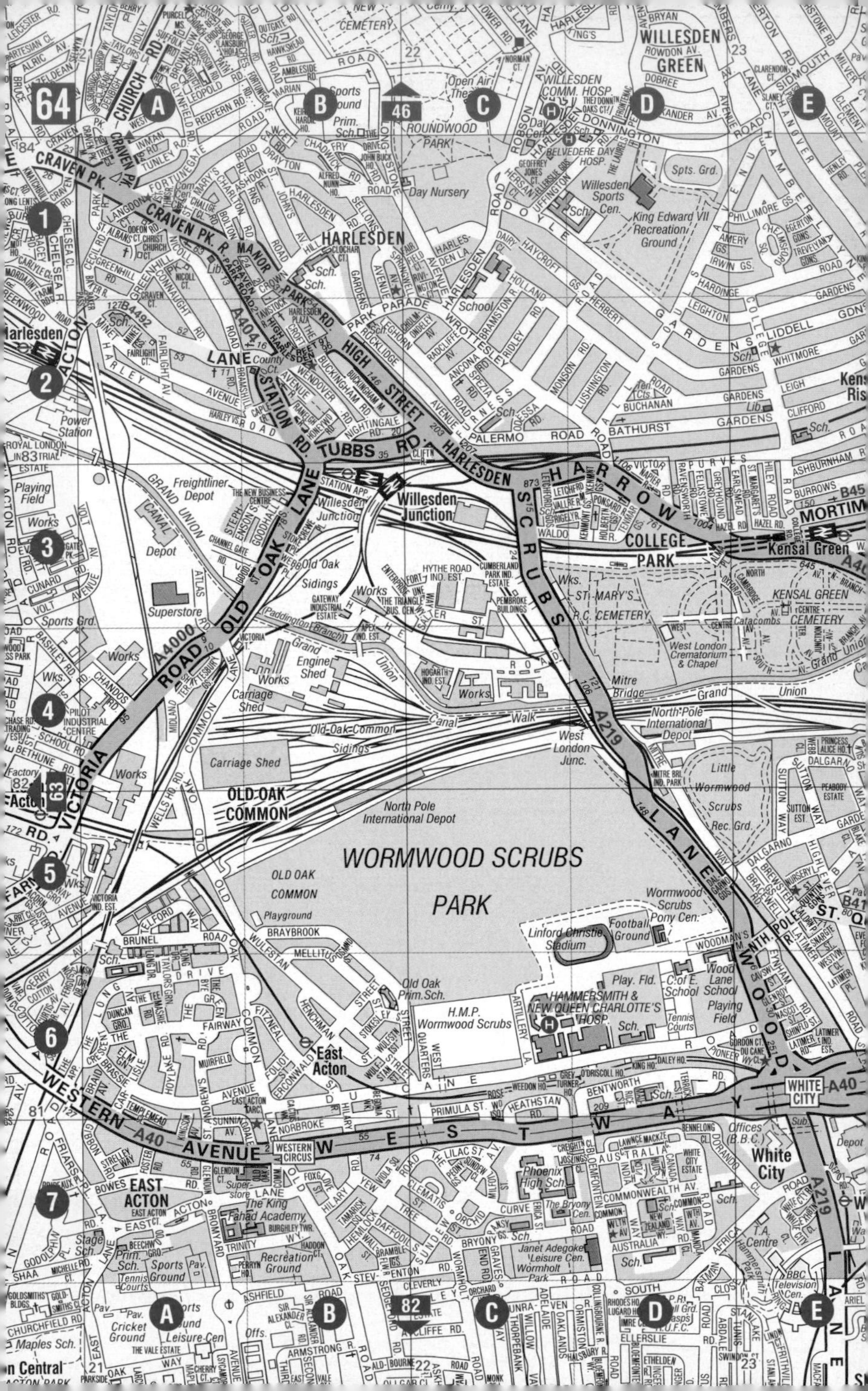
64
46
82
63
A
B
C
D
E
1
2
3
4
5
6
7
21
22
23
WILLESDEN GREEN
HARLESDEN
Harlesden
WILLESDEN COMM. HOSP.
ROUNDWOOD PARK
Willesden Sports Cen.
King Edward VII Recreation Ground
CRAVEN PK.
CRAVEN PK. R.
MANOR PARK RD.
HIGH STREET
HARLESDEN
HARROW
ROAD
TUBBS RD.
STATION RD.
OLD OAK LANE
A4000
A404
A219
SCRUBS
LANE
Willesden Junction
COLLEGE PARK
Kensal Green
KENSAL GREEN CEMETERY
ST. MARY'S R.C. CEMETERY
West London Crematorium & Chapel
Catacombs
Power Station
Freightliner Depot
GRAND UNION CANAL
Depot
Superstore
Old Oak Sidings
Grand Union Canal Walk
Old Oak Common Sidings
Carriage Shed
Engine Shed
North Pole International Depot
West London Junc.
Mitre Bridge
OLD OAK COMMON
WORMWOOD SCRUBS PARK
OLD OAK COMMON
Playground
Little Wormwood Scrubs Rec. Grd.
Linford Christie Stadium
Football Ground
Wormwood Scrubs Pony Cen.
H.M.P. Wormwood Scrubs
HAMMERSMITH & NEW QUEEN CHARLOTTE'S HOSP.
Wood Lane School Playing Field
Old Oak Prim. Sch.
East Acton
VICTORIA ROAD
ACTON
WESTERN AVENUE
A40
WESTERN CIRCUS
WEST WAY
WHITE CITY
White City
Phoenix High Sch.
The Bryony Cen.
Janet Adegoke Leisure Cen.
Wormholt Park
Hammersmith Park
BBC Television Cen.
EAST ACTON
The King Fahad Academy
Recreation Ground
Sports Ground
Cricket Ground
Maples Sch.
WORMWOOD SCRUBS
WOOD LANE
DU CANE ROAD
SOUTH AFRICA ROAD

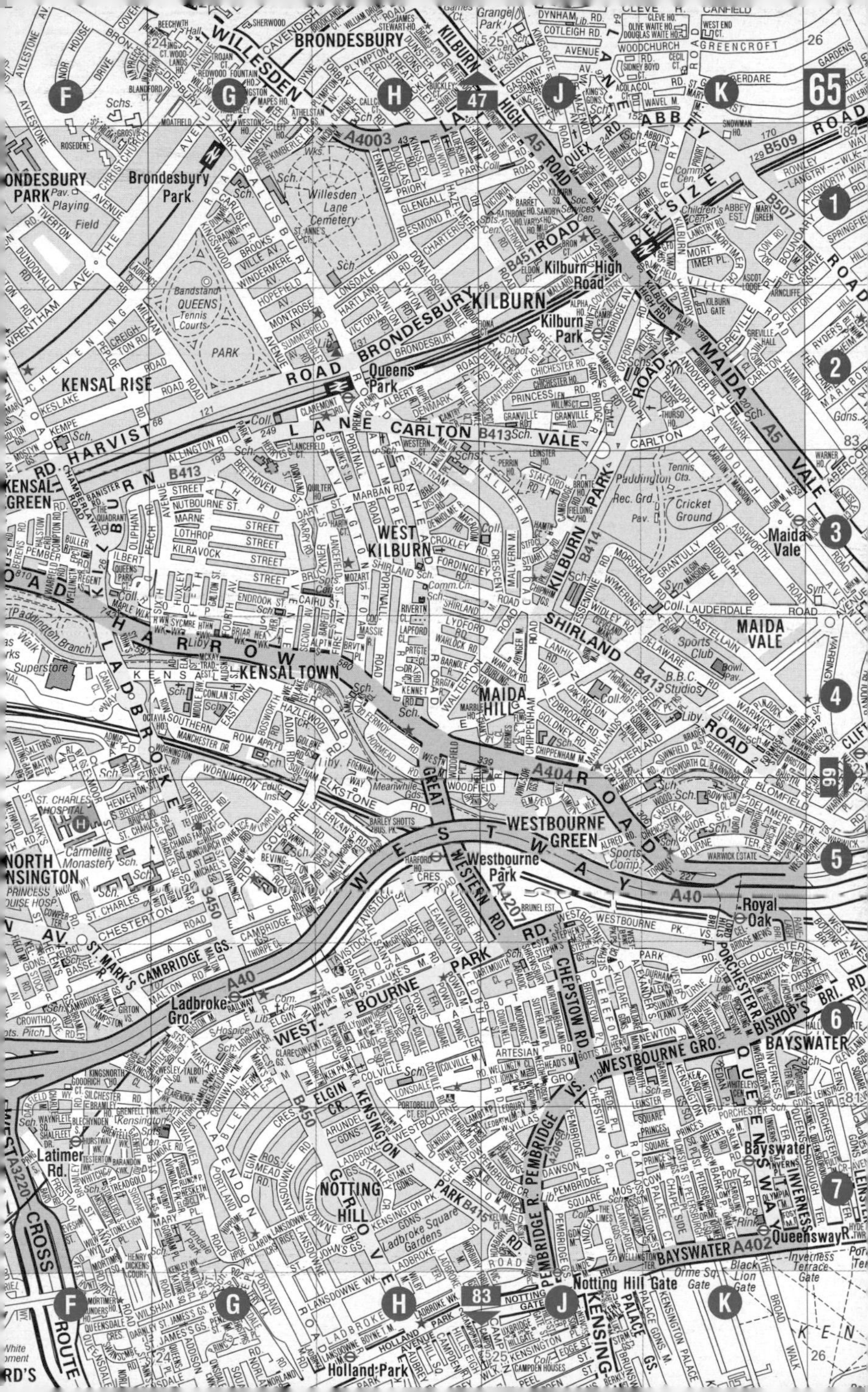
65
F
G
H
J
K
1
2
3
4
5
6
7
47
83
66
BRONDESBURY
WILLESDEN
KILBURN
BRONDESBURY PARK
Brondesbury Park
Playing Field
Willesden Lane Cemetery
QUEENS PARK
Queens Park
KENSAL RISE
BRONDESBURY ROAD
KILBURN HIGH ROAD
Kilburn High Road
Kilburn Park
BELSIZE ROAD
ABBEY ROAD
MAIDA VALE
Maida Vale
HARVIST ROAD
CARLTON VALE
KILBURN LANE
KILBURN PARK ROAD
Paddington Rec. Grd.
Cricket Ground
WEST KILBURN
KENSAL GREEN
KENSAL TOWN
HARROW ROAD
LADBROKE GROVE
SHIRLAND ROAD
MAIDA HILL
ELGIN AVENUE
LAUDERDALE ROAD
B.B.C. Studios
Sports Club
WESTBOURNE GREEN
Westbourne Park
WESTWAY
A40
A404
A5
A4003
B413
B414
B450
B451
A4207
A402
Royal Oak
NORTH KENSINGTON
ST. CHARLES HOSPITAL
Carmelite Monastery
ST. MARK'S R.
CAMBRIDGE GS.
Ladbroke Gro.
WESTBOURNE PARK ROAD
WESTBOURNE GRO.
BAYSWATER
Bayswater
QUEENSWAY
Queensway
CHEPSTOW RD
PORCHESTER R.
BISHOP'S BRI. RD
NOTTING HILL
Notting Hill Gate
Ladbroke Square Gardens
KENSINGTON PARK RD
PEMBRIDGE R.
BAYSWATER ROAD
Latimer Rd.
WEST CROSS ROUTE
Holland Park
HOLLAND PARK AVENUE
KENSINGTON PALACE GDNS.
Superstore

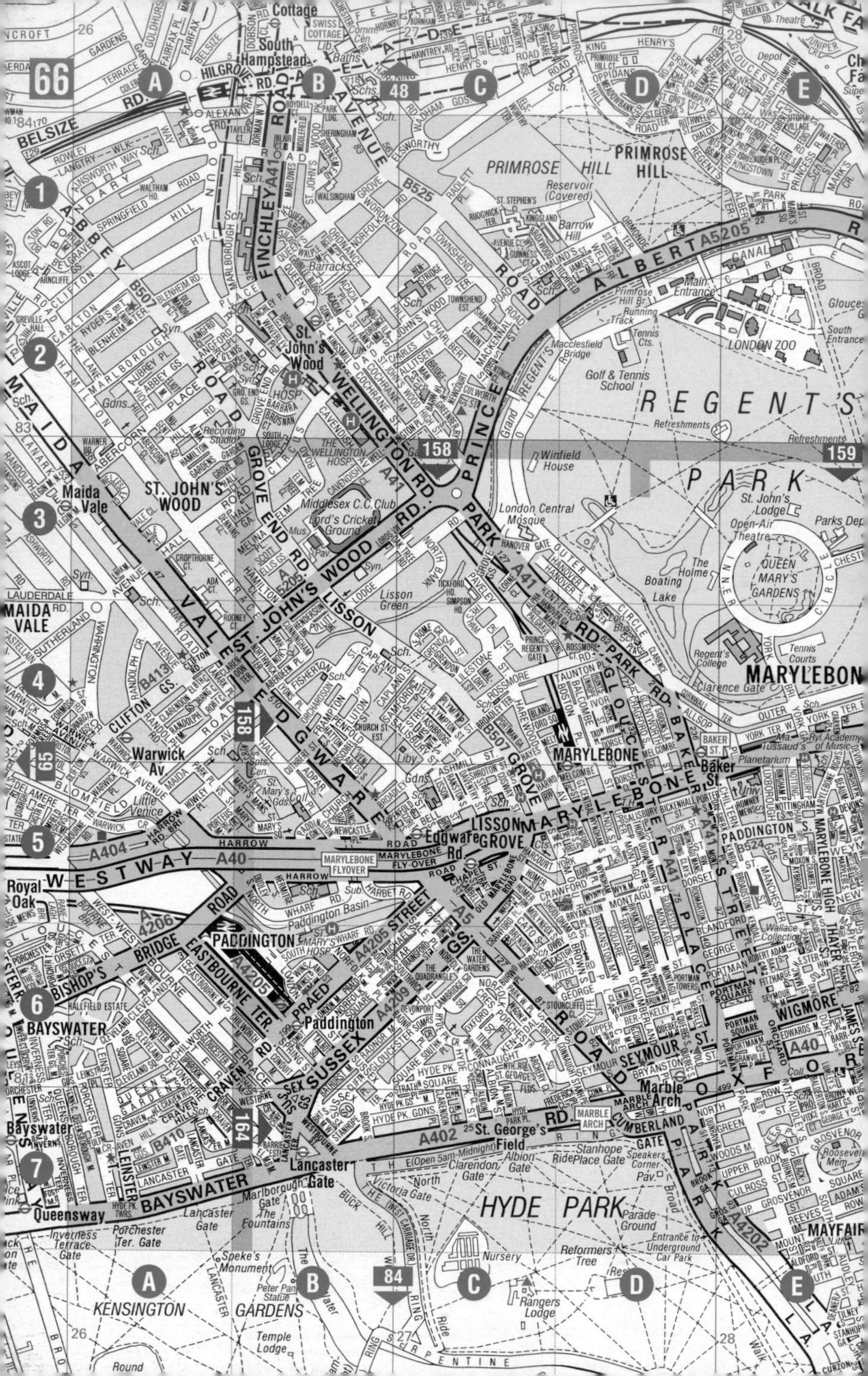
66
South Hampstead
Swiss Cottage
Belsize
Primrose Hill
Primrose Hill
Finchley Road A41
Avenue
Abbey Road
Albert Road A5205
Regent's Park
London Zoo
Golf & Tennis School
Macclesfield Bridge
Winfield House
London Central Mosque
Hanover Gate
Boating Lake
The Holme
Open-Air Theatre
Queen Mary's Gardens
St. John's Lodge
Regent's College
Marylebone
Marylebone
St. John's Wood
St. John's Wood
Wellington Rd.
Prince Albert Road
Park Road A41
Maida Vale
Maida Vale
Middlesex C.C.Club
Lord's Cricket Ground
Lisson Green
Lisson Grove
Edgware Road
Warwick Av.
Little Venice
Westway A40
Marylebone Flyover
Royal Oak
Paddington
Paddington
Paddington Basin
Bishop's Bridge
Eastbourne Ter.
Praed
Sussex Gardens
Bayswater
Bayswater
Bayswater Road
Queensway
Lancaster Gate
Marble Arch
Marble Arch
Oxford Street
Baker Street
Baker St.
Marylebone Road
Gloucester Place
Wigmore
Portman Square
Seymour St.
Park Lane A4202
Hyde Park
Kensington Gardens
Speaker's Corner
Reformers Tree
Rangers Lodge
Peter Pan Statue
Speke's Monument
The Fountains
Mayfair
Wallace Collection
Madame Tussaud's
Planetarium
Roosevelt Mem.
Serpentine
158
159
164
65
84
48

67
CAMDEN TOWN
Camden Rd.
Camden Town
KENTISH TOWN RD.
HAWLEY R.
BRITANNIA JUNC.
King's Cross Freight & Freightliner Terminal
49
F
G
H
J
K
1
2
3
4
5
6
7
YORK WAY
A5200
CALEDONIAN RD.
A5203
COPENHAGEN ST.
PENTONVILLE
PENTONVILLE ROAD
A501
KING'S CROSS
ST. PANCRAS
SOMERS TOWN
British Library
160
161
EUSTON
EUSTON RD.
Euston Sq.
EUSTON UNDERPASS
A4200
EVERSHOLT ST.
PANCRAS WAY
A5202
HAMPSTEAD RD.
A400
REGENT'S PARK
Mornington Cres.
Driving Range
Depot
Gasholders
Nature Park
ALBANY ST.
PARKWAY
DELANCEY ST.
CROWNDALE RD.
Warren St.
Great Portland St.
Regent's Park
TOTTENHAM COURT RD.
GOWER ST.
University College
UNIV. COLL. HOSP.
Russell Sq.
BLOOMSBURY
WOBURN PL.
SOUTHAMPTON ROW
GUILFORD ST.
St. PANCRAS
Coram's Fields
GRAY'S INN RD.
KING'S CROSS RD.
FARRINGDON RD.
CLERKENWELL
THEOBALDS RD.
Gray's Inn
Holborn
HIGH HOLBORN
A40
HOLBORN
KINGSWAY
Chancery La.
Lincoln's Inn
Law Courts
British Museum
Univ. of London
BEDFORD SQ.
Goodge St.
THE MIDDX. HOSP.
Tottenham Court R.
NEW OXFORD ST.
Oxford Circus
OXFORD ST.
CAVENDISH SQ.
REGENT ST.
A4201
NEW BOND ST.
SOHO
SHAFTESBURY AV.
CHARING CROSS RD.
Leicester Sq.
Covent Gdn.
Piccadilly Circus
PICCADILLY
STRAND
ALDWYCH
Temple
EMBANKMENT
Somerset Ho.
Waterloo Bri.
A301
RIVER THAMES
VICTORIA EMBANKMENT
Cleopatra's Needle
Embankment
CHARING CROSS
National Gallery
Trafalgar Sq.
85
Admiralty Arch
THE MALL
Green Park
ST. JAMES'S ST.
Royal Festival Hall
SOUTH BANK
Ryl. National Theatre

68
A
B
C
D
E
1
2
3
4
5
6
7
50
161
162
163
67
86
ISLINGTON
Angel
FINSBURY
CLERKENWELL
DE BEAUVOIR TOWN
HOXTON
SHOREDITCH
ST. LUKE'S
Old Street
Barbican
Farringdon
Moorgate
Liverpool St.
CITY
Bank
Mansion Ho.
Monument
Cannon Street
Blackfriars
Temple
City Thameslink
St. Paul's
Essex Rd.
SOUTHWARK
PENTONVILLE A501 RD.
CITY RD.
GOSWELL RD.
A5201
LONDON WALL A1211
HOLBORN
VICTORIA EMBMT.
UPR. THAMES
RIVER THAMES
LOWER THAMES ST.
NEW NORTH RD
Regent's Canal
Charterhouse
Arts Centre
Bunhill Fields Burial Grd.
H.Q.S. Wellington
H.M.S. President
Millennium Bridge
Law Courts
The Temple

DALSTON
London Fields
SOUTH HACKNEY
HAGGERSTON
Regent's Canal
Victoria Fountain
Royal Gate East
VICTORIA PARK
Cambridge Heath
BETHNAL GREEN
Bethnal Green
GLOBE TOWN
MILE END
ROYAL LONDON HOSP. MILE END
Queen Mary & Westfields College
Shoreditch
SPITALFIELDS
Stepney Green
STEPNEY
Whitechapel
ROYAL LONDON HOSP.
WHITECHAPEL
Aldgate East
Aldgate
Tower Gateway
Tower Hill
Shadwell
SHADWELL
Shadwell Basin
King Edward Mem. Park
THAMES
RIVER
ROTHERHITHE TUNNEL
Wapping
St. Katharine Docks
TOWER BRI.
THE TOWER
WHITECHAPEL RD.
COMMERCIAL ROAD
CABLE ST.
THE HIGHWAY
MILE END ROAD
CAMBRIDGE HEATH RD.
MARE ST.
BETHNAL GREEN RD.
GROVE ROAD
OLD FORD RD.
A11
A13
A107
A1203
A1205
A1208
A1209
A1202
B108
B118
B135
B127
51
163
70
169
87
F
G
H
J
K
1
2
3
4
5
6
7

70
SOUTH HACKNEY
VICTORIA PARK
OLD FORD
Stratford Marsh
STRATFORD
Pudding Mill Lane
BOW INTERCHANGE
BOW
Bow Church
GLOBE TOWN
MILE END
Mile End
Mile End Park
BOW COMMON
BROMLEY
Bromley-by-Bow
Devons Rd.
RATCLIFF
LIMEHOUSE
Limehouse
Westferry
POPLAR
Poplar
All Saints
West India Quay
Canary Wharf
RIVER THAMES
TOTTENHAM HOTSPUR
52
69
88
A
B
C
D
E
1
2
3
4
5
6
7

71
F
G
H
J
K
53
WEST HAM
PARK
UPTON
PLASHET
WEST HAM
PORTWAY
B165
NEW PLAISTOW RD.
PLAISTOW RD.
A112
HIGH ST.
A1011
MANOR RD.
A114
STOPFORD RD.
UPTON LA.
Plaistow
Jubilee Line Depot
Bridge Rd. Depot
Gas Depot
Pumping Station
Mill Meads
Prescott Channel
Channelsea
West Ham
East London Crematorium
EAST LONDON CEMETERY
Memorial Recreation Ground
Grange Inf. Sch.
Recreation Ground
PLAISTOW
BALAAM ST.
GREENGATE ST.
A124
PRINCE REGENT LANE
B166
Leisure Cen.
College
Playing Field
Playing Field Youth Cen.
Depot
PROJECT PARK
CRESCENT COURT BUS. CEN.
Gas Works Inf. Cen.
The London Gas Museum
Warehouse
STEPHENSON ST.
B164
Star Park
BARKING RD.
NEWHAM WAY
A13
Recreation Ground
Schools
Library
BOW CREEK
Wharves
Superstores
B125
Canning Town
CANNING TOWN
SILVERTOWN WAY
CANNING TOWN
Hallsville Prim. Sch.
Comm. Cen.
A1020
LOWER LEA CROSSING
East India
LEAMOUTH
East India Dock Basin
DLR
VICTORIA DOCK ROAD
Royal Victoria
Custom House
Prince Regent
EXCEL
Warehouse
MACE GATEWAY
Tidal Basin
Watersports Centre
ROYAL VICTORIA DOCK
SILVERTOWN VIADUCT
Works
RIVER THAMES
BLACKWALL REACH
Blackwall Point
BLACKWALL TUNNEL
Blackwall
Thames Wharf
London City Airport Pier
Brewery
89
NORTH WOOLWICH RD.
Millennium Mill
Pontoon Dock
72
1
2
3
4
5
6
7
39
40
41
540

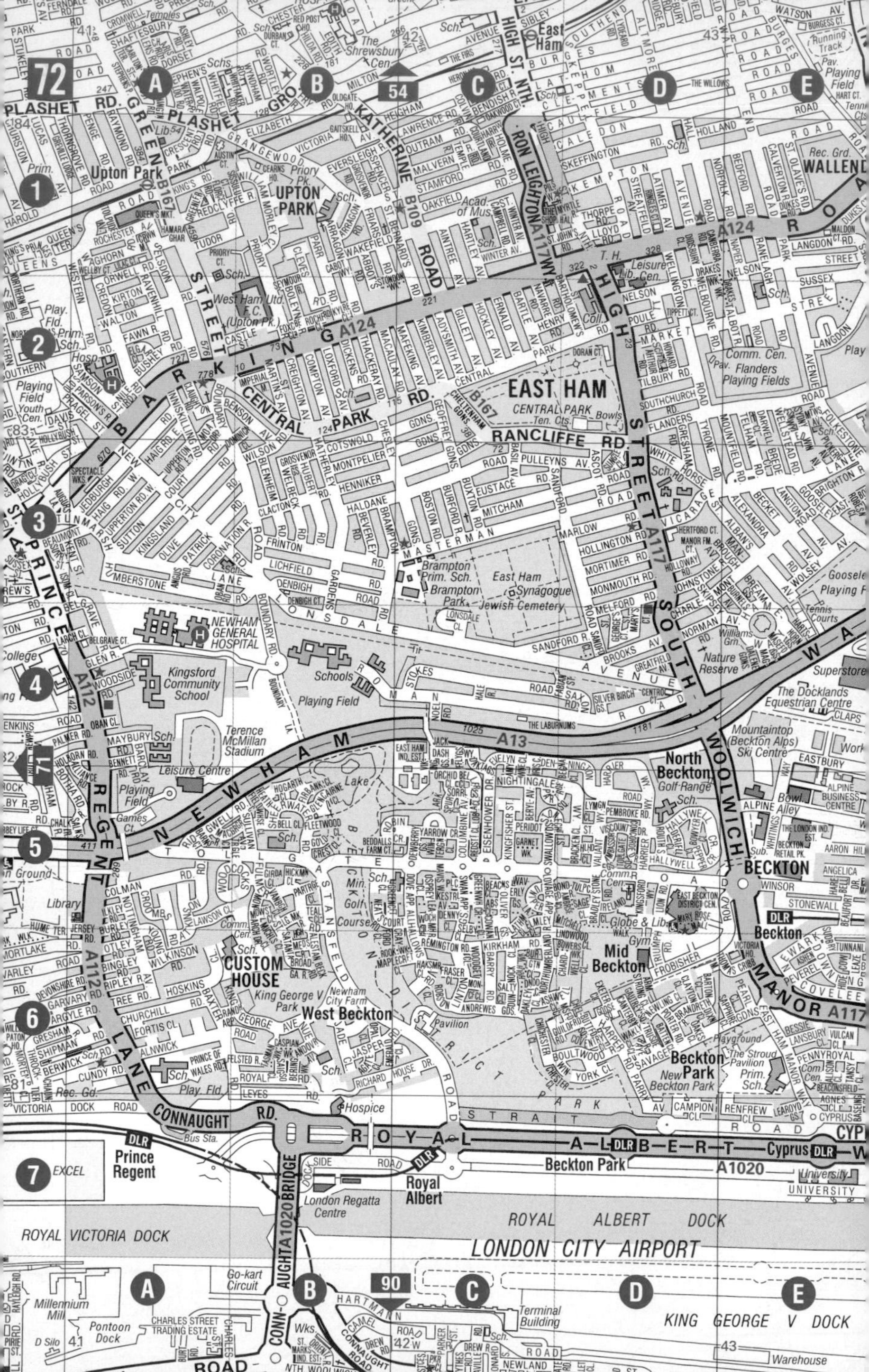

72
54
71
90
A
B
C
D
E
1
2
3
4
5
6
7
41
42
43
PLASHET RD.
PLASHET GRO.
GREEN STREET
Upton Park
UPTON PARK
KATHERINE ROAD
B167
B109
The Shrewsbury Cen.
East Ham
HIGH ST. NTH.
RON LEIGHTON WY.
A117
West Ham Utd. F.C. (Upton Pk.)
Queen's Mkt.
BARKING ROAD
A124
CENTRAL PARK RD.
EAST HAM
CENTRAL PARK
RANCLIFFE RD.
HIGH STREET SOUTH
WALLEND
Leisure Cen.
Comm. Cen.
Flanders Playing Fields
Playing Field
Brampton Prim. Sch.
Brampton Park
East Ham Synagogue
Jewish Cemetery
NEWHAM GENERAL HOSPITAL
Kingsford Community School
Terence McMillan Stadium
Leisure Centre
Schools
ROMAN ROAD
NEWHAM WAY
A13
PRINCE REGENT LANE
A112
North Beckton
Golf Range
WOOLWICH
BECKTON
DLR
Beckton
The Docklands Equestrian Centre
Mountaintop (Beckton Alps) Ski Centre
Alpine Bowl
Superstore
Nature Reserve
Tennis Courts
Gooseley Playing Fields
TOLLGATE ROAD
BECKTON DISTRICT PARK
Min. Golf Course
CUSTOM HOUSE
King George V Park
West Beckton
Newham City Farm
Mid Beckton
Gym
Globe & Lib.
Beckton Park
New Beckton Park
The Stroud Pavilion
MANOR A117
CONNAUGHT RD.
ROYAL ALBERT WAY
A1020
Prince Regent
EXCEL
Royal Albert
Beckton Park
Cyprus
University
UNIVERSITY
London Regatta Centre
ROYAL ALBERT DOCK
ROYAL VICTORIA DOCK
LONDON CITY AIRPORT
CONNAUGHT BRIDGE
Go-kart Circuit
Millennium Mill
Pontoon Dock
CHARLES STREET TRADING ESTATE
Terminal Building
KING GEORGE V DOCK
Warehouse
HARTMANN ROAD
Hospice
Bus Sta.

73
55
91
74
BARKING
Upney
CREEKMOUTH
THAMESMEAD CENTRAL
Gallions Reach
Winsor Park
A123
RIPPLE ROAD
A13
EAST HAM AND BARKING BY-PASS
ALFRED'S WAY
A406
NORTH CIRCULAR ROAD
A1020
ROYAL DOCKS ROAD
A117
WOOLWICH MANOR WAY
ROYAL WAY
ARMADA WAY
RIVER ROAD
THAMES ROAD
MOVERS LANE
Beckton Sewage Treatment Works
Sewage Treatment Works
Gas Works
Tanks
Docklands Light Railway Depot
Engine Shed
Refuse Transfer Station
Refuse & Sewage Works
Bowling Alley
Lagoon
Cinema
River Roding
Long Mark
Long Reach
Barking Creek
Warpools Reach
Barking Creek Flood Barrier
Jetty
Pier
Works
Warehouses
THAMES
RIVER
Margaret or Tripcock Ness
Gallions Reach
Twin Tumps
ALBERT BASIN
Gallions Point Marina
Thames House
Newham Coll. of Further Education (Royal Docks Campus)
Custom House
Drawbridge
Hand Trough Creek
Cuckold's Haven
Greatfields Park
Playground
ABBEY WHARF INDUS. ESTATE
NEW ENGLAND INDUSTRIAL ESTATE
GATEWAY RETAIL PARK
BECKTON TRIANGLE RETAIL PK.
THE LONDON INDUSTRIAL PARK
RIVER ROAD BUSINESS PARK
TRAFALGAR BUSINESS CEN.
ANGLIAN INDUS. EST.
BALMORAL TRADING EST.
BARKING INDUSTRIAL PARK
BARKING BUSINESS CEN.
LYON BUSINESS PARK
Thames View Jun. Sch.
Youth Centre
Abbey (Remains)
Upney Sidings
Subway
Mayes Brook
F
G
H
J
K
1
2
3
4
5
6
7
44
45
46

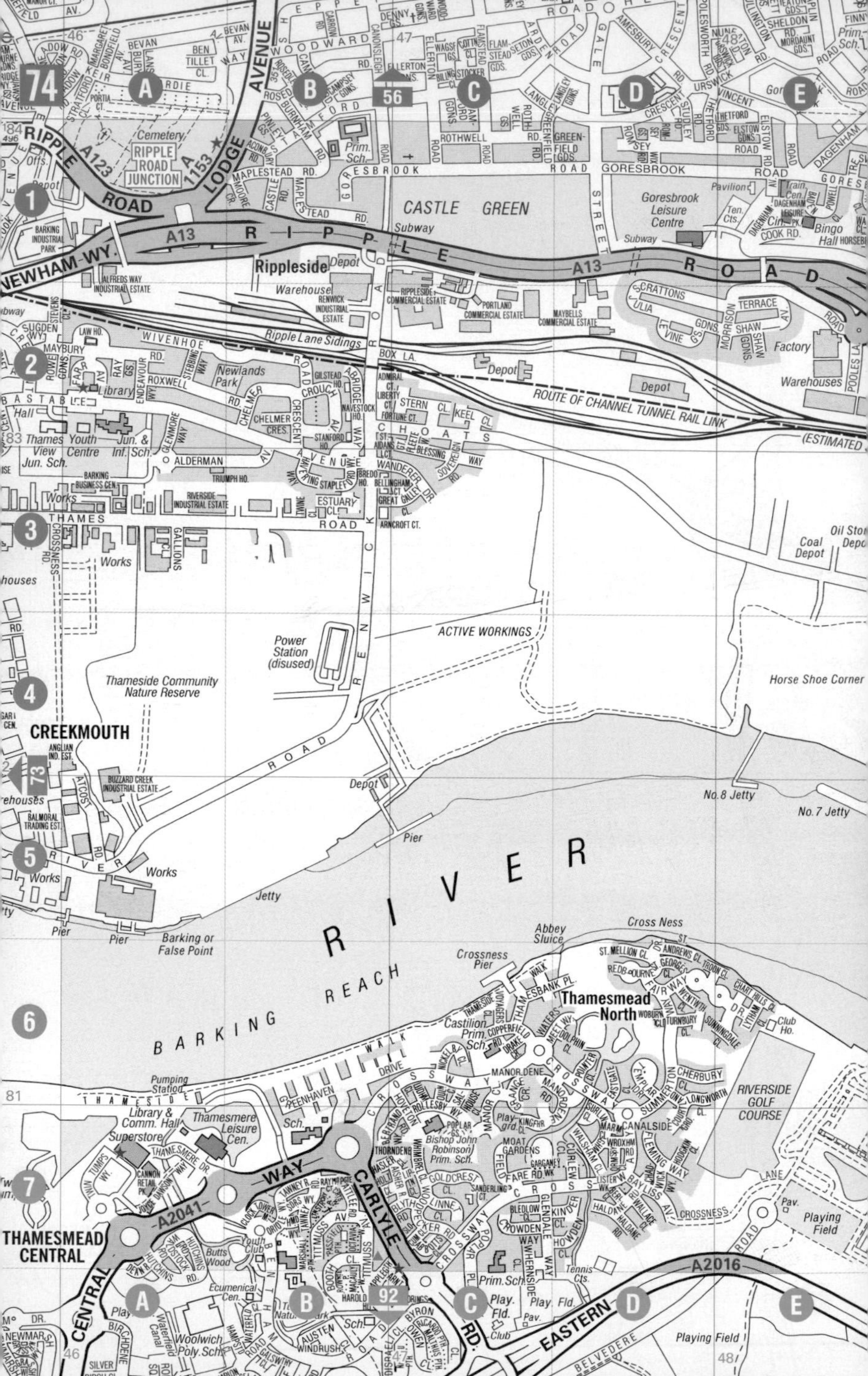

74
56
73
92
A
B
C
D
E
1
2
3
4
5
6
7
RIPPLE ROAD
A123
RIPPLE ROAD JUNCTION
LODGE AVENUE
A1153
Cemetery
CASTLE GREEN
Goresbrook Leisure Centre
A13
RIPPLE ROAD
NEWHAM WY.
Rippleside
Warehouse
Depot
Subway
BARKING INDUSTRIAL PARK
ALFREDS WAY INDUSTRIAL ESTATE
RENWICK INDUSTRIAL ESTATE
RIPPLESIDE COMMERCIAL ESTATE
PORTLAND COMMERCIAL ESTATE
MAYBELLS COMMERCIAL ESTATE
Ripple Lane Sidings
ROUTE OF CHANNEL TUNNEL RAIL LINK
(ESTIMATED
Newlands Park
Library
Thames View Jun. Sch.
Youth Centre
Jun. & Inf. Sch.
ALDERMAN AV.
CHOATS ROAD
RENWICK ROAD
THAMES ROAD
BARKING BUSINESS CEN.
RIVERSIDE INDUSTRIAL ESTATE
Works
ESTUARY CL.
Factory
Warehouses
Coal Depot
Oil Storage Depot
ACTIVE WORKINGS
Power Station (disused)
Thameside Community Nature Reserve
Horse Shoe Corner
CREEKMOUTH
ANGLIAN IND. EST.
BUZZARD CREEK INDUSTRIAL ESTATE
BALMORAL TRADING EST.
RIVER ROAD
Pier
Jetty
No.8 Jetty
No.7 Jetty
Barking or False Point
RIVER
BARKING REACH
Cross Ness
Abbey Sluice
Crossness Pier
Thamesmead North
Castilion Prim. Sch.
RIVERSIDE GOLF COURSE
Club Ho.
Pumping Station
THAMESIDE WALK
Library & Comm. Hall
Thamesmere Leisure Cen.
Superstore
THAMESMEAD CENTRAL
A2041
HARTSLOCK DRIVE
CARLYLE RD.
CROSSWAY
Bishop John Robinson Prim. Sch.
MOAT GARDENS
Playing Field
A2016
EASTERN WAY
BELVEDERE
Butts Wood
Youth Club
Ecumenical Cen.
Woolwich Poly. Sch.
Prim. Sch.
Tennis Cts.
Play. Fld.
Pav.
Club
81
83
46
47
48

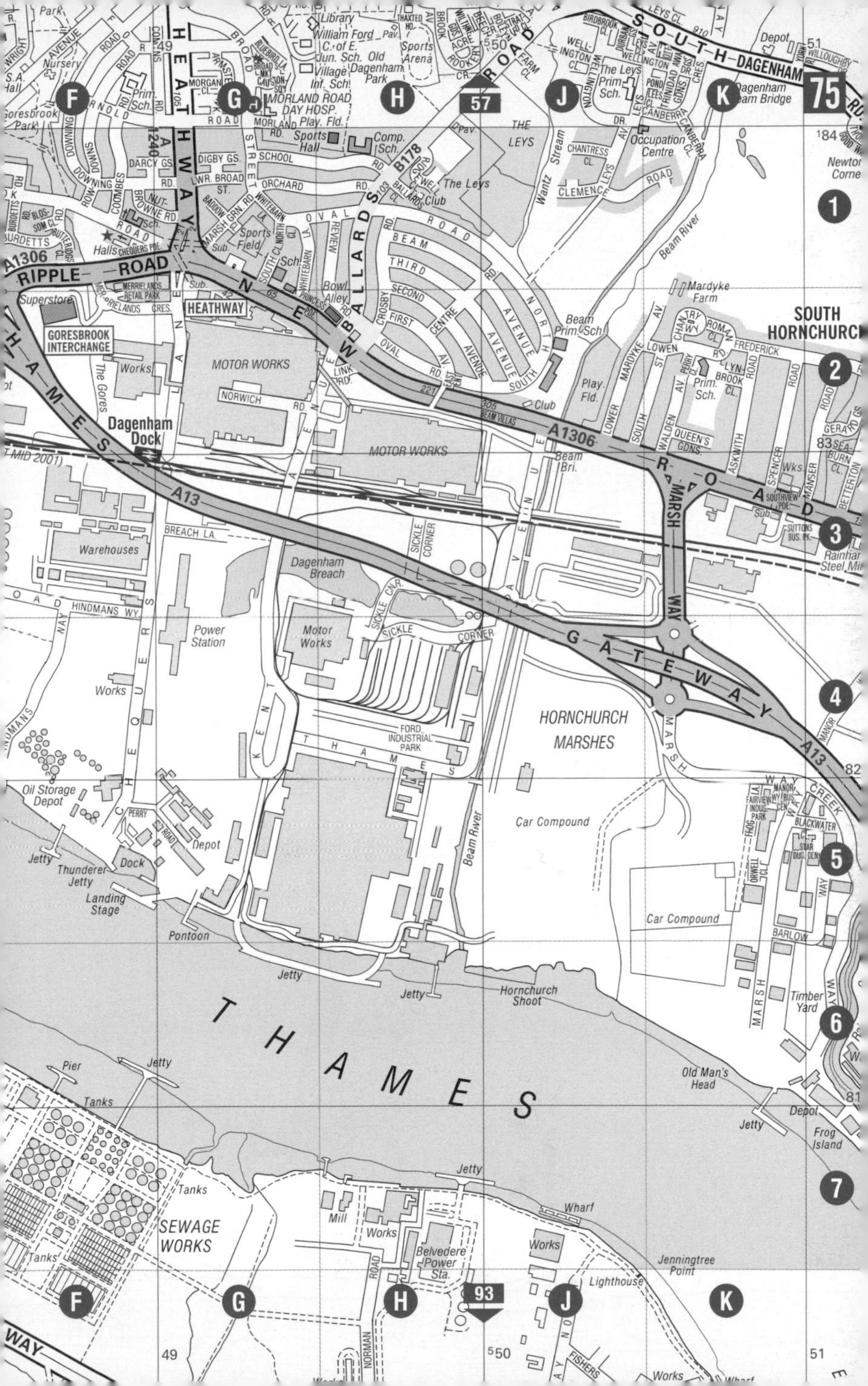

75
57
93
SOUTH DAGENHAM
SOUTH HORNCHURCH
HEATHWAY
RIPPLE ROAD
A1306
A13
A1240
B178
BALLARDS ROAD
NEW ROAD
GATEWAY
THAMES
GORESBROOK INTERCHANGE
Dagenham Dock
MOTOR WORKS
Motor Works
Power Station
Warehouses
Dagenham Breach
FORD INDUSTRIAL PARK
HORNCHURCH MARSHES
Car Compound
Oil Storage Depot
Thunderer Jetty
Landing Stage
Pontoon
Hornchurch Shoot
Old Man's Head
Frog Island
Timber Yard
SEWAGE WORKS
Belvedere Power Sta.
Jenningtree Point
Lighthouse
Mardyke Farm
THE LEYS
The Leys
Beam River
Wantz Stream
Beam Prim. Sch.
Occupation Centre
Dagenham Beam Bridge
Rainham Steel Mi
Superstore
MORLAND ROAD DAY HOSP.
William Ford C. of E. Jun. Sch.
Old Dagenham Park
Sports Arena
Village Inf. Sch.
Comp. Sch.
Sports Hall
Bowl Alley
Sports Field
Goresbrook Park
The Gores
HINDMANS WY
BREACH LA.
CHEQUERS LA.
KENT AVENUE
THAMES AV.
MARSH WAY
FISHERS WAY
NORMAN ROAD
49
550
51
F
G
H
J
K
1
2
3
4
5
6
7

76
58
94
A
B
C
D
E
1
2
3
4
5
6
7
06
07
08
80
79
78
77
STOCKLEY PARK COUNTRY PARK
STOCKLEY PARK GOLF COURSE
Stockley Park
Club House
The Arena
Sports Club
Recreation Ground
Rec. Grd.
Library
Bowls
Swim. Pool
FAIRFIELD RD.
WHITETHORN AV.
CASTLE AV.
POPLAR AVENUE
ACACIA AV.
MAPLE AV.
CEDAR AV.
LILAC PL.
WHITE THORN PL.
ALBERT RD.
COLHAM AV.
Training Cen.
PROVIDENCE RD.
YIEWSLEY CT.
ASPEN CL.
HORTON RD.
HORTON PDE.
KNOWLES CL.
ROBERTS CL.
INDEPENDENT IND. EST.
HORTON RD. IND. EST.
Horton Bridge
HORTON BRI. RD.
LIDDALL WY.
HORTON IND. PK.
HORTON CL.
Works
Warehouses
Wks.
STONE CL.
Grand Union Canal Walk
Colham Bri.
West Drayton
BENNETS FIELD RD.
LONGWALK
ROUNDWOOD AV.
FURZEGROUND WAY
IRON BRIDGE RD.
STOCKLEY ROAD
A408
OLD STOCKLEY RD.
Stockley Bridge
RIGBY
Works
Depot
STATION RD.
WARWICK ROAD
H.P.O.
CHERRY ORCHARD
BRANDVILLE RD.
LANTERN WY.
FURZEHAM RD.
BELLCLOSE RD.
HOLLY GDNS.
HAWTHORNE CR.
BOXWOOD WY.
West Drayton Prim. Sch.
Play Fld.
Lib.
KING'S RD.
QUEENS RD.
Spts. Grd.
R.A.F. Station
CALVERT CT.
RUTTERS CL.
ARCHIE CL.
EASTWOOD RD.
EMDEN CL.
CRESCENT
MULBERRY CRES.
BRIAR WAY
JASMINE
LAVENDER RISE
Recreation Ground
Works
Government Offices
DENBIGH DR.
STORMOUNT
SNOWDON
CONWAY
BOURNE AV.
GLAMIS
CHURCH RD.
BAGLEY CL.
WEST DRAYTON ROAD
SHAWFIELD CT.
Drayton Hall
Comm. Cen.
Youth Cen.
Tennis Courts
Playgrd.
The Closes Rec. Grd.
The Avenue
PORTERS WAY
THORNTON AV.
SIPSON ROAD
NORTH AV.
CHAPMAN CL.
SOUTH CL.
ALMOND AV.
OAK AV.
HAZEL AV.
WALNUT AV.
TREE AV.
BEECH
BLACKTHORN AV.
MYRTLE CL.
EAST ROAD
HEATH PARK GOLF COURSE
Club Ho.
Crowne Plaza Hotel
Bourne Farm Playing Field
SKIPTON
CARNARVON
Tennis Cts.
PINKWELL PARK
PINKWELL
St. Georges Meadow
WEST DRAYTON
Cemetery
The Dell
MAXWELL RD.
DELL
Longmead Prim. Sch.
Play Fld.
LAUREL LANE
BERBERIS WLK.
BENTY
LANE
KEATS WAY
SCOTT CL.
CHERRY LANE
Cherry Lane Jun.& Inf. School
BLOSSOM WAY
VINE CL.
Cherry Lane Roundabout
SHEPISTON LANE
Burial Ground
Frogs Ditch Farm
Pinkwell Jun.& Prim. Schs.
The Chalet
Orchard View
GREAT BRAMBLES
WORDSWORTH
M4 MOTORWAY
M4
Subway
Junction 4
A3044
HARMONDSWORTH
HOLLOWAY CL.
The Crest Hotel
SIPSON
RUSSELL GS.
WYKEHAM CL.
VINERIES CL.
Heathrow Primary School
SIPSON LANE
Little Harlington Field
Sports Ground
VICTORIA
Pav.
Pavilion
Tennis Courts
William Byrd Prim. Sch.
Wall Garden Farm
HOLLOWAY
MONKS WY.
PRIORY WY.
HARMONDSWORTH LANE
HARMONDSWORTH
HOLLYCROFT CL.
VINCENT CL.
CHAMBERS IND. PK.
KENWOOD CL.
SIPSON CL.
SIPSON
M4 MOTORWAY
A408
HARLINGTON
Pheasant Nursery
Sports Ground
BOMER CL.
ASHBY WAY
HATCH LANE
ZEALAND AV.
LESTONE CL.
Warehouse
NORMAN HAY INDUSTRIAL ESTATE
HEATHROW BLVRD.
Recreation Ground
Junction 4a
Tennis Cts.
Playgnd.
BLUNTS AV.
Hotel
DORTON VILLAS
Excelsior Hotel
DOGHURST DR.
DOGHURST AV.
EGERTON WY.
MONDIAL WAY
BROWNGRAVES RD.
HARLINGTON CL.
TASKER
The Edwardian International Hotel
BATH ROAD
NORTHOLT
NAPIER RD.
NORTHWOOD RD.
NEWTON RD.
NEWBURY
NELSON RD.
ROAD WEST
RAMP
Statue
EAST RAMP
NENE ROAD ROUNDABOUT
NENE RD.
Customs Ho.
The Ramada Hotel
Heathrow Visitors Cen.
NEWALL
NORTHERN PERIMETER ROAD (WEST)
NORTHERN

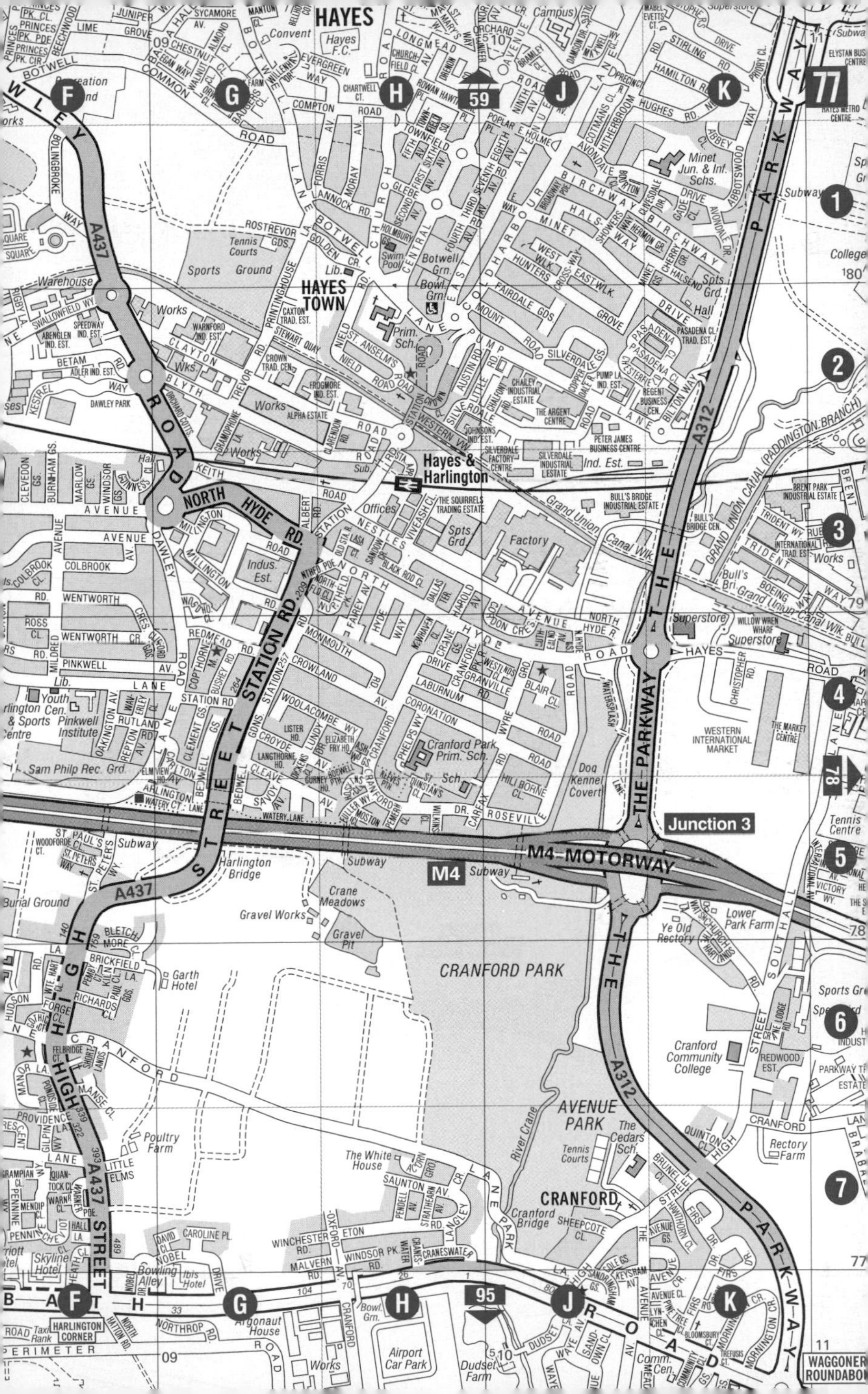

HAYES
Hayes F.C.
Convent
77
59
78
95
F
G
H
J
K
1
2
3
4
5
6
7
09
10
11
HAYES TOWN
Hayes & Harlington
Sports Ground
Tennis Courts
Swim. Pool
Botwell Grn.
Bowl. Grn.
Lib.
Prim. Sch.
Minet Jun. & Inf. Schs.
Spts. Grd.
Hall
College
Works
Warehouse
DAWLEY PARK
NORTH HYDE RD.
STATION RD
HIGH STREET
STATION ROAD
A437
A312
THE PARKWAY
Junction 3
M4 MOTORWAY
M4
Subway
Harlington Bridge
Burial Ground
Gravel Works
Crane Meadows
Gravel Pit
CRANFORD PARK
Garth Hotel
Poultry Farm
The White House
AVENUE PARK
The Cedars Sch.
Tennis Courts
CRANFORD
Cranford Bridge
River Crane
Dog Kennel Covert
Cranford Park Prim. Sch.
Sam Philp Rec. Grd.
Youth Cen.
Pinkwell Institute
Indus. Est.
Factory
Grand Union Canal
GRAND UNION CANAL (PADDINGTON BRANCH)
Superstore
WESTERN INTERNATIONAL MARKET
THE MARKET CENTRE
Tennis Centre
Lower Park Farm
Ye Old Rectory
Cranford Community College
Sports Grd
Rectory Farm
Skyline Hotel
Ibis Hotel
Bowling Alley
Argonaut House
Airport Car Park
Dudset Farm
Works
HARLINGTON CORNER
BATH ROAD
WAGGONER ROUNDABOUT
PERIMETER ROAD
NORTHROP RD.
Bowl. Grn.
Comm. Cen.
HAYES METRO CENTRE

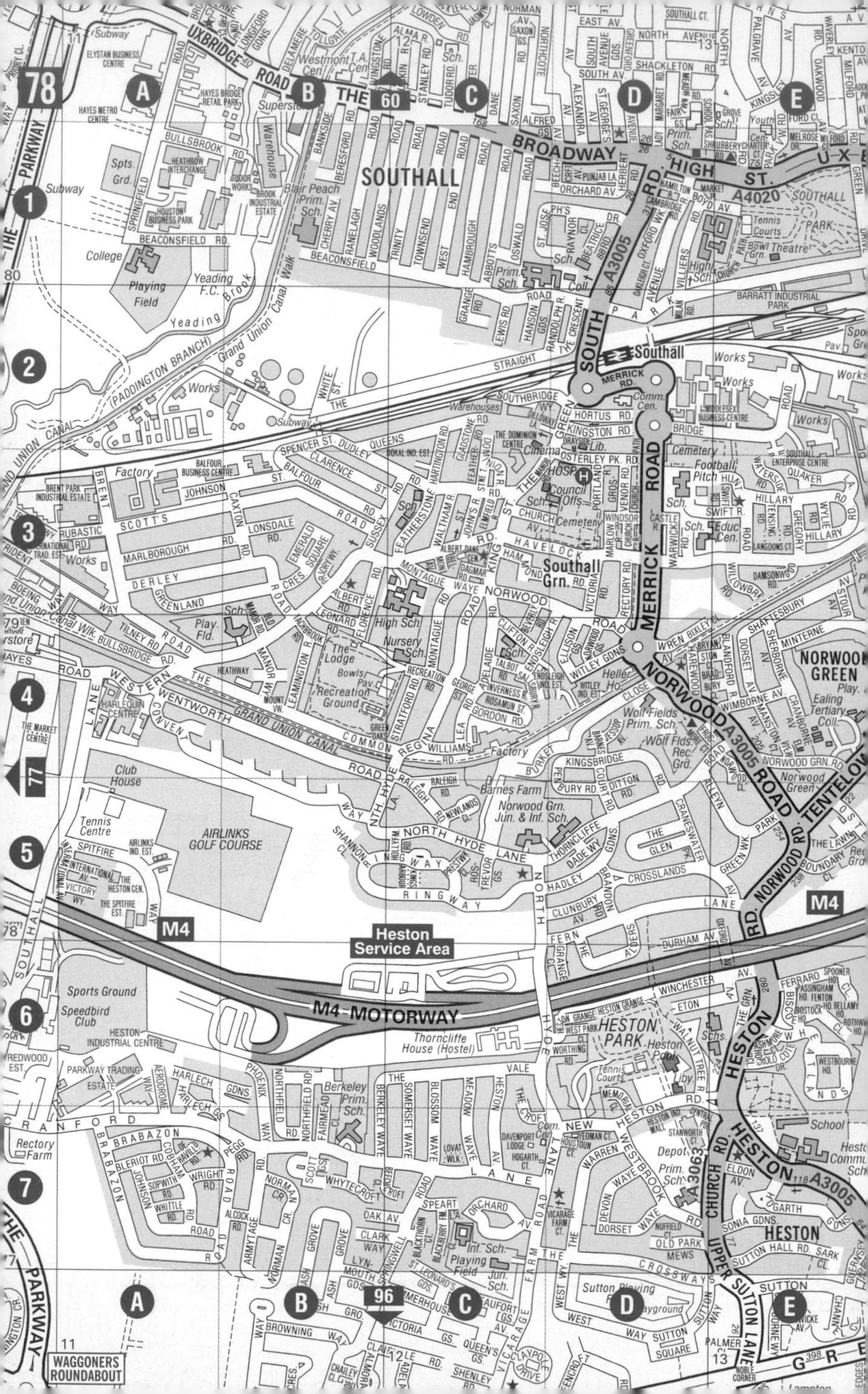

78
60
77
96
A
B
C
D
E
1
2
3
4
5
6
7
SOUTHALL
HESTON
NORWOOD GREEN
Southall Grn.
THE BROADWAY
HIGH ST.
A4020
UXBRIDGE ROAD
THE PARKWAY
SOUTH RD.
A3005
MERRICK ROAD
NORWOOD ROAD
HESTON RD.
M4
M4 MOTORWAY
Heston Service Area
Southall
GRAND UNION CANAL
Grand Union Canal Walk
(PADDINGTON BRANCH)
Yeading Brook
AIRLINKS GOLF COURSE
Club House
Tennis Centre
Sports Ground
Speedbird Club
HESTON INDUSTRIAL CENTRE
ELYSTAN BUSINESS CENTRE
HAYES METRO CENTRE
HAYES BRIDGE RETAIL PARK
HEATHROW INTERCHANGE
HOUSTON BUSINESS PARK
BROOK INDUSTRIAL ESTATE
TUDOR WORKS
BRENT PARK INDUSTRIAL ESTATE
BALFOUR BUSINESS CENTRE
HARLEQUIN CENTRE
THE MARKET CENTRE
AIRLINKS IND. EST.
THE HESTON CEN.
THE SPITFIRE EST.
PARKWAY TRADING ESTATE
MIDDLESEX BUSINESS CENTRE
SOUTHALL ENTERPRISE CENTRE
BARRATT INDUSTRIAL PARK
THE DOMINION CENTRE
Blair Peach Prim. Sch.
College
Playing Field
Yeading F.C.
Westmont T.A. Cen.
Superstore
Warehouse
Works
Factory
Cinema
HOSP.
Council Offs.
Cemetery
High Sch.
Nursery Sch.
The Lodge
Bowls Pav.
Recreation Ground
Wolf Fields Prim. Sch.
Wolf Flds. Rec. Grd.
Barnes Farm
Norwood Grn. Jun. & Inf. Sch.
Ealing Tertiary Coll.
Norwood Green
Football Pitch
Educ. Cen.
Comm. Cen.
Lib.
SOUTHALL PARK
Tennis Courts
Bowl Grn.
Theatre
HESTON PARK
Heston Pool
Liby.
Schs.
Thorncliffe House (Hostel)
Berkeley Prim. Sch.
Inf. Sch.
Jun. Sch.
Sutton Playing Fields
Playground
Depot
Prim. Sch.
Rectory Farm
Heller Ho.
WAGGONERS ROUNDABOUT
BEACONSFIELD RD.
BULLSBROOK
SPRINGFIELD
WESTERN ROAD
BULLSBRIDGE RD.
HAYES ROAD
MARLBOROUGH
DERLEY
GREENLAND
LONSDALE RD.
SCOTT'S
JOHNSON
CAXTON
CLARENCE ST.
BALFOUR ROAD
SUSSEX RD.
QUEENS
DUDLEY
SPENCER ST.
SOUTHBRIDGE WY.
HAVELOCK RD.
KING ST.
MONTAGUE WAYE
NORWOOD RD.
STRATFORD RD.
LEAMINGTON R.
FLORENCE RD.
ALBERT RD.
LEONARD RD.
WENTWORTH
COMMON ROAD
NTH. HYDE LA.
NORTH HYDE LANE
RALEIGH RD.
RINGWAY
CROSSLANDS
BRANDON
HADLEY GDNS.
CLUNBURY AV.
DURHAM AV.
WINCHESTER AV.
ETON
VALE
NEW HESTON RD.
WARREN
WESTBROOK
DEVON WAYE
DORSET WAYE
OLD PARK MEWS
CROSSWAYS
WEST WAY
SUTTON SQUARE
UPPER SUTTON LANE
CHURCH RD.
A3063
SONIA GDNS.
SUTTON HALL RD.
CRANFORD LANE
BRABAZON
COBHAM
WRIGHT RD.
WHITTLE RD.
BLERIOT RD.
PEGG ROAD
HARLECH GDNS.
AERODROME WAY
PHOENIX WAY
NORTHFIELD RD.
FAIRMEAD
BERKELEY WAYE
THE SOMERSET WAYE
BLOSSOM WAYE
MEADOW WAYE
HESTON AV.
THE CROFT
WHYTECROFT
NORMAN CR.
ASH GROVE
OAK AV.
CLARK WAY
SPRINGWELL ROAD
ORCHARD AV.
VICARAGE FARM ROAD
BROWNING WAY
VICTORIA
QUEEN'S GS.
SHENLEY
SPITFIRE
INTERNATIONAL AV.
VICTORY WY.
SHANNON CL.
THORNCLIFFE
DADE WY.
THE GLEN
CRANESWATER PK.
GREEN WK.
BOUNDARY
THE LAWN
TENTELOW
SHAFTESBURY AV.
MINTERNE
SHERBORNE AV.
DORSET AV.
BLANDFORD R.
WIMBORNE AV.
CRANBORNE AV.
NORWOOD GRN. RD.
KINGSBRIDGE
PENBURY RD.
DITTON RD.
HILLARY
QUAKER LA.
HUNT RD.
SWIFT R.
WARWICK
CASTLE R.
OSTERLEY PK. RD.
KINGSTON RD.
HORTUS RD.
MERRICK RD.
GREEN
STRAIGHT
WHITE ST.
THE STRAIGHT
NORTH AV.
SOUTH AV.
EAST AV.
SHACKLETON RD.
SOUTH AVENUE GDS.
ALEXANDRA AV.
ST. GEORGE'S AV.
NORTHCOTE AV.
SAXON RD.
DANE RD.
LOWDEN
TOLLGATE
DELAMERE
LONGFORD GDNS.
ALMA R.
STANLEY RD.
TUDOR RD.
BANKSIDE
BERESFORD
CHERRY AV.
RANELAGH
WOODLANDS
TRINITY
TOWNSEND
WEST END
HAMBROUGH
ROAD
OSWALD
ABBOTTS
GRANGE RD.
LEWIS RD.
HANSON GDS.
RANDOLPH R.
THE CRESCENT
ORCHARD AV.
PUNJAB LA.
HERBERT
BEATRICE
RAYNOR CL.
ST. JOSEPH'S
OXFORD WK.
CAMBRIDGE
HAMILTON
BOYD AV.
VILLIERS
AVENUE
PARK AV.
KINGSLEY
PALGRAVE AV.
WAVERLEY
OAKWOOD
MILFORD
MELROSE
FORD CL.
MARGARET RD.
SCHOOL PASSAGE
SHRUBBERY RD.
NORTH RD.
SOUTHALL CT.
Subway
Spts. Grd.
Play. Fld.
Sch.

DORMER'S WELLS
WEST MIDDLESEX GOLF COURSE
Brent Lodge Park
Churchfields Rec. Grd.
Hanwell
Kensington Cemetery
HANWELL
City of Westminster Cemetery
UXBRIDGE RD.
BROADWAY
A4020
ST. BERNARD'S HOSPITAL
EALING HOSP.
Meadow Ho. Hospice
Hanwell Locks
Windmill Bridge
GREAT WESTERN INDUSTRIAL PARK
THREE BRIDGES BUS. CEN.
Grand Union Canal Walk
GRAND UNION CANAL
WINDMILL LANE
B454
A4127
GREENFORD RD.
BOSTON RD.
A3002
Elthorne Park
Elthorne Park High Sch.
Oaklands Primary Sch.
Games Courts
Warren Farm School Sports Centre
Sports Ground
The Aviary Farm
The Aviary
WATERSIDE TRADING CENTRE
BOSTON BUSINESS PARK
RIVER BRENT BUSINESS PARK
TRUMPERS WAY
Playing Field
Wincott Farm
Osterley Lock
O S T E R L E Y
M4 MOTORWAY
M4
Trumpers Wood
OSTERLEY LANE
Avenue Lodge
Osterley Park Farm
Lodge
Osterley Park House (N.T.)
P A R K
WYKE GREEN GOLF COURSE
Lodges
Wyke Green
SYON LANE
Sports Ground Club
Club House
Centaurs Rugby Club
West Cross Cen.
WOODLANDS RD.
OSTERLEY
JERSEY ROAD
Playing Field
Pavilion
ALDERNEY AV.
Osterley
A4
WEST
GREAT WEST ROAD
Running Track
Brunel University
Indian Gymkhana Sports Ground
Campion Ho.
Crown Court
SPRING GROVE
ISLEWORTH
Union Canal Walk

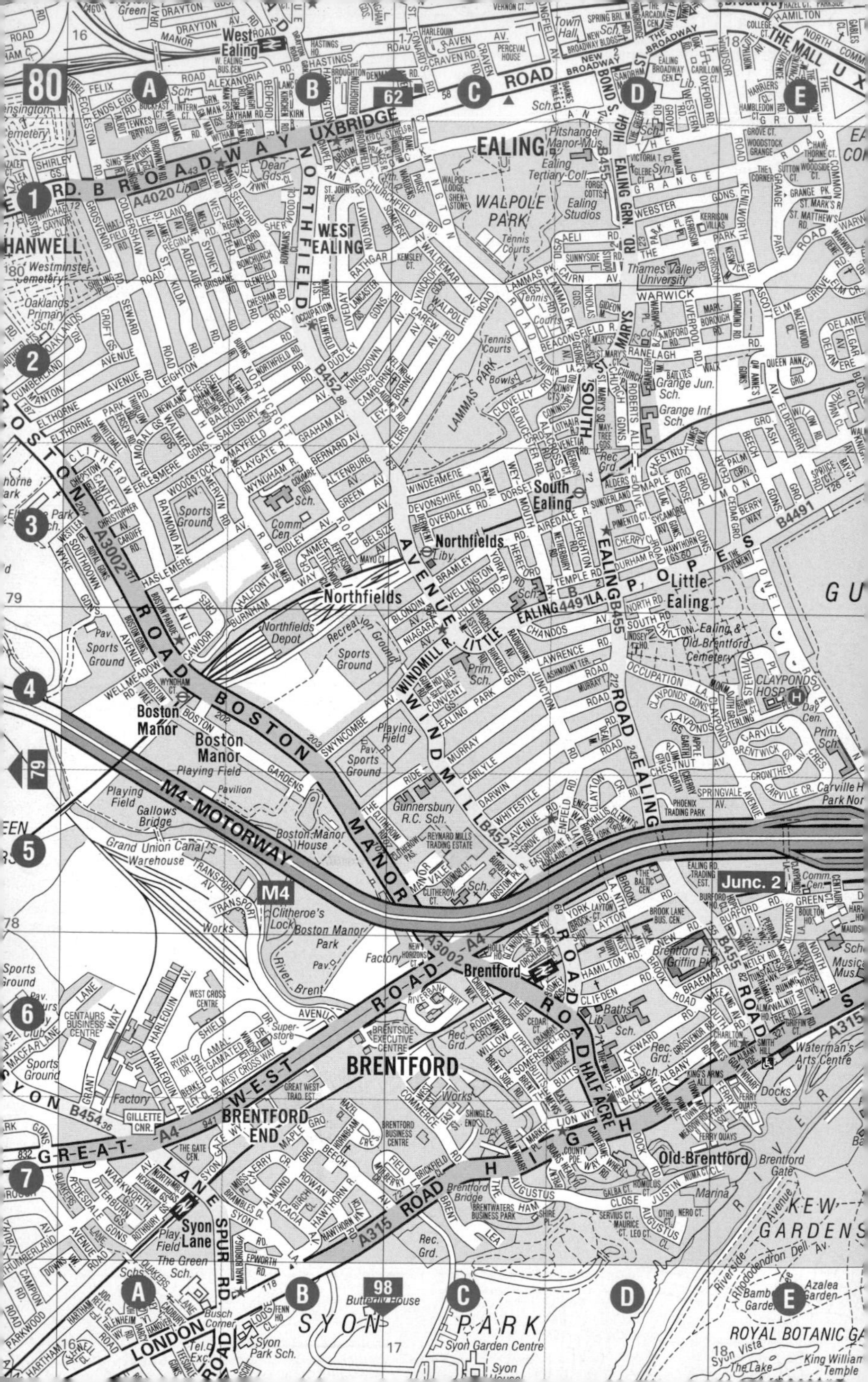

80
A
B
C
D
E
1
2
3
4
5
6
7
62
79
98
M4
Junc. 2
16
17
18
79
78
77
West Ealing
EALING
WEST EALING
HANWELL
South Ealing
Northfields
Little Ealing
Boston Manor
BRENTFORD
BRENTFORD END
Old Brentford
Syon Lane
UXBRIDGE ROAD
BROADWAY
A4020
NORTHFIELD AV.
WALPOLE PARK
Pitshanger Manor Mus.
Ealing Tertiary Coll.
Ealing Studios
Thames Valley University
Westminster Cemetery
Oaklands Primary Sch.
LAMMAS PARK
Grange Jun. Sch.
Grange Inf. Sch.
SOUTH EALING RD.
B455
B452
B4491
BOSTON ROAD
A3002
BOSTON MANOR ROAD
M4 MOTORWAY
Boston Manor House
Boston Manor Playing Field
Boston Manor Park
Gallows Bridge
Grand Union Canal
Warehouse
Clitheroe's Lock
Northfields Depot
Recreation Ground
Sports Ground
Ealing & Old Brentford Cemetery
CLAYPONDS HOSP.
Gunnersbury R.C. Sch.
Brentford F.C. (Griffin Pk.)
GREAT WEST ROAD
A4
A315
HIGH ST.
HALF ACRE
Waterman's Arts Centre
Docks
RIVER BRENT
SYON PARK
Butterfly House
Syon Garden Centre
KEW GARDENS
ROYAL BOTANIC GA
Rhododendron Dell
Azalea Garden
Bamboo Garden
Syon Vista
The Lake
King William Temple
Busch Corner
LONDON ROAD
SYON LANE
B454
Brentford Gate
Marina
Centaurs Business Centre
West Cross Centre
Brentside Executive Centre
Brentwaters Business Park
Phoenix Trading Park
Reynard Mills Trading Estate

81
63
82
99
ACTON
Ealing Common
EALING COMN.
GUNNERSBURY LANE
A406
A4020
HIGH ST.
THE VALE
STEYNE RD.
HORN LA.
Acton Central
ACTON PARK
SOUTH ACTON
Acton Town
South Acton
ACTON GREEN
BEDFORD PARK
SOUTHFIELD
SOUTH PARADE
GUNNERSBURY
CHISWICK PARK
Chiswick Pk.
Chiswick Common
CHISWICK HIGH RD.
A315
M4 MOTORWAY
M4
Gunnersbury
TURNHAM GREEN
HEATHFIELD TER.
GT. WEST RD.
CEDARS RD.
ELLESMERE RD.
Junc.1
WELLESLEY RD.
Kew Bridge
KEW BRIDGE
KEW BRI. RD.
Strand on the Green
Oliver's Island
THAMES
Kew Green
KEW
Kew Gardens Gallery
Princess of Wales Conservatory
Plants & People Exhibition
Public Record Office
Main Drainage Works
CHISWICK
Chiswick House
Chiswick
Chiswick Cemetery
GROVE PARK
Sports Ground
GT. CHERTSEY RD.
ALEXANDRA AV.
A316
MORTLAKE RD.
A205
A307
Kew Gds.
GUNNERSBURY PARK
Museum
Boating Lake
Miniature Golf Course
Kensington Cemetery
Fountain Leisure Cen.
ACTON HOSP.
Acton High Sch.
Reynolds Sports Cen.
Depot
Works
Nature Res.
Temple
Cricket Ground
F
G
H
J
K
1
2
3
4
5
6
7

82
A
B
C
D
E
1
2
3
4
5
6
7
64
100
81
EAST ACTON
White City
Phoenix High Sch.
The King Fahad Academy
Recreation Ground
Sports Ground
Cricket Ground
Sports Ground Leisure Cen.
Janet Adegoke Leisure Cen.
Wormholt Park
Q.P.R. Football Grd. & Wasps R.U.F.C.
BBC Television Centre
WOOD LANE
A219
THE VALE
A4020
UXBRIDGE ROAD
Shepherd's Bush
SHEPHERD'S BUSH
Goldhawk Rd.
GOLDHAWK ROAD
A402
ASKEW ROAD
B408
PADDENSWICK RD.
SOUTHFIELD RD.
THE AVENUE
B491
BATH RD.
B409
STH. PDE.
Turnham Green
Stamford Brook
Ravenscourt Park
GLENTHORNE ROAD
KING ST.
A315
CHISWICK HIGH RD.
CHISWICK LA.
A316
GREAT WEST ROAD
A4
HAMMERSMITH
Hammersmith
Lyric Theatre
Town Hall
Furnival Gdns.
Hammersmith Pier
RIVER THAMES
St. Pauls School
Playing Field
Chiswick Eyot
Chiswick Lodge
Homefield Recreation Ground
TURNHAM GREEN
CHISWICK
Chiswick House
HOGARTH LA.
HOGARTH RBT.
BURLINGTON LA.
ALEXANDRA AV.
Brewery
Church Wharf
Corney Reach
Nature Reserve
The Harrodian Sch.
Swedish Sch.
B350
LONSDALE ROAD
HAMMERSMITH BRIDGE
CASTELNAU
A306
Castelnau
Riverside Studios
THE WETLANDS CENTRE
Peter Scott Visitor Centre
Riverside Recreation Ground
Sports Ground
Bandstand
Pavilion
Small Profits
Barn Elms
Blakes Wharves
Eternit Wharf
Day Cen.

83
65
84
101
F
G
H
J
K
1
2
3
4
5
6
7
Latimer Rd.
NOTTING HILL
Bayswater
BAYSWATER RD.
Notting Hill Gate
KENSINGTON GARDENS
Kensington Palace
Kensington Palace Green
HOLLAND PARK AVENUE
A402
Holland Park
HOLLAND PARK
Shepherd's Bush
THE CONCORD CENTRE
WEST CROSS ROUTE A3220
KENSINGTON
King's College London
Town Hall
KENSINGTON CHURCH ST.
A4204
B405
KENSINGTON HIGH STREET
A315
High St. Kensington
KENSINGTON RD.
King George VI Memorial Youth Hostel
Holland Ho.
Cricket Field
Commonwealth Inst.
Kensington Olympia
Olympia
Brook Green
HAMMERSMITH A315
WEST KENSINGTON
KENSINGTON ROAD
WARWICK GS.
CROMWELL ROAD
A4
Gloucester Road
SOUTH KENSINGTON
CROMWELL HOSP.
EARLS COURT ROAD
Earls Court
EARLS COURT
Earls Court Exhibition Building
EMPRESS STATE BUILDING
WEST CROMWELL ROAD
TALGARTH ROAD A4
FLYOVER
West Kensington
NORTH END ROAD
B317
Barons Court
Hammersmith Cemetery
The Queen's Club
CHARING CROSS HOSP.
LILLIE ROAD
A3218
OLD BROMPTON ROAD
BROMPTON
West Brompton
WEST BROMPTON
Brompton Cemetery
REDCLIFFE GDNS.
FINBOROUGH ROAD
A3220
FULHAM PALACE ROAD
A219
Fulham Cross Sch.
Fulham Cemetery
DAWES ROAD
A3219
FULHAM ROAD
A304
Fulham Broadway
FULHAM BROADWAY
Chelsea F.C. (Stamford Bridge)
Chelsea College
A308
KING'S ROAD
WALHAM GREEN
Eel Brook Common
FULHAM
SANDS END
Gas Works

84
HYDE PARK
KENSINGTON GARDENS
Round Pond
THE SERPENTINE
Kensington Palace
Albert Memorial
KNIGHTSBRIDGE
Science Museum
Natural History Mus.
Victoria & Albert Museum
Brompton Oratory
BROMPTON
SOUTH KENSINGTON
CHELSEA
WEST BROMPTON
SANDS END
BATTERSEA
BATTERSEA PARK
RIVER THAMES
Hyde Park Corner
Knightsbridge
Sloane Square
Gloucester Road
Sth. Kensington
Royal Hospital Chelsea
Chelsea Barracks
Cremorne Gardens
Chelsea Wharf
Cremorne Wharf
Chelsea Creek
Gas Works
Wharves
Marina
CHELSEA EMBANKMENT
CHEYNE WALK
KENSINGTON ROAD
KNIGHTSBRIDGE
CROMWELL RD.
BROMPTON ROAD
FULHAM ROAD
KING'S ROAD
SLOANE ST.
BATTERSEA BRIDGE
ALBERT BRIDGE
CHELSEA BRIDGE
Speke's Monument
Peter Pan Statue
Temple Lodge
Serpentine Gallery
Rangers Lodge
Reformers Tree
Fishermans Keep
Cafeteria
Rotten Row
Queen Elizabeth Gate
Holocaust Mem. Gdn.
Rose Garden
SCOTCH HOUSE
Burton's Court
Ranelagh Gardens
Cadogan Pier
Chelsea Reach
Peace Pagoda
Childrens Zoo
British Genius Site
Boating Lake
A B C D E
1 2 3 4 5 6 7
26 27 28
66 83 102 164 170 171

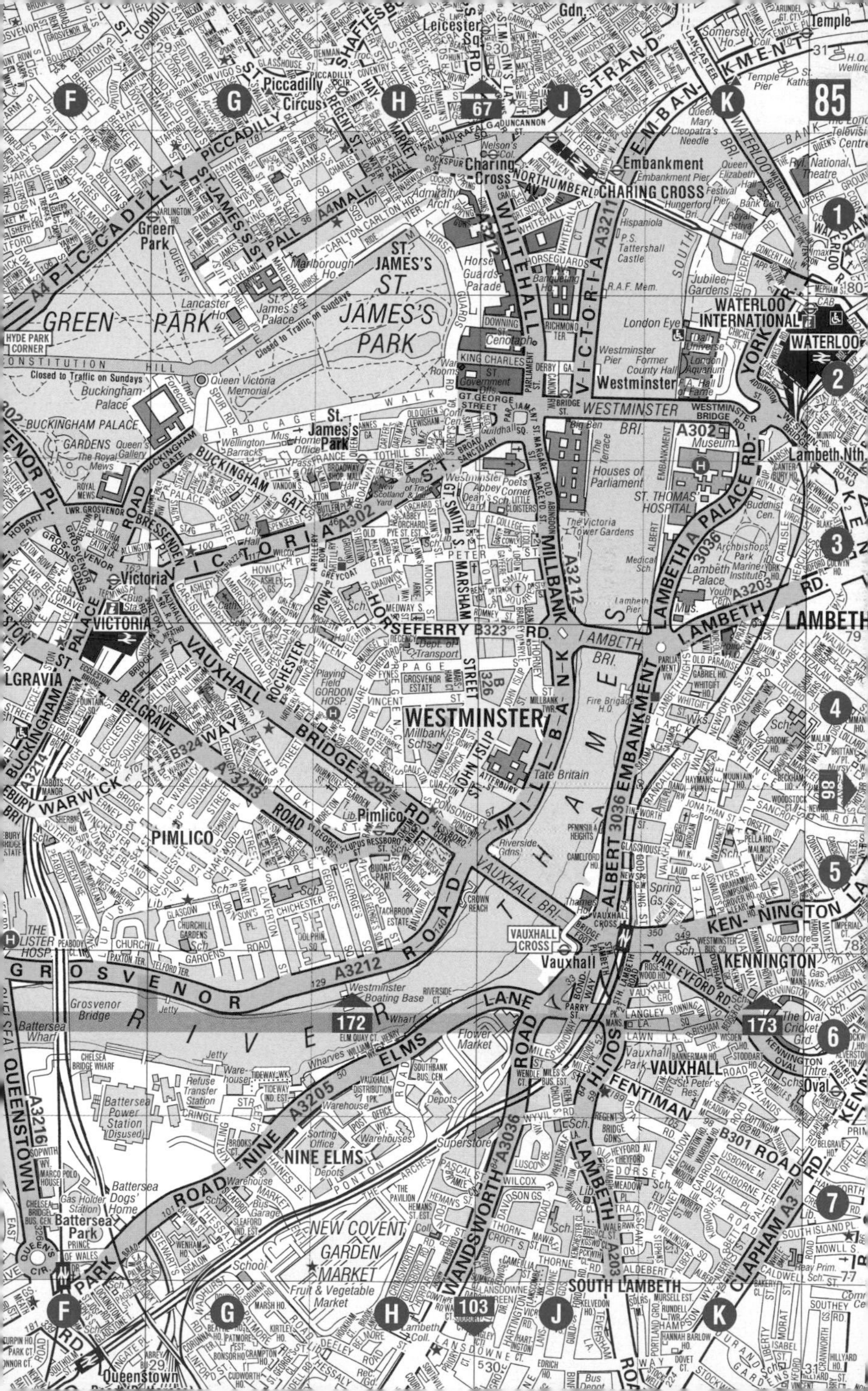

85
PICCADILLY
Piccadilly Circus
Leicester Sq.
STRAND
EMBANKMENT
Charing Cross
CHARING CROSS
Embankment
WATERLOO
WATERLOO INTERNATIONAL
Green Park
GREEN PARK
HYDE PARK CORNER
CONSTITUTION HILL
Closed to Traffic on Sundays
Buckingham Palace
BUCKINGHAM PALACE GARDENS
Queen Victoria Memorial
ST. JAMES'S PARK
St. James's Palace
Horse Guards Parade
WHITEHALL
Cenotaph
London Eye
Westminster
WESTMINSTER BRIDGE
Big Ben
Houses of Parliament
ST. THOMAS' HOSPITAL
LAMBETH PALACE RD.
Lambeth Palace
LAMBETH
Lambeth Nth.
VICTORIA
Victoria
MILLBANK
HORSEFERRY RD.
LAMBETH BRI.
WESTMINSTER
Tate Britain
VAUXHALL BRIDGE RD.
BELGRAVE RD.
WARWICK WAY
Pimlico
PIMLICO
VAUXHALL BRI.
VAUXHALL CROSS
Vauxhall
ALBERT EMBANKMENT
KENNINGTON
The Oval Cricket Grd.
Oval
VAUXHALL
GROSVENOR ROAD
RIVER THAMES
Grosvenor Bridge
Battersea Power Station (Disused)
NINE ELMS LANE
NINE ELMS
NEW COVENT GARDEN MARKET
Fruit & Vegetable Market
WANDSWORTH ROAD
SOUTH LAMBETH ROAD
SOUTH LAMBETH
CLAPHAM RD.
QUEENSTOWN RD.
Battersea Park
Queenstown
67
86
103
172
173
F
G
H
J
K
1
2
3
4
5
6
7

86
A
B
C
D
E
1
2
3
4
5
6
7
68
168
169
173
85
104
RIVER THAMES
Temple
Monument
BLACKFRIARS
Millennium Bridge
H.Q.S. Wellington
H.M.S. President
EMBANKMENT
UNDERPASS
UPR. THAMES ST.
CANNON STREET
LOWER THAMES ST.
BYWARD ST.
FENCHURCH
BANKSIDE
Tate Modern
SOUTHWARK
SOUTHWARK ST.
SOUTHWARK BRI.
LONDON BRI.
LONDON BRIDGE
LONDON BRIDGE HOSP.
H.M.S. Belfast
London Bri. City Pier
TOOLEY ST.
THE BOROUGH
GUY'S HOSP.
BERMONDSEY ST.
STAMFORD ST.
WATERLOO
WATERLOO EAST
WATERLOO INTERNATIONAL
Southwark
THE CUT
UNION ST.
BLACKFRIARS RD.
WATERLOO RD.
YORK RD.
Lambeth Nth.
BAYLIS RD.
WESTMINSTER BRI. RD.
ST. GEORGE'S CIRCUS
BOROUGH RD.
LONDON RD.
SOUTHWARK BRIDGE RD.
Borough
BOROUGH HIGH ST.
LONG LANE
GREAT DOVER ST.
TOWER BRIDGE RD.
GRANGE
HARPER RD.
NEWINGTON CAUSEWAY
NEWINGTON
Elephant & Castle
ELEPHANT & CASTLE
NEW KENT RD.
BRICKLAYER'S ARMS
ST. GEORGE'S RD.
KENNINGTON RD.
LAMBETH
LAMBETH RD.
Imperial War Mus.
Geraldine Mary Harmsworth Park
WALWORTH RD.
WALWORTH
HEYGATE ST.
EAST ST.
KENNINGTON LANE
KENNINGTON PARK RD.
Kennington
KENNINGTON
Superstore
KENNINGTON OVAL
Oval
Surrey C.C.C. The Oval Cricket Grd.
Kennington Park
CAMBERWELL RD.
CAMBERWELL NEW RD.
BRIXTON RD.
CLAPHAM RD.
ALBANY RD.
Burgess Park
BURGESS PARK
NEATE STREET
Chumleigh Gdns.
CAMBERWELL GREEN
PECKHAM

Tower Gateway
Tower Hill
DLR
CABLE
THE HIGHWAY
SHADWELL
F
G
H
J
K
69
EAST SMITHFIELD
DOCK ST.
PENNINGTON
Printing Works
St. Katharine Docks
Tower Hotel
Aldermans Stairs
TOWER BRIDGE WHARF
TOWER BRIDGE ROAD
A100
169
WAPPING
Wapping
Wapping Dock Stairs
Wapping Old Stairs
Wapping New Stairs
King Henrys Stairs
King Edward Mem. Park
Shadwell Basin
Shadwell Dock Stairs
Stone Stairs
Ratcliff Cross Stairs
THAMES
RIVER
THE UPPER POOL
LOWER POOL
BERMONDSEY
Cherry Garden Pier
King's Stairs
New Crane Stairs
New Crane Wharf
Metropolitan Wharf
Butlers Wharf
ROTHERHITHE TUNNEL
A101
Rotherhithe
SALTER RD.
B205
1
2
3
4
5
6
7
JAMAICA ROAD
BRUNEL RD.
TUNNEL APP.
Canada Water
ROTHERHITHE
Printing Works
SURREY QUAYS SHOPPING CENTRE
Surrey Quays
REDRIFF RD.
A2202
Greenland Dock
Ecological Park
Stave Hill
ABBEY ST.
B202
Bermondsey
A200
SOUTHWARK PARK
LOWER ROAD
Leisure Cen.
Art Gallery
Sports Ground
Sports Complex
PLOUGH WY
B206
EVELYN STREET
88
SOUTHWARK PARK RD.
RAYMOUTH RD
A2206
A2208
ROTHERHITHE NEW RD.
Bermondsey Spa
B203
ROLLS RD.
B204
Superstore
South Bermondsey
MILLWALL F.C. (The Den)
Waste Transfer Station
ZAMPA RD.
ILDERTON RD.
SURREY CANAL ROAD
OLD KENT ROAD
A2
TRAFALGAR AV.
CANAL BRIDGE
South Eastern Gas Works
B215
B216
PECKHAM PARK RD.
PECKHAM HILL ST.
ASYLUM RD.
Superstore
CLIFTON CRES.
POMEROY ST.
KENDER ST.
NEW CROSS RD.
New Cross Gate
NEW CROSS GATE
105
QUEEN'S ROAD
PECKHAM HIGH ST.
COMMERCIAL WAY
Peckham Rye (Peckham)
SUMNER ROAD
Mosque
Rec. Grd.
Leisure Cen.
Civic Cen.
Mus.
Lib.
HATCHAM PK. RD.
BESSON ST.
Eckington Gds
Depot
Super-store
STERLING GDS
BLOW LANE
TRUNDLEYS ROAD
B207
GROVE ST.
Trad. Est.
BERMONDSEY TRADING EST.
Bowl. Alley
Cinema
Gds
Sch.

Westferry
POPLAR
Poplar
70
A
B
C
D
E
LIMEHOUSE
Pageant Stairs
SALTER ROAD
Sports Grd.
Limehouse Hole Stairs
Mus. in Docklands (Open Sept. 2001)
West India Quay
Billingsgate Fish Market
Canary Wharf
WEST INDIA
Canary Wharf River Pier
WESTFERRY CIRCUS
Canary Wharf
DOCKS
BLACKWALL BASIN
Heron Quays
West Dock
SOUTH DOCK
South Quay
ISLE
Mollish Spts. Grd.
Bacon's Coll
Ecological Park
Stave Hill
Redriff Prim. Sch.
Russia Dock Woodland
REACH
RIVER
Surrey Docks Farm
West India Dock Pier
WESTFERRY RD
A1206
Sir John McDougall Gdns.
INNER
London Arena
DOCK
OF
Printing Works
Bowl. Alley
A2202 ROAD
REDRIFF
Greenland Lock
Greenland Pier
SOUTH LOCK
St. George's Stairs
GREENLAND DOCK
Watersports Cen.
SOUTH DOCK
PLOUGH WAY
GROVE
Depot
Printing Works
DOGS
Crossharbour
Superstore
Docklands Sailing Cen.
MILLWALL OUTER DOCK
MILLWALL
CUBITT TOWN
Mudchute Farm
MUDCHUTE PARK
Playing Field
Mudchute
Playing Fields
MILLWALL PARK
Island Gds.
THAMES
EVELYN ST
A200
B206
Pepys Park
Playground
DEPTFORD PARK
Sports Grd.
CONVOY'S WHARF
Landing Stage
Palmer's Wharf
Great Eastern Pier
Payne's Wharf
Borthwick Wharf
GREENWICH REACH
Landing Stage
MANCHESTER ROAD
Greenwich Foot Tunnel
Gypsy Moth IV
Greenwich Pier
DEPTFORD
Cutty Sark for Maritime Greenwich
87
TRUNDLEYS ROAD
Folkestone Gdns.
CREEK ROAD
A200
ROAD
DEPTFORD CHURCH ST
A2209
NORMAN ROAD
A208
Deptford Creek
Deptford
Leisure Pool
Greenwich
GREENWICH HIGH RD.
A206
ROYAL HILL
B209
SOUTH ST.
New Cross
New Cross Gate
Superstore
NEW CROSS RD.
A2
106
Deptford Bri.
GREENWICH
BLACKHEATH RD.
BLACKHEATH HILL
Goldsmiths' College
Laban Cen.
NEW CROSS GATE
Bus Garage
Playing Field
The Point
1
2
3
4
5
6
7

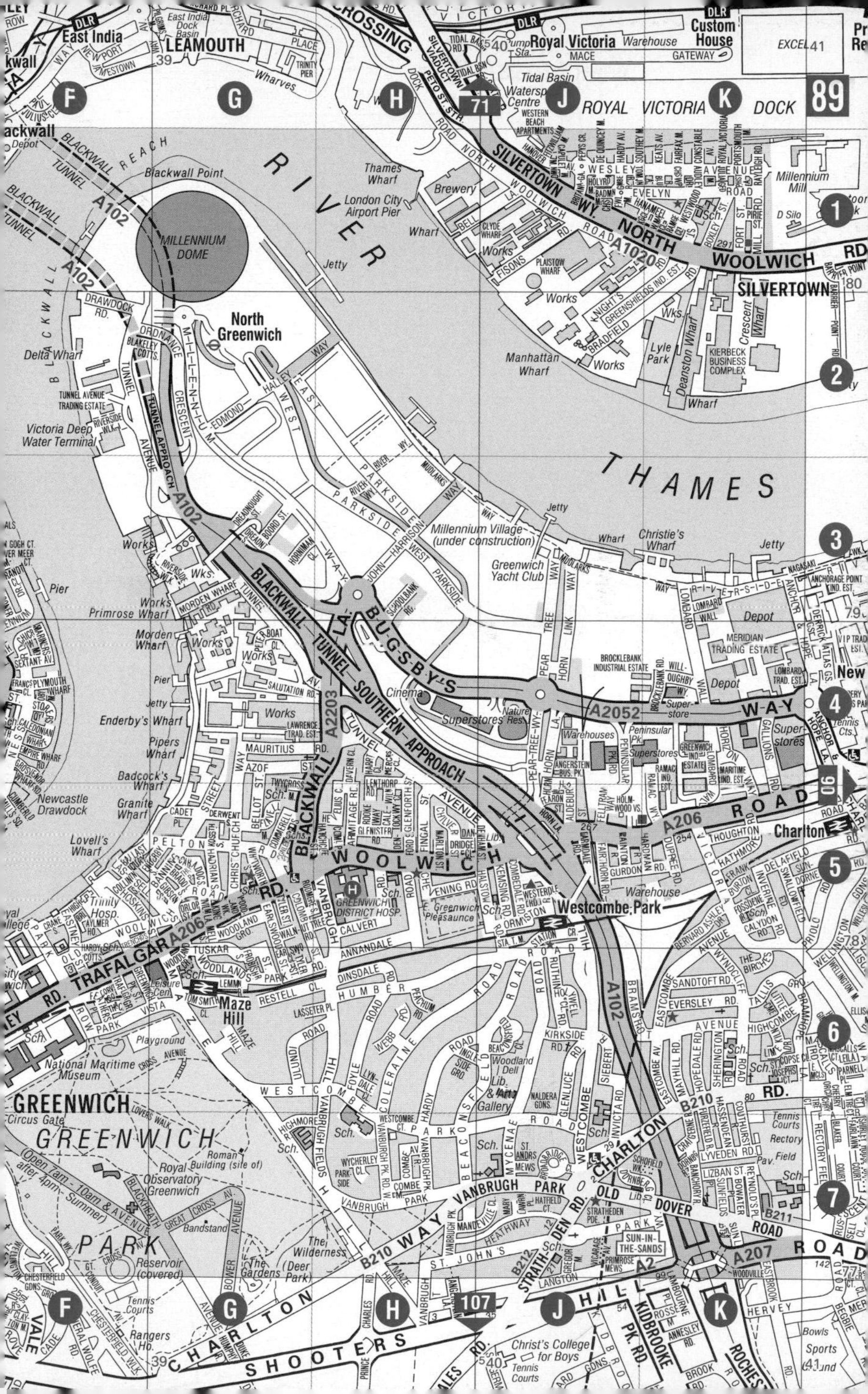

East India
LEAMOUTH
Royal Victoria
Custom House
EXCEL
Tidal Basin
ROYAL VICTORIA DOCK
SILVERTOWN WY.
NORTH WOOLWICH RD.
SILVERTOWN
Millennium Mill
Brewery
Thames Wharf
London City Airport Pier
Lyle Park
KIERBECK BUSINESS COMPLEX
Manhattan Wharf
Deanston Wharf
Crescent Wharf
RIVER THAMES
MILLENNIUM DOME
North Greenwich
Blackwall Point
BLACKWALL REACH
BLACKWALL TUNNEL
A102
TUNNEL APPROACH
Delta Wharf
Victoria Deep Water Terminal
TUNNEL AVENUE TRADING ESTATE
Millennium Village (under construction)
Greenwich Yacht Club
Christie's Wharf
BUGSBY'S WAY
A2052
BLACKWALL TUNNEL SOUTHERN APPROACH
A2203
Cinema
Superstores
MERIDIAN TRADING ESTATE
BROCKLEBANK INDUSTRIAL ESTATE
Primrose Wharf
Morden Wharf
Enderby's Wharf
Pipers Wharf
Badcock's Wharf
Granite Wharf
Newcastle Drawdock
Lovell's Wharf
WOOLWICH RD.
A206
WOOLWICH ROAD
Charlton
Westcombe Park
GREENWICH DISTRICT HOSP.
E. Greenwich Pleasaunce
TRAFALGAR RD.
Trinity Hosp.
Maze Hill
National Maritime Museum
GREENWICH
GREENWICH PARK
Royal Observatory Greenwich
Circus Gate
Bandstand
Reservoir (covered)
The Gardens
The Wilderness (Deer Park)
Rangers Ho.
SHOOTERS HILL
CHARLTON
VANBRUGH PARK
WESTCOMBE PARK ROAD
Woodland Dell
Lib. & Art Gallery
CHARLTON RD.
B210
A2
A207 ROAD
KIDBROOKE PK. RD.
Christ's College for Boys
SUN-IN-THE-SANDS
Sports Ground
Rectory Field
F G H J K
1 2 3 4 5 6 7
71
90
107

ROYAL ALBERT
Prince Regent
Beckton Park
Cyprus
Royal Albert
London Regatta Centre
ROYAL VICTORIA DOCK
ROYAL ALBERT DOCK
LONDON CITY AIRPORT
72
Millennium Mill
Pontoon Dock
Go-kart Circuit
CHARLES STREET TRADING ESTATE
CONNAUGHT BRIDGE
HARTMANN ROAD
Terminal Building
KING GEORGE V DOCK
Warehouse
NORTH WOOLWICH RD.
A1020
SILVERTOWN
Thames Barrier Park
THAMES ROAD INDUSTRIAL ESTATE
Silvertown & City Airport
THAMESIDE INDUSTRIAL ESTATE
ALBERT ROAD
A112
STANDARD INDUSTRIAL ESTATE
North Woolwich
Old Sta. Mus.
PIER RD.
A117
NORTH WOOLWICH
North Woolwich Pier
WOOLWICH REACH
THAMES FLOOD BARRIER
RIVER
Jetty
Woolwich Free Ferry
Waterfront Leisure Centre
Barrier Control Bldg.
HARRINGTON WY.
BOWATER RD.
New Charlton
WOOLWICH ROAD
A206
WOOLWICH CHURCH ST.
Woolwich Dockyard
WOOLWICH
JOHN WILSON ST.
Charlton
Charlton Athletic F.C. & London Broncos R.L.F.C. (The Valley)
MARYON WILSON PARK
Maryon Park
Museum of Artillery in the Rotunda
Royal Artillery Barracks
Repository Woods
Ski Slope
Gun Park
WOOLWICH COMMON
A205
GRAND DEPOT RD.
CHARLTON
Charlton Ho.
Library
CHARLTON PARK
CHARLTON CEMETERY
Charlton Park Sch.
Cricket Ground
QUEEN ELIZABETH HOSPITAL
Woolwich Stadium
Old Royal Military Academy
Hornfair Park
SHOOTERS HILL ROAD
A207
B210
Recreation Ground
Reservoir (covered)
Bowls Sports Ground
108
89
A B C D E
1 2 3 4 5 6 7

91
73
109
92
F
G
H
J
K
1
2
3
4
5
6
7
44
45
46
77
78
79
180
254
309
141
THAMESMEAD CENTRAL
THAMESMEAD
THAMESMEAD WEST
Thamesmead South West
PLUMSTEAD MARSHES
THAMES
Gallions Reach
GALLIONS REACH
Gallions Point
Twin Tumps
Pump. Sta.
ALBERT BASIN
Works
Gallions Point Marina
Thames House
Newham Coll. of Further Education (Royal Docks Campus)
Drawbridge
Custom House
WOOLWICH MANOR WAY
A117
Hoba Wharf
Gallions Park
Gallions Lake
Broadwater
Broadwater Green
Crown Ct.
Magistrates Ct.
H. M. P. BELMARSH
WOOLWICH INDUSTRIAL ESTATE
Southern Outfall Sewers
Recreation Ground
Bowling Green
Tennis Courts
Royal Artillery Museum
WELLINGTON
PLUMSTEAD A206 RD.
WESTERN WAY
A2016
PETTMAN CRES
Plumstead
PLUMSTEAD HIGH STREET
A206
Woolwich Arsenal
NEW RD.
WALMER TERRACE
Plumstead Gdns.
Leisure Cen.
Lib.
St. Nicholas Gds.
WICKHAM LANE
PLUMSTEAD
WINN'S COMMON
PLUMSTEAD COMMON ROAD
Bleak Hill
BLEAK HILL LANE
KING'S HIGHWAY
Woolwich Cemetery
Playing Field
Play. Field
Rockliffe Gds.
Plumstead Common
SHREWSBURY PARK
SHOOTERS HILL GOLF COURSE
Clothworkers Wood
Greenwood School
Griffin Manor School
Woodlands Abattoir
East Wickham Open Space
Tennis Courts
Lowood Club Ho
Bowl. Grn.
Rec.
Prim. Sch.
Sch.
Coll.
Pav.

THAMESMEAD CENTRAL
THAMESMEAD
THAMESMEAD SOUTH
ABBEY WOOD
WEST HEATH
EAST WICKHAM
LESNES ABBEY
BOSTALL WOODS
BOSTALL HEATH
EASTERN WAY
HARROW MANOR WAY
KNEE HILL
A2041
A2016
A206
A209
B213
WOOLWICH HILL
BOSTALL HILL
PLUMSTEAD HIGH ST.
WICKHAM LANE
UPPER WICKHAM LANE
McLEOD RD.
Abbey Wood
Lesnes Abbey Pk.
Remains of Lesnes Abbey
Lakeside Centre
Southmere Lake
Birchmere Park
Birchmere
Woolwich Poly. Sch.
Abbey Wood Park
Abbey Wood Sch.
Sports Ground
Cooperative Woods
BELVEDERE PRIVATE CLINIC
Clam Field Recreation Ground
Bowling Green
Turpins Cave
Woolwich Cemetery
PLUMSTEAD CEMETERY
East Wickham Open Space
Stevens Park
Playing Field
Tump 53 Natural Park
St. Margaret Clitherow R.C. Prim. Sch.
Bedonwell Prim. & Inf. Schs.
74
91
110
A B C D E
1 2 3 4 5 6 7
46 47 48
77 78 79 80

SEWAGE WORKS
THAMESMEAD EAST
MARSHES
EASTERN INDUSTRIAL ESTATE
Belvedere Power Sta.
RIVER THAMES
ERITH REACH
Jenningtree Point
Lighthouse
RIVER WHARF BUSINESS PARK
CAPITAL INDUSTRIAL ESTATE
ELBOURNE TRADING ESTATE
Belvedere Football Ground
Belvedere Youth Cen.
Belvedere Jun. & Inf. Sch.
BELVEDERE
HILLSIDE
FRANK'S PARK
Bexley College
Trinity Sch. Belvedere
LESSNESS HEATH
ERITH
EUROPA TRADING ESTATE
Sand and Gravel Pit
ERITH CEMETERY
Lime Wood
Monastery Prim. Sch.
ERITH & DIST. HOSP.
Erith Sch.
NORTHUMBERLAND HEATH
LESNEY FARM ESTATE
Belmont Prim. Sch.
Colyers Prim. Sch.
A2016
A206
A220
B253
B250
B213
BRONZE AGE WAY
ERITH ROAD
FRASER ROAD
BEXLEY ROAD
75
111

LONDON-HEATHROW AIRPORT

94

TERMINAL 1

TERMINAL 2

TERMINAL 3

TERMINAL 4

Heathrow Terminal 4

Heathrow Terminals 1,2&3

Heathrow Cen.

Queen's Building

Control Tower

Cargo Terminal

Heathrow Express Rail Link

Cargo Tunnel

Vehicle Tunnel

D'Albiac House

London Heathrow Hilton Hotel

WEST BEDFONT

STANWELL

Recreation Ground

Ashford Football Ground

Mentone Farm

CLOCKHOUSE ROUNDABOUT

STAINES

GREAT A30 ROAD

NORTHERN PERIMETER ROAD (WEST)

SOUTHERN PERIMETER ROAD

H.M. Customs & Excise

Heathrow Corporate Cen.

Warehouses
UNITAR CEN.

Excelsior Hotel

The Ramada Hotel

The Edwardian International Hotel

Customs Ho.

Heathrow YEWALL Visitors Cen.

NENE ROAD ROUNDABOUT

WORLD BUS. CEN.

95
HARLINGTON
CRANFORD
HATTON
Hatton Cross
NORTH FELTHAM
EAST BEDFONT
FELTHAM
HANWORTH
BATH ROAD
A4
GREAT SOUTH WEST ROAD
A30
THE PARKWAY
A312
THE CAUSEWAY
WAGGONERS ROUNDABOUT
Maintenance Area
Airport Car Park
Heathrow Causeway Centre
North Feltham Trading Estate
Hounslow Urban Farm
Feltham Arenas
Blenheim Park
Duke of Northumberland's River
Longford River
STAINES ROAD
BEDFONT
A315
HARLINGTON ROAD WEST
HOUNSLOW ROAD
FAGG'S RD.
77
113
96

96
78
95
114
A
B
C
D
E
1
2
3
4
5
6
7
11
12
13
77
76
75
74
Rectory Farm
WAGGONERS ROUNDABOUT
HENLYS ROUNDABOUT
THE PARKWAY
PARKWAY
BATH RD.
A4
GREAT SOUTH-WEST ROAD
A30
GREAT BATH ROAD
HESTON
Sutton Playing Field
Playground
CROSSWAYS
UPPER SUTTON LANE
A3063
SUTTON LANE
SUTTON SQUARE
WEST WAY
NOBLE CORNER
Lampton School
Playing Field
Civic Centre
LAMPTON PARK
Bowling Green
BULSTRODE AVENUE
Cemetery
Hounslow West
Club
Sports Ground
Pav.
A3006
HOUNSLOW WEST
Beaversfield Park
Playing Field
Cavalry Barracks
Schs.
Jun. Sch.
Prim. Sch.
Lib.
BEAVERS LANE
Beavers Lane Camp
Sports Ground
Rifle Range
Warehouse
MAPLE GROVE BUS. CEN.
LAWRENCE ESTATE
TAMIAN IND. EST.
FREEHOLD INDUSTRIAL ESTATE
CENTRAL PARK ESTATE
Heath Nurseries
A315
STAINES RD.
WELLINGTON RD. NTH.
WELLINGTON ROAD SOUTH
St. Mark's R.C. Sch.
Works
Playing Field
Sch.
Mosque
Training Centre
The Heathland School
HOUNSLOW HEATH
GOLF COURSE
HOUNSLOW HEATH
Baber Bridge
BABER BRI. CARAVAN SITE
Club Ho.
Weir
NORTH FELTHAM
HOUNSLOW ROAD
HARLINGTON ROAD EAST
Play. Field
Jun. Sch.
Playing Field
River Crane
Rec. Grd.
Comm. Centre
A314
HANWORTH ROAD
NELSON ROAD
HOWDEN HOUSE
Hounslow Cemy.
MILL FARM BUSINESS PARK
South West Middlesex Crematorium
Bridge Farm Nursery
Cemetery
Recreation Grd.
Heathfield Jun. & Inf. Schs.
Playing Field
HANWORTH

97
79
98
115
Osterley
GREAT WEST ROAD
Brunel University
Indian Gymkhana Club Sports Ground
Campion Ho.
SPRING GROVE
LAMPTON
SPRING GROVE
West Thames College
Crown Court
Isleworth
LONDON ROAD
A315
A4
A3005
B363
Hounslow East
Alexandra School
Hounslow Central
Bus Depot
Playing Field
WOODLANDS
HIGH STREET
TREATY CENTRE
INWOOD PARK
HOUNSLOW
Hounslow
Maswell Park
ISLEWORTH
Liby. & Isleworth Rec. Cen.
REDLEES PARK
Worton Hall Industrial Estate
Victory Business Centre
West Middlesex Drainage Works
Queen's Bri.
MOGDEN LANE
Superstore
The Museum of Rugby and Tours
Twickenham Trading Estate
Twickenham Rugby Union Football Grd.
Duke of Northumberland's River
Royal Military Sch. of Music (Kneller Hall)
Sports Ground
Murray Park
KNELLER ROAD
WHITTON ROAD
WHITTON RD. R'BOUT
LONDON RD. ROUNDABOUT
CHERTSEY ROAD A316
Richmond-upon-Thames College
Harlequins R.U.F.C. (Stoop Meml. Grd.)
Playing Field
TWICKENHAM
WHITTON
Whitton
Kneller Gdns.
TWICKENHAM ROAD
LONDON ROAD
B361
B358
A310

98
80
97
116
A
B
C
D
E
1
2
3
4
5
6
7
Old Brentford
Brentford Gate
Brentford Marina
Brentford Bridge
Brentwaters Business Park
Syon Lane
Play. Field
The Green Sch.
Busch Corner
Syon Park Sch.
Butterfly House
SYON PARK
Syon Garden Centre
Syon House
DUKE OF NORTHUMBERLAND ESTATE
Cemetery
WEST MIDDLESEX UNIVERSITY HOSP.
RIVER THAMES
Syon Reach
Isleworth Ferry Gate (Closed)
ROYAL BOTANIC GARDENS
Syon Vista
The Lake
Arboretum
Water Lily Pond
Conservation Area
Queen Charlotte's Cottage
King's Steps Gate
Japanese Gateway & Landscape
Evolution House
Temperate House
Cedar Vista
Rhododendron Dell
Bamboo Garden
Azalea Garden
OLD DEER PARK
ROYAL MID-SURREY GOLF COURSE
King's Observatory
Royal Mid-Surrey Golf Club
Richmond Athletic Ground
Rugby Grd.
Bowl. Grn.
Grand Stand
Tennis Courts
Swimming Baths
Obelisk
Old Deer Park Recreation Ground
Old Isleworth
Isleworth Ait
ISLEWORTH
REDLEES PARK
Sports Ground
Clock Tower Ind. Est.
Liby. & Isleworth Rec. Cen.
Nazareth Ho.
Brunel Univ.
Waterside Business Centre
Richmond Lock
Pleasure Gdns.
ST. MARGARETS
St. Margarets
St. Margarets R'bout
London Rd. Roundabout
Moor Mead Bridge
Cole Park
Moor Mead Gd.
Ivy Bri.
RICHMOND
Richmond
Richmond Green
Richmond Circus
Asgill Ho.
Corporation Island
Pier
Terrace Gardens
Terrace Fld.
Buccleugh Gdns.
Royal Star & Garter Home
Petersham Common
Petersham Meadows
Petersham Farm
Glover's Island
MARBLE HILL PARK
Marble Hill House
Works
Club
Tennis Courts
Playing Field
Orleans Ho. Gallery
Orleans Gdns.
Foot Ferry
York Ho.
Twickenham
TWICKENHAM
Sports Grd.
The German Sch., London
LONDON ROAD
TWICKENHAM ROAD
RICHMOND ROAD
ST. MARGARETS ROAD
PETERSHAM ROAD
KEW ROAD
CHERTSEY
A310
A315
A316
A3004
A305
A307
B454
B363
B321

99
KEW
MORTLAKE ROAD
Public Record Office
Warehouse
GROVE PARK
University of Westminster Sports Ground
Chiswick
Kew Gds.
Main Drainage Works
RIVER THAMES
Riverside Lands
Playing Fields
DUKE'S MEADOWS
Sports Ground
Driving Range
GREAT CHERTSEY ROAD
A316
CHISWICK BRI.
Westminster Boathouse
Refuse Depot
Mortlake Crematorium
Hammersmith Cemetery
FULHAM (NORTH SHEEN) CEMETERY
CHALKER'S CORNER
CLIFFORD AV.
Brewery
MORTLAKE
A3003
MORTLAKE HIGH ST
Mortlake
Recreation Ground
NORTH SHEEN
SANDYCOMBE ROAD
B353
A307
LOWER RICHMOND
A316
MANOR CIRCUS
LOWER MORTLAKE RD.
North Sheen
Holy Trinity C.E.Prim. Sch.
UPPER RICHMOND ROAD
A205
A305
WEST
EAST SHEEN
SHEEN LANE
B351
Sheen Mt. Prim. Sch.
East Sheen Cemetery
Pesthouse Common
SHEEN COMMON
Football Ground
Richmond Cemetery
East Sheen Gate
Adam's Pond
Palewell Common
Palewell Fields
Playing Fields
Bog Gate
Teck Plantation
Sheen Wood
The Bog
Riding Ring
Horse Ride
RICHMOND PARK
Sheen Cross Wood
(Open during daylight hours only)
Roehampton Gate
Cambrian Gate
Bog Lodge
Bishop's Pond
Conduit Wood
Barn Wood Pond
Polo Field
Playing Field
Richmond Gate
SAWYER'S HILL
Saw Pit Plantation
Kidney Wood
Queen's Ride
Jubilee Plantation
Deer Pen
White Lodge Plantation
Duchess' Wood
White Lodge (The Royal Ballet School)
SIDMOUTH WOOD
King Henry VIII
81
100
117
F G H J K
1 2 3 4 5 6 7
19 20 21
74 76 77

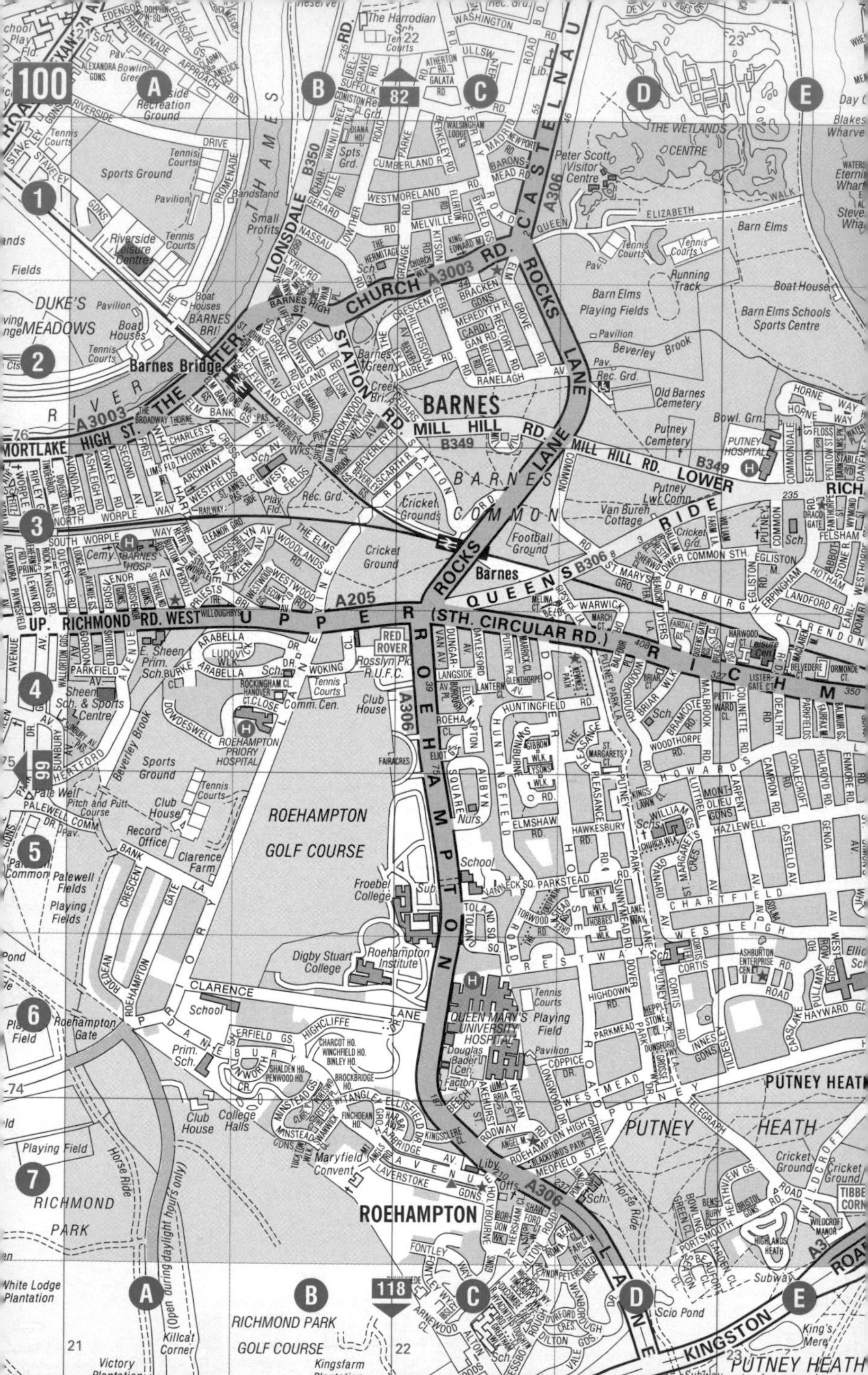
82
THE WETLANDS CENTRE
Peter Scott Visitor Centre
Riverside Recreation Ground
Sports Ground
Riverside Leisure Centre
DUKE'S MEADOWS
Barnes Bridge
RIVER THAMES
BARNES
CASTELNAU
A306
CHURCH RD. A3003
ROCKS LANE
LONSDALE RD. B350
STATION RD.
MILL HILL RD. B349
LOWER RICHMOND RD.
Barn Elms Playing Fields
Barn Elms Schools Sports Centre
Barn Elms
Boat House
Running Track
Beverley Brook
Old Barnes Cemetery
Putney Cemetery
PUTNEY HOSPITAL
BARNES COMMON
Cricket Grounds
Football Ground
Barnes
QUEENS RIDE B306
MORTLAKE HIGH ST.
UPPER RICHMOND RD. WEST
UPPER (STH. CIRCULAR RD.) A205
RED ROVER
Rosslyn Pk. R.U.F.C.
ROEHAMPTON PRIORY HOSPITAL
ROEHAMPTON GOLF COURSE
ROEHAMPTON LANE A306
Froebel College
Digby Stuart College
Roehampton Institute
QUEEN MARY'S UNIVERSITY HOSPITAL
Douglas Bader Cen.
Roehampton Gate
CLARENCE LANE
Palewell Common
Palewell Fields
Playing Fields
Sheen Sch. & Sports Centre
Clarence Farm
Record Office
Maryfield Convent
ROEHAMPTON
RICHMOND PARK
RICHMOND PARK GOLF COURSE
White Lodge Plantation
Killcat Corner
Victory Plantation
Kingsfarm Plantation
(Open during daylight hours only)
Horse Ride
PUTNEY HEATH
KINGSTON RD.
Scio Pond
King's Mere
99
118
A B C D E
1 2 3 4 5 6 7
21 22 23

FULHAM
Fulham Cross
Fulham Cemetery
Fulham Broadway
DAWES RD.
83
WALHAM GREEN
Eel Brook Common
Gas Works
SANDS END
Parsons Grn.
PARSONS GRN
FULHAM PALACE RD.
FULHAM RD.
NEW KING'S RD.
WANDSWORTH BRIDGE RD.
A219
A304
A308
A217
Moat Garden
The Warren Playground
Fulham Palace
BISHOP'S PARK
RIVER
THAMES
Putney Bri.
Putney Pier
HURLINGHAM PARK
Running Track
SOUTH PARK
Hurlingham
The Hurlingham Club
Ckt. Grd.
Swim Pool
CARNWATH RD.
Hurlingham Wharf
Trinidad Wharf
WANDSWORTH BRI.
River Wandle
Solid Waste Transfer Station
WANDSWORTH PARK
PUTNEY BRIDGE RD.
A3209
WANDSWORTH
Wandsworth Town
102
WANDSWORTH GYRATORY
PUTNEY
Putney
UPPER RICHMOND RD.
A205
PUTNEY HIGH ST.
East Putney
ARMOURY WAY
WANDSWORTH HIGH ST.
A3
GARRATT LANE
A217
MERTON RD.
A218
BUCKHOLD RD.
WEST HILL
PUTNEY HILL
PUTNEY HEATH LA.
ROYAL HOSP. FOR NEURO-DISABILITY
Roehampton Institute Playing Fld.
Mosque
King George's Park
SOUTHFIELDS
Southfields
Southfields Comm.-Coll.
119
TIBBET'S RIDE
WIMBLEDON PARK SIDE
PRINCES WAY
GRANVILLE RD.
WIMBLEDON PARK RD.
KIMBER RD.
REPLINGHAM RD.
EARLSFIELD
F
G
H
J
K
1
2
3
4
5
6
7
24
25
26
74
75
76
77

102
A
B
C
D
E
1
2
3
4
5
6
7
84
101
120
Kensington & Chelsea College
Cremorne Gardens
Cremorne Wharf
Chelsea Creek
BATTERSEA PARK
General Games Ground
Boating Lake
Tennis Courts
SANDS END
Gas Works
Chelsea Harbour Pier
Bascule Bri.
Marina
RIVER THAMES
Regent Wharf
Lensbury Wharf
Shell Wharf
London Westland Heliport
Fulham Wharf
Warehouse
Superstore
College
WESTBRIDGE
BATTERSEA BRIDGE RD.
ALBERT BRIDGE RD.
BATTERSEA
BATTERSEA PARK RD.
LATCHMERE RD.
Falcon Park
CLAPHAM JUNCTION
LAVENDER HILL
ST. JOHN'S HILL
YORK ROAD
WANDSWORTH BRI.
Wandsworth Town
EAST HILL
HUGUENOT PL.
NORTH SIDE WANDSWORTH COMMON
Spencer Park
Emanuel School
BOLINGBROKE HOSPITAL
CLAPHAM COMMON NORTH SIDE
CLAPHAM COMN. W. SIDE
NORTHCOTE ROAD
BOLINGBROKE GRO.
NIGHTINGALE LANE
TRINITY ROAD
WINDMILL RD.
WANDSWORTH COMMON
Wandsworth Common
H.M.P. Wandsworth
Cricket Ground
Tennis Courts
Bowling Green
WANDSWORTH CEMETERY
EARLSFIELD
GARRATT LANE
Beatrix Potter Prim. Sch.
BALHAM
A3
A205
A214
A217
A3031
A3036
A3205
A3207
A3220
B229
B234
B237
B305

Battersea Park
Battersea Dogs' Home
NEW COVENT GARDEN MARKET
Fruit & Vegetable Market
85
SOUTH LAMBETH
Queenstown Road (Battersea)
Railway Works
Heathbrook Park
Larkhall Park
Stockwell
Angell Town
STOCKWELL
Wandsworth Rd.
Clapham High St.
Clapham North
STH. LONDON & MAUDSLEY TRUST
CLAPHAM
Clapham Comm.
CLAPHAM COMMON
BRIXTON
104
CLAPHAM COMMON
Mount Pond
Eagle Pond
Bandstand
Long. Pond
CLAPHAM PARK
Clapham Sth.
H.M.P. Brixton
Windmill Gdns.
Sports Ground
121
WANDSWORTH RD.
CLAPHAM RD.
STOCKWELL RD.
BRIXTON HILL
BRIXTON RD.
ACRE LANE
CLAPHAM PARK RD.
CLAPHAM HIGH ST.
LONG RD.
CLAPHAM COMMON SOUTH SIDE
CLAPHAM COMMON NORTH SIDE
CAVENDISH RD.
POYNDERS RD.
KING'S AVENUE
ATKINS RD.
STREATHAM PL.
CHRISTCHURCH RD.
BALHAM HIGH ROAD
CLAPHAM PARK RD.
BEDFORD RD.
LANSDOWNE WAY
SOUTH LAMBETH RD.
A3
A24
A23
A205
A2217
A3036
A203
A3216
A3205
B221
B224
B303
F
G
H
J
K
1
2
3
4
5
6
7
29
30
31

A
B
86
C
D
E
1
2
3
4
5
6
7
CAMBERWELL
CAMBERWELL GREEN
CAMBERWELL RD.
CAMBERWELL CHURCH STREET
PECKHAM
Angell Town
STOCKWELL
BRIXTON RD.
A23
Myatts Fields
St. Gabriel's Manor
Loughborough Junc.
LOUGHBOROUGH ESTATE
COLDHARBOUR LANE
A2217
DENMARK HILL
A215
Denmark Hill
KINGS COLLEGE HOSPITAL
THE MAUDSLEY HOSP.
CHAMPION PK.
A2216
GROVE LA.
DOG KENNEL HILL
RUSKIN PARK
Brixton
BRIXTON
EFFRA RD.
RAILTON RD.
MILKWOOD ROAD
B222
B223
HERNE HILL
Herne Hill
HALF MOON LA.
VILLAGE WAY
A2214
North Dulwich
EAST DULWICH
East Dulwich
Dulwich Hamlet F.C.
Superstore
DULWICH ROAD
BROCKWELL PARK
Swimming Pool
Bowling Green
Tennis Courts
Open Air Theatre
The Mansion
New Lodge
TULSE HILL
A204
NORWOOD ROAD
CROXTED ROAD
A2199
Herne Hill Stadium
Sports Ground
DULWICH VILLAGE
Dulwich Old College
Dulwich Picture Gallery
Belair
Knight's Hill
TURNEY RD.
PEABODY ESTATE
103
122
TULSE

F
G
H
J
K
1
2
3
4
5
6
7
87
106
123
34
35
36
PECKHAM HIGH ST.
QUEEN'S ROAD
A202
Queens Rd. (Peckham)
NEW CROSS RD.
NEW CROSS GATE
NEW CROSS
PECKHAM HILL ST.
B215
PECKHAM
Peckham Rye
HANOVER PK.
RYE LANE
A2215
PECKHAM RYE
PECKHAM RD.
B219
B238
EAST DULWICH ROAD
EAST DULWICH
NUNHEAD ROAD
EVELINA RD.
A2214
Nunhead
NUNHEAD
NUNHEAD CEMETERY
GELLATLY RD
LAUSANNE RD.
POMEROY ST.
KENDER ST.
B2227
BROCKLEY
B2142
Telegraph Hill Park
PECKHAM RYE COMMON
PECKHAM RYE PARK
FOREST HILL RD.
HONOR OAK RD.
HONOR OAK
ONE TREE HILL
Honor Oak Park
AQUARIUS GOLF COURSE
Reservoirs (covered)
Camberwell Old Cemetery
Camberwell New Cemetery
Honor Oak Crematorium
Newlands
FOREST HILL
LORDSHIP LANE
A2216
DULWICH PARK
DULWICH COMMON
THE GROVE
Horniman Gardens
Warwick Gardens
Goose Grn.
Court La. Gate
Horse Ride
Bowling Grn.
Aviary
Queen Mary's Gate
Tennis Cts.
Sports Ground
CHADWICK ROAD
CHOUMERT ROAD
BELLENDEN RD.
GROVE VALE
STANSTED RD.
BROCKLEY RISE

106
New Cross Gate
New Cross
NEW CROSS
NEW CROSS GATE
NEW CROSS ROAD
A2
Goldsmiths College
Laban Cen.
Bus Garage
Deptford Leisure Pool
Deptford Bri.
DEPTFORD BROADWAY
88
BROOKMILL ROAD
A2210
GREENWICH HIGH RD.
BLACKHEATH RD.
BLACKHEATH HILL
LEWISHAM RD.
A2211
LEWISHAM WAY
A20
ST. JOHNS
St. Johns
Elverson Road
LOAMPIT HILL
LOAMPIT VALE
Lewisham
THURSTON RD.
LEWISHAM
Lewisham College
Telegraph Hill
VESTA RD.
DRAKEFELL B2142 RD.
MALPAS RD.
B218
BROCKLEY ROAD
Brockley
BROCKLEY
HILLY FIELDS
Cricket Ground
Prendergast School
ADELAIDE AV.
IVY RD.
B236
Brockley Cemetery
Ladywell Cemetery
Crofton Park
LADYWELL RD.
Ladywell
LADYWELL
LEWISHAM UNIVERSITY HOSPITAL
Lewisham Park
LEWISHAM HIGH STREET
A21
Ladywell Centre
Ladywell Fields
Running Track
Crofton Leisure & Youth Centre
Crofton School
Catford Stadium (Greyhound)
Honor Oak Crematorium
Recreation Ground
Honor Oak Pk.
HONOR OAK PARK
HONOR OAK PK. B238
STONDON PARK
Guy's Hosp. Athletic Grd.
Blythe Hill Fields
Blythe Hill
BROCKLEY RISE
Catford Bridge
Catford
CATFORD A205 RD.
CATFORD GYRATORY
BROWNHILL RD.
RUSHEY GREEN
Playing Fields
Private Banks Sports Grd
STANSTEAD ROAD
124
CATFORD
Priory House Private
105
A B C D E
1 2 3 4 5 6 7
36 37 38
74 75 76 77

GREENWICH PARK
Royal Observatory
Reservoir (covered)
The Wilderness
The Gardens (Deer Park)
Rangers Ho.
CHARLTON ROAD
A2
B210
SHOOTERS HILL
BLACKHEATH
Blackheath Vale
Christ's College for Boys
Morden College
KIDBROOKE PARK RD.
A2213
ROCHESTER WAY RELIEF ROAD
SUN-IN-THE-SANDS
DOVER ROAD
OLD DOVER ROAD
VANBRUGH PARK
Blackheath
Thomas Tallis Sch.
Kidbrooke
BLACKHEATH PARK
Sports Ground
Golf Driving Range
Raquet & Fitness Club
Quaggy River
SUTCLIFFE PARK
Running Track
LEE HIGH ROAD
A20
ELTHAM ROAD
SIDCUP ROAD
LEE
BURNT ASH RD.
A2212
Manor House Gdns.
Manor Park
Hither Green
HITHER GREEN
Depot
Lee
Colfes Sch.
Playing Field
Horn Park
WESTHORNE AVENUE
A205
ST. MILDREDS ROAD
BARING ROAD
Horn Park Prim. Sch.
MOTTINGHAM ROAD
Hither Green Sidings
Northbrook Park
89
108
125
F G H J K
1 2 3 4 5 6 7
39 40 41

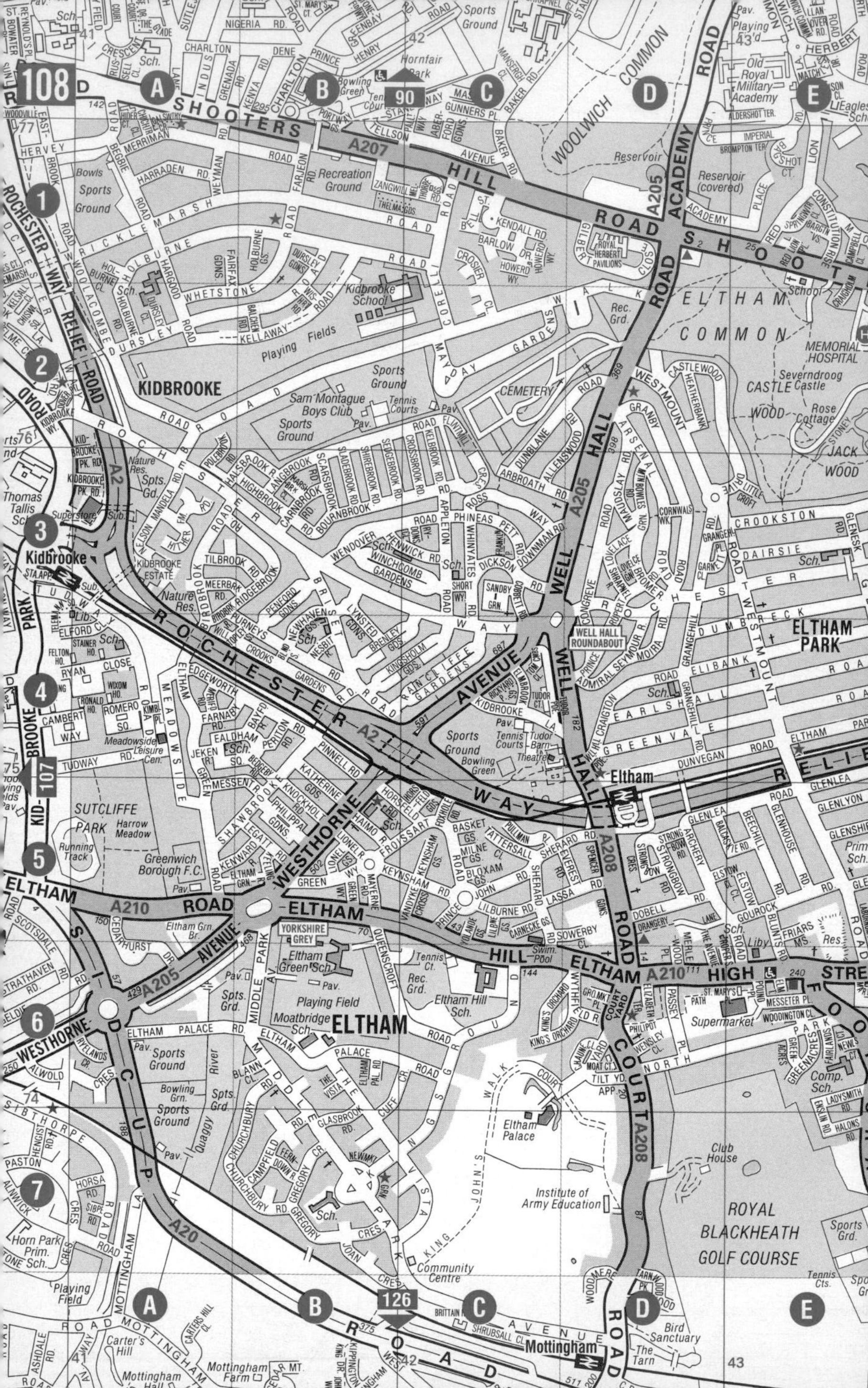

SHOOTERS HILL ROAD
WOOLWICH COMMON
ACADEMY ROAD
KIDBROOKE
ROCHESTER WAY
ROCHESTER WAY RELIEF ROAD
WELL HALL ROAD
ELTHAM COMMON
ELTHAM PARK
CASTLE WOOD
JACK WOOD
MEMORIAL HOSPITAL
WELL HALL ROUNDABOUT
ELTHAM
ELTHAM HIGH STREET
ELTHAM HILL
ELTHAM ROAD
WESTHORNE AVENUE
SIDCUP ROAD
COURT ROAD
ROYAL BLACKHEATH GOLF COURSE
Eltham Palace
Institute of Army Education
SUTCLIFFE PARK
Kidbrooke
Mottingham

90
107
126

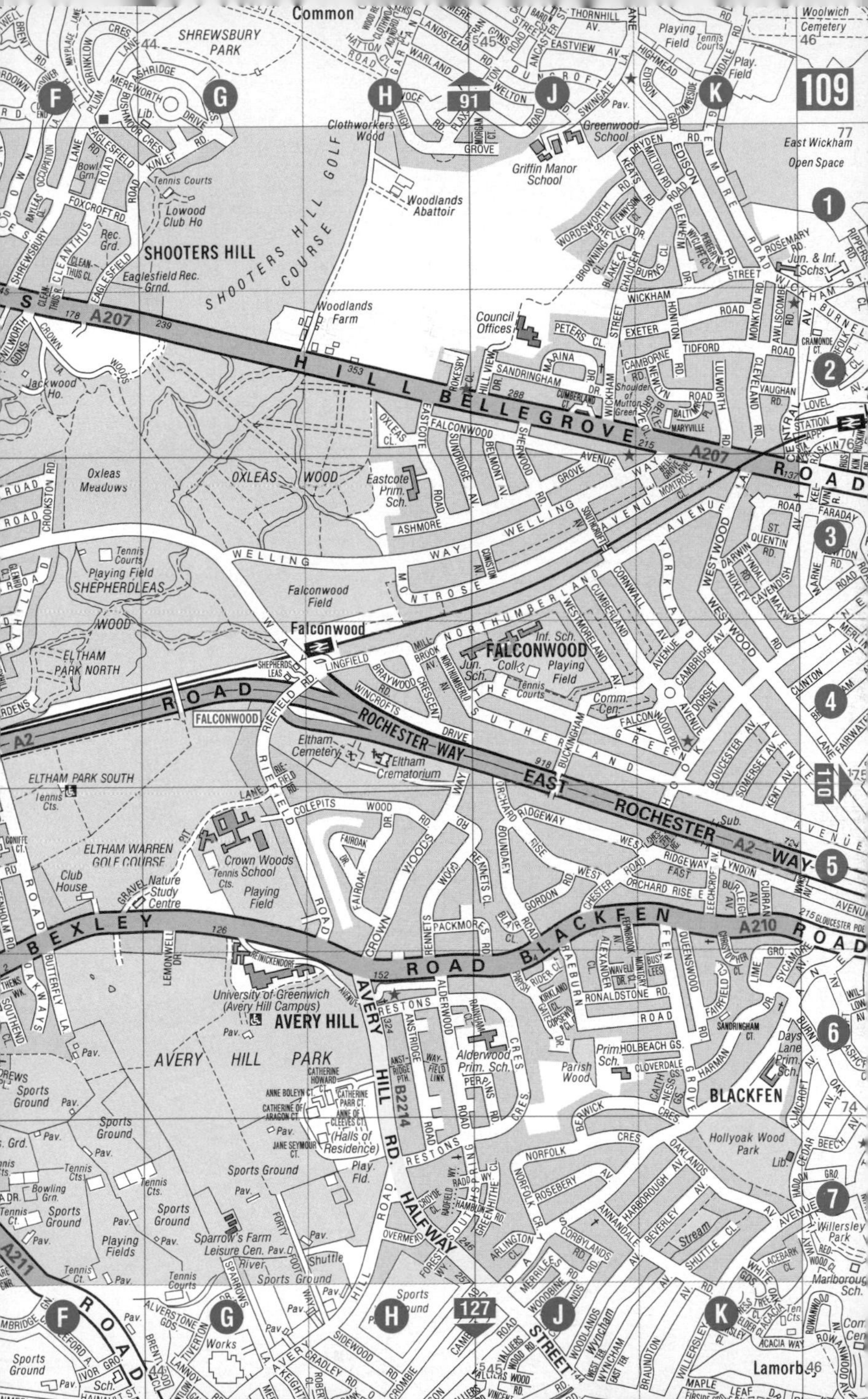
Common
SHREWSBURY PARK
Woolwich Cemetery
Playing Field
Tennis Courts
Play. Field
F
G
H
91
J
K
Clothworkers Wood
Greenwood School
Griffin Manor School
East Wickham Open Space
Woodlands Abattoir
Tennis Courts
Lowood Club Ho
SHOOTERS HILL
Eaglesfield Rec. Grnd.
SHOOTERS HILL GOLF COURSE
Rec. Grd.
Woodlands Farm
Council Offices
A207
HILL
BELLEGROVE
ROAD
Jackwood Ho.
Oxleas Meadows
OXLEAS WOOD
Eastcote Prim. Sch.
Shoulder of Mutton Green
WELLING WAY
Tennis Courts
Playing Field
SHEPHERDLEAS WOOD
Falconwood Field
Falconwood
ELTHAM PARK NORTH
FALCONWOOD
Jun. Sch.
Coll.
Inf. Sch.
Playing Field
Tennis Courts
Comm. Cen.
A2
ROCHESTER WAY
EAST ROCHESTER WAY
Eltham Cemetery
Eltham Crematorium
ELTHAM PARK SOUTH
Tennis Cts.
ELTHAM WARREN GOLF COURSE
Club House
Nature Study Centre
Crown Woods School
Tennis Cts.
Playing Field
110
BEXLEY
ROAD
BLACKFEN
A210
University of Greenwich (Avery Hill Campus)
AVERY HILL
AVERY HILL PARK
Pav.
Sports Ground
Alderwood Prim. Sch.
Parish Wood
Prim. Sch.
BLACKFEN
Days Lane Prim. Sch.
Hollyoak Wood Park
Lib.
(Halls of Residence)
Sports Ground
Play. Fld.
B2214
Playing Fields
Sports Ground
Bowling Grn.
Sparrow's Farm Leisure Cen.
River Shuttle
Sports Ground
Tennis Courts
Stream
Willersley Park
Marlborough Sch.
A211
Works
Sports Ground
127
Lamorbey
1
2
3
4
5
6
7
44
45
46
74
75
76
77

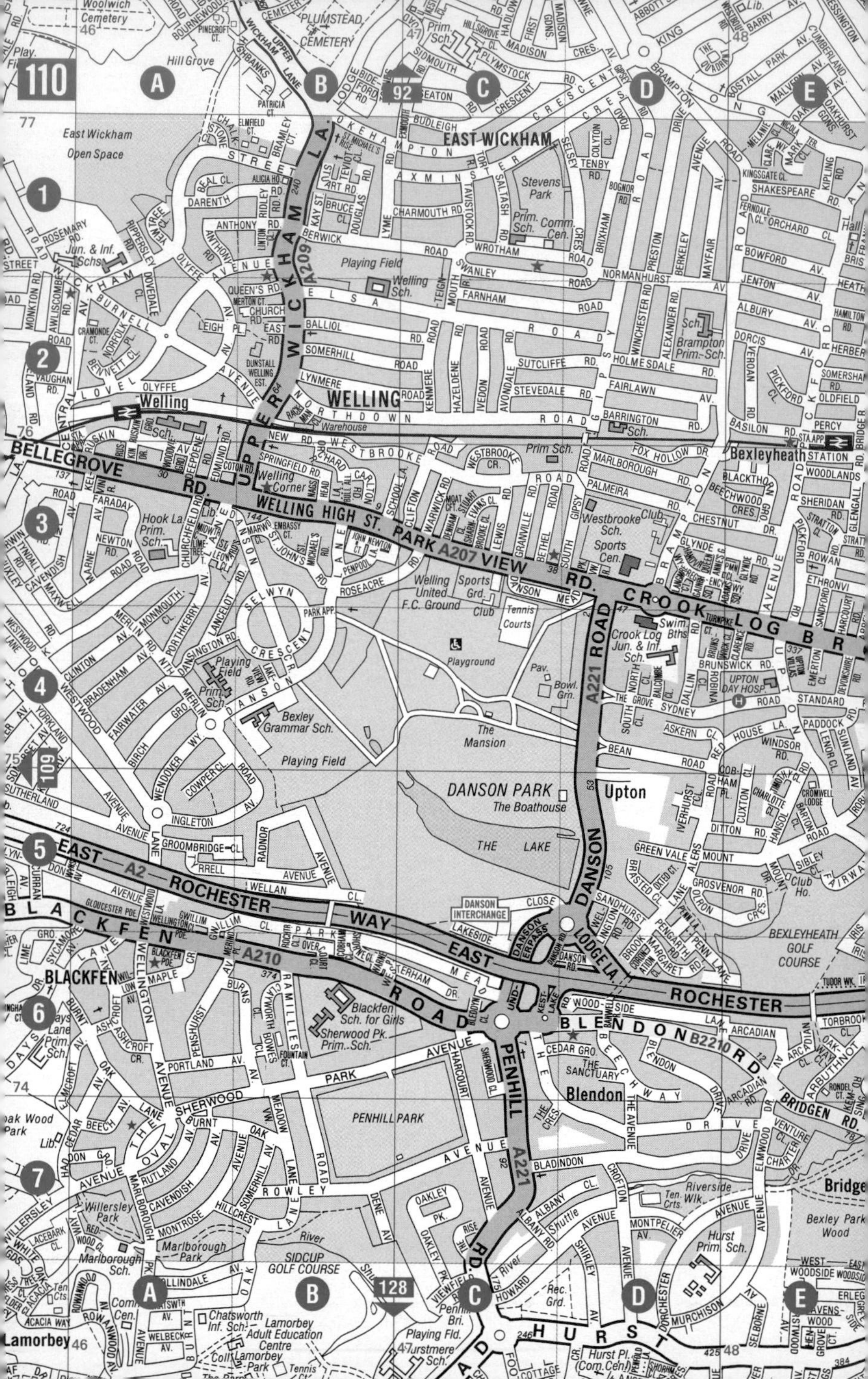
110
A
B
C
D
E
1
2
3
4
5
6
7
92
109
128
Woolwich Cemetery
Plumstead Cemetery
Hill Grove
East Wickham Open Space
EAST WICKHAM
Stevens Park
WELLING
Welling
Welling Corner
WELLING HIGH ST.
BELLEGROVE RD.
PARK VIEW RD.
CROOK LOG
Bexleyheath Station
Welling United F.C. Ground
Playground
The Mansion
DANSON PARK
The Boathouse
THE LAKE
Upton
DANSON ROAD
A221 ROAD
EAST ROCHESTER WAY
A2
Danson Interchange
BLACKFEN ROAD
A210
BLACKFEN
PENHILL
PENHILL PARK
Blendon
BLENDON RD.
B2210
BRIDGEN RD.
BEXLEYHEATH GOLF COURSE
SIDCUP GOLF COURSE
Marlborough Park
Lamorbey
HURST
Bexley Wood
Bexley Grammar Sch.
Blackfen Sch. for Girls
Sherwood Pk. Prim. Sch.
Hurst Prim. Sch.
Rec. Grd.
Playing Field

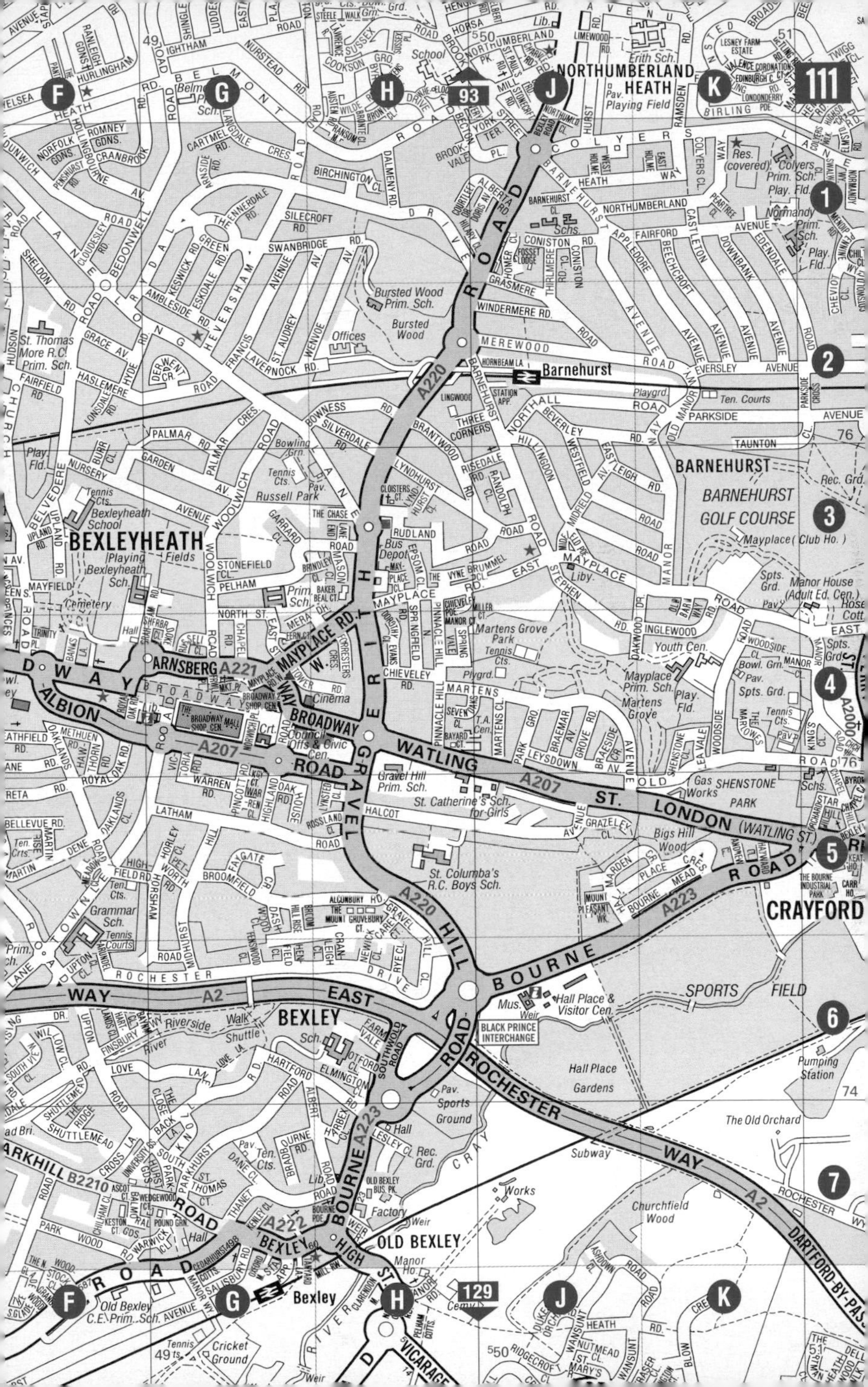

111
F
G
H
J
K
1
2
3
4
5
6
7
93
129
49
50
51
NORTHUMBERLAND HEATH
BEXLEYHEATH
BARNEHURST
BARNEHURST GOLF COURSE
CRAYFORD
BEXLEY
OLD BEXLEY
Barnehurst
Bexley
A220
A221
A207
A223
A222
A2
A2000
B2210
BROADWAY
WATLING ST.
LONDON ROAD
BOURNE ROAD
GRAVEL HILL
ROCHESTER WAY
EAST ROCHESTER WAY
DARTFORD-BY-PASS
BLACK PRINCE INTERCHANGE
MAYPLACE RD.
BELMONT RD.
COLYERS LANE
NORTHUMBERLAND AVENUE
MEREWOOD ROAD
EVERSLEY AVENUE
PARKSIDE AVENUE
ALBION ROAD
BEXLEY ROAD
HIGH ST.
Bursted Wood
Bursted Wood Prim. Sch.
Russell Park
Martens Grove Park
Hall Place Gardens
Hall Place & Visitor Cen.
SPORTS FIELD
Churchfield Wood
Bigs Hill Wood
Pumping Station
The Old Orchard
St. Catherine's Sch. for Girls
St. Columba's R.C. Boys Sch.
Gravel Hill Prim. Sch.
Bexleyheath School
Mayplace Prim. Sch.
Erith Sch.
Old Bexley C.E. Prim. Sch.
Cricket Ground

STANWELL
ASHFORD
CHATTERN HILL
CLOCKHOUSE ROUNDABOUT
FORDBRIDGE ROUNDABOUT
SCHOOL ROAD JUNCTION
QUEEN MARY RESERVOIR
BEDFONT LAKES COUNTRY PARK
STAINES RESERVOIRS
Littleton Common
LONDON ROAD
STAINES ROAD
KINGSTON ROAD
STAINES-BY-PASS
CLOCKHOUSE LANE
FELTHAM ROAD
CHURCH ROAD
STANWELL ROAD
ASHFORD MANOR GOLF COURSE
Recreation Ground
Ashford Football Ground
Sports Ground
Playing Field
Ashford Cemetery
ASHFORD HOSP.
Superstore
The Holloway Unit
The Ashford High Sch.
St. David's School
Clarendon Prim. Sch.
Spelthorne College
Echelford Prim. Sch.
Manor House (Club House)
Manor Cottage
Ford Bridge
Works
Gravel Pits
Staines Reservoirs Aqueduct
Bedfont Cemetery
Old Peoples Home
Visitor Cen.
Bridge Farm
Homers Farm
Nursery
Warehouses
Piggeries
ASHFORD BUSINESS COMPLEX
NEW SQUARE
A30
A308
A315
B377
B378
B3003
94
130

113
EAST BEDFONT
LOWER FELTHAM
FELTHAM
FELTHAMHILL
ASHFORD COMMON
SUNBURY COMMON
KEMPTON PARK RACECOURSE
H.M. Young Offenders Institution Feltham
Grosvenor Park
Feltham Hill Inf. Sch.
Feltham Hill Jun. Sch.
Rugby Football Ground
Spelthorne Jun. & Inf. Schs.
Kenyngton Manor Prim. Sch.
Fairholme Jun. Inf. & Nurs. Schs.
Edward Pauling Prim. Sch.
Vineyard Nurseries
Ordnance Depot
Sports Ground
Garden Centre
Feltham Arenas
Blenheim Park
SUNBURY CROSS
Junc.1
M3 MOTORWAY
A244
A308
A316
B377
B3377
ASHFORD ROAD
CHERTSEY ROAD
HIGH STREET
STAINES ROAD
STAINES ROAD WEST
HANWORTH ROAD
COUNTRY WAY
FELTHAM HILL ROAD
SUNBURY ROAD
VICARAGE ROAD
GROVELEY ROAD
HARLINGTON ROAD
HOUNSLOW ROAD
BEDFONT LANE
CADBURY ROAD
WINDMILL RD.
95
114
131

114
96
113
132
A
B
C
D
E
1
2
3
4
5
6
7
12
13
71
72
73
FELTHAM
HANWORTH
HANWORTH PARK
Hanworth Park House
Feltham Community College
Playing Field
Warehouse
Works
Sports Ground
Tennis Courts
Feltham Airparcs Leisure Centre
Mount Corner
South West Middlesex Crematorium
MILL FARM BUSINESS PARK
Hounslow Cemy.
Cemetery
Recreation Grd.
Heathfield Jun. & Inf. Schs.
Nature Reserve
School
HAMPTON FARM IND. ESTATE
HANWORTH TRAD. EST.
APEX RETAIL PARK
APEX CORNER
TWICKENHAM GOLF COURSE
Club Ho.
Superstore
Hampton Community College
Hounslow College
Rectory Meadow
Castle (Rems.)
Moat
Dairy
Filter Beds
Reservoir
The Lindon Bennett Sch.
Play. Fld.
Sports Hall
Comm. Cen.
Football Ground
Half Moon Covert
Hatherop Park
KEMPTON PARK RACECOURSE
Grandstand
Kempton Park
Portlane Bridge
Hydes Field
Oldfield Works
KINGSWAY BUSINESS PARK
Staines Reservoirs Aqueduct
Longford River
Crane
UXBRIDGE ROAD
HARLINGTON ROAD EAST
HANWORTH ROAD
HOUNSLOW ROAD
HAMPTON RD. WEST
HAMPTON RD. EAST
COUNTRY WAY
GREAT CHERTSEY
TWICKENHAM RD.
A312
A314
A316
A305
B3377

115
WHITTON
Whitton
TWICKENHAM
97
116
133
F
G
H
J
K
1
2
3
4
5
6
7
Twickenham Cemetery
Kneller Gdns.
Richmond-upon-Thames College
Harlequins R.U.F.C. (Stoop Meml. Grd.)
Playing Field
Depot
Twickenham Green
HOSPITAL BRIDGE ROUNDABOUT
Hospital Bridge
Sports Ground
River Crane
A316
A305
A311
A309
A313
A312
B358
B360
CHERTSEY ROAD
STAINES ROAD
SIXTH CROSS ROAD
THE GREEN
HEATH ROAD
Radnor Gardens
Swan Island
Strawberry Hill
STRAWBERRY HILL
St. Mary's, Strawberry Hill
STRAWBERRY HILL GOLF COURSE
St.James' R.C. Prim. Sch.
Waldegrave Sch. for Girls
Fulwell Park
FULWELL GOLF COURSE
Fulwell
Club House
Stanley Jun.& Inf. Schs.
Cemetery
Newland Ho.Sch.
TEDDINGTON
Teddington
HAMPTON HILL
Playing Field
Lady Eleanor Holles Sch.
Clarendon Sch.
Carlisle Park
Pantile Bridge
Canal Plantation
Cricket Grd.
National Physical Laboratory
Bartons Cottage
Cricket Ground
Bushy House
Sports Ground
Round Plantation
Longford River
BUSHY PARK
HAMPTON
Hampton & Richmond Borough F.C.
Willow Plantation
Broom Clumps
River Lodge
Teddington Lodge
170

116
98
115
134
A
B
C
D
E
1
2
3
4
5
6
7
TWICKENHAM
Twickenham
TEDDINGTON
Teddington
HAM
PETERSHAM
STRAWBERRY HILL
KINGSTON UPON THAMES
HAMPTON WICK
Hampton Wick
RIVER THAMES
MARBLE HILL PARK
Marble Hill House
Orleans Ho. Gallery
Riverside Ho.
Orleans Gdns.
York Ho.
Eel Pie Island
Foot Ferry
Glover's Island
Petersham Meadows
Petersham Farm
Royal Star & Garter Home
Petersham Common
Ham House
Polo Ground
Sports Grd.
The German Sch., London
The Russell Prim. Sch.
Strathmore Sch.
The Copse
Playing Field
Tennis Cts.
Miniature Rifle Range
Nature Reserve
Wood
Ham Riverside Lands
Cross Deep
Radnor Gardens
Swan Island
Thames Young Mariners Base
Ham Fields
Ham Green
Grey Court School
C.E. Prim. Sch.
Convent
Meadlands Prim. Sch.
The Cassel Hosp.
Dysart Sch.
SUDBROOK PARK
Sudbrook Park (Club Ho.)
The Wilderness
RICHMOND GOLF COURSE
Ham Riverside Lands
Teddington Locks
Teddington Weir
Teddington Studios
Rec. Gd.
Sports Ground
Lensbury Club
Udney Hall Gdns.
Baths
Athletic Ground
Collis Prim. Sch.
Trowlock Island
Teddington Sch. & Sports Cen.
Recreation Ground
Conifers
NORMANSFIELD HOSP.
The Avenue Centre (Coll.)
Steven's Eyot
Canbury Gardens
St. George's Industrial Estate
The Tiffin Girls' Sch.
Fernhill Prim. Sch.
BUSHY PARK
Teddington Lodge
Hawthorn Lodge
Warren Plantation
Half Moon Plantation
Deer Pen
Thatched Cottage
Leg-of-Mutton
Kingsgate Bus. Cen.
A310
A313
A307
B352
B358
B353
RICHMOND RD.
KINGSTON RD.
PETERSHAM RD.
UPPER HAM RD.
HAM GATE
STRAWBERRY VALE
TWICKENHAM RD.
HIGH STREET
SANDY LANE
PARK RD.
CROSS DEEP
HAM COMMON
SANDY LANE
RIVERSIDE DRIVE
DUKES AVENUE
LOCK RD.
TUDOR AVENUE
CHURCH RD.
CARDINAL AVENUE
WOLSEY DRIVE
LOWER HAM RD.
FERRY RD.
BROOM RD.
BROOM WATER
MANOR RD.
LONDON RD.
KING ST.
YORK ST.
MEADLANDS DR.
DICKENS CL.
BUCKINGHAM RD.
ASHBURNHAM RD.
TEDDINGTON RD.

RICHMOND PARK
Richmond Gate
Kidney Wood
Sidmouth Wood
King Henry VIII Mound
Oak Lodge
Pembroke Lodge (Cafeteria)
Saw Pit Plantation
Jubilee Plantation
Queen's Ride
Duchess' Wood
Deer Pen
White Lodge Plantation
White Lodge (The Royal Ballet School)
Pen Ponds
Leg of Mutton Pond
Queen Elizabeth's Plantation
Lawn Plantation
Spankers Hill Wood
Treebox Wood
Deer Park
King George V Jubilee Plantation
Pond Plantation
Whiteash Lodge
Tercentenary Plantation
Horse Ride
Pond Slade
Prince Charles's Spinney
Ham Cross Plantation
Gibbet Wood
Ham Bottom
Peg's Pond
Thomson's Pond
Broomfield Hill
Broomfield Hill Wood
Ham Cross
Isabella Plantation
Ham Gate
Ham Dip
High Wood
Still Pond
Deer Fold
Coronation Plantation
The Flat
Dann's Pond
Ladderstile Gate
Gallows Pond
King's Clump
Kingston Gate
Kingston Hill
A308
Robin Hood Prim. Sch.
Kingston University
Coombe Hill Golf Course
Warren House
Coombe Wood Golf Course
Coombe
Club House
Holy Cross Preparatory R.C. Sch.
Marymount International School
Rockeby Sch.
Kingston Hospital
Coombe Hill Jun. & Inf. Schools
Coombe Lane
A238
West
Queens Rd.
B351
King's Road
Park Road
Sports Ground
R.C. Prim. Sch.
Park Hill Sch.
Open during daylight hours only
99
118
135

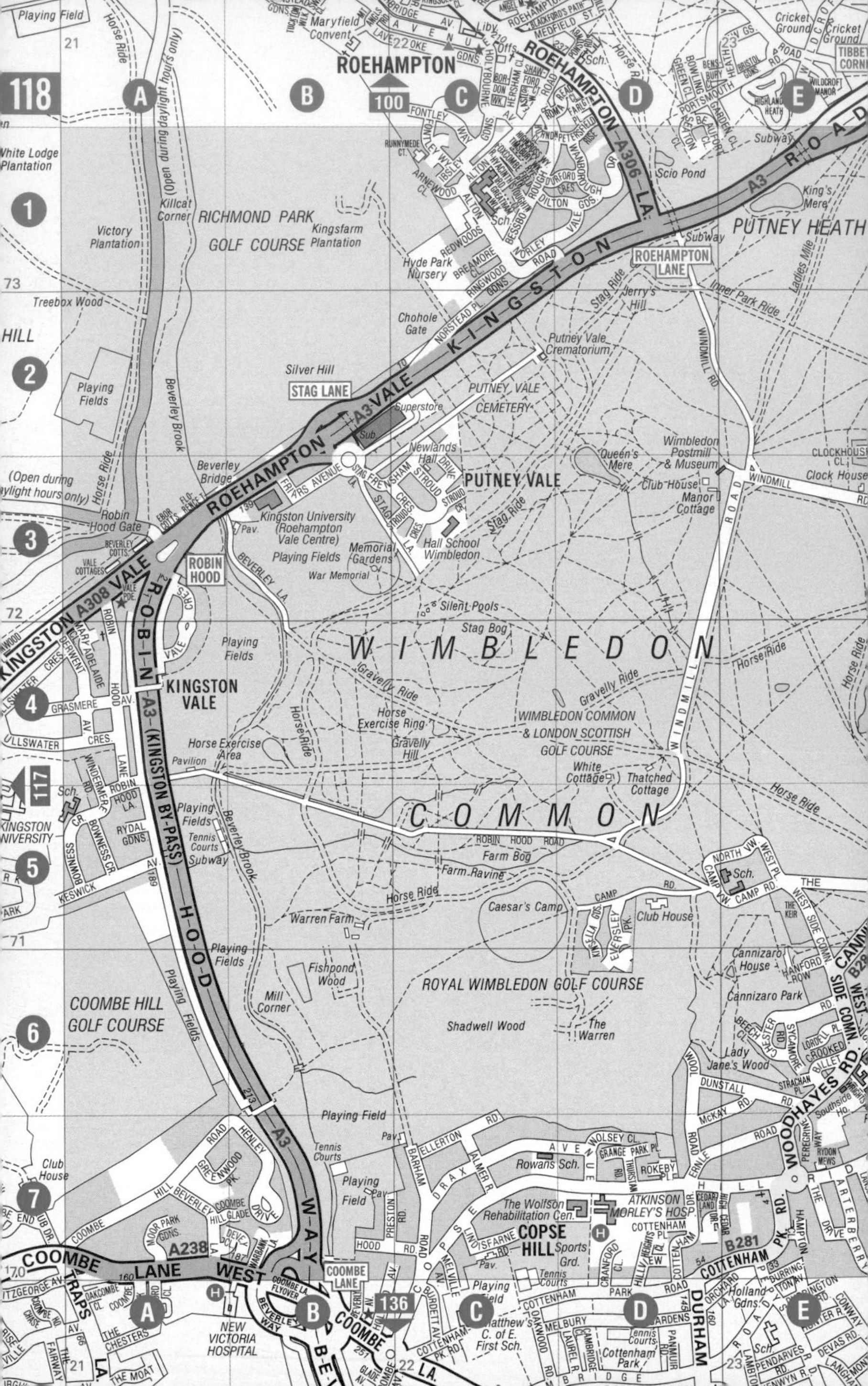
ROEHAMPTON
100
RICHMOND PARK GOLF COURSE
Kingsfarm Plantation
Killcat Corner
Victory Plantation
White Lodge Plantation
Treebox Wood
Playing Fields
Beverley Brook
Hyde Park Nursery
Chohole Gate
Silver Hill
STAG LANE
KINGSTON VALE
ROEHAMPTON VALE
A3
A306
ROEHAMPTON LA.
ROEHAMPTON LANE
PUTNEY HEATH
Scio Pond
King's Mere
Putney Vale Crematorium
PUTNEY VALE CEMETERY
Superstore
PUTNEY VALE
Jerry's Hill
Inner Park Ride
Ladies Mile
Stag Ride
WINDMILL RD.
Wimbledon Postmill & Museum
Club House
Manor Cottage
Queen's Mere
Clock House
Robin Hood Gate
Beverley Bridge
Kingston University (Roehampton Vale Centre)
Hall School Wimbledon
Memorial Gardens
War Memorial
ROBIN HOOD
A308
Silent Pools
Stag Bog
WIMBLEDON COMMON
Gravelly Ride
Horse Exercise Ring
Gravelly Hill
Horse Exercise Area
WIMBLEDON COMMON & LONDON SCOTTISH GOLF COURSE
White Cottage
Thatched Cottage
KINGSTON VALE
A3 (KINGSTON BY-PASS)
ROBIN HOOD WAY
ROBIN HOOD ROAD
Farm Bog
Farm Ravine
Horse Ride
Warren Farm
Caesar's Camp
Club House
Fishpond Wood
Mill Corner
ROYAL WIMBLEDON GOLF COURSE
Shadwell Wood
The Warren
Cannizaro House
Cannizaro Park
Lady Jane's Wood
COOMBE HILL GOLF COURSE
117
KINGSTON UNIVERSITY
Playing Field
Rowans Sch.
The Wolfson Rehabilitation Cen.
ATKINSON MORLEY'S HOSP.
COPSE HILL
Sports Grd.
COOMBE LANE WEST
A238
COOMBE LANE
136
NEW VICTORIA HOSPITAL
St. Matthew's C. of E. First Sch.
Cottenham Park
DURHAM ROAD
B281
COTTENHAM PARK ROAD
WOODHAYES RD.
Holland Gdns.
A
B
C
D
E
1
2
3
4
5
6
7
21
22
23
73
72
71
70

119
101
120
137
WIMBLEDON PARK
WIMBLEDON
SOUTH WIMBLEDON
SOUTHFIELDS
MERTON
SUMMERSTOWN
Southfields
Wimbledon Park
Wimbledon
South Wimbledon
Merton Park
WIMBLEDON All England Lawn Tennis & Croquet Club
Wimbledon Cemetery
King George's Park
Wimbledon High Sch.
Wimbledon Coll.
Ursuline Convent Prep. Sch.
Bishop Gilpin C.of E. First Sch.
The Priory C. of E. Sch.
South Park Gardens
Recreation Ground
Dundonald First Sch.
Southfields Comm.-Coll.
PARKSIDE
WIMBLEDON PARK GOLF COURSE
A219
A218
A217
A238
B235
B285
THE BROADWAY
DURNSFORD RD.
HAYDONS ROAD
PLOUGH LANE
MERTON HIGH ST.
WORPLE ROAD
HIGH ST.
WIMBLEDON HILL RD.
ALEXANDRA RD.
HARTFIELD ROAD
KINGSTON ROAD
GAP ROAD
MERTON ROAD
ARTHUR ROAD
HOME PARK ROAD
AUGUSTUS ROAD
WIMBLEDON PARK ROAD

A
B
C
D
E
1
2
3
4
5
6
7
102
119
138
26
27
28
Wandsworth Common
Wandsworth Common
BALHAM
EARLSFIELD
Earlsfield
WANDSWORTH CEMETERY
Beatrix Potter Prim. Sch.
THE CENTRAL LONDON GOLF CENTRE
SPRINGFIELD UNIVERSITY HOSPITAL
COTTAGE DAY HOSPITAL
The Joan Bicknell Centre
Burntwood School
Garratt Green
Sports Ground
Playing Field
STREATHAM CEMETERY
UPPER TOOTING
Tooting Bec
Tootin Bec
SUMMERSTOWN
Wimbledon Stadium (Greyhound)
Lambeth Crematorium
Woodhouse Farm
LAMBETH CEMETERY
Tooting Leisure Cen.
Tooting Gardens
ST. GEORGE'S HOSPITAL
Tooting Broadway
TOOTING
TOOTING GRAVENEY
Haydons Road
Wandle Meadow Nature Park
Garfield First Sch.
Wandle Park
COLLIER'S WOOD
Colliers Wood
Superstore
MERTON
Tooting
Cemetery
Professional Centre
River Wandle
EARLSFIELD ROAD
GARRATT LANE
BURNTWOOD LANE
TRINITY ROAD
UPPER TOOTING ROAD
BALHAM HIGH ROAD
TOOTING BEC ROAD
MITCHAM ROAD
TOOTING HIGH ST.
COLLIERS WOOD HIGH STREET
MERTON HIGH STREET
HAYDONS ROAD
LONDON ROAD
PLOUGH LANE
SUMMERSTOWN
MERANTUN WAY
STREATHAM
RECTORY LANE
A24
A214
A217
A218
A235
B229
B234
B235
B237
B241

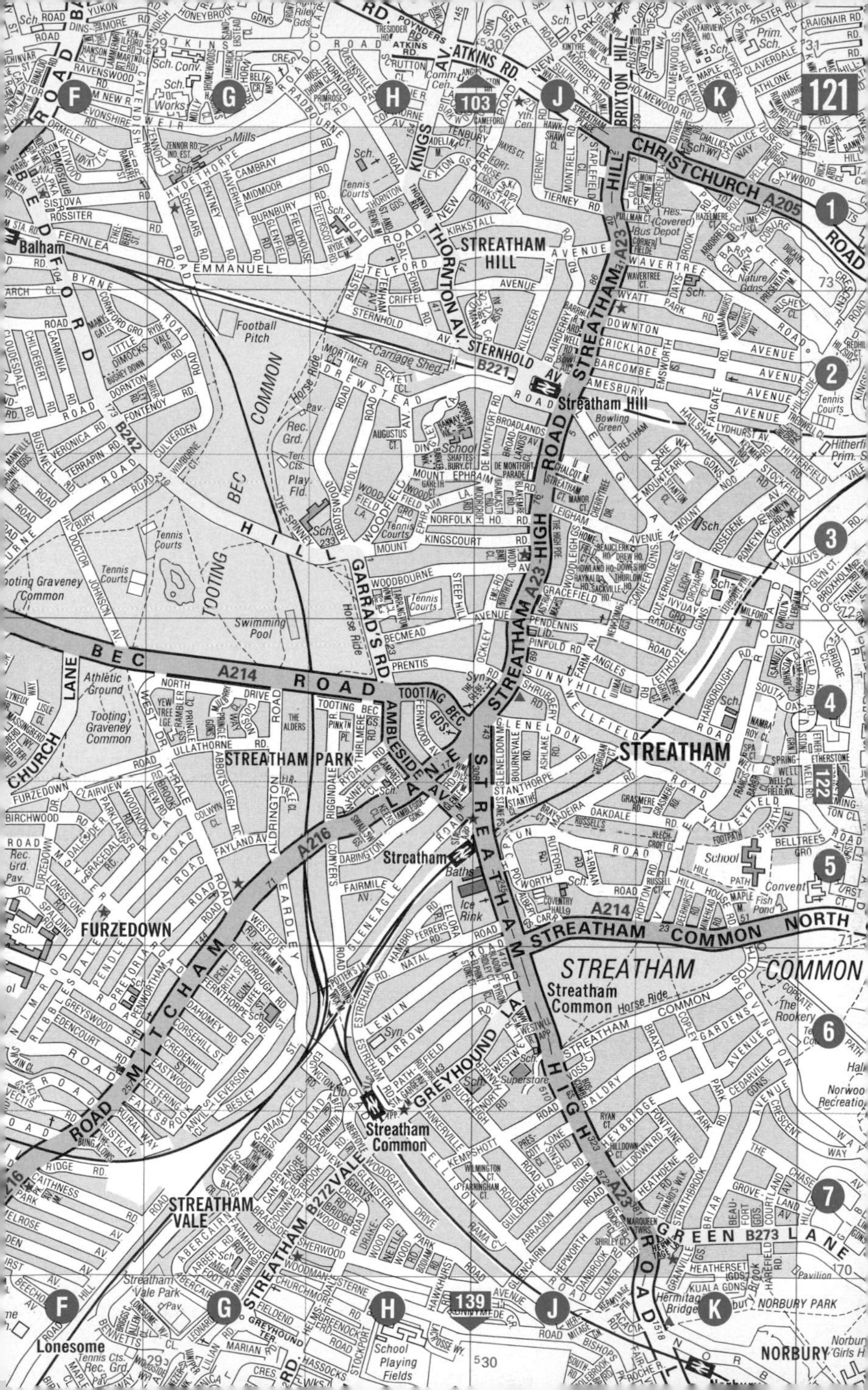

121
F
G
H
J
K
103
1
2
3
4
5
6
7
122
139
Balham
STREATHAM HILL
Streatham Hill
TOOTING BEC COMMON
Tooting Graveney Common
Athletic Ground
STREATHAM PARK
STREATHAM
Streatham
STREATHAM COMMON
Streatham Common
FURZEDOWN
STREATHAM VALE
Streatham Vale Park
Lonesome
NORBURY
NORBURY PARK
Hermitage Bridge
Norwood Recreation
The Rookery
Convent
Fish Pond
Ice Rink
Baths
Superstore
Swimming Pool
Football Pitch
Carriage Shed
Bowling Green
Res. (Covered)
Bus Depot
Nature Gdns.
School Playing Fields
Horse Ride
CHRISTCHURCH ROAD A205
BEC ROAD A214
TOOTING BEC ROAD
STREATHAM HIGH ROAD A23
STREATHAM HILL A23
BRIXTON HILL
MITCHAM ROAD A216
MITCHAM LANE
STREATHAM COMMON NORTH A214
GREEN LANE B273
STREATHAM VALE B272
GREYHOUND LA.
STERNHOLD AV. B221
BEDFORD ROAD B242
TOOTING BEC HILL
THORNTON AV.
KINGS AV.
ATKINS RD.
POYNDERS RD.
EMMANUEL RD.
GARRAD'S RD.
LEIGHAM AV.
LEIGHAM CT. RD.
WELLFIELD ROAD
VALLEYFIELD ROAD
ESTREHAM RD.
GLENEAGLE RD.
CHURCH LANE

122
A
B
C
D
E
1
2
3
4
5
6
7
104
121
140
BROCKWELL PARK
The Mansion
New Lodge
DULWICH VILLAGE
Sports Ground
Dulwich Old College
Dulwich Picture Gallery
Belair
Playing Fields
Bell House
CROXTED ROAD
A2199
TURNEY ROAD
DULWICH COLLEGE
West Dulwich
WEST DULWICH
ROAD DULWICH
CHRISTCHURCH RD.
A205
TULSE HILL
Tulse Hill
Knight's Hill
NORWOOD ROAD
A215
THURLOW PARK A205 ROAD
Hitherfield Prim. Sch.
LEIGHAM
KNOLLYS ROAD
ROYAL CIRCUS
Tonge Ho.
LANSDOWNE HILL
CHESTNUT ROAD
ROBSON ROAD
West Norwood Cemetery and Crematorium
Catacombs
West Norwood
WEST NORWOOD
NORWOOD HIGH ST
KNIGHTS HILL
AUCKLAND HILL
GIPSY ROAD
ELDER ROAD
SOUTH CROXTED ROAD
DULWICH WOOD
Gipsy Hill
NORWOOD PARK
Kingswood Prim. Sch.
Playground
Playing Field
STREATHAM COMM. NTH.
CROWN LA.
A214
CROWN DALE
CENTRAL HILL
STREATHAM COMMON
The Rookery
Convent
Fish Pond
St. Joseph's College
St. Joseph's R.C. Jun. & Inf. Schs.
Virgo Fidelis Convent Sch.
Convent Wood
NORWOOD NEW TOWN
Rockmount Prim. Sch.
BEULAH HILL
Norwood Grove Recreation Ground
Bowling Green
Recreation Ground
NORWOOD
Westow Park
Biggin Wood
Downsview Prim. Sch.
Westwood High Sch.
GREEN B273
NORBURY PARK
Pavilion
Norbury Manor Girls High Sch.
NORBURY
UPPER NORWOOD
CHURCH ROAD
LANE
VIRGINIA
BRICKFIELD
INGRAM
DOWNSVIEW
ROAD

123
DULWICH PARK
DULWICH & SYDENHAM HILL GOLF COURSE
DULWICH
Dulwich Wood
Sydenham Hill
UPPER SYDENHAM
Sydenham Wells Park
CRYSTAL PALACE PARK
Crystal Palace Museum
NATIONAL SPORTS CENTRE
Crystal Palace
Penge West
Anerley
PENGE
Penge East
SYDENHAM
Sydenham
LOWER SYDENHAM
Mayow Park
FOREST HILL
Forest Hill
Horniman Gardens
Horniman Museum
THE GROVE
Kent House
LORDSHIP LANE
LONDON ROAD
A205
A212
A234
A213
A214
A2216
B227
A2199
COMMON
WESTWOOD HILL
CRYSTAL PALACE PARK RD.
CRYSTAL PALACE PDE.
COLLEGE RD.
ANERLEY HILL
ANERLEY ROAD
HIGH ST.
PARISH LANE
NEWLANDS PARK
SYDENHAM ROAD
DARTMOUTH RD.
KIRKDALE
PERRY VALE
STANSTEAD RD.
WALDRAM PK. RD.
DEVONSHIRE RD.
CROYDON ROAD
BECKENHAM
105
141
124

124
106
123
142
A
B
C
D
E
1
2
3
4
5
6
7
Blythe Hill
Catford Bridge
CATFORD
BROWNHILL
STANSTEAD ROAD A205
CATFORD ROAD
CATFORD HILL
PERRY HILL A212
PERRY VALE
PERRY RISE
BROMLEY RD. A21
BELLINGHAM
Bellingham
BELL GREEN
Superstore
Gasholder Station
SOUTHEND LANE A2218
SOUTHEND ROAD A2015
Lower Sydenham
LWR. SYDENHAM
SYDENHAM RD. A212
NEW BECKENHAM
New Beckenham
BECKENHAM HILL ROAD
Beckenham Hill
BECKENHAM ROAD
Stumpshill Wood
BECKENHAM PLACE PARK
GOLF COURSE
Beckenham Place Club House
CATOR PARK
Kent House
Beckenham Junc.
Beckenham Road
Catford Trading Estate
Priory House Private Sch.
Private Banks Sports Grd.
Secondary School
Sports Ground
Playing Field
Athletic Ground
Cricket Grd.
Tennis Cts.
Pav.
Prim. Sch.
Sch.
Lib.
Wks.
Depot
Syn.
Southend Park
Home Park
Beckenham Business Centre
Abbey Trading Estate
River Pool
Ravensbourne River

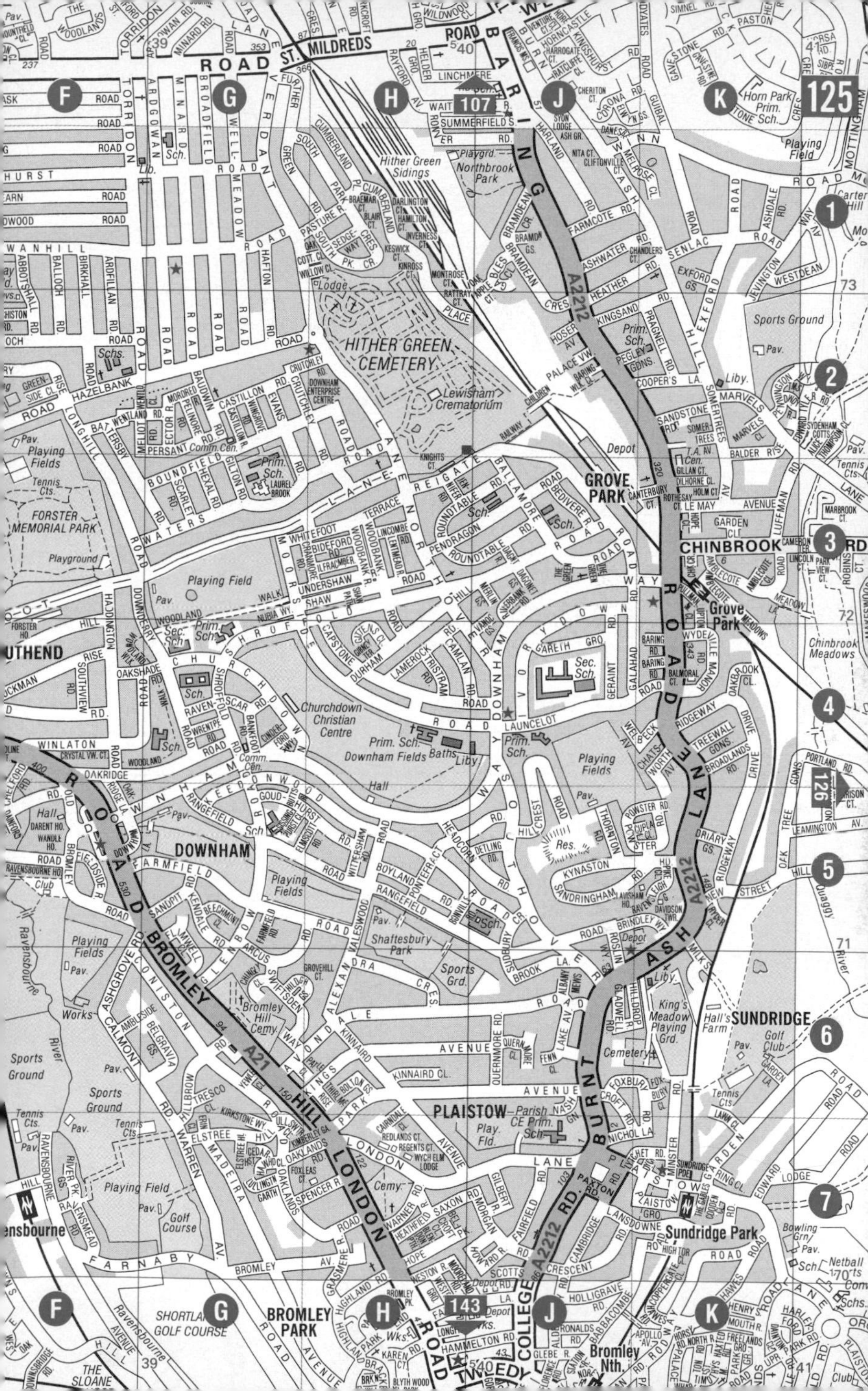
ST. MILDREDS ROAD
LINCHMERE
107
Hither Green Sidings
Northbrook Park
HITHER GREEN CEMETERY
Lewisham Crematorium
A2212
BARING ROAD
Sports Ground
Playing Field
Horn Park Prim. Sch.
MOTTINGHAM
Carter Hill
WESTDEAN
SENLAC
EXFORD
MARVELS
SOMERTREES
BALDER RISE
LUFFMAN
GROVE PARK
CHINBROOK RD
Grove Park
Chinbrook Meadows
HAZELBANK ROAD
FORSTER MEMORIAL PARK
Playing Fields
Playground
WATERS ROAD
VERDANT LANE
DOWNHAM WAY
CHURCHDOWN
Churchdown Christian Centre
Prim. Sch. Downham Fields
Baths
Liby.
LAUNCELOT ROAD
Playing Fields
Res.
KYNASTON
SANDRINGHAM
WINLATON
OAKRIDGE
DOWNHAM
BROMLEY ROAD
A21
Playing Fields
Shaftesbury Park
Sports Grd.
BURNT ASH LANE
BURNT ASH HILL
BURNT ASH ROAD
King's Meadow Playing Grd.
Cemetery
SUNDRIDGE
Golf Club
Hall's Farm
PLAISTOW
Parish CE Prim. Sch.
Play. Fld.
AVENUE
Bromley Hill Cemy.
LONDON ROAD
Sports Ground
Playing Field
Golf Course
Ravensbourne
River Ravensbourne
Works
FARNABY AV.
BROMLEY PARK
143
SHORTLANDS GOLF COURSE
COLLEGE RD.
Sundridge Park
Bromley Nth.
THE SLOANE
126
Quaggy River
1
2
3
4
5
6
7
F
G
H
J
K
39
40
41
70
71
72
73

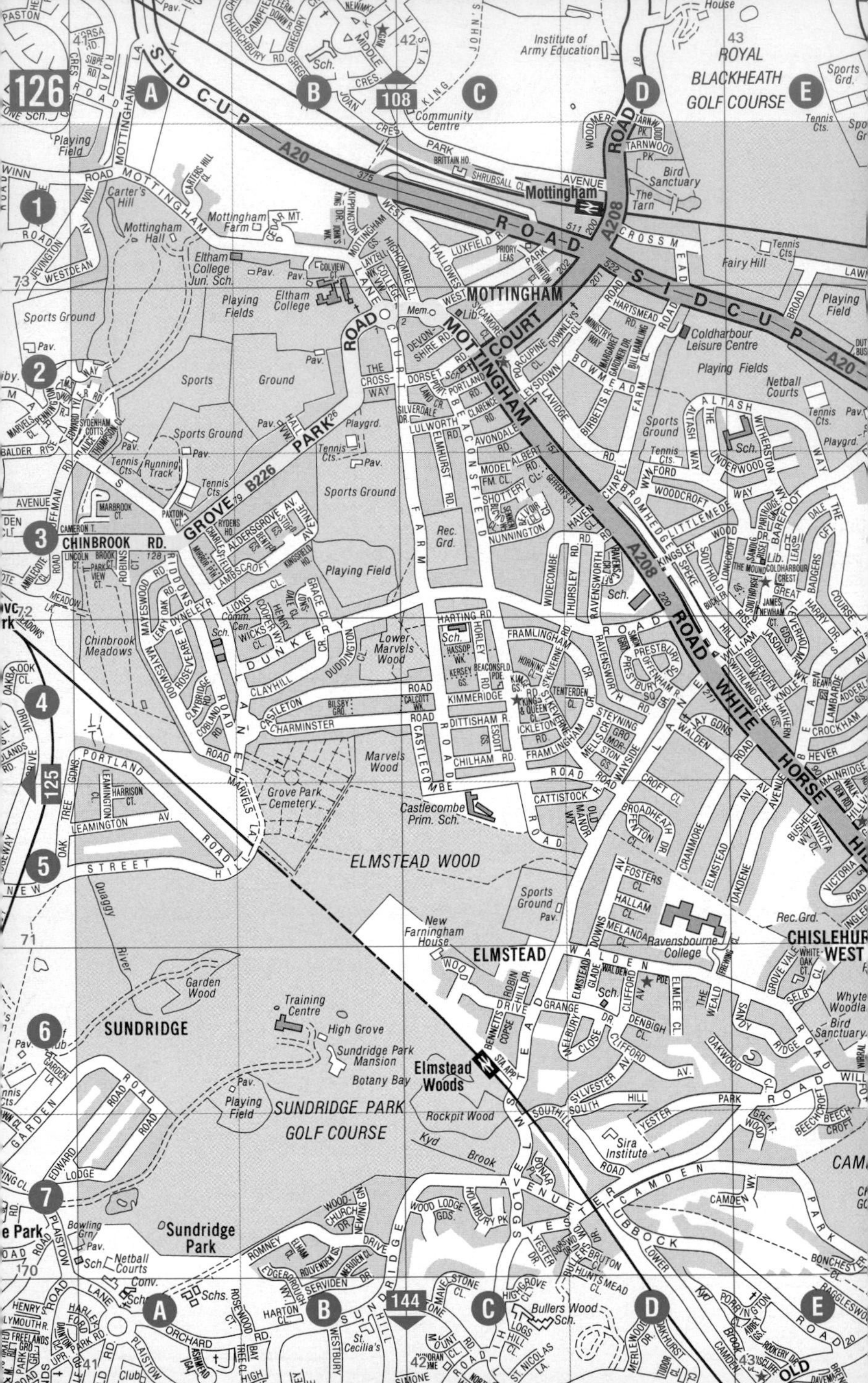
108
A20
SIDCUP ROAD
Institute of Army Education
ROYAL BLACKHEATH GOLF COURSE
Sports Grd.
Community Centre
Playing Field
MOTTINGHAM LA.
MOTTINGHAM ROAD
Carter's Hill
Mottingham Hall
Mottingham Farm
Eltham College Jun. Sch.
Eltham College
Playing Fields
Bird Sanctuary
The Tarn
Mottingham
CROSSMEAD
Fairy Hill
MOTTINGHAM
COURT ROAD
A208
Coldharbour Leisure Centre
Playing Fields
Netball Courts
Sports Ground
Sports Ground
Running Track
GROVE PARK ROAD B226
Playgrd.
Tennis Cts.
CHINBROOK RD.
Chinbrook Meadows
Rec. Grd.
Playing Field
DUNKERY RD.
Lower Marvels Wood
Comm. Cen.
FARM
BEACONSFIELD ROAD
FRAMLINGHAM RD.
WHITE HORSE ROAD
KIMMERIDGE
CASTLECOMBE ROAD
Marvels Wood
Grove Park Cemetery
Castlecombe Prim. Sch.
125
PORTLAND ROAD
LEAMINGTON AV.
NEW STREET HILL
ELMSTEAD WOOD
Quaggy River
Sports Ground
New Farningham House
ELMSTEAD
Ravensbourne College
CHISLEHURST WEST
Garden Wood
SUNDRIDGE
Training Centre
High Grove
Sundridge Park Mansion
Botany Bay
Elmstead Woods
Playing Field
SUNDRIDGE PARK GOLF COURSE
Rockpit Wood
Kyd Brook
Sira Institute
CAMDEN PARK ROAD
Sundridge Park
Bowling Grn.
Netball Courts
144
SUNDRIDGE AV.
Bullers Wood Sch.
LUBBOCK ROAD
OLD

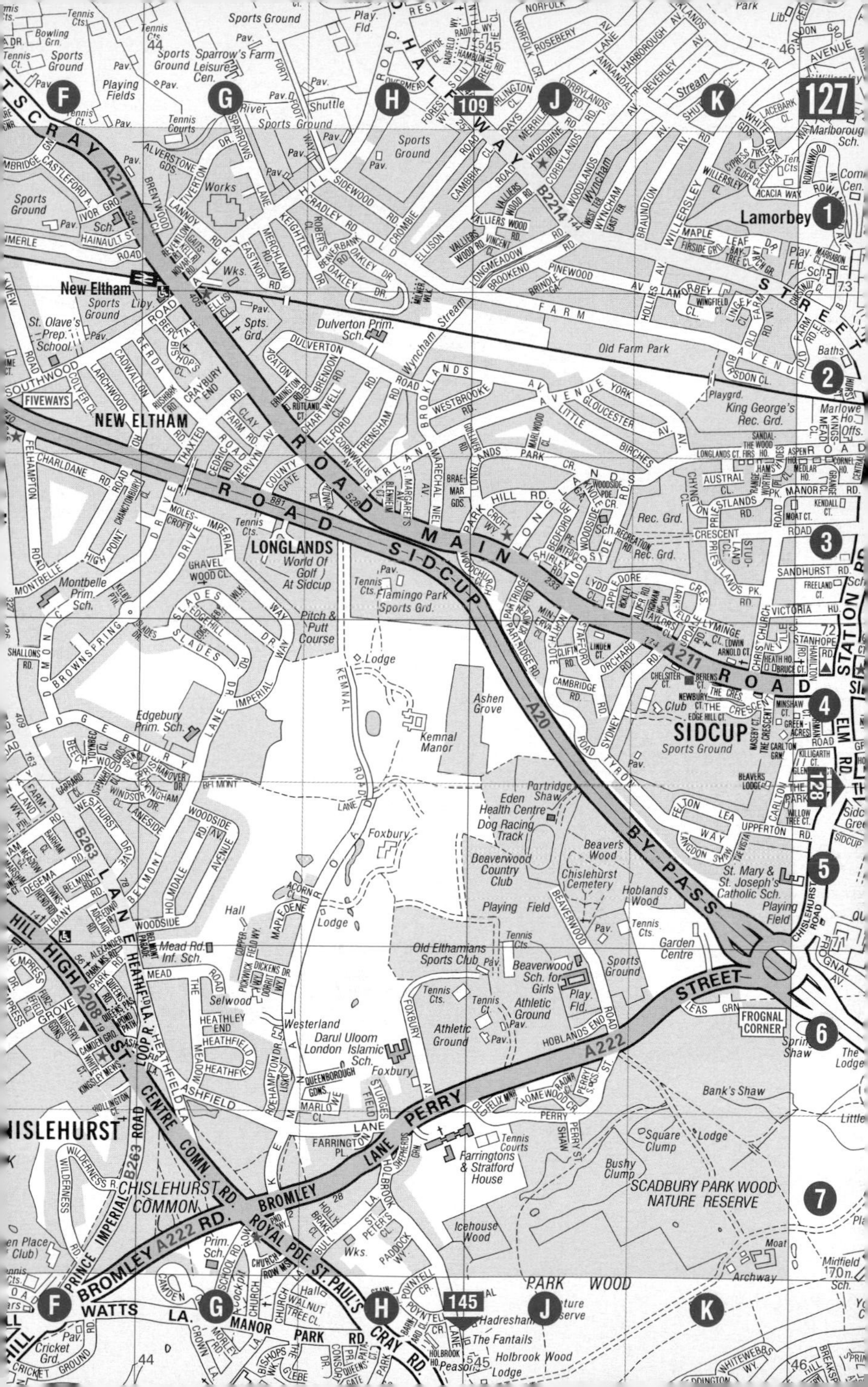
New Eltham
New Eltham
Longlands
Sidcup
Lamorbey
Chislehurst
Fiveways
Chislehurst Common
Scadbury Park Wood Nature Reserve
Old Farm Park
King George's Rec. Grd.
Kemnal Manor
Foxbury
Ashen Grove
Edgebury Prim. Sch.
Montbelle Prim. Sch.
St. Olave's Prep. School
Dulverton Prim. Sch.
Sparrow's Farm Leisure Cen.
Flamingo Park Sports Grd.
Beaverwood Country Club
Chislehurst Cemetery
Beaverwood Sch. for Girls
Old Elthamians Sports Club
Darul Uloom London Islamic Sch.
Farringtons & Stratford House
Icehouse Wood
St. Mary & St. Joseph's Catholic Sch.
Frognal Corner
Eden Health Centre
Dog Racing Track
Hoblands Wood
Beaver's Wood
Partridge Shaw
Bank's Shaw
Square Clump
Bushy Clump
Park Wood
Holbrook Wood
Mead Rd. Inf. Sch.
Sidcup Sports Ground
Pitch & Putt Course
World Of Golf At Sidcup
A211
A20
A222
A208
B263
B2214
Sidcup By-Pass
Main Road
Sidcup Road
Perry Street
Bromley Rd.
Bromley Lane
Halfway Street
Station Rd.
109
128
145
1
2
3
4
5
6
7
F
G
H
J
K

128
110
127
SIDCUP
Lamorbey
HALFWAY
FOOTS CRAY
RUXLEY
ST. PAUL'S CRAY
CRITTALLS CORNER
FROGNAL CORNER
Albany Park
Sidcup
SIDCUP GOLF COURSE
Waring Park
North Cray Woods Nature Reserve
FOOTS CRAY MEADOWS
Queen Mary's Hospital
Sidcup Place Park
Scadbury Park
Ruxley Wood
Ruxley (Public) Golf Course
Cray Valley Golf Course
Chislehurst & Sidcup Grammar Sch.
Kemnal Tech. College
Cleeve Park Sch.
Bromley Ski Centre
A222
A221
A211
A224
A223
A20
A2001
B2214
B2173

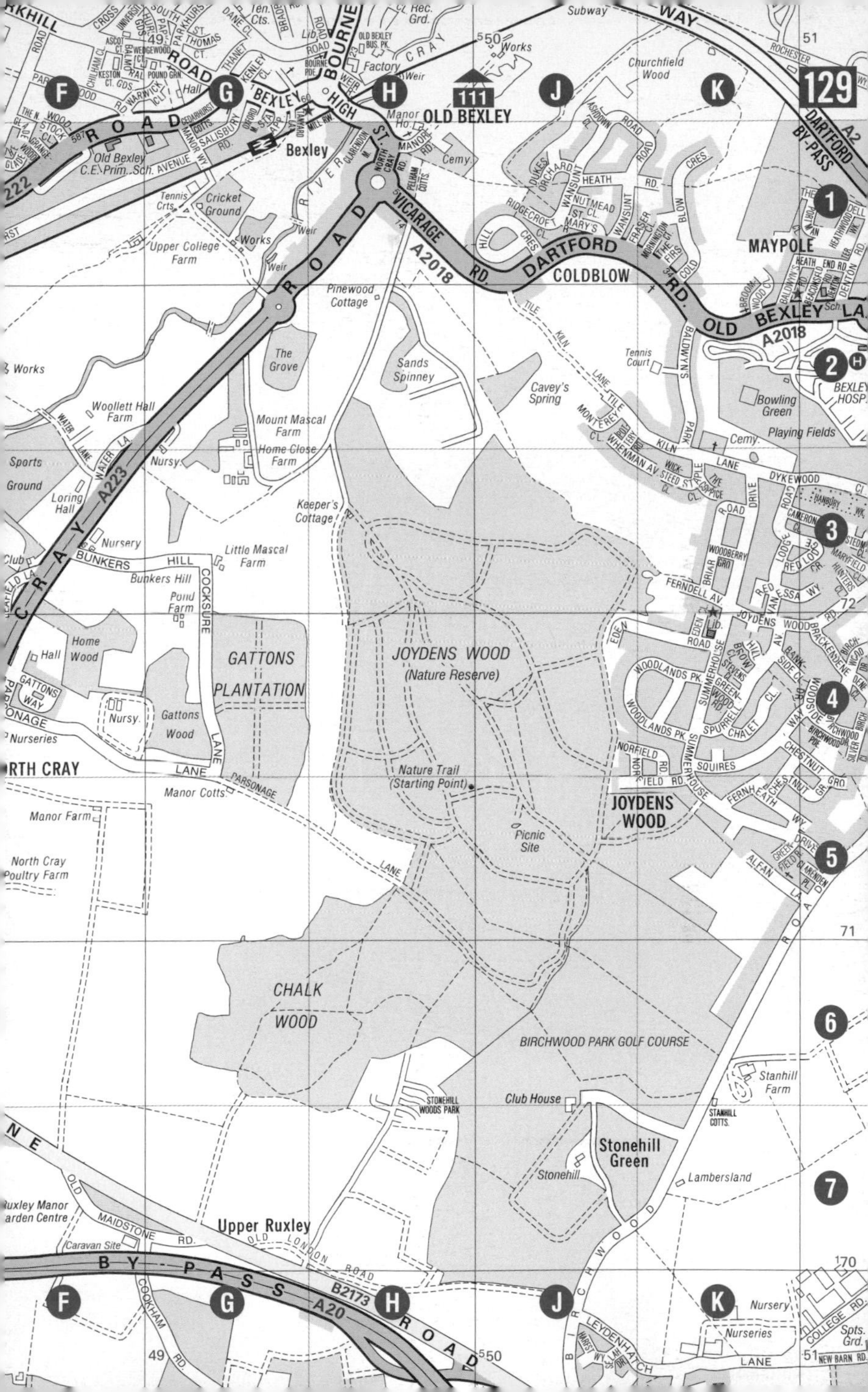

129
111
OLD BEXLEY
Bexley
MAYPOLE
COLDBLOW
JOYDENS WOOD
(Nature Reserve)
JOYDENS WOOD
GATTONS PLANTATION
CHALK WOOD
BIRCHWOOD PARK GOLF COURSE
Stonehill Green
Upper Ruxley
NORTH CRAY
DARTFORD RD.
VICARAGE RD.
A2018
CRAY ROAD
A223
BY-PASS
A20
B2173
OLD BEXLEY LA.
DARTFORD BY-PASS
A2
BIRCHWOOD ROAD
PARSONAGE LANE
BUNKERS HILL
COCKSURE LANE
TILE KILN LANE
LEYDENHATCH LANE
MAIDSTONE RD.
OLD LONDON ROAD
Churchfield Wood
Cricket Ground
Upper College Farm
Pinewood Cottage
The Grove
Sands Spinney
Cavey's Spring
Woollett Hall Farm
Mount Mascal Farm
Home Close Farm
Keeper's Cottage
Little Mascal Farm
Bunkers Hill
Pond Farm
Home Wood
Gattons Wood
Manor Cotts.
Manor Farm
North Cray Poultry Farm
Nature Trail (Starting Point)
Picnic Site
Club House
Stonehill
Stanhill Farm
Lambersland
Caravan Site
Ruxley Manor Garden Centre
Bowling Green
Playing Fields
Tennis Court
Nurseries
Nursery
Sports Ground
Loring Hall

QUEEN MARY
RESERVOIR
LITTLETON
SHEPPERTON GREEN
SHEPPERTON
Pool End
SHEPPERTON FILM STUDIOS
SHEPPERTON B376 RD.
LALEHAM ROAD
B376 ROAD
NEW ROAD
CHARLTON ROAD
M3 MOTORWAY
CHERTSEY ROAD
B375
RENFREE WAY
RUSSELL ROAD
HIGH ST.
RIVER THAMES
River Ash
Gravel Pits
Intake Channel
Pumping Station
Round Copse
Gravel Pit
Works
Nurseries
Squire's Bridge
Staines Road Farm
Saxon Prim. Sch.
Riversleigh Farm
Boat House
Shepperton Range
Mead Farm
Cemetery
Sailing Club
Lords Bri.
War Close
Cricket Ground
Las Palmas Estate
Playing Field
Halliford Sch.
Manor Farm
Driving Range
SUNBURY
DESBOROUGH
Chertsey Meads
Common
Liby.
Prim. Sch.
DOCKETT EDDY LANE
LITTLETON LANE
SHEEP WALK
CHERTSEY BRI. RD.
DUMSEY EYOT

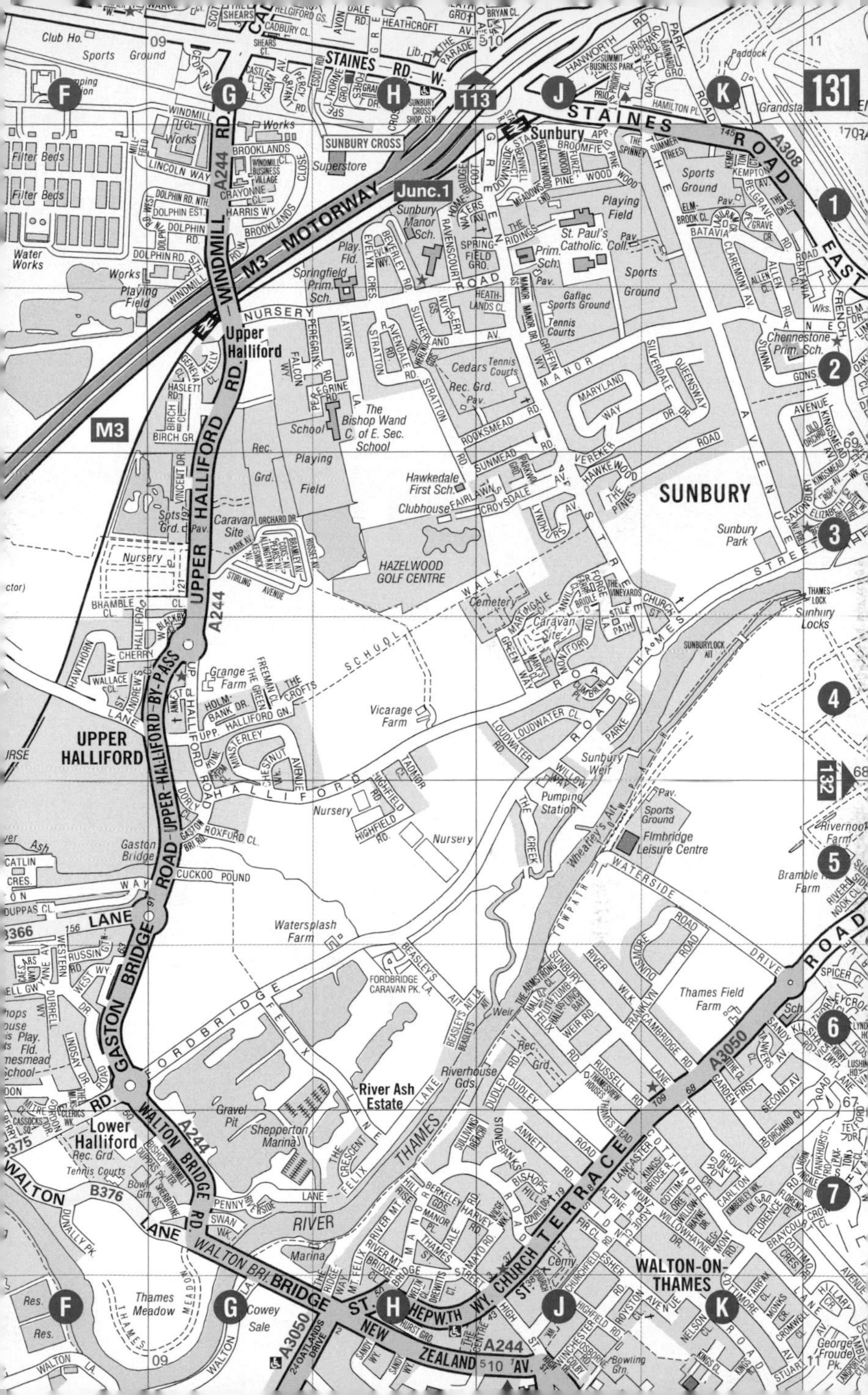

131
113
132
Junc.1
M3
M3 MOTORWAY
STAINES RD. W.
STAINES ROAD
A308
EAST
SUNBURY CROSS
Superstore
Sunbury
SUNBURY
Sunbury Park
Sunbury Locks
THAMES LOCK
Upper Halliford
UPPER HALLIFORD
Lower Halliford
WALTON-ON-THAMES
WINDMILL RD.
A244
UPPER HALLIFORD RD.
UPPER-HALLIFORD-BY-PASS
GASTON BRIDGE ROAD
WALTON BRIDGE RD.
WALTON BRI. BRIDGE ST.
NEW ZEALAND AV.
A3050
CHURCH TERRACE
HEPWTH WY.
B376
B375
B366
HALLIFORD ROAD
THAMES ROAD
THAMES STREET
CHURCH ST.
NURSERY RD.
NURSERY AV.
MANOR LANE
SCHOOL WALK
FORDBRIDGE RD.
FELIX LANE
THAMES MEADOW
RIVER
Club Ho.
Sports Ground
Filter Beds
Water Works
Works
Playing Field
Sunbury Manor Sch.
Springfield Prim. Sch.
St. Paul's Catholic Coll.
Prim. Sch.
Gaflac Sports Ground
Tennis Courts
Cedars Rec. Grd.
The Bishop Wand C. of E. Sec. School
Hawkedale First Sch.
Clubhouse
HAZELWOOD GOLF CENTRE
Cemetery
Caravan Site
Grange Farm
Vicarage Farm
Nursery
Watersplash Farm
FORDBRIDGE CARAVAN PK.
River Ash Estate
Gravel Pit
Shepperton Marina
Riverhouse Gds
Sunbury Weir
Pumping Station
Wheatley's Ait
Elmbridge Leisure Centre
Thames Field Farm
Chennestone Prim. Sch.
Rivernook Farm
Bramble Farm
Gaston Bridge
Cowey Sale
Thames Meadow
Res.
Tennis Courts
Rec. Grd.
Marina
Cemy.
Bowling Grn.
George Froude Pk.
F
G
H
J
K
1
2
3
4
5
6
7
09
10
11

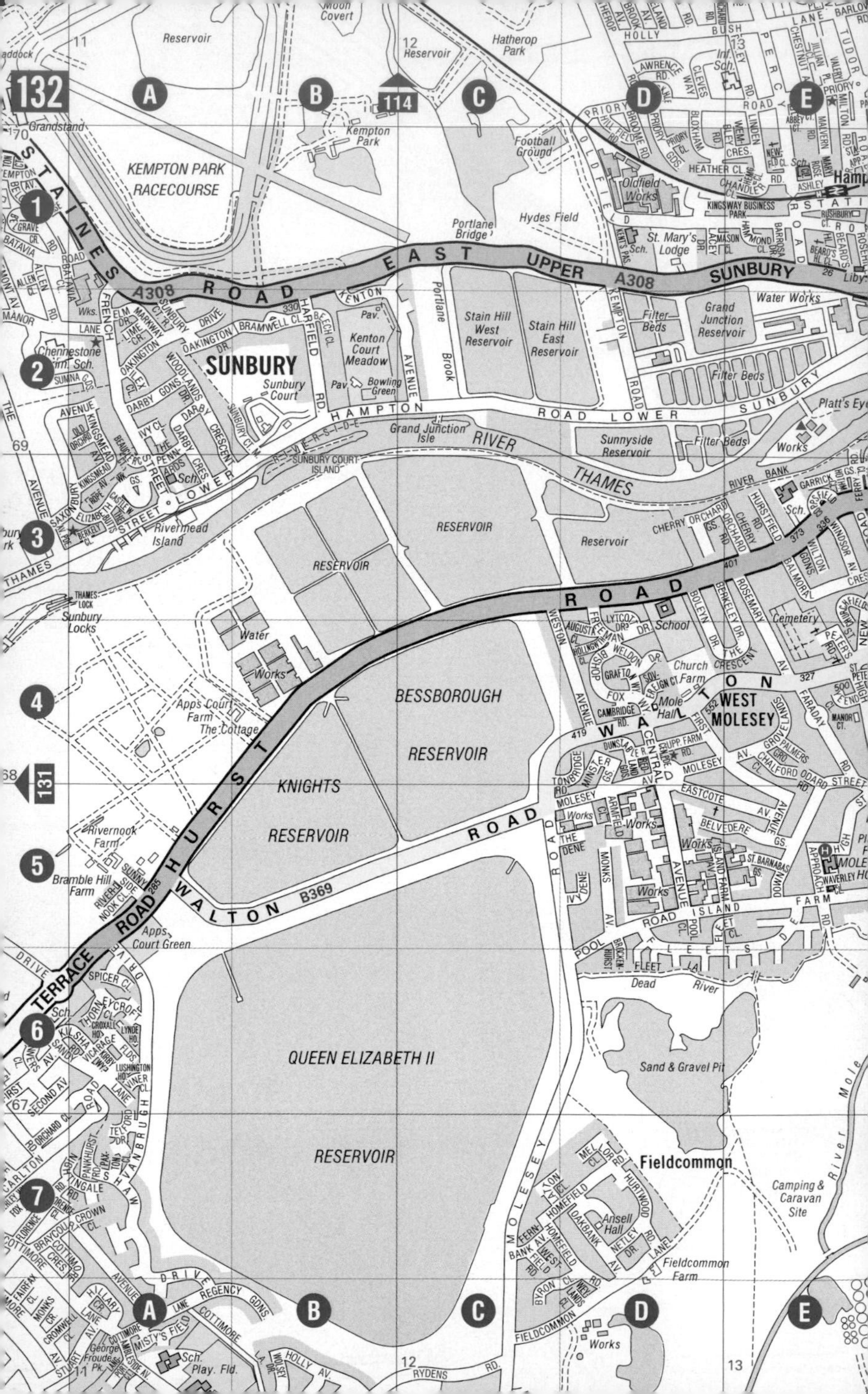

KEMPTON PARK RACECOURSE
Kempton Park
Hatherop Park
Reservoir
Grandstand
SUNBURY
WEST MOLESEY
Fieldcommon
UPPER SUNBURY ROAD
EAST
A308
STAINES ROAD
LOWER SUNBURY ROAD
HAMPTON ROAD
RIVER THAMES
HURST ROAD
WALTON ROAD
B369
TERRACE ROAD
WALTON ROAD
MOLESEY ROAD
Stain Hill West Reservoir
Stain Hill East Reservoir
Grand Junction Reservoir
Sunnyside Reservoir
Filter Beds
Water Works
Kenton Court Meadow
Sunbury Court
Grand Junction Isle
Sunbury Court Island
Rivermead Island
Sunbury Locks
BESSBOROUGH RESERVOIR
KNIGHTS RESERVOIR
QUEEN ELIZABETH II RESERVOIR
Apps Court Farm
Apps Court Green
Riverncok Farm
Bramble Hill Farm
Sand & Gravel Pit
Camping & Caravan Site
Fieldcommon Farm
Dead River
Oldfield Works
St. Mary's Lodge
Hydes Field
Portlane Bridge
Portlane Brook
Football Ground
Chennestone Prim. Sch.
Cemetery
Mole Hall
Church Farm
Ansell Hall
River Mole
114
131

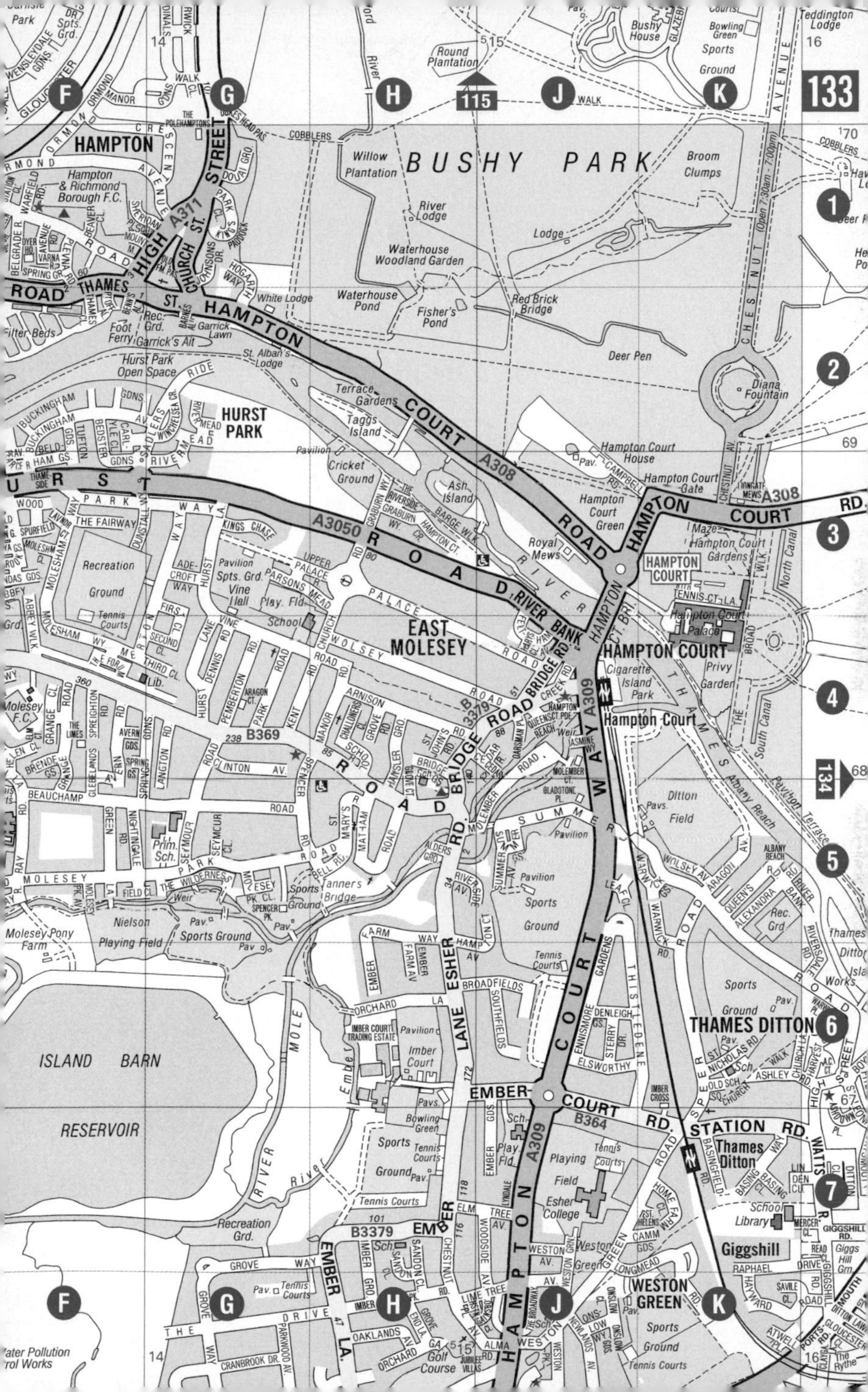

HAMPTON
Hampton & Richmond Borough F.C.
BUSHY PARK
Willow Plantation
Broom Clumps
Round Plantation
Bushy House
Sports Ground
Teddington Lodge
River Lodge
Waterhouse Woodland Garden
Waterhouse Pond
Fisher's Pond
Red Brick Bridge
White Lodge
Deer Pen
Diana Fountain
HAMPTON COURT ROAD
A308
HURST PARK
Hurst Park Open Space
Garrick's Ait
Garrick Lawn
St. Alban's Lodge
Terrace Gardens
Taggs Island
Ash Island
Cricket Ground
Hampton Court House
Hampton Court Gate
Hampton Court Green
Royal Mews
HAMPTON COURT
Maze
Hampton Court Gardens
Hampton Court Palace
Privy Garden
Cigarette Island Park
Hampton Court
EAST MOLESEY
Recreation Ground
Vine Hall
Play. Fld.
School
Lib.
Molesey F.C.
Prim. Sch.
B369
A3050
B3379
A309
Ditton Field
Albany Reach
Pavilion Terrace
Nielson Playing Field
Sports Ground
Tanners Bridge
Molesey Pony Farm
ISLAND BARN RESERVOIR
RIVER MOLE
Imber Court Trading Estate
Imber Court
Bowling Green
Tennis Courts
Recreation Grd.
THAMES DITTON
Thames Ditton
Esher College
Playing Field
Giggshill
WESTON GREEN
Sports Ground
Golf Course
Water Pollution Control Works
F G H J K
1 2 3 4 5 6 7
115
134

A
B
C
D
E
1
2
3
4
5
6
7
116
133
146
BUSHY PARK
Teddington Lodge
SANDY
GARDENS
Warren Plantation
Hawthorn Lodge
COBBLERS
WALK
Half Moon Plantation
Deer Pen
Heron Pond
Leg-of-Mutton Pond
Oval Plantation
Thatched Cottage
CHESTNUT AV.
(Open 7:30am - 7:00pm)
Diana Fountain
NORMANSFIELD HOSP.
The Avenue Centre (Coll.)
Steven's Eyot
Canbury Gardens
UP. TEDDINGTON RD.
TEDDINGTON
B358 LANE
VICARAGE
PARK
CHURCH
B359
HAMPTON WICK
Hampton Wick
HIGH ST.
Hampton Wick Royal Cricket Ground
Tennis Courts
The King's Field
ROAD
KINGSTON BRI.
War Mem.
Hampton Wick Pond
The Royal Paddocks
KINGSTON UPON THAMES
Bushy Lodge
COURT
A308
HAMPTON
North Canal
The Wilderness
Parkfield
Stud House
HAMPTON COURT PARK
The Long Water
Farm Cottages
The Rick Pond
HOME PARK GOLF COURSE
Club House
Raven's Ait
BARGE WALK
RIVER THAMES
QUEEN'S PROMENADE
Towing Path
Filter Beds
Seething Wells
Water Works
Kingston
The Bentalls Centre
KINGSGATE RD.
RICHMOND RD.
A307
WOOD ST.
CLARENCE ST.
WHEATFIELD
HIGH ST.
PENRHYN RD.
A240
County Hall
Kingston Univ.
SURBITON RD.
ANGLESEA RD.
PALACE
UXBRIDGE RD.
Synagogue
CATHERINE
GROVE
CADOGAN
ST. LEONARD'S
CLEAVELAND RD.
WESTFIELD
THE MALL
ST. ANDREW'S
BRIGHTON ROAD
A243
VICTORIA
Surbiton
CLAREMONT RD.
MAPLE R.
B3363
B3370
ST. MARK'S HILL
SURBITON HILL ROAD
UPPER BRIGHTON
SURBITON
Hillcroft Coll.
SURBITON HOSP.
THAMES DITTON
Albany Reach
Pavilion Terrace
Thames Ditton Island
Boyle Farm Island
WATTS R.
STATION RD.
B364
GIGGSHILL RD.
Giggshill
Giggs Hill Green
HIGH STREET
PORTSMOUTH ROAD
Kingston House Estate
Filter Beds
BALACLAVA
Long Ditton Recreation Ground
EWELL
EFFINGHAM
Rec. Grd.
Play Fld.
Tennis Courts
LONG DITTON
Cockcrow Hill
SOUTHBOROUGH
Miniature Railway
The Rythe
THORKHILL
RECTORY
KINGS DITTON HILL

F
G
H
J
K
117
147
136
1
2
3
4
5
6
7
20
21
67
68
69
70
19
KINGSTON HILL
QUEENS RD.
COOMBE WOOD GOLF COURSE
Park Hill Sch.
Holy Cross Preparatory R.C. Sch.
Rockeby Sch.
Marymount International School
Club House
KINGSTON HOSPITAL
Coombe Hill Jun. & Inf. Schools
Coombe Girls' Sch.
COOMBE LANE WEST
COOMBE ROAD
A238
A308
TRAPS LANE
LONDON ROAD
KINGSTON ROAD
COOMBE ROAD
Norbiton
NORBITON
Tiffin Sch.
CAMBRIDGE ROAD
A2043
KINGSTON ROAD
CLARENCE ROAD
DICKERAGE ROAD
Rec. Grd.
Corpus Christi R.C. Prim. Sch.
Retail Park
Kingston Cemetery
Kingston upon Thames Crematorium
Running Track
Indoor Bowls Club
Kingstonian Football Club
Recreation Ground
Sludge Beds
Hogsmill River
Waste Disposal Centre
Sewage Works
Surbiton Cemetery
Berrylands
MARSH LANE
WELLINGTON Wks.
Recreation Ground
Pavilion
Tennis Courts
Sports Ground
Bowling Green
Club House
SURBITON HILL PARK
PARK AVENUE
ELMBRIDGE AVENUE
BERRYLANDS
BERRYLANDS Sch.
Grand Avenue Prim. Sch.
Hogsmill River
KINGSTON BY-PASS
MALDEN WAY
A3
NORTH SOUTH
Sports Field
Richard Challoner School
Malden Manor Prim. Sch.
ALEXANDRA DRIVE
Tennis Courts
Recreation Ground
Pond
HOLLYFIELD RD.
A240
EWELL ROAD
Prim. Sch.
WARREN DRIVE NORTH
TOLWORTH
ELMDENE

118
COOMBE LA. WEST
COOMBE LANE
COOMBE LA. FLYOVER
NEW VICTORIA HOSPITAL
Club House
The Wolfson Rehabilitation Cen.
ATKINSON MORLEY'S HOSP.
COPSE HILL
Rowans Sch.
Playing Field
St. Matthew's C. of E. First Sch.
COTTENHAM PARK
Cottenham Park
COOMBE A238
BEVERLEY A3 (KINGSTON BY-PASS)
Wimbledon College Playing Fields
MALDEN GOLF COURSE
Coombe Brook
Beverley Brook
Coombe Girls' Sch.
Civil Service Sports Ground
Raynes Park Sports Ground
Raynes Park
WORPLE RD.
DURHAM B281 ROAD
LANE
A298
New Malden
BEVERLEY PARK
Emanuel School Playing Field
Blagdon House
BUSHEY ROAD
Alliance Sports Ground
Raynes Pk. High Sch.
RAYNES PARK
Spts. Grd
B279
NEW MALDEN
The Malden Sch.
Adult Training Cen.
SHANNON CORNER
SHANNON CORNER RETAIL PK.
WEST BARNES
ROAD WEST
KINGSTON RD.
FOUNTAIN ROUNDABOUT
BURLINGTON
B282
HIGH B283 ST.
MALDEN RD. A2043
135
MALDEN JUNC.
Beverley Sch.
The Study Sch.
MALDEN (KINGSTON BY-PASS)
University of London Athletic Ground
Running Track
Motspur Park
King's Coll. Sch. Sports Grd.
St.Catherines R.C.Sch.
Old Blues Rugby Football Grd.
The Sir Joseph Hood Memorial Playing Fields
NORTH EAST SURREY CREMATORIUM AND MORDEN CEMETERY
B.B.C. Sports Ground
MOTSPUR PARK
Gas Works
Playing Fields
Merton & Sutton Joint Cemetery
Green Lane Prim. Sch.
MANOR PARK
Bowling Green
Local Gov. Computer Centre
Sewage Works
Malden Manor Prim. Sch.
Malden Manor
OLD MALDEN
148
Malden Green
Worcester Park
Sports Ground
A
B
C
D
E
1
2
3
4
5
6
7
21
22
23
67
68
69
70

MERTON
MERTON PARK
MORDEN
MORDEN PARK
Wimbledon Chase
South Merton
Morden
Morden South
St. Helier
Sth. Wimbledon
KINGSTON ROAD
MORDEN ROAD
LONDON ROAD
CENTRAL ROAD
EPSOM ROAD
MARTIN WAY
TUDOR DRIVE
Wimbledon Coll.
Merton College
Rutlish Sch.
John Innes Park
Mostyn Gardens
Cannon Hill
CANNON HILL COMMON (Recreation Ground)
Messines Playing Field
Joseph Hood Recreation Ground
Morden Park School Sports Centre
School Playing Fields
Swimming Baths
King George's Field
Morden Farm Middle Sch.
Tudor First Sch.
Hatfield First Sch.
Risley Sports Ground
Recreation Ground
Abbey Prim. Sch.
Morden Hall
River Wandle
Croydon Tramlink
ROSE HILL ROUNDABOUT
THE WOODSTOCK
119
138
149
F
G
H
J
K
1
2
3
4
5
6
7

138
120
150
137
A
B
C
D
E
1
2
3
4
5
6
7
MERTON
Colliers Wood
Superstore
Tandem Centre Retail Park
College Fields Business Cen.
Merton Ind. Park
Saxon Business Centre
Harland First Sch.
Croydon Tramlink
River Wandle
MORDEN HALL PARK
Morden Hall
Morden Cottage
Morden Lodge
Phipps Bridge
Belgrave Wlk.
Ravensbury Park
Cemetery
Tamworth Rec. Grd.
Lavender Pk.
Bond First Sch.
Gas Works
Cemy.
Melrose Sch.
Vestry Hall
Cricket Green
Running Track
Sports Ground
The Canons Leisure Cen. & Lib.
MITCHAM
Blue Houses Bridge
Beehive Bridge
R.C. Prim. Sch.
Mitcham
Cranmer Bri.
Willow Lane Bri.
Mitcham Junction
Watermeads (N. T.)
Sports Ground
Tennis Courts
Poulter Park
Bennett's Hole
Bishopsford House
Moreton Grn. First Sch.
Bishopsford Comm. Sch.
Moreton Green
Merton Coll. 6th Form Cen.
Playing Field
Playing Fields
Open Space
ST. HELIER
Hill Ho. Comm. Cen.
Carshalton Sports Arena
Running Track
Pavilion
St. Helier Open Space
ROSEHILL
Rosehill Park East
ST. HELIER HOSPITAL
Rose Hill Roundabout
Community Hall
Nature Reserves
BEDDINGTON CORNER
Mill Green
The Willow Business Centre
Abbey Ind. Est.
Connaught Bus. Cen.
Capital Ind. Est.
Eagle Trad. Est.
Mill Grn. Business Park
MERANTUN WAY A24
WESTERN ROAD A236
LONDON ROAD A217
STREATHAM ROAD A216
COMMONSIDE WEST A236
CRICKET GRN.
MADEIRA RD.
CRANMER RD. A239
CARSHALTON ROAD A237
LONDON ROAD A237
MORDEN ROAD
MORDEN HALL RD. A297
ST. HELIER AVENUE A297
BISHOPSFORD ROAD A217
MIDDLETON ROAD
PETERBOROUGH ROAD
WANDLE ROAD
RIVERSIDE DR.
WILLOW LANE
GOAT ROAD
MILL GREEN RD.
CHURCH RD.
MILES ROAD
CHRISTCHURCH RD.
HIGH ST.
FIGGES MARSH

STREATHAM VALE
Streatham Vale Park
Lonesome
Lonesome First Sch.
Eastfields High Sch.
South London Crematorium
Jewish Cemetery
Streatham Park Cemetery
Rowan High Sch.
School Playing Fields
Sports Ground
Stanford Middle Sch.
Tamworth Manor High Sch.
Recreation Ground
William Morris Middle Sch.
Donnelly Green
Com. Cen.
NORBURY
Norbury
NORBURY PARK
Hermitage Bridge
NORBURY TRADING ESTATE
Norbury Hall
LONDON ROAD
A23
MITCHAM
COMMON
A236
MITCHAM ROAD
ROWAN RD.
B272
MANOR ROAD
WINDMILL RD.
BEDDINGTON LANE
Mill House
Playing Fields
Factory
Gonville Prim. Sch.
Croydon Crematorium
CROYDON CEMETERY
The Archbishop Lanfranc Sch.
Beddington Lane
Croydon Tramlink
Hundred Acre Bridge
Irrigation Bridge
LAND FILL SITE (PROPOSED)
Beddington Farm
Beddington Sewage Treatment Works
THE TRAMSHEDS INDUSTRIAL EST.
Transport Depot & Warehouse
Therapia Lane
PIONEERS INDUSTRIAL PARK
BEDDINGTON TRAD. EST.
LOMBARD ROUNDABOUT
THORNTON ROAD
PURLEY WAY
Ampere Way
Superstores
121
140
151
F
G
H
J
K
1
2
3
4
5
6
7
29
30
31

NORBURY
UPPER NORWOOD
THORNTON HEATH
BROAD GREEN
SELHURST
CROYDON
West Croydon
Thornton Heath
Selhurst
122
139
152

F
G
H
J
K
123
Anerley
PENGE
Kent House
1
2
3
4
5
6
7
ANERLEY
SOUTH NORWOOD
Harris City Technology Coll.
Playing Field
Bowling Green
Tennis Courts
South Norwood Lake
Athletic Grounds
Orchard School Sports Centre
Nursing Home
Anerley Prim. Sch.
Anerley Sch.
Civic Halls
Games Court
T.H. & Lib.
Betts Park
Superstore
Play Fld
Avenue Road
Birkbeck
Beckenham Crematorium
Bromley Junction
High Sch.
Stanley Hall
Works
Harrington Rd.
Pitch & Putt Course
Croydon Tramlink
SOUTH NORWOOD COUNTRY PARK
ELMERS END
Elmers End
Superstore
Croydon Road Ind. Est.
Chaffinch Business Park
Rec. Grd.
142
Playground
Playing Field
Croydon Sports Arena
Ryelands Prim. Sch.
Arena
Croydon Golf Driving Range
Long Lane Wood
Bird Sanctuary
Monks Orchard Prim. Sch.
Glade Wood
Norwood Junc.
Priory Sch.
Tennis Courts
Recreation Ground
Swim. Baths
WOODSIDE
Prim. Sch.
Play. Fld.
Woodside
Blackhorse La.
Tennis Courts
Ashburton Park
Library
Ashburton Memo. Homes
Ashburton Playing Fields
Ashburton High Sch.
Playing Fields
Tennis Courts
SHIRLEY OAKS HOSPITAL
Davidson Jun. & Inf. Schs.
Greenwood Bus. Cen.
Addiscombe
153
Shirley Oaks
Playing Field
A214
A213
A215
A222
A234
B243
CROYDON RD
CROYDON ROAD
ELMERS END ROAD
PORTLAND ROAD
LONG LANE
SPRING LA.
ADDISCOMBE ROAD
SHIRLEY ROAD
WOODSIDE GREEN
HIGH ST.
PENGE RD.
ANERLEY ROAD
SOUTH NORWOOD HILL
SELBY ROAD
BECKENHAM ROAD
MACKENZIE RD
BIRKBECK RD
LOWER ADDISCOMBE ROAD

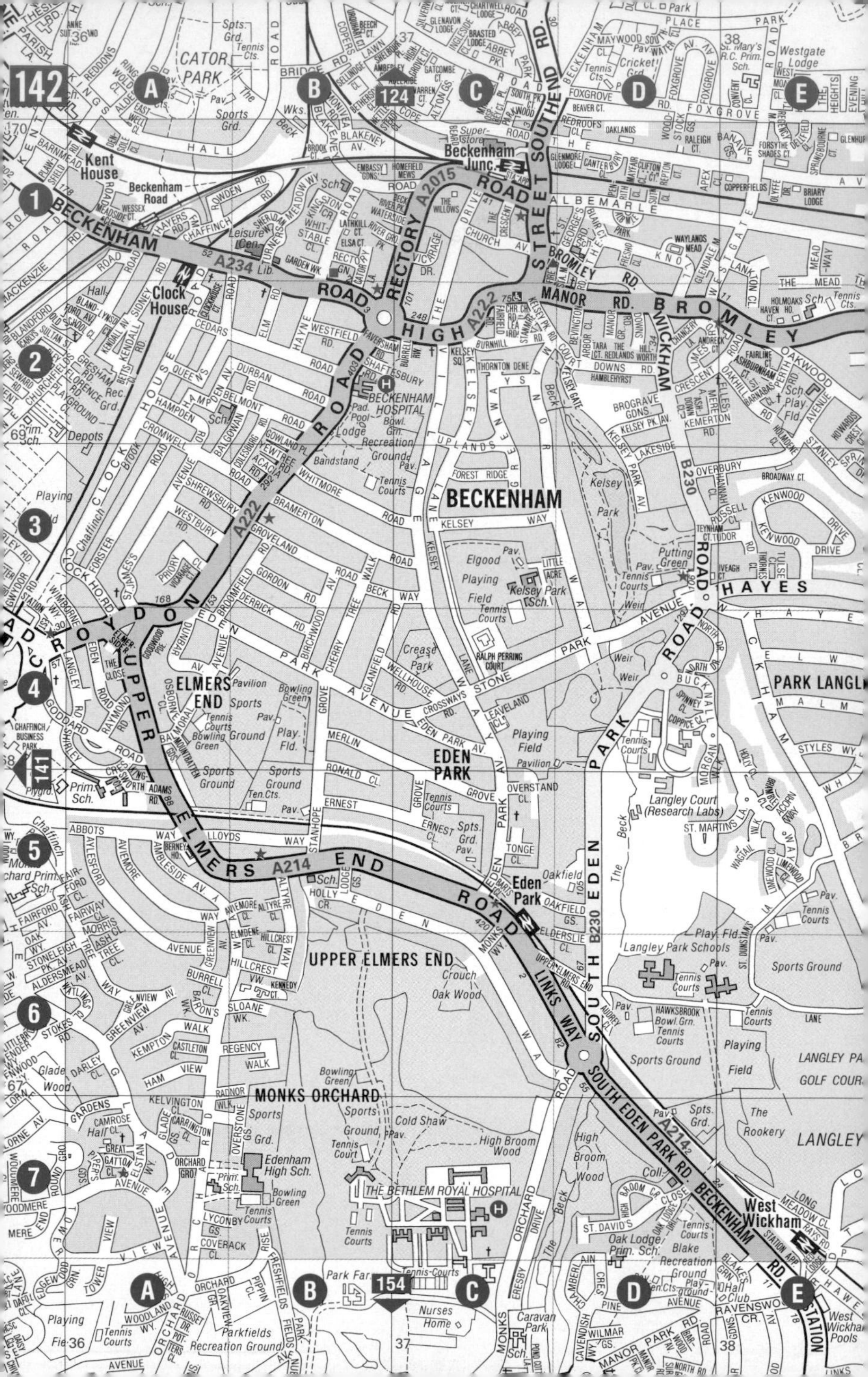
142
124
154
141
BECKENHAM
ELMERS END
EDEN PARK
UPPER ELMERS END
MONKS ORCHARD
CATOR PARK
PARK LANGLEY
Kent House
Beckenham Road
Clock House
Beckenham Junc.
Eden Park
West Wickham
BECKENHAM HOSPITAL
THE BETHLEM ROYAL HOSPITAL
Kelsey Park
Crease Park
Langley Court (Research Labs)
Langley Park Schools
Edenham High Sch.
Crouch Oak Wood
High Broom Wood
Cold Shaw
Glade Wood
Parkfields Recreation Ground
Blake Recreation Ground
Elgood Playing Field
Kelsey Park Sch.
BECKENHAM ROAD
CROYDON ROAD
UPPER ELMERS END ROAD
ELMERS END ROAD
HIGH STREET
SOUTHEND ROAD
SOUTH EDEN PARK RD.
LINKS WAY
HAYES ROAD
MANOR RD.
BROMLEY RD.
WICKHAM ROAD
A234
A222
A2015
A214
B230

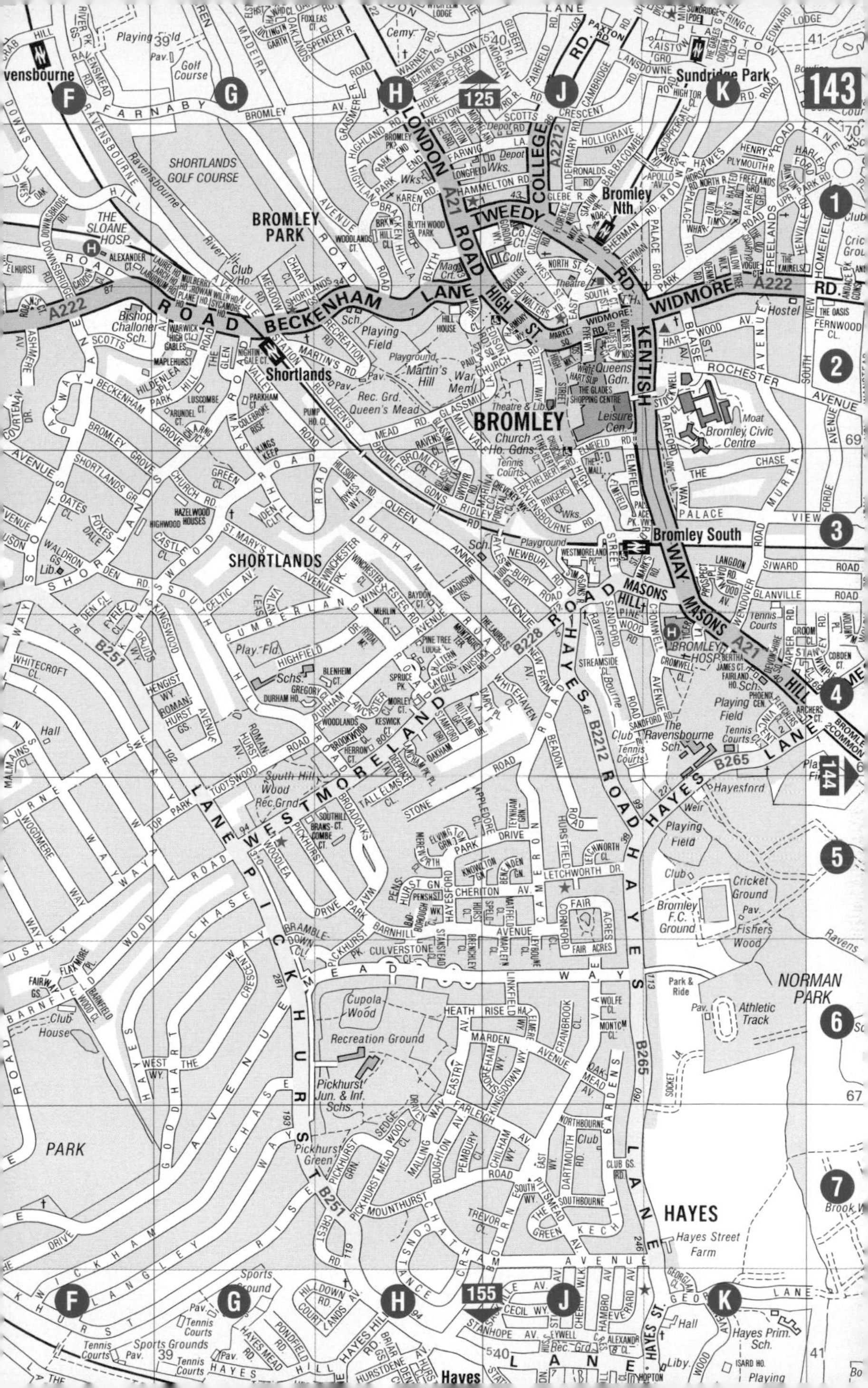
BROMLEY
SHORTLANDS
BROMLEY PARK
HAYES
NORMAN PARK
Bromley South
Bromley Nth.
Shortlands
Sundridge Park
Bromley Civic Centre
Shortlands Golf Course
Recreation Ground
125
144
155

126
156
143
A
B
C
D
E
1
2
3
4
5
6
7
41
42
43
Sundridge Park
Widmore Green
WIDMORE
WIDMORE A222 ROAD
CHISLEHURST ROAD
BICKLEY RD.
BICKLEY A222 PARK
BICKLEY
Bickley
Bickley Junc.
Chislehurst
OLD ROAD
SUMMER
B264
B265
PAGE HEATH LA.
HOMESDALE
BROMLEY
COMMON
A21
Bullers Wood Sch.
Recreation Ground
Sports Club
Whitehall Pleasure Ground
Bromley High School
NORMAN PARK
Scrogginhall Wood
Bromley College of Further & Higher Education
Rookery Lake
BROMLEY COMMON
Lord's Wood
Brook Wood
Oakley House
Princes Plain Prim. Sch.
Prince's Plain
SOUTHBOROUGH
Parkfield Recreation Ground
BROMLEY GOLF COURSE
Southborough Prim. Sch.
Cemetery
Mazzards Wood
Woodcock Grove
Scrubs Farm
OAKLEY RD.
HASTINGS ROAD

CHISLEHURST COMMON
SCADBURY PARK WOOD NATURE RESERVE
Farringtons & Stratford House
Bushy Clump
PARK WOOD
Nature Reserve
BROMLEY RD.
BROMLEY LA.
ROYAL PDE.
IMPERIAL RD.
WATTS LA.
MANOR PARK RD.
B264
ST. PAUL'S CRAY A208 ROAD
ORPINGTON RD.
CHISLEHURST A208 ROAD
PERRY HALL RD.
Cricket Grd.
Bansome Wood
Coopers Sch.
Playing Field
Rifle Range
Hawkwood Nursery
Birch Wood
Pond Wood
Hawkwood Estate
Hawkwood Farm
Tongs Farm
Walk Wood
Piggeries
Chislehurst Junction
Great Thrift
Aquila
The Gorse Children's Home
Mem. St. Paul's Cray Common
PETTS WOOD
Edlmann Memorial Wood
Willett Memorial Wood
St. Mary Cray Junction
St. Peter & St. Paul RC Prim. Sch.
Hoblingwell Wood
Brackenwood
ST. PAUL'S CRAY
Rec. Grd.
Blackbrook Wood
JUBILEE COUNTRY PARK
Petts Wood Junction
Sydney Shaw
Cycleway
St. James' RC Prim. Sch.
Petts Wood
Lakeswood Hall
PETTS WOOD
POVEREST
Scout Halls
Covet Wood
Recreation Ground
Perry Hall Prim. Sch.
Sparrow Wood
Petts Wood Recreation Ground
Crofton Jun. Sch.
Crofton Inf. Sch.
Sparrow Common
Roundabout Wood
BROOM HILL
ORPINGTON
Heath
127
F G H J K
1 2 3 4 5 6 7
44 45 46
70 69 68

Giggshill
GIGGSHILL RD.
Long Ditton Recreation Ground
134
LONG DITTON
SURBITON
Cockcrow Hill
SOUTHBOROUGH
PORTSMOUTH ROAD
A307
Miniature Railway
The Rythe
Hinchley Wood Sch. & Sixth Form Centre
Hinchley Wood Prim. Sch.
Spts. Grd.
Cemetery
Manor Ho.
LOVE LANE
KINGSTON BY-PASS A309 ROAD
KINGSTON BY-PASS
HOOK ROAD
A243
HOOK JUNC.
Offices
THE OAKS CARAVAN PARK
HINCHLEY WOOD
Sports Ground Pavilion
SURBITON GOLF COURSE
Club House
BY-PASS A3
HOOK
Playing Field
CLAYTON LANE
WOODSTOCK LANE
Manor Farm House
Manor Farm
Lower Wood
Elm Farm
Lovelace Prim. Sch.
Chessington North
CHESSINGTON
Church Fields Recreation Ground
Chessington South
CLAYGATE
CLAYGATE COMMON
Oak Cottage
Barwell Court
Barwell Farm
Pond
Recreation Ground
Sports Ground
Winey Hill
CHESSINGTON WORLD OF ADVENTURES
CHESSINGTON GOLF CENTRE
Chessington & Hook United F.C.
ESHER BY-PASS
LEATHERHEAD ROAD
A
B
C
D
E
1
2
3
4
5
6
7
16
17
18
63
64
65
66

147
135
148
F
G
H
J
K
1
2
3
4
5
6
7
19
20
21
TOLWORTH
WEST EWELL
A240 ROAD
A3
KINGSTON BY-PASS
KINGSTON ROAD
BROADWAY
TOLWORTH JUNCTION
Tolworth
TOLWORTH HOSP.
Tolworth Rec. Cen.
Recreation Ground
Tennis Courts
ALEXANDRA
MAYBERRY PL.
Pond
CHARLES ROAD
ELGAR AV.
AUSTYN GDS.
RAEBURN AV.
BERESFORD AV.
LYNDHURST AV.
HIGHFIELD RD.
WOODSIDE
WARREN DRIVE NORTH
WARREN DRIVE SOUTH
Prim. Sch.
Playing Field
Maori Sports Ground
Nursery
MALDEN LANE
CHURCH RD.
Malden Manor
Richard Challoner School
MANOR DR. NTH.
SHEEPHOUSE WAY
ELMDENE
KNOLLMEAD
Knollmead Prim. Sch.
Sports Ground
Tennis Courts
Hogsmill River
Riverhill
Cricket Ground
Linden Bridge Sch. & Spring Cen.
OLD CROMWELL RD.
WORCESTER PARK RD.
B284
PARKDALE CRES.
MORTIMER CRES.
GRAFTON RD.
THE GRANGE
THE WARREN
SALISBURY RD.
PLANT AGENT CL.
Government Offices
King George's Field Playing Field
Football Pitch
Club
Pav.
Bowling Green
King George's Field
Works
Tolworth Court Farm
Tolworth Court Bridge
OLD KINGSTON RD.
JUBILEE WAY
HOOK RISE SOUTH IND. PARK
HOOK RISE BUS. CEN.
ARGENT CT.
ASHCROFT RD.
OAKCROFT VS. OAKCROFT BUS. CEN.
KING GEORGE'S TRADING EST.
DAVIS RD.
LANE
Four Oaks Centre
Buckland Inf. Sch.
MOUNT RD.
CHANTRY RD.
Moor Lane Jun. Sch.
Playing Field
MOOR LANE
CHESSINGTON RD.
RUXLEY LANE
Comm. Cen.
Riverview C. of E. Prim. Sch.
Play. Fld.
Sports Ground
Epsom & Ewell High Sch.
West Ewell Inf. Sch.
Playing Field
Weir
Pack Horse Bri.
Play. Gnd.
King George's Field
Running Track
Tennis Cts.
Jun. Sch.
Butcher's Grove
Castle Hill
HORTON COUNTRY PARK
HORTON PARK GOLF & COUNTRY CLUB
Club Ho.
Sub.
HOOK RD.
Hook Arena
St. Ebba's Farm Cottage
Cemetery
North Farm Cottage
Gt. Wood
Sports Grd.
Ten. Cts.
Pav.
Playing Field
ST. EBBA'S
B2200
CHESSINGTON ROAD
Stream
Rec. Grd.

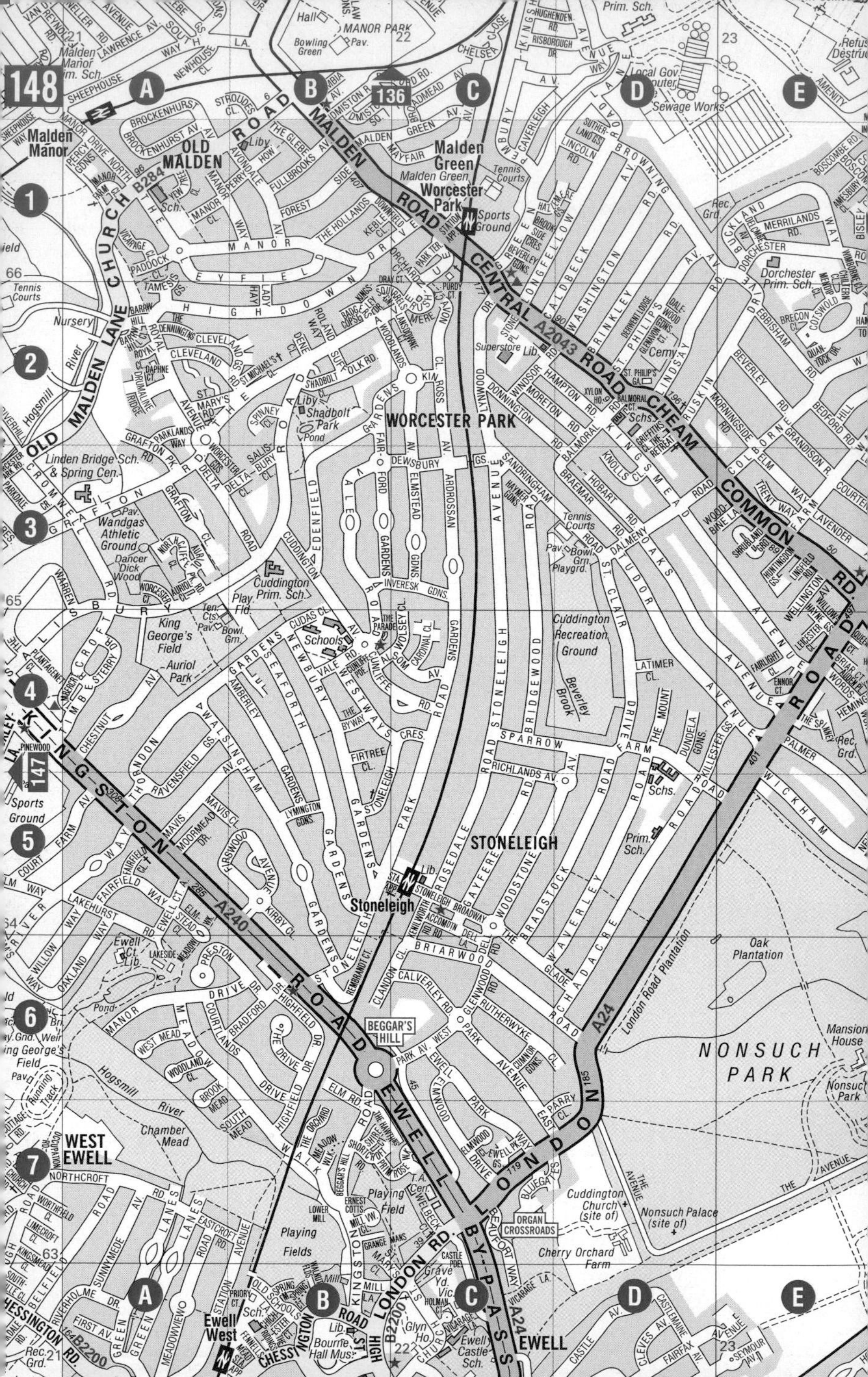

148
136
147
A
B
C
D
E
1
2
3
4
5
6
7
Malden Manor
OLD MALDEN
Malden Green
Worcester Park
WORCESTER PARK
STONELEIGH
Stoneleigh
WEST EWELL
Ewell West
EWELL
NONSUCH PARK
BEGGAR'S HILL
ORGAN CROSSROADS
MALDEN ROAD
CENTRAL ROAD
A2043
CHEAM COMMON RD.
LONDON ROAD
A24
KINGSTON ROAD
A240
EWELL BY-PASS
OLD MALDEN LANE
CHURCH ROAD
B284
B2200
LONDON RD.
Sewage Works
Local Gov. Computer Centre
Sports Ground
Malden Manor Prim. Sch.
Dorchester Prim. Sch.
Linden Bridge Sch. & Spring Cen.
Wandgas Athletic Ground
Dancer Dick Wood
Cuddington Prim. Sch.
Shadbolt Park
King George's Field
Auriol Park
Cuddington Recreation Ground
Beverley Brook
Oak Plantation
London Road Plantation
Mansion House
Nonsuch Park
Cuddington Church (site of)
Nonsuch Palace (site of)
Cherry Orchard Farm
Hogsmill River
Chamber Mead
Playing Fields
Playing Field
Bourne Hall Mus.
Ewell Castle Sch.
Ewell Ct. Lib.
Superstore
Cemy.
Nursery
Tennis Courts
MANOR PARK
Bowling Green

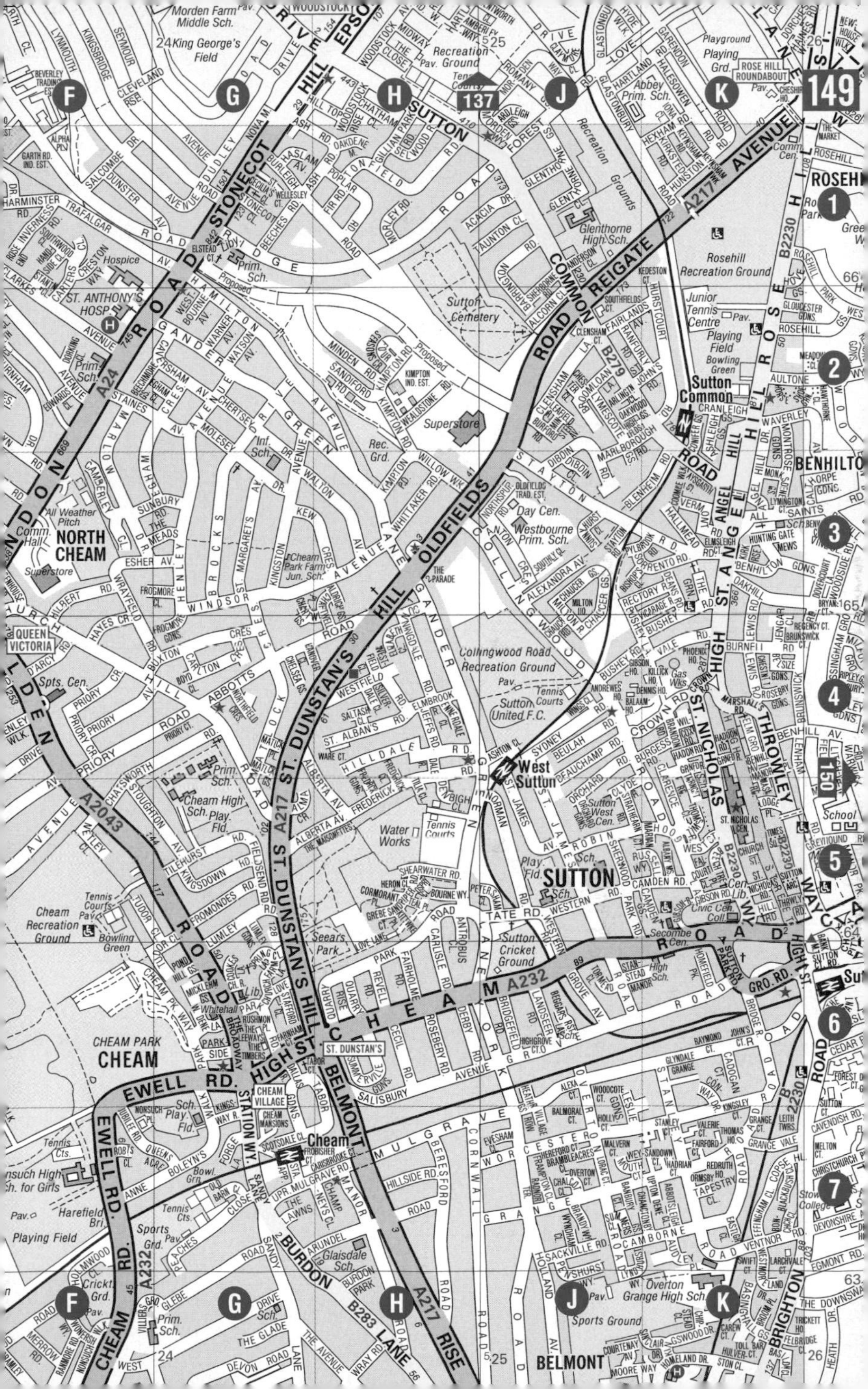

149
137
150
Morden Farm Middle Sch.
King George's Field
Recreation Pav. Ground
Playground
Playing Grd.
ROSE HILL ROUNDABOUT
Abbey Prim. Sch.
SUTTON COMMON ROAD
STONECOT HILL
LONDON ROAD
A24
A217
REIGATE AVENUE
Recreation Grounds
Glenthorne High Sch.
Rosehill Recreation Ground
Junior Tennis Centre
Playing Field
Bowling Green
Sutton Common
ROSEHILL
BENHILTON
Sutton Cemetery
Superstore
Rec. Grd.
KIMPTON IND. EST.
Hospice
ST. ANTHONY'S HOSP.
Prim. Sch.
Inf. Sch.
All Weather Pitch
Comm. Hall
NORTH CHEAM
QUEEN VICTORIA
Spts. Cen.
OLDFIELDS
Day Cen.
Westbourne Prim. Sch.
Collingwood Road Recreation Ground
Tennis Courts
Sutton United F.C.
West Sutton
Gas Wks.
ST. NICHOLAS CEN.
ST. NICHOLAS
THROWLEY
HIGH ST.
ANGEL HILL
School
Cheam High Sch.
Play. Fld.
Water Works
Tennis Courts
ST. DUNSTAN'S HILL
SUTTON
Play. Fld.
Sutton West Cen.
Sch.
Sutton Cricket Ground
Civic Cen. Coll.
Cen. Lib.
Secombe Cen.
High Sch.
Cheam Recreation Ground
Bowling Green
Seears Park
CHEAM ROAD
A232
A2043
CHEAM PARK
CHEAM
ST. DUNSTAN'S
EWELL RD.
CHEAM VILLAGE
CHEAM MANSIONS
Cheam
MULGRAVE
BELMONT
Sch. Play. Fld.
Tennis Cts.
Nonsuch High Sch. for Girls
Harefield Bri.
Playing Field
Sports Grd.
Glaisdale Sch.
BURDON LANE
B283
Overton Grange High Sch.
Sports Ground
BRIGHTON ROAD
B2230
Stow College
Prim. Sch.
Crickt. Grd.
F
G
H
J
K
1
2
3
4
5
6
7
24
25
26

ROSEHILL
Rosehill Park East
Greenshaw Wood
ST. HELIER HOSPITAL
QUEEN MARY'S HOSPITAL FOR CHILDREN
St. Helier Open Space
Carshalton Sports Arena
Running Track
Pavilion
138
Community Hall
Nature Reserves
BEDDINGTON CORNER
BENHILTON
THE WRYTHE
Playing Field
Muschamp Prim. Sch.
Rushy Meadow Prim. Sch.
Royston Park
Limes Grn.
Rec. Grd.
Hack. Bri.
HACKBRIDGE
Nature Reserve
Wandle Bri.
Carshalton Coll.
Wrythe Rec. Grd.
Carshalton Athletic F.C.
Carshalton
Westcroft Leisure Cen.
The Grove
Council Offices
Studio Thea.
Heritage Cen.
St. Philomenas Convent
Tennis Courts
Benhill Rec. Grd.
CARSHALTON
CARSHALTON ROAD
149
School
Manor Park
SUTTON
Sutton
The Frying Pan
Hogpit Pond
CARSHALTON PARK
CARSHALTON WAR MEMORIAL HOSP.
Ashcombe Ho.
Rec. Grd.
Carshalton Beeches
Stanley Pk. Rec. Grd.
High Sch.
Little Holland Ho.
Stowford College
Prim. Sch.
Resrs (covered)
Play Fld.
CARSHALTON ON THE HILL
CARSHALTON BEECHES
B278
B277
B271
A232
A B C D E
1 2 3 4 5 6 7
26 27 28
63 64 65 66

Sports Ground
Therapia Lane
Lombard Roundabout
Canterbury
Factory
Transport Depot & Warehouse
139
Works
Irrigation Bridge
Beddington Farm
Ampere Way
Ashworth Estate
Pioneers Industrial Park
Beddington Trad. Est.
Beddington Sewage Treatment Works
Mile Road Bridge
Superstores
Cinema
Bingo Hall
Waddon Marsh
Hackbridge
Superstore
Warehouse
Tennis Courts
Pavilion
Sports Ground
BEDDINGTON PARK
River Wandle
The Orion Centre
Anchor Bus. Cen.
Electricity Switching Station
The Progress Business Park
BEDDINGTON
WADDON
The Grange
Boating Lake
Manor Garden
Carew Manor
Carew Manor Sch.
Church Paddock
Waddon Ponds
Playing Field
Gram. Sch.
ROYDON ROAD
CROYDON ROAD
A232
Liby.
Retail Park
FIVEWAYS CORNER
152
Bandon Hill Cemetery
Bandonhill
Sports Ground
Mellows Park
Tennis Courts
Bowling Green
WALLINGTON
Wallington
B271
STAFFORD ROAD
Playing Field Wilson's School
Silver Wing Ind. Est.
Depot
Works
Surrey Tennis & Country Club
SOUTH BEDDINGTON
Foresters Prim. Sch.
Sports Grd.
Roundshaw
Amy Johnson Prim. Sch.
Roundshaw Park (Playing Fields)
Nature Reserve
Sports Ground
Hostel
Day Cen.
Court
Lib.
Superstore
WOODCOTE ROAD
A237
LONDON RD.
MANOR ROAD
PLOUGH LANE
B272
BEDDINGTON LANE
PURLEY WAY
A23
SANDY LA.
FORESTERS DRIVE
STANLEY PK. RD.
29
30
31
63
64
65
66
F
G
H
J
K
1
2
3
4
5
6
7

152
A
B
C
D
E
1
2
3
4
5
6
7
140
151
CROYDON
West Croydon
East Croydon
South Croydon
Sanderstead
WADDON
Waddon
Waddon Marsh
WANDLE PARK
Wandle Park
SOUTH CROYDON
Croydon Tramlink
Warehouses
FIVEWAYS CORNER
Duppas Hill
Sports Ground
Recreation Ground
Reeves Cnr.
Church St.
George St.
Wellesley Rd.
Council Offices
Superstore
Fairfield Halls
Law Courts
Croydon Coll.
Coombe Cliff (Educ. Cen.)
Whitgift Sch.
HALING PARK Play. Flds.
Playing Fields
PURLEY WAY
PLAYING FIELDS
Haling Manor High Sch.
Regina Coeli R.C. Prim. Sch.
St. Giles Sch.
Russell Hill Resr. (covered)
Croydon Rec. Grd.
TWIN BRIDGES BUSINESS PARK
THE COLONNADES
Bowl. Alley
Retail Park
Factory
Works
Depot
THE WANDLE PARK TRADING ESTATE
THE PURLEY WAY CENTRE
THE PROGRESS BUSINESS PARK
MITCHAM ROAD
A236
A213
A212
A222
A232
A23
A235
B275
B243
B274
B269
ROMAN WAY
OLD TOWN
THE CROYDON FLYOVER
DUPPAS HILL RD.
EPSOM RD.
STAFFORD RD.
DENNING AV.
WARHAM ROAD
PURLEY WAY
WADDON WAY
HALING PARK ROAD
BRIGHTON ROAD
SOUTH END
HIGH ST.
SELSDON RD.
PARK LANE
COOMBE ROAD
PARK HILL RD.
CROHAM RD.
CROHAM ROAD
ADDISCOMBE RD.
BARCLAY R.
FAIRFIELD RD.
CHEPSTOW
LOWER ADDISCOMBE ROAD
CHERRY ORCHARD ROAD
WELLESLEY ROAD
ST. JAMES'S ROAD
SUMNER RD.
SANDERSTEAD ROAD
HALING GROVE
AVENUE ROAD
ST. AUGUSTINE'S AV.

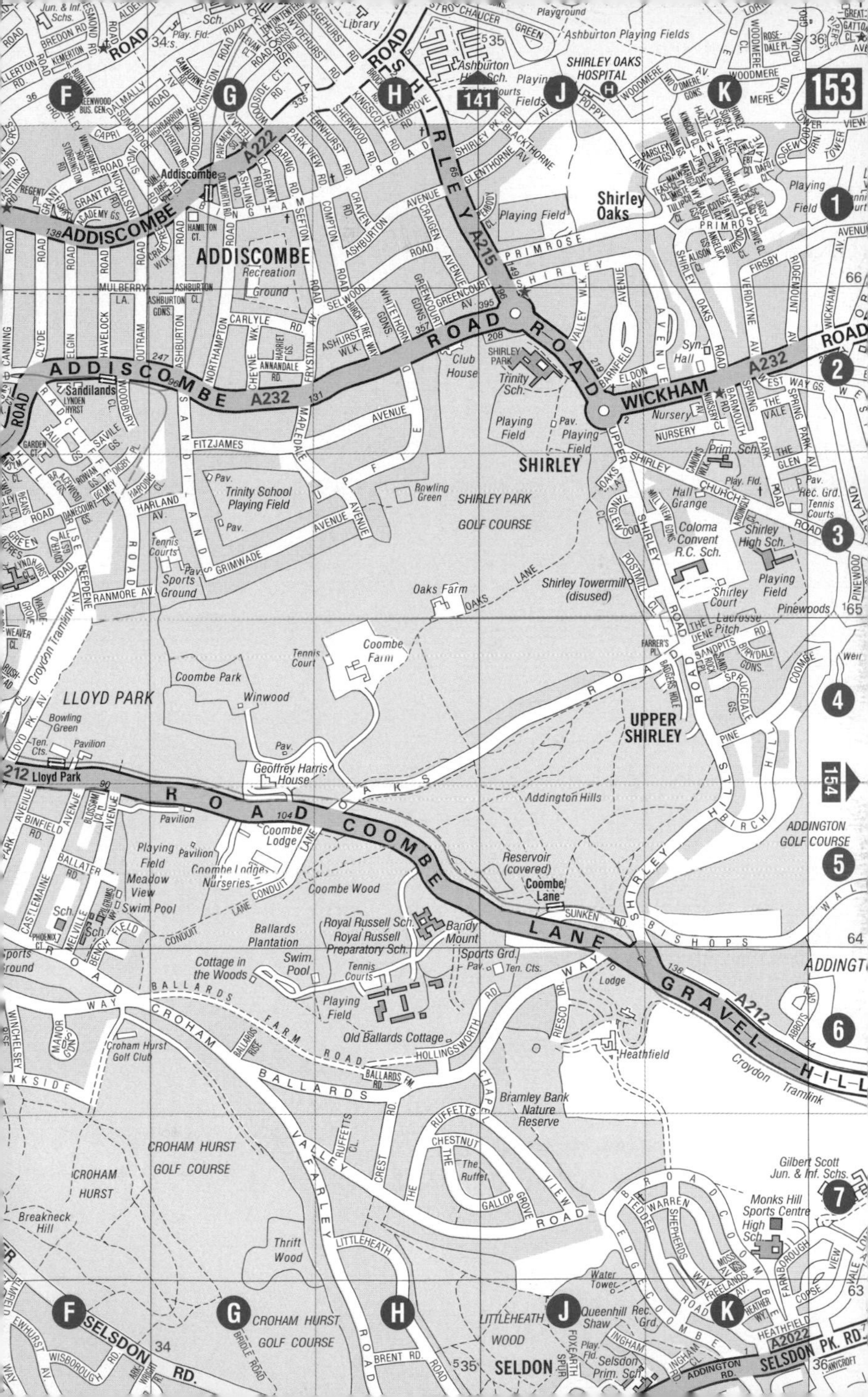

153
ADDISCOMBE
SHIRLEY
SHIRLEY PARK GOLF COURSE
Shirley Oaks
SHIRLEY OAKS HOSPITAL
UPPER SHIRLEY
LLOYD PARK
Coombe Farm
Oaks Farm
Shirley Towermill (disused)
Addington Hills
ADDINGTON GOLF COURSE
CROHAM HURST GOLF COURSE
Bramley Bank Nature Reserve
SELDON
Ashburton Playing Fields
Trinity School Playing Field
Coloma Convent R.C. Sch.
Shirley High Sch.
Royal Russell Sch.
Royal Russell Preparatory Sch.
Croydon Tramlink
ADDISCOMBE ROAD A232
WICKHAM ROAD A232
SHIRLEY ROAD A215
COOMBE ROAD A212
COOMBE LANE
GRAVEL HILL A212
SELSDON RD.
SELSDON PK. RD. A2022
141
154

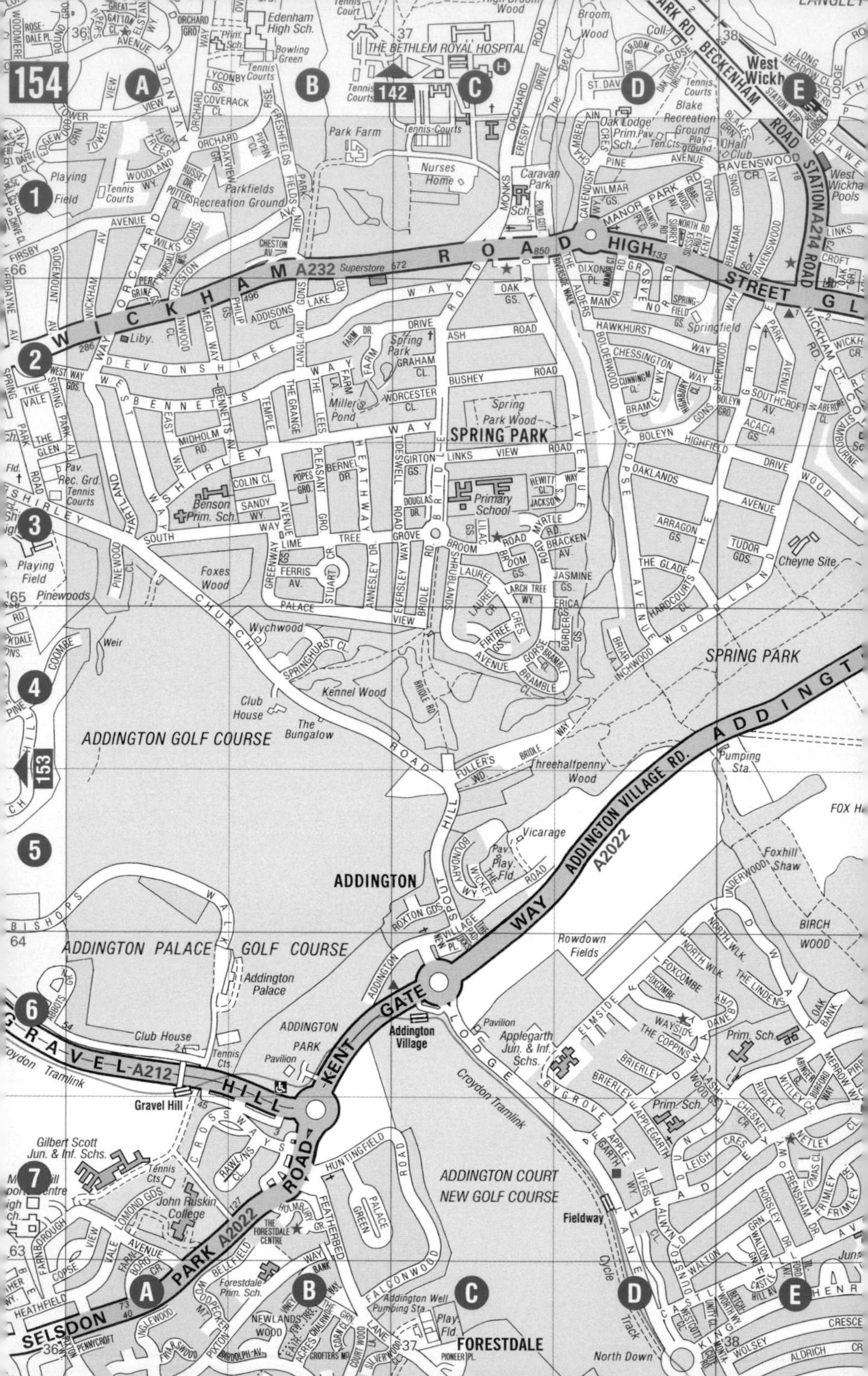

154
A
B
C
D
E
1
2
3
4
5
6
7
142
153
THE BETHLEM ROYAL HOSPITAL
Edenham High Sch.
West Wickham
Park Farm
Nurses Home
Parkfields Recreation Ground
Playing Field
Oak Lodge Prim. Sch.
Blake Recreation Ground
West Wickham Pools
WICKHAM ROAD A232
HIGH STREET
STATION ROAD A214
MANOR PARK RD.
Superstore
Liby.
Spring Park
Miller's Pond
Spring Park Wood
SPRING PARK
Primary School
Benson Prim. Sch.
Foxes Wood
Wychwood
Kennel Wood
Club House
The Bungalow
ADDINGTON GOLF COURSE
Threehalfpenny Wood
Pumping Sta.
ADDINGTON VILLAGE RD. A2022
ADDINGTON
Vicarage
Foxhill Shaw
BIRCH WOOD
Rowdown Fields
ADDINGTON PALACE GOLF COURSE
Addington Palace
Club House
GRAVEL HILL A212
Croydon Tramlink
Gravel Hill
ADDINGTON PARK
Pavilion
Addington Village
KENT GATE WAY
Applegarth Jun. & Inf. Schs.
Prim. Sch.
Gilbert Scott Jun. & Inf. Schs.
John Ruskin College
ADDINGTON COURT NEW GOLF COURSE
Fieldway
The Forestdale Centre
Forestdale Prim. Sch.
Addington Well Pumping Sta.
PARK A2022
SELSDON
FORESTDALE
North Down
Cycle Track
Cheyne Site

PARK
Pickhurst Green
PICKHURST
HAYES
Hayes Farm
143
F
G
H
J
K
1
2
3
4
5
6
7
39
40
41
66
165
64
63
Sports Ground
Tennis Courts
Sports Grounds
Pav.
HAYES HILL
HAYES LANE
Hayes
B251
B265
HAYES ST.
GEORGE LANE
Hayes Prim. Sch.
Playing Field
Hall
Liby.
Rec. Grd.
Hawes Down Jun.& Inf. Schs.
Glebe Sch.
WEST WICKHAM
A232
Play. Fld.
RIDGEWAY
BOURNE
Baston Pre - Jun. School
Hayes Sch.
HAYES GROVE PRIORY HOSP.
BASTON
Spts. Grd.
REDGATE DR
Bowling Green
Sports Ground
War Mem.
Sports Ground
Nash Ho.
Sch.
The Warren
CROYDON ROAD
West Wickham Common
Hayes Court
HAYES COMMON
COMMON
Five Elms
Sparrow's Den Playing Fields
Recreation Ground
CONEY HALL
A2022
Lodge
Coney Hall Rec. Grd.
School
Playing Field
Hast Hill
Baston Manor
BASTON MANOR RD.
Tower
Wickham Court
Emmaus Conference Centre
St. John Rigby R.C. College
Keston Court Riding School
156
Wickham Court Farm
Rouse Farm
Arlington Orchard
Well Wood
The Cottages
The Bungalows
Elm Farm
Fox Hill Nursery
Jackass Shaw
Cooper's Wood
Long Shaw
NASH
Nash
Nash Farm
North Pole Farm
Waytes
Fuller's Wood
James's Wood
Castlehill Ruffs
Baldwin Shaw
Bradmanshill Wood
Electricity Sub Station
Rushfield Shaw
Broomfieldbank Shaw
Met. Police Dog Training Establishment
NASH ROAD
NEW ADDINGTON
ROWDOWN WOOD
Milchd

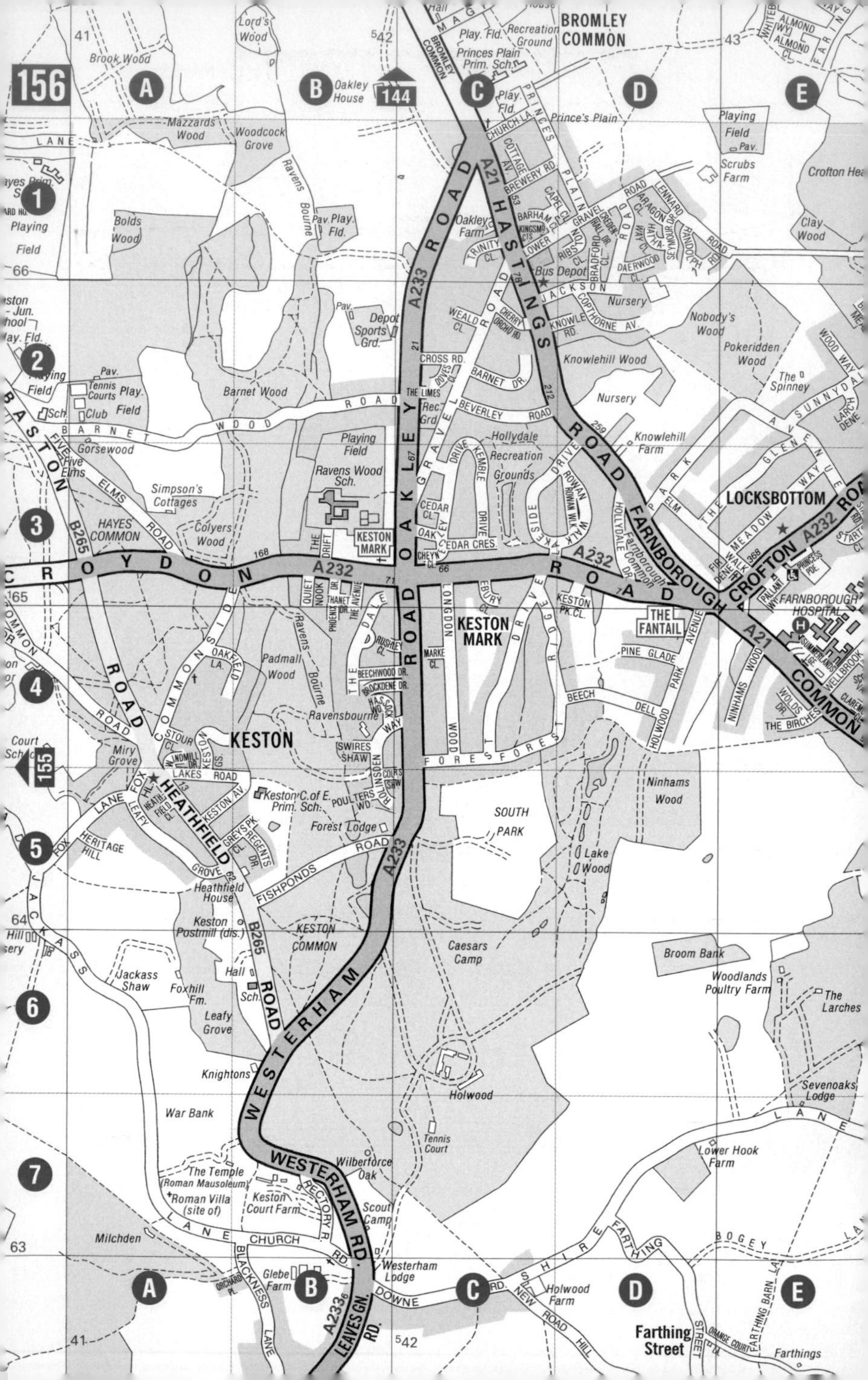
A
B
C
D
E
1
2
3
4
5
6
7
144
155
BROMLEY COMMON
Brook Wood
Lord's Wood
Oakley House
Recreation Ground
Princes Plain Prim. Sch.
Play. Fld.
Prince's Plain
Playing Field
Pav.
Scrubs Farm
Crofton Hea
Mazzards Wood
Woodcock Grove
Ravens Bourne
Pav. Play. Fld.
Bolds Wood
Playing Field
Oakley Farm
Bus Depot
Nursery
Clay Wood
Nobody's Wood
Pokeridden Wood
Depot Sports Grd.
Knowlehill Wood
The Spinney
Barnet Wood
Tennis Courts
Club
Play. Field
Rec. Grd.
Hollydale Recreation Grounds
Knowlehill Farm
Gorsewood
Five Elms
Playing Field
Ravens Wood Sch.
Simpson's Cottages
HAYES COMMON
Colyers Wood
KESTON MARK
LOCKSBOTTOM
CROYDON ROAD
A232
A233
A21
B265
OAKLEY ROAD
HASTINGS ROAD
FARNBOROUGH ROAD
CROFTON ROAD
FARNBOROUGH COMMON
BARNET WOOD ROAD
THE FANTAIL
FARNBOROUGH HOSPITAL
Padmall Wood
Ravensbourne
KESTON
Miry Grove
Court Sch.
Keston C.of E. Prim. Sch.
Forest Lodge
Ninhams Wood
SOUTH PARK
Lake Wood
Heathfield House
Keston Postmill (dis.)
KESTON COMMON
Caesars Camp
Broom Bank
Woodlands Poultry Farm
The Larches
Jackass Shaw
Foxhill Fm.
Hall
Sch.
Leafy Grove
Knightons
Holwood
Sevenoaks Lodge
War Bank
Tennis Court
Lower Hook Farm
The Temple (Roman Mausoleum)
Roman Villa (site of)
Wilberforce Oak
Keston Court Farm
Scout Camp
Milchden
Glebe Farm
Westerham Lodge
Holwood Farm
Farthing Street
Farthings
WESTERHAM ROAD
WESTERHAM RD.
LEAVES GN. RD.
FISHPONDS ROAD
HEATHFIELD
DOWNE RD.
SHIRE LANE
NEW ROAD HILL
CHURCH RD.
BLACKNESS LANE
BOGEY LANE
FARTHING STREET
FARTHING BARN LA.
JACKASS LANE
FOREST DRIVE

LARGE SCALE SECTION

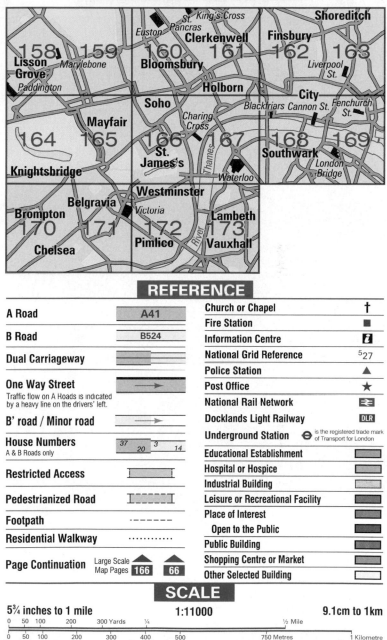

		St. King's Cross Pancras	Shoreditch	
	Euston	Clerkenwell	Finsbury	
158	159	160	161	162	163
Lisson Marylebone Grove Paddington		Bloomsbury	Liverpool St.	
		Holborn	City	
	Soho	Blackfriars Cannon St. Fenchurch St.		
Mayfair		Charing Cross		
164	165	166	167	168	169
Knightsbridge		St. James's Thames	Southwark London Bridge	
		Waterloo		
Belgravia	Westminster Victoria			
Brompton		Lambeth		
170	171	172	173	
Chelsea	Pimlico River Vauxhall			

REFERENCE

A Road	A41
B Road	B524
Dual Carriageway	
One Way Street	→
Traffic flow on A Roads is indicated by a heavy line on the drivers' left.	
B' road / Minor road	→
House Numbers	37 3
A & B Roads only	20 14
Restricted Access	
Pedestrianized Road	
Footpath	– – – –
Residential Walkway	··········
Page Continuation	Large Scale Map Pages 166 66

Church or Chapel	†
Fire Station	■
Information Centre	🛈
National Grid Reference	$^{5}27$
Police Station	▲
Post Office	★
National Rail Network	⇌
Docklands Light Railway	DLR
Underground Station	⊖ is the registered trade mark of Transport for London
Educational Establishment	
Hospital or Hospice	
Industrial Building	
Leisure or Recreational Facility	
Place of Interest	
Open to the Public	
Public Building	
Shopping Centre or Market	
Other Selected Building	

SCALE

5¾ inches to 1 mile   **1:11000**   **9.1cm to 1km**

0	50	100	200	300 Yards	¼		½ Mile	
0	50	100	200	300	400	500	750 Metres	1 Kilometre

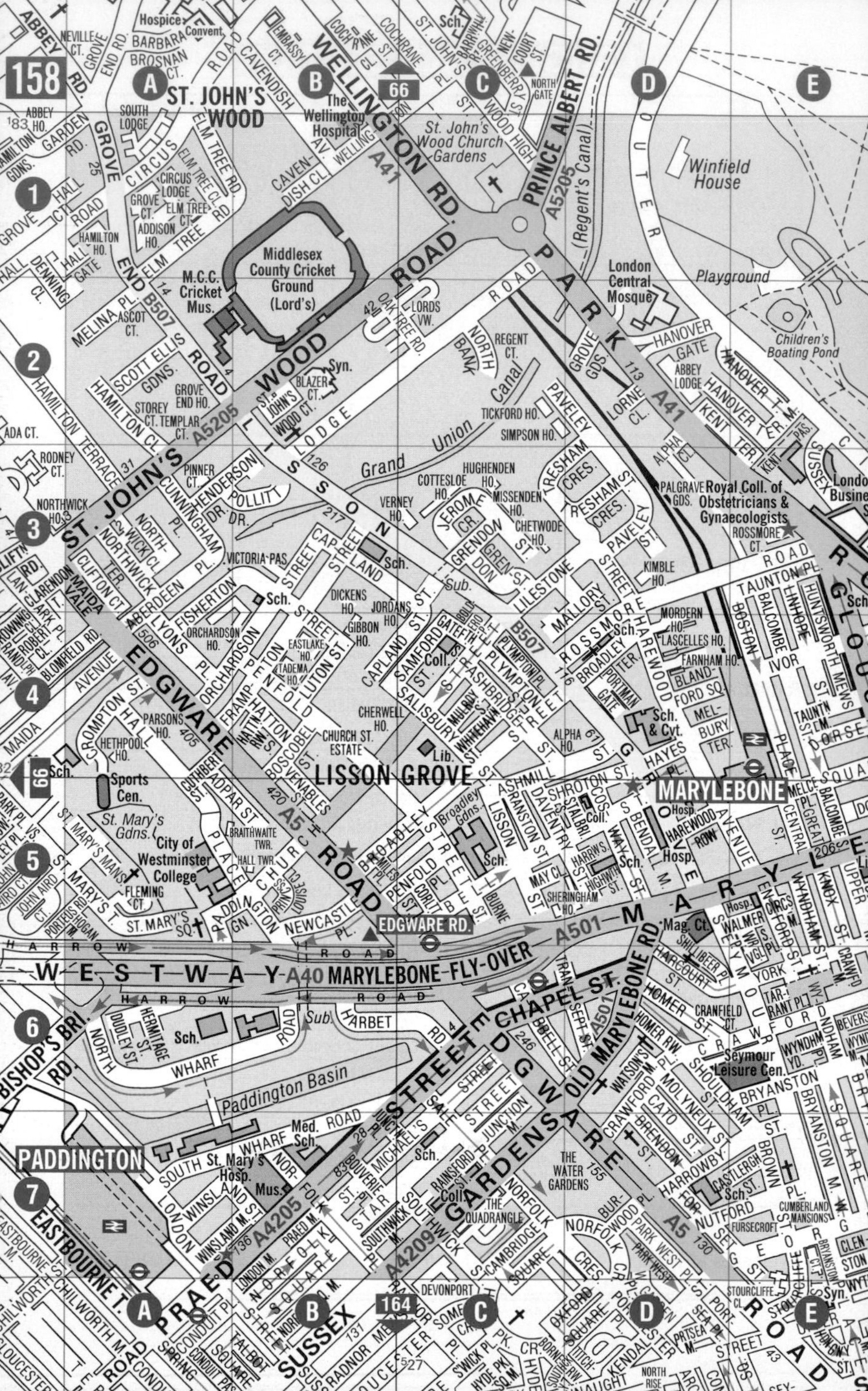

158
A
B
C
D
E
1
2
3
4
5
6
7
ST. JOHN'S WOOD
WELLINGTON RD.
A41
66
PRINCE ALBERT RD.
A5205
(Regent's Canal)
OUTER CIRCLE
Winfield House
The Wellington Hospital
St. John's Wood Church Gardens
Hospice
Convent
ABBEY RD.
GROVE END RD.
CAVENDISH AV.
CIRCUS RD.
ELM TREE RD.
HAMILTON GDNS.
GARDEN RD.
Middlesex County Cricket Ground (Lord's)
M.C.C. Cricket Mus.
ST. JOHN'S WOOD ROAD
LODGE ROAD
PARK ROAD
London Central Mosque
Playground
Children's Boating Pond
HANOVER GATE
HANOVER TER.
KENT TER.
Royal Coll. of Obstetricians & Gynaecologists
London Business Sc
GLOUCESTER PL.
DORSET SQUARE
Grand Union Canal
LISSON GROVE
HAMILTON TERRACE
B507
ABERDEEN PL.
EDGWARE ROAD
A5
MAIDA VALE
MAIDA AVENUE
CROMPTON ST.
Sports Cen.
St. Mary's Gdns.
City of Westminster College
CHURCH ST. ESTATE
MARYLEBONE
MARYLEBONE RD.
A501
EDGWARE RD.
HARROW ROAD
WESTWAY A40 MARYLEBONE FLY-OVER
OLD MARYLEBONE RD.
CHAPEL ST.
Paddington Basin
NORTH WHARF ROAD
SOUTH WHARF ROAD
PADDINGTON
St. Mary's Hosp.
BISHOP'S BRI. RD.
EASTBOURNE T.
PRAED ST.
A4205
A4209
SUSSEX GARDENS
EDGWARE RD.
THE WATER GARDENS
THE QUADRANGLE
Seymour Leisure Cen.
BRYANSTON SQUARE
GEORGE ST.
SEYMOUR PL.
NUTFORD PL.
CUMBERLAND MANSIONS
FURSECROFT
164

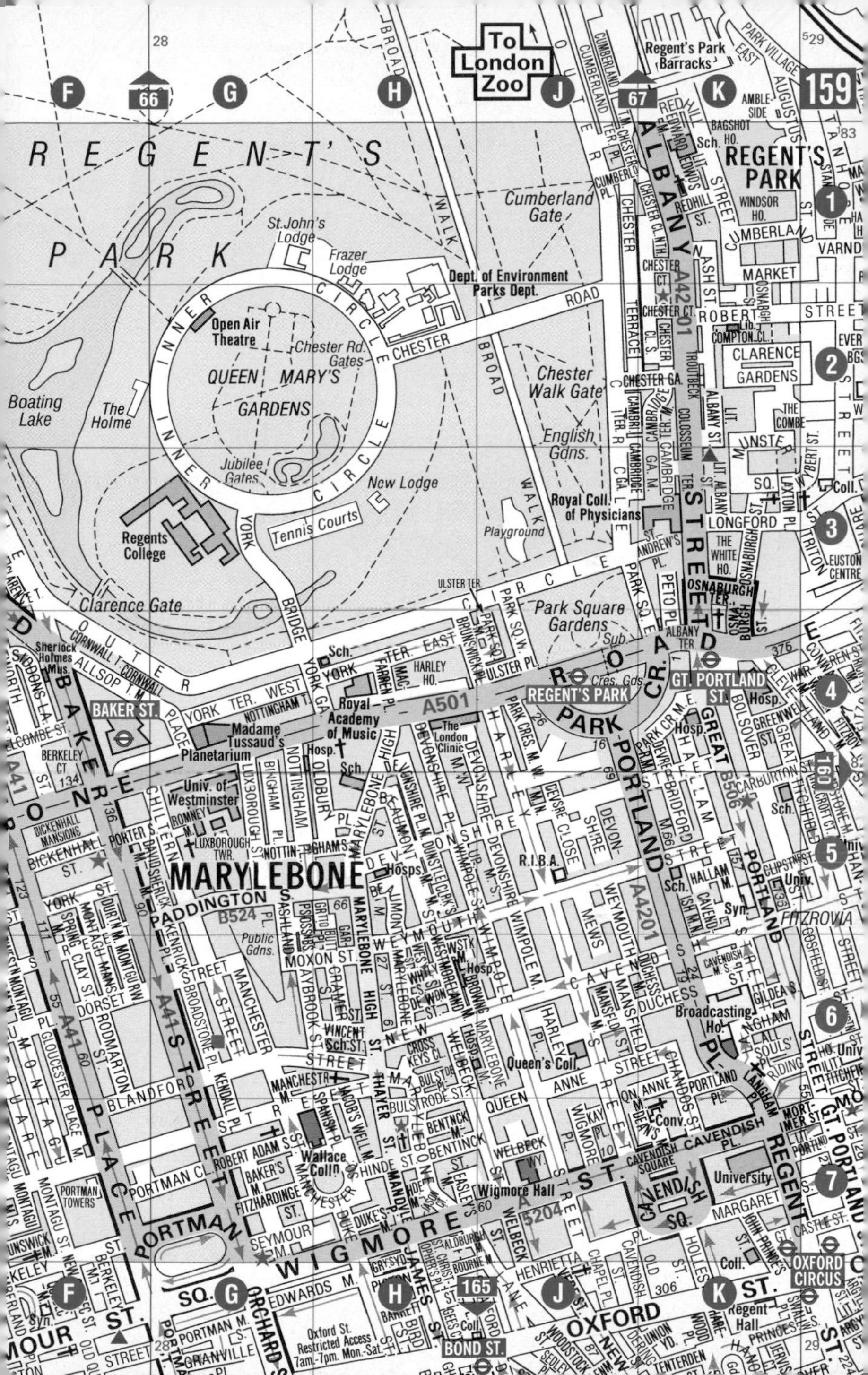

REGENT'S PARK
HAMPSTEAD ROAD
A400
EVERSHOLT
A4200
67
SOMERS TOWN
British Library
ST. PANCRAS
KING'S CROSS ST. PANCRAS
EUSTON
St. James's Gardens
EUSTON ROAD
EUSTON SQ.
WARREN STREET
Euston Tower
University College
University Coll. Hosp.
GOWER STREET
TOTTENHAM COURT ROAD
A501
UP. WOBURN PL.
TAVISTOCK SQ.
WOBURN PL.
RUSSELL SQUARE
Russell Sq. Gdns.
BLOOMSBURY
British Museum
Senate House University of London
Birkbeck Coll.
Sch. of Hygiene & Tropical Med.
Univ. of London Union
Sch. of Oriental & African Studies
Percival David Foundation of Chinese Art
Wellcome Inst.
Friends Ho.
British Med. Ass.
Telecom Tower
GOODGE STREET
The Middlesex Hospital
FITZROVIA
BEDFORD SQUARE
B506
BLOOMSBURY ST.
NEW OXFORD ST.
TOTTENHAM COURT ROAD
OXFORD STREET
A40
OXFORD CIRCUS
GT. PORTLAND ST.
REGENT ST.
MORTIMER
The Plaza
CHARING CROSS RD.
ST. GILES HIGH ST.
SHAFTESBURY AV.
SOHO SQUARE
166
159
Y.M.C.A. (H.Q.)
Y.W.C.A.
Police Ct.
Coll. of Music
Leisure Cen.
SEVEN DIALS

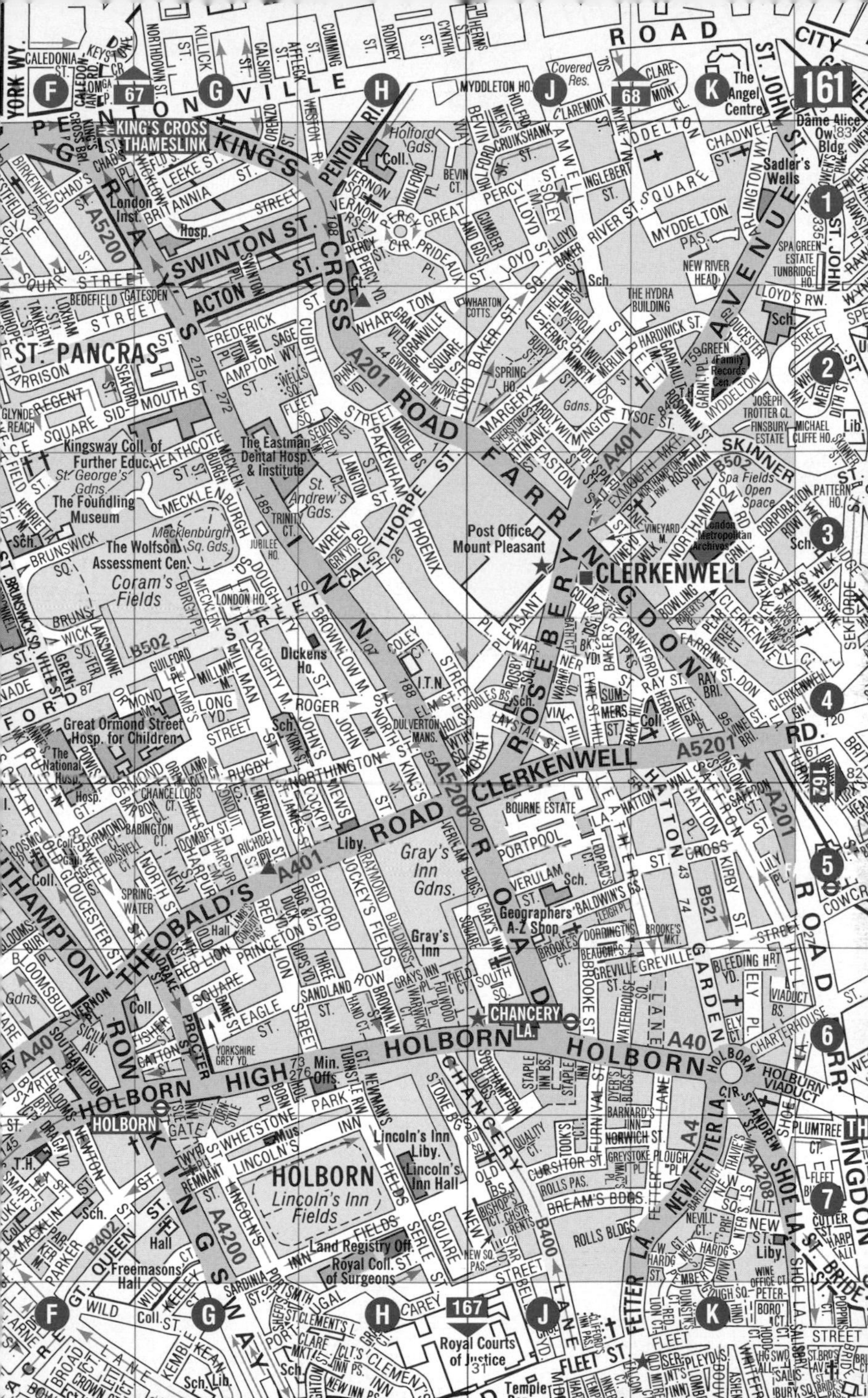
161
PENTONVILLE ROAD
CITY
F
G
H
J
K
67
68
KING'S CROSS THAMESLINK
KING'S CROSS ROAD
Covered Res.
MYDDLETON HO.
CLAREMONT
The Angel Centre
Dame Alice Owen Bldg.
Sadler's Wells
MYDDELTON SQUARE
MYDDELTON PAS.
NEW RIVER HEAD
THE HYDRA BUILDING
London Inst.
Hosp.
SWINTON ST.
ACTON ST.
GRAY'S INN ROAD
A5200
ST. PANCRAS
Kingsway Coll. of Further Educ.
St. George's Gdns.
The Foundling Museum
MECKLENBURGH SQUARE
Mecklenburgh Sq. Gds.
The Wolfson Assessment Cen.
Coram's Fields
BRUNSWICK SQ.
B502
The Eastman Dental Hosp. & Institute
St. Andrew's Gds.
A201 FARRINGDON ROAD
Post Office Mount Pleasant
CLERKENWELL
ROSEBERY AVENUE
A401
Spa Fields Open Space
London Metropolitan Archives
Family Records Cen.
SKINNER ST.
Dickens Ho.
DOUGHTY STREET
I.T.N.
Great Ormond Street Hosp. for Children
The National Hosp.
CLERKENWELL ROAD
A5201
162
BOURNE ESTATE
PORTPOOL LA.
THEOBALD'S ROAD
Gray's Inn Gdns.
Gray's Inn
Geographers' A-Z Shop
HATTON GARDEN
B521
CHANCERY LA.
HOLBORN
A40
HOLBORN CIR.
HOLBORN VIADUCT
SOUTHAMPTON ROW
HIGH HOLBORN
Min. Offs.
KINGSWAY
A4200
HOLBORN
Lincoln's Inn Fields
Lincoln's Inn Liby.
Lincoln's Inn Hall
CHANCERY LANE
FETTER LANE
NEW FETTER LA.
A4
A4208
ST. ANDREW ST.
SHOE LA.
Land Registry Off.
Royal Coll. of Surgeons
Freemasons' Hall
GT. QUEEN ST.
B402
B400
167
Royal Courts of Justice
FLEET ST.
Temple
1
2
3
4
5
6
7

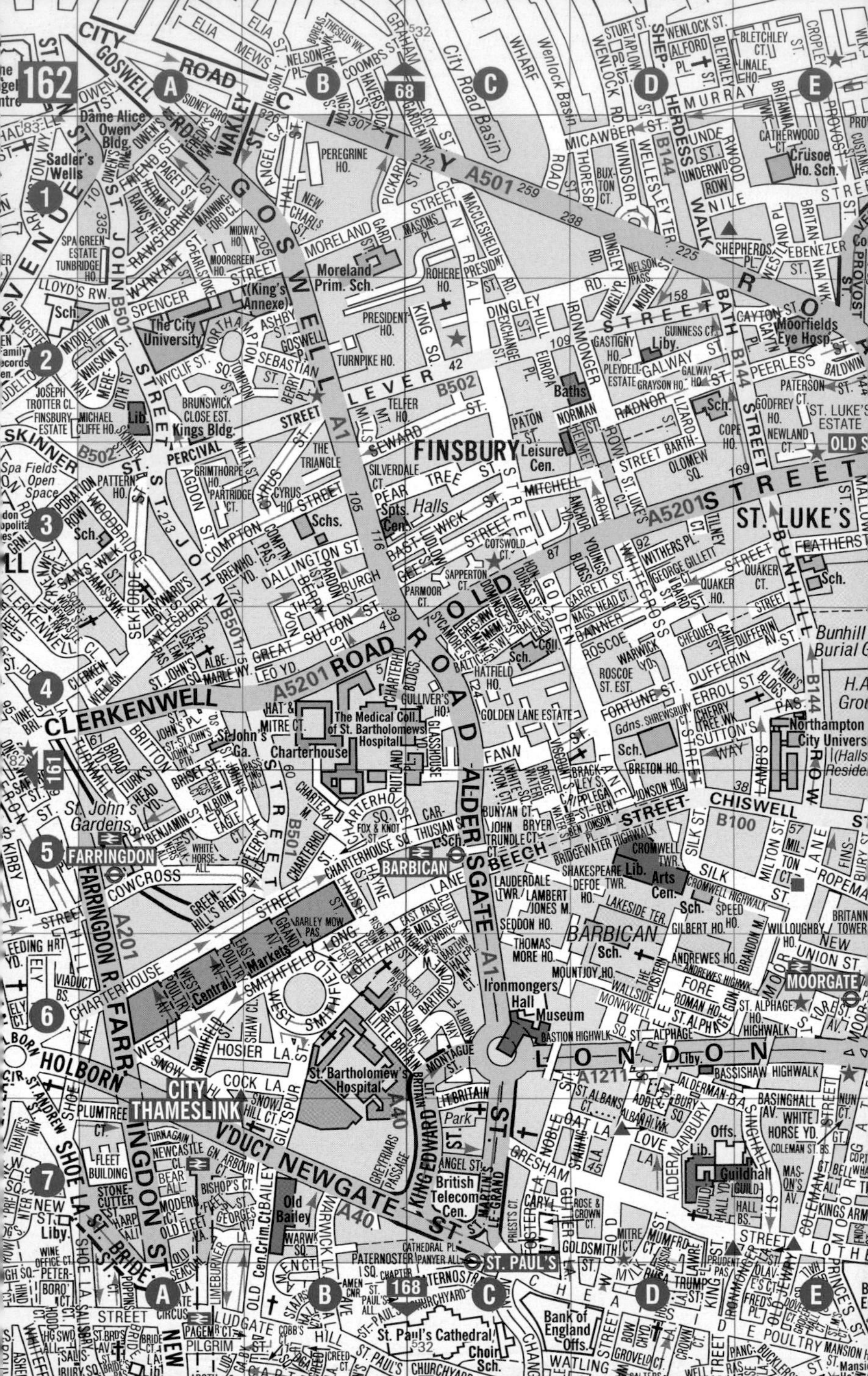
A
B
C
D
E
1
2
3
4
5
6
7
68
161
168
CITY ROAD
GOSWELL ROAD
City Road Basin
Wenlock Basin
WHARF
ELIA ST.
ELIA MEWS
NELSON PL.
COOMBS ST.
GRAHAM ST.
WAKLEY ST.
Dame Alice Owen Bldg.
Sadler's Wells
ST. JOHN ST.
PEREGRINE HO.
PICKARD ST.
CITY GARDEN RW.
A501
MICAWBER ST.
WENLOCK ST.
STURT ST.
SHEPHERDESS WALK
MURRAY
BLETCHLEY CT.
ALFORD PL.
BRITANNIA WK.
CATHERWOOD CT.
Crusoe Ho. Sch.
PROVOST ST.
WELLESLEY TER.
WINDSOR
THORESBY
BUXTON CT.
UNDERWOOD ROW
NILE
SHEPHERDS PL.
EBENEZER
DINGLEY RD.
NELSON PASS.
B144
MORELAND ST.
Moreland Prim. Sch.
MACCLESFIELD
CENTRAL ST.
PRESIDENT
ROHERE HO.
KING SQ.
DINGLEY PL.
EXCHANGE
IRONMONGER ROW
BATH STREET
CAYTON ST.
Moorfields Eye Hosp.
GUINNESS CT.
Liby.
GALWAY ST.
PEERLESS
BALDWIN
LEVER
B502
EUROPA PL.
Baths
PLEYDELL ESTATE
GRAYSON HO.
RADNOR
Sch.
PATERSON CT.
GODFREY HO.
NEWLAND CT.
ST. LUKE'S ESTATE
OLD ST
SPENCER
The City University
(King's Annexe)
NORTHAMPTON SQ.
WYNYATT ST.
PERCIVAL
KINGS BLDG.
BRUNSWICK CLOSE EST.
SKINNER
Spa Fields Open Space
GOSWELL
SEBASTIAN
TURNPIKE HO.
PRESIDENT HO.
TELFER HO.
SEWARD
FINSBURY
Leisure Cen.
PATON
NORMAN
HELMET
STREET BARTHOLOMEW SQ.
COPE HO.
MITCHELL
ANCHOR YD.
ST. LUKE'S CL.
A5201
OLD STREET
ST. LUKE'S
THE TRIANGLE
SILVERDALE CT.
PEAR TREE ST.
Spts. Halls
Spts. Cen.
BASTWICK ST.
LUDLOW
YOUNGS BLDGS.
WITHERS PL.
TILNEY
BUNHILL ROW
FEATHERSTONE
QUAKER CT.
Sch.
COMPTON
SCHS.
DALLINGTON ST.
PARDON
BURGH
SUTTON
GREAT SUTTON ST.
A5201 ROAD
COTSWOLD CT.
SAPPERTON CT.
PARMOOR CT.
OLD
GOLDEN
GARRETT ST.
NAGS HEAD CT.
BANNER
ROSCOE
ROSCOE ST. EST.
WARWICK YD.
CHEQUER
DUFFERIN
Bunhill Burial G
CLERKENWELL
AYLESBURY
SEKFORDE
HAYWARD'S PL.
B501
ST. JOHN'S SQ.
ALBEMARLE WY.
LEO YD.
HATFIELD HO.
Sch.
Coll.
GOLDEN LANE ESTATE
FORTUNE ST.
ERROL ST.
CHERRY TREE WK.
SUTTON'S WAY
Northampton City Univers
(Halls Residen
HAT & MITRE CT.
The Medical Coll. of St. Bartholomew's Hospital
Charterhouse
GULLIVER'S HO.
GLASSHOUSE YD.
RUTLAND PL.
FANN
BRETON HO.
JONSON HO.
CHISWELL STREET
B100
LAMB'S
St. John's Ga.
BRITTON
TURK'S HEAD YD.
BRISET ST.
ALBION PL.
EAGLE CT.
St. John's Gardens
BENJAMIN
FARRINGDON
BARBICAN
CHARTERHOUSE SQ.
FOX & KNOT ST.
CARTHUSIAN ST.
ALDERSGATE
BUNYAN CT.
JOHN TRUNDLE CT.
BRYER
BEECH
BRIDGEWATER HIGHWALK
SHAKESPEARE TWR.
DEFOE HO.
CROMWELL TWR.
Lib.
Arts Cen.
SILK ST.
MILTON ST.
ROPEMA
COWCROSS
GREENHILL'S RENTS
LAUDERDALE TWR.
LAMBERT JONES M.
SEDDON HO.
THOMAS MORE HO.
BARBICAN
LAKESIDE TER.
GILBERT HO.
SPEED HO.
BRANDON M.
WILLOUGHBY
BRITANN TOWER
NEW UNION ST.
MOORGATE
FARRINGDON R.
A201
CHARTERHOUSE STREET
LONG LA.
CLOTH FAIR
Central Markets
BARLEY MOW PAS.
EAST PAS.
MIDDLESEX PAS.
Ironmongers Hall
Museum
MOUNTJOY HO.
ANDREWES HO.
FORE
WALLSIDE
MONKWELL SQ.
ROMAN HO.
ST. ALPHAGE HO.
BASTION HIGHWLK.
ALPHAGE
HIGHWALK
VIADUCT BS.
ELY CT.
HOLBORN
WEST SMITHFIELD
SNOW
HOSIER LA.
COCK LA.
SNOW HILL CT.
GILTSPUR
LITTLE BRITAIN
MONTAGUE ST.
LONDON WALL
A1211
BASSISHAW HIGHWALK
CITY THAMESLINK
St. Bartholomew's Hospital
A40
KING EDWARD ST.
Park
ST. MARTIN'S-LE-GRAND
NOBLE ST.
OAT LA.
ST. ALBANS CT.
ADDLE ST.
LOVE LA.
ALDERMANBURY
BASINGHALL AV.
WHITE HORSE YD.
COLEMAN ST. BS.
PLUMTREE CT.
SHOE LA.
FLEET BUILDING
STONECUTTER ST.
NEWCASTLE CL.
TURNAGAIN
BEAR AL.
GN. ARBOUR CT.
BISHOP'S CT.
OLD BAILEY
Old Bailey
NEWGATE ST.
GREYFRIARS PASSAGE
ANGEL ST.
British Telecom Cen.
GRESHAM
Offs.
Lib.
Guildhall
GUILDHALL YD.
MASON'S AV.
KINGS ARMS
NEW ST.
Liby.
WINE OFFICE CT.
FARRINGDON ST.
HARP AL.
OLD FLEET LA.
SEACOAL LA.
LIMEBURNER LA.
WARWICK LA.
WARWICK SQ.
PATERNOSTER SQ.
CATHEDRAL PL.
PANYER ALL.
ST. PAUL'S
FOSTER LA.
GUTTER LA.
ROSE & CROWN CT.
CARY LA.
GOLDSMITH ST.
MITRE CT.
WOOD ST.
MILK ST.
LAWRENCE LA.
KING ST.
IRONMONGER LA.
OLD JEWRY
PRINCE'S ST.
LOTHBURY
ST. BRIDE ST.
ST. BRIDE ST.
NEW BRIDGE ST.
LUDGATE CIRCUS
LUDGATE HILL
PILGRIM ST.
AVE MARIA LA.
AMEN CNR.
ST. PAUL'S CHURCHYARD
St. Paul's Cathedral
Choir Sch.
Bank of England Offs.
CHEAPSIDE
BOW CHYD.
POULTRY
WATLING ST.
BREAD ST.
BUCKLERSBURY
MANSION HO.
SALISBURY SQ.

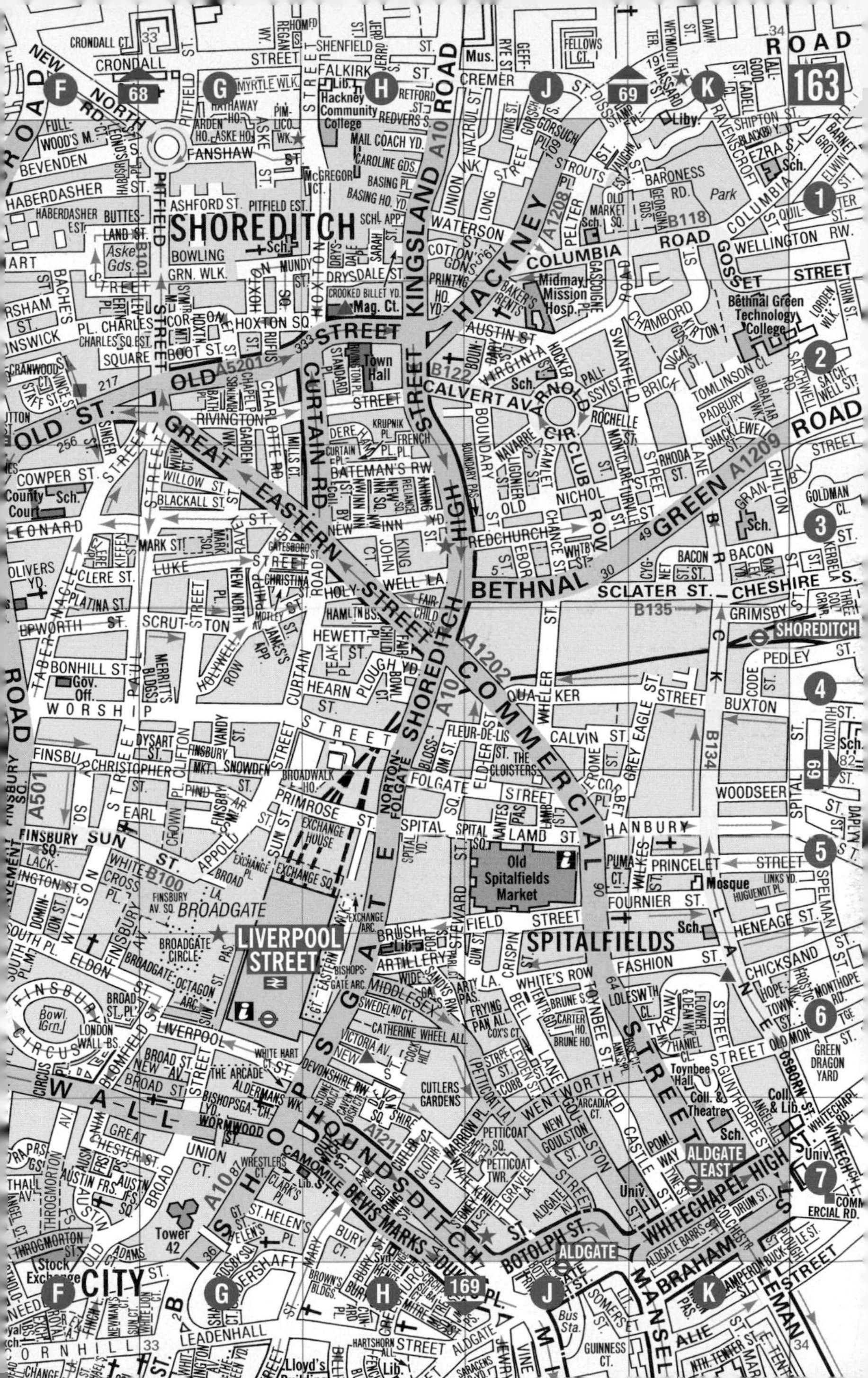

SHOREDITCH
SPITALFIELDS
BROADGATE
CITY
LIVERPOOL STREET
SHOREDITCH
ALDGATE
ALDGATE EAST
Old Spitalfields Market
Town Hall
Tower 42
Stock Exchange
Lloyd's
Hackney Community College
Bethnal Green Technology College
Midmay Mission Hosp.
Toynbee Hall
Mosque
Park
KINGSLAND ROAD
HACKNEY ROAD
COLUMBIA ROAD
BETHNAL GREEN ROAD
SHOREDITCH HIGH STREET
COMMERCIAL STREET
GREAT EASTERN STREET
OLD STREET
CURTAIN RD
BISHOPSGATE
HOUNDSDITCH
WHITECHAPEL HIGH ST.
BRICK LANE
CITY ROAD
NEW NORTH RD.
FINSBURY SQ.
FINSBURY CIRCUS
LONDON WALL
LEADENHALL
CORNHILL
BEVIS MARKS
MIDDLESEX
WENTWORTH
OLD CASTLE ST.
MANSELL
LEMAN STREET
BRAHAM
HANBURY
FOLGATE STREET
NORTON FOLGATE
BOUNDARY
ARNOLD CIR.
CALVERT AV.
REDCHURCH
SCLATER ST.
CHESHIRE S.
QUAKER STREET
FASHION ST.
FOURNIER ST.
PRINCELET STREET
WORSHIP
SUN ST.
WILSON
FINSBURY AV.
ELDON
BLOMFIELD ST.
LIVERPOOL ST.
CAMOMILE ST.
ST. HELEN'S PL.
ARTILLERY
BRUSH FIELD STREET
TOYNBEE ST.
WHITE'S ROW
A10
A1202
A1208
A1209
A5201
A501
A1211
B100
B101
B118
B122
B134
B135
68
69
169
33
34
F
G
H
J
K
1
2
3
4
5
6
7

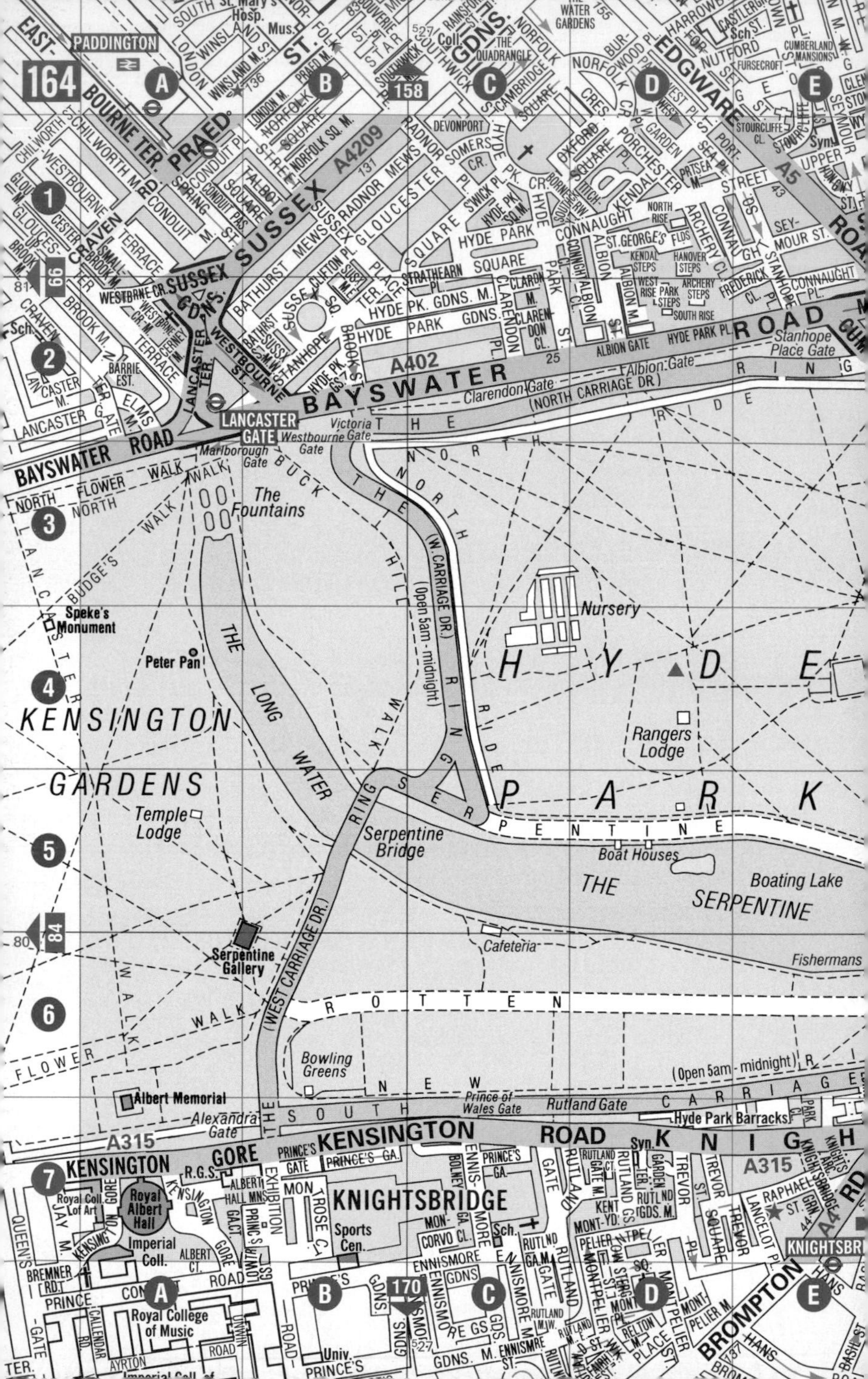
PADDINGTON
LANCASTER GATE
KNIGHTSBRIDGE
BAYSWATER ROAD
SUSSEX GDNS.
PRAED ST.
EDGWARE ROAD
KENSINGTON ROAD
KENSINGTON GORE
KENSINGTON GARDENS
HYDE PARK
THE LONG WATER
THE SERPENTINE
Serpentine Bridge
Serpentine Gallery
The Fountains
Speke's Monument
Peter Pan
Temple Lodge
Nursery
Rangers Lodge
Boat Houses
Boating Lake
Cafeteria
Bowling Greens
Albert Memorial
Alexandra Gate
Prince of Wales Gate
Rutland Gate
Hyde Park Barracks
Royal Albert Hall
Imperial Coll.
Royal College of Music
Royal Coll. of Art
Sports Cen.
Victoria Gate
Westbourne Gate
Marlborough Gate
Clarendon Gate
Albion Gate
Stanhope Place Gate
THE RING
NORTH CARRIAGE DR.
W. CARRIAGE DR.
WEST CARRIAGE DR.
SOUTH CARRIAGE
ROTTEN ROW
(Open 5am - midnight)
A402
A4209
A315
A5
158
170
66
84

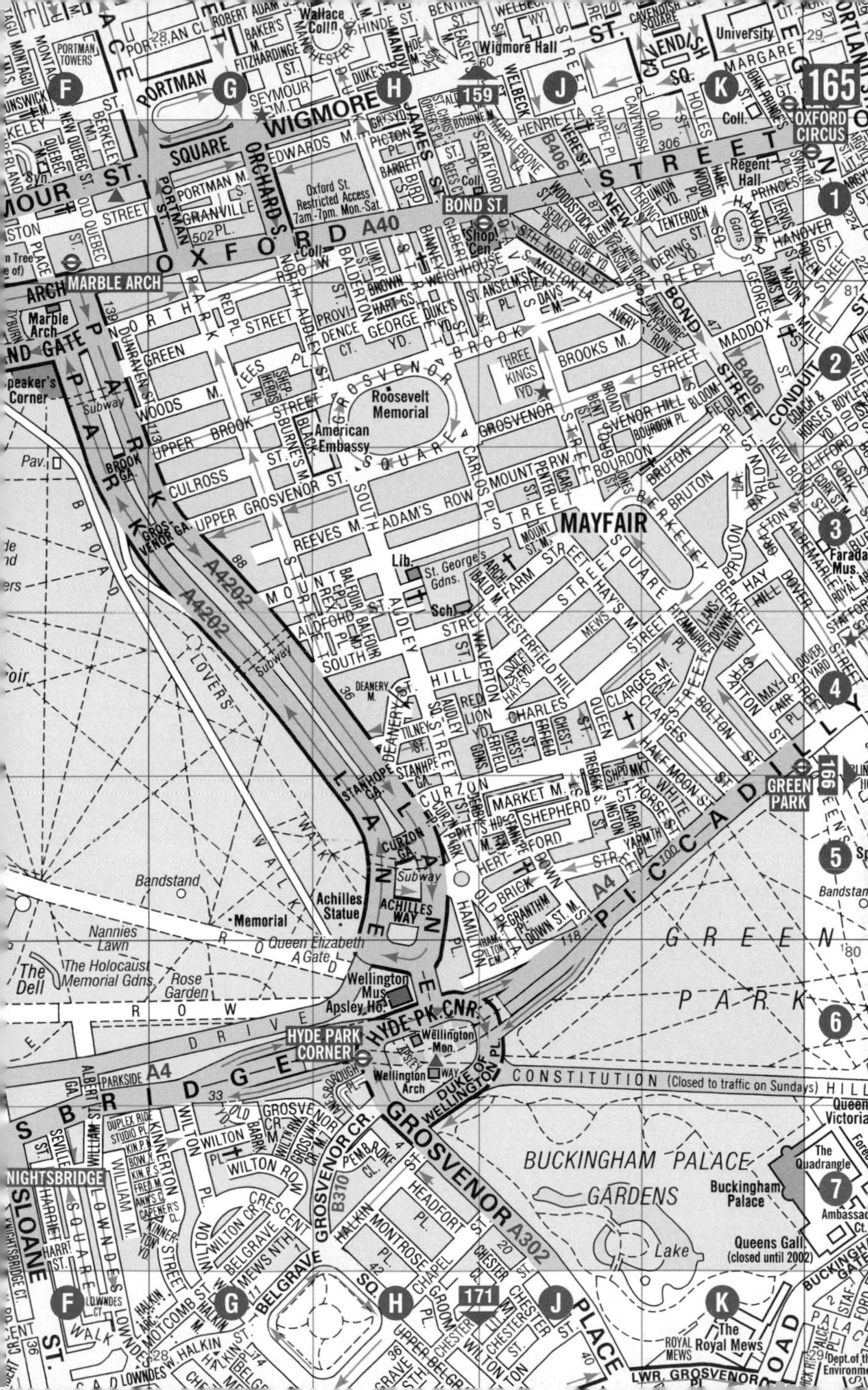

Wallace Colln.
Wigmore Hall
University
159
OXFORD CIRCUS
PORTMAN
SQUARE
WIGMORE
OXFORD
STREET
A40
Oxford St. Restricted Access 7am.-7pm. Mon.-Sat.
BOND ST.
Regent Hall
MARBLE ARCH
Marble Arch
Speaker's Corner
Roosevelt Memorial
American Embassy
GROSVENOR SQUARE
MAYFAIR
BERKELEY SQUARE
St. George's Gdns.
Faraday Mus.
PARK LANE
A4202
PICCADILLY
GREEN PARK
166
Bandstand
Memorial
Nannies Lawn
Queen Elizabeth Gate
The Dell
The Holocaust Memorial Gdns.
Rose Garden
Achilles Statue
Wellington Mus.
Apsley Ho.
HYDE PK. CNR.
HYDE PARK CORNER
Wellington Mon.
Wellington Arch
CONSTITUTION (Closed to traffic on Sundays) HILL
GREEN PARK
Queen Victoria
The Quadrangle
Buckingham Palace
BUCKINGHAM PALACE GARDENS
Lake
Queens Gall. (closed until 2002)
Ambassadors Ct.
KNIGHTSBRIDGE
SLOANE ST.
GROSVENOR PLACE
A302
BELGRAVE SQ.
171
The Royal Mews
LWR. GROSVENOR PL.
Dept. of the Environment

TOTTENHAM COURT ROAD
OXFORD CIRCUS
OXFORD STREET
160
A
B
C
D
E
1
2
3
4
5
6
7
REGENT ST.
The Plaza
ST. GILES HIGH ST.
NEW OXFORD ST.
CHARING CROSS ROAD
SHAFTESBURY AVENUE
Police Ct.
Coll. of Music
Leisure Cen.
GREAT MARLBOROUGH ST.
HANOVER ST.
SOHO SQUARE
SOHO
Syn.
BROADWICK ST.
OLD COMPTON ST.
CAMBRIDGE CIRCUS
SEVEN DIALS
Thomas Neal's
COVENT GARDEN
LONG ACRE
CONDUIT ST.
NEW BURLINGTON ST.
BURLINGTON ARC.
VIGO ST.
Royal Academy of Arts
Royal Academy Schools
Faraday Mus.
ALBANY
PICCADILLY CIRCUS
Eros
Trocadero Cen.
LEICESTER SQ.
Leicester Fields
Cent. Lending Lib.
National Portrait Gallery
National Gallery
WILLIAM IV ST.
DUNCANNON ST.
TRAFALGAR SQUARE
Nelson's Column
Canada Ho.
CHARING CROSS
PALL MALL EAST
COCKSPUR ST.
HAYMARKET
PICCADILLY
JERMYN ST.
ST. JAMES'S SQUARE
London Lib.
ST. JAMES'S ST.
GREEN PARK
165
PALL MALL
R.A.C.
Waterloo
Inst. of Contemp. Arts
Duke of York Mem.
Admiralty Arch.
Old Admiralty Offices
Old War Office
Horse Guards
Horse Guards Parade
Banqueting Ho.
WHITEHALL
Spencer Ho.
Bandstand
Marlborough Ho.
King George VII Memorial
(Commonwealth Conference Centre)
St. James's Palace
Clarence Ho.
Lancaster Ho.
Chap.
THE MALL
(Closed to traffic on Sundays)
Guards Memorial
GREEN PARK
Stable Yard Gate
ST. JAMES'S PARK
Lake
Duck Island
Queen Victoria Mem.
CONSTITUTION HILL
Buckingham Palace
The Quadrangle
The Forecourt
Ambassadors' Ct.
Queens Gall.
Buckingham Gate
SPUR RD.
BIRDCAGE WALK
Queen Anne's Gate
Guards' Mus.
Home Office
Wellington Barracks
Passport Office
Caxton Hall
ST. JAMES'S PARK
New Scotland Yard
Foreign Office
Government Offices
Cenotaph
KING CHARLES ST.
Cabinet War Rooms
Clive Steps
PARLIAMENT ST.
GREAT GEORGE ST.
Q.E.II Conf. Cen.
Cen. Hall
Guildhall
PARLIAMENT SQ.
Westminster Abbey
The Chapter Ho.
The Close
Abbey Garden
Westminster
Dept. of the Environment
T.A. Cen.
Dept. of Trade & Industry
VICTORIA ST.
TOTHILL ST.
BROADWAY
172
BUCKINGHAM GATE
B323
B406
A4201
A4
A401
A400
B308
A3212

HOLBORN
Lincoln's Inn Fields
Lincoln's Inn Hall
Land Regy. Off.
Royal Coll. of Surgeons
161
F
G
H
J
K
1
2
3
4
5
6
7
Freemasons Hall
KINGSWAY
Royal Courts of Justice
FLEET ST
Temple Bar
COVENT GARDEN
Royal Opera House
The Market
London Transport Mus.
Bush Ho.
ALDWYCH
STRAND
A4
Courtauld Inst. & Galls.
Somerset House
King's Coll.
TEMPLE
Inner Temple
Inner Temple Gardens
Mid. Temple
Lyceum
EMBANKMENT
BLACKFRIARS UNDERPASS
H.Q.S. Wellington
H.M.S. President
St. Katharine
Temple Pier
THAMES
A3211
A301
WATERLOO BRIDGE
Queen Mary
Cleopatra's Needle
Victoria Embankment Gardens
Bandstand
Embankment Pier
EMBANKMENT
Hungerford Bridge
Festival Pier
South Bank
Kings Reach
Stamford Wharf
Oxo Twr.
The London Television Centre
The Bernie Spain Gdns.
The National Film Theatre
Royal National Theatre
Queen Elizabeth Hall
South Bank Centre
Royal Festival Hall
Hayward Gallery
King's College
STAMFORD
A3200
The London Nautical Sch.
PEABODY ESTATE
168
Hispaniola
P.S. Tattershall Castle
IMAX
Univ.
WATERLOO EAST
WATERLOO INTERNATIONAL
WATERLOO
Southwark Coll.
The Young Vic Theatre
B300
Whitehall Stairs
Jubilee Gardens
London Eye
Dali Universe
London Aquarium
Former County Hall
F.A. Hall of Fame
COUNTY HALL APARTMENTS
Westminster Pier
WESTMINSTER
RIVER
VICTORIA
A3211
WESTMINSTER BRI.
WESTMINSTER BRIDGE RD.
A302
Big Ben
Museum
St. Thomas' Hosp.
Houses of Parliament
LAMBETH PALACE RD.
YORK ROAD
WESTMINSTER
A23
173
LAMBETH NORTH
Buddist Cen.
BRIDGE
St. George's Cathedral
A301
Lib.
Sch.

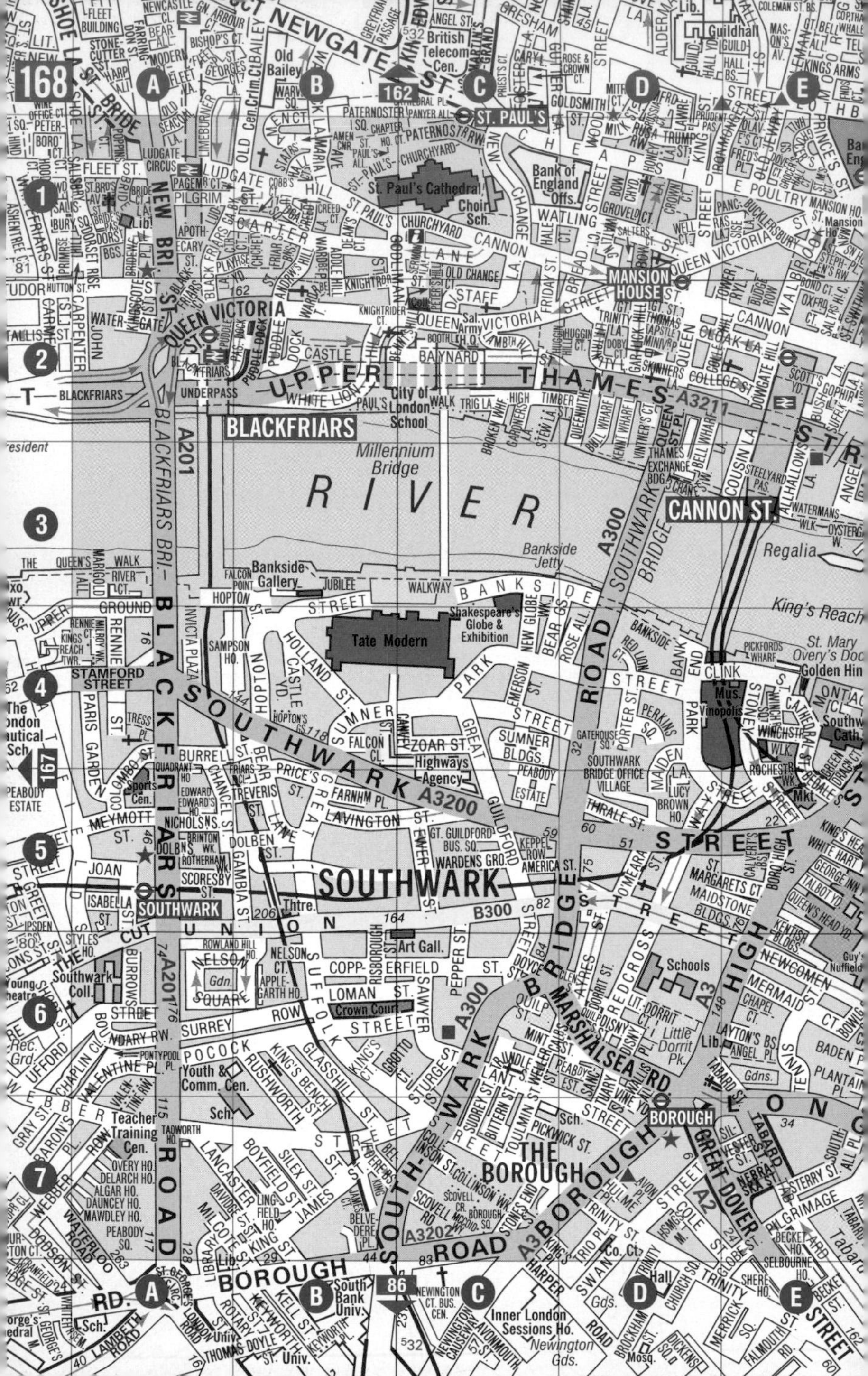

NEWGATE ST.
162
Old Bailey
British Telecom Cen.
ST. PAUL'S
Guildhall
PATERNOSTER SQ.
St. Paul's Cathedral
Choir Sch.
Bank of England Offs.
CHEAPSIDE
POULTRY
MANSION HOUSE
QUEEN VICTORIA ST.
CANNON ST.
FLEET ST.
LUDGATE CIRCUS
LUDGATE HILL
NEW BRIDGE ST.
WATLING ST.
QUEEN VICTORIA
UPPER THAMES ST.
A3211
BLACKFRIARS
BLACKFRIARS UNDERPASS
City of London School
Millennium Bridge
RIVER
Bankside Jetty
CANNON ST.
Regalia
King's Reach
THE QUEEN'S WALK
Bankside Gallery
BANKSIDE
HOPTON STREET
Tate Modern
Shakespeare's Globe & Exhibition
SOUTHWARK BRIDGE
A300
BLACKFRIARS BRI.
A201
STAMFORD STREET
SOUTHWARK ST.
A3200
Highways Agency
Mus. Vinopolis
CLINK STREET
PARK STREET
SUMNER STREET
SOUTHWARK BRIDGE OFFICE VILLAGE
SOUTHWARK
B300
UNION ST.
THE CUT
Southwark Coll.
Art Gall.
Crown Court
BLACKFRIARS ROAD
SOUTHWARK BRIDGE RD.
MARSHALSEA RD.
Little Dorrit Pk.
Schools
BOROUGH
BOROUGH HIGH ST.
A3
LONG LANE
GREAT DOVER ST.
A2
THE BOROUGH
BOROUGH RD.
SOUTHWARK ROAD
A3202
Teacher Training Cen.
Youth & Comm. Cen.
South Bank Univ.
Inner London Sessions Ho.
86
167
1
2
3
4
5
6
7
A
B
C
D
E

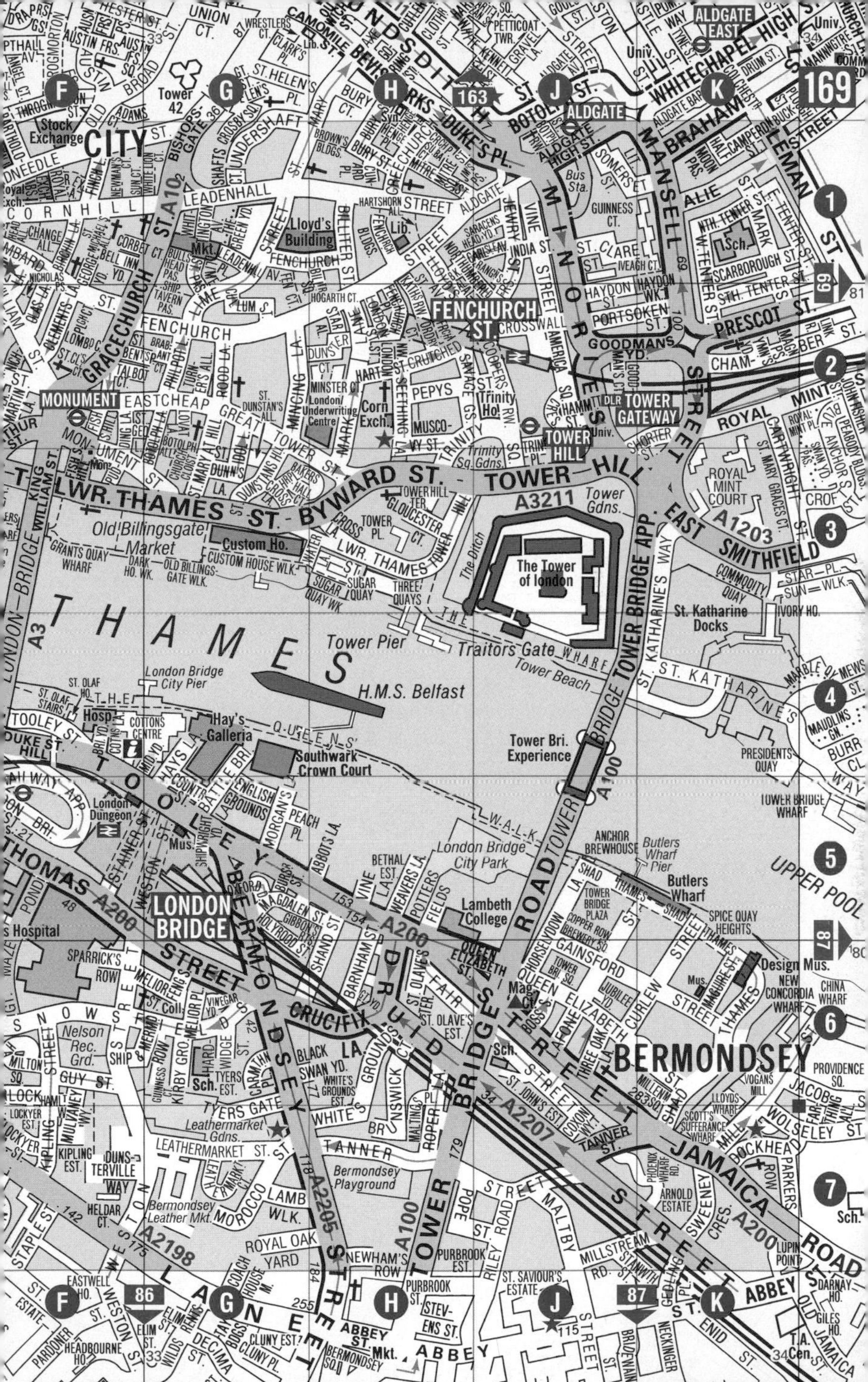
F
G
H
J
K
163
CITY
Stock Exchange
Tower 42
Lloyd's Building
ALDGATE EAST
ALDGATE
WHITECHAPEL HIGH ST.
BRAHAM
MANSELL
LEMAN ST.
MINORIES
GUINNESS CT.
ALIE
PRESCOT ST.
ROYAL MINT
TOWER GATEWAY
TOWER HILL
FENCHURCH ST.
MONUMENT
EASTCHEAP
GRACECHURCH
BISHOPSGATE
LEADENHALL
CORNHILL
LWR. THAMES ST. - BYWARD ST. - TOWER HILL
A3211
A1203
EAST SMITHFIELD
ROYAL MINT COURT
Custom Ho.
Old Billingsgate Market
The Tower of london
Traitors Gate
Tower Pier
Tower Beach
St. Katharine Docks
ST. KATHARINE'S WAY
THAMES
H.M.S. Belfast
London Bridge City Pier
Hay's Galleria
Southwark Crown Court
Tower Bri. Experience
TOOLEY ST.
TOWER BRIDGE APP.
TOWER BRIDGE ROAD
A100
London Dungeon
LONDON BRIDGE
London Bridge City Park
Lambeth College
Butlers Wharf
Design Mus.
UPPER POOL
BERMONDSEY
BERMONDSEY ST.
A200
A2207
A2205
A2198
JAMAICA ROAD
DRUID ST.
CRUCIFIX LA.
Leathermarket Gdns.
Bermondsey Playground
Bermondsey Leather Mkt.
TANNER ST.
LONG LANE
Nelson Rec. Grd.
s Hospital
ABBEY ST.
1
2
3
4
5
6
7
69
81
87
80
86
87

KENSINGTON
KNIGHTSBRIDGE
Royal Geographical Society
Royal Coll. of Art
Royal Albert Hall
Imperial Coll.
Royal College of Music
Imperial Coll. of Science, Technology & Medicine
Science Mus.
Natural History Museum
Victoria & Albert Museum
The Oratory
CROMWELL RD.
THURLOE PL.
SOUTH KENSINGTON
BROMPTON
BROMPTON ROAD
PELHAM STREET
OLD BROMPTON RD.
ONSLOW SQ.
SAMUEL LEWIS TRUST DWELLINGS
THE SUTTON ESTATE
The Royal Marsden Hosp. (Fulham)
Ryl. Brompton Hosp. Annexe
CHELSEA
Royal Brompton Hospital
Thamesbrook
Kings College London
Coll. of Art & Design
Old Town Hall
Sports Cen.
FULHAM ROAD
KING'S ROAD
CHELSEA EMBANKMENT
Carlyle's House
Cadogan Pier
164
84

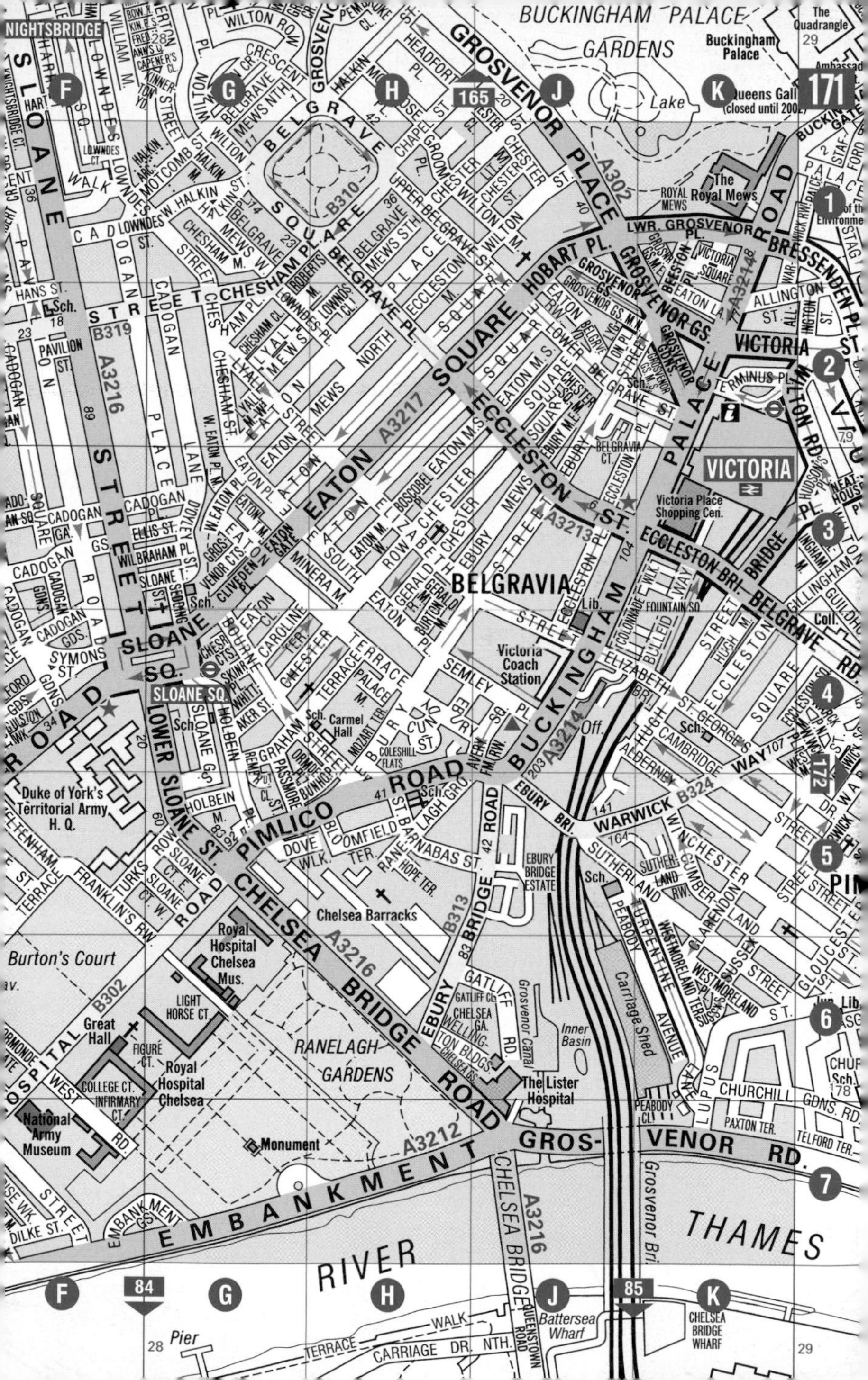

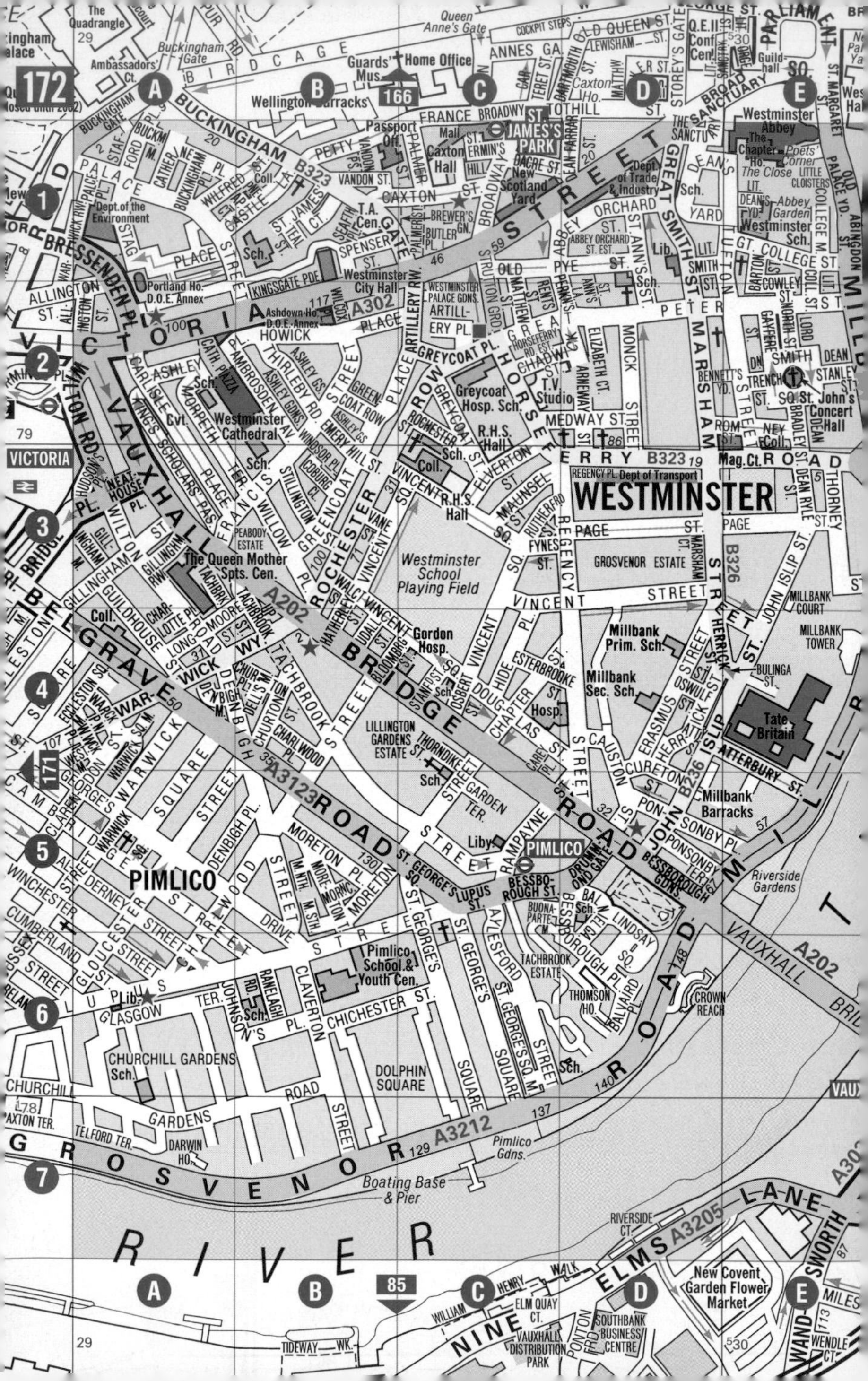

172
166
171
85
A
B
C
D
E
1
2
3
4
5
6
7
29
79
178
530
The Quadrangle
Buckingham Palace
Queen Anne's Gate
Buckingham Gate
Ambassadors' Ct.
BIRDCAGE
Guards' Mus.
Home Office
COCKPIT STEPS
OLD QUEEN ST.
ANNES GA.
LEWISHAM ST.
STOREY'S GATE
Q.E.II Conf. Cen.
GEORGE ST.
PARLIAMENT
Guildhall
SQ.
BROAD SANCTUARY
Wellington Barracks
BUCKINGHAM GATE
BUCKINGHAM
FRANCE BROADWY
TOTHILL
Caxton Ho.
ST. JAMES'S PARK
Westminster Abbey
The Chapter Ho.
Poets' Corner
The Close
LITTLE CLOISTERS
Passport Off.
PETTY FRANCE
Caxton Hall
New Scotland Yard
DACRE ST.
DEAN FARRAR
Dept of Trade & Industry
THE SANCTUARY
GREAT SMITH ST.
DEAN'S YARD
Sch.
Abbey Garden
Westminster Sch.
OLD PALACE YD.
ABINGDON
PALACE
Dept. of the Environment
WILFRED ST.
CATHEDRAL
CASTLE LA.
ST. JAMES'S CT.
VANDON ST.
CAXTON ST.
T.A. Cen.
BREWER'S GN.
BROADWAY
STREET
B323
ABBEY ORCHARD
ABBEY ORCHARD ST. EST.
STAG PLACE
BRESSENDEN PL.
SPENSER ST.
BUTLER PL.
Lib.
GT. COLLEGE ST.
COWLEY ST.
COLLEGE M.
Portland Ho. D.O.E. Annex
KINGSGATE PDE.
Westminster City Hall
WILCOX PL.
A302
46
59
OLD PYE ST.
STRUTTON GRD.
MATTHEW PARKER ST.
ST. ANN'S ST.
SMITH SQ.
ALLINGTON ST.
VICTORIA
Ashdown Ho. D.O.E. Annex
HOWICK PLACE
ARTILLERY ROW
WESTMINSTER PALACE GDNS.
ARTILLERY PL.
PETER ST.
MARSHAM
ELIZABETH CT.
MONCK STREET
GREYCOAT PL.
HORSEFERRY RD. EST.
CHADWICK ST.
GAYFERE ST.
LORD NORTH ST.
DEAN STANLEY
SMITH SQ.
St. John's Concert Hall
TRENCH
BENNETT'S YD.
ASHLEY
AMBROSDEN AV.
THIRLEBY RD.
ASHLEY GS.
ASHLEY GDNS.
GREEN COAT ROW
Greycoat Hosp. Sch.
T.V. Studio
ARNEWAY ST.
MEDWAY ST.
ROMNEY ST.
VICTORIA
CARLISLE PL.
CATH. PIAZZA
MORPETH TER.
Cvt.
Westminster Cathedral
ROCHESTER ROW
R.H.S. Hall
Coll.
Mag. Ct.
HORSEFERRY ROAD
B323
19
86
ELVERTON ST.
REGENCY PL.
Dept of Transport
WESTMINSTER
THORNEY ST.
DEAN RYLE ST.
VAUXHALL
KING'S SCHOLARS PAS.
FRANCIS ST.
EMERY HILL ST.
WINDSOR PL.
COBURG CL.
STILLINGTON ST.
GREENCOAT PL.
VINCENT SQ.
MAUNSEL ST.
RUTHERFORD ST.
PAGE ST.
WILTON RD.
HUDSON'S PL.
NEATHOUSE PL.
WILTON RD.
BRIDGE
PEABODY ESTATE
WILLOW PL.
FYNES ST.
REGENCY
GROSVENOR ESTATE
MARSHAM CT.
B326
JOHN ISLIP ST.
GILLINGHAM ST.
Westminster School Playing Field
The Queen Mother Spts. Cen.
TACHBROOK
A202
VINCENT STREET
MILLBANK COURT
MILLBANK TOWER
BELGRAVE
GUILDHOUSE ST.
CHARLOTTE PL.
LONG MOORE
WICK WY.
HATHERLEY ST.
VINCENT ST.
Gordon Hosp.
Millbank Prim. Sch.
HERRICK ST.
Millbank Sec. Sch.
BULINGA ST.
Tate Britain
ECCLESTON SQ.
WARWICK
37
50
2
BRIDGE
ESTERBROOKE ST.
HIDE PL.
Hosp.
ERASMUS ST.
OSWULF ST.
CHARLWOOD PL.
LILLINGTON GARDENS ESTATE
THORNDIKE ST.
CHAPTER ST.
DOUGLAS ST.
CAUSTON ST.
ISLIP
ATTERBURY ST.
CURETON ST.
B236
Millbank Barracks
DENBIGH ST.
CHURTON ST.
WARWICK SQUARE
WARWICK SQ. M.
ST. GEORGE'S DRIVE
A3123
ROAD
35
GARDEN TER.
Sch.
CAREY PL.
PONSONBY PL.
PONSONBY TER.
57
Riverside Gardens
DENBIGH PL.
MORETON PL.
130
RAMPAYNE ST.
Liby.
PIMLICO
DRUMMOND GATE
BESSBOROUGH GDNS.
BESSBOROUGH ST.
PIMLICO
ST. GEORGE'S SQ.
LUPUS ST.
AYLESFORD ST.
BUONAPARTE M.
LINDSAY SQ.
WINCHESTER ST.
CUMBERLAND ST.
ALDERNEY ST.
GLOUCESTER STREET
CHARLWOOD ST.
Pimlico School & Youth Cen.
TACHBROOK ESTATE
BESSBOROUGH PL.
A202
148
CROWN REACH
LUPUS ST.
Lib.
GLASGOW TER.
RANELAGH RD.
CLAVERTON ST.
CHICHESTER ST.
JOHNSON'S PL.
THOMSON HO.
BALVAIRD PL.
ST. GEORGE'S SQ. M.
CHURCHILL GARDENS
Sch.
DOLPHIN SQUARE
ST. GEORGE'S SQUARE
140
VAUX
PAXTON TER.
TELFORD TER.
DARWIN HO.
ROAD
STREET
137
A3212
129
GROSVENOR ROAD
Pimlico Gdns.
Boating Base & Pier
RIVER
RIVERSIDE CT.
LANE
A3205
NINE ELMS
WALK
HENRY
WILLIAM
ELM QUAY CT.
PONTON RD.
SOUTHBANK BUSINESS CENTRE
VAUXHALL DISTRIBUTION PARK
New Covent Garden Flower Market
WANDSWORTH
MILES
WENDLE CT.
TIDEWAY WK.
87
113

WESTMINSTER BRI.
WESTMINSTER BRIDGE RD.
Big Ben
Houses of Parliament
St. Thomas' Hosp.
Museum
UPPER MARSH
167
WESTMINSTER BRIDGE RD.
BAYLIS RD.
LAMBETH NORTH
A23
St. George's Cathedral
Morley Coll.
ST. GEORGE'S RD.
LAMBETH
ARCHBISHOP'S PARK
LAMBETH PALACE ROAD
A3036
St. Thomas' Medical Sch.
Lambeth Palace
Museum of Gardening History
Marine Institute
Buddist Cen.
Youth Cen.
Lambeth Pier
A3203
LAMBETH BRI.
LAMBETH ROAD
Police H.Q.
Imperial War Museum
Geraldine Mary Harmsworth Park
LAMBETH TOWERS
WEDGWOOD HO.
BROOK DRIVE
WALCOT SQUARE
KENNINGTON ROAD
Fire Brigade H.Q.
Rec. Grd.
OLD PARADISE ST.
Lilian Baylis Sch.
Comm. Care Cen.
RENFREW RD.
REEDWORTH ST.
CHESTER WAY
KENNINGTON LANE
ALBERT EMBANKMENT
THAMES
Spring Gardens
VAUXHALL
VAUXHALL
All Nations Centre
KENNINGTON LANE
Superstore
Gas Works
KENNINGTON PARK RD.
KENNINGTON
KENNINGTON PARK
Surrey County Cricket Ground (The Oval)
HARLEYFORD RD.
KENNINGTON OVAL
Vauxhall Park
St. Peter's Residence
Art Sch.
CLEAVER SQUARE
OVAL
85
86
98
F
G
H
J
K
1
2
3
4
5
6
7

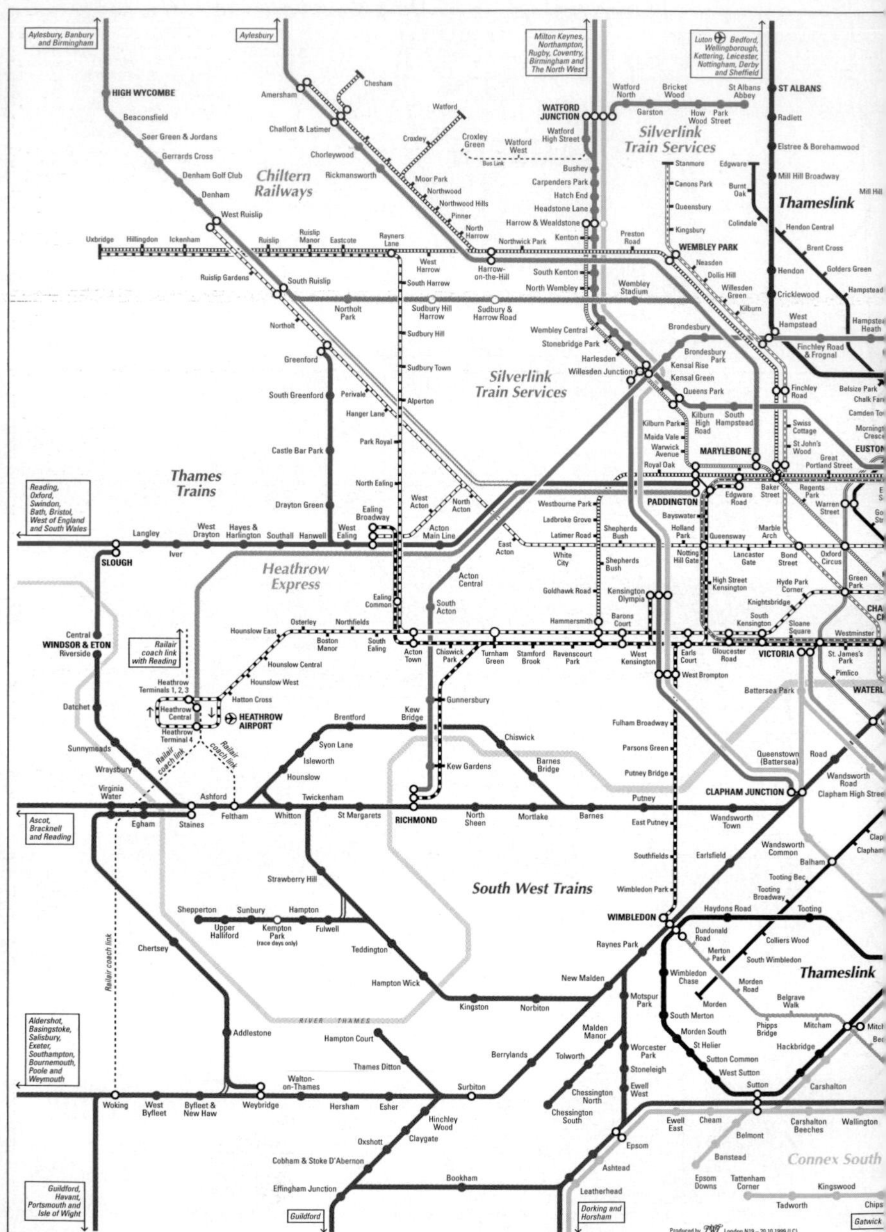

Aylesbury, Banbury and Birmingham
Aylesbury
Milton Keynes, Northampton, Rugby, Coventry, Birmingham and The North West
Luton Bedford, Wellingborough, Kettering, Leicester, Nottingham, Derby and Sheffield
HIGH WYCOMBE
Beaconsfield
Seer Green & Jordans
Gerrards Cross
Denham Golf Club
Denham
West Ruislip
Chiltern Railways
Amersham
Chesham
Chalfont & Latimer
Chorleywood
Rickmansworth
Watford
Croxley
Croxley Green
Watford West
Bus Link
Moor Park
Northwood
Northwood Hills
Pinner
North Harrow
Watford North
Bricket Wood
St Albans Abbey
Garston
How Wood
Park Street
WATFORD JUNCTION
Watford High Street
Silverlink Train Services
Bushey
Carpenders Park
Hatch End
Headstone Lane
Harrow & Wealdstone
Kenton
ST ALBANS
Radlett
Elstree & Borehamwood
Mill Hill Broadway
Mill Hill
Thameslink
Stanmore
Canons Park
Queensbury
Kingsbury
Edgware
Burnt Oak
Colindale
Hendon Central
Brent Cross
Hendon
Golders Green
Cricklewood
Hampstead
West Hampstead
Hampstead Heath
Uxbridge
Hillingdon
Ickenham
Ruislip
Ruislip Manor
Eastcote
Rayners Lane
West Harrow
Harrow-on-the-Hill
Northwick Park
Preston Road
WEMBLEY PARK
Neasden
Dollis Hill
Willesden Green
Kilburn
Ruislip Gardens
South Ruislip
South Harrow
South Kenton
North Wembley
Wembley Stadium
Northolt Park
Sudbury Hill Harrow
Sudbury & Harrow Road
Northolt
Sudbury Hill
Wembley Central
Stonebridge Park
Harlesden
Willesden Junction
Brondesbury
Brondesbury Park
Kensal Rise
Kensal Green
Queens Park
Finchley Road & Frognal
Finchley Road
Belsize Park
Chalk Farm
Camden Town
Mornington Crescent
Greenford
Sudbury Town
South Greenford
Perivale
Alperton
Hanger Lane
Park Royal
Castle Bar Park
Silverlink Train Services
Kilburn Park
Maida Vale
Warwick Avenue
Kilburn High Road
South Hampstead
Swiss Cottage
St John's Wood
MARYLEBONE
Great Portland Street
EUSTON
Royal Oak
Thames Trains
North Ealing
Reading, Oxford, Swindon, Bath, Bristol, West of England and South Wales
Drayton Green
Ealing Broadway
West Acton
North Acton
Westbourne Park
PADDINGTON
Edgware Road
Baker Street
Regents Park
Warren Street
Langley
West Drayton
Hayes & Harlington
Southall
Hanwell
West Ealing
Acton Main Line
East Acton
Ladbroke Grove
Latimer Road
Shepherds Bush
Bayswater
Holland Park
Notting Hill Gate
Queensway
Marble Arch
Lancaster Gate
Bond Street
Oxford Circus
SLOUGH
Iver
Heathrow Express
Acton Central
White City
Shepherds Bush
High Street Kensington
Hyde Park Corner
Green Park
Ealing Common
Goldhawk Road
Kensington Olympia
Knightsbridge
South Acton
Hammersmith
Barons Court
South Kensington
Sloane Square
Westminster
Central
WINDSOR & ETON
Riverside
Railair coach link with Reading
Hounslow East
Osterley
Boston Manor
Northfields
South Ealing
Acton Town
Chiswick Park
Turnham Green
Stamford Brook
Ravenscourt Park
West Kensington
Earls Court
Gloucester Road
VICTORIA
St. James's Park
Pimlico
Hounslow Central
Hounslow West
West Brompton
Heathrow Terminals 1, 2, 3
Hatton Cross
Gunnersbury
Battersea Park
WATERLOO
Datchet
Heathrow Central
Heathrow Terminal 4
HEATHROW AIRPORT
Brentford
Kew Bridge
Fulham Broadway
Sunnymeads
Syon Lane
Chiswick
Parsons Green
Wraysbury
Railair coach link
Isleworth
Barnes Bridge
Kew Gardens
Putney Bridge
Queenstown Road (Battersea)
Wandsworth Road
Clapham High Street
Virginia Water
Hounslow
Ashford
Twickenham
Putney
CLAPHAM JUNCTION
Ascot, Bracknell and Reading
Egham
Staines
Feltham
Whitton
St Margarets
RICHMOND
North Sheen
Mortlake
Barnes
East Putney
Wandsworth Town
Wandsworth Common
Clapham
Southfields
Earlsfield
Balham
Strawberry Hill
South West Trains
Tooting Bec
Tooting Broadway
Wimbledon Park
Shepperton
Sunbury
Hampton
Upper Halliford
Kempton Park (race days only)
Fulwell
Haydons Road
Tooting
WIMBLEDON
Dundonald Road
Colliers Wood
Chertsey
Teddington
Raynes Park
Merton Park
South Wimbledon
Railair coach link
Wimbledon Chase
Thameslink
New Malden
Morden Road
Hampton Wick
Motspur Park
Belgrave Walk
Kingston
Norbiton
Morden
RIVER THAMES
South Merton
Aldershot, Basingstoke, Salisbury, Exeter, Southampton, Bournemouth, Poole and Weymouth
Addlestone
Hampton Court
Malden Manor
Morden South
Phipps Bridge
Mitcham
Mitcham Junction
St Helier
Hackbridge
Berrylands
Tolworth
Worcester Park
Sutton Common
Thames Ditton
Stoneleigh
West Sutton
Walton-on-Thames
Surbiton
Ewell West
Sutton
Carshalton
Chessington North
Woking
West Byfleet
Byfleet & New Haw
Weybridge
Hersham
Esher
Chessington South
Ewell East
Cheam
Carshalton Beeches
Wallington
Hinchley Wood
Belmont
Oxshott
Claygate
Epsom
Connex South
Banstead
Cobham & Stoke D'Abernon
Ashtead
Epsom Downs
Tattenham Corner
Kingswood
Effingham Junction
Bookham
Leatherhead
Tadworth
Chipstead
Guildford, Havant, Portsmouth and Isle of Wight
Guildford
Dorking and Horsham
Gatwick
Produced by TWT London N19 – 20.10.1999 (LC)

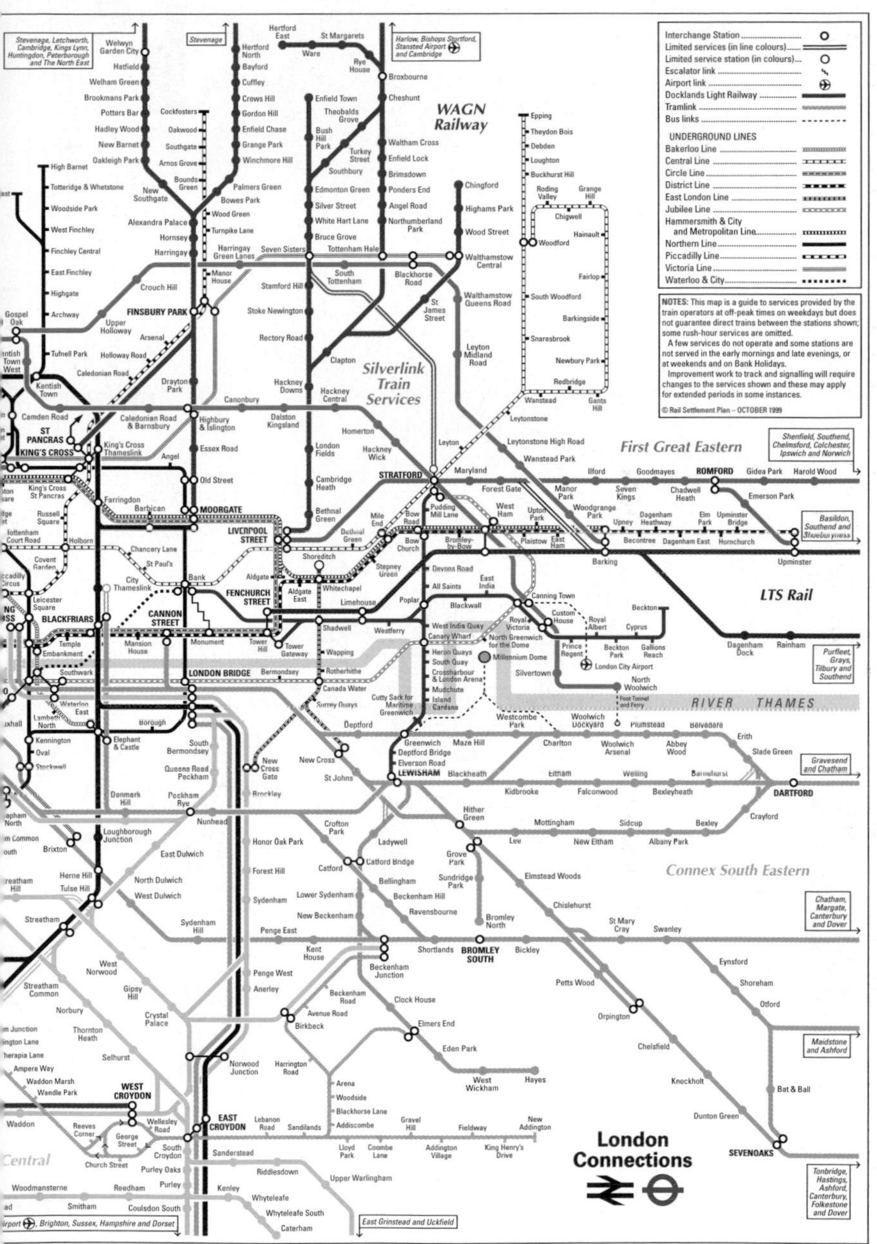

London Connections
Interchange Station
Limited services (in line colours)
Limited service station (in colours)
Escalator link
Airport link
Docklands Light Railway
Tramlink
Bus links
UNDERGROUND LINES
Bakerloo Line
Central Line
Circle Line
District Line
East London Line
Jubilee Line
Hammersmith & City and Metropolitan Line
Northern Line
Piccadilly Line
Victoria Line
Waterloo & City
NOTES: This map is a guide to services provided by the train operators at off-peak times on weekdays but does not guarantee direct trains between the stations shown; some rush-hour services are omitted.
A few services do not operate and some stations are not served in the early mornings and late evenings, or at weekends and on Bank Holidays.
Improvement work to track and signalling will require changes to the services shown and these may apply for extended periods in some instances.
© Rail Settlement Plan – OCTOBER 1999
WAGN Railway
Silverlink Train Services
First Great Eastern
LTS Rail
Connex South Eastern
RIVER THAMES
Stevenage, Letchworth, Cambridge, Kings Lynn, Huntingdon, Peterborough and The North East
Stevenage
Harlow, Bishops Stortford, Stansted Airport and Cambridge
Shenfield, Southend, Chelmsford, Colchester, Ipswich and Norwich
Basildon, Southend and Shoeburyness
Purfleet, Grays, Tilbury and Southend
Gravesend and Chatham
Chatham, Margate, Canterbury and Dover
Maidstone and Ashford
Tonbridge, Hastings, Ashford, Canterbury, Folkestone and Dover
East Grinstead and Uckfield
Brighton, Sussex, Hampshire and Dorset
Welwyn Garden City
Hatfield
Welham Green
Brookmans Park
Potters Bar
Hadley Wood
New Barnet
Oakleigh Park
Cockfosters
Oakwood
Southgate
Arnos Grove
Bounds Green
New Southgate
Alexandra Palace
Hornsey
Harringay
Hertford North
Bayford
Cuffley
Crews Hill
Gordon Hill
Enfield Chase
Grange Park
Winchmore Hill
Palmers Green
Bowes Park
Wood Green
Turnpike Lane
Harringay Green Lanes
Hertford East
Ware
St Margarets
Rye House
Broxbourne
Cheshunt
Enfield Town
Theobalds Grove
Bush Hill Park
Turkey Street
Southbury
Waltham Cross
Enfield Lock
Brimsdown
Ponders End
Angel Road
Northumberland Park
Edmonton Green
Silver Street
White Hart Lane
Bruce Grove
Seven Sisters
Tottenham Hale
South Tottenham
Blackhorse Road
Chingford
Highams Park
Wood Street
Walthamstow Central
Walthamstow Queens Road
St James Street
Epping
Theydon Bois
Debden
Loughton
Buckhurst Hill
Roding Valley
Grange Hill
Chigwell
Hainault
Woodford
Fairlop
South Woodford
Barkingside
Snaresbrook
Newbury Park
Redbridge
Wanstead
Gants Hill
Leytonstone
Leyton Midland Road
High Barnet
Totteridge & Whetstone
Woodside Park
West Finchley
Finchley Central
East Finchley
Highgate
Archway
Tufnell Park
Kentish Town
Kentish Town West
Gospel Oak
Crouch Hill
Upper Holloway
Manor House
Finsbury Park
Stamford Hill
Stoke Newington
Rectory Road
Clapton
Hackney Downs
Hackney Central
Arsenal
Holloway Road
Caledonian Road
Drayton Park
Canonbury
Dalston Kingsland
Camden Road
Caledonian Road & Barnsbury
Highbury & Islington
Homerton
Hackney Wick
London Fields
Cambridge Heath
Bethnal Green
St Pancras
King's Cross
King's Cross Thameslink
Angel
Essex Road
Old Street
Moorgate
Farringdon
Barbican
King's Cross St Pancras
Russell Square
Tottenham Court Road
Holborn
Chancery Lane
St Paul's
Covent Garden
Piccadilly Circus
Leicester Square
City Thameslink
Bank
Liverpool Street
Aldgate
Aldgate East
Fenchurch Street
Shoreditch
Whitechapel
Bethnal Green
Mile End
Bow Road
Bow Church
Stepney Green
Limehouse
Blackfriars
Cannon Street
Mansion House
Temple
Embankment
Monument
Tower Hill
Tower Gateway
Shadwell
Wapping
Rotherhithe
Canada Water
Surrey Quays
Bermondsey
London Bridge
Southwark
Waterloo
Waterloo East
Lambeth North
Borough
Elephant & Castle
Kennington
Oval
Stockwell
Vauxhall
South Bermondsey
Queens Road Peckham
Peckham Rye
Denmark Hill
Nunhead
New Cross Gate
New Cross
Brockley
Deptford
St Johns
Leyton
Leytonstone High Road
Wanstead Park
Stratford
Maryland
Forest Gate
Manor Park
Ilford
Seven Kings
Goodmayes
Chadwell Heath
Romford
Gidea Park
Harold Wood
Emerson Park
Woodgrange Park
Upton Park
Upney
Dagenham Heathway
Elm Park
Upminster Bridge
Barking
Becontree
Dagenham East
Hornchurch
Upminster
Pudding Mill Lane
West Ham
Plaistow
East Ham
Bromley-by-Bow
Devons Road
All Saints
East India
Poplar
Blackwall
Westferry
West India Quay
Canary Wharf
Heron Quays
South Quay
Crossharbour & London Arena
Mudchute
Island Gardens
Cutty Sark for Maritime Greenwich
North Greenwich for the Dome
Millennium Dome
Canning Town
Custom House
Royal Victoria
Royal Albert
Prince Regent
Beckton Park
Beckton
Cyprus
Gallions Reach
London City Airport
Silvertown
North Woolwich
Foot Tunnel and Ferry
Woolwich Dockyard
Plumstead
Belvedere
Erith
Slade Green
Dagenham Dock
Rainham
Westcombe Park
Charlton
Woolwich Arsenal
Abbey Wood
Greenwich
Maze Hill
Deptford Bridge
Elverson Road
Lewisham
Blackheath
Eltham
Welling
Barnehurst
Dartford
Kidbrooke
Falconwood
Bexleyheath
Crayford
Hither Green
Mottingham
Sidcup
Bexley
Lee
New Eltham
Albany Park
Crofton Park
Ladywell
Grove Park
Catford
Catford Bridge
Bellingham
Sundridge Park
Elmstead Woods
Chislehurst
Beckenham Hill
Ravensbourne
Bromley North
St Mary Cray
Swanley
Shortlands
Bromley South
Bickley
Eynsford
Shoreham
Otford
Petts Wood
Orpington
Chelsfield
Knockholt
Dunton Green
Sevenoaks
Bat & Ball
Honor Oak Park
Forest Hill
Sydenham
Lower Sydenham
New Beckenham
Penge East
Kent House
Beckenham Junction
Penge West
Anerley
Beckenham Road
Avenue Road
Clock House
Birkbeck
Elmers End
Eden Park
West Wickham
Hayes
Norwood Junction
Harrington Road
Arena
Woodside
Blackhorse Lane
Addiscombe
Lebanon Road
Sandilands
Gravel Hill
Fieldway
New Addington
Lloyd Park
Coombe Lane
Addington Village
King Henry's Drive
East Croydon
West Croydon
Wellesley Road
George Street
South Croydon
Sanderstead
Riddlesdown
Upper Warlingham
Kenley
Whyteleafe
Whyteleafe South
Caterham
Purley Oaks
Purley
Reedham
Coulsdon South
Smitham
Woodmansterne
Church Street
Reeves Corner
Waddon
Wandle Park
Waddon Marsh
Ampere Way
Therapia Lane
Mitcham Junction
Selhurst
Thornton Heath
Norbury
Crystal Palace
Gipsy Hill
West Norwood
Streatham Common
Streatham
Sydenham Hill
West Dulwich
North Dulwich
East Dulwich
Tulse Hill
Herne Hill
Brixton
Loughborough Junction
Streatham Hill
Clapham North
Central

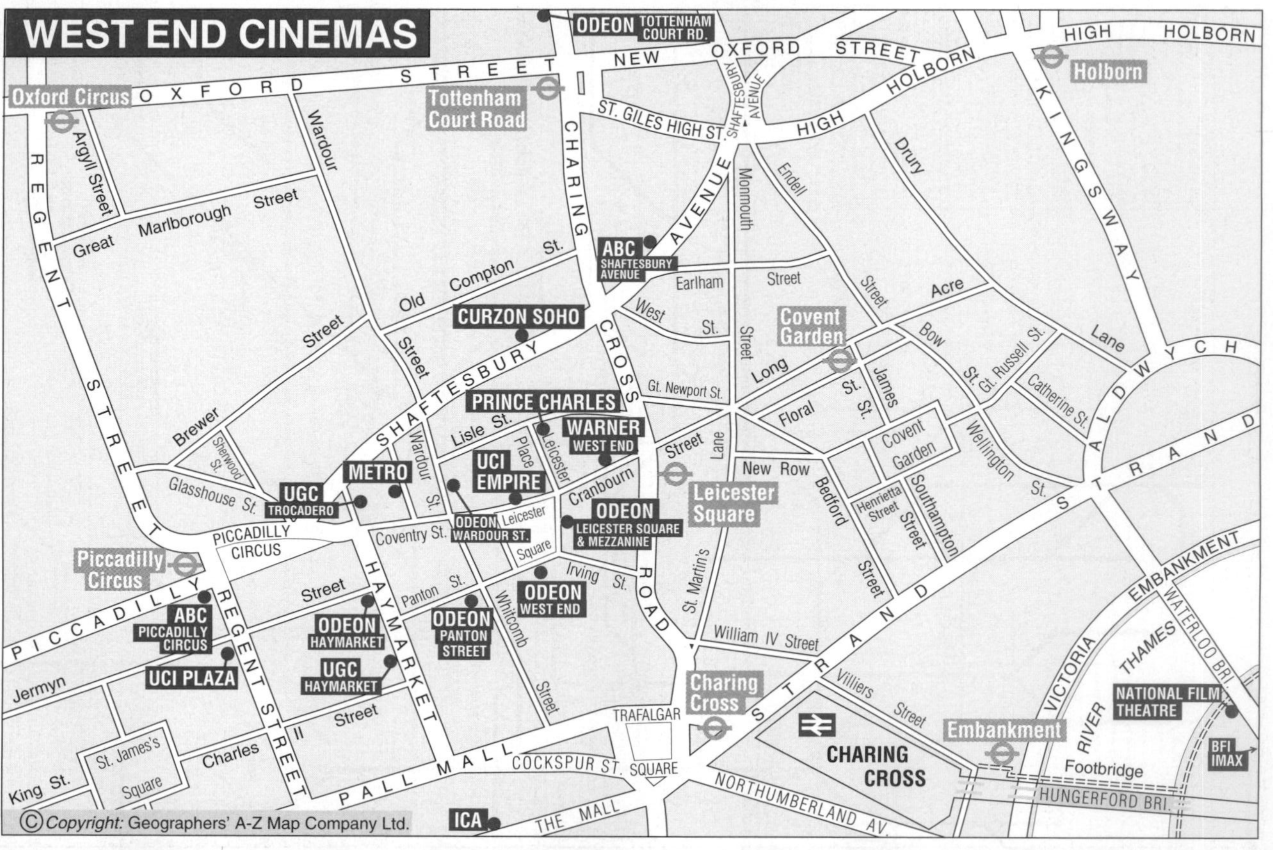

WEST END CINEMAS

Ⓒ Copyright: Geographers' A-Z Map Company Ltd.

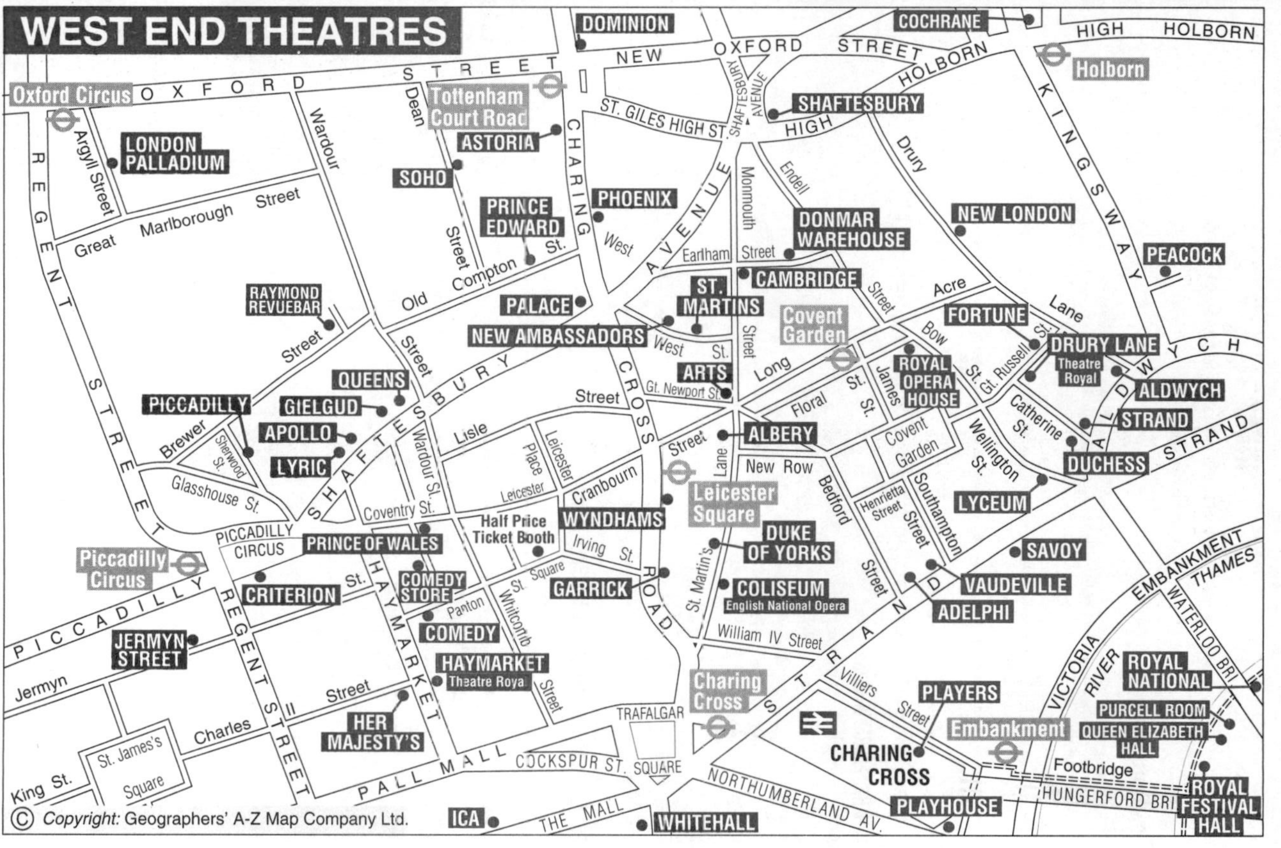
WEST END THEATRES
DOMINION
COCHRANE
HIGH HOLBORN
Holborn
OXFORD STREET
NEW OXFORD STREET
HOLBORN
Oxford Circus
Tottenham Court Road
SHAFTESBURY AVENUE
SHAFTESBURY
ST. GILES HIGH ST.
HIGH HOLBORN
KINGSWAY
LONDON PALLADIUM
Argyll Street
Wardour Street
Dean Street
ASTORIA
CHARING CROSS ROAD
SOHO
PRINCE EDWARD
PHOENIX
West St.
Monmouth Street
Endell Street
Drury Lane
NEW LONDON
DONMAR WAREHOUSE
PEACOCK
REGENT STREET
Great Marlborough Street
Old Compton St.
Earlham Street
CAMBRIDGE
RAYMOND REVUEBAR
PALACE
ST. MARTINS
Acre
FORTUNE
NEW AMBASSADORS
Covent Garden
Bow St.
Gt. Russell St.
DRURY LANE Theatre Royal
ALDWYCH
West St.
ARTS
Gt. Newport St.
Long Acre
Floral St.
James St.
ROYAL OPERA HOUSE
Catherine St.
STRAND
QUEENS
GIELGUD
PICCADILLY
APOLLO
LYRIC
Brewer Street
Sherwood St.
Glasshouse St.
SHAFTESBURY AVENUE
Wardour St.
Lisle Street
Leicester Place
Leicester Street
Cranbourn Street
ALBERY
Covent Garden
Wellington St.
DUCHESS
Leicester Square
New Row
Bedford Street
Henrietta Street
Southampton Street
LYCEUM
Coventry St.
Half Price Ticket Booth
WYNDHAMS
Irving St.
DUKE OF YORKS
SAVOY
PICCADILLY CIRCUS
PRINCE OF WALES
Piccadilly Circus
COMEDY STORE
Panton St.
Whitcomb Street
Leicester Square
GARRICK
St. Martin's Lane
COLISEUM English National Opera
VAUDEVILLE
ADELPHI
EMBANKMENT
THAMES
CRITERION
COMEDY
William IV Street
HAYMARKET Theatre Royal
HAYMARKET
PICCADILLY
JERMYN STREET
Jermyn Street
Charles II Street
HER MAJESTY'S
TRAFALGAR SQUARE
Charing Cross
Villiers Street
PLAYERS
CHARING CROSS
Embankment
VICTORIA RIVER
WATERLOO BRI
ROYAL NATIONAL
PURCELL ROOM
QUEEN ELIZABETH HALL
Footbridge
HUNGERFORD BRI
ROYAL FESTIVAL HALL
King St.
St. James's Square
PALL MALL
COCKSPUR ST.
NORTHUMBERLAND AV.
PLAYHOUSE
ICA
THE MALL
WHITEHALL
© Copyright: Geographers' A-Z Map Company Ltd.

INDEX

Including Streets, Places & Areas, Industrial Estates, Selected Subsidiary Addresses,
Junction Names and Selected Places of Interest.

HOW TO USE THIS INDEX

1. Each street name is followed by its Postal District (or, if outside the London Postal Districts, by its Posttown or Postal Locality), and then by its map reference; e.g.
Abbeville Rd. *SW4* —6G **103** is in the South West 4 Postal District and is found in square 6G on page **103**. The page number being shown in bold type.
A strict alphabetical order is followed in which Av., Rd., St. etc. (though abbreviated) are read in full and as part of the street name; e.g. Abbotsmede Clo. appears after Abbots Mead but before Abbots Pk.

2. Streets and a selection of Subsidiary names not shown on the Maps, appear in this index in *Italics* with the thoroughfare to which it is connected shown in brackets;
e.g. *Abbey Ct. SE17 —5C 86 (off Macleod St.)*

3. Places and areas are shown in the index in **bold type** the map reference referring to the actual map square in which the town or area is located and not to the place name;
e.g. **Abbey Wood. —49Yc 95**

4. An example of a selected place of interest is Admiralty Arch. —1H 85 (4D 166)

5. Map references shown in brackets; e.g. Abbey Orchard St. *SW1* —3H **85** (1D **172**) refer to entries that also appear on the large scale pages 158-173.

GENERAL ABBREVIATIONS

All : Alley	Cir : Circus	Gt : Great	M : Mews	Sq : Square
App : Approach	Clo : Close	Grn : Green	Mt : Mount	Sta : Station
Arc : Arcade	Comn : Common	Gro : Grove	Mus : Museum	St : Street
Av : Avenue	Cotts : Cottages	Ho : House	N : North	Ter : Terrace
Bk : Back	Ct : Court	Ind : Industrial	Pal : Palace	Trad : Trading
Boulevd : Boulevard	Cres : Crescent	Info : Information	Pde : Parade	Up : Upper
Bri : Bridge	Cft : Croft	Junct : Junction	Pk : Park	Va : Vale
B'way : Broadway	Dri : Drive	La : Lane	Pas : Passage	Vw : View
Bldgs : Buildings	E : East	Lit : Little	Pl : Place	Vs : Villas
Bus : Business	Embkmt : Embankment	Lwr : Lower	Quad : Quadrant	Vis : Visitors
Cvn : Caravan	Est : Estate	Mc : Mac	Res : Residential	Wlk : Walk
Cen : Centre	Fld : Field	Mnr : Manor	Ri : Rise	W : West
Chu : Church	Gdns : Gardens	Mans : Mansions	Rd : Road	Yd : Yard
Chyd : Churchyard	Gth : Garth	Mkt : Market	Shop : Shopping	
Circ : Circle	Ga : Gate	Mdw : Meadow	S : South	

POSTTOWN AND POSTAL LOCALITY ABBREVIATIONS

Ashf : Ashford	*Col R* : Collier Row	*Harm* : Harmondsworth	*N Mald* : New Malden	*S'leigh* : Stoneleigh
Bark : Barking	*Cran* : Cranford	*Harr* : Harrow	*N Har* : North Harrow	*Sun* : Sunbury-On-Thames
B'side : Barkingside	*Cray* : Crayford	*Har W* : Harrow Weald	*N'holt* : Northolt	*Surb* : Surbiton
B'hurst : Barnehurst	*Croy* : Croydon	*H End* : Hatch End	*N Hth* : Northumberland Heath	*Sutt* : Sutton
Barn : Barnet	*Dag* : Dagenham	*Hayes* : Hayes (Kent)	*N'wd* : Northwood	*Swan* : Swanley
Beck : Beckenham	*Dart* : Dartford	*Hay* : Hayes (Middlesex)	*Orp* : Orpington	*Tedd* : Teddington
Bedd : Beddington	*Dit H* : Ditton Hill	*H'row* : Heathrow	*Pet W* : Petts Wood	*Th Dit* : Thames Ditton
Bedf : Bedfont	*E Barn* : East Barnet	*H'row A* : London Heathrow Airport	*Pinn* : Pinner	*T Hth* : Thornton Heath
Belm : Belmont	*Eastc* : Eastcote	*High Bar* : High Barnet	*Pot B* : Potters Bar	*Twic* : Twickenham
Belv : Belvedere	*E Mol* : East Molesey	*Hil* : Hillingdon	*Purl* : Purley	*Uxb* : Uxbridge
Bex : Bexley	*Edgw* : Edgware	*Hin W* : Hinchley Wood	*Rain* : Rainham	*Wall* : Wallington
Bexh : Bexleyheath	*Els* : Elstree	*Houn* : Hounslow	*Rich* : Richmond	*Wal X* : Waltham Cross
Borwd : Borehamwood	*Enf* : Enfield	*Ick* : Ickenham	*Ridg* : Ridgeway, The	*W on T* : Walton-On-Thames
Bren : Brentford	*Eps* : Epsom	*Ilf* : Ilford	*Romf* : Romford	*Warl* : Warlingham
Brim : Brimsdown	*Eri* : Erith	*Iswth* : Isleworth	*Ruis* : Ruislip	*W'stone* : Wealdstone
Brom : Bromley	*Esh* : Esher	*Kent* : Kenton	*Rush G* : Rush Green	*Well* : Welling
Buck H : Buckhurst Hill	*Ewe* : Ewell	*Kes* : Keston	*St M* : St Mary Cray	*Wemb* : Wembley
Bush : Bushey	*Farnb* : Farnborough	*Kew* : Kew	*St P* : St Pauls Cray	*W Dray* : West Drayton
Bus H : Bushey Heath	*Felt* : Feltham	*King T* : Kingston Upon Thames	*Shep* : Shepperton	*W Ewe* : West Ewell
Cars : Carshalton	*Frog* : Frogmore	*Lale* : Laleham	*Short* : Shortlands	*W Mol* : West Molesey
Chad H : Chadwell Heath	*Gnfd* : Greenford	*L Hth* : Little Heath	*S'hall* : Southall	*W W'ck* : West Wickham
Cheam : Cheam	*Hack* : Hackbridge	*Lou* : Loughton	*S Croy* : South Croydon	*Wey* : Weybridge
Cher : Chertsey	*Ham* : Ham	*Mawn* : Mawneys	*S Harr* : South Harrow	*Whit* : Whitton
Chess : Chessington	*Hamp* : Hampton	*Mitc* : Mitcham	*S Ruis* : South Ruislip	*Wok* : Woking
Chig : Chigwell	*Hamp H* : Hampton Hill	*Mit J* : Mitcham Junction	*Sidc* : Sidcup	*Wfd G* : Woodford Green
Chst : Chislehurst	*Hamp W* : Hampton Wick	*Mord* : Morden	*Stai* : Staines	*Wor Pk* : Worcester Park
Clay : Claygate	*Hanw* : Hanworth	*New Ad* : New Addington	*Stan* : Stanmore	*Yiew* : Yiewsley
Cockf : Cockfosters	*Hare* : Harefield	*New Bar* : New Barnet	*Stanw* : Stanwell	

INDEX

1 *Owen St. EC1*
(off Owen St.) —2B **68** *(1A* **162***)*
3 Cranes Wlk. *EC4* —3D **168**
101 Bus. Units. *SW11* —3D **102**
198 Gallery. —6B **104**
(off Railton Rd.)

Aaron Hill Rd. *E6* —5E **72**
Abady Ho. SW1 —4H **85** *(3D* **172***)*
(off Page St.)
Abberley M. *SW4* —3F **103**
Abbess Clo. *E6* —5C **72**
Abbess Clo. *SW2* —1B **122**

Abbeville M. *SW4* —4H **103**
Abbeville Ho. *SW4* —4H **31**
Abbeville Rd. *SW4* —6G **103**
Abbey Av. *Wemb* —2E **62**
Abbey Bus. Cen. *SW8* —1G **103**
Abbey Clo. *Hay* —1K **77**

Abbey Clo. *N'holt* —3D **60**
Abbey Clo. *Pinn* —3K **23**
Abbey Ct. NW8 —2A **66**
(off Abbey Rd.)
Abbey Ct. SE17 —5C **86**
(off Macleod St.)

Abbey Ct. *Hamp* —7E **114**
Abbey Cres. *Belv* —4G **93**
Abbeydale Ct. *E17* —3F **35**
Abbeydale Ct. S'hall —6F **61**
(off Dormers Ri.)
Abbeydale Rd. *Wemb* —1F **63**

Abbey Dri. SW17 —5E 120
Abbey Est. NW8 —1K 65
Abbeyfield Clo. Mitc —2C 138
Abbeyfield Est. SE16 —4J 87
Abbeyfield Rd. SE16 —4J 87 (in two parts)
Abbeyfields Clo. NW10 —3G 63
Abbey Gdns. NW8 —2A 66
Abbey Gdns. SE16 —4G 87
Abbey Gdns. W6 —6G 83
Abbey Gdns. Chst —1E 144
Abbey Gro. SE2 —4B 92
Abbey Hill Rd. Sidc —2C 128
Abbey Ho. E15 —2G 71 (off Baker's Row)
Abbey Ho. NW8 —1A 158
Abbey Ind. Est. Mitc —5D 138
Abbey Ind. Est. Wemb —1F 63
Abbey La. E15 —2E 70
Abbey La. Beck —7C 124
Abbey La. Commercial Est. E15 —2G 71
Abbey Life Ct. E16 —5K 71
Abbey Lodge. NW8 —2D 158
Abbey M. E17 —5C 34
Abbey Mt. Belv —5F 93
Abbey Orchard St. SW1 —3H 85 (1C 172)
Abbey Orchard St. Est. SW1 —3H 85 (1D 172)
Abbey Pde. SW19 —7A 120 (off Merton High St.)
Abbey Pde. W5 —3F 63
Abbey Pk. Beck —7C 124
Abbey Retail Pk. Bark —7F 55
Abbey Rd. E15 —2F 71
Abbey Rd. NW6 & NW8 —7K 47 (1A 158)
Abbey Rd. NW10 —1H 63
Abbey Rd. SW19 —7A 120
Abbey Rd. Bark —7F 55
Abbey Rd. Belv —4D 92
Abbey Rd. Bexh —4E 110
Abbey Rd. Croy —3B 152
Abbey Rd. Enf —5K 7
Abbey Rd. Ilf —5H 37
Abbey St. E13 —4J 71
Abbey St. SE1 —3E 86 (7H 169)
Abbey Ter. SE2 —4C 92
Abbey Trad. Est. SE26 —5B 124
Abbey Vw. NW7 —3G 13
Abbey Wlk. W Mol —3F 133
Abbey Wharf Ind. Est. Bark —3H 73
Abbey Wood. —4C 92
Abbey Wood Camping & Cvn. Site. SE2 —4C 92
Abbey Wood Rd. SE2 —4B 92
Abbot Ct. SW8 —7J 85 (off Hartington Rd.)
Abbot Ho. E14 —7D 70
Abbotsbury Clo. E15 —2E 70
Abbotsbury Gdns. Pinn —7A 24
Abbotsbury M. SE15 —3J 105
Abbotsbury Rd. W14 —2G 83
Abbotsbury Rd. Brom —2H 155
Abbotsbury Rd. Mord —5K 137
Abbots Clo. Orp —7G 145
Abbots Clo. Ruis —3B 42
Abbots Dri. Harr —2E 42
Abbotsford Av. N15 —4C 32
Abbotsford Gdns. Wfd G —7D 20
Abbotsford Rd. Ilf —2A 56
Abbots Gdns. N2 —4B 30
Abbots Grn. Croy —6K 153
Abbotshade Rd. SE16 —1K 87
Abbotshall Av. N14 —3B 16
Abbotshall Rd. SE6 —1F 125
Abbot's Ho. W14 —3H 83
Abbots La. SE1 —1E 86 (5H 169)
Abbotsleigh Clo. Sutt —7K 149
Abbotsleigh Rd. SW16 —4G 121
Abbots Mnr. SW1 —4F 85 (5J 171)
Abbots Mead. Rich —4D 116
Abbotsmede Clo. Twic —2K 115
Abbots Pk. SW2 —1A 122
Abbot's Pl. NW6 —1K 65
Abbot's Rd. E6 —1B 72
Abbots Rd. Edgw —7D 12
Abbots Ter. N8 —6J 31
Abbotstone Rd. SW15 —3E 100
Abbot St. E8 —6F 51
Abbots Wlk. W8 —3K 83
Abbotswell Rd. SE4 —5B 106
Abbotswood Clo. Belv —3E 92
Abbotswood Gdns. Ilf —3D 36
Abbotswood Rd. SE22 —4E 104
Abbotswood Rd. SW16 —3H 121
Abbotswood Way. Hay —1K 77
Abbott Av. SW20 —1F 137
Abbott Clo. Hamp —6C 114
Abbott Clo. N'holt —6D 42
Abbott Rd. E14 —5E 70 (in two parts)
Abbottsbury Clo. W14 —2G 83
Abbotts Clo. SE28 —7C 74
Abbotts Clo. N1 —6C 50
Abbotts Clo. Romf —3H 39
Abbott's Clo. Uxb —5A 58
Abbotts Cres. E4 —4A 20
Abbotts Cres. Enf —2G 7
Abbotts Dri. Wemb —2B 44
Abbotts Ho. SW1 —5H 85 (6C 172) (off Aylesford St.)
Abbotts Pk. Rd. E10 —7E 34
Abbotts Rd. Mitc —4G 139 (in two parts)
Abbotts Rd. New Bar —4E 4
Abbotts Rd. S'hall —1C 78
Abbotts Rd. Sutt —4G 149
Abbott's Wlk. Bexh —7D 92
Abbotts Wharf. E14 —6C 70
Abby Pk. Ind. Est. Bark —2G 73
Abchurch La. EC4 (in two parts) —7D 68 (2F 169)
Abchurch Yd. EC4 —2E 168
Abdale Rd. W12 —1D 82
Abel Ho. SE11 —6A 86 (7K 173) (off Kennington Rd.)
Abenglen Ind. Est. Hay —2F 77
Aberavon Rd. E3 —3A 70
Abercairn Rd. SW16 —7G 121
Aberconway Rd. Mord —4K 137
Abercorn Clo. NW7 —7B 14
Abercorn Clo. NW8 —3A 66
Abercorn Commercial Cen. Wemb —1D 62
Abercorn Cres. Harr —1F 43
Abercorn Gdns. Harr —7D 26
Abercorn Gdns. Romf —6B 38
Abercorn Gro. Ruis —4F 23
Abercorn Ho. SE10 —7D 88 (off Tarves Way)
Abercorn Mans. NW8 —2A 66 (off Abercorn Pl.)
Abercorn M. Rich —4F 99
Abercorn Pl. NW8 —3A 66
Abercorn Rd. NW7 —7B 14
Abercorn Rd. Stan —7H 11
Abercorn Way. SE1 —5G 87
Abercrombie Dri. Enf —1B 8
Abercrombie St. SW11 —2C 102
Aberdare Clo. W W'ck —2E 154
Aberdare Gdns. NW6 —7K 47
Aberdare Gdns. NW7 —7A 14
Aberdare Rd. Enf —4D 8
Aberdeen Cotts. Stan —7H 11
Aberdeen Ct. W9 —4A 66 (4A 158) (off Maida Va.)
Aberdeen La. N5 —5C 50
Aberdeen Mans. WC1 (off Kenton St.) —4J 67 (3E 160)
Aberdeen Pde. N18 —5C 18 (off Aberdeen Rd.)
Aberdeen Pk. N5 —5C 50
Aberdeen Pl. NW8 —4B 66
Aberdeen Rd. N5 —4C 50
Aberdeen Rd. N18 —5B 18 (in two parts)
Aberdeen Rd. NW10 —5B 46
Aberdeen Rd. Croy —4C 152
Aberdeen Rd. Harr —2K 25
Aberdeen Sq. E14 —1B 88
Aberdeen Ter. SE3 —2F 107
Aberdour Rd. Ilf —3B 56
Aberdour St. SE1 —4E 86
Aberfeldy Ho. SE5 —7B 86 (in two parts)
Aberfeldy St. E14 —6E 70 (in two parts)
Aberford Gdns. SE18 —1C 108
Aberfoyle Rd. SW16 —6H 121 (in two parts)
Abergeldie Rd. SE12 —6K 107
Abernethy Rd. SE13 —4G 107
Abersham Rd. E8 —5F 51
Abery St. SE18 —4J 91
Abingdon. W14 —4H 83 (off Kensington Village)
Abingdon Clo. NW1 —6H 49
Abingdon Clo. SE1 —4F 87 (off Bushwood Dri.)
Abingdon Clo. SW19 —6A 120
Abingdon Clo. Uxb —1B 58
Abingdon Ct. W8 —3J 83 (off Abingdon Vs.)
Abingdon Gdns. W8 —3J 83
Abingdon Ho. E2 —4F 69 (3J 163) (off Boundary St.)
Abingdon Lodge. W8 —3J 83
Abingdon Rd. N3 —2A 30
Abingdon Rd. SW16 —2J 139
Abingdon Rd. W8 —3J 83
Abingdon St. SW1 —3J 85 (1E 172)
Abingdon Vs. W8 —3J 83
Abinger Clo. Bark —4A 56
Abinger Clo. Brom —3C 144
Abinger Clo. New Ad —6E 154
Abinger Clo. Wall —5J 151
Abinger Ct. W5 —7C 62
Abinger Ct. Wall —5J 151
Abinger Gdns. Iswth —3J 97
Abinger Gro. SE8 —6B 88
Abinger Ho. SE1 —2D 86 (7E 168) (off Gt. Dover St.)
Abinger M. W9 —4J 65
Abinger Rd. W4 —3A 82
Ablett St. SE16 —5J 87
Abney Gdns. N16 —2F 51
Aboyne Dri. SW20 —2C 136
Aboyne Rd. NW10 —3A 46
Aboyne Rd. SW17 —3B 120
Abridge Way. Bark —2B 74
Abyssinia Clo. SW11 —4C 102
Abyssinia Ct. N8 —5K 31
Abyssinia Rd. SW11 —4C 102
Acacia Av. N17 —7J 17
Acacia Av. Bren —7B 80
Acacia Av. Hay —6H 59
Acacia Av. Ruis —1J 41
Acacia Av. Shep —5C 130
Acacia Av. Wemb —5E 44
Acacia Av. W Dray —7B 58
Acacia Bus. Cen. E11 —3G 53
Acacia Clo. SE8 —4A 88
Acacia Clo. SE20 —2G 141
Acacia Clo. Orp —5H 145
Acacia Clo. Stan —6D 10
Acacia Ct. Harr —5F 25
Acacia Dri. Sutt —1J 149
Acacia Gdns. NW8 —2B 66
Acacia Gdns. W W'ck —2E 154
Acacia Gro. SE21 —2D 122
Acacia Gro. N Mald —3K 135
Acacia Ho. N22 —1A 32 (off Douglas Rd.)
Acacia M. W Dray —6A 76
Acacia Pl. NW8 —2B 66
Acacia Rd. E11 —2G 53
Acacia Rd. E17 —6A 34
Acacia Rd. N22 —1A 32
Acacia Rd. NW8 —2B 66
Acacia Rd. SW16 —1J 139
Acacia Rd. W3 —7J 63
Acacia Rd. Beck —3B 142
Acacia Rd. Enf —1J 7
Acacia Rd. Hamp —6E 114
Acacia Rd. Mitc —2E 138
Acacias, The. Barn —5G 5
Acacia Way. Sidc —1K 127
Academy Bldgs. N1 —1G 163
Academy Gdns. Croy —1F 153
Academy Gdns. N'holt —2B 60
Academy Ho. E3 —5D 70
Academy Pl. SE18 —1D 108
Academy Rd. SE18 —1D 108
Acanthus Dri. SE1 —5G 87
Acanthus Rd. SW11 —3E 102
Accommodation Rd. NW11 —1H 47
Accommodation Rd. Wor Pk —5C 148
A.C. Court. Th Dit —6A 134
Ace Pde. Chess —3E 146
Acer Av. Hay —5C 60
Acfold Rd. SW6 —1K 101
Achilles Clo. SE1 —5G 87
Achilles Rd. NW6 —5J 47
Achilles St. SE14 —7A 88
Achilles Way. W1 —1E 84 (5H 165)
Acklam Rd. W10 —5G 65 (in two parts)
Acklington Dri. NW9 —1A 28
Ackmar Rd. SW6 —1J 101
Ackroyd Dri. E3 —5C 70
Ackroyd Rd. SE23 —7K 105
Acland Clo. SE18 —7H 91
Acland Cres. SE5 —3D 104
Acland Ho. SW9 —1K 103
Acland Rd. NW2 —6D 46
Acock Gro. N'holt —4F 43
Acol Ct. NW6 —7J 47
Acol Cres. Ruis —5K 41
Acol Rd. NW6 —7J 47
Aconbury Rd. Dag —1B 74
Acorn Clo. E4 —5J 19
Acorn Clo. Chst —5G 127
Acorn Clo. Enf —1G 7
Acorn Clo. Hamp —6F 115
Acorn Clo. Stan —7G 11
Acorn Ct. E6 —7C 54
Acorn Ct. Ilf —6J 37
Acorn Gdns. SE19 —1F 141
Acorn Gdns. W3 —5K 63
Acorn Gro. Hay —7H 77
Acorn Gro. Ruis —4H 41
Acorn Pde. SE15 —7H 87
Acorn Production Cen. N7 —7J 49
Acorn Wlk. SE16 —1A 88
Acorn Way. SE23 —3K 123
Acorn Way. Beck —5E 142
Acre Dri. SE22 —4G 105
Acrefield Ho. NW4 —4F 29 (off Belle Vue Est.)
Acre Path. N'holt —6C 42 (off Arnold Rd.)
Acre Rd. SW19 —6B 120
Acre Rd. Dag —7H 57
Acre Rd. King T —1E 134
Acre Way. N'wd —1H 23
Acris St. SW18 —5A 102
Acton. —1J 81
Acton Central Ind. Est. W3 —1H 81
Acton Clo. N9 —2B 18
Acton Green. —3J 81
Acton Hill M. W3 —1H 81
Acton Ho. E8 —1F 69 (off Lee St.)
Acton La. NW10 —3J 63
Acton La. W3 & W4 —2J 81 (in three parts)
Acton M. E8 —1F 69
Acton Pk. Est. W3 —2K 81
Acton St. WC1 —3K 67 (2G 161)
Acton Va. Ind. Pk. W3 —1B 82
Acuba Rd. SW18 —2K 119
Acworth Clo. N9 —7D 8
Acworth Ho. SE18 —6F 91 (off Barnfield Rd.)
Ada Ct. N1 —1C 68 (off Packington St.)
Ada Ct. NW8 —3A 66 (2A 158)
Ada Gdns. E14 —6F 71
Ada Gdns. E15 —1H 71
Ada Ho. E2 —1G 69 (off Ada Pl.)
Adair Clo. SE25 —3H 141
Adair Rd. W10 —4G 65
Adair Tower. W10 —4G 65 (off Appleford Rd.)
Adam & Eve Ct. W1 —7B 160
Adam & Eve M. W8 —3J 83
Adam Clo. SE6 —4B 124
Adam Ct. SE11 —4K 173
Adam Ct. SW7 —4A 84 (off Gloucester Rd.)
Adam Rd. E4 —6G 19
Adams Bri. Bus. Cen. Wemb —5H 45
Adams Clo. N3 —7D 14
Adams Clo. NW9 —2H 45
Adams Clo. Surb —6F 135
Adams Ct. E17 —6A 34
Adams Ct. EC2 —6E 68 (7F 163)
Adams Gdns. Est. SE16 —2J 87
Adams Ho. E14 —6F 71
Adamson Ct. N2 —3C 30
Adamson Rd. E16 —6J 71
Adamson Rd. NW3 —7B 48
Adams Pl. E14 —1D 88 (off N. Colonnade, The)
Adams Pl. N7 —5K 49
Adamsrill Clo. Enf —6J 7
Adamsrill Rd. SE26 —4K 123
Adams Rd. N17 —2D 32
Adams Rd. Beck —5A 142
Adam's Row. W1 —7E 66 (3H 165)
Adams Sq. Bexh —3E 110
Adam St. WC2 —7J 67 (3F 167)
Adams Wlk. King T —2E 134
Adams Way. Croy —6F 141
Adam Wlk. SW6 —7E 82 (off Crabtree La.)
Ada Pl. E2 —1G 69

Albert Bri. SW3 & SW11 —6C 84 (7D 170)
Albert Bri. Rd. SW11 —7C 84
Albert Carr Gdns. SW16 —5J 121
Albert Clo. E9 —1H 69
Albert Clo. N22 —1H 31
Albert Cotts. E1 —5G 69 (off Deal St.)
Albert Ct. E7 —4J 53
Albert Ct. SW7 —3B 84 (7A 164)
Albert Ct. Ga. SW1 —2D 84 (7E 164) (off Knightsbridge)
Albert Cres. E4 —4H 19
Albert Dane Cen. S'hall —3C 78
Albert Dri. SW19 —2G 119
Albert Embkmt. SE1 (in two parts) —5J 85 (6F 173)
Albert Gdns. E1 —6K 69
Albert Ga. SW1 —2D 84 (6F 165)
Albert Gray Ho. SW10 —7B 84 (off Worlds End Est.)
Albert Gro. SW20 —1F 137
Albert Hall Mans. SW7 (in two parts) —2B 84 (7A 164)
Albert Ho. E18 —3K 35 (off Albert Rd.)
Albert Memorial. —2B 84 (7A 164)
Albert M. E14 —7A 70
Albert M. N4 —1K 49
Albert M. SE4 —4B 106
Albert M. W8 —3A 84
Albert Pl. N3 —1J 29
Albert Pl. N17 —3F 33
Albert Pl. W8 —3K 83
Albert Rd. E10 —2E 52
Albert Rd. E16 —1C 90
Albert Rd. E17 —5C 34
Albert Rd. E18 —3K 35
Albert Rd. N4 —1K 49
Albert Rd. N15 —6E 32
Albert Rd. N22 —1G 31
Albert Rd. NW4 —4F 29
Albert Rd. NW6 —2H 65
Albert Rd. NW7 —5G 13
Albert Rd. SE9 —3C 126
Albert Rd. SE20 —6K 123
Albert Rd. SE25 —4G 141
Albert Rd. W5 —4B 62
Albert Rd. Ashf —5B 112
Albert Rd. Barn —4F 5
Albert Rd. Belv —5F 93
Albert Rd. Bex —6G 111
Albert Rd. Brom —5B 144
Albert Rd. Buck H —2G 21
Albert Rd. Dag —1G 57
Albert Rd. Hamp H —5G 115
Albert Rd. Harr —3G 25
Albert Rd. Hay —3G 77
Albert Rd. Houn —4E 96
Albert Rd. Ilf —3F 55
Albert Rd. King T —2F 135
Albert Rd. Mitc —3D 138
Albert Rd. N Mald —4B 136
Albert Rd. Rich —5E 98
Albert Rd. S'hall —3B 78
Albert Rd. Sutt —5B 150
Albert Rd. Tedd —6K 115
Albert Rd. Twic —1K 115
Albert Rd. W Dray —1A 76
Albert Rd. Est. Belv —5F 93
Albert Sq. E15 —5G 53
Albert Sq. SW8 —7K 85
Albert Starr Ho. SE8 —4K 87 (off Bush Rd.)
Albert St. N12 —5F 15
Albert St. NW1 —1F 67
Albert Studios. SW11 —1D 102
Albert Ter. NW1 —1E 66
Albert Ter. NW10 —1J 63
Albert Ter. W5 —4B 62
Albert Ter. Buck H —2H 21
Albert Ter. M. NW1 —1E 66
Albert Victoria Ho. N22 —1A 32 (off Pellatt Gro.)
Albert Wlk. E16 —2E 90
Albert Way. SE15 —7H 87
Albert Westcott Ho. SE17 —5B 86
Albert Whicker Ho. E17 —4E 34
Albert Yd. SE19 —6E 122
Albion Av. N10 —1E 30
Albion Av. SW8 —2H 103
Albion Clo. W2 —7C 66 (2D 164)
Albion Clo. Romf —6K 39
Albion Dri. E8 —7F 51 (in two parts)
Albion Est. SE16 —2K 87
Albion Gdns. W6 —4D 82
Albion Ga. W2 —2D 164 (in two parts)
Albion Gro. N16 —4E 50
Albion Ho. E16 —1F 91 (off Church St.)
Albion M. N1 —1A 68
Albion M. W2 —7C 66 (2D 164)
Albion M. W6 —4D 82
Albion Pl. EC1 —5B 68 (5A 162)
Albion Pl. EC2 —5D 68 (6F 163)
Albion Pl. SE25 —3G 141
Albion Pl. W6 —4D 82
Albion Rd. E17 —3E 34
Albion Rd. N16 —4D 50
Albion Rd. N17 —2G 33
Albion Rd. Bexh —4F 111
Albion Rd. Hay —6G 59
Albion Rd. Houn —4E 96
Albion Rd. King T —1J 135
Albion Rd. Sutt —6B 150
Albion Rd. Twic —1J 115
Albion Sq. E8 —7F 51
Albion St. SE16 —2J 87
Albion St. W2 —6C 66 (1D 164)
Albion St. Croy —1B 152
Albion Ter. E4 —4J 9
Albion Ter. E8 —7F 51
Albion Vs. Rd. SE26 —3J 123
Albion Way. EC1 —5C 68 (6C 162)
Albion Way. SE13 —4E 106
Albion Way. Wemb —3G 45
Albion Wharf. SW11 —7C 84
Albion Yd. N1 —2J 67
Albrighton Rd. SE22 —3E 104
Albuhera Clo. Enf —1F 7
Albury Av. Bexh —2E 110
Albury Av. Iswth —7K 79
Albury Clo. Hamp —6F 115
Albury Ct. Mitc —2B 138
Albury Ct. N'holt —3A 60 (off Canberra Dri.)
Albury Ct. Sutt —4A 150
Albury Dri. Pinn —1A 24
Albury Ho. SE1 —2B 86 (7B 168) (off Boyfield St.)
Albury M. E12 —2A 54
Albury Rd. Chess —5E 146
Albury St. SE8 —6C 88
Albyfield. Brom —4D 144
Albyn Rd. SE8 —1C 106
Alcester Cres. E5 —2H 51
Alcester Rd. Wall —4F 151
Alcock Clo. Wall —7H 151
Alcock Rd. Houn —7B 78
Alconbury. Bexh —5H 111
Alconbury Rd. E5 —2G 51
Alcorn Clo. Sutt —2J 149
Alcott Clo. W7 —5K 61
Alcott Clo. Felt —1H 113
Alcuin Ct. Stan —7H 11
Aldam Pl. N16 —2F 51
Aldborough Ct. Ilf —5K 37 (off Aldborough Rd. N.)
Aldborough Hatch. —4K 37
Aldborough Rd. Dag —6J 57
Aldborough Rd. N. Ilf —5K 37
Aldborough Rd. S. Ilf —1J 55 (in two parts)
Aldbourne Rd. W3 —1B 82 (in two parts)
Aldbridge St. SE17 —5E 86
Aldburgh M. W1 —6E 66 (7H 159) (in two parts)
Aldbury Av. Wemb —7H 45
Aldbury Ho. SW3 —4C 84 (5C 170) (off Ixworth Pl.)
Aldbury M. N9 —7J 7
Aldebert Ter. SW8 —7J 85
Aldeburgh Clo. E5 —2H 51
Aldeburgh Pl. Wfd G —4D 20
Aldeburgh St. SE10 —5J 89
Alden Av. E15 —3H 71
Alden Ct. Croy —3E 152
Aldenham Dri. Uxb —4D 58
Aldenham Ho. NW1 —2G 67 (1B 160) (off Aldenham St.)
Aldenham St. NW1 —2G 67 (1C 160)
Alden Ho. E8 —1H 69 (off Duncan Rd.)
Aldensley Rd. W6 —3D 82
Alderbrook Rd. SW12 —6F 103
Alderbury Rd. SW13 —6C 82
Alder Clo. SE15 —6F 87
Alder Gro. NW2 —2C 46
Aldergrove Gdns. Houn —2C 96
Alderholt Way. SE15 —7E 86
Alder Ho. NW3 —6D 48
Alder Ho. SE4 —3C 106
Alder Ho. SE15 —6F 87 (off Alder Clo.)
Alder Lodge. SW6 —1E 100
Alderman Av. Bark —3A 74
Aldermanbury. EC2 —6C 68 (7D 162)
Aldermanbury Sq. EC2 —5C 68 (6D 162)
Alderman Judge Mall. King T —2E 134
Aldermans Hill. N13 —4D 16
Aldermans Wlk. EC2 —5E 68 (6G 163)
Aldermary Rd. Brom —1J 143
Alder M. N19 —2G 49
Aldermoor Rd. SE6 —3B 124
Alderney Av. Houn —7F 79
Alderney Gdns. N'holt —7D 42
Alderney Ho. Enf —1E 8
Alderney Rd. E1 —4K 69
Alderney St. SW1 —4F 85 (4K 171)
Alder Rd. SW14 —3K 99
Alder Rd. Sidc —3K 127
Alders Av. Wfd G —6B 20
Aldersbrook. —2K 53
Aldersbrook Av. Enf —2K 7
Aldersbrook Dri. King T —6F 117
Aldersbrook La. E12 —3D 54
Aldersbrook Rd. E11 & E12 —2K 53
Alders Clo. E11 —2K 53
Alders Clo. W5 —3D 80
Alders Clo. Edgw —5D 12
Aldersey Gdns. Bark —6H 55
Aldersford Clo. SE4 —5K 105
Aldersgate St. EC1 —5C 68 (5C 162)
Alders Gro. E Mol —5H 133
Aldersgrove Av. SE9 —3B 126
Aldershot Rd. NW6 —1H 65
Aldershot Ter. SE18 —7E 90
Aldersmead Av. Croy —6K 141
Aldersmead Rd. Beck —7A 124
Alderson Pl. S'hall —1G 79
Alderson St. W10 —4G 65
Alders Rd. Edgw —5D 12
Alders, The. N21 —6F 7
Alders, The. SW16 —4G 121
Alders, The. Felt —4C 114
Alders, The. Houn —6D 78
Alders, The. W W'ck —1D 154
Alderton Clo. NW10 —3K 45
Alderton Cres. NW4 —5D 28
Alderton Rd. SE24 —3C 104
Alderton Rd. Croy —7F 141
Alderton Way. NW4 —5D 28
Alderville Rd. SW6 —2H 101
Alder Wlk. Ilf —5G 55
Alderwick Dri. Houn —3H 97
Alderwood Rd. SE9 —6H 109
Aldford Ho. W1 —1E 84 (4G 165) (off Park St.)
Aldford St. W1 —1E 84 (4H 165)
Aldgate. —6F 69
Aldgate. E1 —6F 69 (off Whitechapel High St.)
Aldgate. EC3 —6E 68 (1H 169)
Aldgate Av. E1 —6F 69 (7J 163)
Aldgate Barrs. E1 —7K 163
Aldgate High St. EC3 —6F 69 (1J 169)
Aldgate Triangle. E1 —6G 69 (off Coke St.)
Aldham Ho. SE4 —2B 106
Aldine Ct. W12 —2E 82 (off Aldine St.)
Aldine Pl. W12 —2E 82
Aldine St. W12 —2E 82
Aldington Clo. Dag —1C 56
Aldington Ct. E8 —7G 51 (off Lansdowne Dri.)
Aldington Rd. SE18 —3B 90
Aldis M. SW17 —5C 120
Aldis St. SW17 —5C 120
Aldred Rd. NW6 —5J 47
Aldren Rd. SW17 —3A 120
Aldriche Way. E4 —6K 19
Aldrich Gdns. Sutt —3H 149
Aldrich Ter. SW18 —2A 120
Aldrick Ho. N1 —1K 67 (off Barnsbury Est.)
Aldridge Av. Edgw —3C 12
Aldridge Av. Ruis —2A 42
Aldridge Av. Stan —1E 26
Aldridge Ri. N Mald —7A 136
Aldridge Rd. Vs. W11 —5H 65
Aldridge Wlk. N14 —7D 6
Aldrington Rd. SW16 —5G 121
Aldsworth Clo. W9 —4K 65
Aldwick Clo. SE9 —3H 127
Aldwick Rd. Croy —3K 151
Aldworth Gro. SE13 —6E 106
Aldworth Rd. E15 —7G 53
Aldwych. WC2 —6K 67 (2G 167)
Aldwych Av. Ilf —4G 37
Aldwyn Ho. SW8 —7J 85 (off Davidson Gdns.)
Alers Rd. Bexh —5D 110
Alesia Clo. N22 —7D 16
Alestan Beck Rd. E16 —6B 72
Alexa Ct. W8 —4J 83
Alexa Ct. Sutt —6J 149
Alexander Av. NW10 —7D 46
Alexander Clo. Barn —4G 5
Alexander Clo. Brom —1J 155
Alexander Clo. Sidc —6J 109
Alexander Clo. S'hall —1G 79
Alexander Clo. Twic —2J 115
Alexander Ct. SE16 —1B 88
Alexander Ct. Beck —1F 143
Alexander Ct. Stan —3F 27
Alexander Evans M. SE23 —2K 123
Alexander Fleming Mus. —7B 158
Alexander Ho. E14 —3C 88
Alexander M. W2 —6K 65
Alexander Pl. SW7 —4C 84 (3C 170)
Alexander Rd. N19 —3J 49
Alexander Rd. Bexh —2D 110
Alexander Rd. Chst —6F 127
Alexander Sq. SW3 —4C 84 (3C 170)
Alexander St. W2 —6J 65
Alexander Studios. SW11 —4B 102 (off Haydon Way)
Alexandra Av. N22 —1H 31
Alexandra Av. SW11 —1E 102
Alexandra Av. W4 —7K 81
Alexandra Av. Harr —1D 42
Alexandra Av. S'hall —7D 60
Alexandra Av. Sutt —3J 149
Alexandra Clo. SE8 —6B 88
Alexandra Clo. Ashf —7F 113
Alexandra Clo. Harr —3E 42
Alexandra Cotts. SE14 —1B 106
Alexandra Ct. N14 —5B 6
Alexandra Ct. SW7 —1A 170
Alexandra Ct. W2 —7K 65 (off Moscow Rd.)
Alexandra Ct. W9 —4A 66 (off Maida Va.)
Alexandra Ct. Ashf —6F 113
Alexandra Ct. Gnfd —2F 61
Alexandra Ct. Houn —2F 97
Alexandra Cres. Brom —6H 125
Alexandra Dri. SE19 —5E 122
Alexandra Dri. Surb —7G 135
Alexandra Gdns. N10 —4F 31
Alexandra Gdns. W4 —7A 82
Alexandra Gdns. Cars —7E 150
Alexandra Gdns. Houn —2F 97
Alexandra Gro. N4 —1B 50
Alexandra Gro. N12 —5E 14
Alexandra Mans. SW3 —6B 84 (7A 170) (off Moravian Clo.)
Alexandra M. N2 —3D 30
Alexandra M. SW19 —6H 119
Alexandra Palace. —2H 31
Alexandra Pal. Way. N22 —4G 31
Alexandra Pde. Harr —4F 43
Alexandra Pk. Rd. N10 —2F 31
Alexandra Pk. Rd. N22 —1G 31
Alexandra Pl. NW8 —1A 66
Alexandra Pl. SE25 —5D 140
Alexandra Pl. Croy —1E 152
Alexandra Rd. E6 —3E 72
Alexandra Rd. E10 —3E 52
Alexandra Rd. E17 —6B 34
Alexandra Rd. E18 —3K 35
Alexandra Rd. N8 —3A 32
Alexandra Rd. N9 —7C 8
Alexandra Rd. N10 —1F 31
Alexandra Rd. N15 —5D 32
Alexandra Rd. NW4 —4F 29
Alexandra Rd. NW8 —1A 66

Alexandra Rd. SE26 —6K 123
Alexandra Rd. SW14 —3K 99
Alexandra Rd. SW19 —6H 119
Alexandra Rd. W4 —2K 81
Alexandra Rd. Ashf —7F 113
Alexandra Rd. Bren —6D 80
Alexandra Rd. Chad H —6E 38
Alexandra Rd. Croy —1E 152
Alexandra Rd. Enf —4E 8
Alexandra Rd. Houn —2F 97
Alexandra Rd. King T —7G 117
Alexandra Rd. Mitc —7C 120
Alexandra Rd. Rich —2F 99
Alexandra Rd. Th Dit —5K 133
Alexandra Rd. Twic —6C 98
Alexandra Rd. Ind. Est. Enf —4E 8
Alexandra Sq. Mord —5J 137
Alexandra St. E16 —5J 71
Alexandra St. SE14 —7A 88
Alexandra Ter. E14 —5D 88
Alexandra Wlk. SE19 —5E 122
Alexandra Yd. E9 —1K 69
Alexandria Rd. W13 —7A 62
Alexis St. SE16 —4G 87
Alfan La. Dart —5K 129
Alfearn Rd. E5 —4J 51
Alford Ct. N1 —2C 68 (1D 162)
(in two parts)
Alford Grn. New Ad —6F 155
Alford Ho. N6 —6G 31
Alford Pl. N1 —2C 68 (1D 162)
Alford Rd. Eri —5J 93
Alfoxton Av. N8 —4B 32
Alfreda St. SW11 —1F 103
Alfred Clo. W4 —4K 81
Alfred Finlay Ho. N22 —2B 32
Alfred Gdns. S'hall —7C 60
Alfred Ho. E9 —5A 52
(off Homerton Rd.)
Alfred Ho. E12 —7C 54
(off Tennyson Av.)
Alfred M. W1 —5H 67 (5C 160)
Alfred Nunn Ho. NW10 —1B 64
Alfred Pl. WC1 —5H 67 (5C 160)
Alfred Prior Ho. E12 —4E 54
Alfred Rd. E15 —5H 53
Alfred Rd. SE25 —5G 141
Alfred Rd. W2 —5J 65
Alfred Rd. W3 —1J 81
Alfred Rd. Belv —5F 93
Alfred Rd. Buck H —2G 21
Alfred Rd. Felt —2A 114
Alfred Rd. King T —3E 134
Alfred Rd. Sutt —5A 150
Alfred's Gdns. Bark —2J 73
Alfred St. E3 —3B 70
Alfreds Way. Bark —3F 73
Alfred's Way Ind. Est. Bark —2A 74
Alfreton Clo. SW19 —3F 119
Alfriston. Surb —6F 135
Alfriston Av. Croy —7J 139
Alfriston Av. Harr —6E 24
Alfriston Clo. Surb —5F 135
Alfriston Rd. SW11 —5D 102
Algar Clo. Iswth —3A 98
Algar Clo. Stan —5E 10
Algar Ho. SE1 —7A 168
Algar Rd. Iswth —3A 98
Algarve Rd. SW18 —1K 119
Algernon Rd. NW4 —6C 28
Algernon Rd. NW6 —1J 65
Algernon Rd. SE13 —4D 106
Algiers Rd. SE13 —4C 106
Alibon Gdns. Dag —5G 57
Alibon Rd. Dag —5F 57
Alice Ct. SW15 —4H 101
Alice Gilliatt Ct. W14 —6H 83
(off Star Rd.)
Alice La. E3 —1B 70
Alice M. Tedd —5K 115
Alice Owen Technology Cen. EC1 —3B 68
Alice Shepherd Ho. E14 —2E 88
Alice St. SE1 —3E 86
(in two parts)
Alice Thompson Clo. SE12 —2A 126
Alice Walker Clo. SE24 —4B 104
Alice Way. Houn —4F 97
Alicia Av. Harr —4B 26
Alicia Clo. Harr —5C 26
Alicia Gdns. Harr —4B 26
Alicia Ho. Well —1B 110
Alie St. E1 —6F 69 (1K 169)
Alington Cres. NW9 —7J 27
Alington Gro. Wall —7G 151
Alison Clo. E6 —6E 72
Alison Clo. Croy —1K 153
Alison Ct. SE1 —5G 87
Aliwal Rd. SW11 —4C 102
Alkerden Rd. W4 —5A 82
Alkham Rd. N16 —2F 51
Allan Barclay Clo. N15 —6F 33
Allan Clo. N Mald —5K 135
Allandale Av. N3 —3G 29
Allanson Ct. E10 —2C 52
(off Leyton Grange Est.)
Allan Way. W3 —5J 63
Allard Cres. Bus H —1B 10
Allard Gdns. SW4 —5H 103
Allardyce St. SW4 —4K 103
Allbrook Clo. Tedd —5J 115
Allcroft Rd. NW5 —5E 48
Allenby Clo. Gnfd —3E 60
Allenby Rd. SE23 —3A 124
Allenby Rd. S'hall —6E 60
Allen Clo. Mitc —1F 139
Allen Clo. Sun —1K 131
Allen Ct. E17 —6C 34
(off Yunus Khan Clo.)
Allen Ct. Gnfd —5K 43
Allendale Av. S'hall —6E 60
Allendale Clo. SE5 —2D 104
Allendale Clo. SE26 —5K 123
Allendale Rd. Gnfd —6B 44
Allen Edwards Dri. SW8 —1J 103
Allenford Ho. SW15 —6B 100
(off Tunworth Cres.)
Allen Rd. E3 —2B 70
Allen Rd. N16 —4E 50
Allen Rd. Beck —2K 141
Allen Rd. Croy —1A 152
Allen Rd. Sun —1K 131
Allensbury Pl. NW1 —7H 49
Allens Rd. Enf —5D 8
Allen St. W8 —3J 83
Allenswood Rd. SE9 —3C 108
Allerford Ct. Harr —5G 25
Allerford Rd. SE6 —3D 124
Allerton Ho. N1 —3D 68 (1E 162)
(off Provost Est.)
Allerton Rd. N16 —2C 50
Allerton St. N1 —3D 68 (1E 162)
Allerton Wlk. N7 —2K 49
Allestree Rd. SW6 —7G 83
Alleyn Cres. SE21 —2D 122
Alleyndale Rd. Dag —2C 56
Alleyn Ho. SE1 —3D 86
(off Burbage Clo.)
Alleyn Pk. SE21 —2D 122
Alleyn Pk. S'hall —5E 78
Alleyn Rd. SE21 —3D 122
Allfarthing La. SW18 —6K 101
Allgood Clo. Mord —6F 137
Allgood St. E2 —2F 69 (1K 163)
Allhallows La. EC4 —7D 68 (3E 168)
Allhallows Rd. E6 —5C 72
All Hallows Rd. N17 —1E 32
Alliance Clo. Wemb —4D 44
Alliance Ct. W3 —5H 63
Alliance Rd. E13 —5A 72
Alliance Rd. SE18 —6A 92
Alliance Rd. W3 —4H 63
Allied Ind. Est. W3 —2A 82
Allied Way. W3 —2A 82
Allingham Clo. W7 —7K 61
Allingham St. N1 —2C 68
Allington Av. N17 —6K 17
Allington Av. Shep —3G 131
Allington Clo. SW19 —5F 119
Allington Clo. Gnfd —7G 43
Allington Ct. SW1 —3F 85 (2K 171)
(off Allington St.)
Allington Ct. SW8 —2G 103
Allington Ct. Enf —5E 8
(in two parts)
Allington Rd. NW4 —5D 28
Allington Rd. W10 —3G 65
Allington Rd. Harr —5G 25
Allington St. SW1 —3F 85 (2K 171)
Allison Clo. SE10 —1E 106
Allison Gro. SE21 —1E 122
Allison Rd. N8 —5A 32
Allison Rd. W3 —6J 63
Alliston Ho. E2 —3F 69 (2K 163)
(off Gibraltar Wlk.)
Allitsen Rd. NW8 —2C 66
(in two parts)
Allnutt Way. SW4 —5H 103
Alloa Rd. SE8 —5K 87
Alloa Rd. Ilf —2A 56
Allom Ho. W11 —7G 65
(off Clarendon Rd.)
Allonby Dri. Ruis —7D 22
Allonby Gdns. Wemb —1C 44
Alloway Rd. E3 —3A 70
Allport Ho. SE5 —3D 104
(off Denmark Hill)
All Saints Clo. N9 —2B 18
All Saints Ct. Houn —1B 96
(off Springwell Rd.)
All Saints Dri. SE3 —2G 107
All Saints Ho. W11 —5H 65
All Saints M. Harr —6D 10
All Saints Pas. SW18 —5J 101
All Saints Rd. SW19 —7A 120
(in two parts)
All Saints Rd. W3 —3J 81
All Saints Rd. W11 —5H 65
All Saints Rd. Sutt —3K 149
All Saints St. N1 —2K 67
All Saints Tower. E10 —7D 34
All Seasons Ct. E1 —1G 87
(off Aragon M.)
Allsop Pl. NW1 —4D 66 (4F 159)
All Souls Av. NW10 —2D 64
All Souls' Pl. W1 —5F 67 (6K 159)
Allum Way. N20 —1F 15
Allwood Clo. SE26 —4K 123
Alma Av. E4 —7K 19
Almack Rd. E5 —4J 51
Alma Clo. N10 —1F 31
Alma Ct. Harr —2H 43
Alma Cres. Sutt —5G 149
Alma Gro. SE1 —4F 87
Alma Ho. Bren —6E 80
Alma Pl. NW10 —3D 64
Alma Pl. SE19 —7F 123
Alma Pl. T Hth —5A 140
Alma Rd. N10 —7A 16
Alma Rd. SW18 —4A 102
Alma Rd. Cars —5C 150
Alma Rd. Enf —5F 9
Alma Rd. Esh —7J 133
Alma Rd. Sidc —3A 128
Alma Rd. S'hall —7C 60
Alma Rd. Ind. Est. Enf —4E 8
Alma Row. Harr —1H 25
Alma Sq. NW8 —2A 66
Alma St. E15 —6F 53
Alma St. NW5 —6F 49
Alma Ter. SW18 —7B 102
Alma Ter. W8 —3J 83
Almeida St. N1 —1B 68
Almeida Theatre. —1B 68
Almeric Rd. SW11 —4D 102
Almer Rd. SW20 —7C 118
Almington St. N4 —1K 49
Almond Av. W5 —3D 80
Almond Av. Cars —2D 150
Almond Av. Uxb —3D 40
Almond Av. W Dray —3C 76
Almond Clo. SE15 —2G 105
Almond Clo. Brom —7E 144
Almond Clo. Felt —1J 113
Almond Clo. Hay —7G 59
Almond Clo. Ruis —3H 41
Almond Clo. Shep —2E 130
Almond Gro. Bren —7B 80
Almond Rd. N17 —7B 18
Almond Rd. SE16 —4H 87
Almonds Av. Buck H —2D 20
Almondsbury Ct. SE15 —7E 86
(off Newent Clo.)
Almond Way. Brom —7E 144
Almond Way. Harr —2F 25
Almond Way. Mitc —5H 139
Almorah Rd. N1 —7D 50
Almorah Rd. Houn —1B 96
Almshouse La. Chess —7C 146
Alnmouth Ct. S'hall —6G 61
(off Fleming Rd.)
Alnwick. N17 —7C 18
Alnwick Gro. Mord —4K 137
Alnwick Rd. E16 —6A 72
Alnwick Rd. SE12 —6K 107
Alperton. —2E 62
Alperton La. Gnfd & Wemb —3C 62
Alperton St. W10 —4H 65
Alphabet Gdns. Cars —6B 138
Alphabet Sq. E3 —5C 70
Alpha Bus. Cen. E17 —5B 34
Alpha Clo. NW1 —4C 66 (3D 158)
Alpha Est. Hay —2G 77
Alpha Gro. E14 —2C 88
Alpha Ho. NW6 —2J 65
Alpha Ho. NW8 —4C 158
Alpha Ho. SW9 —4K 103
Alpha Pl. NW6 —2J 65
Alpha Pl. SW3 —6C 84 (7D 170)
Alpha Pl. Mord —1F 149
Alpha Rd. E4 —3H 19
Alpha Rd. N18 —6B 18
Alpha Rd. SE14 —1B 106
Alpha Rd. Croy —1E 152
Alpha Rd. Enf —4F 9
Alpha Rd. Surb —6F 135
Alpha Rd. Tedd —5H 115
Alpha Rd. Uxb —4D 58
Alpha St. SE15 —2G 105
Alphea Clo. SW19 —7C 120
Alpine Av. Surb —2J 147
Alpine Bus. Cen. E6 —5E 72
Alpine Clo. Croy —3E 152
Alpine Copse. Brom —2E 144
Alpine Rd. SE16 —4J 87
(in two parts)
Alpine Rd. W on T —7J 131
Alpine Vw. Cars —5C 150
Alpine Wlk. Stan —2D 10
Alpine Way. E6 —5E 72
Alric Av. NW10 —7K 45
Alric Av. N Mald —3A 136
Alroy Rd. N4 —7A 32
Alsace Rd. SE17 —5E 86
Alscot Rd. SE1 —4F 87
(in two parts)
Alscot Rd. Ind. Est. SE1 —3F 87
Alscot Way. SE1 —4F 87
Alsike Rd. SE2 & Eri —3D 92
Alsom Av. Wor Pk —4C 148
Alston Clo. Surb —7B 134
Alston Rd. N18 —5C 18
Alston Rd. SW17 —4B 120
Alston Rd. Barn —3B 4
Altair Clo. N17 —6A 18
Altash Way. SE9 —2D 126
Altenburg Av. W13 —3B 80
Altenburg Gdns. SW11 —4D 102
Alt Gro. SW19 —7H 119
Altham Ct. Harr —1F 25
Altham Rd. Pinn —1C 24
Althea St. SW6 —2K 101
Althorne Gdns. E18 —4H 35
Althorne Way. Dag —2G 57
Althorp Clo. Barn —1H 13
Althorpe M. SW11 —1B 102
Althorpe Rd. Harr —5G 25
Althorp Rd. SW17 —1D 120
Altior Ct. N6 —6G 31
Altmore Av. E6 —7D 54
Alton Av. Stan —7E 10
Alton Clo. Bex —1E 128
Alton Clo. Iswth —2K 97
Alton Gdns. Beck —7C 124
Alton Gdns. Twic —7H 97
Alton Rd. N17 —3D 32
Alton Rd. SW15 —1C 118
Alton Rd. Croy —3A 152
Alton Rd. Rich —4E 98
Alton St. E14 —5D 70
Altyre Clo. Beck —5B 142
Altyre Rd. Croy —2D 152
Altyre Way. Beck —5B 142
Aluna Ct. SE15 —3J 105
Alvanley Gdns. NW6 —5K 47
Alverstone Av. SW19 —2J 119
Alverstone Av. Barn & E Barn —7H 5
Alverstone Gdns. SE9 —1G 127
Alverstone Ho. SE11 —6A 86 (7J 173)
Alverstone Rd. E12 —4E 54
Alverstone Rd. NW2 —7E 46
Alverstone Rd. N Mald —4B 136
Alverstone Rd. Wemb —1F 45
Alverston Gdns. SE25 —5E 140
Alverton St. SE8 —5B 88
(in two parts)
Alveston Av. Harr —3B 26
Alvey St. SE17 —5E 86
Alvia Gdns. Sutt —4A 150
Alvington Cres. E8 —5F 51
Alway Av. Eps —5K 147
Alwold Cres. SE12 —6K 107
Alwyn Av. W4 —5K 81
Alwyn Clo. New Ad —7D 154
Alwyne La. N1 —7B 50
Alwyne Pl. N1 —6C 50
Alwyne Rd. N1 —7C 50
Alwyne Rd. SW19 —6H 119
Alwyne Rd. W7 —7J 61
Alwyne Sq. N1 —6C 50
Alwyne Vs. N1 —7B 50
Alwyn Gdns. NW4 —4C 28
Alwyn Gdns. W3 —6H 63
Alyth Gdns. NW11 —6J 29

Anson Rd.—Arlington Rd.

Anson Rd. *NW2* —4D **46**
Anson Ter. *N'holt* —6F **43**
Anstey Ct. *W3* —2H **81**
Anstey Rd. *SE15* —3G **105**
Anstey Wlk. *N15* —4B **32**
Anstice Clo. *W4* —7A **82**
Anstridge Path. *SE9* —6H **109**
Anstridge Rd. *SE9* —6H **109**
Antelope Rd. *SE18* —3D **90**
Anthony Clo. *NW7* —4F **13**
Anthony Cope Ct. *N1*
  (off Chart St.) —3D **68** (1F **163**)
Anthony Ho. *NW1*
  —4C **66** (4C **158**)
  (off Ashbridge St.)
Anthony Rd. *SE25* —6G **141**
Anthony Rd. *Gnfd* —3J **61**
Anthony Rd. *Well* —1A **110**
Anthony St. *E1* —6H **69**
Antigua Wlk. *SE19* —5D **122**
Antilles Bay. *E14* —2E **88**
Antill Rd. *E3* —3A **70**
Antill Rd. *N15* —4G **33**
Antill Ter. *E1* —6K **69**
Antlers Hill. *E4* —5J **9**
Anton Cres. *Sutt* —3J **149**
Antoneys Clo. *Pinn* —2B **24**
Anton St. *E8* —5G **51**
Antrim Gro. *NW3* —6D **48**
Antrim Rd. *NW3* —6D **48**
Antrobus Clo. *Sutt* —5H **149**
Antrobus Rd. *W4* —4J **81**
Anvil Clo. *SW16* —7G **121**
Anvil Rd. *Sun* —3J **131**
Anworth Clo. *Wfd G* —6E **20**
Apeldoorn Dri. *Wall* —7J **151**
Apex Clo. *Beck* —1D **142**
Apex Corner. —3D **114**
Apex Cl. *W13* —7A **62**
Apex Ind. Est. *NW10* —4B **64**
Apex Pde. *NW7* —4E **12**
  (off Selvage La.)
Apex Retail Pk. *Felt* —3D **114**
Aphrodite Ct. *E14* —4E **88**
Aplin Way. *Iswth* —1J **97**
Apollo Av. *Brom* —1K **143**
Apollo Bus. Cen. *SE8* —5K **87**
Apollo Ct. *E1* —7G **69**
  (off Thomas More St.)
Apollo Ho. *N6* —7E **30**
Apollo Ho. *SW10* —7B **84**
  (off Riley St.)
Apollo Pl. *E11* —3G **53**
Apollo Pl. *SW10* —7B **84**
Apollo Way. *SE28* —3H **91**
Apostle Way. *T Hth* —2B **140**
Apothecary St. *EC4*
  —6B **68** (1A **168**)
Appach Rd. *SW2* —5A **104**
Apple Blossom Ct. *SW8* —7H **85**
  (off Pascal St.)
Appleby Clo. *E4* —6K **19**
Appleby Clo. *N15* —5D **32**
Appleby Clo. *Twic* —2H **115**
Appleby Gdns. *Felt* —1H **113**
Appleby Rd. *E8* —7G **51**
Appleby Rd. *E16* —6H **71**
Appleby St. *E2* —2F **69**
Appledore Av. *Bexh* —1J **111**
Appledore Av. *Ruis* —3K **41**
Appledore Clo. *SW17* —2D **120**
Appledore Clo. *Brom* —5H **143**
Appledore Clo. *Edgw* —1G **27**
Appledore Cres. *Sidc* —3J **127**
Appleford Ho. *W10* —4G **65**
  (off Bosworth Rd.)
Appleford Rd. *W10* —4G **65**
Apple Gth. *Bren* —4D **80**

Applegarth. *Clay* —5A **146**
Applegarth. *New Ad* —7D **154**
  (in two parts)
Applegarth Dri. *Ilf* —4K **37**
Applegarth Ho. *SE1* —6B **168**
Applegarth Ho. *SE15* —7G **87**
  (off Bird in Bush Rd.)
Applegarth Rd. *SE28* —1B **92**
Applegarth Rd. *W14* —3F **83**
Apple Gro. *Chess* —4E **146**
Apple Gro. *Enf* —3K **7**
Apple Mkt. *King T* —2D **134**
Apple Rd. *E11* —3G **53**
Appleshaw Ho. *SE5* —3E **104**
Appleton Gdns. *N Mald* —6C **136**
Appleton Rd. *SE3* —3C **108**
Appleton Sq. *Mitc* —1C **138**
Apple Tree Av. *Uxb & W Dray*
  —5B **58**
Appletree Clo. *SE20* —1H **141**
Appletree Gdns. *Barn* —4H **5**
Apple Tree Yd. *SW1*
  —1G **85** (4B **166**)
Applewood Clo. *N20* —1H **15**
  (in two parts)
Applewood Clo. *NW2* —3D **46**
Applewood Clo. *Ick* —4A **40**
Appold St. *EC2* —5E **68** (5G **163**)
Apprentice Way. *E5* —4H **51**
Approach Clo. *N16* —4E **50**
Approach Rd. *E2* —2J **69**
Approach Rd. *SW20* —2E **136**
Approach Rd. *Ashf* —6E **112**
Approach Rd. *Barn* —4G **5**
Approach Rd. *Edgw* —6B **12**
Approach Rd. *W Mol* —5E **132**
Approach, The. *NW4* —5F **29**
Approach, The. *W3* —6K **63**
Approach, The. *Enf* —2C **8**
Aprey Gdns. *NW4* —4E **28**
April Clo. *W7* —7J **61**
April Clo. *Felt* —3J **113**
April Ct. *E2* —2G **69**
  (off Teale St.)
April Glen. *SE23* —3K **123**
April St. *E8* —4F **51**
Apsley Clo. *Harr* —5G **25**
Apsley Ho. *NW8* —2B **66**
  (off Finchley Rd.)
Apsley Ho. *Houn* —4D **96**
Apsley Rd. *SE25* —4H **141**
Apsley Rd. *N Mald* —3J **135**
Apsley Way. *NW2* —2C **46**
Apsley Way. *W1* —2E **84** (6H **165**)
  (in two parts)
Aquarius. *Twic* —1B **116**
Aquila St. *NW8* —2B **66**
Aquinas St. *SE1*
  —1A **86** (5K **167**)
Arabella Dri. *SW15* —4A **100**
Arabia Clo. *E4* —7K **9**
Arabin Rd. *SE4* —4A **106**
Aragon Av. *Th Dit* —5K **133**
Aragon Clo. *Brom* —1D **156**
Aragon Clo. *Enf* —1E **6**
Aragon Clo. *Sun* —6H **113**
Aragon Ct. *E Mol* —4G **133**
Aragon Dri. *Ruis* —1B **42**
Aragon M. *E1* —1G **87**
Aragon Rd. *King T* —5E **116**
Aragon Rd. *Mord* —6F **137**
Aragon Tower. *SE8* —4B **88**
Arandora Cres. *Romf* —7B **38**
Aran Dri. *Stan* —4H **11**
Arapiles Ho. *E14* —6F **71**
Arbery Rd. *E3* —3A **70**
Arbon Ct. *N1* —1C **68**
  (off Linton St.)

Arbor Clo. *Beck* —2D **142**
Arbor Ct. *N16* —2D **50**
Arborfield Clo. *SW2* —1K **121**
Arborfield Ho. *E14* —7C **70**
Arbor Rd. *E4* —3A **20**
Arbour Rd. *Enf* —3E **8**
Arbour Sq. *E1* —6K **69**
Arbroath Rd. *SE9* —3C **108**
Arbury Ct. *SE20* —1H **141**
Arbury Ter. *SE26* —3G **123**
Arbuthnot La. *Bex* —6E **110**
Arbuthnot Rd. *SE14* —2K **105**
Arbutus St. *E8* —1F **69**
Arcade. *Croy* —2C **152**
Arcade Pde. *Chess* —5D **146**
Arcade, The. *E14* —6D **70**
Arcade, The. *E17* —4C **34**
Arcade, The. *EC2* —6G **163**
Arcade, The. *Bark* —7G **55**
Arcadia Av. *N3* —2J **29**
Arcadia Cen., The. *W5* —7D **62**
Arcadia Clo. *Cars* —4E **150**
Arcadia Ct. *E1* —7J **163**
Arcadian Av. *Bex* —6E **110**
Arcadian Clo. *Bex* —6E **110**
Arcadian Gdns. *N22* —7E **16**
Arcadian Rd. *Bex* —6E **110**
Arcadia St. *E14* —6C **70**
Archangel St. *SE16* —2K **87**
Archbishop's Pl. *SW2* —7K **103**
Archdale Bus. Cen. *Harr* —2G **43**
Archdale Ct. *W12* —1D **82**
Archdale Ho. *SE1* —3E **86** (7G **169**)
  (off Long La.)
Archdale Pl. *N Mald* —3H **135**
Archdale Rd. *SE22* —5F **105**
Archel Rd. *W14* —6H **83**
Archer Clo. *King T* —7E **116**
Archer Ho. *SE14* —1A **106**
Archer Ho. *SW11* —1B **102**
Archer Ho. *W11* —7H **65**
  (off Westbourne Gro.)
Archer Ho. *W13* —1B **80**
  (off Sherwood Clo.)
Archer M. *Hamp H* —6G **115**
Archer Rd. *SE25* —4H **141**
Archer Rd. *Orp* —5K **145**
Archers Ct. *Brom* —4K **143**
Archers Dri. *Enf* —2D **8**
Archers Lodge. *SE16* —5G **87**
  (off Culloden Clo.)
Archer Sq. *SE14* —6A **88**
Archer St. *W1* —7H **67** (2C **166**)
Archer Ter. *W Dray* —7A **58**
Archery Clo. *W2* —6C **66** (1D **164**)
Archery Clo. *Harr* —3K **25**
Archery Rd. *SE9* —5D **108**
Archery Steps. *W2* —2D **164**
Arches Bus. Cen., The. *S'hall*
  (off Merrick Rd.) —2D **78**
Arches, The. *NW1* —7F **49**
Arches, The. *SW8* —7H **85**
Arches, The. *WC2* —1J **85**
  (off Villiers St.)
Arches, The. *Harr* —2F **43**
Archgate Bus. Cen. *N12* —5F **15**
Archibald M. *W1* —7E **66** (3J **165**)
Archibald Rd. *N7* —4H **49**
Archibald St. *E3* —3C **70**
Archie Clo. *W Dray* —2C **76**
Arch St. *SE1* —3C **86**
Archway. —2G **49**
Archway Bus. Cen. *N19* —3H **49**
Archway Clo. *N19* —2G **49**
Archway Clo. *SW19* —3K **119**
Archway Clo. *W10* —5F **65**
Archway Clo. *Wall* —3H **151**
Archway Mall. *N19* —2G **49**

Archway Rd. *N6 & N19* —6E **30**
Archway St. *SW13* —3A **100**
Arcola St. *E8* —5F **51**
Arcon Ter. *N9* —7B **8**
Arctic St. *NW5* —5F **49**
Arcus Rd. *Brom* —6G **125**
Ardbeg Rd. *SE24* —5D **104**
Arden Clo. *Harr* —3H **43**
Arden Ct. Gdns. *N2* —6B **30**
Arden Cres. *E14* —4C **88**
Arden Cres. *Dag* —7C **56**
Arden Est. *N1* —2E **68**
Arden Grange. *N12* —4F **15**
Arden Ho. *N1* —1G **163**
Arden Ho. *SE11* —4G **173**
Arden Ho. *SW9* —2J **103**
  (off Grantham Rd.)
Arden M. *E17* —5D **34**
Arden Mhor. *Pinn* —4K **23**
Arden Rd. *N3* —3H **29**
Arden Rd. *W13* —7C **62**
Ardent Clo. *SE25* —3E **140**
Ardfern Av. *SW16* —3A **140**
Ardfillan Rd. *SE6* —1F **125**
Ardgowan Rd. *SE6* —7G **107**
  (in two parts)
Ardilaun Rd. *N5* —4C **50**
Ardingly Clo. *Croy* —3K **153**
Ardleigh Gdns. *Sutt* —7J **137**
Ardleigh Ho. *Bark* —1G **73**
Ardleigh M. *Ilf* —3F **55**
Ardleigh Rd. *E17* —1B **34**
Ardleigh Rd. *N1* —6E **50**
Ardleigh Ter. *E17* —1B **34**
Ardley Clo. *NW10* —3A **46**
Ardley Clo. *SE6* —3A **124**
Ardley Clo. *Ruis* —7E **22**
Ardlui Rd. *SE27* —2C **122**
Ardmay Gdns. *Surb* —5E **134**
Ardmere Rd. *SE13* —6F **107**
Ardmore La. *Buck H* —1E **20**
Ardmore Pl. *Buck H* —1E **20**
Ardoch Rd. *SE6* —2F **125**
Ardra Rd. *N9* —3E **18**
Ardrossan Gdns. *Wor Pk*
  —3C **148**
Ardshiel Clo. *SW15* —3F **101**
Ardwell Av. *Ilf* —5G **37**
Ardwell Rd. *SW2* —2J **121**
Ardwick Rd. *NW2* —4J **47**
Arena Bus. Cen. *N4* —6C **32**
Arena Est. *N4* —6B **32**
Arena, The. *Enf* —1G **9**
Ares Ct. *E14* —4C **88**
Arethusa Ho. *E14* —4C **88**
Argall Ho. *Eri* —3E **92**
  (off Kale Rd.)
Argall Av. *E10* —7K **33**
Argall Way. *E10* —1K **51**
Argenta Way. *NW10* —7H **45**
Argenta Way. *Wemb & NW10*
  —6G **45**
Argent Cen., The. *Hay* —2J **77**
Argent Ct. *Chess* —3G **147**
Argon M. *SW6* —7J **83**
Argon Rd. *N18* —5E **18**
Argosy Ho. *SE8* —4A **88**
Argosy La. *Stanw* —7A **94**
Argus Clo. *Romf* —1H **39**
Argus Way. *N'holt* —3C **60**
Argyle Av. *Houn* —6E **96**
  (in two parts)
Argyle Clo. *W13* —4A **62**
Argyle Ho. *E14* —3E **88**
Argyle Pas. *N17* —1F **33**
Argyle Pl. *W6* —4D **82**
Argyle Rd. *E1* —4K **69**
Argyle Rd. *E15* —4G **53**

Argyle Rd. *E16* —6K **71**
Argyle Rd. *N12* —5E **14**
Argyle Rd. *N17* —1G **33**
Argyle Rd. *N18* —4B **18**
Argyle Rd. *Barn* —4A **4**
Argyle Rd. *Gnfd & W13* —3K **61**
Argyle Rd. *Harr* —6F **25**
Argyle Rd. *Houn* —5F **97**
Argyle Rd. *Ilf* —2E **54**
Argyle Sq. *WC1* —3J **67** (1F **161**)
Argyle St. *WC1* —3J **67** (1E **160**)
Argyle Wlk. *WC1* —3J **67** (2F **161**)
Argyle Way. *SE16* —5G **87**
  (off St James Rd.)
Argyll Av. *S'hall* —1F **79**
Argyll Clo. *SW9* —3K **103**
Argyll Gdns. *Edgw* —2H **27**
Argyll Mans. *SW3*
  —6B **84** (7B **170**)
Argyll Mans. *W14* —4G **83**
  (off Hammersmith Rd.)
Argyll Rd. *W8* —2J **83**
Argyll St. *W1* —6G **67** (1A **166**)
Arica Rd. *SE4* —4A **106**
Ariel Ct. *SE11* —4B **86** (4K **173**)
Ariel Rd. *NW6* —6J **47**
Ariel Way. *W12* —1E **82**
Ariel Way. *Houn* —3K **95**
Aristotle Rd. *SW4* —3H **103**
Arkell Gro. *SE19* —7B **122**
Arkindale Rd. *SE6* —3E **124**
Arkley Cres. *E17* —5B **34**
Arkley Rd. *E17* —5B **34**
Arklow Ho. *SE5* —6D **86**
  (off Albany Rd.)
Arklow M. *Surb* —2E **146**
Arklow Rd. *SE14* —6B **88**
Arklow Rd. Trad. Est. *SE14*
  —6A **88**
Arkwright Ho. *SW2* —7J **103**
  (off Streatham Pl.)
Arkwright Rd. *NW3* —5A **48**
Arkwright Rd. *S Croy* —7F **153**
Arlesey Clo. *SW15* —5G **101**
Arlesford Rd. *SW9* —3J **103**
Arlingford Rd. *SW2* —5A **104**
Arlington. *N12* —3D **14**
Arlington Av. *N1* —1C **68**
  (in two parts)
Arlington Clo. *SE13* —5F **107**
Arlington Clo. *Sidc* —7J **109**
Arlington Clo. *Sutt* —2J **149**
Arlington Clo. *Twic* —6C **98**
Arlington Ct. *W3* —2H **81**
  (off Mill Hill Rd.)
Arlington Ct. *Hay* —5G **77**
Arlington Dri. *Cars* —2D **150**
Arlington Dri. *Ruis* —6F **23**
Arlington Gdns. *W4* —5J **81**
Arlington Gdns. *Ilf* —1E **54**
Arlington Ho. *EC1* —3A **68** (1K **161**)
  (off Arlington Way)
Arlington Ho. *SE8* —6B **88**
  (off Evelyn St.)
Arlington Ho. *SW1*
  —1G **85** (4A **166**)
Arlington Lodge. *SW2* —4K **103**
Arlington M. *Twic* —6B **98**
Arlington Pk. Mans. *W4* —5J **81**
  (off Sutton La. N.)
Arlington Pas. *Tedd* —4K **115**
Arlington Pl. *SE10* —7E **88**
Arlington Rd. *N14* —2A **16**
Arlington Rd. *NW1* —1F **67**
Arlington Rd. *W13* —6B **62**
Arlington Rd. *Ashf* —5B **112**
Arlington Rd. *Rich* —2D **116**
Arlington Rd. *Surb* —6D **134**

Aubrey Mans. NW1 (off Lisson St.) —5C 66 (5C 158)
Aubrey Moore Point. E15 —2E 70 (off Abbey La.)
Aubrey Pl. NW8 —2A 66
Aubrey Rd. E17 —3C 34
Aubrey Rd. N8 —5J 31
Aubrey Rd. W8 —1H 83
Aubrey Wlk. W8 —1H 83
Auburn Clo. SE14 —7A 88
Aubyn Hill. SE27 —4C 122
Aubyn Sq. SW15 —5C 100
Auckland Clo. SE19 —1F 141
Auckland Ct. Hay —4A 60
Auckland Gdns. SE19 —1E 140
Auckland Hill. SE27 —4C 122
Auckland Ho. W12 —7D 64 (off White City Est.)
Auckland Ri. SE19 —1E 140
Auckland Rd. E10 —3D 52
Auckland Rd. SE19 —1F 141
Auckland Rd. SW11 —4C 102
Auckland Rd. Ilf —1F 55
Auckland Rd. King T —4F 135
Auckland St. SE11 —5K 85 (6G 173)
Audax. NW9 —2B 28
Auden Pl. NW1 —1E 66 (in two parts)
Auden Pl. Cheam —4E 148
Audleigh Pl. Chig —6K 21
Audley Clo. N10 —7A 16
Audley Clo. SW11 —3E 102
Audley Ct. E18 —4H 35
Audley Ct. N'holt —3A 60
Audley Ct. Pinn —2A 24
Audley Ct. Twic —3H 115
Audley Dri. E16 —1K 89
Audley Gdns. Ilf —2K 55
Audley Pl. Sutt —7K 149
Audley Rd. NW4 —5C 28
Audley Rd. W5 —5F 63
Audley Rd. Enf —2G 7
Audley Rd. Rich —5F 99
Audley Sq. W1 —1E 84 (4H 165)
Audrey Clo. Beck —6D 142
Audrey Gdns. Wemb —2B 44
Audrey Rd. Ilf —3F 55
Audrey St. E2 —2G 69
Audric Clo. King T —1G 135
Augurs La. E13 —3K 71
Augusta Clo. W Mol —4D 132
Augusta Rd. Twic —2G 115
Augusta St. E14 —6D 70
Augustine Rd. W14 —3F 83
Augustine Rd. Harr —1F 25
Augustus Clo. W12 —2D 82
Augustus Clo. Bren —7C 80
Augustus Ct. SW16 —2H 121
Augustus Ct. Felt —4D 114
Augustus Ho. NW1 —2G 67 (1A 160) (off Augustus St.)
Augustus Rd. SW19 —1F 119
Augustus St. NW1 —2F 67 (1K 159)
Aultone Way. Cars —3D 150
Aultone Way. Sutt —2K 149
Aulton Pl. SE11 —5A 86 (6K 173)
Aurelia Gdns. Croy —5K 139
Aurelia Rd. Croy —6J 139
Auriel Av. Dag —6K 57
Auriga M. N1 —5D 50
Auriol Clo. Wor Pk —3A 148
Auriol Dri. Gnfd —7H 43
Auriol Dri. Uxb —6C 40
Auriol Pk. Rd. Wor Pk —3A 148
Auriol Rd. W14 —4G 83
Aurora Ho. E14 —6D 70
Austell Gdns. NW7 —3F 13
Austen Clo. SE28 —1B 92
Austen Ho. NW6 —3J 65 (off Cambridge Rd.)
Austen Rd. Eri —7H 93
Austen Rd. Harr —2F 43
Austin Av. Brom —5C 144
Austin Clo. SE23 —7A 106
Austin Clo. Twic —5C 98
Austin Ct. E6 —1A 72
Austin Ct. SE15 —3G 105 (off Philip Wlk.)
Austin Ct. Enf —5K 7
Austin Friars. EC2 (in two parts) —6D 68 (7F 163)
Austin Friars Pas. EC2 —7F 163
Austin Friars Sq. EC2 —7F 163
Austin Rd. SW11 —1E 102
Austin Rd. Hay —2H 77
Austin's La. Uxb —3E 40 (in two parts)
Austin St. E2 —3F 69 (2J 163)
Austin Ter. SE1 —3A 86 (1K 173)
Austral Clo. Sidc —3K 127
Australia Rd. W12 —7D 64
Austral St. SE11 —4B 86 (3K 173)
Austyn Gdns. Surb —1H 147
Autumn Clo. SW19 —6A 120
Autumn Clo. Enf —1B 8
Autumn St. E3 —1C 70
Avalon Clo. SW20 —2G 137
Avalon Clo. W13 —5A 62
Avalon Clo. Enf —2F 7
Avalon Rd. SW6 —1K 101
Avalon Rd. W13 —4A 62
Avarn Rd. SW17 —6D 120
Avebury Ct. N1 —1D 68 (off Imber St.)
Avebury Pk. Surb —7D 134
Avebury Rd. E11 —1F 53
Avebury Rd. SW19 —1H 137
Avebury St. N1 —1D 68
Aveley Mans. Bark —7F 55 (off Whiting Av.)
Aveley Rd. Romf —4K 39
Aveline St. SE11 —5A 86 (5H 173)
Aveling Pk. Rd. E17 —2C 34
Ave Maria La. EC4 —6B 68 (1B 168)
Avenell Rd. N5 —3B 50
Avenfield Ho. W1 —7D 66 (2F 165) (off Park La.)
Avening Rd. SW18 —7J 101
Avening Ter. SW18 —7J 101
Avenons Rd. E13 —4J 71
Avenue Clo. N14 —6B 6
Avenue Clo. NW8 —1C 66 (in two parts)
Avenue Clo. Houn —1K 95
Avenue Clo. W Dray —3A 76
Avenue Ct. N14 —6B 6
Avenue Ct. NW2 —3H 47
Avenue Ct. SW3 —4D 84 (4E 170) (off Draycott Av.)
Avenue Cres. W3 —2H 81
Avenue Cres. Houn —1K 95
Avenue Elmers. Surb —5E 134
Avenue Gdns. SE25 —2G 141
Avenue Gdns. SW14 —3A 100
Avenue Gdns. W3 —2H 81
Avenue Gdns. Houn —7K 77
Avenue Gdns. Tedd —7K 115
Avenue Ho. NW8 —2C 66 (off Allitsen Rd.)
Avenue Ind. Est. E4 —6G 19
Avenue Lodge. NW8 —7B 48 (off Avenue Rd.)
Avenue Mans. NW3 —5K 47 (off Finchley Rd.)
Avenue M. N10 —3F 31
Avenue Pde. N21 —7J 7
Avenue Pde. Sun —3K 131
Avenue Pk. Rd. SE27 —2B 122
Avenue Rd. E7 —4K 53
Avenue Rd. N6 —7G 31
Avenue Rd. N12 —4F 15
Avenue Rd. N14 —7B 6
Avenue Rd. N15 —5D 32
Avenue Rd. NW3 & NW8 —7B 48
Avenue Rd. NW10 —2B 64
Avenue Rd. SE25 —2F 141
Avenue Rd. SW16 —2H 139
Avenue Rd. SW20 —2D 136
Avenue Rd. W3 —2H 81
Avenue Rd. SE20 & Beck —1J 141
Avenue Rd. Belv —4J 93
Avenue Rd. Bexh —3E 110
Avenue Rd. Bren —5C 80
Avenue Rd. Chad H —1C 56
Avenue Rd. Eri —7J 93
Avenue Rd. Felt —3H 113
Avenue Rd. Hamp —1F 133
Avenue Rd. Iswth —1K 97
Avenue Rd. King T —3E 134
Avenue Rd. N Mald —4A 136
Avenue Rd. Pinn —3C 24
Avenue Rd. S'hall —1D 78
Avenue Rd. Tedd —7A 116
Avenue Rd. Wall —7G 151
Avenue Rd. Wfd G —6F 21
Avenue S. Surb —7G 135
Avenue Ter. N Mald —3J 135
Avenue, The. E4 —6A 20
Avenue, The. E11 —6K 35
Avenue, The. N3 —2J 29
Avenue, The. N8 —3A 32
Avenue, The. N10 —2G 31
Avenue, The. N11 —5A 16
Avenue, The. N17 —3D 32
Avenue, The. NW6 —1F 65
Avenue, The. SE9 —5D 108
Avenue, The. SE10 —7F 89
Avenue, The. SW4 —5E 102
Avenue, The. SW18 —7C 102
Avenue, The. W4 —3A 82
Avenue, The. W13 —6B 62
Avenue, The. Barn —3B 4
Avenue, The. Beck —1D 142
Avenue, The. Bex —7D 110
Avenue, The. Brom —3B 144
Avenue, The. Cars —7E 150
Avenue, The. Cran —1J 95
Avenue, The. Croy —3E 152
Avenue, The. Eps & Sutt —7D 148
Avenue, The. Hamp —6D 114
Avenue, The. Harr —1K 25
Avenue, The. Houn —5F 97
Avenue, The. Ick —4C 40
Avenue, The. Kes —4B 156
Avenue, The. Pinn —7D 24
Avenue, The. Rich —2F 99
Avenue, The. Romf —4K 39
Avenue, The. St P —7B 128
Avenue, The. Sun —1K 131
Avenue, The. Surb —6F 135
Avenue, The. Sutt —7G 149
Avenue, The. Twic —5B 98
Avenue, The. Wemb —1E 44
Avenue, The. W W'ck —7G 143
Avenue, The. Wor Pk —2B 148
Averil Gro. SW16 —6B 122
Averill St. W6 —6F 83
Avern Gdns. W Mol —4F 133
Avern Rd. W Mol —4F 133
Avery Farm Row. SW1 —4E 84 (4J 171)
Avery Gdns. Ilf —5D 36
Avery Hill. —6H 109
Avery Hill Rd. SE9 —6H 109
Avery Row. W1 —7F 67 (2J 165)
Avia Pk. Felt —1D 112
Aviary Clo. E16 —5H 71
Aviemore Clo. Beck —5B 142
Aviemore Way. Beck —5A 142
Avignon Rd. SE4 —3K 105
Avington Ct. SE1 —4E 86 (off Old Kent Rd.)
Avington Gro. SE20 —7J 123
Avington Way. SE15 —7F 87
Avion Cres. NW9 —1C 28
Avis Sq. E1 —6K 69
Avoca Rd. SW17 —4E 120
Avocet Clo. SE1 —5G 87
Avocet M. SE28 —3H 91
Avon Clo. Hay —4A 60
Avon Clo. Sutt —4A 150
Avon Clo. Wor Pk —2C 148
Avon Ct. E4 —1K 19
Avon Ct. N12 —5E 14
Avon Ct. Buck H —1E 20
Avon Ct. Gnfd —4F 61
Avondale Av. N12 —5E 14
Avondale Av. NW2 —3A 46
Avondale Av. Barn —1J 15
Avondale Av. Esh —3A 146
Avondale Av. Wor Pk —1B 148
Avondale Ct. E11 —1G 53
Avondale Ct. E16 —5G 71
Avondale Ct. E18 —1K 35
Avondale Cres. Enf —3F 9
Avondale Cres. Ilf —5B 36
Avondale Dri. Hay —1J 77
Avondale Gdns. Houn —5D 96
Avondale Ho. SE1 —5G 87 (off Avondale Sq.)
Avondale Pk. Gdns. W11 —7G 65
Avondale Pk. Rd. W11 —7G 65
Avondale Ri. SE15 —3F 105
Avondale Rd. E16 —5G 71
Avondale Rd. E17 —7C 34
Avondale Rd. N3 —1A 30
Avondale Rd. N13 —2F 17
Avondale Rd. N15 —5B 32
Avondale Rd. SE9 —2C 126
Avondale Rd. SW14 —3A 100
Avondale Rd. SW19 —5K 119
Avondale Rd. Ashf —3A 112
Avondale Rd. Brom —6G 125
Avondale Rd. Harr —3K 25
Avondale Rd. S Croy —6C 152
Avondale Rd. Well —2C 110
Avondale Sq. SE1 —5G 87
Avonfield Ct. E17 —3F 35
Avon Ho. W8 —3J 83 (off Allen St.)
Avon Ho. W14 —4H 83 (off Avonmore Rd.)
Avon Ho. King T —1D 134
Avonhurst Ho. NW2 —7G 47
Avonley Rd. SE14 —7J 87
Avon M. Pinn —1D 24
Avonmore Gdns. W14 —4H 83
Avonmore Pl. W14 —4G 83 (off Avonmore Rd.)
Avonmore Rd. W14 —4G 83
Avonmouth St. SE1 —3C 86 (7C 168)
Avon Path. S Croy —6C 152
Avon Pl. SE1 —2C 86 (7D 168)
Avon Rd. E17 —3F 35
Avon Rd. SE4 —3C 106
Avon Rd. Gnfd —4E 60
Avon Rd. Sun —7H 113
Avon Way. E18 —3J 35
Avonwick Rd. Houn —2F 97
Avril Way. E4 —5K 19
Avro Way. Wall —7J 151
Awlfield Av. N17 —1D 32
Awliscombe Rd. Well —2K 109
Axe St. Bark —1G 73 (in two parts)
Axholme Av. Edgw —1G 27
Axminster Cres. Well —1C 110
Axminster Rd. N7 —3J 49
Aybrook St. W1 —5E 66 (6G 159)
Aycliffe Clo. Brom —4D 144
Aycliffe Rd. W12 —1C 82
Ayerst Ct. E10 —7E 34
Aylands Clo. Wemb —2E 44
Aylesbury Clo. E7 —6H 53
Aylesbury Ct. Sutt —3A 150
Aylesbury Ho. SE15 —6G 87 (off Friary Est.)
Aylesbury Rd. SE17 —5D 86
Aylesbury Rd. Brom —3J 143
Aylesbury St. EC1 —4B 68 (4A 162)
Aylesbury St. NW10 —3K 45
Aylesford Av. Beck —5A 142
Aylesford Ho. SE1 —2D 86 (7F 169) (off Long La.)
Aylesford St. SW1 —5H 85 (5C 172)
Aylesham Cen., The. SE15 —1G 105
Aylesham Clo. NW7 —7H 13
Aylesham Rd. Orp —7K 145
Ayles Rd. Hay & N'holt —3K 59
Aylestone Av. NW6 —7F 47
Aylett Rd. SE25 —4H 141
Aylett Rd. Iswth —2J 97
Ayley Cft. Enf —5B 8
Ayliffe Clo. King T —2G 135
Aylmer Clo. Stan —4F 11
Aylmer Ct. N2 —5D 30
Aylmer Dri. Stan —4F 11
Aylmer Ho. SE10 —5F 89
Aylmer Pde. N2 —5D 30
Aylmer Rd. E11 —1H 53
Aylmer Rd. N2 —5C 30
Aylmer Rd. W12 —2B 82
Aylmer Rd. Dag —3E 56
Ayloffe Rd. Dag —6F 57
Aylsham Dri. Uxb —2E 40
Aylton Est. SE16 —2J 87
Aylward Rd. SE23 —2K 123
Aylward Rd. SW20 —2H 137
Aylwards Ri. Stan —4F 11
Aylward St. E1 —6J 69 (in two parts)
Aylwin Est. SE1 —3E 86
Aynhoe Mans. W14 —4F 83 (off Aynhoe Rd.)
Aynhoe Rd. W14 —4F 83
Aynscombe Path. SW14 —2J 99
Ayr Ct. W3 —6G 63
Ayres Clo. E13 —3J 71
Ayres Cres. NW10 —7K 45
Ayres St. SE1 —2C 86 (6D 168)
Ayr Grn. Romf —1K 39
Ayrsome Rd. N16 —3E 50
Ayrton Rd. SW7 —3B 84 (1A 170)
Ayr Way. Romf —1K 39
Aysgarth Ct. Sutt —3K 149
Aysgarth Rd. SE21 —7E 104
Ayton Ho. SE5 —7D 86 (off Edmund St.)
Aytoun Pl. SW9 —2K 103
Aytoun Rd. SW9 —2K 103
Azalea Clo. W7 —1K 79
Azalea Clo. Ilf —5F 55

Azalea Ct. W7 —1K 79
Azalea Ct. Wfd G —6B 20
Azalea Wlk. Pinn —5K 23
Azania M. NW5 —6F 49
Azenby Rd. SE15 —2F 105
Azof St. SE10 —4G 89

B
Baalbec Rd. N5 —5B 50
Babbacombe Clo. Chess —5D 146
Babbacombe Gdns. Ilf —4C 36
Babbacombe Rd. Brom —1J 143
Baber Bri. Cvn. Site. Felt —5A 96
Baber Dri. Felt —6A 96
Babington Ct. WC1 —5G 161
Babington Ho. SE1 (off Disney St.) —2C 86 (6D 168)
Babington Ri. Wemb —6G 45
Babington Rd. NW4 —4D 28
Babington Rd. SW16 —5H 121
Babington Rd. Dag —5C 56
Babmaes St. SW1 —7H 67 (3C 166)
Bacchus Wlk. N1 —2E 68 (off Regan Way)
Bache's St. N1 —3D 68
Back All. EC3 —1H 169
Bk. Church La. E1 —6G 69
Back Hill. EC1 —4A 68 (4K 161)
Backhouse Pl. SE17 —4E 86
Back La. N8 —5J 31
Back La. NW3 —4A 48
Back La. Bark —1G 73
Back La. Bex —7G 111
Back La. Bren —6D 80
Back La. Edgw —1J 27
Back La. Rich —2C 116 (in two parts)
Back La. Romf —7D 38
Backley Gdns. SE25 —6G 141
Back Rd. Sidc —4A 128
Back Rd. Tedd —7J 115
Bacon Gro. SE1 —3F 87
Bacon La. NW9 —4H 27
Bacon La. Edgw —1G 27
Bacons La. N6 —1E 48
Bacon St. E1 & E2 —4F 69 (3K 163)
Bacon Ter. Dag —5B 56
Bacton St. E2 —3J 69
Baddesley Ho. SE11 —5H 173
Baddow Clo. Dag —1G 75
Baddow Clo. Wfd G —6G 21
Baddow Wlk. N1 —1C 68 (off New N. Rd.)
Baden Pl. SE1 —2D 86 (6E 168)
Baden Powell Clo. Dag —1E 74
Baden Powell Clo. Surb —2F 147
Baden Powell Ho. SW7 —2A 170
Baden Powell Ho. Belv —3G 93
Baden Rd. N8 —4H 31
Baden Rd. Ilf —5F 55
Badger Clo. Felt —3K 113
Badger Clo. Houn —3A 96
Badger Clo. Ilf —6G 37
Badger Ct. NW2 —3E 46
Badgers Clo. Ashf —5B 112
Badgers Clo. Enf —3G 7
Badgers Clo. Harr —6H 25
Badgers Clo. Hay —7G 59
Badgers Copse. Wor Pk —2B 148
Badgers Cft. N20 —7B 4
Badgers Cft. SE9 —3E 126
Badgers Hole. Croy —4K 153
Badgers Wlk. N Mald —2A 136
Badlis Rd. E17 —3C 34
Badminton Clo. Harr —4J 25
Badminton Clo. N'holt —6E 42
Badminton M. E16 —1J 89
Badminton Rd. SW12 —6E 102
Badsworth Rd. SE5 —1C 104
Baffin Way. E14 —1E 88 (off Blackwall Way)
Bagley Clo. W Dray —2A 76
Bagley's La. SW6 —1K 101
Bagleys Spring. Romf —4E 38
Bagnigge Ho. WC1 —3A 68 (2J 161) (off Margery St.)
Bagshot Ct. SE18 —1E 108
Bagshot Ho. NW1 —1K 159
Bagshot Rd. Enf —7A 8
Bagshot St. SE17 —5E 86
Baildon St. SE8 —7B 88
Bailey Clo. E4 —4K 19
Bailey Clo. N11 —7C 16
Bailey M. W4 —6H 81 (off Hervert Gdns.)
Bailey Pl. SE26 —6K 123
Baillies Wlk. W5 —2D 80
Bainbridge Clo. Rich —5E 116
Bainbridge Rd. Dag —4F 57
Bainbridge St. WC1 —6H 67 (7D 160)
Baines Clo. S Croy —5D 152
Baird Av. S'hall —7F 61
Baird Clo. E10 —1C 52
Baird Clo. NW9 —6J 27
Baird Gdns. SE19 —4E 122
Baird Ho. W12 —7D 64 (off White City Est.)
Baird Memorial Cotts. N14 (off Balaams La.) —2C 16
Baird Rd. Enf —3C 8
Baird St. EC1 —4C 68 (3D 162)
Baizdon Rd. SE3 —2G 107
Baker Beal Ct. Bexh —3H 111
Baker Ho. W7 —1K 79
Baker La. Mitc —2E 138
Baker Pass. NW10 —1A 64
Baker Rd. NW10 —1A 64
Baker Rd. SE18 —7C 90
Bakers Av. E17 —6D 34
Bakers Ct. SE25 —3E 140
Bakers End. SW20 —2G 137
Baker's Fld. N7 —4J 49
Bakers Gdns. Cars —2C 150
Bakers Hall Ct. EC3 —3G 169
Bakers Hill. E5 —1J 51
Bakers Hill. New Bar —2E 4
Bakers Ho. W5 —1D 80 (off Grove, The)
Bakers La. N6 —6D 30
Baker's M. W1 —6E 66 (7G 159)
Bakers Pas. NW3 —4A 48 (off Heath St.)
Baker's Rents. E2 —3F 69 (2J 163)
Baker's Row. E15 —2G 71
Baker's Row. EC1 —4A 68 (4J 161)
Baker Street. —5D 66
Baker St. NW1 & W1 —4D 66 (4F 159)
Baker St. Enf —3J 7
Baker's Yd. EC1 —4J 161
Bakery Clo. SW9 —7K 85
Bakery M. Surb —1G 147
Bakery Path. Edgw —6C 12 (off St Margaret's Rd.)
Bakery Pl. SW11 —4D 102
Bakewell Way. N Mald —2A 136
Balaam Ho. Sutt —4J 149
Balaams La. N14 —2C 16
Balaam St. E13 —4J 71
Balaclava Rd. SE1 —4F 87
Balaclava Rd. Surb —7C 134
Balcaskie Rd. SE9 —5D 108
Balchen Rd. SE3 —2B 108
Balchier Rd. SE22 —6H 105
Balcombe Clo. Bexh —4D 110
Balcombe Ho. NW1 (off Taunton Pl.) —4C 66 (3E 158)
Balcombe St. NW1 —4D 66 (3E 158)
Balcon Ct. W5 —6F 63
Balcorne St. E9 —7J 51
Balder Ri. SE12 —2K 125
Balderton Flats. W1 —6E 66 (1H 165) (off Balderton St.)
Balderton St. W1 —6E 66 (1H 165)
Baldewyne Ct. N17 —1G 33
Baldock St. E3 —2D 70
Baldry Gdns. SW16 —6J 121
Baldwin Cres. SE5 —1C 104
Baldwin Gdns. Houn —1G 97
Baldwin Ho. SW2 —1A 122
Baldwin's Gdns. EC1 —5A 68 (5J 161)
Baldwin St. EC1 —3D 68 (2E 162)
Baldwin Ter. N1 —2C 68
Baldwyn Gdns. W3 —7K 63
Baldwyn's Pk. Bex —2K 129
Baldwyn's Rd. Bex —2K 129
Bale Rd. E1 —5A 70
Bales Ter. N9 —3A 18
Balfern Gro. W4 —5A 82
Balfern St. SW11 —2C 102
Balfe St. N1 —2J 67
Balforn Tower. E14 —6E 70
Balfour Av. W7 —1K 79
Balfour Bus. Cen. S'hall —3A 78
Balfour Gro. N20 —3J 15
Balfour Ho. W10 —5F 65 (off St Charles Sq.)
Balfour M. N9 —3B 18
Balfour M. W1 —1E 84 (4H 165)
Balfour Pl. SW15 —4D 100
Balfour Pl. W1 —7E 66 (3H 165)
Balfour Rd. N5 —4C 50
Balfour Rd. SE25 —5G 141
Balfour Rd. SW19 —7K 119
Balfour Rd. W3 —5J 63
Balfour Rd. W13 —2A 80
Balfour Rd. Brom —5B 144
Balfour Rd. Cars —7D 150
Balfour Rd. Harr —5H 25
Balfour Rd. Houn —3F 97
Balfour Rd. Ilf —2F 55
Balfour Rd. S'hall —3B 78
Balfour St. SE17 —4D 86
Balfour Ter. N3 —2K 29
Balfron Tower. E14 —6E 70
Balgonie Rd. E4 —1A 20
Balgowan Clo. N Mald —5A 136
Balgowan Rd. Beck —3A 142
Balgowan St. SE18 —4K 91
Balham. —1F 121
Balham Continental Mkt. SW12 (off Shipka Rd.) —1F 121
Balham Gro. SW12 —7E 102
Balham High Rd. SW17 & SW12 —3E 120
Balham Hill. SW12 —7F 103
Balham New Rd. SW12 —7F 103
Balham Pk. Rd. SW12 —1D 120
Balham Rd. N9 —2B 18
Balham Sta. Rd. SW12 —1F 121
Balin Ho. SE1 —2D 86 (6E 168) (off Long La.)
Balkan Wlk. E1 —7H 69
Balladier Wlk. E14 —5D 70
Ballamore Rd. Brom —3J 125
Ballance Rd. E9 —6K 51
Ballantine St. SW18 —4A 102
Ballantrae Ho. NW2 —4H 47
Ballard Clo. King T —7K 117
Ballards Clo. Dag —1H 75
Ballards Farm Rd. S Croy & Croy (in two parts) —6G 153
Ballards La. N3 & N12 —1J 29
Ballards M. Edgw —6B 12
Ballards Ri. S Croy —6G 153
Ballards Rd. NW2 —2C 46
Ballards Rd. Dag —2H 75
Ballards Way. S Croy & Croy —6G 153
Ballast Quay. SE10 —5F 89
Ballater Rd. SW2 —4J 103
Ballater Rd. S Croy —5F 153
Ball Ct. EC3 —6D 68 (1F 169) (off Cornhill)
Ballina St. SE23 —7K 105
Ballin Ct. E14 —2E 88
Ballingdon Rd. SW11 —6E 102
Balliol Av. E4 —4B 20
Balliol Rd. N17 —1E 32
Balliol Rd. W10 —6E 64
Balliol Rd. Well —2B 110
Balloch Rd. SE6 —1F 125
Ballogie Av. NW10 —4A 46
Ballow Clo. SE5 —7E 86
Ball's Pond Pl. N1 —6D 50
Balls Pond Rd. N1 —6D 50
Balmain Clo. W5 —1D 80
Balmain Ct. Houn —1F 97
Balmer Rd. E3 —2B 70
Balmes Rd. N1 —1D 68
Balmoral Av. N11 —6K 15
Balmoral Av. Beck —4A 142
Balmoral Clo. SW15 —6F 101
Balmoral Ct. SE12 —4K 125
Balmoral Ct. SE27 —4C 122
Balmoral Ct. Sutt —7J 149
Balmoral Ct. Wemb —3F 45
Balmoral Ct. Wor Pk —2D 148
Balmoral Cres. W Mol —3E 132
Balmoral Dri. Hay —4G 59
Balmoral Dri. S'hall —4D 60
Balmoral Gdns. W13 —3A 80
Balmoral Gdns. Bex —7F 111
Balmoral Gdns. Ilf —1K 55
Balmoral Gro. N7 —6K 49
Balmoral Ho. E14 —3D 88
Balmoral Ho. W14 —4G 83 (off Windsor Way)
Balmoral M. W12 —3B 82
Balmoral Rd. E7 —4A 54
Balmoral Rd. E10 —2D 52
Balmoral Rd. NW2 —6D 46
Balmoral Rd. Harr —4E 42
Balmoral Rd. King T —4F 135
Balmoral Rd. Wor Pk —3D 148
Balmoral Trad. Est. Bark —5K 73
Balmore Cres. Barn —5K 5
Balmore St. N19 —2F 49
Balmuir Gdns. SW15 —4E 100
Balnacraig Av. NW10 —4A 46
Balniel Ga. SW1 —5H 85 (5D 172)
Balsam Ho. E14 —7D 70
Baltic Cen., The. Bren —5D 80
Baltic Clo. SW19 —7B 120
Baltic Ct. SE16 —2K 87
Baltic Ho. SE5 —2C 104
Baltic Pl. N1 —1E 68
Baltic St. E. EC1 —4C 68 (4C 162)
Baltic St. W. EC1 —4C 68 (4C 162)
Baltimore Ho. SE11 —5J 173
Baltimore Pl. Well —2K 109
Balvaird Pl. SW1 —5H 85 (6D 172)
Balvernie Gro. SW18 —7H 101
Balvernie M. SW18 —7J 101
Bamber Ho. Bark —1H 73
Bamborough Gdns. W12 —2E 82
Bamburgh. N17 —7C 18
Bamford Av. Wemb —1F 63
Bamford Ct. E15 —5D 52
Bamford Rd. Bark —6G 55
Bamford Rd. Brom —5E 124
Bampfylde Clo. Wall —3G 151
Bampton Ct. W5 —6D 62
Bampton Dri. NW7 —7H 13
Bampton Rd. SE23 —3K 123
Banavie Gdns. Beck —1E 142
Banbury Clo. Enf —1G 7
Banbury Ct. WC2 —2E 166
Banbury Ct. Sutt —7J 149
Banbury Ho. E9 —7K 51
Banbury Rd. E9 —7K 51
Banbury Rd. E17 —7E 18
Banbury St. SW11 —2C 102
Banbury Wlk. N'holt —2E 60 (off Brabazon Rd.)
Banchory Rd. SE3 —7K 89
Bancroft Av. N2 —5C 30
Bancroft Av. Buck H —2D 20
Bancroft Clo. Ashf —5C 112
Bancroft Ct. SW8 —7J 85 (off Allen Edwards Dri.)
Bancroft Ct. N'holt —1A 60
Bancroft Gdns. Harr —1G 25
Bancroft Gdns. Orp —7K 145
Bancroft Rd. E1 —3J 69
Bancroft Rd. Harr —2G 25
Bandon Clo. Uxb —2B 58
Bandonhill. —5H 151
Bandon Ri. Wall —5H 151
Bangalore St. SW15 —3E 100
Bangor Clo. N'holt —5F 43
Banim St. W6 —4D 82
Banister Ho. E9 —5K 51
Banister Ho. W10 —3G 65 (off Bruckner St.)
Banister Rd. W10 —3F 65
Bank Av. Mitc —2B 138
Bank Bldgs. E4 —6A 20 (off Avenue, The)
Bank End. SE1 —1C 86 (4D 168)
Bankfoot Rd. Brom —4G 125
Bankhurst Rd. SE6 —7B 106
Bank La. SW15 —5A 100
Bank La. King T —7E 116
Bank M. Sutt —6A 150
Bank of England. —6D 68 (1E 168)
Bank of England Mus. —1F 169
Bank of England Offices. EC4 (off New Change) —6C 68
Banks Ho. SE1 —3C 86 (off Rockingham St.)
Banksian Wlk. Iswth —1J 97
Banksia Rd. N18 —5D 18
Bankside. SE1 —7C 68 (3C 168) (in two parts)
Bankside. Enf —1G 7
Bankside. S'hall —1B 78
Bankside. S Croy —6F 153
Bankside Art Gallery. —7B 68 (3B 168)
Bankside Av. N'holt —2J 59
Bankside Clo. Bex —4K 129
Bankside Clo. Cars —6C 150
Bankside Clo. Iswth —4K 97
Bankside Dri. Th Dit —1B 146
Bankside Rd. Ilf —5G 55
Bankside Way. SE19 —6E 122
Banks La. Bexh —4F 111
Banks Way. E12 —3E 54
Bank, The. N6 —1F 49
Bankton Rd. SW2 —4A 104
Bankwell Rd. SE13 —4G 107

Bannerman Ho. *SW8*
—6K **85** (7G **173**)
Banner St. *EC1* —4C **68** (4D **162**)
Banning St. *SE10* —5G **89**
Bannister Clo. *SW2* —1A **122**
Bannister Clo. *Gnfd* —5H **43**
Bannockburn Rd. *SE18* —4J **91**
Banqueting House.
—1J **85** (5E **166**)
Banstead Gdns. *N9* —3K **17**
Banstead Rd. *Cars* —7B **150**
Banstead Rd. *S. Sutt* —7B **150**
Banstead St. *SE15* —3J **105**
Banstead Way. *Wall* —5J **151**
Banstock Rd. *Edgw* —6C **12**
Banting Dri. *N21* —5E **6**
Banting Ho. *NW2* —3C **46**
Bantock Ho. *W10* —3G **65**
(off Third Av.)
Banton Clo. *Enf* —2C **8**
Bantry St. *SE5* —7D **86**
Banwell Rd. *Bex* —6D **110**
Banyard Rd. *SE16* —3H **87**
Baptist Gdns. *NW5* —6E **48**
Barandon Wlk. *W11* —7F **65**
Barbara Brosnan Ct. *NW8*
—2B **66** (1A **158**)
Barbara Clo. *Shep* —5D **130**
Barbara Hucklesby Clo. *N22*
—2B **32**
Barbauld Rd. *N16* —3E **50**
Barber Clo. *N21* —7F **7**
Barbers All. *E13* —3K **71**
Barbers Rd. *E15* —2D **70**
Barbican. *EC2* —5C **68**
(off Beech St.)
Barbican Arts Cen.
—5C **68** (5D **162**)
Barbican Rd. *Gnfd* —6F **61**
Barb M. *W6* —3E **82**
Barbon Clo. *WC1* —5K **67** (5F **161**)
Barbot Clo. *N9* —3B **18**
Barchard St. *SW18* —5K **101**
Barchester Clo. *W7* —1K **79**
Barchester Rd. *Harr* —2H **25**
Barchester St. *E14* —5D **70**
Barclay Clo. *SW6* —7J **83**
Barclay Oval. *Wfd G* —4D **20**
Barclay Path. *E17* —5F **34**
Barclay Rd. *E11* —1H **53**
Barclay Rd. *E13* —4A **72**
Barclay Rd. *E17* —5E **34**
Barclay Rd. *SW6* —7J **83**
Barclay Rd. *Croy* —3D **152**
Barclay Way. *SE22* —1G **123**
Barcombe Av. *SW2* —2J **121**
Barcombe Rd. *Orp* —3K **145**
Bardell Ho. *SE1* —2G **87** (7K **169**)
(off Dickens Est.)
Barden St. *SE18* —7J **91**
Bardfield Av. *Romf* —3D **38**
Bardney Rd. *Mord* —4K **137**
Bardolph Rd. *N7* —4J **49**
Bardolph Rd. *Rich* —3F **99**
Bard Rd. *W10* —7F **65**
Bardsey Wlk. *N1* —6C **50**
(off Douglas Rd. N.)
Bardsley Clo. *Croy* —3F **153**
Bardsley La. *SE10* —6E **88**
Barfett St. *W10* —4H **65**
Barfield Av. *N20* —2J **15**
Barfield Rd. *E11* —1H **53**
Barfield Rd. *Brom* —3E **144**
Barfleur Ho. *SE8* —5B **88**
Barford Clo. *NW4* —2C **28**
Barford St. *N1* —1A **68**
Barforth Rd. *SE15* —3H **105**

Barfreston Way. *SE20* —1H **141**
Bargate Clo. *SE18* —5K **91**
Bargate Clo. *N Mald* —7C **136**
Barge Ho. Rd. *E16* —2F **91**
Barge Ho. St. *SE1*
—1A **86** (4K **167**)
Bargery Rd. *SE6* —1D **124**
Barge Wlk. *E Mol* —3H **133**
Barge Wlk. *Hamp W* —1D **134**
Barge Wlk. *King T* —3D **134**
Bargrove Clo. *SE20* —7G **123**
Bargrove Cres. *SE6* —2B **124**
Barham Clo. *Brom* —1C **156**
Barham Clo. *Chst* —5F **127**
Barham Clo. *Romf* —2H **39**
Barham Clo. *Wemb* —6B **44**
Barham Ho. *SE17* —5E **86**
(off Kinglake St.)
Barham Rd. *SW20* —7C **118**
Barham Rd. *Chst* —5F **127**
Barham Rd. *S Croy* —5B **152**
Baring Clo. *SE12* —2J **125**
Baring Ho. *E14* —6C **70**
Baring Rd. *SE12* —7J **107**
Baring Rd. *Cockf* —4G **5**
Baring Rd. *Croy* —1G **153**
Baring St. *N1* —1D **68**
Barker Clo. *N Mald* —4H **135**
Barker Dri. *NW1* —7G **49**
Barker M. *SW4* —4F **103**
Barker St. *SW10* —6A **84**
Barkers Arc. *W8* —2K **83**
Barker Wlk. *SW16* —3H **121**
Barker Way. *SE22* —7G **105**
Darkham Rd. *N17* —7J **17**
Barkham Ter. *SE1* —1K **173**
Barking. —7G **55**
Barking Bus. Cen. *Bark* —3A **74**
Barking Ind. Pk. *Bark* —1K **73**
Barking Northern Relief Rd. *Bark*
—7F **55**
Barking Railway. —6H **55**
Barking Rd. *E13 & E6* —2A **72**
Barking Rd. *E16 & E13* —5H **71**
Barkingside. —3G **37**
Bark Pl. *W2* —7K **65**
Barkston Gdns. *SW5* —4K **83**
Barkway Ct. *N4* —2C **50**
Barkwood Clo. *Romf* —5J **39**
Barkworth Rd. *SE16* —5H **87**
Darlborough St. *SE14* —7K **87**
Barlby Gdns. *W10* —4F **65**
Barlby Rd. *W10* —5E **64**
Barleycorn Way. *E14* —7B **70**
(in two parts)
Barleyfields Clo. *Romf* —6B **38**
Barley La. *Ilf & Romf* —7A **38**
Barley Mow Pas. *EC1* —5B **162**
Barley Mow Pas. *W4* —5K **81**
Barleymow Way. *Shep* —4C **130**
Barley Shotts Bus. Pk. *W10*
—5H **65**
Barlings Ho. *SE4* —4K **105**
(off Frendsbury Rd.)
Barlow Clo. *Wall* —6J **151**
Barlow Dri. *SE18* —1C **108**
Barlow Ho. *N1* —3D **68** (1E **162**)
(off Provost Est.)
Barlow Ho. *W11* —7G **65**
(off Walmer Rd.)
Barlow Pl. *W1* —7F **67** (3K **165**)
Barlow Rd. *NW6* —6H **47**
Barlow Rd. *W3* —1H **81**
Barlow Rd. *Hamp* —7F **114**
Barlow St. *SE17* —4D **86**
Barlow Way. *Rain* —5K **75**
Barmeston Rd. *SE6* —2D **124**

Barmor Clo. *Harr* —2F **25**
Barmouth Av. *Gnfd* —2K **61**
Barmouth Rd. *SW18* —6A **102**
Barmouth Rd. *Croy* —2K **153**
Barnabas Rd. *E9* —5K **51**
Barnaby Clo. *Harr* —2G **43**
Barnaby Ct. *NW9* —3A **28**
Barnaby Ct. *SE16* —2G **87**
(off Scott Lidgett Cres.)
Barnaby Pl. *SW7* —4A **170**
Barnaby Way. *Chig* —3K **21**
Barnard Clo. *SE18* —4E **90**
Barnard Clo. *Chst* —1H **145**
Barnard Clo. *Sun* —7K **113**
Barnard Clo. *Wall* —7H **151**
Barnard Gdns. *Hay* —4K **59**
Barnard Gdns. *N Mald* —4C **136**
Barnard Gro. *E15* —7H **53**
Barnard Hill. *N10* —1F **31**
Barnard Lodge. W9 —5J **65**
(off Admiral Wlk.)
Barnard Lodge. New Bar —4F **5**
Barnard M. *SW11* —4C **102**
Barnardo Dri. *Ilf* —4G **37**
Barnardo Gdns. *E1* —7K **69**
Barnardo St. *E1* —6K **69**
Barnardos Village. *B'side* —3G **37**
Barnard Rd. *SW11* —4C **102**
Barnard Rd. *Enf* —2C **8**
Barnard Rd. *Mitc* —3E **138**
Barnard's Inn. *EC4* —6K **161**
Barnard's Wharf. *SE16* —2B **88**
Barnbrough. NW1 —1G **67**
(off Camden St.)
Rarnby Sq. *E15* —1G **71**
Barnby St. *E15* —1G **71**
Barnby St. *NW1* —2G **67** (1B **160**)
Barn Clo. NW5 —5H **49**
(off Torriano Av.)
Barn Clo. *Ashf* —5D **112**
Barn Clo. *N'holt* —2A **60**
Barn Cres. *Stan* —6H **11**
Barncroft Clo. *Uxb* —5D **58**
Barnehurst. —3J 111
Barnehurst Av. *Eri & Bexh*
—1J **111**
Barnehurst Clo. *Eri* —1J **111**
Barnehurst Rd. *Bexh* —2J **111**
Barn Elms Pk. *SW15* —3E **100**
Barnes. —2B 100
Barnes All. *Hamp* —2G **133**
Barnes Av. *SW13* —7C **82**
Barnes Av. *S'hall* —4D **78**
Barnes Clo. *E12* —4B **54**
Barnes Ct. *N1* —7A **50**
Barnes Ct. *Wfd G* —5G **21**
Barnes End. *N Mald* —5C **136**
Barnes High St. *SW13* —2B **100**
Barnes Ho. *Bark* —1H **73**
Barnes Pikle. *W5* —7D **62**
Barnes Rd. *N18* —4D **18**
Barnes Rd. *Ilf* —6A **70**
Barnes Ter. *SE8* —5B **88**
Barnes Wallis Ct. *Wemb* —3J **45**
Barnet. —3B 4
Barnet Bus. Cen. *Barn* —3B **4**
Barnet By-Pass. *NW7* —6G **13**
Barnet Dri. *Brom* —2C **156**
Barnet F.C. —5D **4**
Barnet Ga. La. *Barn* —1H **13**
Barnet Gro. *E2* —3G **69** (1K **163**)
Barnet Hill. *Barn* —4C **4**
Barnet Ho. *N20* —2F **15**
Barnet La. *N20 & Barn* —1C **14**
Barnet Mus. —4B **4**
Barnet Trad. Est. *High Bar* —3C **4**
Barnetts Ct. *Harr* —3F **43**

Barnett St. *E1* —6H **69**
Barnet Vale. —5E 4
Barnet Way. *NW7* —3E **12**
Barnet Wood Rd. *Brom* —2A **156**
Barney Clo. *SE7* —5A **90**
Barn Fld. *NW3* —5D **48**
Barnfield. *N Mald* —6A **136**
Barnfield Av. *Croy* —2J **153**
Barnfield Av. *King T* —4D **116**
Barnfield Av. *Mitc* —4F **139**
Barnfield Clo. *N4* —7J **31**
Barnfield Clo. *SW17* —3B **120**
Barnfield Gdns. *SE18* —6F **91**
Barnfield Gdns. *King T* —4E **116**
Barnfield Pl. *E14* —4C **88**
Barnfield Rd. *SE18* —6F **91**
(in two parts)
Barnfield Rd. *W5* —4C **62**
Barnfield Rd. *Belv* —6F **93**
Barnfield Rd. *Edgw* —1J **27**
Barnfield Rd. *S Croy* —7E **152**
Barnfield Wood Clo. *Beck* —6F **143**
Barnfield Wood Rd. *Beck* —6F **143**
Barnham Dri. *SE28* —1K **91**
Barnham Rd. *Gnfd* —3G **61**
Barnham St. *SE1* —2E **86** (6H **169**)
Barnhill. *Pinn* —5A **24**
Barn Hill. *Wemb* —1G **45**
Barnhill Av. *Brom* —5H **143**
Barnhill La. *Hay* —3K **59**
Barnhill Rd. *Hay* —3K **59**
Barnhill Rd. *Wemb* —3J **45**
Barningham Way. *NW9* —6K **27**
Barnlea Clo. *Felt* —2C **114**
Barnmead Gdns. *Dag* —5F **57**
Barnmead Rd. *Beck* —1K **141**
Barnmead Rd. *Dag* —5F **57**
Barn M. *S Harr* —3E **42**
Barn Ri. *Wemb* —1G **45**
Barnsbury. —7K 49
Barnsbury Clo. *N Mald* —4J **135**
Barnsbury Cres. *Surb* —1J **147**
Barnsbury Est. *N1* —1K **67**
(in two parts)
Barnsbury Gro. *N7* —7K **49**
Barnsbury Ho. *SW4* —6H **103**
Barnsbury La. *Surb* —2H **147**
Barnsbury Pk. *N1* —7A **50**
Barnsbury Rd. *N1* —2A **68**
Barnsbury Sq. *N1* —7A **50**
Barnsbury St. *N1* —7A **50**
Barnsbury Ter. *N1* —7K **49**
Barnscroft. *SW20* —3D **136**
Barnsdale Av. *E14* —4C **88**
Barnsdale Rd. *W9* —4H **65**
Barnsley St. *E1* —4H **69**
Barnstable La. *SE13* —4E **106**
Barnstaple Ho. SE12 —5H **107**
(off Taunton Rd.)
Barnstaple Rd. *Ruis* —3A **42**
Barnston Wlk. *N1* —1C **68**
(off Popham St.)
Barn St. *N16* —2E **50**
Barn Way. *Wemb* —1G **45**
Barnwell Rd. *SW2* —5A **104**
Barnwood Clo. *W9* —4K **65**
Barnwood Clo. *Ruis* —2F **41**
Baron Clo. *N11* —5K **15**
Baroness Rd. *E2* —3F **69** (1K **163**)
Baronet Gro. *N17* —1G **33**
Baronet Rd. *N17* —1G **33**
Baron Gdns. *Ilf* —3G **37**
Baron Gro. *Mitc* —4C **138**
Baron Rd. *Dag* —1D **56**
Baronsclere Ct. *N6* —7G **31**
Barons Court. —5G 83
Barons Ct. *Ilf* —2H **55**
Barons Ct. *Wall* —3H **151**

Baron's Ct. Rd. *W14* —5G **83**
Barons Court Theatre. —5G **83**
Baronsfield Rd. *Twic* —6B **98**
Barons Ga. *W4* —3J **81**
Barons Ga. *Barn* —6H **5**
Barons Keep. *W14* —5G **83**
Barons Mead. *Harr* —4J **25**
Baronsmead Rd. *SW13* —1C **100**
Baronsmede. *W5* —2F **81**
Baronsmere Ct. *Barn* —4B **4**
Baronsmere Rd. *N2* —4C **30**
Baron's Pl. *SE1* —2A **86** (7K **167**)
Barons, The. *Twic* —6B **98**
Baron St. *N1* —2A **68**
Baron's Wlk. *Croy* —6A **142**
Baron Wlk. *E16* —5H **71**
Baron Wlk. *Mitc* —4C **138**
Barque M. *SE8* —6C **88**
Barrack Rd. *Houn* —4B **96**
Barra Hall Cir. *Hay* —7G **59**
Barra Hall Rd. *Hay* —7G **59**
Barratt Av. *N22* —2K **31**
Barratt Ho. *N1* —7B **50**
(off Sable St.)
Barratt Ind. Pk. *E3* —4E **70**
Barratt Ind. Pk. *S'hall* —2E **78**
Barratt Way. *Harr* —2H **25**
Barrenger Rd. *N10* —1D **30**
Barret Ho. *NW6* —1J **65**
Barret Ho. *SW9* —3K **103**
(off Benedict Rd.)
Barrett Ho. *SE17* —5C **86**
(off Browning St.)
Barrett Rd. *E17* —4E **34**
Barrett's Grn. Rd. *NW10* —3J **63**
Barrett's Gro. *N16* —5E **50**
Barrett St. *W1* —6E **66** (1H **165**)
Barrhill Rd. *SW2* —2J **121**
Barrie Ct. *New Bar* —5F **5**
(off Lyonsdown Rd.)
Barriedale. *SE14* —2A **106**
Barrie Est. *W2* —7B **66** (2A **164**)
Barrie Ho. *W2* —7A **66**
(off Lancaster Ga.)
Barrie Ho. *W3* —2J **81**
(off Castle Clo.)
Barrier App. *SE7* —3B **90**
Barrier Point Rd. *E16* —1A **90**
Barringers Ct. *Ruis* —7F **23**
Barringer Sq. *SW17* —4E **120**
Barrington Clo. *NW5* —5E **48**
Barrington Clo. *Ilf* —1D **36**
Barrington Clo. *NW5* —5E **48**
Barrington Ct. *SW2* —1J **103**
Barrington Ct. *W3* —2H **81**
(off Cheltenham Pl.)
Barrington Rd. *E12* —6E **54**
Barrington Rd. *N8* —5H **31**
Barrington Rd. *SW9* —3B **104**
Barrington Rd. *Bexh* —2D **110**
Barrington Rd. *Sutt* —2J **149**
Barrington Vs. *SE18* —1E **108**
Barrington Wlk. *SE19* —6E **122**
Barrosa Dri. *Hamp* —1E **132**
Barrow Av. *Cars* —7D **150**
Barrow Clo. *N21* —3G **17**
Barrow Ct. *SE6* —1H **125**
(off Cumberland Pk.)
Barrowdene Clo. *Pinn* —2C **24**
Barrowell Grn. *N21* —2G **17**
Barrowfield Clo. *N9* —3C **18**
Barrowgate Rd. *W4* —5J **81**
Barrow Hedges Clo. *Cars* —7C **150**
Barrow Hedges Way. *Cars* —7C **150**
Barrowhill. *Wor Pk* —2A **148**
Barrowhill Clo. *Wor Pk* —2A **148**
Barrow Hill Est. NW8 —2C **66**
(off Barrow Hill Rd.)

Barrow Hill Rd. *NW8*
  —2C **66** (1C **158**)
Barrow Point Av. *Pinn* —2C **24**
Barrow Point La. *Pinn* —2C **24**
Barrow Rd. *SW16* —6H **121**
Barrow Rd. *Croy* —5A **152**
Barrow Wlk. *Bren* —6C **80**
Barrs Rd. *NW10* —7K **45**
Barry Av. *N15* —6E **33**
Barry Av. *Bexh* —7E **92**
Barrydene. *N20* —1G **15**
Barry Rd. *E6* —6C **72**
Barry Rd. *NW10* —7J **45**
Barry Rd. *SE22* —6G **105**
Barset Rd. *SE15* —3J **105**
  (in three parts)
Barson Clo. *SE20* —7J **123**
Barston Rd. *SE27* —3C **122**
Barstow Cres. *SW2* —1K **121**
Barter St. *WC1* —5J **67** (6F **161**)
Barters Wlk. *Pinn* —3C **24**
Bartholomew Clo. *EC1*
  (in two parts) —5C **68** (6B **162**)
Bartholomew Clo. *SW18* —4A **102**
Bartholomew Ct. *E14* —7F **71**
Bartholomew Ct. *EC1*
  (off Old St.) —4C **68** (3D **162**)
Bartholomew Ct. *Edgw* —7J **11**
Bartholomew La. *EC2*
  —6D **68** (1F **169**)
Bartholomew Pl. *EC1* —6C **162**
Bartholomew Rd. *NW5* —6G **49**
Bartholomew Sq. *E1* —4H **69**
Bartholomew Sq. *EC1*
  —4C **68** (3D **162**)
Bartholomew St. *SE1* —3D **86**
Bartholomew Vs. *NW5* —6G **49**
Barth Rd. *SE18* —4J **91**
Bartle Av. *E6* —2C **72**
Bartle Rd. *W11* —6G **65**
Bartlett Clo. *E14* —6C **70**
Bartlett Ct. *EC4* —6A **68** (7K **161**)
Bartlett Houses. *Dag* —7H **57**
  (off Vicarage Rd.)
Bartletts Pas. *EC4* —6A **68**
  (off Fetter La.)
Bartlett St. *S Croy* —5D **152**
Bartlett Ter. *Croy* —2A **154**
Bartlow Gdns. *Romf* —1K **39**
Barton Av. *Romf* —1H **57**
Barton Clo. *E6* —6D **72**
Barton Clo. *E9* —5J **51**
Barton Clo. *NW4* —4C **28**
Barton Clo. *SE15* —3H **105**
Barton Clo. *Bexh* —5E **110**
Barton Clo. *Shep* —6D **130**
Barton Ct. *W14* —5G **83**
  (off Baron's Ct. Rd.)
Barton Grn. *N Mald* —2K **135**
Barton Ho. *N1* —7B **50**
  (off Sable St.)
Barton Ho. *SW6* —3K **101**
  (off Wandsworth Bri. Rd.)
Barton Meadows. *Ilf* —4F **37**
Barton Rd. *W14* —5G **83**
Barton Rd. *Sidc* —6E **128**
Barton St. *SW1* —3J **85** (1E **172**)
Bartonway. *NW8* —1B **66**
  (off Queen's Ter.)
Bartram Clo. *Uxb* —4D **58**
Bartram Rd. *SE4* —5A **106**
Bartrams La. *Barn* —1F **5**
Bartrip St. *E9* —6B **52**
Barts Clo. *Beck* —5C **142**
Barville Clo. *SE4* —4A **106**
Barwell Bus Pk. *Chess* —7D **146**
Barwell Ho. *E2* —4G **69**
  (off Menotti St.)

Barwick Ho. *W3* —2J **81**
  (off Strafford Rd.)
Barwick Rd. *E7* —4K **53**
Barwood Av. *W W'ck* —1D **154**
Basden Gro. *Felt* —2E **114**
Basden Ho. *Felt* —2E **114**
Basedale Rd. *Dag* —7B **56**
Baseing Clo. *E6* —7E **72**
Basevi Way. *SE8* —6C **88**
Bashley Rd. *NW10* —4K **63**
Basil Av. *E6* —3C **72**
Basildene Rd. *Houn* —3B **96**
Basildon Av. *Ilf* —1E **36**
Basildon Clo. *Sutt* —7K **149**
Basildon Ct. *W1* —5E **66** (5H **159**)
  (off Devonshire Rd.)
Basildon Rd. *SE2* —5A **92**
Basil Gdns. *SE27* —5C **122**
Basil Gdns. *Croy* —1K **153**
Basil Ho. *SW8* —7J **85**
  (off Wyvil Rd.)
Basilon Rd. *Bexh* —2E **110**
Basil Spence Ho. *N22* —1K **31**
Basin App. *E14* —6A **70**
Basing Clo. *Th Dit* —7K **133**
Basing Ct. *SE15* —1F **105**
Basingdon Way. *SE5* —4D **104**
Basing Dri. *Bex* —6F **111**
Basingfield Rd. *Th Dit* —7K **133**
Basinghall Av. *EC2*
  —6D **68** (7E **162**)
Basinghall Gdns. *Sutt* —7K **149**
Basinghall St. *EC2*
  —6D **68** (7E **162**)
Basing Hill. *NW11* —1H **47**
Basing Hill. *Wemb* —2F **45**
Basing Ho. *Bark* —1H **73**
  (off St Margarets)
Basing Ho. Yd. *E2*
  —3E **68** (1H **163**)
Basing Pl. *E2* —3E **68** (1H **163**)
Basing St. *W11* —6H **65**
Basing Way. *N3* —3J **29**
Basing Way. *Th Dit* —7K **133**
Basire St. *N1* —1C **68**
Baskerville Gdns. *NW10* —4A **46**
Baskerville Rd. *SW18* —7C **102**
Basket Gdns. *SE9* —5C **108**
Baslow Clo. *Harr* —1H **25**
Baslow Wlk. *E5* —4K **51**
Basnett Rd. *SW11* —3E **102**
Bassano St. *SE22* —5F **105**
Bassant Rd. *SE18* —6K **91**
Bassein Pk. Rd. *W12* —2B **82**
Bassett Gdns. *Iswth* —7G **79**
Bassett Rd. *E7* —4B **54**
Bassett Rd. *W10* —6F **65**
Bassett St. *NW5* —6E **48**
Bassett's Way. *Orp* —4F **156**
Bassett Way. *Gnfd* —6F **61**
Bassingbourn Ho. *N1* —7A **50**
  (off Sutton Est., The)
Bassingham Rd. *SW18* —7A **102**
Bassingham Rd. *Wemb* —6D **44**
Bassishaw Highwalk. *EC2*
  —6D **162**
Basswood Clo. *SE15* —3H **105**
Bastable Av. *Bark* —2J **73**
Basterfield Ho. *EC1*
  —4C **68** (4C **162**)
  (off Golden La. Est.)
Bastion Highwalk. *EC2* —6C **162**
Bastion Ho. *EC2* —5C **68**
  (off London Wall)
Bastion Rd. *SE2* —5A **92**
Baston Mnr. Rd. *Brom* —3K **155**
Baston Rd. *Brom* —1K **155**

Bastwick St. *EC1* —4C **68** (3C **162**)
Basuto Rd. *SW6* —1J **101**
Batavia Clo. *Sun* —1K **131**
Batavia Ho. *SE14* —7A **88**
  (off Batavia Rd.)
Batavia M. *SE14* —7A **88**
Batavia Rd. *SE14* —7A **88**
Batavia Rd. *Sun* —1K **131**
Batchelor St. *N1* —1A **68**
Bateman Clo. *Bark* —6G **55**
Bateman Ho. *SE11* —6B **86**
  (off Brandon Est.)
Bateman Rd. *E4* —6H **19**
Bateman's Bldgs. *W1* —1C **166**
Bateman's Row. *EC2*
  —4E **68** (3H **163**)
Bateman St. *W1* —6H **67** (1C **166**)
Bates Cres. *SW16* —7G **121**
Bates Cres. *Croy* —5A **152**
Bateson St. *SE18* —4J **91**
Bates Point. *E13* —1J **71**
  (off Pelly Rd.)
Bate St. *E14* —7B **70**
Bath Clo. *SE15* —7H **87**
Bath Ct. *EC1* —4J **161**
Bath Ct. *SE26* —3G **123**
  (off Droitwich Clo.)
Bathgate Rd. *SW19* —3F **119**
Bath Ho. *E2* —4G **69**
  (off Ramsey St.)
Bath Ho. *SE1* —3C **86**
  (off Bath Ter.)
Bath Ho. Rd. *Croy* —1J **151**
Bath Pas. *King T* —2D **134**
Bath Pl. *EC2* —3E **68** (2G **163**)
Bath Pl. *W6* —5E **82**
  (off Fulham Pal. Rd.)
Bath Pl. *Barn* —3C **4**
Bath Rd. *E7* —6B **54**
Bath Rd. *N9* —2C **18**
Bath Rd. *W4* —4A **82**
Bath Rd. *Hay & H'row A* —1G **95**
Bath Rd. *Houn* —1A **96**
Bath Rd. *Romf* —6E **38**
Bath Rd. *Brom* —4B **144**
Bath St. *EC1* —3C **68** (2D **162**)
Bath Ter. *SE1* —3C **86**
Bathurst Av. *SW19* —1K **137**
Bathurst Gdns. *NW10* —2D **64**
Bathurst M. *W2*
  —6B **66** (2B **164**)
Bathurst Rd. *Ilf* —1F **55**
Bathurst St. *W2* —7B **66** (2B **164**)
Bathway. *SE18* —4E **90**
Batley Clo. *Mitc* —7D **138**
Batley Pl. *N16* —3F **51**
Batley Rd. *N16* —3F **51**
Batley Rd. *Enf* —1H **7**
Batman Clo. *W12* —1D **82**
Batoum Gdns. *W6* —3E **82**
Batson Ho. *E1* —6G **69**
  (off Fairclough St.)
Batson St. *W12* —2C **82**
Batsworth Rd. *Mitc* —3B **138**
Battenberg Wlk. *SE19* —6E **122**
Batten Clo. *E6* —6D **72**
Batten Ho. *SW4* —5G **103**
Batten Ho. *W10* —3G **65**
  (off Third Av.)
Batten St. *SW11* —3C **102**
Battersby Rd. *SE6* —2F **125**
Battersea. —1E **102**
Battersea Bri. *SW3 & SW11*
  —7B **84**
Battersea Bri. Rd. *SW11* —7C **84**
Battersea Bus. Cen. *SW11*
  —3E **102**

Battersea Chu. Rd. *SW11* —1B **102**
Battersea Dogs' Home. —7F **85**
Battersea High St. *SW11* —1B **102**
  (in two parts)
Battersea Pk. —7E **84**
Battersea Pk. Children's Zoo.
  —7E **84**
Battersea Pk. Rd. *SW11 & SW8*
  —2C **102**
Battersea Ri. *SW11* —5C **102**
Battersea Sq. *SW11* —1B **102**
Battery Rd. *SE28* —2J **91**
Battishill St. *N1* —7B **50**
Battis, The. *Romf* —6K **39**
Battlebridge Ct. *N1* —2J **67**
  (off Wharfdale Rd.)
Battle Bri. La. *SE1*
  —1E **86** (5G **169**)
Battle Bri. Rd. *NW1* —2J **67**
Battle Clo. *SW19* —6A **120**
Battledean Rd. *N5* —5B **50**
Battle Ho. *SE15* —6E **87**
  (off Haymerle Rd.)
Battle Rd. *Belv & Eri* —4J **93**
Batty St. *E1* —6G **69**
Baudene M. *NW4* —4D **28**
  (off Burroughs, The)
Baudwin Rd. *SE6* —2G **125**
Baugh Rd. *Sidc* —5C **128**
Baulk, The. *SW18* —7J **101**
Bavant Rd. *SW16* —2J **139**
Bavaria Rd. *N19* —2J **49**
  (in two parts)
Bavent Rd. *SE5* —2C **104**
Bawdale Rd. *SE22* —5F **105**
Bawdsey Av. *Ilf* —4K **37**
Bawtree Rd. *SE14* —7A **88**
Bawtry Rd. *N20* —3J **15**
Baxendale. *N20* —2K **15**
Baxendale St. *E2* —3G **69**
Baxter Clo. *S'hall* —3F **79**
Baxter Clo. *Uxb* —3D **58**
Baxter Rd. *E16* —6A **72**
Baxter Rd. *N1* —6D **50**
Baxter Rd. *N18* —4C **18**
Baxter Rd. *Ilf* —5F **55**
Bayard Ct. *Bexh* —4H **111**
  (off Watling St.)
Bay Ct. *W5* —3E **80**
Baycroft Clo. *Pinn* —3A **24**
Baydon Ct. *Short* —3H **143**
Bayer Ho. *EC1* —4C **68** (4C **162**)
  (off Golden La. Est.)
Bayfield Ho. *SE4* —4K **105**
  (off Coston Wlk.)
Bayfield Rd. *SE9* —4B **108**
Bayford M. *E8* —7H **51**
  (off Bayford St.)
Bayford Rd. *NW10* —3F **65**
Bayford St. *E8* —7H **51**
Bayford St. Ind. Est. *E9* —7A **52**
Baygrove M. *Hamp W* —1C **134**
Bayham Pl. *NW1* —1G **67**
Bayham Rd. *W4* —3K **81**
Bayham Rd. *W13* —7B **62**
Bayham Rd. *Mord* —4K **137**
Bayham St. *NW1* —1G **67**
Bayhurst Wood Country Pk.
  —5B **22**
Bayleaf Clo. *Hamp H* —5H **115**
Bayley St. *W1* —5H **67** (6C **160**)
Bayley Wlk. *SE2* —5E **92**
Baylis Rd. *SE1* —2A **86** (7J **167**)
Bayliss Av. *SE28* —7D **74**
Bayliss Clo. *N21* —5D **6**
Baynard St. *EC4* —7C **68**
Bayne Clo. *E6* —6D **72**
Baynes Clo. *Enf* —1B **8**

Baynes M. *NW3* —6B **48**
Baynes St. *NW1* —7G **49**
Baynham Clo. *Bex* —6F **111**
Bayonne Rd. *W6* —6G **83**
Bays Clo. *SE26* —5J **123**
Bays Ct. *Edgw* —5C **12**
Bayshill Ri. *N'holt* —6F **43**
Bayston Rd. *N16* —3F **51**
Bayswater. —7A **66**
Bayswater Rd. *W2*
  —7K **65** (3A **164**)
Baythorne St. *E3* —5B **70**
Bayton Ct. *E8* —7G **51**
  (off Lansdowne Dri.)
Bay Tree Clo. *Brom* —1B **144**
Baytree Clo. *Sidc* —1K **127**
Baytree Clo. *SW2* —4K **103**
Baytree Ho. *E4* —7J **9**
Baytree Rd. *SW2* —4K **103**
Bazalgette Clo. *N Mald* —5K **135**
Bazalgette Gdns. *N Mald* —5K **135**
Bazalgette Ho. *NW8*
  —4B **66** (3B **158**)
  (off Orchardson St.)
Bazeley Ho. *SE1* —2B **86** (7A **168**)
  (off Library St.)
Bazely St. *E14* —7E **70**
Bazile Rd. *N21* —6F **7**
Beacham Clo. *SE7* —5B **90**
Beachborough Rd. *Brom* —4E **124**
Beachcroft Rd. *E11* —3G **53**
Beachcroft Way. *N19* —1H **49**
Beach Gro. *Felt* —2E **114**
Beach Ho. *SW5* —5J **83**
  (off Philbeach Gdns.)
Beach Ho. *Felt* —2E **114**
Beachy Rd. *E3* —7C **52**
Beacon Clo. *Uxb* —5A **40**
Beacon Ga. *SE14* —3K **105**
Beacon Gro. *Cars* —4E **150**
Beacon Hill. *N7* —5J **49**
Beacon Ho. *E14* —5D **88**
Beacon Pl. *Croy* —3J **151**
Beacon Rd. *SE13* —6F **107**
Beacon Rd. *H'row A* —6C **94**
Beacons Clo. *E6* —5C **72**
Beaconsfield Clo. *N11* —5K **15**
Beaconsfield Clo. *SE3* —6J **89**
Beaconsfield Clo. *W4* —5J **81**
Beaconsfield Pde. *SE9* —4C **126**
Beaconsfield Rd. *E10* —2E **52**
Beaconsfield Rd. *E16* —4H **71**
Beaconsfield Rd. *E17* —6B **34**
Beaconsfield Rd. *N9* —3B **18**
Beaconsfield Rd. *N11* —3K **15**
Beaconsfield Rd. *N15* —4E **32**
Beaconsfield Rd. *NW10* —6B **46**
Beaconsfield Rd. *SE3* —7H **89**
Beaconsfield Rd. *SE9* —2C **126**
Beaconsfield Rd. *SE17* —5D **86**
Beaconsfield Rd. *W4* —3K **81**
Beaconsfield Rd. *W5* —2C **80**
Beaconsfield Rd. *Bex* —2K **129**
Beaconsfield Rd. *Brom* —3B **144**
Beaconsfield Rd. *Croy* —6D **140**
Beaconsfield Rd. *Hay* —1A **78**
Beaconsfield Rd. *N Mald* —2K **135**
Beaconsfield Rd. *S'hall* —1B **78**
Beaconsfield Rd. *Surb* —7F **135**
Beaconsfield Ter. *Twic* —6B **98**
Beaconsfield Ter. *Romf* —6D **38**
Beaconsfield Ter. Rd. *W14* —3G **83**
Beaconsfield Wlk. *E6* —6E **72**
Beaconsfield Wlk. *SW6* —1H **101**
Beacontree Av. *E17* —1F **35**
Beacontree Heath. —2G **57**
Beacontree Rd. *E11* —1H **53**
Beadle's Pde. *Dag* —6J **57**

Beadlow Clo. Cars —6B 138
Beadman St. SE27 —4B 122
Beadnell Rd. SE23 —1K 123
Beadon Rd. W6 —4E 82
Beadon Rd. Brom —4J 143
Beaford Gro. SW20 —3G 137
Beagle Clo. Felt —4K 113
Beak St. W1 —7G 67 (2B 166)
Beal Clo. Well —1A 110
Beale Clo. N13 —5G 17
Beale Pl. E3 —2B 70
Beale Rd. E3 —1B 70
Beal Rd. Ilf —2E 54
Beam Av. Dag —1H 75
Beaminster Gdns. Ilf —2F 37
Beaminster Ho. SW8 —7K 85 (off Dorset Rd.)
Beamish Dri. Bus H —1B 10
Beamish Rd. N9 —1B 18
Beam Vs. Dag —2J 75
Beamway. Dag —7K 57
Beanacre Clo. E9 —6B 52
Bean Rd. Bexh —4D 110
Beanshaw. SE9 —4E 126
Beansland Gro. Romf —2E 38
Bear All. EC4 —6B 68 (7A 162)
Bear Clo. Romf —6H 39
Beardell St. SE19 —6F 123
Beardow Gro. N14 —6B 6
Beard Rd. SE8 —4B 88
Beard Rd. King T —5F 117
Beardsfield. E13 —2J 71
Beard's Hill. Hamp —1E 132
Beard's Hill Clo. Hamp —1E 132
Beardsley Ter. Dag —5B 56 (off Fitzstephen Rd.)
Beardsley Way. W3 —2K 81
Beard's Rd. Ashf —6G 113
Bearfield Rd. King T —7E 116
Bear Gdns. SE1 —1C 86 (4C 168)
Bear La. SE1 —1B 86 (4B 168)
Bear Rd. Felt —4B 114
Bearsted Ri. SE4 —5B 106
Bearsted Ter. Beck —1C 142
Bear St. WC2 —7H 67 (2D 166)
Beasley's Ait. Sun —6H 131
Beasley's Ait La. Sun —6H 131
Beaton Clo. SE15 —1F 105
Beatrice Av. SW16 —3K 139
Beatrice Av. Wemb —5E 44
Beatrice Clo. E13 —4J 71
Beatrice Clo. Pinn —4J 23
Beatrice Ct. Buck H —2G 21
Beatrice Pl. W8 —3K 83
Beatrice Rd. E17 —5C 34
Beatrice Rd. N4 —7A 32
Beatrice Rd. N9 —7D 8
Beatrice Rd. SE1 —4G 87
Beatrice Rd. Rich —5F 99
Beatrice Rd. S'hall —1D 78
Beatrix Ho. SW5 —5K 83 (off Old Brompton Rd.)
Beatson Wlk. SE16 —1A 88 (in two parts)
Beattie Clo. Felt —7H 95
Beattie Ho. SW8 —1G 103
Beattock Ri. N10 —4F 31
Beatty Ho. E14 —2C 88 (off Admirals Way)
Beatty Ho. NW1 —4G 67 (3A 160)
Beatty Ho. SW1 —5G 85 (6B 172) (off Dolphin Sq.)
Beatty Rd. N16 —4E 50
Beatty Rd. Stan —6H 11
Beatty St. NW1 —2G 67
Beattyville Gdns. Ilf —4E 36
Beauchamp Clo. W4 —3J 81
Beauchamp Ct. Stan —5H 11
Beauchamp Pl. SW3 —3C 84 (1D 170)
Beauchamp Rd. E7 —7K 53
Beauchamp Rd. SE19 —1D 140
Beauchamp Rd. SW11 —4C 102
Beauchamp Rd. Sutt —4J 149
Beauchamp Rd. Twic —7A 98
Beauchamp Rd. W Mol & E Mol —5F 133
Beauchamp St. EC1 —5A 68 (6J 161)
Beauchamp Ter. SW15 —3D 100
Beauclerc Ct. Sun —2A 132
Beauclerc Rd. W6 —3D 82
Beauclerk Clo. Felt —1K 113
Beauclerk Ho. SW16 —3J 121
Beaudesert M. W Dray —2A 76
Beaufort Av. Harr —4A 26
Beaufort Clo. E4 —6J 19
Beaufort Clo. SW15 —7D 100
Beaufort Clo. W5 —5F 63
Beaufort Clo. Romf —4J 39
Beaufort Ct. N11 —5A 16 (off Limes Av., The)
Beaufort Ct. New Bar —5F 5
Beaufort Ct. Rich —4C 116
Beaufort Dri. E6 —5E 72
Beaufort Dri. NW11 —4J 29
Beaufort Gdns. NW4 —6E 28
Beaufort Gdns. SW3 —3C 84 (1D 170)
Beaufort Gdns. SW16 —7K 121
Beaufort Gdns. Houn —1C 96
Beaufort Gdns. Ilf —1E 54
Beaufort Ho. E14 —2C 88
Beaufort Ho. SW1 —5H 85 (6C 172) (off Aylesford St.)
Beaufort M. SW6 —6H 83
Beaufort Pk. NW11 —4J 29
Beaufort Rd. W5 —5F 63
Beaufort Rd. King T —4E 134
Beaufort Rd. Rich —4C 116
Beaufort Rd. Ruis —2F 41
Beaufort Rd. Twic —7C 98
Beaufort St. SW3 —6B 84 (7A 170)
Beaufort Ter. E14 —5E 88
Beaufort Way. Eps —7C 148
Beaufoy Ho. SE27 —3B 122
Beaufoy Ho. SW8 —7K 85 (off Rita Rd.)
Beaufoy Rd. N17 —7K 17
Beaufoy Wlk. SE11 —4K 85
Beaulieu Av. E16 —1K 89
Beaulieu Av. SE26 —4H 123
Beaulieu Clo. NW9 —4A 28
Beaulieu Clo. SE5 —3D 104
Beaulieu Clo. Houn —5D 96
Beaulieu Clo. Mitc —1E 138
Beaulieu Clo. Twic —6D 98
Beaulieu Ct. W5 —5E 62
Beaulieu Dri. Pinn —6B 24
Beaulieu Gdns. N21 —7H 7
Beaulieu Pl. W4 —3J 81
Beaumanor Gdns. SE9 —4E 126
Beaumaris Dri. Wfd G —7G 21
Beaumaris Grn. NW9 —6A 28
Beaumaris Tower. W3 —2H 81 (off Park Rd. N.)
Beaumont. W14 —4H 83 (off Avonmore Rd.)
Beaumont Av. W14 —5H 83
Beaumont Av. Harr —6F 25
Beaumont Av. Rich —3F 99
Beaumont Av. Wemb —5C 44
Beaumont Bldgs. WC2 (off Martlett Ct.) —6J 67 (1F 167)
Beaumont Clo. King T —7G 117
Beaumont Ct. E5 —3H 51
Beaumont Ct. W1 —5E 66 (5H 159) (off Beaumont St.)
Beaumont Ct. W4 —5J 81
Beaumont Cres. W14 —5H 83
Beaumont Dri. Ashf —5F 113
Beaumont Gdns. NW3 —3J 47
Beaumont Gro. E1 —4K 69
Beaumont Ho. E10 —7D 34
Beaumont Ho. E15 —1H 71 (off John St.)
Beaumont Lodge. E8 —6G 51 (off Greenwood Rd.)
Beaumont M. W1 —5E 66 (5H 159)
Beaumont M. Pinn —3C 24
Beaumont Pl. W1 —4G 67 (3B 160)
Beaumont Pl. Barn —1C 4
Beaumont Pl. Iswth —5K 97
Beaumont Ri. N19 —1H 49
Beaumont Rd. E10 —7D 34 (in three parts)
Beaumont Rd. E13 —3K 71
Beaumont Rd. SE19 —6C 122
Beaumont Rd. SW19 —7G 101
Beaumont Rd. W4 —3J 81
Beaumont Rd. Orp —6H 145
Beaumont Sq. E1 —5K 69
Beaumont St. W1 —5E 66 (5H 159)
Beaumont Ter. SE13 —7G 107 (off Wellmeadow Rd.)
Beaumont Wlk. NW3 —7D 48
Beauvais Ter. N'holt —3B 60
Beauval Rd. SE22 —6F 105
Beaux Arts Building. N7 —3J 49
Beaverbank Rd. SE9 —1H 127
Beaver Clo. SE20 —7G 123
Beaver Clo. Hamp —1F 133
Beaver Ct. Beck —7D 124
Beaver Gro. N'holt —3C 60
Beavers Cres. Houn —4A 96
Beavers La. Houn —2A 96
Beavers Lodge. Sidc —4K 127
Beaverwood Rd. Chst —5J 127
Beavor Gro. W6 —5C 82 (off Beavor La.)
Beavor La. W6 —5C 82
Bebbington Rd. SE18 —4J 91
Beccles Dri. Bark —6J 55
Beccles St. E14 —6B 70
Bec Clo. Ruis —3B 42
Bechervaise Ct. E10 —1D 52 (off Leyton Grange Est.)
Beck Clo. SE13 —1D 106
Beck Ct. Beck —3K 141
Beckenham. —1C 142
Beckenham Bus. Cen. Beck —6A 124
Beckenham Crematorium. Beck —3J 141
Beckenham Gdns. N9 —3K 17
Beckenham Gro. Brom —2F 143
Beckenham Hill Est. Beck —5D 124
Beckenham Hill Rd. Beck & SE6 —6D 124
Beckenham La. Brom —2G 143
Beckenham Pl. Pk. Beck —7D 124
Beckenham Rd. Beck —1K 141
Beckenham Rd. W W'ck —7D 142
Beckers, The. N16 —4G 51
Becket Av. E6 —3E 72
Becket Clo. SE25 —6G 141
Becket Clo. SW19 —7K 119 (off High Path)
Becket Fold. Harr —5K 25
Becket Ho. SE1 —7E 168
Becket Rd. N18 —4D 18
Becket St. SE1 —3D 86 (7E 168)
Beckett Clo. NW10 —6A 46
Beckett Clo. SW16 —2H 121
Beckett Clo. Belv —3F 93
Beckett Ho. SW9 —2J 103
Becketts Clo. Felt —6K 95
Becketts Ho. Ilf —3E 54
Becketts Pl. Hamp W —1D 134
Beckett Wlk. Beck —6A 124
Beckfoot. NW1 —2G 67 (1B 160) (off Ampthill Est.)
Beckford Dri. Orp —7H 145
Beckford Ho. N16 —5E 50
Beckford Pl. SE17 —5C 86
Beckford Rd. Croy —6F 141
Beckham Ho. SE11 —4K 85 (4H 173)
Beck La. Beck —3K 141
Becklow Gdns. W12 —2C 82 (off Becklow Rd.)
Becklow M. W12 —2C 82 (off Becklow Rd.)
Becklow Rd. W12 —2B 82 (in two parts)
Beck River Pk. Beck —1C 142
Beck Rd. E8 —1H 69
Becks Rd. Sidc —3A 128
Beck Theatre, The. —6H 59
Beckton. —6D 72
Beckton Park. —6D 72
Beckton Retail Pk. E6 —5E 72
Beckton Rd. E16 —5H 71
Beckton Triangle Retail Pk. E6 —4F 73
Beck Way. Beck —3B 142
Beckway Rd. SW16 —2H 139
Beckway St. SE17 —4E 86 (in two parts)
Beckwith Rd. SE24 —5D 104
Beclands Rd. SW17 —6E 120
Becmead Av. SW16 —4H 121
Becmead Av. Harr —5B 26
Becondale Rd. SE19 —5E 122
Becontree. —2E 56
Becontree Av. Dag —4B 56
Bective Pl. SW15 —4H 101
Bective Rd. E7 —4J 53
Bective Rd. SW15 —4H 101
Becton Pl. Eri —7H 93
Bedale Rd. Enf —1H 7
Bedale St. SE1 —1D 86 (5E 168)
Beddalls Farm Ct. E6 —5B 72
Beddington. —3J 151
Beddington Corner. —7E 138
Beddington Farm Rd. Croy —7J 139
Beddington Gdns. Cars & Wall (in two parts) —6E 150
Beddington Grn. Orp —1K 145
Beddington Gro. Wall —5H 151
Beddington La. Croy —5G 139
Beddington Pk. Cotts. Wall —3H 151
Beddington Path. St P —1K 145
Beddington Rd. Ilf —7K 37
Beddington Rd. Orp —1J 145
Beddington Ter. Croy —7K 139
Beddington Trad. Est. Croy —1J 151
Bede Clo. Pinn —1B 24
Bedefield. WC1 —3J 67 (2F 161)
Bede Ho. SE4 —1B 106
Bedens Rd. Sidc —6E 128
Bede Rd. Romf —6C 38
Bedfont Clo. Felt —6E 94
Bedfont Clo. Mitc —2E 138
Bedfont Grn. Clo. Felt —1E 112
Bedfont Ind. Pk. Ashf —3E 112
Bedfont Lakes Country Pk. —2E 112
Bedfont La. Felt —7H 95
Bedfont Pk. Ind. Est. Ashf —3E 112
Bedfont Rd. Felt —1E 112
Bedfont Rd. Stanw —6A 94
Bedford Av. WC1 —5H 67 (6D 160)
Bedford Av. Barn —5C 4
Bedford Av. Hay —6K 59
Bedfordbury. WC2 —7J 67 (2E 166)
Bedford Clo. N10 —7K 15
Bedford Clo. W4 —6A 82
Bedford Corner. W4 —4A 82 (off South Pde.)
Bedford Ct. WC2 —7J 67 (3E 166) (in two parts)
Bedford Ct. Mans. WC1 —6D 160
Bedford Gdns. W8 —1J 83
Bedford Hill. SW12 & SW16 —1F 121
Bedford Ho. SW4 —4J 103 (off Solon New Rd. Est.)
Bedford M. N2 —3C 30
Bedford Park. —3K 81
Bedford Pk. Croy —1C 152
Bedford Pk. Corner. W4 —4A 82
Bedford Pk. Mans. W4 —4K 81
Bedford Pas. SW6 —7G 83 (off Dawes Rd.)
Bedford Pas. W1 —5G 67 (5B 160)
Bedford Pl. WC1 —5J 67 (5E 160)
Bedford Pl. Croy —1D 152
Bedford Rd. E6 —1E 72
Bedford Rd. E17 —2C 34
Bedford Rd. E18 —2J 35
Bedford Rd. N2 —3C 30
Bedford Rd. N8 —6H 31
Bedford Rd. N9 —7C 8
Bedford Rd. N15 —4E 32
Bedford Rd. N22 —1J 31
Bedford Rd. NW7 —2F 13
Bedford Rd. SW4 —4J 103
Bedford Rd. W4 —3K 81
Bedford Rd. W13 —7B 62
Bedford Rd. Harr —6G 25
Bedford Rd. Ilf —3F 55
Bedford Rd. Ruis —4H 41
Bedford Rd. Sidc —3J 127
Bedford Rd. Twic —3H 115
Bedford Rd. Wor Pk —2E 148
Bedford Row. WC1 —5K 67 (5H 161)
Bedford Sq. WC1 —5H 67 (6D 160)
Bedford St. WC2 —7J 67 (2E 166)
Bedford Ter. SW4 —5J 103
Bedford Way. WC1 —4H 67 (4D 160)
Bedgebury Gdns. SW19 —2G 119
Bedgebury Rd. SE9 —4B 108
Bedivere Rd. Brom —3J 125
Bedlow Way. Croy —4K 151
Bedmond Ho. SW3 (off Ixworth Pl.) —5C 84 (5C 170)
Bedonwell Rd. SE2 & Belv —6E 92
Bedonwell Rd. Belv —6E 92
Bedonwell Rd. Bexh —1F 111
Bedser Clo. SE11 —6K 85 (7H 173)
Bedser Clo. T Hth —3C 140
Bedser Dri. Gnfd —5H 43
Bedster Gdns. W Mol —2F 133
Bedwardine Rd. SE19 —7E 122
Bedwell Ct. Romf —7D 38 (off Broomfield Rd.)
Bedwell Gdns. Hay —5G 77 (in two parts)
Bedwell Ho. SW9 —2A 104
Bedwell Rd. N17 —1E 32
Bedwell Rd. Belv —5G 93
Beeby Rd. E16 —5K 71
Beech Av. N20 —1H 15

Beech Av. W3 —1A 82
Beech Av. Bren —7B 80
Beech Av. Buck H —2E 20
Beech Av. Ruis —1K 41
Beech Av. Sidc —7A 110
Beech Clo. N9 —6B 8
Beech Clo. SE8 —6C 88
Beech Clo. SW15 —7C 100
Beech Clo. SW19 —6E 118
Beech Clo. Ashf —5F 113
Beech Clo. Cars —2D 150
Beech Clo. Sun —2B 132
Beech Clo. W Dray —3C 76
Beech Copse. Brom —1D 144
Beech Copse. S Croy —5E 152
Beech Ct. W1 —6D 66 (7E 158) (off Harrowby St.)
Beech Ct. Beck —7B 124
Beech Ct. N'holt —1C 60
Beech Ct. N'wd —1G 23
Beech Ct. Surb —7D 134
Beech Cres. Ct. N5 —4B 50
Beechcroft. Chst —7E 126
Beechcroft Av. NW11 —7H 29
Beechcroft Av. Bexh —1K 111
Beechcroft Av. Harr —7E 24
Beechcroft Av. N Mald —1J 135
Beechcroft Av. S'hall —1D 78
Beechcroft Clo. SW16 —5K 121
Beechcroft Clo. Houn —7C 78
Beechcroft Ct. NW11 —7H 29 (off Beechcroft Av.)
Beechcroft Ct. Sutt —7A 150
Beechcroft Gdns. Wemb —3F 45
Beechcroft Ho. W5 —5E 62
Beechcroft Rd. E18 —2K 35
Beechcroft Rd. SW14 —3J 99
Beechcroft Rd. SW17 —2C 120
Beechcroft Rd. Chess —3F 147
Beechdale. N21 —2E 16
Beechdale Rd. SW2 —6K 103
Beech Dell. Kes —4D 156
Beech Dri. N2 —2D 30
Beechen Cliff Way. Iswth —2K 97
Beechen Gro. Pinn —3D 24
Beechen Pl. SE23 —2K 123
Beeches Av. Cars —7C 150
Beeches Clo. SE20 —1J 141
Beeches Rd. SW17 —3C 120
Beeches Rd. Sutt —1G 149
Beeches, The. E12 —7C 54
Beeches, The. Houn —1F 97
Beeches Wlk. Cars —7B 150
Beechfield Cotts. Brom —2A 144
Beechfield Gdns. Romf —7J 39
Beechfield Rd. N4 —6C 32
Beechfield Rd. SE6 —1B 124
Beechfield Rd. Brom —2A 144
Beechfield Rd. Eri —7K 93
Beech Gdns. EC2 —5C 68 (off Beech St.)
Beech Gdns. W5 —2E 80
Beech Gdns. Dag —7J 57
Beech Gro. Mitc —5H 139 (in two parts)
Beech Gro. N Mald —3K 135
Beech Hall Cres. E4 —7A 20
Beech Hall Rd. E4 —7K 19
Beech Haven Ct. Dart —5K 111 (off London Rd.)
Beech Hill. Barn —1G 5
Beech Hill Av. Barn —1F 5
Beech Ho. E17 —3F 35
Beech Ho. Rd. Croy —3D 152
Beechill Rd. SE9 —5E 108
Beech La. Buck H —2E 20
Beech Lawns. N12 —5G 15
Beechmont Clo. Brom —5G 125
Beechmore Gdns. Sutt —2F 149
Beechmore Rd. SW11 —1D 102
Beechmount Av. W7 —5H 61
Beecholme. N12 —5E 14
Beecholme Av. Mitc —1F 139
Beecholme Est. E5 —3H 51
Beech Rd. N11 —6D 16
Beech Rd. SW16 —2J 139
Beech Rd. Felt —7G 95
Beech Row. Ham —4E 116
Beech St. EC2 —5C 68 (5C 162)
Beech St. Romf —4J 39
Beech Tree Clo. N1 —7A 50
Beech Tree Clo. Stan —5H 11
Beech Tree Glade. E4 —1C 20
Beech Tree Pl. Sutt —5K 149
Beechvale Clo. N12 —5H 15
Beech Wlk. NW7 —6F 13
Beech Way. NW10 —7K 45
Beechway. Bex —6D 110
Beech Way. Twic —3E 114
Beechwood Av. N3 —3H 29
Beechwood Av. Gnfd —3F 61
Beechwood Av. Harr —3F 43
Beechwood Av. Hay —7F 59
Beechwood Av. Rich —1G 99
Beechwood Av. Ruis —2H 41
Beechwood Av. Sun —6J 113
Beechwood Av. T Hth —4B 140
Beechwood Av. Uxb —6C 58
Beechwood Circ. Harr —3F 43
Beechwood Clo. N2 —4D 30 (off Western Rd.)
Beechwood Clo. NW7 —5F 13
Beechwood Clo. Surb —7C 134
Beechwood Ct. W4 —6K 81
Beechwood Ct. Cars —4D 150
Beechwood Ct. Sun —6J 113
Beechwood Cres. Bexh —3D 110
Beechwood Dri. Kes —4B 156
Beechwood Dri. Wfd G —5C 20
Beechwood Gdns. NW10 —3F 63
Beechwood Gdns. Harr —3F 43
Beechwood Gdns. Ilf —5D 36
Beechwood Gro. W3 —7A 64
Beechwood Gro. Surb —7C 134
Beechwood Hall. N3 —3H 29
Beechwood Ho. E2 —2G 69 (off Teale St.)
Beechwood M. N9 —2B 18
Beechwood Pk. E18 —3J 35
Beechwood Ri. Chst —4F 127
Beechwood Rd. E8 —6F 51
Beechwood Rd. N8 —4H 31
Beechwood Rd. S Croy —7E 152
Beechwoods Ct. SE19 —5F 123
Beechworth. NW6 —7G 47
Beechworth Clo. NW3 —2J 47
Beecroft Rd. SE4 —5A 106
Beehive Clo. E8 —7F 51
Beehive Clo. Uxb —7B 40
Beehive La. Ilf —5D 36
Beehive Pl. SW9 —3A 104
Beeleigh Rd. Mord —4K 137
Beemans Row. SW18 —2A 120
Bee Pas. EC3 —6E 68 (off Lime St.)
Beeston Clo. E8 —5G 51
Beeston Ho. SE1 —3D 86 (off Burbage Clo.)
Beeston Pl. SW1 —3F 85 (1K 171)
Beeston Rd. Barn —6G 5
Beeston Way. Felt —6A 96
Beethoven St. W10 —3G 65
Beeton Clo. Pinn —1E 24
Begbie Rd. SE3 —1A 108
Beggar's Hill. —6B 148
Beggar's Hill. Eps —7B 148
Beggars Roost La. Sutt —6J 149
Begonia Clo. E6 —5D 72
Begonia Pl. Hamp —6E 114
Begonia Wlk. W12 —6B 64
Beira St. SW12 —7F 103
Bekesbourne St. E14 —6A 70
Belcroft Clo. Brom —7H 125
Beldanes Lodge. NW10 —7C 46
Beldham Gdns. W Mol —2F 133
Belfairs Dri. Romf —7C 38
Belfast Rd. N16 —2F 51
Belfast Rd. SE25 —4H 141
Belfield Rd. Eps —7K 147
Belfont Wlk. N7 —4J 49 (in two parts)
Belford Gro. SE18 —4E 90
Belford Ho. E8 —1F 69
Belfort Rd. SE15 —2J 105
Belfry Clo. SE16 —5H 87
Belgrade Rd. N16 —4E 50
Belgrade Rd. Hamp —1F 133
Belgrave Clo. N14 —5B 6
Belgrave Clo. NW7 —5E 12
Belgrave Clo. W3 —2H 81
Belgrave Ct. E13 —4A 72
Belgrave Ct. W4 —5J 81
Belgrave Cres. Sun —1K 131
Belgrave Gdns. N14 —4C 6
Belgrave Gdns. NW8 —1K 65
Belgrave Gdns. Stan —5H 11
Belgrave Heights. E11 —1J 53
Belgrave Ho. SW9 —7A 86
Belgrave M. N. SW1 —2E 84 (7G 165)
Belgrave M. S. SW1 —3E 84 (1H 171)
Belgrave M. W. SW1 —3E 84 (1G 171)
Belgrave Pl. SW1 —3E 84 (1H 171)
Belgrave Rd. E10 —1E 52
Belgrave Rd. E11 —2J 53
Belgrave Rd. E13 —4A 72
Belgrave Rd. E17 —5C 34
Belgrave Rd. SE25 —4F 141
Belgrave Rd. SW1 —4F 85 (4K 171)
Belgrave Rd. SW13 —7B 82
Belgrave Rd. Houn —3D 96
Belgrave Rd. Ilf —1D 54
Belgrave Rd. Mitc —3B 138
Belgrave Rd. Sun —1K 131
Belgrave Sq. SW1 —3E 84 (1G 171)
Belgrave St. E1 —5K 69
Belgrave Ter. Wfd G —3D 20
Belgrave Wlk. Mitc —3B 138
Belgrave Yd. SW1 —2J 171
Belgravia. —3E 84 (2H 171)
Belgravia Clo. Barn —3C 4
Belgravia Ct. SW1 —2J 171
Belgravia Gdns. Brom —6G 125
Belgravia Ho. SW1 (off Halkin Pl.) —3E 84 (1G 171)
Belgravia Ho. SW4 —6H 103
Belgravia M. King T —4D 134
Belgravia Workshops. N19 —2J 49 (off Marlborough Rd.)
Belgrove St. NW1 —3J 67 (1F 161)
Belham Wlk. SE5 —1D 104
Belinda Rd. SW9 —3B 104
Belitha Vs. N1 —7K 49
Bellamy Clo. E14 —2C 88
Bellamy Clo. W14 —5H 83
Bellamy Clo. Edgw —2D 12
Bellamy Clo. Uxb —3C 40
Bellamy Ct. Stan —1B 26
Bellamy Dri. Stan —1B 26
Bellamy Ho. Houn —6E 78
Bellamy Rd. E4 —6J 19
Bellamy Rd. Enf —2J 7
Bellamy St. SW12 —7F 103
Bellasis Av. SW2 —2J 121
Bell Av. W Dray —4B 76
Bell Clo. Pinn —2A 24
Bell Clo. Ruis —3H 41
Bellclose Rd. W Dray —2A 76
Bell Ct. NW4 —4E 28
Bell Dri. SW18 —7G 101
Bellefields Rd. SW9 —3K 103
Bellegrove Clo. Well —2K 109
Bellegrove Pde. Well —3K 109
Bellegrove Rd. Well —2J 109
Bellenden Rd. SE15 —1F 105
Bellestaines Pleasaunce. E4 —2H 19
Belleville Rd. SW11 —5C 102
Belle Vue. Gnfd —1H 61
Belle Vue Est. NW4 —4F 29
Bellevue La. Bus H —1C 10
Bellevue M. N11 —5K 15
Bellevue Pk. T Hth —3C 140
Bellevue Pl. E1 —4J 69
Belle Vue Rd. E17 —2F 35
Bellevue Rd. N11 —4K 15
Belle Vue Rd. NW4 —4F 29
Bellevue Rd. SW13 —2C 100
Bellevue Rd. SW17 —1C 120
Bellevue Rd. W13 —4B 62
Bellevue Rd. Bexh —5F 111
Bellevue Rd. King T —3E 134 (in two parts)
Bellew St. SW17 —3A 120
Bell Farm Av. Dag —3J 57
Bellfield. Croy —7A 154
Bellfield Av. Harr —6C 10
Bellflower Clo. E6 —5C 72
Bell Gdns. E10 —1C 52 (off Church Rd.)
Bellgate M. NW5 —4F 49
Bell Green. —4A 124
Bell Grn. SE26 —4B 124
Bell Grn. La. SE26 —5B 124
Bell Hill. Croy —2C 152
Bellhouse Cotts. Hay —7G 59
Bell Ho. Rd. Romf —1J 57
Bellina M. NW5 —4F 49
Bell Ind. Est. W4 —4J 81
Bellingham. —3D 124
Bellingham. N17 —7C 18 (off Park La.)
Bellingham Ct. Bark —3B 74
Bellingham Grn. SE6 —3C 124
Bellingham Rd. SE6 —3D 124
Bellingham Trad. Est. SE6 —3D 124
Bell Inn Yd. EC3 —6D 68 (1F 169)
Bell Junct. Houn —3F 97
Bell La. E1 —5F 69 (6J 163)
Bell La. E16 —1H 89
Bell La. NW4 & NW11 —4F 29
Bell La. Enf —1E 8
Bell La. Twic —1A 116
Bell La. Wemb —3D 44
Bell Mdw. SE19 —5E 122
Bell Moor. NW3 —3A 48 (off E. Heath Rd.)
Bello Clo. SE24 —7B 104
Bellot St. SE10 —5G 89
Bellring Clo. Belv —6G 93
Bell Rd. E Mol —5H 133
Bell Rd. Enf —1J 7
Bell Rd. Houn —3F 97
Bells All. SW6 —2J 101
Bells Hill. Barn —5A 4
Bell St. NW1 —5C 66 (5C 158)
Bell St. SE18 —1C 108
Bell, The. —3C 34
Belltrees Gro. SW16 —5K 121
Bell Vw. Mnr. Ruis —7F 23
Bell Water Ga. SE18 —3E 90
Bell Wharf La. EC4 —7C 68 (3D 168)
Bellwood Rd. SE15 —4K 105
Bell Yd. WC2 —6A 68 (1J 167)
Belmarsh Rd. SE28 —2J 91
Belmont. —2A 26
Belmont Av. N9 —1B 18
Belmont Av. N13 —5E 16
Belmont Av. N17 —3C 32
Belmont Av. Barn —5J 5
Belmont Av. N Mald —4C 136
Belmont Av. S'hall —3C 78
Belmont Av. Well —2J 109
Belmont Av. Wemb —1F 63
Belmont Circ. Harr —1B 26
Belmont Clo. E4 —5A 20
Belmont Clo. N20 —1E 14
Belmont Clo. SW4 —3G 103
Belmont Clo. Cockf —4J 5
Belmont Clo. Uxb —6A 40
Belmont Clo. Wfd G —4E 20
Belmont Ct. N5 —4C 50
Belmont Ct. NW11 —5H 29
Belmont Gro. SE13 —3F 107
Belmont Gro. W4 —4K 81
Belmont Hall Ct. SE13 —3F 107
Belmont Hill. SE13 —3E 106
Belmont La. Chst —5F 127 (in two parts)
Belmont La. Stan —1C 26
Belmont Lodge. Har W —7C 10
Belmont M. SW19 —2F 119
Belmont Pde. Chst —5G 127
Belmont Pk. SE13 —4F 107
Belmont Pk. Clo. SE13 —4G 107
Belmont Pk. Rd. E10 —6D 34
Belmont Ri. Sutt —6H 149
Belmont Rd. N15 & N17 —4C 32
Belmont Rd. SE25 —5H 141
Belmont Rd. SW4 —3G 103
Belmont Rd. W4 —4K 81
Belmont Rd. Beck —2A 142
Belmont Rd. Chst —5F 127
Belmont Rd. Eri —7G 93
Belmont Rd. Harr —3K 25
Belmont Rd. Ilf —3G 55
Belmont Rd. Twic —2H 115
Belmont Rd. Wall —5F 151
Belmont St. NW1 —7E 48
Belmont Ter. W4 —4K 81
Belmore Av. Hay —6J 59
Belmore La. N7 —5H 49
Belmore St. SW8 —1H 103
Beloe Clo. SW15 —4C 100
Belsham St. E9 —6J 51
Belsize Av. N13 —6E 16
Belsize Av. NW3 —6B 48
Belsize Av. W13 —3B 80
Belsize Ct. NW3 —5B 48
Belsize Ct. Garages. NW3 —5B 48 (off Belsize La.)
Belsize Cres. NW3 —5B 48
Belsize Gdns. Sutt —4K 149
Belsize Gro. NW3 —6C 48
Belsize La. NW3 —6B 48
Belsize M. NW3 —6B 48
Belsize Pk. NW3 —6B 48
Belsize Pk. Gdns. NW3 —6B 48
Belsize Pk. M. NW3 —6B 48
Belsize Pl. NW3 —5B 48
Belsize Rd. NW6 —1J 65
Belsize Rd. Harr —7C 10
Belsize Sq. NW3 —6B 48
Belsize Ter. NW3 —6B 48
Belson Rd. SE18 —4D 90
Beltane Dri. SW19 —3F 119

Belthorn Cres. *SW12* —7G **103**
Belton Rd. *E7* —7K **53**
Belton Rd. *E11* —4G **53**
Belton Rd. *N17* —3E **32**
Belton Rd. *NW2* —6C **46**
Belton Way. *E3* —5C **70**
Beltran Rd. *SW6* —2K **101**
Beltwood Rd. *Belv* —4J **93**
Belvedere. —3H 93
Belvedere Av. *SW19* —5G **119**
Belvedere Av. *Ilf* —2F **37**
Belvedere Bldgs. *SE1*
　　　　—2B **86** (7B **168**)
Belvedere Clo. *Tedd* —5J **115**
Belvedere Clo. *SW15* —4E **100**
Belvedere Ct. *Belv* —3F **93**
Belvedere Dri. *SW19* —5G **119**
Belvedere Gdns. *W Mol* —5D **132**
Belvedere Gro. *SW19* —5G **119**
Belvedere M. *SE15* —3J **105**
Belvedere Pl. *SE1* —2B **86** (7B **168**)
Belvedere Pl. *SW2* —4K **103**
Belvedere Rd. *E10* —1A **52**
Belvedere Rd. *SE1*
　　　　—1K **85** (6H **167**)
Belvedere Rd. *SE2* —1C **92**
Belvedere Rd. *SE19* —7F **123**
Belvedere Rd. *W7* —3K **79**
Belvedere Rd. *Bexh* —3F **111**
Belvedere Sq. *SW19* —5G **119**
Belvedere Strand. *NW9* —2B **28**
*Belvedere, The *SW10* —1A **102**
　(off Chelsea Harbour)*
Belvedere Way. *Harr* —6E **26**
Belvoir Clo. *SE9* —3C **126**
Belvoir Rd. *SE22* —7G **105**
Belvue Bus. Cen. *N'holt* —7F **43**
Belvue Clo. *N'holt* —7E **42**
Belvue Rd. *N'holt* —7E **42**
Bembridge Ho. *NW6* —7G **47**
Bembridge Gdns. *Ruis* —2F **41**
*Bembridge Ho. *SE8* —4B **88**
　(off Longshore)*
Bemersyde Point. *E13* —3K **71**
　(off Dongola Rd. W.)
Bemerton Est. *N1* —7J **49**
Bemerton St. *N1* —1K **67**
Bemish Rd. *SW15* —3F **101**
Bempton Dri. *Ruis* —2K **41**
Bemsted Rd. *E17* —3B **34**
Benares Rd. *SE18* —4K **91**
Benbow Rd. *W6* —3D **82**
Benbow St. *SE8* —6C **88**
Benbury Clo. *Brom* —5E **124**
Bence Ho. *SE8* —5A **88**
Bench Fld. *S Croy* —6F **153**
Bench, The. *Rich* —3C **116**
Bencroft Rd. *SW16* —7G **121**
Bencurtis Pk. *W W'ck* —3F **155**
Bendall M. *NW1* —5D **158**
Bendemeer Rd. *SW15* —3F **101**
*Benden Ho. *SE13* —5E **106**
　(off Monument Gdns.)*
Bendish Rd. *E6* —7C **54**
Bendmore Av. *SE2* —5A **92**
Bendon Valley. *SW18* —7K **101**
Benedict Clo. *Belv* —3E **92**
Benedict Ct. *Romf* —6F **39**
Benedict Dri. *Felt* —7F **95**
Benedict Rd. *SW9* —3K **103**
Benedict Rd. *Mitc* —3B **138**
Benedict Way. *N2* —3A **30**
Benedict Wharf. *Mitc* —3B **138**
Benenden Grn. *Brom* —5J **143**
Benett Gdns. *SW16* —2J **139**
*Ben Ezra Ct. *SE17* —4C **86**
　(off Asolando Dri.)*

Benfleet Clo. *Sutt* —3A **150**
Benfleet Ct. *E8* —1F **69**
Benfleet Way. *N11* —2K **15**
*Bengal Ct. *EC3* —6D **68** (1F **169**)
　(off Birchin La.)*
Bengal Rd. *Ilf* —4F **55**
Bengarth Dri. *Harr* —2H **25**
Bengarth Rd. *N'holt* —1C **60**
Bengeworth Rd. *SE5* —3C **104**
Bengeworth Rd. *Harr* —2A **44**
Ben Hale Clo. *Stan* —5G **11**
Benham Clo. *SW11* —3B **102**
Benham Clo. *Chess* —6C **146**
Benham Gdns. *Houn* —5D **96**
Benham Rd. *W7* —5J **61**
Benham's Pl. *NW3* —4A **48**
Benhill Av. *Sutt* —4K **149**
Benhill Rd. *SE5* —7D **86**
Benhill Rd. *Sutt* —3A **150**
Benhilton. —2K 149
Benhilton Gdns. *Sutt* —3K **149**
Benhurst Ct. *SW16* —5A **122**
Benhurst La. *SW16* —5A **122**
Benin St. *SE13* —7F **107**
Benjafield Clo. *N18* —4C **18**
Benjamin Clo. *E8* —1G **69**
Benjamin Ct. *Belv* —6F **93**
*Benjamin St. *EC1* —5B **68** (5A **162**)
Ben Jonson Ct. *N1* —2E **68**
Ben Jonson Ho. *EC2* —5D **162**
Ben Jonson Pl. *EC2* —5D **162**
Ben Jonson Rd. *E1* —5K **69**
Benledi St. *E14* —6F **71**
Bennelong Clo. *W12* —7D **64**
Bennerley Rd. *SW11* —5G **102**
Bennets Fld. Rd. *Uxb* —1D **76**
Bennet's Hill. *EC4*
　　　　—7C **68** (2B **168**)
Bennet St. *SW1* —1G **85** (4A **166**)
Bennett Clo. *Hamp W* —1D **134**
Bennett Clo. *N'wd* —1H **23**
Bennett Clo. *Well* —2A **110**
Bennett Ct. *N7* —3K **49**
Bennett Gro. *SE13* —1D **106**
*Bennett Ho. *SW1* —4H **85** (3D **172**)
　(off Page St.)*
Bennett Pk. *SE3* —3H **107**
Bennett Rd. *E13* —4A **72**
Bennett Rd. *N16* —4E **50**
Bennett Rd. *Romf* —6E **38**
Bennetts Av. *Croy* —2A **154**
Bennett's Castle La. *Dag* —2C **56**
Bennetts Clo. *N17* —6A **18**
Bennetts Clo. *Mitc* —1F **139**
Bennetts Copse. *Chst* —6C **126**
Bennett St. *W4* —6A **82**
Bennetts Way. *Croy* —2A **154**
Bennett's Yd. *SW1*
　　　　—3H **85** (2D **172**)
Benningholme Rd. *Edgw* —6F **13**
Bennington Rd. *E4* —7B **20**
Bennington Rd. *N17* —1E **32**
Benn's All. *Hamp* —2F **133**
Benn St. *E9* —6A **52**
Benns Wlk. *Rich* —4E **98**
　(off Michelsdale Dri.)
Benrek Clo. *Ilf* —1G **37**
Bensbury Clo. *SW15* —7D **100**
Bensham Clo. *T Hth* —4C **140**
Bensham Gro. *T Hth* —2C **140**
Bensham La. *T Hth & Croy*
　　　　—4B **140**
Bensham Mnr. Rd. *T Hth* —4C **140**
Bensley Clo. *N11* —5J **15**
Ben Smith Way. *SE16* —3G **87**
Benson Av. *E6* —2A **72**

Benson Clo. *Houn* —4E **96**
Benson Clo. *Uxb* —5A **58**
*Benson Ho. *E2* —4F **69** (3J **163**)
　(off Ligonier St.)*
*Benson Ho. *SE1* —1B **86** (5K **167**)
　(off Hatfields)*
Benson Quay. *E1* —7J **69**
Benson Rd. *SE23* —1J **123**
Benson Rd. *Croy* —3A **152**
*Bentall Cen., The. *King T* —2D **134**
Bentfield Gdns. *SE9* —3B **126**
Benthal Rd. *N16* —3G **51**
*Bentham Ct. *N1* —7C **50**
　(off Ecclesbourne Rd.)*
*Bentham Ct. *SE1* —3D **86**
　(off Falmouth Rd.)*
Bentham Rd. *E9* —6K **51**
Bentham Rd. *SE28* —7B **74**
Bentham Wlk. *NW10* —5J **45**
Ben Tillet Clo. *E16* —1D **90**
Ben Tillet Clo. *Bark* —7A **56**
Ben Tillet Ho. *N15* —3B **32**
Bentinck Clo. *NW8* —2C **66**
Bentinck M. *W1* —6E **66** (7H **159**)
Bentinck Rd. *W Dray* —1A **76**
Bentinck St. *W1* —6E **66** (7H **159**)
Bentley Dri. *NW2* —3H **47**
Bentley Dri. *Ilf* —6G **37**
*Bentley Ho. *SE5* —1E **104**
　(off Peckham Rd.)*
Bentley Rd. *N1* —6E **50**
Bentley Way. *Stan* —5F **11**
Bentley Way. *Wfd G* —3D **20**
Benton Rd. *Ilf* —1H **55**
Bentons La. *SE27* —4C **122**
Benton's Ri. *SE27* —5D **122**
Bentry Clo. *Dag* —2E **56**
Bentry Rd. *Dag* —2E **56**
*Bentworth Ct. *E2* —4G **69** (3K **163**)
　(off Granby St.)*
Bentworth Rd. *W12* —6D **64**
Benville Ho. *SW8* —7K **85**
　(off Oval Pl.)
Benwell Ct. *Sun* —1J **131**
Benwell Rd. *N7* —4A **50**
Benwick Clo. *SE16* —4H **87**
Benwood Ct. *Sutt* —3A **150**
Benworth St. *E3* —3B **70**
*Benyon Ct. *N1* —1E **68**
　(off De Beauvoir Est.)*
*Benyon Ho. *EC1* —3A **68** (1K **161**)
　(off Myddelton Pas.)*
Benyon Rd. *N1* —1D **68**
Berberis Ct. *Ilf* —6F **55**
Berberis Ho. *E3* —5C **70**
Berberis Wlk. *W Dray* —4A **76**
Berber Pl. *E14* —7C **70**
Berber Rd. *SW11* —5D **102**
Berberry Clo. *Edgw* —4D **12**
Bercta Rd. *SE9* —2G **127**
*Berenger Tower. *SW10* —7B **84**
　(off Worlds End Est.)*
*Berenger Wlk. *SW10* —7B **84**
　(off Worlds End Est.)*
Berens Ct. *Sidc* —4K **127**
Berens Rd. *NW10* —3F **65**
Berens Way. *Chst* —3K **145**
Beresford Av. *N20* —2J **15**
Beresford Av. *W7* —5H **61**
Beresford Av. *Surb* —1H **147**
Beresford Av. *Twic* —6C **98**
Beresford Av. *Wemb* —1F **63**
Beresford Dri. *Brom* —3B **144**
Beresford Dri. *Wfd G* —4F **21**
Beresford Gdns. *Enf* —4K **7**
Beresford Gdns. *Houn* —5D **96**
Beresford Gdns. *Romf* —5E **38**
Beresford Rd. *E4* —1B **20**

Beresford Rd. *E17* —1D **34**
Beresford Rd. *N2* —3C **30**
Beresford Rd. *N5* —5D **50**
Beresford Rd. *N8* —5A **32**
Beresford Rd. *Harr* —5H **25**
Beresford Rd. *King T* —1F **135**
Beresford Rd. *N Mald* —4J **135**
Beresford Rd. *S'hall* —1B **78**
Beresford Rd. *Sutt* —7H **149**
Beresford Rd. *SE18* —4F **91**
Beresford St. *SE18* —3F **91**
Beresford Ter. *N5* —5C **50**
Berestede Rd. *W4* —5B **82**
Bere St. *E1* —7K **69**
Bergen Ho. *SE5* —2C **104**
　(off Carew St.)
Bergen Sq. *SE16* —3A **88**
Berger Clo. *Orp* —6H **145**
Berger Rd. *E9* —6K **51**
Berghem M. *W14* —3F **83**
Bergholt Av. *Ilf* —5C **36**
Bergholt Cres. *N16* —7E **32**
Bergholt M. *NW1* —7G **49**
Berglen Ct. *E14* —6A **70**
Berglen Ho. *E14* —6A **70**
Bering Sq. *E14* —5C **88**
Bering Wlk. *E16* —6B **72**
*Berisford M. *SW18* —6A **102**
Berkeley Av. *Bexh* —1D **110**
Berkeley Av. *Gnfd* —6J **43**
Berkeley Av. *Houn* —1J **95**
Berkeley Av. *Ilf* —2E **36**
Berkeley Av. *Romf* —1J **39**
Berkeley Clo. *Bren* —6A **80**
Berkeley Clo. *King T* —7E **116**
Berkeley Clo. *Orp* —7J **145**
Berkeley Clo. *Ruis* —3J **41**
*Berkeley Clo. *Twic* —3J **115**
　(off Wellesley Rd.)*
Berkeley Ct. *N3* —1K **29**
Berkeley Ct. *N14* —6B **6**
Berkeley Ct. *NW1* —4F **159**
Berkeley Ct. *NW10* —4A **46**
*Berkeley Ct. *NW11* —7H **29**
　(off Ravenscroft Av.)*
Berkeley Ct. *W5* —7C **62**
　(off Gordon Rd.)
Berkeley Ct. *Surb* —7D **134**
Berkeley Ct. *Wall* —3G **151**
*Berkeley Dri. *W Mol* —3D **132**
Berkeley Gdns. *N21* —7J **7**
Berkeley Gdns. *W8* —1J **83**
Berkeley Gdns. *Clay* —6A **146**
Berkeley Gdns. *W on T* —7H **131**
*Berkeley Ho. *Bren* —6D **80**
　(off Albany Rd.)*
Berkeley M. *W1* —6D **66** (1F **165**)
Berkeley Pl. *SW19* —6F **119**
Berkeley Rd. *E12* —5C **54**
Berkeley Rd. *N8* —5H **31**
Berkeley Rd. *N15* —6D **32**
Berkeley Rd. *NW9* —4G **27**
Berkeley Rd. *SW13* —1C **100**
Berkeley Rd. *Uxb* —7E **40**
Berkeley Sq. *W1* —7F **67** (3K **165**)
Berkeley St. *W1* —7F **67** (3K **165**)
*Berkeley Wlk. *N4* —2K **49**
　(off Durham Rd.)*
Berkeley Waye. *Houn* —6B **78**
Berkely Clo. *Sun* —3A **132**
Berkhampstead Rd. *Belv* —5G **93**
Berkhamsted Av. *Wemb* —6F **45**
Berkley Gro. *NW1* —7E **48**
Berkley Rd. *NW1* —7D **48**
*Berkshire Ct. *W7* —4K **61**
　(off Copley Clo.)*
Berkshire Gdns. *N13* —6F **17**

Berkshire Gdns. *N18* —5C **18**
Berkshire Ho. *SE6* —4C **124**
Berkshire Rd. *E9* —6B **52**
Berkshire Sq. *Mitc* —4J **139**
Berkshire Way. *Mitc* —4J **139**
Bermans Way. *NW10* —4A **46**
Bermondsey. —2G 87 (7K 169)
Bermondsey Sq. *SE1*
　　　　—3E **86** (7H **169**)
Bermondsey St. *SE1*
　　　　—1E **86** (5G **169**)
Bermondsey Trad. Est. *SE16*
　　　　—5J **87**
Bermondsey Wall E. *SE16* —2G **87**
Bermondsey Wall W. *SE16* —2G **87**
Bernal Clo. *SE28* —7D **74**
Bernard Ashley Dri. *SE7* —5K **89**
Bernard Av. *W13* —3B **80**
Bernard Cassidy St. *E16* —5H **71**
Bernard Gdns. *SW19* —5H **119**
Bernard Mans. *WC1*
　　　　—4J **67** (4E **160**)
Bernard Rd. *N15* —5F **33**
Bernard Rd. *Romf* —7J **39**
Bernard Rd. *Wall* —4F **151**
*Bernard Shaw Ct. *NW1* —7G **49**
　(off St Pancras Way)*
Bernard St. *WC1* —4J **67** (4E **160**)
*Bernard Sunley Ho. *SW9* —7A **86**
　(off S. Island Pl.)*
Bernays Clo. *Stan* —6H **11**
Bernays Gro. *SW9* —4K **103**
Bernel Dri. *Croy* —3B **154**
Berne Rd. *T Hth* —5C **140**
Berners Dri. *W13* —7A **62**
*Berners Ho. *N1* —2A **68**
　(off Barnsbury Est.)*
Berners M. *W1* —5G **67** (6B **160**)
Berners Pl. *W1* —6G **67** (7B **160**)
Berners Rd. *N1* —1B **68**
Berners Rd. *N22* —1A **32**
Berners St. *W1* —5G **67** (6B **160**)
*Berner Ter. *E1* —6G **69**
　(off Fairclough St.)*
Derney Ho. *Bock* —5A **142**
Berney Rd. *Croy* —7D **140**
Bernhart Clo. *Edgw* —7D **12**
Bernville Way. *Harr* —5F **27**
Bernwell Rd. *E4* —3B **20**
Berridge Grn. *Edgw* —7B **12**
Berridge M. *NW6* —5J **47**
Berridge Rd. *SE19* —5D **122**
Berriman Rd. *N7* —3K **49**
Berriton Rd. *Harr* —1D **42**
Berrybank Clo. *E4* —2K **19**
Berry Clo. *N21* —1G **17**
Berry Clo. *NW10* —7A **46**
Berry Ct. *Houn* —5D **96**
Berrydale Rd. *Hay* —4C **60**
Berryfield Clo. *E17* —4D **34**
Berryfield Clo. *Brom* —1C **144**
Berryfield Rd. *SE17* —5B **86**
Berryhill. *SE9* —4F **109**
Berry Hill. *Stan* —4J **11**
Berryhill Gdns. *SE9* —4F **109**
Berrylands. —6G 135
Berrylands. *SW20* —3E **136**
Berrylands. *Surb* —6F **135**
Berrylands Rd. *Surb* —6F **135**
Berry La. *SE21* —4D **122**
Berryman Clo. *Dag* —3C **56**
Berryman's La. *SE26* —4K **123**
Berrymead Gdns. *W3* —1J **81**
Berrymede Rd. *W4* —3K **81**
Berry Pl. *EC1* —3B **68** (2B **162**)
Berry St. *EC1* —4B **68** (3B **162**)
Berry Way. *W5* —3E **80**
Bertal Rd. *SW17* —4B **120**

Birch Ho. SW2 —6A 104 (off Tulse Hill)
Birch Ho. W10 —4G 65 (off Droop St.)
Birchington Clo. Bexh —1H 111
Birchington Ct. NW6 —1K 65 (off W. End La.)
Birchington Ho. E5 —5H 51
Birchington Rd. N8 —6H 31
Birchington Rd. NW6 —1J 65
Birchington Rd. Surb —7F 135
Birchin La. EC3 —6D 68 (1F 169)
Birchlands Av. SW12 —7D 102
Birchmead. Orp —2E 156
Birchmead Av. Pinn —4A 24
Birchmere Bus. Site. SE28 —2A 92
Birchmere Lodge. SE16 —5H 87 (off Sherwood Gdns.)
Birchmere Row. SE3 —2H 107
Birchmore Hall. N5 —3C 50
Birchmore Wlk. N5 —3C 50
Birch Pk. Harr —7B 10
Birch Rd. Felt —5B 114
Birch Rd. Romf —3H 39
Birch Row. Brom —7E 144
Birch Tree Av. W W'ck —5H 155
Birch Tree Way. Croy —2H 153
Birch Va. Ct. NW8 (off Pollitt Dri.) —4B 66 (3B 158)
Birchville Ct. Bus H —1D 10
Birch Wlk. Eri —6J 93
Birch Wlk. Mitc —1F 139
Birchway. Hay —1J 77
Birchwood Av. N10 —3E 30
Birchwood Av. Beck —4B 142
Birchwood Av. Sidc —2B 128
Birchwood Av. Wall —3E 150
Birchwood Clo. Mord —4K 137
Birchwood Ct. N13 —5G 17
Birchwood Ct. Edgw —2J 27
Birchwood Dri. NW3 —3K 47
Birchwood Dri. Dart —4K 129
Birchwood Gro. Hamp —6E 114
Birchwood Pde. Dart —4K 129
Birchwood Rd. SW17 —5F 121
Birchwood Rd. Orp —4H 145
Birdbrook Clo. Dag —7J 57
Birdbrook Ho. N1 —7C 50 (off Popham Rd.)
Birdbrook Rd. SE3 —4A 108
Birdcage Wlk. SW1 —2G 85 (7A 166)
Birdham Clo. Brom —5C 144
Birdhurst Av. S Croy —4D 152
Birdhurst Gdns. S Croy —4D 152
Birdhurst Ri. S Croy —5E 152
Birdhurst Rd. SW18 —5A 102
Birdhurst Rd. SW19 —6C 120
Birdhurst Rd. S Croy —5E 152
Bird in Bush Rd. SE15 —7G 87
Bird in Hand La. Brom —2B 144
Bird-in-Hand Pas. SE23 —2J 123
Bird in Hand Yd. NW3 —4A 48
Birdlip Clo. SE15 —6E 86
Birdsall Ho. SE5 —3E 104
Birds Farm Av. Romf —1H 39
Birdsfield La. E3 —1B 70
Bird St. W1 —6E 66 (1H 165)
Bird Wlk. Twic —1D 114
Birdwood Clo. Tedd —4J 115
Birkbeck Av. W3 —7J 63
Birkbeck Av. Gnfd —1G 61
Birkbeck Ct. W3 —1K 81
Birkbeck Gdns. Wfd G —2D 20
Birkbeck Gro. W3 —2K 81
Birkbeck Hill. SE21 —1B 122
Birkbeck M. E8 —5F 51
Birkbeck M. W3 —1K 81
Birkbeck Pl. SE21 —2C 122
Birkbeck Rd. E8 —5F 51
Birkbeck Rd. N8 —4J 31
Birkbeck Rd. N12 —5F 15
Birkbeck Rd. N17 —1F 33
Birkbeck Rd. NW7 —5G 13
Birkbeck Rd. SW19 —5K 119
Birkbeck Rd. W3 —1K 81
Birkbeck Rd. W5 —4C 80
Birkbeck Rd. Beck —2J 141
Birkbeck Rd. Enf —1J 7
Birkbeck Rd. Ilf —5H 37
Birkbeck Rd. Romf —1K 57
Birkbeck Rd. Sidc —3A 128
Birkbeck St. E2 —3H 69
Birkbeck Way. Gnfd —1H 61
Birkdale Av. Pinn —3E 24
Birkdale Clo. SE16 —5H 87
Birkdale Clo. Orp —7H 145
Birkdale Ct. S'hall —6G 61 (off Redcroft Rd.)
Birkdale Gdns. Croy —4K 153
Birkdale Rd. SE2 —4A 92
Birkdale Rd. W5 —4E 62
Birkenhead Av. King T —2F 135
Birkenhead St. WC1 —3J 67 (1F 161)
Birkhall Rd. SE6 —1F 125
Birkwood Clo. SW12 —7H 103
Birley Lodge. NW8 —2B 66 (off Acacia Rd.)
Birley Rd. N20 —2F 15
Birley St. SW11 —2E 102
Birling Rd. Eri —7K 93
Birnam Rd. N4 —2K 49
Birnbeck Ct. NW11 —5H 29
Birnbeck Ct. Barn —4A 4
Birrell Ho. SW9 —2K 103 (off Stockwell Rd.)
Birse Cres. NW10 —3A 46
Birstall Rd. N15 —5E 32
Biscay Rd. W6 —5F 83
Biscoe Clo. Houn —6E 78
Biscoe Way. SE13 —3F 107
Biscott Ho. E3 —4D 70
Bisenden Rd. Croy —2E 152
Bisham Clo. Cars —1D 150
Bisham Gdns. N6 —1E 48
Bishop Ct. N12 —4E 14
Bishop Ct. Rich —3E 98
Bishop Duppas Pk. Shep —7G 131
Bishop Fox Way. W Mol —4D 132
Bishop Ken Rd. Harr —2K 25
Bishop King's Rd. W14 —4G 83
Bishop Rd. N14 —7A 6
Bishop's Av. E13 —1K 71
Bishop's Av. SW6 —2F 101
Bishops Av. Brom —2A 144
Bishops Av. Romf —6C 38
Bishops Av., The. N2 —6B 30
Bishop's Bri. Rd. W2 —6K 65 (6A 158)
Bishops Clo. E17 —4D 34
Bishop's Clo. N19 —3G 49
Bishop's Clo. SE9 —2G 127
Bishops Clo. W4 —5J 81
Bishops Clo. Barn —6A 4
Bishops Clo. Enf —2C 8
Bishops Clo. Rich —3D 116
Bishop's Clo. Sutt —3J 149
Bishops Clo. Uxb —2C 58
Bishop's Ct. EC4 —7A 162
Bishops Ct. W2 —6K 65 (off Bishop's Bri. Rd.)
Bishop's Ct. WC2 —7J 161
Bishopsdale Ho. NW6 —1J 65 (off Kilburn Va.)
Bishop's Dri. Felt —6F 95
Bishops Dri. N'holt —1C 60
Bishopsford Rd. Mord —7A 138
Bishopsgate. EC2 —6E 68 (1G 169)
Bishopsgate Arc. EC2 —6H 163
Bishopsgate Chu. Yd. EC2 —5E 68 (7G 163)
Bishopsgate Institute & Libraries. —5E 68 (6H 163)
Bishops Grn. Brom —1K 143 (off Up. Park Rd.)
Bishops Gro. N2 —6C 30
Bishop's Gro. Hamp —4D 114
Bishops Gro. Cvn. Site. Hamp —4E 114
Bishop's Hall. King T —2D 134
Bishops Hill. W on T —7J 131
Bishops Ho. SW8 —7J 85
Bishop's Mans. SW6 —2F 101 (in two parts)
Bishops Mead. SE5 —7C 86 (off Camberwell Rd.)
Bishop's Pk. Rd. SW6 —2F 101
Bishops Pk. Rd. SW16 —1J 139
Bishops Rd. N6 —6E 30
Bishops Rd. SW6 —1G 101
Bishop's Rd. SW11 —7C 84
Bishops Rd. W7 —2J 79
Bishop's Rd. Croy —7B 140
Bishop's Rd. Hay —6E 58
Bishop's Ter. SE11 —4A 86 (3K 173)
Bishopsthorpe Rd. SE26 —4K 123
Bishop St. N1 —1C 68
Bishops Vw. Ct. N10 —4F 31
Bishops Wlk. Chst —1G 145
Bishops Wlk. Croy —5K 153
Bishops Wlk. Pinn —3C 24
Bishop's Way. E2 —2H 69
Bishopswood Rd. N6 —7D 30
Bishop Way. NW10 —7A 46
Bishop Wilfred Wood Clo. SE15 —2G 105
Bishop Wilfred Wood Ct. E13 (off Pragel St.) —2A 72
Bisley Clo. Wor Pk —1E 148
Bison Ct. Felt —7K 95
Bispham Rd. NW10 —3F 63
Bissextile Ho. SE8 —2D 106
Bisson Rd. E15 —2E 70
Bisterne Av. E17 —3F 35
Bittacy Bus. Cen. NW7 —6B 14
Bittacy Clo. NW7 —6A 14
Bittacy Ct. NW7 —7B 14
Bittacy Hill. NW7 —6A 14
Bittacy Pk. Av. NW7 —5A 14
Bittacy Ri. NW7 —6K 13
Bittacy Rd. NW7 —6A 14
Bittern Clo. Hay —5B 60
Bittern Ct. NW9 —2A 28
Bittern Ct. SE8 —6C 88
Bittern Ho. SE1 —2C 86 (7C 168) (off Gt. Suffolk St.)
Bittern Pl. N22 —2K 31
Bittern St. SE1 —2C 86 (7C 168)
Bittoms Ct. King T —3D 134
Bittoms, The. King T —3D 134 (in two parts)
Bixley Clo. S'hall —4D 78
Blackall St. EC2 —4E 68 (3G 163)
Blackberry Clo. Shep —4G 131
Blackberry Farm Clo. Houn —7C 78
Blackberry Fld. Orp —7A 128
Blackbird Ct. NW9 —2K 45
Blackbird Hill. NW9 —2J 45
Blackbird Yd. E2 —3F 69 (1K 163)
Blackborne Rd. Dag —6G 57
Black Boy La. N15 —5C 32
Blackbrook La. Brom —5D 144
Blackburn. NW9 —2B 28
Blackburne's M. W1 —7E 66 (2G 165)
Blackburn Rd. NW6 —6K 47
Blackbush Av. Romf —5D 38
Blackbush Clo. Sutt —7K 149
Blackdown Clo. N2 —2A 30
Blackett St. SW15 —3F 101
Black Fan Clo. Enf —1H 7
Blackfen. —6A 110
Blackfen Pde. Sidc —6A 110
Blackfen Rd. Sidc —6J 109
Blackford Clo. S Croy —7B 152
Blackford's Path. SW15 —7C 100
Blackfriars Bri. SE1 & EC4 —7B 68 (2A 168)
Blackfriars Ct. EC4 —2A 168
Black Friars La. EC4 (in two parts) —6B 68 (2A 168)
Blackfriars Pas. EC4 —7B 68 (2A 168)
Blackfriars Rd. SE1 —2B 86 (4A 168)
Blackfriars Underpass. EC4 —7A 68 (2A 168)
Black Gates. Pinn —3D 24
Blackheath. —2H 107
Blackheath Av. SE10 —7F 89
Blackheath Bus. Est. SE10 (off Blackheath Hill) —1E 106
Blackheath Gro. SE3 —2H 107
Blackheath Hill. SE10 —1E 106
Blackheath Park. —4J 107
Blackheath Pk. SE3 —3H 107
Blackheath Ri. SE13 —2E 106
Blackheath Rd. SE10 —1D 106
Blackheath Vale. —2H 107
Blackheath Va. SE3 —2G 107
Blackheath Village. SE3 —2H 107
Black Horse Ct. SE1 —3D 86 (off Gt. Dover St.)
Blackhorse La. E17 —2K 33
Black Horse La. Croy —7G 141
Blackhorse M. E17 —3K 33
Black Horse Pde. Eastc —5K 23
Blackhorse Road. —4K 33
Blackhorse Rd. E17 —4K 33
Blackhorse Rd. SE8 —6A 88
Blackhorse Rd. Sidc —4A 128
Blacklands Dri. Hay —4E 58
Blacklands Rd. SE6 —4E 124
Blacklands Ter. SW3 —4D 84 (4E 170)
Black Lion La. W6 —4C 82
Black Lion M. W6 —4C 82
Blackmans Yd. E2 —4G 69 (3K 163) (off Grimsby St.)
Blackmore Av. S'hall —1H 79
Blackmore Ho. N1 —1K 67 (off Barnsbury Est.)
Blackmore Rd. Buck H —1H 21
Blackmore's Gro. Tedd —6A 116
Blackmore Tower. W3 —3J 81 (off Stanley Rd.)
Blackness La. Kes —7B 156
Black Path. E10 —7A 34
Blackpool Gdns. Hay —4G 59
Blackpool Rd. SE15 —2H 105
Black Prince Interchange. —6H 111
Black Prince Rd. SE1 & SE11 —4K 85 (4G 173)
Black Rod Clo. Hay —3H 77
Blackshaw Rd. SW17 —4A 120
Blacksmiths Clo. Romf —6C 38
Blacksmiths Ho. E17 —4C 34 (off Gillards M.)
Blacks Rd. W6 —5E 82
Blackstock M. N4 —2B 50
Blackstock Rd. N4 & N5 —2B 50
Blackstone Est. E8 —7H 51
Blackstone Ho. SW1 —5G 85 (6A 172) (off Churchill Gdns.)
Blackstone Rd. NW2 —5E 46
Black Swan Yd. SE1 —2E 86 (6H 169)
Blackthorn Av. W Dray —4C 76
Blackthorn Ct. Houn —7C 78
Blackthorn Av. Croy —1J 153
Blackthorne Ct. SE15 —7F 87 (off Cator St.)
Blackthorne Ct. S'hall —1F 79 (off Dormers Wells La.)
Blackthorne Dri. E4 —4A 20
Blackthorn Gro. Bexh —3E 110
Blackthorn St. E3 —4C 70
Blacktree M. SW9 —3A 104
Blackwall. —7E 70
Blackwall La. SE10 —5G 89 (in two parts)
Blackwall Trad. Est. E14 —5F 71
Blackwall Tunnel. E14 & SE10 (in two parts) —1F 89
Blackwall Tunnel App. E14 —7E 70
Blackwall Tunnel Northern App. E3 & E14 —2C 70
Blackwall Tunnel Northern App. E14 —4E 70
Blackwall Tunnel Southern App. SE10 —3G 89
Blackwall Way. E14 —7E 70
Blackwater Clo. E7 —4H 53
Blackwater Clo. Rain —5K 75
Blackwater Ho. NW8 (off Church St.) —5B 66 (5B 158)
Blackwater St. SE22 —5F 105
Blackwell Clo. E5 —4K 51
Blackwell Clo. Harr —7C 10
Blackwell Gdns. Edgw —4B 12
Blackwell Ho. SW4 —6H 103
Blackwood St. SE17 —5D 86
Blade M. SW15 —4H 101
Blades Ct. SW15 —4H 101
Blades Ho. SE11 —6A 86 (off Kennington Oval)
Bladindon Dri. Bex —7C 110
Bladon Ct. SW16 —6J 121
Bladon Gdns. Harr —6F 25
Blagdens Clo. N14 —2C 16
Blagdens La. N14 —2C 16
Blagdon Ct. W7 —7J 61
Blagdon Rd. SE13 —6D 106
Blagdon Rd. N Mald —4B 136
Blagdon Wlk. Tedd —6C 116
Blagrove Rd. W10 —5G 65
Blair Av. NW9 —7A 28
Blair Clo. N1 —6C 50
Blair Clo. Hay —4J 77
Blair Clo. Sidc —5J 109
Blair Ct. NW8 —1B 66
Blair Ct. SE6 —1H 125
Blair Ct. Beck —1D 142
Blairderry Rd. SW2 —2J 121
Blair Ho. SW9 —2K 103
Blair St. E14 —6E 70
Blake Av. Bark —1J 73
Blake Clo. W10 —5E 64
Blake Clo. Cars —1C 150
Blake Clo. Well —1J 109
Blake Ct. NW6 —3J 65 (off Stafford Clo.)
Blakeden Dri. Clay —6A 146
Blake Gdns. SW6 —1K 101
Blake Hall Cres. E11 —1J 53

Blake Hall Rd. *E11* —7J **35**
Blakehall Rd. *Cars* —6D **150**
Blake Ho. E14 —2C **88**
 (off Admirals Way)
Blake Ho. *SE1* —3A **86** (1J **173**)
Blakeley Cotts. *SE10* —2F **89**
Blakemore Rd. *SW16* —3J **121**
Blakemore Rd. *T.Hth* —5K **139**
Blakemore Way. *Belv* —3E **92**
Blakeney Av. *Beck* —1B **142**
Blakeney Clo. *E8* —5G **51**
Blakeney Clo. *N20* —1F **15**
Blakeney Clo. *NW1* —7H **49**
Blakeney Rd. *Beck* —7B **124**
Blakenham Rd. *SW17* —4D **120**
Blaker Ct. *SE7* —7A **90**
 (in two parts)
Blake Rd. *E16* —4H **71**
Blake Rd. *N11* —7B **16**
Blake Rd. *Croy* —2E **152**
Blake Rd. *Mitc* —3C **138**
Blaker Rd. *E15* —1E **70**
Blakes Av. *N Mald* —5B **136**
Blake's Grn. *W W'ck* —1E **154**
Blakes La. *N Mald* —5B **136**
Blakesley Av. *W5* —6C **62**
Blakesley Wlk. *SW20* —2H **137**
Blake's Rd. *SE15* —7E **86**
Blakes Ter. *N Mald* —5C **136**
Blakesware Gdns. *N9* —7J **7**
Blakewood Clo. *Felt* —4A **114**
Blanchard Clo. *SE9* —3C **126**
Blanchard Ho. Twic —6D **98**
 (off Clevedon Rd.)
Blanchard Way. *E8* —6G **51**
Blanch Clo. *SE15* —7J **87**
Blanchedowne. *SE5* —4D **104**
Blanche St. *E16* —4H **71**
Blanchland Rd. *Mord* —5K **137**
Blandfield Rd. *SW12* —7E **102**
Blandford Av. *Beck* —2A **142**
Blandford Av. *Twic* —1F **115**
Blandford Clo. *N2* —4A **30**
Blandford Clo. *Croy* —3J **151**
Blandford Clo. *Romf* —4G **39**
Blandford Ct. E8 —7E **50**
 (off St Peter's Way)
Blandford Ct. *NW6* —7F **47**
Blandford Cres. *E4* —7K **9**
Blandford Ho. SW8 —7K **85**
 (off Richborne Ter.)
Blandford Rd. *W4* —3A **82**
Blandford Rd. *W5* —2D **80**
Blandford Rd. *Beck* —3J **141**
Blandford Rd. *S'hall* —4E **78**
Blandford Rd. *Tedd* —5H **115**
Blandford Sq. *NW1*
 —4C **66** (4D **158**)
Blandford St. *W1*
 —6D **66** (7F **159**)
Blandford Waye. *Hay* —6A **60**
Bland Ho. *SE11* —5H **173**
Bland St. *SE9* —4B **108**
Blaney Cres. *E6* —3F **73**
Blanmerle Rd. *SE9* —1F **127**
Blann Clo. *SE9* —6B **108**
Blantyre St. *SW10* —7B **84**
Blantyre Tower. SW10 —7B **84**
 (off Blantyre St.)
Blantyre Wlk. SW10 —7B **84**
 (off Worlds End Est.)
Blashford. *NW3* —7D **48**
 (off Adelaide Rd.)
Blashford St. *SE13* —7F **107**
Blasker Wlk. *E14* —5D **88**
Blawith Rd. *Harr* —4J **25**
Blaxland Ho. *W12* —7D **64**
 (off White City Est.)

Blaydon Ho. *N17* —7C **18**
Blaydon Clo. *Ruis* —7G **23**
Blaydon Ct. *N'holt* —6E **42**
Blazer Ct. *NW8* —2B **158**
Bleak Hill La. *SE18* —6K **91**
Blean Gro. *SE20* —7J **123**
Bleasdale Av. *Gnfd* —2A **62**
Blechynden St. *W10* —7F **65**
Bleddyn Clo. *Sidc* —6C **110**
Bledlow Clo. *SE28* —7C **74**
Bledlow Ho. NW8 —4B **66** (4B **158**)
 (off Capland St.)
Bledlow Ri. *Gnfd* —2G **61**
Bleeding Heart Yd. *EC1* —6K **161**
Blegborough Rd. *SW16* —6G **121**
Blemundsbury. WC1
 —5K **67** (5G **161**)
 (off Dombey St.)
Blendon. —6D 110
Blendon Dri. *Bex* —6D **110**
Blendon Path. *Brom* —7H **125**
Blendon Rd. *Bex* —6D **110**
Blendon Row. SE17 —4D **86**
 (off Townley St.)
Blendon Ter. *SE18* —5G **91**
Blendworth Way. SE15 —7E **86**
 (off Clanfield Way)
Blenheim Av. *Ilf* —6E **36**
Blenheim Clo. *N21* —1H **17**
Blenheim Clo. *SW20* —3E **136**
Blenheim Clo. *Gnfd* —2H **61**
Blenheim Clo. *Romf* —4J **39**
Blenheim Clo. *Wall* —7G **151**
Blenheim Ct. *N19* —2J **49**
Blenheim Ct. *Brom* —4H **143**
Blenheim Ct. *Kent* —6A **26**
Blenheim Ct. *Sidc* —3H **127**
Blenheim Ct. *Sutt* —6A **150**
Blenheim Cres. *W11* —7G **65**
Blenheim Cres. *Ruis* —2F **41**
Blenheim Cres. *S Croy* —7C **152**
Blenheim Dri. *Well* —1K **109**
Blenheim Gdns. *NW2* —6E **46**
Blenheim Gdns. *SW2* —6K **103**
Blenheim Gdns. *King T* —7H **117**
Blenheim Gdns. *Wall* —6G **151**
Blenheim Gdns. *Wemb* —3E **44**
Blenheim Gro. *SE15* —2G **105**
Blenheim Ho. *Houn* —3E **96**
Blenheim Pde. *Uxb* —4D **58**
Blenheim Pk. Rd. *S Croy* —7C **152**
Blenheim Pas. *NW8* —2A **66**
 (in two parts)
Blenheim Ri. *N15* —4F **33**
Blenheim Rd. *E6* —3B **72**
Blenheim Rd. *E15* —4G **53**
Blenheim Rd. *E17* —3K **33**
Blenheim Rd. *NW8* —2A **66**
Blenheim Rd. *SE20* —7J **123**
Blenheim Rd. *SW20* —3E **136**
Blenheim Rd. *W4* —3A **82**
Blenheim Rd. *Barn* —3A **4**
Blenheim Rd. *Brom* —4C **144**
Blenheim Rd. *Harr* —6F **25**
Blenheim Rd. *N'holt* —6F **43**
Blenheim Rd. *Sidc* —1C **128**
Blenheim Rd. *Sutt* —3J **149**
Blenheim Shop. Cen. *SE20*
 —7J **123**
Blenheim St. *W1* —6F **67** (1J **165**)
Blenheim Ter. *NW8* —2A **66**
Blenheim Way. *Iswth* —1A **98**
Blenkarne Rd. *SW11* —6D **102**
Bleriot. NW9 —2B **28**
 (off Belvedere Strand)
Bleriot Rd. *Houn* —7A **78**
Blessbury Rd. *Edgw* —1J **27**
Blessington Clo. *SE13* —3F **107**

Blessington Rd. *SE13* —3F **107**
Blessing Way. *Bark* —3C **74**
Bletchingley Clo. *T Hth* —4B **140**
Bletchley Ct. *N1* —1E **162**
 (in two parts)
Bletchley St. *N1* —2D **68** (1D **162**)
Bletchmore Clo. *Hay* —5F **77**
Bletsoe Wlk. *N1* —2C **68**
Blewbury Ho. *SE2* —2D **92**
Blincoe Clo. *SW19* —2F **119**
Bliss Cres. *SE13* —2D **106**
Blissett St. *SE10* —1E **106**
Blisworth Clo. *Hay* —4C **60**
Blisworth Ho. E2 —1G **69**
 (off Whiston Rd.)
Blithbury Rd. *Dag* —6B **56**
Blithdale Rd. *SE2* —4A **92**
Blithfield St. *W8* —3K **83**
Blockley Rd. *Wemb* —2B **44**
Bloemfontein Av. *W12* —1D **82**
Bloemfontein Rd. *W12* —7D **64**
Bloemfontein Way. *W12* —1D **82**
Blomfield Ct. W9 —4A **66** (3A **158**)
 (off Lanark Pl.)
Blomfield Rd. *W9* —5K **65** (4A **158**)
Blomfield St. *EC2* —5D **68** (6F **163**)
Blomfield Vs. *W2* —5K **65**
Blomville Rd. *Dag* —3E **56**
Blondel St. *SW11* —2E **102**
Blondin Av. *W5* —4C **80**
Blondin St. *E3* —2C **70**
Bloomburg St. *SW1*
 —4H **85** (4B **172**)
Bloomfield Ct. *N6* —6E **30**
Bloomfield Cres. *Ilf* —6F **37**
Bloomfield Ho. E1 —5G **69**
 (off Old Montague St.)
Bloomfield Pl. *W1* —2K **165**
Bloomfield Rd. *N6* —6E **30**
Bloomfield Rd. *SE18* —6F **91**
Bloomfield Rd. *Brom* —5B **144**
Bloomfield Rd. *King T* —4E **134**
Bloomfields, The. *Bark* —6G **55**
Bloomfield Ter. *SW1*
 —5E **84** (5H **171**)
Bloom Gro. *SE27* —3B **122**
Bloomhall Rd. *SE19* —5D **122**
Bloom Pk. Rd. *SW6* —7H **83**
Bloomsbury. —5J 67 (5E 160)
Bloomsbury Clo. *W5* —7F **63**
Bloomsbury Ct. *WC1* —6F **161**
Bloomsbury Ct. *Houn* —1K **95**
Bloomsbury Ct. *Pinn* —3D **24**
Bloomsbury Ho. *SW4* —6H **103**
Bloomsbury Pl. *SW18* —5A **102**
Bloomsbury Pl. *WC1*
 —5J **67** (5F **161**)
Bloomsbury Sq. *WC1*
 —5J **67** (5F **161**)
Bloomsbury St. *WC1*
 —5H **67** (6D **160**)
Bloomsbury Way. *WC1*
 —5J **67** (6E **160**)
Blore Clo. *SW8* —1H **103**
Blore Ct. *W1* —1C **166**
Blossom Clo. *W5* —2E **80**
Blossom Clo. *Dag* —1F **75**
Blossom Clo. *S Croy* —5F **153**
Blossom La. *Enf* —1H **7**
Blossom St. *E1* —4E **68** (4H **163**)
Blossom Way. *Uxb* —7B **40**
Blossom Way. *W Dray* —4C **76**
Blossom Waye. *Houn* —6C **78**
Blount Ho. *E14* —5A **70**
Blount St. *E14* —5A **70**
Bloxam Gdns. *SE9* —5C **108**
Bloxhall Rd. *E10* —1B **52**
Bloxham Cres. *Hamp* —7D **114**

Bloxworth Clo. *Wall* —3G **151**
Blucher Rd. *SE5* —7C **86**
Blue Anchor All. *Rich* —4E **98**
Blue Anchor La. *SE16* —4G **87**
Blue Anchor Yd. *E1*
 —7G **69** (3K **169**)
Blue Ball Yd. *SW1*
 —1G **85** (5A **166**)
Bluebell Av. *E12* —5B **54**
Bluebell Clo. *E9* —1J **69**
Bluebell Clo. *SE26* —4F **123**
Bluebell Clo. *Rush G* —2K **57**
Bluebell Clo. *Wall* —1F **151**
Bluebell Way. *Ilf* —6F **55**
Blueberry Clo. *Wfd G* —6D **20**
Bluebird La. *Dag* —7G **57**
Bluebird Wlk. *Wemb* —3H **45**
Bluebird Way. *SE28* —2H **91**
Bluefield Clo. *Hamp* —5E **114**
Bluegates. *Ewe* —7C **148**
Bluehouse Rd. *E4* —2B **20**
Blue Riband Ind. Est. *Croy*
 —2B **152**
Blue Water. *SW18* —4K **101**
Blundell Ho. *SE14* —7A **88**
 (off Goodwood Rd.)
Blundell Rd. *Edgw* —1K **27**
Blundell St. *N7* —7J **49**
Blunden Clo. *Dag* —1C **56**
Blunt Rd. *S Croy* —5D **152**
Blunts Av. *W Dray* —7C **76**
Blunts Rd. *SE9* —5E **108**
Blurton Rd. *E5* —4J **51**
Blydon Ct. N21 —5E **6**
 (off Chaseville Pk. Rd.)
Blyth Clo. *E14* —4F **89**
Blyth Clo. *Twic* —6K **97**
Blythe Clo. *SE6* —7B **106**
Blythe Hill. —7B 106
Blythe Hill. *SE6* —7B **106**
Blythe Hill. *Orp* —1K **145**
Blythe Hill La. *SE6* —7B **106**
Blythe Ho. *SE11* —6A **86** (7J **173**)
Blythe M. *W14* —3F **83**
Blythendale Ho. *E2* —2G **69**
 (off Mansford St.)
Blythe Rd. *W14* —3F **83**
Blythe Va. *SE6* —1B **124**
Blyth Hill Pl. *SE6* —7D **106**
Blyth Rd. *E17* —7B **34**
Blyth Rd. *SE28* —7C **74**
Blyth Rd. *Brom* —1H **143**
Blyth Rd. *Hay* —2G **77**
Blythswood Rd. *Ilf* —1A **56**
Blyth Wood Pk. *Brom* —1H **143**
Blythwood Rd. *N4* —7J **31**
Blythwood Rd. *Pinn* —1B **24**
Boades M. *NW3* —4B **48**
Boadicea St. *N1* —1K **67**
Boakes Clo. *NW9* —4J **27**
Boardman Av. *E4* —5J **9**
Boardman Clo. *Barn* —5B **4**
Boardwalk Pl. *E14* —1E **88**
Boarhound. NW9 —2B **28**
 (off Further Acre)
Boarley Ho. SE17 —4E **86**
 (off Massinger St.)
Boars Head Yd. *Bren* —7D **80**
Boathouse Wlk. *SE15* —7F **87**
 (in two parts)
Boat Lifter Way. *SE16* —4A **88**
Bob Anker Clo. *E13* —3J **71**
Bobbin Clo. *SW4* —3G **103**
Bobby Moore Way. *N12* —7J **15**
Bob Marley Way. *SE24* —4A **104**
Bockhampton Rd. *King T* —7F **117**
Bocking St. *E8* —1H **69**

Boddicott Clo. *SW19* —2G **119**
Boddington Ho. SE14 —1J **105**
 (off Pomeroy St.)
Boddys Bri. *SE1* —1A **86** (4K **167**)
 (off Hatfields)
Bodeney Ho. *SE5* —1E **104**
 (off Peckham Rd.)
Boden Ho. *E1* —5G **69** (5K **163**)
 (off Woodseer St.)
Bodiam Clo. *Enf* —2K **7**
Bodiam Rd. *SW16* —7H **121**
Bodington Ct. *W12* —2F **83**
Bodley Clo. *N Mald* —5A **136**
Bodley Mnr. Way. *SW2* —7A **104**
Bodley Rd. *N Mald* —6K **135**
Bodmin. NW9 —2B **28**
 (off Further Acre)
Bodmin Clo. *Harr* —3D **42**
Bodmin Gro. *Mord* —5K **137**
Bodmin Pl. *SE27* —4B **122**
Bodmin St. *SW18* —1J **119**
Bodnant Gdns. *SW20* —3C **136**
Bodney Rd. *E8* —5H **51**
Boeing Way. *S'hall* —3K **77**
Boevey Path. *Belv* —5F **93**
Bogey La. *Orp* —7E **156**
Bognor Rd. *Well* —1D **110**
Bohemia Pl. *E8* —6J **51**
Bohn Rd. *E1* —5A **70**
Bohun Gro. *Barn* —6H **5**
Boileau Pde. W5 —6F **63**
 (off Boileau Rd.)
Boileau Rd. *SW13* —7C **82**
Boileau Rd. *W5* —6F **63**
Boldero St. *SE8* —2D **106**
Boldero Pl. *NW8* —4C **158**
Bolderwood Way. *W W'ck* —2D **154**
Boldmere Rd. *Pinn* —7A **24**
Boleyn Av. *Enf* —1C **8**
Boleyn Clo. *E17* —4C **34**
Boleyn Ct. *Buck H* —1D **20**
Boleyn Dri. *Ruis* —2B **42**
Boleyn Dri. *W Mol* —3D **132**
Boleyn Gdns. *Dag* —7J **57**
Boleyn Gdns. *W W'ck* —2D **154**
Boleyn Gro. *W W'ck* —2E **154**
Boleyn Rd. *E6* —2B **72**
Boleyn Rd. *E7* —7J **53**
Boleyn Rd. *N16* —5E **50**
Boleyn Way. *Barn* —3F **5**
Bolina Rd. *SE16* —5J **87**
Bolingbroke Gro. *SW11* —4C **102**
Bolingbroke Rd. *W14* —3F **83**
Bolingbroke Wlk. *SW11* —1B **102**
Bolingbroke Way. *Hay* —1F **77**
Bolliger Ct. *NW10* —4J **63**
Bollo Bri. Rd. *W3* —3H **81**
Bollo Ct. W3 —3J **81**
 (off Bollo Bri. Rd.)
Bollo La. *W3 & W4* —2H **81**
Bolney Ga. *SW7* —2C **84** (7C **164**)
Bolney St. *SW8* —7K **85**
Bolney Way. *Felt* —3C **114**
Bolsover St. *W1* —4F **67** (4K **159**)
Bolstead Rd. *Mitc* —1F **139**
Bolster Gro. *N22* —7C **16**
Bolt Ct. *EC4* —6A **68** (1K **167**)
Boltmore Clo. *NW4* —3F **29**
Bolton Clo. *SE20* —2G **141**
Bolton Clo. *Chess* —6D **146**
Bolton Cres. *SE5* —7B **86**
Bolton Gdns. *NW10* —2F **65**
Bolton Gdns. *SW5* —5K **83**
Bolton Gdns. *Brom* —6H **125**
Bolton Gdns. *Tedd* —6A **116**
Bolton Gdns. M. *SW5* —5A **84**
Bolton Ho. SE10 —5G **89**
 (off Trafalgar Rd.)

Bolton Pl. NW8 —1K 65
(off Bolton Rd.)
Bolton Rd. E15 —6H 53
Bolton Rd. N18 —5A 18
Bolton Rd. NW8 —1K 65
Bolton Rd. NW10 —1A 64
Bolton Rd. W4 —7J 81
Bolton Rd. Chess —6D 146
Bolton Rd. Harr —4G 25
Boltons Clo. SW5 —5K 83
(off Old Brompton Rd.)
Bolton's La. Hay —7D 76
Boltons Pl. SW5 —5A 84
Boltons, The. SW10 —5A 84
Boltons, The. Wemb —4K 43
Bolton St. W1 —1F 85 (4K 165)
Bolton Studios. SW10 —5A 84
Bolton Wlk. N4 —2K 49
(off Durham Rd.)
Bombay St. SE16 —4H 87
Bomer Clo. W Dray —7C 76
Bomore Rd. W11 —7G 65
Bonar Pl. Chst —7C 126
Bonar Rd. SE15 —7G 87
Bonchester Clo. Chst —7E 126
Bonchurch Clo. Sutt —7K 149
Bonchurch Rd. W10 —5G 65
Bonchurch Rd. W13 —1B 80
Bond Clo. W Dray —6B 58
Bond Ct. EC4 —7D 68 (2E 168)
Bondfield Av. Hay —3J 59
Bondfield Rd. E6 —5D 72
Bond Gdns. Wall —4G 151
Bond Ho. NW6 —2H 65
(off Rupert Rd.)
Bond Ho. SE14 — 7A 88
(off Goodwood Rd.)
Bonding Yd. Wlk. SE16 —3A 88
Bond Rd. Mitc —2C 138
Bond Rd. Surb —2F 147
Bond St. E15 —5G 53
Bond St. W4 —4K 81
Bond St. W5 —7D 62
Bondway. SW8 —6J 85 (7F 173)
Boneta Rd. SE18 —3D 90
Bonfield Rd. SE13 —4E 106
Bonham Gdns. Dag —2D 56
Bonham Ho. W11 —7H 65
(off Boyne Ter. M.)
Bonham Rd. SW2 —5K 103
Bonham Rd. Dag —2D 56
Bonheur Rd. W4 —2K 81
Bonhill St. EC2 —4D 68 (4F 163)
Boniface Gdns. Harr —7A 10
Boniface Rd. Uxb —3D 40
Boniface Wlk. Harr —7A 10
Bonington Ho. N1 —2K 67
Bon Marche Ter. M. SE27 —4E 122
Bonner Hill Rd. King T —2F 135
(in two parts)
Bonner Rd. E2 —2J 69
Bonnersfield Clo. Harr —6K 25
Bonnersfield La. Harr —6K 25
Bonner St. E2 —2J 69
Bonneville Gdns. SW4 —6G 103
Bonnington St. N'holt —2B 60
(off Gallery Gdns.)
Bonnington Sq. SW8
—6K 85 (7G 173)
Bonny St. NW1 —7G 49
Bonser Rd. Twic —2K 115
Bonsor Ho. SW8 —1G 103
Bonsor St. SE5 —7E 86
Bonville Gdns. NW4 —4D 28
Bonville Rd. Brom —5H 125
Bookbinders Cottage Homes. N20
—3J 15
Booker Clo. E14 —5B 70
Booker Rd. N18 —5B 18
Bookham Ct. SW19 —3B 138

Boone St. N9 —3D 18
Boones Rd. SE13 —4G 107
Boone St. SE13 —4G 107
Boord St. SE10 —3G 89
Boothby Ct. E4 —3K 19
Boothby Rd. N19 —2H 49
Booth Clo. E9 —1H 69
Booth Clo. SE28 —1B 92
Booth Dri. Stai —6A 112
Booth La. EC4 —2C 168
Boothman Ho. Kent —3D 26
Booth Rd. NW9 —2K 27
Booth Rd. Croy —2B 152
Booth's Pl. W1 —5G 67 (6B 160)
Boot Pde. Edgw —6B 12
(off High St.)
Boot St. N1 —3E 68 (2G 163)
Bordars Rd. W7 —5J 61
Bordars Wlk. W7 —5J 61
Borden Av. Enf —6J 7
Border Cres. SE26 —5H 123
Border Gdns. Croy —4D 154
Bordergate. Mitc —1C 138
Border Rd. SE26 —5H 123
Bordesley Rd. Mord —5K 137
Bordeston Ct. Bren —7C 80
(off Augustus Clo.)
Bordon Wlk. SW15 —7C 100
Boreas Wlk. N1 —1B 162
Boreham Av. E16 —6J 71
Boreham Clo. E10 —1E 52
Boreham Rd. N22 —2C 32
Borgard Rd. SE18 —4D 90
Borland Rd. SE15 —4J 105
Borland Rd. Tedd —7B 116
Borneo St. SW15 —3E 100
Borough High St. SE1
—2C 86 (7D 168)
Borough Hill. Croy —3B 152
Borough Rd. SE1 —3B 86 (7B 168)
Borough Rd. Iswth —1J 97
Borough Rd. King T —1G 135
Borough Rd. Mitc —2C 138
Borough Sq. SE1 —7C 168
Borough, The. —2D 86 (6E 168)
Borrett Clo. SE17 —5C 86
Borrodaile Rd. SW18 —6K 101
Borrowdale. NW1 —3G 67 (2A 160)
(off Robert St.)
Borrowdale Av. Harr —2A 26
Borrowdale Clo. Ilf —4C 36
Borrowdale Ct. Enf —1H 7
Borthwick M. E15 —4G 53
Borthwick Rd. E15 —4G 53
Borthwick Rd. NW9 —6B 28
Borthwick St. SE8 —5C 88
Borwick Av. E17 —3B 34
Bosanquet Clo. Uxb —4A 58
Bosbury Rd. SE6 —3E 124
Boscastle Rd. NW5 —3F 49
Boscobel Ho. E8 —6H 51
Boscobel Pl. SW1
—4E 84 (3H 171)
Boscobel St. NW8 —4B 66 (4B 158)
Boscombe Av. E10 —7F 35
Boscombe Clo. E5 —5A 52
Boscombe Gdns. SW16 —6J 121
Boscombe Rd. SW17 —6E 120
Boscombe Rd. SW19 —1K 137
Boscombe Rd. W12 —1C 82
Boscombe Rd. Wor Pk —1E 148
Bose Clo. N3 —1G 29
Bosgrove. E4 —2K 19
Boss Ho. SE1 —2F 87 (6J 169)
(off Boss St.)
Boss St. SE1 —2F 87 (6J 169)
Bostall Hill. SE2 —5A 92
Bostall La. SE2 —5B 92

Bostall Mnr. Way. SE2 —4B 92
Bostall Pk. Av. Bexh —7E 92
Bostall Rd. Orp —7B 128
Bostock Ho. Houn —6E 78
Boston Bus. Pk. W7 —3J 79
Boston Gdns. W4 —6A 82
Boston Gdns. W7 —4A 80
Boston Gdns. Bren —4A 80
Boston Gro. Ruis —6E 22
Boston Manor. —4A 80
Boston Manor House. —5B 80
Boston Mnr. Rd. Bren —4B 80
Boston Pde. W7 —3A 80
Boston Pk. Rd. Bren —5C 80
Boston Pl. NW1 —4D 66 (4E 158)
Boston Rd. E6 —3C 72
Boston Rd. E17 —6C 34
Boston Rd. W7 —1J 79
Boston Rd. Croy —6K 139
Boston Rd. Edgw —7D 12
Bostonthorpe Rd. W7 —2J 79
Boston Va. W7 —4A 80
Bosun Clo. E14 —2C 88
Boswell Ct. W14 —3F 83
(off Blythe Rd.)
Boswell Ct. WC1 —5J 67 (5F 161)
(off Boswell St.)
Boswell Path. Hay —4H 77
Boswell Rd. T Hth —4C 140
Boswell St. WC1 —5J 67 (5F 161)
Bosworth Ho. W10 —4G 65
(off Bosworth Rd.)
Bosworth Rd. N11 —6C 16
Bosworth Rd. W10 —4G 65
Bosworth Rd. Barn —3D 4
Bosworth Rd. Dag —3G 57
Botany Bay La. Chst —3G 145
Botany Clo. Barn —4H 5
Boteley Clo. E4 —2A 20
Botham Clo. Edgw —7D 12
Botha Rd. E13 —5K 71
Bothwell Clo. E16 —5H 71
Bothwell St. SW6 —6F 83
Botolph All. EC3 —2G 169
Botolph La. EC3 —7E 68 (3G 169)
Botsford Rd. SW20 —2G 137
Botts M. W2 —6J 65
Botwell Comn. Rd. Hay —7F 59
Botwell Cres. Hay —6G 59
Botwell La. Hay —7G 59
Boucher Clo. Tedd —5K 115
Bouchier Ho. N2 —2B 30
Boughton Av. Brom —7H 143
Boughton Ho. SE1
(off Tennis St.) —2D 86 (6E 168)
Boughton Rd. SE28 —3J 91
Boulcott St. E1 —6K 69
Boulevard, The. SW17 —2E 120
Boulevard, The. SW18 —4K 101
Boulevard, The. Pinn —4E 24
Boulevard, The. Wfd G —6K 21
Boulogne Ho. SE1 —3F 87 (7J 169)
(off Abbey St.)
Boulogne Rd. Croy —6C 140
Boulter Ho. SE14 —1J 105
(off Kender St.)
Boulton Ho. Bren —5E 80
Boulton Rd. Dag —2C 56
Boultwood Rd. E6 —6D 72
Bounces La. N9 —2C 18
Bounces Rd. N9 —2C 18
Boundaries Rd. SW12 —2D 120
Boundaries Rd. Felt —1A 114
Boundary Av. E17 —7B 34
Boundary Bus. Ct. Mitc —3B 138
Boundary Clo. SE25 —2G 141

Boundary Clo. Barn —1C 4
Boundary Clo. Ilf —4J 55
Boundary Clo. King T —3H 135
Boundary Clo. S'hall —5E 78
Boundary Ct. N18 —6A 18
(off Snells Pk.)
Boundary Ho. SE5 —7C 86
Boundary La. E13 —3B 72
Boundary La. SE5 —6C 86
Boundary M. NW8 —1A 66
(off Boundary Rd.)
Boundary Pas. E1 —4F 69 (3J 163)
Boundary Rd. E13 —2A 72
Boundary Rd. E17 —7B 34
Boundary Rd. N2 —1B 30
Boundary Rd. N9 —6D 8
Boundary Rd. N22 —3B 32
Boundary Rd. NW8 —1K 65
Boundary Rd. SW19 —6B 120
Boundary Rd. Bark —2G 73
(in two parts)
Boundary Rd. Cars & Wall
—6F 151
Boundary Rd. Pinn —7B 24
Boundary Rd. Sidc —5J 109
Boundary Rd. Wemb —3E 44
Boundary Row. SE1
—2B 86 (6A 168)
Boundary St. E2 —3F 69 (2J 163)
(in two parts)
Boundary Way. Croy —5C 154
Boundfield Rd. SE6 —3G 125
Bounds Green. —6C 16
Bounds Grn. Ct. N11 —6C 16
(off Bounds Grn. Rd.)
Bounds Grn. Ind. Est. N11 —6B 16
Bounds Grn. Rd. N11 & N22
—6B 16
Bourbon Ho. SE6 —5E 124
Bourchier St. W1 —7H 67 (2C 166)
(in two parts)
Bourdon Pl. W1 —2K 165
Bourdon Rd. SE20 —2J 141
Bourdon St. W1 —7F 67 (3J 165)
Bourke Clo. NW10 —6A 46
Bourke Clo. SW4 —6J 103
Bourlet Clo. W1 —5G 67 (6A 160)
Bourn Av. N15 —4D 32
Bourn Av. Uxb —4C 58
Bournbrook Rd. SE3 —3B 108
Bourne Av. N14 —2D 16
Bourne Av. Barn —5G 5
Bourne Av. Hay —3F 76
Bourne Av. Ruis —5A 42
Bourne Cir. Hay —3E 76
Bourne Ct. W4 —6J 81
Bourne Ct. S Ruis —5K 41
Bourne Ct. Wfd G —3B 36
Bourne Dri. Mitc —2B 138
Bourne Est. EC1 —5A 68 (5J 161)
Bourne Gdns. E4 —4J 19
Bourne Hall Mus. —7B 148
Bourne Hill. N14 —1D 16
Bourne Hill Clo. N13 —2E 16
Bourne Ind. Pk., The. Dart
—5K 111
Bourne Mead. Bex —5J 111
Bournemead Av. N'holt —2J 59
Bournemead Clo. N'holt —3J 59
Bournemead Way. N'holt —2K 59
Bourne M. W1 —6E 66 (1H 165)
Bournemouth Clo. SE15 —2G 105
Bournemouth Rd. SE15 —2G 105
Bournemouth Rd. SW19 —1J 137
Bourne Pde. Bex —7H 111
Bourne Pl. W4 —5K 81
Bourne Rd. E7 —3H 53
Bourne Rd. N8 —6J 31

Bourne Rd. Bex & Dart —7H 111
Bourne Rd. Brom —4B 144
Bournes Ho. N15 —6E 32
(off Chisley Rd.)
Bourneside Cres. N14 —1C 16
Bourneside Gdns. SE6 —5E 124
Bourne St. SW1 —4E 84 (4G 171)
Bourne St. Croy —2B 152
Bourne Ter. W2 —5K 65
Bourne, The. N14 —1C 16
Bourne Va. Brom —1H 155
Bournevale Rd. SW16 —4J 121
Bournewood Rd. SE18 —7A 92
Bournville Rd. SE6 —7C 106
Bournwell Clo. Barn —3J 5
Bourton Clo. Hay —1J 77
Bousfield Rd. SE14 —2K 105
Boutflower Rd. SW11 —4C 102
Boutique Hall. SE13 —4E 106
Bouverie Gdns. Harr —6D 26
Bouverie M. N16 —2E 50
Bouverie Pl. W2 —6B 66 (7B 158)
Bouverie Rd. N16 —2E 50
Bouverie Rd. Harr —6G 25
Bouverie St. EC4 —6A 68 (1K 167)
Boveney Rd. SE23 —7K 105
Bovill Rd. SE23 —7K 105
Bovingdon Av. Wemb —6G 45
Bovingdon Clo. N19 —2G 49
Bovingdon La. NW9 —1A 28
Bovingdon Rd. SW6 —1K 101
Bovingdon Sq. Mitc —4J 139
Bow. —3C 70
Bowater Clo. NW9 —5A 27
Bowater Clo. SW2 —6J 103
Bowater Ho. EC1 —4C 68 (4C 162)
(off Golden La. Est.)
Bowater Pl. SE3 —7K 89
Bowater Rd. SE18 —3B 90
Bow Bri. Est. E3 —3D 70
Bow Chyd. EC4 —1D 168
Bow Common. —5C 70
Bow Comn. La. E3 —4B 70
Bowden Clo. Felt —1G 113
Bowden St. SE11 —5A 86 (6K 173)
Bowditch. SE8 —4B 88
(in two parts)
Bowdon Rd. E17 —7C 34
Bowen Dri. SE21 —3E 122
Bowen Rd. Harr —7G 25
Bowen St. E14 —6D 70
Bower Av. SE10 —1G 107
Bower Clo. N'holt —6A 60
Bower Clo. Romf —1K 39
Bower Ct. E4 —1K 19
(off Ridgeway, The)
Bowerdean St. SW6 —1K 101
Bowerman Av. SE14 —6A 88
Bowerman Ct. N19 —2H 49
(off St John's Way)
Bower St. E1 —6K 69
Bowers Wlk. E6 —6D 72
Bowes Clo. Sidc —6B 110
Bowe's Ho. Bark —7F 55
Bowes-Lyon Hall. E16 —1J 89
(off Wesley Av., in two parts)
Bowes Park. —7D 16
Bowes Rd. N11 & N13 —5B 16
Bowes Rd. W3 —7A 64
Bowes Rd. Dag —4C 56
Bowfell Rd. W6 —6E 82
Bowford Av. Bexh —1E 110
Bowhill Clo. SW9 —7A 86
Bowie Clo. SW4 —7H 103

Bow Ind. Pk.—Brampton Gro.

Bow Ind. Pk. E15 —7C 52
Bow Interchange. —2D 70
Bowland Rd. SW4 —4H 103
Bowland Rd. Wfd G —5F 21
Bowland Yd. SW1 —7F 165
Bow La. EC4 —6C 68 (1D 168)
Bow La. N12 —7F 15
Bow La. Mord —6G 137
Bowl Ct. EC2 —4E 68 (4H 163)
Bowles Rd. SE1 —6G 87
Bowley Clo. SE19 —6F 123
Bowley Ho. SE16 —3G 87
Bowley La. SE19 —5F 123
Bowling Clo. Uxb —1B 58
Bowling Grn. Clo. SW15 —7D 100
Bowling Grn. Ct. Wemb —2F 45
Bowling Grn. La. EC1
—4A 68 (3K 161)
Bowling Grn. Pl. SE1
—2D 86 (6E 168)
Bowling Grn. Row. SE18 —3D 90
Bowling Grn. St. SE11
—6A 86 (7J 173)
Bowling Grn. Wlk. N1
—3E 68 (1G 163)
Bowls Clo. Stan —5G 11
Bowman Av. E16 —7H 71
Bowman M. SW18 —1H 119
Bowman's Bldgs. NW1
—5C 66 (5C 158)
(off Penfold St.)
Bowmans Clo. W13 —1B 80
Bowmans Lea. SE23 —7J 105
Bowmans Mdw. Wall —3F 151
Bowman's M. E1 —7G 69
Bowman's M. N7 —3J 49
Bowman's Pl. N7 —3J 49
Bowman Trad. Est. NW9 —4G 27
Bowmead. SE9 —2D 126
Bowmore Wlk. NW1 —7H 49
Bowness Clo. E8 —6F 51
(off Beechwood Rd.)
Bowness Cres. SW15 —5A 118
Bowness Dri. Houn —4C 96
Bowness Ho. SE15 —7J 87
(off Hillbeck Clo.)
Bowness Rd. SE6 —7D 106
Bowness Rd. Bexh —2H 111
Bowood Rd. SW11 —5E 102
Bowood Rd. Enf —2E 8
Bow Rd. E3 —3B 70
Bowrons Av. Wemb —7D 44
Bowry Ho. E14 —5B 70
Bowsley Ct. Felt —2J 113
Bowsprit Point. E14 —3C 88
Bow St. E15 —5G 53
Bow St. WC2 —6J 67 (1F 167)
Bow Triangle Bus. Cen. E3 —4C 70
Bowyer Clo. E6 —5D 72
Bowyer Ho. N1 —1E 68
(off Whitmore Est.)
Bowyer Pl. SE5 —7C 86
Bowyer St. SE5 —7C 86
Boxall Rd. SE21 —6E 104
Boxelder Clo. Edgw —5D 12
Boxgrove Rd. SE2 —2B 92
Box La. Bark —2B 74
Boxley Rd. Mord —4A 138
Boxley St. E16 —1K 89
Boxmoor Ho. W11 —1F 83
(off Queensdale Cres.)
Boxmoor Rd. Harr —4B 26
Boxoll Rd. Dag —4F 57
Boxted Clo. Buck H —1H 21
Box Tree Ho. SE8 —6A 88
Boxtree La. Harr —1G 25
Boxtree Rd. Harr —7C 10
Boxwood Clo. W Dray —2B 76

Boxworth Clo. N12 —5G 15
Boxworth Gro. N1 —1K 67
Boyard Rd. SE18 —5F 91
Boyce Ho. W10 —3H 65
(off Bruckner St.)
Boyce Way. E13 —4J 71
Boycroft Av. NW9 —6J 27
Boyd Av. S'hall —1D 78
Boyd Clo. King T —7G 117
Boydell Ct. NW8 —7B 48
(in two parts)
Boyden Ho. E17 —3E 34
Boyd Rd. SW19 —6B 120
Boyd St. E1 —6G 69
Boyfield St. SE1 —2B 86 (7B 168)
Boyland Rd. Brom —5H 125
Boyle Av. Stan —6F 11
Boyle Clo. Uxb —2B 58
Boyle Farm Rd. Th Dit —6A 134
Boyle St. W1 —7G 67 (2A 166)
Boyne Av. NW4 —4F 29
Boyne Rd. SE13 —3E 106
Boyne Rd. Dag —3G 57
Boyne Ter. M. W11 —1H 83
Boyseland Ct. Edgw —2D 12
Boyson Rd. SE5 —6C 86
(in two parts)
Boyson Wlk. SE17 —6D 86
Boyton Clo. E1 —4J 69
Boyton Clo. N8 —3J 31
Boyton Ho. NW8 —2B 66
(off Wellington Rd.)
Boyton Rd. N8 —3J 31
Brabant Ct. EC3 —2G 169
Brabant Rd. N22 —2K 31
Brabazon Av. Wall —7J 151
Brabazon Rd. Houn —7A 78
Brabazon Rd. N'holt —2E 60
Brabazon St. E14 —6D 70
Brabner Ho. E2 —3G 69 (1K 163)
(off Wellington Row)
Brabourne Clo. SE19 —5E 122
Brabourne Cres. Bexh —6F 93
Brabourne Heights. NW7 —3F 13
Brabourne Ri. Beck —5E 142
Brabourn Gro. SE15 —2J 105
Brabrook Ct. Wall —4F 151
Brabstone Ho. Gnfd —2K 61
Bracer Ho. N1 —2E 68
(off Whitmore Est.)
Bracewell Av. Gnfd —5K 43
Bracewell Rd. W10 —5E 64
Bracewood Gdns. Croy —3F 153
Bracey M. N19 —2J 49
Bracey St. N4 —2J 49
Bracken Av. SW12 —6E 102
Bracken Av. Croy —3C 154
Brackenbridge Dri. Ruis —3B 42
Brackenbury. N4 —1A 50
(off Osborne Rd.)
Brackenbury Gdns. W6 —3D 82
Brackenbury Rd. N2 —3A 30
Brackenbury Rd. W6 —3D 82
Bracken Clo. E6 —5D 72
Bracken Clo. Sun —6H 113
Bracken Clo. Twic —7E 96
Brackendale. N21 —2E 16
Brackendale Clo. Houn —1F 97
Brackendene. Dart —4K 129
Bracken End. Iswth —5H 97
Brackenfield Clo. E5 —3H 51
Bracken Gdns. SW13 —2C 100
Brackenhill. Ruis —4C 42
Bracken Hill Clo. Brom —1H 143
Bracken Hill La. Brom —1H 143
Bracken Ho. E3 —5C 70
Bracken Ind. Est. Ilf —1K 37
Bracken M. E4 —1K 19

Bracken M. Romf —6H 39
Brackens. Beck —7C 124
Brackens, The. Enf —7K 7
Bracken, The. E4 —2K 19
Brackenwood. Sun —1J 131
Brackenwood Lodge. Barn —4D 4
(off Prospect Rd.)
Brackley Clo. Wall —7J 151
Brackley Ct. NW8
—4B 66 (3B 158)
(off Henderson Dri.)
Brackley Rd. W4 —5A 82
Brackley Rd. Beck —7B 124
Brackley Sq. Wfd G —7G 21
Brackley St. EC1 —4C 68 (5D 162)
Brackley Ter. W4 —5A 82
Bracklyn Ct. N1 —2D 68
(in three parts)
Bracklyn St. N1 —2D 68
Bracknell Clo. N22 —1A 32
Bracknell Gdns. NW3 —4K 47
Bracknell Ga. NW3 —5K 47
Bracknell Way. NW3 —4K 47
Bracondale Rd. SE2 —4A 92
Bradbourne Rd. Bex —7G 111
Bradbourne St. SW6 —2J 101
Bradbury Clo. S'hall —4D 78
Bradbury M. N16 —5E 50
(off Bradbury St.)
Bradbury St. N16 —5E 50
Braddock Clo. Iswth —2K 97
Braddon Ct. Barn —3B 4
Braddon Rd. Rich —3F 99
Braddyll St. SE10 —5G 89
Bradenham. SE17 —6D 86
(off Bradenham Clo.)
Bradenham Av. Well —4A 110
Bradenham Clo. SE17 —6D 86
Bradenham Rd. Harr —4B 26
Bradenham Rd. Hay —3G 59
Braden St. W9 —4K 65
Bradfield Ct. NW1 —7F 49
(off Hawley Rd.)
Bradfield Dri. Bark —5A 56
Bradfield Rd. E16 —2J 89
Bradfield Rd. Ruis —5C 42
Bradford Clo. N17 —6A 18
Bradford Clo. SE26 —4H 123
Bradford Clo. Brom —1D 156
Bradford Dri. Eps —6B 148
Bradford Rd. W3 —2A 82
Bradford Rd. Ilf —1H 55
Bradgate Rd. SE6 —6D 106
Brading Cres. E11 —2K 53
Brading Rd. SW2 —7K 103
Brading Rd. Croy —6A 140
Brading Ter. W12 —3C 82
Bradiston Rd. W9 —3H 65
Bradley Clo. N7 —6J 49
Bradley Gdns. W13 —6B 62
Bradley Ho. E2 —2G 69
(off Claredale St.)
Bradley Ho. SE16 —4J 87
(off Raymouth Rd.)
Bradley M. SW17 —1D 120
Bradley Rd. N22 —2K 31
Bradley Rd. SE19 —6C 122
Bradley's Clo. N1 —2A 68
Bradley Stone Rd. E6 —5D 72
Bradman Row. Edgw —7D 12
Bradmead. SW8 —7F 85
Bradmore Pk. Rd. W6 —4D 82
Bradshaw Clo. SW19 —6J 119
Bradshaw Waye. Uxb —5B 58
Bradshaws Clo. SE25 —3G 141
Bradstock Ho. E9 —7K 51
Bradstock Rd. E9 —6K 51
Bradstock Rd. Eps —5C 148

Brad St. SE1 —1A 86 (5K 167)
Bradwell Av. Dag —2G 57
Bradwell Clo. E18 —4H 35
Bradwell Ho. NW6 —1K 65
(off Mortimer Cres.)
Bradwell M. N18 —4B 18
Bradwell Rd. Buck H —1H 21
Brady Ct. Dag —1D 56
Bradymead. E6 —6E 72
Brady St. E1 —4H 69
Braeburn Ct. Barn —4G 5
Braemar Av. N22 —1J 31
Braemar Av. NW10 —3K 45
Braemar Av. SW19 —2J 119
Braemar Av. Bexh —4J 111
Braemar Av. T Hth —3A 140
Braemar Av. Wemb —7D 44
Braemar Ct. SE6 —1H 125
Braemar Gdns. NW9 —1K 27
Braemar Gdns. Sidc —3H 127
Braemar Gdns. W W'ck —1E 154
Braemar Ho. W9 —3A 66
(off Maida Va.)
Braemar Rd. E13 —4H 71
Braemar Rd. N15 —5E 32
Braemar Rd. Bren —6D 80
Braemar Rd. Wor Pk —3D 148
Braemer Clo. SE16 —5H 87
(off Masters Dri.)
Braeside. Beck —5C 124
Braeside Av. SW19 —1G 137
Braeside Cres. Bexh —4J 111
Braeside Rd. SW16 —7G 121
Braes St. N1 —7B 50
Braesyde Clo. Belv —4F 93
Brafferton Rd. Croy —4C 152
Braganza St. SE17 —5B 86
Bragg Clo. Dag —6B 56
Bragg Rd. Tedd —6J 115
Braham Ho. SE11
—5K 85 (6H 173)
Braham St. E1 —6F 69 (1K 169)
Braid Av. W3 —6A 64
Braid Clo. Felt —2D 114
Braid Ho. SE10 —1E 106
(off Blackheath Hill)
Braidwood Pas. EC1
—5C 68 (5C 162)
(off Aldersgate St.)
Braidwood Rd. SE6 —1F 125
Brailsford Clo. SW19 —7C 120
Brailsford Rd. SW2 —5A 104
Brainton Av. Felt —7K 95
Braintree Av. Ilf —4C 36
Braintree Rd. Dag —3G 57
Braintree Rd. Ruis —4K 41
Braintree St. E2 —3J 69
Braithwaite Av. Romf —7G 39
Braithwaite Gdns. Stan —1C 26
Braithwaite Ho. E14 —6F 71
Braithwaite Ho. EC1
—4D 68 (3E 162)
(off Bunhill Row)
Braithwaite Rd. Enf —3G 9
Braithwaite Tower. W2 —5B 158
Bramah Grn. SW9 —1A 104
Bramah Tea & Coffee Mus.
—2F 87 (6K 169)
Bramalea Clo. N6 —6E 30
Bramall Clo. E15 —5H 53
Bramall Ct. N7 —5K 49
(off George's Rd.)
Bramber. WC1 —2E 160
Bramber Ct. W5 —4E 80
Bramber Rd. N12 —5H 15
Bramber Rd. W14 —6D 83
Brambleacres Clo. Sutt —7J 149
Bramblebury Rd. SE18 —5G 91

Bramble Clo. N15 —4G 33
Bramble Clo. Beck —5E 142
Bramble Clo. Croy —4C 154
Bramble Clo. Shep —3F 131
Bramble Clo. Stan —7J 11
Bramble Clo. Iswth —7B 80
Bramble Cft. Eri —4J 93
Brambledown Clo. W W'ck
—5G 143
Brambledown Rd. Cars & Wall
—7E 150
Brambledown Rd. S Croy —7E 152
Bramble Gdns. W12 —7B 64
Bramble Ho. E3 —5C 70
Bramble La. Hamp —6D 114
Brambles Clo. Iswth —7B 80
Brambles Farm Dri. Uxb —3C 58
Brambles, The. SW19 —5H 119
(off Woodside)
Brambles, The. W Dray —4A 76
Bramblewood Clo. Cars —1C 150
Bramblings, The. E4 —4A 20
Bramcote Av. Mitc —4D 138
Bramcote Gro. SE16 —5J 87
Bramcote Rd. SW15 —4D 100
Bramdean Cres. SE12 —1J 125
Bramdean Gdns. SE12 —1J 125
Bramerton Rd. Beck —3B 142
Bramerton St. SW3
—6C 84 (7C 170)
Bramfield Ct. N4 —3C 50
(off Queens Dri.)
Bramfield Rd. SW11 —6C 102
Bramford Ct. N14 —2C 16
Bramford Rd. SW18 —4A 102
Bramham Gdns. SW5 —5K 83
Bramham Gdns. Chess —4D 146
Bramham Ho. SE15 —3F 105
Bramhope La. SE7 —6B 90
Bramlands Clo. SW11 —3C 102
Bramley Av. Shep —3G 131
Bramley Clo. E17 —2A 34
Bramley Clo. N14 —5A 6
Bramley Clo. Eastc —3H 23
Bramley Clo. Hay —7J 59
Bramley Clo. Orp —7F 145
Bramley Clo. S Croy —5C 152
Bramley Clo. Twic —6G 97
Bramley Ct. E4 —1K 19
(off Ridgeway, The)
Bramley Ct. Barn —4H 5
Bramley Ct. Mitc —2B 138
Bramley Ct. S'hall —7G 61
(off Baird Av.)
Bramley Ct. Well —1B 110
Bramley Cres. SW4 —7H 85
Bramley Cres. Ilf —6E 36
Bramley Hill. S Croy —5B 152
Bramley Ho. SW15 —6B 100
(off Tunworth Cres.)
Bramley Ho. W10 —6F 65
Bramley Ho. Houn —4D 96
Bramley Pde. N14 —4B 6
Bramley Rd. N14 —5K 5
Bramley Rd. W5 —3C 80
Bramley Rd. W10 —6F 65
Bramley Rd. Cheam —7F 149
Bramley Rd. Sutt —5B 150
Bramley Way. Houn —5D 96
Bramley Way. W W'ck —2D 154
Brampton. WC1 —5K 67 (6G 161)
(off Red Lion Sq.)
Brampton Clo. E5 —2H 51
Brampton Ct. NW4 —4D 28
Brampton Gdns. N15 —5C 32
Brampton Gro. NW4 —4D 28
Brampton Gro. Harr —4A 26
Brampton Gro. Wemb —1G 45

Brickbarn Clo. SW10 —7A 84
(off King's Barn)
Brick Ct. EC4 —6A 68 (1J 167)
Brickett Clo. Ruis —5E 22
Brick Farm Clo. Rich —1H 99
Brickfield Clo. Bren —7C 80
Brickfield Cotts. SE18 —7K 91
Brickfield La. Hay —6F 77
Brickfield Rd. SW19 —4K 119
Brickfield Rd. T Hth —1B 140
Brickfields. Harr —2H 43
(in two parts)
Brickfields Way. W Dray —3B 76
Brick La. E2 & E1 —3F 69 (2K 163)
Brick La. Enf —2C 8
Brick La. Stan —7J 11
Bricklayers Arms. —3D 86
Bricklayers Arms Bus. Cen. SE1 —4E 86
Brick St. W1 —1F 85 (5J 165)
Brickwall La. Ruis —1G 41
Brickwood Clo. SE26 —3H 123
Brickwood Rd. Croy —2E 152
Brideale Clo. SE15 —6F 87
Bride Ct. EC4 —1A 168
Bride La. EC4 —6B 68 (1A 168)
Bridel M. N1 —1B 68
(off Colebrook Row)
Bride St. N7 —6K 49
Bridewain St. SE1
(in two parts) —3F 87 (7J 169)
Bridewell Pl. E1 —1H 87
Bridewell Pl. EC4 —6B 68 (1A 168)
Bridford M. W1 —5F 67 (5K 159)
Bridge App. NW1 —7E 48
Bridge Av. W6 —4E 82
Bridge Av. W7 —5H 61
Bridge Clo. W10 —6F 65
Bridge Clo. Enf —2C 8
Bridge Clo. Tedd —4K 115
Bridge Clo. W on T —7H 131
Bridge Ct. E10 —1B 52
Bridge Dri. N13 —4E 16
Bridge End. E17 —1E 34
Bridgefield Rd. Sutt —6J 149
Bridgefoot. SE1 —5J 85 (6F 173)
Bridgefoot. Sun —1H 131
Bridge Gdns. Ashf —7E 112
Bridge Gdns. E Mol —4H 133
Bridge Ga. N21 —7H 7
Bridge Ho. E9 —6K 51
(off Shepherds La.)
Bridge Ho. NW3 —7E 48
(off Adelaide Rd.)
Bridge Ho. SE4 —4B 106
Bridge Ho. SW1 —5F 85 (5J 171)
Bridge Ho. Sutt —6K 149
(off Bridge Rd.)
Bridgehouse Ct. SE1 —2B 86 (7A 168)
Bridge Ho. Quay. E14 —1E 88
Bridgeland Rd. E16 —7J 71
Bridge La. NW11 —4G 29
Bridge La. SW11 —1C 102
Bridgeman Rd. N1 —7K 49
Bridgeman Rd. Tedd —6A 116
Bridgeman St. NW8 —2C 66
Bridge Meadows. SE14 —6K 87
Bridgen. —7E 110
Bridgend Rd. SW18 —4A 102
Bridgenhall Rd. Enf —1A 8
Bridgen Rd. Bex —7E 110
Bridge Pde. N21 —7H 7
(off Ridge Av.)
Bridgepark. SW18 —5J 101
Bridge Pl. SW1 —4F 85 (3K 171)
Bridge Pl. Croy —1D 152
Bridgeport Pl. E1 —1G 87
Bridge Rd. E6 —7D 54
Bridge Rd. E15 —7F 53
Bridge Rd. E17 —7B 34
Bridge Rd. N9 —3B 18
Bridge Rd. N22 —1J 31
Bridge Rd. NW10 —6A 46
Bridge Rd. Beck —7B 124
Bridge Rd. Bexh —2E 110
Bridge Rd. Chess —5E 146
Bridge Rd. E Mol —4H 133
Bridge Rd. Houn & Isleworth —3H 97
Bridge Rd. S'hall —2D 78
Bridge Rd. Sutt —6K 149
Bridge Rd. Twic —6B 98
Bridge Rd. Wall —5F 151
Bridge Rd. Wemb —3G 45
Bridge Row. Croy —1D 152
Bridges Ct. SW11 —3B 102
(in two parts)
Bridges Ho. SE5 —7D 86
(off Elmington Est.)
Bridgeside Ho. N1 —2C 68
(off Wharf Rd.)
Bridges La. Croy —4J 151
Bridges Pl. SW6 —1H 101
Bridges Rd. SW19 —6K 119
Bridges Rd. Stan —5E 10
Bridges Rd. M. SW19 —6K 119
Bridge St. SW1 —2J 85 (7E 166)
Bridge St. W4 —4K 81
Bridge St. Pinn —3C 24
Bridge St. Rich —5D 98
Bridge St. W on T —7G 131
Bridge Ter. E15 —7F 53
(in two parts)
Bridge, The. Harr —4K 25
Bridgetown Clo. SE19 —5E 122
Bridge Vw. W6 —5E 82
Bridgewalk Heights. SE1
(off Weston St.) —2D 86 (6F 169)
Bridgewater Clo. Chst —3J 145
Bridgewater Gdns. Edgw —2F 27
Bridgewater Highwalk. EC2 —5C 162
Bridgewater Rd. E15 —1E 70
Bridgewater Rd. Ruis —4J 41
Bridgewater Rd. Wemb —6C 44
Bridgewater Sq. EC2 —5C 68 (5C 162)
Bridgewater St. EC2 —5C 68 (5C 162)
Bridge Way. N11 —3B 16
Bridge Way. NW11 —5H 29
Bridgeway. Bark —7K 55
Bridge Way. Twic —7G 97
Bridge Way. Uxb —5D 40
Bridge Way. Wemb —7E 44
Bridgeway St. NW1 —2G 67
Bridge Wharf. E2 —2K 69
Bridge Wharf Rd. Isleworth —3B 98
Bridgewood Clo. SE20 —7H 123
Bridgewood Rd. SW16 —7H 121
Bridgewood Rd. Wor Pk —4C 148
Bridge Yd. SE1 —1D 86 (4F 169)
Bridgford St. SW18 —3A 120
Bridgman Rd. W4 —3J 81
Bridgnorth Ho. SE15 —6G 87
(off Friary Est.)
Bridgwater Ho. W2 —6A 66
(off Hallfield Est.)
Bridle Clo. Eps —5K 147
Bridle Clo. King T —4D 134
Bridle Clo. Sun —3J 131
Bridle La. W1 —7G 67 (2B 166)
Bridle La. Twic —6B 98
Bridle Path. Croy —3J 151
(in two parts)
Bridle Path, The. E4 —7B 20
Bridlepath Way. Felt —1G 113
Bridle Rd. Clay —6B 146
Bridle Rd. Croy —3C 154
(in two parts)
Bridle Rd. Pinn —6K 23
Bridle Rd. S Croy —7G 153
Bridle Way. Croy —4C 154
Bridleway, The. Wall —5G 151
Bridlington Rd. N9 —7C 8
Bridport. SE17 —5D 86
(off Date St.)
Bridport Av. Romf —6H 39
Bridport Ho. N1 —1D 68
(off Bridport Pl.)
Bridport Pl. N1 —1D 68
(in two parts)
Bridport Rd. N18 —5K 17
Bridport Rd. Gnfd —1F 61
Bridport Rd. T Hth —3A 140
Bridstow Pl. W2 —6J 65
Brief St. SE5 —1B 104
Brierfield. NW1 —1G 67
(off Arlington Rd.)
Brierley. New Ad —6D 154
(in two parts)
Brierley Av. N9 —1D 18
Brierley Clo. SE25 —4G 141
Brierley Ct. W7 —7J 61
Brierley Rd. E11 —4F 53
Brierley Rd. SW12 —2G 121
Brierly Gdns. E2 —2J 69
Brigade Clo. Harr —2H 43
Brigade St. SE3 —2H 107
Brigadier Av. Enf —1H 7
Brigadier Hill. Enf —1H 7
Briggeford Clo. E5 —2G 51
Briggs Clo. Mitc —1F 139
Briggs Ho. E2 —3F 69 (1K 163)
(off Chambord St.)
Bright Clo. Belv —4D 92
Brightfield Rd. SE12 —5G 107
Brightling Rd. SE4 —6B 106
Brightlingsea Pl. E14 —7B 70
Brightman Rd. SW18 —1B 120
Brighton Av. E17 —5B 34
Brighton Bldgs. SE1 —3E 86
(off Tower Bri. Rd.)
Brighton Clo. Uxb —7D 40
Brighton Dri. N'holt —6E 42
Brighton Gro. SE14 —1A 106
Brighton Rd. E6 —3E 72
(in two parts)
Brighton Rd. N2 —2A 30
Brighton Rd. N16 —4E 50
Brighton Rd. S Croy —5C 152
Brighton Rd. Surb —6C 134
Brighton Ter. SW9 —4K 103
Brightside Rd. SE13 —6F 107
Brightside, The. Enf —1E 8
Bright St. E14 —6D 70
Brightwell Clo. Croy —1A 152
Brightwell Cres. SW17 —5D 120
Brig M. SE8 —6C 88
Brigstock Ho. SE5 —2C 104
Brigstock Rd. Belv —4H 93
Brigstock Rd. T Hth —5A 140
Brill Pl. NW1 —2H 67 (1D 160)
Brim Hill. N2 —4A 30
Brimpsfield Clo. SE2 —3B 92
Brimsdown. —2F 9
Brimsdown Av. Enf —2F 9
Brimsdown Ho. E3 —4D 70
Brimsdown Ind. Est. Brim —2G 9
Brimsdown Ind. Est. Enf —1G 9
Brimstone Ho. E15 —7G 53
(off Victoria St.)
Brindle Ga. Sidc —1J 127
Brindley Clo. Bexh —3G 111
Brindley Clo. Gnfd —1D 62
Brindley St. SE14 —1B 106
Brindley Way. Brom —5J 125
Brindley Way. S'hall —7F 61
Brindwood Rd. E4 —3G 19
Brinkburn Clo. SE2 —4A 92
Brinkburn Clo. Edgw —3H 27
Brinkburn Gdns. Edgw —3G 27
Brinkley Rd. Wor Pk —2D 148
Brinklow Cres. SE18 —7F 91
Brinklow Ho. W2 —5K 65
(off Torquay St.)
Brinkworth Rd. Ilf —3C 36
Brinkworth Way. E9 —6B 52
Brinsdale Rd. NW4 —3F 29
Brinsley Rd. Harr —2H 25
Brinsley St. E1 —6H 69
Brinsworth Clo. Twic —1H 115
Brinsworth Ho. Twic —2H 115
Brinton Wlk. SE1 —5A 168
Brion Pl. E14 —5E 70
Brisbane Av. SW19 —1K 137
Brisbane Rd. E10 —2D 52
Brisbane Rd. W13 —2A 80
Brisbane Rd. Ilf —7F 37
Brisbane St. SE5 —7D 86
Briscoe Clo. E11 —2H 53
Briscoe Rd. SW19 —6B 120
Briset Rd. SE9 —3B 108
Briset St. EC1 —5B 68 (5A 162)
Briset Way. N7 —2K 49
Bristol Clo. Stanw —6A 94
Bristol Clo. Wall —7J 151
Bristol Ct. Stanw —6A 94
Bristol Gdns. SW15 —7E 100
Bristol Gdns. W9 —4K 65
Bristol Ho. SE11 —2J 173
Bristol Ho. Bark —7A 56
(off Margaret Bondfield Av.)
Bristol M. W9 —4K 65
Bristol Pk. Rd. E17 —4A 34
Bristol Rd. E7 —6A 54
Bristol Rd. Gnfd —1F 61
Bristol Rd. Mord —5A 138
Briston Gro. N8 —6J 31
Briston M. NW7 —7H 13
Bristow Rd. SE19 —5E 122
Bristow Rd. Bexh —1E 110
Bristow Rd. Croy —4J 151
Bristow Rd. Houn —3G 97
Britain Vis. Cen. —1H 85 (4C 166)
Britania Bus. Cen. NW2 —4F 47
Britannia Bri. E14 —6B 70
Britannia Clo. SW4 —4H 103
Britannia Clo. N'holt —3B 60
Britannia Ct. W Dray —3A 76
Britannia Ga. E16 —1J 89
Britannia Junction. —1F 67
Britannia La. Twic —7G 97
Britannia Rd. E14 —4C 88
Britannia Rd. N12 —3F 15
Britannia Rd. SW6 —7K 83
(in two parts)
Britannia Rd. Ilf —3F 55
Britannia Rd. Surb —7F 135
Britannia Row. N1 —1B 68
Britannia St. WC1 —3K 67 (1G 161)
Britannia Wlk. N1
(in two parts) —2D 68 (1E 162)
Britannia Way. NW10 —4H 63
Britannia Way. SW6 —7K 83
(off Britannia Rd.)
Britannia Way. Stanw —7A 94
Britannic Highwalk. EC2 —5D 68
(off Moor La.)
Britannic Tower. EC2 —5E 162
British Gro. W4 —5B 82
British Gro. Pas. W4 —5B 82
British Gro. S. W4 —5B 82
British Legion Rd. E4 —2C 20
British Library. —3H 67 (1D 160)
British Mus. —5J 67 (6E 160)
British St. E3 —3B 70
British Telecom Cen. EC1 —6C 68
(off Newgate St.)
British Wharf Ind. Est. SE14 —5K 87
Britley Ho. E14 —6B 70
Brittain Ho. SE9 —1C 126
Brittain Rd. Dag —3E 56
Brittany Point. SE11 —4A 86 (4J 173)
Britten Clo. NW11 —1K 47
Britten Ct. E15 —2F 71
Britten Dri. S'hall —6E 60
Britten St. SW3 —5C 84 (6C 170)
Britton Clo. SE6 —7F 107
Britton St. EC1 —4B 68 (4A 162)
Brixham Cres. Ruis —1J 41
Brixham Gdns. Ilf —5J 55
Brixham Rd. Well —1D 110
Brixham St. E16 —1E 90
Brixton. —4K 103
Brixton Est. Edgw —2H 27
Brixton Hill. SW2 —7J 103
Brixton Hill Ct. SW2 —5K 103
Brixton Hill Pl. SW2 —7J 103
Brixton Oval. SW9 —4A 104
Brixton Rd. SE11 —6A 86 (7J 173)
Brixton Rd. SW9 & SE11 —4A 104
Brixton Sta. Rd. SW9 —3A 104
Brixton Water La. SW2 —5K 103
Broadacre Clo. Uxb —3D 40
Broadbent Clo. N6 —1F 49
Broadbent St. W1 —7F 67 (2J 165)
Broadbridge Clo. SE3 —7J 89
Broadbury Ct. N18 —6C 18
Broad Comn. Est. N16 —1G 51
(off Osbaldeston Rd.)
Broadcoombe. S Croy —7J 153
Broad Ct. WC2 —6J 67 (1F 167)
Broadcroft Av. Stan —2D 26
Broadcroft Rd. Orp —7H 145
Broadeaves Clo. S Croy —5E 152
Broadfield. NW6 —6K 47
Broadfield Clo. NW2 —3E 46
Broadfield Clo. Croy —2K 151
Broadfield Ct. Bus H —2D 10
Broadfield Ct. N Har —1F 25
(off Broadfields)
Broadfield Heights. NW7 —4C 12
Broadfield La. NW1 —7J 49
Broadfield Rd. SE6 —7G 107
Broadfields. E Mol —6J 133
Broadfields. Harr —2F 25
Broadfields Av. N21 —6F 7
Broadfields Av. Edgw —4C 12
Broadfields Cen. Edgw —1C 12
Broadfield Sq. Enf —2C 8
Broadfields Way. NW10 —5B 46
Broadfield Way. Buck H —3F 21
Broadgate. EC2 —5E 68
(off Broadgate Cir.)
Broadgate Circ. EC2 —6G 163
Broadgate Rd. E16 —6B 72
Broadgates Av. Barn —1E 4
Broadgates Ct. SE11
(off Cleaver St.) —5A 86 (6K 173)
Broadgates Rd. SW18 —1B 120
Broad Green. —7B 140
Broad Grn. Av. Croy —7B 140
Broadhead Strand. NW9 —2B 28
Broadheath Dri. Chst —5D 126
Broadhinton Rd. SW4 —3F 103
Broadhurst Av. Edgw —4C 12

Broadhurst Av. *Ilf* —4K **55**
Broadhurst Clo. *NW6* —6A **48**
Broadhurst Gdns. *NW6* —6K **47**
Broadhurst Gdns. *Ruis* —2A **42**
Broadlands. *E17* —3A **34**
Broadlands. *Hanw* —3E **114**
Broadlands Av. *SW16* —2J **121**
Broadlands Av. *Enf* —3C **8**
Broadlands Av. *Shep* —6E **130**
Broadlands Clo. *N6* —7E **30**
Broadlands Clo. *SW16* —2J **121**
Broadlands Clo. *Enf* —3D **8**
Broadlands Ct. Rich —7G **81**
(off Kew Gdns. Rd.)
Broadlands Lodge. *N6* —7D **30**
Broadlands Rd. *N6* —7D **30**
Broadlands Rd. *Brom* —4K **125**
Broadlands Way. *N Mald* —6B **136**
Broad La. *EC2* —5E **68** (5G **163**)
(in two parts)
Broad La. *N8* —5K **31**
Broad La. *N15* —4F **33**
Broad La. *Hamp* —7D **114**
Broad Lawn. *SE9* —2E **126**
Broadlawns Ct. *Harr* —1K **25**
Bradley St. *W2* —5B **66** (5B **158**)
Bradley Ter. *NW1*
—4C **66** (4D **158**)
Broadmayne. SE17 —5D 86
(off Portland St.)
Broadmead. *SE6* —3C **124**
Broadmead. *W14* —4G **83**
Broadmead Av. *Wor Pk* —7C **136**
Broadmead Clo. *Hamp* —6E **114**
Broadmead Clo. *Pinn* —1C **24**
Broadmead Ct. *Wfd G* —6D **20**
Broadmead Rd. *Hay & N'holt*
—4C **60**
Broadmead Rd. *Wfd G* —6D **20**
Broadoak. *Sun* —6H **113**
Broad Oak. *Wfd G* —5E **20**
Broad Oak Clo. *E4* —5H **19**
Broadoak Ct. *SW9* —3A **104**
Broadoak Ho. NW6 —1K 65
(off Mortimer Cres.)
Broadoak Rd. *Eri* —7K **93**
Broadoaks. *Surb* —2H **147**
Broadoaks Way. *Brom* —5H **143**
Broad Sanctuary. *SW1*
—2H **85** (7D **166**)
Broadstone Ho. SW8 —7K 85
(off Dorset Rd.)
Broadstone Pl. *W1*
—5E **66** (6G **159**)
Broad St. *Dag* —7G **57**
Broad St. *Tedd* —6K **115**
Broad St. Av. *EC2*
—5E **68** (6G **163**)
Broad St. Mkt. *Dag* —7G **57**
Broad St. Pl. *EC2* —6F **163**
Broad Vw. *NW9* —6G **27**
Broadview Rd. *SW16* —7H **121**
Broadwalk. *E18* —3H **35**
Broad Wlk. *N21* —2E **16**
Broad Wlk. *NW1* —1E **66** (1H **159**)
Broad Wlk. *SE3* —2A **108**
Broad Wlk. *W1* —7D **66** (3F **165**)
Broadwalk. *Harr* —5E **24**
Broad Wlk. *Houn* —1B **96**
Broad Wlk. *Rich* —7F **81**
Broadwalk Ct. W8 —1J 83
(off Palace Gdns. Ter.)
Broadwalk Ho. *EC2*
—4E **68** (5G **163**)
Broadwalk Ho. SW7 —2A 84
(off Broadwalk Ho.)
Broad Wlk. La. *NW11* —7H **29**

Broadwalk Shop. Cen. *Edgw*
—6C **12**
Broad Wlk., The. *W8* —1K **83**
Broad Wlk., The. *E Mol* —4K **133**
Broadwalk, The. *N'wd* —2E **22**
Broadwall. *SE1* —1A **86** (4K **167**)
Broadwater Farm Est. *N17* —2D **32**
Broadwater Rd. *N17* —1E **32**
Broadwater Rd. *SE28* —3H **91**
Broadwater Rd. *SW17* —4C **120**
Broadway. *E13* —2K **71**
Broadway. *E15* —7F **53**
(in two parts)
Broadway. *SW1* —3H **85** (7C **166**)
Broadway. *W7* —1J **79**
Broadway. *W13* —1A **80**
Broadway. *Bark* —1G **73**
Broadway. *Bexh* —4E **110**
Broadway. *Surb* —1H **147**
Broadway Av. W6 —4E 82
(off Hammersmith B'way.)
Broadway Av. *Croy* —5D **140**
Broadway Av. *Twic* —6B **98**
Broadway Cen., The. *W6* —4E **82**
Broadway Clo. *Wfd G* —6E **20**
Broadway Ct. *SW19* —6J **119**
Broadway Ct. *Beck* —3E **142**
Broadway Gdns. *Mitc* —4C **138**
Broadway Gdns. *Wfd G* —6E **20**
Broadway Ho. *E8* —1H **69**
Broadway Ho. Brom —5F 125
(off Bromley Rd.)
Broadway Mkt. *E8* —1H **69**
Broadway Mkt. *SW17* —4D **120**
Broadway Mkt. *Ilf* —2H **37**
(in two parts)
Broadway Mkt. M. *E8* —1G **69**
Broadway M. *N13* —5E **16**
Broadway M. *N16* —7F **33**
Broadway M. *N21* —1G **17**
Broadway Pde. *E4* —6K **19**
Broadway Pde. *N8* —6J **31**
Broadway Pde. *Harr* —5F **25**
Broadway Pde. Hay 1J **77**
Broadway Pl. *SW19* —6H **119**
Broadway Shop. Cen. *Bexh*
—4G **111**
Broadway Shop. Mall. SW1
—3H **85**
Broadway, The. *E4* —6A **20**
Broadway, The. *N8* —6J **31**
Broadway, The. *N9* —3B **18**
Broadway, The. N11 —5K 15
(off Stanford Rd.)
Broadway, The. N14 —1C 16
(off Southgate Cir.)
Broadway, The. *N22* —2A **32**
Broadway, The. NW7 —7H 13
(off Colenso Dri.)
Broadway, The. *NW7* —5F **13**
(Watford Way)
Broadway, The. *NW9* —6B **28**
Broadway, The. *SW14* —2A **100**
Broadway, The. *SW19* —6H **119**
Broadway, The. *W3* —2G **81**
Broadway, The. *W5* —7D **62**
Broadway, The. *Cheam* —6G **149**
Broadway, The. *Croy* —4J **151**
Broadway, The. *Dag* —2F **57**
Broadway, The. *Gnfd* —4G **61**
Broadway, The. *N'wd* —2J **23**
Broadway, The. *S'hall* —7B **60**
Broadway, The. *Stan* —5H **11**
Broadway, The. *Sutt* —5A **150**
Broadway, The. *Th Dit* —7J **133**
Broadway, The. *W'stone* —2J **25**
Broadway, The. *Wemb* —3E **44**
Broadway, The. *Wfd G* —6E **20**

Broadwell Ct. Houn —1B 96
(off Springwell Rd.)
Broadwick St. *W1*
—7G **67** (2B **166**)
Broadwood Av. *Ruis* —6G **23**
Broadwood Ter. *W14* —4H **83**
(off Warwick Rd.)
Broad Yd. *EC1* —4B **68** (4A **162**)
Brocas Clo. *NW3* —7C **48**
Brockbridge Ho. *SW15* —6B **100**
Brockdene Dri. *Kes* —4B **156**
Brockdish Av. *Bark* —5K **55**
Brockenhurst. *W Mol* —5D **132**
Brockenhurst Av. *Wor Pk* —1A **148**
Brockenhurst Gdns. *NW7* —5F **13**
Brockenhurst Gdns. *Ilf* —5G **55**
Brockenhurst M. *N18* —4B **18**
Brockenhurst Rd. *Croy* —7H **141**
Brockenhurst Way. *SW16* —2H **139**
Brocket Ho. *SW8* —2H **103**
Brockham Clo. *SW19* —5H **119**
Brockham Cres. *New Ad* —7F **155**
Brockham Dri. *SW2* —7K **103**
Brockham Dri. *Ilf* —6F **37**
Brockham Ho. NW1 —1G 67
(off Bayham Pl.)
Brockham Ho. SW2 —7K 103
(off Brockham Dri.)
Brockham St. *SE1*
—3C **86** (7D **168**)
Brockhurst Clo. *Stan* —6E **10**
Brockill Cres. *SE4* —4A **106**
Brocklebank Ho. E16 —1E 90
(off Glenister St.)
Brocklebank Ind. Est. *SE7* —4J **89**
Brocklebank Rd. *SE7* —4K **89**
Brocklebank Rd. *SW18* —7A **102**
Brocklehurst St. *SE14* —7K **87**
Brocklesby Rd. *SE25* —4H **141**
Brockley. —4B 106
Brockley Av. *Stan* —3K **11**
Brockley Clo. *Stan* —4K **11**
Brockley Cres. *Romf* —1J **39**
Brockley Cross. *SE4* —3A **106**
Brockley Cross Bus. Cen. *SE4*
—3A **106**
Brockley Footpath. *SE4* —5A **106**
(in two parts)
Brockley Footpath. *SE15* —4J **105**
Brockley Gdns. *SE4* —2B **105**
Brockley Gro. *SE4* —5B **106**
Brockley Hall Rd. *SE4* —5A **106**
Brockley Hill. *Stan* —1H **11**
Brockley M. *SE4* —5A **106**
Brockley Pk. *SE23* —7A **106**
Brockley Ri. *SE23* —1A **124**
Brockley Rd. *SE4* —3B **106**
Brockley Side. *Stan* —4K **11**
Brockley Vw. *SE23* —7A **106**
Brockley Way. *SE4* —5K **105**
Brockman Ri. *Brom* —4F **125**
Brockmer Ho. E1 —7H 69
(off Crowder St.)
Brock Pl. *E3* —4D **70**
Brock Rd. *E13* —5K **71**
Brocks Dri. *Sutt* —3G **149**
Brockshot Clo. *Bren* —5D **80**
Brock St. *SE15* —3J **105**
Brockway Clo. *E11* —2G **53**
Brockwell Clo. *Orp* —5K **145**
Brockwell Ct. *SW2* —5A **104**
Brockwell Ho. SE11
—6K **85** (7H **173**)
(off Vauxhall St.)
Brockwell Pk. Gdns. *SE24* —7A **104**
Brodia Rd. *N16* —3E **50**
Brodie Ho. SE1 —5F 87
(off Cooper's Rd.)

Brodie Rd. *E4* —1K **19**
Brodie Rd. *Enf* —1H **7**
Brodie St. *SE1* —5F **87**
Brodlove La. *E1* —7K **69**
Brodrick Gro. *SE2* —4B **92**
Brodrick Rd. *SW17* —2C **120**
Brograve Gdns. *Beck* —2D **142**
Broad Yd. *EC1* —4B **68** (4A **162**)
Broken Wharf. *EC4*
—7C **68** (2C **168**)
Brokesley St. *E3* —3B **70**
Broke Wlk. *E8* —1F **69**
Bromar Rd. *SE5* —3E **104**
Bromefield. *Stan* —1C **26**
Bromell's Rd. *SW4* —4G **103**
Brome Rd. *SE9* —3D **108**
Bromfelde Rd. *SW4* —3H **103**
Bromfelde Wlk. *SW4* —2H **103**
Bromfield St. *N1* —1A **68**
Bromhall Rd. *Dag* —6B **56**
Bromhead St. *E1* —6J **69**
Bromhedge. *SE9* —3D **126**
Bromholm Rd. *SE2* —3B **92**
Bromleigh Ct. *SE23* —2G **123**
Bromleigh Ho. SE1
(off Abbey St.) —3F **87** (7J **169**)
Bromley. —3D 70
(Bow)
Bromley. —2J 143
(Chislehurst)
Bromley Av. *Brom* —7G **125**
Bromley Common. —1C 156
Bromley Comn. *Brom* —4A **144**
Bromley Cres. *Brom* —3H **143**
Bromley Cres. *Ruis* —4H **41**
Bromley F.C. —5K 143
Bromley Gdns. *Brom* —3H **143**
Bromley Gro. *Brom* —2F **143**
Bromley Hall Rd. *E14* —5E **70**
Bromley High St. *E3* —3D **70**
Bromley Hill. *Brom* —6G **125**
Bromley Ind. Cen. Brom —3B 144
(off Waldo Rd.)
Bromley La. *Chst* —7G **127**
Bromley Park. —1G 143
Bromley Pk. *Brom* —1H **143**
Bromley Pl. *W1* —5G **67** (5A **160**)
Bromley Rd. *E10* —6D **34**
Rromley Rd. E17 —3C 34
Bromley Rd. *N17* —1F **33**
Bromley Rd. *N18* —3J **17**
Bromley Rd. SE6 & Brom —1D 124
Bromley Rd. *Beck & Short*
—1D **142**
Bromley Rd. *Chst* —1F **145**
Bromley St. *E1* —5K **69**
Brompton. —3C 84 (2D 170)
Brompton Arc. *SW1* —7E **164**
Brompton Clo. *SE20* —2G **141**
Brompton Clo. *Houn* —5D **96**
Brompton Gro. *N2* —4C **30**
Brompton Pk. Cres. *SW6* —6K **83**
Brompton Pl. *SW3*
—3C **84** (1D **170**)
Brompton Rd. *SW3 & SW1*
—4C **84** (3C **170**)
Brompton Sq. *SW3*
—3C **84** (1C **170**)
Brompton Ter. *SE18* —1D **108**
Bromwich Av. *N6* —2E **48**
Bromyard Av. *W3* —7A **64**
Bron Ct. *NW6* —1J **65**
Brondesbury. —7H 47
Brondesbury Ct. *NW2* —6F **47**
Brondesbury M. *NW6* —7J **47**
Brondesbury Park. —1G 65
Brondesbury Pk. *NW2 & NW6*
—6D **46**
Brondesbury Rd. *NW6* —2H **65**

Brondesbury Vs. *NW6* —2H **65**
Bronhill Ter. *N17* —1G **33**
Bronsart Rd. *SW6* —7G **83**
Bronson Rd. *SW20* —2F **137**
Bronte Clo. *E7* —4J **53**
Bronte Clo. *Eri* —7H **93**
Bronte Clo. *Ilf* —4E **36**
Bronte Ho. N16 —5E 50
Bronte Ho. NW6 —3J 65
(off Cambridge Rd.)
Bronte Ho. *SW4* —7G **103**
Bronti Clo. *SE17* —5C **86**
Bronwen Ct. NW8 —3B 66 (2A 158)
(off Grove End Rd.)
Bronze Age Way. *Belv & Eri*
—2H **93**
Bronze St. *SE8* —7C **88**
Brook Av. *Dag* —7H **57**
Brook Av. *Edgw* —6C **12**
Brook Av. *Wemb* —3G **45**
Brookbank Av. *W7* —5H **61**
Brookbank Rd. *SE13* —3C **106**
Brook Clo. *NW7* —7B **14**
Brook Clo. *SW17* —2E **120**
Brook Clo. *SW20* —3D **136**
Brook Clo. *W5* —1G **81**
Brook Clo. *Ruis* —7G **23**
Brook Clo. *Stanw* —7B **94**
Brook Ct. *E11* —3G **53**
Brook Ct. E15 —5D 52
(off Clays La.)
Brook Ct. *E17* —3A **34**
Brook Ct. *SE12* —3A **126**
Rrook Ct. *Beck* —1B **142**
Brook Ct. *Edgw* —5C **12**
Brook Cres. *E4* —4H **19**
Brook Cres. *N9* —4C **18**
Brookdale. *N11* —4B **16**
Brookdale Rd. *E17* —3C **34**
Brookdale Rd. *SE6* —7D **106**
(in two parts)
Brookdale Rd. *Bex* —6E **110**
Brookdales. *NW4* —4G **29**
Brookdene Rd. *SE18* —4J **91**
Brook Dri. *SE11* —3A **86** (2K **173**)
Brook Dri. *Harr* —4G **25**
Brook Dri. *Ruis* —7G **23**
Brooke Av. *Harr* —3G **43**
Brooke Clo. *Bush* —1B **10**
Brooke Ho. *SF14* —1A **106**
Brookehowse Rd. *SE6* —2C **124**
Brookend Rd. *Sidc* —1J **127**
Brooke Rd. *E5* —3G **51**
Brooke Rd. *E17* —4E **34**
Brooke Rd. *N16* —3F **51**
Brooke's Ct. *WC1* —5A **68** (6J **161**)
Brooke's Mkt. *EC1* —5K **161**
Brooke St. *EC1* —5A **68** (6J **161**)
Brooke Way. *Bush* —1B **10**
Brookfield. *N6* —3E **48**
Brookfield Av. *E17* —4E **34**
Brookfield Av. *NW7* —6J **13**
Brookfield Av. *W5* —4D **62**
Brookfield Av. *Sutt* —4C **150**
Brookfield Clo. *NW7* —6J **13**
Brookfield Ct. *Gnfd* —3G **61**
Brookfield Cres. *NW7* —6J **13**
Brookfield Cres. *Harr* —5E **26**
Brookfield Gdns. *Clay* —6A **146**
Brookfield Path. *NW5* —3F **49**
Brookfield Path. Wfd G —6B 20
Brookfield Rd. *E9* —6A **52**
Brookfield Rd. *N9* —3B **18**
Brookfield Rd. *W4* —2K **81**
Brookfields. *Enf* —4E **8**
Brookfields Av. *Mitc* —5C **138**
Brook Gdns. *E4* —4J **19**
Brook Gdns. *SW13* —3B **100**

Brook Gdns. *King T* —1J **135**
Brook Ga. *W1* —7D **66** (3F **165**)
Brook Green. —**4F 83**
Brook Grn. *W6* —3F **83**
Brookhill Clo. *SE18* —5F **91**
Brookhill Rd. *SE18* —5F **91**
Brookhill Rd. *SE18* —6F **91**
Brookhill Rd. *Barn & E Barn* —5H **5**
Brookhouse Gdns. *E4* —4B **20**
Brook Houses. NW1 —2G **67**
(off Cranleigh St.)
Brook Ind. Est. *Hay* —1B **78**
Brooking Rd. *E7* —5J **53**
Brookland Clo. *NW11* —4J **29**
Brookland Gth. *NW11* —4J **29**
Brookland Hill. *NW11* —4K **29**
Brookland Ri. *NW11* —4J **29**
Brooklands App. *Romf* —4K **39**
Brooklands Av. *SW19* —2K **119**
Brooklands Av. *Sidc* —2H **127**
Brooklands Clo. *Romf* —4K **39**
Brooklands Clo. *Sun* —1G **131**
Brooklands Ct. *N21* —5J **7**
Brooklands Ct. *NW6* —7H **47**
Brooklands Ct. *Mitc* —2B **138**
Brooklands Dri. *Gnfd* —1C **62**
Brooklands La. *Romf* —4K **39**
Brooklands Pk. *SE3* —3J **107**
Brooklands Pas. *SW8* —1H **103**
Brooklands Rd. *Romf* —4K **39**
Brooklands Rd. *Th Dit* —1A **146**
Brooklands, The. *Iswth* —1H **97**
Brook La. *SE3* —2K **107**
Brook La. *Bex* —6D **110**
Brook La. *Brom* —6J **125**
Brook La. Bus. Cen. *Bren* —5D **80**
Brook La. N. *Bren* —5D **80**
(in two parts)
Brooklea Clo. *NW9* —1A **28**
Brook Lodge. Romf —4K **39**
(off Brooklands Rd.)
Brooklyn Av. *SE25* —4H **141**
Brooklyn Clo. *Cars* —2C **150**
Brooklyn Gro. *SE25* —4H **141**
Brooklyn Rd. *SE25* —4H **141**
Brooklyn Rd. *Brom* —5B **144**
Brookmarsh Ind. Est. *SE8* —7D **88**
Brook Mead. *Eps* —6A **148**
Brookmead Av. *Brom* —5D **144**
Brookmead Ind. Est. *Croy*
—6G **139**
Brook Mdw. *N12* —3E **14**
Brook Mdw. Clo. *Wfd G* —6B **20**
Brookmead Rd. *Croy* —6G **139**
Brook M. *WC2* —6H **67** (1D **166**)
Brook M. N. *W2* —7A **66** (2A **164**)
Brookmill Rd. *SE8* —1C **106**
Brook Pde. *Chig* —3K **21**
Brook Pk. Clo. *N21* —5G **7**
Brook Pas. *SW6* —7J **83**
Brook Ri. *Barn* —5D **4**
Brook Ri. *Chig* —3K **21**
Brook Rd. *N2* —7H **15**
Brook Rd. *N8* —4J **31**
Brook Rd. *N22* —3K **31**
Brook Rd. *NW2* —2B **46**
Brook Rd. *Buck H* —2D **20**
Brook Rd. *Ilf* —6J **37**
Brook Rd. *Surb* —2E **146**
Brook Rd. *T Hth* —4C **140**
Brook Rd. *Twic* —6A **98**
Brook Rd. S. *Bren* —6D **80**
Brooks Av. *E6* —4D **72**
Brooksbank St. *E9* —6J **51**
Brooksby M. *N1* —7A **50**
Brooksby St. *N1* —7A **50**
Brooksby's Wlk. *E9* —5K **51**
Brooks Clo. *SE9* —2E **126**

Brooks Ct. *SW8* —7G **85**
Brookscroft. E17 —3D **34**
(off Forest Rd.)
Brookscroft Rd. *E17* —1D **34**
(in two parts)
Brookshill. *Harr* —5C **10**
Brookshill Av. *Harr* —5C **10**
Brookshill Dri. *Harr* —5C **10**
Brookside. *N21* —6E **6**
Brookside. *Cars* —5E **150**
Brookside. *E Barn* —6H **5**
Brookside. *Orp* —7K **145**
Brookside. *Uxb* —7B **40**
Brookside Clo. *Barn* —6B **4**
Brookside Clo. *Felt* —3J **113**
Brookside Clo. *Kent* —5D **26**
Brookside Clo. *S Harr* —4C **42**
Brookside Cres. *Wor Pk* —1C **148**
Brookside Rd. *N9* —4C **18**
(in two parts)
Brookside Rd. *N19* —2G **49**
Brookside Rd. *NW11* —6G **29**
Brookside Rd. *Hay* —7A **60**
Brookside S. *E Barn* —7K **5**
Brookside Wlk. *N12* —6D **14**
Brookside Wlk. *NW11* —4G **29**
Brookside Way. *Croy* —6K **141**
Brooks La. *W4* —6G **81**
Brooks M. *W1* —7F **67** (2J **165**)
Brooks Rd. *E13* —1J **71**
Brooks Rd. *W4* —5G **81**
Brookstone Ct. *SE15* —4H **105**
Brook St. *N17* —2F **33**
Brook St. *W1* —7F **67** (2J **165**)
Brook St. *W2* —7B **66** (2B **164**)
Brook St. *Belv & Eri* —5H **93**
Brook St. *King T* —2E **134**
Brooksville Av. *NW6* —1G **65**
Brooks Wlk. *N3* —3G **29**
Brook Va. *Eri* —1H **111**
Brookview Ct. *Enf* —5K **7**
Brookview Rd. *SW16* —5G **121**
Brookville Rd. *SW6* —7H **83**
Brook Wlk. *N2* —1B **30**
Brook Wlk. *Edgw* —6E **12**
Brookway. *SE3* —3J **107**
Brook Way. *Chig* —3K **21**
Brookwood Av. *SW13* —2B **100**
Brookwood Clo. *Brom* —4H **143**
Brookwood Ho. SE1
—2B **86** (7B **168**)
(off Webber St.)
Brookwood Rd. *SW18* —1H **119**
Brookwood Rd. *Houn* —2F **97**
Broom Clo. *Brom* —6C **144**
Broom Clo. *Tedd* —7D **116**
Broomcroft Av. *N'holt* —3A **60**
Broome Rd. *Hamp* —7D **114**
Broome Way. *SE5* —7D **86**
Broomfield. *E17* —7B **34**
Broomfield. NW1 —7E **48**
(off Ferdinand St.)
Broomfield. *Sun* —1J **131**
Broomfield Av. *N13* —5E **16**
Broomfield Ct. SE16 —3G **87**
(off Ben Smith Way)
Broomfield Ho. *SE17* —4E **86**
(off Massinger St.)
Broomfield Ho. *Stan* —3F **11**
(off Stanmore Hill)
Broomfield House Mus. —**4D 16**
Broomfield La. *N13* —4D **16**
Broomfield Pl. *W13* —1B **80**
Broomfield Rd. *N13* —5D **16**
Broomfield Rd. *W13* —1B **80**
Broomfield Rd. *Beck* —3A **142**
Broomfield Rd. *Bexh* —5G **111**
Broomfield Rd. *Rich* —1F **99**

Broomfield Rd. *Romf* —7D **38**
Broomfield Rd. *Surb* —1F **147**
Broomfield Rd. *Tedd* —6C **116**
Broomfield St. *E14* —5C **70**
Broom Gdns. *Croy* —3C **154**
Broomgrove Gdns. *Edgw* —1G **27**
Broomgrove Rd. *SW9* —2K **103**
Broomhall Rd. *S Croy* —7D **152**
Broom Hill. —**7K 145**
Broomhill Ct. *Wfd G* —6D **20**
Broom Hill Ri. *Bexh* —5G **111**
Broomhill Rd. *SW18* —5J **101**
Broomhill Rd. *Ilf* —2A **56**
Broomhill Rd. *Orp* —7K **145**
Broomhill Rd. *Wfd G* —6D **20**
Broomhill Wlk. *Wfd G* —6C **20**
Broomhouse La. *SW6* —2J **101**
Broomhouse Rd. *SW6* —2J **101**
Broomloan La. *Sutt* —2J **149**
Broom Lock. *Tedd* —6C **116**
Broom Mead. *Bexh* —6G **111**
Broom Pk. *Tedd* —7D **116**
Broom Rd. *Croy* —3C **154**
Broom Rd. *Tedd* —5B **116**
Broomsleigh Bus. Pk. *SE26*
—5B **124**
Broomsleigh St. *NW6* —5H **47**
Broom Water. *Tedd* —6C **116**
Broom Water W. *Tedd* —5C **116**
Broomwood Clo. *Bex* —2K **129**
Broomwood Clo. *Croy* —5K **141**
Broomwood Rd. *SW11* —6D **102**
Broseley Gro. *SE26* —5A **124**
Broster Gdns. *SE25* —3F **141**
Brougham Rd. *E8* —1G **69**
Brougham Rd. *W3* —6J **63**
Brougham St. *SW11* —2D **102**
Brough Clo. *SW8* —7J **85**
Brough Clo. *King T* —5D **116**
Broughton Av. *N3* —3G **29**
Broughton Av. *Rich* —3B **116**
Broughton Ct. *W13* —7B **62**
Broughton Dri. *SW9* —4A **104**
Broughton Gdns. *N6* —6G **31**
Broughton Rd. *SW6* —2K **101**
Broughton Rd. *W13* —7B **62**
Broughton Rd. *T Hth* —6A **140**
Broughton St. *SW8* —2C **102**
Broughton St. Ind. Est. *SW11*
—2E **102**
Brouncker Rd. *W3* —2J **81**
Browells La. *Felt* —2K **113**
Brown Bear Ct. *Felt* —4B **114**
Brown Clo. *Wall* —7J **151**
Brownfield Area. *E14* —6E **70**
Brownfield St. *E14* —6D **70**
Browngraves Rd. *Hay* —7E **76**
Brown Hart Gdns. *W1*
—7E **66** (2H **165**)
Brownhill Rd. *SE6* —7D **106**
Browning Av. *W7* —6K **61**
Browning Av. *Sutt* —4C **150**
Browning Av. *Wor Pk* —1D **148**
Browning Clo. *E17* —4E **34**
Browning Clo. *W9*
—4A **66** (4A **158**)
Browning Clo. *Col R* —1F **39**
Browning Clo. *Hamp* —4D **114**
Browning Clo. *Well* —1J **109**
Browning M. *W1* —5F **67** (6H **159**)
Browning Rd. *E11* —7H **35**
Browning Rd. *E12* —5D **54**
Browning Rd. *Enf* —1J **7**
Browning St. *SE17* —5C **86**
Browning Way. *Houn* —1B **96**
Brownlea Gdns. *Ilf* —2A **56**
Brownlow Clo. *N2* —5A **30**

Brownlow Ct. *N11* —6D **16**
(off Brownlow Rd.)
Brownlow Ho. *SE16* —2G **87**
(off George Row)
Brownlow M. *WC1*
—4K **67** (4H **161**)
Brownlow Rd. *E7* —4J **53**
Brownlow Rd. *E8* —1F **69**
Brownlow Rd. *N3* —7E **14**
Brownlow Rd. *N11* —6D **16**
Brownlow Rd. *NW10* —7A **46**
Brownlow Rd. *W13* —1A **80**
Brownlow Rd. *Croy* —4E **152**
Brownlow St. *WC1*
—5K **67** (6H **161**)
Brownrigg Rd. *Ashf* —4C **112**
Browns Arc. *W1* —7G **67**
(off Regent St.)
Brown's Bldgs. *EC3*
—6E **68** (1H **169**)
Browns La. *NW5* —5F **49**
Brownspring Dri. *SE9* —4F **127**
Browns Rd. *E17* —3C **34**
Brown's Rd. *Surb* —7F **135**
Brown St. *W1* —6D **66** (7E **158**)
Brownswell Rd. *N2* —2B **30**
Brownswood Park. —**2B 50**
Brownswood Rd. *N4* —3B **50**
Broxash Rd. *SW11* —6E **102**
Broxbourne Av. *E18* —4K **35**
Broxbourne Rd. *E7* —3J **53**
Broxbourne Rd. *Orp* —7K **145**
Broxholme Ho. *SW6* —1K **101**
(off Harwood Rd.)
Broxholm Rd. *SW16* —3A **122**
Broxted Rd. *SE23* —2B **124**
Broxwood Way. *NW8* —1C **66**
Bruce Av. *Shep* —6E **130**
Bruce Castle Ct. N17 —1F **33**
(off Lordship La.)
Bruce Castle Mus. —**1E 32**
Bruce Castle Rd. *N17* —1F **33**
Bruce Clo. *W10* —5F **65**
Bruce Clo. *Well* —1B **110**
Bruce Ct. *Sidc* —4K **127**
Bruce Gdns. *N20* —3J **15**
Bruce Gro. *N17* —1E **32**
Bruce Hall M. *SW17* —4E **120**
Bruce Ho. *W10* —5F **65**
Bruce Rd. *E3* —3D **70**
Bruce Rd. *NW10* —7K **45**
Bruce Rd. *SE25* —4D **140**
Bruce Rd. *Barn* —3B **4**
Bruce Rd. *Harr* —2J **25**
Bruce Rd. *Mitc* —7E **120**
Bruckner St. *W10* —3G **65**
Brudenell Rd. *SW17* —3D **120**
Bruffs Mdw. *N'holt* —6C **42**
Bruges Pl. *NW1* —7G **49**
(off Randolph St.)
Brumfield Rd. *Eps* —5J **147**
Brummel Clo. *Bexh* —3J **111**
Brune Ho. *E1* —6J **163**
Brunei Gallery. —**5H 67** (5D **160**)
Brunel Clo. *SE19* —6F **123**
Brunel Clo. *Houn* —7K **77**
Brunel Clo. *N'holt* —3D **60**
Brunel Est. *W2* —5J **65**
Brunel Ho. *E14* —5D **88**
Brunel Pl. *S'hall* —6F **61**
Brunel Rd. *E17* —6A **34**
Brunel Rd. *SE16* —2J **87**
Brunel Rd. *W3* —5A **64**
Brunel Rd. *Wfd G* —5J **21**
Brunel Science Pk. *Uxb* —3A **58**
Brunel St. *E16* —6H **71**
Brunel Wlk. *N15* —4E **32**
Brunel Wlk. *Twic* —7E **96**

Brune St. *E1* —5F **69** (6J **163**)
Brunlees Ho. *SE1* —3C **86**
(off Bath Ter.)
Brunner Clo. *NW11* —5K **29**
Brunner Ho. *SE6* —4E **124**
Brunner Rd. *E17* —5A **34**
Brunner Rd. *W5* —4D **62**
Bruno Pl. *NW9* —2J **45**
Brunswick Av. *N11* —3K **15**
(in two parts)
Brunswick Cen. *WC1*
—4J **67** (3E **160**)
Brunswick Clo. *Bexh* —4D **110**
Brunswick Clo. *Pinn* —6C **24**
Brunswick Clo. *Th Dit* —1A **146**
Brunswick Clo. *Twic* —3H **115**
Brunswick Clo. Est. *EC1*
—3B **68** (2A **162**)
Brunswick Ct. EC1
—3B **68** (2A **162**)
(off Tompion St.)
Brunswick Ct. *SE1*
—2E **86** (7H **169**)
Brunswick Ct. SW1
—4H **85** (4D **172**)
(off Regency St.)
Brunswick Ct. *Barn* —5G **5**
Brunswick Ct. *Sutt* —4K **149**
Brunswick Cres. *N11* —3K **15**
Brunswick Gdns. *W5* —4E **62**
Brunswick Gdns. *W8* —1J **83**
Brunswick Gdns. *Ilf* —1G **37**
Brunswick Gro. *N11* —3K **15**
Brunswick Ho. E2 —2F **69**
(off Thurtle Rd.)
Brunswick Ho. *N3* —1H **29**
Brunswick Ind. Pk. *N11* —4A **16**
Brunswick Mans. WC1
(off Handel St.) —4J **67** (3F **161**)
Brunswick M. *SW16* —6H **121**
Brunswick M. *W1* —6D **66** (7F **159**)
Brunswick Park. —**3K 15**
Brunswick Pk. *SE5* —1E **104**
Brunswick Pk. Gdns. *N11* —2K **15**
Brunswick Pk. Rd. *N11* —2K **15**
Brunswick Pl. *N1* —3D **68** (2F **163**)
Brunswick Pl. NW1
—4E **66** (4H **159**)
Brunswick Pl. *SE19* —7G **123**
Brunswick Quay. *SE16* —3K **87**
Brunswick Rd. *E10* —1E **52**
Brunswick Rd. *E14* —6E **70**
Brunswick Rd. *N15* —4E **32**
(in two parts)
Brunswick Rd. *W5* —4D **62**
Brunswick Rd. *Bexh* —4D **110**
Brunswick Rd. *Enf* —1H **9**
Brunswick Rd. *King T* —1G **135**
Brunswick Rd. *Sutt* —4A **149**
Brunswick Sq. *N17* —6A **18**
Brunswick Sq. WC1
—4J **67** (3F **161**)
Brunswick St. *E17* —5E **34**
Brunswick Vs. *SE5* —1E **104**
Brunswick Way. *N11* —4A **16**
Brunton Pl. *E14* —6A **70**
Brushfield St. *EC2*
(in two parts) —5E **68** (5H **163**)
Brussels Rd. *SW11* —4B **102**
Bruton Clo. *Chst* —7D **126**
Bruton La. *W1* —7F **67** (3K **165**)
Bruton Pl. *W1* —7F **67** (3K **165**)
Bruton Rd. *Mord* —4A **138**
Bruton St. *W1* —7F **67** (3K **165**)
Bruton Way. *W13* —5A **62**
Brutus Ct. SE11 —4B **86**
(off Kennington La.)
Bryan Av. *NW10* —7D **46**

Bryan Clo. Sun —7J 113
Bryan Ho. SE16 —2B 88
Bryan Rd. SE16 —2B 88
Bryan's All. SW6 —2K 101
Bryanston Av. Twic —1F 115
Bryanston Clo. S'hall —4D 78
Bryanston Ct. W1 —7E 158 (in two parts)
Bryanstone Ct. Sutt —3A 150
Bryanstone Rd. N8 —6H 31
Bryanston Mans. W1 (off York St.) —5D 66 (5E 158)
Bryanston M. E. W1 —5D 66 (6E 158)
Bryanston M. W. W1 —5D 66 (6E 158)
Bryanston Pl. W1 —5D 66 (6E 158)
Bryanston Sq. W1 —6D 66 (6E 158)
Bryanston St. W1 —6D 66 (1E 164)
Bryant Clo. Barn —5C 4
Bryant Ct. E2 —2F 69 (off Whiston Rd., in two parts)
Bryant Rd. N'holt —3A 60
Bryant St. E15 —7F 53
Bryantwood Rd. N7 —5A 50
Brycedale Cres. N14 —4B 16
Bryce Rd. Dag —4C 56
Bryden Clo. SE26 —5A 124
Brydges Pl. WC2 —7J 67 (3E 166)
Brydges Rd. E15 —5F 53
Brydon Wlk. N1 —1J 67
Bryer Ct. EC2 —5C 162
Bryet Rd. N7 —3J 49
Bryher Ct. SE11 —5J 173
Brymay Clo. E3 —2C 70
Brynmaer Rd. SW11 —1D 102
Brynmawr Rd. Enf —4A 8
Bryony Clo. Uxb —5B 58
Bryony Rd. W12 —7C 64
Bryony Way. Sun —6J 113
Buccleugh Ho. E5 —7G 33
Buchanan Clo. N21 —5E 6
Buchanan Ct. SE16 —4K 87 (off Worgan St.)
Buchanan Gdns. NW10 —2D 64
Buchan Rd. SE15 —3J 105
Bucharest Rd. SW18 —7A 102
Buckden Clo. N2 —4D 30
Buckden Clo. SE12 —6J 107
Buckfast Ct. W13 —7A 62
Buckfast Rd. Mord —4K 137
Buckfast St. E2 —3G 69
Buck Hill Wlk. W2 —7B 66 (3B 164)
Buckhold Rd. SW18 —6J 101
Buckhurst Av. Cars —1C 150
Buckhurst Ct. Buck H —2G 21 (off Albert Rd.)
Buckhurst Hill. —2G 21
Buckhurst Hill Ho. Buck H —2E 20
Buckhurst Ho. N7 —5H 49
Buckhurst St. E1 —4H 69
Buckhurst Ter. Buck H —1G 21
Buckhurst Way. Buck H —4G 21
Buckingham Arc. WC2 —3E 166
Buckingham Av. N20 —7F 5
Buckingham Av. Felt —6K 95
Buckingham Av. Gnfd —1A 62
Buckingham Av. T Hth —1A 140
Buckingham Av. Well —4J 109
Buckingham Av. W Mol —2F 133
Buckingham Chambers. SW1 —4G 85 (3B 172) (off Greencoat Pl.)
Buckingham Clo. W5 —5C 62
Buckingham Clo. Enf —2K 7
Buckingham Clo. Hamp —5D 114
Buckingham Clo. Orp —7J 145
Buckingham Ct. NW4 —3C 28
Buckingham Ct. W7 —4K 61 (off Copley Clo.)
Buckingham Ct. N'holt —2C 60
Buckingham Dri. Chst —4G 127
Buckingham Gdns. Edgw —7A 12
Buckingham Gdns. T Hth —2A 140
Buckingham Gdns. W Mol —2F 133
Buckingham Ga. SW1 —3G 85 (1A 172)
Buckingham Gro. Uxb —2C 58
Buckingham La. SE23 —7A 106
Buckingham Mans. NW6 —5K 47 (off W. End La.)
Buckingham M. N1 —6E 50
Buckingham M. NW10 —2B 64
Buckingham M. SW1 —1A 172
Buckingham Palace. —2F 85 (7K 165)
Buckingham Pal. Rd. SW1 —4F 85 (4J 171)
Buckingham Pde. Stan —5H 11
Buckingham Pl. SW1 —3G 85 (1A 172)
Buckingham Rd. E10 —3D 52
Buckingham Rd. E11 —5A 36
Buckingham Rd. E15 —5H 53
Buckingham Rd. E18 —1H 35
Buckingham Rd. N1 —6E 50
Buckingham Rd. N22 —1J 31
Buckingham Rd. NW10 —2B 64
Buckingham Rd. Edgw —7A 12
Buckingham Rd. Hamp —4D 114
Buckingham Rd. Harr —5H 25
Buckingham Rd. Ilf —2H 55
Buckingham Rd. King T —4F 135
Buckingham Rd. Mitc —4J 139
Buckingham Rd. Rich —2D 116
Buckingham St. WC2 —7J 67 (4F 167)
Buckland Ct. N1 —2E 68 (off St Johns Est.)
Buckland Ct. Ick —2E 40
Buckland Cres. NW3 —7B 48
Buckland Ri. Pinn —1A 24
Buckland Rd. E10 —2E 52
Buckland Rd. Chess —5F 147
Bucklands Rd. Tedd —6C 116
Buckland St. N1 —2D 68
Buckland's Wharf. King T —2D 134
Buckland Wlk. W3 —2J 81
Buckland Wlk. Mord —4A 138
Buckland Way. Wor Pk —1E 148
Buck La. NW9 —5K 27
Bucklebury. NW1 —4G 67 (3A 160) (off Stanhope St.)
Buckleigh Av. SW20 —3G 137
Buckleigh Rd. SW16 —6H 121
Buckleigh Way. SE19 —7F 123
Buckler Gdns. SE9 —3D 126
Bucklers All. SW6 —6H 83 (in two parts)
Bucklersbury. EC4 —1E 168 (in two parts)
Bucklersbury Pas. EC4 —6D 68 (1E 168)
Buckler's Way. Cars —3D 150
Buckles Ct. Belv —4D 92
Buckle St. E1 —6F 69 (7K 163)
Buckley Ct. NW6 —7H 47
Buckley Rd. NW6 —7H 47
Buckmaster Clo. SW9 —3A 104 (off Stockwell Pk. Rd.)
Buckmaster Ho. N7 —4K 49
Buckmaster Rd. SW11 —4C 102
Bucknall St. WC1 —6J 67 (7D 160)
Bucknall Way. Beck —4D 142
Bucknell Clo. SW9 —4K 103
Buckner Rd. SW2 —4K 103
Bucknill Ho. SW1 —5F 85 (5J 171) (off Ebury Bri. Rd.)
Buckrell Rd. E4 —2A 20
Buckridge Ho. EC1 —5A 68 (5J 161) (off Portpool La.)
Buckstone Clo. SE23 —6J 105
Buckstone Rd. N18 —5B 18
Buck St. NW1 —7F 49
Buckters Rents. SE16 —1A 88
Buckthorne Rd. SE4 —5A 106
Buckthorn Ho. Sidc —3K 127 (off Longlands Rd.)
Buck Wlk. E17 —4F 35
Buckwheat Ct. Eri —3D 92
Budd Clo. N12 —4E 14
Buddings Circ. Wemb —3J 45
Budd's All. Twic —5C 98
Bude Clo. E17 —5B 34
Budge La. Mitc —7D 138
Budge Row. EC4 —7D 68 (1E 168)
Budge's Wlk. W2 —3A 164
Budleigh Cres. Well —1C 110
Budleigh Ho. SE15 —7G 87 (off Bird in Bush Rd.)
Budoch Ct. Ilf —2A 56
Budoch Dri. Ilf —2A 56
Buer Rd. SW6 —2G 101
Bugsby's Way. SE10 & SE7 —4H 89
Bulbarrow. NW8 —1K 65 (off Abbey Rd.)
Bulganak Rd. T Hth —4C 140
Bullace Row. SE5 —1D 104
Bull All. Well —3B 110
Bullard Rd. Tedd —6J 115
Bullard's Pl. E2 —3K 69
Bullbanks Rd. Belv —4J 93
Bulleid Way. SW1 —4F 85 (4K 171)
Bullen St. SW11 —2C 102
Buller Clo. SE15 —7G 87
Buller Rd. N17 —2G 33
Buller Rd. N22 —2A 32
Buller Rd. NW10 —3F 65
Buller Rd. Bark —7J 55
Buller Rd. T Hth —2D 140
Bullers Clo. Sidc —5E 128
Bullers Wood Dri. Chst —7D 126
Bullescroft Rd. Edgw —3B 12
Bullingham Mans. W8 —2J 83 (off Pitt St. La.)
Bull Inn Ct. WC2 —3F 167
Bullivant St. E14 —7E 70
Bull La. N18 —5K 17
Bull La. Chst —7H 127
Bull La. Dag —3H 57
Bull Rd. E15 —2H 71
Bullrush Clo. Croy —6E 140
Bull's All. SW14 —2K 99
Bull's Bri. Cen. Hay —3K 77
Bull's Bri. Ind. Est. Hay —3J 77
Bullsbridge Rd. S'hall —4A 78
Bullsbrook Rd. Hay —1A 78
Bulls Gdns. SW3 —4C 84 (3D 170) (in two parts)
Bulls Head Pas. EC3 —1G 169
Bull Wharf La. EC4 —7C 68 (3D 168)
Bull Yd. SE15 —1G 105
Bulmer Gdns. Harr —7D 26
Bulmer M. W11 —7J 65
Bulmer Pl. W11 —1J 83
Bulow Est. SW6 —1K 101 (off Pearscroft Rd.)
Bulstrode Av. Houn —2D 96
Bulstrode Gdns. Houn —3E 96
Bulstrode Pl. W1 —5E 66 (6H 159)
Bulstrode Rd. Houn —3E 96
Bulstrode St. W1 —6E 66 (7H 159)
Bulwer Ct. E11 —1F 53
Bulwer Ct. Rd. E11 —1F 53
Bulwer Gdns. Barn —4F 5
Bulwer Rd. E11 —7F 35
Bulwer Rd. N18 —4K 17
Bulwer Rd. Barn —4E 4
Bulwer St. W12 —1E 82
Bunce's La. Wfd G —7C 20
Bungalow Rd. SE25 —4E 140
Bungalows, The. E10 —6E 34
Bungalows, The. SW16 —7F 121
Bungalows, The. Ilf —1J 37
Bungalows, The. Wall —5F 151
Bunhill Row. EC1 —4D 68 (3E 162)
Bunhouse Pl. SW1 —5E 84 (5H 171)
Bunkers Hill. NW11 —7A 30
Bunkers Hill. Belv —4G 93
Bunkers Hill. Sidc —3F 129
Bunning Way. N7 —7J 49
Bunns La. NW7 —6F 13 (in two parts)
Bunsen St. E3 —2A 70
Buntingbridge Rd. Ilf —5H 37
Bunting Clo. N9 —1E 18
Bunting Clo. Mitc —5D 138
Bunting Ct. NW9 —2A 28
Bunton St. SE18 —3E 90
Bunyan Ct. EC2 —5C 162
Bunyan Rd. E17 —3A 34
Buonaparte M. SW1 —5H 85 (5C 172)
Burbage Clo. SE1 —3D 86
Burbage Clo. Hay —6F 59
Burbage Ho. N1 —1D 68 (off Poole St.)
Burbage Rd. SE24 & SE21 —6C 104
Burberry Clo. N Mald —2A 136
Burbidge Rd. Shep —4C 130
Burbridge Way. N17 —2G 33
Burcham St. E14 —6D 70
Burcharbro Rd. SE2 —6D 92
Burchell Ct. Bush —1B 10
Burchell Ho. SE11 —5K 85 (5H 173) (off Jonathan St.)
Burchell Rd. E10 —1D 52
Burchell Rd. SE15 —1H 105
Burchetts Way. Shep —6D 130
Burchett Way. Romf —6F 39
Burchwall Clo. Romf —1J 39
Burcote Rd. SW18 —7B 102
Burden Clo. Bren —5C 80
Burden Ho. SW8 —7J 85 (off Thorncroft St.)
Burdenshott Av. Rich —4H 99
Burden Way. E11 —2K 53
Burder Clo. N1 —6E 50
Burder Rd. N1 —6E 50
Burdett Av. SW20 —1C 136
Burdett Clo. W7 —1K 79
Burdett Clo. Sidc —5E 128
Burdett M. NW3 —6B 48
Burdett M. W2 —6K 65
Burdett Rd. E3 & E14 —4A 70
Burdett Rd. Croy —6D 140
Burdett Rd. Rich —2F 99
Burdetts Rd. Dag —1F 75
Burdock Clo. Croy —1K 153
Burdock Rd. N17 —3G 33
Burdon La. Sutt —7G 149
Burdon Pk. Sutt —7H 149
Bure Ct. New Bar —5E 4
Burfield Clo. SW17 —4B 120
Burford Clo. Dag —3C 56
Burford Clo. Ilf —4G 37
Burford Clo. Uxb —4A 40
Burford Gdns. N13 —3E 16
Burford Ho. Bren —5D 80
Burford Rd. E6 —3C 72
Burford Rd. E15 —1F 71
Burford Rd. SE6 —2B 124
Burford Rd. Bren —5E 80
Burford Rd. Brom —4C 144
Burford Rd. Sutt —2J 149
Burford Rd. Wor Pk —7B 136
Burford Wlk. SW6 —7A 84
Burford Way. New Ad —6E 154
Burge Rd. E7 —4B 54
Burges Gro. SW13 —7D 82
Burges Rd. E6 —7C 54
Burgess Av. NW9 —6K 27
Burgess Clo. Felt —4C 114
Burgess Ct. E6 —7E 54
Burgess Ct. S'hall —6F 61 (off Fleming Rd.)
Burgess Hill. NW2 —4J 47
Burgess Ind. Pk. SE5 —7D 86
Burgess M. SW19 —6K 119
Burgess Pk. —6E 86
Burgess Rd. E6 —7E 54
Burgess Rd. E15 —4G 53
Burgess Rd. Sutt —4K 149
Burgess St. E14 —5C 70
Burge St. SE1 —3D 86
Burghill Rd. SE26 —4A 124
Burghley Av. N Mald —1K 135
Burghley Hall Clo. SW19 —1G 119
Burghley Pl. Mitc —5D 138
Burghley Rd. E11 —1G 53
Burghley Rd. N8 —3A 32
Burghley Rd. NW5 —4F 49
Burghley Rd. SW19 —4F 119
Burghley Tower. W3 —7B 64
Burgh St. N1 —2B 68
Burgoine Quay. King T —1D 134
Burgon St. EC4 —6B 68 (1B 168)
Burgos Clo. Croy —6A 152
Burgos Gro. SE10 —1D 106
Burgoyne Rd. N4 —6B 32
Burgoyne Rd. SE25 —4F 141
Burgoyne Rd. SW9 —3K 103
Burgoyne Rd. Sun —6H 113
Burham Clo. SE20 —7J 123
Burhill Gro. Pinn —2C 24
Burke Clo. SW15 —4A 100
Burke Lodge. E13 —3K 71
Burke St. E16 —5H 71
Burket Clo. S'hall —4C 78
Burland Rd. SW11 —5D 102
Burleigh Av. Sidc —5K 109
Burleigh Av. Wall —3E 150
Burleigh Gdns. N14 —1B 16
Burleigh Gdns. Ashf —5E 112
Burleigh Ho. SW3 —7B 170
Burleigh Ho. W10 —5G 65 (off St Charles Sq.)
Burleigh Pde. N14 —1C 16
Burleigh Pl. SW15 —5F 101
Burleigh Rd. Enf —4K 7
Burleigh Rd. Sutt —1G 149
Burleigh Rd. Uxb —1D 58
Burleigh St. WC2 —7K 67 (2G 167)
Burleigh Wlk. SE6 —1E 124
Burleigh Way. Enf —3J 7
Burley Clo. E4 —5H 19
Burley Clo. SW16 —2H 139
Burley Rd. E16 —6A 72
Burlington Arc. W1 —7G 67 (3A 166)
Burlington Av. Rich —1G 99
Burlington Av. Romf —6H 39

Burlington Clo. E6 —6C 72
Burlington Clo. W9 —4J 65
Burlington Clo. Felt —7F 95
Burlington Clo. Orp —2E 156
Burlington Clo. Pinn —3K 23
Burlington Gdns. SW6 —2G 101
Burlington Gdns. W1 —7G 67 (3A 166)
Burlington Gdns. W3 —1J 81
Burlington Gdns. W4 —5J 81
Burlington Gdns. Romf —7E 38
Burlington La. W4 —7J 81
Burlington M. SW15 —5H 101
Burlington M. W3 —1J 81
Burlington Pl. SW6 —2G 101
Burlington Pl. Wfd G —3E 20
Burlington Ri. E Barn —1H 15
Burlington Rd. N10 —3E 30
Burlington Rd. N17 —1G 33
Burlington Rd. SW6 —2G 101
Burlington Rd. W4 —5J 81
Burlington Rd. Enf —1J 7
Burlington Rd. Iswth —1H 97
Burlington Rd. N Mald —4B 136
Burlington Rd. T Hth —2C 140
Burma M. N16 —4D 50
Burma Rd. N16 —4D 50
Burmarsh Ct. SE20 —1J 141
Burma Ter. SE19 —5E 122
Burmester Rd. SW17 —3A 120
Burnaby Cres. W4 —6J 81
Burnaby Gdns. W4 —6H 81
Burnaby St. SW10 —7A 84
Burnard Pl. N7 —5K 49
Burnaston Ho. E5 —3G 51
Burnbrae Clo. N12 —6E 14
Burnbury Rd. SW12 —1G 121
Burncroft Av. Enf —2D 8
Burndell Way. Hay —5B 60
Burne Jones Ho. W14 —4G 83
(off N. End Rd.)
Burnell Av. Rich —5C 116
Burnell Av. Well —2A 110
Burnell Gdns. Stan —2D 26
Burnell Rd. Sutt —4K 149
Burnell Wlk. SE1 —5F 87
(off Abingdon Clo.)
Burnels Av. E6 —3E 72
Burness Clo. N7 —6K 49
Burne St. NW1 —5C 66 (5C 158)
Burnett Clo. E9 —5J 51
Burnett Ho. SE13 —2E 106
(off Lewisham Hill)
Burney Av. Surb —5F 135
Burney St. SE10 —7E 88
Burnfoot Av. SW6 —1G 101
Burnham. NW3 —7C 48
Burnham Av. Uxb —4E 40
Burnham Clo. NW7 —7H 13
Burnham Clo. SE1 —4F 87
Burnham Clo. Enf —1K 7
Burnham Clo. W'stone —4A 26
Burnham Ct. W2 —7K 65
(off Moscow Rd.)
Burnham Cres. E11 —4A 36
Burnham Dri. Wor Pk —2F 149
Burnham Gdns. Croy —7F 141
Burnham Gdns. Hay —3F 77
Burnham Gdns. Houn —1K 95
Burnham Rd. E4 —5G 19
Burnham Rd. Dag —7B 56
Burnham Rd. Mord —4K 137
Burnham Rd. Romf —3K 39
Burnham Rd. Sidc —2E 128
Burnham St. E2 —3J 69
Burnham St. King T —1G 135
Burnham Way. SE26 —5B 124
Burnham Way. W13 —4B 80
Burnhill Clo. SE15 —7H 87
Burnhill Rd. Beck —2C 142
Burnley Rd. NW10 —5B 46
Burnley Rd. SW9 —2K 103
Burnsall St. SW3 —5C 84 (6D 170)
Burns Av. Chad H —7C 38
Burns Av. Felt —6J 95
Burns Av. Sidc —6B 110
Burns Av. S'hall —7E 60
Burns Clo. E17 —4E 34
Burns Clo. SW19 —6B 120
Burns Clo. Hay —5H 59
Burns Clo. Well —1K 109
Burns Ho. SE17 —5B 86
(off Doddington Gro.)
Burn Side. N9 —3D 18
Burnside Av. E4 —6G 19
Burnside Clo. SE16 —1K 87
Burnside Clo. Barn —3D 4
Burnside Clo. Twic —6A 98
Burnside Cres. Wemb —1D 62
Burnside Rd. Dag —2C 56
Burns Rd. NW10 —1B 64
Burns Rd. SW11 —2D 102
Burns Rd. W13 —2B 80
Burns Rd. Wemb —2E 62
Burns Way. Houn —2B 96
Burnt Ash Hill. SE12 —6H 107
(in two parts)
Burnt Ash La. Brom —7J 125
Burnt Ash Rd. SE12 —5H 107
Burnthwaite Rd. SW6 —7H 83
Burnt Oak. —1J 27
Burnt Oak B'way. Edgw —7C 12
Burnt Oak Fields. Edgw —1J 27
Burnt Oak La. Sidc —6A 110
Burntwood Clo. SW18 —1C 120
Burntwood Grange Rd. SW18 —1B 120
Burntwood La. SW17 —3A 120
Burntwood Vw. SE19 —5F 123
Buross St. E1 —6H 69
Burpham Clo. Hay —5B 60
Burrage Ct. SE16 —4K 87
(off Worgan St.)
Burrage Gro. SE18 —4G 91
Burrage Pl. SE18 —5F 91
Burrage Rd. SE18 —6G 91
Burrard Rd. E16 —6K 71
Burrard Rd. NW6 —5J 47
Burr Clo. E1 —1G 87 (4K 169)
Burr Clo. Bexh —3F 111
Burrell Clo. Croy —6A 142
Burrell Clo. Edgw —2C 12
Burrell Row. Beck —2C 142
Burrell St. SE1 —1B 86 (4A 168)
Burrell's Wharf Sq. E14 —5D 88
Burrells Wharf Sq. E14 —5D 88
Burrell Towers. E10 —7C 34
Burritt Rd. King T —2G 135
Burrmill Ct. SE16 —3K 87
(off Worgan St.)
Burroughs Gdns. NW4 —4D 28
Burroughs Pde. NW4 —4D 28
Burroughs, The. NW4 —4D 28
Burrow Ho. SW9 —2A 104
(off Stockwell Pk. Rd.)
Burrow Rd. SE22 —4E 104
Burrows M. SE1 —2B 86 (6A 168)
Burrows Rd. NW10 —3E 64
Burrow Wlk. SE21 —7C 104
Burr Rd. SW18 —1J 119
Bursar St. SE1 —5G 169
Bursdon Clo. Sidc —2K 127
Bursland Rd. Enf —4E 8
Burslem St. E1 —6G 69
Burstock Rd. SW15 —4G 101
Burston Rd. SW15 —5F 101
Burstow Rd. SW20 —1G 137
Burtenshaw Rd. Th Dit —7A 134
Burtley Clo. N4 —1C 50
Burton Bank. N1 —7D 50
(off Yeate St.)
Burton Clo. Chess —7D 146
Burton Clo. T Hth —3D 140
Burton Ct. SE20 —2J 141
Burton Ct. SW3 —5D 84 (5F 171)
(off Turks Row, in two parts)
Burton Gdns. Houn —1D 96
Burton Gro. SE17 —5D 86
Burtonhole Clo. NW7 —4A 14
Burtonhole La. NW7 —5K 13
Burton Ho. SE16 —2H 87
(off Cherry Garden St.)
Burton La. SW9 —2A 104
(in two parts)
Burton M. SW1 —4E 84 (4H 171)
Burton Pl. WC1 —4H 67 (2D 160)
Burton Rd. E18 —3K 35
Burton Rd. NW6 —7H 47
Burton Rd. SW9 —2B 104
(Akerman Rd.)
Burton Rd. SW9 —2A 104
(Brixton Rd.)
Burton Rd. King T —7E 116
Burton's Rd. Hamp H —4F 115
Burton St. WC1 —3H 67 (2D 160)
Burtonwood Ho. N4 —7D 32
Burt Rd. E16 —1A 90
Burtt Ho. N1 —3E 68 (1G 163)
(off Aske St.)
Burtwell La. SE27 —4D 122
Burwash Ho. SE1 —2D 86 (7F 169)
(off Kipling Est.)
Burwash Rd. SE18 —5H 91
Burwell Av. Gnfd —6J 43
Burwell Clo. E1 —6H 69
Burwell Rd. E10 —1A 52
Burwell Rd. Ind. Est. E10 —1A 52
Burwell Wlk. E3 —4C 70
Burwood Av. Brom —2K 155
Burwood Av. Pinn —5K 23
Burwood Clo. Surb —1G 147
Burwood Ho. SW9 —4B 104
Burwood Pl. W2 —6C 66 (7D 158)
Bury Av. Hay —2G 59
Bury Av. Ruis —6E 22
Bury Clo. SE16 —1K 87
Bury Ct. EC3 —6E 68 (7H 163)
Bury Gro. Mord —5K 137
Bury Hall Vs. N9 —7A 8
Bury Pl. WC1 —5J 67 (6E 160)
Bury Rd. E4 —1B 20
Bury Rd. N22 —2A 32
Bury Rd. Dag —5H 57
Bury St. EC3 —6E 68 (1H 169)
Bury St. N9 —7A 8
Bury St. SW1 —1G 85 (4B 166)
Bury St. Ruis —5E 22
Bury St. W. N9 —7J 7
Bury Wlk. SW3 —4C 84 (4C 170)
Busbridge Ho. E14 —5C 70
Busby M. NW5 —6H 49
Busby Pl. NW5 —6H 49
Busch Clo. Iswth —1B 98
Bushbaby Clo. SE1 —3E 86
Bushberry Rd. E9 —6A 52
Bush Clo. Ilf —5H 37
Bush Cotts. SW18 —5J 101
Bush Ct. N14 —1C 16
Bush Ct. W12 —2F 83
Bushell Clo. SW2 —2K 121
Bushell Grn. Bus H —2C 10
Bushell St. E1 —1G 87
Bushell Way. Chst —5E 126
Bushey. —1A 10
Bushey Av. E18 —3H 35
Bushey Av. Orp —7H 145
Bushey Clo. E4 —3K 19
Bushey Clo. Uxb —2C 40
Bushey Ct. SW20 —3D 136
Bushey Down. SW12 —2F 121
Bushey Heath. —1C 10
Bushey Hill Rd. SE5 —1E 104
Bushey La. Sutt —4J 149
Bushey Mead. —2F 137
Bushey Rd. E13 —2A 72
Bushey Rd. N15 —6E 32
Bushey Rd. SW20 —3D 136
Bushey Rd. Croy —2C 154
Bushey Rd. Hay —4G 77
Bushey Rd. Ick & Uxb —2C 40
Bushey Rd. Sutt —4J 149
Bushey Way. Beck —6F 143
Bush Fair Ct. N14 —6A 6
Bushfield Clo. Edgw —2C 12
Bushfield Cres. Edgw —2C 12
Bush Gro. NW9 —7J 27
Bush Gro. Stan —1D 26
Bushgrove Rd. Dag —4D 56
Bush Hill. N21 —7H 7
Bush Hill Pde. N9 —7J 7
Bush Hill Park. —6A 8
Bush Hill Rd. N21 —6J 7
Bush Hill Rd. Harr —6F 27
Bush Ind. Est. N19 —3G 49
Bush Ind. Est. NW10 —4K 63
Bush La. EC4 —7D 68 (2E 168)
Bushmead Clo. N15 —4F 33
Bushmoor Cres. SE18 —7F 91
Bushnell Rd. SW17 —2F 121
Bush Rd. E8 —1H 69
Bush Rd. E11 —7H 35
Bush Rd. SE8 —4K 87
Bush Rd. Buck H —4G 21
Bush Rd. Rich —6F 81
Bush Rd. Shep —5B 130
Bushway. Dag —4D 56
Bushwood. E11 —1H 53
Bushwood Dri. SE1 —4F 87
Bushwood Rd. Rich —6G 81
Bushy Ct. King T —1C 134
(off Up. Teddington Rd.)
Bushy Lees. Sidc —6K 109
Bushy Pk. Gdns. Tedd —5H 115
Bushy Pk. Rd. Tedd —7B 116
(in two parts)
Bushy Rd. Tedd —6K 115
Butcher Row. E14 & E1 —7K 69
Butchers Rd. E16 —6J 71
Bute Av. Rich —2E 116
Bute Ct. Wall —5G 151
Bute Gdns. W6 —4F 83
Bute Gdns. Rich —1E 116
Bute Gdns. Wall —5G 151
Bute Gdns. W. Wall —5G 151
Bute Rd. Croy —1A 152
Bute Rd. Ilf —5F 37
Bute Rd. Wall —4G 151
Bute St. SW7 —4B 84 (3A 170)
Bute Wlk. N1 —6D 50
Butfield Ho. E9 —6J 51
(off Stevens Av.)
Butler Av. Harr —7H 25
Butler Ct. Wemb —4A 44
Butler Ho. E14 —6B 70
Butler Pl. SW1 —1C 172
Butler Rd. NW10 —7B 46
Butler Rd. Dag —4B 56
Butler Rd. Harr —7G 25
Butlers & Colonial Wharf. SE1 —2F 87 (6K 169)
(off Shad Thames)
Butlers Dri. E4 —1K 9
Butler St. E2 —3J 69
Butler St. Uxb —4D 58
Butlers Wharf. SE1 —6K 169
Butley Ct. E3 —2A 70
(off Ford St.)
Butterfield Clo. N17 —6H 17
Butterfield Clo. SE16 —2H 87
Butterfield Clo. Twic —6K 97
Butterfields. E17 —5E 34
Butterfield Sq. E6 —6D 72
Butterfly La. SE9 —6F 109
Butterfly Wlk. SE5 —2D 104
(off Denmark Hill)
Butter Hill. Cars —3E 150
Butteridges Clo. Dag —1F 75
Buttermere. NW1 —3F 67 (1K 159)
(off Augustus St.)
Buttermere Clo. E15 —4F 53
Buttermere Clo. SE1 —4F 87
Buttermere Clo. Felt —1H 113
Buttermere Clo. Mord —6F 137
Buttermere Ct. NW8 —1B 66
(off Boundary Rd.)
Buttermere Dri. SW15 —5G 101
Buttermere Wlk. E8 —6F 51
Butterwick. W6 —4F 83
Butterworth Gdns. Wfd G —6D 20
Buttesland St. N1 —3D 68 (1F 163)
Buttfield Clo. Dag —6H 57
Buttmarsh Clo. SE18 —5F 91
Buttsbury Rd. Ilf —5G 55
(in two parts)
Butts Cotts. Felt —3C 114
Butts Cres. Hanw —3E 114
Buttsmead. N'wd —1E 22
Butts Piece. N'holt —2K 59
Butts Rd. Brom —5G 125
Butts, The. Bren —6C 80
Butts, The. Sun —3A 132
Buxhall Cres. E9 —6B 52
Buxted Rd. E8 —7F 51
Buxted Rd. N12 —5H 15
Buxted Rd. SE22 —4E 104
Buxton Clo. Wfd G —6G 21
Buxton Ct. N1 —1D 162
(in two parts)
Buxton Cres. Sutt —4G 149
Buxton Dri. E11 —4G 35
Buxton Dri. N Mald —2K 135
Buxton Gdns. W3 —7H 63
Buxton Ho. E11 —4G 35
Buxton Rd. E4 —1A 20
Buxton Rd. E6 —3C 72
Buxton Rd. E15 —5G 53
Buxton Rd. E17 —4A 34
Buxton Rd. N19 —1H 49
Buxton Rd. NW2 —6D 46
Buxton Rd. SW14 —3A 100
Buxton Rd. Ashf —5A 112
Buxton Rd. Eri —7K 93
Buxton Rd. Ilf —6J 37
Buxton Rd. T Hth —5B 140
Buxton St. E1 —4F 69 (4K 163)
Buzzard Creek Ind. Est. Bark —5A 74
Byam St. SW6 —2A 102
Byards Ct. SE16 —4K 87
(off Worgan St.)
Byards Cft. SW16 —1H 139
Byatt Wlk. Hamp —6C 114
Bychurch End. Tedd —5K 115
Bycroft Rd. S'hall —4E 60
Bycroft St. SE20 —7K 123
Bycullah Av. Enf —3G 7
Bycullah Rd. Enf —2G 7
Byegrove Rd. SW19 —6B 120
Byelands Clo. SE16 —1K 87
Bye, The. W3 —6A 64

Cambridge Cres. Tedd —5A 116
Cambridge Dri. SE12 —5J 107
Cambridge Dri. Ruis —2A 42
Cambridge Gdns. N10 —1E 30
Cambridge Gdns. N17 —7J 17
Cambridge Gdns. N21 —7J 7
Cambridge Gdns. NW6 —2J 65
Cambridge Gdns. W10 —6F 65
Cambridge Gdns. Enf —2B 8
Cambridge Gdns. King T —2G 135
Cambridge Ga. NW1 —4F 67 (3J 159)
Cambridge Ga. M. NW1 —4F 67 (3K 159)
Cambridge Grn. SE9 —1F 127
Cambridge Gro. SE20 —1H 141
Cambridge Gro. W6 —4D 82
Cambridge Gro. Rd. King T (in two parts) —3G 135
Cambridge Heath Rd. E1 & E2 —5H 69
Cambridge Ho. W13 —6A 62
Cambridge Lodge Vs. E8 —1H 69
Cambridge Pde. Enf —1B 8
Cambridge Pk. E11 —7J 35
Cambridge Pk. Twic —6C 98
Cambridge Pk. Ct. Twic —7D 98
Cambridge Pk. Rd. E11 —7H 35
Cambridge Pl. W8 —2K 83
Cambridge Rd. E4 —1A 20
Cambridge Rd. E11 —6H 35
Cambridge Rd. NW6 —2J 65 (in two parts)
Cambridge Rd. SE20 —3H 141
Cambridge Rd. SW11 —1D 102
Cambridge Rd. SW13 —2B 100
Cambridge Rd. SW20 —1C 136
Cambridge Rd. W7 —2K 79
Cambridge Rd. Ashf —7E 112
Cambridge Rd. Bark —7G 55
Cambridge Rd. Brom —7J 125
Cambridge Rd. Cars —6C 150
Cambridge Rd. Hamp —7D 114
Cambridge Rd. Harr —5E 24
Cambridge Rd. Houn —4C 96
Cambridge Rd. Ilf —1J 55
Cambridge Rd. King T —2F 135
Cambridge Rd. Mitc —3G 139
Cambridge Rd. N Mald —4A 136
Cambridge Rd. Rich —7G 81
Cambridge Rd. Sidc —4J 127
Cambridge Rd. S'hall —1D 78
Cambridge Rd. Tedd —4K 115
Cambridge Rd. Twic —6D 98
Cambridge Rd. W on T —6K 131
Cambridge Rd. W Mol —4D 132
Cambridge Rd. N. W4 —5H 81
Cambridge Rd. S. W4 —5H 81
Cambridge Row. SE18 —5F 91
Cambridge Sq. W2 —6C 66 (7C 158)
Cambridge St. SW1 —4F 85 (4K 171)
Cambridge Ter. N9 —7K 7
Cambridge Ter. NW1 —3F 67 (2J 159)
Cambridge Ter. M. NW1 —3F 67 (2K 159)
Cambridge Yd. W7 —2K 79
Cambstone Clo. N11 —2K 15
Cambus Clo. Hay —5C 60
Cambus Rd. E16 —5J 71
Cam Ct. SE15 —6F 87
Camdale Rd. SE18 —7K 91
Camden Arts Cen. —5A 48
Camden Av. Felt —1A 114
Camden Av. Hay —7B 60
Camden Clo. Chst —1G 145
Camden Ct. NW1 —7G 49 (off Rousden St.)
Camden Ct. Belv —5G 93
Camden Gdns. NW1 —7F 49
Camden Gdns. Sutt —5K 149
Camden Gdns. T Hth —3B 140
Camden Gro. Chst —6F 127
Camden High St. NW1 —7F 49
Camden Hill Rd. SE19 —6E 122
Camden Ho. SE8 —5B 88
Camdenhurst St. E14 —6A 70
Camden La. N7 —5H 49
Camden Lock Market. —7F 49
Camden Lock Pl. NW1 —7F 49
Camden M. NW1 —7G 49
Camden Pk. Rd. NW1 —6H 49
Camden Pk. Rd. Chst —7D 126
Camden Passage. —2B 68
Camden Pas. N1 —1B 68 (in two parts)
Camden Rd. E11 —6K 35
Camden Rd. E17 —6B 34
Camden Rd. NW1 & N7 —7G 49
Camden Rd. Bex —1F 129
Camden Rd. Cars —4D 150
Camden Rd. Sutt —5K 149
Camden Row. SE3 —2G 107
Camden Row. Pinn —3A 24
Camden Sq. NW1 —7H 49
Camden Sq. SE15 —1F 105
Camden St. NW1 —7G 49
Camden Studios. NW1 —1G 67 (off Camden St.)
Camden Ter. NW1 —6H 49
Camden Town. —1F 67
Camden Wlk. N1 —1B 68 (in two parts)
Camden Way. Chst —7D 126
Camden Way. T Hth —3B 140
Cameford Ct. SW12 —7J 103
Camelford. NW1 —1G 67 (off Royal College St.)
Camelford Ct. W11 —6G 65
Camelford Ho. SE1 —5J 85 (5F 173)
Camelford Wlk. W11 —6G 65
Camel Gro. King T —5D 116
Camellia Ho. SE8 —7B 88 (off Idonia St.)
Camellia Pl. Twic —7F 97
Camellia St. SW8 —7J 85
Camelot Clo. SE28 —2H 91
Camelot Clo. SW19 —4H 119
Camelot Ho. NW1 —6H 49
Camel Rd. E16 —1B 90
Camera Pl. SW10 —6B 84 (7A 170)
Cameret Ct. W14 —2F 83 (off Holland Rd.)
Cameron Clo. N18 —4C 18
Cameron Clo. N20 —2G 15
Cameron Clo. Bex —3K 129
Cameron Ho. NW8 —2C 66 (off St John's Wood Ter.)
Cameron Ho. SE5 —7C 86
Cameron Pl. E1 —6H 69
Cameron Rd. SE6 —2B 124
Cameron Rd. Brom —5J 143
Cameron Rd. Croy —6B 140
Cameron Rd. Ilf —1J 55
Cameron Sq. Mitc —1C 138
Cameron Ter. SE12 —3K 125
Camerton Clo. E8 —6F 51
Camilla Clo. Sun —6H 113
Camilla Rd. SE16 —4H 87
Camille Clo. SE25 —3G 141
Camlan Rd. Brom —4H 125
Camlet St. E2 —4F 69 (3J 163)
Camlet Way. Barn —2D 4
Camley St. NW1 —7H 49
Camm Gdns. King T —2F 135
Camm Gdns. Th Dit —7K 133
Camomile Av. Mitc —1D 138
Camomile Rd. Rush G —2K 57
Camomile St. EC3 —6E 68 (7H 163)
Camomile Way. W Dray —6A 58
Campana Rd. SW6 —1J 101
Campania Building. E1 —7K 69 (off Jardine Rd.)
Campbell Av. Ilf —4F 37
Campbell Clo. SE18 —1E 108
Campbell Clo. SW16 —4H 121
Campbell Clo. Ruis —6J 23
Campbell Clo. Twic —2H 115
Campbell Ct. N17 —1F 33
Campbell Ct. SE21 —7G 105
Campbell Ct. SW7 —3A 84 (off Gloucester Rd.)
Campbell Cft. Edgw —5B 12
Campbell Gordon Way. NW2 —4D 46
Campbell Ho. SW1 —5G 85 (6A 172) (off Churchill Gdns.)
Campbell Ho. W12 —7D 64 (off White City Est.)
Campbell Rd. E3 —3C 70
Campbell Rd. E6 —1C 72
Campbell Rd. E15 —4H 53
Campbell Rd. E17 —4B 34
Campbell Rd. N17 —1F 33
Campbell Rd. W7 —7J 61
Campbell Rd. Croy —7B 140
Campbell Rd. E Mol —3J 133
Campbell Rd. Twic —2H 115
Campbell Wlk. N1 —1J 67 (off Outram Pl.)
Campdale Rd. N7 —3H 49
Campden Cres. Dag —4B 56
Campden Cres. Wemb —3B 44
Campden Gro. W8 —2J 83
Campden Hill. W8 —2J 83
Campden Hill Ct. W8 —2J 83
Campden Hill Gdns. W8 —1J 83
Campden Hill Ga. W8 —2J 83
Campden Hill Mans. W8 —1J 83 (off Kensington Church St.)
Campden Hill Pl. W11 —1H 83
Campden Hill Rd. W11 —1J 83
Campden Hill Sq. W11 —1H 83
Campden Ho. NW6 —7B 48
Campden Ho. W8 —1J 83
Campden Ho. Clo. W8 —2J 83
Campden Houses. W8 —1J 83 (off Peel St.)
Campden Rd. S Croy —5E 152
Campden Rd. Uxb —3B 40
Campden St. W8 —1J 83
Campe Ho. N10 —7K 15
Campen Clo. SW19 —2G 119
Camperdown Ho. Wall —6F 151 (off Stanley Pk. Rd.)
Camperdown St. E1 —6F 69 (1K 169)
Campfield Rd. SE9 —7B 108
Campion Clo. E6 —7D 72
Campion Clo. Croy —4E 152
Campion Clo. Harr —6F 27
Campion Clo. Rush G —2K 57
Campion Clo. Uxb —5B 58
Campion Ct. Wemb —2E 62
Campion Gdns. Wfd G —5D 20
Campion Pl. SE28 —1A 92
Campion Rd. SW15 —4E 100
Campion Rd. Iswth —1K 97
Campion Ter. NW2 —3F 47
Campion Way. Edgw —4D 12
Camplin Rd. Harr —5E 26
Camplin St. SE14 —7K 87
Camp Rd. SW19 —5D 118 (in two parts)
Campsbourne Rd. N8 —3J 31 (in two parts)
Campsbourne, The. N8 —4J 31
Campsey Gdns. Dag —7B 56
Campsey Rd. Dag —7B 56
Campsfield Rd. N8 —3J 31
Campshill Pl. SE13 —5E 106
Campshill Rd. SE13 —5E 106
Campus Rd. E17 —6B 34
Campus Way. NW4 —3D 28
Camp Vw. SW19 —5D 118
Cam Rd. E15 —1F 71
Camrose Av. Edgw —2F 27
Camrose Av. Eri —6H 93
Camrose Av. Felt —4A 114
Camrose Clo. Croy —7A 142
Camrose Clo. Mord —4J 137
Camrose St. SE2 —5A 92
Canada Av. N18 —6H 17
Canada Cres. W3 —5J 63
Canada Est. SE16 —3J 87
Canada Gdns. SE13 —5E 106
Canada Rd. W3 —5J 63
Canada Sq. E14 —1D 88
Canada St. SE16 —2K 87
Canada Way. W12 —7D 64
Canada Wharf. SE16 —1B 88
Canadian Av. SE6 —1D 124
Canal App. SE8 —5A 88
Canal Bridge. —6G 87
Canal Building. N1 —2C 68 (off Shepherdess Wlk.)
Canal Clo. E1 —4A 70
Canal Clo. W10 —4F 65
Canal Gro. SE15 —6H 87
Canal Path. E2 —1F 69
Canal Rd. E3 —4A 70
Canalside. SE28 —7D 74
Canal St. SE5 —6D 86
Canal Wlk. N1 —1D 68
Canal Wlk. SE25 —6E 140
Canal Wlk. SE26 —5J 123
Canal Way. W10 —4F 65
Canary Wharf. —1D 88
Canberra Clo. NW4 —3C 28
Canberra Clo. Dag —7K 57
Canberra Cres. Dag —7K 57
Canberra Dri. N'holt —3A 60
Canberra Rd. E6 —1D 72
Canberra Rd. SE7 —6A 90
Canberra Rd. Bexh —6D 92
Canberra Rd. H'row A —3C 94
Canbury Av. King T —1F 135
Canbury Bus. Cen. King T —1E 134
Canbury Bus. Pk. King T —1E 134
Canbury M. SE26 —3G 123
Canbury Pk. Rd. King T —1E 134
Canbury Pas. King T —1D 134
Cancell Rd. SW9 —1A 104
Candahar Rd. SW11 —2C 102
Candida Ct. NW1 —7F 49
Candler M. Twic —7A 98
Candler St. N15 —6D 32
Candover Clo. W Dray —7A 76
Candover St. W1 —5G 67 (6A 160)
Candy St. E3 —1B 70
Cane Clo. Wall —7J 151 (in two parts)
Caney M. NW2 —2F 47
Canfield Dri. Ruis —5K 41
Canfield Gdns. NW6 —7K 47
Canfield Ho. N15 —6E 32 (off Albert Rd.)
Canfield Pl. NW6 —6A 48
Canfield Rd. Wfd G —7H 21
Canford Av. N'holt —1D 60
Canford Clo. Enf —2F 7
Canford Gdns. N Mald —6A 136
Canford Pl. Tedd —6C 116
Canford Rd. SW11 —5E 102
Canham Rd. SE25 —3E 140
Canham Rd. W3 —2A 82
Canmore Gdns. SW16 —7G 121
Cann Hall. —4G 53
Cann Hall Rd. E11 —4G 53
Cann Ho. W14 —3G 83 (off Russell Rd.)
Canning Cres. N22 —1K 31
Canning Cross. SE5 —2E 104
Canning Ho. W12 —7D 64 (off White City Est.)
Canning Pas. W8 —3A 84 (in two parts)
Canning Pl. W8 —3A 84
Canning Pl. M. W8 —3A 84 (off Canning Pl.)
Canning Rd. E15 —2F 71
Canning Rd. E17 —4A 34
Canning Rd. N5 —3B 50
Canning Rd. Croy —2F 153
Canning Rd. Harr —3J 25
Cannington Rd. Dag —6C 56
Canning Town. —6H 71
Canning Town. —5G 71
Cannizaro Rd. SW19 —6E 118
Cannock Ho. N4 —7C 32
Cannonbury Av. Pinn —6B 24
Cannon Clo. SW20 —3E 136
Cannon Clo. Hamp —6F 115
Cannon Dri. E14 —7C 70
Cannon Hill. N14 —3D 16
Cannon Hill. NW6 —5J 47
Cannon Hill La. SW20 —5F 137
Cannon Hill M. N14 —3D 16
Cannon Ho. SE11 —4H 173
Cannon La. NW3 —3B 48
Cannon La. Pinn —5C 24
Cannon Pl. NW3 —3B 48
Cannon Pl. SE7 —5C 90
Cannon Retail Pk. SE28 —7A 74
Cannon Rd. N14 —3D 16
Cannon Rd. Bexh —1E 110
Cannon St. EC4 —6C 68 (1C 168)
Cannon St. Rd. E1 —6H 69
Cannon Trad. Est. Wemb —4H 45
Cannon Way. W Mol —4E 132
Cannon Wharf Bus. Pk. SE8 —4A 88
Cannon Workshops. E14 —7C 70
Canon Av. Romf —5C 38
Canonbie Rd. SE23 —7J 105
Canonbury. —6C 50
Canonbury Bus. Cen. N1 —1D 68
Canonbury Ct. N1 —7B 50 (off Hawes St.)
Canonbury Cres. N1 —7C 50
Canonbury Gro. N1 —7C 50
Canonbury La. N1 —7B 50
Canonbury Pk. N. N1 —6C 50
Canonbury Pk. S. N1 —6C 50
Canonbury Pl. N1 —6B 50 (in two parts)
Canonbury Rd. N1 —6B 50
Canonbury Rd. Enf —1K 7
Canonbury Sq. N1 —7B 50
Canonbury St. N1 —7C 50
Canonbury Vs. N1 —7B 50
Canon Mohan Clo. N14 —6K 5

Caroline Clo. N10—2F 31
Caroline Clo. SW16—3K 121
Caroline Clo. W2—7K 65 (off Bayswater Rd.)
Caroline Clo. Croy—4E 152
Caroline Clo. Iswth—7H 79
Caroline Ct. SE6—4F 125
Caroline Ct. Ashf—6D 112
Caroline Ct. Stan—6F 11
Caroline Gdns. E2—3E 68 (1H 163)
Caroline Gdns. SE15—7H 87
Caroline Pl. SW11—2E 102
Caroline Pl. W2—7K 65
Caroline Pl. Hay—7G 77
Caroline Pl. M. W2—7K 65
Caroline Rd. SW19—7H 119
Caroline St. E1—6K 69
Caroline Ter. SW1—4E 84 (4G 171)
Caroline Wlk. W6—6G 83 (off Lillie Rd.)
Carol St. NW1—1G 67
Carpenter Gdns. N21—2G 17
Carpenter Ho. E14—5C 70
Carpenter Ho. NW11—6A 30
Carpenters Clo. Barn—6E 4
Carpenters Ct. NW1—1G 67 (off Pratt St.)
Carpenters Ct. Twic—2J 115
Carpenters M. N7—5J 49
Carpenters Pl. SW4—4H 103
Carpenter's Rd. E15—6C 52
Carpenter St. W1—7F 67 (3J 165)
Carradale Ho. E14—6E 70
Carrara Wlk. SE24—4A 104
Carrara Wharf. SW6—3G 101
Carr Gro. SE18—4C 90
Carr Ho. Dart—5K 111
Carriage Dri. E. SW11—7E 84
Carriage Dri. N. SW11 (in two parts) —7D 84 (7H 171)
Carriage Dri. S. SW11—1D 102
Carriage Dri. W. SW11—7D 84
Carriage M. Ilf—2G 55
Carriage Pl. N16—3D 50
Carrick Clo. Iswth—3A 98
Carrick Dri. Ilf—1G 37
Carrick Gdns. N17—7K 17
Carrick Ho. N7—6K 49 (off Caledonian Rd.)
Carrick Ho. SE11—5K 173
Carrick M. SE8—6C 88
Carrill Way. Belv—4D 92
Carrington Av. Houn—5F 97
Carrington Clo. Croy—7A 142
Carrington Clo. King T—5J 117
Carrington Gdns. E7—4J 53
Carrington Ho. W1 —1F 85 (5J 165) (off Carrington St.)
Carrington Rd. Rich—4G 99
Carrington Sq. Harr—6B 10
Carrington St. W1—1F 85 (5J 165)
Carrol Clo. NW5—4F 49
Carroll Clo. E15—5H 53
Carroll Ct. W3—3H 81 (off Osborne Rd.)
Carroll Ho. W2—7B 66 (2A 164) (off Craven Ter.)
Carronade Pl. SE28—3G 91
Carron Clo. E14—6D 70
Carroun Rd. SW8—7K 85
Carroway La. Gnfd—3H 61
Carrow Rd. Dag—7B 56
Carr Rd. E17—2B 34
Carr Rd. N'holt—6E 42
Carrs La. N21—5H 7
Carr St. E14—6A 70 (in two parts)
Carshalton. —4E 150
Carshalton Athletic F.C. —4C 150
Carshalton Beeches. —7C 150
Carshalton Gro. Sutt—4B 150
Carshalton On The Hill. —7E 150
Carshalton Pk. Rd. Cars—5D 150
Carshalton Pl. Cars—5E 150
Carshalton Rd. Mit J & Mitc —4E 138
Carshalton Rd. Sutt & Cars —5A 150
Carslake Rd. SW15—6E 100
Carson Rd. E16—4J 71
Carson Rd. SE21—2D 122
Carson Rd. Cockf—4J 5
Carstairs Rd. SE6—3E 124
Carston Clo. SE12—5H 107
Carswell Clo. Ilf—4B 36
Carswell Rd. SE6—7E 106
Carter Clo. Wall—7H 151
Carter Ct. EC4—1A 168
Carter Dri. Romf—1H 39
Carteret St. SW1 —2H 85 (7C 166)
Carteret Way. SE8—4A 88
Carterhatch La. Enf—1A 8
Carterhatch Rd. Enf—1D 8
Carter Ho. E1—6J 163
Carter La. EC4—6B 68 (1B 168)
Carter Pl. SE17—5C 86
Carter Rd. E13—1K 71
Carter Rd. SW19—6B 120
Carters Clo. NW5—5H 49 (off Torriano Av.)
Carters Clo. Wor Pk—2F 149
Carters Hill Clo. SE9—1A 126
Carters La. SE23—2A 124
Carter St. SE17—6C 86
Carter's Yd. SW18—5J 101
Carthew Rd. W6—3D 82
Carthew Vs. W6—3D 82
Carthusian St. EC1 —5C 68 (5C 162)
Cartier Circ. E14—1D 88
Carting La. WC2—7J 67 (3F 167)
Cart La. E4—1B 20
Cartmel. NW1—3G 67 (1A 160) (off Hampstead Rd.)
Cartmel Clo. N17—7C 18
Cartmel Ct. N'holt—6C 42
Cartmel Rd. Bexh—1G 111
Carton Ho. SE16—7K 169
Carton Ho. W11—1F 83 (off St Ann's Rd.)
Cartwright Gdns. WC1 —3J 67 (2E 160)
Cartwright Ho. SE1—3C 86 (off County St.)
Cartwright Rd. Dag—7F 57
Cartwright St. E1—7F 69 (2K 169)
Cartwright Way. SW13—7D 82
Carvel Ho. E14—5E 88
Carver Clo. W4—3J 81
Carver Rd. SE24—6C 104
Carville Cres. Bren—4E 80
Cary Rd. E11—4G 53
Carysfort Rd. N8—5H 31
Carysfort Rd. N16—3D 50
Casby Ho. SE16—3G 87 (off Marine St.)
Cascade Av. N10—4G 31
Cascade Clo. Buck H—2G 21
Cascade Rd. Buck H—2G 21
Cascades Tower. E14—1C 88
Casella Rd. SE14—7K 87
Casewick Rd. SE27—5A 122
Casimir Rd. E5—2J 51
Casino Av. SE24—5C 104
Caspian St. SE5—7D 86
Caspian Wlk. E16—6B 72
Cassandra Clo. N'holt—4H 43
Casselden Rd. NW10—7K 45
Cassell Ho. SW9—2J 103 (off Stockwell Gdns. Est.)
Cassidy Rd. SW6—7J 83 (in two parts)
Cassilda Rd. SE2—4A 92
Cassilis Rd. Twic—5B 98
Cassiobury Av. Felt—7H 95
Cassiobury Rd. E17—5A 34
Cassland Rd. E9—7K 51
Cassland Rd. T Hth—4D 140
Casslee Rd. SE6—7B 106
Cassocks Sq. Shep—7F 131
Casson Ho. E1—5G 69 (5K 163) (off Spelman St.)
Casson St. E1—5G 69
Castalia Sq. E14—2E 88
Castellain Mans. W9—4K 65 (off Castellain Rd.)
Castellain Rd. W9—4K 65
Castellane Clo. Stan—7E 10
Castell Ho. SE8—7C 88
Castello Av. SW15—5E 100
Castelnau. —6D 82
Castelnau. SW13—1C 100
Castelnau Gdns. SW13—6D 82
Castelnau Row. SW13—6D 82
Casterbridge. NW6—1K 65 (off Abbey Rd.)
Casterbridge. W11—6H 65 (off Dartmouth Clo.)
Casterbridge Rd. SE3—3J 107
Casterton St. E8—6H 51
Castile Rd. SE18—4E 90
Castillon Rd. SE6—2G 125
Castlands Rd. SE6—2B 124
Castleacre. W2—6C 66 (1C 164) (off Hyde Pk. Cres.)
Castle Av. E4—5A 20
Castle Av. Eps—7D 148
Castle Av. W Dray—7A 58
Castlebar Ct. W5—5C 62
Castlebar Hill. W5—5C 62
Castlebar M. W5—5C 62
Castlebar Pk. W5—4B 62
Castlebar Rd. W5—5C 62
Castle Baynard St. EC4 —7B 68 (2B 168)
Castlebrook Ct. SE11—4B 86
Castle Clo. E9—5A 52
Castle Clo. SW19—3F 119
Castle Clo. W3—2H 81
Castle Clo. Brom—3G 143
Castle Clo. Sun—7G 113
Castlecombe Dri. SW19—7F 101
Castlecombe Rd. SE9—4C 126
Castle Ct. EC3—6D 68 (1F 169) (off Birchin La.)
Castle Ct. SE26—4A 124
Castledine Rd. SE20—7H 123
Castle Dri. Ilf—6C 36
Castleford Av. SE9—1F 127
Castleford Clo. N17—6A 18
Castleford Ct. NW8 —4B 66 (3B 158) (off Henderson Dri.)
Castlegate. Rich—3F 99
Castlehaven Rd. NW1—7F 49
Castle Hill Av. New Ad—7D 154
Castle Hill Pde. W13—7B 62 (off Avenue, The)
Castle Ho. SE1—4C 86 (off Walworth Rd.)
Castle Ho. SW8—7J 85 (off S. Lambeth Rd.)
Castle Ind. Est. SE17—4C 86 (in two parts)
Castle La. SW1—3G 85 (1B 172)
Castleleigh Ct. Enf—5J 7
Castlemaine. SW11—2D 102
Castlemaine Av. Eps—7D 148
Castlemaine Av. S Croy—5F 153
Castle Mead. SE5—7C 86
Castle M. N12—5F 15
Castle M. NW1—6F 49
Castle Pde. Eps—7C 148
Castle Pl. NW1—6F 49
Castle Pl. W4—4A 82
Castle Point. E13—2A 72 (off Boundary Rd.)
Castlereagh St. W1 —6C 66 (7E 158)
Castle Rd. N12—5F 15
Castle Rd. NW1—6F 49
Castle Rd. Dag—1B 74
Castle Rd. Enf—1F 9
Castle Rd. Iswth—2K 97
Castle Rd. N'holt—6F 43
Castle Rd. S'hall—3D 78
Castle Row. W4—5K 81
Castle St. E6—2A 72
Castle St. King T—2E 134
Castleton Av. Bexh—1K 111
Castleton Av. Wemb—4E 44
Castleton Clo. Croy—6A 142
Castleton Gdns. Wemb—3E 44
Castleton Ho. E14—4E 88
Castleton Rd. E17—2F 35
Castleton Rd. SE9—4B 126
Castleton Rd. Ilf—1A 56
Castleton Rd. Mitc—4H 139 (in two parts)
Castleton Rd. Ruis—1B 42
Castletown Rd. W14—5G 83
Castleview Clo. N4—2C 50
Castleview Gdns. Ilf—6C 36
Castle Wlk. Sun—3A 132
Castle Way. SW19—3F 119
Castle Way. Felt—4A 114
Castle Wharf. E14—7G 71
Castlewood Dri. SE9—2D 108
Castlewood Rd. N15 & N16 —6G 33
Castlewood Rd. Cockf—3G 5
Castle Yd. N6—7E 30
Castle Yd. SE1—1B 86 (4B 168)
Castle Yd. Rich—5D 98
Castor La. E14—7D 70
Catalina Rd. H'row A—2D 94
Caterham Av. Ilf—2D 36
Caterham Rd. SE13—3F 107
Catesby St. SE17—4D 86
Catford. —7D 106
Catford B'way. SE6—7D 106
Catford Greyhound Stadium. —6C 106
Catford Gyratory. —7D 106
Catford Hill. SE6—1B 124
Catford Island. SE6—7D 106
Catford M. SE6—7D 106
Catford Rd. SE6—7C 106
Catford Trad. Est. SE6—2D 124
Cathall Rd. E11—2F 53
Cathay Ho. SE16—2H 87
Cathay St. SE16—2H 87
Cathay Wlk. N'holt—2E 60 (off Brabazon Rd.)
Cathcart Hill. N19—3G 49
Cathcart Rd. SW10—6K 83
Cathcart St. NW5—6F 49
Cathedral Lodge. EC1 —5C 68 (5C 162) (off Aldersgate St.)
Cathedral Mans. SW1 —4G 85 (3A 172) (off Vauxhall Bri. Rd.)
Cathedral Piazza. SW1 —3G 85 (2A 172)
Cathedral Pl. EC4—7C 162
Cathedral St. SE1—1D 86 (4E 168)
Catherall Rd. N5—3C 50
Catherine Ct. N14—5B 6
Catherine Ct. SW19—5H 119
Catherine Ct. Ilf—6G 37
Catherine Dri. Rich—4E 98
Catherine Dri. Sun—6H 113
Catherine Gdns. Houn—4H 97
Catherine Griffiths Ct. EC1 (off Pine St.) —4A 68 (3K 161)
Catherine Gro. SE10—1D 106
Catherine Ho. N1—1E 68 (off Whitmore Est.)
Catherine Howard Ct. SE9—6H 109
Catherine of Aragon Ct. SE9 —6H 109
Catherine Parr Ct. SE9—6H 109
Catherine Pl. SW1 —3G 85 (1A 172)
Catherine Pl. Harr—5K 25
Catherine Rd. Surb—5D 134
Catherine St. WC2 —7K 67 (2G 167)
Catherine Wheel All. EC2 (in two parts) —5E 68 (6H 163)
Catherine Wheel Rd. Bren—7D 80
Catherine Wheel Yd. SW1—5A 166
Catherwood Ct. N1—1E 162
Cat Hill. Barn—6H 5
Cathles Rd. SW12—6F 103
Cathnor Rd. W12—2D 82
Catlin Cres. Shep—5F 131
Catling Clo. SE23—3J 123
Catlin's La. Pinn—3K 23
Catlin St. SE16—5G 87
Cator La. Beck—1B 142
Cato Rd. SW4—3H 103
Cator Rd. SE26—6K 123
Cator Rd. Cars—5D 150
Cator St. SE15—7F 87 (Commercial Way)
Cator St. SE15—6F 87 (St George's Way)
Cato St. W1—5C 66 (6D 158)
Catsey La. Bush—1B 10
Catsey Wood. Bush—1B 10
Catterick Clo. N11—6K 15
Cattistock Rd. SE9—5C 126
Cattley Clo. Barn—4B 4
Catton St. WC1—5K 67 (6G 161)
Caudwell Ter. SW18—6B 102
Caughley Ho. SE11—2J 173
Caulfield Rd. E6—1C 72
Caulfield Rd. SE15—2H 105
Causeway, The. N2—4C 30
Causeway, The. SW18—5K 101 (in two parts)
Causeway, The. SW19—5E 118
Causeway, The. Cars—3E 150
Causeway, The. Chess—4E 146
Causeway, The. Clay—7A 146
Causeway, The. Felt & Houn —4J 95
Causeway, The. Sutt—7A 150
Causeway, The. Tedd—6K 115
Causeyware Rd. N9—7D 8
Causton Cotts. E14—5A 70
Causton Ho. SE5—7C 86
Causton Rd. N6—7F 31
Causton Sq. Dag—7G 57
Causton St. SW1—4H 85 (4D 172)
Cautley Av. SW4—5G 103

Cavalier Clo. Romf —4D 38
Cavalier Ct. Surb —6F 135
Cavalier Gdns. Hay —6F 59
Cavalry Cres. Houn —4B 96
Cavalry Gdns. SW15 —5H 101
Cavan Pl. Pinn —1D 24
Cavaye Pl. SW10 —5A 84 (6A 170)
Cavell Dri. Enf —2F 7
Cavell Ho. N1 —1E 68 (off Colville Est.)
Cavell Rd. N17 —7J 17
Cavell St. E1 —5H 69
Cavendish Av. N3 —2J 29
Cavendish Av. NW8 —2B 66 (1B 158)
Cavendish Av. W13 —5A 62
Cavendish Av. Eri —6J 93
Cavendish Av. Harr —4H 43
Cavendish Av. N Mald —5C 136
Cavendish Av. Ruis —5K 41
Cavendish Av. Sidc —7A 110
Cavendish Av. Well —3K 109
Cavendish Av. Wfd G —1K 35
Cavendish Clo. N18 —5C 18
Cavendish Clo. NW6 —6H 47
Cavendish Clo. NW8 —3B 66 (1B 158)
Cavendish Clo. Hay —5G 59
Cavendish Clo. Sun —6H 113
Cavendish Ct. EC3 —7H 163
Cavendish Ct. Sun —6H 113
Cavendish Dri. E11 —1F 53
Cavendish Dri. Edgw —6A 12
Cavendish Gdns. SW4 —6G 103
Cavendish Gdns. Bark —5J 55
Cavendish Gdns. Ilf —1E 54
Cavendish Gdns. Romf —5E 38
Cavendish Ho. NW8 —2B 66 (1B 158) (off Cavendish Av.)
Cavendish Mans. EC1 —4A 68 (4J 161) (off Rosebery Av.)
Cavendish Mans. NW6 —5J 47
Cavendish M. N. W1 —5F 67 (5K 159)
Cavendish M. S. W1 —5F 67 (6K 159)
Cavendish Pde. SW12 —6F 103 (off Clapham Comn. S. Side)
Cavendish Pde. Houn —2C 96
Cavendish Pl. SW4 —5H 103
Cavendish Pl. W1 —6F 67 (7K 159)
Cavendish Rd. E4 —6K 19
Cavendish Rd. N4 —6B 32
Cavendish Rd. N18 —5C 18
Cavendish Rd. NW6 —7G 47
Cavendish Rd. SW12 —6F 103
Cavendish Rd. SW19 —7B 120
Cavendish Rd. W4 —1J 99
Cavendish Rd. Barn —3A 4
Cavendish Rd. Croy —1B 152
Cavendish Rd. N Mald —4B 136
Cavendish Rd. Sun —6H 113
Cavendish Rd. Sutt —7A 150
Cavendish Sq. W1 —6F 67 (7K 159)
Cavendish St. N1 —2D 68
Cavendish Ter. Felt —2J 113
Cavendish Way. W W'ck —1D 154
Cavenham Gdns. Ilf —3H 55
Caverleigh Way. Wor Pk —1C 148
Cave Rd. E13 —3K 71
Cave Rd. Rich —4C 116
Caversham Av. N13 —3F 17
Caversham Av. Sutt —2G 149
Caversham Ct. N11 —2K 15
Caversham Ho. N15 —4C 32 (off Caversham Rd.)
Caversham Ho. SE15 —6G 87 (off Haymerle Rd.)
Caversham Rd. N15 —4C 32
Caversham Rd. NW5 —6G 49
Caversham Rd. King T —2F 135
Caversham St. SW3 —6D 84 (7E 170)
Caverswall St. W12 —6E 64
Caveside Clo. Chst —1E 144
Cavour Ho. SE17 —5B 86 (off Alberta Est.)
Cawdor Cres. W7 —4A 80
Cawnpore St. SE19 —5E 122
Caxton Ct. SW11 —2C 102
Caxton Gro. E3 —3C 70
Caxton M. Bren —6D 80
Caxton Pl. Ilf —3E 54
Caxton Rd. N22 —2K 31
Caxton Rd. SW19 —5A 120
Caxton Rd. W12 —2F 83
Caxton Rd. S'hall —3B 78
Caxton St. SW1 —3G 85 (1C 172)
Caxton St. N. E16 —6H 71
Caxton St. S. E16 —7J 71
Caxton Trad. Est. Hay —2G 77
Caxton Wlk. WC2 —6H 67 (1D 166)
Caygill Clo. Brom —4H 143
Cayley Clo. Wall —7J 151
Cayley Rd. S'hall —3F 79
Cayton Pl. EC1 —2E 162
Cayton Rd. Gnfd —2J 61
Cayton St. EC1 —3D 68 (2E 162)
Cazenove Rd. E17 —1C 34
Cazenove Rd. N16 —2F 51
Cearns Ho. E6 —1B 72
Cecil Av. Bark —7H 55
Cecil Av. Enf —4A 8
Cecil Av. Wemb —5F 45
Cecil Clo. W5 —5D 62
Cecil Clo. Ashf —7E 112
Cecil Clo. Chess —4D 146
Cecil Ct. NW6 —7K 47
Cecil Ct. SW10 —6A 84 (off Hollywood Rd.)
Cecil Ct. WC2 —7J 67 (3E 166)
Cecil Ct. Barn —3A 4
Cecil Ct. Enf —4J 7
Cecile Pk. N8 —6J 31
Cecil Ho. E17 —1C 34
Cecilia Clo. N2 —3A 30
Cecilia Rd. E8 —5F 51
Cecil Pk. Pinn —4C 24
Cecil Pl. Mitc —5D 138
Cecil Rhodes Ho. NW1 —2H 67 (off Goldington St.)
Cecil Rd. E11 —3H 53
Cecil Rd. E13 —1J 71
Cecil Rd. E17 —1C 34
Cecil Rd. N10 —2F 31
Cecil Rd. N14 —1B 16
Cecil Rd. NW9 —3A 28
Cecil Rd. NW10 —1A 64
Cecil Rd. SW19 —7K 119
Cecil Rd. W3 —5J 63
Cecil Rd. Ashf —7E 112
Cecil Rd. Croy —6J 139
Cecil Rd. Enf —3H 7
Cecil Rd. Harr —3J 25
Cecil Rd. Houn —2G 97
Cecil Rd. Ilf —4F 55
Cecil Rd. Romf —7D 38
Cecil Rd. Sutt —6H 149
Cecil Rosen Ct. Wemb —3B 44
Cecil Way. Brom —1J 155
Cedar Av. Barn —7H 5
Cedar Av. Enf —2D 8
Cedar Av. Hay —6J 59
Cedar Av. Romf —5E 38
Cedar Av. Ruis —5A 42
Cedar Av. Sidc —7A 110
Cedar Av. Twic —6F 97
Cedar Av. W Dray —7B 58
Cedar Clo. SE21 —1C 122
Cedar Clo. SW15 —4K 117
Cedar Clo. Brom —3C 156
Cedar Clo. Buck H —2G 21
Cedar Clo. Cars —6D 150
Cedar Clo. E Mol —4J 133
Cedar Clo. Romf —4J 39
Cedar Copse. Brom —2D 144
Cedar Ct. E18 —1J 35
Cedar Ct. N1 —7C 50
Cedar Ct. N10 —2E 30
Cedar Ct. N11 —5B 16
Cedar Ct. N20 —1G 15
Cedar Ct. SE7 —6A 90
Cedar Ct. SW19 —3F 119
Cedar Ct. W1 —6C 66 (7D 158) (off Harrowby St.)
Cedar Ct. Bren —6C 80
Cedar Ct. Sutt —6A 150
Cedar Cres. Brom —3C 156
Cedarcroft Rd. Chess —4F 147
Cedar Dri. N2 —4C 30
Cedar Gdns. Sutt —6A 150
Cedar Grange. Enf —5K 7
Cedar Gro. W5 —3E 80
Cedar Gro. Bex —6D 110
Cedar Gro. S'hall —5E 60
Cedar Heights. NW2 —6H 47
Cedar Heights. Rich —1E 116
Cedar Ho. E14 —2E 88
Cedar Ho. N22 —1A 32 (off Acacia Rd.)
Cedar Ho. SE14 —1K 105
Cedar Ho. W8 —3K 83 (off Marloes Rd.)
Cedar Ho. Hay —4A 60
Cedarhurst. Brom —7G 125
Cedarhurst Cotts. Bex —7G 111
Cedarhurst Dri. SE9 —5A 108
Cedarland Ter. SW20 —7D 118
Cedar Lawn Av. Barn —5B 4
Cedar Mt. SE9 —1B 126
Cedarne Rd. SW6 —7K 83
Cedar Pk. Gdns. Romf —7D 38
Cedar Pk. Rd. Enf —1H 7
Cedar Pl. SE7 —5A 90
Cedar Ri. N14 —7K 5
Cedar Rd. N17 —1F 33
Cedar Rd. NW2 —4E 46
Cedar Rd. Brom —2A 144
Cedar Rd. Croy —2D 152
Cedar Rd. E Mol —4J 133
Cedar Rd. Enf —1G 7
Cedar Rd. Felt —1F 113
Cedar Rd. Houn —2A 96
Cedar Rd. Romf —4J 39
Cedar Rd. Sutt —6A 150
Cedar Rd. Tedd —5A 116
Cedars Av. E17 —5C 34
Cedars Av. Mitc —4E 138
Cedars Clo. NW4 —3F 29
Cedars Clo. SE13 —3F 107
Cedars Ct. N9 —2K 17
Cedars Dri. Uxb —2B 58
Cedars Ho. E17 —3D 34
Cedars M. SW4 —4F 103 (in two parts)
Cedars Rd. E15 —6G 53
Cedars Rd. N9 —2B 18
Cedars Rd. N21 —2G 17
Cedars Rd. SW4 —3F 103
Cedars Rd. SW13 —2C 100
Cedars Rd. W4 —6J 81
Cedars Rd. Beck —2A 142
Cedars Rd. Croy —3J 151
Cedars Rd. Hamp W —1C 134
Cedars Rd. Mord —4J 137
Cedars, The. E15 —7H 53
Cedars, The. W13 —6C 62
Cedars, The. Buck H —1D 20
Cedars, The. Tedd —6K 115
Cedars, The. Wall —4G 151
Cedar Ter. Rich —4E 98
Cedar Tree Gro. SE27 —5B 122
Cedarville Gdns. SW16 —6K 121
Cedar Way. NW1 —7H 49
Cedar Way. Sun —7G 113
Cedar Way Ind. Est. NW1 —7H 49
Cedra Ct. N16 —1G 51
Cedric Rd. SE9 —3G 127
Celadon Clo. Enf —3F 9
Celandine Clo. E3 —5C 70
Celandine Ct. E4 —3J 19
Celandine Dri. E8 —7F 51
Celandine Dri. SE28 —1B 92
Celandine Way. E15 —3G 71
Celbridge M. W2 —6K 65
Celestial Gdns. SE13 —4F 107
Celia Cres. Ashf —6A 112
Celia Ho. N1 —2E 68 (off Arden Est.)
Celia Rd. N19 —4G 49
Celtic Av. Brom —3G 143
Celtic St. E14 —5D 70
Cemetery La. SE7 —6C 90
Cemetery Rd. E7 —5H 53
Cemetery Rd. N17 —7K 17
Cemetery Rd. SE2 —7B 92
Cenacle Clo. NW3 —3J 47
Cenotaph. —2J 85 (6E 166)
Centaur Ct. Bren —5E 80
Centaurs Bus. Cen. Isw'th —6A 80
Centaur St. SE1 —3K 85 (1H 173)
Centenary Rd. Enf —4G 9
Centenary Trad. Est. Enf —3G 9
Centennial Av. Borwd & Els —1H 11
Central Av. E11 —2F 53
Central Av. N2 —2B 30 (East Finchley)
Central Av. N2 —4K 29 (St Marylebone Cemetery)
Central Av. N9 —3K 17
Central Av. SW11 —7D 84
Central Av. Enf —2C 8
Central Av. Hay —1H 77
Central Av. Houn —4G 97
Central Av. Pinn —6D 24
Central Av. Wall —5J 151
Central Av. Well —2K 109
Central Av. W Mol —4D 132
Central Bus. Cen. NW10 —5A 46
Central Cir. NW4 —5D 28
Central Criminal Court. —6B 68 (7B 162)
Central Gdns. Mord —5K 137
Central Hill. SE19 —5C 122
Central Ho. E15 —2E 70
Central Mans. NW4 —5D 28 (off Watford Way)
Central Markets. EC1 —5B 68 (off Charterhouse St.)
Central Markets (Smithfield). —5B 68 (6A 162)
Central Pde. E17 —4C 34
Central Pde. SE20 —7K 123 (off High St.)
Central Pde. W3 —2H 81
Central Pde. Enf —2D 8
Central Pde. Felt —7A 96
Central Pde. Gnfd —3A 62
Central Pde. Harr —5K 25
Central Pde. Houn —7D 78
Central Pde. Ilf —6H 37
Central Pde. Sidc —3A 128
Central Pde. Surb —6E 134
Central Pde. W Mol —4D 132
Central Pk. Av. Dag —3H 57
Central Pk. Est. Houn —5B 96
Central Pk. Rd. E6 —2B 72
Central Pl. SE25 —5G 141
Central Rd. Mord —6J 137
Central Rd. Wemb —5B 44
Central Rd. Wor Pk —1C 148
Central School Path. SW14 —3J 99
Central Sq. NW11 —6K 29
Central Sq. Wemb —5E 44
Central St. EC1 —3C 68 (1C 162)
Central Ter. Beck —3K 141
Central Way. NW10 —3J 63
Central Way. SE28 —1A 92
Central Way. Cars —7C 150
Central Way. Felt —5J 95
Centre Av. N2 —2C 30
Centre Av. NW10 —3E 64
Centre Av. W3 —1K 81
Centre Comn. Rd. Chst —6G 127
Centre Ct. Shop. Cen. SW19 —6H 119
Centre Dri. E7 —4A 54
Centre Heights. NW3 —7B 48
Centre Point. SE1 —5G 87
Centrepoint. WC1 —6H 67 (7D 160) (off St Giles High St.)
Centre Point Ho. WC2 —6H 67 (7D 160)
Centre Rd. E11 & E7 —2J 53
Centre Rd. Dag —2H 75
Centre St. E2 —2H 69
Centre, The. Felt —2J 113
Centre, The. Houn —3F 97
Centre, The. W on T —7H 131
Centre Way. E17 —7K 19
Centre Way. N9 —2D 18
Centre Way. Ilf —2G 55
Centric Clo. NW1 —1E 66
Centro Ct. E6 —4D 72
Centurion Clo. N7 —7K 49
Centurion Ct. Hack —2F 151
Centurion La. E3 —1B 70
Centurion Way. Eri —3F 93
Century Clo. NW4 —5F 29
Century Ho. SW15 —4F 101
Century M. E5 —4J 51
Century Rd. E17 —3A 34
Cephas Av. E1 —4J 69
Cephas St. E1 —4J 69
Ceres Rd. SE18 —4K 91
Cerise Rd. SE15 —1G 105
Cerne Clo. Hay —7A 60
Cerne Rd. Mord —6A 138
Cerney M. W2 —7B 66 (2A 164)
Cervantes Ct. W2 —6K 65
Cester St. E2 —1G 69
Ceylon Rd. W14 —3F 83
Chadacre Av. Ilf —3D 36
Chadacre Ct. E15 —1J 71 (off Vicars Clo.)
Chadacre Ho. SW9 —4B 104 (off Loughborough Pk.)
Chadacre Rd. Eps —6D 148
Chadbourn St. E14 —5D 70
Chadbury Ct. NW7 —7H 13
Chadd Dri. Brom —3C 144
Chadd Grn. E13 —1J 71 (in two parts)
Chadston Ho. N1 —7B 50 (off Halton Rd.)

Chadswell. WC1 —3J 67 (2F 161) (off Cromer St.)
Chadview Ct. Romf —7D 38
Chadville Gdns. Romf —5D 38
Chadway. Dag —1C 56
Chadwell Av. Romf —7B 38
Chadwell Heath. —7D 38
Chadwell Heath Ind. Pk. Dag —1E 56
Chadwell Heath La. Chad H & Romf —4B 38
Chadwell St. EC1 —3A 68 (1K 161)
Chadwick Av. E4 —4A 20
Chadwick Av. N21 —5E 6
Chadwick Av. SW19 —6J 119
Chadwick Clo. SW15 —7B 100
Chadwick Clo. W7 —5K 61
Chadwick Clo. Tedd —6A 116
Chadwick Pl. Surb —7C 134
Chadwick Rd. E11 —6G 35
Chadwick Rd. NW10 —1B 64
Chadwick Rd. SE15 —2F 105
Chadwick Rd. Ilf —3F 55
Chadwick St. SW1 —3H 85 (2C 172)
Chadwick Way. SE28 —7D 74
Chadwin Rd. E13 —5K 71
Chadworth Ho. EC1 (off Lever St.) —3C 68 (2C 162)
Chadworth Ho. N4 —1C 50
Chaffinch Av. Croy —6K 141
Chaffinch Bus. Pk. Beck —4K 141
Chaffinch Clo. N9 —1E 18
Chaffinch Clo. Croy —5K 141
Chaffinch Clo. Surb —3G 147
Chaffinch Rd. Beck —1A 142
Chafford Way. Romf —4C 38
Chagford St. NW1 —4D 66 (4E 158)
Chailey Av. Enf —2A 8
Chailey Clo. Houn —1B 96
Chailey Ind. Est. Hay —2J 77
Chailey St. E5 —3J 51
Chalbury Wlk. N1 —2K 67
Chalcombe Rd. SE2 —3B 92
Chalcot Clo. Sutt —7J 149
Chalcot Cres. NW1 —1D 66
Chalcot Gdns. NW3 —6D 48
Chalcot M. SW16 —3J 121
Chalcot Rd. NW1 —7E 48
Chalcot Sq. NW1 —7E 48 (in two parts)
Chalcott Gdns. Surb —1C 146
Chalcroft Rd. SE13 —5G 107
Chaldon Ct. SE19 —1D 140
Chaldon Rd. SW6 —7G 83
Chale Rd. SW2 —6J 103
Chalet Clo. Bex —4K 129
Chalet Est. NW7 —4H 13
Chalfont Av. Wemb —6H 45
Chalfont Ct. NW1 (off Baker St.) —4D 66 (4F 159)
Chalfont Ct. NW9 —3B 28
Chalfont Ct. Harr —6K 25 (off Northwick Pk. Rd.)
Chalfont Grn. N9 —3K 17
Chalfont Ho. SE16 —3H 87 (off Keetons Rd.)
Chalfont Rd. N9 —3K 17
Chalfont Rd. SE25 —3F 141
Chalfont Rd. Hay —2J 77
Chalfont Wlk. Pinn —2A 24
Chalfont Way. W13 —3B 80
Chalford Clo. W Mol —4E 132
Chalford Rd. SE21 —4D 122
Chalford Wlk. Wfd G —1B 36
Chalgrove Av. Mord —5J 137
Chalgrove Cres. Ilf —2C 36
Chalgrove Gdns. N3 —3G 29
Chalgrove Rd. N17 —1H 33
Chalgrove Rd. Sutt —7B 150
Chalice Clo. Wall —6H 151
Chalice Ct. N2 —4C 30
Chalkenden Clo. SE20 —7H 123
Chalker's Corner. —3H 99
Chalk Farm. —7E 48
Chalk Farm Rd. NW1 —7E 48
Chalkhill Rd. W6 —4F 83
Chalkhill Rd. Wemb —3G 45 (in two parts)
Chalklands. Wemb —3J 45
Chalk La. Barn & Cockf —3J 5
Chalkley Clo. Mitc —2D 138
Chalkmill Dri. Enf —3C 8
Chalk Pit Way. Sutt —6A 150
Chalk Rd. E13 —5K 71
Chalkstone Clo. Well —1A 110
Chalkwell Pk. Av. Enf —4K 7
Challenge Clo. NW10 —1A 64
Challenge Rd. Ashf —3F 113
Challice Way. SW2 —1K 121
Challin St. SE20 —1J 141
Challis Rd. Bren —5D 80
Challoner Clo. N2 —2B 30
Challoner Cres. W14 —5H 83
Challoners Clo. E Mol —4H 133
Challoner St. W14 —5H 83
Chalmers Ho. E17 —5D 34
Chalmers Rd. Ashf —5D 112
Chalmers Rd. E. Ashf —4D 112
Chalmers Wlk. SE17 —6B 86 (off Hillingdon St.)
Chalmers Way. Felt —5K 95
Chalsey Rd. SE4 —4B 106
Chalton Dri. N2 —6B 30
Chalton Ho. NW1 —3H 67 (1C 160) (off Chalton St.)
Chalton St. NW1 —2G 67 (1C 160) (in three parts)
Chamberlain Clo. SE28 —3H 91
Chamberlain Cotts. SE5 —1D 104
Chamberlain Cres. W W'ck —1D 154
Chamberlain Gdns. Houn —1G 97
Chamberlain Ho. NW1 —1D 160
Chamberlain Ho. SE1 —2A 86 (7J 167) (off Westminster Bri. Rd.)
Chamberlain La. Pinn —4J 23
Chamberlain Pl. E17 —3A 34
Chamberlain Rd. N2 —2A 30
Chamberlain Rd. N9 —3B 18
Chamberlain Rd. W13 —2A 80
Chamberlain St. NW1 —7D 48
Chamberlain Wlk. Felt —4C 114 (off Swift Rd.)
Chamberlain Way. Pinn —3K 23
Chamberlain Way. Surb —7E 134
Chamberlayne Av. Wemb —3E 44
Chamberlayne Rd. NW10 —1E 64
Chambers Gdns. N2 —1B 30
Chambers Ind. Pk. W Dray —6C 76
Chambers La. NW10 —7D 46
Chambers Pl. S Croy —7D 152
Chambers Rd. N7 —4J 49
Chambers St. SE16 —2G 87
Chambers, The. SW10 —1A 102 (off Chelsea Harbour)
Chamber St. E1 —7F 69 (2K 169)
Chambers Wharf. SE16 —2G 87
Chambon Pl. W6 —4C 82
Chambord St. E2 —3F 69 (1K 163)
Chamomile Ct. E17 —6C 34 (off Yunus Khan Clo.)
Champion Cres. SE26 —4A 124
Champion Gro. SE5 —3D 104
Champion Hill. SE5 —3D 104
Champion Hill Est. SE5 —3E 104
Champion Pk. SE5 —2D 104
Champion Rd. SE26 —4A 124
Champlain Ho. W12 —7D 64 (off White City Est.)
Champness Clo. SE27 —4D 122
Champneys Clo. Sutt —7H 149
Chancel Ind. Est. NW10 —5B 46
Chancellor Gdns. S Croy —7B 152
Chancellor Gro. SE21 —2C 122
Chancellor Pas. E14 —1C 88
Chancellor Pl. NW9 —2B 28
Chancellors Ct. WC1 —5G 161
Chancellor's Rd. W6 —5E 82
Chancellor's St. W6 —5E 82
Chancellors Wharf. W6 —5E 82
Chancelot Rd. SE2 —4B 92
Chancel St. SE1 —1B 86 (5A 168)
Chancery La. WC2 —6A 68 (6H 161)
Chancery La. Beck —2D 142
Chance St. E2 & E1 —4F 69 (3J 163)
Chanctonbury Clo. SE9 —3F 127
Chanctonbury Gdns. Sutt —7K 149
Chanctonbury Way. N12 —4C 14
Chandler Av. E16 —5J 71
Chandler Clo. Hamp —1E 132
Chandler Ct. Felt —6J 95
Chandlers Clo. Felt —7H 95
Chandlers Ct. SE12 —1K 125
Chandlers Dri. Eri —4K 93
Chandlers M. E14 —2C 88
Chandler St. E1 —1H 87
Chandlers Way. SW2 —7A 104
Chandler Way. SE15 —7F 87 (Diamond St.)
Chandler Way. SE15 —6E 86 (St George's Way)
Chandlery Ho. E1 —6G 69 (off Bk. Church La.)
Chandlery, The. SE1 —3A 86 (1K 173) (off Gerridge St.)
Chandon Lodge. Sutt —7A 150
Chandos Av. E17 —2C 34
Chandos Av. N14 —3B 16
Chandos Av. N20 —1F 15
Chandos Av. W5 —4C 80
Chandos Clo. Buck H —2E 20
Chandos Ct. N14 —2C 16
Chandos Ct. Edgw —7A 12
Chandos Cres. Edgw —7A 12
Chandos Pde. Edgw —7A 12
Chandos Pl. WC2 —7J 67 (3E 166)
Chandos Rd. E15 —5F 53
Chandos Rd. N2 —2B 30
Chandos Rd. N17 —2E 32
Chandos Rd. NW2 —5E 46
Chandos Rd. NW10 —4A 64
Chandos Rd. Harr —5G 25
Chandos Rd. Pinn —7B 24
Chandos St. W1 —5F 67 (6K 159)
Chandos Way. NW11 —1K 47
Change All. EC3 —6D 68 (1F 169)
Channel Clo. Houn —1E 96
Channel Ga. Rd. NW10 —3A 64
Channel Islands Est. N1 —6C 50 (off Guernsey Rd.)
Channelsea Path. E15 —1F 71
Channelsea Rd. E15 —1F 71
Chantress Clo. Dag —1J 75
Chantrey Rd. SW9 —3K 103
Chantry Clo. W9 —4H 65
Chantry Clo. Enf —1H 7
Chantry Clo. Harr —5F 27
Chantry Clo. Sidc —5E 128
Chantry Clo. W Dray —7A 58
Chantry La. Brom —5B 144
Chantry Pl. Harr —1F 25
Chantry Rd. Chess —5F 147
Chantry Rd. Harr —1F 25
Chantry Sq. W8 —3K 83
Chantry St. N1 —1B 68
Chantry, The. E4 —1K 19
Chantry, The. Uxb —3B 58
Chantry Way. Mitc —3B 138
Chantry Way. Rain —2K 75
Chant Sq. E15 —7F 53
Chant St. E15 —7F 53
Chapel Clo. Dart —5K 111
Chapel Ct. N2 —3C 30
Chapel Ct. SE1 —2D 86 (6E 168)
Chapel Ct. Hay —7H 59
Chapel End. —1C 34
Chapel Farm Rd. SE9 —3D 126
Chapel Hill. N2 —2C 30
Chapel Hill. Dart —5K 111
Chapel Ho. St. E14 —5D 88
Chapel La. Pinn —3B 24
Chapel La. Romf —7D 38
Chapel La. Uxb —6C 58
Chapel Mkt. N1 —2A 68
Chapel M. Wfd G —6K 21
Chapel Path. E11 —6K 35 (off Woodbine Pl.)
Chapel Pl. EC2 —3E 68 (2G 163)
Chapel Pl. N1 —2A 68
Chapel Pl. N17 —7A 18
Chapel Pl. W1 —6F 67 (1J 165)
Chapel Rd. SE27 —4B 122
Chapel Rd. W13 —1B 80
Chapel Rd. Bexh —4G 111
Chapel Rd. Houn —3F 97
Chapel Rd. Ilf —3E 54
Chapel Rd. Twic —7B 98
Chapel Side. W2 —7K 65
Chapel Stones. N17 —1F 33
Chapel St. SW1 —3E 84 (1H 171)
Chapel St. W2 —5C 66 (6C 158)
Chapel St. Enf —3H 7
Chapel Vw. S Croy —6J 153
Chapel Wlk. NW4 —4D 28 (in two parts)
Chapel Wlk. Croy —2C 152
Chapel Way. N7 —3K 49
Chapel Yd. SW18 —5J 101 (off Wandsworth High St.)
Chaplemount Rd. Wfd G —6J 21
Chaplin Clo. SE1 —2A 86 (6K 167)
Chaplin Clo. Wemb —6D 44
Chaplin Cres. Sun —6G 113
Chaplin Rd. E15 —2H 71
Chaplin Rd. N17 —3F 33
Chaplin Rd. NW2 —6C 46
Chaplin Rd. Dag —7E 56
Chaplin Rd. Wemb —6C 44
Chaplin Sq. N12 —7G 15
Chapman Clo. W Dray —3B 76
Chapman Cres. Harr —6E 26
Chapman Rd. E9 —6B 52
Chapman Rd. Belv —5H 93
Chapman Rd. Croy —1A 152
Chapmans Grn. N22 —1A 32
Chapman's La. SE2 & Belv —4C 92
Chapmans Pk. Ind. Est. NW10 —6B 46
Chapman Sq. SW19 —2F 119
Chapman St. E1 —7H 69
Chapman Ter. N22 —1B 32 (off Perth Rd.)
Chapone Pl. W1 —1C 166
Chapter Chambers. SW1 —4H 85 (4C 172) (off Chapter St.)
Chapter Clo. W4 —3J 81
Chapter Clo. Uxb —7B 40
Chapter Ho. Ct. EC4 —1B 168
Chapter Rd. NW2 —5C 46
Chapter Rd. SE17 —5B 86
Chapter St. SW1 —4H 85 (4C 172)
Chapter Way. Hamp —4E 114
Chara Pl. W4 —6K 81
Charcot Ho. SW15 —6B 100
Charcroft Ct. W14 —2F 83 (off Minford Gdns.)
Charcroft Gdns. Enf —4E 8
Chardin Rd. W4 —4A 82
Chardmore Rd. N16 —1G 51
Chard Rd. H'row A —2D 94
Chardwell Clo. E6 —6D 72
Charecroft Way. W12 —2F 83
Charfield Ct. W9 —4K 65 (off Shirland Rd.)
Charford Rd. E16 —5J 71
Chargeable La. E13 —4H 71
Chargeable St. E16 —4H 71
Chargrove Clo. SE16 —2K 87
Charing Ct. Short —2G 143
Charing Cross. SW1 —4E 166
Charing Cross Rd. WC2 —6H 67 (7D 160)
Charing Ho. SE1 —2A 86 (6K 167) (off Windmill Wlk.)
Charlbert Ct. NW8 —2C 66 (off Charlbert St.)
Charlbert St. NW8 —2C 66
Charlbury Av. Stan —5J 11
Charlbury Gdns. Ilf —2K 55
Charlbury Gro. W5 —6C 62
Charlbury Rd. Uxb —3B 40
Charldane Rd. SE9 —3F 127
Charlecote Gro. SE26 —3H 123
Charlecote Rd. Dag —3E 56
Charlemont Rd. E6 —4D 72
Charles Barry Clo. SW4 —3G 103
Charles Bradlaugh Ho. N17 (off Haynes Clo.) —7C 18
Charles Clo. Sidc —4B 128
Charles Cobb Gdns. Croy —5A 152
Charles Coveney Rd. SE5 —1F 105
Charles Cres. Harr —7H 25 (in two parts)
Charles Curran Ho. Uxb —3D 40
Charles Dickens Ho. E2 —3G 69 (off Mansford St.)
Charle Sevright Dri. NW7 —5A 14
Charlesfield. SE9 —3A 126
Charles Flemwell M. E16 —1J 89
Charles Gardner Ct. N1 —3D 68 (1F 163) (off Haberdasher Est.)
Charles Grinling Wlk. SE18 —4E 90
Charles Harrod Ct. SW13 —6E 82 (off Somerville Av.)
Charles Hocking Ho. W3 —2J 81 (off Bollo Bri. Rd.)
Charles Ho. N17 —7A 18 (off Love La.)
Charles La. NW8 —2C 66
Charles MacKenzie Ho. SE16 (off Linsey St.) —4G 87
Charles Pl. NW1 —3G 67 (2B 160)
Charles Rd. E7 —7A 54
Charles Rd. SW19 —1J 137
Charles Rd. W13 —6A 62
Charles Rd. Dag —6K 57
Charles Rd. Romf —6D 38
Charles Rd. Stai —6A 112

Circuits, The. Pinn —4A 24
Circular Rd. N2 —2B 30
Circular Rd. N17 —3F 33
Circular Way. SE18 —6D 90
Circus Lodge. NW8 —1A 158
Circus M. W1 —5E 158
Circus Pl. EC2 —5D 68 (6F 163)
Circus Rd. NW8 —3B 66 (1A 158)
Circus St. SE10 —7E 88
Cirencester St. W2 —5K 65
Cissbury Ho. SE26 —3G 123
Cissbury Ring N. N12 —5C 14
Cissbury Ring S. N12 —5C 14
Cissbury Rd. N15 —5D 32
Citadel Pl. SE11 —5K 85 (5G 173)
Citizen Rd. N7 —4A 50
City Bus. Cen. SE16 —3J 87
City Central Est. EC1 (off Seward St.) —3C 68 (2C 162)
City Garden Row. N1 —2B 68 (1B 162)
City Harbour. E14 —3D 88
City Heights. SE1 —1E 86 (5H 169) (off Weavers La.)
City Ho. Wall —1E 150 (off Corbet Clo.)
City Of London. —6D 68 (7E 162)
City of London Almshouses. SW9 —4K 103
City of London Crematorium. E12 —3C 54
City Pavilion. EC1 —5B 68 (5A 162) (off Britton St.)
City Rd. EC1 —2B 68 (1A 162)
City Tower. EC2 —5D 68 (6E 162) (off Basinghall St.)
City Vw. Ct. SE22 —7G 105
Civic Way. B'side & Ilf —4G 37
Civic Way. Ruis —5B 42
Clabon M. SW1 —3D 84 (2E 170)
Clack La. Ruis —1E 40
Clack St. SE16 —2J 87
Clacton Rd. E13 —3B 72
Clacton Rd. E17 —6A 34
Clacton Rd. N17 —2F 33
Claigmar Gdns. N3 —1K 29
Claire Ct. N12 —4F 15
Claire Ct. NW2 —6G 47
Claire Ct. Bush —1C 10
Claire Gdns. Stan —5H 11
Claire Ho. Edgw —2J 27 (off Burnt Oak B'way.)
Claire Pl. E14 —3C 88
Clairvale Rd. Houn —1B 96
Clairview Rd. SW16 —5F 121
Clairville Gdns. W7 —1J 79
Clairville Point. SE23 —3K 123 (off Dacres Rd.)
Clamp Hill. Stan —4C 10
Clancarty Rd. SW6 —2J 101
Clandeboye Ho. E15 —1H 71 (off John St.)
Clandon Clo. W3 —2H 81
Clandon Clo. Eps —6B 148
Clandon Gdns. N3 —3J 29
Clandon Ho. SE1 —2B 86 (7B 168) (off Webber St.)
Clandon Rd. Ilf —2J 55
Clandon St. SE8 —2C 106
Clandon Ter. SW20 —2F 137
Clanfield Way. SE15 —7E 86
Clanricarde Gdns. W2 —7J 65
Clapham. —4G 103
Clapham Common. —4H 103
Clapham Comn. N. Side. SW4 —4D 102
Clapham Comn. S. Side. SW4 —6F 103
Clapham Comn. W. Side. SW4 (in two parts) —4D 102
Clapham Cres. SW4 —4H 103
Clapham High St. SW4 —4H 103
Clapham Junction. —3C 102
Clapham Junct. App. SW11 —3C 102
Clapham Mnr. Ct. SW4 —3G 103
Clapham Mnr. St. SW4 —3G 103
Clapham Park. —6H 103
Clapham Pk. Est. SW4 —6H 103
Clapham Pk. Rd. SW4 —4G 103
Clapham Pk. Ter. SW4 —5J 103 (off Kings Av.)
Clapham Rd. SW4 —3J 103
Clapham Rd. Est. SW4 —3J 103
Clap La. Dag —2H 57
Claps Ga. La. E6 —4E 72
Clapton Comn. E5 —7F 33
Clapton Park. —4K 51
Clapton Pk. Est. E5 —4K 51
Clapton Pas. E5 —5J 51
Clapton Sq. E5 —5J 51
Clapton Ter. N16 —1G 51
Clapton Way. E5 —4G 51
Clara Grant Ho. E14 —3C 88
Clara Nehab Ho. NW11 —5H 29 (off Leeside Cres.)
Clara Pl. SE18 —4E 90
Clare Clo. N2 —3A 30
Clare Corner. SE9 —7F 109
Clare Ct. WC1 —3J 67 (2F 161) (off Judd St.)
Claredale Ho. E2 —2H 69 (off Claredale St.)
Claredale St. E2 —2G 69
Clare Gdns. E7 —4J 53
Clare Gdns. W11 —6G 65
Clare Gdns. Bark —6K 55
Clare La. N1 —7C 50
Clare Lawn Av. SW14 —5J 99
Clare Mkt. WC2 —6K 67 (1H 167)
Clare M. SW6 —7K 83
Claremont. Shep —6D 130
Claremont Av. Harr —5E 26
Claremont Av. N Mald —5C 136
Claremont Av. Sun —1K 131
Claremont Clo. E16 —1E 90
Claremont Clo. N1 —2A 68 (1K 161)
Claremont Clo. SW2 —1J 121
Claremont Clo. Orp —4E 156
Claremont Gdns. Ilf —2J 55
Claremont Gdns. Surb —5E 134
Claremont Gro. W4 —7A 82
Claremont Gro. Wfd G —6F 21
Claremont Pk. N3 —1G 29
Claremont Rd. E7 —5K 53
Claremont Rd. E11 —3F 53
Claremont Rd. E17 —2A 34
Claremont Rd. N6 —7G 31
Claremont Rd. NW2 —7F 29
Claremont Rd. W9 —2G 65
Claremont Rd. W13 —5A 62
Claremont Rd. Brom —4C 144
Claremont Rd. Croy —1G 153
Claremont Rd. Harr —2J 25
Claremont Rd. Surb —5E 134
Claremont Rd. Tedd —5K 115
Claremont Rd. Twic —7B 98
Claremont Sq. N1 —2A 68 (1J 161)
Claremont St. E16 —2E 90
Claremont St. N18 —6B 18
Claremont St. SE10 —6D 88
Claremont Ter. Surb —7B 134
Claremont Way. NW2 —1E 46 (in two parts)
Claremont Way Ind. Est. NW2 —1E 46
Clarence Av. SW4 —7H 103
Clarence Av. Brom —4C 144
Clarence Av. Ilf —6E 36
Clarence Av. N Mald —2J 135
Clarence Clo. Barn —5G 5
Clarence Clo. Bus H —1E 10
Clarence Ct. NW7 —5F 13
Clarence Cres. SW4 —6H 103
Clarence Cres. Sidc —3B 128
Clarence Gdns. NW1 —3F 67 (2K 159)
Clarence Ga. Wfd G —6J 21 (in four parts)
Clarence Ga. Gdns. NW1 —4D 66 (off Glentworth St.)
Clarence House. —6B 166
Clarence La. SW15 —6A 100
Clarence M. E5 —5H 51
Clarence M. SE16 —1K 87
Clarence M. SW12 —7F 103
Clarence Pas. NW1 —2J 67
Clarence Pl. E5 —5H 51
Clarence Rd. E5 —4H 51
Clarence Rd. E12 —4B 54
Clarence Rd. E16 —4G 71
Clarence Rd. E17 —2K 33
Clarence Rd. N15 —5C 32
Clarence Rd. N22 —7D 16
Clarence Rd. NW6 —7H 47
Clarence Rd. SE9 —2C 126
Clarence Rd. SW19 —6K 119
Clarence Rd. W4 —5G 81
Clarence Rd. Bexh —4E 110
Clarence Rd. Brom —3B 144
Clarence Rd. Croy —7D 140
Clarence Rd. Enf —5D 8
Clarence Rd. Rich —1F 99
Clarence Rd. Sidc —3B 128
Clarence Rd. Sutt —5K 149
Clarence Rd. Tedd —6K 115
Clarence Rd. Wall —5F 151
Clarence St. King T —2D 134 (in three parts)
Clarence St. Rich —4E 98
Clarence St. S'hall —3B 78
Clarence Ter. NW1 —4D 66 (3F 159)
Clarence Ter. Houn —4F 97
Clarence Wlk. SW4 —2J 103
Clarence Way. NW1 —7F 49
Clarenden Pl. Dart —5K 129
Clarendon Clo. E9 —7J 51
Clarendon Clo. W2 —7C 66 (2C 164)
Clarendon Clo. Orp —3K 145
Clarendon Ct. NW2 —7E 46
Clarendon Ct. NW11 —4H 29
Clarendon Ct. Beck —1D 142 (off Albemarle Rd.)
Clarendon Ct. Houn —1J 95
Clarendon Ct. Rich —1F 99
Clarendon Cres. Twic —3H 115
Clarendon Cross. W11 —7G 65
Clarendon Dri. SW15 —4E 100
Clarendon Flats. W1 —6E 66 (1H 165) (off Balderton St.)
Clarendon Gdns. NW4 —3C 28
Clarendon Gdns. W9 —4A 66
Clarendon Gdns. Ilf —7D 36
Clarendon Gdns. Wemb —3D 44
Clarendon Grn. Orp —4K 145
Clarendon Gro. NW1 —3H 67 (1C 160)
Clarendon Gro. Mitc —3D 138
Clarendon Ho. NW1 —2G 67 (off Werrington St.)
Clarendon M. W2 —7C 66 (2C 164)
Clarendon M. Bex —1H 129
Clarendon Path. Orp —4K 145 (in two parts)
Clarendon Pl. W2 —7C 66 (2C 164)
Clarendon Ri. SE13 —4E 106
Clarendon Rd. E11 —1F 53
Clarendon Rd. E17 —6D 34
Clarendon Rd. E18 —3J 35
Clarendon Rd. N8 —3K 31
Clarendon Rd. N15 —4C 32
Clarendon Rd. N18 —6B 18
Clarendon Rd. N22 —2K 31
Clarendon Rd. SW19 —7C 120
Clarendon Rd. W5 —4E 62
Clarendon Rd. W11 —7G 65
Clarendon Rd. Ashf —4B 112
Clarendon Rd. Croy —2B 152
Clarendon Rd. Harr —6J 25
Clarendon Rd. Hay —2H 77
Clarendon Rd. Wall —6G 151
Clarendon St. SW1 —5F 85 (5K 171)
Clarendon Ter. W9 —4A 66 (3A 158)
Clarendon Wlk. W11 —6G 65
Clarendon Way. N21 —6H 7
Clarendon Way. Chst & St M —3K 145
Clarens St. SE6 —2B 124
Clare Pl. SW15 —7B 100
Clare Rd. E11 —6F 35
Clare Rd. NW10 —7C 46
Clare Rd. SE14 —1B 106
Clare Rd. Gnfd —6H 43
Clare Rd. Houn —3D 96
Clare Rd. Stai & Stanw —1A 112
Clare St. E2 —2H 69
Claret Gdns. SE25 —3E 140
Clareville Gro. SW7 —4A 84 (4A 170)
Clareville Gro. M. SW7 —4A 170
Clareville St. SW7 —4A 84
Clare Way. Bexh —1E 110
Clarewood Ct. W1 —5D 66 (6E 158) (off Seymour Pl.)
Clarewood Wlk. SW9 —4A 104
Clarges M. W1 —1F 85 (4J 165)
Clarges St. W1 —1F 85 (4K 165)
Claribel Rd. SW9 —2B 104
Clarice Way. Wall —7J 151
Claridge Ct. SW6 —2H 101
Claridge Rd. Dag —1D 56
Clarion Ho. SW1 —5G 85 (5B 172) (off Moreton Pl.)
Clarion Ho. W1 —6H 67 (1C 166) (off St Anne's Ct.)
Clarissa Ho. E14 —6D 70
Clarissa Rd. Romf —7D 38
Clarissa St. E8 —1F 69
Clark Ct. NW10 —7J 45
Clarke Mans. Bark —7K 55 (off Upney La.)
Clarke Path. N16 —1G 51
Clarkes Av. Wor Pk —1F 149
Clarkes Dri. Uxb —5A 58
Clarke's M. W1 —5E 66 (5H 159)
Clarks Mead. Bush —1B 10
Clarkson Rd. E16 —6H 71
Clarkson Row. NW1 —2G 67 (off Mornington Ter.)
Clarksons, The. Bark —2G 73
Clarkson St. E2 —3H 69
Clark's Pl. EC2 —6E 68 (7G 163)
Clarks Rd. Ilf —2H 55
Clark St. E1 —5H 69
Clark Way. Houn —7B 78
Classon Clo. W Dray —2A 76
Claude Rd. E10 —2E 52
Claude Rd. E13 —1K 71
Claude Rd. SE15 —2H 105
Claude St. E14 —4C 88
Claudia Jones Ho. N17 —1C 32
Claudia Jones Way. SW2 —6J 103
Claudia Pl. SW19 —1G 119
Claughton Rd. E13 —2A 72
Clauson Av. N'holt —5F 43
Clavell St. SE10 —6E 88
Claverdale Rd. SW2 —7K 103
Clavering Av. SW13 —6D 82
Clavering Clo. Twic —4A 116
Clavering Ho. SE13 —4F 107 (off Blessington Rd.)
Clavering Ind. Est. N9 —2D 18 (off Montagu Rd.)
Clavering Rd. E12 —1B 54
Claverley Gro. N3 —1K 29
Claverley Vs. N3 —7E 14
Claverton St. SW1 —5G 85 (6B 172)
Clave St. E1 —1J 87
Claxton Gro. W6 —5F 83
Claxton Path. SE4 —4K 105 (off Coston Wlk.)
Clay Av. Mitc —2F 139
Claybank Gro. SE13 —3D 106
Claybourne M. SE19 —7E 122
Claybridge Rd. SE12 —4A 126
Claybrook Clo. N2 —3B 30
Claybrook Rd. W6 —6F 83
Claybury. Bush —1A 10
Claybury B'way. Ilf —3C 36
Claybury Rd. Wfd G —7H 21
Clay Ct. E17 —3F 35
Claydon. SE17 —4C 86 (off Deacon Way)
Claydon Dri. Croy —4J 151
Claydon Ho. NW4 —2F 29 (off Holders Hill Rd.)
Claydon Ho. SE28 —6D 74 (off St Georges Clo.)
Claydown M. SE18 —5E 90
Clay Farm Rd. SE9 —2G 127
Claygate Cres. New Ad —6E 154
Claygate La. Esh —2A 146 (in two parts)
Claygate La. Th Dit —1A 146
Claygate Rd. W13 —3B 80
Clayhall. —2D 36
Clayhall Av. Ilf —3C 36
Clay Hill. Enf —1K 7
Clayhill. Surb —5G 135
Clayhill Cres. SE9 —4B 126
Claylands Pl. SW8 —7A 86
Claylands Rd. SW8 —6K 85 (7H 173)
Clay La. Bus H —1D 10
Clay La. Edgw —2B 12
Clay La. Stanw —7B 94
Claymore Clo. Mord —7J 137
Claypole Ct. E17 —5C 34 (off Yunus Khan Clo.)
Claypole Dri. Houn —1C 96
Claypole Rd. E15 —2E 70
Clayponds Av. W5 & Bren —4D 80
Clayponds Gdns. W5 —4D 80 (in two parts)
Clayponds La. Bren —5E 80
Clays La. E15 —5D 52
Clays La. Clo. E15 —5D 52
Clay St. W1 —5D 66 (6F 159)
Clayton Av. Wemb —7E 44
Clayton Clo. E6 —6D 72
Clayton Ct. E17 —2A 34
Clayton Cres. Bren —5D 80

Clayton Fld.—Close, The

College Clo. *Twic* —1H 115
College Ct. *SW3* —6F 171
College Ct. *W5* —7E 62
College Ct. W6 —5E 82
(off Queen Caroline St.)
College Ct. *Enf* —5D 8
College Cres. *NW3* —6A 48
(in two parts)
College Cross. *N1* —7A 50
College Dri. *Ruis* —7J 23
College E. *E1* —5F 69
College Fields Bus. Cen. *SW19*
—1B 138
College Gdns. *E4* —7J 9
College Gdns. *N18* —5A 18
College Gdns. *SE21* —1E 122
College Gdns. *SW17* —2C 120
(in three parts)
College Gdns. *Enf* —1J 7
College Gdns. *Ilf* —5C 36
College Gdns. *N Mald* —5B 136
College Grn. *SE19* —7E 122
College Hill. *EC4* —7C 68 (2D 168)
College Hill Rd. *Harr* —7D 10
College La. *NW5* —4F 49
College Mans. NW6 —1G 65
(off Winchester Av.)
College M. *N1* —7A 50
(in two parts)
College M. *SW1* —1E 172
College M. *SW18* —5K 101
College of Arms. —7B 68 (2C 168)
College Pde. *NW6* —1G 65
College Park. —3D 64
College Pk. Clo. *SE13* —4F 107
College Pk. Rd. *N17* —6A 18
College Pl. *E17* —4G 35
College Pl. *NW1* —1G 67
College Pl. *SW10* —7A 84
College Point. *E15* —6H 53
College Rd. *E17* —5E 34
College Rd. *N17* —6A 18
College Rd. *N21* —2F 17
College Rd. *NW10* —2E 64
College Rd. *SE21 & SE19* —7E 104
College Rd. *SW19* —6B 120
College Rd. *W13* —6B 62
College Rd. *Brom* —1J 143
College Rd. *Croy* —2D 152
College Rd. *Enf* —2J 7
College Rd. *Harr* —6J 25
College Rd. *Har W* —1J 25
College Rd. *Iswth* —1K 97
College Rd. *Swan* —7K 129
College Rd. *Wemb* —1D 44
College Roundabout. *King T*
—3E 134
College Row. *E9* —5K 51
College Slip. *Brom* —1J 143
College St. *EC4* —7C 68 (2D 168)
College Ter. *E3* —3B 70
College Ter. *N3* —2H 29
College Vw. *SE9* —1B 126
College Wlk. *King T* —3E 134
College Way. *Ashf* —4B 112
College Way. *Hay* —7J 59
College Yd. *NW5* —4F 49
Collent St. *E9* —6J 51
Colless Rd. *N15* —6F 33
Collett Rd. *SE16* —3G 87
Collett Way. *S'hall* —2F 79
Collier Clo. *E6* —7F 73
Collier Clo. *Eps* —6G 147
Collier Dri. *Edgw* —2G 27
Collier Row. —1H 39
Collier Row La. *Romf* —1H 39
Collier Row Rd. *Romf* —1F 39

Colliers Shaw. *Kes* —5B 156
Collier St. *N1* —2K 67
Colliers Water La. *T Hith* —5A 140
Collier's Wood. —7B 120
Colliers Wood. —7B 120
Collindale Av. *Eri* —7H 93
Collindale Av. *Sidc* —1A 128
Collingbourne Rd. *W12* —1D 82
Collingham Gdns. *SW5* —4K 83
Collingham Pl. *SW5* —4K 83
Collingham Rd. *SW5* —4K 83
Collings Clo. *N22* —6E 16
Collington St. *SE10* —5F 89
Collingtree Rd. *SE26* —4J 123
Collingwood Av. *N10* —3E 30
Collingwood Av. *Surb* —1J 147
Collingwood Clo. *SE20* —1H 141
Collingwood Clo. *Twic* —7E 96
Collingwood Ct. *W5* —5F 63
Collingwood Ct. *New Bar* —5E 4
Collingwood Ho. *SW1*
—5H 85 (6C 172)
(off Dolphin Sq.)
Collingwood Ho. *W1*
—5G 67 (5A 160)
(off Clipstone St.)
Collingwood Rd. *E17* —6C 34
Collingwood Rd. *N15* —4C 32
Collingwood Rd. *Mitc* —3C 138
Collingwood Rd. *Sutt* —3J 149
Collingwood Rd. *Uxb* —4D 58
Collingwood St. *E1* —4H 69
Collins Av. *Stan* —2E 26
Collins Ct. *E8* —6G 51
Collins Dri. *Ruis* —2A 42
Collins Ho. E15 —1H 71
(off John St.)
Collinson Ct. *SE1* —2C 86 (7C 168)
(off Gt. Suffolk St.)
Collinson Ho. SE15 —7G 87
(off Peckham Pk. Rd.)
Collinson St. *SE1* —2C 86 (7C 168)
Collinson Wlk. *SE1*
—2C 86 (7C 168)
Collins Path. *Hamp* —6D 114
Collins Rd. *N5* —4C 50
Collins Sq. *SE3* —2H 107
Collins St. *SE3* —2G 107
(in two parts)
Collin's Yd. *N1* —1B 68
Collinwood Av. *Enf* —3D 8
Collinwood Gdns. *Ilf* —5D 36
Collis All. *Twic* —1J 115
Colls Rd. *SE15* —1J 105
Collyer Av. *Croy* —4J 151
Collyer Pl. *SE15* —1G 105
Collyer Rd. *Bedd* —4J 151
Colman Ct. *N12* —6F 15
Colman Ct. *Stan* —6G 11
Colman Pde. *Enf* —3K 7
Colman Rd. *E16* —5A 72
Colmans Wharf. *E14* —5D 70
Colmar Clo. *E1* —4K 69
Colmer Pl. *Harr* —7C 10
Colmer Rd. *SW16* —1J 139
Colmore M. *SE15* —1H 105
Colmore Rd. *Enf* —4D 8
Colnbrook St. *SE1* —3B 86
Colne Ct. W7 —6H 61
(off Hobbayne Rd.)
Colne Ct. *Eps* —4J 147
Colnedale Rd. *Uxb* —5A 40
Colne Ho. *Bark* —7F 55
Colne Rd. *E5* —4A 52
Colne Rd. *N21* —7J 7
Colne Rd. *Twic* —1J 115
Colne St. *E13* —3J 71
Colney Hatch. —6J 15

Colney Hatch La. *N11 & N10*
—6J 15
Cologne Rd. *SW11* —4B 102
Colombo Rd. *Ilf* —1G 55
Colombo St. *SE1* —1B 86 (5A 168)
Colomb St. *SE10* —5G 89
Colonel's Wlk. *Enf* —3G 7
Colonial Av. *Twic* —6G 97
Colonial Dri. *W4* —4J 81
Colonial Rd. *Felt* —7G 95
Colonnade. *WC1* —4J 67 (4F 161)
Colonnades, The. *W2* —6K 65
Colonnades, The. *Croy* —6A 152
Colonnade, The. *SE8* —4B 88
Colonnade Wlk. *SW1*
—4F 85 (4J 171)
Colosseum Ter. *NW1* —2K 159
Colour Ct. *SW1* —5B 166
Colroy Ct. *NW11* —5G 29
Colson Rd. *Croy* —2E 152
Colson Way. *SW16* —4G 121
Colsterworth Rd. *N15* —4F 33
(in two parts)
Colston Av. *Cars* —4C 150
Colston Ct. *Cars* —4D 150
(off West St.)
Colston Rd. *E7* —6B 54
Colston Rd. *SW14* —4J 99
Colthurst Cres. *N4* —2B 50
Coltman Ho. *E14* —6A 70
Coltman Ho. *SE10* —6E 88
(off Welland St.)
Coltness Cres. *SE2* —5B 92
Colton Gdns. *N17* —3C 32
Colton Rd. *Harr* —5J 25
Coltsfoot Dri. *W Dray* —6A 58
Colt St. *E14* —7B 70
(in two parts)
Columbas. *E14* —1C 88
Columbas Dri. *NW3* —1B 48
Columbia Av. *Edgw* —1H 27
Columbia Av. *Ruis* —1K 41
Columbia Av. *Wor Pk* —7B 136
Columbia St. SE16 —3J 87
(off Surrey Quays Rd.)
Columbia Rd. *E2* —3F 69 (1J 163)
Columbia Rd. *E16* —4H 71
Columbia Sq. *SW14* —4J 99
Columbia Wharf. *SE16* —1B 88
Columbia Wharf. *Enf* —6F 9
Columbine Av. *E6* —5C 72
Columbine Av. *S Croy* —7B 152
Columbine Way. *SE13* —2E 106
Columbus Courtyard. *E14* —1C 88
Columbus Gdns. *N'wd* —1J 23
Colva Wlk. *N19* —2F 49
Colvestone Cres. *E8* —5F 51
Colview Ct. *SE9* —1B 126
Colville Est. *N1* —1E 68
Colville Est. W. E2 —3F 69
(off Turin St.)
Colville Gdns. *W11* —6H 65
(in two parts)
Colville Houses. *W11* —6H 65
Colville M. *W11* —6H 65
Colville Pl. *W1* —5G 67 (6B 160)
Colville Rd. *E11* —3E 52
Colville Rd. *E17* —2A 34
Colville Rd. *N9* —1C 18
Colville Rd. *W3* —3H 81
Colville Rd. *W11* —6H 65
Colville Sq. *W11* —6H 65
Colville Sq. M. *W11* —6H 65
Colville Ter. *W11* —6H 65
Colvin Clo. *SE26* —5J 123
Colvin Gdns. *E4* —3K 19
Colvin Gdns. *E18* —4K 35
Colvin Gdns. *Ilf* —1G 37
Colvin Rd. *E6* —7C 54

Colvin Rd. *T Hith* —5A 140
Colwall Gdns. *Wfd G* —5D 20
Colwell Rd. *SE22* —5F 105
Colwick Clo. *N6* —7H 31
Colwith Rd. *W6* —6E 82
Colwood Gdns. *SW19* —7B 120
Colworth Gro. *SE17* —4C 86
Colworth Rd. *E11* —6G 35
Colworth Rd. *Croy* —1G 153
Colwyn Av. *Gnfd* —2K 61
Colwyn Clo. *SW16* —5G 121
Colwyn Cres. *Houn* —1G 97
Colwyn Grn. *NW9* —6A 28
(off Snowden Dri.)
Colwyn Ho. *SE1* —3A 86 (2J 173)
Colwyn Rd. *NW2* —3D 46
Colwyn Way. *N18* —5B 18
Colyer Clo. *N1* —2K 67
Colyer Clo. *SE9* —2F 127
Colyers Clo. *Eri* —1K 111
Colyers La. *Eri* —1J 111
Colyers Wlk. *Eri* —1K 111
Colyton Clo. *Well* —1D 110
Colyton Clo. *Wemb* —6D 44
Colyton Rd. *SE22* —5H 105
Combe Av. *SE3* —7H 89
Combedale Rd. *SE10* —5J 89
Combemartin Rd. *SW18* —7G 101
Combe M. *SE3* —7H 89
Comber Clo. *NW2* —3D 46
Comber Gro. *SE5* —7C 86 .
Comber Ho. *SE5* —7C 86
Combermere Rd. *SW9* —3K 103
Combermere Rd. *Mord* —6K 137
Comberton Rd. *E5* —2H 51
Combeside. *SE18* —7K 91
Combe, The. *NW1* —3F 67 (2K 159)
(in two parts)
Combwell Cres. *SE2* —3A 92
Comely Bank Rd. *E17* —5E 34
Comeragh M. *W14* —5G 83
Comeragh Rd. *W14* —5G 83
Comer Cres. S'hall —2G 79
(off Windmill Av.)
Comerell Pl. *SE10* —5H 89
Comerford Rd. *SE4* —4A 106
Comet Clo. *E12* —4B 54
Comet Pl. *SE8* —7C 88
Comet Rd. *Stanw* —7A 94
Comet St. *SE8* —7C 88
Commerce Rd. *N22* —1K 31
Commerce Rd. *Bren* —6C 80
Commerce Way. *Croy* —2K 151
Commercial Rd. *E1 & E14*
—6G 69 (7K 163)
Commercial Rd. *E14* —6A 70
Commercial Rd. *N18* —5K 17
Commercial Rd. Ind. Est. *N18*
—6A 18
Commercial St. *E1*
—4F 69 (4J 163)
Commercial Way. *NW10* —2H 63
Commercial Way. *SE15* —7F 87
Commercial Wharf. *E1* —3A 70
Commerell St. *SE10* —5G 89
Commodity Quay. *E1*
—7F 69 (3K 169)
Commodore Ct. SE8 —1C 106
(off Albyn Rd.)
Commodore Ho. *E14* —7E 70
Commodore Sq. *SW10* —1A 102
Commodore St. *E1* —4A 70
Commondale. *SW15* —3E 100
Commonfield La. *SW17* —5C 120
Common La. *Clay* —7A 146
Common Rd. *SW13* —3D 100
Common Rd. *Clay* —6A 146
Common Rd. *Stan* —4C 10

Commonside. *Kes* —4A 156
Commonside E. *Mitc* —3E 138
(in two parts)
Commonside W. *Mitc* —3D 138
Common, The. *W5* —7E 62
(in two parts)
Common, The. *S'hall* —4A 78
Common, The. *Stan* —2D 10
Commonwealth Av. *W12* —7D 64
(in three parts)
Commonwealth Av. *Hay* —6F 59
Commonwealth Rd. *N17* —7B 18
Commonwealth Way. *SE2* —5B 92
Community Clo. *Houn* —1K 95
Community Clo. *Uxb* —3D 40
Community La. *N7* —5H 49
Community Rd. *E15* —5F 53
Community Rd. *Gnfd* —1G 61
Como Rd. *SE23* —2A 124
Como St. *Romf* —5K 39
Compass Ct. SE1 —1F 87
(off Shad Thames)
Compass Hill. *Rich* —6D 98
Compass Ho. *SW18* —4K 101
Compass Point. E14 —7B 70
(off Grenade St.)
Compayne Gdns. *NW6* —7K 47
Compton Av. *E6* —2B 72
Compton Av. *N1* —6B 50
Compton Av. *N6* —7C 30
Compton Clo. *E3* —5C 70
Compton Clo. *NW1* —2K 159
Compton Clo. *NW11* —3F 47
Compton Clo. *W13* —6A 62
Compton Clo. *Edgw* —7D 12
Compton Ct. *SE19* —6E 122
Compton Ct. *Sutt* —4A 150
Compton Cres. *N17* —7H 17
Compton Cres. *W4* —6J 81
Compton Cres. *Chess* —5E 146
Compton Cres. *N'holt* —1B 60
Compton Pas. *EC1*
—4B 68 (3B 162)
Compton Pl. *WC1* —4J 67 (3E 160)
Compton Ri. *Pinn* —5C 24
Compton Rd. *N1* —6B 50
Compton Rd. *N21* —1F 17
Compton Rd. *NW10* —3F 65
Compton Rd. *SW19* —6H 119
Compton Rd. *Croy* —1H 153
Compton Rd. *Hay* —7G 59
Compton St. *EC1* —4B 68 (3A 162)
Compton Ter. *N1* —6B 50
Compton Ter. *N21* —1F 17
Comreddy Clo. *Enf* —1G 7
Comus Ho. SE17 —4E 86
(off Comus Pl.)
Comus Pl. *SE17* —4E 86
Comyn Rd. *SW11* —4C 102
Comyns Clo. *E16* —5H 71
Comyns Rd. *Dag* —7G 57
Comyns, The. *Bush* —1B 10
Conant Ho. SE11 —6B 86 (7K 173)
(off St Agnes Pl.)
Conant M. *E1* —7G 69
Concanon Rd. *SW2* —4K 103
Concert Hall App. *SE1*
—1K 85 (5H 167)
Concord Bus. Cen. *W3* —4H 63
Concord Cen., The. *W12* —2F 83
Concord Clo. *N'holt* —3B 60
Concord Ct. King T —3F 135
(off Winery La.)
Concorde Clo. *Houn* —2F 97
Concorde Clo. *Uxb* —2A 58
Concorde Dri. *E6* —5D 72
Concord Ho. *N17* —7A 18
(off Park La.)

Cranbourne Gdns. *Ilf* —3G **37**
Cranbourne Rd. *E12* —5C **54**
Cranbourne Rd. *E15* —4E **52**
Cranbourne Rd. *N10* —2F **31**
Cranbourne Rd. *N'wd* —3H **23**
Cranbourn Ho. SE16 —2H 87
(off Marigold St.)
Cranbourn Pas. *SE16* —2H **87**
(off Wilson Gro.)
Cranbourn Pl. *SE16* —2H **87**
Cranbourn St. *WC2*
　　　　　—7H **67** (2D **166**)
Cranbrook. —1D **54**
Cranbrook. NW1 —1G 67
(off Camden St.)
Cranbrook Clo. *Brom* —6J **143**
Cranbrook Ct. *Bren* —6C **80**
Cranbrook Dri. *Esh* —7G **133**
Cranbrook Dri. *Twic* —1F **115**
Cranbrook Est. *E2* —2K **69**
Cranbrook M. *E17* —5B **34**
Cranbrook Pk. *N22* —1A **32**
Cranbrook Ri. *Ilf* —6D **36**
Cranbrook Rd. *SE8* —1C **106**
Cranbrook Rd. *SW19* —7G **119**
Cranbrook Rd. *W4* —5A **82**
Cranbrook Rd. *Barn* —6G **5**
Cranbrook Rd. *Bexh* —1F **111**
Cranbrook Rd. *Houn* —4D **96**
Cranbrook Rd. *Ilf* —7E **36**
Cranbrook Rd. *T Hth* —2C **140**
Cranbrook St. *E2* —2K **69**
Cranbury Rd. *SW6* —2K **101**
Crandley Ct. *SE8* —4A **88**
Crane Av. *W3* —7J **63**
Crane Av. *Iswth* —5A **98**
Cranebank. *Twic* —4A **98**
Cranebrook. *Twic* —2G **115**
Crane Clo. *Dag* —6D **57**
Crane Clo. *Harr* —3G **43**
Crane Ct. *EC4* —6A **68** (1K **167**) ·
Crane Ct. *Eps* —4J **147**
Craneford Clo. *Twic* —7K **97**
Craneford Way. *Twic* —7K **97**
Crane Gdns. *Hay* —4H **77**
Crane Gro. *N7* —6A **50**
Crane Ho. *SE15* —1F **105**
Crane Ho. *Felt* —3E **114**
Crane Lodge Rd. *Houn* —6K **77**
Cranemead. *SE16* —4K **87**
Crane Mead Ct. *Twic* —7K **97**
Crane Pk. Rd. *Twic* —2F **115**
Crane Rd. *Twic* —1J **115**
Cranesbill Clo. *NW9* —3K **27**
Cranes Dri. *Surb* —4E **134**
Cranes Pk. *Surb* —4E **134**
Cranes Pk. Av. *Surb* —4E **134**
Cranes Pk. Cres. *Surb* —4F **135**
Crane St. *SE10* —5F **89**
Crane St. *SE15* —1F **105**
Craneswater. *Hay* —7H **77**
Craneswater Pk. *S'hall* —5D **78**
Crane Way. *Twic* —7G **97**
Cranfield Clo. *SE27* —3C **122**
Cranfield Dri. *NW9* —7F **13**
Cranfield Ho. *WC1* —5E **160**
Cranfield Rd. *SE4* —3B **106**
Cranfield Rd. E. *Cars* —7E **150**
Cranfield Rd. W. *Cars* —7D **150**
Cranfield Row. *SE1* —1K **173**
Cranford. —1J **95**
Cranford Av. *N13* —5D **16**
Cranford Av. *Stai* —7A **94**
Cranford Clo. *SW20* —7D **118**
Cranford Cotts. E1 —7K 69
(off Cranford St.)

Cranford Dri. *Hay* —4H **77**
Cranford La. *Hay* —6F **77**
Cranford La. *H'row* —1H **95**
(in two parts)
Cranford La. *Houn* —7K **77**
Cranford Pk. Rd. *Hay* —4H **77**
Cranford St. *E1* —7K **69**
Cranford Way. *N8* —4K **31**
Cranhurst Rd. *NW2* —5E **46**
Cranleigh Clo. *SE20* —2H **141**
Cranleigh Clo. *Bex* —6H **111**
Cranleigh Ct. *Mitc* —3B **138**
Cranleigh Ct. *Rich* —3G **99**
Cranleigh Ct. *S'hall* —6D **60**
Cranleigh Gdns. *N21* —5F **7**
Cranleigh Gdns. *SE25* —3E **140**
Cranleigh Gdns. *Bark* —7H **55**
Cranleigh Gdns. *Harr* —5E **26**
Cranleigh Gdns. *King T* —6F **117**
Cranleigh Gdns. *S'hall* —6D **60**
Cranleigh Gdns. *Sutt* —2K **149**
Cranleigh Gdns. Ind. Est. *S'hall*
　　　　　—5D **60**
Cranleigh Houses. NW1 —2G 67
(off Cranleigh St.)
Cranleigh M. *SW11* —2C **102**
Cranleigh Rd. *N15* —5C **32**
Cranleigh Rd. *SW19* —3J **137**
Cranleigh Rd. *Felt* —4H **113**
Cranleigh St. *NW1* —2G **67**
Cranley Dene Ct. *N10* —4F **31**
Cranley Dri. *Ilf* —7G **37**
Cranley Dri. *Ruis* —2H **41**
Cranley Gardens. —4F **31**
Cranley Gdns. *N10* —4F **31**
Cranley Gdns. *N13* —3E **16**
Cranley Gdns. *SW7*
　　　　　—5A **84** (5A **170**)
Cranley Gdns. *Wall* —7G **151**
Cranley M. *SW7* —5A **84** (5A **170**)
Cranley Pde. SE9 —4C 126
(off Beaconsfield Rd.)
Cranley Pl. *SW7* —4B **84** (4A **170**)
Cranley Rd. *E13* —5K **71**
Cranley Rd. *Ilf* —6G **37**
Cranmer Av. *W13* —3B **80**
Cranmer Clo. *Mord* —6F **137**
Cranmer Clo. *Ruis* —1B **42**
Cranmer Clo. *Stan* —7H **11**
Cranmer Ct. *N3* —2G **29**
Cranmer Ct. *SW3* —4C **84** (4D **170**)
Cranmer Ct. *SW4* —3H **103**
Cranmere Ct. *SE5* —1C **104**
Cranmere Ct. *Enf* —2F **7**
Cranmer Farm Clo. *Mitc* —4D **138**
Cranmer Gdns. Dag —4J 57
Cranmer Ho. SW9 —7A 86
(off Brixton Rd.)
Cranmer Rd. *E7* —4K **53**
Cranmer Rd. *SW9* —7A **86**
Cranmer Rd. *Croy* —3B **152**
Cranmer Rd. *Edgw* —3C **12**
Cranmer Rd. *Hamp H* —5F **115**
Cranmer Rd. *Hay* —6F **59**
Cranmer Rd. *King T* —5E **116**
Cranmer Rd. *Mitc* —4D **138**
Cranmer Ter. *SW17* —5B **120**
Cranmore Av. *Iswth* —7G **79**
Cranmore Rd. *Brom* —3H **125**
Cranmore Rd. *Chst* —5D **126**
Cranmore Way. *N10* —4G **31**
Cranston Clo. *Houn* —2C **96**
Cranston Clo. *Uxb* —2F **41**
Cranston Est. *N1* —2D **68**
Cranston Gdns. *E4* —6J **19**
Cranston Rd. *SE23* —1A **124**
Cranswick Rd. *SE16* —5H **87**
Crantock Rd. *SE6* —2D **124**

Cranwell Clo. *E3* —4D **70**
Cranwell Gro. *Shep* —4B **130**
Cranwell Rd. *H'row A* —2D **94**
Cranwich Av. *N21* —7J **7**
Cranwich Rd. *N16* —7D **32**
Cranwood Ct. *EC1* —2F **163**
Cranwood St. *EC1*
　　　　　—3D **68** (2F **163**)
Cranworth Cres. *E4* —1A **20**
Cranworth Gdns. *SW9* —1A **104**
Craster Rd. *SW2* —7K **103**
Crathie Rd. *SE12* —6K **107**
Cravan Av. *Felt* —2J **113**
Craven Av. *W5* —7C **62**
Craven Av. *S'hall* —5D **60**
Craven Clo. *N16* —7G **33**
Craven Clo. *Hay* —6J **59**
Craven Ct. *NW10* —1A **64**
Craven Ct. *Romf* —6E **38**
Craven Gdns. *SW19* —5J **119**
Craven Gdns. *Bark* —2J **73**
Craven Gdns. *Ilf* —2H **37**
Craven Hill. *W2* —7A **66**
Craven Hill Gdns. *W2* —7A **66**
(in two parts)
Craven Hill M. *W2* —7A **66**
Craven Lodge. W2 —7A 66
(off Craven Hill)
Craven M. *SW11* —3E **102**
Craven Pk. *NW10* —1K **63**
Craven Pk. M. *NW10* —1A **64**
Craven Pk. Rd. *N15* —6F **33**
Craven Pk. Rd. *NW10* —1A **64**
Craven Pas. WC2 —1J 85 (4E 166)
(off Craven St.)
Craven Rd. *NW10* —1A **64**
Craven Rd. *W2* —7A **66** (2A **164**)
Craven Rd. *W5* —7C **62**
Craven Rd. *Croy* —1H **153**
Craven Rd. *King T* —1F **135**
Craven St. *WC2* —1J **85** (4E **166**)
Craven Ter. *W2* —7A **66** (2A **164**)
Craven Wlk. *N16* —7G **33**
Crawford Av. *Wemb* —5D **44**
Crawford Bldgs. W1
(off Homer St.) —5C **66** (6D **158**)
Crawford Clo. *Iswth* —2J **97**
Crawford Est. *SE5* —2C **104**
Crawford Gdns. *N13* —3G **17**
Crawford Gdns. *N'holt* —3D **60**
Crawford Mans. W1
　　　　　—5C **66** (6D **158**)
(off Crawford St.)
Crawford M. *W1* —5D **66** (6E **158**)
Crawford Pas. *EC1*
　　　　　—4A **68** (4K **161**)
Crawford Pl. *W2* —6C **66** (7D **158**)
Crawford Point. E16 —6H 71
(off Wouldham Rd.)
Crawford Rd. *SE5* —1C **104**
Crawford St. *W1* —5C **66** (6E **158**)
Crawley Rd. *E10* —1D **52**
Crawley Rd. *N22* —2C **32**
Crawley Rd. *Enf* —7K **7**
Crawshay Ct. *SW9* —1A **104**
Crawthew Gro. *SE22* —4F **105**
Craybrooke Rd. *Sidc* —4B **128**
Craybury End. *SE9* —2G **127**
Crayford Clo. *E6* —6C **72**
Crayford Ho. SE1 —2D 86 (7F 169)
(off Long La.)
Crayford Rd. *N7* —4H **49**
Crayke Hill. *Chess* —7E **146**
Crayle Ho. EC1 —4B 68 (3B 162)
(off Malta St.)
Crayonne Clo. *Sun* —1G **131**
Cray Rd. *Belv* —6G **93**
Cray Rd. *Sidc* —6C **128**

Cray Valley Rd. *Orp* —5K **145**
Crealock Gro. *Wfd G* —5C **20**
Crealock St. *SW18* —6K **101**
Creasy Est. *SE1* —3E **86**
Crebor St. *SE22* —6G **105**
Credenhall Dri. *Brom* —1D **156**
Credenhill Ho. *SE15* —7H **87**
Credenhill St. *SW16* —6G **121**
Crediton Hill. *NW6* —5K **47**
Crediton Rd. *E16* —6J **71**
Crediton Rd. *NW10* —1F **65**
Crediton Way. *Clay* —5A **146**
Credon Rd. *E13* —2A **72**
Credon Rd. *SE16* —5H **87**
Creechurch La. *EC3*
(in two parts) —6E **68** (1H **169**)
Creechurch Pl. *EC3* —1H **169**
Creed Ct. *EC4* —1B **168**
Creed La. *EC4* —6B **68** (1B **168**)
Creek Ho. W14 —3G 83
(off Russell Rd.)
Creekmouth. —4K **73**
Creek Rd. *SE8 & SE10* —6C **88**
Creek Rd. *Bark* —3K **73**
Creek Rd. *E Mol* —4J **133**
Creekside. *SE8* —7D **88**
Creek, The. *Sun* —5J **131**
Creek Way. *Rain* —5K **75**
Creeland Gro. *SE6* —1B **124**
Crefeld Clo. *SW6* —6G **83**
Creffield Rd. *W5 & W3* —7F **63**
Creighton Av. *E6* —2B **72**
Creighton Av. *N2 & N10* —3C **30**
Creighton Clo. *W12* —7C **64**
Creighton Rd. *N17* —7K **17**
Creighton Rd. *NW6* —2F **65**
Creighton Rd. *W5* —3D **80**
Cremer Bus. Cen. *E2*
(off Cremer St.) —2F **69** (1J **163**)
Cremer St. *E2* —2F **69** (1J **163**)
Cremorne Est. *SW10* —6B **84**
Cremorne Rd. *SW10* —7A **84**
Crescent. EC3 —7F 69 (2J 169)
Crescent Ct. *Surb* —5D **134**
Crescent Ct. Bus. Cen. *E16* —4F **71**
Crescent Dri. *Orp* —6F **145**
Crescent E. *Barn* —1F **5**
Crescent Gdns. *SW19* —3J **119**
Crescent Gdns. *Ruis* —7K **23**
Crescent Gro. *SW4* —4G **103**
Crescent Gro. *Mitc* —4C **138**
Crescent Ho. EC1 —4C 68 (4C 162)
(off Golden La. Est.)
Crescent Ho. *SE8* —2D **106**
Crescent La. *SW4* —4G **103**
Crescent M. *N22* —1J **31**
Crescent Pde. *Uxb* —3C **58**
Crescent Pl. *SW3* —4C **84** (3D **170**)
Crescent Ri. *N3* —1H **29**
Crescent Ri. *N22* —1H **31**
Crescent Ri. *Barn* —5H **5**
Crescent Rd. *E4* —1B **20**
Crescent Rd. *E6* —1A **72**
Crescent Rd. *E10* —2D **52**
Crescent Rd. *E13* —1J **71**
Crescent Rd. *E18* —1A **36**
Crescent Rd. *N3* —1H **29**
Crescent Rd. *N8* —6H **31**
Crescent Rd. *N9* —1B **18**
Crescent Rd. *N11* —4J **15**
Crescent Rd. *N15* —3B **32**
Crescent Rd. *N22* —1H **31**
Crescent Rd. *SE18* —5F **91**
Crescent Rd. *SW20* —1F **137**
Crescent Rd. *Barn* —4G **5**
Crescent Rd. *Beck* —2D **142**
Crescent Rd. *Brom* —7J **125**
Crescent Rd. *Dag* —3H **57**

Crescent Rd. *Enf* —4G **7**
Crescent Rd. *King T* —7G **117**
Crescent Rd. *Shep* —5E **130**
Crescent Rd. *Sidc* —3K **127**
Crescent Row. *EC1*
　　　　　—4C **68** (4C **162**)
Crescent Stables. *SW15* —5G **101**
Crescent St. *N1* —7K **49**
Crescent, The. *E17* —6A **34**
Crescent, The. *N9* —2C **18**
Crescent, The. *N11* —4K **15**
Crescent, The. *NW2* —3D **46**
Crescent, The. *SE7* —7A **90**
Crescent, The. *SW13* —2B **100**
Crescent, The. *SW19* —3J **119**
Crescent, The. *W3* —6A **64**
Crescent, The. *Ashf* —5B **112**
Crescent, The. *Barn* —2E **4**
Crescent, The. *Beck* —1C **142**
Crescent, The. *Bex* —7C **110**
Crescent, The. *Croy* —6D **140**
Crescent, The. *Harr* —1G **43**
Crescent, The. *Hay* —7F **77**
Crescent, The. *Ilf* —6E **36**
Crescent, The. *N Mald* —3J **135**
Crescent, The. *Shep* —7H **131**
Crescent, The. *Sidc* —4K **127**
Crescent, The. *S'hall* —2D **78**
Crescent, The. *Surb* —5E **134**
Crescent, The. *Sutt* —5B **150**
Crescent, The. *Wemb* —2B **44**
Crescent, The. *W Mol* —4E **132**
Crescent, The. *W W'ck* —6G **143**
Crescent Way. *N12* —6H **15**
Crescent Way. *SE4* —3C **106**
Crescent Way. *SW16* —6K **121**
Crescent W. *Barn* —1F **5**
Crescent Wood Rd. *SE26* —3G **123**
Cresford Rd. *SW6* —1K **101**
Crespigny Rd. *NW4* —6D **28**
Cressage Clo. *S'hall* —4E **60**
Cressage Ho. Bren —6E 80
(off Ealing Rd.)
Cressal Ho. *E14* —3C **88**
Cressar Rd. *E9* —6J **51**
Cresset St. *SW4* —3H **103**
Cressfield Clo. *NW5* —5E **48**
Cressida Rd. *N19* —1G **49**
Cressingham Gdns. Est. *SW2*
　　　　　—7A **104**
Cressingham Gro. *Sutt* —4A **150**
Cressingham Rd. SE13 —3E 106
Cressingham Rd. *Edgw* —6E **12**
Cressington Clo. *N16* —5E **50**
Cresswell. *NW9* —2B **28**
Cresswell Gdns. *SW5* —5A **84**
Cresswell Pk. *SE3* —3H **107**
Cresswell Pl. *SW10* —5A **84**
Cresswell Rd. *SE25* —4G **141**
Cresswell Rd. *Felt* —3C **114**
Cresswell Rd. *Twic* —6D **98**
Cresswell Way. *N21* —7F **7**
Cressy Ct. *E1* —5J **69**
Cressy Ct. *W6* —3D **82**
Cressy Houses. E1 —5J 69
(off Hannibal Rd.)
Cressy Pl. *E1* —5J **69**
Cressy Rd. *NW3* —5D **48**
Cresta Ct. *W5* —4F **63**
Cresta Ho. *NW3* —7B **48**
Crestbrook Av. *N13* —3G **17**
Crestbrook Pl. N13 —3G 17
(off Green Lanes)
Crest Ct. *NW4* —5E **28**
Crest Dri. *Enf* —1D **8**
Crestfield St. *NW1*
　　　　　—3J **67** (1F **161**)
Crest Gdns. *Ruis* —3A **42**

Creston Way. *Wor Pk* —1F **149**
Crest Rd. *NW2* —2C **46**
Crest Rd. *Brom* —7H **143**
Crest Rd. *S Croy* —7H **153**
Crest, The. *N13* —4F **17**
Crest, The. *NW4* —5E **28**
Crest, The. *Surb* —5G **135**
Crest Vw. *Pinn* —4B **24**
Crest Vw. Dri. *Orp* —5F **145**
Crestway. *SW15* —6C **100**
Crestwood Way. *Houn* —5C **96**
Creswick Ct. *W3* —7H **63**
Creswick Rd. *W3* —7H **63**
Creswick Wlk. *E3* —3C **70**
Creswick Wlk. *NW11* —4H **29**
Creton St. *SE18* —3E **90**
Crewdson Rd. *SW9* —7A **86**
Crewe Pl. *NW10* —3B **64**
Crews St. *E14* —4C **88**
Crewys Rd. *NW2* —2H **47**
Crewys Rd. *SE15* —2H **105**
Crichton Av. *Wall* —5H **151**
Crichton Ho. *Sidc* —6D **128**
Crichton Rd. *Cars* —6D **150**
Crichton St. *SW8* —2G **103**
Cricketers Arms Rd. *Enf* —2H **7**
Cricketers Clo. *N14* —7B **6**
Cricketers Clo. *Chess* —4D **146**
Cricketers Clo. *Eri* —5K **93**
Cricketers Ct. SE11 —4B 86
(off Kennington La.)
Cricketers M. *SW18* —5K **101**
Cricketers Ter. *Cars* —3C **150**
Cricketers Wlk. *SE26* —5J **123**
Cricketfield Rd. *E5* —4H **51**
Cricket Grn. *Mitc* —3D **138**
Cricket Ground Rd. *Chst* —1F **145**
(in two parts)
Cricket La. *Beck* —6A **124**
Cricklade Av. *SW2* —2J **121**
Cricklewood. —3G **47**
Cricklewood B'way. *NW2* —3E **46**
Cricklewood La. *NW2* —4F **47**
Cricklewood Trad. Est. *NW2*
—3G **47**
Cridland St. *E15* —1H **71**
Crieff Ct. *Tedd* —7C **116**
Crieff Rd. *SW18* —6A **102**
Criffel Av. *SW2* —2H **121**
Crimscott St. *SE1* —3E **86**
Crimsworth Rd. *SW8* —1H **103**
Crinan St. *N1* —2J **67**
Cringle St. *SW8* —7G **85**
Cripplegate St. *EC2*
—5C **68** (5D **162**)
Cripps Grn. *Hay* —4K **59**
Crispe Ho. N1 —1K 67
(off Barnsbury Est.)
Crispen Ho. *Bark* —2H **73**
Crispen Rd. *Felt* —4C **114**
Crispian Clo. *NW10* —4A **46**
Crispin Clo. *Croy* —2J **151**
Crispin Cres. *Croy* —3H **151**
Crispin Lodge. *N11* —5J **15**
Crispin Rd. *Edgw* —6D **12**
Crispin St. E1 —5F 69 (6J 163)
Crisp Rd. *W6* —5E **82**
Cristowe Rd. *SW6* —2H **101**
Criterion M. *N19* —2H **49**
Crittalls Corner. —7C **128**
Crockerton Rd. *SW17* —2D **120**
Crockham Way. *SE9* —4E **126**
Crocus Clo. *Croy* —1K **153**
Crocus Rd. *Barn* —6C **4**
Croft Av. *W W'ck* —1E **154**
Croft Clo. *NW7* —3F **13**
Croft Clo. *Belv* —5F **93**
Croft Clo. *Chst* —5D **126**

Croft Clo. *Hay* —7E **76**
Croft Clo. *Uxb* —7C **40**
Croft Ct. *SE13* —6E **106**
Croft Ct. *Ruis* —1H **41**
Croftdown Rd. *NW5* —3E **48**
Croft End Clo. Chess —3F 147
(off Ashcroft Rd.)
Crofters Clo. *Iswth* —5H **97**
Crofters Way. *NW1* —1H **67**
Croft Gdns. *W7* —2A **80**
Croft Gdns. *Ruis* —1G **41**
Croft Ho. *E17* —4D **34**
Croft Ho. W10 —3G 65
(off Third Av.)
Croft Lodge Clo. *Wfd G* —6E **20**
Croft M. *N12* —3F **15**
Crofton Av. *W4* —7K **81**
Crofton Av. *Bex* —7D **110**
Croftongate Way. *SE4* —5A **106**
Crofton Gro. *E4* —4A **20**
Crofton Park. —5B **106**
Crofton Pk. Rd. *SE4* —6B **106**
Crofton Rd. *E13* —4K **71**
Crofton Rd. *SE5* —1E **104**
Crofton Rd. *Orp* —3E **156**
Crofton Ter. *E5* —5A **52**
Crofton Ter. *Rich* —4F **99**
Crofton Way. *Barn* —6E **4**
Crofton Way. *Enf* —2F **7**
Croft Rd. *SW16* —1A **140**
Croft Rd. *SW19* —7A **120**
Croft Rd. *Brom* —6J **125**
Croft Rd. *Enf* —1F **9**
Croft Rd. *Sutt* —5G **150**
Crofts Ho. E2 —2G 69
(off Teale St.)
Croftside. The. *SE25* —3G **141**
Crofts La. *N22* —7F **17**
Crofts Rd. *Harr* —6A **26**
Crofts St. *E1* —7G **69** (3K **169**)
Crofts, The. *Shep* —4G **131**
Croft St. *SE8* —4A **88**
Crofts Vs. *Harr* —6A **26**
Croft, The. *E4* —2B **20**
Croft, The. *NW10* —2B **64**
Croft, The. *W5* —5E **62**
Croft, The. *Barn* —4B **4**
Croft, The. *Houn* —6D **78**
Croft, The. *Pinn* —7D **24**
Croft, The. *Ruis* —4A **42**
Croft, The. *Wemb* —5C **44**
Croftway. *NW3* —4J **47**
Croftway. *Rich* —3B **116**
Croft Way. *Sidc* —3J **127**
Crogsland Rd. *NW1* —7E **48**
Croham Clo. *S Croy* —7E **152**
Croham Mnr. Rd. *S Croy* —7E **152**
Croham M. *S Croy* —7E **152**
Croham Pk. Av. *S Croy* —5E **152**
Croham Rd. *S Croy* —5D **152**
Croham Valley Rd. *S Croy* —6G **153**
Croindene Rd. *SW16* —1J **139**
Crokesley Ho. Edgw —2J 27
(off Burnt Oak B'way.)
Cromartie Rd. *N19* —7H **31**
Cromarty Ct. *SW2* —5K **103**
Cromarty Rd. *Edgw* —2C **12**
Cromberdale Ct. N17 —1G 33
(off Spencer Rd.)
Crombie Clo. *Ilf* —5D **36**
Crombie M. *SW11* —2C **102**
Crombie Rd. *Sidc* —1H **127**
Crome Ho. N'holt —2C 60
(off Parkfield Dri.)
Cromer Clo. *Uxb* —6E **58**
Cromerhyde. *Mord* —5K **137**
Cromer Pl. *Orp* —7J **145**
Cromer Rd. *E10* —7F **35**

Cromer Rd. *N17* —2G **33**
Cromer Rd. *SE25* —3H **141**
Cromer Rd. *SW17* —6E **120**
Cromer Rd. *Barn* —4E **4**
Cromer Rd. *Chad H* —6E **38**
Cromer Rd. *H'row A* —2C **94**
Cromer Rd. *New Bar* —4F **5**
Cromer Rd. *Romf* —6J **39**
Cromer Rd. *Wfd G* —4D **20**
Cromer Rd. W. *H'row A* —3C **94**
Cromer St. *WC1* —3J **67** (2E **160**)
Cromer Ter. *E8* —5G **51**
Cromer Vs. Rd. *SW18* —6H **101**
Cromford Path. *E5* —4K **51**
Cromford Rd. *SW18* —5J **101**
Cromford Way. *N Mald* —1K **135**
Cromlix Clo. *Chst* —2F **145**
Crompton Ho. *SE1* —3C **86**
(off County St.)
Crompton Ho. *W2*
(off Hall Pl.) —4B **66** (4A **158**)
Crompton Pl. *Enf* —1H **9**
Crompton St. *W2*
—4B **66** (4A **158**)
Cromwell Av. *N6* —1F **49**
Cromwell Av. *W6* —5D **82**
Cromwell Av. *Brom* —4K **143**
Cromwell Av. *N Mald* —5B **136**
Cromwell Cen. *NW10* —3K **63**
Cromwell Cen., The. Dag —7F 39
(off Selinas La.)
Cromwell Clo. *E1* —1G **87**
Cromwell Clo. *N2* —4B **30**
Cromwell Clo. *W3* —1J **81**
(in two parts)
Cromwell Clo. *Brom* —4K **143**
Cromwell Clo. *W on T* —7K **131**
Cromwell Ct. *Enf* —5E **8**
Cromwell Cres. *W8* —4J **83**
Cromwell Gdns. *SW7*
—3B **84** (2B **170**)
Cromwell Gro. *W6* —3E **82**
Cromwell Highwalk. *EC2* —5D **162**
Cromwell Ho. *Croy* —3B **152**
Cromwell Ind. Est. *E10* —1A **52**
Cromwell Lodge. *Bexh* —5E **110**
Cromwell M. *SW7*
—4B **84** (3B **170**)
Cromwell Pl. EC2 —5C 68
(off Bocch St.)
Cromwell Pl. *N6* —1F **49**
Cromwell Pl. *SW7*
—4B **84** (3B **170**)
Cromwell Pl. *SW14* —3J **99**
Cromwell Rd. *E7* —7A **54**
Cromwell Rd. *E17* —5E **34**
Cromwell Rd. *N3* —1A **30**
Cromwell Rd. *N10* —7K **15**
(in two parts)
Cromwell Rd. *SW5 & SW7*
—4J **83** (3A **170**)
Cromwell Rd. *SW9* —1B **104**
Cromwell Rd. *SW19* —5J **119**
Cromwell Rd. *Beck* —2A **142**
Cromwell Rd. *Croy* —7D **140**
Cromwell Rd. *Felt* —1K **113**
Cromwell Rd. *Hay* —6F **59**
Cromwell Rd. *Houn* —4E **96**
Cromwell Rd. *King T* —1E **134**
Cromwell Rd. *Tedd* —6A **116**
Cromwell Rd. *Wemb* —2E **62**
Cromwell Rd. *Wor Pk* —3K **147**
Cromwell St. *Houn* —4E **96**
Cromwell Tower. *EC2* —5D **162**
Crondace Rd. *SW6* —1J **101**
Crondall Ct. *N1* —1F **163**
Crondall St. *N1* —2E **68** (1F **163**)
Crone Ct. NW6 —2H 65
(off Denmark Rd.)

Cronin St. *SE15* —7F **87**
Crooked Billet. —1C **34**
Crooked Billet. *SW19* —6E **118**
Crooked Billet Yd. *E2*
—3E **68** (2H **163**)
Crooked Usage. *N3* —3G **29**
Crooke Rd. *SE8* —5A **88**
Crookham Rd. *SW6* —1H **101**
Crook Log. *Bexh* —3D **110**
Crookston Rd. *SE9* —3E **108**
Croombs Rd. *E16* —5A **72**
Croom's Hill. *SE10* —7E **88**
Croom's Hill Gro. *SE10* —7E **88**
Cropley Ct. *N1* —2D **68**
(off Cropley St., in two parts)
Cropley St. *N1* —2D **68** (1E **162**)
Croppath Rd. *Dag* —4G **57**
Cropthorne Ct. *W9* —3A **66**
Crosbie. *NW9* —2B **28**
Crosbie Ho. *E17* —3E **34**
(off Prospect Hill)
Crosby Clo. *Felt* —3C **114**
Crosby Ct. *SE1* —6E **168**
Crosby Ho. *E7* —6J **53**
Crosby Ho. *E14* —3E **88**
Crosby Rd. *E7* —6J **53**
Crosby Rd. *Dag* —2H **75**
Crosby Row. *SE1*
—2D **86** (7E **168**)
Crosby Sq. *EC3* —6E **68** (1G **169**)
Crosby Wlk. *E8* —6F **51**
Crosby Wlk. *SW2* —7A **104**
Crosby Way. *SW2* —7A **104**
Crosier Clo. *SE3* —1C **108**
Crosier Rd. *Ick* —4E **40**
Crosier Way. *Ruis* —3G **41**
Crosland Pl. *SW11* —3E **102**
Cross Av. *SE10* —6F **89**
Crossbow Ho. W13 —1B 80
(off Sherwood Clo.)
Crossbrook Rd. *SE3* —2C **108**
Cross Clo. *SE15* —2H **105**
Cross Deep. *Twic* —2K **115**
Cross Deep Gdns. *Twic* —2K **115**
Crossfield Ho. W11 —7G 65
(off Mary Pl.)
Crossfield Rd. *N17* —3C **32**
Crossfield Rd. *NW3* —6B **48**
Crocfield St. *SE8* —7C **88**
Crossford St. *SW9* —2K **103**
Cross Ga. *Edgw* —3B **12**
Crossgate. *Gnfd* —6B **44**
Cross Keys Clo. N9 —2B 18
(off Green, The)
Cross Keys Clo. N9 —2B 18
(off Lacey Clo.)
Cross Keys Clo. *W1*
—5E **66** (6H **159**)
Cross Keys Sq. EC1 —5C 68
(off Lit. Britain)
Cross Lances Rd. *Houn* —4F **97**
Crossland Rd. *T Hth* —6B **140**
Crosslands Av. *W5* —1F **81**
Crosslands Av. *S'hall* —5D **78**
Crosslands Rd. *Eps* —6K **147**
Cross La. *EC3* —7E **68** (3G **169**)
Cross La. *N8* —3K **31**
(in two parts)
Cross La. *Bex* —7F **111**
Crossleigh Ct. SE14 —7B 88
(off New Cross Rd.)
Crosslet St. *SE17* —4D **86**
Crosslet Va. *SE10* —1D **106**
Crossley St. *N7* —6A **50**
Crossmead. *SE9* —1D **126**
Crossmead Av. *Gnfd* —3E **60**
Crossmount Ho. *SE5* —7C **86**
(off Bowyer St.)

Crossness Footpath. *Eri* —1F **93**
Crossness La. *SE28* —7D **74**
Crossness Rd. *Bark* —3K **73**
Cross Rd. *E4* —1A **20**
Cross Rd. *N11* —5A **16**
Cross Rd. *N22* —7F **17**
Cross Rd. *SW19* —7J **119**
Cross Rd. *Brom* —2C **156**
Cross Rd. *Chad H* —7C **38**
Cross Rd. *Croy* —1D **152**
Cross Rd. *Enf* —4K **7**
Cross Rd. *Felt* —4C **114**
Cross Rd. *Harr* —4H **25**
Cross Rd. *King T* —7F **117**
Cross Rd. *Mawn & Romf* —4G **39**
Cross Rd. *Sidc* —4B **128**
Cross Rd. *S Harr* —3F **43**
Cross Rd. *Sutt* —5B **150**
Cross Rd. *W'stone* —2A **26**
Cross St. *N1* —1B **68**
Cross St. *N18* —5B **18**
Cross St. *SE5* —3D **104**
Cross St. *SW13* —2A **100**
Cross St. *Hamp H* —5G **115**
Crossthwaite Av. *SE5* —4D **104**
Crosswall. *EC3* —7F **69** (2J **169**)
Crossway. *N12* —6G **15**
Crossway. *N16* —5E **50**
Crossway. *NW9* —4B **28**
Crossway. *SE28* —7B **74**
Crossway. *SW20* —4E **137**
Crossway. *W13* —4A **62**
Crossway. *Dag* —3C **56**
Crossway. *Enf* —7K **7**
Crossway. *Hay* —1J **77**
Crossway. *Orp* —4H **145**
Crossway. *Ruis* —4A **42**
Cross Way. *Pinn* —2K **23**
Crossway. *Ruis* —4A **42**
Cross Way. *Wfd G* —4F **21**
Crossway Ct. *SE4* —2A **106**
Crossways. *N21* —6H **7**
Crossways. *S Croy* —7A **154**
Crossways. *Sun* —7H **113**
Crossways. *Sutt* —7B **150**
Crossways Rd. *Beck* —4C **142**
Crossways Rd. *Mitc* —3F **139**
Crossways Ter. *E5* —4J **51**
Croceways, The. *Houn* —7D **78**
Crossways, I he. *Wemb* —2G **45**
Crossway, The. *N22* —7G **17**
Crossway, The. *SE9* —2B **126**
Cross Way, The. *Harr* —2J **25**
Crossway, The. *Uxb* —2B **58**
Crosswell Clo. *Shep* —2E **130**
Croston St. *E8* —1G **69**
Crothall Clo. *N13* —3E **16**
Crouch Av. *Bark* —2B **74**
Crouch Clo. *Beck* —6C **124**
Crouch Cft. *SE9* —3E **126**
Crouch End. —7H **31**
Crouch End Hill. *N8* —7H **31**
Crouch Hall Ct. *N19* —1J **49**
Crouch Hall Rd. *N8* —6H **31**
Crouch Hill. *N8 & N4* —6J **31**
Crouchman's Clo. *SE26* —3F **123**
Crouch Rd. *NW10* —7K **45**
Crowborough Rd. *SW17* —6E **120**
Crowden Way. *SE28* —7C **74**
Crowder St. *E1* —7H **69**
Crowfield Ho. *N5* —4C **50**
Crowfoot Clo. *E9* —5B **52**
Crowhurst Clo. *SW9* —2A **104**
Crowhurst Ho. SW9 —2K 103
(off Aytoun Rd.)
Crowland Av. *Hay* —4G **77**
Crowland Gdns. *N14* —7D **6**

Crowland Ho. NW8 —1A 66
(off Springfield Rd.)
Crowland Rd. N15 —5F 33
Crowland Rd. T Hth —4D 140
Crowlands Av. Romf —6H 39
Crowland Ter. N1 —7D 50
Crowland Wlk. Mord —6K 137
Crow La. Romf —7F 39
Crowley Cres. Croy —5A 152
Crowline Wlk. N1 —6C 50
Crowmarsh Gdns. SE23 —7J 105
Crown Arc. King T —2D 134
Crownbourne Ct. Sutt —4K 149
(off St Nicholas Way)
Crown Bldgs. E4 —1A 20
Crown Clo. E3 —1C 70
Crown Clo. NW6 —6K 47
Crown Clo. NW7 —2G 13
Crown Clo. Hay —2H 77
Crown Clo. W on T —7A 132
Crown Clo. Bus. Cen. E3 —1C 70
(off Crown Clo.)
Crown Cotts. Romf —1G 39
Crown Ct. EC4 —1D 168
Crown Ct. N10 —7K 15
Crown Ct. SE12 —6K 107
Crown Dale. SE19 —6B 122
Crowndale Ct. NW1 —2H 67
(off Crowndale Ct.)
Crowndale Rd. NW1 —2G 67
Crownfield Av. Ilf —6J 37
Crownfield Rd. E15 —4F 53
Crown Hill. Croy —2C 152
Crown Hill Rd. NW10 —1B 64
Crownhill Rd. Wfd G —7H 21
Crown Ho. Ruis —1J 41
Crown La. N14 —1B 16
Crown La. SW16 —5A 122
Crown La. Brom —5B 144
Crown La. Chst —1G 145
Crown La. Mord —4J 137
Crown La. Gdns. SW16 —5A 122
Crown La. Spur. Brom —6B 144
Crown Lodge. SW3
　　　　　　—4C 84 (4D 170)
Crownmead Way. Romf —4H 39
Crown M. E13 —1A 72
Crown M. W6 —4C 82
Crown Office Row. EC4
　　　　　　—7A 68 (2J 167)
Crown Pde. N14 —1B 16
Crown Pde. SE19 —6B 122
Crown Pde. Mord —3J 137
Crown Pas. SW1 —1G 85 (5B 166)
Crown Pas. King T —2D 134
Crown Pl. EC2 —5E 68 (5G 163)
Crown Pl. NW5 —6F 49
Crown Reach. SW1
　　　　　　—5H 85 (6D 172)
Crown Rd. N10 —7K 15
Crown Rd. Enf —4C 8
Crown Rd. Ilf —4H 37
Crown Rd. Mord —4K 137
Crown Rd. N Mald —1J 135
Crown Rd. Ruis —5B 42
Crown Rd. Sutt —4K 149
Crown Rd. Twic —6B 98
Crownstone Ct. SW2 —5A 104
Crownstone Rd. SW2 —5A 104
Crown St. SE5 —7C 86
Crown St. W3 —1H 81
Crown St. Dag —6J 57
(in two parts)
Crown St. Harr —1H 43
Crown Ter. N14 —1C 16
(off Crown La.)
Crown Ter. Rich —4F 99
Crown Trad. Cen. Hay —2G 77

Crowntree Clo. Iswth —6K 79
Crown Wlk. Wemb —3F 45
Crown Way. W Dray —1B 76
Crown Wharf. E14 —1E 88
Crown Woods Way. SE9 —5H 109
Crown Yd. Houn —3G 97
Crowshott Av. Stan —2C 26
Crows Rd. E15 —3F 71
Crows Rd. Bark —6F 55
Crowther Av. Bren —4E 80
Crowther Rd. SE25 —5G 141
Crowthorne Clo. SW18 —7H 101
Crowthorne Rd. W10 —6F 65
Croxall Ho. W on T —6A 132
Croxden Clo. Edgw —3G 27
Croxden Wlk. Mord —6A 138
Croxford Gdns. N22 —7G 17
Croxford Way. Romf —1K 57
Croxley Grn. Orp —7B 128
Croxley Rd. W9 —3H 65
Croxted Clo. SE21 —7C 104
Croxted M. SE24 —6C 104
Croxted Rd. SE24 & SE21 —6C 104
Croxteth Ho. SW8 —2H 103
Croyde Av. Gnfd —3G 61
Croyde Av. Hay —4G 77
Croyde Clo. Sidc —7H 109
Croydon. —2C 152
Croydon. N17 —2D 32
(off Gloucester Rd.)
Croydon Crematorium. Croy
　　　　　　—5K 139
Croydon Flyover, The. Croy
　　　　　　—3C 152
Croydon Gro. Croy —1B 152
Croydon Ho. SE1 —1A 86 (6K 167)
(off Wootton St.)
Croydon Rd. E13 —4H 71
Croydon Rd. SE20 —2H 141
Croydon Rd. Beck —5K 141
Croydon Rd. Brom & Kes —3A 156
Croydon Rd. H'row A —2D 94
Croydon Rd. Mitc & Bedd —4E 138
Croydon Rd. Wall & Croy —4F 151
Croydon Rd. W W'ck & Brom
　　　　　　—3G 155
Croydon Rd. Ind. Est. Beck
　　　　　　—4K 141
Croyland Rd. N9 —1B 18
Croylands Dri. Surb —7E 134
Croysdale Av. Sun —3J 131
Crozier Ho. SE3 —3K 107
Crozier Ho. SW8 —7K 85
(off Wilkinson St.)
Crozier Ter. E9 —5K 51
Crucible Clo. Romf —6B 38
Crucifix La. SE1 —2E 86 (6H 169)
Cruden Ho. SE5 —6B 86
(off Brandon Est.)
Cruden St. N1 —1B 68
Cruikshank Ho. NW8 —2C 66
(off Townshend Rd.)
Cruikshank Rd. E15 —4G 53
Cruikshank St. WC1
　　　　　　—3A 68 (1J 161)
Crummock Gdns. NW9 —5A 28
Crumpsall St. SE2 —4C 92
Crundale Av. NW9 —5G 27
Crunden Rd. S Croy —7D 152
Crusader Gdns. Croy —3E 152
Crusoe M. N16 —2D 50
Crusoe Rd. Eri —5K 93
Crusoe Rd. Mitc —7D 120
Crutched Friars. EC3
　　　　　　—7E 68 (2H 169)
Crutchley Rd. SE6 —2G 125
Crystal Palace. —6F 123

Crystal Palace F.C. —4E 140
Crystal Palace Mus. —6F 123
Crystal Palace National Sports
　　　　　Centre. —6G 123
Crystal Pal. Pde. SE19 —6F 123
Crystal Pal. Pk. Rd. SE26 —5G 123
Crystal Pal. Rd. SE22 —6F 105
Crystal Pal. Sta. Rd. SE19
　　　　　　—6G 123
Crystal Ter. SE19 —6D 122
Crystal Way. Ct. Brom —4F 125
Crystal Way. Dag —1C 56
Crystal Way. Harr —5K 25
Cuba Dri. Enf —2D 8
Cuba St. E14 —2C 88
Cubitt Ho. SW4 —6G 103
Cubitt Sq. S'hall —1G 79
Cubitt Steps. E14 —1C 88
Cubitt St. WC1 —3K 67 (2H 161)
Cubitt St. Croy —5K 151
Cubitt's Yd. WC2 —2F 167
Cubitt Ter. SW4 —3G 103
Cubitt Town. —4E 88
Cuckoo Av. W7 —4J 61
Cuckoo Dene. W7 —5H 61
Cuckoo Hall La. N9 —7D 8
Cuckoo Hall Rd. N9 —7D 8
Cuckoo Hill. Pinn —3A 24
Cuckoo Hill Dri. Pinn —3A 24
Cuckoo Hill Rd. Pinn —4A 24
Cuckoo La. W7 —7J 61
Cuckoo Pound. Shep —5G 131
Cudas Clo. Eps —4B 148
Cuddington. SE17 —4C 86
(off Deacon Way)
Cuddington Av. Wor Pk —3B 148
Cudham St. SE6 —7E 106
Cudworth Ho. SW8 —1G 103
Cudworth St. E1 —4H 69
Cuff Cres. SE9 —6B 108
Cuff Point. E2 —3F 69 (1J 163)
(off Columbia Rd.)
Culford Gdns. SW3
　　　　　　—4D 84 (4F 171)
Culford Gro. N1 —6E 50
Culford Mans. SW3
　　　　　　—4D 84 (4F 171)
Culford M. N1 —6E 50
Culford Rd. N1 —7E 50
(in two parts)
Culgaith Gdns. Enf —4D 6
Culham Ho. E2 —3F 69 (2J 163)
(off Palissy St.)
Cullen Way. NW10 —4J 63
Culling Rd. SE16 —3J 87
Cullington Clo. Harr —4A 26
Cullingworth Rd. NW10 —5C 46
Culloden Clo. SE1 —5G 87
Culloden Rd. Enf —2G 7
Culloden St. E14 —6E 70
Cullum St. EC3 —7E 68 (2G 169)
Cullum Welch Ct. N1
　　　　　　—3D 68 (1F 163)
(off Haberdasher St.)
Culmington Pde. W13 —1C 80
(off Culmington Rd.)
Culmington Rd. W13 —1C 80
Culmington Rd. S Croy —7C 152
Culmore Rd. SE15 —7H 87
Culmstock Rd. SW11 —5E 102
Culpeper Ho. E14 —6A 70
Culpepper Ct. SE11 —3J 173
Culross Bldgs. N1 —2J 67
(off Battle Bri. Rd.)
Culross Clo. N15 —4C 32
Culross St. W1 —7E 66 (3G 165)
Culsac Rd. Surb —2E 146
Culverden Rd. SW12 —2G 121

Culver Gro. Stan —2C 26
Culverhouse. WC1
　　　　　　—5K 67 (6G 161)
(off Red Lion Sq.)
Culverhouse Gdns. SW16 —3K 121
Culverlands Clo. Stan —4G 11
Culverley Rd. SE6 —1D 124
Culvers Av. Cars —2D 150
Culvers Retreat. Cars —1D 150
Culverstone Clo. Hayes —6H 143
Culvers Way. Cars —2D 150
Culvert Pl. SW11 —2E 102
Culvert Rd. N15 —5E 32
Culvert Rd. SW11 —2D 102
Culworth Ho. NW8 —2C 66
(off Allitsen Rd.)
Culworth St. NW8 —2C 66
Culzean Clo. SE27 —3B 122
Cumberland Av. NW10 —3H 63
Cumberland Av. Well —3J 109
Cumberland Bus. Pk. NW10
　　　　　　—3H 63
Cumberland Clo. E8 —6F 51
Cumberland Clo. SW20 —7F 119
Cumberland Clo. Ilf —1G 37
Cumberland Clo. Twic —6B 98
Cumberland Ct. W1
　　　　　　—5F 85 (5K 171)
(off Cumberland St.)
Cumberland Ct. Croy —1D 152
Cumberland Ct. Harr —3J 25
(off Princes Dri.)
Cumberland Ct. Well —2J 109
Cumberland Cres. W14 —4G 83
(in two parts)
Cumberland Dri. Bexh —7E 92
Cumberland Dri. Chess —3F 147
Cumberland Dri. Esh —2A 146
Cumberland Gdns. NW4 —2G 29
Cumberland Gdns. WC1
　　　　　　—3A 68 (1J 161)
Cumberland Ga. W1
　　　　　　—7D 66 (2E 164)
Cumberland Ho. N9 —1D 18
(off Cumberland Rd.)
Cumberland Ho. King T —7H 117
Cumberland Mans. W1 —7E 158
Cumberland Mkt. NW1
　　　　　　—3F 67 (1K 159)
Cumberland Mills Sq. E14 —5F 89
Cumberland Pk. W3 —7J 63
Cumberland Pk. Ind. Est. NW10
　　　　　　—3C 64
Cumberland Pl. NW1
　　　　　　—3F 67 (1J 159)
Cumberland Pl. SE6 —1H 125
Cumberland Pl. Sun —4J 131
Cumberland Rd. E12 —4B 54
Cumberland Rd. E13 —5K 71
Cumberland Rd. E17 —2A 34
Cumberland Rd. N9 —1D 18
Cumberland Rd. N22 —2K 31
Cumberland Rd. SE25 —6H 141
Cumberland Rd. SW13 —1B 100
Cumberland Rd. W3 —7J 63
Cumberland Rd. W7 —2K 79
Cumberland Rd. Ashf —3A 112
Cumberland Rd. Brom —4G 143
Cumberland Rd. Harr —5F 25
Cumberland Rd. Rich —7G 81
Cumberland Rd. Stan —3F 27
Cumberland St. SW1
　　　　　　—5H 85 (5K 171)
Cumberland Ter. NW1
　　　　　　—2F 67 (1J 159)
Cumberland Ter. M. NW1 —1J 159
Cumberland Vs. W3 —7J 63
(off Cumberland Rd.)

Cumberlow Av. SE25 —3F 141
Cumbernauld Gdns. Sun —5H 113
Cumberton Rd. N17 —1D 32
Cumbrae Gdns. Surb —2D 146
Cumbrian Gdns. NW2 —2F 47
Cumbrian Way. Uxb —1A 40
Cumming St. N1 —2K 67 (1H 161)
Cumnor Clo. SW9 —2K 103
(off Robsart St.)
Cumnor Gdns. Eps —6C 148
Cumnor Rd. Sutt —6A 150
Cunard Cres. N21 —6J 7
Cunard Pl. EC3 —6E 68 (1H 169)
Cunard Rd. NW10 —3K 63
Cunard Wlk. SE16 —4K 87
Cundy Rd. E16 —6A 72
Cundy St. SW1 —4E 84 (4H 171)
Cunliffe Pde. Eps —4B 148
Cunliffe Rd. Eps —4B 148
Cunliffe St. SW16 —6G 121
Cunningham Clo. Romf —5C 38
Cunningham Clo. W W'ck
　　　　　　—2D 154
Cunningham Ho. SE5 —7D 86
(off Elmington Est.)
Cunningham Pk. Harr —5G 25
Cunningham Pl. NW8
　　　　　　—4B 66 (3A 158)
Cunningham Rd. N15 —4G 33
Cunnington St. W4 —3J 81
Cupar Rd. SW11 —1E 102
Cupola Clo. Brom —5K 125
Cureton St. SW1
　　　　　　—4H 85 (4D 172)
Curfew Ho. Bark —1G 73
Curie Ct. Harr —7B 26
Curie Gdns. NW9 —2A 28
Curlew Clo. SE28 —7D 74
Curlew Clo. Ilf —3E 36
Curlew Ct. W13 —4K 61
Curlew Ct. Surb —3G 147
Curlew Ho. SE4 —4A 106
(off St Norbert Rd.)
Curlew Ho. SE15 —1F 105
Curlew St. SE1 —2F 87 (6K 169)
Curlew Way. Hay —5B 60
Curnick's La. SE27 —4C 122
Curran Av. Sidc —5K 109
Curran Av. Wall —3E 150
Curran Ho. SW3 —4C 84 (4C 170)
(off Lucan Pl.)
Currey Rd. Gnfd —6H 43
Curricle St. W3 —1A 82
Currie Hill Clo. SW19 —4H 119
Currie Ho. E14 —6F 71
Curry Ri. NW7 —6A 14
Cursitor St. WC2 —6A 68 (7J 161)
Curtain Pl. EC2 —3H 163
Curtain Rd. EC2 —4E 68 (2H 163)
(in two parts)
Curthwaite Gdns. Enf —4C 6
Curtis Dri. W3 —6K 63
Curtis Fld. Rd. SW16 —4K 121
Curtis Ho. SE17 —5D 86
(off Morecambe St.)
Curtis La. Wemb —5E 44
Curtis Rd. Eps —4J 147
Curtis Rd. Houn —7D 96
Curtis St. SE1 —4F 87
Curtis Way. SE1 —4F 87
Curtis Way. SE28 —7B 74
Curtlington Ho. Edgw —2J 27
(off Burnt Oak B'way.)
Curve, The. W12 —7C 64
Curwen Av. E7 —4K 53
Curwen Rd. W12 —2C 82
Curzon Av. Enf —5E 8
Curzon Av. Stan —1A 26

Curzon Ct. SW6 —1K **101**
(off Maltings Pl.)
Curzon Cres. NW10 —7A **46**
Curzon Cres. Bark —2K **73**
Curzon Ga. W1 —1E **84** (5H **165**)
Curzon Pl. W1 —1E **84** (5H **165**)
Curzon Pl. Pinn —5A **24**
Curzon Rd. N10 —2F **31**
Curzon Rd. W5 —4B **62**
Curzon Rd. T Hth —6A **140**
Curzon St. W1 —1E **84** (5H **165**)
Cusack Clo. Twic —4K **115**
Custance Ho. N1 —2D **68** (1E **162**)
(off Provost Est.)
Custance St. N1 —3D **68** (1E **162**)
Custom House. —6A **72**
Custom Ho. —7E **68** (3G **169**)
Custom Ho. Reach. SE16 —2B **88**
Custom Ho. Wlk. EC3
—7E **68** (3G **169**)
Cutbush Ho. N7 —5H **49**
Cutcombe Rd. SE5 —2C **104**
Cuthberga St. Bark —7G **55**
(off George St.)
Cuthbert Gdns. SE25 —3E **140**
Cuthbert Harrowing Ho. EC1
—4C **68** (4C **162**)
(off Golden La. Est.)
Cuthbert Ho. W2 —5B **66** (5A **158**)
(off Hall Pl.)
Cuthbert Rd. E17 —3E **34**
Cuthbert Rd. N18 —5B **18**
Cuthbert Rd. Croy —2B **152**
Cuthbert St. W2 —5B **66** (5A **158**)
Cuthill Wlk. SE5 —1D **104**
Cutlers Gdns. E1 —6H **163**
Cutlers Sq. E14 —4C **88**
Cutler St. E1 —6E **68** (7H **163**)
Cut, The. SE1 —2A **86** (6K **167**)
Cutthroat All. Rich —2C **116**
Cutty Sark Clipper Ship. —6E **88**
Cutty Sark Gdns. SE10 —6E **88**
(off King William Wlk.)
Cuxton. Pet W —5G **145**
Cuxton Clo. Bexh —5E **110**
Cyclamen Clo. Hamp —6E **114**
Cyclamen Way. Eps —5J **147**
Cyclops M. E14 —4C **88**
Cygnet Av. Felt —7A **96**
Cygnet Clo. NW10 —5K **45**
Cygnets, The. Felt —4C **114**
Cygnet St. E1 —4F **69** (3K **163**)
Cygnet Way. Hay —5B **60**
Cygnus Bus. Cen. NW10 —5B **46**
Cymbeline Ct. Harr —6K **25**
(off Gayton Rd.)
Cynthia St. N1 —2K **67** (1H **161**)
Cyntra Pl. E8 —7H **51**
Cypress Av. Twic —7G **97**
Cypress Gdns. SE4 —5A **106**
Cypress Ho. SE14 —1K **105**
Cypress Pl. W1 —4G **67** (4B **160**)
Cypress Rd. SE25 —2E **140**
Cypress Rd. Harr —2H **25**
Cypress Tree Clo. Sidc —1K **127**
Cyprus. —7E **72**
Cyprus Av. N3 —2G **29**
Cyprus Clo. N4 —6B **32**
Cyprus Gdns. N3 —2G **29**
Cyprus Pl. E2 —2J **69**
Cyprus Pl. E6 —7E **72**
Cyprus Rd. N3 —2H **29**
Cyprus Rd. N9 —2A **18**
Cyprus St. E2 —2J **69**
(in two parts)
Cyrena Rd. SE22 —6F **105**
Cyril Lodge. Sidc —4A **128**
Cyril Mans. SW11 —1D **102**

Cyril Rd. Bexh —2E **110**
Cyril Rd. Orp —7K **145**
Cyrus Ho. EC1 —4B **68** (3B **162**)
Cyrus St. EC1 —3B **162**
Czar St. SE8 —6C **88**

D

Dabbs Hill La. N'holt —6D **42**
(in two parts)
Dabbs La. EC1 —4A **68** (4K **161**)
(off Farringdon Rd.)
Dabin Cres. SE10 —1E **106**
Dacca St. SE8 —6B **88**
Dace Rd. E3 —1C **70**
Dacre Av. Ilf —2E **36**
Dacre Gdns. SE13 —4G **107**
Dacre Ho. SW3 —7B **170**
Dacre Pk. SE13 —3G **107**
Dacre Pl. SE13 —3G **107**
Dacre Rd. E11 —1H **53**
Dacre Rd. E13 —1K **71**
Dacre Rd. Croy —7J **139**
Dacres Ho. SW4 —3F **103**
Dacres Rd. SE23 —2K **123**
Dacre St. SW1 —3H **85** (1C **172**)
Dade Way. S'hall —5D **78**
Daerwood Clo. Brom —1D **156**
Daffodil Clo. Croy —1K **153**
Daffodil Gdns. Ilf —5F **55**
Daffodil Pl. Hamp —6E **114**
Daffodil St. W12 —7B **64**
Dafforne Rd. SW17 —3E **120**
Dagenham. —6G **57**
Dagenham & Redbridge F.C.
—5H **57**
Dagenham Av. Dag —1E **74**
(in two parts)
Dagenham Leisure Pk. Dag —1E **74**
Dagenham Rd. E10 —1B **52**
Dagenham Rd. Dag & Romf
—4H **57**
Dagenham Rd. Rain —7K **57**
Dagenham Rd. Romf & Rush G
—7K **39**
Dagleish St. E14 —6A **70**
Dagmar Av. Wemb —4F **45**
Dagmar Ct. E14 —3E **88**
Dagmar Gdns. NW10 —2F **65**
Dagmar M. S'hall —3C **78**
(off Dagmar Rd.)
Dagmar Pas. N1 —1B **68**
(off Cross St.)
Dagmar Rd. N4 —7A **32**
Dagmar Rd. N15 —4D **32**
Dagmar Rd. N22 —1H **31**
Dagmar Rd. SE5 —1E **104**
Dagmar Rd. SE25 —5E **140**
Dagmar Rd. Dag —7J **57**
Dagmar Rd. King —1F **135**
Dagmar Rd. S'hall —3C **78**
Dagmar Ter. N1 —1B **68**
Dagnall Pk. SE25 —6E **140**
Dagnall Rd. SE25 —6E **140**
Dagnall St. SW11 —2D **102**
Dagnan Rd. SW12 —7F **103**
Dagonet Gdns. Brom —3J **125**
Dagonet Rd. Brom —3J **125**
Dahlia Gdns. Ilf —6F **55**
Dahlia Gdns. Mitc —4H **139**
Dahlia Rd. SE2 —4B **92**
Dahomey Rd. SW16 —6G **121**
Daimler Way. Wall —7J **151**
Dain Ct. W8 —4J **83**
(off Lexham Gdns.)
Daines Clo. E12 —3D **54**
Dainford Clo. Brom —5F **125**
Dainton Clo. Brom —1K **143**

Daintry Clo. Harr —4A **26**
Daintry Way. E9 —6B **52**
Dairsie Ct. Brom —2A **144**
Dairsie Rd. SE9 —3E **108**
Dairy Clo. NW10 —1C **64**
Dairy Clo. Brom —7K **125**
Dairy Clo. T Hth —2C **140**
Dairy La. SE18 —4D **90**
Dairy La. SE18 —4D **90**
Dairyman Clo. NW2 —3F **47**
Dairy M. SW9 —3J **103**
Dairy Wlk. SW19 —4G **119**
Daisy Clo. Croy —1K **153**
Daisy Dobbings Wlk. N19 —7J **31**
(off Jessie Blythe La.)
Daisy La. SW6 —3J **101**
Daisy Rd. E16 —4G **71**
Daisy Rd. E18 —2K **35**
Dakota Clo. Wall —7K **151**
Dakota Gdns. E6 —4C **72**
Dakota Gdns. N'holt —3C **60**
Dalberg Rd. SW2 —4A **104**
(in two parts)
Dalberg Way. SE2 —3D **92**
Dalby Rd. SW18 —4A **102**
Dalbys Cres. N17 —6K **17**
Dalby St. NW5 —6F **49**
Dalcross Rd. Houn —2C **96**
Dale Av. Edgw —1F **27**
Dale Av. Houn —3C **96**
Dale Clo. SE3 —3J **107**
Dale Clo. New Bar —6E **4**
Dale Clo. Pinn —1K **23**
Dale Dri. Hay —4H **59**
Dale Gdns. Wfd G —4E **20**
Dale Grn. Rd. N11 —3A **16**
Dale Gro. N12 —5F **15**
Daleham Dri. Uxb —6D **58**
Daleham Gdns. NW3 —5B **48**
Daleham M. NW3 —6B **48**
Dalehead. NW1 —2G **67** (1A **160**)
(off Harrington Sq.)
Dale Ho. NW8 —1A **66**
(off Boundary Rd.)
Dale Ho. SE4 —4A **106**
Dale Lodge. N6 —6G **31**
Dalemain M. E16 —1J **89**
Dale Pk. Av. Cars —2D **150**
Dale Pk. Rd. SE19 —1C **140**
Dale Rd. NW5 —5E **48**
Dale Rd. SE17 —6B **86**
Dale Rd. Sun —7H **113**
Dale Rd. Sutt —4H **149**
Dale Rd. W on T —7H **131**
Dale Row. W11 —6G **65**
Daleside Rd. SW16 —5F **121**
Daleside Rd. Eps —6K **147**
Dale St. W4 —5A **82**
Dale Vw. Av. E4 —2K **19**
Dale Vw. Cres. E4 —2K **19**
Dale Vw. Gdns. E4 —3A **20**
Daleview Rd. N15 —6E **32**
Dalewood Gdns. Wor Pk —2D **148**
Dale Wood Rd. Orp —7J **145**
Daley Ho. W12 —6D **64**
Daley St. E9 —6K **51**
Daley Thompson Way. SW8
—2F **103**
Dalgarno Gdns. W10 —5D **64**
Dalgarno Way. W10 —4E **64**
Dalgleish St. E14 —6A **70**
Daling Way. E3 —1A **70**
Dali Universe. —2K **85** (6G **167**)
Dalkeith Ct. SW1 —4H **85** (3D **172**)
(off Vincent St.)
Dalkeith Gro. Stan —5J **11**

Dalkeith Rd. SE21 —1C **122**
Dalkeith Rd. Ilf —3G **55**
Dallas Rd. NW4 —7C **28**
Dallas Rd. SE26 —3H **123**
Dallas Rd. W5 —5F **63**
Dallas Rd. Sutt —6G **149**
Dallas Ter. Hay —3H **77**
Dallega Clo. Hay —7F **59**
Dallinger Rd. SE12 —6H **107**
Dalling Rd. W6 —4D **82**
Dallington St. EC1
—4B **68** (3B **162**)
Dallin Rd. SE18 —7F **91**
Dallin Rd. Bexh —4D **110**
Dalmain Rd. SE23 —1K **123**
Dalmally Rd. Croy —7F **141**
Dalmeny Av. N7 —4H **49**
Dalmeny Av. SW16 —2A **140**
Dalmeny Clo. Wemb —6C **44**
Dalmeny Cres. Houn —4H **97**
Dalmeny Rd. N7 —3H **49**
(in three parts)
Dalmeny Rd. Cars —7E **150**
Dalmeny Rd. Eri —1H **111**
Dalmeny Rd. New Bar —6F **5**
Dalmeny Rd. Wor Pk —3D **148**
Dalmeyer Rd. NW10 —6B **46**
Dalmore Rd. SE21 —2C **122**
Dalo Lodge. E3 —5C **70**
Dalrymple Clo. N14 —7C **6**
Dalrymple Rd. SE4 —4A **106**
Dalston. —6F **51**
Dalston Gdns. Stan —1E **26**
Dalston La. E8 —6F **51**
Dalton Av. Mitc —2C **138**
Dalton Clo. Hay —4F **59**
Dalton Ho. SW1 —5F **85** (5J **171**)
(off Ebury Bri. Rd.)
Dalton Rd. W'stone —2H **25**
Dalton St. SE27 —2B **122**
Dalwood St. SE5 —1E **104**
Daly Ct. E15 —5D **52**
Dalyell Rd. SW9 —3K **103**
Damascene Wlk. SE21 —1C **122**
Damask Cres. E16 —4G **71**
Damer Ter. SW10 —7A **84**
Dames Rd. E7 —3J **53**
Dame St. N1 —2C **68**
Damien St. E1 —6H **69**
Damon Clo. Sidc —3B **128**
Damson Dri. Hay —7J **59**
Damsonwood Rd. S'hall —3E **78**
Danbrook Rd. SW16 —1J **139**
Danbury Clo. Romf —3D **38**
Danbury Mans. Bark —7F **55**
(off Whiting Av.)
Danbury M. Wall —4F **151**
Danbury St. N1 —2B **68**
Danbury Way. Wfd G —6F **21**
Danby Ct. Enf —3H **7**
(off Horseshoe La.)
Danby St. SE15 —3F **105**
Dancer Rd. SW6 —1H **101**
Dancer Rd. Rich —3G **99**
Dando Cres. SE3 —3K **107**
Dandridge Clo. SE10 —5G **89**
Dandridge Ho. E1 —5F **69** (5J **163**)
(off Lamb St.)
Danebury. New Ad —6E **154**
Danebury Av. SW15 —6A **100**
(in two parts)
Daneby Rd. SE6 —3D **124**
Dane Clo. Bex —7G **111**
Danecourt Gdns. Croy —3F **153**
Danecroft Rd. SE24 —5C **104**
Danehill Wlk. Sidc —3A **128**
Dane Ho. N14 —7C **6**
Danehurst Gdns. Ilf —5C **36**

Danehurst St. SW6 —1G **101**
Daneland. Barn —6J **5**
Danemead Gro. N'holt —5F **43**
Danemere St. SW15 —3E **100**
Dane Pl. E3 —2B **70**
Dane Rd. N18 —3D **18**
Dane Rd. SW19 —1A **138**
Dane Rd. W13 —1C **80**
Dane Rd. Ashf —6E **112**
Dane Rd. Ilf —5G **55**
Dane Rd. S'hall —7C **60**
Danesbury Rd. Felt —1K **113**
Danescombe. SE12 —1J **125**
Danes Ct. NW8 —1D **66**
(off St Edmund's Ter.)
Danes Ct. Wemb —3H **45**
Danescourt Cres. Sutt —2A **150**
Danescroft. NW4 —5F **29**
Danescroft Av. NW4 —5F **29**
Danescroft Gdns. NW4 —5F **29**
Danesdale Rd. E9 —6A **52**
Danesfield. SE17 —6E **86**
(off Albany Rd.)
Danes Ga. Harr —3J **25**
Danes Rd. Romf —7J **39**
Dane St. WC1 —5K **67** (6G **161**)
Daneswood Av. SE6 —3E **124**
Danethorpe Rd. Wemb —6D **44**
Danetree Clo. Eps —7J **147**
Danetree Rd. Eps —7J **147**
Danette Gdns. Dag —2G **57**
Daneville Rd. SE5 —1D **104**
Dangan Rd. E11 —6J **35**
Daniel Bolt Clo. E14 —5D **70**
Daniel Clo. N18 —4D **18**
Daniel Clo. SW17 —6C **120**
Daniel Clo. Houn —7D **96**
Daniel Ct. NW9 —1A **28**
Daniel Gdns. SE15 —7F **87**
Daniel Ho. N1 —2D **68**
(off Cranston Est.)
Daniell Way. Croy —1J **151**
Daniel Pl. NW4 —7D **28**
Daniel Rd. W5 —7F **63**
Daniels Rd. SE15 —3J **105**
Danleigh Ct. N14 —7C **6**
Dan Leno Wlk. SW6 —7K **83**
Dansey Pl. W1 —2C **166**
Dansington Rd. Well —4A **110**
Danson Cres. Well —3A **110**
Danson Interchange. —6C **110**
Danson La. Well —4B **110**
Danson Mead. Well —3C **110**
Danson Rd. SE17 —5B **86**
Danson Rd. Bex & Bexh —6C **110**
(in two parts)
Danson Underpass. Sidc —6C **110**
Dante Pl. SE11 —4B **86**
(off Dante Rd.)
Dante Rd. SE11 —4B **86**
Danube St. SW3 —5C **84** (5D **170**)
(off Daniel Gdns.)
Danube St. SW3 —5C **84** (5D **170**)
Danvers Ho. E1 —6G **69**
(off Christian St.)
Danvers Rd. N8 —4H **31**
Danvers St. SW3 —6B **84** (7B **170**)
Da Palma Ct. SW6 —6J **83**
(off Anselm Rd.)
Daphne Ct. Wor Pk —2A **148**
Daphne Gdns. E4 —3K **19**
Daphne Ho. N22 —1A **32**
(off Acacia Rd.)
Daphne St. SW18 —6A **102**
Daplyn St. E1 —5G **69** (5K **163**)
D'Arblay St. W1 —6G **67** (1B **166**)
Darby Cres. Sun —2A **132**
Darby Gdns. Sun —2A **132**

Darcy Av.—Deerfield Cotts.

Darcy Av. Wall —4G 151
Darcy Clo. N20 —2G 15
D'Arcy Dri. Harr —4D 26
Darcy Gdns. Dag —1F 75
D'Arcy Gdns. Harr —4E 26
Darcy Ho. E8 —1H 69
(off London Fields E. Side)
D'Arcy Pl. Brom —4J 143
Darcy Rd. SW16 —2J 139
Darcy Rd. Iswth —1A 98
D'Arcy Rd. Sutt —4F 149
Dare Ct. E10 —7E 34
Dare Gdns. Dag —3E 56
Darell Rd. Rich —3G 99
Darent Ho. NW8 —5B 66 (5B 158)
(off Church St. Est.)
Darent Ho. Brom —5F 125
Darenth Rd. E5 —7F 33
Darenth Rd. Well —1A 110
Darfield. NW1 —1G 67
(off Bayham St.)
Darfield Rd. SE4 —5B 106
Darfield Way. W10 —6F 65
Darfur St. SW15 —3F 101
Dargate Clo. SE19 —7F 123
Darien Rd. SW11 —3B 102
Dark Ho. Wlk. EC3
—7D 68 (3G 169)
Darlands Dri. Barn —5A 4
Darlan Rd. SW6 —7H 83
Darlaston Rd. SW19 —7F 119
Darley Clo. Croy —6A 142
Darley Dri. N Mald —2K 135
Darley Gdns. Mord —6A 138
Darley Ho. SE11 —6G 173
Darley Ho. N9 —1A 18
Darley Rd. SW11 —6D 102
Darling Ho. Twic —6D 98
Darling Rd. SE4 —3C 106
Darling Row. E1 —4H 69
Darlington Ct. SE12 —1H 125
Darlington Ho. SW8 —7H 85
(off Hemans St.)
Darlington Rd. SE27 —5B 122
Darmaine Clo. S Croy —7C 152
Darnay Ho. SE1 —3G 87 (7K 169)
Darndale Clo. E17 —2B 34
Darnley Ho. E14 —6A 70
Darnley Rd. E9 —6J 51
Darnley Rd. Wfd G —1J 35
Darnley Ter. W11 —1F 83
Darrell Charles Ct. Uxb —7A 40
Darrell Rd. SE22 —5G 105
Darren Clo. N4 —7K 31
Darris Clo. Hay —4C 60
Darsley Dri. SW8 —1H 103
Dartford. N9 —6D 8
Dartford By-Pass. Bex & Dart
—7K 111
Dartford Gdns. Chad H —5B 38
Dartford Ho. SE1 —4F 87
(off Longfield Est.)
Dartford Rd. Bex —1J 129
Dartford St. SE17 —6C 86
Dartington. NW1 —1G 67
(off Plender St.)
Dartington Ho. SW8 —2H 103
(off Union Gro.)
Dartington Ho. W2 —5K 65
(off Senior St.)
Dartle Ct. SE16 —2G 87
(off Scott Lidgett Cres.)
Dartmoor Wlk. E14 —4C 88
(off Charnwood Gdns.)
Dartmouth Clo. W11 —6H 65
Dartmouth Ct. SE10 —1E 106
Dartmouth Gro. SE10 —1E 106
Dartmouth Hill. SE10 —1E 106

Dartmouth Park. —3F 49
Dartmouth Pk. Av. NW5 —3F 49
Dartmouth Pk. Hill. N19 & NW5
—1F 49
Dartmouth Pk. Rd. NW5 —4F 49
Dartmouth Pl. SE23 —2J 123
Dartmouth Pl. W4 —6A 82
Dartmouth Rd. NW2 —6F 47
Dartmouth Rd. NW4 —6C 28
Dartmouth Rd. SE26 & SE23
—3H 123
Dartmouth Rd. Brom —7J 143
Dartmouth Rd. Ruis —3J 41
Dartmouth Row. SE10 —2E 106
Dartmouth St. SW1
—2H 85 (7D 166)
Dartmouth Ter. SE10 —1F 107
Dartnell Rd. Croy —7F 141
Darton Ct. W3 —1J 81
Dartrey Tower. SW10 —7A 84
(off Worlds End Est.)
Dartrey Wlk. SW10 —7A 84
Dart St. W10 —3G 65
Darville Rd. N16 —3F 51
Darwell Clo. E6 —2E 72
Darwin Clo. N11 —3A 16
Darwin Ct. NW1 —1E 66
(in three parts)
Darwin Dri. S'hall —6F 61
Darwin Ho. SW1 —7A 172
Darwin Rd. N22 —1B 32
Darwin Rd. W5 —5C 80
Darwin Rd. Well —3K 109
Darwin St. SE17 —4D 86
(in two parts)
Daryngton Dri. Gnfd —2H 61
Daryngton Ho. SW8 —7J 85
(off Hartington Rd.)
Dashwood Clo. Bexh —5G 111
Dashwood Rd. N8 —6K 31
Dassett Rd. SE27 —5B 122
Data Point Bus. Cen. E16 —4F 71
Datchelor Pl. SE5 —1D 104
Datchet Ho. NW1 —3F 67 (1K 159)
(off Augustus St.)
Datchet Rd. SE6 —2B 124
Datchworth Ct. Enf —5K 7
Datchworth Ho. N1 —7B 50
(off Sutton Est., The)
Date St. SE17 —5D 86
Daubeney Gdns. N17 —7H 17
Daubeney Rd. E5 —4A 52
Daubeney Rd. N17 —7H 17
Daubeney Tower. SE8 —5B 88
(off Bowditch)
Dault Rd. SW18 —6A 102
Dauncey Ho. SE1 —7A 168
Davema Clo. Chst —1E 144
Davenant Rd. N19 —2H 49
Davenant Rd. Croy —4B 152
Davenant St. E1 —5G 69
Davenport Clo. Tedd —6A 116
Davenport Ho. SE11 —4A 86
(off Walnut Tree Wlk.)
Davenport Lodge. Houn —7C 78
Davenport Rd. SE6 —6D 106
Davenport Rd. Sidc —2E 128
Daventer Dri. Stan —7E 10
Daventry Av. E17 —6C 34
Daventry St. NW1
—5C 66 (5C 158)
Daver Ct. SW3 —5C 84 (5D 170)
Daver Ct. W5 —4D 62
Davern Clo. SE10 —4H 89
Davey Clo. N7 —6A 49
Davey Clo. N13 —5E 16
Davey Rd. E9 —7C 52
Davey's Ct. WC2 —2E 166

Davey St. SE15 —6F 87
David Av. Gnfd —3J 61
David Clo. Hay —7G 77
David Coffer Ct. Belv —4H 93
David Ct. N20 —3F 15
Davidge Ho. SE1 —2A 86 (7K 167)
(off Coral St.)
Davidge St. SE1 —2B 86 (7A 168)
David Ho. E14 —5D 70
David Ho. SW8 —7J 85
(off Wyvil Rd.)
David Ho. Sidc —3A 128
David Lee Point. E15 —1G 71
David M. W1 —5D 66 (5F 159)
David's Ct. S'hall —6G 61
(off Whitecote Rd.)
Davidson Gdns. SW8 —7J 85
Davidson La. Harr —7K 25
Davidson Rd. Croy —1E 152
Davidson Terraces. E7 —5K 53
(off Claremont Rd., in two parts)
Davidson Tower. Brom —5K 125
David's Rd. SE23 —1J 123
David St. E15 —6F 53
David Twigg Clo. King T —1E 134
Davies Clo. Croy —6F 141
Davies La. E11 —2G 53
Davies M. W1 —7F 67 (2J 165)
Davies St. W1 —6F 67 (1J 165)
Davies Wlk. Iswth —1H 97
Davington Gdns. Dag —5B 56
Davington Rd. Dag —6B 56
Davinia Clo. Wfd G —6J 21
Davis Rd. W3 —1B 82
Davis Rd. Chess —4G 147
Davis St. E13 —2K 71
Davisville Rd. W12 —2C 82
Davmor Ct. Bren —5C 80
Dawes Av. Iswth —5A 98
Dawes Ho. SE17 —4D 86
(off Orb St.)
Dawes Rd. SW6 —7G 83
Dawe's Rd. Uxb —2A 58
Dawes St. SE17 —5D 86
Dawley Av. Uxb —5E 58
Dawley Pde. Hay —7E 58
Dawley Pk. Hay —2F 77
Dawley Rd. Hay —7E 58
Dawlish Av. N13 —4D 16
Dawlish Av. SW18 —2K 119
Dawlish Av. Gnfd —2A 62
Dawlish Dri. Pinn —5C 24
Dawlish Dri. Ruis —2J 41
Dawlish Rd. E10 —1E 52
Dawlish Rd. N17 —3G 33
Dawlish Rd. NW2 —6F 47
Dawnay Gdns. SW18 —2B 120
Dawnay Rd. SW18 —2A 120
Dawn Clo. Houn —3C 96
Dawn Cres. E15 —1F 71
Dawpool Rd. NW2 —2B 46
Daws Hill. E4 —3K 9
Daws La. NW7 —5G 13
Dawson Av. Bark —7J 55
Dawson Clo. SE18 —4G 91
Dawson Clo. Hay —5F 59
Dawson Gdns. Bark —7K 55
Dawson Pl. W2 —7J 65
Dawson Rd. NW2 —5E 46
Dawson Rd. King T —3F 135
Dawson St. E2 —2F 69 (1K 163)
Dawson Ter. N9 —7D 8
Daybrook Rd. SW19 —2K 137
Day Ho. SE5 —7C 86
(off Bethwin Rd.)

Daylesford Av. SW15 —4C 100
Daymer Gdns. Pinn —4K 23
Daysbrook Rd. SW2 —1K 121
Days La. Sidc —7J 109
Dayton Gro. SE15 —1J 105
Deaconess Ct. N15 —4F 33
(off Tottenham Grn. E.)
Deacon Est., The. E4 —6G 19
Deacon Ho. SE11 —4K 85 (4H 173)
(off Black Prince Rd.)
Deacon M. N1 —7D 50
Deacon Rd. NW2 —5C 46
Deacon Rd. King T —1F 135
Deacons Clo. Pinn —2K 23
Deacons Ct. Twic —2K 115
Deacon's Ri. N2 —5B 30
Deacons Wlk. Hamp —4E 114
Deacon Way. SE17 —4C 86
Deacon Way. Wfd G —7J 21
Deal Ct. S'hall —6G 61
(off Haldane Rd.)
Deal M. W5 —4D 80
Deal Porters Wlk. SE16 —2K 87
Deal Porters Way. SE16 —3J 87
Deal Rd. SW17 —6E 120
Deal's Gateway. SE10 —1C 106
Deal St. E1 —5G 69
Dealtry Rd. SW15 —4E 100
Deal Wlk. SW9 —7A 86
Dean Abbott Ho. SW1
—4H 85 (3C 172)
(off Vincent St.)
Dean Bradley St. SW1
—3J 85 (2E 172)
Dean Clo. E9 —5J 51
Dean Clo. SE16 —1K 87
Dean Clo. Uxb —7B 40
Dean Ct. SW8 —7J 85
(off Thorncroft St.)
Dean Ct. Edgw —6C 12
Dean Ct. Romf —3K 39
Dean Ct. Wemb —3B 44
Deancross St. E1 —6J 69
Dean Dri. Stan —2E 26
Deane Av. Ruis —5A 42
Deane Ct. N'wd —1G 23
Deane Cft. Rd. Pinn —6K 23
Deanery Clo. N2 —4C 30
Deanery M. W1 —4H 165
Deanery Rd. E15 —6G 53
Deanery St. W1 —1E 84 (4H 165)
Deane Way. Ruis —6K 23
Dean Farrar St. SW1
—3H 85 (1D 172)
Deanfield Gdns. Croy —4D 152
Dean Gdns. E17 —4F 35
Deanhill Ct. SW14 —4H 99
Deanhill Rd. SW14 —4H 99
Dean Rd. NW2 —6E 46
Dean Rd. SE28 —1A 92
Dean Rd. Croy —4D 152
Dean Rd. Hamp —5E 114
Dean Rd. Houn —5F 97
Dean Ryle St. SW1
—4J 85 (3E 172)
Deansbrook Clo. Edgw —7D 12
Deansbrook Rd. Edgw —7C 12
Dean's Bldgs. SE17 —4D 86
Deans Clo. W4 —6H 81
Deans Clo. Croy —3F 153
Deans Clo. Edgw —6D 12
Dean's Ct. EC4 —6B 68 (1B 168)
Deanscroft Av. NW9 —1J 45
Deans Dri. N13 —6G 17
Deans Dri. Edgw —5E 12
Deans Ga. Clo. SE23 —3K 123
Deans La. W4 —6H 81
(off Deans Clo.)

Deans La. Edgw —6D 12
Dean's M. W1 —6F 67 (7K 159)
Deans Rd. W7 —1K 79
Deans Rd. Sutt —3K 149
Dean Stanley St. SW1
—3J 85 (2E 172)
Dean St. E7 —5J 53
Dean St. W1 —6H 67 (7C 160)
Deansway. N2 —4B 30
Deansway. N9 —3K 17
Deans Way. Edgw —5D 12
Deanswood Clo. SE19 —7B 122
Dean's Yd. SW1 —1D 172
Dean Trench St. SW1
—3J 85 (2E 172)
Dean Wlk. Edgw —6D 12
Dean Way. S'hall —2F 79
Dearne Clo. Stan —5F 11
Dearn Gdns. Mitc —3C 138
Dearsley Rd. Enf —3B 8
Deason St. E15 —1E 70
Deauville Ct. SW4 —6G 103
De Barowe M. N5 —4B 50
Debdale Ho. E2 —1G 69
(off Whiston Rd.)
Debden. N17 —2D 32
(off Gloucester Rd.)
Debden Clo. King T —5D 116
Debden Clo. Wfd G —7G 21
De Beauvoir Ct. N1 —7D 50
(off Northchurch Rd.)
De Beauvoir Cres. N1 —1E 68
De Beauvoir Est. N1 —1E 68
De Beauvoir Pl. N1 —6E 50
De Beauvoir Rd. N1 —1E 68
De Beauvoir Sq. N1 —7E 50
De Beauvoir Town. —1E 68
Debenham Ct. E8 —1G 69
(off Pownall Rd.)
Debham Ct. NW2 —3E 46
Debnams Rd. SE16 —4J 87
De Bohun Av. N14 —6A 6
Deborah Clo. Iswth —1J 97
Deborah Ct. E18 —3K 35
(off Victoria Rd.)
Deborah Cres. Ruis —7F 23
Deborah Lodge. Edgw —1H 27
Debrabant Clo. Eri —6K 93
De Brome Rd. Felt —1A 114
De Bruin Ct. E14 —5E 88
De Burgh Rd. SW19 —7A 120
Debussy. NW9 —2B 28
Decima St. SE1 —3E 86 (7G 169)
Decimus Clo. T Hth —4D 140
Deck Clo. SE16 —1K 87
Decoy Av. NW11 —5G 29
De Crespigny Pk. SE5 —2D 104
Dee Ct. W7 —6H 61
(off Hobbayne Rd.)
Deeley Rd. SW8 —1H 103
Deena Clo. W3 —6F 63
Deepdale. SW19 —4F 119
Deepdale Av. Brom —4H 143
Deepdale Clo. N11 —6K 15
Deepdene. W5 —4F 63
Deepdene Av. Croy —3F 153
Deepdene Clo. E11 —4J 35
Deepdene Ct. N21 —6G 7
Deepdene Gdns. SW2 —7K 103
Deepdene Point. SE23 —3K 123
Deepdene Rd. SE5 —4D 104
Deepdene Rd. Well —3A 110
Deepwell Clo. Iswth —1A 98
Deepwood La. Gnfd —3H 61
Deerbrook Rd. SE24 —1B 122
Deerdale Rd. SE24 —4C 104
Deerfield Cotts. NW9 —5B 28

Dericote St. *E8* —1H **69**
Deridene Clo. *Stanw* —6A **94**
Derifall Clo. *E6* —5D **72**
Dering Pl. *Croy* —4C **152**
Dering Rd. *Croy* —4C **152**
Dering St. *W1* —6F **67** (1J **165**)
Dering Yd. *W1* —6F **67** (1K **165**)
Derinton Rd. *SW17* —4D **120**
Derley Rd. *S'hall* —3A **78**
Dermody Gdns. *SE13* —5F **107**
Dermody Rd. *SE13* —5F **107**
Deronda Est. *SW2* —1B **122**
Deronda Rd. *SE24* —1B **122**
Deroy Clo. *Cars* —6D **150**
Derrick Gdns. *SE7* —3A **90**
Derrick Rd. *Beck* —3B **142**
Derry Rd. *Croy* —3J **151**
Derry St. *W8* —2K **83**
Dersingham Av. *E12* —4D **54**
Dersingham Rd. *NW2* —3G **47**
Derwent. NW1 —3G 67 (2A 160) (off Robert St.)
Derwent Av. *N18* —5J **17**
Derwent Av. *NW7* —6E **12**
Derwent Av. *NW9* —5A **28**
Derwent Av. *SW15* —4A **118**
Derwent Av. *Barn* —1J **15**
Derwent Av. *Uxb* —2C **40**
Derwent Clo. *Felt* —1H **113**
Derwent Cres. *N12* —3F **15**
Derwent Cres. *Bexh* —2G **111**
Derwent Cres. *Stan* —2C **26**
Derwent Dri. *Hay* —5G **59**
Derwent Dri. *Orp* —7H **145**
Derwent Gdns. *Ilf* —4C **36**
Derwent Gdns. *Wemb* —7C **26**
Derwent Gro. *SE22* —4F **105**
Derwent Ho. E3 —4B 70 (off Southern Gro.)
Derwent Ho. SE20 —2H 141 (off Derwent Rd.)
Derwent Ho. SW7 —4A 84 (3A 170) (off Cromwell Rd.)
Derwent Lodge. *Iswth* —2H **97**
Derwent Lodge. *Wor Pk* —2D **148**
Derwent Ri. *NW9* —6A **28**
Derwent Rd. *N13* —4E **16**
Derwent Rd. *SE20* —2G **141**
Derwent Rd. *SW20* —5F **137**
Derwent Rd. *W5* —3C **80**
Derwent Rd. *S'hall* —6D **60**
Derwent Rd. *Twic* —6F **97**
Derwent St. *SE10* —5G **89**
Derwent Wlk. *Wall* —7F **151**
Derwentwater Rd. *W3* —1J **81**
Derwent Yd. W13 —3C 80 (off Derwent Rd.)
De Salis Rd. *Uxb* —4E **58**
Desborough Clo. W2 —5K 65 (off Bourne Ter.)
Desborough Clo. *Shep* —7C **130**
Desborough Ho. W14 —6H 83 (off N. End Rd.)
Desenfans Rd. *SE21* —6E **104**
Desford Ct. *Ashf* —2C **112**
Desford Rd. *E16* —4G **71**
Desford Way. *Ashf* —2B **112**
Design Mus. —6K 169
Desmond Ho. *Barn* —6H **5**
Desmond St. *SE14* —7A **88**
Despard Rd. *N19* —1G **49**
Dethick Ct. *E3* —1A **70**
Detling Ho. SE17 —4E 86 (off Congreve St.)
Detling Rd. *Brom* —5J **125**
Detling Rd. *Eri* —7K **93**
Detmold Rd. *E5* —2J **51**
Devalls Clo. *E6* —7F **73**
Devana End. *Cars* —3D **150**
Devas Rd. *SW20* —1E **136**
Devas St. *E3* —4D **70**
Devenay Rd. *E15* —7H **53**
Devenish Rd. *SE2* —2A **92**
Deventer Cres. *SE22* —5E **104**
De Vere Gdns. *W8* —2A **84**
De Vere Gdns. *Ilf* —2D **54**
Deverell St. *SE1* —3D **86**
De Vere M. W8 —3A 84 (off De Vere Gdns.)
Devereux Ct. *WC2* —1J **167**
Devereux La. *SW13* —7D **82**
Devereux Rd. *SW11* —6D **102**
Deveron Way. *Romf* —1K **39**
Devey Clo. *King T* —7B **118**
Devitt Ho. *E14* —7D **70**
Devizes St. N1 —1D 68 (off Avebury St.)
Devon Av. *Twic* —1G **115**
Devon Clo. *N17* —3F **33**
Devon Clo. *Buck H* —2E **20**
Devon Clo. *Gnfd* —1C **62**
Devon Ct. W7 —5K 61 (off Copley Clo.)
Devon Ct. *Hamp* —7E **114**
Devoncroft Gdns. *Twic* —7A **98**
Devon Gdns. *N4* —6B **32**
Devon Ho. *E17* —2B **34**
Devonhurst Pl. *W4* —5K **81**
Devonia Gdns. *N18* —6H **17**
Devonia Rd. *N1* —2B **68**
Devon Mans. SE1 —2F 87 (6J 169) (off Tooley St.)
Devon Pde. *Harr* —5C **26**
Devonport. *W2* —6C **66** (1C **164**)
Devonport Gdns. *Ilf* —6D **36**
Devonport M. *W12* —2D **82**
Devonport Rd. *W12* —1D **82**
Devonport St. *E1* —6K **69**
Devon Ri. *N2* —4B **30**
Devon Rd. *Bark* —1J **73**
Devon Rd. *Sutt* —7G **149**
Devons Est. *E3* —3D **70**
Devonshire Av. *Sutt* —7A **150**
Devonshire Clo. *E15* —4G **53**
Devonshire Clo. *N13* —3F **17**
Devonshire Clo. *W1* —5F **67** (5J **159**)
Devonshire Ct. WC1 (off Boswell St.) —5J 67 (5F 161)
Devonshire Ct. Pinn —1D 24 (off Devonshire Rd.)
Devonshire Cres. *NW7* —7A **14**
Devonshire Dri. *SE10* —7D **88**
Devonshire Dri. *Surb* —1D **146**
Devonshire Gdns. *N17* —6H **17**
Devonshire Gdns. *N21* —7H **7**
Devonshire Gdns. *W4* —7J **81**
Devonshire Gro. *SE15* —6H **87**
Devonshire Hill La. *N17* —6G **17** (in two parts)
Devonshire Ho. SE1 —3C 86 (off Bath Ter.)
Devonshire Ho. SW1 —5H 85 (5D 172) (off Lindsay Sq.)
Devonshire Ho. *Sutt* —7A **150**
Devonshire Ho. Bus. Cen. Brom (off Devonshire Sq.) —4K 143
Devonshire M. *N13* —4F **17**
Devonshire M. *W4* —5A **82**
Devonshire M. N. *W1* —5F **67** (5J **159**)
Devonshire M. S. *W1* —5F **67** (5J **159**)
Devonshire M. W. *W1* —4E **66** (4H **159**)
Devonshire Pas. *W4* —5A **82**
Devonshire Pl. *NW1* —4E **66** (4H **159**)
Devonshire Pl. *NW2* —3J **47**
Devonshire Pl. *W8* —3K **83**
Devonshire Pl. M. *W1* —5E **66** (4H **159**)
Devonshire Rd. *E16* —6K **71**
Devonshire Rd. *E17* —6C **34**
Devonshire Rd. *N9* —1D **18**
Devonshire Rd. *N13* —4E **16**
Devonshire Rd. *N17* —6H **17**
Devonshire Rd. *NW7* —7A **14**
Devonshire Rd. *SE9* —2C **126**
Devonshire Rd. *SE23* —1J **123**
Devonshire Rd. *SW19* —7C **120**
Devonshire Rd. *W4* —5A **82**
Devonshire Rd. *W5* —3C **80**
Devonshire Rd. *Bexh* —4E **110**
Devonshire Rd. *Cars* —4E **150**
Devonshire Rd. *Croy* —7D **140**
Devonshire Rd. *Eastc* —6A **24**
Devonshire Rd. *Felt* —3C **114**
Devonshire Rd. *Harr* —6H **25**
Devonshire Rd. *Ilf* —7J **37**
Devonshire Rd. *Orp* —7K **145**
Devonshire Rd. *Pinn* —1D **24**
Devonshire Rd. *S'hall* —5E **60**
Devonshire Rd. *Sutt* —7A **150**
Devonshire Row. *EC2* —5E **68** (6H **163**)
Devonshire Row M. *W1* —4K **159**
Devonshire Sq. *EC2* —6E **68** (6H **163**)
Devonshire Sq. *Brom* —4K **143**
Devonshire St. *W1* —5E **66** (5H **159**)
Devonshire St. *W4* —5A **82**
Devonshire Ter. *W2* —6A **66**
Devonshire Way. *Croy* —2A **154**
Devonshire Way. *Hay* —6K **59**
Devons Rd. *E3* —5C **70** (in two parts)
Devon St. *SE15* —6H **87**
Devon Way. *Chess* —5C **146**
Devon Way. *Eps* —5H **147**
Devon Way. *Uxb* —2B **58**
Devon Waye. *Houn* —7D **78**
Devon Wharf. *E14* —5E **70**
De Walden Ho. NW8 —2C 66 (off Allitsen Rd.)
De Walden St. *W1* —5E **66** (6H **159**)
Dewar St. *SE15* —3G **105**
Dewberry Gdns. *E6* —5C **72**
Dewberry St. *E14* —5E **70**
Dewey Rd. *N1* —2A **68**
Dewey Rd. *Dag* —6H **57**
Dewey St. *SW17* —5D **120**
Dewhurst Rd. *W6* —3F **83**
Dewsbury Clo. *Pinn* —6C **24**
Dewsbury Ct. *W4* —4J **81**
Dewsbury Gdns. *Wor Pk* —3C **148**
Dewsbury Rd. *NW10* —5C **46**
Dewsbury Ter. *NW1* —1F **67**
Dexter Ho. Eri —3E 92 (off Kale Rd.)
Dexter Rd. *Barn* —6A **4**
Deyncourt Rd. *N17* —1C **32**
Deynecourt Gdns. *E11* —4A **36**
D'Eynsford Rd. *SE5* —1D **104**
Dhonau Ho. SE1 —4F 87 (off Longfield Est.)
Diadem Ct. *W1* —7C **160**
Dial Wlk., The. W8 —2K 83 (off Broad Wlk., The)
Diameter Rd. *Orp* —7F **145**
Diamond Clo. *Dag* —1C **56**
Diamond Est. *SW17* —3C **120**
Diamond Rd. *Ruis* —4B **42**
Diamond St. *NW10* —7K **45**
Diamond St. *SE5* —7E **86**
Diamond Ter. *SE10* —1E **106**
Diamond Way. *SE8* —6C **88**
Diana Clo. *E18* —1K **35**
Diana Clo. *SE8* —6B **88**
Diana Gdns. *Surb* —2F **147**
Diana Ho. *SW13* —1B **100**
Diana Rd. *E17* —3B **34**
Dianne Way. *Barn* —4H **5**
Dianthus Clo. *SE2* —5B **92**
Dibden Ho. *SE5* —7E **86**
Dibden St. *N1* —1C **68**
Dibdin Clo. *Sutt* —3J **149**
Dibdin Ho. *NW6* —2K **65** (in two parts)
Dibdin Rd. *Sutt* —3J **149**
Dicey Av. *NW2* —4E **46**
Dickens Av. *N3* —1A **30**
Dickens Av. *Uxb* —6D **58**
Dickens Clo. *Eri* —7H **93**
Dickens Clo. *Hay* —4G **77**
Dickens Clo. *Rich* —2E **116**
Dickens Ct. E11 —4J 35 (off Makepeace Rd.)
Dickens Dri. *Chst* —6G **127**
Dickens Est. *SE1* —2G **87** (George Row)
Dickens Est. *SE16* —3G **87** (Jamaica Rd.)
Dickens' House. —4H 161
Dickens Ho. NW6 —3J 65 (off Malvern Rd.)
Dickens Ho. *NW8* —3B **158**
Dickens Ho. SE17 —5B 86 (off Doddington Gro.)
Dickens Ho. W9 —4J 65 (off Malvern Rd.)
Dickens Ho. *WC1* —3E **160**
Dickens La. *N18* —5K **17**
Dickens M. EC1 —5B 68 (5A 162) (off Turnmill St.)
Dickenson Clo. *N9* —1B **18**
Dickenson Ho. *N8* —6K **31**
Dickenson Rd. *N8* —7J **31**
Dickenson Rd. *Felt* —5A **114**
Dickensons La. *SE25* —5G **141** (in two parts)
Dickensons Pl. *SE25* —6G **141**
Dickens Ri. *Chig* —3K **21**
Dickens Rd. *E6* —2B **72**
Dickens Sq. *SE1* —3C **86** (7D **168**)
Dickens St. *SW8* —2F **103**
Dickerage La. *N Mald* —3J **135**
Dickerage Rd. *King T & N Mald* —1J **135**
Dicksee Ho. NW8 —4B 66 (4A 158) (off Lyons Pl.)
Dickson Fold. *Pinn* —4B **24**
Dickson Rd. *SE9* —3C **108**
Dick Turpin Way. *Felt* —4H **95**
Didsbury Clo. *E6* —1D **72**
Digby Bus. Cen. E9 —6K 51 (off Digby Rd.)
Digby Cres. *N4* —2C **50**
Digby Gdns. *Dag* —1G **75**
Digby Mans. W6 —5D 82 (off Hammersmith Bri. Rd.)
Digby Pl. *Croy* —3F **153**
Digby Rd. *E9* —6K **51**
Digby Rd. *Bark* —7K **55**
Digby St. *E2* —3J **69**
Diggon St. *E1* —5K **69**
Dighton Ct. SE17 —6C 86 (off John Ruskin St.)
Dighton Rd. *SW18* —5A **102**
Dignum St. *N1* —2A **68**
Digswell St. *N7* —6A **50**
Dilhorne Clo. *SE12* —3K **125**
Dilke St. *SW3* —6D **84** (7F **171**)
Dilloway La. *S'hall* —2C **78**
Dillwyn Clo. *SE26* —4A **124**
Dilston Clo. *N'holt* —3A **60**
Dilston Gro. *SE16* —4J **87**
Dilton Gdns. *SW15* —1C **118**
Dilwyn Ct. *E17* —2A **34**
Dimes Pl. *W6* —4D **82**
Dimmock Dri. *Gnfd* —5H **43**
Dimond Clo. *E7* —4J **53**
Dimsdale Dri. *NW9* —1J **45**
Dimsdale Dri. *Enf* —7B **8**
Dimsdale Wlk. *E13* —2J **71**
Dimson Cres. *E3* —3C **70**
Dingle Gdns. *E14* —7C **70**
Dingle Rd. *Ashf* —5D **112**
Dingles Ct. *Pinn* —1B **24**
Dingle, The. *Uxb* —3D **58**
Dingley La. *SW16* —2H **121**
Dingley Pl. *EC1* —3C **68** (2D **162**)
Dingley Rd. *EC1* —3C **68** (2C **162**)
Dingwall Av. *Croy & New Ad* —2C **152**
Dingwall Gdns. *NW11* —6J **29**
Dingwall Rd. *SW18* —7A **102**
Dingwall Rd. *Cars* —7D **150**
Dingwall Rd. *Croy* —1D **152**
Dinmont Est. *E2* —2G **69**
Dinmont Ho. E2 —2G 69 (off Pritchard's Rd.)
Dinmont St. *E2* —2H **69**
Dinsdale Gdns. *SE25* —5E **140**
Dinsdale Gdns. *New Bar* —5E **4**
Dinsdale Rd. *SE3* —6H **89**
Dinsmore Rd. *SW12* —7F **103**
Dinton Ho. NW8 —4C 66 (3C 158) (off Lilestone St.)
Dinton Rd. *SW19* —6B **120**
Dinton Rd. *King T* —7F **117**
Diploma Av. *N2* —4C **30**
Diploma Ct. *N2* —4C **30**
Dirleton Rd. *E15* —1H **71**
Disbrowe Rd. *W6* —6G **83**
Discovery Bus. Pk. SE16 —3G 87 (off St James's Rd.)
Discovery Ho. *E14* —7E **70**
Discovery Wlk. *E1* —1H **87**
Dishforth La. *NW9* —7F **13**
Disley Ct. S'hall —6F 61 (off Howard Rd.)
Disney Pl. *SE1* —2C **86** (6D **168**)
Disney St. *SE1* —2C **86** (6D **168**)
Dison Clo. *Enf* —1E **8**
Disraeli Clo. *SE28* —1C **92**
Disraeli Clo. *W4* —3K **81**
Disraeli Gdns. *SW15* —4H **101**
Disraeli Rd. *E7* —6J **53**
Disraeli Rd. *NW10* —2K **63**
Disraeli Rd. *SW15* —4G **101**
Disraeli Rd. *W5* —1D **80**
Diss St. *E2* —3F **69** (1J **163**)
Distaff La. *EC4* —7C **68** (2C **168**)
Distillery La. *W6* —5E **82**
Distillery Rd. *W6* —5E **82**
Distillery Wlk. *Bren* —6E **80**
Distin St. *SE11* —4A **86** (4J **173**)
District Rd. *Wemb* —5B **44**
Ditch All. *SE10* —1D **106**
Ditchburn St. *E14* —7E **70**
Ditchfield Rd. *Hay* —4C **60**
Ditchley Ct. W7 —5K 61 (off Templeman Rd.)
Dittisham Rd. *SE9* —4C **126**
Ditton Clo. *Th Dit* —7A **134**
Dittoncroft Clo. *Croy* —4E **152**

Ditton Grange Clo. Surb —1D 146
Ditton Grange Dri. Surb —1D 146
Ditton Hill. Surb —1C 146
Ditton Hill Rd. Surb —1C 146
Ditton Lawn. Th Dit —1A 146
Ditton Pl. SE20 —1H 141
Ditton Reach. Th Dit —6B 134
Ditton Rd. Bexh —5D 110
Ditton Rd. S'hall —5D 78
Ditton Rd. Surb —2D 146
Divis Way. SW15 —6D 100 (off Dover Pk. Dri.)
Dixon Clark Ct. N1 —6B 50
Dixon Clo. E6 —6D 72
Dixon Pl. W W'ck —1D 154
Dixon Rd. SE14 —1A 106
Dixon Rd. SE25 —3E 140
Dixon's All. SE16 —2H 87
Dobbin Clo. Harr —2A 26
Dobell Rd. SE9 —5D 108
Dobree Av. NW10 —7D 46
Dobson Clo. NW6 —7B 48
Dobson Ho. SE5 —7D 86 (off Edmund St.)
Doby Ct. EC4 —2D 168
Dockers Tanner Rd. E14 —4C 88
Dockett Eddy. Cher —7A 130
Dockett Eddy La. Shep —7B 130
Dockhead. SE1 —2F 87 (7K 169)
Dockhead Wharf. SE1 —2F 87 (7K 169) (off Shad Thames)
Dock Hill Av. SE16 —1K 87
Dockland St. E16 —1E 90 (in two parts)
Dockley Rd. SE16 —3G 87
Dockley Rd. Ind. Est. SE16 (off Dockley Rd.) —3G 87
Dock Rd. E16 —7H 71
Dock Rd. Bren —7D 80
Dockside Rd. E16 —7B 72
Dock St. E1 —7G 69
Dockwell Clo. Felt —4J 95
Doctor Johnson Av. SW17 —3F 121
Doctors Clo. SE26 —5J 123
Docwra's Bldgs. N1 —6E 50
Dodbrooke Rd. SE27 —3A 122
Doddington Gro. SE17 —6B 86
Doddington Pl. SE17 —6B 86
Dodsley Pl. N9 —3D 18
Dodson St. SE1 —2A 86 (7K 167)
Dod St. E14 —6B 70
Doebury Wlk. SE18 —6A 92 (off Prestwood Clo.)
Doel Clo. SW19 —7A 120
Dog and Duck Yd. WC1 —5G 161
Doggett Rd. SE6 —7C 106
Doggetts Courts. Barn —5H 5
Doghurst Av. Hay —7D 76
Doghurst Dri. W Dray —7D 76
Dog Kennel Hill. SE5 —3E 104
Dog Kennel Hill Est. SE22 —3E 104 (off Albrighton Rd.)
Dog La. NW10 —4A 46
Doherty Rd. E13 —4J 71
Dokal Ind. Est. S'hall —3C 78
Dolben Ct. SE8 —4B 88
Dolben St. SE1 —1B 86 (5A 168) (in two parts)
Dolby Rd. SW6 —2H 101
Dolland Ho. SE11 —6H 173
Dolland St. SE11 —5K 85 (6H 173)
Dollar Bay. E14 —2E 88
Dollary Pde. King T —3H 135 (off Kingston Rd.)
Dollis Av. N3 —1H 29
Dollis Brook Wlk. Barn —6B 4
Dollis Cres. Ruis —1A 42
Dolliscroft. NW7 —7B 14
Dollis Hill. —2D 46
Dollis Hill Av. NW2 —3D 46
Dollis Hill Est. NW2 —3C 46
Dollis Hill La. NW2 —4B 46
Dollis M. N3 —1J 29
Dollis Pk. N3 —1H 29
Dollis Rd. NW7 & N3 —7B 14
Dollis Valley Way. Barn —6C 4
Dolman Clo. N3 —1A 30
Dolman Rd. W4 —4K 81
Dolman St. SW4 —4K 103
Dolphin Clo. SE16 —2K 87
Dolphin Clo. SE28 —6D 74
Dolphin Clo. Surb —5D 134
Dolphin Ct. NW11 —6G 29
Dolphin Ct. SE8 —6B 88 (off Wotton Rd.)
Dolphin Est. Sun —1G 131
Dolphin Ho. SW18 —4K 101
Dolphin La. E14 —7D 70
Dolphin Rd. N'holt —2D 60
Dolphin Rd. Sun —1G 131
Dolphin Rd. N. Sun —1G 131
Dolphin Rd. S. Sun —1G 131
Dolphin Rd. W. Sun —1G 131
Dolphin Sq. SW1 —5G 85 (6B 172)
Dolphin Sq. W4 —7A 82
Dolphin St. King T —2E 134
Dolphin Tower. SE8 —6B 88 (off Abinger Gro.)
Dombey Ho. SE1 —2G 87 (7K 169) (off Wolseley St.)
Dombey Ho. W11 —1F 83 (off St Ann's Rd.)
Dombey St. WC1 —5K 67 (5G 161) (in two parts)
Dome Hill Pk. SE26 —4F 123
Domett Clo. SE5 —4D 104
Domfe Pl. E5 —4J 51
Domingo St. EC1 —4C 68 (3C 162)
Dominica Clo. E13 —3A 72
Dominion Bus. Pk. N9 —2E 18
Dominion Cen., The. S'hall —2C 78
Dominion Ho. E14 —5D 88
Dominion Pde. Harr —5K 25
Dominion Rd. Croy —7F 141
Dominion Rd. S'hall —2C 78
Dominion St. EC2 —5D 68 (5F 163)
Domitian Pl. Enf —5A 8
Domonic Dri. SE9 —4F 127
Domville Clo. N20 —2G 15
Donald Dri. Romf —5C 38
Donald Hunter Ho. E7 —5K 53 (off Post Office App., in two parts)
Donald Rd. E13 —1K 71
Donald Rd. Croy —7K 139
Donaldson Rd. NW6 —1H 65
Donaldson Rd. SE18 —1E 108
Donald Woods Gdns. Surb —2H 147
Doncaster Dri. N'holt —5D 42
Doncaster Gdns. N4 —6C 32
Doncaster Gdns. N'holt —5D 42
Doncaster Rd. N9 —7C 8
Donegal St. N1 —2K 67
Doneraile Ho. SW1 —5F 85 (6J 171) (off Ebury Bri. Rd.)
Doneraile St. SW6 —2F 101
Dongola Rd. E1 —5A 70
Dongola Rd. E13 —3K 71
Dongola Rd. N17 —3E 32
Dongola Rd. W. E13 —3K 71
Donington Av. Ilf —5G 37
Donkey All. SE22 —7G 105
Donkey La. Enf —2B 8
Donnatt's Rd. SE14 —1B 106
Donne Ct. SE24 —6C 104
Donnefield Av. Edgw —7K 11
Donne Ho. E14 —6C 70
Donnelly Ct. SW6 —7G 83 (off Dawes Rd.)
Donne Pl. SW3 —4C 84 (3D 170)
Donne Pl. Mitc —4F 139
Donne Rd. Dag —2C 56
Donnington Ct. NW1 —7F 49 (off Castlehaven Rd.)
Donnington Ct. NW10 —7D 46
Donnington Rd. NW10 —7D 46
Donnington Rd. Harr —5D 26
Donnington Rd. Wor Pk —2C 148
Donnybrook Rd. SW16 —7G 121
Donoghue Cotts. E14 —5A 70 (off Maroon St.)
Donovan Av. N10 —2F 31
Donovan Ct. NW10 —7J 45
Donovan Ct. SW10 —5B 84 (6A 170) (off Drayton Gdns.)
Don Phelan Clo. SE5 —1D 104
Doone Clo. Tedd —6A 116
Doon St. SE1 —1A 86 (5J 167)
Dora Ho. E14 —6B 70
Dora Ho. W11 —7F 65 (off St Ann's Rd.)
Doral Way. Cars —5D 150
Doran Ct. E6 —2D 72
Dorando Clo. W12 —7D 64
Doran Gro. SE18 —7J 91
Doran Mnr. N2 —5D 30 (off Gt. North Rd.)
Doran Wlk. E15 —7E 52
Dora Rd. SW19 —5J 119
Dora St. E14 —6B 70
Dorchester Av. N13 —4H 17
Dorchester Av. Bex —1D 128
Dorchester Av. Harr —6G 25
Dorchester Clo. N'holt —5F 43
Dorchester Clo. Orp —7B 128
Dorchester Ct. E18 —1H 35 (off Buckingham Rd.)
Dorchester Ct. N1 —7E 50 (off Englefield Rd.)
Dorchester Ct. N10 —3F 31
Dorchester Ct. N14 —7A 6
Dorchester Ct. NW2 —3F 47
Dorchester Ct. SE24 —5C 104
Dorchester Dri. SE24 —5C 104
Dorchester Dri. Felt —6G 95
Dorchester Gdns. E4 —4H 19
Dorchester Gdns. NW11 —4J 29
Dorchester Gro. W4 —5A 82
Dorchester M. N Mald —4K 135
Dorchester M. Twic —6C 98
Dorchester Rd. Mord —7K 137
Dorchester Rd. N'holt —5F 43
Dorchester Rd. Wor Pk —1E 148
Dorchester Ter. NW2 —3F 47 (off Gratton Ter.)
Dorchester Way. Harr —6F 27
Dorchester Waye. Hay —6K 59 (in two parts)
Dorcis Av. Bexh —2E 110
Dordrecht Rd. W3 —1A 82
Dore Av. E12 —5E 54
Doreen Av. NW9 —1K 45
Doreen Capstan Ho. E11 —3G 53 (off Apollo Pl.)
Dore Gdns. Mord —7K 137
Dorell Clo. S'hall —5D 60
Doria Rd. SW6 —2H 101
Doric Way. NW1 —3H 67 (1C 160)
Dorien Rd. SW20 —2F 137
Dorinda St. N7 —6A 50
Doris Av. Eri —1J 111
Doris Emmerton Ct. SW11 —4A 102
Doris Rd. E7 —7J 53
Doris Rd. Ashf —6F 113
Doritt M. N18 —5K 17
Dorking Clo. SE8 —6B 88
Dorking Clo. Wor Pk —2F 149
Dorking Ct. N17 —1G 33 (off Hampden La.)
Dorking Ho. SE1 —3D 86
Dorlcote Rd. SW18 —7C 102
Dorly Clo. Shep —5G 131
Dorman Pl. N9 —2B 18
Dormans Clo. N'wd —1F 23
Dorman Wlk. NW10 —5K 45
Dorman Way. NW8 —1B 66
Dorma Trad. Pk. E10 —1K 51
Dormay St. SW18 —5K 101
Dormer Clo. E15 —6H 53
Dormer Clo. Barn —5A 4
Dormer's Av. S'hall —6E 60
Dormers Ri. S'hall —6F 61
Dormer's Wells. —7F 61
Dormer's Wells La. S'hall —6E 60
Dormstone Ho. SE17 —4E 86 (off Beckway St.)
Dormywood. Ruis —5H 23
Dornberg Clo. SE3 —7J 89
Dornberg Rd. SE3 —7K 89
Dorncliffe Rd. SW6 —2G 101
Dorney. NW3 —7C 48
Dorney Ri. Orp —4K 145
Dorney Way. Houn —5C 96
Dornfell St. NW6 —5H 47
Dornton Rd. SW12 —2F 121
Dornton Rd. S Croy —6D 152
Dorothy Av. Wemb —7E 44
Dorothy Evans Clo. Bexh —4H 111
Dorothy Gdns. Dag —4B 56
Dorothy Pettingell Ho. Sutt (off Angel Hill) —3K 149
Dorothy Rd. SW11 —3D 102
Dorrell Pl. SW9 —3A 104
Dorrien Wlk. SW16 —2H 121
Dorrington Ct. SE25 —1E 140
Dorrington St. EC1 —5A 68 (5J 161)
Dorrit Ho. W11 —1F 83 (off St Ann's Rd.)
Dorrit St. SE1 —6D 168
Dorrit Way. Chst —6G 127
Dorryn Ct. SE26 —5K 123
Dors Clo. NW9 —1K 45
Dorset Av. Hay —3G 59
Dorset Av. Romf —4K 39
Dorset Av. S'hall —4E 78
Dorset Av. Well —4K 109
Dorset Bldgs. EC4 —6B 68 (1A 168)
Dorset Clo. NW1 —5D 66 (5E 158)
Dorset Clo. Hay —3G 59
Dorset Ct. N1 —7E 50 (off Hertford Rd.)
Dorset Ct. W7 —5K 61 (off Copley Clo.)
Dorset Ct. N'wd —1H 23
Dorset Dri. Edgw —6A 12
Dorset Gdns. Mitc —4K 139
Dorset Ho. NW1 —4D 66 (5F 159) (off Gloucester Pl.)
Dorset M. N3 —1J 29
Dorset Pl. E15 —6F 53
Dorset Ri. EC4 —6B 68 (1A 168)
Dorset Rd. E7 —7A 54
Dorset Rd. N15 —4D 32
Dorset Rd. N22 —1J 31
Dorset Rd. SE9 —2C 126
Dorset Rd. SW8 —7J 85
Dorset Rd. SW19 —1J 137
Dorset Rd. W5 —3C 80
Dorset Rd. Ashf —3A 112
Dorset Rd. Beck —3K 141
Dorset Rd. Harr —6G 25
Dorset Rd. Mitc —2C 138
Dorset Sq. NW1 —4D 66 (4E 158)
Dorset St. W1 —5D 66 (6F 159)
Dorset Way. Twic —1H 115
Dorset Way. Uxb —2B 58
Dorset Waye. Houn —7D 78
Dorton Clo. SE15 —7E 86
Dorton Vs. W Dray —7C 76
Dorville Cres. W6 —3D 82
Dorville Rd. SE12 —5H 107
Dothill Rd. SE18 —7G 91
Douai Gro. Hamp —1G 133
Doughty Ho. SW10 —6A 84 (off Netherton Gro.)
Doughty M. WC1 —4K 67 (4G 161)
Doughty St. WC1 —4K 67 (3G 161)
Douglas Av. E17 —1B 34
Douglas Av. N Mald —4D 136
Douglas Av. Wemb —7E 44
Douglas Clo. Stan —5F 11
Douglas Clo. Wall —6J 151
Douglas Ct. NW6 —7J 47 (off Quex Rd.)
Douglas Cres. Hay —4A 60
Douglas Dri. Croy —3C 154
Douglas Est. N1 —6C 50 (off Marquess Rd.)
Douglas Ho. Surb —1F 147
Douglas Johnstone Ho. SW6 (off Clem Attlee Ct.) —6H 83
Douglas Mans. Houn —3F 97
Douglas M. NW2 —3G 47
Douglas Pl. E14 —4E 88
Douglas Pl. SW1 —4H 85 (4C 172) (off Douglas St.)
Douglas Rd. E4 —1B 20
Douglas Rd. E16 —5J 71
Douglas Rd. N1 —7C 50
Douglas Rd. N22 —1A 32
Douglas Rd. NW6 —1H 65
Douglas Rd. Houn —3F 97
Douglas Rd. Ilf —7A 38
Douglas Rd. King T —2H 135
Douglas Rd. Stanw —6A 94
Douglas Rd. Surb —2F 147
Douglas Rd. Well —1B 110
Douglas Rd. N. N1 —6C 50
Douglas Rd. S. N1 —6C 50
Douglas Robinson Ct. SW16 —7J 121 (off Streatham High Rd.)
Douglas Sq. Mord —6J 137
Douglas St. SW1 —4H 85 (4C 172)
Douglas Ter. E17 —1B 34
Douglas Waite Ho. NW6 —7J 47
Douglas Way. SE8 —7C 88
Douglas Way. SE14 —7B 88 (in two parts)
Doulton Ho. SE11 —2H 173
Doulton M. NW6 —6K 47
Dounesforth Gdns. SW18 —1K 119
Douro Pl. W8 —3K 83
Douro St. E3 —2C 70
Douthwaite Sq. E1 —1G 87
Dove App. E6 —5C 72
Dove Clo. NW7 —7G 13
Dove Clo. N'holt —4B 60
Dove Clo. Wall —7K 151

Dove Commercial Cen. NW5
—5G 49
Dovecot Clo. Pinn —5A 24
Dovecote Av. N22 —3A 32
Dovecote Gdns. SW14 —3K 99
Dove Ct. EC2 —1E 168
Dovedale Av. Harr —6C 26
Dovedale Av. Ilf —2E 36
Dovedale Clo. Well —2A 110
Dovedale Ri. Mitc —7D 120
Dovedale Rd. SE22 —5H 105
Dovedon Clo. N14 —2D 16
Dovehouse Ct. N'holt —3B 60
(off Kittiwake Rd.)
Dove Ho. Gdns. E4 —2H 19
Dovehouse Mead. Bark —2H 73
Dovehouse St. SW3
—5B 84 (5B 170)
Dove M. SW5 —4A 84
Dove Pk. Pinn —1E 24
Dover Clo. NW2 —2F 47
Dover Clo. Romf —2J 39
Dovercourt Av. T Hth —5A 140
Dovercourt Est. N1 —6D 50
Dovercourt Gdns. Stan —5K 11
Dovercourt La. Sutt —3A 150
Dovercourt Rd. SE22 —6E 104
Doverfield Rd. SW2 —7J 103
Dover Flats. SE1 —4E 86
Dover Gdns. Cars —3D 150
Dover Ho. SE15 —6J 87
Dover Ho. Rd. SW15 —4C 100
Doveridge Gdns. N13 —4G 17
Dove Rd. N1 —6D 50
Dove Row. E2 —1G 69
Dover Pk. Dri. SW15 —6D 100
Dover Patrol. SE3 —2K 107
Dover Rd. E12 —2A 54
Dover Rd. N9 —2D 18
Dover Rd. SE19 —6D 122
Dover Rd. Romf —6E 38
Dover St. W1 —7F 67 (3K 165)
Dover Ter. Rich —2F 99
(off Sandycombe Rd.)
Dover Yd. W1 —4A 166
Doves Clo. Brom —2C 156
Doves Yd. N1 —1A 68
Doveton Rd. S Croy —5D 152
Doveton St. E1 —4J 69
Dove Wlk. SW1 —5E 84 (5G 171)
Dovey Lodge. N1 —7A 50
(off Bewdley St.)
Dowanhill Rd. SE6 —1F 125
Dowdeswell Clo. SW15 —4A 100
Dowding Ho. N6 —7E 30
(off Hillcrest)
Dowding Pl. Stan —6F 11
Dowding Rd. Uxb —7B 40
Dowdney Clo. NW5 —5G 49
Dowe Ho. SE3 —3G 107
Dower Av. Wall —7F 151
Dowes Ho. SW16 —3J 121
Dowgate Hill. EC4
—7D 68 (2E 168)
Dowland St. W10 —3G 65
Dowlas St. SE5 —7E 86
Dowler Ho. E1 —6G 69
(off Burslem St.)
Dowling Ho. Belv —3F 93
Dowman Clo. SW19 —1K 137
Downage. NW4 —3E 28
Downalong. Bus H —1C 10
Downbank Av. Bexh —1K 111
Down Barns Rd. Ruis —3B 42
Downbury M. SW18 —5J 101
Down Clo. N'holt —2K 59
Downderry Rd. Brom —3F 125
Downe Clo. Well —7C 92

Down End. SE18 —7F 91
Downend Ct. SE15 —6E 86
(off Longhope Clo.)
Downe Rd. Kes —7C 156
Downe Rd. Mitc —2D 138
Downer's Cottage. SW4 —4G 103
Downes Clo. Twic —6B 98
Downes Ct. N21 —1F 17
Downe Ter. Rich —6E 98
Downfield. Wor Pk —1B 148
Downfield Clo. W9 —4K 65
Down Hall Rd. King T —1D 134
Downham. —5F 125
—2K 105
Downham Clo. Romf —1G 39
Downham Enterprise Cen. SE6
—2H 125
Downham La. Brom —5F 125
Downham Rd. N1 —7D 50
Downham Way. Brom —5F 125
Downhills Av. N17 —3D 32
Downhills Pk. Rd. N17 —3C 32
Downhills Way. N17 —3C 32
Downhurst Av. NW7 —5E 12
Downhurst Ct. NW4 —3E 28
Downing Clo. Harr —3G 25
Downing Dri. Gnfd —1H 61
Downing Rd. Dag —1F 75
Downings. E6 —6E 72
Downing St. SW1
—2J 85 (6E 166)
Downland Clo. N20 —1F 15
Downleys Clo. SE9 —2C 126
Downman Rd. SE9 —3C 108
Down Pl. W6 —4D 82
Down Rd. Tedd —6B 116
Downs Av. Chst —5D 126
Downs Av. Pinn —6C 24
Downsbridge Rd. Beck —1F 143
Downsell Rd. E15 —4E 52
Downsfield Rd. E17 —6A 34
Downshall Av. Ilf —6J 37
Downs Hill. Beck —7F 125
Downshire Hill. NW3 —4H 13
Downside. Sun —1J 131
Downside. Twic —3K 115
Downside Clo. SW19 —6A 120
Downside Cres. NW3 —5C 48
Downside Cres. W13 —4A 62
Downside Rd. Sutt —6B 150
Downside Wlk. Bren —6D 80
(off Windmill Rd.)
Downside Wlk. N'holt —3D 60
Downs La. E5 —4H 51
Downs Pk. Rd. E8 & E5 —5F 51
Downs Rd. E5 —4G 51
Downs Rd. Beck —2D 142
(in two parts)
Downs Rd. Enf —4K 7
Downs Rd. T Hth —1C 140
Downs, The. SW20 —7F 119
Down St. W1 —1F 85 (5J 165)
Down St. W Mol —5E 132
Down St. M. W1 —1F 85 (5J 165)
Downs Vw. Iswth —1K 97
Downsview Gdns. SE19 —7B 122
Downsview Rd. SE19 —7C 122
Downsway, The. Sutt —7A 150
Downton Av. SW2 —2J 121
Downtown Rd. SE16 —2A 88
Downway. N12 —7H 15
Down Way. N'holt —3K 59
Dowrey St. N1 —1A 68
Dowsett Rd. N17 —2F 33
Dowson Clo. SE5 —4D 104
Doyce St. SE1 —2C 86 (6C 168)
Doyle Gdns. NW10 —1C 64
Doyle Rd. SE25 —4G 141
D'Oyley St. SW1 —4E 84 (3G 171)

Doynton St. N19 —2F 49
Draco Ga. SW15 —3E 100
Draco St. SE17 —6C 86
Dragmire La. Mitc —3B 138
Dragonfly Clo. E13 —3K 71
Dragon Rd. SE15 —6E 86
Dragon Yd. WC1 —7F 161
Dragoon Rd. SE8 —5B 88
Dragor Rd. NW10 —4J 63
Drake Clo. SE16 —2K 87
Drake Cres. SE28 —6C 74
Drakefell Rd. SE14 & SE4
—2K 105
Drakefield Rd. SW17 —3E 120
Drake Hall. E16 —1K 89
(off Wesley Av., in two parts)
Drake Ho. SW1 —6H 85 (7C 172)
(off Dolphin Sq.)
Drakeland Ho. W9 —4H 65
(off Fernhead Rd.)
Drakeley Ct. N5 —4B 50
Drake Rd. SE4 —3C 106
Drake Rd. Chess —6J 147
Drake Rd. Croy —7K 139
Drake Rd. Harr —2D 42
Drake Rd. Mitc —6E 138
Drakes Ct. SE23 —1J 123
Drakes Courtyard. NW6 —7H 47
Drakes Dri. N'wd —1D 22
Drake St. WC1 —5K 67 (6G 161)
Drake St. Enf —1J 7
Drakes Wlk. E6 —1D 72
(in two parts)
Drakewood Rd. SW16 —7H 121
Draper Clo. Belv —4F 93
Draper Clo. Iswth —2H 97
Draper Ct. Brom —4C 144
Draper Ho. SE1 —4B 86
(off Elephant & Castle)
Draper Pl. N1 —1B 68
(off Dagmar Ter.)
Drapers' Cottage Homes. NW7
—4H 13
Drapers Gdns. EC2
—6D 68 (7F 163)
Drapers Rd. E15 —4F 53
Drapers Rd. N17 —3F 33
Drapers Rd. Enf —2G 7
Drappers Way. SE16 —4G 87
Draven Clo. Brom —7H 143
Drawdock Rd. SE10 —2F 89
Drawell Clo. SE18 —5J 91
Drax Av. SW20 —7C 118
Draycot Rd. E11 —6K 35
Draycot Rd. Surb —1G 147
Draycott Av. SW3
—4C 84 (3D 170)
Draycott Av. Harr —6B 26
Draycott Clo. Harr —6B 26
Draycott Pl. SW3 —4D 84 (4E 170)
Draycott Ter. SW3
—4D 84 (4F 171)
Dray Ct. Wor Pk —1B 148
Drayford Clo. W9 —4H 65
Dray Gdns. SW2 —5K 103
Draymans Way. Iswth —3K 97
Drayside M. S'hall —2D 78
Drayson M. W8 —2J 83
Drayton Av. W13 —7A 62
Drayton Bri. Rd. W7 & W13
—7K 61
Drayton Clo. Houn —5D 96
Drayton Clo. Ilf —1H 55
Drayton Ct. W Dray —4B 76
Drayton Gdns. N21 —7G 7
Drayton Gdns. SW10
—5A 84 (6A 170)
Drayton Gdns. W13 —7A 62

Drayton Gdns. W Dray —2A 76
Drayton Grn. W13 —7A 62
Drayton Grn. Rd. W13 —7B 62
Drayton Gro. W13 —1A 62
Drayton Ho. E11 —1F 53
Drayton Pk. N5 —4A 50
Drayton Pk. M. N5 —5A 50
Drayton Rd. E11 —1F 53
Drayton Rd. N17 —2E 32
Drayton Rd. NW10 —1B 64
Drayton Rd. W13 —7A 62
Drayton Rd. Croy —2B 152
Drayton Waye. Harr —6B 26
Dreadnought St. SE10 —3G 89
Drenon Sq. Hay —7H 59
Dresden Clo. NW6 —6K 47
Dresden Ho. SE11 —3H 173
Dresden Rd. N19 —1G 49
Dressington Av. SE4 —6C 106
Drew Av. NW7 —6B 14
Drewery Ct. SE3 —3G 107
Drewett Ho. E1 —6G 69
(off Christian St.)
Drew Gdns. Gnfd —6K 43
Drew Ho. SW16 —3J 121
Drewitts Ct. W on T —7H 131
Drew Rd. E16 —1B 90
(in three parts)
Drewstead Rd. SW16 —2H 121
Driffield Ct. NW9 —1A 28
(off Pageant Av.)
Driffield Rd. E3 —2A 70
Drift, The. Brom —3B 156
Driftway, The. Mitc —1E 138
Drinkwater Ho. SE5 —7D 86
(off Picton St.)
Drinkwater Rd. Harr —2F 43
Drive Ct. Edgw —5B 12
Drive Mans. SW6 —2G 101
(off Fulham Rd.)
Drive, The. E4 —1A 20
Drive, The. E17 —3D 34
Drive, The. E18 —4J 35
Drive, The. N2 —5D 30
Drive, The. N3 —7D 14
Drive, The. N7 —6K 49
Drive, The. N11 —6C 16
Drive, The. NW10 —1B 64
Drive, The. NW11 —7G 29
Drive, The. SW6 —2G 101
Drive, The. SW16 —3K 139
Drive, The. SW20 —7E 118
Drive, The. W3 —6J 63
Drive, The. Ashf —7F 113
Drive, The. Bark —7K 55
Drive, The. Beck —2C 142
Drive, The. Bex —6C 110
Drive, The. Buck H —1F 21
Drive, The. Chst —3K 145
Drive, The. Col R —1K 39
Drive, The. Edgw —5B 12
Drive, The. Enf —1J 7
Drive, The. Eps —6B 148
Drive, The. Eri —7H 93
Drive, The. Esh —7G 133
Drive, The. Felt —7A 96
Drive, The. Harr —7E 24
Drive, The. High Bar —3B 4
Drive, The. Houn & Iswth —2H 97
Drive, The. Ilf —6C 36
Drive, The. King T —7J 117
Drive, The. Mord —5A 138
Drive, The. New Bar —6F 5
Drive, The. N'wd —2G 23
Drive, The. Sidc —3B 128
Drive, The. Surb —7E 134
Drive, The. T Hth —4D 140
Drive, The. Uxb —3A 40

Drive, The. Wemb —2J 45
Drive, The. W W'ck —7F 143
Driveway, The. E17 —6D 34
(off Hoe St.)
Droitwich Clo. SE26 —3G 123
Dromey Gdns. Harr —7E 10
Dromore Rd. SW15 —6G 101
Dronfield Gdns. Dag —5C 56
Droop St. W10 —3F 65
Drovers Pl. SE15 —7J 87
Drovers Rd. S Croy —5D 152
Druce Rd. SE21 —6E 104
Druid St. SE1 —2E 86 (6H 169)
Druids Way. Brom —4F 143
Drumaline Ridge. Wor Pk
—2A 148
Drummond Av. Romf —4K 39
Drummond Cen. Croy —2C 152
Drummond Cres. NW1
—3H 67 (1C 160)
Drummond Dri. Stan —7E 10
Drummond Ga. SW1
—5H 85 (5D 172)
Drummond Ho. E2 —2G 69
(off Goldsmiths Row)
Drummond Pl. Twic —7B 98
Drummond Rd. E11 —6A 36
Drummond Rd. SE16 —3H 87
Drummond Rd. Croy —2C 152
(in two parts)
Drummond Rd. Romf —4K 39
Drummonds, The. Buck H —2E 20
Drummond St. NW1
—4G 67 (3A 160)
Drum St. E1 —6F 69 (7K 163)
Drury Cres. Croy —2A 152
Drury Ho. SW8 —1G 103
Drury La. WC2 —6J 67 (7F 161)
Drury Rd. Harr —7G 25
Drury Way. NW10 —5K 45
Drury Way Ind. Est. NW10 —5J 45
Dryad St. SW15 —3F 101
Dryburgh Gdns. NW9 —3G 27
Dryburgh Ho. SW1
—5F 85 (5K 171)
(off Abbots Mnr.)
Dryburgh Rd. SW15 —3D 100
Dryden Av. W7 —6K 61
Dryden Ct. SE11 —4B 86 (4K 173)
Dryden Mans. W14 —6G 83
(off Queen's Club Gdns.)
Dryden Rd. SW19 —6A 120
Dryden Rd. Enf —6K 7
Dryden Rd. Harr —1K 25
Dryden Rd. Well —1K 109
Dryden St. WC2 —6J 67 (1F 167)
Dryfield Clo. NW10 —6J 45
Dryfield Rd. Edgw —6D 12
Dryfield Wlk. SE8 —6C 88
Dryhill Rd. Belv —6F 93
Drylands Rd. N8 —6J 31
Drysdale Av. E4 —7J 9
Drysdale Clo. N'wd —1G 23
Drysdale Ho. N1 —3E 68 (1H 163)
(off Drysdale St.)
Drysdale Pl. N1 —3E 68 (1H 163)
Drysdale St. N1 —3E 68 (1H 163)
Dublin Av. E8 —1G 69
Dublin Ct. S Harr —2H 43
(off Northolt Rd.)
Du Burstow Ter. W7 —2J 79
Ducal St. E2 —3F 69 (2K 163)
Du Cane Clo. W12 —6E 64
Du Cane Ct. SW17 —1E 120
Du Cane Rd. W12 —6B 64
Ducavel Ho. SW2 —1K 121
Duchess Clo. N11 —5A 16
Duchess Clo. Sutt —4A 150

Duchess Gro. Buck H —2E 20
Duchess M. W1 —5F 67 (6K 159)
Duchess of Bedford Ho. W8 —2J 83 (off Duchess of Bedford's Wlk.)
Duchess of Bedford's Wlk. W8 —2J 83
Duchess St. W1 —5F 67 (6K 159)
Duchy Rd. Barn —1G 5
Duchy St. SE1 —1A 86 (4K 167) (in two parts)
Ducie St. SW4 —4K 103
Duckett M. N4 —6B 32
Duckett Rd. N4 —6A 32
Duckett St. E1 —4K 69
Ducking Stool Ct. Romf —4K 39
Duck La. W1 —1C 166
Duck Lees La. Enf —4F 9
Duck's Hill Rd. N'wd & Ruis —1D 22
Ducks Island. —6A 4
Ducks Wlk. Twic —5C 98
Du Cros Dri. Stan —6J 11
Du Cros Rd. W3 —1A 82
Dudden Hill. —5D 46
Dudden Hill La. NW10 —4B 46
Dudden Hill Pde. NW10 —4B 46
Duddington Clo. SE9 —4B 126
Dudley Av. Harr —3C 26
Dudley Ct. NW11 —4H 29
Dudley Ct. W1 —6D 66 (1E 164) (off Up. Berkeley St.)
Dudley Ct. WC2 —6J 67 (7E 160)
Dudley Dri. Mord —1G 149
Dudley Dri. Ruis —5K 41
Dudley Gdns. W13 —2B 80
Dudley Gdns. Harr —1H 43
Dudley Ho. W2 —5B 66 (6A 158) (off N. Wharf Rd.)
Dudley Rd. E17 —2C 34
Dudley Rd. N3 —2K 29
Dudley Rd. NW6 —2G 65
Dudley Rd. SW19 —6J 119
Dudley Rd. Ashf —5B 112
Dudley Rd. Felt —1E 112
Dudley Rd. Harr —2G 43
Dudley Rd. Ilf —4F 55
Dudley Rd. King T —3F 135
Dudley Rd. Rich —2F 99
Dudley Rd. S'hall —2B 78
Dudley Rd. W on T —6J 131
Dudley St. W2 —5B 66 (6A 158)
Dudlington Rd. E5 —2J 51
Dudmaston M. SW3 —5B 170
Dudsbury Rd. Sidc —6B 128
Dudset La. Houn —1J 95
Duffell Ho. SE11 —6H 173
Dufferin Av. EC1 —4E 162
Dufferin Ct. EC1 —4D 68 (4E 162) (off Dufferin St.)
Dufferin St. EC1 —4C 68 (4D 162)
Duffield Clo. Harr —5K 25
Duffield Dri. N15 —4F 33
Duff St. E14 —6D 70
Dufour's Pl. W1 —6G 67 (1B 166)
Dugard Way. SE11 —4B 86
Duke Gdns. Ilf —4H 37
Duke Humphrey Rd. SE3 —1G 107 (in two parts)
Duke of Cambridge Clo. Twic —6H 97
Duke of Edinburgh Rd. Sutt —2B 150
Duke of Wellington Pl. SW1 —2E 84 (6H 165)
Duke of York Column. —5D 166
Duke of York St. SW1 —1G 85 (4B 166)
Duke Rd. W4 —5K 81
Duke Rd. Ilf —4H 37
Dukes Av. N3 —1K 29
Duke's Av. N10 —3F 31
Duke's Av. W4 —5K 81
Duke's Av. Edgw —6A 12
Dukes Av. Harr —4J 25
Dukes Av. Houn —4C 96
Dukes Av. N Mald —3B 136
Dukes Av. N Har —6D 24
Dukes Av. N'holt —7C 42
Dukes Av. Rich & King T —4C 116
Dukes Clo. Ashf —4E 112
Dukes Clo. Hamp —5D 114
Dukes Ct. E6 —1E 72
Dukes Ct. SE13 —2E 106
Dukes Ga. W4 —4J 81
Dukes Grn. Av. Felt —5J 95
Dukes Head Pas. Hamp —7G 115
Duke's Head Yd. N6 —1F 49
Duke Shore Pl. E14 —7B 70
Duke Shore Wharf. E14 —7B 70
Duke's Ho. SW1 —4H 85 (3D 172) (off Vincent St.)
Dukes La. W8 —2K 83
Dukes M. N10 —3F 31
Duke's M. W1 —7H 159
Dukes Orchard. Bex —1J 129
Duke's Pas. E17 —4E 34
Duke's Pl. EC3 —6E 68 (1H 169)
Dukes Ride. Uxb —4A 40
Dukes Rd. E6 —1E 72
Duke's Rd. NW1 —3H 67 (2D 160)
Dukes Rd. W3 —4G 63
Dukesthorpe Rd. SE26 —4K 123
Duke St. SW1 —1G 85
Duke St. W1 —6E 66 (4B 166)
Duke St. Rich —4D 98
Duke St. Sutt —4B 150
Duke St. Hill. SE1 —1D 86 (4F 169)
Duke St. Mans. W1 (off Duke St.) —6E 66 (1H 165)
Dukes Way. W W'ck —3G 155
Duke's Yd. W1 —7E 66 (2H 165)
Dulas St. N4 —1K 49
Dulford St. W11 —7G 65
Dulka Rd. SW11 —5D 102
Dulverton. NW1 —1G 67 (off Royal College St.)
Dulverton Mans. WC1 —4H 161
Dulverton Rd. SE9 —2G 127
Dulverton Rd. Ruis —1J 41
Dulwich. —2E 122
Dulwich Comn. SE21 & SE22 —1E 122
Dulwich Hamlet F.C. —4E 104
Dulwich Lawn Clo. SE22 —5F 105
Dulwich Oaks Pl. SE21 —3E 122
Dulwich Picture Gallery. —7E 104
Dulwich Ri. Gdns. SE22 —5F 105
Dulwich Rd. SE24 —5A 104
Dulwich Village. —7E 104
Dulwich Village. SE21 —6D 104
Dulwich Wood Av. SE19 —4E 122
Dulwich Wood Pk. SE19 —4E 122
Dumain Ct. SE11 —4B 86 (off Opal St.)
Dumbarton Ct. SW2 —6J 103
Dumbarton Rd. SW2 —6J 103
Dumbleton Clo. King T —1H 135
Dumbreck Rd. SE9 —4D 108
Dumont Rd. N16 —3E 50
Dumpton Pl. NW1 —7E 48
Dumsey Eyot. Cher —7A 130
Dunally Pk. Shep —7F 131
Dunbar Av. SW16 —2A 140
Dunbar Av. Beck —4A 142
Dunbar Av. Dag —3G 57
Dunbar Clo. Hay —6K 59
Dunbar Gdns. Dag —5G 57
Dunbar Rd. E7 —6J 53
Dunbar Rd. N22 —1A 32
Dunbar Rd. N Mald —4J 135
Dunbar St. SE27 —3C 122
Dunbar Wharf. E14 —7B 70
Dunblane Clo. Edgw —2C 12
Dunblane Rd. SE9 —3C 108
Dunboe Pl. Shep —7E 130
Dunboyne Rd. NW3 —5D 48
Dunbridge Ho. SW15 —6B 100 (off Highcliffe Dri.)
Dunbridge St. E2 —4G 69
Duncan Clo. Barn —4F 5
Duncan Ct. N21 —1G 17
Duncan Gro. W3 —6A 64
Duncan Ho. SW1 —5G 85 (6B 172) (off Dolphin Sq.)
Duncannon Ho. SW1 —5H 85 (6D 172) (off Lindsay Sq.)
Duncannon St. WC2 —7J 67 (3E 166)
Duncan Rd. E8 —1H 69
Duncan Rd. Rich —4E 98
Duncan St. N1 —2B 68
Duncan Ter. N1 —2B 68 (in two parts)
Duncombe Hill. SE23 —7A 106
Duncombe Rd. N19 —1H 49
Duncrievie Rd. SE13 —6F 107
Duncroft. SE18 —7J 91
Dundalk Rd. SE4 —3A 106
Dundas Gdns. W Mol —3F 133
Dundas Rd. SE15 —2J 105
Dundee Ho. W9 —3A 66 (off Maida Va.)
Dundee Rd. E13 —2K 71
Dundee Rd. SE25 —5H 141
Dundee St. E1 —1H 87
Dundee Way. Enf —3F 9
Dundee Wharf. E14 —7B 70
Dundela Gdns. Wor Pk —4D 148
Dundonald Clo. E6 —6C 72
Dundonald Ho. E14 —2D 88
Dundonald Rd. NW10 —1F 65
Dundonald Rd. SW19 —7G 119
Dundry Ho. SE26 —3G 123
Dunedin Ho. E16 —1D 90 (off Manwood St.)
Dunedin Rd. E10 —3D 52
Dunedin Rd. Ilf —1G 55
Dunedin Way. Hay —4A 60
Dunelm Gro. SE27 —3C 122
Dunelm St. E1 —6K 69
Dunfield Gdns. SE6 —5D 124
Dunfield Rd. SE6 —5D 124 (in two parts)
Dunford Ct. Pinn —1D 24
Dunford Rd. N7 —4K 49
Dungarvan Av. SW15 —4C 100
Dunheved Clo. T Hth —6A 140
Dunheved Rd. N. T Hth —6A 140
Dunheved Rd. S. T Hth —6A 140
Dunheved Rd. W. T Hth —6A 140
Dunholme Grn. N9 —3A 18
Dunholme La. N9 —3A 18
Dunholme Rd. N9 —3A 18
Dunkeld Ho. E14 —6F 71
Dunkeld Rd. SE25 —4D 140
Dunkeld Rd. Dag —2B 56
Dunkery Rd. SE9 —4B 126
Dunkirk St. SE27 —4C 122
Dunlace Rd. E5 —4J 51
Dunleary Clo. Houn —7D 96
Dunley Dri. New Ad —7D 154
Dunloe Av. N17 —3D 32
Dunloe Ct. E2 —2F 69 (off Dawson St.)
Dunloe St. E2 —2F 69
Dunlop Pl. SE16 —3F 87
Dunmore Point. E2 —3F 69 (2J 163) (off Gascoigne Pl.)
Dunmore Rd. NW6 —1G 65
Dunmore Rd. SW20 —1E 136
Dunmow Clo. Felt —3C 114
Dunmow Clo. Romf —5C 38
Dunmow Ho. SE11 —5K 85 (5H 173) (off Newburn St.)
Dunmow Rd. E15 —4F 53
Dunmow Wlk. N1 —1C 68 (off Popham St.)
Dunnage Cres. SE16 —4A 88
Dunnico Ho. SE17 —5E 86 (off East St.)
Dunn Mead. NW9 —7G 13
Dunnock Clo. E6 —6C 72
Dunnock Clo. N9 —1E 18
Dunn's Pas. WC1 —7F 161
Dunn St. E8 —5F 51
Dunollie Pl. NW5 —5G 49
Dunollie Rd. NW5 —5G 49
Dunoon Gdns. SE23 —7K 105
Dunoon Ho. N1 —1K 67 (off Bemerton Est.)
Dunoon Rd. SE23 —7J 105
Dunoran Home. Brom —1C 144
Dunraven Dri. Enf —2F 7
Dunraven Rd. W12 —1C 82
Dunraven St. W1 —7D 66 (2F 165)
Dunsany Rd. W14 —3F 83
Dunsfold Way. New Ad —7D 154
Dunsford Way. SW15 —6D 100
Dunsmore Clo. Hay —4C 60
Dunsmore Rd. W on T —6K 131
Dunsmure Rd. N16 —1E 50
Dunspring La. Ilf —2F 37
Dunstable M. W1 —5E 66 (5H 159)
Dunstable Rd. Rich —4E 98
Dunstable Rd. W Mol —4D 132
Dunstall Rd. SW20 —6D 118
Dunstall Way. W Mol —3F 133
Dunstall Welling Est. Well —2B 110
Dunstan Clo. N2 —3A 30
Dunstan Glade. Orp —6H 145
Dunstan Houses. E1 —5J 69 (off Stepney Grn.)
Dunstan Rd. NW11 —1H 47
Dunstan's Gro. SE22 —6H 105
Dunstan's Rd. SE22 —7G 105
Dunster Av. Mord —1F 149
Dunster Clo. Barn —4A 4
Dunster Clo. Romf —2J 39
Dunster Ct. EC3 —7E 68 (2H 169)
Dunster Dri. NW9 —1J 45
Dunster Gdns. NW6 —7H 47
Dunster Ho. SE6 —3E 124
Dunsterville Way. SE1 —2D 86 (7F 169)
Dunster Way. Harr —3C 42
Dunston Rd. E8 —1F 69
Dunston Rd. SW11 —2E 102
Dunston St. E8 —1E 68
Dunton Clo. Surb —1E 146
Dunton Ct. SE23 —2H 123
Dunton Rd. E10 —7D 34
Dunton Rd. SE1 —5F 87
Dunton Rd. Romf —4K 39
Duntshill Rd. SW18 —1K 119
Dunvegan Clo. W Mol —4F 133
Dunvegan Rd. SE9 —4D 108
Dunwich Rd. Bexh —1F 111
Dunworth M. W11 —6H 65
Duplex Ride. SW1 —2D 84 (7F 165)
Dupont Rd. SW20 —2F 137
Duppas Av. Croy —4B 152
Duppas Clo. Shep —5F 131
Duppas Hill La. Croy —4B 152
Duppas Hill Rd. Croy —4A 152
Duppas Hill Ter. Croy —3B 152
Duppas Rd. Croy —3A 152
Dupree Rd. SE7 —5K 89
Duraden Clo. Beck —7D 124
Durand Clo. Cars —1D 150
Durand Gdns. SW9 —1K 103
Durands Wlk. SE16 —2B 88
Durand Way. NW10 —7J 45
Durants Pk. Av. Enf —4E 8
Durants Rd. Enf —4D 8
Durant St. E2 —2G 69
Durban Ct. E7 —7B 54
Durban Gdns. Dag —7J 57
Durban Rd. E15 —3G 71
Durban Rd. E17 —1B 34
Durban Rd. N17 —6K 17
Durban Rd. SE27 —4C 122
Durban Rd. Beck —2B 142
Durban Rd. Ilf —1J 55
Durbin Rd. Chess —4E 146
Durdan Cotts. S'hall —6D 60 (off Denbigh Rd.)
Durdans Rd. S'hall —6D 60
Durell Gdns. Dag —5D 56
Durell Rd. Dag —5D 56
Durfey Ho. SE5 —7D 86 (off Edmund St.)
Durford Cres. SW15 —1D 118
Durham Av. Brom —4H 143
Durham Av. Houn —5D 78
Durham Av. Wfd G —5G 21
Durham Clo. SW20 —2D 136
Durham Ct. NW6 —2J 65 (off Kilburn Pk. Rd., in two parts)
Durham Ct. Tedd —4J 115
Durham Hill. Brom —4H 125
Durham Ho. Bark —7A 56 (off Margaret Bondfield Av.)
Durham Ho. Brom —4G 143
Durham Ho. Dag —5J 57
Durham Ho. St. WC2 —3F 167
Durham Pl. SW3 —5D 84 (6E 170)
Durham Pl. Ilf —4G 55
Durham Ri. SE18 —5G 91
Durham Rd. E12 —4B 54
Durham Rd. E16 —4G 71
Durham Rd. N2 —3C 30
Durham Rd. N7 —2K 49
Durham Rd. N9 —2B 18
Durham Rd. SW20 —1D 136
Durham Rd. W5 —3D 80
Durham Rd. Brom —3H 143
Durham Rd. Dag —5J 57
Durham Rd. Felt —7A 96
Durham Rd. Harr —5F 25
Durham Rd. Sidc —5B 128
Durham Row. E1 —5K 69
Durham St. SE11 —6K 85 (6G 173)
Durham Ter. W2 —6K 65
Durham Wharf. Bren —7C 80
Durham Yd. E2 —3H 69
Durley Av. Pinn —7C 24
Durley Rd. N16 —7E 32
Durlston Rd. E5 —2G 51
Durlston Rd. King T —6E 116
Durnford Ho. SE6 —3E 124
Durnford St. N15 —5E 32

East Va. W3 —1B 82
East Vw. E4 —5K 19
East Vw. Barn —2C 4
Eastview Av. SE18 —7J 91
Eastville Av. NW11 —6H 29
East Wlk. E Barn —7K 5
East Wlk. Hay —1J 77
Eastway. E9 —6B 52
(in two parts)
East Way. E11 —5K 35
East Way. Brom —7J 143
East Way. Croy —2A 154
East Way. Hay —1J 77
Eastway. Mord —5F 137
East Way. Ruis —1J 41
Eastway. Wall —4G 151
Eastway Commercial Cen. E15 —5C 52
Eastwell Clo. Beck —7A 124
Eastwell Ho. SE1 —7F 169
East Wickham. —1C 110
Eastwood Clo. E18 —2J 35
Eastwood Clo. N17 —7C 18
Eastwood Rd. E18 —2J 35
Eastwood Rd. N10 —2E 30
Eastwood Rd. Ilf —7A 38
Eastwood Rd. W Dray —2C 76
E. Woodside. Bex —1E 128
Eastwood St. SW16 —6G 121
Eatington Rd. E10 —5F 35
Eaton Clo. SW1 —4E 84 (4G 171)
Eaton Clo. Stan —4G 11
Eaton Dri. SW9 —4B 104
Eaton Dri. King T —7G 117
Eaton Dri. Romf —1H 39
Eaton Garages. NW3 —6C 48
Eaton Gdns. Dag —7E 56
Eaton Ga. SW1 —4E 84 (3G 171)
Eaton Gro. N19 —3H 49
Eaton Ho. SW11 —1B 102
Eaton La. SW1 —3F 85 (2K 171)
Eaton Mans. SW1 —4E 84 (4G 171) (off Bourne St.)
Eaton M. N. SW1 —4E 84 (3G 171)
Eaton M. S. SW1 —4E 84 (3H 171)
Eaton M. W. SW1 —4E 84 (3H 171)
Eaton Pk. Rd. N13 —2F 17
Eaton Pl. SW1 —4E 84 (2G 171)
Eaton Ri. E11 —5A 36
Eaton Ri. W5 —5D 62
Eaton Rd. NW4 —5E 28
Eaton Rd. Enf —3K 7
Eaton Rd. Houn —4H 97
Eaton Rd. Sidc —2D 128
Eaton Rd. Sutt —6A 150
Eaton Row. SW1 —3F 85 (2J 171)
Eatons Mead. E4 —2H 19
Eaton Sq. SW1 —4E 84 (3G 171)
Eaton Ter. E3 —3A 70
Eaton Ter. SW1 —4E 84 (3G 171)
Eaton Ter. M. SW1 —3G 171
Eatonville Rd. SW17 —2D 120
Eatonville Vs. SW17 —2D 120
Ebbisham Dri. SW8 —6K 85 (7G 173)
Ebbisham Rd. Wor Pk —2E 148
Ebbsfleet Rd. NW2 —5G 47
Ebdon Way. SE3 —3K 107
Ebenezer Ho. SE11 —4B 86 (4K 173)
Ebenezer St. N1 —3D 68 (1E 162)
Ebenezer Wlk. SW16 —1G 139
Ebley Clo. SE15 —6F 87
Ebner St. SW18 —5K 101
Ebor Cotts. SW15 —3A 118
Ebor St. E1 —4F 69 (3J 163)
Ebrington Rd. Harr —6D 26
Ebsworth St. SE23 —7K 105
Eburne Rd. N7 —3J 49
Ebury Bri. SW1 —5F 85 (5J 171)
Ebury Bri. Est. SW1 —5F 85 (5J 171)
Ebury Bri. Rd. SW1 —5E 84 (6H 171)
Ebury Clo. Kes —3C 156
Ebury M. SE27 —3B 122
Ebury M. SW1 —4F 85 (3J 171)
Ebury M. E. SW1 —3F 85 (2J 171)
Ebury Sq. SW1 —4E 84 (4H 171)
Ebury St. SW1 —4E 84 (4H 171)
Ecclesbourne Clo. N13 —5F 17
Ecclesbourne Gdns. N13 —5F 17
Ecclesbourne Rd. N1 —7C 50
Ecclesbourne Rd. T Hth —5C 140
Eccles Rd. SW11 —4D 102
Eccleston Bri. SW1 —4F 85 (3K 171)
Eccleston Clo. Cockf —4J 5
Eccleston Cres. Romf —7B 38
Ecclestone Ct. Wemb —5E 44
Ecclestone M. Wemb —5E 44
Ecclestone Pl. Wemb —5F 45
Eccleston Ho. SW2 —6A 104
Eccleston M. SW1 —3E 84 (2H 171)
Eccleston Pl. SW1 —4F 85 (3J 171)
Eccleston Rd. W13 —7A 62
Eccleston Sq. SW1 —4F 85 (4K 171)
Eccleston Sq. M. SW1 —4F 85 (4K 171)
Eccleston St. SW1 —3F 85 (2J 171)
Echelforde Dri. Ashf —4C 112
Echo Heights. E4 —1J 19
Eckford St. N1 —2A 68
Eckington Ho. N15 —6D 32 (off Fladbury Rd.)
Eckstein Rd. SW11 —4C 102
Eclipse Rd. E13 —5K 71
Ector Rd. SE6 —2G 125
Edam Ct. Sidc —3A 128
Edans Ct. W12 —2B 82
Edbrooke Rd. W9 —4J 65
Eddington St. N4 —1A 50
Eddisbury Ho. SE26 —3G 123
Eddiscombe Rd. SW6 —2H 101
Eddy Clo. Romf —6H 39
Eddystone Rd. SE4 —5A 106
Eddystone Tower. SE8 —5A 88
Eddystone Wlk. Stai —7A 94
Ede Clo. Houn —3D 96
Edenbridge Clo. SE16 —5H 87 (off Masters Dri.)
Edenbridge Rd. E9 —7K 51
Edenbridge Rd. Enf —6K 7
Eden Clo. NW3 —2J 47
Eden Clo. W8 —3J 83
Eden Clo. Bex —4K 129
Eden Clo. Wemb —1D 62
Edencourt Rd. SW16 —6F 121
Edendale. W3 —7H 63
Edendale Rd. Bexh —1K 111
Edenfield Gdns. Wor Pk —3B 148
Eden Gro. E17 —5D 34
Eden Gro. N7 —5K 49
Edenham Way. W10 —4H 65
Eden Ho. NW8 —4C 66 (4C 158) (off Church St.)
Edenhurst Av. SW6 —3H 101
Eden M. SW17 —3A 120
Eden Park. —5C 142
Eden Pk. Av. Beck —4A 142
(in two parts)
Eden Rd. E17 —5D 34
Eden Rd. SE27 —4B 122
Eden Rd. Beck —4A 142
Eden Rd. Bex —4J 129
Eden Rd. Croy —4D 152
Edensor Gdns. W4 —7A 82
Edensor Rd. W4 —7A 82
Eden St. King T —2D 134
Edenvale Clo. Mitc —7E 120
Edenvale Rd. Mitc —7E 120
Edenvale St. SW6 —2K 101
Eden Wlk. King T —2E 134
Eden Way. Beck —5B 142
Ederline Av. SW16 —3K 139
Edgar Ct. N Mald —2A 136
Edgar Ho. E9 —5A 52 (off Homerton Rd.)
Edgar Ho. E11 —7J 35
Edgar Ho. SW8 —7J 85 (off Wyvil Rd.)
Edgar Kail Way. SE22 —4E 104
Edgarley Ter. SW6 —1G 101
Edgar Rd. E3 —3D 70
Edgar Rd. Houn —7D 96
Edgar Rd. Romf —7D 38
Edgar Rd. W Dray —7A 58
Edgeborough Way. Brom —7B 126
Edgebury. Chst —4F 127
Edgebury Wlk. Chst —4G 127
Edge Bus. Cen., The. NW2 —2D 46
Edgecombe Ho. SE5 —2E 104
Edgecoombe. S Croy —7J 153
Edgecoombe Clo. King T —7K 117
Edgecote Clo. W3 —1J 81
Edgecot Gro. N15 —5E 32
Edgefield Av. Bark —7K 55
Edgefield Ct. Bark —7K 55 (off Edgefield Av.)
Edgefoot Gro. N15 —5E 32
Edge Hill. SE18 —6F 91
Edge Hill. SW19 —7F 119
Edge Hill Av. N3 —4J 29
Edge Hill Ct. SW19 —7F 119
Edge Hill Ct. Sidc —4K 127
Edgehill Gdns. Dag —4G 57
Edgehill Ho. SW9 —2B 104
Edgehill Rd. W13 —5C 62
Edgehill Rd. Chst —3G 127
Edgehill Rd. Mitc —1F 139
Edgeley La. SW4 —3H 103
Edgeley Rd. SW4 —3H 103
Edgel St. SW18 —4K 101
Edgepoint Clo. SE27 —5B 122
Edge St. W8 —1J 83
Edgewood Grn. Croy —1K 153
Edgeworth Av. NW4 —5C 28
Edgeworth Clo. NW4 —5C 28
Edgeworth Ct. Barn —4H 5 (off Fordham Rd.)
Edgeworth Cres. NW4 —5C 28
Edgeworth Ho. NW8 —1A 66 (off Boundary Rd.)
Edgeworth Rd. SE9 —4A 108
Edgeworth Rd. Cockf —4H 5
Edgington Rd. SW16 —6H 121
Edgington Way. Sidc —7C 128
Edgson Ho. SW1 —5F 85 (5J 171) (off Ebury Bri. Rd.)
Edgware. —6B 12
Edgware Bury. —1A 12
Edgwarebury Gdns. Edgw —5B 12
Edgwarebury La. Els & Edgw (in three parts) —1A 12
Edgware Ct. Edgw —6B 12
Edgware Rd. NW2 —1D 46
Edgware Rd. NW9 —2J 27
Edgware Rd. W2 —4B 66 (4A 158)
Edgware Way. Edgw —4A 12
Edgware Way. Els —1J 11
Edinburgh Clo. E2 —2J 69
Edinburgh Clo. Pinn —7B 24
Edinburgh Clo. Uxb —4D 40
Edinburgh Ct. SW20 —5F 137
Edinburgh Ct. Eri —7K 93
Edinburgh Ct. King T —3E 134 (off Watersplash Clo.)
Edinburgh Dri. Romf —4J 39
Edinburgh Dri. Uxb —4D 40
Edinburgh Ga. SW1 —2D 84 (6E 164)
Edinburgh Ho. NW4 —3E 28
Edinburgh Ho. W9 —3K 65 (off Maida Va.)
Edinburgh Rd. E13 —2K 71
Edinburgh Rd. E17 —5C 34
Edinburgh Rd. N18 —5B 18
Edinburgh Rd. W7 —2K 79
Edinburgh Rd. Sutt —2A 150
Edington. NW5 —6E 48
Edington Rd. SE2 —3B 92
Edington Rd. Enf —2D 8
Edison Building. E14 —2C 88
Edison Clo. E17 —5C 34
Edison Dri. S'hall —6F 61
Edison Dri. Wemb —3E 44
Edison Gro. SE18 —7K 91
Edison Ho. Wemb —3J 45 (off Barnhill Rd.)
Edison Rd. N8 —6H 31
Edison Rd. Brom —2J 143
Edison Rd. Enf —2G 9
Edison Rd. Well —1K 109
Edis St. NW1 —1E 66
Edith Brinson Ho. E14 —6F 71
Edith Cavell Clo. N19 —7J 31
Edith Gdns. Surb —7H 135
Edith Gro. SW10 —6A 84
Edith Ho. W6 —5E 82 (off Queen Caroline St.)
Edithna St. SW9 —3J 103
Edith Neville Cotts. NW1 —3H 67 (1C 160)
Edith Rd. E6 —7B 54
Edith Rd. E15 —5F 53
Edith Rd. N11 —7C 16
Edith Rd. SE25 —5D 140
Edith Rd. SW19 —6K 119
Edith Rd. W14 —4G 83
Edith Rd. Romf —7D 38
Edith Row. SW6 —1K 101
Edith St. E2 —2G 69
Edith Summerskill Ho. SW6 (off Clem Attlee Est.) —7H 83
Edith Ter. SW10 —7A 84
Edith Vs. W14 —4H 83
Edith Yd. SW10 —7A 84
Edmansons Clo. N17 —1F 33
Edmeston Clo. E9 —6A 52
Edmond Ct. SE14 —1J 105
Edmonscote. W13 —5A 62
Edmonton. —4B 18
Edmonton Grn. Shop. Cen. N9 —2B 18
Edmund Halley Way. SE10 —2G 89
Edmund Ho. SE17 —6B 86
Edmund Hurst Dri. E6 —5F 73
Edmund Rd. Mitc —3C 138
Edmund Rd. Well —3A 110
Edmundsbury Ct. Est. SW9 —4K 103
Edmunds Clo. Hay —5A 60
Edmund St. SE5 —7D 86
Edmunds Wlk. N2 —4C 30
Ednam Ho. SE15 —6G 87 (off Haymerle Rd.)
Edna Rd. SW20 —2F 137
Edna St. SW11 —1C 102
Edred Ho. E9 —4A 52 (off Lindisfarne Way)
Edrich Ho. SW4 —1J 103
Edric Ho. SW1 —4H 85 (3D 172) (off Page St.)
Edrick Rd. Edgw —6D 12
Edrick Wlk. Edgw —6D 12
Edric Rd. SE14 —7K 87
Edridge Rd. Croy —3C 152
Edward Av. E4 —6J 19
Edward Av. Mord —5B 138
Edward Bond Ho. WC1 (off Cromer St.) —3J 67 (2F 161)
Edward Clo. N9 —7A 8
Edward Clo. NW2 —4F 47
Edward Clo. Hamp H —5G 115
Edward Clo. N'holt —3A 60
Edward Ct. E16 —5J 71
Edward Dodd Ct. N1 —3D 68 (1F 163) (off Haberdasher St.)
Edward Edward's Ho. SE1 —5A 168
Edwardes Pl. W8 —3H 83
Edwardes Sq. W8 —3H 83
Edward Gro. Barn —5G 5
Edward Ho. SE11 —5H 173
Edward Mann Clo. E1 —6K 69 (off Caroline St.)
Edward Mans. Bark —7K 55 (off Upney La.)
Edward M. NW1 —3F 67 (1K 159)
Edward Pl. SE8 —6B 88
Edward Rd. E17 —4K 33
Edward Rd. SE20 —7K 123
Edward Rd. Barn —5G 5
Edward Rd. Brom —7K 125
Edward Rd. Chst —5F 127
Edward Rd. Croy —7E 140
Edward Rd. Felt —5F 95
Edward Rd. Hamp H —5G 115
Edward Rd. Harr —3G 25
Edward Rd. N'holt —2A 60
Edward Rd. Romf —6E 38
Edward's Av. Ruis —6K 41
Edwards Clo. Wor Pk —2F 149
Edwards Cotts. N1 —6B 50
Edwards Dri. N11 —7C 16
Edward's La. N16 —2D 50
Edwards M. N1 —7B 50
Edwards M. W1 —6E 66 (1G 165)
Edward Sq. N1 —1K 67
Edward Sq. SE16 —1A 88
Edwards Rd. Belv —4G 93
Edward St. E16 —4J 71
Edward St. SE14 —7A 88
Edwards Yd. Wemb —1E 62
Edward Temme Av. E15 —7H 53
Edward Tyler Rd. SE12 —2A 126
Edward Way. Ashf —2B 112
Edwina Gdns. Ilf —5C 36
Edwin Arnold Ct. Sidc —4K 127
Edwin Av. E6 —2E 72
(in two parts)
Edwin Clo. Bexh —6F 93
Edwin Pl. Croy —1E 152
Edwin Rd. Edgw —6E 12
Edwin Rd. Twic —1J 115
(in two parts)
Edwin's Mead. E9 —4A 52
Edwinstray Ho. Felt —2E 114
Edwin St. E1 —4J 69
Edwin St. E16 —5J 71
Edwin Ware Ct. Pinn —2A 24
Edwis Ho. SE15 —7G 87
Edwyn Clo. Barn —6A 4
Effie Pl. SW6 —7J 83
Effie Rd. SW6 —7J 83
Effingham Clo. Sutt —7K 149
Effingham Lodge. King T —4D 134
Effingham Rd. N8 —5A 32

Ellison Rd. SW13 —2B 100
Ellison Rd. SW16 —7H 121
Ellison Rd. Sidc —1H 127
Ellis Rd. Mitc —6D 138
Ellis Rd. S'hall —1G 79
Ellis St. SW1 —4E 84 (3F 171)
Ellora Rd. SW16 —5H 121
Ellsworth St. E2 —3H 69
Ellwood Ct. W9 —4K 65
(off Clearwell Dri.)
Elmar Rd. N15 —4D 32
Elm Av. W5 —1E 80
Elm Av. Ashf —2A 112
Elm Av. Ruis —1J 41
Elm Bank. N14 —7D 6
Elmbank Av. Barn —4A 4
Elm Bank Dri. Brom —2B 144
Elm Bank Gdns. SW13 —2A 100
Elmbank Way. W7 —5H 61
Elmbourne Dri. Belv —4H 93
Elmbourne Rd. SW17 —3E 120
Elmbridge Av. Surb —5H 135
Elmbridge Clo. Ruis —6J 23
Elmbridge Dri. Ruis —5H 23
Elmbridge Wlk. E8 —7G 51
Elmbrook Clo. Sun —1K 131
Elmbrook Gdns. SE9 —4C 108
Elmbrook Rd. Sutt —4H 149
Elm Clo. E11 —6K 35
Elm Clo. N19 —2G 49
Elm Clo. NW4 —5F 29
Elm Clo. SW20 —4E 136
Elm Clo. Buck H —2G 21
Elm Clo. Cars —1D 150
Elm Clo. Harr —6F 25
Elm Clo. Hay —6J 59
Elm Clo. Romf —1H 39
Elm Clo. S Croy —6E 152
Elm Clo. Surb —7J 135
Elm Clo. Twic —2F 115
Elmcote. Pinn —2B 24
Elm Cotts. Mitc —2D 138
Elm Ct. EC4 —1J 167
Elm Ct. SE13 —3F 107
Elm Ct. W Mol —4F 133
Elmcourt Rd. SE27 —2B 122
Elm Cres. W5 —2E 80
Elm Cres. King T —1E 134
Elmcroft. N6 —7C 31
Elmcroft Av. E11 —5K 35
Elmcroft Av. N9 —6C 8
Elmcroft Av. NW11 —7H 29
Elmcroft Av. Sidc —7K 109
Elmcroft Clo. E11 —4K 35
Elmcroft Clo. N8 —5K 31
Elmcroft Clo. W5 —6D 62
Elmcroft Clo. Chess —3E 146
Elmcroft Clo. Felt —6H 95
Elmcroft Cres. NW11 —7G 29
Elmcroft Cres. Harr —3E 24
Elmcroft Dri. Ashf —5C 112
Elmcroft Dri. Chess —3E 146
Elmcroft Gdns. NW9 —4G 27
Elmcroft St. E5 —4J 51
Elmcroft Ter. Uxb —6C 58
Elmdale Rd. N13 —5E 16
Elmdene. Surb —1J 147
Elmdene Clo. Beck —6B 142
Elmdene Rd. SE18 —5F 91
Elmdon Rd. Houn —2B 96
Elmdon Rd. H'row A —3H 95
Elm Dri. Harr —6F 25
Elm Dri. Sun —2A 132
Elmer Clo. Enf —3E 6
Elmer Gdns. Edgw —7C 12
Elmer Gdns. Iswth —3H 97
Elmer Ho. NW1 —5C 66 (5C 158)
(off Broadley St.)
Elmer Rd. SE6 —7E 106
Elmers Dri. Tedd —6B 116
Elmers End. —4A 142
Elmers End Rd. SE20 & Beck —2J 141
Elmerside Rd. Beck —4A 142
Elmers Rd. SE25 —7G 141
Elmfield Av. N8 —5J 31
Elmfield Av. Mitc —1E 138
Elmfield Av. Tedd —5K 115
Elmfield Clo. Harr —2J 43
Elmfield Ct. Well —1B 110
Elmfield Ho. N2 —2B 30
(off Grange, The)
Elmfield Pk. Brom —3J 143
Elmfield Rd. E4 —2K 19
Elmfield Rd. E17 —6K 33
Elmfield Rd. N2 —3B 30
Elmfield Rd. SW17 —2E 120
Elmfield Rd. Brom —2J 143
Elmfield Rd. S'hall —3C 78
Elmfield Way. W9 —5J 65
Elmfield Way. S Croy —7F 153
Elm Friars Wlk. NW1 —7H 49
Elm Gdns. N2 —3A 30
Elm Gdns. Clay —6A 146
Elm Gdns. Mitc —4H 139
Elmgate Av. Felt —3K 113
Elmgate Gdns. Edgw —5D 12
Elm Grn. W3 —6A 64
Elm Gro. N8 —6J 31
Elm Gro. NW2 —4F 47
Elm Gro. SE15 —2F 105
Elm Gro. SW19 —7G 119
Elm Gro. Eri —7K 93
Elm Gro. Harr —7E 24
Elm Gro. King T —1E 134
Elm Gro. Sutt —4K 149
Elm Gro. W Dray —7B 58
Elm Gro. Wfd G —5C 20
Elmgrove Cres. Harr —5K 25
Elmgrove Gdns. Harr —5A 26
Elm Gro. Pde. Wall —3E 150
Elm Gro. Rd. SW13 —1C 100
Elm Gro. Rd. W5 —2E 80
Elmgrove Rd. Croy —7H 141
Elmgrove Rd. Harr —5K 25
Elmgrove Rd. Kent —5A 26
Elm Hall Gdns. E11 —5K 35
(in two parts)
Elm Ho. E14 —2E 88
Elm Ho. W10 —4G 65
(off Briar Wlk.)
Elmhurst. Belv —6E 92
Elmhurst Av. N2 —3B 30
Elmhurst Av. Mitc —7F 121
Elmhurst Ct. Croy —4D 152
Elmhurst Dri. E18 —2J 35
Elmhurst Lodge. Sutt —7A 150
Elmhurst Mans. SW4 —3H 103
Elmhurst Rd. E7 —7K 53
Elmhurst Rd. N17 —2F 33
Elmhurst Rd. SE9 —2C 126
Elmhurst St. SW4 —3H 103
Elmington Clo. Bex —6H 111
Elmington Est. SE5 —7D 86
Elmington Rd. SE5 —7D 86
Elmira St. SE13 —3D 106
Elm La. SE6 —2B 124
Elm Lawn Clo. Uxb —7A 40
Elmlea Dri. Hay —5G 59
Elm Lea Trad. Est. N17 —6C 18
Elmlee Clo. Chst —6D 126
Elmley Clo. E6 —5C 72
Elmley St. SE18 —5H 91
(in two parts)
Elm Lodge. SW6 —1E 100
Elmore Clo. Wemb —2E 62
Elmore Ho. SW9 —2B 104
Elmore Rd. E11 —3E 52
Elmore Rd. Enf —1E 8
Elmore St. N1 —7C 50
Elm Pde. Sidc —4A 128
Elm Pk. SW2 —6K 103
Elm Pk. Stan —5G 11
Elm Pk. Av. N15 —5F 33
Elm Pk. Chambers. SW10 —5B 84 (6A 170)
Elm Pk. Ct. Pinn —3A 24
Elm Pk. Gdns. NW4 —5F 29
Elm Pk. Gdns. SW10 —5B 84 (6A 170)
Elm Pk. Ho. SW10 —5B 84 (6A 170)
Elm Pk. La. SW3 —5B 84 (6A 170)
Elm Pk. Mans. SW10 —7A 170
Elm Pk. Rd. E10 —1A 52
Elm Pk. Rd. N3 —7C 14
Elm Pk. Rd. N21 —7H 7
Elm Pk. Rd. SE25 —3F 141
Elm Pk. Rd. SW3 —6B 84 (7A 170)
Elm Pk. Rd. Pinn —2A 24
Elm Pas. Barn —4C 4
Elm Pl. SW7 —5B 84 (5A 170)
Elm Quay Ct. SW8 —6H 85 (7C 172)
Elm Rd. E7 —6H 53
Elm Rd. E11 —2F 53
Elm Rd. E17 —5E 34
Elm Rd. N22 —1B 32
Elm Rd. SW14 —3J 99
Elm Rd. Barn —4C 4
Elm Rd. Beck —2B 142
Elm Rd. Chess —4E 146
Elm Rd. Eps —6B 148
Elm Rd. Felt —1F 113
Elm Rd. King T —1F 135
Elm Rd. N Mald —2K 135
Elm Rd. Romf —2H 39
Elm Rd. Sidc —4A 128
Elm Rd. T Hth —4D 140
Elm Rd. Wall —1E 150
Elm Rd. Wemb —5F 44
Elm Rd. W. Sutt —7H 137
Elm Row. NW3 —3A 48
Elms Av. N10 —3F 31
Elms Av. NW4 —5F 29
Elmscott Gdns. N21 —6H 7
Elmscott Rd. Brom —5G 125
Elms Ct. Wemb —4A 44
Elms Cres. SW4 —6G 103
Elmsdale Rd. E17 —4B 34
Elms Gdns. Dag —4F 57
Elms Gdns. Wemb —4A 44
Elmshaw Rd. SW15 —5C 100
Elmshurst Cres. N2 —4B 30
Elmside. New Ad —6D 154
Elmside Rd. Wemb —3G 45
Elms La. Wemb —3A 44
Elmsleigh Av. Harr —4B 26
Elmsleigh Ct. Sutt —3K 149
Elmsleigh Ho. Twic —2H 115
(off Staines Rd.)
Elmsleigh Rd. Twic —2H 115
Elmslie Clo. Wfd G —6J 21
Elmslie Point. E3 —5B 70
Elms M. W2 —7B 66 (2A 164)
Elms Pk. Av. Wemb —4A 44
Elms Rd. SW4 —5G 103
Elms Rd. Harr —7D 10
Elmstead. —6D 126
Elmstead Av. Chst —5D 126
Elmstead Av. Wemb —1E 44
Elmstead Clo. N20 —2D 14
Elmstead Clo. Eps —5A 148
Elmstead Gdns. Wor Pk —3C 148
Elmstead Glade. Chst —6D 126
Elmstead La. Chst —7C 126
Elmstead Rd. Eri —1K 111
Elmstead Rd. Ilf —2J 55
Elmsted Cres. Well —6C 92
Elms, The. E12 —6B 54
Elms, The. SW13 —3B 100
Elms, The. Clay —7A 146
Elmstone Rd. SW6 —1J 101
Elm St. WC1 —4K 67 (4H 161)
Elmsway. Ashf —5C 112
Elmsworth Av. Houn —2F 97
Elm Ter. NW2 —3J 47
Elm Ter. NW3 —4C 48
Elm Ter. SE9 —6E 108
Elm Ter. Harr —1H 25
Elm Ter. Stan —5H 11
Elmton Ct. NW8 —4B 66 (3A 158)
(off Cunningham Pl.)
Elmton Way. E5 —3G 51
Elm Tree Av. Esh —7H 133
Elm Tree Clo. NW8 —3B 66 (1A 158)
Elm Tree Clo. Ashf —5D 112
Elm Tree Clo. N'holt —2D 60
Elm Tree Ct. NW8 —1A 158
Elm Tree Ct. SE7 —6A 90
Elm Tree Rd. NW8 —3B 66 (1A 158)
Elmtree Rd. Tedd —4J 115
Elm Vw. Ct. S'hall —4E 78
Elm Vw. Ho. Hay —4G 77
Elm Wlk. NW3 —2J 47
Elm Wlk. SW20 —4E 136
Elm Wlk. Orp —3D 156
Elm Way. N11 —6K 15
Elm Way. NW10 —4A 46
Elm Way. Eps —5K 147
Elm Way. Wor Pk —3E 148
Elmwood Av. N13 —5D 16
Elmwood Av. Felt —2J 113
Elmwood Av. Harr —5A 26
Elmwood Clo. Eps —7C 148
Elmwood Clo. Wall —2F 151
Elmwood Ct. E10 —1C 52
(off Goldsmith Rd.)
Elmwood Ct. SW11 —1F 103
Elmwood Ct. Wemb —3A 44
Elmwood Cres. NW9 —4J 27
Elmwood Dri. Bex —7E 110
Elmwood Dri. Eps —6C 148
Elmwood Gdns. W7 —6J 61
Elmwood Rd. SE24 —5D 104
Elmwood Rd. W4 —6J 81
Elmwood Rd. Croy —7B 140
Elmwood Rd. Mitc —3D 138
Elmworth Gro. SE21 —2D 122
Elnathan M. W9 —4K 65
Elphinstone Ct. SW16 —6J 121
Elphinstone Rd. E17 —2B 34
Elphinstone St. N5 —4B 50
Elrington Rd. E8 —6G 51
Elrington Rd. Wfd G —5D 20
Elsa Ct. Beck —1B 142
Elsa Rd. Well —2B 110
Elsa St. E1 —5A 70
Elsdale St. E9 —6J 51
Elsden M. E2 —2J 69
Elsden Rd. N17 —1F 33
Elsenham Rd. E12 —5E 54
Elsenham St. SW18 —1H 119
Elsham Rd. E11 —3G 53
Elsham Rd. W14 —2G 83
Elsham Ter. W14 —3G 83
(off Elsham Rd.)
Elsiedene Rd. N21 —7H 7
Elsie La. Ct. W2 —5J 65
(off Westbourne Pk. Vs.)
Elsiemaud Rd. SE4 —5B 106
Elsie Rd. SE22 —4F 105
Elsinore Av. Stai —7A 94
Elsinore Gdns. NW2 —3G 47
Elsinore Ho. N1 —1A 68
(off Denmark Gro.)
Elsinore Rd. SE23 —1A 124
Elsinore Way. Rich —3H 99
Elsley Rd. SW11 —3D 102
Elsmore Ho. SE5 —2C 104
(off Denmark Rd.)
Elspeth Rd. SW11 —4D 102
Elspeth Rd. Wemb —5E 44
Elsrick Av. Mord —5J 137
Elstan Way. Croy —7A 142
Elstead Ct. Sutt —1G 149
Elstead Ho. SW2 —7K 103
(off Redlands Way)
Elsted St. SE17 —4D 86
Elstow Clo. SE9 —5D 108
(in two parts)
Elstow Clo. Ruis —7B 24
Elstow Gdns. Dag —1E 74
Elstow Rd. Dag —7E 56
Elstree Gdns. N9 —1C 18
Elstree Gdns. Belv —4E 92
Elstree Gdns. Ilf —5G 55
Elstree Hill. Brom —7G 125
Elstree Hill S. Els —1J 11
Elstree Rd. Bus H & Bush —1C 10
Elswick Rd. SE13 —2D 106
Elswick St. SW6 —2A 102
Elsworth Clo. Felt —1G 113
Elsworthy. Th Dit —6J 133
Elsworthy Ri. NW3 —7C 48
Elsworthy Rd. NW3 —1C 66
Elsworthy Ter. NW3 —7C 48
Elsynge Rd. SW18 —5B 102
Eltham. —6D 108
Eltham Crematorium. SE9 —4H 109
Eltham Grn. SE9 —5B 108
Eltham Grn. Rd. SE9 —4A 108
Eltham High St. SE9 —6D 108
Eltham Hill. SE9 —5B 108
Eltham Palace. —7C 108
Eltham Pal. Rd. SE9 —6A 108
Eltham Park. —4E 108
Eltham Pk. Gdns. SE9 —4E 108
Eltham Rd. SE12 & SE9 —5H 107
Elthiron Rd. SW6 —1J 101
Elthorne Av. W7 —2K 79
Elthorne Ct. Felt —1A 114
Elthorne Heights. —5H 61
Elthorne Pk. Rd. W7 —2K 79
Elthorne Rd. N19 —2H 49
Elthorne Rd. NW9 —7K 27
Elthorne Way. NW9 —6K 27
Elthruda Rd. SE13 —6F 107
Eltisley Rd. Ilf —4F 55
Elton Av. Barn —5C 4
Elton Av. Gnfd —6J 43
Elton Av. Wemb —5B 44
Elton Clo. King T —7C 116
Elton Ho. E3 —1B 70
(off Candy St.)
Elton Pl. N16 —5E 50
Elton Rd. King T —1F 135
Eltringham St. SW18 —4A 102
Elvaston M. SW7 —3A 84 (2A 170)
Elvaston Pl. SW7 —3A 84 (2A 170)
Elveden Ho. SE24 —5B 104
Elveden Pl. NW10 —2G 63
Elveden Rd. NW10 —2G 63
Elvendon Rd. N13 —6D 16
Elver Gdns. E2 —3G 69
(off St Peter's Clo.)
Elverson Rd. SE8 —2D 106
Elverton St. SW1 —4H 85 (3C 172)

Exning Rd. E16 —4H 71
Exonbury. NW8 —1K 65
(off Abbey Rd.)
Exon St. SE17 —5E 86
Explorer Av. Stai —1A 112
Express Dri. Ilf —1B 56
Express Newspapers. SE1 —1B 86
(off Blackfriars Rd.)
Express Wharf. E14 —2C 88
Exton Cres. NW10 —7J 45
Exton Gdns. Dag —5C 56
Exton St. SE1 —1A 86 (5J 167)
Eyebright Clo. Croy —1K 153
Eyhurst Clo. NW2 —2C 46
Eylewood Rd. SE27 —5C 122
Eynella Rd. SE22 —7F 105
Eynham Rd. W12 —6E 64
Eynsford Clo. Orp —7G 145
Eynsford Cres. Bex —1C 128
Eynsford Ho. SE1 —2D 86 (7E 168)
(off Crosby Row)
Eynsford Ho. SE15 —6J 87
Eynsford Ho. SE17 —4E 86
(off Beckway St.)
Eynsford Rd. Ilf —2J 55
Eynsford Ter. W Dray —6B 58
Eynsham Dri. SE2 —4A 92
Eynswood Dri. Sidc —5B 128
Eyot Gdns. W6 —5B 82
Eyot Grn. W4 —5B 82
Eyre Ct. NW8 —2B 66
Eyre St. Hill. EC1 —4A 68 (4J 161)
Eysham Ct. New Bar —5E 4
Eythorne Rd. SW9 —1A 104
Ezra St. E2 —3F 69 (1K 163)

Faber Gdns. NW4 —5C 28
Fabian Rd. SW6 —7H 83
Fabian St. E6 —4D 72
Facade, The. SE23 —2J 123
Factory La. N17 —2F 33
Factory La. Croy —1A 152
Factory Pl. E14 —5E 88
Factory Rd. E16 —1B 90
Factory Sq. SW16 —6J 121
(off Streatham High Rd.)
Factory Yd. W7 —1J 79
Fagg's Rd. Felt —4H 95
Fairacre. N Mald —3A 136
Fairacres. SW15 —4B 100
Fair Acres. Brom —5J 143
Fair Acres. Croy —7B 154
Fairacres. Ruis —7H 23
Fairbairn Grn. SW9 —1B 104
Fairbank Av. Orp —2E 156
Fairbank Est. N1 —2D 68 (1E 162)
Fairbanks Rd. N17 —3F 33
Fairbourne Ho. Hay —3E 76
Fairbourne Rd. N17 —3E 32
Fairbridge Rd. N19 —2H 49
Fairbrook Clo. N13 —5F 17
Fairbrook Rd. N13 —6F 17
Fairburn Ct. SW15 —5G 101
Fairburn Ho. W14 —5H 83
(off Ivatt Pl.)
Fairby Ho. SE1 —4F 87
(off Longfield Est.)
Fairby Rd. SE12 —5K 107
Faircharm Trad. Est. SE8 —7D 88
Fairchild Clo. SW11 —2B 102
Fairchild Ho. N1 —3E 68 (1G 163)
(off Fanshaw St.)
Fairchild Ho. N3 —1J 29
Fairchild Pl. EC2 —4H 163
Fairchild St. EC2 —4E 68 (3H 163)
Fair Clo. Bush —1A 10
Fairclough St. E1 —6G 69
Faircroft Ct. Tedd —6A 116
Fair Cross. —5J 55
Faircross Av. Bark —6G 55
Faircross Av. Romf —1K 39
Faircross Pde. Bark —5J 55
Fairdale Gdns. SW15 —4D 100
Fairdale Gdns. Hay —2J 77
Fairey Av. Hay —4H 77
Fairfax Clo. W on T —7K 131
Fairfax Gdns. SE3 —1A 108
Fairfax M. E16 —1K 89
Fairfax M. SW15 —4E 100
Fairfax Pl. NW6 —7A 48
Fairfax Rd. N8 —4A 32
Fairfax Rd. NW6 —7A 48
Fairfax Rd. W4 —3A 82
Fairfax Rd. Tedd —6A 116
Fairfax Way. N10 —7K 15
Fairfield. N20 —7G 5
Fairfield. NW1 —1G 67
(off Arlington Rd.)
Fairfield Av. NW4 —6D 28
Fairfield Av. Edgw —6C 12
Fairfield Av. Ruis —7E 22
Fairfield Av. Twic —1F 115
Fairfield Clo. N12 —4F 15
Fairfield Clo. Enf —4E 8
Fairfield Clo. Ewe —5A 148
Fairfield Clo. Mitc —7C 120
Fairfield Clo. Sidc —6K 109
Fairfield Ct. NW10 —1C 64
Fairfield Ct. N'wd —2J 23
Fairfield Ct. Ruis —1F 41
Fairfield Cres. Edgw —6C 12
Fairfield Dri. SW18 —5K 101
Fairfield Dri. Gnfd —1C 62
Fairfield Dri. Harr —3G 25
Fairfield E. King T —2E 134
Fairfield Gdns. N8 —5J 31
Fairfield Gro. SE7 —6B 90
Fairfield Halls & Ashcroft Theatre. —3D 152
Fairfield Ind. Est. King T —3F 135
Fairfield N. King T —2E 134
Fairfield Path. Croy —3D 152
Fairfield Pl. King T —3E 134
Fairfield Rd. E3 —2C 70
Fairfield Rd. E17 —2A 34
Fairfield Rd. N8 —5J 31
Fairfield Rd. N18 —4B 18
Fairfield Rd. Beck —2C 142
Fairfield Rd. Bexh —2F 111
Fairfield Rd. Brom —7J 125
Fairfield Rd. Croy —3D 152
Fairfield Rd. Ilf —6F 55
Fairfield Rd. King T —2E 134
Fairfield Rd. Orp —6H 145
Fairfield Rd. S'hall —6D 60
Fairfield Rd. W Dray —7A 58
Fairfield Rd. Wfd G —6D 20
Fairfields Clo. NW9 —5J 27
Fairfields Cres. NW9 —4J 27
Fairfield S. King T —2E 134
Fairfields Rd. Houn —3G 97
Fairfield St. SW18 —5K 101
Fairfield Way. Barn —5D 4
Fairfield Way. Eps —5A 148
Fairfield W. King T —2E 134
Fairfoot Rd. E3 —4C 70
Fairford. SE6 —1C 124
Fairford Av. Bexh —1K 111
Fairford Av. Croy —5K 141
Fairford Clo. Croy —5A 142
Fairford Ct. Sutt —7K 149
Fairford Gdns. Wor Pk —2B 148
Fairford Ho. SE11 —4A 86 (4K 173)
Fairgreen. Barn —3J 5
Fairgreen Ct. Barn —3J 5
Fairgreen E. Barn —3J 5
Fairgreen Rd. T Hth —5B 140
Fairhaven Av. Croy —6K 141
Fairhazel Gdns. NW6 —6K 47
Fairholme. Felt —7F 95
Fairholme Clo. N3 —4G 29
Fairholme Cres. Hay —4H 59
Fairholme Gdns. N3 —3G 29
Fairholme Rd. W14 —5G 83
Fairholme Rd. Ashf —5A 112
Fairholme Rd. Croy —7A 140
Fairholme Rd. Harr —5K 25
Fairholme Rd. Ilf —7D 36
Fairholme Rd. Sutt —6H 149
Fairholt Clo. N16 —1E 50
Fairholt Rd. N16 —1D 50
Fairholt St. SW7 —3C 84 (1D 170)
Fairland Ho. Brom —4K 143
Fairland Rd. E15 —6H 53
Fairlands Av. Buck H —2D 20
Fairlands Av. Sutt —2J 149
Fairlands Av. T Hth —4K 139
Fairlands Ct. SE9 —6E 108
Fairlawn. SE7 —7A 90
Fairlawn Av. N2 —4C 30
Fairlawn Av. W4 —4J 81
Fairlawn Av. Bexh —2D 110
Fairlawn Clo. N14 —6B 6
Fair Lawn Clo. Clay —6A 146
Fairlawn Clo. Felt —4D 114
Fairlawn Clo. King T —6J 117
Fairlawn Ct. SE7 —7A 90
(in two parts)
Fairlawn Ct. W4 —4J 81
Fairlawn Dri. Wfd G —7D 20
Fairlawn Gdns. S'hall —7D 60
Fairlawn Gro. W4 —4J 81
Fairlawn Mans. SE14 —1K 105
Fairlawn Pk. SE26 —5A 124
Fairlawn Rd. SW19 —7H 119
Fairlawns. Pinn —2B 24
Fairlawns. Sun —3H 131
Fairlawns. Twic —6C 98
Fairlawns. Wall —5F 151
Fairlea Pl. W5 —4C 62
Fairlie Gdns. SE23 —7J 105
Fairlight Av. E4 —2A 20
Fairlight Av. NW10 —2A 64
Fairlight Av. Wfd G —6D 20
Fairlight Clo. E4 —2A 20
Fairlight Clo. Wor Pk —4E 148
Fairlight Ct. NW10 —2A 64
Fairlight Ct. Gnfd —2G 61
Fairlight Rd. SW17 —4B 120
Fairline Ct. Beck —2E 142
Fairlop. —1J 37
Fairlop Ct. E11 —1F 53
Fairlop Gdns. Ilf —1G 37
Fairlop Rd. E11 —7F 35
Fairlop Rd. Ilf —2G 37
Fairman Ter. Kent —4D 26
Fairmark Dri. Uxb —6C 40
Fairmead. Brom —4D 144
Fairmead. Surb —1H 147
Fairmead Clo. Brom —4D 144
Fairmead Clo. Houn —7B 78
Fairmead Clo. N Mald —3K 135
Fairmead Ct. Rich —2H 99
Fairmead Cres. Edgw —3D 12
Fairmead Gdns. Ilf —5C 36
Fairmead Ho. E9 —4A 52
Fairmead Rd. N19 —3H 49
Fairmead Rd. Croy —7K 139
Fairmile Av. SW16 —5H 121
Fairmile Ho. Tedd —4A 116
Fairmont Clo. Belv —5F 93
Fairmount Rd. SW2 —6K 103
Fairoak Clo. Orp —7F 145
Fairoak Dri. SE9 —5H 109
Fairoak Gdns. Romf —2K 39
Fairseat Clo. Bus H —2D 10
Fairstead Wlk. N1 —1C 68
(off Popham St.)
Fair St. SE1 —2E 86 (6H 169)
Fair St. Houn —3G 97
Fairthorn Rd. SE7 —5J 89
Fairview. Ruis —4A 42
Fairview Av. Wemb —6D 44
Fairview Clo. E17 —1A 34
Fairview Clo. SE26 —5A 124
Fairview Ct. NW4 —2F 29
Fairview Ct. Ashf —5C 112
Fairview Cres. Harr —1E 42
Fairview Dri. Shep —5B 130
Fairview Gdns. Wfd G —1K 35
Fairview Ho. SW2 —7K 103
Fairview Ind. Pk. Rain —5K 75
Fairview Pl. SW2 —7K 103
Fairview Rd. N15 —5F 33
Fairview Rd. SW16 —1K 139
Fairview Rd. Enf —1F 7
Fairview Rd. Sutt —5B 150
Fairview Vs. E4 —7J 19
Fairview Way. Edgw —4B 12
Fairwall Ho. SE5 —1E 104
Fairwater Av. Well —4A 110
Fairwater Ho. Tedd —4A 116
Fairway. SW20 —3E 136
Fairway. Bexh —5E 110
Fairway. Orp —5H 145
Fair Way. Wfd G —5F 21
Fairway Av. NW9 —3H 27
Fairway Clo. NW11 —7A 30
Fairway Clo. Croy —5A 142
Fairway Clo. Eps —4J 147
Fairway Clo. Houn —5A 96
Fairway Ct. NW7 —3E 12
Fairway Ct. New Bar —6E 4
Fairway Dri. SE28 —6D 74
Fairway Dri. Gnfd —7F 43
Fairway Gdns. Beck —6F 143
Fairway Gdns. Ilf —5G 55
Fairways. E17 —4E 34
Fairways. Ashf —6D 112
Fairways. Iswth —1J 97
Fairways. Stan —2E 26
Fairways. Tedd —7D 116
Fairways Bus. Pk. E10 —2A 52
Fairway, The. N13 —3H 17
Fairway, The. N14 —6A 6
Fairway, The. NW7 —3E 12
Fairway, The. W3 —6A 64
Fairway, The. Brom —5D 144
Fairway, The. New Bar —6E 4
Fairway, The. N Mald —1K 135
Fairway, The. N'holt —6G 43
Fairway, The. Ruis —4A 42
Fairway, The. Uxb —2B 58
Fairway, The. Wemb —3B 44
Fairway, The. W Mol —3F 133
Fairweather Clo. N15 —4E 32
Fairweather Ct. N13 —3E 16
Fairweather Rd. N16 —6G 33
Fairwyn Rd. SE26 —4A 124
Fakenham Clo. NW7 —7H 13
Fakenham Clo. N'holt —6D 42
Fakruddin St. E1 —4G 69
Falcon. WC1 —5J 67 (5F 161)
(off Old Gloucester St.)
Falcon Av. Brom —4C 144
Falconberg Ct. W1 —6H 67 (7D 160)
Falconberg M. W1 —6H 67 (7D 160)
Falcon Clo. SE1 —1B 86 (4B 168)
Falcon Clo. W4 —6J 81
Falcon Clo. N'wd —1G 23
Falcon Ct. E18 —3K 35
(off Albert Rd.)
Falcon Ct. EC4 —6A 68 (1K 167)
Falcon Ct. N1 —2B 68
(off City Garden Row)
Falcon Ct. New Bar —4F 5
Falcon Ct. Ruis —2G 41
Falcon Cres. Enf —5E 8
Falcon Dri. Stanw —6A 94
Falconer Ct. N17 —7H 17
Falconer Wlk. N7 —2K 49
Falcon Gro. SW11 —3C 102
Falcon Ho. E14 —5D 88
Falcon La. SW11 —3C 102
Falcon Lodge. W9 —5J 65
(off Admiral Wlk.)
Falcon Pk. Ind. Est. NW10 —4A 46
Falcon Point. SE1 —7B 68 (3B 168)
Falcon Rd. SW11 —2C 102
Falcon Rd. Enf —5E 8
Falcon Rd. Hamp —7D 114
Falcon St. E13 —4H 71
Falcon Ter. SW11 —3C 102
Falcon Way. E11 —4J 35
Falcon Way. E14 —4D 88
Falcon Way. NW9 —2A 28
Falcon Way. Felt —5K 95
Falcon Way. Harr —5E 26
Falcon Way. Sun —2G 131
Falconwood. —4K 109
Falconwood. —4G 109
Falconwood. SE9 —4G 109
Falconwood Av. Well —2H 109
Falconwood Ct. SE3 —2H 107
Falconwood Pde. Well —4J 109
Falconwood Rd. Croy —7B 154
Falcourt Clo. Sutt —5K 149
Falkirk Ho. W9 —2K 65
(off Maida Va.)
Falkirk St. N1 —2E 68 (1H 163)
Falkland Av. N3 —7D 14
Falkland Av. N11 —4A 16
Falkland Ho. SE6 —4E 124
Falkland Ho. W8 —3K 83
Falkland Ho. W14 —5H 83
(off Edith Vs.)
Falkland Pk. Av. SE25 —3E 140
Falkland Pl. NW5 —5G 49
Falkland Rd. N8 —4A 32
Falkland Rd. NW5 —5G 49
Falkland Rd. Barn —2B 4
Fallaize Av. Ilf —4F 55
Falling La. W Dray & Uxb —7A 58
Falloden Way. NW11 —4J 29
Fallodon Ho. W11 —5H 65
(off St Luke's Rd.)
Fallow Corner. —7F 15
Fallow Ct. SE16 —5G 87
(off Argyle Way)
Fallow Ct. Av. N12 —7F 15
Fallowfield. Stan —4F 11
Fallowfield Ct. Stan —3F 11
Fallowfields Dri. N12 —6H 15
Fallowhurst Path. N12 —7F 15
Fallows Clo. N2 —2B 30
Fallsbrook Rd. SW16 —6F 121
Falman Clo. N9 —1B 18
Falmer Rd. E17 —3D 34
Falmer Rd. N15 —5C 32
Falmer Rd. Enf —4K 7
Falmouth Av. E4 —5A 20
Falmouth Clo. N22 —7E 16
Falmouth Clo. SE12 —5H 107
Falmouth Gdns. Ilf —4B 36
Falmouth Ho. SE11
(off Seaton Clo.) —5A 86 (5K 173)

Fontayne Av.—Foxglove St.

Foxglove Way. Wall —1F 151
Foxgrove. N14 —3D 16
Fox Gro. W on T —7K 131
Foxgrove Av. Beck —7D 124
Foxgrove Rd. Beck —7D 124
Foxham Rd. N19 —3H 49
Fox Hill. SE19 —7F 123
Fox Hill. Kes —5A 156
Fox Hill Gdns. SE19 —7F 123
Foxhole Rd. SE9 —5C 108
Fox Hollow Clo. SE18 —5J 91
Fox Hollow Dri. Bexh —3D 110
Foxholt Gdns. NW10 —7J 45
Foxhome Clo. Chst —6E 126
Fox Ho. Rd. Belv —4H 93
(in two parts)
Foxlands Cres. Dag —5J 57
Foxlands La. Dag —5K 57
Foxlands Rd. Dag —5J 57
Fox La. N13 —2E 16
Fox La. W5 —4E 62
(in two parts)
Fox La. Kes —5K 155
Foxleas Ct. Brom —7G 125
Foxlees. Wemb —4A 44
Foxley Clo. E8 —5G 51
Foxley Ct. Sutt —7A 150
Foxley Rd. SW9 —7A 86
Foxley Rd. T Hth —4B 140
Foxley Sq. SW9 —1B 104
Foxmead Clo. Enf —3E 6
Foxmore St. SW11 —1D 102
Fox Rd. E16 —5H 71
Fox's Path. Mitc —2C 130
Foxton Gro. Mitc —2B 138
Foxton Ho. E16 —2F 90
(off Albert Rd.)
Foxwarren. Clay —7A 146
Foxwell M. SE4 —3A 106
Foxwell St. SE4 —3A 106
Foxwood Clo. NW7 —4F 13
Foxwood Clo. Felt —3K 113
Foxwood Grn. Clo. Enf —6K 7
Foxwood Rd. SE3 —4H 107
Foyle Rd. N17 —1G 33
Foyle Rd. SE3 —6H 89
Framfield Clo. N12 —3D 14
Framfield Ct. Enf —6K 7
(off Queen Annes Gdns.)
Framfield Rd. N5 —5B 50
Framfield Rd. W7 —6J 61
Framfield Rd. Mitc —7E 120
Framlingham Clo. E5 —2J 51
Framlingham Cres. SE9 —4C 126
Frampton. NW1 —7H 49
(off Wrotham Rd.)
Frampton Clo. Sutt —7J 149
Frampton Ct. W3 —2J 81
(off Cheltenham Pl.)
Frampton Ho. NW8 —4B 66 (4B 158)
(off Frampton St.)
Frampton Pk. Est. E9 —7J 51
Frampton Pk. Rd. E9 —6J 51
Frampton Rd. Houn —5C 96
Frampton St. NW8 —4B 66 (4B 158)
Francemary Rd. SE4 —5C 106
Frances Ct. E17 —6C 34
Frances Rd. E4 —6H 19
Frances St. SE18 —3D 90
Franche Ct. Rd. SW17 —3A 120
Francis Av. Bexh —2G 111
Francis Av. Felt —3J 113
Francis Av. Ilf —2H 55
Francis Barber Clo. SW16 —5K 121
Franciscan Rd. SW17 —5D 120
Francis Chichester Way. SW11 —1E 102
Francis Clo. E14 —4F 89
Francis Clo. Eps —4K 147
Francis Clo. Shep —4C 130
Francis Ct. EC1 —5A 162
Francis Ct. NW7 —5G 13
(off Watford Way)
Francis Gro. SW19 —6H 119
(in two parts)
Francis Ho. E17 —6B 34
Francis Ho. N1 —1E 68
(off Colville Est.)
Francis M. SE12 —7J 107
Francis Rd. E10 —1E 52
Francis Rd. N2 —4D 30
Francis Rd. Croy —7B 140
Francis Rd. Gnfd —2B 62
Francis Rd. Harr —5A 26
Francis Rd. Houn —2B 96
Francis Rd. Ilf —2H 55
Francis Rd. Pinn —5A 24
Francis Rd. Wall —6G 151
Francis St. E15 —5G 53
Francis St. SW1 —4G 85 (3A 172)
Francis St. Ilf —2H 55
Francis Ter. N19 —3G 49
Francis Wlk. N1 —1K 67
Francklyn Gdns. Edgw —3B 12
Franconia Rd. SW4 —5H 103
Frank Bailey Wlk. E12 —5E 54
Frank Beswick Ho. SW6 —6H 83
(off Clem Attlee Ct.)
Frank Burton Clo. SE7 —5K 89
Frank Dixon Clo. SE21 —7E 104
Frank Dixon Way. SE21 —1E 122
Frankfurt Rd. SE24 —5C 104
Frankham Ho. SE8 —7C 88
(off Frankham St.)
Frankham St. SE8 —7C 88
Frank Ho. SW8 —7J 85
(off Wyvil Rd.)
Frankland Clo. SE16 —3H 87
Frankland Clo. Wfd G —5F 21
Frankland Rd. E4 —5H 19
Frankland Rd. SW7 —3B 84 (2A 170)
Franklin Building. E14 —2C 88
Franklin Clo. N20 —7F 5
Franklin Clo. SE13 —1D 106
Franklin Clo. SE27 —3B 122
Franklin Clo. King T —3G 135
Franklin Cotts. Stan —4G 11
Franklin Cres. Mitc —4G 139
Franklin Pas. SE9 —3C 108
Franklin Rd. SE20 —7J 123
Franklin Rd. Bexh —1E 110
Franklins M. Harr —2G 43
Franklin Sq. W14 —5H 83
Franklin's Row. SW3 —5D 84 (5F 171)
Franklin St. E3 —3D 70
Franklin St. N15 —6E 32
Franklin Way. Croy —7J 139
Franklyn Rd. NW10 —6B 46
Franklyn Rd. W on T —6J 131
Franks Av. N Mald —4J 135
Frank Soskice Ho. SW6 —6H 83
(off Clem Attlee Ct.)
Frank St. E13 —4J 71
Franks Wood Av. Orp —5F 145
Frankswood Av. W Dray —6B 58
Frank Towell Ct. Felt —7J 95
Frank Welsh Ct. Pinn —4A 24
Franlaw Cres. N13 —4H 17
Fransfield Gro. SE26 —3H 123
Frans Hals Ct. E14 —3E 88
Frant Clo. SE20 —7J 123
Franthorne Way. SE6 —2D 124
Frant Rd. T Hth —5B 140
Fraser Clo. E6 —6C 72
Fraser Clo. Bex —1J 129
Fraser Ct. E14 —5E 88
Fraser Ho. Bren —5F 81
Fraser Rd. E17 —5D 34
Fraser Rd. N9 —3C 18
Fraser Rd. Eri —5J 93
Fraser Rd. Gnfd —1B 62
Fraser St. W4 —5A 82
Frating Cres. Wfd G —6E 20
Frazer Av. Ruis —5A 42
Frazier St. SE1 —2A 86 (7J 167)
Frean St. SE16 —3G 87
Frearson Ho. WC1
(off Penton Ri.) —3K 67 (1H 161)
Freda Corbett Clo. SE15 —7G 87
Frederica Rd. E4 —1A 20
Frederica St. N7 —7K 49
Frederick Clo. W2 —7D 66 (2D 164)
Frederick Clo. Sutt —4H 149
Frederick Cres. SW9 —7B 86
Frederick Cres. Enf —2D 8
Frederick Gdns. Croy —6B 140
Frederick Gdns. Sutt —4H 149
Frederick Pl. SE18 —5F 91
Frederick Rd. SE17 —6B 86
Frederick Rd. Rain —2K 75
Frederick Rd. Sutt —5H 149
Frederick's Pl. EC2 —6D 68 (1E 168)
Fredericks Pl. N12 —4F 15
Frederick Sq. SE16 —7A 70
(off Sovereign Cres.)
Frederick's Row. EC1 —3B 68 (1A 162)
Frederick St. WC1 —3K 67 (2G 161)
Frederick Ter. E8 —7F 51
Frederic M. SW1 —7F 165
Frederic St. E17 —5A 34
Fredora Av. Hay —4H 59
Fred Styles Ho. SE7 —6A 90
Fred White Wlk. N7 —6J 49
Freedom Clo. E17 —4K 33
Freedom Rd. N17 —2D 32
Freedom St. SW11 —2D 102
Freegrove Rd. N7 —5J 49
(in two parts)
Freehold Ind. Cen. Houn —5A 96
Freeland Ct. Sidc —3A 128
Freeland Pk. NW4 —2G 29
Freeland Rd. W5 —7F 63
Freelands Av. S Croy —7K 153
Freelands Gro. Brom —1K 143
Freelands Rd. Brom —1K 143
Freeling Ho. NW8 —1B 66
(off Dorman Way)
Freeling St. N1 —7J 49
(in two parts)
Freeman Clo. N'holt —7C 42
Freeman Clo. Shep —4G 131
Freeman Dri. W Mol —4D 132
Freeman Rd. Mord —5B 138
Freemans La. Hay —7G 59
Freemantle Av. Enf —5E 8
Freemantle St. SE17 —5E 86
Freemasons Rd. E16 —5K 71
Freemasons Rd. Croy —1E 152
Freethorpe Clo. SE19 —7D 122
Free Trade Wharf. E1 —7K 69
Freezeland Way. Hil & Uxb —6D 40
Freke Rd. SW11 —3E 102
Fremantle Rd. Belv —4G 93
Fremantle Rd. Ilf —2F 37
Fremont St. E9 —1H 69
French Ordinary Ct. EC3 —2H 169
French Pl. E1 —3E 68 (2H 163)
French St. Sun —2A 132
Frendsbury Rd. SE4 —4A 106
Frensham Clo. S'hall —4D 60
Frensham Dri. SW15 —3B 118
Frensham Dri. New Ad —7E 154
Frensham Rd. SE9 —2H 127
Frensham St. SE15 —6G 87
Frere St. SW11 —2C 102
Freshfield Av. E8 —7F 51
Freshfield Clo. SE13 —4F 107
Freshfield Dri. N14 —7A 6
Freshfields. Croy —1B 154
Freshford St. SW17 —3A 120
Freshwater Clo. SW17 —6E 120
Freshwater Ct. W1 —5C 66 (6D 158)
(off Crawford St.)
Freshwater Ct. S'hall —3E 60
Freshwater Rd. SW17 —6E 120
Freshwater Rd. Dag —1D 56
Freshwell Av. Romf —4C 38
Fresh Wharf Rd. Bark —1F 73
Freshwood Clo. Beck —1D 142
Freshwood Way. Wall —7F 151
Freston Gdns. Barn —5K 5
Freston Pk. N3 —2H 29
Freston Rd. W10 & W11 —7F 65
Freta Rd. Bexh —5F 111
Freud Mus., The. —6A 48
(off Maresfield Gdns.)
Frewell Ho. EC1 —5A 68
(off Bourne Est.)
Frewing Clo. Chst —6D 126
Frewin Rd. SW18 —1B 120
Friar M. SE27 —3B 122
Friar Rd. Hay —4B 60
Friar Rd. Orp —5K 145
Friars Av. N20 —3H 15
Friars Av. SW15 —3B 118
Friars Clo. E4 —3K 19
Friars Clo. SE1 —5B 168
Friars Clo. N'holt —3B 60
Friars Ct. E17 —1B 34
Friars Gdns. W3 —6K 63
Friars Ga. Clo. Wfd G —4D 20
Friars La. Rich —5D 98
Friars Mead. E14 —3E 88
Friars M. SE9 —5E 108
Friars Pl. La. W3 —7K 63
Friars Rd. E6 —1B 72
Friars Stile Pl. Rich —6E 98
Friars Stile Rd. Rich —6E 98
Friar St. EC4 —6B 68 (1B 168)
Friars Wlk. N14 —7A 6
Friars Wlk. SE2 —5D 92
Friars Way. W3 —6K 63
Friary Clo. N12 —5H 15
Friary Ct. SW1 —5B 166
Friary Est. SE15 —6G 87
(in two parts)
Friary La. Wfd G —4D 20
Friary Pk. Ct. W3 —6J 63
Friary Rd. N12 —4G 15
Friary Rd. SE15 —7G 87
Friary Rd. W3 —6J 63
Friary Way. N12 —4H 15
Friday Hill. —2B 20
Friday Hill. E4 —2B 20
Friday Hill E. E4 —3B 20
Friday Hill W. E4 —2B 20
Friday Rd. Eri —5K 93
Friday Rd. Mitc —7D 120
Friday St. EC4 —7C 68 (2C 168)
Frideswide Pl. NW5 —5G 49
Friendly Pl. SE13 —1D 106
Friendly St. SE8 —2C 106
Friendly St. M. SE8 —2C 106
Friendship Wlk. N'holt —3B 60
Friends Rd. Croy —3D 152
Friend St. EC1 —3B 68 (1A 162)
Friern Barnet. —5J 15
Friern Barnet La. N20 & N11 —2G 15
Friern Barnet Rd. N11 —5J 15
Friern Bri. Retail Pk. N11 —6A 16
Friern Ct. N20 —3G 15
Friern Mt. Dri. N20 —7F 5
Friern Pk. N12 —5F 15
Friern Rd. SE22 —7G 105
Friern Watch Av. N12 —4F 15
Frigate Ho. E14 —4E 88
Frigate M. SE8 —6C 88
Frimley Av. Wall —5J 151
Frimley Clo. SW19 —2G 119
Frimley Clo. New Ad —7E 154
Frimley Ct. Sidc —5C 128
Frimley Cres. New Ad —7E 154
Frimley Gdns. Mitc —3C 138
Frimley Rd. Chess —5D 146
Frimley Rd. Ilf —3J 55
Frimley Way. E1 —4K 69
Fringewood Clo. N'wd —1D 22
Frinsted Rd. Eri —7K 93
Frinton Ct. W13 —5B 62
(off Hardwick Grn.)
Frinton Dri. Wfd G —7A 20
Frinton M. Ilf —6E 36
Frinton Rd. E6 —3B 72
Frinton Rd. N15 —6E 32
Frinton Rd. SW17 —6E 120
Frinton Rd. Sidc —2E 128
Friston St. SW6 —2K 101
Friswell Pl. Bexh —4G 111
Fritham Clo. N Mald —6A 136
Frith Ct. NW7 —7B 14
Frith Ho. NW8 —4B 66 (4B 158)
(off Frampton St.)
Frith La. NW7 —7B 14
Frith Rd. E11 —4E 52
Frith Rd. Croy —2C 152
Frith St. W1 —6H 67 (1C 166)
Frithville Gdns. W12 —1E 82
Frizlands La. Dag —2H 57
Frobisher Clo. Pinn —7B 24
Frobisher Ct. NW9 —2A 28
Frobisher Ct. SE23 —2H 123
Frobisher Ct. W12 —2E 82
(off Lime Gro.)
Frobisher Ct. Sutt —7G 149
Frobisher Cres. EC2 —5C 68
(off Beech St.)
Frobisher Cres. Stai —7A 94
Frobisher Gdns. E10 —7D 34
Frobisher Gdns. Stai —7A 94
Frobisher Ho. SW1 —6H 85 (7C 172)
(off Dolphin Sq.)
Frobisher Pas. E14 —1C 88
Frobisher Rd. E6 —6D 72
Frobisher Rd. N8 —4A 32
Frobisher St. SE10 —6G 89
Frog La. Frog —5K 75
Frogley Rd. SE22 —4F 105
Frogmore. SW18 —5J 101
Frogmore Av. Hay —4G 59
Frogmore Clo. Sutt —3F 149
Frogmore Ct. S'hall —4D 78
Frogmore Gdns. Hay —4G 59
Frogmore Gdns. Sutt —4G 149
Frogmore Ind. Est. N5 —5C 50
Frogmore Ind. Est. NW10 —3J 63
Frogmore Ind. Est. Hay —2G 77
Frognal. NW3 —4A 48
Frognal Av. Harr —4K 25

Frognal Av. *Sidc* —6A **128**
Frognal Clo. *NW3* —5A **48**
Frognal Corner. —6K **127**
Frognal Ct. *NW3* —6A **48**
Frognal Gdns. *NW3* —4A **48**
Frognal La. *NW3* —5K **47**
Frognal Pde. *NW3* —6A **48**
Frognal Pl. *Sidc* —6A **128**
Frognal Ri. *NW3* —3A **48**
Frognal Way. *NW3* —4A **48**
Froissart Rd. *SE9* —5B **108**
Frome Ho. *SE15* —4H **105**
(off Frome Rd.)
Frome Rd. *N15* —3B **32**
Frome St. *N1* —2C **68**
Fromondes Rd. *Sutt* —5G **149**
Frontenac. *NW10* —7D **46**
Frostic Wlk. *E1* —6K **163**
Froude St. *SW8* —2F **103**
Fruen Rd. *Felt* —7H **95**
Fruiterers Pas. *EC4* —3D **168**
Fryatt Rd. *N17* —7J **17**
(in two parts)
Fryatt St. *E14* —6G **71**
Fryent Clo. *NW9* —6G **27**
Fryent Country Pk. —7H **27**
Fryent Cres. *NW9* —6A **28**
Fryent Fields. *NW9* —6A **28**
Fryent Gro. *NW9* —6A **28**
Fryent Way. *NW9* —5G **27**
Fry Ho. *E7* —7A **54**
Frying Pan All. *E1* —6J **163**
Fry Rd. *E6* —7B **54**
Fry Rd. *NW10* —1B **64**
Fry Rd. *Ashf* —4A **112**
Fryston Av. *Croy* —2G **153**
Fuchsia Clo. *Rush G* —2K **57**
Fuchsia St. *SE2* —5B **92**
Fulbeck Dri. *NW9* —1A **28**
Fulbeck Rd. *N19* —4G **49**
Fulbeck Wlk. *Edgw* —2C **12**
Fulbeck Way. *Harr* —2G **25**
Fulbourne Rd. *E17* —1E **34**
Fulbourne St. *E1* —5H **69**
Fulbrook M. *N19* —4G **49**
Fulcher Ho. N1 —1E **68**
(off Colville Ho.)
Fulcher Ho. *SE8* —5B **88**
Fulford Ho. *Eps* —7K **147**
Fulford Rd. *Eps* —7K **147**
Fulford St. *SE16* —2H **87**
Fulham. —2G **101**
Fulham Broadway. —1H **65**
Fulham B'way. *SW6* —7J **83**
Fulham Clo. *Uxb* —4E **58**
Fulham Ct. *SW6* —1J **101**
Fulham F.C. —1F **101**
Fulham High St. *SW6* —2G **101**
Fulham Pal. Rd. *W6 & SW6*
—5E **82**
Fulham Pk. Gdns. *SW6* —2H **101**
Fulham Pk. Rd. *SW6* —2H **101**
Fulham Rd. *SW6* —2G **101**
Fulham Rd. *SW10 & SW3* —6A **84**
Fullbrooks Av. *Wor Pk* —1B **148**
Fuller Clo. *E2* —3K **163**
Fuller Rd. *Dag* —3B **56**
Fullers Av. *E18* —7C **20**
Fullers Av. *Surb* —2F **147**
Fullers Clo. *Romf* —1J **39**
Fuller's Griffin Brewery &
Vis. Cen. —6B **82**
Fullers La. *Romf* —1J **39**
Fullers Rd. *E18* —7C **20**
Fuller St. *NW4* —4E **28**
Fullers Way N. *Surb* —3F **147**
Fullers Way S. *Chess* —4H **146**
Fuller's Wood. *Croy* —5C **154**
Fullerton Ct. *Tedd* —6A **116**

Fullerton Rd. *SW18* —5K **101**
Fullerton Rd. *Cars* —7C **150**
Fullerton Rd. *Croy* —7F **141**
Fuller Way. *Hay* —5H **77**
Fullwell Av. *Ilf* —1D **36**
Fullwell Cross. *Ilf* —2H **37**
Fullwell Pde. *Ilf* —1E **36**
Fullwood's M. *N1* —3D **68** (1F **163**)
Fulmar Ct. *Surb* —6F **135**
Fulmead St. *SW6* —1K **101**
Fulmer Clo. *Hamp* —5C **114**
Fulmer Ho. NW8 —4C **66** *(4C **158**)*
(off Mallory St.)
Fulmer Rd. *E16* —5B **72**
Fulmer Way. *W13* —3B **80**
Fulready Rd. *E10* —5F **35**
Fulstone Clo. *Houn* —4D **96**
Fulthorp Rd. *SE3* —2H **107**
Fulton M. W2 —7A **66**
(off Porchester Ter.)
Fulton Rd. *Wemb* —3G **45**
Fulwell. —4H **115**
Fulwell Ct. *S'hall* —7G **61**
(off Baird Av.)
Fulwell Cross. —2G **37**
Fulwell Pk. Av. *Twic* —2F **115**
Fulwell Rd. *Tedd* —4H **115**
Fulwood Av. *Wemb* —2F **63**
Fulwood Clo. *Hay* —6H **59**
Fulwood Ct. *Kent* —6A **26**
Fulwood Gdns. *Twic* —6K **97**
Fulwood Pl. *WC1* —5K **67** (6H **161**)
Fulwood Wlk. *SW19* —1G **119**
Furber St. *W6* —3D **82**
Furham Fld. *Pinn* —7A **10**
Furley Ho. SE15 —7G **87**
(off Peckham Pk. Rd.)
Furley Rd. *SE15* —7G **87**
Furlong Clo. *Wall* —1E **151**
Furlong Path. N'holt —6C **42**
(off Arnold Rd.)
Furlong Rd. *N7* —6A **50**
Furmage St. *SW18* —7K **101**
Furneaux Av. *SE27* —5B **122**
Furness Ho. SW1 —5F **85** *(5J **171**)*
(off Abbots Mnr.)
Furness Rd. *NW10* —2C **64**
Furness Rd. *SW6* —2K **101**
Furness Rd. *Harr* —7F **25**
Furness Rd. *Mord* —6K **137**
Furnival Mans. W1
(off Wells St.) —5G **67** *(6A **160**)*
Furnival St. *EC4* —6A **68** (7J **161**)
Furrow La. *E9* —5J **51**
Fursby Av. *N3* —6D **14**
Fursecroft. *W1* —7E **158**
Further Acre. *NW9* —2B **28**
Furtherfield Clo. *Croy* —6A **140**
Further Grn. Rd. *SE6* —7G **107**
Furzedown. —5F **121**
Furzedown Dri. *SW17* —5F **121**
Furzedown Rd. *SW17* —5F **121**
Furze Farm Clo. *Romf* —2E **38**
Furzefield Clo. *Chst* —6F **127**
Furzefield Rd. *SE3* —6K **89**
Furzeground Way. *Uxb* —1E **76**
Furzeham Rd. *W Dray* —2A **76**
Furze Rd. *T Hth* —3C **140**
Furze St. *E3* —5C **70**
Furzewood. *Sun* —1J **131**
Fye Foot La. EC4 —7C **68** *(2C **168**)*
(off Queen Victoria St.,
in two parts)
Fyfe Way. *Brom* —2J **143**
Fyfield. N4 —2A **50**
(off Six Acres Est.)
Fyfield Clo. *Brom* —4F **143**
Fyfield Ct. *E7* —6J **53**

Fyfield Ho. *E6* —1C **72**
(off Ron Leighton Way)
Fyfield Rd. *E17* —3F **35**
Fyfield Rd. *SW9* —3A **104**
Fyfield Rd. *Enf* —3K **7**
Fyfield Rd. *Wfd G* —7F **21**
Fynes St. *SW1* —4H **85** (3C **172**)

Gable Clo. *Pinn* —1E **24**
Gable Ct. *SE26* —4H **123**
Gables Av. *Ashf* —5B **112**
Gables Clo. *SE5* —1E **104**
Gables Clo. *SE12* —1J **125**
Gables Lodge. Barn —1F **5**
Gables, The. N10 —3E **30**
(off Fortis Grn.)
Gables, The. *Bark* —6G **55**
Gables, The. *Brom* —7K **125**
Gables, The. *Wemb* —3G **45**
Gabriel Clo. *Felt* —4C **114**
Gabriel Ho. *SE11* —4K **85** (3G **173**)
Gabrielle Clo. *Wemb* —3F **45**
Gabrielle Ct. *NW3* —6B **48**
Gabriel St. *SE23* —7K **105**
Gabriels Wharf. *SE1*
—1A **86** (4J **167**)
Gad Clo. *E13* —3K **71**
Gaddesden Av. *Wemb* —6F **45**
Gaddesden Ho. EC1
—3D **68** *(2F **163**)*
(off Cranwood St.)
Gadebridge Ho. SW3
(off Cale St.) —5C **84** *(5C **170**)*
Gade Clo. *Hay* —1K **77**
Gadesden Rd. *Eps* —6J **147**
(in two parts)
Gadsbury Clo. *NW9* —6B **28**
Gadsden Ho. *W10* —4G **65**
(off Hazlewood Cres.)
Gadwall Clo. *E16* —6K **71**
Gadwall Way. *SE28* —2H **91**
Gage Rd. *E16* —5G **71**
Gage St. *WC1* —5J **67** (5F **161**)
Gainford St. *N1* —1A **68**
Gainsboro Gdns. *Gnfd* —5J **43**
Gainsborough Av. *E12* —5E **54**
Gainsborough Clo. *Beck* —7C **124**
Gainsborough Clo. *Esh* —7J **133**
Gainsborough Ct. *N12* —5E **14**
Gainsborough Ct. *SE21* —2E **122**
Gainsborough Ct. W4 —5H **81**
(off Chaseley Dri.)
Gainsborough Ct. *W12* —2E **82**
Gainsborough Gdns. *NW3* —3B **48**
Gainsborough Gdns. *NW11*
—7H **29**
Gainsborough Gdns. *Edgw* —2F **27**
Gainsborough Gdns. *Iswth* —5H **97**
Gainsborough Ho. SW1
—4H **85** *(4D **172**)*
(off Erasmus St.)
Gainsborough Ho. Dag —4B **56**
(off Gainsborough Rd.)
Gainsborough Lodge. Harr —5K **25**
(off Hindes Rd.)
Gainsborough Mans. W14 —6G **83**
(off Queen's Club Gdns.)
Gainsborough M. *SE26* —3H **123**
Gainsborough Rd. *E11* —7G **35**
Gainsborough Rd. *E15* —3G **71**
Gainsborough Rd. *N12* —5E **14**
Gainsborough Rd. *W4* —4B **82**
Gainsborough Rd. *Dag* —4B **56**
Gainsborough Rd. *Hay* —2E **58**
Gainsborough Rd. *N Mald*
—6K **135**
Gainsborough Rd. *Rich* —2F **99**

Gainsborough Rd. *Wfd G* —6H **21**
Gainsborough Sq. *Bexh* —3D **110**
Gainsborough Ter. Sutt —7H **149**
(off Belmont Ri.)
Gainsborough Tower. N'holt
(off Academy Gdns.) —2B **60**
Gainsfield Ct. *E11* —3G **53**
Gainsford Rd. *E17* —4B **34**
Gainsford St. *SE1* —2F **87** (6J **169**)
Gairloch Ho. NW1 —7H **49**
(off Stratford Vs.)
Gairloch Rd. *SE5* —2E **104**
Gaisford St. *NW5* —6G **49**
Gaitskell Ct. *SW11* —2C **102**
Gaitskell Ho. *E6* —1B **72**
Gaitskell Ho. *E17* —3D **34**
Gaitskell Ho. SE17 —6E **86**
(off Villa St.)
Gaitskell Rd. *SE9* —1G **127**
Galahad Rd. *Brom* —4J **125**
Galata Rd. *SW13* —7C **82**
Galatea Sq. *SE15* —3H **105**
Galba Ct. *Bren* —7D **80**
Galbraith St. *E14* —3E **88**
Galdana Av. *Barn* —3F **5**
Galeborough Av. *Wfd G* —7A **20**
Gale Clo. *Hamp* —6C **114**
Gale Clo. *Mitc* —3B **138**
Galena Rd. *W6* —4D **82**
Galen Pl. *WC1* —5J **67** (6F **161**)
Galesbury Rd. *SW18* —6A **102**
Gales Gdns. *E2* —3H **69**
Gale St. *E3* —5C **70**
Gale St. *Dag* —5C **56**
Gales Way. *Wfd G* —7H **21**
Galgate Clo. *SW19* —1F **119**
Gallants Farm Rd. *E Barn* —7H **5**
Galleon Clo. *SE16* —2K **87**
Galleon Clo. *Eri* —4K **93**
Galleon Ho. *E14* —4E **88**
Gallery Ct. SE1 —2D **86** *(7E **168**)*
(off Pilgrimage St.)
Gallery Ct. *SW10* —6A **84**
Gallery Gdns. *N'holt* —2B **60**
Gallery Rd. *SE21* —1D **122**
Galleywall Rd. *SE16* —4H **87**
Galliard Clo. *N9* —6D **8**
Galliard Ct. *N9* —6B **8**
Galliard Rd. *N9* —7B **8**
Gallia Rd. *N5* —5B **50**
Gallions Clo. *Bark* —3A **74**
Gallions Entrance. *E16* —1G **91**
Gallions Rd. *SE7* —4K **89**
(in two parts)
Gallions Vw. Rd. *SE28* —2J **91**
Galliver Pl. *E5* —4H **51**
Gallon Clo. *SE7* —4A **90**
Gallop, The. *S Croy* —7H **153**
Gallop, The. *Sutt* —7A **150**
Gallosson Rd. *SE18* —4J **91**
Galloway Path. *Croy* —4D **152**
Galloway Rd. *W12* —1C **82**
Gallus Clo. *N21* —6E **6**
Gallus Sq. *SE3* —3K **107**
Galpin's Rd. T Hth —5J **139**
Galsworth Clo. *NW2* —4G **47**
Galsworthy Av. *E14* —5A **70**
Galsworthy Av. *Romf* —7B **38**
Galsworthy Clo. *SE28* —1B **92**
Galsworthy Ct. W3 —3H **81**
(off Bollo Bri. Rd.)
Galsworthy Cres. *SE3* —1A **108**
Galsworthy Ho. *W11* —6G **65**
Galsworthy Rd. *NW2* —4G **47**
Galsworthy Rd. *King T* —7H **117**
Galsworthy Ter. *N16* —3E **50**
Galton St. *W10* —3G **65**
Galva Clo. *Barn* —4K **5**
Galvani Way. *Croy* —1K **151**

Galveston Rd. *SW15* —5H **101**
Galway Clo. SE16 —5H **87**
(off Masters Dri.)
Galway Ho. *EC1* —2D **162**
Galway St. *EC1* —3C **68** (2D **162**)
Galy. *NW9* —2B **28**
Gambetta St. *SW8* —2F **103**
Gambia St. *SE1* —1B **86** (5B **168**)
Gambier Ho. EC1 —3C **68** *(2D **162**)*
(off Mora St.)
Gambole Rd. *SW17* —4C **120**
Games Rd. *Barn* —3J **5**
Gamlen Rd. *SW15* —4F **101**
Gamuel Clo. *E17* —6C **34**
Gander Grn. Cres. *Hamp* —1E **132**
Gander Grn. La. *Sutt* —2G **149**
Gandhi Clo. *E17* —6C **34**
Gandolfi St. *SE15* —6E **86**
Ganton St. *W1* —7G **67** (2A **166**)
Gants Hill. —6E **36**
Gants Hill. —6E **36**
Gantshill Cres. *Ilf* —5E **36**
Gants Hill Cross. *Ilf* —6E **36**
Gap Rd. *SW19* —5J **119**
Garage Rd. *W3* —6G **63**
Garbett Ho. SE17 —6B **86**
(off Doddington Gro.)
Garbutt Pl. *W1* —5E **66** (5H **159**)
Garden Av. *Bexh* —3G **111**
Garden Av. *Mitc* —7F **121**
Garden City. *Edgw* —6B **12**
Garden Clo. *E4* —5H **19**
Garden Clo. *SE12* —3K **125**
Garden Clo. *SW15* —7E **100**
Garden Clo. *Ashf* —6E **112**
Garden Clo. *Hamp* —5D **114**
Garden Clo. *N'holt* —1C **60**
Garden Clo. *Ruis* —2G **41**
Garden Clo. *Wall* —5J **151**
Garden Ct. *W4* —3J **81**
Garden Ct. *WC2* —2J **167**
Garden Ct. *Croy* —2F **153**
Garden Ct. *Hamp* —5D **114**
Garden Ct. *Rich* —1F **99**
Garden Ct. *Stan* —5H **11**
Gardener Gro. *Felt* —2D **114**
Gardeners Clo. *N11* —2K **15**
Gardeners Rd. *Croy* —1B **152**
Garden Ho. N2 —2B **30**
(off Grange, The)
Gardenia Rd. *Enf* —6K **7**
Gardenia Way. *Wfd G* —6D **20**
Garden La. *SW2* —1K **121**
Garden La. *Brom* —6K **125**
Garden M. *W2* —7J **65**
Garden Pl. *E8* —1F **69**
Garden Rd. *NW8* —3A **66** (1A **158**)
Garden Rd. *SE20* —1J **141**
Garden Rd. *Brom* —7K **125**
Garden Rd. *Rich* —3G **99**
Garden Rd. *W on T* —6K **131**
Garden Row. *SE1* —3B **86**
Gardens, The. *N8* —4J **31**
(in two parts)
Gardens, The. *SE22* —4G **105**
Gardens, The. *Beck* —1E **142**
Gardens, The. *Felt* —5F **95**
Gardens, The. *Harr* —6G **25**
Gardens, The. *Pinn* —6D **24**
Gardens, The. *Uxb* —2A **40**
Garden St. *E1* —5K **69**
Garden Ter. *SW1* —5H **85** (5C **172**)
Garden Ter. *SW7* —7D **164**
Garden Vw. *E7* —4A **54**
Garden Wlk. *EC2* —3E **68** (2G **163**)
Garden Wlk. *Beck* —1B **142**
Garden Way. *NW10* —6J **45**
Gardiner Av. *NW2* —5E **46**

George Wyver Clo. SW19 —7G 101
George Yd. EC3 —6D 68 (1F 169)
George Yd. W1 —7E 66 (2H 165)
Georgiana St. NW1 —1G 67
Georgian Clo. Brom —1K 155
Georgian Clo. Stan —7F 11
Georgian Clo. Uxb —4A 40
Georgian Ct. E9 —1J 69
Georgian Ct. N3 —1H 29
Georgian Ct. NW4 —5D 28
Georgian Ct. SW16 —4J 121
Georgian Ct. New Bar —4F 5
Georgian Ct. Wemb —6G 45
Georgian Way. Harr —2H 43
Georgia Rd. N Mald —4J 135
Georgia Rd. T Hth —1B 140
Georgina Gdns. E2 —3F 69 (1K 163)
Geraint Rd. Brom —4J 125
Geraldine Rd. SW18 —5A 102
Geraldine Rd. W4 —6G 81
Geraldine St. SE11 —3B 86 (2K 173)
Gerald M. SW1 —3H 171
Gerald Rd. E16 —4H 71
Gerald Rd. SW1 —4E 84 (3H 171)
Gerald Rd. Dag —2F 57
Gerard Av. Houn —7E 96
Gerard Gdns. Rain —2K 75
Gerard Rd. SW13 —1B 100
Gerard Rd. Harr —6A 26
Gerards Clo. SE16 —5J 87
Gerda Rd. SE9 —2G 127
Germander Way. E15 —3G 71
Gernon Rd. E3 —2A 70
Geron Way. NW2 —2D 46
Gerrard Gdns. Pinn —5J 23
Gerrard Pl. W1 —7H 67 (2D 166)
Gerrard Rd. N1 —2B 68
Gerrards Clo. N14 —5B 6
Gerrards Ct. W5 —3D 80
Gerrard St. W1 —7H 67 (2D 166)
Gerridge Ct. SE1 —3A 86 (1K 173)
(off Gerridge St.)
Gerridge St. SE1 —3A 86 (1K 173)
Gerry Raffles Sq. E15 —7F 53
Gertrude Rd. Belv —4G 93
Gertrude St. SW10 —6A 84 (7A 170)
Gervase Clo. Wemb —3J 45
Gervase Rd. Edgw —1J 27
Gervase St. SE15 —7H 87
Gervis Ct. Houn —7G 79
Ghent St. SE6 —2C 124
Ghent Way. E8 —6F 51
Giant Arches Rd. SE24 —7C 104
Giant Tree Hill. Bus H —1C 10
Gibbfield Clo. Romf —3E 38
Gibbings Ho. SE1 —2B 86 (7B 168)
(off King James St.)
Gibbins Rd. E15 —7E 52
(in three parts)
Gibbon Ho. NW8 —4B 66 (4B 158)
(off Fisherton St.)
Gibbon Rd. SE15 —2J 105
Gibbon Rd. W3 —7A 64
Gibbon Rd. King T —1E 134
Gibbon's Rents. SE1 —5G 169
Gibbons Rd. NW10 —6A 46
Gibbon Wlk. SW15 —4C 100
Gibbs Av. SE19 —5D 122
Gibbs Clo. SE19 —6D 122
Gibbs Grn. W14 —5H 83
(in three parts)
Gibbs Grn. Edgw —4D 12
Gibb's Rd. N18 —4D 18
Gibbs Sq. SE19 —5D 122
Gibney Ter. Brom —4H 125
Gibraltar Wlk. E2 —2K 163
Gibson Clo. E1 —4J 69
Gibson Clo. N21 —6F 7
Gibson Clo. Chess —5C 146
Gibson Clo. Iswth —3J 97
Gibson Gdns. N16 —2F 51
Gibson Ho. Sutt —4J 149
Gibson Rd. SE11 —4K 85 (4H 173)
Gibson Rd. Dag —1C 56
Gibson Rd. Sutt —5K 149
Gibson Rd. Uxb —4B 40
Gibsons Hill. SW16 —7A 122
Gibson Sq. N1 —1A 68
Gibson St. SE10 —5G 89
Gideon Clo. Belv —4H 93
Gideon M. W5 —2D 80
Gideon Rd. SW11 —3E 102
Giesbach Rd. N19 —2H 49
Giffard Rd. N18 —6K 17
Giffin St. SE8 —7C 88
Gifford Gdns. W7 —5H 61
Gifford Ho. SW1 —5G 85 (6A 172)
(off Churchill Gdns.)
Gifford St. N1 —7J 49
Gift La. E15 —1H 71
Giggshill. —7A 134
Giggs Hill. Orp —2K 145
Giggshill Gdns. Th Dit —1A 146
Giggshill Rd. Th Dit —7A 134
Gilbert Bri. EC2 —5C 68
(off Barbican)
Gilbert Clo. SE18 —1D 108
Gilbert Clo. SW19 —7K 119
(off High Path)
Gilbert Ct. W5 —6F 63
(off Green Va.)
Gilbert Gro. Edgw —1K 27
Gilbert Ho. E17 —3D 34
Gilbert Ho. EC2 —5D 162
Gilbert Ho. SE8 —6C 88
Gilbert Ho. SW1 —5F 85 (6K 171)
(off Churchill Gdns.)
Gilbert Ho. SW8 —7J 85
(off Wyvil Rd.)
Gilbert Pl. WC1 —5J 67 (6E 160)
Gilbert Rd. SE11 —4A 86 (4K 173)
Gilbert Rd. SW19 —7A 120
Gilbert Rd. Belv —3G 93
Gilbert Rd. Brom —7J 125
Gilbert Rd. Hare —2A 22
Gilbert Rd. Pinn —4B 24
Gilbert Sheldon Ho. W2 —5B 66 (5B 158)
(off Edgware Rd.)
Gilbertson Ho. E14 —3C 88
Gilbert St. E15 —4G 53
Gilbert St. W1 —6E 66 (1H 165)
Gilbert St. Houn —3G 97
Gilbert Way. Croy —2K 151
Gilbey Clo. Uxb —4D 40
Gilbey Rd. SW17 —4C 120
Gilbeys Yd. NW1 —7E 48
Gilbourne Rd. SE18 —6K 91
Gilda Av. Enf —5F 9
Gilda Ct. NW7 —1C 28
Gilda Cres. N16 —1G 51
Gildea Clo. Pinn —1E 24
Gildea St. W1 —5F 67 (6K 159)
Gilden Cres. NW5 —5E 48
Gildersome St. SE18 —6E 90
Gilders Rd. Chess —7F 147
Giles Coppice. SE19 —4F 123
Giles Ho. SE16 —7K 169
Gilesmead. SE5 —1D 104
Gilfrid Clo. Uxb —6D 58
Gilkes Cres. SE21 —6E 104
Gilkes Pl. SE21 —6E 104
Gillan Ct. SE12 —3K 125
Gillan Grn. Bus H —2B 10
Gillards M. E17 —4C 34
Gillards Way. E17 —4C 34
Gill Av. E16 —6J 71
Gillender St. E3 & E14 —4E 70
Gillender St. E14 —4E 70
Gillespie Rd. N5 —3A 50
Gillett Av. E6 —2C 72
Gillette Corner. —7A 80
Gillett Ho. N8 —3J 31
(off Campsfield Rd.)
Gillett Pl. N16 —5E 50
Gillett Rd. T Hth —4D 140
Gillett St. N16 —5E 50
Gillfoot. NW1 —2G 67 (1A 160)
(off Hampstead Rd.)
Gillham Ter. N17 —6B 18
Gillian Ho. Har W —6D 10
Gillian Pk. Rd. Sutt —1H 149
Gillian St. SE13 —5D 106
Gillies St. NW5 —5E 48
Gilling Ct. NW3 —6C 48
Gillingham M. SW1 —4G 85 (3A 172)
Gillingham Rd. NW2 —3G 47
Gillingham Row. SW1 —4G 85 (3A 172)
Gillingham St. SW1 —4G 85 (3A 172)
Gillings Ct. Barn —4B 4
(off Wood St.)
Gillison Wlk. SE16 —3H 87
Gillman Dri. E15 —1H 71
Gillman Ho. E2 —2G 69
(off Pritchard's Rd.)
Gill St. E14 —6B 70
Gillum Clo. E Barn —1J 15
Gilmore Clo. Uxb —3C 40
Gilmore Ct. N11 —5J 15
Gilmore Cres. Ashf —5C 112
Gilmore Rd. SE13 —4F 107
Gilpin Av. SW14 —4K 99
Gilpin Clo. Mitc —2C 138
Gilpin Cres. N18 —5A 18
Gilpin Cres. Twic —7F 97
Gilpin Rd. E5 —4A 52
Gilpin Way. Hay —7F 77
Gilray Ho. W2 —7B 66 (2A 164)
(off Gloucester Ter.)
Gilsland Rd. T Hth —4D 140
Gilstead Ho. Bark —2B 74
Gilstead Rd. SW6 —2K 101
Gilston Rd. SW10 —5A 84 (7A 170)
Gilton Rd. SE6 —3G 125
Giltspur St. EC1 —6B 68 (7B 162)
Gilwell Clo. E4 —4J 9
Gilwell La. E4 —4J 9
Gilwell Park. —4K 9
Gilwell Pk. E4 —3K 9
Ginsburg Yd. NW3 —4A 48
Gippeswyck Clo. Pinn —1B 24
Gipsy Hill. SE19 —4E 122
Gipsy La. SW15 —3D 100
Gipsy Rd. SE27 —4C 122
Gipsy Rd. Well —7D 92
Gipsy Rd. Gdns. SE27 —4C 122
Giralda Clo. E16 —5B 72
Giraud St. E14 —6D 70
Girdler's Rd. W14 —4F 83
Girdlestone Wlk. N19 —2G 49
Girdwood Rd. SW18 —7G 101
Girling Ho. N1 —1E 68
(off Colville Est.)
Girling Way. Felt —3J 95
Gironde Rd. SW6 —7H 83
Girtin Ho. N'holt —2B 60
(off Academy Gdns.)
Girton Av. NW9 —3G 27
Girton Clo. N'holt —6G 43
Girton Gdns. Croy —3C 154
Girton Rd. SE26 —5K 123
Girton Rd. N'holt —6G 43
Girton Vs. W10 —6F 65
Gisbourne Clo. Wall —3H 151
Gisburn Ho. SE15 —6G 87
(off Friary Est.)
Gisburn Rd. N8 —4K 31
Gissing Wlk. N1 —7A 50
Gittens Clo. Brom —4H 125
Given Wilson Wlk. E13 —2H 71
Glacier Way. Wemb —2D 62
Gladbeck Way. Enf —4G 7
Gladding Rd. E12 —4B 54
Glade Clo. Surb —2D 146
Glade Ct. Ilf —1D 36
Glade Gdns. Croy —7A 142
Glade La. S'hall —2F 79
Glade Rd. E12 —3D 54
Gladeside. N21 —6E 6
Gladeside. Croy —6K 141
Gladeside Clo. Chess —7D 146
Gladesmore Rd. N15 —6F 33
Glades Pl. Brom —2J 143
Glades Shop. Cen., The. Brom —2J 143
Gladeswood Rd. Belv —4H 93
Glade, The. N20 —3G 15
Glade, The. N21 —7E 6
Glade, The. SE7 —7A 90
Glade, The. Brom —2B 144
Glade, The. Croy —6A 142
Glade, The. Enf —3F 7
Glade, The. Eps —6C 148
Glade, The. Ilf —1D 36
Glade, The. Sutt —7G 149
Glade, The. W W'ck —3D 154
Glade, The. Wfd G —3E 20
Gladiator St. SE23 —7A 106
Glading Ter. N16 —3F 51
Gladioli Clo. Hamp —6E 114
Gladsdale Dri. Pinn —4K 23
Gladsmuir Rd. N19 —1G 49
Gladsmuir Rd. Barn —2B 4
Gladstone Av. E12 —7C 54
Gladstone Av. N22 —2A 32
Gladstone Av. Felt —6J 95
Gladstone Av. Twic —1H 115
Gladstone Ct. SW1 —4H 85 (4D 172)
(off Regency St.)
Gladstone Gdns. Houn —1G 97
Gladstone Ho. E14 —6C 70
Gladstone M. N22 —2A 32
Gladstone M. NW6 —7H 47
Gladstone M. SE20 —7J 123
Gladstone Pde. NW2 —2E 46
Gladstone Pk. Gdns. NW2 —3D 46
Gladstone Pl. E3 —2B 70
Gladstone Pl. Barn —4A 4
Gladstone Pl. E Mol —5J 133
Gladstone Rd. SW19 —7J 119
Gladstone Rd. W4 —3K 81
Gladstone Rd. Buck H —1F 21
Gladstone Rd. Croy —7D 140
Gladstone Rd. King T —3G 135
Gladstone Rd. S'hall —2C 78
Gladstone Rd. Surb —2D 146
Gladstone St. SE1 —3B 86
Gladstone Ter. SE27 —5C 122
(off Bentons La.)
Gladstone Ter. SW8 —1F 103
Gladstone Way. Harr —3J 25
Gladwell Rd. N8 —6K 31
Gladwell Rd. Brom —6J 125
Gladwin Ho. NW1 —2G 67 (1B 160)
(off Cranleigh St.)
Gladwyn Rd. SW15 —3F 101
Gladys Dimson Ho. E7 —5H 53
Gladys Rd. NW6 —7J 47
Glaisher St. SE8 —6C 88
Glamis Ct. W3 —2H 81
Glamis Cres. Hay —3E 76
Glamis Pl. E1 —7J 69
Glamis Rd. E1 —7J 69
Glamis Way. N'holt —6G 43
Glamorgan Clo. Mitc —3J 139
Glamorgan Ct. W7 —5K 61
(off Copley Clo.)
Glamorgan Rd. King T —7C 116
Glanfield Rd. Beck —4B 142
Glanleam Rd. Stan —4J 11
Glanville Rd. SW2 —5J 103
Glanville Rd. Brom —3K 143
Glasbrook Av. Twic —1D 114
Glasbrook Rd. SE9 —7B 108
Glaserton Rd. N16 —7E 32
Glasford St. SW17 —6D 120
Glasfryn Ct. Harr —2H 43
(off Roxeth Hill)
Glasfryn Ho. Harr —2H 43
(off Roxeth Hill)
Glasgow Ho. W9 —2K 65
(off Maida Va.)
Glasgow Rd. E13 —2K 71
Glasgow Rd. N18 —5C 18
Glasgow Ter. SW1 —5G 85 (6A 172)
Glasier Ct. E15 —7G 53
Glasse Clo. W13 —7A 62
Glasshill St. SE1 —2B 86 (6B 168)
Glasshouse Fields. E1 —7K 69
Glasshouse St. W1 —7G 67 (3B 166)
Glasshouse Wlk. SE1 —5J 85 (5F 173)
Glasshouse Yd. EC1 —4C 68 (4C 162)
Glasslyn Rd. N8 —5H 31
Glassmill La. Brom —2H 143
(in two parts)
Glass St. E2 —4H 69
Glass Yd. SE18 —3E 90
Glastonbury Av. Wfd G —7G 21
Glastonbury Ct. W13 —1A 80
(off Talbot Rd.)
Glastonbury Ho. SE12 —5H 107
(off Wantage Rd.)
Glastonbury Ho. SW1 —5F 85 (5J 171)
(off Abbots Mnr.)
Glastonbury Pl. E1 —6J 69
Glastonbury Rd. N9 —1B 18
Glastonbury Rd. Mord —7J 137
Glastonbury St. NW6 —5H 47
Glaston Ct. W5 —1D 80
(off Grange Rd.)
Glaucus St. E3 —5D 70
Glazbury Rd. W14 —4G 83
Glazebrook Clo. SE21 —2D 122
Glazebrook Rd. Tedd —7K 115
Glebe Av. Enf —3G 7
Glebe Av. Harr —4E 26
Glebe Av. Mitc —2C 138
Glebe Av. Ruis —6K 41
Glebe Av. Uxb —3E 40
Glebe Av. Wfd G —6D 20
Glebe Clo. W4 —5A 82
Glebe Clo. Uxb —4E 40
Glebe Cotts. Felt —3E 114

Glebe Ct. N13 —3F 17
Glebe Ct. SE3 —3G 107
(off Glebe, The)
Glebe Ct. W5 —1D 80
Glebe Ct. W7 —7H 61
Glebe Ct. Mitc —3D 138
Glebe Ct. Stan —5H 11
Glebe Cres. NW4 —4E 28
Glebe Cres. Harr —3E 26
Glebe Gdns. N Mald —7A 136
Glebe Ho. Dri. Brom —1K 155
Glebe Hyrst. SE19 —4E 122
Glebeland Gdns. Shep —6E 130
Glebelands. E10 —2D 52
Glebelands. W Mol —5F 133
Glebelands Av. E18 —2J 35
Glebelands Av. Ilf —7H 37
Glebelands Clo. SE5 —3E 104
Glebelands Rd. Felt —1J 113
Glebe La. Harr —4E 26
Glebe Path. Mitc —3D 138
Glebe Pl. SW3 —6C 84 (7C 170)
Glebe Rd. E8 —7F 51
Glebe Rd. N3 —1A 30
Glebe Rd. N8 —4K 31
Glebe Rd. NW10 —6C 46
Glebe Rd. SW13 —2C 100
Glebe Rd. Brom —1J 143
Glebe Rd. Cars —6D 150
Glebe Rd. Dag —6H 57
Glebe Rd. Hay —1H 77
Glebe Rd. Stan —5H 11
Glebe Rd. Sutt —7G 149
Glebe Side. Twic —6K 97
Glebe Sq. Mitc —3D 138
Glebe St. W4 —5A 82
Glebe Ter. E3 —3D 70
Glebe Ter. W4 —5A 82
Glebe, The. SE3 —3G 107
Glebe, The. SW16 —4H 121
Glebe, The. Chst —1G 145
Glebe, The. W Dray —4B 76
Glebe, The. Wor Pk —1B 148
Glebe Way. Hanw —3E 114
Glebe Way. W W'ck —2E 154
Glebe Way. Wfd G —5F 21
Gledhow Gdns. SW5 —4A 84
Gledstanes Rd. W14 —5G 83
Gledwood Av. Hay —5H 59
Gledwood Cres. Hay —5H 59
Gledwood Dri. Hay —5H 59
Gledwood Gdns. Hay —5H 59
Gleed Av. Bus H —2C 10
Glegg Pl. SW15 —4F 101
Glenaffric Av. E14 —4F 89
Glen Albyn Rd. SW19 —2F 119
Glenallan Ho. W14 —4H 83
(off N. End Cres.)
Glenalla Rd. Ruis —7H 23
Glenalmond Rd. Harr —4E 26
Glenalvon Way. SE18 —4C 90
Glena Mt. Sutt —4A 150
Glenarm Rd. E5 —4J 51
Glen Av. Ashf —4C 112
Glenavon Clo. Clay —6A 146
Glenavon Ct. Wor Pk —2D 148
Glenavon Lodge. Beck —7C 124
Glenavon Rd. E15 —7G 53
Glenbarr Clo. SE9 —3F 109
Glenbow Rd. Brom —6G 125
Glenbrook N. Enf —4E 6
Glenbrook Rd. NW6 —5J 47
Glenbrook S. Enf —4E 6
Glenbuck Rd. Surb —6D 134
Glenburnie Rd. SW17 —3D 120
Glencairn Dri. W5 —4C 62
Glencairne Clo. E16 —5B 72
Glencairn Rd. SW16 —1J 139
Glen Clo. Shep —4C 130
Glencoe Av. Ilf —7H 37
Glencoe Dri. Dag —4G 57
Glencoe Mans. SW9 —7A 86
(off Mowll St.)
Glencoe Rd. Hay —5B 60
Glen Ct. Sidc —4A 128
Glen Cres. Wfd G —6E 20
Glendale Av. N22 —7F 17
Glendale Av. Edgw —4A 12
Glendale Av. Romf —7C 38
Glendale Clo. SE9 —3E 108
Glendale Dri. SW19 —5H 119
Glendale Gdns. Wemb —1D 44
Glendale M. Beck —1D 142
Glendale Rd. Eri —4J 93
Glendale Way. SE28 —7C 74
Glendall St. SW9 —4K 103
Glendarvon St. SW15 —3F 101
Glendevon Clo. Edgw —3C 12
Glendish Rd. N17 —1H 33
Glendor Gdns. NW7 —4E 12
Glendower Gdns. SW14 —3K 99
Glendower Pl. SW7
—4B 84 (3A 170)
Glendower Rd. E4 —1A 20
Glendower Rd. SW14 —3K 99
Glendown Ho. E8 —5G 51
Glendown Rd. SE2 —5A 92
Glendun Ct. W3 —7A 64
Glendun Rd. W3 —7A 64
Gleneagle M. SW16 —5H 121
Gleneagle Rd. SW16 —5H 121
Gleneagles. W13 —5B 62
(off Malvern Way)
Gleneagles. Stan —7G 11
Gleneagles Clo. SE16 —5H 87
(off Ryder Dri.)
Gleneagles Clo. Orp —7H 145
Gleneagles Grn. Orp —7H 145
Gleneagles Tower. S'hall —6G 61
(off Fleming Rd.)
Gleneldon M. SW16 —4J 121
Gleneldon Rd. SW16 —4J 121
Glenelg Rd. SW2 —5J 103
Glenesk Rd. SE9 —3E 108
Glenfarg Rd. SE6 —1E 124
Glenfield Cres. Ruis —7F 23
Glenfield Rd. SW12 —1G 121
Glenfield Rd. W13 —2B 80
Glenfield Rd. Ashf —6D 112
Glenfield Ter. W13 —2B 80
Glenfinlas Way. SE5 —7B 86
Glenforth St. SE10 —5H 89
Glengall Gro. E14 —3D 88
Glengall Pas. NW6 —1J 65
(off Priory Pk. Rd., in two parts)
Glengall Rd. NW6 —1H 65
Glengall Rd. SE15 —5F 87
Glengall Rd. Bexh —3E 110
Glengall Rd. Edgw —3C 12
Glengall Rd. Wfd G —6D 20
Glengall Ter. SE15 —6F 87
Glen Gdns. Croy —3A 152
Glengariff Mans. SW9 —7A 86
(off S. Island Pl.)
Glengarnock Av. E14 —4E 88
Glengarry Rd. SE22 —5E 104
Glenham Dri. Ilf —5F 37
Glenhead Clo. SE9 —3F 109
Glenhill Clo. N3 —2J 29
Glen Ho. E16 —1E 90
(off Storey St.)
Glenhouse Rd. SE9 —5E 108
Glenhurst. Beck —1E 142
Glenhurst Av. NW5 —4E 48
Glenhurst Av. Bex —1F 129
Glenhurst Av. Ruis —7E 22
Glenhurst Ri. SE19 —7C 122
Glenhurst Rd. N12 —5G 15
Glenhurst Rd. Bren —6C 80
Glenilla Rd. NW3 —6C 48
Glenister Pk. Rd. SW16 —7H 121
Glenister Rd. SE10 —5H 89
Glenister St. E16 —1E 90
Glenkerry Ho. E14 —6E 70
Glenlea Rd. SE9 —5D 108
Glenloch Rd. NW3 —6C 48
Glenloch Rd. Enf —2D 8
Glenluce Rd. SE3 —6J 89
Glenlyon Rd. SE9 —5E 108
Glenmead. Buck H —1F 21
Glenmere Av. NW7 —7H 13
Glenmill. Hamp —5D 114
Glenmore Lawns. W13 —6A 62
Glenmore Lodge. Beck —1D 142
Glenmore Pde. Wemb —1E 62
Glenmore Rd. NW3 —6C 48
Glenmore Rd. Well —7K 91
Glenmore Way. Bark —2A 74
Glenmount Path. SE18 —5G 91
Glennie Ho. SE10 —1E 106
(off Blackheath Hill)
Glennie Rd. SE27 —3A 122
Glenny Rd. Bark —6G 55
Glenorchy Clo. Hay —5C 60
Glenparke Rd. E7 —6K 53
Glenridding. NW1
—2G 67 (1B 160)
(off Ampthill Est.)
Glen Ri. Wfd G —6E 20
Glen Rd. E13 —4A 72
Glen Rd. E17 —5B 34
Glen Rd. Chess —4F 147
Glen Rd. End. Wall —7F 151
Glenrosa St. SW6 —2A 102
Glenrose Ct. Sidc —5B 128
Glenroy St. W12 —6E 64
Glensdale Rd. SE4 —3B 106
Glenshaw Mans. SW9 —7A 86
(off Brixton Rd.)
Glenshiel Rd. SE9 —5E 108
Glentanner Way. SW17 —3B 120
Glen Ter. E14 —2E 88
Glentham Gdns. SW13 —6D 82
Glentham Rd. SW13 —6C 82
Glen, The. Brom —2G 143
Glen, The. Croy —3K 153
Glen, The. Eastc —5K 23
Glen, The. Enf —4G 7
Glen, The. Orp —3D 156
Glen, The. Pinn —7C 24
Glen, The. S'hall —5D 78
Glen, The. Wemb —4E 44
Glenthorne Av. Croy —1H 153
Glenthorne Clo. Sutt —1J 149
Glenthorne Clo. Uxb —3C 58
Glenthorne Gdns. Ilf —3E 36
Glenthorne Gdns. Sutt —1J 149
Glenthorne M. W6 —4D 82
Glenthorne Rd. E17 —5A 34
Glenthorne Rd. N11 —5J 15
Glenthorne Rd. W6 —4D 82
Glenthorne Rd. King T —4F 135
Glenthorpe Av. SW15 —4C 100
Glenthorpe Rd. Mord —5F 137
Glenton Rd. SE13 —4G 107
Glentworth St. NW1
—4D 66 (4F 159)
Glenure Rd. SE9 —5E 108
Glenview. SE2 —6D 92
Glenview Rd. Brom —2B 144
Glenville Av. Enf —1H 7
Glenville Gro. SE8 —7B 88
Glenville M. SW18 —7K 101
Glenville Rd. King T —1G 135
Glen Wlk. Iswth —5H 97
Glenwood Av. NW9 —1A 46
Glenwood Clo. Harr —5K 25
Glenwood Ct. E18 —3J 35
Glenwood Ct. Sidc —4A 128
Glenwood Gdns. Ilf —5E 36
Glenwood Gro. NW9 —1J 45
Glenwood Rd. N15 —5B 32
Glenwood Rd. NW7 —3F 13
Glenwood Rd. SE6 —1B 124
Glenwood Rd. Eps —6C 148
Glenwood Rd. Houn —3H 97
Glenwood Way. Croy —6K 141
Glenworth Av. E14 —4F 89
Gliddon Rd. W14 —4G 83
Glimpsing Grn. Eri —3E 92
Glisson Rd. Uxb —2C 58
Global App. E3 —2D 70
Globe Pond Rd. SE16 —1A 88
Globe Rd. E2 & E1 —3J 69
(in two parts)
Globe Rd. E15 —5H 53
Globe Rd. Wfd G —6F 21
Globe Rope Wlk. E14 —4D 88
Globe Stairs. SE16 —7K 69
Globe St. SE1 —3D 86 (7E 168)
Globe Ter. E2 —3J 69
Globe Town. —3K 69
Globe Town Mkt. E2 —3K 69
Globe Wharf. SE16 —7K 69
Globe Yd. W1 —1J 165
Glossop Rd. S Croy —7D 152
Gloster Rd. N Mald —4A 136
Gloucester Arc. SW7 —4A 84
Gloucester Av. NW1 —7E 48
Gloucester Av. Sidc —2J 127
Gloucester Av. Well —4K 109
Gloucester Cir. SE10 —7E 88
Gloucester Clo. NW10 —7K 45
Gloucester Clo. Th Dit —1A 146
Gloucester Ct. EC3
—7E 68 (3H 169)
Gloucester Ct. NW11 —7H 29
(off Golders Grn. Rd.)
Gloucester Ct. W7 —5K 61
(off Copley Clo.)
Gloucester Ct. Harr —3J 25
Gloucester Ct. Mitc —5J 139
Gloucester Ct. Rich —7G 81
Gloucester Cres. NW1 —1F 67
Gloucester Cres. Stai —6A 112
Gloucester Dri. N4 —2B 50
Gloucester Dri. NW11 —4J 29
Gloucester Gdns. NW11 —7H 29
Gloucester Gdns. W2 —6A 66
Gloucester Gdns. Cockf —4K 5
Gloucester Gdns. Ilf —7C 36
Gloucester Gdns. Sutt —2K 149
Gloucester Ga. NW1 —2F 67
(in two parts)
Gloucester Ga. M. NW1 —2F 67
Gloucester Gro. Edgw —1K 27
Gloucester Ho. NW6 —2J 65
(off Cambridge Rd.)
Gloucester Ho. SE5 —7A 86
Gloucester Ho. Rich —5G 99
Gloucester M. E10 —7C 34
Gloucester M. W2
—6A 66 (1A 164)
Gloucester M. W. W2 —6A 66
Gloucester Pde. Hay —3E 76
Gloucester Pde. Sidc —5A 110
Gloucester Pl. NW1 & W1
—4D 66 (4E 158)
Gloucester Pl. M. W1
—5D 66 (6F 159)
Gloucester Rd. E10 —7C 34
Gloucester Rd. E11 —5K 35
Gloucester Rd. E12 —3D 54
Gloucester Rd. E17 —2K 33
Gloucester Rd. N17 —2D 32
Gloucester Rd. N18 —5A 18
Gloucester Rd. SW7
—3A 84 (4A 170)
Gloucester Rd. W3 —2J 81
Gloucester Rd. W5 —2C 80
Gloucester Rd. Barn —5E 4
Gloucester Rd. Belv —5F 93
Gloucester Rd. Croy —1D 152
Gloucester Rd. Enf —1H 7
Gloucester Rd. Felt —1A 114
Gloucester Rd. Hamp —7F 115
Gloucester Rd. Harr —5F 25
Gloucester Rd. Houn —4C 96
Gloucester Rd. King T —2G 135
Gloucester Rd. Rich —7G 81
Gloucester Rd. Tedd —5J 115
Gloucester Rd. Twic —1G 115
Gloucester Sq. E2 —1G 69
Gloucester Sq. W2
—6B 66 (1B 164)
Gloucester St. SW1
—5G 85 (6A 172)
Gloucester Ter. N14 —1C 16
(off Crown La.)
Gloucester Ter. W2
—6K 65 (1A 164)
Gloucester Wlk. W8 —2J 83
Gloucester Way. EC1
—3A 68 (2K 161)
Glover Clo. SE2 —4C 92
Glover Dri. N18 —6D 18
Glover Ho. NW6 —7A 48
Glover Ho. SE15 —4H 105
Glover Rd. Pinn —6B 24
Glovers Gro. Ruis —7D 22
Gloxinia Wlk. Hamp —6E 114
Glycena Rd. SW11 —3D 102
Glyn Av. Barn —4G 5
Glyn Clo. SE25 —2E 140
Glyn Ct. SW16 —3A 122
Glyndale Grange. Sutt —6K 149
Glyndebourne Ct. N'holt —3A 60
(off Canberra Dri.)
Glynde M. SW3 —2D 170
Glynde Reach. WC1 —2F 161
Glynde Rd. Bexh —3D 110
Glynde St. SE4 —6B 106
Glyndon Rd. SE18 —4G 91
Glyn Dri. Sidc —4B 128
Glynfield Rd. NW10 —7A 46
Glynne Rd. N22 —2A 32
Glyn Rd. E5 —3K 51
Glyn Rd. Enf —4D 8
Glyn Rd. Wor Pk —2F 149
Glyn St. SE11 —5K 85 (6G 173)
Glynwood Ct. SE23 —2J 123
Goater's All. SW6 —7H 83
(off Dawes Rd.)
Goat Ho. Bri. SE25 —3G 141
Goat La. Enf —1A 8
Goat Rd. Mitc —7E 138
Goat Wharf. Bren —6E 80
Gobions Av. Romf —1K 39
Godalming Av. Wall —5J 151
Godalming Rd. E14 —5D 70
Godbold Rd. E15 —4G 71
Goddard Clo. Shep —3B 130
Goddard Ct. W'stone —2A 26
Goddard Pl. N19 —3G 49
Goddard Rd. Beck —4K 141
Goddards Way. Ilf —1H 55
Goddarts Ho. E17 —3C 34
Godfrey Av. N'holt —1C 60
Godfrey Av. Twic —7H 97
Godfrey Hill. SE18 —4C 90

Godfrey Ho. *EC1* —2E **162**
Godfrey Rd. *SE18* —4D **90**
Godfrey St. *E15* —2E **70**
Godfrey St. *SW3* —5C **84** (5D **170**)
Godfrey Way. *Houn* —7C **96**
Goding St. *SE11* —5J **85** (5F **173**)
Godley Rd. *SW18* —1B **120**
Godliman St. *EC4*
    —6B **68** (1B **168**)
Godman Rd. *SE15* —2H **105**
Godolphin Clo. *N13* —6G **17**
Godolphin Pl. *W3* —7K **63**
Godolphin Rd. *W12* —1D **82**
  (in two parts)
Godson Rd. *Croy* —3A **152**
Godstone Ho. SE1
    —3D **86** (7F **169**)
  (off Pardoner St.)
Godstone Rd. *Sutt* —4A **150**
Godstone Rd. *Twic* —6B **98**
Godstow Rd. *SE2* —2B **92**
Godwin Clo. *E4* —1K **9**
Godwin Clo. *N1* —2C **68**
Godwin Clo. *Eps* —6J **147**
Godwin Ct. NW1 —2G **67**
  (off Chalton St.)
Godwin Ho. *NW6* —2K **65**
  (off Tollgate Gdns., in three parts)
Godwin Rd. *E7* —4K **53**
Godwin Rd. *Brom* —3A **144**
Goffers Rd. *SE3* —1G **107**
Goffs Rd. *Ashf* —6F **113**
Goidel Clo. *Wall* —4H **151**
Golborne Gdns. *W10* —4G **65**
Golborne Ho. W10 —4G **65**
  (off Adair Rd.)
Golborne M. *W10* —5G **65**
Golborne Rd. *W10* —5G **65**
Golda Clo. *Barn* —6A **4**
Goldbeaters Gro. *Edgw* —6F **13**
Goldcliff Clo. *Mord* —7J **137**
Goldcrest Clo. *E16* —5B **72**
Goldcrest Clo. *SE28* —7C **74**
Goldcrest M. *W5* —5D **62**
Goldcrest Way. *Bush* —1B **10**
Goldcrest Way. *New Ad* —7F **155**
Golden Ct. *Barn* —4H **5**
Golden Ct. *Rich* —5D **98**
Golden Cres. *Hay* —1H **77**
Golden Cross M. W11 —6H **65**
  (off Portobello Rd.)
Golden Hinde Educational Mus.
    —1D **86** (4E **168**)
Golden Hind Pl. SE8 —4B **88**
  (off Grove St.)
Golden La. *EC1* —4C **68** (3C **162**)
Golden La. Est. *EC1*
    —4C **68** (4C **162**)
Golden Mnr. *W7* —7J **61**
Golden M. *SE20* —1J **141**
Golden Pde. E17 —3E **34**
  (off Wood St.)
Golden Plover Clo. *E16* —6J **71**
Golden Sq. *W1* —7G **67** (2B **166**)
Golden Yd. NW3 —4A **48**
  (off Holly M.)
Golders Clo. *Edgw* —5C **12**
Golders Ct. *NW11* —7H **29**
Golders Gdns. *NW11* —7G **29**
Golders Green. —6G 29
Golders Green Crematorium.
    NW11 —7J **29**
Golders Grn. Cres. *NW11* —7H **29**
Golders Grn. Rd. *NW11* —6G **29**
Golders Mnr. Dri. *NW11* —6F **29**
Golders Pk. Clo. *NW11* —1J **47**
Golders Ri. *NW4* —5F **29**
Golders Way. *NW11* —7H **29**

Golderton. *NW4* —4D **28**
  (off Prince of Wales Clo.)
Goldeslea. *NW11* —1J **47**
Goldfinch Rd. *SE28* —3H **91**
Goldhawk Ind. Est. *W6* —3D **82**
Goldhawk M. *W12* —2D **82**
Goldhawk Rd. *W6 & W12* —4B **82**
  (off Portpool La.)
Goldhaze Clo. *Wfd G* —7G **21**
Gold Hill. *Edgw* —6E **12**
Goldhurst Gdns. *NW6* —7A **48**
Goldhurst Ter. *NW6* —7A **48**
Goldie Ho. *N19* —7H **31**
Golding Clo. *Chess* —6C **146**
Golding Ct. *Ilf* —3E **54**
Golding St. *E1* —6G **69**
Golding Ter. *SW11* —2E **102**
Goldington Ct. NW1 —1H **67**
  (off Royal College St.)
Goldington Cres. *NW1* —2H **67**
Goldington St. *NW1* —2H **67**
Gold La. *Edgw* —6E **12**
Goldman Clo. *E2* —4G **69** (3K **163**)
Goldmark Ho. *SE3* —3K **107**
Goldney Rd. *W9* —4J **65**
Goldrill Dri. *N11* —2K **15**
Goldsborough Cres. *E4* —2J **19**
Goldsborough Ho. *E14* —5D **88**
Goldsborough Rd. *SW8* —1H **103**
Goldsdown Clo. *Enf* —2F **9**
Goldsdown Rd. *Enf* —2E **8**
Goldsmid St. *SE18* —5J **91**
Goldsmith Av. *E12* —6C **54**
Goldsmith Av. *NW9* —5A **28**
Goldsmith Av. *W3* —7K **63**
Goldsmith Av. *Romf* —7G **39**
Goldsmith Clo. *Harr* —1F **43**
Goldsmith Ct. WC2
    —6J **67** (7F **161**)
  (off Stukeley St.)
Goldsmith La. *NW9* —4H **27**
Goldsmith Rd. *E10* —1C **52**
Goldsmith Rd. *E17* —2K **33**
Goldsmith Rd. *N11* —5J **15**
Goldsmith Rd. *SE15* —1G **105**
Goldsmith Rd. *W3* —1K **81**
Goldsmith's Bldgs. *W3* —1K **81**
Goldsmiths Clo. *W3* —1K **81**
Goldsmith's Pl. NW6 —1K **65**
  (off Springfield La.)
Goldsmith's Row. *E2* —2G **69**
Goldsmith's Sq. *E2* —2G **69**
Goldsmith St. *EC2*
    —6C **68** (7D **162**)
Goldsworthy Gdns. *SE16* —5J **87**
Goldthorpe. NW1 —1G **67**
  (off Camden St.)
Goldwell Ho. *SE22* —3E **104**
Goldwell Rd. *T Hth* —4K **139**
Goldwin Clo. *SE14* —1J **105**
Goldwing Clo. *E16* —6J **71**
Golf Clo. *Stan* —7H **11**
Golf Clo. *T Hth* —1A **140**
Golf Club Dri. *King T* —7K **117**
Golfe Rd. *Ilf* —3H **55**
Golf Rd. *W5* —6F **63**
Golf Rd. *Brom* —3E **144**
Golf Side. *Twic* —3H **115**
Golfside Clo. *N20* —3H **15**
Golfside Clo. *N Mald* —2A **136**
Goliath Clo. *Wall* —7J **151**
Gollogly Ter. *SE7* —5A **90**
Gomer Gdns. *Tedd* —6A **116**
Gomer Pl. *Tedd* —6A **116**
Gomm Rd. *SE16* —3J **87**
Gomshall Av. *Wall* —5J **151**
Gondar Gdns. *NW6* —5H **47**
Gonson St. *SE8* —6D **88**

Gonston Clo. *SW19* —2G **119**
Gonville Cres. *N'holt* —6F **43**
Gonville Rd. *T Hth* —5K **139**
Gonville St. *SW6* —3G **101**
Gooch Ho. *E5* —3H **51**
Gooch Ho. *EC1* —5A **68** (5J **161**)
  (off Portpool La.)
Goodall Ho. *SE4* —4K **105**
Goodall Rd. *E11* —3E **52**
Gooden Ct. *Harr* —3J **43**
Goodenough Rd. *SW19* —7H **119**
Goodey Rd. *Bark* —7J **55**
Goodge Pl. *W1* —5G **67** (6B **160**)
Goodge St. *W1* —5G **67** (6B **160**)
Goodhall St. *NW10* —3B **64**
  (in two parts)
Goodhart Pl. *E14* —7A **70**
Good Hart Pl. *E14* —7A **70**
Goodhart Way. *W W'ck* —7G **143**
Goodhew Rd. *Croy* —6G **141**
Gooding Clo. *N Mald* —4J **135**
Goodinge Clo. *N7* —6J **49**
Gooding Ho. *SE7* —5A **90**
Goodman Cres. *SW2* —2J **121**
Goodman Rd. *E10* —7E **34**
Goodman's Ct. *E1* —2J **169**
Goodmans Ct. *Wemb* —4D **44**
Goodman's Stile. E1
    —6G **69** (7K **163**)
Goodmans Yd. EC3
    —7F **69** (2J **169**)
Goodmayes. —1A 56
Goodmayes Av. *Ilf* —1A **56**
Goodmayes La. *Ilf* —4A **56**
Goodmayes Rd. *Ilf* —1A **56**
Goodrich Ct. *W10* —6F **65**
Goodrich Rd. *SE22* —6F **105**
Goodson Rd. *NW10* —7A **46**
Goodson St. *N1* —2A **68**
Goods Way. *NW1* —2J **67**
Goodway Gdns. *E14* —6F **71**
Goodwill Ho. *E14* —7D **70**
Goodwin Clo. *SE16* —3F **87**
Goodwin Clo. *Mitc* —3B **138**
Goodwin Ct. N8 —3J **31**
  (off Campsbourne Rd.)
Goodwin Ct. *SW19* —7C **120**
Goodwin Ct. *Barn* —6H **5**
Goodwin Dri. *Sidc* —3D **128**
Goodwin Gdns. *Croy* —6B **152**
Goodwin Ho. *N9* —1D **18**
Goodwin Rd. *N9* —1E **18**
Goodwin Rd. *W12* —2C **82**
Goodwin Rd. *Croy* —5B **152**
Goodwins Ct. *WC2*
    —7J **67** (2E **166**)
Goodwin St. *N4* —2A **50**
Goodwood Clo. *Mord* —4J **137**
Goodwood Clo. *Stan* —5H **11**
Goodwood Ct. W1
    —5F **67** (5K **159**)
  (off Devonshire St.)
Goodwood Dri. *N'holt* —6E **42**
Goodwood Pde. *Beck* —4A **142**
Goodwood Rd. *SE14* —7A **88**
Goodwyn Av. *NW7* —5F **13**
Goodwyns Va. *N10* —1E **30**
Goodyear Ho. N2 —2B **30**
  (off Grange, The)
Goodyear Pl. *SE5* —6C **86**
Goodyer Ho. SW1
    —5H **85** (5C **172**)
  (off Tachbrook St.)
Goodyers Gdns. *NW4* —5F **29**
Goosander Way. *SE28* —3H **91**
Gooseacre La. *Harr* —5D **26**
Goose Grn. Trad. Est. *SE22*
    —4F **105**

Gooseley La. *E6* —3E **72**
  (in two parts)
Goosens Clo. *Sutt* —5A **150**
Goose Sq. *E6* —6D **72**
Gophir La. *EC4* —7D **68** (2E **168**)
Gopsall St. *N1* —1D **68**
Gordon Av. *E4* —6B **20**
Gordon Av. *SW14* —4A **100**
Gordon Av. *Stan* —7E **10**
Gordon Av. *Twic* —5A **98**
Gordonbrock Rd. *SE4* —5C **106**
Gordon Clo. *E17* —6C **34**
Gordon Clo. *N19* —1G **49**
Gordon Ct. *W12* —6E **64**
Gordon Ct. *Edgw* —5K **11**
Gordon Cres. *Croy* —1E **152**
Gordon Cres. *Hay* —3J **77**
Gordondale Rd. *SW19* —2J **119**
Gordon Dri. *Shep* —7F **131**
Gordon Gdns. *Edgw* —2H **27**
Gordon Gro. *SE5* —2B **104**
Gordon Hill. *Enf* —1H **7**
Gordon Ho. E1 —7J **69**
  (off Glamis Rd.)
Gordon Ho. *W5* —3E **62**
Gordon Ho. Rd. *NW5* —4E **48**
Gordon Mans. WC1
    —4H **67** (4C **160**)
  (off Torrington Pl.)
Gordon Pl. *W8* —2J **83**
Gordon Rd. *E4* —1B **20**
Gordon Rd. *E11* —6J **35**
Gordon Rd. *E15* —4E **52**
Gordon Rd. *E18* —1K **35**
Gordon Rd. *N3* —7C **14**
Gordon Rd. *N9* —2C **18**
Gordon Rd. *N11* —7C **16**
Gordon Rd. *SE15* —2H **105**
Gordon Rd. *W4* —6H **81**
Gordon Rd. *W13 & W5* —7B **62**
Gordon Rd. *Ashf* —3A **112**
Gordon Rd. *Bark* —1J **73**
Gordon Rd. *Beck* —3B **142**
Gordon Rd. *Belv* —4J **93**
Gordon Rd. *Cars* —6D **150**
Gordon Rd. *Chad H & Romf*
    —6F **39**
Gordon Rd. *Enf* —1H **7**
Gordon Rd. *Harr* —3J **25**
Gordon Rd. *Houn* —4G **97**
Gordon Rd. *Ilf* —3H **55**
Gordon Rd. *King T* —1F **135**
Gordon Rd. *Rich* —2F **99**
Gordon Rd. *Shep* —6F **131**
Gordon Rd. *Sidc* —5J **109**
Gordon Rd. *S'hall* —4C **78**
Gordon Rd. *Surb* —7F **135**
Gordon Rd. *W Dray* —7A **58**
Gordon Sq. *WC1* —4H **67** (3C **160**)
Gordon St. *E13* —3J **71**
Gordon St. *WC1* —4H **67** (3C **160**)
Gordon Way. *Barn* —4C **4**
Gordon Way. *Brom* —1J **143**
Gore Ct. *NW9* —5G **27**
Gorefield Ho. NW6 —2J **65**
  (off Canterbury Rd.)
Gorefield Pl. *NW6* —2J **65**
Gore Rd. *E9* —1J **69**
Gore Rd. *SW20* —2E **136**
Goresbrook Interchange. —2F **75**
Goresbrook Rd. *Dag* —1B **74**
Gore St. *SW7* —3A **84**
Gorham Pl. *W11* —7G **65**
Goring Clo. *Romf* —1J **39**
Goring Gdns. *Dag* —4C **56**
Goring Rd. *N11* —6D **16**
Goring Rd. *Dag* —6K **57**
Goring St. *EC3* —7H **163**

Goring Way. *Gnfd* —2G **61**
Gorleston Rd. *N15* —5D **32**
Gorleston St. *W14* —4G **83**
  (in two parts)
Gorman Rd. *SE18* —4D **90**
Gorringe Pk. Av. *Mitc* —7D **120**
Gorse Clo. *E16* —6J **71**
Gorsefield Ho. *E14* —7C **70**
Gorse Ri. *SW17* —5E **120**
Gorse Rd. *Croy* —4C **154**
Gorse Wlk. *W Dray* —6A **58**
Gorseway. *Romf* —1K **57**
Gorst Rd. *NW10* —4J **63**
Gorst Rd. *SW11* —6D **102**
Gorsuch Pl. *E2* —3F **69** (1J **163**)
Gorsuch St. *E2* —2F **69** (1J **163**)
Gosberton Rd. *SW12* —1D **120**
Gosbury Hill. *Chess* —4E **146**
Gosfield Rd. *Dag* —2G **57**
Gosfield St. *W1* —5G **67** (6A **160**)
Gosford Gdns. *Ilf* —5D **36**
Goshawk Gdns. *Hay* —3G **59**
Goslett Yd. *WC2* —6H **67** (1D **166**)
Gosling Clo. *Gnfd* —3E **60**
Gosling Ct. SE8 —6B **88**
  (off Wotton Rd.)
Gosling Way. *SW9* —1A **104**
Gospatrick Rd. *N17* —7H **17**
Gospel Oak. —4E 48
Gospel Oak Est. *NW5* —5D **48**
Gosport Rd. *E17* —5B **34**
Gosport Wlk. *N17* —4H **33**
Gosport Way. *SE15* —7F **87**
Gossage Rd. *SE18* —5H **91**
Gossage Rd. *Uxb* —7B **40**
Gosset St. *E2* —3F **69** (1K **163**)
Gosshill Rd. *Chst* —2E **144**
Gossington Clo. *Chst* —4F **127**
Gosterwood St. *SE8* —6A **88**
Gostling Rd. *Twic* —1E **114**
Goston Gdns. *T Hth* —3A **140**
Goswell Pl. *EC1* —2B **162**
Goswell Rd. *EC1* —2B **68** (1A **162**)
Gothic Cotts. Enf —2H **7**
  (off Chase Grn. Av.)
Gothic Ct. *SE5* —7C **86**
  (off Wyndham Rd.)
Gothic Ct. *Hay* —6F **77**
Gothic Rd. *Twic* —2H **115**
Gottfried M. *NW5* —4G **49**
Goudhurst Rd. *Brom* —5G **125**
Gough Ho. N1 —1B **68**
  (off Windsor St.)
Gough Rd. *E15* —4H **53**
Gough Rd. *Enf* —2C **8**
Gough Sq. *EC4* —6A **68** (7K **161**)
Gough St. *WC1* —4K **67** (3H **161**)
Gough Wlk. *E14* —6C **70**
Goulden Ho. *SW11* —2C **102**
Goulding Gdns. *T Hth* —2C **140**
Gould Rd. *Felt* —7G **95**
Gould Rd. *Twic* —1J **115**
Goulds Green. —6D 58
Gould's Grn. *Uxb* —7D **58**
Gould Ter. *E8* —5H **51**
Goulston St. *E1* —6E **69** (7J **163**)
Goulton Rd. *E5* —4H **51**
Gourley Pl. *N15* —5E **32**
Gourley St. *N15* —5E **32**
Gourock Rd. *SE9* —5E **108**
Govan St. *E2* —1G **69**
Gover Ct. *SW4* —2J **103**
Govett Av. *Shep* —5E **130**
Govier Clo. *E15* —7G **53**
Gowan Av. *SW6* —1G **101**
Gowan Ho. E2 —3F **69** (2K **163**)
  (off Chambord St.)
Gowan Rd. *NW10* —6D **46**

Gower Clo. SW4 —6G 103
Gower Ct. WC1 —4H 67 (3C 160)
Gower Ho. E17 —3D 34
Gower Ho. SE17 —5C 86
Gower M. WC1 —5H 67 (6D 160)
Gower M. Mans. WC1
(off Gower M.) —5H 67 (5D 160)
Gower Pl. WC1 —4H 67 (3B 160)
Gower Rd. E7 —6J 53
Gower Rd. Iswth —6K 79
Gower St. WC1 —4G 67 (3B 160)
Gower's Wlk. E1 —6G 69
Gowland Pl. Beck —2B 142
Gowlett Rd. SE15 —3G 105
Gowrie Rd. SW11 —3E 102
Graburn Way. E Mol —3H 133
Grace Av. Bexh —2F 111
Gracechurch St. EC3 —7D 68 (2F 169)
Grace Clo. SE9 —3B 126
Grace Clo. Edgw —7D 12
Gracedale Rd. SW16 —5F 121
Gracefield Gdns. SW16 —3J 121
Grace Ho. SE11 —7H 173
Grace Jones Clo. E8 —6G 51
Grace Path. SE26 —4J 123
Grace Pl. E3 —3D 70
Grace Rd. Croy —6C 140
Graces All. E1 —7G 69
Graces M. NW8 —2A 66
Grace's M. SE5 —2D 104
Grace's Rd. SE5 —2E 104
Grace St. E3 —3D 70
Gradient, The. SE26 —4G 123
Graeme Rd. Enf —2J 7
Graemesdyke Av. SW14 —3H 99
Grafely Way. SE15 —7F 87
Grafton Clo. W13 —6A 62
Grafton Clo. Houn —1C 114
Grafton Clo. Wor Pk —3A 148
Grafton Ct. Felt —1F 113
Grafton Cres. NW1 —6F 49
Grafton Gdns. N4 —6C 32
Grafton Gdns. Dag —2E 56
Grafton Ho. SE8 —5B 88
Grafton M. N1 —2C 68
(off Frome St.)
Grafton M. W1 —4G 67 (4A 160)
Grafton Pk. Rd. Wor Pk —2A 148
Grafton Pl. NW1 —3H 67 (2D 160)
Grafton Rd. NW5 —5E 48
Grafton Rd. W3 —7J 63
Grafton Rd. Croy —1A 152
Grafton Rd. Dag —1E 56
Grafton Rd. Enf —3E 6
Grafton Rd. Harr —5G 25
Grafton Rd. N Mald —3A 136
Grafton Rd. Wor Pk —3K 147
Grafton Sq. SW4 —3G 103
Graftons, The. NW2 —3J 47
Grafton St. W1 —7F 67 (3K 165)
Grafton Ter. NW5 —5D 48
Grafton Way. W1 & WC1 —4G 67 (4A 160)
Grafton Way. W Mol —4D 132
Grafton Yd. NW5 —6F 49
Graham Av. W13 —2B 80
Graham Av. Mitc —1E 138
Graham Clo. Croy —2C 154
Graham Ct. N'holt —5D 42
Grahame Park. —1B 28
Grahame Pk. Est. NW9 —1A 28
Grahame Pk. Way. NW7 & NW9 —7G 13
Grahame White Ho. Kent —3D 26
Graham Gdns. Surb —1E 146
Graham Ho. N9 —1D 18
(off Cumberland Rd.)
Graham Lodge. NW4 —6D 28
Graham Mans. Bark —7A 56
(off Lansbury Av.)
Graham Rd. E8 —6G 51
Graham Rd. E13 —3J 71
Graham Rd. N15 —3B 32
Graham Rd. NW4 —6D 28
Graham Rd. SW19 —7H 119
Graham Rd. W4 —3K 81
Graham Rd. Bexh —4G 111
Graham Rd. Hamp —4E 114
Graham Rd. Harr —3J 25
Graham Rd. Mitc —1E 138
Graham St. N1 —2B 68 (1C 162)
Graham Ter. SW1 —4E 84 (4G 171)
Graham Ter. Sidc —6B 110
(off Westerham Dri.)
Grainger Clo. N'holt —5F 43
Grainger Ct. SE5 —7C 86
Grainger Rd. N22 —1C 32
Grainger Rd. Iswth —2K 97
Gramer Clo. E11 —2F 53
Gramophone La. Hay —2G 77
Grampian Clo. Hay —7F 77
Grampian Clo. Orp —6K 145
Grampian Gdns. NW2 —1G 47
Grampians, The. W12 —2F 83
(off Shepherd's Bush Rd.)
Grampion Clo. Sutt —7A 150
Granada St. SW17 —5C 120
Granard Av. SW15 —5D 100
Granard Bus. Cen. NW7 —6F 13
Granard Ho. E9 —6K 51
Granard Rd. SW12 —7D 102
Granary Clo. N9 —7D 8
Granary Rd. E1 —4H 69
Granary Sq. N1 —6A 50
Granary St. NW1 —1H 67
Granby Pl. SE1 —2A 86 (7J 167)
(off Station App. Rd.)
Granby Rd. SE9 —2D 108
Granby St. E2 —4G 69 (3K 163)
(in two parts)
Granby Ter. NW1 —2G 67 (1A 160)
Grand Arc. N12 —5F 15
Grand Av. EC1 —5B 68 (5B 162)
(in two parts)
Grand Av. N10 —4E 30
Grand Av. Surb —5H 135
Grand Av. Wemb —5G 45
Grand Av. E. Wemb —5H 45
Grand Depot Rd. SE18 —5E 90
Grand Dri. SW20 —2E 136
Grand Dri. S'hall —2G 79
Granden Rd. SW16 —2J 139
Grandfield Ct. W4 —6K 81
Grandison Rd. SW11 —5D 102
Grandison Rd. Wor Pk —2E 148
Grand Junct. Wharf. N1 —2C 68
Grand Pde. N4 —5B 32
Grand Pde. SW14 —4J 99
(off Up. Richmond Rd. W.)
Grand Pde. Surb —1G 147
Grand Pde. Wemb —2G 45
Grand Pde. M. SW15 —5G 101
Grand Union Cen. W10 —4F 65
(off West Row)
Grand Union Clo. W9 —5H 65
Grand Union Cres. E8 —1G 69
Grand Union Ind. Est. NW10 —2H 63
Grand Union Wlk. NW1 —7F 49
(off Kentish Town Rd.)
Grand Vitesse Ind. Cen. SE1
(off Dolben St.) —1B 86 (5B 168)
Grand Wlk. E1 —4A 70
Granfield St. SW11 —1B 102
Grange Av. N12 —5F 15
Grange Av. N20 —7B 4
Grange Av. SE25 —2E 140
Grange Av. E Barn —1H 15
Grange Av. Stan —2B 26
Grange Av. Twic —2J 115
Grange Av. Wfd G —6D 20
Grangecliffe Gdns. SE25 —2E 140
Grange Clo. Edgw —5D 12
Grange Clo. Hay —5G 59
Grange Clo. Houn —6D 78
Grange Clo. Sidc —3A 128
Grange Clo. W Mol —4F 133
Grange Clo. Wfd G —7D 20
Grange Ct. NW10 —3A 46
(off Neasden La.)
Grange Ct. WC2 —6K 67 (1H 167)
Grange Ct. Harr —3K 43
Grange Ct. N'holt —2A 60
Grange Ct. Pinn —3C 24
Grange Ct. Shep —4C 130
Grange Ct. Sutt —7K 149
Grangecourt Rd. N16 —1E 50
Grange Cres. SE28 —6C 74
Grangedale Clo. N'wd —1G 23
Grange Dri. Chst —6C 126
Grange Farm Clo. Harr —2G 43
Grangefield. NW1 —7H 49
(off Marquis Rd.)
Grange Gdns. N14 —1C 16
Grange Gdns. NW3 —3K 47
Grange Gdns. SE25 —2E 140
Grange Gdns. Pinn —3C 24
Grange Gro. N1 —6C 50
Grange Hill. SE25 —2E 140
Grange Hill. Edgw —5D 12
Grangehill Pl. SE9 —3D 108
Grangehill Rd. SE9 —4D 108
Grange Ho. SE1 —3F 87
Grange La. SE21 —2F 123
Grange Lodge. SW19 —6F 119
Grange Mans. Eps —7B 148
Grange M. Felt —4J 113
Grangemill Rd. SE6 —3C 124
Grangemill Way. SE6 —2C 124
Grange Mus. of Community History. —4A 46
Grange Park. —6G 7
Grange Pk. W5 —1E 80
Grange Pk. Av. N21 —6H 7
Grange Pk. Pl. SW20 —7D 118
Grange Pk. Rd. E10 —1D 52
Grange Pk. Rd. T Hth —4D 140
Grange Pl. NW6 —7J 47
Grange Rd. E10 —1C 52
Grange Rd. E13 —3H 71
Grange Rd. E17 —5A 34
(in two parts)
Grange Rd. N6 —6E 30
Grange Rd. N17 & N18 —6B 18
Grange Rd. NW10 —6D 46
Grange Rd. SE1 —3E 86
Grange Rd. SW13 —1C 100
Grange Rd. W4 —5H 81
Grange Rd. W5 —1D 80
Grange Rd. Chess —4E 146
Grange Rd. Edgw —6E 12
Grange Rd. Harr —5A 26
Grange Rd. Hay —6G 59
Grange Rd. Ilf —4F 55
Grange Rd. King T —3E 134
Grange Rd. S'hall —2C 78
Grange Rd. S Croy —7C 152
Grange Rd. S Harr —2H 43
Grange Rd. Sutt —7J 149
Grange Rd. T Hth & SE25 —4D 140
Grange Rd. W Mol —4F 133
Grange St. N1 —1D 68
Grange, The. E17 —5A 34
(off Grange Rd.)
Grange, The. N2 —2B 30
Grange, The. N20 —1G 15
(Athenaeum Rd.)
Grange, The. N20 —1F 15
(Chandos Av.)
Grange, The. SE1 —3F 87
Grange, The. SW19 —6F 119
Grange, The. W3 —2H 81
Grange, The. W4 —5H 81
Grange, The. W13 —5C 62
Grange, The. W14 —4H 83
Grange, The. Croy —2B 154
Grange, The. N Mald —5B 136
Grange, The. Wemb —7G 45
Grange, The. Wor Pk —3K 147
Grange Va. Sutt —7K 149
Grangeview Rd. N20 —1F 15
Grange Wlk. SE1 —3E 86
Grange Wlk. M. SE1 —3E 86
(off Grange Wlk.)
Grange Way. N12 —4E 14
Grange Way. NW6 —7J 47
Grange Way. Wfd G —4F 21
Grangeway Gdns. Ilf —5C 36
Grangeway, The. N21 —6G 7
Grangewood. Bex —1F 129
Grangewood Clo. Pinn —5J 23
Grangewood Dri. Sun —7H 113
Grangewood La. Beck —6B 124
Grangewood St. E6 —1B 72
Grangewood Ter. SE25 —2D 140
Grange Yd. SE1 —3F 87
Granham Gdns. N9 —2A 18
Granite St. SE18 —5K 91
Granleigh Rd. E11 —2G 53
Gransden Av. E8 —7H 51
Gransden Ho. SE8 —5B 88
Gransden Rd. W12 —2B 82
Grantbridge St. N1 —2B 68
Grantchester. King T —2G 135
(off St Peters Rd.)
Grantchester Clo. Harr —3K 43
Grant Clo. N14 —7B 6
Grant Clo. Shep —6D 130
Grant Ct. E4 —1K 19
(off Ridgeway, The)
Grantham Clo. Edgw —3K 11
Grantham Ct. Romf —7F 39
Grantham Gdns. Romf —6F 39
Grantham Ho. SE15 —6G 87
(off Friary Est.)
Grantham Pl. W1 —1F 85 (5J 165)
Grantham Rd. E12 —4E 54
Grantham Rd. SW9 —2J 103
Grantham Rd. W4 —7A 82
Grantley Rd. Houn —2A 96
Grantley St. E1 —3K 69
Grantock Rd. E17 —1F 35
Granton Rd. SW16 —1G 139
Granton Rd. Ilf —1A 56
Granton Rd. Sidc —6C 128
Grant Pl. Croy —1F 153
Grant Rd. SW11 —4B 102
Grant Rd. Croy —1F 153
Grant Rd. Harr —3K 25
Grants Clo. NW7 —7K 13
Grants Quay Wharf. EC3 —7D 68 (3F 169)
Grant St. E13 —3J 71
Grant St. N1 —2A 68
Grantully Rd. W9 —3K 65
Grant Way. Iswth —6A 80
Granville Arc. SW9 —4A 104
Granville Av. N9 —3D 18
Granville Av. Felt —2J 113
Granville Av. Houn —5E 96
Granville Clo. Croy —2E 152
Granville Ct. N1 —1E 68
(off Colville Est.)
Granville Ct. SE14 —7A 88
(off Nynehead St.)
Granville Gdns. SW16 —1K 139
Granville Gdns. W5 —1F 81
Granville Gro. SE13 —3E 106
Granville Ho. E14 —6C 70
Granville M. Sidc —4A 128
Granville Pk. SE13 —3E 106
Granville Pl. N12 —7F 15
Granville Pl. SW6 —7K 83
Granville Pl. W1 —6E 66 (1G 165)
Granville Pl. Pinn —3B 24
Granville Point. NW2 —2H 47
Granville Rd. E17 —6D 34
Granville Rd. E18 —2K 35
Granville Rd. N4 —6K 31
Granville Rd. N12 —7F 15
Granville Rd. N13 —6E 16
Granville Rd. N22 —1B 32
Granville Rd. NW2 —2H 47
Granville Rd. NW6 —2J 65
(in two parts)
Granville Rd. SW18 —7H 101
Granville Rd. SW19 —7J 119
Granville Rd. Barn —4A 4
Granville Rd. Hay —4H 77
Granville Rd. Ilf —1F 55
Granville Rd. Sidc —4A 128
Granville Rd. Uxb —6D 40
Granville Rd. Well —3C 110
Granville Sq. SE15 —7E 86
Granville Sq. WC1 —3K 67 (2H 161)
Granville St. WC1 —3K 67 (2H 161)
Granwood Ct. Iswth —1J 97
Grape St. WC2 —6J 67 (7E 160)
Graphite Sq. SE11 —5K 85 (5G 173)
Grapsome Clo. Chess —7C 146
Grasdene Rd. SE18 —7A 92
Grasmere. NW1 —3F 67 (2K 159)
(off Osnaburgh St.)
Grasmere Av. SW15 —4K 117
Grasmere Av. SW19 —3J 137
Grasmere Av. W3 —7K 63
Grasmere Av. Houn —6F 97
Grasmere Av. Orp —3E 156
Grasmere Av. Ruis —7E 22
Grasmere Av. Wemb —7C 26
Grasmere Clo. Felt —1H 113
Grasmere Ct. N22 —6E 16
Grasmere Ct. SE26 —5G 123
Grasmere Ct. Sutt —6A 150
Grasmere Gdns. Harr —2A 26
Grasmere Gdns. Ilf —5D 36
Grasmere Gdns. Orp —3E 156
Grasmere Point. SE15 —7J 87
(off Old Kent Rd.)
Grasmere Rd. E13 —2J 71
Grasmere Rd. N10 —1F 31
Grasmere Rd. N17 —6B 18
Grasmere Rd. SE25 —6H 141
Grasmere Rd. SW16 —5K 121
Grasmere Rd. Bexh —2J 111
Grasmere Rd. Brom —1H 143
Grasmere Rd. Orp —3E 156
Grasshaven Way. SE28 —1K 91
(in two parts)
Grassington Clo. N11 —6K 15
Grassington Rd. Sidc —4A 128
Grassmount. SE23 —2H 123
Grass Pk. N3 —1H 29
Grass Way. Wall —4G 151
Grasvenor Av. Barn —5D 4

Gratton Rd. *W14* —3G **83**
Gratton Ter. *NW2* —3F **47**
Gravel Hill. *N3* —2H **29**
Gravel Hill. *Bexh* —5H **111**
Gravel Hill. *Croy* —6K **153**
Gravel Hill. *Uxb* —5A **40**
Gravel Hill Clo. *Bexh* —5H **111**
Gravel La. *E1* —6F **69** (7J **163**)
Gravel Pit La. *SE9* —5F **109**
Gravel Rd. *Brom* —3C **156**
Gravel Rd. *Twic* —1J **115**
Gravelwood Clo. *Chst* —3G **127**
Gravenel Gdns. SW17 —5C **120**
(off Nutwell St.)
Graveney Gro. *SE20* —7J **123**
Graveney Rd. *SW17* —4C **120**
Gravesend Rd. *W12* —7C **64**
Gray Av. *Dag* —1F **57**
Grayham Cres. *N Mald* —4K **135**
Grayham Rd. *N Mald* —4K **135**
Gray Ho. *SE17* —5C **86**
Grayland Clo. *Brom* —1B **144**
Grayling Clo. *E16* —4G **71**
Grayling Ct. W5 —1D **80**
(off Grange Rd.)
Grayling Rd. *N16* —2D **50**
Grayling Sq. E2 —3G **69**
(off Nelson Gdns.)
Grays Ct. *Dag* —7H **57**
Grayscroft Rd. *SW16* —7H **121**
Grays Farm Rd. *Orp* —7B **128**
Grayshott Rd. *SW11* —2E **102**
Gray's Inn. —5K **67** (5H **161**)
Gray's Inn Bldgs. *EC1*
—4A **68** (4J **161**)
(off Rosebery Av.)
Gray's Inn Pl. *WC1*
—5K **67** (6H **161**)
Gray's Inn Rd. *WC1*
—3J **67** (1F **161**)
Gray's Inn Sq. *WC1*
—5K **67** (5J **161**)
Grays La. *Ashf* —4D **112**
Grayson Ho. *EC1* —2D **162**
Grays Rd. *Uxb* —2A **58**
Gray St. *SE1* —2A **86** (7K **167**)
Grayswood Gdns. *SW20* —2D **136**
Gray's Yd. *W1* —1H **165**
Graywood Ct. *N12* —7F **15**
Grazebrook Rd. *N16* —2D **50**
Grazeley Clo. *Bexh* —5J **111**
Grazeley Ct. *SE19* —5E **122**
Gt. Acre Ct. *SW4* —4H **103**
Gt. Arthur Ho. EC1
—4C **68** (4C **162**)
(off Golden La. Est.)
Gt. Bell All. *EC2* —6D **68** (7E **162**)
Great Benty. *W Dray* —4A **76**
Great Brownings. *SE21* —4F **123**
Gt. Bushey Dri. *N20* —1E **14**
Gt. Cambridge Ind. Est. *Enf* —5C **8**
Great Cambridge Junction. —5J **17**
Gt. Cambridge Rd. *N18 & Enf*
—4J **17**
Gt. Castle St. *W1* —6F **67** (7K **159**)
Gt. Central Av. *Ruis* —5A **42**
Gt. Central St. *NW1*
—5D **66** (5E **158**)
Gt. Central Way. *NW10* —5A **46**
Gt. Central Way. *Wemb & NW10*
—4J **45**
Gt. Chapel St. *W1*
—6H **67** (7C **160**)
Gt. Chertsey Rd. *W4* —2J **99**
Gt. Chertsey Rd. *Felt* —3D **114**
Gt. Church La. *W6* —4F **83**
Gt. College St. *SW1*
—3J **85** (1E **172**)

Great Cft. *WC1* —3J **67** (2F **161**)
(off Cromer St.)
Gt. Cross Av. *SE10* —7F **89**
(in three parts)
Gt. Cumberland M. *W1*
—6D **66** (1E **164**)
Gt. Cumberland Pl. *W1*
—6D **66** (7E **158**)
Gt. Dover St. *SE1*
—2C **86** (7D **168**)
Greatdown Rd. *W7* —4K **61**
Gt. Eastern Bldgs. E1 —5G **69**
(off Fieldgate St.)
Gt. Eastern Enterprise Cen. *E14*
—2D **88**
Gt. Eastern Rd. *E15* —7F **53**
Gt. Eastern St. *EC2*
—3E **68** (2G **163**)
Gt. Eastern Wlk. *EC2* —6H **163**
Gt. Eastern Wharf. *SW11* —7C **84**
Gt. Elms Rd. *Brom* —4A **144**
Great Fld. *NW9* —1A **28**
Greatfield Av. *E6* —4D **72**
Greatfield Clo. *N19* —4G **49**
Greatfield Clo. *SE4* —4C **106**
Greatfields Dri. *Uxb* —5C **58**
Greatfields Rd. *Bark* —1H **73**
Gt. Fleete Way. *Bark* —2C **74**
Gt. Galley Clo. *Bark* —3B **74**
Gt. Gatton Clo. *Croy* —7A **142**
Gt. George St. *SW1*
—2H **85** (7D **166**)
Gt. Guildford Bus. Sq. *SE1*
—5C **168**
Gt. Guildford St. *SE1*
—1C **86** (4C **168**)
Greatham Wlk. *SW15* —1C **118**
Gt. Harry Dri. *SE9* —3E **126**
Gt. James St. *WC1*
—5K **67** (5G **161**)
Gt. Marlborough St. *W1*
—6G **67** (1A **166**)
Gt. Maze Pond. *SE1*
(in two parts) —2D **86** (5F **169**)
Gt. Newport St. *WC2*
—7J **67** (2E **166**)
Gt. New St. *EC4* —6A **68** (7K **161**)
Gt. N. Leisure Pk. *N12* —7G **15**
Gt. North Rd. *N2 & N6* —5C **30**
Gt. North Rd. *Barn* —2C **4**
Gt. North Rd. *New Bar* —5D **4**
Gt. North Way. *NW4* —2K **27**
Greatorex Ho. E1 —5G **69**
(off Greatorex St.)
Greatorex St. *E1* —5G **69**
Gt. Ormond St. *WC1*
—5J **67** (5F **161**)
Gt. Owl Rd. *Chig* —3K **21**
Gt. Percy St. *WC1*
—3K **67** (1H **161**)
Gt. Peter St. *SW1*
—3H **85** (2C **172**)
Gt. Portland St. *W1*
—4F **67** (4K **159**)
Gt. Pulteney St. *W1*
—7G **67** (2B **166**)
Gt. Queen St. *WC2*
—6J **67** (1F **167**)
Gt. Russell St. *WC1*
—6H **67** (7D **160**)
Gt. St Helen's. *EC3*
—6E **68** (7G **163**)
Gt. St Thomas Apostle. *EC4*
—7C **68** (2D **168**)
Gt. Scotland Yd. *SW1*
—1J **85** (5E **166**)
Gt. Smith St. *SW1*
—3H **85** (1D **172**)

Gt. South W. Rd. *Bedf & Felt*
—7E **94**
Great Spilmans. *SE22* —5E **104**
Great Strand. *NW9* —1B **28**
Gt. Suffolk St. *SE1*
—1B **86** (5B **168**)
Gt. Sutton St. *EC1*
—4B **68** (4B **162**)
Gt. Swan All. *EC2* —6D **68** (7E **162**)
(in two parts)
Great Thrift. *Orp* —4G **145**
Gt. Titchfield St. *W1*
—4F **67** (4K **159**)
Gt. Tower St. *EC3*
—7E **68** (2G **169**)
Gt. Trinity La. *EC4*
—7C **68** (2D **168**)
Great Turnstile. *WC1*
—5K **67** (6H **161**)
Gt. Western Ind. Pk. *S'hall* —2F **79**
Gt. Western Rd. *W9 & W11*
—5H **65**
Gt. West Rd. *W4 & W6* —5B **82**
Gt. West Rd. *Houn & Iswth*
—2B **96**
Gt. West Rd. *Iswth* —7A **80**
Gt. West Trad. Est. *Bren* —6B **80**
Gt. Winchester St. *EC2*
—6D **68** (7F **163**)
Gt. Windmill St. *W1*
—7H **67** (2C **166**)
Greatwood. *Chst* —7E **126**
Great Yd. *SE1* —6H **169**
Greaves Clo. *Bark* —7H **55**
Greaves Cotts. *E14* —5A **70**
Greaves Pl. *SW17* —4C **120**
Greaves Tower. SW10 —7A **84**
(off Worlds End Est.)
Grebe Av. *Hay* —6B **60**
Grebe Clo. *E7* —5H **53**
Grebe Clo. *E17* —7F **19**
Grebe Ct. *E14* —2E **88**
Grebe Ct. SE8 —6B **88**
(off Dorking Clo.)
Grebe Ct. *Sutt* —5H **149**
Grebe Ter. *King T* —3E **134**
Grecian Cres. *SE19* —6B **122**
Greek Ct. *W1* —6H **67** (1D **166**)
Greek St. *W1* —6H **67** (1D **166**)
Greenacre Clo. *Barn* —1C **4**
Greenacre Clo. *N'holt* —5D **42**
Greenacre Gdns. *E17* —4E **34**
Greenacre Pl. *Hack* —2F **151**
Greenacres. *N3* —2H **29**
Greenacres. *SE9* —6E **108**
Greenacres. *Bus H* —2C **10**
Green Acres. *Croy* —3F **153**
Greenacres. *Sidc* —4A **128**
Greenacres Av. *Uxb* —3B **40**
Greenacres Dri. *Stan* —6G **11**
Greenacre Sq. *SE16* —2K **87**
Greenacre Wlk. *N14* —3C **16**
Grn. Arbour Ct. EC4
(off Old Bailey) —6B **68** (7A **162**)
Green Av. *NW7* —4E **12**
Green Av. *W13* —3B **80**
Greenaway Gdns. *NW3* —4K **47**
Greenaway Ho. NW8 —1A **66**
(off Boundary Rd.)
Greenaway Ho. WC1
—3A **68** (2J **161**)
(off Fernsbury St.)
Green Bank. *E1* —1H **87**
Greenbank. *N12* —4E **14**
Greenbank Av. *Wemb* —5A **44**
Green Bank Clo. *E4* —2K **19**
Greenbank Cres. *NW4* —4G **29**
Greenbanks. *Harr* —4J **43**

Greenbay Rd. *SE7* —7B **90**
Greenberry St. *NW8*
—2C **66** (1C **158**)
Greenbrook Av. *Barn* —1F **5**
Green Clo. *E15* —1G **71**
Green Clo. *NW9* —6J **27**
Green Clo. *NW11* —7A **30**
Green Clo. *Brom* —3G **143**
Green Clo. *Cars* —2D **150**
Green Clo. *Felt* —5C **114**
Greencoat Mans. SW1
—3G **85** (2B **172**)
(off Greencoat Row)
Greencoat Pl. *SW1*
—4G **85** (2B **172**)
Greencoat Row. *SW1*
—3G **85** (2B **172**)
Greencourt Av. *Croy* —2H **153**
Greencourt Av. *Edgw* —1H **27**
Greencourt Gdns. *Croy* —1H **153**
Greencourt Rd. *Orp* —5H **145**
Greencrest Pl. *NW2* —3C **46**
Greencroft. *Edgw* —5D **12**
Greencroft Av. *Ruis* —2A **42**
Greencroft Clo. *E6* —5B **72**
Greencroft Gdns. *NW6* —7K **47**
Greencroft Gdns. *Enf* —3K **7**
Greencroft Rd. *Houn* —1D **96**
Greendale. *NW7* —4F **13**
Green Dale. *SE5* —4D **104**
Green Dale. *SE22* —5E **104**
Grn. Dale Clo. *SE22* —5E **104**
Grn. Dragon Ct. *SE1* —4E **168**
Grn. Dragon La. *N21* —6F **7**
Grn. Dragon La. *Bren* —5E **80**
Grn. Dragon Yd. *E1*
—5G **69** (6K **163**)
Green Dri. *S'hall* —1E **78**
Greene Ho. SE1 —3D **86**
(off Burbage Clo.)
Green End. *N21* —2G **17**
Green End. *Chess* —4E **146**
Greenend Rd. *W4* —2A **82**
Greener Ho. *SW4* —3H **103**
Greenfell Mans. *SE8* —6D **88**
Greenfield Av. *Surb* —7H **135**
Greenfield Dri. *N2* —4D **30**
Greenfield Dri. *Brom* —2A **144**
Greenfield Gdns. *NW2* —2G **47**
Greenfield Gdns. *Dag* —1D **74**
Greenfield Gdns. *Orp* —7H **145**
Greenfield Rd. *E1* —5G **69**
Greenfield Rd. *N15* —5E **32**
Greenfield Rd. *Dag* —7C **56**
Greenfield Rd. *Dart* —5K **129**
Greenfields. *S'hall* —6E **60**
Greenfields Way. *Harr* —3F **25**
Greenford. —3G **61**
Greenford Av. *W7* —4J **61**
Greenford Av. *S'hall* —7D **60**
Greenford Bus. Cen. *Gnfd* —7H **43**
Greenford Gdns. *Gnfd* —3F **61**
Greenford Green. —6J **43**
Greenford Ind. Est. *W'ton T* —7F **43**
Greenford Rd. *S'hall & Gnfd*
—1G **79**
Greenford Rd. *Sutt* —4K **149**
(in two parts)
Greenford Roundabout. —2H **61**
Greengate. *Gnfd* —6B **44**
Greengate Lodge. E13 —2K **71**
(off Hollybush St.)
Greengate St. *E13* —2K **71**
Greenhalgh Wlk. *N2* —4A **30**
Greenham Clo. *SE1*
—2A **86** (7J **167**)
Greenham Cres. *E4* —6G **19**
Greenham Ho. *Houn* —3H **97**

Greenham Rd. *N10* —2E **30**
Greenhaven Dri. *SE28* —6B **74**
Greenheath Bus. Cen. E2 —4H **69**
(off Three Colts La.)
Green Hedge. *Twic* —5C **98**
Greenheys Clo. *N'wd* —1G **23**
Greenheys Dri. *E18* —3H **35**
Greenhill. —5J **25**
Greenhill. *NW3* —4B **48**
Green Hill. *SE18* —5D **90**
Greenhill. *Buck H* —1F **21**
Greenhill. *Sutt* —2A **150**
Greenhill. *Wemb* —2H **45**
Greenhill Ct. *SE18* —5D **90**
Greenhill Ct. *New Bar* —5E **4**
Greenhill Gdns. *N'holt* —2D **60**
Greenhill Gro. *E12* —4C **54**
Greenhill Pde. *New Bar* —5E **4**
Greenhill Pk. *NW10* —1A **64**
Greenhill Pk. *New Bar* —5E **4**
Greenhill Rd. *NW10* —1A **64**
Greenhill Rd. *Harr* —6J **25**
Greenhill's Rents. *EC1*
—5B **68** (5A **162**)
Greenhills Ter. *N1* —6D **50**
Greenhill Ter. *SE18* —5D **90**
Greenhill Ter. *N'holt* —2D **60**
Greenhill Way. *Harr* —6J **25**
Greenhill Way. *Wemb* —2H **45**
Greenhithe Clo. *Sidc* —7J **109**
Greenholm Rd. *SE9* —5F **109**
Grn. Hundred Rd. *SE15* —6G **87**
Greenhurst Rd. *SE27* —5A **122**
Greening St. *SE2* —4C **92**
Greenland Cres. *S'hall* —3A **78**
Greenland M. *SE8* —5K **87**
Greenland Pl. NW1 —1F **67**
Greenland Quay. SE16 —4K **87**
Greenland Rd. *NW1* —1G **67**
Greenland Rd. *Barn* —6A **4**
Greenland St. *NW1* —1F **67**
Green La. *NW4* —4F **29**
Green La. *SE20* —7K **123**
Green La. *W7* —2J **79**
Green La. *SE9 & Chst* —1F **127**
Green La. *SW16 & T Hth* —7K **121**
Green La. *Chess* —7D **146**
(in two parts)
Green La. *Edgw* —4A **12**
Green La. *Felt* —5C **114**
Green La. *Harr* —3J **43**
Green La. *Houn* —3K **95**
Green La. *Ilf & Dag* —2H **55**
Green La. *Mord* —7E **136**
(Battersea Cemetery)
Green La. *Mord* —6J **137**
(Morden)
Green La. *N Mald* —5J **135**
Green La. *Shep* —6E **130**
Green La. *Stan* —5H **11**
Green La. *Sun* —7H **113**
Green La. *Uxb* —5E **58**
Green La. *W Mol* —5F **133**
Green La. *Wor Pk* —1C **148**
Green La. Cotts. *Stan* —4G **11**
Green La. Gdns. *T Hth* —2C **140**
Green Lanes. *N8 & N4* —3B **32**
Green Lanes. *N13 & N21* —3F **17**
(in two parts)
Green Lanes. *Eps* —7A **148**
Greenlaw Ct. W5 —6D **62**
(off Mount Pk. Rd.)
Greenlaw Gdns. *N Mald* —7B **136**
Greenlawns. *N12* —6E **14**
Green Lawns. *Ruis* —1A **42**
Greenlaw St. *SE18* —3E **90**
Green Leaf Av. *Wall* —4H **151**
Greenleaf Clo. *SW2* —7A **104**

Greenleafe Dri. Ilf —3F 37
Greenleaf Rd. E6 —1A 72
Greenleaf Rd. E17 —3B 34
Green Leas. Sun —6H 113
Green Leas Clo. Sun —6H 113
Greenleaves Ct. Ashf —6D 112
Green Man Gdns. W13 —7A 62
Green Man La. W13 —7A 62
Green Man La. Felt —4J 95
Green Man Pas. W13 —7A 62
(in two parts)
Green Man Roundabout. —7H 35
Greenman St. N1 —7C 50
Greenmead. Eri —3E 92
Greenmead Clo. SE25 —5G 141
Green Moor Link. N21 —7G 7
Greenmoor Rd. Enf —2D 8
Greenoak Clo. Cockf —2J 5
Green Oaks. S'hall —4B 78
Greenoak Way. SW19 —4F 119
Greenock Rd. SW16 —1H 139
Greenock Rd. W3 —3H 81
Greeno Cres. Shep —5C 130
Green Pde. Houn —5F 97
Green Pk. —2F 85 (5K 165)
Greenpark Ct. Wemb —7C 44
Grn. Park Way. Gnfd —7J 43
Green Point. E15 —6G 53
Grn. Pond Clo. E17 —3A 34
Grn. Pond Rd. E17 —3A 34
Greenrigg Wlk. Wemb —3H 45
Green Rd. N14 —6A 6
Green Rd. N20 —3F 15
Green's Ct. W1 —2C 166
Green's End. SE18 —4F 91
Greenshank Clo. E17 —7F 19
Greenshields Ind. Est. E16 —2J 89
Greenside. Bex —1E 128
Green Side. Dag —1C 56
Greenside Clo. N20 —2G 15
Greenside Clo. SE6 —2F 125
Greenside Rd. W12 —3C 82
Greenside Rd. Croy —7A 140
Greenslade Rd. Bark —7H 55
Greenstead Av. Wfd G —7F 21
Greenstead Clo. Wfd G —6F 21
Greenstead Gdns. SW15 —5D 100
Greenstead Gdns. Wfd G —6F 21
Greensted Rd. Lou —1H 21
Greenstone M. E11 —6J 35
Green St. E7 & E13 —6K 53
Green St. W1 —7E 66 (2G 165)
Green St. Enf —2D 8
Green St. Sun —1J 131
Greenstreet Hill. SE14 —2K 105
Green Ter. EC1 —3A 68 (2K 161)
Green, The. E4 —1K 19
Green, The. E11 —6K 35
Green, The. E15 —6G 53
Green, The. N9 —2B 18
Green, The. N14 —2C 16
Green, The. N17 —6H 17
Green, The. N21 —7F 7
Green, The. SW19 —5F 119
Green, The. W3 —6A 64
Green, The. W5 —1D 80
Green, The. Bexh —1G 111
Green, The. Brom —3J 125
(in two parts)
Green, The. Buck H —1E 20
Green, The. Cars —4E 150
Green, The. Croy —7B 154
Green, The. Felt —2K 113
Green, The. Hayes —7J 143
Green, The. Houn —6E 78
Green, The. Ick —2E 40
Green, The. Mord —4G 137
Green, The. N Mald —3K 135
Green, The. Orp —4E 156
Green, The. Rich —5D 98
Green, The. St P —7B 128
Green, The. Shep —4G 131
Green, The. Sidc —4A 128
Green, The. S'hall —3C 78
Green, The. Sutt —3K 149
Green, The. Twic —1J 115
Green, The. Well —4J 109
Green, The. Wemb —2A 44
Green, The. W Dray —3A 76
Green, The. Wfd G —5D 20
Green Va. W5 —6F 63
Green Va. Bexh —5D 110
Greenvale Rd. SE9 —4D 108
Green Verges. Stan —7J 11
Green Vw. Chess —7F 147
Greenview Av. Beck —6A 142
Greenview Av. Croy —6A 142
Greenview Clo. W3 —1A 82
Greenview Ct. Ashf —4B 112
Green Wlk. NW4 —5F 29
Green Wlk. SE1 —3E 86
Green Wlk. Hamp —6D 114
Green Wlk. Lou —1H 21
Green Wlk. Ruis —1H 41
Green Wlk. S'hall —5E 78
Green Wlk. Wfd G —6H 21
Green Wlk., The. E4 —1A 20
Greenway. N14 —2D 16
Greenway. N20 —2D 14
Green Way. SE9 —5B 108
Greenway. SW20 —4E 136
Green Way. Brom —6C 144
Greenway. Chst —5E 126
Greenway. Dag —2C 56
Greenway. Hay —3J 59
Greenway. Kent —5E 26
Greenway. Pinn —2K 23
Green Way. Sun —4J 131
Green Way. Wall —4G 151
Green Way. Wfd G —5F 21
Greenway Av. E17 —4F 35
Greenway Clo. N4 —2C 50
Greenway Clo. N11 —6K 15
Greenway Clo. N15 —4F 33
Greenway Clo. N20 —2D 14
Greenway Clo. NW9 —2K 27
Greenway Gdns. NW9 —2K 27
Greenway Gdns. Croy —3B 154
Greenway Gdns. Gnfd —3E 60
Greenway Gdns. Harr —2J 25
Greenways. Beck —3C 142
Greenways, The. Twic —6A 98
Greenway, The. NW9 —2K 27
Greenway, The. Houn —4D 96
Greenway, The. Ick —2E 40
Green Way, The. Pinn —6D 24
Greenway, The. Uxb —2A 58
Green Way, The. W'stone —1J 25
Greenwell St. W1 —4F 67 (4K 159)
Greenwich. —7E 88
Greenwich Bus. Pk. SE10 —7D 88
Greenwich Chu. St. SE10 —6E 88
Greenwich Cres. E6 —5C 72
Greenwich Gateway Vis. Cen. —6E 88
Greenwich High Rd. SE10 —1D 106
Greenwich Ind. Est. SE7 —4K 89
Greenwich Ind. Est. SE10 —7D 88
Greenwich Mkt. SE10 —6E 88
Greenwich Pk. —7G 89
Greenwich Pk. St. SE10 —6F 89
Greenwich S. St. SE10 —1D 106
Greenwich Vw. Pl. E14 —3D 88
Greenwood Av. Dag —4H 57
Greenwood Av. Enf —2F 9
Greenwood Bus. Cen. Croy —7F 141
Greenwood Clo. Bus H —1D 10
Greenwood Clo. Mord —4G 137
Greenwood Clo. Orp —6J 145
Greenwood Clo. Sidc —2A 128
Greenwood Clo. Th Dit —1A 146
Greenwood Dri. E4 —5A 20
Greenwood Gdns. N13 —3G 17
Greenwood Gdns. Ilf —1G 37
Greenwood Ho. N22 —1A 32
Greenwood Ho. SE4 —4K 105
Greenwood La. Hamp H —5F 115
Greenwood Mans. Bark —7A 56
(off Lansbury Av.)
Greenwood Pk. King T —7A 118
Greenwood Pl. NW5 —5F 49
Greenwood Rd. E8 —6G 51
Greenwood Rd. E13 —2H 71
Greenwood Rd. Bex —4K 129
Greenwood Rd. Croy —7B 140
Greenwood Rd. Iswth —3K 97
Greenwood Rd. Mitc —3H 139
Greenwood Rd. Th Dit —1A 146
Greenwoods, The. S Harr —3G 43
Greenwood Ter. NW10 —1K 63
Green Wrythe Cres. Cars —1C 150
Green Wrythe La. Cars —6B 138
Green Yd. WC1 —3H 161
Green Yd., The. EC3 —1G 169
Greer Rd. Harr —1G 25
Greet Ho. SE1 —7K 167
Greet St. SE1 —1A 86 (5K 167)
Greg Clo. E10 —6E 34
Gregory Clo. Brom —4G 143
Gregory Cres. SE9 —7B 108
Gregory Pl. W8 —2K 83
Gregory Rd. Romf —4D 38
Gregory Rd. S'hall —3E 78
Greig Clo. N8 —5J 31
Greig Ter. SE17 —6B 86
Grenaby Av. Croy —7D 140
Grenaby Rd. Croy —7D 140
Grenada Ho. E14 —7B 70
Grenada Rd. SE7 —7A 90
Grenade St. E14 —7B 70
Grenadier St. E16 —1E 90
Grena Gdns. Rich —4F 99
Grena Rd. Rich —4F 99
Grendon Gdns. Wemb —2G 45
Grendon Ho. E9 —7J 51
(off Shore Pl.)
Grendon Ho. N1 —2K 67
(off Priory Grn. Est.)
Grendon Lodge. Edgw —2D 12
Grendon St. NW8 —4C 66 (3C 158)
Grenfell Ct. NW7 —6J 13
Grenfell Gdns. Harr —7E 26
Grenfell Gdns. Ilf —5K 37
Grenfell Ho. SE5 —7C 86
Grenfell Rd. SW17 —6D 120
Grenfell Rd. W11 —7F 65
Grenfell Tower. W11 —7F 65
Grenfell Wlk. W11 —7F 65
Grennell Clo. Sutt —2B 150
Grennell Rd. Sutt —2A 150
Grenoble Gdns. N13 —6F 17
Grenville Clo. N3 —1G 29
Grenville Clo. Surb —1J 147
Grenville Ct. W13 —5B 62
Grenville Gdns. Wfd G —1A 36
Grenville Ho. SW1 —6H 85 (7C 172)
(off Dolphin Sq.)
Grenville M. SW7 —4A 84
(off Harrington Gdns.)
Grenville M. Hamp —5F 115
Grenville Pl. NW7 —5E 12
Grenville Pl. SW7 —3A 84
Grenville Rd. N19 —1J 49
Grenville St. WC1 —4J 67 (4F 161)
Gresham Av. N20 —4J 15
Gresham Clo. Bex —6E 110
Gresham Clo. Enf —3H 7
Gresham Dri. Romf —5B 38
Gresham Gdns. NW11 —1G 47
Gresham Lodge. E17 —5D 34
Gresham M. W4 —3J 81
Gresham Rd. E6 —2D 72
Gresham Rd. E16 —6K 71
Gresham Rd. NW10 —5K 45
Gresham Rd. SE25 —4G 141
Gresham Rd. SW9 —3A 104
Gresham Rd. Beck —2A 142
Gresham Rd. Edgw —6A 12
Gresham Rd. Hamp —6E 114
Gresham Rd. Houn —1G 97
Gresham Rd. Uxb —2C 58
Gresham St. EC2 —6C 68 (7C 162)
Gresham Way. SW19 —3K 119
Gresley Clo. E17 —6A 34
Gresley Clo. N15 —4D 32
Gresley Rd. N19 —1G 49
Gressenhall Rd. SW18 —6H 101
Gresse St. W1 —6H 67 (6C 160)
Gresswell Clo. Sidc —3A 128
Greswell St. SW6 —1F 101
Gretton Rd. N17 —7A 18
Greville Clo. Twic —7B 98
Greville Ct. Harr —4J 43
Greville Hall. NW6 —2K 65
Greville Lodge. E13 —1K 71
Greville Lodge. N12 —5E 14
Greville Lodge. Edgw —4C 12
(off Broadhurst Av.)
Greville M. NW6 —1K 65
(off Greville Rd.)
Greville Pl. NW6 —2K 65
Greville Rd. E17 —4E 34
Greville Rd. NW6 —2K 65
Greville Rd. Rich —6F 99
Greville St. EC1 —5A 68 (6J 161)
(in two parts)
Grey Clo. NW11 —6A 30
Greycoat Gdns. SW1 —3H 85 (2C 172)
(off Greycoat St.)
Greycoat Pl. SW1 —3H 85 (2C 172)
Greycoat St. SW1 —3H 85 (2C 172)
Greycot Rd. Beck —5C 124
Grey Eagle St. E1 —4F 69 (4K 163)
Greyfell Clo. Stan —5H 11
Greyfriars. SE26 —3G 123
(off Wells Pk. Rd.)
Greyfriars Pas. EC1 —6B 68 (7B 162)
Greyhound Commercial Cen., The. Dart —5K 111
Greyhound Ct. WC2 —7K 67 (2H 167)
Greyhound Hill. NW4 —3C 28
Greyhound La. SW16 —6H 121
Greyhound Mans. W6 —6G 83
(off Greyhound Rd.)
Greyhound Rd. N15 —3E 32
Greyhound Rd. NW10 —3D 64
Greyhound Rd. W6 & W14 —6F 83
Greyhound Rd. Sutt —5A 150
Greyhound Ter. SW16 —1G 139
Grey Ho. W12 —7D 64
(off White City Est.)
Greyladies Gdns. SE10 —2E 106
Greys Pk. Clo. Kes —5B 156
Greystead Rd. SE23 —7J 105
Greystoke Av. Pinn —3E 24
Greystoke Ct. W5 —4E 62
Greystoke Dri. Ruis —7D 22
Greystoke Gdns. W5 —4E 62
Greystoke Gdns. Enf —4C 6
Greystoke Ho. SE15 —6G 87
(off Peckham Pk. Rd.)
Greystoke Lodge. W5 —4F 63
(off Hanger La.)
Greystoke Pk. Ter. W5 —3D 62
Greystoke Pl. EC4 —6A 68 (7J 161)
Greystone Gdns. Harr —6C 26
Greystone Gdns. Ilf —2G 37
Greystone Path. E11 —7H 35
(off Mornington Rd.)
Greyswood St. SW16 —6F 121
Grey Turner Ho. W12 —6C 64
Grierson Rd. SE23 —7K 105
Griffin Cen. Felt —5K 95
Griffin Cen., The. King T —2D 134
(off Market Pl.)
Griffin Clo. NW10 —5D 46
Griffin Ct. W4 —5B 82
Griffin Ct. Bren —6E 80
Griffin Ho. E14 —6D 70
Griffin Mnr. Way. SE28 —3H 91
Griffin Rd. N17 —2E 32
Griffin Rd. SE18 —5H 91
Griffin Way. Sun —2J 131
Griffith Clo. Dag —7C 38
Griffiths Clo. Wor Pk —2D 148
Griffiths Rd. SW19 —7J 119
Griggs App. Ilf —2G 55
Grigg's Pl. SE1 —3E 86
(off Grange Rd.)
Griggs Rd. E10 —6E 34
Grilse Clo. N9 —4C 18
Grimaldi Ho. N1 —2K 67
(off Priory Grn. Est.)
Grimsby Gro. E16 —2F 91
Grimsby St. E2 —4F 69 (4K 163)
Grimsel Path. SE5 —7B 86
Grimshaw Clo. N6 —7E 30
Grimston Rd. SW6 —2H 101
Grimthorpe Ho. EC1 —3A 162
Grimwade Av. Croy —3G 153
Grimwade Clo. SE15 —3J 105
Grimwood Rd. Twic —7K 97
Grindall Clo. Croy —4B 152
Grindal St. SE1 —2A 86 (7J 167)
Grindleford Av. N11 —2K 15
Grindley Gdns. Croy —6F 141
Grindley Ho. E3 —5B 70
Grinling Pl. SE8 —6C 88
Grinstead Rd. SE8 —5A 88
Grisedale. NW1 —3G 67 (1A 160)
(off Cumberland Mkt.)
Grittleton Av. Wemb —6H 45
Grittleton Rd. W9 —4J 65
Grizedale Ter. SE23 —2H 123
Grocer's Hall Ct. EC2 —6D 68 (1E 168)
Grocer's Hall Gdns. EC2 —1E 168
Grogan Clo. Hamp —6D 114
Groombridge Clo. Well —5A 110
Groombridge Rd. E9 —7K 51
Groom Clo. Brom —4K 143
Groom Cres. SW18 —7B 102
Groome Ho. SE11 —4K 85 (4H 173)
Groomfield Clo. SW17 —4E 120
Groom Pl. SW1 —3E 84 (1H 171)
Grooms Dri. Pinn —5J 23
Grosmont Rd. SE18 —6K 91
Grosse Way. SW15 —6D 100
Grosvenor Av. N5 —5C 50

Grosvenor Av.—Gurney Clo.

Grosvenor Av. *SW14* —3A **100**
Grosvenor Av. *Cars* —6D **150**
Grosvenor Av. *Harr* —6F **25**
Grosvenor Av. *Hay* —2H **59**
Grosvenor Av. *Rich* —5E **98**
Grosvenor Cotts. *SW1*
　　　　　　　　—4E **84** (3G **171**)
Grosvenor Ct. *E10* —1D **52**
Grosvenor Ct. *N14* —7B **6**
Grosvenor Ct. *NW6* —1F **65**
Grosvenor Ct. NW7 —5E **12**
　(off Hale La.)
Grosvenor Ct. *SE5* —6C **86**
Grosvenor Ct. *W3* —1G **81**
Grosvenor Ct. W5 —7E **62**
　(off Grove, The)
Grosvenor Ct. Mans. W2
　　　　　　　　—6D **66** (1E **164**)
　(off Edgware Rd.)
Grosvenor Cres. *NW9* —4G **27**
Grosvenor Cres. *SW1*
　　　　　　　　—2E **84** (7H **165**)
Grosvenor Cres. *Uxb* —7D **40**
Grosvenor Cres. M. *SW1*
　　　　　　　　—2E **84** (7G **165**)
Grosvenor Est. *SW1*
　　　　　　　　—4H **85** (3D **172**)
Grosvenor Gdns. *E6* —3B **72**
Grosvenor Gdns. *N10* —3G **31**
Grosvenor Gdns. *N14* —5C **6**
Grosvenor Gdns. *NW2* —6E **46**
Grosvenor Gdns. *NW11* —6H **29**
Grosvenor Gdns. *SW1*
　　　　　　　　—3F **85** (1J **171**)
Grosvenor Gdns. *SW14* —3A **100**
Grosvenor Gdns. *King T* —6D **116**
Grosvenor Gdns. *Wall* —7G **151**
Grosvenor Gdns. *Wfd G* —6D **20**
Grosvenor Gdns. M. E. *SW1*
　　　　　　　　—1K **171**
Grosvenor Gdns. M. N. *SW1*
　　　　　　　　—2J **171**
Grosvenor Gdns. M. S. *SW1*
　　　　　　　　—2K **171**
Grosvenor Ga. *W1*
　　　　　　　　—7E **66** (3G **165**)
Grosvenor Hill. *SW19* —6G **119**
Grosvenor Hill. *W1*
　　　　　　　　—7F **67** (2J **165**)
Grosvenor Hill Ct. W1
　　　　　　　　—7F **67** (2J **165**)
　(off Bourdon St.)
Grosvenor Pde. W5 —1G **81**
　(off Uxbridge Rd.)
Grosvenor Pk. *SE5* —7C **86**
Grosvenor Pk. Rd. *E17* —5C **34**
Grosvenor Pl. *SW1*
　　　　　　　　—2E **84** (7H **165**)
Grosvenor Ri. E. *E17* —5D **34**
Grosvenor Rd. *E6* —1B **72**
Grosvenor Rd. *E7* —6K **53**
Grosvenor Rd. *E10* —1E **52**
Grosvenor Rd. *E11* —5K **35**
Grosvenor Rd. *N3* —7C **14**
Grosvenor Rd. *N9* —1C **18**
Grosvenor Rd. *N10* —1F **31**
Grosvenor Rd. *SE25* —4F **141**
Grosvenor Rd. *SW1*
　　　　　　　　—6F **85** (7J **171**)
Grosvenor Rd. *W4* —5H **81**
Grosvenor Rd. *W7* —1A **80**
Grosvenor Rd. *Belv* —6G **93**
Grosvenor Rd. *Bexh* —5D **110**
Grosvenor Rd. *Bren* —6D **80**
Grosvenor Rd. *Dag* —1F **57**
Grosvenor Rd. *Houn* —3D **96**
Grosvenor Rd. *Ilf* —3G **55**
Grosvenor Rd. *Orp* —6J **145**

Grosvenor Rd. *Rich* —5E **98**
Grosvenor Rd. *Romf* —7K **39**
Grosvenor Rd. *S'hall* —3D **78**
Grosvenor Rd. *Twic* —1A **116**
Grosvenor Rd. *Wall* —6F **151**
Grosvenor Rd. *W W'ck* —1D **154**
Grosvenor Sq. *W1*
　　　　　　　　—7E **66** (2H **165**)
Grosvenor St. *W1*
　　　　　　　　—7F **67** (2J **165**)
Grosvenor Ter. *SE5* —7C **86**
Grosvenor Va. *Ruis* —2H **41**
Grosvenor Way. *E5* —2J **51**
Grosvenor Wharf Rd. *E14* —4F **89**
Grotes Bldgs. *SE3* —2G **107**
Grote's Pl. *SE3* —2G **107**
Groton Rd. *SW18* —2K **119**
Grotto Ct. *SE1* —2B **86** (6B **168**)
Grotto Pas. *W1* —5E **66** (5H **159**)
Grotto Rd. *Twic* —2K **115**
Grove Av. *N3* —7D **14**
Grove Av. *N10* —2G **31**
Grove Av. *W7* —6J **61**
Grove Av. *Pinn* —4C **24**
Grove Av. *Sutt* —6J **149**
Grove Av. *Twic* —1K **115**
Grovebury Clo. *Eri* —6K **93**
Grovebury Ct. *N14* —7C **6**
Grovebury Ct. *Bexh* —5H **111**
Grovebury Rd. *SE2* —2B **92**
Grove Clo. *N14* —7B **6**
Grove Clo. *SE23* —1A **124**
Grove Clo. *Brom* —2J **155**
Grove Clo. *Felt* —4C **114**
Grove Clo. *King T* —4F **135**
Grove Clo. *Uxb* —5C **40**
Grove Cotts. *W4* —6A **82**
Grove Ct. *NW8* —1A **158**
Grove Ct. SW10
　　　　　　　　—5A **84** (6A **170**)
　(off Drayton Gdns.)
Grove Ct. *W5* —1E **80**
Grove Ct. *E Mol* —4H **133**
Grove Ct. *Houn* —4E **96**
Grove Cres. *E18* —2H **35**
Grove Cres. *NW9* —4J **27**
Grove Cres. *Felt* —4C **114**
Grove Cres. *King T* —3E **134**
Grove Cres. *W on T* —7K **131**
Grove Cres. Rd. *E15* —6F **53**
Grovedale Rd. *N19* —2H **49**
Grove Dwellings. *E1* —5J **69**
Grove End. *E18* —2H **35**
Grove End. *NW5* —4F **49**
Grove End Gdns. *NW8* —2B **66**
Grove End Ho. *NW8* —2A **158**
Grove End La. *Esh* —7H **133**
Grove End Rd. *NW8*
　　　　　　　　—2B **66** (1A **158**)
Grovefield. N11 —4A **16**
　(off Coppies Gro.)
Grove Footpath. *Surb* —4E **134**
Grove Gdns. *NW4* —5C **28**
Grove Gdns. *NW8*
　　　　　　　　—3C **66** (2D **158**)
Grove Gdns. *Dag* —3J **57**
Grove Gdns. *Enf* —1E **8**
Grove Gdns. *Rich* —6F **99**
Grove Gdns. *Tedd* —4A **116**
Grove Grn. Rd. *E10* —3E **52**
Grove Hall Ct. *NW8*
　　　　　　　　—3A **66** (1A **158**)
Grove Hill. *E18* —2H **35**
Grove Hill. *Harr* —7J **25**
Grovehill Clo. *Brom* —6H **125**
Grove Hill Rd. *SE5* —3E **104**
Grove Hill Rd. *Harr* —7K **25**
Grove Ho. *SW3* —6C **84** (7D **170**)

Grove Ho. *N8* —4J **31**
Groveland Av. *SW16* —7K **121**
Groveland Ct. *EC4* —1D **168**
Groveland Rd. *Beck* —3B **142**
Grovelands. *W Mol* —4E **132**
Grovelands Clo. *SE5* —2E **104**
Grovelands Clo. *Harr* —3F **43**
Grovelands Ct. *N14* —7C **6**
Grovelands Rd. *N13* —4E **16**
Grovelands Rd. *N15* —6G **33**
Grovelands Rd. *Orp* —7A **128**
Groveland Way. *N Mald* —5J **135**
Grove La. *SE5* —1D **104**
Grove La. *King T* —4E **134**
Grove La. *Uxb* —4B **58**
Grove La.Ter. *SE5* —2D **104**
Groveley Rd. *Sun* —5H **113**
Grove Mkt. Pl. *SE9* —6D **108**
Grove M. *W6* —3E **82**
Grove Mill Pl. *Cars* —3E **150**

Grove Park. —3K **125**
　(Bromley)

Grove Park. —1J **99**
　(Chiswick)

Grove Pk. *E11* —6K **35**
Grove Pk. *NW9* —4J **27**
Grove Pk. *SE5* —2E **104**
Gro. Park Av. *E4* —7J **19**
Gro. Park Bri. *W4* —7J **81**
Gro. Park Gdns. *W4* —7H **81**
Grove Pk. Ind. Est. *NW9* —4K **27**
Gro. Park M. *W4* —7J **81**
Gro. Park Rd. *N15* —4E **32**
Gro. Park Rd. *SE9* —3A **126**
Gro. Park. Rd. *W4* —7H **81**
Gro. Park Ter. *W4* —7H **81**
Grove Pas. *E2* —2H **69**
Grove Pl. *NW3* —3B **48**
Grove Pl. *W3* —1J **81**
Grove Pl. *Bark* —7G **55**
Grover Ct. *SE13* —2D **106**
Grover Ho. *SE11*
　　　　　　　　—5K **85** (6H **173**)
Grove Rd. *E3* —1K **69**
Grove Rd. *E4* —4K **19**
Grove Rd. *E11* —7H **35**
Grove Rd. *E17* —6D **34**
Grove Rd. *E18* —2H **35**
Grove Rd. *N11* —5A **16**
Grove Rd. *N12* —5G **15**
Grove Rd. *N15* —5E **32**
Grove Rd. *NW2* —6E **46**
Grove Rd. *SW13* —2B **100**
Grove Rd. *SW19* —7A **120**
Grove Rd. *W3* —1J **81**
Grove Rd. *W5* —7D **62**
Grove Rd. *Belv* —6F **93**
Grove Rd. *Bexh* —4J **111**
Grove Rd. *Bren* —5C **80**
Grove Rd. *Chad H & Romf*
　　　　　　　　—7B **38**
Grove Rd. *Cockf* —3H **5**
Grove Rd. *E Mol* —4H **133**
Grove Rd. *Edgw* —6B **12**
Grove Rd. *Houn* —4E **96**
Grove Rd. *Iswth* —1J **97**
Grove Rd. *Mitc* —3E **138**
　(in two parts)
Grove Rd. *Pinn* —5D **24**
Grove Rd. *Rich* —6F **99**
Grove Rd. *Shep* —6E **130**
Grove Rd. *Surb* —5D **134**
Grove Rd. *Sutt* —6J **149**
Grove Rd. *T Hth* —4A **140**
Grove Rd. *Twic* —3H **115**
Grove Rd. *Uxb* —7A **40**
Groveside Clo. *W3* —5G **63**

Groveside Clo. *Cars* —2C **150**
Groveside Rd. *E4* —2B **20**
Grovestile Waye. *Felt* —7F **95**
Grove St. *N18* —5A **18**
Grove St. *SE8* —4B **88**
Grove Ter. *NW5* —3F **49**
Grove Ter. *S'hall* —7E **60**
Grove Ter. *Tedd* —4A **116**
Grove Ter. M. *NW5* —3F **49**
Grove, The. —1G **123**
Grove, The. *E15* —6G **53**
Grove, The. *N3* —1J **29**
Grove, The. *N4* —7K **31**
Grove, The. *N6* —1E **48**
Grove, The. *N8* —5H **31**
Grove, The. *N13* —4F **17**
　(in two parts)
Grove, The. *N14* —5B **6**
Grove, The. *NW9* —5K **27**
Grove, The. *NW11* —7G **29**
Grove, The. *W5* —1D **80**
Grove, The. *Bexh* —4C **12**
Grove, The. *Edgw* —4C **12**
Grove, The. *Enf* —2F **7**
Grove, The. *Gnfd* —6G **61**
Grove, The. *Iswth* —1J **97**
Grove, The. *Sidc* —4E **128**
Grove, The. *Stan* —2F **11**
Grove, The. *Tedd* —4A **116**
Grove, The. *Twic* —6B **98**
Grove, The. *Uxb* —4B **58**
　(UB8)
Grove, The. *Uxb* —5C **40**
　(UB10)
Grove, The. *W on T* —7K **131**
Grove, The. *W W'ck* —3D **154**
Grove Va. *SE22* —4F **105**
Grove Va. *Chst* —6E **126**
Grove Vs. *E14* —7D **70**
Groveway. *SW9* —1K **103**
Groveway. *Dag* —4D **56**
Grove Way. *Esh* —7G **133**
Grove Way. *Uxb* —7A **40**
Grove Way. *Wemb* —5H **45**
Grovewood. *Rich* —1G **99**
Grovewood Pl. *Wfd G* —6J **21**
Grummant Rd. *SE15* —1F **105**
Grundy St. *E14* —6D **70**
Gruneisen Rd. *N3* —7E **14**
Guardian Ct. *SE12* —5G **107**
Guard's Mus. —2G **85** (7B **166**)
Gubyon Av. *SE24* —5B **104**
Guerin Sq. *E3* —3B **70**
Guernsey Clo. *Houn* —7E **78**
Guernsey Rd. *SE24* —7C **104**
Guernsey Ho. *N1* —6C **50**
　(off Douglas Rd. N.)
Guernsey Ho. Enf —1E **8**
　(off Eastfield Rd.)
Guernsey Rd. *E10* —1F **53**
Guernsey Rd. *N1* —6C **50**
Guibal Rd. *SE12* —7K **107**
Guildersfield Rd. *SW16* —7J **121**
Guildford Av. *Felt* —2H **113**
Guildford Gro. *SE10* —1D **106**
Guildford Rd. *E6* —6D **72**
Guildford Rd. *E17* —1E **34**
Guildford Rd. *SW8* —1J **103**
Guildford Rd. *Croy* —6D **140**
Guildford Rd. *Ilf* —2J **55**
Guildford Way. *Wall* —5J **151**
Guildhall. —6C **68** (7D **162**)
Guildhall Bldgs. *EC2* —7E **162**
Guildhall Library.
　　　　　　　　—6C **68** (7D **162**)
Guildhall Offices. EC2 —6C **68**
　(off Basinghall St.)
Guildhall Yd. *EC2* —7D **162**

Guildhouse St. *SW1*
　　　　　　　　—4G **85** (3A **172**)
Guildown Av. *N12* —4E **14**
Guild Rd. *SE7* —6B **90**
Guildsway. *E17* —1B **34**
Guilford Av. *Surb* —5F **135**
Guilford Pl. *WC1* —4K **67** (4G **161**)
Guilford St. *WC1* —4J **67** (4E **160**)
Guilfoyle. *NW9* —2B **28**
Guillemot Pl. *N22* —2K **31**
Guilsborough Clo. *NW10* —7A **46**
Guinness Clo. *E9* —7A **52**
Guinness Clo. *Hay* —3F **77**
Guinness Ct. *E1* —1J **169**
Guinness Ct. *EC1* —2D **162**
Guinness Ct. *NW8* —1C **66**
Guinness Ct. *SE1* —6G **169**
Guinness Ct. *SW3*
　　　　　　　　—4D **84** (4E **170**)
Guinness Ct. *Croy* —2F **153**
Guinness Sq. *SE1* —4E **86**
Guinness Trust Bldgs. *SE11*
　　　　　　　　—5B **86**
Guinness Trust Bldgs. W6 —5F **83**
　(off Fulham Pal. Rd.)
Guinness Trust Est. *E15* —1H **71**
Guinness Trust Est. *N16* —1E **50**
Guion Rd. *SW6* —2H **101**
Gulland Wlk. *N1* —6C **50**
　(off Oronsay Wlk.)
Gull Clo. *Wall* —7J **151**
Gulliver Clo. *N'holt* —1D **60**
Gulliver Rd. *Sidc* —2H **127**
Gulliver's Ho. *EC1* —4C **162**
Gulliver St. *SE16* —3A **88**
Gulston Wlk. *SW3* —4F **171**
Gumleigh Rd. *W5* —4C **80**
Gumley Gdns. *Iswth* —3A **98**
Gundulph Rd. *Brom* —3A **144**
Gunmaker's La. *E3* —1A **70**
Gunnell Clo. *SE26* —4G **123**
Gunnell Clo. *Croy* —6F **141**
Gunner La. *SE18* —5E **90**
Gunnersbury. —5H **81**
Gunnersbury Av. *W5 & W3* —1F **81**
Gunnersbury Clo. *W4* —5H **81**
Gunnersbury Ct. *W3* —2H **81**
Gunnersbury Cres. *W3* —2G **81**
Gunnersbury Dri. *W5* —2F **81**
Gunnersbury Gdns. *W3* —2G **81**
Gunnersbury La. *W3* —3G **81**
Gunnersbury Mnr. *W5* —1F **81**
Gunnersbury M. *W4* —5H **81**
Gunnersbury Pk. Mus. —3G **81**
Gunners Gro. *E4* —3K **19**
Gunners Rd. *SW18* —2B **120**
Gunning St. *SE18* —4J **91**
Gunpowder Sq. *EC4*
　　　　　　　　—6A **68** (7K **161**)
　(off Gough Sq., in two parts)
Gunstor Rd. *N16* —4E **50**
Gun St. *E1* —5F **69** (6J **163**)
Gunter Gro. *SW10* —6A **84**
Gunter Gro. *Edgw* —1K **27**
Gunterstone Rd. *W14* —4G **83**
Gunthorpe St. *E1* —5F **69** (6K **163**)
Gunton Rd. *E5* —3H **51**
Gunton Rd. *SW17* —6E **120**
Gunwhale Clo. *SE16* —1K **87**
Gun Wharf Bus. Cen. *E3* —1A **70**
　(off Old Ford Rd.)
Gurdon Ho. *E14* —6C **70**
Gurdon Rd. *SE7* —5J **89**
Gurnard Clo. *W Dray* —7A **58**
Gurnell Gro. *W13* —4K **61**
Gurney Clo. *E15* —5G **53**
Gurney Clo. *E17* —1K **33**

Gurney Clo. *Bark* —6F **55**
Gurney Cres. *Croy* —1K **151**
Gurney Dri. *N2* —4A **30**
Gurney Ho. *E2* —2G **69**
  (off Goldsmith Row)
Gurney Ho. *Hay* —4G **77**
Gurney Rd. *E15* —5G **53**
Gurney Rd. *SW6* —3A **102**
Gurney Rd. *Cars* —4E **150**
Gurney Rd. *N'holt* —3K **59**
Guthrie Ct. *SE1* —7K **167**
Guthrie St. *SW3* —5B **84** (5C **170**)
Gutter La. *EC2* —6C **68** (7C **162**)
Guyatt Gdns. *Mitc* —2E **138**
Guy Barnett Gro. *SE3* —3J **107**
Guy Rd. *Wall* —3H **151**
Guyscliff Rd. *SE13* —5E **106**
Guys Retreat. *Buck H* —1F **21**
Guy St. *SE1* —2D **86** (6F **169**)
Gwalior Rd. *SW15* —4F **101**
Gwendolen Av. *SW15* —4F **101**
Gwendolen Clo. *SW15* —5F **101**
Gwendoline Av. *E13* —1K **71**
Gwendwr Rd. *W14* —5G **83**
Gweneth Cotts. *Edgw* —6B **12**
Gwillim Clo. *Sidc* —5A **110**
Gwilym Maries Ho. E2 —3H **69**
  (off Blythe St.)
Gwydor Rd. *Beck* —3K **141**
Gwydyr Rd. *Brom* —3H **143**
Gwyn Clo. *SW6* —7A **84**
Gwynne Av. *Croy* —7K **141**
Gwynne Ho. *WC1* —3A **68** (2J **161**)
  (off Lloyd Baker St.)
Gwynne Pk. Av. *Wfd G* —6J **21**
Gwynne Pl. *WC1* —3K **67** (2H **161**)
Gwynne Rd. SW11 —2B **102**
Gylcote Clo. *SE5* —4D **104**
Gyles Pk. *Stan* —1C **26**
Gyllyngdune Gdns. *Ilf* —2K **55**
Gypsy Corner. —5K **63**

Haarlem Rd. *W14* —3F **83**
Haberdasher Est. N1
  —3D **68** (1F **163**)
Haberdasher Pl. *N1*
  —3D **68** (1F **163**)
Haberdashers Ct. *SE14* —3K **105**
Haberdasher St. *N1*
  —3D **68** (1F **163**)
Habington Ho. SE5 —7D **86**
  (off Notley St.)
Haccombe Rd. *SW19* —6A **120**
Hackbridge. —2F **150**
Hackbridge Grn. *Wall* —2E **150**
Hackbridge Pk. Gdns. *Cars*
  —2D **150**
Hackbridge Rd. *Wall* —2E **150**
Hackford Rd. *SW9* —1K **103**
Hackford Wlk. *SW9* —1K **103**
Hackington Cres. *Beck* —6C **124**
Hacklington Ct. *New Bar* —4E **4**
Hackney. —6H **51**
Hackney Gro. *E8* —6H **51**
Hackney Rd. *E2* —3E **68** (2J **163**)
Hackney Wick. —6C **52**
Hackney Wick. —6B **52**
Hadar Clo. *N20* —1D **14**
Hadden Rd. *SE28* —3J **91**
Hadden Way. *Gnfd* —6H **43**
Haddington Ct. SE10 —7D **88**
  (off Tarves Way)
Haddington Rd. *Brom* —3F **125**
Haddon Clo. *Enf* —6B **8**
Haddon Clo. *N Mald* —5B **136**
Haddon Ct. *NW4* —3E **28**

Haddon Ct. *W3* —7B **64**
Haddon Fld. *SE8* —4K **87**
Haddon Gro. *Sidc* —7K **109**
Haddon Rd. *Sutt* —4K **149**
Haddo St. *SE10* —6D **88**
Haden Ct. *N4* —2A **50**
Hadfield Clo. S'hall —3D **60**
Hadfield Ho. E1 —6G **69**
  (off Ellen St.)
Hadleigh Clo. *E1* —4J **69**
Hadleigh Clo. *SW20* —2H **137**
Hadleigh Ct. *E4* —1B **20**
Hadleigh Rd. *N9* —7C **8**
Hadleigh St. *E2* —3J **69**
Hadleigh Wlk. *E6* —6C **72**
Hadley. —3C **4**
Hadley Clo. *N21* —6F **7**
Hadley Comn. *Barn* —2D **4**
Hadley Ct. *N16* —1G **51**
Hadley Ct. *New Bar* —3E **4**
Hadley Gdns. *W4* —5K **81**
Hadley Gdns. *S'hall* —5D **78**
Hadley Grn. Rd. *Barn* —2C **4**
Hadley Grn. W. *Barn* —2C **4**
Hadley Gro. *Barn* —2B **4**
Hadley Highstone. *Barn* —1C **4**
Hadley Mnr. Trad. Est. *Barn* —3C **4**
Hadley M. *Barn* —3C **4**
Hadley Pde. Barn —3B **4**
  (off High St.)
Hadley Ridge. *Barn* —3C **4**
Hadley Rd. *Barn* —2E **4**
Hadley Rd. *Barn & Enf* —1K **5**
Hadley Rd. *Belv* —4F **93**
Hadley Rd. *Mitc* —4H **139**
Hadley St. *NW1* —6F **49**
  (in two parts)
Hadley Way. *N21* —6F **7**
Hadley Wood. —1F **5**
Hadley Wood Rd. *Barn* —2F **5**
Hadlow Ho. SE17 —5E **86**
  (off Kinglake Est.)
Hadlow Pl. *SE19* —7G **123**
Hadlow Rd. *Sidc* —4A **128**
Hadlow Rd. *Well* —7C **92**
I ladrian Clo. *3lai* —7A **94**
Hadrian Clo. *Wall* —J **151**
Hadrian Ct. *Sutt* —7K **149**
Hadrian Est. E2 —2G **69**
  (off Hackney Rd.)
Hadrians Ride. *Enf* —5A **8**
Hadrian St. *SE10* —5G **89**
Hadrian Way. *Stai & Stanw* —7A **94**
Hadstock Ho. *NW1*
  —3H **67** (1D **160**)
  (off Ossulston St.)
Hadyn Pk. Ct. W12 —2C **82**
  (off Curwen Rd.)
Hadyn Pk. Rd. *W12* —2C **82**
Hafer Rd. *SW11* —4D **102**
Hafton Rd. *SE6* —1G **125**
Haggard Rd. *Twic* —7B **98**
Hagger Ct. *E17* —3F **35**
Haggerston. —2F **69**
Haggerston Rd. *E8 & E2* —7F **51**
Hague St. *E2* —3G **69**
Ha Ha Rd. *SE18* —6D **90**
Haig Ho. E2 —2G **69** *(1K* **163***)*
  (off Shipton St.)
Haig Pl. *Mord* —6J **137**
Haig Rd. *Stan* —5H **11**
Haig Rd. *Uxb* —5D **58**
Haig Rd. E. *E13* —3A **72**
Haig Rd. W. *E13* —3A **72**
Haigville Gdns. *Ilf* —4F **37**
Hailes Clo. *SW19* —6A **120**
Haileybury Av. *Enf* —6A **8**

Hailey Rd. *Eri* —2G **93**
Hailsham Av. *SW2* —2K **121**
Hailsham Clo. *Surb* —7D **134**
Hailsham Cres. *Bark* —6K **55**
Hailsham Dri. *Harr* —3H **25**
Hailsham Rd. *SW17* —6E **120**
Hailsham Ter. *N18* —5J **17**
Haimo Rd. *SE9* —5B **108**
Hainault Ct. *E17* —4F **35**
Hainault Gore. *Romf* —5E **38**
Hainault Rd. *E11* —1E **52**
Hainault Rd. *Chad H* —6F **39**
Hainault Rd. *Col R & Romf*
  —2J **39**
Hainault Rd. *Romf* —1B **38**
Hainault St. *SE9* —1F **127**
Hainault St. *Ilf* —2G **55**
Haines St. *SW8* —7G **85**
Haines Wlk. *Mord* —7K **137**
Hainford Clo. *SE4* —4K **105**
Haining Clo. *W4* —5G **81**
Hainthorpe Rd. *SE27* —3B **122**
Hainton Clo. *E1* —6H **69**
Halberd M. *E5* —2H **51**
Halbutt Gdns. *Dag* —3F **57**
Halbutt St. *Dag* —4F **57**
Halcomb St. *N1* —1E **68**
Halcot Av. *Bexh* —5H **111**
Halcrow St. *E1* —5H **69**
Halcyon. Enf —5K **7**
  (off Private Rd.)
Haldane Clo. *N10* —7A **16**
Haldane Pl. *SW18* —1K **119**
Haldane Rd. *E6* —3B **72**
Haldane Rd. *SF28* —7D **74**
Haldane Rd. *SW6* —7H **83**
Haldane Rd. *S'hall* —7G **61**
Haldan Rd. *E4* —6K **19**
Haldon Rd. *SW18* —6H **101**
Hale Clo. *E4* —3K **19**
Hale Clo. *Edgw* —5D **12**
Hale Ct. *Edgw* —5D **12**
Hale Dri. *NW7* —6D **12**
Hale End. —6A **20**
Hale End Clo. *Ruis* —6J **23**
Hale End Rd. *E4* —6A **20**
Halefield Rd. *N17* —1H **33**
Hale Gdns. *N17* —4G **33**
Hale Gdns. *W3* —1G **81**
Hale Gro. Gdns. *NW7* —5F **13**
Hale Ho. SW1 —5H **85** *(5D* **172***)*
  (off Lindsay Sq.)
Hale La. *NW7* —5E **12**
Hale La. *Edgw* —5C **12**
Hale Path. *SE27* —4B **122**
Hale Rd. *E6* —4C **72**
Hale Rd. *N17* —3G **33**
Halesowen Rd. *Mord* —7K **137**
Hales Prior. N1 —2K **67** *(1G* **161***)*
  (off Calshot St.)
Hales St. *SE8* —7C **88**
Hale St. *E14* —7D **70**
Halesworth Clo. *E5* —2J **51**
Halesworth Rd. *SE13* —3D **106**
Hale, The. —5E **12**
Hale, The. *E4* —7A **20**
Hale, The. *N17* —3G **33**
Hale Wlk. *W7* —5J **61**
Haley Rd. *NW4* —6E **28**
Half Acre. *Bren* —6D **80**
Half Acre. *Stan* —6H **11**
Half Acre Rd. *W7* —1J **79**
Half Moon Ct. *EC1* —6C **162**
Half Moon Cres. *N1* —2K **67**
  (in two parts)
Half Moon La. *SE24* —6C **104**
Half Moon Pas. *E1*
  (in two parts) —6F **69** (1K **169**)

Half Moon St. *W1* —1F **85** (4K **165**)
Halford Clo. *Edgw* —2H **27**
Halford Rd. *E10* —5F **35**
Halford Rd. *SW6* —6J **83**
Halford Rd. *Rich* —5E **98**
Halford Rd. *Uxb* —4C **40**
Halfway St. *Sidc* —7H **109**
Haliburton Rd. *Twic* —5A **98**
Haliday Ho. N1 —6D **50**
  (off Mildmay St.)
Haliday Wlk. *N1* —6D **50**
Halidon Clo. *E9* —5J **51**
Halifax. *NW9* —2B **28**
Halifax Clo. *Tedd* —6J **115**
Halifax Rd. *Enf* —2H **7**
Halifax Rd. *Gnfd* —1F **61**
Halifax St. *SE26* —3H **123**
Halifield Dri. *Belv* —3E **92**
Haling Down Pas. *Purl* —7C **152**
  (in two parts)
Haling Gro. *S Croy* —7C **152**
Haling Pk. Gdns. *S Croy* —6B **152**
Haling Pk. Rd. *S Croy* —5B **152**
Haling Rd. *S Croy* —6D **152**
Haliwell Ho. NW6 —1K **65**
  (off Mortimer Cres.)
Halkin Arc. *SW1* —3D **84** (1F **171**)
  (in two parts)
Halkin M. *SW1* —3E **84** (1G **171**)
Halkin Pl. *SW1* —3E **84** (1G **171**)
Halkin St. *SW1* —2E **84** (7H **165**)
Hallam Clo. *Chst* —5D **126**
Hallam Ct. W1 —5F **67** *(5K* **159***)*
  (off Hallam St.)
Hallam Gdns. *Pinn* —1C **24**
Hallam Ho. SW1 —5G **85** *(6B* **172***)*
  (off Churchill Gdns.)
Hallam M. *W1* —5F **67** (5K **159**)
Hallam Rd. *N15* —4B **32**
Hallam Rd. *SW13* —3D **100**
Hallam St. *W1* —4F **67** (4K **159**)
Hallane Ho. *SE27* —5C **122**
Hall Clo. *W5* —5E **62**
Hall Ct. *Tedd* —5K **115**
Hall Dri. *SE26* —5J **123**
Hall Dri. *W7* —6J **61**
Halley Gdns. *SE13* —4F **107**
Halley Ho. E2 —2G **69**
  (off Pritchards Rd.)
Halley Rd. *E7 & E12* —6A **54**
Halley St. *E14* —5A **70**
Hall Farm Clo. *Stan* —4G **11**
Hall Farm Dri. *Twic* —7H **97**
Hallfield Est. *W2* —6A **66**
  (in two parts)
Hall Gdns. *E4* —4G **19**
Hall Ga. *NW8* —3B **66** (1A **158**)
Halliards, The. *W on T* —6J **131**
Halliday Sq. *S'hall* —1H **79**
Halliford Clo. *Shep* —4F **131**
Halliford Rd. *Shep & Sun* —5G **131**
Halliford St. *N1* —7C **50**
Hallingbury Ct. *E17* —3D **34**
Halliwell Ct. *SE22* —5G **105**
Halliwell Rd. *SW2* —6K **103**
Halliwick Ct. Pde. N12 —6J **15**
  (off Woodhouse Rd.)
Halliwick Rd. *N10* —1E **30**
Hall Lane. —5E **18**
Hall La. *E4* —5F **19**
Hall La. *NW4* —1C **28**
Hall La. *Hay* —7F **77**
Hallmark Trad. Cen. *Wemb* —4J **45**
Hallmead Rd. *Sutt* —3K **149**
Hall Oak Wlk. *NW6* —6H **47**
Hallowell Av. *Croy* —4J **151**
Hallowell Clo. *Mitc* —3E **138**
Hallowell Rd. *N'wd* —1G **23**

Hallowfield Way. *Mitc* —3C **138**
Hall Place. —6J **111**
Hall Pl. *W2* —4B **66** (4A **158**)
  (in two parts)
Hall Pl. Cres. *Bex* —5J **111**
Hall Place Mus. —6J **111**
Hall Rd. *E6* —1D **72**
Hall Rd. *E15* —4F **53**
Hall Rd. *NW8* —3A **66** (1A **158**)
Hall Rd. *Chad H* —6C **38**
Hall Rd. *Iswth* —5H **97**
Hall Rd. *Wall* —7F **151**
Hallside Rd. *Enf* —1A **8**
Hall St. *EC1* —3B **68** (1B **162**)
Hall St. *N12* —5F **15**
Hallsville Rd. *E16* —6H **71**
Hallswelle Pde. *NW11* —5H **29**
Hallswelle Rd. *NW11* —5H **29**
Hall, The. *SE3* —3J **107**
Hall Tower. *W2* —5B **158**
Hall Vw. *SE9* —2B **126**
Hallywell Cres. *E6* —5C **72**
Halons Rd. *SE9* —7E **108**
Halpin Pl. *SE17* —4D **86**
Halsbrook Rd. *SE3* —3A **108**
Halsbury Clo. *Stan* —4G **11**
Halsbury Ct. *Stan* —5G **11**
Halsbury Rd. *W12* —1D **82**
Halsbury Rd. E. *N'holt* —4G **43**
Halsbury Rd. W. *N'holt* —5F **43**
Halsend. *Hay* —1K **77**
Halsey M. *SW3* —4D **84** (3E **170**)
Halsey St. *SW3* —4D **84** (3E **170**)
Halsmere Rd. *SE5* —1B **104**
Halstead Clo. *Croy* —3C **152**
Halstead Ct. *E17* —7B **34**
Halstead Ct. N1 —2D **68** *(1F* **163***)*
  (off Fairbank Est.)
Halstead Gdns. *N21* —1J **17**
Halstead Rd. *E11* —5J **35**
Halstead Rd. *N21* —1J **17**
Halstead Rd. *Enf* —4K **7**
Halston Clo. *SW11* —6D **102**
Halstow Rd. *NW10* —3F **65**
Halstow Rd. *SE10* —5J **89**
Halsway. *Hay* —1J **77**
Halton Clo. *N11* —6J **15**
Halton Cross St. *N1* —1B **68**
Halton Mans. *N1* —7B **50**
Halton Pl. *N1* —1C **68**
Halton Rd. *N1* —7B **50**
Halt Robin La. *Belv* —4H **93**
Halt Robin Rd. *Belv* —4G **93**
  (in two parts)
Halyard Ho. *E14* —3E **88**
Ham. —3C **116**
Hamara Ghar. *E13* —1A **72**
Hambalt Rd. *SW4* —5G **103**
Hamble Clo. *Ruis* —2G **41**
Hambleden. *Pl. SE21* —1E **122**
Hambleden. SE17 —6D **86**
  (off Villa St.)
Hambledon Clo. *Uxb* —4D **58**
Hambledon Ct. *SE22* —4E **104**
Hambledon Ct. *W5* —7E **62**
Hambledon Gdns. *SE25* —3F **141**
Hambledon Rd. *SW18* —7H **101**
Hambledown Rd. *Sidc* —7H **109**
Hamblehyrst. *Beck* —2D **142**
Hamble St. *SW6* —3K **101**
Hambleton Clo. *Wor Pk* —2E **148**
Hamble Wlk. N'holt —2E **60**
  (off Brabazon Rd.)
Hambley Ho. SE16 —4H **87**
  (off Camilla Rd.)
Hamblin Ho. S'hall —7C **60**
  (off Broadway, The)
Hambridge Way. *SW2* —7A **104**

Harberton Rd. *N19* —1G **49**
Harbet Rd. *N18 & E4* —5F **19**
Harbet Rd. *W2* —5B **66** (6B **158**)
Harbex Clo. *Bex* —7H **111**
Harbinger Rd. *E14* —4D **88**
Harbledown Ho. SE1
     —2D **86** (7E **168**)
 (off Manciple St.)
Harbledown Rd. *SW6* —1J **101**
Harbord Clo. *SE5* —2D **104**
Harbord St. *SW6* —1F **101**
Harborough Av. *Sidc* —7J **109**
Harborough Rd. *SW16* —4K **121**
Harbour Av. *SW10* —1A **102**
Harbour Exchange Sq. *E14* —2D **88**
Harbour Quay. *E14* —1E **88**
Harbour Rd. *SE5* —3C **104**
Harbour Yd. *SW10* —1A **102**
Harbridge Av. *SW15* —7B **100**
Harbury Rd. *Cars* —7C **150**
Harbut Rd. *SW11* —4B **102**
Harcombe Rd. *N16* —3E **50**
Harcourt Av. *E12* —4D **54**
Harcourt Av. *Edgw* —3D **12**
Harcourt Av. *Sidc* —6C **110**
Harcourt Av. *Wall* —4F **151**
Harcourt Bldgs. *EC4* —2J **167**
Harcourt Clo. *Iswth* —3A **98**
Harcourt Fld. *Wall* —4F **151**
Harcourt Lodge. *Wall* —4F **151**
Harcourt Rd. *E15* —2H **71**
Harcourt Rd. *N22* —1H **31**
Harcourt Rd. *SE4* —3B **106**
Harcourt Rd. *SW19* —7J **119**
Harcourt Rd. *Bexh* —4E **110**
Harcourt Rd. *T Hth* —6A **140**
Harcourt Rd. *Wall* —4F **151**
Harcourt St. *NW1* —5C **66** (6D **158**)
Harcourt Ter. *SW10* —5K **83**
Hardcastle Clo. *Croy* —6G **141**
Hardcourts Clo. *W W'ck* —4D **154**
Hardel Ri. *SW2* —1B **122**
Hardel Wlk. *SW2* —7A **104**
Harden Ct. *SE7* —4C **90**
Harden Ho. *SE5* —2E **104**
Harden's Manorway. SE7 —3B **90**
 (in three parts)
Harders Rd. *SE15* —2H **105**
Hardess St. *SE24* —3C **104**
Hardie Clo. *NW10* —5K **45**
Hardie Rd. *Dag* —3J **57**
Harding Clo. *SE17* —6C **86**
Harding Clo. *Croy* —3F **153**
Hardinge Clo. *Uxb* —5D **58**
Hardinge La. *E1* —6J **69**
Hardinge Rd. *N18* —6K **17**
Hardinge Rd. *NW10* —1D **64**
Hardinge St. *E1* —6J **69**
Harding Ho. *Hay* —6K **59**
Harding Rd. *Bexh* —2F **111**
Harding's Clo. *King T* —1F **135**
Hardings La. *SE20* —6K **123**
Hardman Rd. *SE7* —5K **89**
Hardman Rd. *King T* —2E **134**
Hardwick Clo. *Stan* —5H **11**
Hardwick Ct. *Eri* —6K **93**
Hardwicke Av. *Houn* —1E **96**
Hardwicke M. *WC1*
     —3A **68** (2H **161**)
 (off Lloyd Baker M.)
Hardwicke Rd. *N13* —6D **16**
Hardwicke Rd. *W4* —4K **81**
Hardwicke Rd. *Rich* —4C **116**
Hardwicke St. *Bark* —1G **73**
Hardwick Grn. *W13* —5B **62**
Hardwick Ho. NW8
     —4C **66** (3D **158**)
 (off Lilestone St.)

Hardwick St. *EC1* —3A **68** (2K **161**)
Hardwicks Way. *SW18* —5J **101**
Hardwidge St. *SE1*
     —2E **86** (6G **169**)
Hardy Av. *E16* —1J **89**
Hardy Av. *Ruis* —5K **41**
Hardy Clo. *SE16* —2K **87**
Hardy Clo. *Barn* —6B **4**
Hardy Clo. *Pinn* —7B **24**
Hardy Cotts. *SE10* —6F **89**
Hardy Ho. *SW4* —7G **103**
Hardyng Ho. *E17* —4A **34**
Hardy Rd. *E4* —6G **19**
Hardy Rd. *SE3* —7H **89**
Hardy Rd. *SW19* —7K **119**
Hardys Clo. *E Mol* —4J **133**
Hardy Way. *Enf* —1F **7**
Hare & Billet Rd. *SE3* —1F **107**
Harebell Dri. *E6* —5E **72**
Harecastle Clo. *Hay* —4C **60**
Hare Ct. *EC4* —6A **68** (1J **167**)
Harecourt Rd. *N1* —6C **50**
Haredale Rd. *SE24* —4C **104**
Haredon Clo. *SE23* —7K **105**
Harefield Clo. *Enf* —1F **7**
Harefield Grn. *NW7* —6K **13**
Harefield M. *SE4* —3B **106**
Harefield Rd. *N8* —5H **31**
Harefield Rd. *SE4* —3B **106**
Harefield Rd. *SW16* —7K **121**
Harefield Rd. *Sidc* —3D **128**
Harefield Rd. *Uxb* —5A **40**
Hare Marsh. *E2* —4G **69**
Hare Pl. *EC4* —6A **68**
 (off Pleydell St.)
Hare Row. *E2* —2H **69**
Haresfield Rd. *Dag* —6G **57**
Hare St. *SE18* —3E **90**
Hare Wlk. *N1* —2E **68**
Harewood Av. *NW1*
     —4C **66** (4D **158**)
Harewood Av. *N'holt* —7D **42**
Harewood Clo. *N'holt* —7D **42**
Harewood Dri. *Ilf* —2D **36**
Harewood Pl. *W1* —6F **67** (1K **165**)
Harewood Rd. *SW19* —6C **120**
Harewood Rd. *Iswth* —7K **79**
Harewood Rd. *S Croy* —6E **152**
Harewood Row. *NW1*
     —5C **66** (5D **158**)
Harewood Ter. *S'hall* —4D **78**
Harfield Gdns. *SE5* —3E **104**
Harfield Rd. *Sun* —2B **132**
Harfleur Ct. SE11 —4B **86**
 (off-Opal St.)
Harford Clo. *E4* —7J **9**
Harford Ho. *SE5* —6C **86**
 (off Bethwin Rd.)
Harford Ho. *W11* —5H **65**
Harford M. *N19* —3H **49**
Harford Rd. *E4* —7J **9**
Harford St. *E1* —4A **70**
Harford Wlk. *N2* —4B **30**
Harfst Way. *Swan* —7J **129**
Hargood Clo. *Harr* —6E **26**
Hargood Rd. *SE3* —1A **108**
Hargrave Mans. *N19* —2H **49**
Hargrave Pk. *N19* —2G **49**
Hargrave Pl. *NW5* —5H **49**
Hargrave Rd. *N19* —2G **49**
Hargraves Ho. W12 —7D **64**
 (off White City Est.)
Hargwyne St. *SW9* —3K **103**
Haringey Pas. *N8* —6J **31**
Haringey Pas. *N8* —4A **32**
Haringey Rd. *N8* —4A **32**
Harington Ter. *N18* —3J **17**
Harkett Clo. *Harr* —2K **25**

Harkett Ct. *W'stone* —2K **25**
Harkness Ho. *E1* —6G **69**
 (off Christian St.)
Harland Av. *Croy* —3F **153**
Harland Av. *Sidc* —3H **127**
Harland Clo. *SW19* —3K **137**
Harland Rd. *SE12* —1J **125**
Harlech Gdns. *Houn* —6A **78**
Harlech Gdns. *Pinn* —1B **42**
Harlech Rd. *N14* —3D **16**
Harlech Tower. *W3* —2J **81**
Harlequin Av. *Bren* —6A **80**
Harlequin Cen. *S'hall* —4A **78**
Harlequin Clo. *Hay* —5B **60**
Harlequin Clo. *Iswth* —5J **97**
Harlequin Ho. *NW10* —6K **45**
 (off Mitchellbrook Way)
Harlequin St. *W5* —7C **62**
Harlequin Ho. Eri —3E **92**
 (off Kale Rd.)
Harlescott Rd. *Tedd* —7B **116**
Harlescott Rd. *SE15* —4K **105**
Harlesden. —2B 64
Harlesden Gdns. *NW10* —1B **64**
Harlesden La. *NW10* —1C **64**
Harlesden Plaza. *NW10* —2B **64**
Harlesden Rd. *NW10* —1C **64**
Harleston Clo. *E5* —2J **51**
Harley Clo. *Wemb* —6D **44**
Harley Ct. *E11* —7J **35**
Harley Ct. *N20* —3F **15**
Harley Ct. *Harr* —4H **25**
Harley Cres. *Harr* —4H **25**
Harleyford. *Brom* —1K **143**
Harleyford Ct. *SE11* —7G **173**
Harleyford Mnr. W3 —1J **81**
 (off Edgecote Clo.)
Harleyford Rd. *SE11*
     —6K **85** (7G **173**)
Harleyford St. *SE11*
     —6A **86** (7J **173**)
Harley Gdns. *SW10* —5A **84**
Harley Gro. *E3* —3B **70**
Harley Ho. *NW1* —4H **159**
Harley Pl. *W1* —5F **67** (6J **159**)
Harley Rd. *NW3* —7B **48**
Harley Rd. *NW10* —2A **64**
Harley Rd. *Harr* —4H **25**
Harley St. *W1* —4F **67** (4J **159**)
Harley Vs. *NW10* —2A **64**
Harling Ct. *SW11* —2D **102**
Harlinger St. *SE18* —3C **90**
Harlington. —6F 77
Harlington Clo. *Hay* —7E **76**
Harlington Rd. *Bexh* —3E **110**
Harlington Rd. *Uxb* —3C **58**
Harlington Rd. E. *Felt* —7K **95**
Harlington Rd. W. *Felt* —6K **95**
Harlowe Clo. *E8* —1G **69**
Harlowe Ho. E8 —1F **69**
 (off Clarissa St.)
Harlow Mans. *Bark* —7F **55**
 (off Whiting Av.)
Harlwyn Dri. *Pinn* —3K **23**
Harlynwood. SE5 —7C **86**
 (off Wyndham Rd.)
Harman Av. *Wfd G* —6C **20**
Harman Clo. *E4* —4A **20**
Harman Clo. *NW2* —3G **47**
Harman Clo. *SE1* —5G **87**
Harman Dri. *NW2* —3G **47**
Harman Dri. *Sidc* —6K **109**
Harman Rd. *Enf* —5A **8**
Harmondsworth La. *W Dray*
     —6A **76**

Harmondsworth Rd. *W Dray*
     —5A **76**
Harmon Ho. *SE8* —4B **88**
Harmont Ho. W1 —5F **67** (6J **159**)
 (off Harley St.)
Harmony Clo. *NW11* —5G **29**
Harmony Clo. *Wall* —7H **151**
Harmony Way. *NW4* —4E **29**
Harmony Way. *Brom* —2J **143**
Harmood Gro. *NW1* —7F **49**
Harmood Pl. *NW1* —7F **49**
Harmood St. *NW1* —6F **49**
Harmsworth M. *SE1*
     —3A **86** (2K **173**)
Harmsworth St. SE17
     —5B **86** (6K **173**)
Harmsworth Way. *N20* —1C **14**
Harness Rd. *SE28* —2A **92**
Harold Av. *Belv* —5F **93**
Harold Av. *Hay* —3H **77**
Harold Est. *SE1* —3E **86**
Harold Gibbons Ct. SE7 —6A **90**
Harold Laski Ho. EC1
     —3B **68** (2B **162**)
 (off Percival St.)
Harold Maddison Ho. SE17 —5B **86**
 (off Alberta St.)
Harold Pl. *SE11* —5A **86** (6J **173**)
Harold Rd. *E4* —4K **19**
Harold Rd. *E11* —1G **53**
Harold Rd. *E13* —1K **71**
Harold Rd. *N8* —5K **31**
Harold Rd. *N15* —5F **33**
Harold Rd. *NW10* —3K **63**
Harold Rd. *SE19* —7D **122**
Harold Rd. *Sutt* —4B **150**
Harold Rd. *Wfd G* —1J **35**
Haroldstone Rd. *E17* —5A **34**
Harold Wilson Ho. *SE28* —1B **92**
Harold Wilson Ho. SW6 —6H **83**
 (off Clem Attlee Ct.)
Harp All. *EC4* —6B **68** (7A **162**)
Harp Bus. Cen. NW2 —1C **46**
 (off Apsley Way)
Harpenden Rd. *E12* —2A **54**
Harpenden Rd. *SE27* —3B **122**
Harpenmead Point. *NW2* —2H **47**
Harper Clo. *N14* —5B **6**
Harper Ho. *SW9* —3B **104**
Harper Rd. *E6* —6D **72**
Harper Rd. *SE1* —3C **86** (7D **168**)
Harper's Yd. *N17* —1F **33**
Harp Island Clo. *NW10* —2K **45**
Harp La. *EC3* —7E **68** (3G **169**)
Harpley Sq. *E1* —4J **69**
Harpour Rd. *Bark* —6G **55**
Harp Rd. *W7* —4K **61**
Harpsden St. *SW11* —1E **102**
Harpur M. *WC1* —5K **67** (5G **161**)
Harpur St. *WC1* —5K **67** (5G **161**)
Harraden Rd. *SE3* —1A **108**
Harrier Av. *E11* —6K **35**
Harrier Ct. *Houn* —3C **96**
Harrier M. *SE28* —2H **91**
Harrier Rd. *NW9* —2A **28**
Harriers Clo. *W5* —7E **62**
Harrier Way. *E6* —5D **72**
Harries Rd. *Hay* —4A **60**
Harriet Clo. *E8* —1G **69**
Harriet Gdns. *Croy* —2G **153**
Harriet Ho. SW6 —7K **83**
 (off Wandon Rd.)
Harriet St. *SW1* —2D **84** (7F **165**)
Harriet Tubman Clo. *SW2* —7K **103**
Harriet Wlk. *SW1* —2D **84** (7F **165**)
Harriet Way. *Bush* —1C **10**
Harringay. —5B 32
Harringay Gdns. *N8* —4B **32**

Harringay Rd. *N15* —5B **32**
 (in two parts)
Harrington Clo. *NW10* —3K **45**
Harrington Clo. *Croy* —2J **151**
Harrington Ct. *W10* —3H **65**
Harrington Ct. *Croy* —2D **152**
Harrington Gdns. *SW7* —4K **83**
Harrington Hill. *E5* —1H **51**
Harrington Ho. NW1
     —3G **67** (1A **160**)
 (off Harrington St.)
Harrington Ho. *Uxb* —4D **40**
Harrington Rd. *E11* —1G **53**
Harrington Rd. *SE25* —4G **141**
Harrington Rd. SW7
     —4B **84** (3A **170**)
Harrington Sq. *NW1* —2G **67**
Harrington St. *NW1*
 (in two parts) —2G **67** (1A **160**)
Harrington Way. *SE18* —3B **90**
Harriott Clo. *SE10* —4H **89**
Harris Bldgs. *E1* —6G **69**
 (off Burslem St.)
Harris Clo. *Enf* —1G **7**
Harris Clo. *Houn* —1E **96**
Harris Ct. *Wemb* —3F **45**
Harris Ho. SW9 —3A **104**
 (off St James's Cres.)
Harris Lodge. *SE6* —1E **124**
Harrison Clo. *N20* —1H **15**
Harrison Ct. *Shep* —5D **130**
Harrison Ho. SE17 —5D **86**
 (off Brandon St.)
Harrison Rd. *Dag* —6H **57**
Harrison's Ri. *Croy* —3B **152**
Harrison St. *WC1* —3J **67** (2F **161**)
Harris Rd. *Bexh* —1E **110**
Harris Rd. *Dag* —5F **57**
Harris St. *E17* —7B **34**
Harris St. *SE5* —7D **86**
Harris Way. *Sun* —1G **131**
Harrogate Ct. *N11* —6K **15**
Harrogate Ct. *SE12* —7J **107**
Harrogate Ct. SE26 —3G **123**
 (off Droitwich Clo.)
Harrold Ho. *NW3* —7A **48**
Harrold Ho. *NW6* —7A **48**
Harrold Rd. *Dag* —5B **56**
Harrovian Bus. Village. Harr
     —7J **25**
Harrow. —6J 25
Harrow Av. *Enf* —6A **8**
Harroway Rd. *SW11* —2B **102**
Harrow Borough F.C. —4E **42**
Harrowby St. *W2* —6C **66** (7D **158**)
Harrow Clo. *Chess* —7D **146**
Harrowdene Clo. *Wemb* —4D **44**
Harrowdene Gdns. *Tedd* —6A **116**
Harrowdene Rd. *Wemb* —3D **44**
Harrow Dri. *N9* —1A **18**
Harrowes Meade. *Edgw* —3B **12**
Harrow Fields Gdns. *Harr* —3J **43**
Harrowgate Ho. *E9* —6K **51**
Harrowgate Rd. *E9* —6A **52**
Harrow Grn. *E11* —3G **53**
Harrow La. *E14* —7E **70**
Harrow Lodge. NW8
     —4B **66** (3A **158**)
 (off Northwick Ter.)
Harrow Mnr. Way. *SE2* —1C **92**
Harrow Mus. & Heritage Cen.
     —3G **25**
Harrow On The Hill. —1J 43
Harrow Pk. *Harr* —2J **43**
Harrow Pl. *E1* —6E **68** (7H **163**)
Harrow Road. —7H **45**
Harrow Rd. *E6* —1C **72**
Harrow Rd. *E11* —3G **53**

Haven, The. N14 —6A 6
Haven, The. Rich —3G 99
Haven, The. Sun —7J 113
Haven Wood. Wemb —3H 45
Haverfield Gdns. Rich —7G 81
Haverfield Rd. E3 —3A 70
Haverford Way. Edgw —1F 27
Haverhill Rd. E4 —1K 19
Haverhill Rd. SW12 —1G 121
Havering Dri. Romf —4K 39
Havering Gdns. Romf —5C 38
Havering St. E1 —6K 69
Havering Way. Bark —3B 74
Haversham Clo. Twic —6D 98
Haversham Ct. Gnfd —6K 43
Haversham Pl. N6 —2D 48
Haverstock Hill. NW3 —5C 48
Haverstock Pl. EC1 —3B 68 (1B 162)
(off Haverstock St.)
Haverstock Rd. NW5 —5E 48
Haverstock St. N1 —2B 68 (1B 162)
Havil St. SE5 —7E 86
Havisham Ho. SE16 —2G 87
Havisham Pl. SE19 —7B 122
Hawarden Gro. SE24 —7C 104
Hawarden Hill. NW2 —3C 46
Hawarden Rd. E17 —4K 33
Hawbridge Rd. E11 —1F 53
Hawes Ho. E17 —4K 33
Hawes La. W W'ck —1E 154
Hawes Rd. N18 —6C 18
Hawes Rd. Brom —1K 143
(in two parts)
Hawes St. N1 —7B 50
Hawgood St. E3 —5C 70
Hawkdene. E4 —6J 9
Hawke Ct. Hay —4A 60
(off Perth Av.)
Hawke Pk. Rd. N22 —3B 32
Hawke Pl. SE16 —2K 87
Hawker Clo. Wall —7J 151
Hawke Rd. SE19 —6D 122
Hawkesbury Rd. SW15 —5D 100
Hawkesfield Rd. SE23 —2A 124
Hawkesley Clo. Twic —4A 116
Hawkes Rd. Felt —7J 95
Hawkes Rd. Mitc —1D 138
Hawkesworth Clo. N'wd —1G 23
Hawke Tower. SE14 —6A 88
Hawkewood Rd. Sun —3J 131
Hawkfield Ct. Iswth —2J 97
Hawkhurst Gdns. Chess —4E 146
Hawkhurst Rd. SW16 —1H 139
Hawkhurst Way. N Mald —5K 135
Hawkhurst Way. W W'ck —2D 154
Hawkinge. N17 —2D 32
(off Gloucester Rd.)
Hawkins Clo. NW7 —5E 12
Hawkins Clo. Harr —7H 25
Hawkins Ct. SE18 —4C 90
Hawkins Ho. SE8 —6C 88
(off New King St.)
Hawkins Ho. SW1 —6G 85 (7B 172)
(off Dolphin Sq.)
Hawkins Rd. Tedd —6B 116
Hawkins Way. SE6 —5C 124
Hawkley Gdns. SE27 —2B 122
Hawkridge Clo. Romf —6C 38
Hawksbrook La. Beck —6D 142
(in two parts)
Hawkshaw Clo. SW2 —7J 103
Hawkshead. NW1 —1A 160
Hawkshead Clo. Brom —7G 125
Hawkshead Rd. NW10 —7B 46
Hawkshead Rd. W4 —2A 82
Hawkslade Rd. SE15 —5K 105
Hawksley Rd. N16 —3E 50
Hawks M. SE10 —7E 88
Hawksmoor Clo. E6 —6C 72
Hawksmoor Clo. SE18 —5J 91
Hawksmoor M. E1 —7H 69
Hawksmoor Pl. E2 —4G 69
(off Cheshire St.)
Hawksmoor St. W6 —6F 83
Hawksmouth. E4 —7K 9
Hawks Pas. King T —2F 135
(off Fairfield Rd.)
Hawks Rd. King T —2F 135
Hawkstone Rd. SE16 —4J 87
Hawkwell Ct. E4 —3K 19
Hawkwell Wlk. N1 —1C 68
(off Maldon Rd.)
Hawkwood Cres. E4 —6J 9
Hawkwood La. Chst —1G 145
Hawkwood Mt. E5 —1H 51
Hawlands Dri. Pinn —7C 24
Hawley Clo. Hamp —6D 114
Hawley Cres. NW1 —7F 49
Hawley M. NW1 —7F 49
Hawley Rd. N18 —5E 18
Hawley Rd. NW1 —7F 49
(in three parts)
Hawley St. NW1 —7F 49
Hawley Way. Ashf —5C 112
Hawstead Rd. SE6 —6D 106
Hawsted. Buck H —1E 20
Hawter. NW9 —1B 28
Hawthorn Av. E3 —1B 70
Hawthorn Av. N13 —5D 16
Hawthorn Cen. Harr —5K 25
Hawthorn Clo. Hamp —5E 114
Hawthorn Clo. Houn —7K 77
Hawthorn Clo. Orp —6H 145
Hawthorn Cotts. Well —3A 110
(off Hook La.)
Hawthorn Ct. Pinn —2A 24
(off Rickmansworth Rd.)
Hawthorn Ct. Rich —1H 99
Hawthorn Cres. SW17 —5E 120
Hawthornden Clo. N12 —6H 15
Hawthorndene Clo. Brom —2H 155
Hawthorndene Rd. Brom —2H 155
Hawthorn Dri. Harr —6E 24
Hawthorn Dri. W W'ck —4G 155
Hawthorne Av. Cars —7E 150
Hawthorne Av. Harr —6A 26
Hawthorne Av. Mitc —2B 138
Hawthorne Av. Ruis —6K 23
Hawthorne Av. T Hth —1B 140
Hawthorne Clo. N1 —6E 50
Hawthorne Clo. Brom —3D 144
Hawthorne Clo. Sutt —2A 150
Hawthorne Ct. W5 —1E 80
Hawthorne Ct. N'wd —2J 23
Hawthorne Cres. W Dray —2B 76
Hawthorne Farm Av. N'holt —1C 60
Hawthorne Gro. NW9 —7J 27
Hawthorne Ho. SW1 —5G 85 (6B 172)
(off Churchill Gdns.)
Hawthorne M. Gnfd —6G 61
Hawthorne Pl. Hay —7H 59
Hawthorne Rd. E17 —3C 34
Hawthorne Rd. Brom —3C 144
Hawthorn Gdns. W5 —3D 80
Hawthorn Gro. SE20 —7H 123
Hawthorn Gro. Enf —1J 7
Hawthorn Hatch. Bren —7B 80
Hawthorn M. NW7 —1G 29
Hawthorn Pl. Eri —5J 93
Hawthorn Rd. N8 —3H 31
Hawthorn Rd. N18 —6A 18
Hawthorn Rd. NW10 —7C 46
Hawthorn Rd. Bexh —4F 111
Hawthorn Rd. Bren —7B 80
Hawthorn Rd. Buck H —4G 21
Hawthorn Rd. Sutt —6C 150
Hawthorn Rd. Wall —7F 151
Hawthorns. Wfd G —3D 20
Hawthorns, The. Eps —7B 148
Hawthorn Wlk. W10 —4G 65
Hawthorn Way. N9 —2K 17
Hawthorn Way. Shep —4F 131
Hawtrey Av. N'holt —2B 60
Hawtrey Dri. Ruis —7J 23
Hawtrey Rd. NW3 —7C 48
Haxted Rd. Brom —1K 143
Hay Clo. E15 —7G 53
Haycroft Gdns. NW10 —1C 64
Haycroft Rd. SW2 —5J 103
Haycroft Rd. Surb —2D 146
Hay Currie St. E14 —6D 70
Hayday Rd. E16 —5J 71
Haydens M. W3 —6J 63
Hayden's Pl. W11 —6H 65
Hayden Way. Romf —2J 39
Haydock Av. N'holt —6E 42
Haydock Grn. N'holt —6E 42
Haydock Grn. Flats. N'holt —6E 42
(off Haydock Grn.)
Haydon Clo. NW9 —4J 27
Haydon Clo. Enf —6K 7
Haydon Dri. Pinn —4J 23
Haydon Pk. Rd. SW19 —5J 119
Haydon Rd. Dag —2C 56
Haydons Rd. SW19 —5K 119
Haydon St. EC3 —7F 69 (2J 169)
Haydon Wlk. E1 —6F 69 (1K 169)
Haydon Way. SW11 —4B 102
Hayes. —1J 155
(Bromley)
Hayes. —6G 59
(Hillingdon)
Hayes Bri. Retail Cen. Hay —7A 60
Hayes Chase. W W'ck —6F 143
Hayes Clo. Brom —2J 155
Hayes Ct. SE5 —7C 86
(off Camberwell New Rd.)
Hayes Ct. SW2 —1J 121
Hayes Cres. NW11 —5H 29
Hayes Cres. Sutt —4F 149
Hayes End. —5F 59
Hayes End Clo. Hay —5F 59
Hayes End Dri. Hay —4F 59
Hayes End Rd. Hay —4F 59
Hayes F.C. —7H 59
Hayesford Pk. Dri. Brom —5H 143
Hayes Garden. Brom —2J 155
Hayes Hill. Brom —1G 155
Hayes Hill Rd. Brom —1H 155
Hayes La. Beck —3E 142
Hayes La. Brom —5J 143
Hayes Mead Rd. Brom —1G 155
Hayes Metro Cen. Hay —7A 60
Hayes Pl. NW1 —4C 66 (4D 158)
Hayes Rd. Brom —4J 143
Hayes Rd. S'hall —4K 77
Hayes St. Brom —1K 155
Hayes Town. —2H 77
Hayes Way. Beck —4E 142
Hayes Wood Av. Brom & Hayes —1K 155
Hayfield Pas. E1 —4J 69
Hayfield Yd. E1 —4J 69
Haygarth Pl. SW19 —5F 119
Haygreen Clo. King T —6H 117
Hay Hill. W1 —7F 67 (3K 165)
Hayland Clo. NW9 —4K 27
Hay La. NW9 —4J 27
Hayles Bldgs. SE11 —4B 86
(off Elliotts Row)
Hayles St. SE11 —4B 86
Haylett Gdns. King T —4D 134
Hayling Av. Felt —3J 113
Hayling Clo. N16 —5E 50
Hayling Ct. Sutt —4E 148
Haymaker Clo. Uxb —7B 40
Hayman Cres. Hay —2F 59
Haymans Point. SE11 —4K 85 (4G 173)
Hayman St. N1 —7B 50
Haymarket. SW1 —7H 67 (3C 166)
Haymarket Arc. SW1 —3C 166
Haymer Gdns. Wor Pk —3C 148
Haymerle Ho. SE15 —6G 87
(off Haymerle Rd.)
Haymerle Rd. SE15 —6G 87
Haymill Clo. Gnfd —3K 61
Hayne Ho. W11 —1G 83
(off Penzance Pl.)
Hayne Rd. Beck —2B 142
Haynes Clo. N11 —3K 15
Haynes Clo. N17 —7C 18
Haynes Clo. SE3 —3G 107
Haynes La. SE19 —6E 122
Haynes Rd. Wemb —7E 44
Hayne St. EC1 —5B 68 (5B 162)
Haynt Wlk. SW20 —3G 137
Hay's Galleria. SE1 —1E 86 (4G 169)
Hays La. SE1 —1E 86 (4G 169)
Haysleigh Gdns. SE20 —2G 141
Hay's M. W1 —1F 85 (4J 165)
Haysoms Clo. Romf —4K 39
Haystall Clo. Hay —2G 59
Hay St. E2 —1G 69
Hayter Ct. E11 —2K 53
Hayter Rd. SW2 —5J 103
Hayton Clo. E8 —6F 51
Hayward Clo. SW19 —7K 119
Hayward Clo. Dart —5K 111
Hayward Ct. SW9 —2J 103
(off Clapham Rd.)
Hayward Gallery. —4H 167
Hayward Gdns. SW15 —6E 100
Hayward Rd. N20 —2F 15
Hayward Rd. Th Dit —7K 133
Haywards Clo. Chad H —5B 38
Hayward's Pl. EC1 —4B 68 (3A 162)
Haywards Yd. SE4 —5B 106
(off Lindal Rd.)
Haywood Clo. Pinn —2B 24
Haywood Lodge. N11 —6D 16
(off Oak La.)
Haywood Rd. Brom —4B 144
Hayworth Clo. Enf —2F 9
Hazel Av. W Dray —3C 76
Hazel Bank. SE25 —2E 140
Hazel Bank. Surb —1J 147
Hazelbank Rd. SE6 —2F 125
Hazelbourne Rd. SW12 —6F 103
Hazelbury Clo. SW19 —2J 137
Hazelbury Grn. N9 —3K 17
Hazelbury La. N9 —3K 17
Hazel Clo. N13 —3J 17
Hazel Clo. N19 —2G 49
Hazel Clo. SE15 —2G 105
Hazel Clo. Bren —7B 80
Hazel Clo. Croy —7K 141
Hazel Clo. Mitc —4H 139
Hazel Clo. Twic —7G 97
Hazel Ct. W5 —7E 62
Hazel Cres. Romf —1H 39
Hazel Cft. Pinn —6A 10
Hazelcroft Clo. Uxb —7B 40
Hazeldean Rd. NW10 —7K 45
Hazeldene Dri. Pinn —3A 24
Hazeldene Gdns. Uxb —1E 58
Hazeldene Rd. Ilf —2B 56
Hazeldene Rd. Well —2C 110
Hazeldon Rd. SE4 —5A 106
Hazeleigh Gdns. Wfd G —5H 21
Hazel Gdns. Edgw —4C 12
Hazelgreen Clo. N21 —1G 17
Hazel Gro. SE26 —4K 123
Hazel Gro. Orp —2E 156
Hazel Gro. Romf —3E 38
Hazel Gro. Wemb —1E 62
Hazelhurst. Beck —1F 143
Hazelhurst Ct. SE6 —5E 124
(off Beckenham Hill Rd.)
Hazelhurst Rd. SW17 —4A 120
Hazel La. Rich —2E 116
Hazellville Rd. N19 —7H 31
Hazelmere Clo. Felt —6G 95
Hazelmere Clo. N'holt —2D 60
Hazelmere Ct. SW2 —1K 121
Hazelmere Dri. N'holt —2D 60
Hazelmere Rd. NW6 —1H 65
Hazelmere Rd. N'holt —2D 60
Hazelmere Rd. Orp —4G 145
Hazelmere Wlk. N'holt —2D 60
Hazelmere Way. Brom —6J 143
Hazel Rd. E15 —5G 53
Hazel Rd. NW10 —3D 64
(in two parts)
Hazeltree La. N'holt —3C 60
Hazel Wlk. Brom —6E 144
Hazel Way. E4 —6G 19
Hazel Way. SE1 —4F 87
Hazelwood Av. Mord —4K 137
Hazelwood Clo. W5 —2E 80
Hazelwood Clo. Harr —4F 25
Hazelwood Ct. N13 —4F 17
(off Hazelwood La.)
Hazelwood Ct. NW10 —3A 46
Hazelwood Ct. Surb —6E 134
Hazelwood Cres. N13 —4F 17
Hazelwood Dri. Pinn —2K 23
Hazelwood Ho. SE8 —4A 88
Hazelwood Houses. Short —3G 143
Hazelwood La. N13 —4F 17
Hazelwood Rd. E17 —5A 34
Hazelwood Rd. Enf —6A 8
Hazlebury Rd. SW6 —2K 101
Hazledean Rd. Croy —2D 152
Hazledene Rd. W4 —6J 81
Hazlemere Gdns. Wor Pk —1C 148
Hazlewell Rd. SW15 —5E 100
Hazlewood Clo. E5 —3A 52
Hazlewood Cres. W10 —4G 65
Hazlewood Tower. W10 —4G 65
(off Golborne Gdns.)
Hazlitt Clo. Felt —4C 114
Hazlitt M. W14 —3G 83
Hazlitt Rd. W14 —3G 83
Heacham Av. Uxb —3E 40
Headbourne Ho. SE1 —7F 169
Headcorn Pl. T Hth —4K 139
Headcorn Rd. N17 —7A 18
Headcorn Rd. Brom —5H 125
Headcorn Rd. T Hth —4K 139
Headfort Pl. SW1 —2E 84 (7H 165)
Headington Rd. SW18 —2A 120
Headlam Rd. SW4 —6H 103
(in two parts)
Headlam St. E1 —4H 69
Headley App. Ilf —5F 37
Headley Av. Wall —5K 151
Headley Clo. Eps —6G 147
Headley Ct. SE26 —5J 123
Headley Dri. Ilf —6F 37

Henfield Clo. *N19* —1G **49**
Henfield Clo. *Bex* —6G **111**
Henfield Rd. *SW19* —1H **137**
Hengelo Gdns. *Mitc* —4B **138**
Hengist Rd. *SE12* —7K **107**
Hengist Rd. *Eri* —7H **93**
Hengist Way. *Brom* —4G **143**
Hengrave Rd. *SE23* —6J **105**
Hengrove Ct. *Bex* —1E **128**
Hengrove Cres. *Ashf* —3A **112**
Henham Ct. *Romf* —2J **39**
Henley Av. *Sutt* —3G **149**
Henley Clo. *Gnfd* —2G **61**
Henley Clo. *Iswth* —1K **97**
Henley Ct. *N14* —7B **6**
Henley Dri. *SE1* —4F **87**
Henley Dri. *King T* —7B **118**
Henley Gdns. *Pinn* —3K **23**
Henley Gdns. *Romf* —5E **38**
Henley Ho. E2 —4F **69** *(3K 163)*
  (off Swanfield St.)
Henley Prior. N1 —2K **67** *(1G 161)*
  (off Collier St.)
Henley Rd. *E16* —2D **90**
Henley Rd. *N18* —4K **17**
Henley Rd. *NW10* —1E **64**
Henley Rd. *Ilf* —4G **55**
Henley St. *SW11* —2E **102**
Henley Way. *Felt* —5B **114**
Henlow Pl. *Rich* —2D **116**
Henlys Corner. —4H **29**
Henlys Roundabout. —1A **96**
Hennel Clo. *SE23* —3J **123**
Henniker Gdns. *E6* —3B **72**
Henniker M. *SW3*
  —6D **84** *(7A 170)*
Henniker Point. *E15* —5G **53**
  (off Leytonstone Rd.)
Henniker Rd. *E15* —5F **53**
Henningham Rd. *N17* —1D **32**
Henning St. *SW11* —1C **102**
Henrietta Clo. *SE8* —6C **88**
Henrietta Ho. N15 —6E **32**
  (off St Ann's Rd.)
Henrietta Ho. W6 —5E **82**
  (off Queen Caroline St.)
Henrietta M. *WC1* —4J **67** *(3F 161)*
Henrietta Pl. *W1* —6F **67** *(1J 165)*
Henrietta St. *E15* —5E **52**
Henrietta St. *WC2* —7J **67** *(2F 167)*
Henriques St. *E1* —6G **69**
Henry Addlington Clo. *E6* —5F **73**
Henry Clo. *Enf* —1J **7**
Henry Cooper Way. *SE9* —3B **126**
Henry Darlot Dri. *NW7* —5A **14**
Henry Dickens Ct. *W11* —7F **65**
Henry Doulton Dri. *SW17* —4E **120**
Henry Hatch Wlk. *Sutt* —7A **150**
Henry Ho. *SE1* —1A **86** *(5J 167)*
Henry Ho. SW8 —7J **85**
  (off Wyvil Rd.)
Henry Jackson Rd. *SW15* —3F **101**
Henry Macaulay Av. *King T*
  —1D **134**
Henry Peters Dri. *Tedd* —5J **115**
Henry Rd. *E6* —2C **72**
Henry Rd. *N4* —1C **50**
Henry Rd. *Barn* —5G **5**
Henrys Av. *Wfd G* —5C **20**
Henryson Rd. *SE4* —5C **106**
Henry St. *Brom* —1K **143**
Henry's Wlk. *Ilf* —1H **37**
Henry Wise Ho. SW1
  —4G **85** *(4B 172)*
  (off Vauxhall Bri. Rd.)
Hensford Gdns. *SE26* —4H **123**
Henshall St. *N1* —6D **50**
Henshawe Rd. *Dag* —3D **56**

Henshaw St. *SE17* —4D **86**
Henslowe Rd. *SE22* —5G **105**
Henslow Ho. SE15 —7G **87**
  (off Peckham Pk. Rd.)
Henson Av. *NW2* —5E **46**
Henson Path. *Harr* —3D **26**
Henson Pl. *N'holt* —1A **60**
Henstridge Pl. *NW8* —1C **66**
Henty Clo. *SW11* —7C **84**
Henty Wlk. *SW15* —5D **100**
Henville Rd. *Brom* —1K **143**
Henwick Rd. *SE9* —3B **108**
Henwood Side. *Wfd G* —6J **21**
Hepburn Gdns. *Brom* —1G **155**
Hepburn M. *SW11* —5D **102**
Hepple Clo. *Iswth* —2B **98**
Hepplestone Clo. *SW15* —6D **100**
Hepscott Rd. *E9* —6C **52**
Hepworth Ct. N1 —1B **68**
  (off Gaskin St.)
Hepworth Ct. *NW3* —5C **48**
Hepworth Gdns. *Bark* —5A **56**
Hepworth Rd. *SW16* —7J **121**
Hepworth Way. *W on T* —7H **131**
Heracles. NW9 —1B **28**
  (off Five Acre)
Heracles Clo. *Wall* —7J **151**
Hera Ct. *E14* —4C **88**
Herald Gdns. *Wall* —2F **151**
Herald's Pl. *SE11*
  —4B **86** *(3K 173)*
Herald St. *E2* —4H **69**
Herbal Hill. *EC1* —4A **68** *(4K 161)*
Herbal Hill Gdns. *EC1*
  —4A **68** *(4K 161)*
Herbal Pl. EC1 —4A **68** *(4K 161)*
  (off Herbal Hill)
Herbert Cres. *SW1*
  —3D **84** *(1F 171)*
Herbert Gdns. *NW10* —2D **64**
Herbert Gdns. *W4* —6H **81**
Herbert Gdns. *Romf* —7D **38**
Herbert Ho. E1 —6F **69** *(7J 163)*
  (off Old Castle St.)
Herbert Morrison Ho. SW6
  (off Clem Attlee Ct.) —6H **83**
Herbert Pl. *SE18* —6F **91**
Herbert Rd. *E12* —4C **54**
Herbert Rd. *E17* —7B **34**
Herbert Rd. *N11* —7D **16**
Herbert Rd. *N15* —5F **33**
Herbert Rd. *NW9* —6C **28**
Herbert Rd. *SE18* —7E **90**
  (in two parts)
Herbert Rd. *SW19* —7H **119**
  (in two parts)
Herbert Rd. *Bexh* —2E **110**
Herbert Rd. *Brom* —5B **144**
Herbert Rd. *Ilf* —2J **55**
Herbert Rd. *King T* —3F **135**
Herbert Rd. *S'hall* —1D **78**
Herbert St. *E13* —2J **71**
Herbert St. *NW5* —6E **48**
Herbrand Est. *WC1* —3E **160**
Herbrand St. *WC1*
  —4J **67** *(3E 160)*
Hercies Rd. *Uxb* —7B **40**
Hercules Pl. *N7* —3J **49**
  (in two parts)
Hercules Rd. *SE1*
  —3K **85** *(2H 173)*
Hercules St. *N7* —3J **49**
Hercules Tower. *SE14* —6A **88**
Hercules Wharf. *E14* —7G **71**
Hercules Yd. *N7* —3J **49**
Hereford Av. *Barn* —1J **15**
Hereford Bldgs. *SW3*
  —6B **84** *(7B 170)*

Hereford Ct. *W7* —5K **61**
  (off Copley Clo.)
Hereford Ct. *Harr* —4J **25**
Hereford Ct. *Sutt* —7J **149**
Hereford Gdns. *SE13* —5G **107**
Hereford Gdns. *Ilf* —7C **36**
Hereford Gdns. *Pinn* —5C **24**
Hereford Gdns. *Twic* —1G **115**
Hereford Ho. NW6 —2J **65**
  (off Carlton Va.)
Hereford Ho. SW3
  —3C **84** *(1D 170)*
  (off Old Brompton Rd.)
Hereford Ho. SW10 —7K **83**
  (off Fulham Rd.)
Hereford M. *W2* —6J **65**
Hereford Pl. *SE14* —7B **88**
Hereford Retreat. *SE15* —7G **87**
Hereford Rd. *E11* —5K **35**
Hereford Rd. *W2* —6J **65**
Hereford Rd. *W3* —7H **63**
Hereford Rd. *W5* —3C **80**
Hereford Rd. *Felt* —1A **114**
Hereford Sq. *SW7* —4A **84**
Hereford St. *E2* —4G **69**
Hereford Way. *Chess* —5C **146**
Herent Dri. *Ilf* —4C **36**
Hereward Gdns. *N13* —5F **17**
Hereward Rd. *SW17* —4D **120**
Herga Ct. *Harr* —3J **43**
Herga Rd. *Harr* —4K **25**
Heriot Av. *E4* —2H **19**
Heriot Rd. *NW4* —5E **28**
Heriots Clo. *Stan* —4F **11**
Heritage Clo. *SW9* —3B **104**
Heritage Hill. *Kes* —5A **156**
Heritage Vw. *Harr* —3K **43**
Herlwyn Av. *Ruis* —2G **41**
Herlwyn Gdns. *SW17* —4D **120**
Herm Clo. *Iswth* —7G **79**
Hermes Clo. *W9* —4J **65**
Hermes St. *N1* —2A **68** *(1J 161)*
Hermes Wlk. *N'holt* —2E **60**
Hermes Way. *Wall* —7H **151**
Hermon Ho. *N1* —6C **50**
Herm Hn. *Fnf* —1F **8**
Hermiston Av. *N8* —5J **31**
Hermitage Clo. *E18* —4H **35**
Hermitage Clo. *Clay* —6A **146**
Hermitage Clo. *Enf* —2G **7**
Hermitage Clo. *Shep* —4C **130**
Hermitage Ct. E1 —1G **87**
  (off Knighten St.)
Hermitage Ct. *E18* —4J **35**
Hermitage Ct. *NW2* —3J **47**
Hermitage Gdns. *NW2* —3J **47**
Hermitage Gdns. *SE19* —7C **122**
Hermitage Grn. *SW16* —1J **139**
Hermitage La. *N18* —5J **17**
Hermitage La. *NW2* —3J **47**
Hermitage La. *SE25* —6G **141**
  (in two parts)
Hermitage La. *SW16* —7K **121**
Hermitage La. *Croy* & *SE25*
  —7G **141**
Hermitage Path. *SW16* —1J **139**
Hermitage Rd. *N4 & N15* —7B **32**
Hermitage Rd. *SE19* —7C **122**
Hermitage Row. *E8* —5G **51**
Hermitage St. W2
  —5B **66** *(6A 158)*
Hermitage, The. *SE13* —2E **106**
Hermitage, The. *SE23* —1J **123**
Hermitage, The. *SW13* —1B **100**
Hermitage, The. *Felt* —3H **113**
Hermitage, The. *King T* —3E **134**
Hermitage, The. *Rich* —5E **98**
Hermitage, The. *Uxb* —6A **40**

Hermitage Wlk. *E18* —4H **35**
Hermitage Wall. *E1* —1G **87**
Hermitage Way. *Stan* —1A **26**
Hermit Pl. *NW6* —1K **65**
Hermit Rd. *E16* —5H **71**
Hermit St. *EC1* —3B **68** *(1A 162)*
Hermon Gro. *Hay* —1J **77**
Hermon Hill. *E11 & E18* —5J **35**
Herndon Rd. *SW18* —5A **102**
Herne Clo. *NW10* —5K **45**
Herne Ct. *Bush* —1B **10**
Herne Hill. —5C 104
Herne Hill. *SE24* —6C **104**
Herne Hill Ho. SE24 —6B **104**
  (off Railton Rd.)
Herne Hill Rd. *SE24* —3C **104**
Herne Hill Stadium. —4D 104
Herne M. *N18* —4B **18**
Herne Pl. *SE24* —5B **104**
Herne Rd. *Surb* —2D **146**
Heron Clo. *E17* —2B **34**
Heron Clo. *NW10* —6A **46**
Heron Clo. *Buck H* —1D **20**
Heron Clo. *Sutt* —5H **149**
Heron Ct. *E14* —3E **88**
Heron Ct. *Brom* —4A **144**
Heron Ct. *King T* —3E **134**
Heron Ct. *Ruis* —2F **41**
Heron Cres. *Sidc* —3J **127**
Herondale Av. *SW18* —1B **120**
Heron Dri. *N4* —2C **50**
Herongate Clo. *Enf* —2A **8**
Herongate Rd. *E12* —2A **54**
Heron Hill. *Belv* —5F **93**
Heron Ho. *E6* —7C **54**
Heron Ho. NW8 —2C **66** *(1C 158)*
  (off Barrow Hill Est.)
Heron Ho. *W13* —4A **62**
Heron Ho. *Sidc* —3B **128**
Heron Ind. Est. *E15* —2D **70**
Heron M. *Ilf* —2F **55**
Heron Pl. *SE16* —1A **88**
Heron Pl. W1 —6E **66** *(7H 159)*
  (off Thayer St.)
Heron Quay. *E14* —1C **88**
Heron Rd. *SE24* —4C **104**
Heron Rd. *Croy* —2E **152**
Heron Rd. *Twic* —4A **98**
Heronsforde. *W13* —6C **62**
Herons Ga. *Edgw* —5B **12**
Heron's Lea. *N6* —6D **30**
Heronslea Dri. *Stan* —5K **11**
Heron's Pl. *Iswth* —3B **98**
Heron Sq. *Rich* —5D **98**
Herons Ri. *New Bar* —4H **5**
Herons, The. *E11* —6H **35**
Heron Trad. Est. *W3* —5H **63**
Heron Way. *Wfd G* —4F **21**
Herrick Rd. *N5* —3C **50**
Herrick St. *SW1* —4H **85** *(4D 172)*
Herries St. *W10* —2G **65**
Herringham Rd. *SE7* —3A **90**
Herron Ct. *Short* —4H **143**
Hersant Clo. *NW10* —1C **64**
Herschell M. *SE5* —3C **104**
Herschell Rd. *SE23* —7A **106**
Hersham Clo. *SW15* —7C **100**
Hershell Ct. *SW14* —4H **99**
Hertford Av. *SW14* —5K **99**
Hertford Clo. *Barn* —3G **5**
Hertford Ct. E6 —3D **72**
  (off Vicarage La.)
Hertford Ct. *N13* —3F **17**
Hertford Pl. *W1* —4G **67** *(4B 160)*
Hertford Rd. *N1* —1E **68**
  (in two parts)
Hertford Rd. *N2* —3C **30**
Hertford Rd. *N9 & Wal X* —2C **18**

Hertford Rd. *Bark* —7E **54**
Hertford Rd. *Barn* —3F **5**
Hertford Rd. *Ilf* —6J **37**
Hertford Sq. *Mitc* —4J **139**
Hertford St. *W1* —1F **85** *(5J 165)*
Hertford Wlk. *Belv* —5G **93**
Hertford Way. *Mitc* —4J **139**
Hertslet Rd. *N7* —3K **49**
Hertsmere Ho. *E14* —7C **70**
Hertsmere Rd. *E14* —1C **88**
Hertswood Ct. *Barn* —4B **4**
Hervey Clo. *N3* —1J **29**
Hervey Pk. Rd. *E17* —4A **34**
Hervey Rd. *SE3* —1K **107**
Hervey Way. *N3* —1J **29**
Hesa Rd. *Hay* —6J **59**
Hesewall Clo. *SW4* —2G **103**
Hesketh Pl. *W11* —7G **65**
Hesketh Rd. *E7* —3J **53**
Heslop Rd. *SW12* —1D **120**
Hesper M. *SW5* —4K **83**
Hesperus Clo. *E14* —4D **88**
Hesperus Cres. *E14* —4D **88**
Hessel Rd. *W13* —2A **80**
Hessel St. *E1* —6H **69**
Hestercombe Av. *SW6* —2G **101**
Hesterman Way. *Croy* —1K **151**
Hester Rd. *N18* —5B **18**
Hester Rd. *SW11* —7C **84**
Hester Ter. *Rich* —3G **99**
Heston. —7E 78
Heston Av. *Houn* —6C **78**
Heston Cen., The. *Houn* —5A **78**
Heston Grange. *Houn* —6D **78**
Heston Grange La. *Houn* —6D **78**
Heston Ho. *SE8* —1C **106**
Heston Ind. Cen. *Houn* —6A **78**
Heston Ind. Mall. Houn —7D **78**
Heston Rd. *Houn* —7E **78**
Heston St. *SE14* —1C **106**
Hetherington Rd. *SW4* —4J **103**
Hetherington Rd. *Shep* —2E **130**
Hetherington Way. *Uxb* —4A **40**
Hethpool Ho. *W2* —4A **158**
Hetley Gdns. *SE19* —7F **123**
Hotley Ho. W12 —2D **82**
  (off Hetley Rd.)
Hetley Rd. *W12* —1D **82**
Heton Gdns. *NW4* —4D **28**
Hevelius Clo. *SE10* —5H **89**
Hever Cft. *SE9* —4E **126**
Hever Gdns. *Brom* —2E **144**
Heverham Rd. *SE18* —4J **91**
Heversham Ho. *SE15* —6J **87**
Heversham Rd. *Bexh* —2G **111**
Hewens Rd. *Uxb* —4E **58**
Hewer St. *W10* —5F **65**
Hewett Clo. *Stan* —4G **11**
Hewett Rd. *Dag* —5D **56**
Hewett St. *EC2* —4E **68** *(4H 163)*
Hewish Rd. *N18* —4K **17**
Hewison St. *E3* —2B **70**
Hewitt Av. *N22* —2B **32**
Hewitt Clo. *Croy* —3C **154**
Hewitt Rd. *N8* —5A **32**
Hewlett Rd. *E3* —2A **70**
Hexagon, The. *N6* —1D **48**
Hexal Rd. *SE6* —3G **125**
Hexham Gdns. *Iswth* —7A **80**
Hexham Rd. *SE27* —2C **122**
Hexham Rd. *Barn* —4E **4**
Hexham Rd. *Mord* —1K **149**
Heybourne Rd. *N17* —7C **18**
Heybridge Av. *SW16* —7J **121**
Heybridge Dri. *Ilf* —2H **37**
Heybridge Way. *E10* —7A **34**
Heydon Ho. SE14 —1J **105**
  (off Kender St.)

Heyford Av. SW8 —7J 85
Heyford Av. SW20 —3H 137
Heyford Rd. Mitc —2C 138
Heyford Ter. SW8 —7J 85
Heygate St. SE17 —4C 86
Heylyn Sq. E3 —3B 70
Heynes Rd. Dag —4C 56
Heysham La. NW3 —3K 47
Heysham Rd. N15 —6D 32
Heythorp St. SW18 —1H 119
Heythrop Dri. Ick —4B 40
Heywood Av. NW9 —1A 28
Heywood Ct. Stan —5H 11
Heyworth Rd. E5 —4H 51
Heyworth Rd. E15 —5H 53
Hibbert Rd. E17 —7B 34
Hibbert Rd. Harr & W'stone —2K 25
Hibbert St. SW11 —3B 102
Hibernia Gdns. Houn —4E 96
Hibernia Point. SE2 —2D 92 (off Wolvercote Rd.)
Hibernia Rd. Houn —4E 96
Hibiscus Clo. Edgw —4D 12
Hichisson Rd. SE15 —5J 105
Hickes Ho. NW6 —7B 48
Hickey's Almshouses. Rich —4F 99
Hickin Clo. SE7 —4B 90
Hickin St. E14 —3E 88
Hickleton. NW1 —1G 67 (off Camden St.)
Hickling Rd. Ilf —5F 55
Hickman Av. E4 —6K 19
Hickman Clo. E16 —5B 72
Hickman Rd. Romf —7C 38
Hickmore Wlk. SW4 —3H 103
Hickory Clo. N9 —7B 8
Hicks Av. Gnfd —3H 61
Hicks Clo. SW11 —3C 102
Hicks Ct. Dag —3H 57
Hicks St. SE8 —5A 88
Hidcote Gdns. SW20 —3D 136
Hide. E6 —6E 72
Hide Pl. SW1 —4H 85 (4C 172)
Hider Ct. SE3 —7A 90
Hide Rd. Harr —4G 25
Hides St. N7 —6K 49
Hide Tower. SW1 —4H 85 (4C 172) (off Regency St.)
Higgins Ho. N1 —1E 68 (off Colville Est.)
Higginson Ho. NW3 —7D 48
Higgins Wlk. Hamp —6C 114 (off Abbott Clo.)
Higgs Ind. Est. SE24 —3B 104
High Acres. Enf —3G 7
Higham Hill. —2A 34
Higham Hill Rd. E17 —1A 34
Higham Path. E17 —3A 34
Higham Pl. E17 —3A 34
Higham Rd. N17 —3D 32
Higham Rd. Wfd G —6D 20
Highams Ct. E4 —3A 20
Highams Lodge Bus. Cen. E17 —3K 33
Highams Park. —6A 20
Highams Pk. Ind. Est. E4 —6K 19
Higham Sta. Av. E4 —6H 19
Highams, The. E17 —1E 34
Higham St. E17 —3A 34
Highbanks Clo. Well —7B 92
Highbanks Rd. Pinn —6A 10
Highbank Way. N8 —6A 32
High Barnet. —2A 4
Highbarrow Rd. Croy —1G 153
High Beech. N21 —6E 6
High Beech. S Croy —7E 152
High Beeches. Sidc —5E 128
High Birch Ct. New Bar —4H 5 (off Park Rd.)
High Bri. SE10 —5F 89
Highbridge Rd. Bark —1F 73
Highbrook Rd. SE3 —3B 108
High Broom Cres. W W'ck —7D 142
Highbury. —4B 50
Highbury Av. T Hth —2A 140
Highbury Barn. N5 —4C 50
Highbury Clo. N Mald —4J 135
Highbury Clo. W W'ck —2D 154
Highbury Corner. —6B 50
Highbury Cres. N5 —5B 50
Highbury Est. N5 —5C 50
Highbury Gdns. Ilf —2J 55
Highbury Grange. N5 —4C 50
Highbury Gro. N5 —5B 50
Highbury Hill. N5 —3A 50
Highbury M. N7 —6A 50
Highbury New Pk. N5 —5C 50
Highbury Pk. N5 —3B 50
Highbury Pk. M. N5 —4C 50
Highbury Pl. N5 —6B 50
Highbury Quad. N5 —3C 50
Highbury Rd. SW19 —5G 119
Highbury Sta. Rd. N1 —6A 50
Highbury Ter. N5 —5B 50
Highbury Ter. M. N5 —5B 50
High Cedar Dri. SW20 —7E 118
Highclere Rd. N Mald —3K 135
Highclere St. SE26 —4A 124
Highcliffe. W13 —5B 62 (off Clivedon Ct.)
Highcliffe Dri. SW15 —6B 100
Highcliffe Gdns. Ilf —5C 36
Highcombe. SE7 —6K 89
Highcombe Clo. SE9 —1B 126
High Coombe Pl. King T —6K 117
High Cft. NW9 —5A 28
Highcroft Av. Wemb —7G 45
Highcroft Est. N19 —7J 31
Highcroft Gdns. NW11 —6H 29
Highcroft Rd. N19 —7J 31
High Cross Cen., The. N15 —4G 33
High Cross Rd. N17 —3G 33
Highcross Way. SW15 —1C 118
Highdaun Dri. SW16 —4K 139
Highdown. Wor Pk —2A 148
Highdown Rd. SW15 —6D 100
High Dri. N Mald —1J 135
High Elms. Wfd G —5D 20
Highfield. Bus H —2D 10
Highfield. Felt —1J 113
Highfield Av. NW9 —5J 27
Highfield Av. NW11 —7F 29
Highfield Av. Eri —6H 93
Highfield Av. Gnfd —5J 43
Highfield Av. Pinn —5D 24
Highfield Av. Wemb —3F 45
Highfield Clo. N22 —1A 32
Highfield Clo. NW9 —5J 27
Highfield Clo. SE13 —6F 107
Highfield Clo. N'wd —1G 23
Highfield Clo. Surb —1C 146
Highfield Ct. N14 —6B 6
Highfield Ct. NW11 —6G 29
Highfield Cres. N'wd —1G 23
Highfield Dri. Brom —4G 143
Highfield Dri. Eps —6B 148
Highfield Dri. Ick & Uxb —4A 40
Highfield Dri. W W'ck —2D 154
Highfield Gdns. NW11 —6G 29
Highfield Hill. SE19 —7D 122
Highfield Rd. N21 —2G 17
Highfield Rd. NW11 —6G 29
Highfield Rd. W3 —5H 63
Highfield Rd. Bexh —5F 111
Highfield Rd. Brom —4D 144
Highfield Rd. Chst —3K 145
Highfield Rd. Felt —2J 113
Highfield Rd. Iswth —1K 97
Highfield Rd. N'wd —1G 23
Highfield Rd. Sun —5H 131
Highfield Rd. Surb —7J 135
Highfield Rd. Sutt —5C 150
Highfield Rd. W on T —7J 131
Highfield Rd. Wfd G —7H 21
Highfields. Sutt —2J 149
Highfields Gro. N6 —1D 48
High Foleys. Clay —7B 146
High Gables. Brom —2G 143
Highgate. —1F 49
Highgate Av. N6 —7F 31
Highgate Cemetery. —2F 49
Highgate Clo. N6 —7E 30
Highgate Edge. N2 —5C 30
Highgate Heights. N6 —6G 31
Highgate High St. N6 —1E 48
Highgate Hill. N6 & N19 —1F 49
Highgate Ho. SE26 —3G 123
Highgate Rd. N6 —3E 48
Highgate Spinney. N8 —6H 31
Highgate Wlk. SE23 —2J 123
Highgate W. Hill. N6 —2E 48
High Gro. SE18 —7H 91
High Gro. Brom —1B 144
Highgrove Clo. N11 —5K 15
Highgrove Clo. Chst —1C 144
Highgrove Ct. Beck —7C 124
Highgrove Ct. Sutt —6J 149
Highgrove M. Cars —3D 150
Highgrove Rd. Dag —5C 56
Highgrove Way. Ruis —6J 23
High Hill Est. E5 —1H 51
High Hill Ferry. E5 —1H 51
High Holborn. WC1 —6J 67 (7E 160)
Highland Av. W7 —6J 61
Highland Av. Dag —3J 57
Highland Cotts. Wall —4G 151
Highland Ct. E18 —1K 35
Highland Cft. Beck —5D 124
Highland Dri. Bush —1A 10
Highland Pk. Felt —4H 113
Highland Rd. SE19 —6E 122
Highland Rd. Bexh —5G 111
Highland Rd. Brom —1H 143
Highland Rd. N'wd —2H 23
Highlands. N20 —2H 15
Highlands Av. N21 —5E 6
Highlands Av. W3 —7J 63
Highlands Clo. N4 —7J 31
Highlands Clo. Houn —1F 97
Highlands Ct. SE19 —6E 122
Highlands Gdns. Ilf —1D 54
Highlands Heath. SW15 —7E 100
Highlands Rd. Barn —5D 4
Highlands, The. Barn —4D 4
Highlands, The. Edgw —2H 27
Highlands Village. —5E 6
Highland Ter. SE13 —3D 106 (off Claybank Gro.)
High La. W7 —5H 61 (in two parts)
Highlawn Hall. Harr —3J 43
Highlea Clo. NW9 —7F 13
High Level Dri. SE26 —4G 123
Highlever Rd. W10 —5E 64
Highmead. N18 —5B 18 (off Alpha Rd.)
Highmead. SE18 —7K 91
High Mead. Harr —5J 25
High Mead. W W'ck —2F 155
Highmead Cres. Wemb —7F 45
High Mdw. Clo. Pinn —4A 24
High Mdw. Cres. NW9 —5K 27
High Meads Rd. E16 —6B 72
Highmore Rd. SE3 —7G 89
High Mt. NW4 —6C 28
High Oaks. Enf —1E 6
High Pde., The. SW16 —3J 121
High Pk. Av. Rich —1G 99
High Pk. Rd. Rich —1G 99
High Path. SW19 —1K 137
Highpoint. N6 —7E 30
High Point. SE9 —3F 127
High Ridge. N10 —1F 31
High Ridge Pl. Enf —1E 6 (off Oak Av.)
High Rd. E18 —1J 35
High Rd. N11 —5A 16
High Rd. N15 & N17 —5F 33
High Rd. N22 —1K 31
High Rd. NW10 —6A 46
High Rd. Buck H & Lou —2E 20
High Rd. Bus H & Bush —1C 10
High Rd. Chig —5K 21
High Rd. Eastc —6J 23
High Rd. Harr —7D 10
High Rd. Hay —5G 59
High Rd. Ick —3D 40
High Rd. Ilf & Romf —3F 55 (in five parts)
High Rd. Romf —7D 38
High Rd. Wemb —5D 44
High Rd. E. Finchley. N2 —1B 30
High Rd. Leyton. E10 & E15 —6D 34
High Rd. Leytonstone. E11 & E15 —4G 53
High Rd. N. Finchley. N12 —3F 15
High Rd. Whetstone. N20 —7F 5
High Rd. Woodford Grn. Wfd G —6C 20
High Sheldon. N6 —6D 30
Highshore Rd. SE15 —2F 105 (in two parts)
Highstead Cres. Eri —1K 111
Highstone Av. E11 —6J 35
Highstone Ct. E11 —6H 35 (off New Wanstead)
Highstone Mans. NW1 —7G 49 (off Camden Rd.)
High St. E11 —5J 35
High St. E13 —2J 71
High St. E15 —2E 70
High St. E17 —5A 34
High St. N8 —4J 31
High St. N14 —1C 16
High St. NW7 —5J 13
High St. SE20 —6J 123
High St. SE25 —4F 141
High St. SW19 —7B 120 (Colliers Wood)
High St. SW19 —5F 119 (Wimbledon)
High St. W3 —1H 81
High St. W5 —1D 80
High St. B'side —3G 37
High St. Barn —3B 4
High St. Beck —2C 142
High St. Bren —7C 80
High St. Brom —2J 143
High St. Cars —5E 150
High St. Cheam —6G 149
High St. Chst —6F 127
High St. Cran —1J 95
High St. Croy —2C 152 (in two parts)
High St. Edgw —6B 12
High St. Enf —5D 8
High St. Ewe —7B 148
High St. Felt —3H 113
High St. Hamp —1G 133
High St. Hamp H —6G 115
High St. Hamp W —1C 134
High St. Harm —6A 76
High St. Harr —1J 43 (HA1)
High St. Harr —2J 25 (HA3)
High St. Hay —6F 77
High St. Houn —3F 97
High St. King T —3D 134
High St. N Mald —4A 136
High St. N'wd —1H 23
High St. Pinn —3C 24
High St. Romf —5K 39
High St. Ruis —7G 23
High St. Shep —6D 130
High St. S'hall —1D 78
High St. Stanw —6A 94
High St. Sutt —4K 149
High St. Tedd —5K 115
High St. Th Dit —6A 134
High St. T Hth —4C 140
High St. Uxb —1A 58
High St. W on T —7J 131
High St. W'stone —2J 25
High St. Wemb —4F 45
High St. W Dray —7A 58
High St. W Mol —4E 132
High St. W W'ck —1D 154
High St. Whit —7G 97
High St. Harlesden. NW10 —2B 64
High St. M. SW19 —5G 119
High St. N. E12 & E6 —5C 54
High St. S. E6 —2D 72
High Timber St. EC4 —7C 68 (2C 168)
High Tor Clo. Brom —7K 125
High Trees. N20 —3F 15
High Trees. SW2 —1A 122
High Trees. Barn —5H 5
High Trees. Croy —1A 154
Hightrees Ct. W7 —7J 61
Highview. N6 —6G 31
Highview. NW7 —3E 12
Highview. N'holt —3C 60
High Vw. Pinn —4A 24
Highview Av. Edgw —4D 12
Highview Av. Wall —5K 151
High Vw. Clo. SE19 —2F 141
High Vw. Ct. Har W —7D 10
Highview Gdns. N3 —3G 29
Highview Gdns. N11 —5B 16
Highview Gdns. Edgw —4D 12
Highview Ho. Romf —4E 38
High Vw. Pde. Ilf —5D 36
High Vw. Rd. E18 —2H 35
High Vw. Rd. N2 —1D 30
Highview Rd. SE19 —6D 122
Highview Rd. W13 —5A 62
High Vw. Rd. Sidc —4B 128
Highway, The. E1 & E14 —7G 69
Highway, The. Stan —1K 25
Highway, The. Sutt —7A 150
Highway Trad. Cen., The. E1 —7K 69 (off Heckford St.)
Highwood. Short —3G 143
Highwood Av. N12 —4F 15
Highwood Ct. N12 —3F 15
Highwood Ct. Barn —5D 4
Highwood Gdns. Ilf —5D 36
Highwood Gro. NW7 —5E 12
Highwood Hill. —3G 13
Highwood Hill. NW7 —2G 13
Highwood Rd. N19 —3J 49
High Worple. Harr —7D 24
Highworth Rd. N11 —6C 16
Highworth St. NW1 —5D 158

Hilary Av. *Mitc* —3E **138**
Hilary Clo. *E11* —5J **35**
Hilary Clo. *SW6* —7K **83**
Hilary Clo. *Eri* —1H **111**
Hilary Dennis Ct. *E11* —4J **35**
Hilary Rd. *W12* —6B **64**
(in two parts)
Hilbert Rd. *Sutt* —3F **149**
Hilborough Ct. *E8* —7F **51**
Hilda Ct. *Surb* —7D **134**
Hilda Rd. *E6* —7B **54**
Hilda Rd. *E16* —4G **71**
Hilda Ter. *SW9* —2A **104**
Hilda Va. Clo. *Orp* —4E **156**
Hilda Va. Rd. *Orp* —4E **156**
Hildenborough Gdns. *Brom* —6G **125**
*Hildenborough Ho. Beck —7B **124***
(off Bethersden Clo.)
Hildenlea Pl. *Brom* —2F **143**
Hildreth St. *SW12* —1F **121**
Hildyard Rd. *SW6* —6J **83**
Hiley Rd. *NW10* —3E **64**
Hilgrove Rd. *NW6* —7A **48**
Hiliary Gdns. *Stan* —2C **26**
*Hillary. N8 —3J **31***
(off Boyton Clo.)
Hillary Cres. *W on T* —7A **132**
Hillary Ri. *Barn* —4D **4**
Hillary Rd. *S'hall* —3E **78**
Hillbeck Clo. *SE15* —7J **87**
Hillbeck Way. *Gnfd* —1H **61**
Hillborne Clo. *Hay* —5J **77**
Hillboro Ct. *E11* —7F **35**
Hillborough Clo. *SW19* —7A **120**
Hillbrook Rd. *SW17* —3D **120**
Hill Brow. *Brom* —1B **144**
Hillbrow. *N Mald* —3B **136**
Hill Brow Clo. *Bex* —4K **129**
Hillbrow Rd. *Brom* —7G **125**
Hillbury Av. *Harr* —5B **26**
Hillbury Rd. *SW17* —3F **121**
Hill Clo. *NW2* —3D **46**
Hill Clo. *NW11* —6J **29**
Hill Clo. *Chst* —5F **127**
Hill Clo. *Harr* —3J **43**
Hill Clo. *Stan* —4G **11**
Hillcote Av. *SW16* —7A **122**
Hill Ct. *W5* —4F **63**
Hill Ct. *Barn* —4H **5**
Hill Ct. *N'holt* —5E **42**
Hillcourt Av. *N12* —6E **14**
Hillcourt Est. *N16* —1D **50**
Hillcourt Rd. *SE22* —6H **105**
Hill Cres. *N20* —2E **14**
Hill Cres. *Bex* —1J **129**
Hill Cres. *Harr* —5A **26**
Hill Cres. *Surb* —5F **135**
Hill Cres. *Wor Pk* —2E **148**
Hillcrest. *N6* —7E **30**
Hillcrest. *N21* —7F **7**
Hillcrest. *SE5* —4D **104**
Hillcrest. *Sidc* —7A **110**
Hill Crest. *Surb* —7E **134**
Hillcrest Av. *NW11* —5H **29**
Hillcrest Av. *Edgw* —4C **12**
Hillcrest Av. *Pinn* —4B **24**
Hillcrest Clo. *SE26* —4G **123**
Hillcrest Clo. *Beck* —6B **142**
Hillcrest Ct. *Romf* —1K **39**
Hillcrest Ct. *Sutt* —6B **150**
Hillcrest Gdns. *N3* —4G **29**
Hillcrest Gdns. *NW2* —3C **46**
Hillcrest Gdns. *Esh* —3A **146**
Hillcrest Rd. *E17* —2F **35**
Hillcrest Rd. *E18* —2J **35**
Hillcrest Rd. *W3* —1G **81**
Hillcrest Rd. *W5* —5E **62**
Hillcrest Rd. *Brom* —5J **125**
Hillcrest Vw. *Beck* —6B **142**
Hillcroft Av. *Pinn* —6D **24**
Hillcroft Cres. *W5* —6E **62**
Hillcroft Cres. *Ruis* —3B **42**
Hillcroft Cres. *Wemb* —4F **45**
Hillcroft Rd. *E6* —5F **73**
Hillcroome Rd. *Sutt* —6B **150**
Hillcross Av. *Mord* —6F **137**
Hilldale Rd. *Sutt* —4H **149**
Hilldown Ct. *SW16* —7J **121**
Hilldown Rd. *SW16* —7J **121**
Hilldown Rd. *Brom* —1G **155**
Hill Dri. *NW9* —1J **45**
Hill Dri. *SW16* —3K **139**
Hilldrop Cres. *N7* —5H **49**
Hilldrop Est. *N7* —4H **49**
Hilldrop La. *N7* —5H **49**
Hilldrop Rd. *N7* —5H **49**
Hilldrop Rd. *Brom* —6K **125**
Hillend. *SE18* —1E **108**
*Hillersden Ho. SW1 —5F **85** (5J **171**)*
(off Ebury Bri. Rd.)
Hillersdon Av. *SW13* —2C **100**
Hillersdon Av. *Edgw* —5A **12**
Hillery Clo. *SE17* —4D **86**
Hill Farm Cotts. *Ruis* —7E **22**
Hill Farm Rd. *W10* —5E **64**
Hill Farm Rd. *Uxb* —4F **41**
Hillfield Av. *N8* —5J **31**
Hillfield Av. *NW9* —5A **28**
Hillfield Av. *Mord* —6C **138**
Hillfield Av. *Wemb* —7E **44**
Hillfield Clo. *Harr* —4G **25**
Hillfield Ct. *NW3* —5C **48**
Hillfield Ho. *N5* —5C **50**
Hillfield Pk. *N10* —4F **31**
Hillfield Pk. *N21* —2F **17**
Hillfield Pk. M. *N10* —4F **31**
Hillfield Rd. *NW6* —5H **47**
Hill Fld. Rd. *Hamp* —7D **114**
Hillfoot Av. *Romf* —1J **39**
Hillfoot Rd. *Romf* —1J **39**
Hillgate Pl. *SW12* —7F **103**
Hillgate Pl. *W8* —1J **83**
Hillgate St. *W11* —1J **83**
Hill Gro. *Felt* —2D **114**
Hill Gro. *Romf* —3K **39**
*Hill Ho. E5 —1H **51***
(off Harrington Hill)
Hill Ho. *Brom* —2H **143**
Hillhouse Av. *Stan* —7E **10**
Hill Ho. Clo. *N21* —7F **7**
Hill Ho. Dri. *Hamp* —1E **132**
Hill Ho. Rd. *SW16* —5K **121**
Hilliard Rd. *N'wd* —1H **23**
Hilliards Ct. *E1* —1J **87**
Hillier Clo. *New Bar* —6E **4**
Hillier Gdns. *Croy* —5A **152**
Hillier Lodge. *Tedd* —5H **115**
Hillier Pl. *Chess* —6D **146**
Hillier Rd. *SW11* —6D **102**
Hilliers Av. *Uxb* —3C **58**
Hilliers La. *Croy* —3J **151**
Hillingdon. —3C 58
Hillingdon Av. *Stai* —1A **112**
Hillingdon Cir. *Hil* —6D **40**
Hillingdon Ct. *Harr* —4D **26**
Hillingdon Heath. —4D 58
Hillingdon Hill. *Uxb* —2A **58**
Hillingdon Rd. *Bexh* —2J **111**
Hillingdon Rd. *Uxb* —1A **58**
Hillingdon St. *SE5 & SE17* —6B **86**
(in two parts)
Hillington Gdns. *Wfd G* —2B **36**
Hill La. *Ruis* —1E **40**
Hillman Clo. *Uxb* —5A **40**
Hillman Dri. *W10* —4E **64**
Hillman St. *E8* —6H **51**
Hillmarton Rd. *N7* —5J **49**
Hillmead Dri. *SW9* —4B **104**
*Hillmore Ct. SE13 —3F **107***
(off Belmont Hill)
Hillmore Gro. *SE26* —5A **124**
Hill Path. *SW16* —5K **121**
Hillreach. *SE18* —5D **90**
Hill Ri. *N9* —6C **8**
Hill Ri. *NW11* —4K **29**
Hill Ri. *SE23* —1H **123**
Hill Ri. *Esh* —2B **146**
Hill Ri. *Gnfd* —7G **43**
Hill Ri. *Rich* —5D **98**
Hill Ri. *Ruis* —1E **40**
Hill Ri. *W on T* —7H **131**
*Hillrise Mans. N19 —7J **31***
(off Warltersville Rd.)
Hillrise Rd. *N19* —7J **31**
Hill Rd. *N10* —1D **30**
Hill Rd. *NW8* —3A **66**
Hill Rd. *Cars* —6C **150**
Hill Rd. *Harr* —5A **26**
Hill Rd. *Mitc* —1F **139**
Hill Rd. *Pinn* —5C **24**
Hill Rd. *Sutt* —5K **149**
Hill Rd. *Wemb* —3B **44**
Hillsboro' Rd. *SE22* —5E **104**
*Hillsborough Ct. NW6 —1K **65***
(off Mortimer Cres.)
Hillsgrove Clo. *Well* —7C **92**
Hillside. —4J 93
Hillside. *N8* —6H **31**
Hillside. *NW5* —3E **48**
Hillside. *NW9* —4K **27**
Hillside. *NW10* —7J **45**
Hillside. *SW19* —6F **119**
Hillside. *Eri* —4J **93**
Hillside. *New Bar* —5F **5**
Hillside Av. *N11* —6J **15**
Hillside Av. *Wemb* —4F **45**
Hillside Av. *Wfd G* —6F **21**
Hillside Clo. *NW8* —2K **65**
Hillside Clo. *Mord* —4G **137**
Hillside Clo. *Wfd G* —5F **21**
Hillside Cres. *Harr* —1G **43**
Hillside Cres. *N'wd* —1J **23**
Hillside Dri. *Edgw* —6B **12**
Hillside Est. *N15* —6F **33**
Hillside Gdns. *E17* —3F **35**
Hillside Gdns. *N6* —6F **31**
Hillside Gdns. *N11* —6B **16**
Hillside Gdns. *SW2* —2A **122**
Hillside Gdns. *Barn* —4B **4**
Hillside Gdns. *Edgw* —4A **12**
Hillside Gdns. *Harr* —7E **26**
Hillside Gdns. *N'wd* —1J **23**
Hillside Gdns. *Wall* —7G **151**
Hillside Gro. *N14* —7C **6**
Hillside Gro. *NW7* —7H **13**
Hillside La. *Brom* —2H **155**
(in two parts)
Hillside Mans. *Barn* —4C **4**
Hillside Pas. *SW16* —2K **121**
Hillside Ri. *N'wd* —1J **23**
Hillside Rd. *N16* —7E **32**
Hillside Rd. *SW2* —2K **121**
Hillside Rd. *W5* —5E **62**
Hillside Rd. *Brom* —3H **143**
Hillside Rd. *Croy* —5B **152**
Hillside Rd. *N'wd* —1J **23**
Hillside Rd. *Pinn* —1K **23**
Hillside Rd. *S'hall* —4E **60**
Hillside Rd. *Surb* —4F **135**
Hillside Rd. *Sutt* —7H **149**
Hills La. *N'wd* —1G **23**
Hillsleigh Rd. *W8* —1H **83**
Hills M. *W5* —7E **62**
Hills Pl. *W1* —6G **67** (1A **166**)
Hills Rd. *Buck H* —1E **20**
Hillstowe St. *E5* —3J **51**
Hill St. *W1* —1E **84** (4H **165**)
Hill St. *Rich* —5D **98**
Hilltop. *E17* —3D **34**
Hilltop. *NW11* —4K **29**
Hill Top. *Mord* —6J **137**
Hill Top. *Sutt* —7H **137**
*Hilltop Ct. NW8 —7A **48***
(off Alexandra Rd.)
Hill Top Ct. *Wfd G* —6J **21**
Hilltop Gdns. *NW4* —2D **28**
Hilltop Rd. *NW6* —7J **47**
Hill Top Vw. *Wfd G* —6J **21**
Hilltop Way. *Stan* —3F **11**
Hillview. *SW20* —7D **118**
Hillview Av. *Harr* —5E **26**
Hillview Clo. *Wemb* —2F **45**
Hill Vw. Cres. *Ilf* —6D **36**
Hill Vw. Dri. *Well* —2J **109**
Hillview Gdns. *NW4* —4F **29**
Hill Vw. Gdns. *NW9* —5K **27**
Hillview Gdns. *Harr* —3E **24**
Hillview Rd. *NW7* —4A **14**
Hillview Rd. *Chst* —5E **126**
Hill Vw. Rd. *Clay* —7A **146**
Hillview Rd. *Sutt* —3A **150**
Hill Vw. Rd. *Twic* —6A **98**
Hillway. *N6* —2E **48**
Hillway. *NW9* —1A **46**
*Hillwood Ho. NW1 —2G **67** (1B **160**)*
(off Polygon Rd.)
Hillworth. *Beck* —2D **142**
Hillworth Rd. *SW2* —7A **104**
Hillyard Ho. *SW9* —1A **104**
Hillyard Rd. *W7* —5J **61**
Hillyard St. *SW9* —1A **104**
Hillyfield. *E17* —2A **34**
Hilly Fields Cres. *SE4* —3C **106**
Hilsea St. *E5* —4J **51**
Hilton Av. *N12* —5G **15**
Hilton Ho. *SE4* —4K **105**
Hilversum Cres. *SE22* —5E **104**
Himley Rd. *SW17* —5C **120**
*Hinchinbrook Ho. NW6 —1K **65***
(off Mortimer Cres.)
Hinchley Clo. *Esh* —4A **146**
Hinchley Dri. *Esh* —3A **146**
Hinchley Way. *Esh* —3A **146**
Hinckley Rd. *SE15* —4G **105**
Hind Ct. *EC4* —6A **68** (1K **167**)
Hind Cres. *Eri & N Hth* —6K **93**
*Hinde Ho. W1 —6E **66** (7H **159**)*
(off Hinde St.)
Hinde M. *W1* —7H **159**
Hindes Rd. *Harr* —5H **25**
Hinde St. *W1* —6E **66** (7H **159**)
Hind Gro. *E14* —6C **70**
Hindhead Clo. *N16* —1E **50**
Hindhead Clo. *Uxb* —5D **58**
Hindhead Gdns. *N'holt* —1C **60**
Hindhead Way. *Wall* —5J **151**
Hindlip Ho. *SW8* —1H **103**
Hindmans Rd. *SE22* —5G **105**
Hindmans Way. *Dag* —4F **75**
Hindmarsh Clo. *E1* —7G **69**
Hindrey Rd. *E5* —5H **51**
Hindsley's Pl. *SE23* —2J **123**
Hinkler Clo. *Wall* —7J **151**
(in two parts)
Hinkler Rd. *Harr* —3D **26**
Hinksey Path. *SE2* —2D **92**
*Hinstock. NW6 —1K **65***
(off Belsize Rd.)
Hinstock Rd. *SE18* —6G **91**
Hinton Av. *Houn* —4B **96**
Hinton Clo. *SE9* —1C **126**
*Hinton Ct. E10 —2D **52***
(off Leyton Grange Est.)
Hinton Ho. *W5* —6C **62**
Hinton Rd. *N18* —4K **17**
Hinton Rd. *SW9* —3B **104**
Hinton Rd. *Wall* —6G **151**
Hippodrome M. *W11* —7G **65**
Hippodrome Pl. *W11* —7G **65**
Hiroshima Promenade. *SE7* —3A **90**
*Hissocks Ho. NW10 —7J **45***
(off Stilton Cres.)
Hitcham Rd. *E17* —7B **34**
Hitchcock Clo. *Shep* —3B **130**
Hitchin Sq. *E3* —2A **70**
Hitherbroom Rd. *Hay* —1J **77**
Hither Farm Rd. *SE3* —3A **108**
Hitherfield Rd. *SW16* —2K **121**
Hitherfield Rd. *Dag* —2E **56**
Hither Green. —6G 107
Hither Grn. La. *SE13* —5E **106**
Hitherwell Dri. *Harr* —1H **25**
Hitherwood Dri. *SE19* —4F **123**
Hive Clo. *Bus H* —2C **10**
Hive Rd. *Bus H* —2C **10**
HMS Belfast. —1E **86** (4H **169**)
Hoadly Rd. *SW16* —3H **121**
Hobart Clo. *N20* —2H **15**
Hobart Clo. *Hay* —4B **60**
Hobart Dri. *Hay* —4B **60**
Hobart Gdns. *T Hth* —3D **140**
Hobart La. *Hay* —4B **60**
Hobart Pl. *SW1* —3F **85** (1J **171**)
Hobart Pl. *Rich* —7F **99**
Hobart Rd. *Dag* —4D **56**
Hobart Rd. *Hay* —4B **60**
Hobart Rd. *Ilf* —2G **37**
Hobart Rd. *Wor Pk* —3D **148**
Hobbayne Rd. *W7* —6H **61**
Hobbes Wlk. *SW15* —5D **100**
*Hobbs Ct. SE1 —2F **87** (6K **169**)*
(off Mill St.)
Hobbs Grn. *N2* —3A **30**
Hobbs M. *Ilf* —2K **55**
Hobbs Pl. *N1* —1E **68**
*Hobbs Pl. Est. N1 —1E **68***
(off Hobbs Pl.)
Hobbs Rd. *SE27* —4C **122**
Hobday St. *E14* —6D **70**
Hobill Wlk. *Surb* —6F **135**
Hoblands End. *Chst* —6J **127**
Hobson's Pl. *E1* —5G **69**
Hobury St. *SW10* —6A **84** (7A **170**)
Hocker St. *E2* —3F **69** (2J **163**)
Hockett Clo. *SE8* —4A **88**
Hockley Av. *E6* —2C **72**
Hockley Ct. *E18* —1J **35**
Hockley M. *Bark* —3J **73**
Hocroft Av. *NW2* —3H **47**
Hocroft Ct. *NW2* —3H **47**
Hocroft Rd. *NW2* —3H **47**
Hocroft Wlk. *NW2* —3H **47**
Hodder Dri. *Gnfd* —2K **61**
Hoddesdon Rd. *Belv* —5G **93**
Hodes Row. *NW3* —4E **48**
Hodford Rd. *NW11* —1H **47**
Hodgkin Clo. *SE28* —7D **74**
Hodister Clo. *SE5* —7C **86**
Hodnet Gro. *SE16* —4K **87**
Hodson Clo. *Harr* —3D **42**
*Hoecroft Ct. Enf —1D **8***
(off Hoe La.)
Hoe La. *Enf* —1B **8**
Hoe St. *E17* —4C **34**
Hoever Ho. *SE6* —4E **124**

Hofland Rd. W14 —3G 83
Hogan M. W2 —5A 66 (5A 158)
Hogan Way. E5 —2G 51
Hogarth Av. Ashf —6E 112
Hogarth Bus. Cen. W4 —6A 82
Hogarth Clo. E16 —5B 72
Hogarth Clo. W5 —5E 62
Hogarth Ct. E1 —6G 69
(off Batty St.)
Hogarth Ct. EC3 —6E 68 (2H 169)
Hogarth Ct. NW1 —7G 49
(off St Pancras Way)
Hogarth Ct. SE19 —4F 123
Hogarth Ct. Houn —7C 78
Hogarth Cres. SW19 —1B 138
Hogarth Cres. Croy —7C 140
Hogarth Gdns. Houn —7E 78
Hogarth Hill. NW11 —4H 29
Hogarth Ho. SW1 —4H 85 (4D 172)
(off Erasmus St.)
Hogarth Ho. N'holt —2B 60
(off Gallery Gdns.)
Hogarth Ind. Est. NW10 —4C 64
Hogarth La. W4 —6A 82
Hogarth Pl. SW5 —4K 83
(off Hogarth Rd.)
Hogarth Rd. SW5 —4K 83
Hogarth Rd. Dag —5B 56
Hogarth Rd. Edgw —2G 27
Hogarth Roundabout. —6A 82
Hogarth's House. —6A 82
Hogarth Ter. W4 —6A 82
Hogarth Way. Hamp —1G 133
Hog Hill Rd. Romf —1F 39
Hogshead Pas. E1 —7H 69
(off Pennington St.)
Hogsmill Wlk. King T —3E 134
(off Penrhyn Rd.)
Hogsmill Way. Eps —5J 147
Holbeach Gdns. Sidc —6J 109
Holbeach M. SW12 —1F 121
Holbeach Rd. SE6 —7C 106
Holbeck Row. SE15 —7G 87
Holbein Ho. SW1 —5E 84 (5G 171)
(off Holbein M.)
Holbein M. SW1 —5E 84 (5G 171)
Holbein Pl. SW1 —4E 84 (4G 171)
Holbein Ter. Dag —4C 56
(off Marlborough Rd.)
Holberton Gdns. NW10 —3D 64
Holborn. —5A 68 (6J 161)
Holborn. EC1 —5A 68 (6J 161)
Holborn Cir. EC1 —5A 68 (6K 161)
Holborn Pl. WC2 —6G 161
Holborn Rd. E13 —5K 71
Holborn Viaduct. EC1 —5A 68 (6K 161)
Holborn Way. Mitc —2D 138
Holbrook Clo. N19 —1F 49
Holbrook Clo. Enf —1A 8
Holbrooke Ct. N7 —3J 49
Holbrooke Pl. Rich —5D 98
Holbrook Ho. Chst —1H 145
Holbrook La. Chst —7H 127
Holbrook Rd. E15 —2H 71
Holbrook Way. Brom —6D 144
Holburne Clo. SE3 —1A 108
Holburne Gdns. SE3 —1B 108
Holburne Rd. SE3 —1A 108
Holcombe Hill. NW7 —3H 13
Holcombe Ho. SW9 —3J 103
(off Landor Rd.)
Holcombe Pl. SE4 —3A 106
(off S. Asaph Rd.)
Holcombe Rd. N17 —3F 33
(in two parts)
Holcombe Rd. Ilf —7E 36
Holcombe St. W6 —4D 82
Holcote Clo. Belv —3E 92
Holcroft Ct. W1 —5A 160
Holcroft Ho. SW11 —3B 102
Holcroft Rd. E9 —7J 51
Holden Av. N12 —5E 14
Holden Av. NW9 —1J 45
Holdenby Rd. SE4 —5A 106
Holden Clo. Dag —3B 56
Holden Ho. N1 —1C 68
(off Prebend St.)
Holden Ho. SE8 —7C 88
Holdenhurst Av. N12 —7F 15
Holden Rd. N12 —5E 14
Holden St. SW11 —2E 102
Holder Clo. N3 —7E 14
Holdernesse Clo. Isw th —1A 98
Holdernesse Rd. SW17 —3D 120
Holderness Ho. SE5 —3E 104
Holderness Way. SE27 —5B 122
Holders Hill. —2F 29
Holder's Hill Av. NW4 —2F 29
Holders Hill Cir. NW7 —7B 14
Holders Hill Cres. NW4 —2F 29
Holders Hill Dri. NW4 —3F 29
Holder's Hill Gdns. NW4 —2G 29
Holders Hill Rd. NW4 & NW7 —2F 29
Holford Ho. SE16 —4H 87
(off Camilla Rd.)
Holford M. WC1 —1J 161
Holford Pl. WC1 —3K 67 (1H 161)
Holford Rd. NW3 —3A 48
Holford St. WC1 —3K 67 (1J 161)
Holford Yd. WC1 —2A 68
Holgate Av. SW11 —3B 102
Holgate Gdns. Dag —6G 57
Holgate Rd. Dag —5G 57
Holgate St. SE7 —3B 90
Hollam Ho. N8 —4K 31
Holland Av. SW20 —1B 136
Holland Av. Sutt —7J 149
Holland Clo. Brom —2H 155
Holland Clo. New Bar —7G 5
Holland Clo. Romf —5J 39
Holland Clo. Stan —5G 11
Holland Ct. E17 —4E 34
(off Evelyn Rd.)
Holland Ct. NW7 —6H 13
Holland Ct. Surb —7D 134
Holland Dri. SE23 —3A 124
Holland Gdns. W14 —3G 83
Holland Gro. SW9 —7A 86
Holland Ho. E4 —4A 20
Holland Park. —1H 83
Holland Park. —2F 83
Holland Pk. —2H 83
Holland Pk. W11 —1G 83
Holland Pk. Av. W11 —2G 83
Holland Pk. Av. Ilf —6J 37
Holland Pk. Gdns. W14 —2G 83
Holland Pk. M. W11 —1G 83
Holland Pk. Rd. W14 —3H 83
Holland Pk. Theatre. —2H 83
Holland Pas. N1 —1C 68
(off Basire St.)
Holland Pl. W8 —2K 83
(off Kensington Chu. St.)
Holland Pl. Chambers. W8 —2K 83
(off Pitt St. La.)
Holland Ri. Ho. SW9 —7K 85
(off Clapham Rd.)
Holland Rd. E6 —1D 72
Holland Rd. E15 —3G 71
Holland Rd. NW10 —1C 64
Holland Rd. SE25 —5G 141
Holland Rd. W14 —2F 83
Holland Rd. Wemb —6D 44
Hollands, The. Felt —4B 114
Hollands, The. Wor Pk —1B 148
Holland St. SE1 —1B 86 (4B 168)
Holland St. W8 —2J 83
Holland Vs. Rd. W14 —2G 83
Holland Wlk. N19 —1H 49
Holland Wlk. W8 —1H 83
(off Holland Pk. Av.)
Holland Wlk. Stan —5F 11
Holland Way. Brom —2H 155
Hollar Rd. N16 —3F 51
Hollen St. W1 —6H 67 (7C 160)
Holles Clo. Hamp —6E 114
Holles Ho. SW9 —2A 104
Holles St. W1 —6F 67 (7K 159)
Holley Rd. W3 —2A 82
Hollick Wood Av. N12 —6J 15
Holliday Sq. SW11 —3B 102
(off Fowler Clo.)
Hollidge Way. Dag —7H 57
Hollies Av. Sidc —2K 127
Hollies Clo. SW16 —6A 122
Hollies Clo. Twic —2K 115
Hollies End. NW7 —5J 13
Hollies Rd. W5 —4C 80
Hollies, The. E11 —5J 35
(off New Wanstead)
Hollies, The. N20 —1G 15
Hollies, The. Harr —4A 26
Hollies Way. SW12 —7E 102
Holligrave Rd. Brom —1J 143
Hollingbourne Av. Bexh —1F 111
Hollingbourne Gdns. W13 —5B 62
Hollingbourne Rd. SE24 —5C 104
Hollingsworth Ct. Surb —7D 134
Hollingsworth Rd. Croy —6H 153
Hollington Ct. Chst —6F 127
Hollington Cres. N Mald —6B 136
Hollington Rd. E6 —3D 72
Hollington Rd. N17 —2G 33
Hollingworth Clo. W Mol —4D 132
Hollingworth Rd. Orp —6F 145
Hollins Ho. N7 —4J 49
Hollisfield. WC1 —3J 67 (2F 161)
(off Cromer St.)
Hollman Gdns. SW16 —6B 122
Holloway. —3J 49
Holloway Clo. W Dray —5A 76
Holloway Ho. NW2 —3E 46
Holloway La. W Dray —6A 76
Holloway Rd. E6 —3D 72
Holloway Rd. E11 —3F 53
Holloway Rd. N7 —4K 49
Holloway Rd. N19 & N7 —2H 49
Holloway St. Houn —3F 97
Hollowfield Wlk. N'holt —7C 42
Hollows, The. Bren —6F 81
Hollow, The. Wfd G —4C 20
Holly Av. Stan —2E 26
Holly Av. W on T —7B 132
Hollybank Clo. Hamp —5E 114
Hollyberry La. NW3 —4A 48
Hollybrake Clo. Chst —7H 127
Hollybush Clo. E11 —5J 35
Hollybush Clo. Harr —1J 25
Hollybush Gdns. E2 —3H 69
Hollybush Hill. E11 —6H 35
Hollybush Hill. NW3 —4A 48
Hollybush Ho. E2 —3H 69
Holly Bush La. Hamp —7D 114
Hollybush Pl. E2 —3H 69
Hollybush Rd. King T —5E 116
Hollybush Steps. NW3 —4A 48
(off Holly Mt.)
Hollybush St. E13 —3K 71
Holly Bush Va. NW3 —4A 48
Hollybush Wlk. SW9 —4B 104
Holly Clo. NW10 —7A 46
Holly Clo. Beck —4E 142
Holly Clo. Buck H —3G 21
Holly Clo. Felt —5C 114
Holly Clo. Wall —7F 151
Holly Cottage M. Uxb —5C 58
Holly Ct. N15 —4E 32
Holly Ct. Sidc —4B 128
(off Sidcup Hill)
Holly Ct. Sutt —7J 149
Holly Cres. Beck —5B 142
Holly Cres. Wfd G —7A 20
Hollycroft Av. NW3 —3J 47
Hollycroft Av. Wemb —2F 45
Hollycroft Clo. S Croy —5E 152
Hollycroft Clo. W Dray —6C 76
Hollycroft Gdns. W Dray —6C 76
Hollydale Clo. N'holt —4F 43
Hollydale Dri. Brom —3D 156
Hollydale Rd. SE15 —1J 105
Holly Dene. SE15 —1H 105
Hollydown Way. E11 —3F 53
Holly Dri. E4 —7J 9
Holly Farm Rd. S'hall —5C 78
Hollyfield Av. N11 —5J 15
Hollyfield Rd. Surb —7F 135
Holly Gdns. W Dray —2B 76
Holly Gro. NW9 —7J 27
Holly Gro. SE15 —2F 105
Hollygrove. Bush —1C 10
Holly Gro. Pinn —1C 24
Hollygrove Clo. Houn —4D 96
Holly Hedge Ter. SE13 —5F 107
Holly Hill. N21 —6E 6
Holly Hill. NW3 —4A 48
Holly Hill Rd. Belv & Eri —5H 93
Holly Ho. W10 —4G 65
(off Hawthorn Wlk.)
Holly Ho. Isw th —6C 80
Holly Lodge. Harr —5H 25
Holly Lodge Gdns. N6 —2E 48
Holly Lodge Mans. N6 —2E 48
Hollymead. Cars —3D 150
Holly M. SW10 —6A 170
Holly Mt. NW3 —4A 48
Hollymount Clo. SE10 —1E 106
Holly Pk. N3 —3H 29
Holly Pk. N4 —7J 31
(in two parts)
Holly Pk. Est. N4 —7K 31
Holly Pk. Gdns. N3 —3J 29
Holly Pk. Rd. N11 —5K 15
Holly Pk. Rd. W7 —1K 79
Holly Pl. NW3 —4A 48
(off Holly Berry La.)
Holly Rd. E11 —7H 35
Holly Rd. W4 —4K 81
Holly Rd. Hamp & Hamp H —6G 115
Holly Rd. Houn —4F 97
Holly Rd. Twic —1K 115
Holly St. E8 —7F 51
Holly Ter. N6 —1E 48
Holly Ter. N20 —2F 15
Holly Tree Clo. SW19 —1F 119
Holly Tree Ho. SE4 —3B 106
(off Brockley Rd.)
Hollytree Pde. Sidc —6C 128
(off Sidcup Hill)
Holly Vw. Clo. NW4 —6C 28
Holly Village. N6 —2F 49
Holly Wlk. NW3 —4A 48
Holly Wlk. Enf —3H 7
Holly Way. Mitc —4H 139
Hollywood Ct. W5 —7F 63
Hollywood Gdns. Hay —6K 59
Hollywood M. SW10 —6A 84
Hollywood Rd. E4 —5F 19
Hollywood Rd. SW10 —6A 84
Hollywood Way. Wfd G —7A 20
Holman Ct. Ewe —7C 148
Holman Hunt Ho. W6 —5G 83
(off Field Rd.)
Holman Rd. SW11 —2B 102
Holman Rd. Eps —5J 147
Holmbank Dri. Shep —4G 131
Holmbridge Gdns. Enf —4E 8
Holmbrook. NW1 —2G 67
(off Eversholt St.)
Holmbrook Dri. NW4 —5F 29
Holmbury Ct. SW17 —3D 120
Holmbury Ct. S Croy —5E 152
Holmbury Gdns. Hay —1H 77
Holmbury Gro. Croy —7B 154
Holmbury Ho. SE24 —5B 104
Holmbury Mnr. Sidc —4A 128
Holmbury Pk. Brom —7C 126
Holmbury Vw. E5 —1H 51
Holmbush Rd. SW15 —6G 101
Holmcote Gdns. N5 —5C 50
Holm Ct. SE12 —3K 125
Holmcroft Ho. E17 —4D 34
Holmcroft Way. Brom —5D 144
Holmdale Gdns. NW4 —5F 29
Holmdale Rd. NW6 —5J 47
Holmdale Rd. Chst —5G 127
Holmdale Ter. N15 —7E 32
Holmdene. N12 —5E 14
Holmdene Av. NW7 —6H 13
Holmdene Av. SE24 —5C 104
Holmdene Av. Harr —3F 25
Holmdene Clo. Beck —2E 142
Holmead Rd. SW6 —7K 83
Holmebury Clo. Bush —2D 10
Holme Lacey Rd. SE12 —6H 107
Holme Rd. E6 —1C 72
Holmes Av. E17 —3B 34
Holmes Av. NW7 —5B 14
Holmesdale Av. SW14 —3H 99
Holmesdale Clo. SE25 —3F 141
Holmesdale Ho. NW6 —1J 65
(off Kilburn Va.)
Holmesdale Rd. N6 —7F 31
Holmesdale Rd. Bexh —2D 110
Holmesdale Rd. Croy & SE25 —5D 140
Holmesdale Rd. Rich —1F 99
Holmesdale Rd. Tedd —7C 116
Holmesley Rd. SE23 —6A 106
Holmes Pl. SW10 —6A 84
Holmes Rd. NW5 —5F 49
Holmes Rd. SW19 —7A 120
Holmes Rd. Twic —2K 115
Holmes Ter. SE1 —6J 167
Holmeswood Ct. N22 —2A 32
Holme Way. Stan —6E 10
Holmewood Gdns. SW2 —7K 103
Holmewood Rd. SE25 —3E 140
Holmewood Rd. SW2 —7J 103
Holmfield Av. NW4 —5F 29
Holmfield Ct. NW3 —5C 48
Holm Gro. Uxb —7C 40
Holmhurst Rd. Belv —5H 93
Holmleigh Ct. Enf —4D 8
Holmleigh Rd. N16 —1E 50
Holmleigh Rd. Est. N16 —1E 50
Holmoak Clo. SW15 —6H 101
Holm Oak M. SW4 —5J 103
Holmoaks Ho. Beck —2E 142
Holmsdale Ho. E14 —7D 70
Holmsdale Ho. N11 —4A 16
(off Coppies Gro.)
Holmshaw Clo. SE26 —4A 124
Holmside Rd. SW12 —6E 102
Holmsley Clo. N Mald —6B 136
Holmsley Ho. SW15 —7B 100
(off Tangley Gro.)

Holmstall Av. *Edgw* —3J **27**
Holmstall Pde. *Edgw* —2J **27**
Holm Wlk. *SE3* —2J **107**
Holmwood Clo. *Harr* —3G **25**
Holmwood Clo. *N'holt* —6F **43**
Holmwood Gdns. *N3* —2J **29**
Holmwood Gdns. *Wall* —6F **151**
Holmwood Gro. *NW7* —5E **12**
Holmwood Rd. *Chess* —5D **146**
Holmwood. *Ilf* —2J **55**
Holmwood Vs. *SE7* —5J **89**
Holne Chase. *N2* —6A **30**
Holne Chase. *Mord* —6H **137**
Holness Rd. *E15* —6H **53**
Holroyd Rd. *SW15* —4E **100**
Holroyd Rd. *Clay* —7A **146**
Holst Ct. SE1 —3A 86 (1J 173)
(off Westminster Bri. Rd.)
Holstein Way. *Eri* —3D **92**
Holst Mans. *SW13* —6E **82**
Holstock Rd. *Ilf* —2G **55**
Holsworth Clo. *Harr* —5G **25**
Holsworthy Sq. *WC1* —4H **161**
Holsworthy Way. *Chess* —5C **146**
Holt Clo. *N10* —4E **30**
Holt Clo. *SE28* —7B **74**
Holt Ct. *E15* —5E **52**
Holt Ho. *SW2* —6A **104**
Holton St. *E1* —4K **69**
Holt Rd. *E16* —1C **90**
Holt Rd. *Wemb* —3B **44**
Holt, The. *Mord* —4J **137**
Holt, The. *Wall* —4G **151**
Hollwhites Av. *Enf* —2H **7**
Holtwhite's Hill. *Enf* —1G **7**
Holwell Pl. *Pinn* —4C **24**
Holwood Pk. Av. *Orp* —4D **156**
Holwood Pl. *SW4* —4H **103**
Holybourne Av. *SW15* —7C **100**
Holyhead Clo. *E3* —3C **70**
Holyhead Clo. *E6* —5D **72**
Holy Oake Ct. *SE16* —2B **88**
Holyoake Ho. *W5* —4C **62**
Holyoake Wlk. *N2* —3A **30**
Holyoake Wlk. *W5* —4C **62**
Holyoak Rd. *SE11* —4B **86**
Holyport Rd. *SW6* —7F **83**
Holyrood Av. *Harr* —4C **42**
Holyrood Gdns. *Edgw* —3H **27**
Holyrood M. E16 —1J 89
(off Badminton M.)
Holyrood Rd. *New Bar* —6F **5**
Holyrood St. *SE1* —1E **86** (5G **169**)
Holywell Clo. *SE3* —6J **89**
Holywell Clo. *SE16* —5H **87**
Holywell Clo. *Stai* —1A **112**
Holywell La. *EC2* —4E **68** (3H **163**)
Holywell Row. *EC2*
—4E **68** (4G **163**)
Holywell Way. *Stai* —1A **112**
Homan Ct. *N12* —4G **15**
Homebush Ho. *E4* —7J **9**
Home Clo. *Cars* —2D **150**
Home Clo. *N'holt* —3D **60**
Home Ct. *Felt* —1J **113**
Home Ct. *Surb* —5D **134**
Homecroft Rd. *N22* —1C **32**
Homecroft Rd. *SE26* —5J **123**
Home Farm Clo. *Shep* —4G **131**
Home Farm Clo. *Th Dit* —7K **133**
Homefarm Rd. *W7* —6J **61**
Home Fld. *Barn* —5C **4**
Homefield. *Mord* —4J **137**
Homefield Av. *Ilf* —5J **37**
Homefield Clo. *NW10* —6J **45**
Homefield Clo. *Hay* —4B **60**
Homefield Clo. *SW16* —3J **121**

Homefield Gdns. *N2* —3B **30**
Homefield Gdns. *Mitc* —2A **138**
Homefield Ho. *SE23* —3K **123**
Homefield M. *Beck* —1C **142**
Homefield Pk. *Sutt* —6K **149**
Homefield Rd. *SW19* —6F **119**
Homefield Rd. *W4* —4B **82**
Homefield Rd. *Brom* —1A **144**
Homefield Rd. *Edgw* —6E **12**
Homefield Rd. *W on T* —7C **132**
Homefield Rd. *Wemb* —4A **44**
Homefield St. *N1* —2E **68** (1G **163**)
Homefirs Ho. *Wemb* —3F **45**
Home Gdns. *Dag* —3J **57**
Homelands Dri. *SE19* —7E **122**
Homeleigh Rd. *SE15* —5K **105**
Home Mead. *Stan* —1C **26**
Homemead Rd. *Brom* —5D **144**
Homemead Rd. *Croy* —6G **139**
Home Pk. Pde. King T —2D 134
(off High St.)
Home Pk. Rd. *SW19* —4H **119**
Home Pk. Wlk. *King T* —4D **134**
Homer Clo. *Bexh* —1J **111**
Homer Dri. *E14* —4C **88**
Home Rd. *SW11* —2C **102**
Homer Rd. *E9* —6A **52**
Homer Rd. *Croy* —6K **141**
Homer Row. *W1* —5C **66** (6D **158**)
Homersham Rd. *King T* —2G **135**
Homer St. *NW1* —5C **66** (6D **158**)
Homerton. —5K **51**
Homerton Gro. *E9* —5K **51**
Homerton High St. *E9* —5K **51**
Homerton Rd. *E9* —5A **52**
Homerton Row. *E9* —5J **51**
Homerton Ter. *E9* —6J **51**
(in two parts)
Homesdale Clo. *E11* —5J **35**
Homesdale Rd. *Brom* —4A **144**
Homesdale Rd. *Orp* —7J **145**
Homesfield. *NW11* —5J **29**
Homestall Rd. *SE22* —5J **105**
Homestead Ct. *Barn* —5D **4**
Homestead Paddock. *N14* —5A **6**
Homestead Pk. *NW2* —3R **46**
Homestead Rd. *SW6* —7H **83**
Homestead Rd. *Dag* —2F **57**
Homesteads, The. *N11* —4A **16**
Homewaters Av. *Sun* —1H **131**
Homewillow Clo. *N21* —6G **7**
Homewood Clo. *Hamp* —6D **114**
Homewood Cres. *Chst* —6J **127**
Homewoods. *SW12* —7G **103**
Homildon Ho. *SE26* —3G **123**
Honduras St. *EC1*
—4C **68** (3C **162**)
Honeybourne Rd. *NW6* —5K **47**
Honeybourne Way. *Orp* —7H **145**
Honeybrook Rd. *SW12* —7G **103**
Honey Clo. *Dag* —6H **57**
Honeycroft Hill. *Uxb* —7A **40**
Honeyden Rd. *Sidc* —6E **128**
Honey Hill. *Uxb* —7B **40**
Honey La. *EC2* —1D **168**
Honeyman Clo. *NW6* —7F **47**
(in two parts)
Honeymead. N8 —3J 31
(off Campsfield Rd.)
Honeypot Bus. Cen. *Stan* —1E **26**
Honeypot Clo. *NW9* —4F **27**
Honeypot La. *Stan & NW9* —7J **11**
Honeysett Rd. *N17* —2F **33**
Honeysuckle Clo. *S'hall* —7C **60**
Honeysuckle Ct. *E12* —6F **55**
Honeysuckle Gdns. *Croy* —7K **141**
Honeysuckle La. *N22* —2C **32**
Honeywell Rd. *SW11* —6D **102**

Honeywood Heritage Cen.
—4D **150**
Honeywood Rd. *NW10* —2B **64**
Honeywood Rd. *Iswth* —4A **98**
Honeywood Wlk. *Cars* —4D **150**
Honister Clo. *Stan* —1B **26**
Honister Gdns. *Stan* —7G **11**
Honister Pl. *Stan* —1B **26**
Honiton Gdns. SE15 —2J 105
(off Gibbon Rd.)
Honiton Rd. *NW6* —2H **65**
Honiton Rd. *Romf* —6K **39**
Honiton Rd. *Well* —2K **109**
Honley Rd. *SE6* —7D **106**
Honnor Gdns. *Iswth* —2H **97**
Honor Oak. —6J 105
Honor Oak Crematorium. *SE23*
—5A **106**
Honor Oak Park. —7A 106
Honor Oak Pk. *SE23* —6J **105**
Honor Oak Ri. *SE23* —6J **105**
Honor Oak Rd. *SE23* —1J **123**
Hood Av. *N14* —6A **6**
Hood Av. *SW14* —5J **99**
Hood Clo. *Croy* —1B **152**
Hoodcote Gdns. *N21* —7G **7**
Hood Ct. *EC4* —1K **167**
Hood Ho. *SE5* —7D **86**
(off Elmington Est.)
Hood Ho. *SW1* —5H **85** (6C **172**)
(off Dolphin Sq.)
Hood Rd. *SW20* —7B **118**
Hood Wlk. *Romf* —1H **39**
Hook. —4D 146
Hookers Rd. *E17* —0K **33**
Hook Farm Rd. *Brom* —5B **144**
Hookham Ct. *SW8* —1H **103**
Hooking Grn. *Harr* —5F **25**
Hook Junction. —3E **146**
Hook La. *Well* —5K **109**
Hook Ri. Bus. Cen. *Chess*
—3G **147**
Hook Ri. N. *Surb* —3E **146**
Hook Ri. S. *Surb* —3E **146**
Hook Ri. S. Ind. Pk. *Chess*
—3F **147**
Hook Rd. *Chess & Surb* —5D **146**
Hook Rd. *Eps* —7J **147**
Hooks Clo. *SE15* —1H **105**
Hookshall Dri. *Dag* —3J **57**
Hookstone Way. *Wfd G* —7G **21**
Hooks Way. *SE22* —1G **123**
Hook, The. *New Bar* —6G **5**
Hook Wlk. *Edgw* —6D **12**
Hooper Rd. *E16* —6J **71**
Hooper's Ct. *SW3*
—2D **84** (7E **164**)
Hooper's M. *W3* —1J **81**
Hooper Sq. E1 —6G 69
(off Hooper St.)
Hooper St. *E1* —6G **69**
Hoop La. *NW11* —7H **29**
(in two parts)
Hope Clo. *N1* —6C **50**
Hope Clo. *SE12* —3K **125**
Hope Clo. *Bren* —5E **80**
Hope Clo. *Chad H* —4D **38**
Hope Clo. *Sutt* —5A **150**
Hope Clo. *Wfd G* —6F **21**
Hopedale Rd. *SE7* —6K **89**
Hopefield Av. *NW6* —2G **65**
Hope Pk. *Brom* —7H **125**
Hopes Clo. *Houn* —6E **78**
Hope St. *SW11* —3B **102**
Hopetown St. *E1* —5F **69** (6K **163**)
Hopewell St. *SE5* —7D **86**
Hope Wharf. *SE16* —2J **87**
Hop Gdns. *WC2* —7J **67** (3E **166**)

Hopgood St. *W12* —1E **82**
Hopkins Clo. *N10* —7K **15**
Hopkins Ho. *E14* —6C **70**
Hopkins M. *E15* —1H **71**
Hopkinsons Pl. *NW1* —1E **66**
Hopkins St. *W1* —6G **67** (1B **166**)
Hoppers Rd. *N13 & N21* —2F **17**
Hoppett Rd. *E4* —2B **20**
Hopping La. *N1* —6B **50**
Hoppingwood Av. *N Mald*
—3A **136**
Hoppner Rd. *Hay* —2F **59**
Hopton Ct. *Hayes* —1K **155**
Hopton Gdns. *N Mald* —6C **136**
Hopton Rd. *SW16* —5J **121**
Hopton's Gdns. *SE1* —4B **168**
Hopton St. *SE1* —1B **86** (4B **168**)
Hopwood Clo. *SW17* —3A **120**
Hopwood Rd. *SE17* —6D **86**
Hopwood Wlk. *E8* —7G **51**
Horace Av. *Romf* —1J **57**
Horace Rd. *E7* —4K **53**
Horace Rd. *Ilf* —3G **37**
Horace Rd. *King T* —3F **135**
Horatio Ho. E2 —2F 69 (1K 163)
(off Horatio St.)
Horatio Pl. E14 —2E 88
(off Preston's Rd.)
Horatio St. *SW19* —1J **137**
Horatio St. *E2* —2F **69** (1K **163**)
(in two parts)
Horatius Way. *Croy* —5K **151**
Horbury Cres. *W11* —7J **65**
Horbury M. *W11* —7H **65**
Horder Rd. *SW6* —1G **101**
Hordle Promenade E. *SE15*
—7F **87**
Hordle Promenade N. *SE15*
—7F **87**
Hordle Promenade S. SE15
(off Quarley Way) —7F **87**
Hordle Promenade W. SE15
(off Clanfield Way) —7E **86**
Horizon Building. E14 —7C 70
(off Hertsmere Rd.)
Horizon Way. *SE7* —4K **89**
Horle Wlk. *SW9* —2B **104**
Horley Clo. *Bexh* —5G **111**
Horley Rd. *SE9* —4C **126**
Hormead Rd. *W9* —4H **65**
Hornbeam Clo. *NW7* —3G **13**
Hornbeam Clo. *SE11*
—4A **86** (3J **173**)
Hornbeam Clo. *Buck H* —3G **21**
Hornbeam Clo. *Ilf* —5H **55**
Hornbeam Clo. *N'holt* —5D **42**
Hornbeam Cres. *Bren* —7B **80**
Hornbeam Gro. *E4* —3B **20**
Hornbeam Ho. *Buck H* —3G **21**
Hornbeam La. *Bexh* —2J **111**
Hornbeam Rd. *Buck H* —3G **21**
Hornbeam Rd. *Hay* —5A **60**
Hornbeams Ri. *N11* —6K **15**
Hornbeam Ter. *Cars* —1C **150**
Hornbeam Wlk. *Rich* —2F **117**
Hornbeam Way. *Brom* —6E **144**
Hornblower Clo. *SE16* —3A **88**
Hornbuckle Clo. *Harr* —2H **43**
Hornby Clo. *NW3* —7B **48**
Hornby Ho. *SE11* —7J **173**
Horncastle Clo. *SE12* —7J **107**
Horncastle Rd. *SE12* —7J **107**
Hornchurch. N17 —2D 32
(off Gloucester Rd.)
Hornchurch Clo. *King T* —4D **116**
Horndean Clo. *SW15* —1C **118**
Horndon Clo. *Romf* —1J **39**
Horndon Grn. *Romf* —1J **39**

Horndon Rd. *Romf* —1J **39**
Horner Ho. N1 —1E 68
(off Whitmore Est.)
Horner La. *Mitc* —2B **138**
Horne Rd. *Shep* —4C **130**
Horne Way. *SW15* —2E **100**
Hornfair Rd. *SE7* —6A **90**
Horniman Clo. *SE10* —3G **89**
Horniman Dri. *SE23* —1H **123**
Horniman Mus. —1H 123
Horning Clo. *SE9* —4C **126**
Horn La. *SE10* —5J **89**
(in three parts)
Horn La. *W3* —7J **63**
(in two parts)
Horn La. *Wfd G* —6D **20**
Horn Park. —5K 107
Horn Pk. Clo. *SE12* —5K **107**
Hornpark La. *SE12* —5K **107**
Horns End Pl. *Pinn* —4A **24**
Hornsey. —4J 31
Hornsey La. *N6* —1F **49**
Hornsey La. Est. *N19* —7H **31**
Hornsey La. Gdns. *N6* —7G **31**
Hornsey Pk. Rd. *N8* —3K **31**
Hornsey Ri. *N19* —7H **31**
Hornsey Ri. Gdns. *N19* —7H **31**
Hornsey Rd. *N19 & N7* —1J **49**
Hornsey St. *N7* —5K **49**
Hornsey Vale. —5K 31
Hornshay St. *SE15* —6J **87**
Horns Rd. *Ilf* —4H **37**
Hornton Ct. W8 —2J 83
(off Kensington High St.)
Hornton Pl. *W8* —2K **83**
Hornton St. *W8* —2J **83**
Horsa Clo. *Wall* —7J **151**
Horsa Rd. *SE12* —7A **108**
Horsa Rd. *Eri* —7H **93**
Horse & Dolphin Yd. W1 —2D **166**
Horsebridge Clo. *Dag* —1E **74**
Horsecroft Rd. *Edgw* —7E **12**
Horse Fair. *King T* —2D **134**
Horseferry Pl. *SE10* —6E **88**
Horseferry Rd. *E14* —7A **70**
Horseferry Rd. *SW1*
—3H **85** (2C **172**)
Horseferry Rd. Est. *SW1* —2C **172**
Horseguards Av. *SW1*
—1J **85** (5E **166**)
Horse Guards Rd. *SW1*
—1H **85** (5D **166**)
Horse Leaze. *E6* —6E **72**
Horsell Rd. *N5* —5A **50**
(in two parts)
Horsell Rd. *Orp* —7B **128**
Horselydown La. *SE1*
—2F **87** (6J **169**)
Horselydown Mans. SE1
(off Lafone St.) —2F **87** (6J **169**)
Horsemongers M. *SE1* —7D **168**
Horsenden Av. *Gnfd* —5K **43**
Horsenden Cres. *Gnfd* —5K **43**
Horsenden La. *Gnfd* —6J **43**
Horsenden La. N. *Gnfd* —6K **43**
Horsenden La. S. *Gnfd* —1A **62**
Horse Ride. *SW1* —5C **166**
Horseshoe Clo. *E14* —5E **88**
Horseshoe Clo. *NW2* —2D **46**
Horse Shoe Cres. *N'holt* —2E **60**
Horseshoe Dri. *Uxb* —6C **58**
Horse Shoe Grn. *Sutt* —2K **149**
Horseshoe La. *N20* —1A **14**
Horseshoe La. *Enf* —3H **7**
Horseshoe Wharf. SE1
(off Clink St.) —1D **86** (4E **168**)
Horse Yd. *N1* —1B **68**
(off Essex Rd.)

Horsfeld Gdns. SE9 —5C 108
Horsfeld Rd. SE9 —5B 108
Horsfield Ho. N1 —7C 50
(off Northampton St.)
Horsford Rd. SW2 —5K 103
Horsham Av. N12 —5H 15
Horsham Ct. N17 —1G 33
(off Lansdowne Rd.)
Horsham Rd. Bexh —5G 111
Horsham Rd. Felt —6E 94
Horsley Dri. King T —5D 116
Horsley Dri. New Ad —7E 154
Horsley Rd. E4 —2K 19
Horsley Rd. Brom —1K 143
Horsley St. SE17 —6D 86
Horsman Ho. SE5 —6C 86
(off Bethwin Rd.)
Horsman St. SE5 —6C 86
Horsmonden Clo. Orp —7K 145
Horsmonden Rd. SE4 —5B 106
Hortensia Ho. SW10 —7A 84
(off Hortensia Rd.)
Hortensia Rd. SW10 —7A 84
Horticultural Pl. W4 —5K 81
Horton Av. NW2 —4G 47
Horton Bri. Rd. W Dray —1B 76
Horton Clo. W Dray —1C 76
Horton Country Pk. —7H 147
Horton Ho. SE15 —6J 87
Horton Ho. SW8 —7K 85
Horton Ho. W6 —5G 83
(off Field Rd.)
Horton Ind. Pk. W Dray —1B 76
Horton La. Eps —7H 147
Horton Pde. W Dray —1A 76
Horton Rd. E8 —6H 51
Horton Rd. W Dray —1A 76
Horton Rd. Ind. Est. W Dray —1B 76
Horton St. SE13 —3D 106
Horton Way. Croy —5K 141
Hortus Rd. E4 —2K 19
Hortus Rd. S'hall —2D 78
Horwood Ho. NW8 —4C 66 (3D 158)
(off Paveley St.)
Hosack Rd. SW17 —2E 120
Hoser Av. SE12 —2J 125
Hosier La. EC1 —5B 68 (6A 162)
Hoskins Clo. E16 —6A 72
Hoskins Clo. Hay —5H 77
Hoskins St. SE10 —5F 89
Hospital Bri. Rd. Twic —7F 97
Hospital Bridge Roundabout. —2F 115
Hospital Rd. E9 —5K 51
Hospital Rd. Houn —3E 96
Hospital Way. SE13 —7F 107
Hotham Clo. W Mol —3E 132
Hotham Rd. SW15 —3E 100
Hotham Rd. SW19 —7A 120
Hotham Rd. M. SW19 —7A 120
Hotham St. E15 —1G 71
Hothfield Pl. SE16 —3J 87
Hotspur Ind. Est. N17 —6C 18
Hotspur Rd. N'holt —2E 60
Hotspur St. SE11 —4A 86 (5J 173)
Houblon Rd. Rich —5E 98
Houghton Clo. E8 —6F 51
Houghton Clo. Hamp —6C 114
Houghton Rd. N15 —4F 33
Houghton St. WC2
(in two parts) —6K 67 (1H 167)
Houlder Cres. Croy —6B 152
Houndsden Rd. N21 —6E 6
Houndsditch. EC3 —6E 68 (7H 163)
Houndsfield Rd. N9 —7C 8
Hounslow. —3F 97
Hounslow Av. Houn —5F 97
Hounslow Bus. Pk. Houn —4F 97
Hounslow Cen. Houn —3F 97
Hounslow Gdns. Houn —5F 97
Hounslow Rd. Felt —1K 113
Hounslow Rd. Hanw —4B 114
Hounslow Rd. Twic —6F 97
Hounslow Urban Farm. —5J 95
(off Fagg's Rd.)
Hounslow West. —2C 96
Houses of Parliament. —3J 85 (1F 173)
Houston Bus. Pk. Hay —1A 78
Houston Pl. Esh —7H 133
Houston Rd. SE23 —2A 124
Houstoun Ct. Houn —7D 78
Hove Av. E17 —5B 34
Hoveden Rd. NW2 —5G 47
Hove Gdns. Sutt —1K 149
Hoveton Rd. SE28 —6C 74
Hoveton Way. Ilf —1F 37
Howard Av. Bex —1C 128
Howard Clo. N11 —2K 15
Howard Clo. NW2 —4G 47
Howard Clo. W3 —6H 63
Howard Clo. Bus H —1D 10
Howard Clo. Hamp —7G 115
Howard Clo. Sun —6H 113
Howard Ct. Bark —1H 73
Howard Ho. SE8 —6B 88
(off Evelyn St.)
Howard Ho. SW1 —5G 85 (6B 172)
(off Dolphin Sq.)
Howard Ho. SW9 —3B 104
(off Barrington Rd.)
Howard Ho. W1 —4F 67 (4K 159)
(off Cleveland St.)
Howard M. N5 —4B 50
Howard Rd. E6 —2D 72
Howard Rd. E11 —3G 53
Howard Rd. E17 —3C 34
Howard Rd. N15 —6E 32
Howard Rd. N16 —4D 50
Howard Rd. NW2 —4F 47
Howard Rd. SE20 —1J 141
Howard Rd. SE25 —5G 141
Howard Rd. Ashf —4A 112
Howard Rd. Bark —1H 73
Howard Rd. Brom —7J 125
Howard Rd. Ilf —4F 55
Howard Rd. Iswth —3K 97
Howard Rd. N Mald —3A 136
Howard Rd. S'hall —6F 61
Howard Rd. Surb —6F 135
Howards Clo. Pinn —2K 23
Howards Crest Clo. Beck —2E 142
Howard's La. SW15 —4D 100
Howards Rd. E13 —3J 71
Howard St. Th Dit —7B 134
Howard Wlk. N2 —4A 30
Howard Way. SE22 —7G 105
Howard Way. Barn —5A 4
Howarth Ct. E15 —5D 52
Howarth Rd. SE2 —5A 92
Howberry Clo. Edgw —6J 11
Howberry Rd. Stan & Edgw —6J 11
Howberry Rd. T Hth —1D 140
Howbury Rd. SE15 —3J 105
Howcroft Cres. N3 —7D 14
Howcroft La. Gnfd —3H 61
Howden Clo. SE28 —7D 74
Howden Ho. Houn —7C 96
Howden Rd. SE25 —2F 141
Howden St. SE15 —3G 105
Howe Clo. Romf —1G 39
Howell Clo. Romf —5D 38
Howell Ct. E10 —7D 34
Howell Wlk. SE17 —4B 86
Howerd Way. SE18 —1C 108
(in two parts)
Howes Clo. N3 —3J 29
Howeth Ct. N11 —6J 15
(off Ribblesdale Av.)
Howfield Pl. N17 —3F 33
Howgate Rd. SW14 —3K 99
Howick Pl. SW1 —3G 85 (2B 172)
Howie St. SW11 —7C 84
Howitt Clo. N16 —4E 50
Howitt Clo. NW3 —6C 48
Howitt Rd. NW3 —6C 48
Howland Est. SE16 —3J 87
Howland Ho. SW16 —3J 121
Howland M. E. W1 —5G 67 (5B 160)
Howland St. W1 —5G 67 (5A 160)
Howland Way. SE16 —2A 88
Howletts La. Ruis —5E 22
Howlett's Rd. SE24 —6C 104
Howley Pl. W2 —5A 66 (5A 158)
Howley Rd. Croy —3B 152
Howsman Rd. SW13 —6C 82
Howson Rd. SE4 —4A 106
Howson Ter. Rich —6E 98
How's St. E2 —2F 69
Howton Pl. Bus H —1C 10
Hoxton. —2E 68
Hoxton Mkt. N1 —2G 163
Hoxton Sq. N1 —3E 68 (2G 163)
Hoxton St. N1 —1E 68 (2G 163)
Hoylake Cres. Ick & Uxb —2C 40
Hoylake Gdns. Mitc —3G 139
Hoylake Gdns. Ruis —1K 41
Hoylake Rd. W3 —6A 64
Hoyland Clo. SE15 —7H 87
Hoyle Rd. SW17 —5C 120
Hoy St. E16 —6H 71
Hubbard Dri. Chess —6D 146
Hubbard Rd. SE27 —4C 122
Hubbard St. E15 —1G 71
Huberd Ho. SE1 —3D 86 (7F 169)
(off Manciple St.)
Hubert Clo. SW19 —1A 138
(off Nelson Gro. Rd.)
Hubert Gro. SW9 —3J 103
Hubert Ho. NW8 —4C 66 (4C 158)
Hubert Rd. E6 —3B 72
Hucknall Ct. NW8 —4B 66 (3A 158)
(off Cunningham Pl.)
Huddart St. E3 —5B 70
(in two parts)
Huddleston Clo. E2 —2J 69
Huddlestone Rd. E7 —4H 53
Huddlestone Rd. NW2 —6D 46
Huddleston Rd. N7 —3G 49
Hudson. NW9 —1B 28
(off Near Acre)
Hudson Clo. W12 —7D 64
Hudson Ct. E14 —5C 88
Hudson Pl. SE18 —5G 91
Hudson Rd. Bexh —2F 111
Hudson Rd. Hay —6F 77
Hudson's Pl. SW1 —3A 172
Huggin Ct. EC4 —2C 168
Huggin Hill. EC4 —7C 68 (2D 168)
Huggins Pl. SW2 —1K 121
Hughan Rd. E15 —5F 53
Hugh Astor Ct. SE1 —3B 86 (7B 168)
(off Keyworth St.)
Hugh Clark Ho. W13 —1A 80
(off Singapore Rd.)
Hugh Dalton Av. SW6 —6H 83
Hughenden Av. Harr —5B 26
Hughenden Gdns. N'holt —3A 60
(in two parts)
Hughenden Ho. NW8 —3C 158
Hughenden Rd. Wor Pk —7C 136
Hughendon. New Bar —4E 4
Hughendon Ter. E15 —4E 52
Hughes Ct. N7 —5H 49
Hughes Ho. SE17 —4B 86
(off Peacock St.)
Hughes Mans. E1 —4G 69
Hughes M. SW11 —5D 102
Hughes Rd. Ashf —6E 112
Hughes Rd. Hay —7K 59
Hughes Ter. E16 —5H 71
(off Clarkson Rd.)
Hughes Wlk. Croy —7C 140
Hugh Gaitskell Clo. SW6 —6H 83
Hugh Gaitskell Ho. N16 —2F 51
Hugh Herland Ho. King T —3E 134
Hugh M. SW1 —4F 85 (4K 171)
Hugh St. SW1 —4F 85 (4K 171)
Hugon Rd. SW6 —3K 101
Hugo Rd. N19 —4G 49
Huguenot Pl. E1 —5F 69 (5K 163)
Huguenot Pl. SW18 —5A 102
Huguenot Sq. SE15 —3H 105
Hullbridge M. N1 —1D 68
Hull Clo. SE16 —2K 87
Hull Pl. E16 —1G 91
Hull St. EC1 —3C 68 (2C 162)
Hulme Ho. W11 —1F 83
Hulme Pl. SE1 —2C 86 (7D 168)
Hulse Av. Bark —6H 55
Hulse Av. Romf —1H 39
Hulverston Clo. Sutt —7K 149
Humber Clo. W Dray —1A 76
Humber Ct. W7 —6H 61
(off Hobbayne Rd.)
Humber Dri. W10 —4F 65
Humber Rd. NW2 —2D 46
Humber Rd. SE3 —6H 89
Humberstone Rd. E13 —3A 72
Humberton Clo. E9 —5A 52
Humbolt Rd. W6 —6G 83
Hume Ct. N1 —7B 50
(off Hawes St.)
Hume Ho. W11 —1F 83
(off Queensdale Cres.)
Humes Av. W7 —3J 79
Hume Ter. E16 —5K 71
Hume Way. Ruis —6J 23
Humphrey Clo. Ilf —1D 36
Humphrey St. SE1 —5F 87
Humphries Clo. Dag —4F 57
Hundred Acre. NW9 —2B 28
Hungerdown. E4 —1K 19
Hungerford Ho. SW1 —6G 85 (7B 172)
(off Churchill Gdns.)
Hungerford La. WC2 —4F 167
(in two parts)
Hungerford Rd. N7 —6H 49
Hungerford St. E1 —6H 69
Hunsdon Clo. Dag —6E 56
Hunsdon Rd. SE14 —7K 87
Hunslett St. E2 —3J 69
Hunstanton Ho. NW1 —5C 66 (5D 158)
(off Cosway St.)
Hunston Rd. Mord —1K 149
Hunt Ct. N14 —7A 6
Hunt Ct. N'holt —2B 60
(off Gallery Gdns.)
Hunter Clo. SE1 —3D 86
Hunter Ho. SE1 —2B 86 (7B 168)
(off Lancaster St.)
Hunter Ho. SW5 —5J 83
(off Old Brompton Rd.)
Hunter Ho. SW8 —7H 85
Hunter Ho. WC1 —4J 67 (3F 161)
(off Hunter St.)
Hunter Lodge. W9 —5J 65
(off Admiral Wlk.)
Hunter Rd. SW20 —1E 136
Hunter Rd. Ilf —5F 55
Hunter Rd. T Hth —3D 140
Hunters Clo. SW12 —1E 120
Hunters Clo. Bex —3K 129
Hunters Ct. Rich —5D 98
Hunters Gro. Harr —4C 26
Hunters Gro. Hay —1J 77
Hunters Hall Rd. Dag —4G 57
Hunters Hill. Ruis —3A 42
Hunters Mdw. SE19 —4E 122
Hunter's Rd. Chess —3E 146
Hunters Sq. Dag —4G 57
Hunter St. WC1 —4J 67 (3F 161)
Hunter's Way. Croy —4E 152
Hunters Way. Enf —1F 7
Hunter Wlk. E13 —2J 71
Huntingdon Clo. Mitc —3J 139
Huntingdon Gdns. W4 —7J 81
Huntingdon Gdns. Wor Pk —3E 148
Huntingdon Rd. N2 —3C 30
Huntingdon Rd. N9 —1D 18
Huntingdon St. E16 —6H 71
Huntingdon St. N1 —7K 49
Huntingfield. Croy —7B 154
Huntingfield Rd. SW15 —4C 100
Hunting Ga. Clo. Enf —3F 7
Hunting Ga. Dri. Chess —7E 146
Hunting Ga. M. Sutt —3K 149
Hunting Ga. M. Twic —1J 115
Huntings Farm. Ilf —2J 55
Huntings Rd. Dag —6G 57
Huntley Dri. N3 —6D 14
Huntley St. WC1 —4G 67 (4B 160)
Huntley Way. SW20 —2C 136
Huntly Rd. SE25 —4E 140
Hunton St. E1 —5G 69 (4K 163)
Hunt Rd. S'hall —3E 78
Hunt's Clo. SE3 —2J 107
Hunt's Ct. WC2 —7H 67 (3D 166)
Hunts La. E15 —2E 70
Huntsmans Clo. Felt —4K 113
Huntsman St. SE17 —4E 86
Hunts Mead. Enf —3E 8
Huntsmead Clo. Chst —7D 126
Huntsmoor Rd. Eps —5K 147
Huntspill St. SW17 —3A 120
Hunts Slip Rd. SE21 —3E 122
Hunt St. W11 —1F 83
Huntsworth M. NW1 —4D 66 (3E 158)
Hunt Way. SE22 —1G 123
Hurdwick Pl. NW1 —2G 67
(off Hampstead Rd.)
Hurleston Ho. SE8 —5B 88
Hurley Ct. W5 —6C 62
Hurley Cres. SE16 —2K 87
Hurley Ho. SE11 —4B 86 (4K 173)
Hurley Rd. Gnfd —6F 61
Hurlingham. —3K 101
Hurlingham Bus. Pk. SW6 —3J 101
Hurlingham Ct. SW6 —3H 101
Hurlingham Gdns. SW6 —3H 101
Hurlingham Retail Pk. SW6 —3K 101
Hurlingham Rd. SW6 —2H 101
Hurlingham Rd. Bexh —7F 93
Hurlingham Sq. SW6 —3J 101
Hurlock St. N5 —3B 50

Inner Ring E.—Jane Seymour Ct.

Inner Ring E. H'row A —3D **94**
Inner Ring W. H'row A —3C **94**
Inner Temple Hall. —2K **167**
Inner Temple La. EC4
———————6A **68** (1J **167**)
Innes Clo. SW20 —2G **137**
Innes Gdns. SW15 —6D **100**
Innes Yd. Croy —3C **152**
Innis Ho. SE17 —5E **86**
(off East St.)
Inniskilling Rd. E13 —2A **72**
Innovation Cen., The. E14 —2E **88**
Innovation Clo. Wemb —1E **62**
Inskip Clo. E10 —2D **52**
Inskip Rd. Dag —1D **56**
Institute Pl. E8 —5H **51**
Instone Clo. Wall —7J **151**
Integer Gdns. E11 —7F **35**
Interface Ho. Houn —3E **96**
(off Staines Rd.)
International Av. Houn —5A **78**
International Ho. E1 —7F **69**
(off St Katharine's Way)
International Trad. Est. S'hall
———————3K **77**
Inverary Pl. SE18 —6H **91**
Inver Clo. E5 —2J **51**
Inverclyde Gdns. Romf —4C **38**
(in two parts)
Inver Ct. W2 —6K **65**
Inveresk Gdns. Wor Pk —3C **148**
Inverforth Clo. NW3 —2A **48**
Inverforth Rd. N11 —5A **16**
Invergarry Ho. W9 —2K **65**
(off Carlton Va.)
Inverine Rd. SE7 —5K **89**
Invermore Pl. SE18 —4G **91**
Inverness Av. Enf —1K **7**
Inverness Ct. SE6 —1H **125**
Inverness Gdns. W8 —1K **83**
Inverness M. E16 —1G **91**
Inverness M. W2 —7K **65**
Inverness Pl. W2 —7K **65**
Inverness Rd. N18 —5C **18**
Inverness Rd. Houn —4D **96**
Inverness Rd. Wor Pk —1F **149**
Inverness St. NW1 —1F **67**
Inverness Ter. W2 —6K **65**
Inverton Rd. SE15 —4K **105**
Invicta Clo. Chst —5E **126**
Invicta Clo. Felt —1H **113**
Invicta Gro. N'holt —3D **60**
Invicta Pde. Side —4B **128**
Invicta Plaza. SE1
———————1B **86** (4A **168**)
Invicta Rd. SE3 —7J **89**
Inville Rd. SE17 —5D **86**
Inville Wlk. SE17 —5D **86**
Inwen Ct. SE8 —5A **88**
Inwood Av. Houn —3G **97**
Inwood Bus. Cen. Houn —4F **97**
Inwood Clo. Croy —2A **154**
Inwood Ct. NW1 —7G **49**
(off Rochester Sq.)
Inwood Rd. Houn —4F **97**
Inworth St. SW11 —2C **102**
Inworth Wlk. N1 —1C **68**
(off Popham St.)
Iona Clo. SE6 —7C **106**
Iona Clo. Mord —7K **137**
Ion Ct. E2 —2G **69**
Ionian Building. E14 —7A **70**
Ion Sq. E2 —2G **69**
Ipsden Bldgs. SE1 —5K **167**
Ipswich Ho. SE4 —5K **105**
Ipswich Rd. SW17 —6E **120**
Ireland Clo. E6 —5D **72**

Ireland Pl. N22 —7D **16**
Ireland Yd. EC4 —6B **68** (1B **168**)
Irene M. W7 —1K **79**
(off Uxbridge Rd.)
Irene Rd. SW6 —1J **101**
Irene Rd. Orp —7K **145**
Ireton Clo. N10 —7K **15**
Ireton Ho. SW9 —2A **104**
Ireton St. E3 —3C **70**
Iris Av. Bex —6E **110**
Iris Clo. E6 —5C **72**
Iris Clo. Croy —1K **153**
Iris Clo. Surb —7F **135**
Iris Cres. Bexh —6F **93**
Iris Rd. W Ewe —5H **147**
Iris Wlk. Edgw —4D **12**
Iris Way. E4 —6G **19**
Irkdale Av. Enf —1A **8**
Iron Bri. Clo. NW10 —5A **46**
Ironbridge Clo. S'hall —1G **79**
Iron Bri. Rd. W Dray & Uxb
———————1C **76**
Iron Mill Pl. SW18 —6K **101**
Iron Mill Rd. SW18 —6K **101**
Ironmonger La. EC2
———————6C **68** (1D **168**)
Ironmonger Pas. EC1
———————3C **68** (2D **162**)
(off Ironmonger Row)
Ironmonger Row. EC1
———————3C **68** (2D **162**)
Ironmongers Pl. E14 —4C **88**
Ironside Clo. SE16 —2K **87**
Ironside Ho. E9 —4A **52**
Irons Way. Romf —1J **39**
Irvine Av. Harr —3A **26**
Irvine Clo. N20 —2H **15**
Irvine Ho. E14 —5D **70**
Irvine Ho. N7 —6K **49**
(off Caledonian Rd.)
Irvine Way. Orp —7K **145**
Irving Av. N'holt —1B **60**
Irving Gro. SW9 —2K **103**
Irving Ho. SE17 —5B **86**
(off Doddington Gro.)
Irving Mans. W14 —6G **83**
(off Queen's Club Gdns.)
Irving M. N1 —6C **50**
Irving Rd. W14 —3F **83**
Irving St. WC2 —7H **67** (3D **166**)
Irving Way. NW9 —5C **28**
Irwell Ct. W7 —6H **61**
(off Hobbayne Rd.)
Irwell Est. SE16 —3J **87**
Irwin Av. SE18 —7J **91**
Irwin Gdns. NW10 —1D **64**
Isabel Hill Clo. Hamp —2F **133**
Isabella Clo. N14 —7B **6**
Isabella Ct. Rich —6F **99**
(off Kings Mead)
Isabella Ho. SE11 —5K **173**
Isabella Rd. E9 —5J **51**
Isabella St. SE1 —1B **86** (5A **168**)
Isabel St. SW9 —1K **103**
Isambard M. E14 —3E **88**
Isambard Pl. SE16 —1J **87**
Isard Ho. Hayes —1K **155**
Isel Way. SE22 —5E **104**
Isham Rd. SW16 —2J **139**
Isis Clo. SW15 —4E **100**
Isis Clo. Ruis —6E **22**
Isis Ct. W4 —7H **81**
Isis Ho. N18 —6A **18**
Isis Ho. NW8 —4B **66** (4B **158**)
(off Church St. Est.)
Isis St. SW18 —2A **120**

Island Farm Av. W Mol —5D **132**
Island Farm Rd. W Mol —5D **132**
Island Rd. Mitc —7D **120**
Island Row. E14 —6B **70**
Island, The. Th Dit —6A **134**
Isla Rd. SE18 —6G **91**
Islay Gdns. Houn —5B **96**
Islay Wlk. N1 —6C **50**
Isleden Ho. N1 —1C **68**
(off Prebend St.)
Isledon Rd. N7 —3A **50**
Isledon Village. —3A **50**
Islehurst Clo. Chst —1E **144**
Isleworth. —3A **98**
Isleworth Bus. Complex. Iswth
———————2K **97**
Isleworth Promenade. Twic
———————4B **98**
Isley Ct. SW8 —2G **103**
Islington. —7B **50**
Islington Crematorium. N2 —1D **30**
Islington Grn. N1 —1B **68**
Islington High St. N1 —2A **68**
(in two parts)
Islington Pk. M. N1 —7B **50**
Islington Pk. St. N1 —7A **50**
Islip Gdns. Edgw —7E **12**
Islip Gdns. N'holt —7C **42**
Islip Mnr. Rd. N'holt —7C **42**
Islip St. NW5 —5G **49**
Ismailia Rd. E7 —7K **53**
Isobel Ho. Harr —5K **25**
Isom Clo. E13 —3K **71**
Itaska Cotts. Bush —1D **10**
Ivanhoe Clo. Uxb —5A **58**
Ivanhoe Dri. Harr —3A **26**
Ivanhoe Rd. SE5 —3F **105**
Ivanhoe Rd. Houn —3B **96**
Ivatt Pl. W14 —5H **83**
Ivatt Way. N17 —3B **32**
Iveagh Av. NW10 —2G **63**
Iveagh Clo. E9 —1K **69**
Iveagh Clo. NW10 —2G **63**
Iveagh Clo. N'wd —1D **22**
Iveagh Ct. E1 —1J **169**
Iveagh Ct. Beck —3E **142**
Iveagh Ho. SW9 —2B **104**
Iveagh Ho. SW10 —7A **84**
(off King's Rd.)
Iveagh Ter. NW10 —2G **63**
(off Iveagh Av.)
Ivedon Rd. Well —2C **110**
Ive Farm Clo. E10 —2C **52**
Ive Farm La. E10 —2C **52**
Iveley Rd. SW4 —2G **103**
Ivere Dri. New Bar —6E **4**
Iverhurst Clo. Bexh —5D **110**
Iverna Ct. W8 —3J **83**
Iverna Gdns. W8 —3J **83**
Iverna Gdns. Felt —5F **95**
Iverson Rd. NW6 —6H **47**
Ives Rd. E16 —5G **71**
Ives St. SW3 —4C **84** (3D **170**)
Ivestor Ter. SE23 —7J **105**
Ivimey St. E2 —3G **69**
Ivinghoe Clo. Enf —1K **7**
Ivinghoe Ho. N7 —5H **49**
Ivinghoe Rd. Dag —5B **56**
Ivor Ct. N8 —6J **31**
Ivor Ct. NW1 —4D **66** (3E **158**)
(off Gloucester Pl.)
Ivor Gro. SE9 —1F **127**
Ivories, The. N1 —7C **50**
(off Northampton St.)
Ivor Pl. NW1 —4D **66** (4E **158**)
Ivor St. NW1 —7G **49**
Ivory Ct. Felt —2J **113**

Ivorydown. Brom —4J **125**
Ivory Ho. E1 —1F **87** (3K **169**)
Ivory Sq. SW11 —3A **102**
Ivybridge Clo. Twic —7A **98**
Ivybridge Clo. Uxb —3A **58**
Ivybridge Ct. Chst —1E **144**
(off Old Hill)
Ivybridge La. WC2
———————7J **67** (3F **167**)
Ivychurch Clo. SE20 —7J **123**
Ivychurch La. SE17 —5F **87**
Ivy Clo. Harr —4D **42**
Ivy Clo. Pinn —7A **24**
Ivy Clo. Sun —2A **132**
Ivy Cotts. E14 —7D **70**
Ivy Cotts. Uxb —3C **58**
(off Argyle Way)
Ivy Cres. W4 —4J **81**
Ivydale Rd. SE15 —3K **105**
Ivydale Rd. Cars —2D **150**
Ivyday Gro. SW16 —3K **121**
Ivydene. W Mol —5D **132**
Ivydene Clo. Sutt —4A **150**
Ivy Gdns. N8 —6J **31**
Ivy Gdns. Mitc —3H **139**
Ivyhouse Rd. Dag —6D **56**
Ivyhouse Rd. Uxb —3D **40**
Ivy La. Houn —4D **96**
Ivymount Rd. SE27 —3A **122**
Ivy Rd. E16 —6J **71**
Ivy Rd. E17 —6C **34**
Ivy Rd. N14 —7B **6**
Ivy Rd. NW2 —4E **46**
Ivy Rd. SE4 —4B **106**
Ivy Rd. Houn —4F **97**
Ivy Rd. Surb —1G **147**
Ivy St. N1 —2E **68**
Ivy Wlk. Dag —6E **56**
Ivy Wlk. N'wd —1G **23**
Ixworth Pl. SW3
———————5C **84** (5C **170**)
Izane Rd. Bexh —4F **111**

Jacaranda Clo. N Mald —3A **136**
Jacaranda Gro. E8 —7F **51**
Jackass La. Kes —5K **155**
Jack Barnett Way. N22 —2K **31**
Jack Clow Rd. E15 —2G **71**
Jack Cook Ho. Bark —7F **55**
Jack Cornwell St. E12 —4E **54**
Jack Dash Ho. E14 —2E **88**
Jack Dash Way. E6 —4C **72**
Jacklin Grn. Wfd G —4D **20**
Jackman M. NW10 —3A **46**
Jackman St. E8 —1H **69**
Jackson Clo. E9 —7J **51**
Jackson Clo. Uxb —7A **40**
Jackson Ct. E7 —6K **53**
Jackson Rd. N7 —4K **49**
Jackson Rd. Bark —1H **73**
Jackson Rd. Barn —6H **5**
Jackson Rd. Brom —2D **156**
Jackson Rd. Uxb —7A **40**
Jacksons La. N6 —7E **30**
Jacksons Pl. Croy —1D **152**
Jackson St. SE18 —6E **90**
Jackson's Way. Croy —3C **154**
Jackson Way. S'hall —2F **79**
Jack Walker Ct. N5 —4B **50**
Jacob Ho. Eri —2D **92**
Jacobin Lodge. N7 —5J **49**
Jacobs Clo. Dag —4H **57**
Jacobs Ho. E13 —3A **72**
Jacob St. SE1 —2G **87** (6K **169**)

Jacob's Well M. W1
———————5E **66** (6H **159**)
Jacqueline Clo. N'holt —1C **60**
Jacqueline Creft Ter. N6 —6E **30**
(off Grange Rd.)
Jacqueline Vs. E17 —5E **34**
(off Shernhall St.)
Jade Clo. E16 —6B **72**
Jade Clo. NW2 —7F **29**
Jade Clo. Dag —1C **56**
Jade Ter. NW6 —7A **48**
Jaffe Rd. Ilf —1H **55**
Jaffray Pl. SE27 —4B **122**
Jaffray Rd. Brom —4B **144**
Jaggard Way. SW12 —7D **102**
Jago Clo. SE18 —6G **91**
Jago Wlk. SE5 —7D **86**
Jamaica Rd. SE1 & SE16
———————2F **87** (7K **169**)
Jamaica Rd. T Hth —6B **140**
Jamaica St. E1 —6J **69**
James Anderson Ct. N1 —2E **68**
(off Kingsland Rd.)
James Av. NW2 —5E **46**
James Av. Dag —1F **57**
James Bedford Clo. Pinn —2A **24**
James Boswell Clo. SW16
———————4K **121**
James Brine Ho. E2
———————3F **69** (1K **163**)
(off Ravenscroft St.)
James Clo. E13 —2J **71**
James Clo. NW11 —6G **29**
James Collins Clo. W9 —4H **65**
James Ct. N1 —1C **68**
(off Raynor Pl.)
James Ct. NW9 —2A **28**
James Ct. N'holt —2C **60**
(off Church Rd.)
James Ct. N'wd —1H **23**
James Dudson Ct. NW10 —7J **45**
James Est. Mitc —2D **138**
James Gdns. N22 —7G **17**
James Hammett Ho. E2
———————3F **69** (1K **163**)
(off Ravenscroft St.)
James Joyce Wlk. SE24 —4B **104**
James La. E10 & E11 —7E **34**
James Newham Ct. SE3 —3E **126**
Jameson Clo. W3 —2J **81**
Jameson Ho. SE11
———————5K **85** (5G **173**)
(off Glasshouse Wlk.)
Jameson Lodge. N6 —6G **31**
Jameson St. W8 —1J **83**
James Pl. N17 —1F **33**
James's Cotts. Rich —7G **81**
James Stewart Ho. NW6 —7H **47**
James St. W1 —6E **66** (1H **165**)
James St. WC2 —7J **67** (1F **167**)
James St. Bark —7G **55**
James St. Enf —5A **8**
James St. Houn —3H **97**
James Stroud Ho. SE17 —5C **86**
(off Bronti Clo.)
James Ter. SW14 —3K **99**
(off Church Path)
Jamestown Rd. NW1 —1F **67**
Jamestown Way. E14 —7F **71**
James Yd. E4 —6A **20**
Jamieson Ho. Houn —6D **96**
Jamuna Clo. E14 —5A **70**
Jane Austen Hall. E16 —1K **89**
(off Wesley Av., in two parts)
Jane Austen Ho. SW1
———————5G **85** (6A **172**)
(off Churchill Gdns.)
Jane Seymour Ct. SE9 —7G **109**

Joyce Page Clo. SE7 —6B 90
Joyce Wlk. SW2 —6A 104
Joydens Wood. —4K 129
Joydens Wood Rd. Bex —4K 129
Joydon Dri. Romf —6B 38
Joyners Clo. Dag —4F 57
Joystone Ct. New Bar —4H 5
(off Park Rd.)
Jubb Powell Ho. N15 —6E 32
Jubilee Av. E4 —6K 19
Jubilee Av. Romf —5H 39
Jubilee Av. Twic —1G 115
Jubilee Bldgs. NW8 —1B 66
(off Queen's Ter.)
Jubilee Clo. NW9 —6K 27
Jubilee Clo. King T —1C 134
Jubilee Clo. Pinn —2A 24
Jubilee Clo. Romf —5H 39
Jubilee Ct. N10 —3E 30
Jubilee Ct. Harr —7E 26
Jubilee Ct. Houn —3G 97
(off Bristow Rd.)
Jubilee Cres. E14 —3E 88
Jubilee Cres. N9 —1B 18
Jubilee Dri. Ruis —4B 42
Jubilee Gdns. S'hall —5E 60
Jubilee Ho. SE11
—4A 86 (4K 173)
(off Reedworth St.)
Jubilee Ho. WC1 —3G 161
Jubilee Mkt. Wfd G —6F 21
Jubilee Pde. Wfd G —6F 21
Jubilee Pl. SW3 —5C 84 (5D 170)
Jubilee Rd. Gnfd —1B 62
Jubilee Rd. Sutt —7F 149
Jubilee St. E1 —6J 69
Jubilee, The. SE10 —7D 88
Jubilee Vs. Esh —7H 133
Jubilee Walkway. SE1
—7B 68 (3B 168)
Jubilee Way. SW19 —1K 137
Jubilee Way. Chess —4G 147
Jubilee Way. Felt —1J 113
Jubilee Way. Sidc —2A 128
Jubilee Yd. SE1 —6J 169
Judd St. WC1 —3J 67 (2E 160)
Jude St. E16 —6H 71
Judge Heath La. Hay —6E 58
Judges Wlk. NW3 —3A 48
Juer St. SW11 —7C 84
Jules Thorn Av. Enf —4B 8
Julia Ct. E17 —5D 34
Julia Gdns. Bark —2D 74
Julia Garfield M. E16 —1K 89
Juliana Clo. N2 —2A 30
Julian Av. W3 —7H 63
Julian Clo. New Bar —3E 4
Julian Hill. Harr —2J 43
Julian Pl. E14 —5D 88
Julian Taylor Path. SE23 —2H 123
Julia St. NW5 —4E 48
Julien Rd. W5 —4C 80
Juliet Ho. N1 —2E 68
(off Arden Est.)
Juliette Rd. E13 —2J 71
Julius Nyerere Clo. N1 —1K 67
(off Copenhagen St.)
Junction App. SE13 —3E 106
Junction App. SW11 —3C 102
Junction Av. NW10 —4E 64
Junction M. W2 —6C 66 (7C 158)
Junction Pl. W2 —7B 158
Junction Rd. E13 —2K 71
Junction Rd. N9 —1B 18
Junction Rd. N17 —3G 33
Junction Rd. N19 —4G 49
Junction Rd. W5 & Bren —4C 80
Junction Rd. Ashf —5E 112
Junction Rd. Harr —6J 25
Junction Rd. S Croy —5D 152
Junction Rd. E. Romf —7E 38
Junction Rd. W. Romf —7E 38
Juniper Clo. Barn —5A 4
Juniper Clo. Chess —5F 147
Juniper Clo. Wemb —5G 45
Juniper Ct. W8 —3K 83
(off St Marys Pl.)
Juniper Ct. Harr —1K 25
Juniper Ct. Houn —4F 97
(off Grove Rd.)
Juniper Ct. N'wd —1J 23
Juniper Ct. Romf —6B 38
Juniper Cres. NW1 —7E 48
Juniper Gdns. SW16 —1G 139
Juniper Gdns. Sun —6H 113
Juniper Ho. SE15 —7J 87
Juniper Ho. W10 —4G 65
(off Fourth Av.)
Juniper La. E6 —5C 72
Juniper Rd. Ilf —3E 54
Juniper St. E1 —7J 69
Juniper Way. Hay —7F 59
Juno Way. SE14 —6K 87
Juno Way Ind. Est. SE14 —6K 87
Jupiter Ct. N'holt —3B 60
(off Seasprite Clo.)
Jupiter Heights. Uxb —1B 58
Jupiter Ho. E14 —5D 88
Jupiter Way. N7 —6K 49
Jupp Rd. E15 —7F 53
Jupp Rd. W. E15 —1F 71
Jurston Ct. SE1 —7K 167
Justice Wlk. SW3 —7C 170
Justin Clo. Bren —7D 80
Justin Rd. E4 —6G 19
Jute La. Brim & Enf —2F 9
(in two parts)
Jutland Clo. N19 —1J 49
Jutland Ho. SE5 —2C 104
Jutland Rd. E13 —4J 71
Jutland Rd. SE6 —7E 106
Jutsums Av. Romf —6H 39
Jutsums Ct. Romf —6H 39
Jutsums La. Romf —6H 39
Juxon Clo. Harr —1F 25
Juxon St. SE11 —4K 85 (3H 173)
JVC Bus. Pk. NW2 —1C 46

Kaduna Clo. Pinn —5J 23
Kale Rd. Eri —2E 92
Kambala Rd. SW11 —3B 102
Kangley Bri. Rd. SE26 —6B 124
Kangley Bus. Cen. SE26 —5B 124
Kaplan Dri. N21 —5E 6
Kara Way. NW2 —4F 47
Karen Ct. Brom —1H 143
Karen Ter. E11 —2H 53
Karoline Gdns. Gnfd —2H 61
Kashgar Rd. SE18 —4K 91
Kashmir Rd. SE7 —7B 90
Kassala Rd. SW11 —1D 102
Katharine St. Croy & New Ad
—3C 152
Katherine Clo. SE16 —1K 87
Katherine Ct. SE23 —1H 123
Katherine Gdns. SE9 —4B 108
Katherine Rd. E7 & E6 —5A 54
Katherine Rd. Twic —1A 116
Katherine Sq. W11 —1G 83
Kathleen Av. W3 —5J 63
Kathleen Av. Wemb —7E 44
Kathleen Godfree Ct. SW19
—6J 119
Kathleen Rd. SW11 —3D 102
Kayemoor Rd. Sutt —6B 150
Kay Rd. SW9 —2J 103
Kay St. E2 —2G 69
Kay St. E15 —7F 53
Kay St. Well —1B 110
Kay Ter. E18 —1H 35
Kay Way. SE10 —7E 88
Kean Ho. SE17 —6B 86
Kean Ho. Twic —6D 98
(off Arosa Rd.)
Kean St. WC2 —6K 67 (1G 167)
Keatley Grn. E4 —6G 19
Keats Av. E16 —1K 89
Keats Clo. E11 —5K 35
Keat's Clo. NW3 —4C 48
Keats Clo. SE1 —4F 87
Keats Clo. SW19 —6B 120
Keats Clo. Enf —5E 8
Keats Clo. Hay —5J 59
Keat's Gro. NW3 —4C 48
Keats House. —4C 48
(off Keat's Gro.)
Keats Ho. SE5 —7C 86
(off Elmington Est.)
Keats Ho. SW1 —6G 85 (7B 172)
(off Churchill Gdns.)
Keats Ho. Cray —5K 111
Keats Pde. N9 —2B 18
(off Church St.)
Keats Pl. EC2 —5D 68
(off Moorfields)
Keats Rd. Belv —3J 93
Keats Rd. Well —1J 109
Keats Way. Croy —6J 141
Keats Way. Gnfd —5F 61
Keats Way. W Dray —4B 76
Kebbell Ter. E7 —5K 53
(off Claremont Rd.)
Keble Clo. N'holt —5G 43
Keble Clo. Wor Pk —1B 148
Keble St. SW17 —4A 120
Kechill Gdns. Brom —7J 143
Kedeston Ct. Sutt —1K 149
Kedge Ho. E14 —3C 88
Kedleston Dri. Orp —6K 145
Kedleston Wlk. E2 —3H 69
Kedyngton Ho. Edgw —2J 27
(off Burnt Oak B'way.)
Keeble Clo. SE18 —6F 91
Keedonwood Rd. Brom —5G 125
Keel Clo. SE16 —1K 87
Keel Clo. Bark —2C 74
Keeley Rd. Croy —2C 152
Keeley St. WC2 —6K 67 (1G 167)
Keeling Ho. E2 —2H 69
(off Claredale St.)
Keeling Rd. SE9 —5B 108
Keely Clo. Barn —5H 5
Keemor Clo. SE18 —7E 90
Keens Clo. SW16 —5H 121
Keens Rd. Croy —4C 152
Keen's Yd. N1 —6B 50
Keepers M. Tedd —6C 116
Keepier Wharf. E14 —7K 69
Keep, The. SE3 —2J 107
Keep, The. King T —6F 117
Keeton's Rd. SE16 —3H 87
(in two parts)
Keevil Dri. SW19 —7F 101
Keighley Clo. N7 —5J 49
Keightley Dri. SE9 —1G 127
Keilder Clo. Uxb —2C 58
Keildon Rd. SW11 —4D 102
Keir Hardie Est. E5 —1H 51
Keir Hardie Ho. N19 —7H 31
Keir Hardie Way. Bark —7A 56
Keir Hardie Way. Hay —3J 59
Keir, The. SW19 —5E 118
Keith Connor Clo. SW8 —3F 103
Keith Gro. W12 —2C 82
Keith Ho. NW6 —3K 65
(off Carlton Va.)
Keith Pk. Rd. Uxb —7B 40
Keith Rd. E17 —1B 34
Keith Rd. Bark —2H 73
Keith Rd. Hay —3G 77
Kelbrook Rd. SE3 —2C 108
Kelby Path. SE9 —3F 127
Kelceda Clo. NW2 —2C 46
Kelf Gro. Hay —6H 59
Kelfield Ct. W10 —6F 65
Kelfield Gdns. W10 —6E 64
Kelfield M. W10 —6F 65
Kelland Clo. N8 —5H 31
Kelland Rd. E13 —4J 71
Kellaway Rd. SE3 —2B 108
Keller Cres. E12 —4B 54
Kellerton Rd. SE13 —5G 107
Kellet Houses. WC1
—3J 67 (2F 161)
(off Tankerton St.)
Kellett Ho. N1 —1E 68
(off Colville Est.)
Kellett Rd. SW2 —4A 104
Kelling Gdns. Croy —7B 140
Kellino St. SW17 —4D 120
Kellner Rd. SE28 —3K 91
Kellow Ho. SE1 —2D 86 (6E 168)
(off Tennis St.)
Kell St. SE1 —3B 86 (7B 168)
Kelly Av. SE15 —7F 87
Kelly Clo. NW10 —3K 45
Kelly Clo. Shep —2G 131
Kelly M. W9 —4H 65
Kelly Rd. NW7 —6B 14
Kelly St. NW1 —6F 49
Kelly Way. Romf —5E 38
Kelman Clo. SW4 —2H 103
Kelmore Gro. SE22 —4G 105
Kelmscott Clo. E17 —1B 34
Kelmscott Gdns. W12 —3C 82
Kelmscott Rd. SW11 —5C 102
Kelross Pas. N5 —4C 50
Kelross Rd. N5 —4C 50
Kelsall Clo. SE3 —2K 107
Kelsey Ga. Beck —2D 142
Kelsey La. Beck —2C 142
(in two parts)
Kelsey Pk. Av. Beck —2D 142
Kelsey Pk. Rd. Beck —2C 142
Kelsey Sq. Beck —2C 142
Kelsey St. E2 —4G 69
Kelsey Way. Beck —3C 142
Kelson Ho. E14 —3E 88
Kelso Pl. W8 —3K 83
Kelso Rd. Cars —7A 138
Kelston Rd. Ilf —2F 37
Kelvedon Clo. King T —6G 117
Kelvedon Ho. SW8 —1J 103
Kelvedon Rd. SW6 —7H 83
Kelvedon Way. Wfd G —6J 21
Kelvin Av. N13 —6E 16
Kelvin Av. Tedd —6J 115
Kelvinbrook. W Mol —3F 133
Kelvin Clo. Eps —6G 147
Kelvin Ct. SE20 —1H 141
Kelvin Ct. W11 —7J 65
Kelvin Ct. Iswth —2J 97
Kelvin Cres. Harr —7D 10
Kelvin Dri. Twic —6B 98
Kelvin Gdns. Croy —7J 139
Kelvin Gdns. S'hall —6E 60
Kelvin Gro. SE26 —3H 123
Kelvin Gro. Chess —3D 146
Kelvington Clo. Croy —7A 142
Kelvington Rd. SE15 —5K 105
Kelvin Rd. N5 —4C 50
Kelvin Rd. Well —3A 110
Kember St. N1 —7K 49
Kemble Ct. SE15 —7E 86
(off Lydney Clo.)
Kemble Dri. Brom —3C 156
Kemble Ho. SW9 —3B 104
(off Barrington Rd.)
Kemble Rd. N17 —1G 33
Kemble Rd. SE23 —1K 123
Kemble Rd. Croy —3B 152
Kemble St. WC2 —6K 67 (1G 167)
Kemerton Rd. SE5 —3C 104
Kemerton Rd. Beck —2D 142
Kemerton Rd. Croy —7F 141
Kemeys St. E9 —5A 52
Kemnal Rd. Chst —7G 127
(in two parts)
Kemp. NW9 —1B 28
(off Concourse, The)
Kemp Ct. SW8 —7J 85
(off Hartington Rd.)
Kempe Ho. SE1 —3D 86
(off Burge St.)
Kempe Rd. NW6 —2F 65
Kemp Gdns. Croy —6C 140
Kemp Ho. E6 —6E 54
Kemp Ho. W1 —7H 67 (2C 166)
(off Berwick St.)
Kempis Way. SE22 —5E 104
Kemplay Rd. NW3 —4B 48
Kemp Rd. Dag —1D 56
Kemps Ct. W1 —6H 67
(off Hopkins St.)
Kemps Dri. E14 —7C 70
Kemp's Dri. E14 —7C 70
Kemps Dri. N'wd —1H 23
Kempsford Gdns. SW5 —5J 83
Kempsford Rd. SE11
(in two parts) —4A 86 (4K 173)
Kemps Gdns. SE13 —5E 106
Kempshott Rd. SW16 —7H 121
Kempson Rd. SW6 —1J 101
Kempthorne Rd. SE8 —4B 88
Kempton Av. N'holt —6E 42
Kempton Av. Sun —1K 131
Kempton Clo. Eri —6J 93
Kempton Clo. Uxb —4E 40
Kempton Ct. E1 —5H 69
Kempton Ct. Sun —1K 131
Kempton Pk. Racecourse.
—7A 114
Kempton Rd. E6 —1D 72
Kempton Rd. Hamp —2D 132
(in three parts)
Kempton Wlk. Croy —6A 142
Kempt St. SE18 —6E 90
Kemsing Clo. Bex —7E 110
Kemsing Clo. Brom —2H 155
Kemsing Clo. T Hth —4C 140
Kemsing Ho. SE1 —2D 86 (7F 169)
(off Long La.)
Kemsing Rd. SE10 —5J 89
Kemsley Ct. W13 —1C 80
Kenbrook Ho. W14 —3H 83
Kenbury Clo. Uxb —3C 40
Kenbury Gdns. SE5 —2C 104
Kenbury Mans. SE5 —2C 104
(off Kenbury St.)
Kenbury St. SE5 —2C 104
Kenchester Clo. SW8 —7J 85
Kencot Way. Eri —2F 93
Kendal. NW1 —3F 67 (1K 159)
(off Augustus St.)
Kendal Av. N18 —4J 17
Kendal Av. W3 —4G 63
(in two parts)
Kendal Av. Bark —1J 73
Kendal Clo. SW9 —7B 86

Kings Cres. Est. N4 —2C 50
Kingscroft. SW4 —6J 103
Kingscroft Rd. NW2 —6H 47
King's Cross. —2J 67
Kings Cross. —3J 67
King's Cross Bri. N1 —3J 67 (1F 161) (off Gray's Inn Rd.)
King's Cross Rd. WC1 —3K 67 (1G 161)
Kingsdale Gdns. W11 —1F 83
Kingsdale Rd. SE18 —7K 91
Kingsdale Rd. SE20 —7K 123
Kingsdown Av. W3 —7A 64
Kingsdown Av. W13 —2B 80
Kingsdown Av. S Croy —7C 152
Kingsdown Clo. SE16 —5H 87 (off Masters Dri.)
Kingsdown Clo. W10 —6F 65
Kingsdowne Rd. Surb —7E 134
Kingsdown Ho. E8 —5G 51
Kingsdown Rd. E11 —3G 53
Kingsdown Rd. N19 —2J 49
Kingsdown Rd. Sutt —5G 149
Kingsdown Way. Brom —7J 143
King's Dri. Edgw —4A 12
Kings Dri. Surb —7G 135
Kings Dri. Tedd —5H 115
Kings Dri. Th Dit —7B 134
Kings Dri. Wemb —2H 45
Kingsend. Ruis —1F 41
Kingsend Ct. Ruis —1G 41
Kings Farm. E17 —1D 34
Kings Farm Av. Rich —4G 99
Kingsfield Av. Harr —4F 25
Kingsfield Ho. SE9 —3B 126
Kingsfield Rd. Harr —7H 25
Kingsfield Ter. Harr —1H 43
Kingsford Av. Wall —7J 151
Kingsford St. NW5 —5D 48
Kingsford Way. E6 —5D 72
King's Gdns. NW6 —7J 47
Kings Gdns. Ilf —1H 55
Kings Gth. M. SE23 —2J 123
Kingsgate. Wemb —3J 45
Kingsgate Av. N3 —3J 29
Kingsgate Bus. Cen. King T —1E 134
Kingsgate Clo. Bexh —1E 110
Kingsgate Est. N1 —6E 50
Kingsgate Ho. SW9 —1A 104
Kingsgate Mans. WC1 —5K 67 (off Red Lion Sq.)
Kingsgate Pde. SW1 —2B 172
Kingsgate Pl. NW6 —7J 47
Kingsgate Rd. NW6 —7J 47
Kingsgate Rd. King T —1E 134
Kings Grange. Ruis —1H 41
Kingsground. SE9 —7B 108
King's Gro. SE15 —7H 87 (in two parts)
Kingshall M. SE13 —3E 106
Kings Hall Rd. Beck —7A 124
Kings Head Hill. E4 —7J 9
Kings Head Pas. SW4 —4H 103 (off Clapham Pk. Rd.)
Kings Head Theatre. —1B 68
King's Head Yd. SE1 —1D 86 (5E 168)
King's Highway. SE18 —6J 91
Kingshill. SE17 —4C 86
Kingshill Av. Harr —4B 26
Kingshill Av. Hay & N'holt —3G 59
Kingshill Av. Wor Pk —7C 136
Kingshill Ct. Barn —4B 4
Kingshill Dri. Harr —2B 26
Kingshold Rd. E9 —7J 51
Kingsholm Gdns. SE9 —4B 108
Kings Ho. SW8 —7J 85 (off S. Lambeth Rd.)
Kingshurst Rd. SE12 —7J 107
Kings Keep. SW15 —5F 101
Kings Keep. Brom —3G 143
Kings Keep. King T —4E 134
Kingsland. —6E 50
Kingsland. NW8 —1C 66
Kingsland Grn. E8 —6E 50
Kingsland High St. E8 —6F 51
Kingsland Pas. E8 —6E 50
Kingsland Rd. E2 & E8 —3E 68 (2H 163)
Kingsland Rd. E13 —3A 72
Kingsland Shop. Cen. E8 —6F 51
Kings La. Sutt —6B 150
Kingslawn Clo. SW15 —5D 100
Kingsleigh Pl. Mitc —3D 138
Kingsleigh Wlk. Brom —4H 143
Kingsley Av. W13 —5A 62
Kingsley Av. Houn —2G 97
Kingsley Av. S'hall —7E 60
Kingsley Av. Sutt —4B 150
Kingsley Clo. N2 —5A 30
Kingsley Clo. Dag —4H 57
Kingsley Ct. NW10 —6D 46
Kingsley Ct. Bexh —5G 111
Kingsley Ct. Edgw —3C 12
Kingsley Ct. Sutt —7K 149
Kingsley Ct. Wor Pk —2B 148 (off Avenue, The)
Kingsley Dri. Wor Pk —2B 148
Kingsley Flats. SE1 —4E 86 (off Old Kent Rd.)
Kingsley Gdns. E4 —5H 19
Kingsley Ho. SW3 —6B 84 (off Beaufort St.)
Kingsley Mans. W14 —6G 83 (off Greyhound Rd.)
Kingsley M. E1 —7H 69
Kingsley M. W8 —3K 83
Kingsley M. Chst —6F 127
Kingsley Pl. N6 —7E 30
Kingsley Rd. E7 —7J 53
Kingsley Rd. E17 —2E 34
Kingsley Rd. N13 —4F 17
Kingsley Rd. NW6 —1H 65
Kingsley Rd. SW19 —5K 119
Kingsley Rd. Croy —1A 152
Kingsley Rd. Harr —4G 43
Kingsley Rd. Houn —1F 97
Kingsley Rd. Ilf —1G 37
Kingsley Rd. Pinn —4D 24
Kingsley St. SW11 —3D 102
Kingsley Way. NW11 —6A 30
Kingsley Wood Dri. SE9 —3D 126
Kingslyn Cres. SE19 —1E 140
Kings Mall. W6 —4E 82
Kingsman Pde. SE18 —3D 90
Kingsman St. SE18 —3D 90
Kingsmead. Barn —4D 4
Kings Mead. Rich —6F 99
Kingsmead Av. N9 —1C 18
Kingsmead Av. NW9 —7K 27
Kingsmead Av. Mitc —3G 139
Kingsmead Av. Sun —2A 132
Kingsmead Av. Surb —2G 147
Kingsmead Av. Wor Pk —2D 148
Kingsmead Clo. Eps —7K 147
Kingsmead Clo. Sidc —2A 128
Kingsmead Clo. Tedd —6B 116
Kingsmead Cotts. Brom —1C 156
Kingsmead Ct. N6 —7H 31
Kingsmead Dri. N'holt —7D 42
Kingsmead Ho. E9 —4A 52
Kingsmeadow. King T —3H 135
Kingsmead Rd. SW2 —2A 122
King's Mead Way. E9 —4A 52
Kingsmere Clo. SW15 —3F 101
Kingsmere Pk. NW9 —1H 45
Kingsmere Pl. N16 —1D 50
Kingsmere Rd. SW19 —2F 119
King's M. SW4 —5J 103
King's M. WC1 —4K 67 (4H 161)
Kingsmill. NW8 —2B 66 (off Kingsmill Ter.)
Kingsmill Gdns. Dag —5F 57
Kingsmill Ho. SW3 —5C 84 (5D 170) (off Marlborough St.)
Kingsmill Rd. Dag —5F 57
Kingsmill Ter. NW8 —2B 66
Kingsnorth Ho. W10 —6F 65
Kingsnympton Pk. King T —7H 117
King's Orchard. SE9 —6C 108
King's Paddock. Hamp —1G 133
Kings Pde. N17 —3F 33
King's Pde. NW10 —1E 64
Kings Pde. W12 —3C 82
King's Pde. Cars —3D 150 (off Wrythe La.)
King's Pde. Edgw —5B 12 (off Edgwarebury La.)
Kingspark Ct. E18 —3J 35
Kings Pas. E11 —7G 35
Kings Pas. King T —2D 134
King's Pas. King T —1D 134
King's Pl. SE1 —2C 86 (7C 168)
King's Pl. W4 —5J 81
Kings Pl. Buck H —2F 21
King Sq. EC1 —3C 68 (2C 162)
King's Quay. SW10 —1A 102 (off Chelsea Harbour)
Kings Reach Tower. SE1 —4K 167
Kings Ride Ga. Rich —4G 99
Kingsridge. SW19 —2G 119
Kings Rd. E4 —1A 20
King's Rd. E6 —1A 72
Kings Rd. E11 —7G 35
King's Rd. N17 —1F 33
Kings Rd. N18 —5B 18
Kings Rd. N22 —1K 31
King's Rd. NW10 —7D 46
Kings Rd. SE25 —3G 141
King's Rd. SW6 & SW10 —7K 83 (7A 170)
Kings Rd. SW14 —3K 99
Kings Rd. SW19 —6J 119
Kings Rd. W5 —5D 62
Kings Rd. Bark —7G 55
Kings Rd. Barn —3A 4
Kings Rd. Felt —1A 114
Kings Rd. Harr —2D 42
King's Rd. King T —1E 134
Kings Rd. Mitc —3E 138
Kings Rd. Rich —6F 99
King's Rd. Surb —1C 146
King's Rd. Tedd —5H 115
Kings Rd. Twic —6B 98
King's Rd. W Dray —2B 76
Kings Rd. Bungalows. S Harr —4D 42
King's Scholars' Pas. SW1 —2A 172
King Stairs Clo. SE16 —2H 87
King's Ter. NW1 —1G 67
King's Ter. Iswth —4A 98
Kingsthorpe Rd. SE26 —4K 123
Kingston Av. Felt —6G 95
Kingston Av. Sutt —3G 149
Kingston Av. W Dray —7B 58 (in two parts)
Kingston Bri. King T —2D 134
Kingston Bus. Cen. Chess —3E 146
Kingston By-Pass. SW15 & SW20 —4A 118
Kingston By-Pass. Surb & N Mald —3D 146
Kingston Clo. N'holt —1D 60
Kingston Clo. Romf —3E 38 (in two parts)
Kingston Clo. Tedd —6B 116
Kingston Cres. Beck —1B 142
Kingston Gdns. Croy —3J 151
Kingston Hall Rd. King T —3D 134
Kingston Hill. King T —1G 135
Kingston Hill Av. Romf —3E 38
Kingston Hill Pl. King T —4J 117
Kingston Ho. NW6 —7G 47
Kingston Ho. E. SW7 —2C 84 (7C 164) (off Prince's Ga.)
Kingston Ho. Est. Surb —6B 134
Kingston Ho. N. SW7 —2C 84 (7C 164) (off Prince's Ga.)
Kingston Ho. S. SW7 —2C 84 (7C 164) (off Ennismore Gdns.)
Kingstonian F.C. —3G 135
Kingston La. Tedd —5A 116
Kingston La. Uxb —3A 58
Kingston La. W Dray —2B 76
Kingston Mus. —2E 134
Kingston Pl. Harr —7E 10
Kingston Rd. N9 —2B 18
Kingston Rd. SW15 & SW19 —2C 118
Kingston Rd. SW20 & SW19 —2F 137
Kingston Rd. Barn —5G 5
Kingston Rd. Eps —7B 148
Kingston Rd. Ilf —4F 55
Kingston Rd. King T & N Mald —3H 135
Kingston Rd. S'hall —2D 78
Kingston Rd. Stai & Ashf —6A 112 (in two parts)
Kingston Rd. Surb & Eps —2H 147
Kingston Rd. Tedd —5B 116
Kingston Sq. SE19 —5D 122
Kingston Upon Thames. —2E 134
Kingston upon Thames Crematorium. King T —3G 135
Kingston Vale. —4A 118
Kingston Va. SW15 —4K 117
Kingstown St. NW1 —1E 66 (in two parts)
King St. E13 —4J 71
King St. EC2 —6C 68 (1D 168)
King St. N2 —3B 30
King St. N17 —1F 33
King St. SW1 —1G 85 (5B 166)
King St. W3 —1J 81
King St. W6 —4C 82
King St. WC2 —7J 67 (2E 166)
King St. Rich —5D 98
King St. S'hall —3C 78
King St. Twic —1A 116
King St. Pde. Twic —1A 116 (off King St.)
Kings Wlk. Shop. Cen. SW3 —5D 84 (5E 170)
Kingswater Pl. SW11 —7C 84
Kingsway. N12 —6F 15
Kingsway. SW14 —3H 99
Kingsway. WC2 —6K 67 (7G 161)
King's Way. Croy —5K 151
Kingsway. Enf —5C 8
Kings Way. Harr —4J 25
Kingsway. Hay —5E 58
Kingsway. N Mald —4E 136
Kingsway. Orp —5H 145
Kingsway. Stai —1A 112
Kingsway. Wemb —4E 44
Kingsway. W W'ck —3G 155
Kings Way. Wfd G —5F 21
Kingsway Bus. Pk. Hamp —1D 132
Kingsway Cres. Harr —4G 25
Kingsway Est. N18 —6E 18
Kingsway Mans. WC1 —5K 67 (6G 161) (off Red Lion Sq.)
Kingsway Pl. EC1 —4A 68 (3K 161) (off Corporation Row)
Kingsway Rd. Sutt —7G 149
Kingswear Rd. NW5 —3F 49
Kingswear Rd. Ruis —2J 41
Kingswood Av. NW6 —1G 65
Kingswood Av. Belv —4F 93
Kingswood Av. Brom —3G 143
Kingswood Av. Hamp —6F 115
Kingswood Av. Houn —1D 96
Kingswood Av. T Hth —5A 140
Kingswood Clo. N20 —7F 5
Kingswood Clo. SW8 —7J 85
Kingswood Clo. Enf —5K 7
Kingswood Clo. N Mald —6B 136
Kingswood Clo. Orp —7J 145
Kingswood Clo. Surb —7E 134
Kingswood Ct. E4 —5H 19
Kingswood Ct. NW6 —7J 47 (off W. End La.)
Kingswood Dri. SE19 —4E 122
Kingswood Dri. Cars —1D 150
Kingswood Dri. Sutt —7K 149
Kingswood Est. SE21 —4E 122
Kingswood Pk. N3 —1H 29
Kingswood Pl. SE13 —4G 107
Kingswood Rd. E11 —7G 35
Kingswood Rd. SE20 —6J 123
Kingswood Rd. SW2 —6J 103
Kingswood Rd. SW19 —7H 119
Kingswood Rd. W4 —3J 81
Kingswood Rd. Brom & Short —4F 143
Kingswood Rd. Ilf —1A 56
Kingswood Rd. Wemb —3G 45
Kingswood Ter. W4 —3J 81
Kingswood Way. Wall —5J 151
Kingsworth Clo. Beck —5A 142
Kingsworthy Clo. King T —3F 135
Kings Yd. E9 —6C 52
Kings Yd. SW15 —3E 100 (off Lwr. Richmond Rd.)
Kingthorpe Rd. NW10 —7K 45
Kingthorpe Ter. NW10 —6K 45
Kington Ho. NW6 —1K 65 (off Mortimer Cres.)
Kingward Ho. E1 —5G 69 (off Hanbury St.)
King William IV Gdns. SE20 —6J 123
King William La. SE10 —5G 89
King William St. EC4 —6D 68 (1E 168)
King William Wlk. SE10 —6E 88 (in two parts)
Kingwood Rd. SW6 —1G 101
Kinlet Rd. SE18 —1G 109
Kinloch Dri. NW9 —7K 27
Kinloch St. N7 —3K 49
Kinloss Ct. N3 —4H 29
Kinloss Gdns. N3 —3H 29
Kinloss Rd. Cars —7A 138
Kinnaird Av. W4 —7J 81
Kinnaird Av. Brom —6H 125
Kinnaird Clo. Brom —6H 125
Kinnaird Way. Wfd G —6J 21
Kinnear Rd. W12 —2B 82
Kinnerton Pl. N. SW1 —7F 165
Kinnerton Pl. S. SW1 —7F 165

Kinnerton St. SW1 —2E 84 (7G 165)
Kinnerton Yd. SW1 —7G 165
Kinnoul Rd. W6 —6G 83
Kinross Av. Wor Pk —2C 148
Kinross Clo. Edgw —2C 12
Kinross Clo. Harr —5F 27
Kinross Clo. Sun —5H 113
Kinross Ct. SE6 —1H 125
Kinross Dri. Sun —5H 113
Kinross Ter. E17 —2B 34
Kinsale Rd. SE15 —3G 105
Kinsella Gdns. SW19 —5D 118
Kinsham Ho. E2 —4G 69
(off Ramsey St.)
Kintore Way. SE1 —4F 87
Kintyre Clo. SW16 —2K 139
Kintyre Ct. SW2 —7J 103
Kintyre Ho. E14 —1E 88
Kinveachy Gdns. SE7 —5C 90
Kinver Rd. SE26 —4J 123
Kipling Ct. W7 —7K 61
Kipling Dri. SW19 —6B 120
Kipling Est. SE1 —2D 86 (7F 169)
Kipling Ho. SE5 —7D 86
(off Elmington Est.)
Kipling Pl. Stan —6E 10
Kipling Rd. Bexh —1E 110
Kipling St. SE1 —2D 86 (7F 169)
Kipling Ter. N9 —3J 17
Kipling Tower. W3 —3J 81
(off Palmerston Rd.)
Kippington Dri. SE9 —1B 126
Kirby Clo. Eps —5B 148
Kirby Est. SE16 —3H 87
Kirby Est. W Dray —7A 58
Kirby Gro. SE1 —2E 86 (6G 169)
Kirby St. EC1 —5A 68 (5K 161)
Kirby Way. W on T —6A 132
Kirchen Rd. W13 —7B 62
Kirkby Clo. N11 —6K 15
Kirkdale. SE26 —2H 123
Kirkdale Corner. SE26 —4J 123
Kirkdale Rd. E11 —1G 53
Kirkeby Ho. EC1 —5A 68 (5J 161)
(off Leather La.)
Kirkfield Clo. W13 —1B 80
Kirkham Rd. E6 —6C 72
Kirkham St. SE18 —6J 91
Kirkland Av. Ilf —2E 36
Kirkland Clo. Sidc —6J 109
Kirkland Ho. E14 —5D 88
(off St Davids Sq.)
Kirkland Ho. E14 —5D 88
(off Westferry Rd.)
Kirkland Wlk. E8 —6F 51
Kirk La. SE18 —6G 91
Kirkleas Rd. Surb —1E 146
Kirklees Rd. Dag —5C 56
Kirklees Rd. T Hth —5A 140
Kirkley Rd. SW19 —1J 137
Kirkman Pl. W1 —6C 160
Kirkmichael Rd. E14 —6E 70
Kirk Ri. Sutt —3K 149
Kirk Rd. E17 —6B 34
Kirkside Rd. SE3 —6J 89
Kirk's Pl. E14 —5B 70
Kirkstall Av. N17 —4D 32
Kirkstall Gdns. SW2 —1J 121
Kirkstall Rd. SW2 —1H 121
Kirksted Rd. Mord —1K 149
Kirkstone. NW1 —3G 67 (1A 160)
(off Harrington St.)
Kirkstone Way. Brom —7G 125
Kirk St. WC1 —4G 161
Kirkton Rd. N15 —4E 32
Kirkwall Pl. E2 —3J 69
Kirkwood La. NW1 —7E 48
Kirkwood Rd. SE15 —2H 105
Kirn Rd. W13 —7B 62
Kirrane Clo. N Mald —5B 136
Kirtley Ho. SW8 —1G 103
Kirtley Rd. SE26 —4A 124
Kirtling St. SW8 —7G 85
Kirton Clo. W4 —4K 81
Kirton Gdns. E2 —3F 69 (2K 163)
(in two parts)
Kirton Lodge. SW18 —6K 101
Kirton Rd. E13 —2A 72
Kirton Wlk. Edgw —7D 12
Kirwyn Way. SE5 —7B 86
Kitcat Ter. E3 —3C 70
Kitchener Rd. E7 —6K 53
Kitchener Rd. E17 —1D 34
Kitchener Rd. N2 —3C 30
Kitchener Rd. N17 —3E 32
Kitchener Rd. Dag —6H 57
Kitchener Rd. T Hth —3D 140
Kite Pl. E2 —3G 69
(off Lampern St.)
Kite Yd. SW11 —1D 102
(off Cambridge Rd.)
Kitley Gdns. SE19 —1F 141
Kitson Rd. SE5 —7D 86
Kitson Rd. SW13 —1C 100
Kittiwake Pl. Sutt —5H 149
Kittiwake Rd. N'holt —3B 60
Kittiwake Way. Hay —5B 60
Kitto Rd. SE14 —2K 105
Kitts End Rd. Barn —1C 4
Kiver Rd. N19 —2H 49
Klea Av. SW4 —6G 103
Klein's Wharf. E14 —3C 88
Knapdale Clo. SE23 —2H 123
Knapmill Rd. SE6 —2C 124
Knapmill Way. SE6 —2D 124
Knapp Clo. NW10 —6A 46
Knapp Rd. E3 —4C 70
Knapp Rd. Ashf —4B 112
Knapton M. SW17 —6E 120
Knaresborough Dri. SW18 —1K 119
Knaresborough Pl. SW5 —4K 83
Knatchbull Rd. NW10 —1K 63
Knatchbull Rd. SE5 —2B 104
Knebworth Av. E17 —1C 34
Knebworth Ho. SW8 —2H 103
Knebworth Rd. N16 —4E 50
Knee Hill. SE2 —4C 92
Kneehill Cres. SE2 —4C 92
Kneller Gdns. Iswth —6H 97
Kneller Ho. N'holt —2B 60
(off Academy Gdns.)
Kneller Rd. SE4 —4A 106
Kneller Rd. N Mald —7A 136
Kneller Rd. Twic —6G 97
Knight Clo. Dag —2C 56
Knight Ct. E4 —1K 19
(off Ridgeway, The)
Knight Ct. N15 —5E 32
Knighten St. E1 —1H 87
Knighthead Point. E14 —2C 88
Knight Ho. SE17 —4E 86
(off Huntsman St.)
Knightland Rd. E5 —2H 51
Knightleas Ct. NW2 —6E 46
Knighton Clo. Romf —6K 39
Knighton Clo. S Croy —7B 152
Knighton Clo. Wfd G —4E 20
Knighton Dri. Wfd G —4E 20
Knighton Grn. Buck H —2E 20
Knighton La. Buck H —2E 20
Knighton Pk. Rd. SE26 —5K 123
Knighton Rd. E7 —3J 53
Knighton Rd. Romf —6J 39
Knightrider Ct. EC4 —2B 168
Knightrider St. EC4 —6B 68 (2B 168)
Knights Arc. SW1 —7E 164
Knights Av. W5 —2E 80
Knightsbridge. —2C 84 (7E 164)
Knightsbridge. SW7 & SW1 —2D 84 (7D 164)
Knightsbridge Ct. SW1 —7F 165
Knightsbridge Gdns. Romf —5K 39
Knightsbridge Grn. SW1 (in two parts) —2D 84 (7E 164)
Knights Clo. E9 —5J 51
Knights Ct. Brom —3H 125
Knights Ct. King T —3E 134
Knights Hill. SE27 —5B 122
Knight's Hill Sq. SE27 —4B 122
Knights Ho. SW8 —7J 85
(off S. Lambeth Rd.)
Knights La. N9 —3B 18
Knight's Pk. King T —3E 134
Knight's Rd. E16 —2J 89
Knights Rd. Stan —4H 11
Knights Wlk. SE11 (in two parts) —4B 86 (4K 173)
Knightswood Clo. Edgw —2D 12
Knightswood Ct. N6 —7H 31
Knightswood Ho. N12 —6F 15
Knightwood Cres. N Mald —6A 136
Knivet Rd. SW6 —6J 83
Knobs Hill Rd. E15 —1D 70
Knockholt Rd. SE9 —5B 108
Knole Clo. Croy —6J 141
Knole Ct. N'holt —3A 60
(off Broomcroft Av.)
Knole Ga. Sidc —3J 127
Knole, The. SE9 —4E 126
Knoll Cres. N'wd —1G 23
(in two parts)
Knoll Dri. N14 —7K 5
Knoll Ho. NW8 —2A 66
(off Carlton Hill)
Knoll Ho. Pinn —2B 24
Knollmead. Surb —1J 147
Knoll Ri. Orp —7K 145
Knoll Rd. SW18 —5A 102
Knoll Rd. Bex —7G 111
Knoll Rd. Sidc —5B 128
Knolls Clo. Wor Pk —3D 148
Knoll, The. W13 —5C 62
Knoll, The. Beck —1D 142
Knoll, The. Brom —2J 155
Knollys Clo. SW16 —3A 122
Knolly's Ho. WC1 —4J 67 (3E 160)
(off Tavistock Pl.)
Knollys Rd. SW16 —3K 121
Knottisford St. E2 —3J 69
Knotts Grn. M. E10 —6D 34
Knotts Grn. Rd. E10 —6D 34
Knowle Av. Bexh —7E 92
Knowle Clo. SW9 —3A 104
Knowle Rd. Brom —2D 156
Knowle Rd. Twic —1J 115
Knowles Clo. W Dray —1A 76
Knowles Ct. Harr —6K 25
(off Gayton Rd.)
Knowles Hill Cres. SE13 —5F 107
Knowles Wlk. SW4 —3G 103
Knowlton Grn. Brom —5H 143
Knowlton Ho. SW9 —1A 104
(off Cowley Rd.)
Knowsley Av. S'hall —1F 79
Knowsley Rd. SW11 —2D 102
Knox Ct. SW4 —2J 103
Knox Rd. E7 —6H 53
Knox St. NW1 —5D 66 (5E 158)
Knoyle St. SE14 —6A 88
Koblenz Ho. N8 —3J 31
(off Newland Rd.)
Kohat Rd. SW19 —5K 119
Komeheather Ho. Ilf —5D 36
Korda Clo. Shep —3B 130
Kossuth St. SE10 —5G 89
Kotree Way. SE1 —4G 87
Kramer M. SW5 —5J 83
Kreedman Wlk. E8 —5G 51
Kreisel Wlk. Rich —6F 81
Kristina Ct. Sutt —6J 149
(off Overton Rd.)
Krupnik Pl. EC2 —2H 163
Kuala Gdns. SW16 —1K 139
Kubrick Bus. Est. E7 —4K 53
(off Station App.)
Kuhn Way. E7 —5J 53
Kydbrook Clo. Orp —7G 145
Kylemore Clo. E6 —2B 72
Kylemore Rd. NW6 —7J 47
Kylestrome Ho. SW1
(off Cundy St.) —4E 84 (4H 171)
Kymberley Rd. Harr —6J 25
Kymes Ct. S Harr —2H 43
Kynance Gdns. Stan —1C 26
Kynance M. SW7 —3K 83
Kynance Pl. W8 —3A 84
Kynaston Av. N16 —3F 51
Kynaston Av. T Hth —5C 140
Kynaston Clo. Harr —7C 10
Kynaston Cres. T Hth —5C 140
Kynaston Rd. N16 —3E 50
Kynaston Rd. Brom —5J 125
Kynaston Rd. Enf —1J 7
Kynaston Rd. T Hth —5C 140
Kynaston Wood. Harr —7C 10
Kynnersley Clo. Cars —3D 150
Kynoch Rd. N18 —4D 18
Kyrle Rd. SW11 —6E 102
Kyverdale Rd. N16 —1F 51

Laburnum Av. N9 —2A 18
Laburnum Av. N17 —7J 17
Laburnum Av. Sutt —3C 150
Laburnum Av. W Dray —7B 58
Laburnum Clo. E4 —6G 19
Laburnum Clo. N11 —6K 15
Laburnum Clo. SE15 —7J 87
Laburnum Ct. E2 —1F 69
(in two parts)
Laburnum Ct. SE16 —2J 87
(off Albion St.)
Laburnum Ct. SE19 —1F 141
Laburnum Ct. Harr —6F 25
Laburnum Ct. Stan —4H 11
Laburnum Cres. Sun —1K 131
Laburnum Gdns. N21 —2H 17
Laburnum Gdns. Croy —7K 141
Laburnum Gro. N21 —2H 17
Laburnum Gro. NW9 —7J 27
Laburnum Gro. Houn —4D 96
Laburnum Gro. N Mald —2K 135
Laburnum Gro. Ruis —6F 23
Laburnum Gro. S'hall —4D 60
Laburnum Ho. Brom —1F 143
Laburnum Lodge. N3 —2H 29
Laburnum Pl. SE9 —5E 108
Laburnum Rd. SW19 —7A 120
Laburnum Rd. Hay —4H 77
Laburnum Rd. Mitc —2E 138
Laburnums, The. E6 —4C 72
Laburnum St. E2 —1F 69
Laburnum Way. Brom —7E 144
Laburnum Way. Stai —1B 112
Lacebark Clo. Sidc —7K 109
Lacey Clo. N9 —2B 18
Lacey Dri. Edgw —4A 12
Lacey Dri. Hamp —1D 132
Lacey Wlk. E3 —2C 70
Lackington St. EC2 —5D 68 (5F 163)
Lackland Ho. SE1 —5F 87
(off Rowcross St.)
Lacland Ho. SW10 —7B 84
(off Worlds End Est.)
Lacock Clo. SW19 —6A 120
Lacock Ct. W13 —1A 80
(off Singapore Rd.)
Lacon Ho. WC1 —5K 67
(off Theobalds Rd.)
Lacon Rd. SE22 —4G 105
Lacrosse Way. SW16 —1H 139
Lacy Dri. Dag —3C 56
Lacy Rd. SW15 —4F 101
Ladas Rd. SE27 —4C 122
Ladbroke Cres. W11 —6G 65
Ladbroke Gdns. W11 —7H 65
Ladbroke Gro. W10 & W11 —4F 65
Ladbroke Gro. Ho. W11 —7H 65
Ladbroke M. W11 —1G 83
Ladbroke Rd. W11 —1H 83
Ladbroke Rd. Enf —6A 8
Ladbroke Sq. W11 —7H 65
Ladbroke Ter. W11 —7H 65
Ladbroke Wlk. W11 —1H 83
Ladbrook Clo. Pinn —5D 24
Ladbrooke Cres. Sidc —3D 128
Ladbrook Rd. SE25 —4D 140
Ladderstile Ride. King T —5H 117
Ladderswood Way. N11 —5B 16
Ladlands. SE22 —7G 105
Lady Booth Rd. King T —2E 134
Ladycroft Rd. SE13 —3D 106
Ladycroft Wlk. Stan —1D 26
Lady Dock Wlk. SE16 —2A 88
Lady Elizabeth Ho. SW14 —3J 99
Lady Forsdyke Way. Eps —7G 147
Ladygate La. Ruis —6D 22
Lady Harewood Way. Eps —1G 147
Lady Hay. Wor Pk —2B 148
Lady Margaret Rd. NW5 & N19 —5G 49
Lady Margaret Rd. S'hall —7D 60
Lady Micos Almshouses. E1
(off Aylward St.) —6J 69
Lady Sarah Ho. N11 —6J 15
(off Asher Loftus Way)
Lady Shaw Ct. N13 —2E 16
Ladyship Ter. SE22 —7G 105
Ladysmith Av. E6 —2C 72
Ladysmith Av. Ilf —7J 37
Ladysmith Clo. NW7 —7H 13
Ladysmith Rd. E16 —3H 71
Ladysmith Rd. N17 —2G 33
Ladysmith Rd. N18 —5C 18
Ladysmith Rd. SE9 —6E 108
Ladysmith Rd. Enf —3K 7
(in two parts)
Ladysmith Rd. Harr —2J 25
Lady Somerset Rd. NW5 —4F 49
Ladywell. —5D 106
Ladywell Clo. SE4 —5C 106
Ladywell Heights. SE4 —6B 106
Ladywell Rd. SE13 —5C 106
Ladywell St. E15 —1H 71
Ladywood Av. Orp —5J 145
Ladywood Rd. Surb —2G 147
Lafone Av. Felt —2A 114
Lafone St. SE1 —2F 87 (6J 169)
Lagado M. SE16 —1K 87
Laidlaw Dri. N21 —5E 6
Laing Dean. N'holt —1A 60
Laing Ho. SE5 —7C 86
Laings Av. Mitc —2D 138
Lainlock Pl. Houn —1F 97
Lainson St. SW18 —7J 101
Lairdale Clo. SE21 —1C 122

Langdale Rd. SE10 —7E 88
Langdale Rd. T Hth —4A 140
Langdale St. E1 —6H 69
Langdon Ct. EC1 —2B 68 (1B 162)
(off City Rd.)
Langdon Ct. NW10 —1A 64
Langdon Cres. E6 —2E 72
Langdon Dri. NW9 —1J 45
Langdon Ho. E14 —6E 70
Langdon Pk. Rd. N6 —7G 31
Langdon Pl. SW14 —3J 99
Langdon Rd. E6 —1E 72
Langdon Rd. Brom —3K 143
Langdon Rd. Mord —5A 138
Langdons Ct. S'hall —3E 78
Langdon Shaw. Sidc —5K 127
Langdon Wlk. Mord —5A 138
Langdon Way. SE1 —4G 87
Langford Clo. E8 —5G 51
Langford Clo. N15 —6E 32
Langford Clo. NW8 —2A 66
Langford Clo. W3 —2H 81
Langford Ct. NW8 —2A 66
(off Abbey Rd.)
Langford Cres. Cockf —4J 5
Langford Grn. SE5 —3E 104
Langford Ho. SE8 —6C 88
Langford Pl. NW8 —2A 66
Langford Pl. Sidc —3A 128
Langford Rd. SW6 —2K 101
Langford Rd. Cockf —4J 5
Langford Rd. Wfd G —6F 21
Langfords. Buck H —2G 21
Langham Clo. N15 —3B 32
(off Langham Rd.)
Langham Ct. NW4 —5F 29
Langham Ct. Ruis —5K 41
Langham Dri. Romf —6B 38
Langham Gdns. N21 —5F 7
Langham Gdns. W13 —7B 62
Langham Gdns. Edgw —7D 12
Langham Gdns. Rich —4C 116
Langham Gdns. Wemb —2C 44
Langham Ho. Clo. Rich —4D 116
Langham Mans. SW5 —5K 83
(off Earl's Ct. Sq.)
Langham Pl. N15 —3B 32
Langham Pl. W1 —5F 67 (6K 159)
Langham Pl. W4 —6A 82
Langham Rd. N15 —3B 32
Langham Rd. SW20 —1E 136
Langham Rd. Edgw —6D 12
Langham Rd. Tedd —5B 116
Langham St. W1 —5F 67 (6K 159)
Langhedge Clo. N18 —6A 18
Langhedge La. N18 —6A 18
Langhedge La. Ind. Est. N18 —6A 18
Langholm Clo. SW12 —7H 103
Langholme. Bush —1B 10
Langhorn Dri. Twic —7J 97
Langhorne Ct. NW8 —7B 48
(off Dorman Way)
Langhorne Rd. Dag —7G 57
Lang Ho. SW8 —7J 85
(off Hartington Rd.)
Langland Cres. Stan —2D 26
Langland Dri. Pinn —1C 24
Langland Gdns. NW3 —5K 47
Langland Gdns. Croy —2B 154
Langland Ho. SE5 —7D 86
(off Edmund St.)
Langler Rd. NW10 —2E 64
Langley Av. Ruis —2K 41
Langley Av. Surb —1D 146
Langley Av. Wor Pk —1F 149
Langley Ct. WC2 —7J 67 (2E 166)
Langley Cres. E11 —7A 36
Langley Cres. Dag —7C 56
Langley Cres. Edgw —3D 12
Langley Cres. Hay —7H 77
Langley Dri. E11 —7K 35
Langley Dri. W3 —2H 81
Langley Gdns. Brom —4A 144
Langley Gdns. Dag —7D 56
Langley Gdns. Orp —6F 145
Langley Gro. N Mald —2A 136
Langley La. SW8 —6J 85 (7F 173)
Langley Mans. SW8 —7F 173
Langley Pk. NW7 —6F 13
Langley Pk. Rd. Sutt —5A 150
Langley Rd. SW19 —1H 137
Langley Rd. Beck —4A 142
Langley Rd. Iswth —2K 97
Langley Rd. Surb —7E 134
Langley Rd. Well —6C 92
Langley Row. Barn —1C 4
Langley St. WC2 —6J 67 (1E 166)
Langley Way. W W'ck —1F 155
Langmead Dri. Bus H —1D 10
Langmead St. SE27 —4B 122
Langmore Ct. Bexh —3D 110
Langmore Ho. E1 —6G 69
(off Stutfield St.)
Langport Ct. W on T —7A 112
Langport Ho. SW9 —2B 104
Langridge M. Hamp —6D 114
Langroyd Rd. SW17 —2D 120
Langside Av. SW15 —4C 100
Langside Cres. N14 —3C 16
Langston Hughes Clo. SE24 —4B 104
Lang St. E1 —4J 69
Langthorn Ct. EC2 —6D 68 (7E 162)
Langthorne Ct. SE6 —4E 124
Langthorne Ho. Hay —4G 77
Langthorne Rd. E11 —3E 52
Langthorne St. SW6 —7F 83
Langton Av. E6 —3E 72
Langton Av. N20 —7F 5
Langton Clo. WC1 —4K 67 (3H 161)
Langton Ho. SE11 —3H 173
Langton Pl. SW18 —1J 119
Langton Ri. SE23 —7H 105
Langton Rd. NW2 —3E 46
Langton Rd. SW9 —7B 86
Langton Rd. Harr —7B 10
Langton Rd. W Mol —4G 133
Langton St. SW10 —6A 84
Langton Way. SE3 —1H 107
Langton Way. Croy —3E 152
Langtry Pl. SW6 —6J 83
Langtry Rd. NW8 —1K 65
Langtry Rd. N'holt —2B 60
Langtry Wlk. NW8 —1K 65
Langwood Chase. Tedd —6C 116
Langworth Dri. Hay —6J 59
Lanhill Rd. W9 —4J 65
Lanier Rd. SE13 —6F 107
Lanigan Dri. Houn —5F 97
Lankaster Gdns. N2 —1B 30
Lankers Dri. Harr —6D 24
Lankton Clo. Beck —1E 142
Lannock Rd. Hay —1H 77
Lannoy Point. SW6 —7G 83
(off Pellant Rd.)
Lannoy Rd. SE9 —1G 127
Lanrick Ho. E14 —6F 71
Lanrick Rd. E14 —6F 71
Lanridge Rd. SE2 —3D 92
Lansbury Av. N18 —5J 17
Lansbury Av. Bark —7A 56
Lansbury Av. Felt —6K 95
Lansbury Av. Romf —5E 38
Lansbury Clo. NW10 —5J 45
Lansbury Dri. Hay —2G 59
Lansbury Est. E14 —6D 70
Lansbury Gdns. E14 —6F 71
Lansbury Rd. Enf —1E 8
Lansbury Way. N18 —5K 17
Lanscombe Wlk. SW8 —1J 103
Lansdell Ho. SW2 —6A 104
(off Tulse Hill)
Lansdell Rd. Mitc —2E 138
Lansdowne Av. Bexh —7D 92
Lansdowne Av. Orp —7F 145
Lansdowne Clo. SW20 —7F 119
Lansdowne Clo. Surb —2H 147
Lansdowne Clo. Twic —1K 115
Lansdowne Ct. W11 —7G 65
(off Lansdowne Ri.)
Lansdowne Ct. Ilf —3C 36
Lansdowne Ct. Wor Pk —2C 148
Lansdowne Cres. W11 —7G 65
Lansdowne Dri. E8 —6G 51
Lansdowne Gdns. SW8 —1J 103
Lansdowne Grn. SW8 —1J 103
Lansdowne Gro. NW10 —4A 46
Lansdowne Hill. SE27 —3B 122
Lansdowne La. SE7 —6B 90
Lansdowne M. SE7 —5B 90
Lansdowne M. W11 —1H 83
Lansdowne Pl. SE1 —3D 86
Lansdowne Pl. SE19 —7F 123
Lansdowne Ri. W11 —7G 65
Lansdowne Rd. E4 —2H 19
Lansdowne Rd. E11 —2H 53
Lansdowne Rd. E17 —6C 34
Lansdowne Rd. E18 —3J 35
Lansdowne Rd. N3 —7D 14
Lansdowne Rd. N10 —2G 31
Lansdowne Rd. N17 —1F 33
Lansdowne Rd. SW19 —7E 118
Lansdowne Rd. W11 —7G 65
Lansdowne Rd. Brom —7J 125
Lansdowne Rd. Croy —2C 152
Lansdowne Rd. Eps —7J 147
Lansdowne Rd. Harr —7J 25
Lansdowne Rd. Houn —3F 97
Lansdowne Rd. Ilf —1K 55
Lansdowne Rd. Stan —6H 11
Lansdowne Rd. Uxb —6E 58
Lansdowne Row. W1 —1F 85 (4K 165)
Lansdowne Ter. WC1 —4J 67 (4F 161)
Lansdowne Wlk. W11 —1H 83
Lansdowne Way. SW8 —1H 103
Lansdowne Wood Clo. SE27 —3B 122
Lansdowne Workshops. SE7 —5A 90
Lansdown Rd. E7 —7A 54
Lansdown Rd. Sidc —3B 128
Lansfield Av. N18 —4B 18
Lantern Clo. SW15 —4C 100
Lantern Clo. Wemb —5D 44
Lanterns Ct. E14 —2D 88
Lantern Way. W Dray —2A 76
Lant Ho. SE1 —2C 86 (7C 168)
(off Toulmin St.)
Lant St. SE1 —2C 86 (6C 168)
Lanvanor Rd. SE15 —2J 105
Lanyard Ho. SE8 —4B 88
Lapford Clo. W9 —4H 65
Lapponum Wlk. Hay —4B 60
Lapse Wood Wlk. SE23 —1H 123
Lapstone Gdns. Harr —6C 26
Lapwing Ct. Surb —3G 147
Lapwing Tower. SE8 —6B 88
(off Abinger Gro., in two parts)
Lapwing Way. Hay —6B 60
Lapworth. N11 —4A 16
(off Coppies Gro.)
Lapworth Ct. W2 —5K 65
(off Chichester Rd.)
Lara Clo. SE13 —6E 106
Lara Clo. Chess —7E 146
Larbert Rd. SW16 —7G 121
Larch Av. W3 —1A 82
Larch Clo. E13 —4K 71
Larch Clo. N11 —7K 15
Larch Clo. N19 —2G 49
Larch Clo. SE8 —6B 88
Larch Clo. SW12 —2F 121
Larch Cres. Eps —6H 147
Larch Cres. Hay —5A 60
Larch Dene. Orp —2E 156
Larch Dri. W4 —5G 81
Larches Av. SW14 —4K 99
Larches, The. N13 —3H 17
Larches, The. Uxb —3D 58
Larch Grn. NW9 —1A 28
Larch Gro. Sidc —1K 127
Larch Ho. W10 —4G 65
(off Rowan Wlk.)
Larch Ho. Brom —1G 143
Larch Ho. Hay —5A 60
Larch Rd. E10 —2C 52
Larch Rd. NW2 —4E 46
Larch Tree Way. Croy —3C 154
Larchvale Ct. Sutt —7K 149
Larch Way. Brom —7E 144
Larchwood Rd. SE9 —2F 127
Larcombe Clo. Croy —4F 153
Larcombe Ct. Sutt —7K 149
(off Worcester Rd.)
Larcom St. SE17 —4C 86
Larden Rd. W3 —1A 82
Largewood Av. Surb —2G 147
Larissa St. SE17 —5D 86
Larkbere Rd. SE26 —4A 124
Larken Clo. Bush —1B 10
Larken Dri. Bush —1B 10
Larkfield Av. Harr —3B 26
Larkfield Clo. Brom —2H 155
Larkfield Rd. Rich —4E 98
Larkfield Rd. Sidc —3K 127
Larkhall La. SW4 —2H 103
Larkhall Ri. SW4 —3G 103
Larkham Clo. Felt —3G 113
Lark Row. E2 —1J 69
Larksfield Gro. Enf —1C 8
Larks Gro. Bark —7J 55
Larkshall Ct. Romf —2J 39
Larkshall Cres. E4 —4K 19
Larkshall Rd. E4 —5K 19
Larkspur Clo. E6 —5C 72
Larkspur Clo. N17 —7J 17
Larkspur Clo. NW9 —5H 27
Larkspur Clo. Ruis —7E 22
Larkspur Gro. Edgw —4D 12
Larkspur Lodge. Sidc —3B 128
Larkspur Way. Eps —5J 147
Larkswood Ct. E4 —5A 20
Larkswood Ri. Pinn —4A 24
Larkswood Rd. E4 —4H 19
Lark Way. Cars —7C 138
Larkway Clo. NW9 —4K 27
Larnach Rd. W6 —6F 83
Larne Rd. Ruis —7H 23
Larpent Av. SW15 —5E 100
Larwood Clo. Gnfd —5H 43
Lascelles Av. Harr —7H 25
Lascelles Clo. E11 —2F 53
Lascelles Ho. NW1 —4D 158
Lascotts Rd. N22 —6E 16
Laseron Ho. N15 —4F 33
(off Tottenham Grn. E.)
Lassa Rd. SE9 —5C 108
Lassell St. SE10 —5F 89
Lasseter Pl. SE3 —6G 89
Latchett Rd. E18 —1K 35
Latchingdon Ct. E17 —4K 33
Latchingdon Gdns. Wfd G —6H 21
Latchmere Clo. Rich —5E 116
Latchmere La. King T —6F 117
Latchmere Pas. SW11 —2C 102
Latchmere Rd. SW11 —2D 102
Latchmere Rd. King T —7E 116
Latchmere St. SW11 —2D 102
Lateward Rd. Bren —6D 80
Latham Clo. E6 —5C 72
Latham Clo. Twic —7A 98
Latham Ct. W14 —4J 83
(off W. Cromwell Rd.)
Latham Ct. N'holt —3B 60
(off Seasprite Clo.)
Latham Rd. Bexh —5G 111
Latham Rd. Twic —7K 97
Latham's Way. Croy —1K 151
Lathkill Clo. Enf —7B 8
Lathkill Ct. Beck —1B 142
Lathom Rd. E6 —7C 54
Latimer Av. E6 —1D 72
Latimer Clo. Pinn —1A 24
Latimer Clo. Wor Pk —4D 148
Latimer Gdns. Pinn —1A 24
Latimer Ho. E9 —6K 51
Latimer Ho. W11 —7H 65
(off Kensington Pk. Rd.)
Latimer Ind. Est. W10 —6E 64
Latimer Pl. W10 —6E 64
Latimer Rd. E7 —4K 53
Latimer Rd. N15 —6E 32
Latimer Rd. SW19 —6K 119
Latimer Rd. W10 —5E 64
(in two parts)
Latimer Rd. Barn —3E 4
Latimer Rd. Croy —3B 152
Latimer Rd. Tedd —5K 115
Latona Rd. SE15 —6G 87
Lattimer Pl. W4 —7A 82
Latton Clo. W on T —7C 132
Latymer Ct. W6 —4F 83
Latymer Gdns. N3 —2G 29
Latymer Rd. N9 —1A 18
Latymer Way. N9 —2K 17
Lauder Clo. N'holt —2B 60
Lauder Ct. N14 —7D 6
Lauderdale Dri. Rich —3D 116
Lauderdale Mans. W9 —3K 65
(off Lauderdale Rd., in two parts)
Lauderdale Pl. EC2 —5C 68
(off Beech St.)
Lauderdale Rd. W9 —3K 65
Lauderdale Tower. EC2 —5C 162
Laud St. SE11 —5K 85 (5G 173)
Laud St. Croy —3C 152
Laughton Rd. N'holt —1B 60
Launcelot Rd. Brom —4J 125
Launcelot St. SE1 —2A 86 (7J 167)
Launceston Gdns. Gnfd —1C 62
Launceston Pl. W8 —3A 84
Launceston Rd. Gnfd —1C 62
Launch St. E14 —3E 88
Laundress La. N16 —3G 51
Laundry La. N1 —1C 68
Laundry Rd. W6 —6G 83
Laura Clo. E11 —5A 36
Laura Clo. Enf —5K 7
Lauradale Rd. N2 —4D 30
Laura Pl. E5 —4J 51
Laurel Av. Twic —1K 115
Laurel Bank Gdns. SW6 —2H 101
Laurel Bank Rd. Enf —1H 7
Laurel Bank Vs. W7 —1J 79
(off Lwr. Boston Rd.)

Laurelbrook. SE6 —3G 125
Laurel Clo. N19 —2G 49
Laurel Clo. SW17 —5C 120
Laurel Clo. Sidc —3A 128
Laurel Ct. Wemb —2E 62
Laurel Cres. Croy —3C 154
Laurel Cres. Romf —1K 57
Laurel Dri. N21 —7F 7
Laurel Gdns. E4 —7J 9
Laurel Gdns. NW7 —3E 12
Laurel Gdns. W7 —1J 79
Laurel Gdns. Houn —4C 96
Laurel Gro. SE20 —7H 123
Laurel Gro. SE26 —4K 123
Laurel Ho. SE8 —6B 88
Laurel Ho. Brom —1G 143
Laurel La. W Dray —4A 76
Laurel Mnr. Sutt —7A 150
Laurel Pk. Harr —7E 10
Laurel Rd. SW13 —2C 100
Laurel Rd. SW20 —1D 136
Laurel Rd. Hamp H —5H 115
Laurels, The. NW10 —1D 64
Laurels, The. Brom —4J 143 (Durham Rd.)
Laurels, The. Brom —1K 143 (Freelands Rd.)
Laurels, The. Buck H —1F 21
Laurels, The. Bush —2D 10
Laurel St. E8 —6F 51
Laurel Vw. N12 —3E 14
Laurel Way. E18 —4H 35
Laurel Way. N20 —3D 14
Laurence Ct. E10 —7D 34
Laurence M. W12 —2C 82
Laurence Pountney Hill. EC4 —7D 68 (2E 168)
Laurence Pountney La. EC4 —7D 68 (2E 168)
Laurie Gro. SE14 —1A 106
Laurie Ho. SE1 —3B 86 (off St George's Rd.)
Laurie Rd. W7 —5J 61
Laurier Rd. NW5 —3F 49
Laurier Rd. Croy —7F 141
Laurimel Clo. Stan —6G 11
Laurino Pl. Bush —2B 10
Lauriston Rd. E9 —7J 51
Lauriston Rd. SW19 —6F 119
Lausanne Rd. N8 —4A 32
Lausanne Rd. SE15 —1J 105
Lavell St. N16 —4D 50
Lavender Av. NW9 —1J 45
Lavender Av. Mitc —1C 138
Lavender Av. Wor Pk —3E 148
Lavender Clo. SW3 —6B 84 (7B 170)
Lavender Clo. Brom —6C 144
Lavender Clo. Cars —4F 151
Lavender Ct. Felt —6K 95
Lavender Ct. W Mol —3F 133
Lavender Gdns. SW11 —4D 102
Lavender Gdns. Enf —1G 7
Lavender Gdns. Har W —6D 10
Lavender Gro. E8 —7G 51
Lavender Gro. Mitc —1C 138
Lavender Hill. SW11 —4C 102
Lavender Hill. Enf —1F 7
Lavender Pl. Ilf —5F 55
Lavender Ri. W Dray —2C 76
Lavender Rd. SE16 —1A 88
Lavender Rd. SW11 —3B 102
Lavender Rd. Cars —4E 150
Lavender Rd. Croy —6K 139
Lavender Rd. Enf —1J 7
Lavender Rd. Eps —5H 147
Lavender Rd. Sutt —4B 150
Lavender Rd. Uxb —5B 58
Lavender Sq. E11 —3F 53
Lavender St. E15 —6G 53
Lavender Sweep. SW11 —4D 102
Lavender Ter. SW11 —3C 102
Lavender Va. Wall —6H 151
Lavender Wlk. SW11 —4D 102
Lavender Wlk. Mitc —3E 138
Lavender Way. Croy —6K 141
Lavendon Ho. NW8 (off Paveley St.) —4C 66 (3D 158)
Lavengro Rd. SE27 —2C 122
Lavenham Rd. SW18 —2H 119
Lavernock Rd. Bexh —2G 111
Lavers Rd. N16 —3E 50
Laverstoke Gdns. SW15 —7B 100
Laverton M. SW5 —4K 83
Laverton Pl. SW5 —4K 83
Lavidge Rd. SE9 —2C 126
Lavina Gro. N1 —2K 67
Lavington Rd. W13 —1B 80
Lavington Rd. Croy —3K 151
Lavington St. SE1 —1B 86 (5B 168)
Lavisham Ho. Brom —5J 125
Lawdons Gdns. Croy —4B 152
Lawford Clo. Wall —7J 151
Lawford Rd. N1 —7E 50
Lawford Rd. NW5 —6G 49
Lawford Rd. W4 —7J 81
Law Ho. Bark —2A 74
Lawless Ho. E14 —7E 70
Lawless St. E14 —7D 70
Lawley Ho. Twic —6D 98
Lawley Rd. N14 —7A 6
Lawley St. E5 —4J 51
Lawn Clo. N9 —7A 8
Lawn Clo. Brom —7K 125
Lawn Clo. N Mald —2A 136
Lawn Clo. Ruis —3H 41
Lawn Cres. Rich —2G 99
Lawn Dri. E7 —4B 54
Lawn Farm Gro. Romf —4E 38
Lawn Gdns. W7 —1J 79
Lawn Ho. Clo. E14 —2E 88
Lawn La. SW8 —6J 85 (7F 173)
Lawn Rd. NW3 —5D 40
Lawn Rd. Beck —7B 124
Lawns Ct. Wemb —2F 45
Lawnside. SE3 —4H 107
Lawns, The. E4 —5H 19
Lawns, The. SE3 —3H 107
Lawns, The. SE19 —1D 140
Lawns, The. SW19 —5H 119
Lawns, The. Pinn —7A 10
Lawns, The. Sidc —4B 128
Lawns, The. Sutt —7G 149
Lawnsway. Romf —1J 39
Lawnswood. Barn —5B 4
Lawn Ter. SE3 —3G 107
Lawn, The. S'hall —5E 78
Lawn Va. Pinn —2C 24
Lawrence Av. E12 —4E 54
Lawrence Av. E17 —1K 33
Lawrence Av. N13 —4G 17
Lawrence Av. NW7 —4F 13
Lawrence Av. N Mald —6K 135
Lawrence Bldgs. N16 —3F 51
Lawrence Campe Clo. N20 —3G 15
Lawrence Clo. E3 —3C 70
Lawrence Clo. N15 —3E 32
Lawrence Clo. W12 —7D 64
Lawrence Ct. NW7 —5F 13
Lawrence Ct. W3 —3J 81 (off Stanley Rd.)
Lawrence Cres. Dag —3H 57
Lawrence Cres. Edgw —2G 27
Lawrence Dri. Uxb —4E 40
Lawrence Est. Houn —4A 96
Lawrence Gdns. NW7 —3G 13
Lawrence Hill. E4 —2H 19
Lawrence Ho. SW1 —4H 85 (4D 172) (off Cureton St.)
Lawrence La. EC2 —6C 68 (7D 162)
Lawrence Pde. Iswth —3B 98 (off Lower Sq.)
Lawrence Pl. N1 —1J 67 (off Brydon Wlk.)
Lawrence Rd. E6 —1C 72
Lawrence Rd. E13 —1K 71
Lawrence Rd. N15 —4E 32
Lawrence Rd. N18 —4C 18 (in two parts)
Lawrence Rd. SE25 —4F 141
Lawrence Rd. W5 —4C 80
Lawrence Rd. Eri —7H 93
Lawrence Rd. Hamp —7D 114
Lawrence Rd. Hay —2E 58
Lawrence Rd. Houn —4A 96
Lawrence Rd. Pinn —6B 24
Lawrence Rd. Rich —4C 116
Lawrence Rd. W W'ck —4J 155
Lawrence St. E16 —5H 71
Lawrence St. NW7 —4G 13
Lawrence St. SW3 —6C 84 (7C 170)
Lawrence Trad. Est. SE10 —4G 89
Lawrence Way. NW10 —3K 45
Lawrence Weaver Clo. Mord —6J 137
Lawrence Yd. N15 —4E 32
Lawrie Pk. Av. SE26 —5H 123
Lawrie Pk. Cres. SE26 —5H 123
Lawrie Pk. Gdns. SE26 —4H 123
Lawrie Pk. Rd. SE26 —6H 123
Lawson Clo. E16 —5A 72
Lawson Clo. SW19 —3F 119
Lawson Ct. N4 —1K 49 (off Lorne Rd.)
Lawson Ct. Surb —7D 134
Lawson Gdns. Pinn —3K 23
Lawson Ho. SE18 —6E 90 (off Nightingale Pl.)
Lawson Ho. W12 —7D 64 (off White City Est.)
Lawson Rd. Enf —1D 8
Lawson Rd. S'hall —4E 60
Law St. SE1 —3D 86
Lawton Rd. E3 —3A 70
Lawton Rd. E10 —1E 52
Lawton Rd. Cockf —3G 5
Laxcon Clo. NW10 —5K 45
Laxfield Ct. E8 —1G 69 (off Pownall Rd.)
Laxford Ho. SW1 —4E 84 (4H 171) (off Cundy St.)
Laxley Clo. SE5 —7B 86
Laxton Pl. NW1 —4F 67 (3K 159)
Layard Rd. SE16 —4H 87
Layard Rd. Enf —1A 8
Layard Rd. T Hth —2D 140
Layard Sq. SE16 —4H 87
Laybourne Ho. E14 —2C 88 (off Admirals Way)
Laybrook Lodge. E18 —4H 35
Laycock St. N1 —6A 50
Layer Gdns. W3 —7G 63
Layfield Clo. NW4 —7D 28
Layfield Cres. NW4 —7D 28
Layfield Rd. NW4 —7D 28
Layhams Rd. W W'ck & Kes —3F 155
Laymarsh Clo. Belv —3F 93
Laymead Clo. N'holt —6C 42
Laystall Ct. WC1 —4A 68 (4J 161) (off Mt. Pleasant)
Laystall St. EC1 —4A 68 (4J 161)
Layton Ct. Bren —5D 80
Layton Cres. Croy —5A 152
Layton Pl. Kew —1G 99
Layton Rd. Bren —5D 80
Layton Rd. Houn —4F 97
Layton's Bldgs. SE1 —2D 86 (6E 168)
Layton's La. Sun —2H 131
Layzell Wlk. SE9 —1B 126
Lazar Wlk. N7 —2K 49
Lazenby Ct. WC2 —2E 166
Leabank Clo. Harr —3J 43
Leabank Sq. E9 —6C 52
Leabank Vw. N15 —6G 33
Lea Bon Ct. E15 —1H 71 (off Plaistow Gro.)
Leabourne Rd. N16 —7G 33
Lea Bridge. —3K 51
Lea Bri. Ind. Cen. E10 —1A 52
Lea Bri. Rd. E5 & E10 —3J 51
Lea Bri. Rd. E10 —7C 34
Lea Clo. Twic —7D 96
Lea Ct. E4 —2K 19
Lea Ct. E13 —3J 71
Lea Cres. Ruis —4H 41
Leacroft Av. SW12 —7D 102
Leacroft Clo. W Dray —6A 58
Leadale Av. E4 —2H 19
Leadale Rd. N15 & N16 —6G 33
Leadbeaters Clo. N11 —5J 15
Leadbetter Ct. NW10 —7K 45 (off Melville Rd.)
Leadenhall Market. —6E 68 (1G 169)
Leadenhall Mkt. EC3 —6E 68 (off Leadenhall Pl.)
Leadenhall Pl. EC3 —6E 68 (1G 169)
Leadenhall St. EC3 —6E 68 (1G 169)
Leadenham Ct. E3 —4C 70
Leader Av. E12 —5E 54
Leadings, The. Wemb —3J 45
Leaf Clo. N'wd —1F 23
Leaf Clo. Th Dit —5J 133
Leaf Gro. SE27 —5A 122
Leafield Clo. SW16 —6B 122
Leafield La. Sidc —3F 129
Leafield Rd. SW20 —3H 137
Leafield Rd. Sutt —2J 149
Leafy Gro. Kes —5A 156
Leafy Oak Rd. SE12 —4A 126
Leafy Way. Croy —2F 153
Lea Gdns. Wemb —4F 45
Leagrave St. E5 —3J 51
Lea Hall Gdns. E10 —1C 52
Lea Hall Rd. E10 —1C 52
Leaholme Way. Ruis —6E 22
Lea Ho. NW8 —4C 66 (4C 158) (off Salisbury St.)
Leahurst Rd. SE13 —5F 107
Lea Interchange. —5C 52
Leake Ct. SE1 —2K 85 (7H 167)
Leake St. SE1 —2K 85 (6H 167) (in two parts)
Lealand Rd. N15 —6F 33
Leamington Av. E17 —5C 34
Leamington Av. Brom —5A 126
Leamington Av. Mord —4G 137
Leamington Clo. E12 —5C 54
Leamington Clo. Brom —4A 126
Leamington Clo. Houn —5G 97
Leamington Cres. Harr —3C 42
Leamington Gdns. Ilf —2K 55
Leamington Ho. Edgw —5A 12
Leamington Pk. W3 —5K 63
Leamington Pl. Hay —4H 59
Leamington Rd. S'hall —4B 78
Leamington Rd. Vs. W11 —5H 65
Leamore St. W6 —4E 82
Leamouth. —7G 71
Leamouth Rd. E14 —6F 71
Leander Ct. SE8 —1C 106
Leander Ct. Surb —7D 134
Leander Rd. SW2 —6K 103
Leander Rd. N'holt —2E 60
Leander Rd. T Hth —4K 139
Lea Pk. Trad. Est. E10 —1B 52 (off Warley Clo.)
Leapold M. E9 —1J 69
Learner Dri. Harr —2E 42
Lea Rd. Beck —2C 142
Lea Rd. Enf —1J 7
Lea Rd. S'hall —4C 78
Learoyd Gdns. E6 —7E 72
Leary Ho. SE11 —5K 85 (6H 173)
Leas Clo. Chess —7F 147
Leas Dale. SE9 —3E 126
Leas Grn. Chst —6K 127
Leaside Av. N10 —3E 30
Leaside Bus. Cen. Enf —2G 9
Leaside Ct. Uxb —3D 58
Leaside Mans. N10 —3E 30 (off Fortis Grn.)
Leaside Rd. E5 —1J 51
Leasowes Rd. E10 —1C 52
Leatherbottle Grn. Eri —3F 93
Leather Bottle La. Belv —4E 92
Leather Clo. Mitc —2E 138
Leatherdale St. E1 —4J 69 (in two parts)
Leather Gdns. E15 —1G 71
Leatherhead Clo. N16 —1F 51
Leatherhead Rd. Chess —7D 146
Leather La. EC1 —5A 68 (5J 161) (in two parts)
Leathermarket Ct. SE1 —2E 86 (7G 169)
Leathermarket St. SE1 —2E 86 (7G 169)
Leathersellers Clo. Barn —3B 4
Leathsail Rd. Harr —3F 43
Leathwaite Rd. SW11 —4D 102
Leathwell Rd. SE8 —2D 106
Lea Va. Dart —4K 111
Lea Valley Rd. Enf & E4 —5F 9
Lea Valley Trad. Est. N18 —6E 18
Lea Valley Viaduct. N18 & E4 —5E 18
Leaveland Clo. Beck —4C 142
Leaver Gdns. Gnfd —2H 61
Leavesden Rd. Stan —6F 11
Leaves Grn. Rd. Kes —7B 156
Lea Vw. Ho. E5 —1H 51
Leaway. E10 —1K 51
Lebanon Av. Felt —5B 114
Lebanon Gdns. SW18 —6J 101
Lebanon Pk. Twic —7B 98
Lebanon Rd. SW18 —5J 101
Lebanon Rd. Croy —1E 152
Lebrun Sq. SE3 —4K 107
Lebus Ho. NW8 —2C 66 (1C 158) (off Cochrane St.)
Le Caye Apartments. E14 —4F 89
Lechmere App. Wfd G —2A 36
Lechmere Av. Wfd G —2B 36
Lechmere Rd. NW2 —6D 46
Leckford Rd. SW18 —2A 120
Leckhampton Pl. SW2 —7A 104
Leckwith Av. Bexh —6E 92
Lecky St. SW7 —5B 84 (5A 170)
Leclair Ho. SE3 —3K 107
Leconfield Av. SW13 —3B 100
Leconfield Ho. SE5 —4E 104
Leconfield Rd. N5 —4D 50

Lewis Rd. Rich —5D 98
Lewis Rd. Sidc —3C 128
Lewis Rd. S'hall —2C 78
Lewis Rd. Sutt —4K 149
Lewis Rd. Well —3C 110
Lewis Silkin Ho. SE15 —6J 87 (off Lovelinch Clo.)
Lewis St. NW1 —6F 49 (in two parts)
Lewis Way. Dag —6H 57
Lexden Dri. Romf —6B 38
Lexden Rd. W3 —7H 63
Lexden Rd. Mitc —4H 139
Lexham Gdns. W8 —4J 83
Lexham Gdns. M. W8 —3K 83
Lexham Ho. Bark —1H 73 (off St Margarets)
Lexham M. W8 —4J 83
Lexham Wlk. W8 —3K 83
Lexington Apartments. EC1 —4D 68 (3F 163)
Lexington St. W1 —7G 67 (2B 166)
Lexington Way. Barn —4A 4
Lexton Gdns. SW12 —1H 121
Leyborne Av. W13 —2B 80
Leyborne Pk. Rich —1G 99
Leybourne Clo. Brom —6J 143
Leybourne Ho. E14 —6B 70
Leybourne Ho. SE15 —6J 87
Leybourne Rd. E11 —1H 53
Leybourne Rd. NW1 —7F 49
Leybourne Rd. NW9 —5G 27
Leybourne Rd. Uxb —1E 58
Leybourne St. NW1 —7F 49
Leybridge Ct. SE12 —5J 107
Leyburn Clo. E17 —4D 34
Leyburn Gdns. Croy —2E 152
Leyburn Gro. N18 —6B 18
Leyburn Rd. N18 —6B 18
Leydenhatch La. Swan —7J 129
Leyden Mans. N19 —7J 31
Leyden St. E1 —5F 69 (6J 163)
Leydon Clo. SE16 —1K 87
Leyes Rd. E16 —6B 72
Leyfield. Wor Pk —1A 148
Leyland Av. Enf —2F 9
Leyland Gdns. Wfd G —5F 21
Leyland Ho. E14 —7D 70
Leyland Rd. SE12 —5J 107
Leylang Rd. SE14 —7K 87
Leys Av. Dag —1J 75
Leys Clo. Dag —7K 57 (in two parts)
Leys Clo. Harr —5H 25
Leys Ct. SW9 —2A 104
Leysdown Av. Bexh —4J 111
Leysdown Ho. SE17 —5E 86 (off Madron St.)
Leysdown Rd. SE9 —2C 126
Leysfield Rd. W12 —3C 82
Leys Gdns. Barn —5K 5
Leyspring Rd. E11 —1H 53
Leys Rd. E. Enf —1F 9
Leys Rd. W. Enf —1F 9
Leys Sq. N3 —1K 29
Leys, The. N2 —4A 30
Leys, The. Harr —6F 27
Ley St. Ilf —2F 55
Leyswood Dri. Ilf —5J 37
Leythe Rd. W3 —2J 81
Leyton. —3E 52
Leyton Bus. Cen. E10 —2C 52
Leyton Ct. SE23 —1J 123
Leyton Grange Est. E10 —2C 52
Leyton Grn. Rd. E10 —6E 34
Leyton Ind. Village. E17 —7K 33
Leyton Orient F.C. —3D 52
Leyton Pk. Rd. E10 —3E 52
Leyton Rd. E15 —5E 52
Leyton Rd. SW19 —7A 120
Leytonstone. —1G 53
Leytonstone Rd. E15 —4G 53
Leyton Way. E11 —7G 35
Leywick St. E15 —2G 71
Liardet St. SE14 —6A 88
Liberia Rd. N5 —6B 50
Liberty Av. SW19 —1A 138
Liberty Ct. Bark —2B 74
Liberty M. N22 —1B 32
Liberty M. SW12 —6F 103
Liberty St. SW9 —1K 103
Libra Ct. E4 —4H 19
Libra Rd. E13 —2J 71
Library Ct. N17 —3F 33
Library Pde. NW10 —1A 64 (off Craven Pk. Rd.)
Library Pl. E1 —7H 69
Library St. SE1 —2B 86 (7A 168)
Library Way. Twic —7G 97
Lichfield Clo. Barn —3J 5
Lichfield Ct. Rich —4E 98
Lichfield Gdns. Rich —4E 98
Lichfield Gro. N3 —1J 29
Lichfield Rd. E3 —3A 70
Lichfield Rd. E6 —3B 72
Lichfield Rd. N9 —2B 18
Lichfield Rd. NW2 —4G 47
Lichfield Rd. Dag —4B 56
Lichfield Rd. Houn —3A 96
Lichfield Rd. N'wd —3J 23
Lichfield Rd. Rich —1F 99
Lichfield Rd. Wfd G —4B 20
Lichfield Ter. Rich —5E 98
Lickey Ho. W14 —6H 83 (off N. End Rd.)
Lidbury Rd. NW7 —6B 14
Lidcote Gdns. SW9 —2K 103
Liddall Way. W Dray —1B 76
Liddell Clo. Harr —3D 26
Liddell Gdns. NW10 —2E 64
Liddell Rd. NW6 —6J 47
Lidding Rd. Harr —5D 26
Liddington Rd. E15 —1H 71
Liddon Rd. E13 —3K 71
Liddon Rd. Brom —3A 144
Liden Clo. E17 —7B 34
Lidfield Rd. N16 —4D 50
Lidgate Rd. SE15 —7F 87
Lidiard Rd. SW18 —2A 120
Lidlington Pl. NW1 —2G 67
Lido Sq. N17 —2D 32
Lidyard Rd. N19 —1G 49
Lifetimes. —3C 152 (off Katharine St.)
Liffler Rd. SE18 —5J 91
Liffords Pl. SW13 —2B 100
Lifford St. SW15 —4F 101
Light App. NW9 —2B 28
Lightcliffe Rd. N13 —4F 17
Lighter Clo. SE16 —4A 88
Lighterman Ho. E14 —7E 70
Lighterman M. E1 —6K 69
Lightermans Rd. E14 —2C 88
Lighterman's Rd. E14 —2C 88
Lightermans Wlk. SW18 —4J 101
Lightfoot Rd. N8 —5J 31
Light Horse Ct. SW3 —6G 171
Lightley Clo. Wemb —1E 62
Ligonier St. E2 —4F 69 (3J 163)
Lilac Clo. E4 —6G 19
Lilac Ct. E13 —1A 72
Lilac Ct. Tedd —4K 115
Lilac Gdns. W5 —3D 80
Lilac Gdns. Croy —3C 154
Lilac Gdns. Hay —6G 59
Lilac Gdns. Romf —1K 57
Lilac Ho. SE4 —3C 106
Lilac Pl. SE11 —4K 85 (4G 173)
Lilac Pl. W Dray —7B 58
Lilac St. W12 —7C 64
Lilburne Gdns. SE9 —5C 108
Lilburne Rd. SE9 —5C 108
Lilburne Wlk. NW10 —6J 45
Lile Cres. W7 —5J 61
Lilestone Ho. NW8 —4B 66 (3B 158) (off Frampton St.)
Lilestone St. NW8 —4C 66 (3C 158)
Lilford Ho. SE5 —2C 104
Lilford Rd. SE5 —2B 104
Lilian Barker Clo. SE12 —5J 107
Lilian Board Way. Gnfd —5H 43
Lilian Clo. N16 —3E 50
Lilian Gdns. Wfd G —1K 35
Lilian Rd. SW16 —1G 139
Lillechurch Rd. Dag —6B 56
Lilleshall Rd. Mord —6B 138
Lilley Clo. E1 —1G 87
Lilley La. NW7 —5E 12
Lillian Av. W3 —2G 81
Lillian Rd. SW13 —6C 82
Lillie Mans. W14 —6G 83 (off Lillie Rd.)
Lillie Rd. SW6 —6F 83
Lillieshall Rd. SW4 —3F 103
Lillie Yd. SW6 —6J 83
Lillington Gdns. Est. SW1 —4B 172
Lilliput Av. N'holt —1C 60
Lilliput Ct. SE12 —5K 107
Lilliput Rd. Romf —7K 39
Lily Clo. W14 —4F 83 (in two parts)
Lily Gdns. Wemb —2C 62
Lily Pl. EC1 —5A 68 (5K 161)
Lily Rd. E17 —6C 34
Lilyville Rd. SW6 —1H 101
Limberg Ho. SE8 —4B 88
Limborough Ho. E14 —5C 70
Limbourne Av. Dag —7F 39
Limburg Rd. SW11 —4C 102
Lime Av. W Dray —7B 58
Limeburner La. EC4 —6B 68 (1A 168)
Lime Clo. E1 —1G 87
Lime Clo. Brom —4C 144
Lime Clo. Buck H —2G 21
Lime Clo. Cars —2D 150
Lime Clo. Harr —2A 26
Lime Clo. Pinn —3H 23
Lime Clo. Romf —4J 39
Lime Ct. E11 —2G 53 (off Trinity Clo.)
Lime Ct. E17 —5E 34
Lime Ct. SE9 —2F 127
Lime Ct. Harr —6K 25
Lime Ct. Mitc —2B 138
Lime Cres. Sun —2A 132
Limecroft Clo. Eps —7K 147
Limedene Clo. Pinn —1B 24
Lime Gro. E4 —6G 19
Lime Gro. N20 —1C 14
Lime Gro. W12 —2E 82
Lime Gro. Hay —7F 59
Lime Gro. N Mald —3K 135
Lime Gro. Ruis —6K 23
Lime Gro. Sidc —6K 109
Lime Gro. Twic —6K 97
Limeharbour. E14 —3D 88
Limeharbour Ct. E14 —3D 88
Limehouse. —6B 70
Limehouse Causeway. E14 —7B 70
Limehouse Cut. E14 —5D 70
Limehouse Fields Est. E1 —5A 70
Limehouse Link. E14 —6A 70
Lime Kiln Dri. SE7 —6K 89
Limekiln Pl. SE19 —7F 123
Limerick Clo. SW12 —7G 103
Lime Rd. Eri —3F 93
Lime Rd. Rich —4F 99
Lime Row. Eri —3F 93
Limerston St. SW10 —6A 84 (7A 170)
Limes Av. E11 —4K 35
Limes Av. E12 —3C 54
Limes Av. N12 —4F 15
Limes Av. NW7 —6F 13
Limes Av. NW11 —7G 29
Limes Av. SE20 —7H 123
Limes Av. SW13 —2B 100
Limes Av. Cars —1D 150
Limes Av. Croy —3A 152
Limes Av., The. N11 —5A 16
Limes Clo. N11 —5B 16
Limes Clo. Ashf —5C 112
Limesdale Gdns. Edgw —2J 27
Limes Fld. Rd. SW14 —3A 100
Limesford Rd. SE15 —4K 105
Limes Gdns. SW18 —6J 101
Limes Gro. SE13 —4E 106
Limes Pl. Croy —7D 140
Limes Rd. Beck —2D 142
Limes Rd. Croy —6D 140
Limes, The. SW18 —6J 101
Limes, The. W2 —7J 65 (off Linden Gdns.)
Limes, The. Kes —2C 156
Limes, The. W Mol —4F 133
Limestone Wlk. Eri —2D 92
Lime St. E17 —4A 34
Lime St. EC3 —7E 68 (2G 169)
Lime St. Pas. EC3 —6E 68 (1G 169)
Limes Wlk. SE15 —4J 105
Limes Wlk. W5 —2D 80
Lime Ter. W7 —7J 61
Lime Tree Av. Esh & Th Dit —7H 133
Limetree Clo. SW2 —1K 121
Lime Tree Ct. S Croy —6C 152
Lime Tree Gro. Croy —3B 154
Lime Tree Pl. Mitc —1F 139
Lime Tree Rd. Houn —1F 97
Limetree Ter. SE6 —1B 124
Limetree Ter. Well —3A 110
Limetree Wlk. SW17 —5E 120
Lime Tree Wlk. Bush —1D 10
Lime Tree Wlk. Enf —1H 7
Lime Tree Wlk. W W'ck —4H 155
Lime Wlk. E15 —1G 71
Limewood Clo. E17 —4B 34
Limewood Clo. W13 —6B 62
Limewood Clo. Beck —5E 142
Limewood Ct. Ilf —5D 36
Limewood Rd. Eri —7J 93
Limpsfield Av. SW19 —2F 119
Limpsfield Av. T Hth —5K 139
Linacre Clo. SE15 —3H 105
Linacre Ct. W6 —5F 83 (off Talgarth Rd.)
Linacre Rd. NW2 —6D 46
Linale Ho. N1 —1E 162
Linberry Wlk. SE8 —4B 88
Linchmere Rd. SE12 —7H 107
Lincoln Av. N14 —3B 16
Lincoln Av. SW19 —3F 119
Lincoln Av. Romf —2K 57
Lincoln Av. Twic —2G 115
Lincoln Clo. SE25 —6G 141
Lincoln Clo. Gnfd —1G 61
Lincoln Clo. Harr —5D 24
Lincoln Ct. N16 —7D 32
Lincoln Ct. SE12 —3A 126
Lincoln Cres. Enf —5K 7
Lincoln Gdns. Ilf —7C 36
Lincoln Grn. Rd. Orp —5K 145
Lincoln Ho. SW3 —2D 84 (7E 164)
Lincoln Ho. SW9 & SE5 —7A 86
Lincoln M. NW6 —1H 65
Lincoln M. SE21 —2D 122
Lincoln Rd. E7 —6B 54
Lincoln Rd. E13 —4K 71
Lincoln Rd. E18 —1H 35
Lincoln Rd. N2 —3C 30
Lincoln Rd. SE25 —3H 141
Lincoln Rd. Enf —4K 7
Lincoln Rd. Felt —3D 114
Lincoln Rd. Harr —5D 24
Lincoln Rd. Mitc —5J 139
Lincoln Rd. N Mald —3J 135
Lincoln Rd. N'wd —3H 23
Lincoln Rd. Sidc —5B 128
Lincoln Rd. Wemb —6D 44
Lincoln Rd. Wor Pk —1D 148
Lincoln's Inn. —6K 67 (7H 161)
Lincolns Inn Fields. WC2 —6K 67 (7G 161)
Lincolns, The. NW7 —3G 13
Lincoln St. E11 —2G 53
Lincoln St. SW3 —4D 84 (4E 170)
Lincoln Way. Enf —5C 8
Lincoln Way. Sun —1G 131
Lincombe Rd. Brom —3H 125
Lindal Cres. Enf —4D 6
Lindal Rd. SE4 —5B 106
Lindbergh Rd. Wall —7J 151
Linden Av. NW10 —2F 65
Linden Av. Enf —1B 8
Linden Av. Houn —5F 97
Linden Av. Ruis —1J 41
Linden Av. T Hth —4B 140
Linden Av. Wemb —5F 45
Linden Clo. N14 —6B 6
Linden Clo. Ruis —1J 41
Linden Clo. Stan —5G 11
Linden Clo. Th Dit —7K 133
Linden Ct. W12 —1E 82
Linden Ct. Sidc —4J 127
Linden Cres. Gnfd —6K 43
Linden Cres. King T —2F 135
Linden Cres. Wfd G —6E 20
Lindenfield. Chst —2F 145
Linden Gdns. W2 —7J 65
Linden Gdns. W4 —5A 82
Linden Gdns. Enf —1B 8
Linden Gro. SE15 —3H 105
Linden Gro. SE26 —6J 123
Linden Gro. N Mald —3A 136
Linden Gro. Tedd —5K 115
Linden Ho. SE15 —3H 105
Linden Ho. Hamp —6E 114
Linden Lawns. Wemb —4F 45
Linden Lea. N2 —5A 30
Linden Leas. W W'ck —2F 155
Linden M. N1 —5D 50
Linden M. W2 —7J 65
Linden Pl. Mitc —4C 138
Linden Rd. N10 —4F 31
Linden Rd. N11 —2J 15
Linden Rd. N15 —4C 32
Linden Rd. Hamp —7E 114
Lindens, The. E17 —4D 34 (off Prospect Hill)
Lindens, The. N12 —5G 15
Lindens, The. W4 —1J 99
Lindens, The. New Ad —6E 154
Linden St. Romf —4K 39
Linden Wlk. N19 —2G 49
Linden Way. N14 —6B 6
Linden Way. Shep —5E 130

Longford Wlk. SW2 —7A **104**
Longford Way. Stai —1A **112**
Longhayes Av. Romf —4D **38**
Longhayes Ct. Romf —4D **38**
Longheath Gdns. Croy —5J **141**
Longhedge Ho. SE26 —4G **123**
(off High Level Dri.)
Long Hedges. Houn —2E **96**
Longhedge St. SW11 —2E **102**
Longhill Rd. SE6 —2F **125**
Longhook Gdns. N'holt —3K **59**
Longhope Clo. SE15 —6E **86**
Longhurst Rd. SE13 —5F **107**
Longhurst Rd. Croy —6H **141**
Longland Ct. SE1 —5G **87**
Longland Dri. N20 —3E **14**
Longlands. —3H 127
Longlands Ct. W11 —7H **65**
(off Westbourne Gro.)
Longlands Ct. Sidc —3K **127**
Longlands Pk. Cres. Sidc
—3J **127**
Longlands Rd. Sidc —3J **127**
Long La. EC1 —5B **68** (6B **162**)
Long La. N3 & N2 —1K **29**
Long La. SE1 —2D **86** (7E **168**)
Long La. Bexh —7D **92**
Long La. Hil —6D **40**
Long La. Stai & Stanw —2B **112**
Long La. Uxb —3C **58**
Longleat Ho. SW1
—5H **85** (5C **172**)
(off Rampayne St.)
Longleat Rd. Enf —5K **7**
Longleat Way. Felt —7F **95**
Longleigh Ho. SE5 —1E **104**
(off Peckham Rd.)
Longleigh La. SE2 & Bexh
—6C **92**
Long Lents Ho. NW10 —1K **63**
Longley Av. Wemb —1F **63**
Longley Ct. SW8 —1J **103**
Longley Rd. SW17 —6C **120**
Longley Rd. Croy —7B **140**
Longley Rd. Harr —5G **25**
Long Leys. E4 —6J **19**
Longley St. SE1 —4G **87**
Longley Way. NW2 —3E **46**
Longman Ho. E8 —1F **69**
(off Haggerston Rd.)
Long Mark Rd. E16 —5B **72**
Long Mead. NW9 —1B **28**
Longmead. Chst —2E **144**
Longmead Dri. Sidc —2D **128**
Longmead Ho. SE27 —5C **122**
Long Mdw. NW5 —5H **49**
Long Mdw. Clo. W W'ck —7E **142**
Longmeadow Rd. Sidc —1J **127**
Longmead Rd. SW17 —5D **120**
Longmead Rd. Hay —7H **59**
Longmead Rd. Th Dit —7J **133**
Longmoore St. SW1
—4G **85** (4A **172**)
Longmore Av. Barn —6F **5**
Longnor Est. E1 —3K **69**
Longnor Rd. E1 —3K **69**
Long Pond Rd. SE3 —1G **107**
Longreach Ct. Bark —2H **73**
Long Reach Rd. Bark —4K **73**
Longridge Ho. SE1 —3C **86**
Longridge La. S'hall —6F **61**
Longridge Rd. SW5 —4J **83**
Longridge Rd. Bark & Dag
—7G **55**
Longridge Rd. Rich —6F **99**
Long Ridges. N10 —3E **30**
(off Fortis Grn.)

Long Rd. SW4 —4F **103**
Long's Ct. WC2 —3D **166**
Longs Ct. Rich —4F **99**
Longshaw Rd. E4 —3A **20**
Longshore. SE8 —4B **88**
Longshott Ct. SW5 —4J **83**
(off W. Cromwell Rd.)
Longstaff Cres. SW18 —6J **101**
Longstaff Rd. SW18 —6J **101**
Longstone Av. NW10 —7B **46**
Longstone Rd. SW17 —5F **121**
Long St. E2 —3F **69** (1J **163**)
Longthornton Rd. SW16 —2G **139**
Longton Av. SE26 —4G **123**
Longton Gro. SE26 —4H **123**
Longview Vs. Romf —1F **39**
Longview Way. Romf —1K **39**
Longville Rd. SE11 —4B **86**
Long Wlk. SE1 —3E **86** (7H **169**)
Long Wlk. SE18 —6F **91**
Long Wlk. SW13 —2A **100**
Long Wlk. N Mald —3J **135**
Longwalk Rd. Uxb —1D **76**
Long Wall. E15 —3F **71**
Longwood Dri. SW15 —6C **100**
Longwood Gdns. Ilf —4D **36**
Longworth Clo. SE28 —6D **74**
Long Yd. WC1 —4K **67** (4G **161**)
Loning, The. NW9 —4B **28**
Lonsdale Av. E6 —4B **72**
Lonsdale Av. Romf —6J **39**
Lonsdale Av. Wemb —5E **44**
Lonsdale Clo. E6 —4C **72**
Lonsdale Clo. SE9 —3B **126**
Lonsdale Clo. Edgw —5A **12**
Lonsdale Clo. Pinn —1C **24**
Lonsdale Clo. Uxb —5E **58**
Lonsdale Ct. Surb —7D **134**
Lonsdale Cres. Ilf —6F **37**
Lonsdale Dri. Enf —4C **6**
Lonsdale Gdns. SW16 —4K **139**
Lonsdale Ho. W11 —6H **65**
Lonsdale Ho. W11 —6H **65**
(off Lonsdale Rd.)
Lonsdale M. Rich —1G **99**
Lonsdale Pl. N1 —7A **50**
Lonsdale Rd. E11 —6H **35**
Lonsdale Rd. NW6 —1H **65**
Lonsdale Rd. SE25 —4H **141**
Lonsdale Rd. SW13 —1B **100**
Lonsdale Rd. W4 —4B **82**
Lonsdale Rd. W11 —6H **65**
Lonsdale Rd. Bexh —2F **111**
Lonsdale Rd. S'hall —3B **78**
Lonsdale Sq. N1 —7A **50**
Lonsdale Yd. W11 —7J **65**
Loobert Rd. N15 —3E **32**
Looe Gdns. Ilf —3F **37**
Loop Rd. Chst —6G **127**
Lopen Rd. N18 —4K **17**
Lopez Ho. SW9 —3J **103**
Lorac Ct. Sutt —7J **149**
Lorain Clo. N12 —4E **14**
Loraine Clo. Enf —5D **8**
Loraine Ct. Chst —5F **127**
Loraine Ho. Wall —4F **151**
Loraine Rd. N7 —4K **49**
Loraine Rd. W4 —6H **81**
Lord Amory Way. E14 —2E **88**
Lord Av. Ilf —4D **36**
Lord Chancellor Wlk. King T
—1J **135**
Lordell Pl. SW19 —6E **118**
Lorden Wlk. E2 —3G **69** (2K **163**)
Lord Gdns. Ilf —4C **36**
Lord Hills Bri. W2 —5K **65**
Lord Hills Rd. W2 —5K **65**
Lord Holland La. SW9 —2A **104**

Lord Knyvetts Ct. Stanw —6A **94**
Lord Napier Pl. W6 —5C **82**
Lord N. St. SW1 —3J **85** (2E **172**)
Lord Roberts M. SW6 —7K **83**
Lord Robert's Ter. SE18 —5E **90**
Lords Clo. SE21 —2C **122**
Lords Clo. Felt —2C **114**
Lord's Cricket Ground.
—3B **66** (2B **158**)
Lordship Gro. N16 —2D **50**
Lordship La. N22 & N17 —2A **32**
Lordship La. SE22 —4F **105**
Lordship La. Est. SE21 —7G **105**
Lordship Pk. N16 —2C **50**
Lordship Pk. M. N16 —2C **50**
Lordship Pl. SW3
—6C **84** (7C **170**)
Lordship Rd. N16 —1D **50**
Lordship Rd. N'holt —7C **42**
Lordship Ter. N16 —2D **50**
Lordsmead Rd. N17 —1E **32**
Lord St. E16 —1C **90**
Lords Vw. NW8 —3B **66** (2C **158**)
(in two parts)
Lord Warwick St. SE18 —3D **90**
Loreburn Ho. N7 —4K **49**
Lorenzo St. WC1 —3K **67** (1G **161**)
Loretto Gdns. Harr —4E **26**
Loring Rd. N20 —2H **15**
Loring Rd. SE14 —1A **106**
Loring Rd. Iswth —2K **97**
Loris Rd. W6 —3E **82**
Lorn Ct. SW9 —2A **104**
Lorne Av. Croy —7K **141**
Lorne Clo. NW8 —3C **66** (2D **158**)
Lorne Gdns. E11 —4A **36**
Lorne Gdns. W11 —2F **83**
Lorne Gdns. Croy —7K **141**
Lorne Rd. E7 —4K **53**
Lorne Rd. E17 —5C **34**
Lorne Rd. N4 —1K **49**
Lorne Rd. Harr —2K **25**
Lorne Rd. Rich —5F **99**
Lorne Ter. N3 —2H **29**
Lorn Rd. SW9 —2K **103**
Lorraine Ct. NW1 —7F **49**
Lorraine Pk. Harr —7D **10**
Lorrimore Rd. SE17 —6B **86**
Lorrimore Sq. SE17 —6B **86**
Lorton Ho. NW6 —1J **65**
(off Kilburn Va.)
Lothair Rd. W5 —2D **80**
Lothair Rd. N. N4 —6B **32**
Lothair Rd. S. N4 —7A **32**
Lothbury. EC2 —6D **68** (7E **162**)
Lothian Av. Hay —5K **59**
Lothian Clo. Wemb —4A **44**
Lothian Rd. SW9 —1B **104**
Lothrop St. W10 —3G **65**
Lots Rd. SW10 —7A **84**
Lotus Clo. SE21 —3D **122**
Loubet St. SW17 —6D **120**
Loudoun Av. Ilf —5F **37**
Loudoun Rd. NW8 —1A **66**
Loudwater Clo. Sun —4J **131**
Loudwater Rd. Sun —4J **131**
Loughborough Est. SW9 —3B **104**
Loughborough Pk. SW9 —4B **104**
Loughborough Rd. SW9 —2A **104**
Loughborough St. SE11
—5K **85** (5H **173**)
Lough Rd. N7 —5K **49**
Loughton Way. Buck H —1G **21**
Louisa Ct. Twic —2J **115**
Louisa Gdns. E1 —4K **69**
Louisa St. E1 —4K **69**
Louise Bennett Clo. SE24 —4B **104**
Louise Ct. N22 —1A **32**

Louise Rd. E15 —6G **53**
Louise White Ho. N19 —1H **49**
Louis M. N10 —1F **31**
Louisville Rd. SW17 —3E **120**
Lousada Lodge. N14 —6B **6**
(off Avenue Rd.)
Louvaine Rd. SW11 —4B **102**
Lovage App. E6 —5C **72**
Lovat Clo. NW2 —3B **46**
Lovat La. EC3 —7E **68** (3G **169**)
(in two parts)
Lovatt Clo. Edgw —6C **12**
Lovatt Ct. SW12 —1F **121**
Lovatt Dri. Ruis —5J **23**
Lovat Wlk. Houn —7C **78**
Loveday Rd. W13 —2B **80**
Lovegrove St. SE1 —5G **87**
Lovegrove Wlk. E14 —1E **88**
Lovekyn Clo. King T —2E **134**
Lovelace Av. Brom —6E **144**
Lovelace Gdns. Bark —4A **56**
Lovelace Gdns. Surb —7D **134**
Lovelace Grn. SE9 —3D **108**
Lovelace Ho. E8 —1F **69**
(off Haggerston Rd.)
Lovelace Rd. SE21 —2C **122**
Lovelace Rd. Barn —7H **5**
Lovelace Rd. Surb —7C **134**
Loveland Mans. Bark —7K **55**
(off Upney La.)
Love La. EC2 —6C **68** (7D **162**)
Love La. N17 —7A **18**
Love La. SE18 —4E **90**
Love La. SE25 —3H **141**
(in two parts)
Love La. Bex —6F **111**
Love La. Brom —3K **143**
(off Elmfield Rd.)
Love La. Mitc —3C **138**
(in two parts)
Love La. Mord —7J **137**
Love La. Pinn —2B **24**
Love La. Surb —2C **146**
Love La. Sutt —6G **149**
Love La. Wfd G —6J **21**
Lovel Av. Well —2A **110**
Lovelinch Clo. SE15 —6J **87**
Lovell Ho. E8 —1G **69**
(off Shrubland Rd.)
Lovell Pl. SE16 —3A **88**
Lovell Rd. Rich —3C **116**
Lovell Rd. S'hall —6F **61**
Loveridge M. NW6 —6H **47**
Loveridge Rd. NW6 —6H **47**
Lovers Wlk. NW7 & N3 —6C **14**
Lovers Wlk. SE10 —6F **89**
Lovers' Wlk. W1 —1E **84** (4G **165**)
Lovett Dri. Cars —7A **138**
Lovett Way. NW10 —5J **45**
Love Wlk. SE5 —2D **104**
Lovibonds Av. W Dray —6B **58**
Lowbrook Rd. Ilf —4F **55**
Low Cross Wood La. SE21
—3F **123**
Lowdell Clo. W Dray —6A **58**
Lowden Rd. N9 —1C **18**
Lowden Rd. SE24 —4B **104**
Lowden Rd. S'hall —7C **60**
Lowe Av. E16 —5J **71**
Lowell Ho. SE5 —7C **86**
(off Wyndham Est.)
Lowell St. E14 —6A **70**
Lowen Rd. Rain —2K **75**
Lwr. Addiscombe Rd. Croy
—1E **152**
Lwr. Addison Gdns. W14 —2G **83**
Lwr. Belgrave St. SW1
—3F **85** (2J **171**)

Lwr. Boston Rd. W7 —1J **79**
Lwr. Broad St. Dag —1G **75**
Lower Camden. Chst —7D **126**
Lower Church St. Croy —2B **152**
Lower Clapton. —4H 51
Lwr. Clapton Rd. E5 —3H **51**
Lwr. Clarendon Wlk. W11 —6G **65**
(off Clarendon Rd.)
Lwr. Common S. SW15 —3D **100**
Lwr. Coombe St. Croy —4C **152**
Lwr. Downs Rd. SW20 —1F **137**
Lwr. Drayton Pl. Croy —2B **152**
Lower Edmonton. —3B 18
Lower Feltham. —3H 113
Lower Fosters. NW4 —5E **28**
(off New Brent St.)
Lwr. George St. Rich —5D **98**
Lwr. Gravel Rd. Brom —1C **156**
Lwr. Green W. Mitc —3C **138**
Lwr. Grosvenor Pl. SW1
—3F **85** (1K **171**)
Lwr. Grove Rd. Rich —6F **99**
Lower Halliford. —7G 131
Lwr. Hall La. E4 —5F **19**
(in two parts)
Lwr. Hampton Rd. Sun —3A **132**
Lwr. Ham Rd. King T —5D **116**
Lower Holloway. —5K 49
Lwr. James St. W1
—7G **67** (2B **166**)
Lwr. John St. W1
—7G **67** (2B **166**)
Lwr. Kenwood Av. Enf —5D **6**
Lwr. Lea Crossing. E14 —7G **71**
Lwr. Maidstone Rd. N11 —6B **16**
Lower Mall. W6 —5D **82**
Lwr. Mardyke Av. Rain —2J **75**
Lower Marsh. SE1
—2A **86** (7J **167**)
Lwr. Marsh La. King T —4F **135**
(in two parts)
Lwr. Merton Ri. NW3 —7C **48**
Lower Mill. Eps —7B **148**
Lwr. Morden La. Mord —6E **136**
Lwr. Mortlake Rd. Rich —4E **98**
Lwr. Park Rd. N11 —5B **16**
Lwr. Park Rd. Belv —4G **93**
Lower Pk. Trad. Est. W3 —4J **63**
Lower Place. —2J 63
Lwr. Place Bus. Cen. NW10
—2K **63**
Lwr. Queen's Rd. Buck H —2G **21**
Lwr. Richmond Rd. SW15
—3D **100**
Lwr. Richmond Rd. Rich & SW14
—4J **99**
Lwr. Sloane St. SW1
—4E **84** (4G **171**)
Lower Sq. Iswth —3B **98**
Lower Sq., The. Sutt —5K **149**
Lower Strand. NW9 —2B **28**
Lwr. Sunbury Rd. Hamp —2D **132**
Lower Sydenham. —4K 123
Lwr. Sydenham Ind. Est. SE26
—5B **124**
Lwr. Teddington Rd. King T
—1D **134**
Lower Ter. NW3 —3A **48**
Lwr. Thames St. EC3
—7D **68** (3F **169**)
Lowerwood Ct. W11 —6G **65**
(off Westbourne Pk. Rd.)

Lynton Clo. *Iswth* —4K **97**
Lynton Cres. *Ilf* —6F **37**
Lynton Est. *SE1* —4G **87**
Lynton Gdns. *N11* —6C **16**
Lynton Gdns. *Enf* —7K **7**
Lynton Grange. *N2* —3D **30**
Lynton Ho. W2 —6A **66**
(off Hallfield Est.)
Lynton Ho. *Ilf* —2G **55**
Lynton Mans. SE1
　　　　—3A **86** *(1J 173)*
(off Kennington Rd.)
Lynton Mead. *N20* —3D **14**
Lynton Rd. *E4* —5J **19**
Lynton Rd. *N8* —5H **31**
(in two parts)
Lynton Rd. *NW6* —2H **65**
Lynton Rd. *SE1* —4F **87**
Lynton Rd. *W3* —7G **63**
Lynton Rd. *Croy* —6A **140**
Lynton Rd. *Harr* —2C **42**
Lynton Rd. *N Mald* —5K **135**
Lynton Ter. *W3* —6J **63**
Lynton Wlk. *Hay* —3G **59**
Lynwood Clo. *E18* —1A **36**
Lynwood Clo. *Harr* —3C **42**
Lynwood Ct. *King T* —2H **135**
Lynwood Dri. *N'wd* —1H **23**
Lynwood Dri. *Wor Pk* —2C **148**
Lynwood Gdns. *Croy* —4K **151**
Lynwood Gdns. *S'hall* —6D **60**
Lynwood Gro. *N21* —1F **17**
Lynwood Gro. *Orp* —7J **145**
Lynwood Rd. *SW17* —3D **120**
Lynwood Rd. *W5* —3D **62**
Lynwood Rd. *Th Dit* —2A **146**
Lyon Bus. Pk. *Bark* —2J **73**
Lyon Ct. *Ruis* —1H **41**
Lyon Ho. *NW8* —4C **66** *(4C **158**)*
Lyon Ind. Est. *NW2* —2D **46**
Lyon Meade. *Stan* —1C **26**
Lyon Pk. Av. *Wemb* —6E **44**
(in two parts)
Lyon Rd. *SW19* —1A **138**
Lyon Rd. *Harr* —6K **25**
Lyonsdown. —6F **5**
Lyonsdown Av. *New Bar* —6F **5**
Lyonsdown Rd. *Barn & New Bar*
　　　　—6F **5**
Lyons Pl. *NW8* —4B **66** *(4A **158**)*
Lyon St. *N1* —7K **49**
Lyons Wlk. *W14* —4G **83**
Lyon Way. *Gnfd* —1J **61**
Lyric Dri. *Gnfd* —4F **61**
Lyric M. *SE26* —4J **123**
Lyric Rd. *SW13* —1B **100**
Lyric Theatre. —4E **82**
　(Hammersmith)
Lysander Gdns. *Surb* —6F **135**
Lysander Gro. *N19* —1H **49**
Lysander M. *N19* —1G **49**
Lysander Rd. *Croy* —6K **151**
Lysander Rd. *Ruis* —2F **41**
Lysias Rd. *SW12* —6F **103**
Lysia St. *SW6* —7F **83**
Lysons Wlk. *SW15* —4C **100**
Lytchet Rd. *Brom* —7J **125**
Lytchet Way. *Enf* —1D **8**
Lytchgate Clo. *S Croy* —7E **152**
Lytcott Dri. *W Mol* —3D **132**
Lytcott Gro. *SE22* —5E **104**
Lytham Clo. *SE28* —6E **74**
Lytham Ct. S'hall —6F **61**
(off Whitecote Rd.)
Lytham Gro. *W5* —3F **63**
Lytham St. *SE17* —5D **86**
Lyttelton Clo. *NW3* —7C **48**
Lyttelton Rd. *N2* —5A **30**

Lyttelton Rd. *E10* —3D **52**
Lyttelton Rd. *N2* —5A **30**
Lyttleton Ct. Hay —4A **60**
(off Dunedin Way)
Lyttleton Rd. *N8* —3A **32**
Lytton Av. *N13* —1F **9**
Lytton Clo. *N2* —5B **30**
Lytton Clo. *N'holt* —7D **42**
Lytton Gdns. *Wall* —4H **151**
Lytton Gro. *SW15* —5F **101**
Lytton Rd. *E11* —7G **35**
Lytton Rd. *Barn & New Bar* —4F **5**
Lytton Rd. *Pinn* —1C **24**
Lytton Strachey Path. *SE28*
　　　　—7B **74**
Lyveden Rd. *SE3* —7K **89**
Lyveden Rd. *SW17* —6D **120**

M

Mabbett Ho. SE18 —6E **90**
(off Nightingale Pl.)
Mabel Evetts Ct. *Hay* —7K **59**
Maberley Cres. *SE19* —7G **123**
Maberley Rd. *SE19* —1F **141**
Maberley Rd. *Beck* —3K **141**
Mabledon Ct. WC1
　　　　—3H **67** *(2D **160**)*
(off Mabledon Pl.)
Mabledon Pl. *NW1*
　　　　—3H **67** *(2D **160**)*
Mablethorpe Rd. *SW6* —7G **83**
Mabley St. *E9* —5A **52**
Mablin Lodge. *Buck H* —1F **21**
Macaret Clo. *N20* —7E **4**
Macarthur Clo. *E7* —6J **53**
Macarthur Ter. *SE7* —6B **90**
Macaulay Ct. *SW4* —3F **103**
Macaulay Rd. *E6* —2B **72**
Macaulay Rd. *SW4* —3F **103**
Macaulay Sq. *SW4* —4F **103**
Macaulay Way. *SE28* —1B **92**
McAuley Clo. *SE1*
　　　　—3A **86** *(1J 173)*
McAuley Clo. *SE9* —5D **109**
Macauley M. *SE13* —1E **106**
Macbean St. *SE18* —3F **91**
Macbeth Ho. *N1* —2E **68**
Macbeth St. *W6* —5D **82**
McCall Clo. *SW4* —2J **103**
McCall Cres. *SE7* —5C **90**
McCall Ho. *N7* —4J **49**
McCarthy Rd. *Felt* —5B **114**
M.C.C. Cricket Mus.
　　　　—3B **66** *(2A 158)*
Macclesfield Ho. EC1
(off Central St.) —3C **68** *(2C 162)*
Macclesfield Rd. *EC1*
　　　　—3C **68** *(1C 162)*
Macclesfield Rd. *SE25* —5H **141**
Macclesfield St. *W1*
　　　　—7H **67** *(2D 166)*
McCoid Way. *SE1*
　　　　—2C **86** *(7C 168)*
McCrone M. *NW3* —6B **48**
McCullum Rd. *E3* —1B **70**
McDermott Clo. *SW11* —3C **102**
McDermott Rd. *SE15* —3G **105**
Macdonald Av. *Dag* —3H **57**
Macdonald Rd. *E7* —4J **53**
Macdonald Rd. *E17* —2E **34**
Macdonald Rd. *N11* —5J **15**
Macdonald Rd. *N19* —2G **49**
McDonough Clo. *Chess* —4E **146**
McDouall Clo. *E16* —5H **71**
McDowall Rd. *SE5* —1C **104**
Macduff Rd. *SW11* —1E **102**
Mace Clo. *E1* —1H **87**
Mace Gateway. *E16* —7J **71**

McEntee Av. *E17* —1A **34**
Mace St. *E2* —2K **69**
McEwen Way. *E15* —1F **71**
Macfarlane La. *Iswth* —6A **79**
Macfarlane Rd. *W12* —1E **82**
Macfarren Pl. *NW1*
　　　　—4E **66** (4H **159**)
McGlashon Ho. E1
　　　　—4G **69** *(4K 163)*
(off Hunton St.)
McGrath Rd. *E15* —5H **53**
McGregor Ct. *N1* —1H **163**
MacGregor Rd. *E16* —5A **72**
McGregor Rd. *W11* —6H **65**
Machell Rd. *SE15* —3J **105**
McIndoe Ct. N1 —1D **68**
(off Sherborne St.)
McIntosh Clo. *Romf* —3K **39**
McIntosh Clo. *Wall* —7J **151**
Macintosh Ho. *W1*
　　　　—5E **66** *(5H 159)*
(off Beaumont St.)
McIntosh Rd. *Romf* —3K **39**
McIntyre Ct. *SE18* —4C **90**
(off Prospect Va.)
Mackay Ho. *W12* —7D **64**
(off White City Est.)
Mackay Rd. *SW8* —3F **103**
McKay Rd. *SW20* —7D **118**
McKay Trad. Est. *W10* —4G **65**
McKellar Clo. *Bus H* —2B **10**
Mackennal St. *NW8* —2C **66**
Mackenzie Clo. *W12* —7D **64**
Mackenzie Ho. *NW2* —3C **46**
Mackenzie Rd. *N7* —6K **49**
Mackenzie Rd. *Beck* —2J **141**
Mackenzie Wlk. *E14* —1C **88**
McKerrell Rd. *SE15* —1G **105**
Mackeson Rd. *NW3* —4D **48**
Mackie Rd. *SW2* —7A **104**
McKillop Way. *Sidc* —7C **128**
Mackintosh La. *E9* —5K **51**
Macklin St. *WC2* —6J **67** (7F **161**)
Mackonochie Ho. *EC1*
　　　　—5A **68** *(5J 161)*
(off Baldwins Gdns.)
Mackrow Wlk. *E14* —7E **70**
Mack's Rd. *SE16* —4G **87**
Mackworth Ho. *NW1*
　　　　—3G **67** *(1A 160)*
(off Augustus St.)
Mackworth St. *NW1*
　　　　—3G **67** *(1A 160)*
Maclaren M. *SW15* —4E **100**
Maclean Rd. *SE23* —6A **106**
Macleod Rd. *N21* —5D **6**
McLeod Rd. *SE2* —4B **92**
McLeod's M. *SW7* —4K **83**
Macleod St. *SE17* —5C **86**
Maclise Ho. SW1 —4J **85** *(4E 172)*
(off Marsham St.)
Maclise Rd. *W14* —3G **83**
Macmillan Ct. *S Harr* —1E **42**
McMillan Ho. SE4 —3A **106**
(off Arica Rd.)
McMillan St. *SE8* —6C **88**
McNair Rd. *S'hall* —3F **79**
Macnamara Ho. SW10 —7B **84**
(off Worlds End Est.)
McNeil Rd. *SE5* —2E **104**
McNicol Dri. *NW10* —2J **63**
Macoma Rd. *SE18* —6H **91**
Macoma Ter. *SE18* —6H **91**
Maconochies Rd. *E14* —5D **88**
Macquarie Way. *E14* —4D **88**
McRae La. *Mitc* —7D **138**
Macready Ho. W1 —5C **66** *(6E 158)*
(off Crawford St.)

Macready Pl. *N7* —4J **49**
Macroom Rd. *W9* —3H **65**
Macs Ho. *E17* —3D **34**
Mac's Pl. *EC4* —6A **68** (7J **161**)
Madame Tussaud's.
　　　　—4E **66** (4G **159**)
Maddams St. *E3* —4D **70**
Maddison Clo. *Tedd* —6K **115**
Maddocks Clo. *Sidc* —5E **128**
Maddock Way. *SE17* —6B **86**
Maddox St. *W1* —7F **67** (2K **165**)
Madeira Av. *Brom* —7G **125**
Madeira Gro. *Wfd G* —6F **21**
Madeira Rd. *E11* —1F **53**
Madeira Rd. *N13* —4G **17**
Madeira Rd. *SW16* —5J **121**
Madeira Rd. *Mitc* —4D **138**
Madeley Rd. *W5* —6D **62**
Madeline Gro. *Ilf* —5H **55**
Madeline Rd. *SE20* —7G **123**
Madge Gill Way. E6 —1C **72**
(off High St. N.)
Madinah Rd. *E8* —6G **51**
Madison Cres. *Bexh* —7C **92**
Madison Gdns. *Bexh* —7C **92**
Madison Gdns. *Brom* —3H **143**
Madras Pl. *N7* —6A **50**
Madras Rd. *Ilf* —4F **55**
Madrid Rd. *SW13* —1C **100**
Madrigal La. *SE5* —7B **86**
Madron St. *SE17* —5E **86**
Mafeking Av. *E6* —2C **72**
Mafeking Av. *Bren* —6E **80**
Mafeking Av. *Ilf* —7H **37**
Mafeking Rd. *E16* —4H **71**
Mafeking Rd. *N17* —2G **33**
Mafeking Rd. *Enf* —3A **8**
Magdala Av. *N19* —2G **49**
Magdala Rd. *Iswth* —3A **98**
Magdala Rd. *S Croy* —7D **152**
Magdalene Clo. *SE15* —2H **105**
Magdalene Gdns. *E6* —4E **72**
Magdalene Rd. *Shep* —4B **130**
Magdalen Pas. *E1*
　　　　—7F **69** (2K **169**)
Magdalen Rd. *SW18* —1A **120**
Magdalen St. *SE1*
　　　　—1E **86** (5G **169**)
Magee St. *SE11* —6A **86** (7J **173**)
Magellan Ct. *NW10* —7K **45**
(off Stonebridge Pk.)
Magellan Pl. *E14* —4C **88**
Magnaville Rd. *Bus H* —1D **10**
Magnet Rd. *Wemb* —2D **44**
Magnin Clo. *E8* —1G **69**
Magnolia Clo. *E10* —2C **52**
Magnolia Clo. *King T* —6H **117**
Magnolia Ct. *N'holt* —4C **60**
Magnolia Ct. *Rich* —1H **99**
Magnolia Ct. Sutt —7J **149**
(off Grange Rd.)
Magnolia Ct. *Uxb* —6D **40**
Magnolia Ct. *Wall* —5F **151**
Magnolia Gdns. *Edgw* —4D **12**
Magnolia Ho. *SE8* —6B **88**
Magnolia Lodge. E4 —3J **19**
Magnolia Lodge. *W8* —3K **83**
Magnolia Pl. *SW4* —5J **103**
Magnolia Pl. *W5* —5D **62**
Magnolia Pl. *Harr* —7F **27**
Magnolia Rd. *W4* —6H **81**
Magnolia St. *W Dray* —4A **76**
Magnolia Way. *Eps* —5A **147**
Magpie All. *EC4* —6A **68** (1K **167**)
Magpie Clo. *E7* —5H **53**
Magpie Clo. *NW9* —2A **28**
Magpie Clo. *Enf* —1B **8**

Magpie Hall Clo. *Brom* —6C **144**
Magpie Hall La. *Brom* —7C **144**
Magpie Hall Rd. *Bus H* —2D **10**
Magpie Pl. *SE14* —6A **88**
Magri Wlk. *E1* —5J **69**
Maguire Dri. *Rich* —4C **116**
Maguire St. *SE1* —2F **87** (6K **169**)
Mahatma Gandhi Ind. Est. *SE24*
　　　　—4B **104**
Mahlon Av. *Ruis* —5K **41**
Mahogany Clo. *SE16* —1A **88**
Mahon Clo. *Enf* —1A **8**
Maida Av. *E4* —7J **9**
Maida Av. *W2* —5A **66** (4A **158**)
Maida Hill. —4H **65**
Maida Rd. *Belv* —3G **93**
Maida Vale. —3K **65**
Maida Va. *W9* —2K **65** (3A **158**)
Maida Way. *E4* —7J **9**
Maiden Erlegh Av. *Bex* —1E **128**
Maiden La. *NW1* —7H **49**
Maiden La. *SE1* —1C **86** (5D **168**)
Maiden La. *WC2* —7J **67** (3F **167**)
Maiden Pl. *N19* —3G **49**
Maiden Rd. *E15* —7G **53**
Maidenstone Hill. *SE10* —1E **106**
Maids of Honour Row. *Rich*
　　　　—5D **98**
Maidstone Av. *Romf* —2J **39**
Maidstone Bldgs. *SE1*
　　　　—1C **86** (5D **168**)
Maidstone Ho. *E14* —6D **70**
Maidstone Rd. *N11* —6C **16**
Maidstone Rd. *Sidc* —6D **128**
Mail Coach Yd. *E2*
　　　　—3E **68** (1H **163**)
Main Av. *Enf* —5A **8**
Main Dri. *Wemb* —3D **44**
Mainridge Rd. *Chst* —4E **126**
Main Rd. *Sidc* —3H **127**
Main St. *Felt* —5B **114**
Main Yd. *SE26* —2H **123**
Maismore St. *SE15* —6G **87**
Maisonettes, The. *Sutt* —5H **149**
Maitland Clo. *SE10* —7D **88**
Maitland Clo. *Houn* —3D **96**
Maitland Ct. W2 —7B **66** *(2A 164)*
(off Lancaster Ter.)
Maitland Ho. *SW1*
　　　　—6G **85** *(7A 172)*
(off Churchill Gdns.)
Maitland Pk. Est. *NW3* —6D **48**
Maitland Pk. Rd. *NW3* —6D **48**
Maitland Pk. Vs. *NW3* —6D **48**
Maitland Rd. *E5* —4H **51**
Maitland Rd. *E15* —6H **53**
Maitland Rd. *SE26* —6K **123**
Maitland Yd. *W13* —1A **80**
Maize Row. *E14* —7B **70**
Majendie Rd. *SE18* —5H **91**
Majestic Way. *Mitc* —2D **138**
Major Rd. *E15* —5F **53**
Major Rd. *SE16* —3G **87**
Makepeace Av. *N6* —2E **48**
Makepeace Mans. *N6* —2E **48**
Makepeace Rd. *E11* —4J **35**
Makepeace Rd. *N'holt* —2C **60**
Makinen Ho. *Buck H* —1F **21**
Makins St. *SW3* —4C **84** (4D **170**)
Malabar Ct. W12 —7D **64**
(off India Way)
Malabar St. *E14* —2C **88**
Malam Ct. *SE11* —4A **86** (4J **173**)
Malam Gdns. *E14* —7D **70**
Malbrook Rd. *SW15* —4D **100**
Malcolm Ct. *E7* —6H **53**
Malcolm Ct. *NW4* —6C **28**
Malcolm Ct. *Stan* —5H **11**

Manor M.—Marine St.

Manor M. NW6 —2J **65**
(off Cambridge Rd., in two parts)
Manor M. SE4 —2B **106**
Manor Mt. SE23 —1J **123**
Manor Pde. N16 —2F **51**
Manor Pde. NW10 —2B **64**
(off High St.)
Manor Pde. Harr —6K **25**
Manor Park. —4C 54
Manor Pk. SE13 —4F **107**
Manor Pk. Chst —2H **145**
Manor Pk. Rich —4F **99**
Mnr. Park Clo. W W'ck —1D **154**
Manor Park Crematorium. E7 —4A **54**
Mnr. Park Cres. Edgw —6B **12**
Mnr. Park Dri. Harr —3F **25**
Mnr. Park Gdns. Edgw —5B **12**
Mnr. Park Rd. SE13 —4F **107**
(off Lee High Rd.)
Mnr. Park Rd. E12 —4B **54**
Mnr. Park Rd. N2 —3A **30**
Mnr. Park Rd. NW10 —1B **64**
Mnr. Park Rd. Chst —1G **145**
Mnr. Park Rd. Sutt —5A **150**
Manor Pl. SE17 —5B **86**
Manor Pl. Chst —2H **145**
Manor Pl. Felt —1J **113**
Manor Pl. Mitc —3G **139**
Manor Pl. Sutt —4K **149**
Manor Pl. W on T —7H **131**
Manor Rd. E10 —7C **34**
Manor Rd. E15 & E16 —2G **71**
Manor Rd. E17 —2A **34**
Manor Rd. N16 —2D **50**
Manor Rd. N17 —1G **33**
Manor Rd. N22 —6D **16**
Manor Rd. SE25 —4G **141**
Manor Rd. SW20 —2H **137**
Manor Rd. W13 —7A **62**
Manor Rd. Ashf —5B **112**
Manor Rd. Bark —6K **55**
Manor Rd. Barn —4B **4**
Manor Rd. Beck —2D **142**
Manor Rd. Bex —1H **129**
Manor Rd. Chad H —6D **38**
Manor Rd. Dag —6J **57**
Manor Rd. Dart —4K **111**
Manor Rd. E Mol —4H **133**
Manor Rd. Enf —2H **7**
Manor Rd. Harr —6A **26**
Manor Rd. Hay —6J **59**
Manor Rd. Mitc —4G **139**
Manor Rd. Rich —4G **99**
Manor Rd. Ruis —1F **41**
Manor Rd. Sidc —3K **127**
Manor Rd. Sutt —7H **149**
Manor Rd. Tedd —5A **116**
(in two parts)
Manor Rd. Twic —2G **115**
Manor Rd. Wall —4F **151**
Manor Rd. W on T —7H **131**
Manor Rd. W W'ck —2D **154**
Manor Rd. Wfd G & Chig —6J **21**
Manor Rd. Ho. Harr —6A **26**
Manor Rd. N. Wall —4F **151**
Manorside. Barn —4B **4**
Manorside Clo. SE2 —4C **92**
Manor Sq. Dag —2C **56**
Manor Va. Bren —5C **80**
Manor Vw. N3 —2K **29**
Manor Way. E4 —4A **20**
Manor Way. NW9 —4A **28**
Manor Way. SE3 —4H **107**
Manor Way. Beck —2C **142**
Manor Way. Bex —1G **129**
Manor Way. Bexh —3K **111**

Manor Way. Brom —6C **144**
Manorway. Enf —7K **7**
Manor Way. Harr —4F **25**
Manor Way. Mitc —3G **139**
Manor Way. Orp —4G **145**
Manor Way. Rain —4K **75**
Manor Way. Ruis —7G **23**
Manor Way. S'hall —4B **78**
Manor Way. S Croy —6E **152**
Manor Way. Wfd G —5F **21**
Manor Way. Wor Pk —1A **148**
Manor Way Bus. Cen. Rain —5K **75**
Manor Waye. Uxb —1A **58**
Manor Way, The. Wall —4F **151**
Manpreet Ct. E12 —5D **54**
Manresa Rd. SW3 —5C **84** (6C **170**)
Mansard Beeches. SW17 —5E **120**
Mansard Clo. Pinn —3B **24**
Manse Clo. Hay —6F **77**
Mansel Gro. E17 —1C **34**
Mansell Rd. W3 —2K **81**
Mansell Rd. Gnfd —5F **61**
Mansell St. E1 —6F **69** (1K **169**)
Mansel Rd. SW19 —6G **119**
Mansergh Clo. SE18 —7C **90**
Manse Rd. N16 —3F **51**
Manser Rd. Rain —3K **75**
Mansfield Av. N15 —4D **32**
Mansfield Av. Barn —6J **5**
Mansfield Av. Ruis —1K **41**
Mansfield Clo. N9 —6B **8**
Mansfield E2 —2F **69**
(off Whiston Rd.)
Mansfield Dri. Hay —4G **59**
Mansfield Heights. N2 —5D **30**
Mansfield Hill. E4 —7J **9**
Mansfield M. W1 —5F **67** (6J **159**)
Mansfield Pl. NW3 —4A **48**
Mansfield Pl. S Croy —6D **152**
Mansfield Rd. E11 —6K **35**
Mansfield Rd. E17 —4B **34**
Mansfield Rd. NW3 —5D **48**
Mansfield Rd. W3 —4H **63**
Mansfield Rd. Chess —5C **146**
Mansfield Rd. Ilf —2E **54**
Mansfield Rd. S Croy —6D **152**
Mansfield St. W1 —5F **67** (6J **159**)
Mansford St. E2 —2G **69**
Manship Rd. Mitc —7E **120**
Mansion Clo. SW9 —1A **104**
(in two parts)
Mansion Gdns. NW3 —3K **47**
Mansion House. —6D 68
Mansion Ho. Pl. EC4 —6D **68** (1E **168**)
Mansion Ho. St. EC2 —1E **168**
Mansions, The. SW5 —5K **83**
Manson M. SW7 —4B **84** (4A **170**)
Manson Pl. SW7 —4B **84** (4A **170**)
Mansted Gdns. Romf —7C **38**
Manston. N17 —2D **32**
(off Adams Rd.)
Manston. NW1 —7G **49**
(off Agar Gro.)
Manston Av. S'hall —4E **78**
Manston Clo. SE20 —1J **141**
Manstone Rd. NW2 —5G **47**
Manston Gro. King T —5D **116**
Manston Ho. W14 —3G **83**
(off Russell Rd.)
Manthorp Rd. SE18 —5G **91**
Mantilla Rd. SW17 —4E **120**
Mantle Rd. SE4 —3A **106**
Mantlet Clo. SW16 —7G **121**
Mantle Way. E15 —7G **53**

Manton Av. W7 —2K **79**
Manton Clo. Hay —7G **59**
Manton Rd. SE2 —4A **92**
Mantua St. SW11 —3B **102**
Mantus Clo. E1 —4J **69**
Mantus Rd. E1 —4J **69**
Manus Way. N20 —2F **15**
Manville Gdns. SW17 —3F **121**
Manville Rd. SW17 —2E **120**
Manwood Rd. SE4 —5B **106**
Manwood St. E16 —1D **90**
Manygate La. Shep —7E **130**
Manygate Mobile Home Est. Shep
(off Mitre Clo.) —6F **131**
Manygates. SW12 —2F **121**
Mapesbury Rd. NW2 —7G **47**
Mapeshill Pl. NW2 —6E **46**
Mapes Ho. NW6 —7G **47**
Mape St. E2 —3H **69**
(in two parts)
Maple Av. E4 —5G **19**
Maple Av. W3 —1A **82**
Maple Av. Harr —2F **43**
Maple Av. W Dray —7A **58**
Maple Clo. N16 —6G **33**
Maple Clo. SW4 —6H **103**
Maple Clo. Buck H —3G **21**
Maple Clo. Hamp —6C **114**
Maple Clo. Hay —3B **60**
Maple Clo. Mitc —1F **139**
Maple Clo. Orp —5H **145**
Maple Clo. Ruis —6K **23**
Maple Ct. E6 —5E **72**
Maple Ct. SE6 —1D **124**
Maple Ct. N Mald —3K **135**
Maple Cres. Sidc —6A **110**
Maplecroft Clo. E6 —6B **72**
Mapledale Av. Croy —2G **153**
Mapledene. Chst —5G **127**
Mapledene Est. E8 —7G **51**
Mapledene Rd. E8 —7F **51**
Maple Gdns. Edgw —7F **13**
Maple Gdns. Stai —2A **112**
Maple Gro. NW9 —7J **27**
Maple Gro. W5 —3D **80**
Maple Gro. Bren —7B **80**
Maple Gro. S'hall —5D **60**
Maple Gro. Bus. Cen. Houn —4A **96**
Maple Ho. E17 —3D **34**
Maple Ho. SE8 —7B **88**
(off Idonia St.)
Maplehurst. Brom —2G **143**
Maplehurst Clo. King T —4E **134**
Maple Ind. Est. Felt —3J **113**
Maple Leaf Dri. Sidc —1K **127**
Mapleleafe Gdns. Ilf —3F **37**
Maple Leaf Sq. SE16 —2K **87**
Maple Lodge. W8 —3K **83**
Maple M. NW6 —2K **65**
Maple M. SW16 —5K **121**
Maple Pl. N17 —7B **18**
Maple Pl. W1 —4G **67** (5B **160**)
Maple Pl. W Dray —1A **76**
Maple Rd. E11 —6G **35**
Maple Rd. SE20 —1H **141**
Maple Rd. Hay —3A **60**
Maple Rd. Surb —6D **134**
Maples Pl. E1 —5H **69**
Maplestead Rd. SW2 —7K **103**
Maplestead Rd. Dag —1B **74**
Maples, The. Clay —7A **146**
Maples, The. Tedd —7C **116**
Maple St. W1 —5G **67** (5A **160**)
Maple St. Romf —4J **39**
Maplethorpe Rd. T Hth —4A **140**
Mapleton Clo. Brom —6J **143**
Mapleton Cres. SW18 —6K **101**

Mapleton Cres. Enf —1D **8**
Mapleton Rd. E4 —3K **19**
Mapleton Rd. SW18 —6J **101**
Mapleton Rd. Enf —2C **8**
Maple Wlk. W10 —3F **65**
Maple Way. Felt —3J **113**
Maplin Clo. N21 —6E **6**
Maplin Ho. SE2 —2D **92**
(off Wolvercote Rd.)
Maplin Rd. E16 —6J **71**
Maplin St. E3 —3B **70**
Mapperley Clo. E11 —6H **35**
Mapperley Dri. Wfd G —7B **20**
Maran Way. Eri —3D **92**
Marathon Ho. NW1 —5D **66** (5E **158**)
(off Marylebone Rd.)
Marban Rd. W9 —3H **65**
Marble Arch. —7D **66**
Marble Arch. —2F 165
Marble Arch. W1 —7D **66** (2E **164**)
Marble Clo. W3 —1H **81**
Marble Dri. NW2 —1F **47**
Marble Hill Clo. Twic —7B **98**
Marble Hill Gdns. Twic —7B **98**
Marble Hill House. —7C 98
Marble Ho. W9 —4H **65**
Marble Quay. E1 —1G **87** (4K **169**)
Marbrook Ct. SE12 —3A **126**
March. NW9 —1B **28**
(off Concourse, The)
Marchant Ct. SE1 —5F **87**
Marchant Rd. E11 —2F **53**
Marchant St. SE14 —6A **88**
Marchbank Rd. W14 —6H **83**
March Ct. SW15 —4D **100**
Marchmont Rd. Rich —5F **99**
Marchmont Rd. Wall —7G **151**
Marchmont St. WC1 —4J **67** (3E **160**)
March Rd. Twic —7A **98**
Marchside Clo. Houn —1B **96**
Marchwood Clo. SE5 —7E **86**
Marchwood Cres. W5 —6C **62**
Marcia Rd. SE1 —4E **86**
Marcilly Rd. SW18 —5B **102**
Marcon Ct. E8 —5H **51**
(off Amhurst Rd.)
Marconi Rd. E10 —1C **52**
Marconi Way. S'hall —6F **61**
Marcon Pl. E8 —5H **51**
Marco Polo Ho. SW8 —7F **85**
Marco Rd. W6 —3E **82**
Marcourt Lawns. W5 —4E **62**
Marcus Ct. E15 —1G **71**
Marcus Garvey M. SE22 —6H **105**
Marcus Garvey Way. SE24 —4A **104**
Marcus St. E15 —1G **71**
Marcus St. SW18 —6K **101**
Marcus Ter. SW18 —6K **101**
Mardale Ct. NW7 —7H **13**
Mardale Dri. NW9 —5K **27**
Mardell Rd. Croy —5K **141**
Marden Av. Brom —6H **143**
Marden Ct. SE8 —6B **88**
Marden Cres. Bex —5J **111**
Marden Cres. Croy —6K **139**
Marden Ho. E5 —5H **51**
Marden Rd. N17 —2E **32**
Marden Rd. Croy —6K **139**
Marden Sq. SE16 —3H **87**
Marder Rd. W13 —2A **80**
Mardyke Ho. SE17 —4D **86**
(off Mason St.)
Marechal Niel Av. Sidc —3H **127**
Marechal Niel Pde. Sidc —3H **127**
(off Main Rd.)

Maresby Ho. E4 —2J **19**
Mares Fld. Croy —3E **152**
Mareshield Gdns. NW3 —5A **48**
Mare St. E8 —5H **51**
Marfleet Clo. Cars —2C **150**
Margaret Av. E4 —6J **9**
Margaret Bondfield Av. Bark —7A **56**
Margaret Bldgs. N16 —1F **51**
Margaret Ct. W1 —7A **160**
Margaret Ct. Barn —4G **5**
Margaret Gardner Dri. SE9 —2D **126**
Margaret Herbison Ho. SW6
(off Clem Attlee Ct.) —6H **83**
Margaret Ingram Clo. SW6 —6H **83**
Margaret Lockwood Clo. King T —4F **135**
Margaret Rd. N16 —1F **51**
Margaret Rd. Barn —4G **5**
Margaret Rd. Bex —6D **110**
Margaret St. W1 —6F **67** (7K **159**)
Margaretta Ter. SW3 —6C **84** (7C **170**)
Margaretting Rd. E12 —1A **54**
Margaret Way. Ilf —6C **36**
Margaret White Ho. NW1 —3H **67** (1D **160**)
(off Chalton St.)
Margate Rd. SW2 —5J **103**
Margery Fry Ct. N7 —3J **49**
Margery Pk. Rd. E7 —6J **53**
Margery Rd. Dag —3D **56**
Margery St. WC1 —3A **68** (2J **161**)
Margin Dri. SW19 —5F **119**
Margravine Gdns. W6 —5F **83**
Margravine Rd. W6 —5F **83**
Marham Gdns. SW18 —1C **120**
Marham Gdns. Mord —6A **138**
Maria Clo. SE1 —4H **87**
Marian Clo. Hay —4B **60**
Marian Ct. E9 —5J **51**
Marian Ct. Sutt —5K **149**
Marian Pl. E2 —2H **69**
Marian Rd. SW16 —1G **139**
Marian Sq. E2 —2H **69**
Marian St. E2 —2H **69**
Marian Way. NW10 —7B **46**
Maria Ter. E1 —5K **69**
Maria Theresa Clo. N Mald —5K **135**
Maribor. SE10 —7E **88**
(off Burney St.)
Maricas Av. Harr —1H **25**
Marie Lloyd Gdns. N19 —7J **31**
Marie Lloyd Ho. N1 —2D **68** (1E **162**)
(off Murray Gro.)
Marie Lloyd Wlk. E8 —6F **51**
Mariette Way. Wall —7J **151**
Marigold All. SE1 —3A **168**
Marigold Clo. S'hall —7C **60**
Marigold Rd. N17 —7D **18**
Marigold St. SE16 —2H **87**
Marigold Way. Croy —1K **153**
Marina App. Hay —5C **60**
Marina Av. N Mald —5D **136**
Marina Clo. Brom —3J **143**
Marina Dri. Well —2J **109**
Marina Gdns. Romf —5H **39**
Marina Way. Tedd —7D **116**
Marine Dri. SE18 —4D **90**
Marinefield Rd. SW6 —2K **101**
Marinel Ho. SE5 —7C **86**
Mariner Gdns. Rich —3C **116**
Mariner Rd. E12 —4E **54**
Mariners M. E14 —4F **89**
Marine St. SE16 —3G **87** (7K **169**)

Marion Av. Shep —5D 130
Marion Gro. Wfd G —5B 20
Marion Rd. NW7 —5H 13
Marion Rd. T Hth —5C 140
Marischal Rd. SE13 —3F 107
Maritime Ind. Est. SE7 —4K 89
Maritime Quay. E14 —5C 88
Maritime St. E3 —4B 70
Marius Pas. SW17 —2E 120
Marius Rd. SW17 —2E 120
Marjorie Gro. SW11 —4D 102
Marjorie M. E1 —6K 69
Mark Av. E4 —6J 9
Mark Clo. Bexh —1E 110
Mark Clo. S'hall —7F 61
Marke Clo. Kes —4C 156
Market Cen., The. S'hall —4K 77
Market Chambers. Enf —3J 7 (off Church St.)
Market Ct. W1 —7A 160
Market Entrance. SW8 —7G 85
Market Est. N7 —6J 49
Market Hill. SE18 —3E 90
Market La. Edgw —1J 27
Market Link. Romf —4K 39
Market M. W1 —1F 85 (5J 165)
Market Pde. E10 —6E 34 (off High Rd. Leyton)
Market Pde. E17 —3B 34 (off Forest Rd.)
Market Pde. N9 —2B 18 (off Winchester Rd.)
Market Pde. Felt —3C 114
Market Pde. Sidc —4B 128
Market Pavilion. E10 —3C 52
Market Pl. N2 —3C 30
Market Pl. NW11 —4K 29
Market Pl. SE16 —4G 87 (in two parts)
Market Pl. W1 —6G 67 (7A 160)
Market Pl. W3 —1J 81
Market Pl. Bexh —4G 111
Market Pl. Bren —7C 80
Market Pl. Enf —3J 7
Market Pl. King T —2D 134
Market Pl. S'hall —1D 78
Market Rd. N7 —6J 49
Market Rd. Rich —3G 99
Market Row. SW9 —4A 104
Market Sq. E14 —6D 70
Market Sq. Brom —2J 143
Market Sq., The. N9 —2C 18 (off Plevna Rd.)
Market St. E6 —2D 72
Market St. SE18 —4E 90
Market Ter. Bren —6E 80 (off Albany Rd.)
Market, The. Sutt —1A 150
Market Way. E14 —6D 70
Market Way. Wemb —5E 44
Markfield Gdns. E4 —7J 9
Markfield Rd. N15 —4G 33
Markham Ho. Dag —3G 57 (off Uvedale Rd.)
Markham Pl. SW3 —5D 84 (5E 170)
Markham Sq. SW3 —5D 84 (5E 170)
Markham St. SW3 —5C 84 (5D 170)
Markhole Clo. Hamp —7D 114
Markhouse Av. E17 —6A 34
Markhouse Pas. E17 —6B 34 (off Markhouse Rd.)
Markhouse Rd. E17 —6B 34
Mark La. EC3 —7E 68 (2H 169)
Mark Lodge. Cockf —4H 5 (off Edgeworth Rd.)
Markmanor Av. E17 —7A 34
Mark Rd. N22 —1B 32
Marksbury Av. Rich —3G 99
Marks Gate. —1E 38
Marks Lodge. Romf —5K 39
Mark Sq. EC2 —4E 68 (3G 163)
Marks Rd. Romf —5J 39
Markstone Ho. SE1 —2B 86 (7A 168) (off Lancaster St.)
Mark St. E15 —7G 53
Mark St. EC2 —4E 68 (3G 163)
Markway. Sun —2A 132
Markwell Clo. SE26 —4H 123
Markyate Rd. Dag —5B 56
Marlands Rd. Ilf —3C 36
Marlborough Av. E8 —1G 69 (in three parts)
Marlborough Av. N14 —3B 16
Marlborough Av. Edgw —3C 12
Marlborough Av. Ruis —6E 22
Marlborough Clo. N20 —3J 15
Marlborough Clo. SE17 —4C 86
Marlborough Clo. SW19 —6C 120
Marlborough Clo. Orp —6K 145
Marlborough Ct. W1 —2A 166
Marlborough Ct. W8 —4J 83 (off Pembroke Rd.)
Marlborough Ct. Buck H —2F 21
Marlborough Ct. Enf —5K 7
Marlborough Ct. Harr —4H 25
Marlborough Ct. N'wd —1H 23
Marlborough Ct. Wall —7G 151
Marlborough Cres. W4 —3K 81
Marlborough Dri. Ilf —3C 36
Marlborough Flats. SW3 —3D 170
Marlborough Gdns. N20 —3J 15
Marlborough Gdns. Surb —7D 134
Marlborough Gro. SE1 —5G 87
Marlborough Hill. NW8 —2A 66
Marlborough Hill. Harr —4H 25
Marlborough House. —1G 85 (5B 166)
Marlborough Ho. NW1 —4F 67 (3K 159) (off Osnaburgh St.)
Marlborough La. SE7 —6A 90
Marlborough Mans. NW6 —5K 47 (off Canon Hill)
Marlborough M. SW2 —4K 103
Marlborough Pde. Uxb —4D 58
Marlborough Pk. Av. Sidc —7A 110
Marlborough Pl. NW8 —2A 66
Marlborough Rd. E4 —6J 19
Marlborough Rd. E7 —7A 54
Marlborough Rd. E15 —4G 53
Marlborough Rd. E18 —2J 35
Marlborough Rd. N9 —1A 18
Marlborough Rd. N19 —2H 49 (in two parts)
Marlborough Rd. N22 —7D 16
Marlborough Rd. SW1 —1G 85 (5B 166)
Marlborough Rd. SW19 —6C 120
Marlborough Rd. W4 —5J 81
Marlborough Rd. W5 —2D 80
Marlborough Rd. Ashf —5A 112
Marlborough Rd. Bexh —3D 110
Marlborough Rd. Brom —4A 144
Marlborough Rd. Dag —4B 56
Marlborough Rd. Felt —2B 114
Marlborough Rd. Hamp —6E 114
Marlborough Rd. Isw th —1B 98
Marlborough Rd. Rich —6F 99
Marlborough Rd. Romf —4G 39
Marlborough Rd. S'hall —3A 78
Marlborough Rd. S Croy —7C 152
Marlborough Rd. Sutt —3J 149
Marlborough Rd. Uxb —4D 58
Marlborough St. SW3 —4C 84 (4C 170)
Marlborough Yd. N19 —2H 49
Marlbury. NW8 —1K 65 (off Abbey Rd.)
Marler Rd. SE23 —1A 124
Marley Av. Bexh —6D 92
Marley Clo. N15 —4B 32
Marley Clo. Gnfd —3E 60
Marley Ho. W11 —7F 65 (off St Ann's Rd.)
Marley Wlk. NW2 —5E 46
Marlin Clo. Sun —6G 113
Marlingdene Clo. Hamp —6E 114
Marlings Clo. Chst —4J 145
Marlings Pk. Av. Chst —4J 145
Marlins Clo. Sutt —5A 150
Marloes Clo. Wemb —4D 44
Marloes Rd. W8 —3K 83
Marlow Clo. SE20 —3H 141
Marlow Ct. N14 —7B 6
Marlow Ct. NW6 —7F 47
Marlow Ct. NW9 —3B 28
Marlow Cres. Twic —6K 97
Marlow Dri. Sutt —2F 149
Marlowe Clo. Chst —6H 127
Marlowe Clo. Ilf —1G 37
Marlowe Ct. SW3 —4C 84 (4D 170)
Marlowe Gdns. SE9 —6E 108
Marlowe Rd. E17 —4E 34
Marlowe Sq. Mitc —4G 139
Marlowes, The. NW8 —1B 66
Marlowes, The. Dart —4K 111
Marlowe Way. Croy —2J 151
Marlow Gdns. Hay —3F 77
Marlow Ho. E2 —3F 69 (2J 163) (off Calvert Av.)
Marlow Ho. SE1 —3F 87 (7J 169) (off Maltby St.)
Marlow Ho. W2 —6K 65 (off Hallfield Est.)
Marlow Ho. Tedd —4A 116
Marlow Rd. E6 —3D 72
Marlow Rd. SE20 —3H 141
Marlow Rd. S'hall —3D 78
Marlow Way. SE16 —2K 87
Marl Rd. SW18 —4A 102
Marlton St. SE10 —5H 89
Marlwood Clo. Sidc —2J 127
Marmadon Rd. SE18 —4K 91
Marmion App. E4 —4H 19
Marmion Av. E4 —4G 19
Marmion Clo. E4 —4G 19
Marmion M. SW11 —3E 102
Marmion Rd. SW11 —4E 102
Marmont Rd. SE15 —1G 105
Marmora Rd. SE22 —6J 105
Marmot Rd. Houn —3B 96
Marne Av. N11 —4A 16
Marne Av. Well —3A 110
Marnell Way. Houn —3B 96
Marne St. W10 —3G 65
Marney Rd. SW11 —4E 102
Marnfield Cres. SW2 —1A 122
Marnham Av. NW2 —4G 47
Marnham Ct. Wemb —5C 44
Marnham Cres. Gnfd —3F 61
Marnock Ho. SE17 —5D 86 (off Brandon St.)
Marnock Rd. SE4 —5B 106
Maroon Ho. E14 —5A 70
Maroon St. E14 —5A 70
Maroons Way. SE6 —4C 124
Marqueen Towers. SW16 —7J 121
Marquess Rd. N1 —6D 50
Marquess Rd. N. N1 —6C 50
Marquess Rd. S. N1 —6C 50
Marquis Clo. Wemb —7F 45
Marquis Ct. N4 —1K 49 (off Marquis Rd.)
Marquis Ct. Bark —5J 55
Marquis Rd. N4 —1K 49
Marquis Rd. N22 —6E 16
Marquis Rd. NW1 —6H 49
Marrabon Clo. Sidc —1A 128
Marrick Clo. SW15 —4C 100
Marrick Ho. NW6 —1K 65 (off Mortimer Cres.)
Marriett Ho. SE6 —4E 124
Marrilyne Av. Enf —1G 9
Marriner Ct. Hay —7G 59 (off Barra Hall Rd.)
Marriott Clo. Felt —6F 95
Marriott Rd. E15 —1G 71
Marriott Rd. N4 —1K 49
Marriott Rd. N10 —1D 30
Marriott Rd. Barn —3A 4
Marriotts Clo. NW9 —6B 28
Marryat Ho. SW1 —5G 85 (6A 172) (off Churchill Gdns.)
Marryat Pl. SW19 —4G 119
Marryat Rd. SW19 —5F 119
Marryat Sq. SW6 —1G 101
Marsala Rd. SE13 —4D 106
Marsden Rd. N9 —2C 18
Marsden Rd. SE15 —3F 105
Marsden St. NW5 —6E 48 (in two parts)
Marshall Clo. SW18 —6A 102
Marshall Clo. Harr —7H 25
Marshall Clo. Houn —5D 96
Marshall Dri. Hay —5H 59
Marshall Est. NW7 —4H 13
Marshall Ho. N1 —2D 68 (off Cranston Est.)
Marshall Ho. NW6 —2H 65 (off Albert Rd.)
Marshall Ho. SE1 —3E 86 (off Page's Wlk.)
Marshall Ho. SE17 —5D 86
Marshall Path. SE28 —7B 74
Marshall Rd. N17 —1D 32
Marshalls Clo. N11 —4A 16
Marshalls Dri. Romf —3K 39
Marshalls Gro. SE18 —4C 90
Marshall's Pl. SE16 —3F 87
Marshalls Rd. Romf —4K 39
Marshall's Rd. Sutt —4K 149
Marshall St. W1 —6G 67 (1B 166)
Marshall Way. E10 —3D 52
Marshalsea Rd. SE1 —2C 86 (6D 168)
Marsham Clo. Chst —5F 127
Marsham Ct. SW1 —3D 172
Marsham Ho. Eri —2D 92
Marsham St. SW1 —3H 85 (2D 172)
Marsh Av. Mitc —2D 138
Marshbrook Clo. SE3 —3B 108
Marsh Cen., The. E1 —6F 69 (7K 163) (off Whitechapel High St.)
Marsh Clo. NW7 —3G 13
Marsh Ct. E8 —7F 51 (off St Philip's Rd.)
Marsh Dri. NW9 —6B 28
Marsh Farm Rd. Twic —1K 115
Marshfield St. E14 —3E 88
Marsh Ga. Bus. Cen. E15 —1E 70
Marshgate La. E15 —7D 52
Marshgate Path. SE28 —3G 91
Marshgate Trad. Est. E15 —7D 52
Marsh Grn. Rd. Dag —1G 75
Marsh Hall. Wemb —3F 45
Marsh Hill. E9 —5A 52
Marsh Ho. SW1 —5H 85 (6D 172) (off Aylesford St.)
Marsh Ho. SW8 —1G 103
Marsh La. E10 —2B 52
Marsh La. N17 —1H 33
Marsh La. NW7 —3F 13
Marsh La. Stan —5H 11
Marsh Rd. Pinn —4C 24
Marsh Rd. Wemb —3D 62
Marshside Clo. N9 —1D 18
Marsh St. E14 —4D 88
Marsh Wall. E14 —1C 88
Marsh Way. Rain —3K 75 (in two parts)
Marshwood Ho. NW6 —1J 65 (off Kilburn Va.)
Marsland Clo. SE17 —5B 86
Marsom Ho. N1 —2D 68 (1E 162) (off Provost Est.)
Marston Av. Chess —6E 146
Marston Av. Dag —2G 57
Marston Clo. NW6 —7A 48
Marston Clo. Dag —3G 57
Marston Ho. SW9 —2A 104
Marston Rd. Ilf —1C 36
Marston Rd. Tedd —5B 116
Marston Way. SE19 —7B 122
Marsworth Av. Pinn —1B 24
Marsworth Clo. Hay —5C 60
Marsworth Ho. E2 —1G 69 (off Whiston Rd.)
Martaban Rd. N16 —2F 51
Martello St. E8 —7H 51
Martello Ter. E8 —7H 51
Martell Rd. SE21 —3D 122
Martel Pl. E8 —6F 51
Marten Rd. E17 —2C 34
Martens Av. Bexh —4H 111
Martens Clo. Bexh —4J 111
Martha Ct. E2 —2H 69
Martham Clo. SE28 —7D 74
Martha Rd. E15 —6G 53
Martha St. E1 —6J 69
Marthorne Cres. Harr —2H 25
Martin Bowes Rd. SE9 —3D 108
Martinbridge Trad. Est. Enf —5B 8
Martin Clo. N9 —1E 18
Martin Clo. Uxb —2A 58
Martin Ct. E14 —2E 88
Martin Cres. Croy —1A 152
Martindale. SW14 —5J 99
Martindale Av. E16 —7J 71
Martindale Ho. E14 —7D 70
Martin Dale Ind. Est. Enf —3C 8
Martindale Rd. SW12 —7F 103
Martindale Rd. Houn —3C 96
Martin Dene. Bexh —5F 111
Martin Dri. N'holt —5D 42
Martineau Est. E1 —7J 69
Martineau Ho. SW1 —5G 85 (6A 172) (off Churchill Gdns.)
Martineau M. N5 —4B 50
Martineau Rd. N5 —4B 50
Martingale Clo. Sun —4J 131
Martingales Clo. Rich —3D 116
Martin Gdns. Dag —4C 56
Martin Gro. Mord —3J 137
Martin Ho. SE1 —3C 86
Martin Ho. SW8 —7J 85 (off Wyvil Rd.)
Martin La. EC4 —7D 68 (2F 169) (in two parts)
Martin Ri. Bexh —5F 111
Martin Rd. Dag —4C 56
Martins Clo. W W'ck —1F 155

Martins Mt. *New Bar* —4D **4**
Martin's Rd. *Brom* —2G **143**
Martins, The. *Wemb* —3F **45**
Martin St. *SE28* —1J **91**
Martins Wlk. *N10* —1E **30**
Martin Way. *SW20 & Mord*
—2G **137**
Martlesham. *N17* —2E **32**
(off Adams Rd.)
Martlet Gro. *N'holt* —3B **60**
Martlett Ct. *WC2* —6J **67** (1F **167**)
Martley Dri. *Ilf* —5F **37**
Martock Clo. *Harr* —4A **26**
Martock Gdns. *N11* —5J **15**
Marton Clo. *SE6* —3C **124**
Marton Rd. *N16* —2E **50**
Martynside. *NW9* —1B **28**
Martys Yd. *NW3* —4B **48**
Marvell Av. *Hay* —5J **59**
Marvell Ho. *SE5* —7D **86**
(off Camberwell Rd.)
Marvels Clo. *SE12* —2K **125**
Marvels La. *SE12* —2K **125**
Marville Rd. *SW6* —7H **83**
Marvin St. *E8* —6H **51**
Marwell Clo. *W W'ck* —2H **155**
Marwood Clo. *Well* —3B **110**
Mary Adelaide Clo. *SW15* —4A **118**
Mary Ann Gdns. *SE8* —6C **88**
Maryatt Av. *Harr* —2F **43**
Mary Bank. *SE18* —4D **90**
Mary Clo. *Stan* —4F **27**
Mary Datchelor Clo. *SE5* —1D **104**
Maryfield Clo. *Bex* —3K **129**
Mary Flux Ct. SW5 —5K **83**
(off Bramham Gdns.)
Mary Grn. *NW8* —1K **65**
Mary Jones Ho. *E14* —7C **70**
Maryland Ho. E15 —6G **53**
(off Manbey Pk. Rd.)
Maryland Ind. Est. *E15* —5G **53**
(off Maryland Rd.)
Maryland Pk. *E15* —5G **53**
Maryland Point. E15 —6G **53**
(off Grove, The)
Maryland Rd. *E15* —5F **53**
Maryland Rd. *N22* —6E **16**
Maryland Rd. *T Hth* —1B **140**
Maryland Sq. *E15* —5G **53**
Marylands Rd. *W9* —4J **65**
Maryland St. *E15* —5F **53**
Maryland Wlk. N1 —1C **68**
(off Popham St.)
Maryland Way. *Sun* —2J **131**
Mary Lawrenson Pl. *SE3* —7J **89**
Marylebone. —5E 66 (5H 159)
Marylebone Flyover. —5C **66**
Marylebone Fly-Over. *W2 & NW8*
—5B **66** (6B **158**)
Marylebone High St. *W1*
—5E **66** (5H **159**)
Marylebone La. *W1*
—5E **66** (6H **159**)
Marylebone M. *W1*
—5F **67** (6J **159**)
Marylebone Pas. *W1*
—6G **67** (7B **160**)
Marylebone Rd. *NW1*
—5C **66** (5D **158**)
Marylebone St. *W1*
—5E **66** (6H **159**)
Marylee Way. *SE11*
—4K **85** (4H **173**)
Mary Macarthur Ho. *W6* —6G **83**
Mary Macarthur Ho. Dag —3G **57**
(off Wythenshawe Rd.)
Maryon Gro. *SE7* —4C **90**
Maryon M. *NW3* —4C **48**

Maryon Rd. *SE7* —4C **90**
Maryon Rd. *SE18* —4C **90**
Mary Peters Dri. *Gnfd* —5H **43**
Mary Pl. *W11* —7G **65**
Mary Rose Clo. *Hamp* —1E **132**
Mary Rose Mall. *E6* —5D **72**
Mary Rose Way. *N20* —1G **15**
Mary Seacole Clo. *E8* —1F **69**
Mary Smith Ct. SW5 —4J **83**
(off Trebovir Rd.)
Marysmith Ho. *SW1*
—5H **85** (5D **172**)
(off Cureton St.)
Mary's Ter. *Twic* —7A **98**
(in two parts)
Mary St. *E16* —5H **71**
Mary St. *N1* —1C **68**
Mary Ter. *NW1* —1F **67**
Maryville. *Well* —2K **109**
Mary Wharrie Ho. *NW3* —7D **48**
Marzena Ct. *Houn* —6G **97**
Masault Ct. Rich —4E **98**
(off Kew Foot Rd.)
Masbro' Rd. *W14* —3F **83**
Mascalls Ct. *SE7* —6A **90**
Mascalls Rd. *SE7* —6A **90**
Mascotte Rd. *SW15* —4F **101**
Mascotts Clo. *NW2* —3D **46**
Masefield Av. *S'hall* —7E **60**
Masefield Av. *Stan* —5E **10**
Masefield Ct. *Surb* —7D **134**
Masefield Cres. *N14* —5B **6**
Masefield Gdns. *E6* —4E **72**
Masefield Ho. NW6 —3J **65**
(off Stafford Rd.)
Masefield La. *Hay* —4K **59**
Masefield Rd. *Hamp* —4D **114**
Masefield Way. *Stai* —1B **112**
Mashie Rd. *W3* —6A **64**
Mashiters Hill. *Romf* —1K **39**
Maskall Clo. *SW2* —1A **122**
Maskani Wlk. *SW16* —7G **121**
Maskell Rd. *SW17* —3A **120**
Maskelyne Clo. *SW11* —1C **102**
Mason Clo. *E16* —7J **71**
Mason Clo. *SE16* —5G **87**
Mason Clo. *Bexh* —3H **111**
Mason Clo. *Hamp* —1D **132**
Mason Rd. *Sutt* —5K **149**
Mason Rd. Wfd G —4B **20**
Mason's Arms M. *W1*
—6F **67** (1K **165**)
Mason's Av. *EC2* —6D **68** (7E **162**)
Mason's Av. *Croy* —3C **152**
Masons Av. *Harr* —4K **25**
Masons Grn. La. *W5* —4G **63**
(in two parts)
Masons Hill. *SE18* —4F **91**
Masons Hill. *Brom* —3J **143**
Masons Pl. *EC1* —3C **68** (1C **162**)
Masons Pl. *Mitc* —1D **138**
Mason St. *SE17* —4D **86**
Mason's Yd. *SW1*
—1G **85** (4B **166**)
Mason's Yd. *SW19* —5F **119**
Massey Clo. *N11* —5A **16**
Massey Ct. E6 —1A 72
(off Florence Rd.)
Massie Rd. *E8* —6G **51**
Massingberd Way. *SW17* —4F **121**
Massinger St. *SE17* —4E **86**
Massingham St. *E1* —4K **69**
Masson Av. *Ruis* —6A **42**
Master Brewer. —6D **40**
Master Gunners Pl. *SE18* —7C **90**
Masterman Rd. *E6* —3C **72**
Masters Dri. *SE16* —5H **87**

Master's St. *E1* —5K **69**
Masthouse Ter. *E14* —4C **88**
Mast Ho. Ter. *E14* —4C **88**
(in two parts)
Mastmaker Ct. *E14* —2C **88**
Mastmaker Rd. *E14* —2C **88**
Maswell Park. —6G 97
Maswell Pk. Cres. *Houn* —5G **97**
Maswell Pk. Rd. *Houn* —5F **97**
Matcham Ct. Twic —6D 98
(off Clevedon Rd.)
Matcham Rd. *E11* —3G **53**
Matchless Dri. *SE18* —7E **90**
Matfield Clo. *Brom* —5J **143**
Matfield Rd. *Belv* —6G **93**
Matham Gro. *SE22* —4F **105**
Matham Rd. *E Mol* —5H **133**
Matheson Lang Ho. *SE1* —7J **167**
Matheson Rd. *W14* —4H **83**
Mathews Av. *E6* —2E **72**
Mathews Pk. Av. *E15* —6H **53**
Mathews Yd. *WC2*
—6J **67** (1E **166**)
Mathieson Ct. *SE1*
—2B **86** (7B **168**)
(off King James St.)
Matilda Clo. *SE19* —7D **122**
Matilda Ho. E1 —1G 87
(off St Katherine's Way)
Matilda St. *N1* —1K **67**
Matlock Clo. *SE24* —4C **104**
Matlock Clo. *Barn* —5A **4**
Matlock Ct. *SE5* —4D **104**
Matlock Cres. *Sutt* —4G **149**
Matlock Gdns. *Sutt* —4G **149**
Matlock Pl. *Sutt* —4G **149**
Matlock Rd. *E10* —6E **34**
Matlock St. *E1* —6A **70**
Matlock St. *E14* —6A **70**
Matlock Way. *N Mald* —1K **135**
Maton Ho. *SW6* —7H **83**
(off Estcourt Rd.)
Matrimony Pl. *SW8* —2G **103**
Matson Ct. *E4* —7B **20**
Matson Ho. *SE16* —3H **87**
Matthew Clo. *W10* —4F **65**
Matthew Ct. *E17* —3E **34**
Matthew Ct. *Mitc* —5H **139**
Matthew Parker St. *SW1*
—2H **85** (7D **166**)
Matthews Ho. *E14* —5C **70**
Matthews Rd. *Gnfd* —5H **43**
Matthews St. *SW11* —2D **102**
Matthews Wlk. *E17* —1C **34**
(off Chingford Rd.)
Matthias Rd. *N16* —5E **50**
Mattingley Way. *SE15* —7F **87**
Mattison Rd. *N4* —6A **32**
Mattock La. *W13 & W5* —1B **80**
Maud Cashmore Way. *SE18*
—3D **90**
Maude Ho. E2 —2G 69 (1K 163)
(off Ropley St.)
Maude Rd. *E17* —5A **34**
Maude Rd. *SE5* —1E **104**
Maude Ter. *E17* —5A **34**
Maud Gdns. *E13* —1H **71**
Maud Gdns. *Bark* —2K **73**
Maudlins Grn. *E1* —1G **87** (4K **169**)
Maud Rd. *E10* —3E **52**
Maud Rd. *E13* —2H **71**
Maudslay Rd. *SE9* —3D **108**
Maudsley Ho. *Bren* —5E **80**
Maud St. *E16* —5H **71**
Maudsville Cotts. *W7* —1J **79**
Maud Wilkes Clo. *NW5* —5G **49**
Maugham Ct. *W3* —3J **81**
(off Palmerston Rd.)

Mauleverer Rd. *SW2* —5J **103**
Maundeby Wlk. *NW10* —6A **46**
Maunder Rd. *W7* —1K **79**
Maunsel St. *SW1*
—4H **85** (3C **172**)
Maureen Ct. *Beck* —2J **141**
Mauretania Building. E1 —7K 69
(off Jardine Rd.)
Maurice Av. *N22* —2B **32**
Maurice Bishop Ter. N6 —6E 30
(off View Rd.)
Maurice Brown Clo. *NW7* —5A **14**
Maurice Ct. *Bren* —7D **80**
Maurice St. *W12* —6D **64**
Maurice Wlk. *NW11* —4A **30**
Maurier Clo. *N'holt* —1A **60**
Mauritius Rd. *SE10* —4G **89**
Maury Rd. *N16* —2G **51**
Mavelstone Clo. *Brom* —1C **144**
Mavelstone Rd. *Brom* —1B **144**
Maverton Rd. *E3* —1C **70**
Mavis Av. *Eps* —5A **148**
Mavis Clo. *Eps* —5A **148**
Mavis Wlk. E6 —5C 72
(off Greenwich Cres.)
Mavor Ho. *N1* —1K **67**
(off Barnsbury Est.)
Mawbey Ho. *SE1* —5F **87**
Mawbey Pl. *SE1* —5F **87**
Mawbey Rd. *SE1* —5F **87**
Mawbey St. *SW8* —7J **85**
Mawdley Ho. *SE1* —7A **168**
Mawney. —4J 39
Mawney Clo. *Romf* —2H **39**
Mawney Rd. *Romf* —2H **39**
Mawson Clo. *SW20* —2G **137**
Mawson Ho. EC1 —5A 68 (5J 161)
(off Baldwins Gdns.)
Mawson La. *W4* —6B **82**
Maxden Ct. *SE15* —3G **105**
Maxey Gdns. *Dag* —4E **56**
Maxey Rd. *SE18* —4G **91**
Maxey Rd. *Dag* —5E **56**
Maxfield Clo. *N20* —7F **5**
Maximfeldt Rd. *Eri* —5K **93**
Maxim Rd. *N21* —6F **7**
Maxim Rd. *Eri* —4K **93**
Maxted Pk. *Harr* —7J **25**
Maxted Rd. *SE15* —3F **105**
Maxwell Clo. *Croy* —1J **151**
Maxwell Clo. *Hay* —7J **59**
Maxwell Ct. *SW4* —5H **103**
Maxwell Rd. *SW6* —7K **83**
Maxwell Rd. *Ashf* —6E **112**
Maxwell Rd. *N'wd* —1F **23**
Maxwell Rd. *Well* —3K **109**
Maxwell Rd. *W Dray* —4B **76**
Maxwelton Av. *NW7* —5E **12**
Maxwelton Clo. *NW7* —5E **12**
Maya Angelou Ct. *E4* —4K **19**
Maya Clo. *SE15* —2H **105**
Mayall Rd. *SE24* —5B **104**
Maya Rd. *N2* —4A **30**
Maybank Av. *E18* —2K **35**
Maybank Av. *Wemb* —5K **43**
Maybank Gdns. *Pinn* —5J **23**
Maybank Rd. *E18* —1K **35**
May Bate Av. *King T* —1D **134**
Maybells Commercial Est. *Bark*
—2D **74**
Mayberry Ct. Beck —7B 124
(off Copers Cope Rd.)
Mayberry Pl. *Surb* —7F **135**
Maybourne Clo. *SE26* —6H **123**
Maybury Clo. *Enf* —1C **8**
Maybury Clo. *Orp* —5F **145**
Maybury Ct. W1 —5E 66 (6H 159)
(off Marylebone St.)

Maybury Ct. *Harr* —6H **25**
Maybury Gdns. *NW10* —6D **46**
Maybury M. *N6* —7G **31**
Maybury Rd. *E13* —4A **72**
Maybury Rd. *Bark* —2K **73**
Maybury St. *SW17* —5C **120**
Maychurch Clo. *Stan* —7J **11**
May Clo. *Chess* —6F **147**
Maycroft. *Pinn* —2K **23**
Maycross Av. *Mord* —4H **137**
Mayday Gdns. *SE3* —2C **108**
Mayday Rd. *T Hth* —6B **140**
Maydwell Ho. *E14* —5C **70**
Mayerne Rd. *SE9* —5B **108**
Mayesbrook Rd. *Bark* —1K **73**
Mayesbrook Rd. Ilf & Dag —3A **56**
Mayesford Rd. *Romf* —7C **38**
Mayes Rd. *N22* —2K **31**
Mayeswood Rd. *SE12* —4A **126**
Mayfair. —7F 67 (3J 165)
Mayfair Av. *Bexh* —1D **110**
Mayfair Av. *Ilf* —2D **54**
Mayfair Av. *Romf* —6D **38**
Mayfair Av. *Twic* —7G **97**
Mayfair Av. *Wor Pk* —1C **148**
Mayfair Clo. *Surb* —1E **146**
Mayfair Gdns. *N17* —6H **17**
Mayfair Gdns. Wfd G —7D **20**
Mayfair M. NW1 —7D 48
(off Regents Pk. Rd.)
Mayfair Pl. *W1* —1F **85** (4K **165**)
Mayfair Ter. *N14* —7C **6**
Mayfield. *Bexh* —3F **111**
Mayfield Av. *N12* —4F **15**
Mayfield Av. *N14* —2C **16**
Mayfield Av. *W4* —4A **82**
Mayfield Av. *W13* —3B **80**
Mayfield Av. *Harr* —5B **26**
Mayfield Av. *Wfd G* —6D **20**
Mayfield Clo. *E8* —6F **51**
Mayfield Clo. *SE20* —1H **141**
Mayfield Clo. *SW4* —5H **103**
Mayfield Clo. *Ashf* —6D **112**
Mayfield Clo. *Th Dit* —1B **146**
Mayfield Clo. *Uxb* —3D **58**
Mayfield Cres. *N9* —6C **8**
Mayfield Cres. *T Hth* —4K **139**
Mayfield Dri. *Pinn* —4D **24**
Mayfield Gdns. *NW4* —6F **29**
Mayfield Gdns. *W7* —6H **61**
Mayfield Rd. *E4* —2K **19**
Mayfield Rd. *E8* —7F **51**
Mayfield Rd. *E13* —4H **71**
Mayfield Rd. *E17* —2A **34**
Mayfield Rd. *N8* —5K **31**
Mayfield Rd. *SW19* —1H **137**
Mayfield Rd. *W3* —7H **63**
Mayfield Rd. *W12* —2A **82**
Mayfield Rd. *Belv* —4J **93**
Mayfield Rd. *Brom* —5C **144**
Mayfield Rd. *Dag* —1C **56**
Mayfield Rd. *Enf* —2E **8**
Mayfield Rd. *S Croy* —7D **152**
Mayfield Rd. *Sutt* —6B **150**
Mayfield Rd. *T Hth* —4K **139**
Mayfield Rd. Flats. *N8* —6K **31**
Mayfields. *Wemb* —2G **45**
Mayfields Clo. *Wemb* —2G **45**
Mayflower Clo. *SE16* —4K **87**
Mayflower Clo. *Ruis* —6E **22**
Mayflower Ct. *SE16* —2H **87**
Mayflower Ho. Bark —1H 73
(off Westbury Rd.)
Mayflower Rd. *SW9* —3J **103**
Mayflower St. *SE16* —2J **87**
Mayfly Clo. *Eastc* —7A **24**
Mayfly Gdns. *N'holt* —3B **60**

Mellow La. E. Hay —4E 58
Mellow La. W. Uxb —3E 58
Mellows Rd. Ilf —3D 36
Mellows Rd. Wall —5H 151
Mells Cres. SE9 —4D 126
Mell St. SE10 —5G 89
Melody La. N5 —5C 50
Melody Rd. SW18 —5A 102
Melon Pl. W8 —2J 83
Melon Rd. E11 —3G 53
Melon Rd. SE15 —1G 105
Melrose Av. N22 —1B 32
Melrose Av. NW2 —5D 46
Melrose Av. SW16 —3K 139
Melrose Av. SW19 —2H 119
Melrose Av. Gnfd —2F 61
Melrose Av. Mitc —7F 121
Melrose Av. Twic —7F 97
Melrose Clo. SE12 —1J 125
Melrose Clo. Gnfd —2F 61
Melrose Clo. Hay —5J 59
Melrose Dri. S'hall —1E 78
Melrose Gdns. W6 —3E 82
Melrose Gdns. Edgw —3H 27
Melrose Gdns. N Mald —3K 135
Melrose Ho. E14 —3D 88
Melrose Ho. NW6 —3J 65 (off Carlton Va.)
Melrose Rd. SW13 —2B 100
Melrose Rd. SW18 —6H 101
Melrose Rd. SW19 —2J 137
Melrose Rd. W3 —3J 81
Melrose Rd. Pinn —4D 24
Melrose Ter. W6 —3E 82
Melrose Tudor. Wall —5J 151 (off Plough La.)
Melsa Rd. Mord —6A 138
Melthorne Dri. Ruis —3A 42
Melthorpe Gdns. SE3 —1C 108
Melton Clo. Ruis —1A 42
Melton Ct. SW7 —4B 84 (4B 170)
Melton Ct. Sutt —7A 150
Melton St. NW1 —3G 67 (2B 160)
Melville Av. SW20 —7C 118
Melville Av. Gnfd —5K 43
Melville Av. S Croy —5F 153
Melville Clo. Uxb —2F 41
Melville Ct. SE8 —4A 88
Melville Ct. W12 —3D 82 (off Goldhawk Rd.)
Melville Gdns. N13 —5G 17
Melville Ho. SE10 —1E 106
Melville Ho. New Bar —5G 5
Melville Pl. N1 —7C 50
Melville Rd. E17 —3B 34
Melville Rd. NW10 —7K 45
Melville Rd. SW13 —1C 100
Melville Rd. Romf —1H 39
Melville Rd. Sidc —2C 128
Melville Vs. Rd. W3 —1J 81
Melvin Rd. SE20 —1J 141
Melyn Clo. N7 —4G 49
Memel Ct. EC1 —4C 162
Memel St. EC1 —4C 68 (4C 162)
Memess Path. SE18 —6E 90
Memorial Av. E15 —3G 71
Memorial Clo. Houn —6D 78
Mendham Ho. SE1 (off Cluny Pl.) —3E 86 (7G 169)
Mendip Clo. SE26 —4J 123
Mendip Clo. SW19 —2G 119
Mendip Clo. Hay —7F 77
Mendip Clo. Wor Pk —1E 148
Mendip Ct. SW18 —3A 102
Mendip Dri. NW2 —2G 47
Mendip Houses. E2 —3J 69 (off Welwyn St.)
Mendip Rd. SW11 —3A 102
Mendip Rd. Bexh —1K 111
Mendip Rd. Ilf —5J 37
Mendora Rd. SW6 —7G 83
Menelik Rd. NW2 —4G 47
Menlo Gdns. SE19 —7D 122
Menlo Lodge. N13 —3E 16 (off Crothall Clo.)
Menotti St. E2 —4G 69
Menteath Ho. E14 —6C 70
Mentmore Clo. Harr —6C 26
Mentmore Ter. E8 —7H 51
Meon Ct. Iswth —2J 97
Meon Rd. W3 —2J 81
Meopham Rd. Mitc —1G 139
Mepham Cres. Harr —7B 10
Mepham Gdns. Harr —7B 10
Mepham St. SE1 —1A 86 (5J 167)
Mera Dri. Bexh —4G 111
Merantun Way. SW19 —1K 137
Merbury Clo. SE13 —5F 107
Merbury Rd. SE28 —2J 91
Mercator Pl. E14 —5C 88
Mercator Rd. SE13 —4F 107
Mercer Clo. Th Dit —7A 134
Mercer Ho. SW1 —5F 85 (5J 171) (off Ebury Bri. Rd.)
Merceron Houses. E2 —3J 69 (off Globe Rd.)
Merceron St. E1 —4H 69
Mercer Pl. Pinn —2A 24
Mercers Clo. SE10 —4H 89
Mercers Pl. W6 —4F 83
Mercers Rd. N19 —3H 49 (in two parts)
Mercer St. WC2 —6J 67 (1E 166)
Merchant Ind. Ter. NW10 —4J 63
Merchants Lodge. E17 —4C 34 (off Westbury Rd.)
Merchant St. E3 —3B 70
Merchiston Rd. SE6 —2F 125
Merchland Rd. SE9 —1G 127
Mercia Gro. SE13 —4E 106
Mercia Ho. SE5 —2C 104 (off Denmark Rd.)
Mercier Rd. SW15 —5G 101
Mercury. NW9 —1B 28 (off Concourse, The)
Mercury Cen. Felt —5J 95
Mercury Ct. E14 —4C 88
Mercury Ho. Bren —6C 80 (off Glenhurst Rd.)
Mercury Rd. Bren —6C 80
Mercury Way. SE14 —6K 87
Mercy Ter. SE13 —5D 106
Merebank La. Croy —5K 151
Mere Clo. SW15 —7F 101
Mere Clo. Orp —2E 156
Meredith Av. NW2 —5E 46
Meredith Clo. Pinn —1B 24
Meredith Ho. N16 —5E 50
Meredith M. SE4 —4B 106
Meredith St. E13 —3J 71
Meredith St. EC1 —3B 68 (2A 162)
Meredyth Rd. SW13 —2C 100
Mere End. Croy —7K 141
Mere Rd. Shep —6D 130
Mere Side. Orp —2E 156
Meretone Clo. SE4 —4A 106
Merevale Cres. Mord —6A 138
Mereway Rd. Twic —1H 115
Merewood Clo. Brom —2E 144
Merewood Rd. Bexh —2J 111
Mereworth Clo. Brom —5H 143
Mereworth Dri. SE18 —7F 91
Mereworth Ho. SE15 —6J 87
Merganser Ct. SE8 —6B 88 (off Edward St.)
Merganser Gdns. SE28 —3H 91
Meriden Clo. Brom —7B 126
Meriden Clo. Ilf —1G 37
Meriden Ct. SW3 —6C 170
Meridian Ga. E14 —2E 88
Meridian Pl. E14 —2E 88
Meridian Rd. SE7 —7B 90
Meridian Sq. E15 —7F 53
Meridian Trad. Est. SE7 —4K 89
Meridian Wlk. N17 —6K 17
Meridian Way. N18 & N9 —5D 18
Merifield Rd. SE9 —4A 108
Merino Clo. E11 —4A 36
Merino Pl. Sidc —6A 110
Merioneth Ct. W7 —5K 61 (off Copley Clo.)
Merivale Rd. SW15 —4G 101
Merivale Rd. Harr —7G 25
Merlewood Dri. Chst —1D 144
Merlewood Pl. SE9 —5D 108
Merley Ct. NW9 —1J 45
Merlin. NW9 —1B 28 (off Concourse, The)
Merlin Clo. Croy —4E 152
Merlin Clo. Mitc —3C 138
Merlin Clo. N'holt —3A 60
Merlin Clo. Wall —6K 151
Merlin Ct. Ruis —2F 41
Merlin Ct. Short —3H 143
Merlin Cres. Edgw —1F 27
Merlin Gdns. Brom —3J 125
Merling Clo. Chess —5C 146
Merlin Gro. Beck —4B 142
Merlin Rd. E12 —2B 54
Merlin Rd. Well —4A 110
Merlin Rd. N. Well —4A 110
Merlins Av. Harr —3D 42
Merlins Ct. WC1 —3A 68 (2J 161) (off Margery St.)
Merlin St. WC1 —3A 68 (2J 161)
Mermaid Ct. SE1 —2D 86 (6E 168)
Mermaid Ct. SE16 —1B 88
Mermaid Ho. E14 —7E 70
Mermaid Tower. SE8 —6B 88 (off Abinger Gro.)
Meroe Ct. N16 —2E 50
Merredene St. SW2 —6K 103
Merriam Clo. E4 —5K 19
Merrick Ho. SE8 —4B 88
Merrick Rd. S'hall —3D 78
Merrick Sq. SE1 —3D 86 (7E 168)
Merridene. N21 —6G 7
Merrielands Cres. Dag —2F 75
Merrielands Retail Pk. Dag —1F 75
Merrilands Rd. Wor Pk —1E 148
Merrilees Rd. Sidc —1J 127
Merrilyn Clo. Clay —6A 146
Merriman Rd. SE3 —1A 108
Merrington Rd. SW6 —6J 83
Merrion Av. Stan —5J 11
Merritt Gdns. Chess —6C 146
Merritt Rd. SE4 —5B 106
Merritt's Bldgs. EC2 —4G 163
Merrivale. N14 —6C 6
Merrivale. NW1 —1G 67 (off Camden St.)
Merrivale Av. Ilf —4B 36
Merrow Ct. Mitc —2B 138
Merrow Rd. Sutt —7F 149
Merrow St. SE17 —5D 86
Merrow Wlk. SE17 —5D 86
Merrow Way. New Ad —6E 154
Merrydown Way. Chst —1C 144
Merryfield. SE3 —2H 107
Merryfield Gdns. Stan —5H 11
Merryfield Ho. SE9 —3A 126 (off Grove Pk. Rd.)
Merryfields. Uxb —2A 58 (in two parts)
Merryfields Way. SE6 —7D 106
Merry Hill. —1A 10
Merryhill Clo. E4 —7J 9
Merry Hill Mt. Bush —1A 10
Merryhills Ct. N14 —5B 6
Merryhills Dri. Enf —4C 6
Merryweather Ct. N19 —3G 49
Merryweather Ct. N Mald —5A 136
Mersea Ho. Bark —6F 55
Mersey Ct. King T —1D 134
Mersey Rd. E17 —3B 34
Mersey Wlk. N'holt —2E 60
Mersham Dri. NW9 —5G 27
Mersham Pl. SE20 —1H 141
Mersham Rd. T Hth —3D 140
Merten Rd. Romf —7E 38
Merthyr Ter. SW13 —6D 82
Merton. —7K 119
Merton Av. W4 —4B 82
Merton Av. N'holt —5G 43
Merton Av. Uxb —7D 40
Merton Ct. Ilf —6C 36
Merton Ct. Well —2B 110
Merton Gdns. Orp —5F 145
Merton Hall Gdns. SW20 —1G 137
Merton Hall Rd. SW19 —7G 119
Merton High St. SW19 —7K 119
Merton Ind. Pk. SW19 —1K 137
Merton La. N6 —2D 48
Merton Lodge. New Bar —5F 5
Merton Mans. SE8 —1C 106 (off Brookmill Rd.)
Merton Mans. SW20 —2F 137
Merton Park. —2J 137
Merton Pk. Pde. SW19 —1H 137
Merton Pl. SW19 —1A 138 (off Nelson Gro. Rd.)
Merton Ri. NW3 —7C 48 (in two parts)
Merton Rd. E17 —5E 34
Merton Rd. SE25 —5G 141
Merton Rd. SW18 —6J 101
Merton Rd. SW19 —7K 119
Merton Rd. Bark —7K 55
Merton Rd. Enf —1J 7
Merton Rd. Harr —1G 43
Merton Rd. Ilf —7K 37
Merton Way. Uxb —7D 40
Merton Way. W Mol —4F 133
Mertoun Ter. W1 —5D 66 (7E 158) (off Seymour Pl.)
Merttins Rd. SE15 & SE4 —5K 105
Meru Clo. NW5 —4E 48
Mervan Rd. SW2 —4A 104
Mervyn Av. SE9 —3G 127
Mervyn Rd. W13 —3A 80
Mervyn Rd. Shep —7E 130
Messaline Av. W3 —6J 63
Messent Rd. SE9 —5A 108
Messeter Pl. SE9 —6E 108
Messina Av. NW6 —7J 47
Messiter Ho. N1 —1K 67 (off Barnsbury Est.)
Metcalf Rd. Ashf —5D 112
Metcalf Wlk. Felt —4C 114
Meteor St. SW11 —4E 102
Meteor Way. Wall —7J 151
Metheringham Way. NW9 —1A 28
Methley St. SE11 —5A 86 (6K 173)
Methuen Clo. Edgw —7B 12
Methuen Pk. N10 —3F 31
Methuen Rd. Belv —4H 93
Methuen Rd. Bexh —4F 111
Methuen Rd. Edgw —7B 12
Methwold Rd. W10 —5F 65
Metro Bus. Cen., The. SE26 —6B 124
Metro Central Heights. SE1 —3C 86 (off Newington Causeway)
Metro Ind. Cen. Iswth —2J 97
Metropolis. SE11 —3B 86 (off Oswin St.)
Metropolitan Bus. Cen. N1 —7E 50 (off Enfield Rd.)
Metropolitan Clo. E14 —5C 70
Metropolitan Wharf. E1 —1J 87
Metro Trad. Est. Wemb —4H 45
Mews Pl. Wfd G —4D 20
Mews St. E1 —1G 87 (4K 169)
Mews, The. N1 —1C 68
Mews, The. N8 —3A 32
Mews, The. Ilf —5B 36
Mews, The. Romf —4K 39
Mews, The. Sidc —4A 128
Mews, The. Twic —6B 98
Mexborough. NW1 —1G 67
Mexfield Rd. SW15 —5H 101
Meyer Grn. Enf —1B 8
Meyer Rd. Eri —6K 93
Meymott St. SE1 —1B 86 (5A 168)
Meynell Cres. E9 —7K 51
Meynell Gdns. E9 —7K 51
Meynell Rd. E9 —7K 51
Meyrick Ho. E14 —5C 70
Meyrick Rd. NW10 —6C 46
Meyrick Rd. SW11 —3B 102
Miah Ter. E1 —1G 87
Miall Wlk. SE26 —4A 124
Micawber Av. Uxb —4C 58
Micawber Ct. N1 —3C 68 (1D 162) (off Windsor Ter.)
Micawber Ho. SE16 —2G 87 (off Llewellyn St.)
Micawber St. N1 —3C 68 (1D 162)
Michael Cliffe Ho. EC1 —2A 162
Michael Faraday Ho. SE17 —5E 86 (off Beaconsfield Rd.)
Michael Gaynor Clo. W7 —1K 79
Michael Manley Ind. Est. SW8 (off Clyston St.) —2G 103
Michaelmas Clo. SW20 —3E 136
Michael Rd. E11 —1H 53
Michael Rd. SE25 —3E 140
Michael Rd. SW6 —1K 101
Michael's Clo. SE13 —4G 107
Michael Stewart Ho. SW6 —6H 83 (off Clem Attlee Ct.)
Micheldever Rd. SE12 —6G 107
Michelham Gdns. Twic —3K 115
Michelle Ct. N12 —5F 15
Michelle Ct. W3 —7K 63
Michelsdale Dri. Rich —4E 98
Michelson Ho. SE11 —4H 173
Michel's Row. Rich —4E 98
Michigan Av. E12 —4D 54
Michigan Ho. E14 —3C 88
Michleham Down. N12 —4C 14
Mickledore. NW1 —2G 67 (1B 160) (off Ampthill Est.)
Mickleham Clo. Orp —2K 145
Mickleham Gdns. Sutt —6G 149
Mickleham Rd. Orp —1K 145
Mickleham Way. New Ad —7F 155
Micklethwaite Rd. SW6 —6J 83
Midas Metropolitan Ind. Est. Mord —7E 136
Mid Beckton. —6D 72
Midcroft. Ruis —1G 41
Middle Dene. NW7 —3E 12
Middlefield. NW8 —1B 66

Middlefielde. *W13* —5B **62**
Middlefield Gdns. *Ilf* —6F **37**
Middleham Gdns. *N18* —6B **18**
Middleham Rd. *N18* —6B **18**
Middle La. *N8* —5J **31**
Middle La. *Tedd* —6K **115**
Middle La. M. *N8* —5J **31**
Middle Mill. Hall. *King T* —3F **135**
Middle Pk. Av. *SE9* —6B **108**
Middle Path. *Harr* —1H **43**
Middle Rd. *E13* —2J **71**
Middle Rd. *SW16* —2H **139**
Middle Rd. *E Barn* —6H **5**
Middle Rd. *Harr* —2H **43**
Middle Row. *W10* —4G **65**
Middlesborough Rd. *N18* —6B **18**
Middlesex Bus. Cen. *S'hall* —2D **78**
Middlesex County Cricket Club.
—3B **66** (1B **158**)
Middlesex Ct. *W4* —5B **82**
Middlesex Ct. *Harr* —5K **25**
Middlesex Pas. *EC1* —6B **162**
Middlesex Pl. E9 —6J 51
(off Elsdale St.)
Middlesex Rd. *Mitc* —5J **139**
Middlesex St. *E1* —5E **68** (6H **163**)
Middlesex Wharf. *E5* —2J **51**
Middle St. *EC1* —5C **68** (5C **162**)
Middle St. *Croy* —2C **152**
(in two parts)
Middle Temple Hall. —2J **167**
Middle Temple La. *EC4*
—6A **68** (1J **167**)
Middle Row. *S'hall* —2D **78**
Middleton Av. *E4* —4G **19**
Middleton Av. *Enf* —2H **61**
Middleton Av. *Sidc* —6B **128**
Middleton Bldgs. *W1* —6A **160**
Middleton Clo. *E4* —3G **19**
Middleton Dri. *SE16* —2K **87**
Middleton Dri. *Pinn* —3J **23**
Middleton Gdns. *Ilf* —6F **37**
Middleton Gro. *N7* —5J **49**
Middleton Ho. *E8* —7F **51**
Middleton Ho. SE1 —3D 86
(off Burbage Clo.)
Middleton Ho. SW1
—4H **85** (4D **172**)
(off Causton St.)
Middleton M. *N7* —5J **49**
Middleton Rd. *E8* —7F **51**
Middleton Rd. *NW11* —7J **29**
Middleton Rd. *Hay* —5F **59**
Middleton Rd. Mord & Cars
—6K **137**
Middleton Rd. *N Mald* —3J **135**
Middleton St. *E2* —3H **69**
Middleton Way. *SE13* —4F **107**
Middleway. *NW11* —5K **29**
Middle Way. *SW16* —2H **139**
Middle Way. *Eri* —3E **92**
Middle Way. Hay —4A **60**
Middle Way, The. *Harr* —2K **25**
Middle Yd. *SE1* —1E **86** (4G **169**)
Midfield Av. *Bexh* —3J **111**
Midfield Pde. *Bexh* —3J **111**
Midfield Way. *Orp* —7B **128**
Midford Ho. NW4 —4F 29
(off Belle Vue Est.)
Midholm. *Wemb* —1G **45**
Midholm Clo. *NW11* —4K **29**
Midholm Rd. *Croy* —3A **154**
Midhope Ho. WC1
—3J **67** (2F **161**)
Midhope St. *WC1*
—3J **67** (2F **161**)

Midhurst. *SE26* —6J **123**
Midhurst Av. *N10* —3E **30**
Midhurst Av. *Croy* —7A **140**
Midhurst Gdns. *Uxb* —1E **58**
Midhurst Hill. *Bexh* —6G **111**
Midhurst Ho. *E14* —6B **70**
Midhurst Pde. N10 —3E 30
(off Fortis Grn.)
Midhurst Rd. *W13* —2A **80**
Midhurst Way. *E5* —4G **51**
Midland Cres. *NW3* —6A **48**
Midland Pde. *NW6* —6K **47**
Midland Pl. *E14* —6B **88**
Midland Rd. *E10* —7E **34**
Midland Rd. *NW1*
—2H **67** (1D **160**)
Midland Ter. *NW2* —3F **47**
Midland Ter. *NW10* —4A **64**
(in two parts)
Midmoor Rd. *SW12* —1G **121**
Midmoor Rd. *SW19* —1F **137**
Midship Clo. *SE16* —1K **87**
Midship Point. E14 —2C 88
(off Quarterdeck, The)
Midstrath Rd. *NW10* —4A **46**
Midsummer Av. *Houn* —4D **96**
Midway. *Sutt* —7H **137**
Midway Ho. *EC1* —1A **162**
Midwinter Clo. *Well* —3A **110**
Midwood Clo. *NW2* —3D **46**
Miers Clo. *E6* —1E **72**
Mighell Av. *Ilf* —5B **36**
Milan Rd. *S'hall* —2D **78**
Milborne Gro. SW10
—5A **84** (6A **170**)
Milborne St. *E9* —6J **51**
Milborough Cres. *SE12* 6G **107**
Milburn Dri. *W Dray* —7A **58**
Milcote St. *SE1* —2B **86** (7A **168**)
Mildenhall Rd. *E5* —4J **51**
Mildmay Av. *N1* —6D **50**
Mildmay Gro. N. *N1* —5D **50**
Mildmay Gro. S. *N1* —5D **50**
Mildmay Pk. *N1* —5D **50**
Mildmay Pl. *N16* —5E **50**
Mildmay Rd. *N1* —5D **50**
Mildmay Rd. *Ilf* —3F **55**
Mildmay Rd. *Romf* —5J **39**
Mildmay St. *N1* —6D **50**
Mildred Av. *Hay* —4F **77**
Mildred Av. *N'holt* —5F **43**
Mildred Rd. *Eri* —5K **93**
Mildura Ct. *N8* —4K **31**
Mile End. —4B **70**
Mile End Pk. —3A **70**
Mile End Pl. *E1* —4K **69**
Mile End Rd. *E1 & E3* —5J **69**
Mile End, The. *E17* —1K **33**
Mile Rd. *Wall* —1F **151**
Miles Bldgs. NW1
—5C **66** (5C **158**)
(off Penfold Pl.)
Miles Dri. *SE28* —1J **91**
Miles Lodge. *Harr* —5H **25**
Milespit Hill. *NW7* —5J **13**
Miles Pl. NW1 —5B 66
(off Penfold Pl.)
Miles Pl. *Surb* —4F **135**
Miles Rd. *N8* —3J **31**
Miles Rd. *Mitc* —3C **138**
Miles St. *SW8* —6J **85** (7E **172**)
Miles St. Bus. Est. *SW8*
—6J **85** (7F **173**)
Miles Way. *N20* —2H **15**

Milfoil St. *W12* —7C **64**
Milford Clo. *SE2* —6E **92**
Milford Ct. *S'hall* —1E **78**
Milford Gdns. *Croy* —5J **141**
Milford Gdns. *Edgw* —7B **12**
Milford Gdns. *Wemb* —4D **44**
Milford Gro. *Sutt* —4A **150**
Milford La. *WC2* —7A **68** (2H **167**)
Milford M. *SW16* —3K **121**
Milford Rd. *W13* —1B **80**
Milford Rd. *S'hall* —7E **60**
Milford Towers. *SE6* —7D **106**
Milk St. *E16* —1F **91**
Milk St. *EC2* —6C **68** (1D **168**)
Milk St. *Brom* —6K **125**
Milkwell Gdns. *Wfd G* —7E **20**
Milkwell Yd. *SE5* —1C **104**
Milkwood Rd. *SE24* —5B **104**
Milk Yd. *E1* —7J **69**
Millais Av. *E12* —5E **54**
Millais Ct. N'holt —2B 60
(off Academy Gdns.)
Millais Gdns. *Edgw* —2G **27**
Millais Ho. SW1 —4J 85 (4E 172)
(off Marsham St.)
Millais Rd. *E11* —4E **52**
Millais Rd. *Enf* —5A **8**
Millais Rd. *N Mald* —7A **136**
Millais Way. *Eps* —4J **147**
Millard Clo. *N16* —5E **50**
Millard Ter. *Dag* —6G **57**
Millbank. *SW1* —3J **85** (2E **172**)
Millbank Ct. *SW1* —3E **172**
Millbank Tower. *SW1* —4E **172**
Millbank Way. *SE12* —5J **107**
Millbourne Rd. *Felt* —4C **114**
Mill Bri. *Barn* —6C **4**
Millbrook Av. *Well* —4H **109**
Millbrook Gdns. *Chad H* —6F **39**
Millbrook Ho. SE15 —6G 87
(off Peckham Pk. Rd.)
Millbrook Pas. *SW9* —3B **104**
Millbrook Pl. NW1 —2G 67
(off Hampstead Rd.)
Millbrook Rd. *N9* —1C **18**
Millbrook Rd. *SW9* —3B **104**
Mill Clo. *Cars* —2E **150**
Mill Corner. *Barn* —1C **4**
Mill Ct. *E10* —3E **52**
Millcroft Ho. SE6 —4E 124
(off Melfield Gdns.)
Millender Wlk. *SE16* —4J **87**
Millennium Bridge.
—7B **68** (3B **168**)
Millennium Bus. Cen. *NW2* —2D **46**
Millennium Clo. *E16* —6K **71**
Millennium Dri. *E14* —4F **89**
Millennium Ho. *E17* —5K **33**
Millennium Pl. *E2* —2H **69**
Millennium Sq. SE1
—2F **87** (6K **169**)
Millennium Way. *SE10* —2G **89**
Miller Av. *Enf* —1H **9**
Miller Clo. *Mitc* —7D **138**
Miller Clo. *Pinn* —2A **24**
Miller Ct. *Bexh* —3J **111**
Miller Rd. *SW19* —6B **120**
Miller Rd. *Croy* —1K **151**
Miller's Av. *E8* —5F **51**
Millers Clo. *NW7* —4H **13**
Miller's Ct. *W4* —5B **82**
Millers Ct. Wemb —2E 62
(off Vicars Bri. Clo.)
Millers Grn. Clo. *Enf* —3G **7**
Millers Mdw. Clo. *SE3* —5H **107**
Miller's Ter. *E8* —5F **51**
Miller St. *NW1* —2G **67**
(in two parts)

Millers Way. *W6* —2E **82**
Millers Wharf Ho. E1 —1G 87
(off St Katherine's Way)
Miller Wlk. *SE1* —1A **86** (5K **167**)
Millet Rd. *Gnfd* —3F **61**
Mill Farm Av. *Sun* —7G **113**
Mill Farm Bus. Pk. *Houn* —7C **96**
Mill Farm Clo. *Pinn* —2A **24**
Mill Farm Cres. *Houn* —1C **114**
Millfield. *N4* —2A **50**
Millfield. *King T* —5F **135**
Millfield. *Sun* —1F **131**
Millfield Av. *E17* —1A **34**
Millfield La. *N6* —1C **48**
Millfield Pl. *N6* —2E **48**
Millfield Rd. *Edgw* —2J **27**
Millfield Rd. *Houn* —1C **114**
Millfields Rd. *E5* —4J **51**
Mill Gdns. *SE26* —3H **123**
Mill Grn. *Mitc* —7E **138**
Mill Grn. Bus. Pk. *Mitc* —7E **138**
Mill Grn. Rd. *Mitc* —7E **138**
Millgrove St. *SW11* —1E **102**
Millharbour. *E14* —2D **88**
Mill Harbour. *E14* —3D **88**
Millhaven Clo. *Romf* —6B **38**
Mill Hill. —5G **13**
Mill Hill. *SW13* —2C **100**
Mill Hill Circus. —5G **13**
Mill Hill Gro. *W3* —1J **81**
Mill Hill Ind. Est. *NW7* —6G **13**
Mill Hill Rd. *SW13* —2C **100**
Mill Hill Rd. *W3* —2H **81**
Mill Hill Ter. *W3* —1H **81**
Mill Hill Ter. *W3* —2H **81**
Mill Ho. *Wfd G* —5C **20**
Millhouse Pl. *SE27* —4B **122**
Millicent Fawcett Ct. *N17* —1F **33**
Millicent Rd. *E10* —1B **52**
Milligan St. *E14* —7B **70**
Milling Rd. *Edgw* —7E **12**
Millington Ho. *N16* —3D **50**
Millington Rd. *Hay* —3G **77**
Mill La. *E4* —3J **9**
Mill La. *NW6* —5H **47**
Mill La. *SE18* —5E **90**
Mill La. *Cars* —4D **150**
Mill La. *Croy* —3K **151**
Mill La. *Eps* —7B **148**
Mill La. *Romf* —6E **38**
Mill La. *Wfd G* —5C **20**
Millman M. *WC1* —4K **67** (4G **161**)
(off Millman St.)
Millman St. *WC1* —4K **67** (4G **161**)
Millmark Gro. *SE14* —2A **106**
Millmarsh La. *Brim & Enf* —2F **9**
Millmead Ind. Cen. *N17* —3H **33**
Mill Mead Rd. *N17* —3H **33**
Mill Meads. —2F **71**
Mill Pl. *E14* —6A **70**
Mill Pl. *Chst* —1F **145**
Mill Pl. *King T* —3F **135**
Mill Plat. *Iswth* —2A **98**
Mill Plat Av. *Iswth* —2A **98**
Millpond Est. *SE16* —2H **87**
Mill Ridge. *Edgw* —5A **12**
Mill River Trad. Est. *Enf* —3F **9**
Mill Rd. *E16* —1K **89**
Mill Rd. *SW19* —7A **120**
Mill Rd. *Eri* —7J **93**
Mill Rd. *Ilf* —3E **54**
Mill Rd. *Twic* —2G **115**
Mill Row. *N1* —1E **68**
Mill Row. *Bex* —1H **129**
Mill Rd. Clo. *Uxb* —2C **58**
Mills Ct. *EC2* —3G **163**

Mills Gro. *E14* —5E **70**
Mills Gro. *NW4* —3F **29**
Millshot Clo. *SW6* —1E **100**
Mills Ho. *E17* —2F **33**
Millside. *Cars* —2D **150**
Millside Pl. *Iswth* —2B **98**
Millson Clo. *N20* —2G **15**
Mills Row. *W4* —4K **81**
Millstream Clo. *N13* —5F **17**
Millstream Rd. SE1
—2F **87** (7J **169**)
Mill St. *SE1* —2F **87** (7K **169**)
Mill St. *W1* —7F **67** (2A **166**)
Mill St. *King T* —3E **134**
Mill Trad. Est., The. *NW10* —3J **63**
Mill Va. *Brom* —2H **143**
Mill Vw. Clo. *Ewe* —7B **148**
Mill Vw. Gdns. *Croy* —3K **153**
Millwall. —4C **88**
Millwall Dock Rd. *E14* —3C **88**
Millwall F.C. —5J **87**
Millway. *NW7* —4F **13**
Mill Way. *Felt* —5K **95**
Millway Gdns. *N'holt* —6D **42**
Millwood Rd. *Houn* —5G **97**
Millwood St. *W10* —5G **65**
Mill Yd. *E1* —7G **69**
Milman Clo. *Pinn* —3B **24**
Milman Rd. *NW6* —2F **65**
Milman's St. *SW10*
—6B **84** (7A **170**)
Milne Gdns. *SE9* —5C **108**
Milne Ho. SE18 —4D 90
(off Ogilby St.)
Milner Dri. *Twic* —7H **97**
Milner Pl. *N1* —1A **68**
Milner Pl. *Cars* —4E **150**
Milner Rd. *E15* —3G **71**
Milner Rd. *SW19* —1K **137**
Milner Rd. *Dag* —2C **56**
Milner Rd. *King T* —3D **134**
Milner Rd. *Mord* —5B **138**
Milner Rd. *T Hth* —3D **140**
Milner Sq. *N1* —7B **50**
Milner St. *SW3* —4D **84** (3E **170**)
Milner Wlk. *Sidc* —2H **127**
Milnthorpe Rd. *W4* —6K **81**
Milo Gdns. *SE22* —6F **105**
Milo Rd. *SE22* —6F **105**
Milroy Wlk. *SE1* —1B **86** (4A **168**)
Milson Rd. *W14* —3F **83**
Milstead Ho. *E5* —5H **51**
Milton Av. *E6* —7B **54**
Milton Av. *N6* —7G **31**
Milton Av. *NW9* —3J **27**
Milton Av. *NW10* —1J **63**
Milton Av. *Barn* —5C **4**
Milton Av. *Croy* —7D **140**
Milton Av. *Sutt* —3B **150**
Milton Clo. *N2* —5A **30**
Milton Clo. *SE1* —4F **87**
Milton Clo. *Hay* —6J **59**
Milton Clo. *Sutt* —3B **150**
Milton Ct. *EC2* —5D **68** (5E **162**)
Milton Ct. *SE14* —6B **88**
Milton Ct. *SW18* —5J **101**
Milton Ct. *Chad H* —7C **38**
Milton Ct. *Twic* —3J **115**
Milton Ct. *Uxb* —3D **40**
Milton Ct. Highwalk. EC2 —5D 68
(off Silk St.)
Milton Ct. Rd. *SE14* —6A **88**
Milton Cres. *Ilf* —7F **37**
Milton Dri. *Shep* —4A **130**
Milton Garden Est. *N16* —4D **50**
Milton Gdns. *Stai* —1B **112**
Milton Gro. *N11* —5B **16**
Milton Gro. *N16* —4D **50**

Milton Ho. *E17* —4C **34**
Milton Ho. *SE5* —7D **86**
  (off Elmington Est.)
Milton Ho. *Sutt* —3J **149**
Milton Lodge. *Sidc* —4A **128**
Milton Lodge. *Twic* —7K **97**
Milton Mans. *W14* —6G **83**
  (off Queen's Club Gdns.)
Milton Pk. *N6* —7G **31**
Milton Pl. *N7* —5A **50**
Milton Rd. *E17* —4C **34**
Milton Rd. *N6* —7G **31**
Milton Rd. *N15* —4B **32**
Milton Rd. *NW7* —5H **13**
Milton Rd. *NW9* —7C **28**
Milton Rd. *SE24* —5B **104**
Milton Rd. *SW14* —3K **99**
Milton Rd. *SW19* —6A **120**
Milton Rd. *W3* —1K **81**
Milton Rd. *W7* —7K **61**
Milton Rd. *Belv* —4G **93**
Milton Rd. *Croy* —1D **152**
Milton Rd. *Hamp* —7E **114**
Milton Rd. *Harr* —4J **25**
Milton Rd. *Mitc* —7E **120**
Milton Rd. *Sutt* —3J **149**
Milton Rd. *Uxb* —4D **40**
Milton Rd. *Wall* —6G **151**
Milton Rd. *Well* —1K **109**
Milton St. *EC2* —5D **68** (5E **162**)
Milton Way. *W Dray* —4B **76**
Milverton Dri. *Uxb* —4E **40**
Milverton Gdns. *Ilf* —2K **55**
Milverton Ho. *SE23* —3A **124**
Milverton Rd. *NW6* —7E **46**
Milverton St. *SE11*
  —5A **86** (6K **173**)
Milverton Way. *SE9* —4E **126**
Milward Wlk. *E1* —5H **69**
Milward Wlk. *SE18* —6E **90**
Mimosa Ho. *Hay* —5A **60**
Mimosa Lodge. *NW10* —5B **46**
Mimosa Rd. *Hay* —5A **60**
Mimosa St. *SW6* —1H **101**
Minard Rd. *SE6* —7G **107**
  (in two parts)
Mina Rd. *SE17* —5E **86**
Mina Rd. *SW19* —1J **137**
Minchenden Ct. *N14* —2C **16**
Minchenden Cres. *N14* —3B **16**
Minchin Ho. *E14* —6C **70**
Mincing La. *EC3* —7E **68** (2G **169**)
Minden Rd. *SE20* —1H **141**
Minden Rd. *Sutt* —2H **149**
Minehead Rd. *SW16* —5K **121**
Minehead Rd. *Harr* —3E **42**
Mineral St. *SE18* —4J **91**
Minera M. *SW1* —4E **84** (3G **171**)
Minerva Clo. *SW9* —7A **86**
  (in two parts)
Minerva Clo. *Sidc* —4J **127**
Minerva Rd. *E4* —7J **19**
Minerva Rd. *NW10* —4J **63**
Minerva Rd. *King T* —2F **135**
Minerva St. *E2* —2H **69**
Minet Av. *NW10* —2A **64**
Minet Dri. *Hay* —1J **77**
Minet Gdns. *NW10* —2A **64**
Minet Gdns. *Hay* —1K **77**
Minet Rd. *SW9* —2B **104**
Minford Gdns. *W6* —2F **83**
Mingard Wlk. *N7* —2K **49**
Ming St. *E14* —7C **70**
Minimax Clo. *Felt* —6J **95**
Ministry Way. *SE9* —2D **126**
Miniver Pl. *EC4* —2D **168**
Mink Ct. *Houn* —2A **96**
Minniedale. *Surb* —5F **135**

Minnow St. *SE17* —4E **86**
Minnow Wlk. *SE17* —4E **86**
Minories. *EC3* —6F **69** (1J **169**)
Minshaw Ct. *Sidc* —4K **127**
Minshill St. *SW8* —1H **103**
Minshull Pl. *Beck* —7C **124**
Minson Rd. *E9* —1K **69**
Minstead Gdns. *SW15* —7B **100**
Minstead Way. *N Mald* —6A **136**
Minster Av. *Sutt* —2J **149**
Minster Ct. *EC3* —2H **169**
Minster Ct. *W5* —4E **62**
Minster Dri. *Croy* —4E **152**
Minster Gdns. *W Mol* —4D **132**
Minsterley Av. *Shep* —4G **131**
Minster Pavement. *EC3* —7E **68**
  (off Mincing La.)
Minster Rd. *NW2* —5G **47**
Minster Rd. *Brom* —7K **125**
Minster Wlk. *N8* —4J **31**
Minstrel Gdns. *Surb* —4F **135**
Mint Bus. Pk. *E16* —5K **71**
Mint Clo. *Hil* —3D **58**
Mintern Clo. *N13* —3G **17**
Minterne Av. *S'hall* —4E **78**
Minterne Rd. *Harr* —5F **27**
Minterne Waye. *Hay* —6A **60**
Mintern St. *N1* —2D **68**
Minton Ho. *SE11* —3J **173**
Minton M. *NW6* —6K **47**
Mint Rd. *Wall* —4F **151**
Mint St. *SE1* —2C **86** (6C **168**)
Mint Wlk. *Croy* —3C **152**
Mirabel Rd. *SW6* —7H **83**
Miranda Clo. *E1* —5J **69**
Miranda Ct. *W3* —6F **63**
Miranda Rd. *N19* —1G **49**
Mirfield St. *SE7* —4B **90**
Miriam Rd. *SE18* —5J **91**
Mirravale Trad. Est. *Dag* —7E **38**
Mirren Clo. *Harr* —4D **42**
Mirror Path. *SE9* —3A **126**
Misbourne Rd. *Uxb* —1C **58**
Missenden. *SE17* —5D **86**
  (off Roland Way)
Missenden Clo. *Felt* —1H **113**
Missenden Gdns. *Mord* —6A **138**
Missenden Ho. *NW8* —3C **158**
Mission Gro. *E17* —5A **34**
Mission Pl. *SE15* —1G **105**
Mission Sq. *Bren* —6E **80**
Mission, The. *E14* —6B **70**
Mistletoe Clo. *Croy* —1K **153**
Mistral. *SE5* —1E **104**
Misty's Fld. *W on T* —7A **132**
Mitali Pas. *E1* —6G **69**
  (in two parts)
Mitcham. —3D 138
Mitcham Garden Village. *Mitc*
  —5E **138**
Mitcham Ho. *SE5* —1C **104**
Mitcham Ind. Est. *Mitc* —1F **139**
Mitcham La. *SW16* —6G **121**
Mitcham Pk. *Mitc* —4C **138**
Mitcham Rd. *E6* —3C **72**
Mitcham Rd. *SW17* —5D **120**
Mitcham Rd. *Croy* —6J **139**
Mitcham Rd. *Ilf* —7K **37**
Mitcheldean Ct. SE15 —7E 86
  (off Newent Clo.)
Mitchell. *NW9* —1B **28**
  (off Concourse, The)
Mitchellbrook Way. *NW10* —6K **45**
Mitchell Clo. *SE2* —5C **92**
Mitchell Clo. *Belv* —3J **93**
Mitchell Ho. *W12* —7D **64**
  (off White City Est.)
Mitchell Rd. *N13* —5H **17**

Mitchell's Pl. SE21 —6E 104
  (off Aysgarth Rd.)
Mitchell St. *EC1* —4C **68** (3C **162**)
  (in two parts)
Mitchell Wlk. *E6* —5D **72**
  (Lovage App.)
Mitchell Wlk. E6 —5C 72
  (off Neats Ct. Rd.)
Mitchell Way. *NW10* —6J **45**
Mitchell Way. *Brom* —1J **143**
Mitchison Rd. *N1* —6D **50**
Mitchley Rd. *N17* —3G **33**
Mitford Clo. *Chess* —6C **146**
Mitford Rd. *N19* —2J **49**
Mitre Av. *E17* —3C **34**
Mitre Bri. Ind. Pk. *W10* —4D **64**
Mitre Clo. *Brom* —2H **143**
Mitre Clo. *Shep* —6F **131**
Mitre Clo. *Sutt* —7A **150**
Mitre Ct. *EC2* —7D **162**
Mitre Rd. *E15* —2G **71**
Mitre Rd. *SE1* —2A **86** (6K **167**)
Mitre Sq. *EC3* —6E **68** (1H **169**)
Mitre St. *EC3* —6E **68** (1H **169**)
Mitre, The. *E14* —7B **70**
Mitre Way. *NW10* —4D **64**
Mitre Yd. *SW3* —4C **84** (3D **170**)
Moat Ct. *SE9* —6D **108**
Moat Ct. *Sidc* —3K **127**
Moat Cres. *N3* —3K **29**
Moat Cft. *Well* —3C **110**
Moat Dri. *E13* —2A **72**
Moat Dri. *Harr* —4G **25**
Moat Dri. *Ruis* —7G **23**
Moat Farm Rd. *N'holt* —6D **42**
Moatfield. *NW6* —7G **47**
Moat Gdns. *SE28* —7C **74**
Moatlands Ho. WC1
  (off Cromer St.) —3J **67** (2F **161**)
Moat Pl. *SW9* —3K **103**
Moat Pl. *W3* —6H **63**
Moat Side. *Enf* —4E **8**
Moat Side. *Felt* —4A **114**
Moat, The. *N Mald* —1A **136**
Moberley Rd. *SW4* —7H **103**
Mobil Ct. WC2 —6K 67 (1H 167)
  (off Clement's Inn)
Moby Dick. —4E **38**
Modbury Gdns. *NW5* —6E **48**
Modder Pl. *SW15* —4F **101**
Model Bldgs. *WC1* —2H **161**
Model Cotts. *SW14* —4J **99**
Model Cotts. *W13* —2B **80**
Model Farm Clo. *SE9* —3C **126**
Modern Ct. *EC4* —7A **162**
Moelwyn. *N7* —5H **49**
Moelyn M. *Harr* —5A **26**
Moffat Ct. *SW19* —5J **119**
Moffat Ho. *SE5* —7C **86**
Moffat Rd. *N13* —6D **16**
Moffat Rd. *SW17* —4D **120**
Moffat Rd. *T Hth* —2C **140**
Mogden La. *Iswth* —5K **97**
Mohammedi Pk. *N'holt* —1E **60**
Mohmmad Khan Rd. *E11* —1H **53**
Moineau. *NW9* —1B **28**
  (off Concourse, The)
Moira Clo. *N17* —2E **32**
Moira Rd. *SE9* —4D **108**
Mokswell Ct. *N10* —1E **30**
Moland Mead. *SE16* —5K **87**
Molasses Ho. *SW11* —3A **102**
  (off Clove Hitch Quay)
Molasses Row. *SW11* —3A **102**
Mole Abbey Gdns. *W Mol* —3F **133**
Mole Ct. *Eps* —4J **147**
Molember Ct. *E Mol* —4J **133**
Molember Rd. *E Mol* —5J **133**

Molescroft. *SE9* —3G **127**
Molesey Av. *W Mol* —5D **132**
Molesey Dri. *Sutt* —2G **149**
Molesey Pk. Av. *W Mol* —5F **133**
Molesey Pk. Clo. *E Mol* —5G **133**
Molesey Pk. Rd. *E Mol & W Mol*
  —5F **133**
Molesford Rd. *SW6* —1J **101**
Molesham Clo. *W Mol* —3F **133**
Molesham Way. *W Mol* —3F **133**
Molesworth Ho. *SE17* —6B **86**
  (off Brandon Est.)
Molesworth St. *SE13* —4E **106**
Moliner Ct. *Beck* —7C **124**
Mollis Ho. *E3* —5C **70**
Mollison Dri. *Wall* —7H **151**
Mollison Way. *Edgw* —2F **27**
Molly Huggins Clo. *SW12*
  —7G **103**
Molton Ho. *N1* —1K **67**
  (off Barnsbury Est.)
Molyneux Dri. *SW17* —4F **121**
Molyneux St. *W1* —5C **66** (6D **158**)
Monarch Clo. *Felt* —7G **95**
Monarch Clo. *W W'ck* —4H **155**
Monarch Ct. *N2* —5B **30**
Monarch Dri. *E16* —5B **72**
Monarch M. *E17* —6D **34**
Monarch M. *SW16* —5A **122**
Monarch Pde. *Mitc* —2D **138**
Monarch Pl. *Buck H* —2F **21**
Monarch Rd. *Belv* —3G **93**
Monarchs Way. *Ruis* —1G **41**
Mona Rd. *SE15* —2J **105**
Monastery Gdns. *Enf* —2J **7**
Mona St. *E16* —5H **71**
Monaveen Gdns. *W Mol* —3F **133**
Moncks Row. *SW15* —6H **101**
  (off West Hill Rd.)
Monck St. *SW1* —3H **85** (2D **172**)
Monclar Rd. *SE5* —4D **104**
Moncorvo Clo. *SW7* —7C **164**
Moncrieff Pl. *SE15* —2G **105**
Moncrieff Clo. *E6* —6C **72**
Moncrieff St. *SE15* —2G **105**
Mondial Way. *Hay* —7E **76**
Monega Rd. *E7 & E12* —6A **54**
Moneyer Ho. *N1* —2D **68** (1E **162**)
  (off Provost Est.)
Mongomery Ct. *W4* —7J **81**
Monica Ct. *Enf* —5K **7**
Monica James Ho. *Sidc* —3A **128**
Monica Shaw Ct. NW1
  —2H **67** (1D **160**)
  (off Purchese St., in two parts)
Monier Rd. *E3* —7C **52**
Monivea Rd. *Beck* —7B **124**
Monk Ct. *W12* —1C **82**
Monk Dri. *E16* —7J **71**
Monken Hadley. —2C 4
Monkfrith Av. *N14* —6A **6**
Monkfrith Clo. *N14* —7A **6**
Monkfrith Way. *N14* —7K **5**
Monkham's Av. *Wfd G* —5E **20**
Monkham's Dri. *Wfd G* —5E **20**
Monkham's La. *Buck H* —3E **20**
Monkham's La. *Wfd G* —5D **20**
  (in two parts)
Monkleigh Rd. *Mord* —3G **137**
Monk Pas. *E16* —7J **71**
  (off Monk Dri.)
Monks Av. *Barn* —6F **5**
Monks Av. *W Mol* —5D **132**
Monks Clo. *SE2* —4D **92**
Monks Clo. *Enf* —2H **7**
Monks Clo. *Harr* —2E **42**
Monks Clo. *Ruis* —4B **42**
Monks Cres. *W on T* —7K **131**

Monksdene Gdns. *Sutt* —3K **149**
Monks Dri. *W3* —5G **63**
Monks Orchard. —7A 142
Monks Orchard Rd. *Beck* —1C **154**
Monks Pk. *Wemb* —6H **45**
Monks Pk. Gdns. *Wemb* —7H **45**
Monks Rd. *Enf* —2G **7**
Monk St. *SE18* —4E **90**
Monks Way. *NW11* —4H **29**
Monks Way. *Beck* —6C **142**
Monks Way. *Orp* —7G **145**
Monks Way. *W Dray* —6A **76**
Monkswood Gdns. *Ilf* —3E **36**
Monkton Ho. *E5* —5H **51**
Monkton Rd. *Well* —2K **109**
Monkton St. *SE11*
  —4A **86** (3K **173**)
Monkville Av. *NW11* —4H **29**
Monkville Pde. *NW11* —4H **29**
Monkwell Sq. *EC2*
  —5C **68** (6D **162**)
Monmouth Av. *E18* —3K **35**
Monmouth Av. *King T* —7C **116**
Monmouth Clo. *W4* —3J **81**
Monmouth Clo. *Mitc* —4J **139**
Monmouth Clo. *Well* —4A **110**
Monmouth Ct. *W7* —5K **61**
  (off Copley Clo.)
Monmouth Gro. *W5* —4E **80**
Monmouth Pl. *W2* —6K **65**
  (off Monmouth Rd.)
Monmouth Rd. *E6* —3D **72**
Monmouth Rd. *N9* —2C **18**
Monmouth Rd. *W2* —6J **65**
Monmouth Rd. *Dag* —5F **57**
Monmouth Rd. *Hay* —4G **77**
Monmouth St. *WC2*
  —6J **67** (1E **166**)
Monnery Rd. *N19* —3G **49**
Monnow Rd. *SE1* —5G **87**
Mono La. *Felt* —2K **113**
Monoux Almshouses. *E17* —4D **34**
Monoux Gro. *E17* —1C **34**
Monroe Cres. *Enf* —1C **8**
Monroe Dri. *SW14* —5H **99**
Monro Gdns. *Harr* —7D **10**
Monsell Rd. *N4* —3A **50**
Monson Rd. *NW10* —2C **64**
Monson Rd. *SE14* —7K **87**
Mons Way. *Brom* —6C **144**
Montacute Rd. *SE6* —7B **106**
Montacute Rd. *Bus H* —1D **10**
Montacute Rd. *New Ad* —7E **154**
Montagu Cres. *N18* —4C **18**
Montague Av. *SE4* —4B **106**
Montague Av. *W7* —1K **79**
Montague Clo. *SE1*
  —1D **86** (4E **168**)
Montague Clo. *W on T* —7K **131**
Montague Clo. *Sidc* —3A **128**
Montague Gdns. *W3* —7G **63**
Montague Pas. *Uxb* —7A **40**
Montague Pl. *E14* —7E **70**
Montague Pl. WC1
  —5H **67** (5D **160**)
Montague Rd. *E8* —5G **51**
Montague Rd. *E11* —2H **53**
Montague Rd. *N8* —5K **31**
Montague Rd. *N15* —4G **33**
Montague Rd. *SW19* —7K **119**
Montague Rd. *W7* —1K **79**
Montague Rd. *W13* —6B **62**
Montague Rd. *Croy* —1B **152**
Montague Rd. *Houn* —3F **97**
Montague Rd. *Rich* —6E **98**
Montague Rd. *S'hall* —4C **78**
Montague Rd. *Uxb* —7A **40**

Montague Sq. *SE15* —7J **87**
Montague St. *EC1*
　　　　　—5C **68** (6C **162**)
Montague St. *WC1*
　　　　　—5J **67** (5E **160**)
Montague Ter. *Brom* —4H **143**
Montague Waye. *S'hall* —3C **78**
Montagu Gdns. *N18* —4C **18**
Montagu Gdns. *Wall* —4G **151**
Montagu Mans. *W1*
　　　　　—5D **66** (5F **159**)
Montagu M. N. *W1*
　　　　　—5D **66** (6F **159**)
Montagu M. S. *W1*
　　　　　—6D **66** (7F **159**)
Montagu M. W. *W1*
　　　　　—6D **66** (7F **159**)
Montagu Pl. *W1* —5D **66** (6E **158**)
Montagu Rd. *N18 & N9* —5C **18**
Montagu Rd. *NW4* —6C **28**
Montagu Rd. Ind. Est. *N18*
　　　　　—4D **18**
Montagu Row. *W1*
　　　　　—5D **66** (6F **159**)
Montagu Sq. *W1* —5D **66** (6F **159**)
Montagu St. *W1* —5D **66** (6F **159**)
Montalt Rd. *Wfd G* —4C **20**
Montana Gdns. *SE26* —5B **124**
Montana Gdns. *Sutt* —5A **150**
Montana Rd. *SW17* —3E **120**
Montana Rd. *SW20* —1E **136**
Montbelle Rd. *SE9* —3F **127**
Montcalm Clo. *Brom* —6J **143**
Montcalm Clo. *Hay* —3K **59**
Montcalm Ho. *E14* —4C **88**
Montcalm Rd. *SE7* —7B **90**
Montclare St. *E2* **4F 69** (3J **163**)
Monteagle Av. *Bark* —6G **55**
Monteagle Ct. *N1* —2E **68**
Monteagle Way. *E5* —3G **51**
Monteagle Way. *SE15* —3H **105**
Montefiore St. *SW8* —2F **103**
Montego Clo. *SE24* —4B **104**
Montem Rd. *SE23* —7B **106**
Montem Rd. *N Mald* —4A **136**
Montem St. *N4* —1K **49**
Montenotte Rd. *N8* —5G **31**
Monterey Clo. *Bex* —2J **129**
Monterey Pl. Shop. Cen. *NW7*
　　　　　—5F **13**
Montesole Ct. *Pinn* —2A **24**
Montesquieu Ter. *E16* —6H **71**
(off Clarkson Rd.)
Montevetro. *SW11* —1B **102**
Montford Pl. *SE11*
　　　　　—5A **86** (6J **173**)
Montford Rd. *Sun* —4J **131**
Montfort Ho. *E14* —3E **88**
Montfort Pl. *SW19* —1F **119**
Montgolfier Wlk. *N'holt* —3C **60**
Montgomery Clo. *Mitc* —4J **139**
Montgomery Clo. *Sidc* —6K **109**
Montgomery Rd. *W4* —4J **81**
Montgomery Rd. *Edgw* —6A **12**
Montholme Rd. *SW11* —6D **102**
Monthope Rd. *E1* —6K **163**
(in two parts)
Montolieu Gdns. *SW15* —5D **100**
Montpelier Av. *W5* —5C **62**
Montpelier Av. *Bex* —7D **110**
Montpelier Clo. *Uxb* —1C **58**
Montpelier Ct. *W5* —5D **62**
Montpelier Gdns. *E6* —3B **72**
Montpelier Gdns. *Romf* —7C **38**
Montpelier Gro. *NW5* —5G **49**
Montpelier M. *SW7*
　　　　　—3C **84** (1D **170**)
Montpelier Pl. *E1* —6J **69**

Montpelier Pl. *SW7*
　　　　　—3C **84** (1D **170**)
Montpelier Ri. *NW11* —7G **29**
Montpelier Ri. *Wemb* —1D **44**
Montpelier Rd. *N3* —1A **30**
Montpelier Rd. *SE15* —1H **105**
Montpelier Rd. *W5* —5D **62**
Montpelier Rd. *Sutt* —4A **150**
Montpelier Row. *SE3* —2H **107**
Montpelier Row. *Twic* —7C **98**
Montpelier Sq. *SW7*
　　　　　—2C **84** (7D **164**)
Montpelier St. *SW7*
　　　　　—3C **84** (1D **170**)
Montpelier Ter. *SW7*
　　　　　—2C **84** (7D **164**)
Montpelier Va. *SE3* —2H **107**
Montpelier Wlk. *SW7*
　　　　　—3C **84** (1D **170**)
Montpelier Way. *NW11* —7G **29**
Montrave Rd. *SE20* —6J **123**
Montreal Pl. *WC2*
　　　　　—7K **67** (2G **167**)
Montreal Rd. *Ilf* —7G **37**
Montrell Rd. *SW2* —1J **121**
Montrose Av. *NW6* —2G **65**
Montrose Av. *Edgw* —2J **27**
Montrose Av. *Sidc* —7A **110**
Montrose Av. *Twic* —7F **97**
Montrose Av. *Well* —3H **109**
Montrose Clo. *Ashf* —6E **143**
Montrose Clo. *Well* —3K **109**
Montrose Clo. *Wfd G* —4D **20**
Montrose Ct. *NW9* —2J **27**
Montrose Ct. *NW11* —4H **29**
Montrose Ct. *SE6* —1H **125**
Montrose Ct. *SW7*
　　　　　—2B **84** (7B **164**)
Montrose Ct. *Harr* —5F **25**
Montrose Cres. *N12* —6F **15**
Montrose Cres. *Wemb* —6E **44**
Montrose Gdns. *Mitc* —2D **138**
Montrose Gdns. *Sutt* —2K **149**
Montrose Ho. *E14* —3C **88**
Montrose Pl. *SW1*
　　　　　—2E **84** (7H **165**)
Montrose Rd. *Felt* —6F **95**
Montrose Rd. *Harr* —2J **25**
Montrose Wlk. *Stan* —6G **11**
Montrose Way. *SE23* —1K **123**
Montserrat Av. *Wfd G* —7A **20**
Montserrat Clo. *SE19* —5D **122**
Montserrat Rd. *SW15* —4G **101**
Monument Gdns. *SE13* —5E **106**
Monument St. *EC3*
　　　　　—7D **68** (2F **169**)
Monument, The. —3F **169**
Monument Way. *N17* —3F **33**
Monza St. *E1* —7J **69**
Moodkee St. *SE16* —3J **87**
Moody Rd. *SE15* —1F **105**
Moody St. *E1* —3K **69**
Moon Ct. *SE12* —4J **107**
Moon La. *Barn* —3C **4**
Moon St. *N1* —1B **68**
Moorcroft. *Edgw* —1H **27**
Moorcroft Gdns. *Brom* —5C **144**
Moorcroft La. *Uxb* —5C **58**
Moorcroft Rd. *SW16* —3J **121**
Moorcroft Way. *Pinn* —5C **24**
Moordown. *SE18* —7F **91**
Moore Clo. *SW14* —3J **99**
Moore Clo. *Mitc* —2F **139**
Moore Clo. *Wall* —7J **151**
Moore Ct. *N1* —1B **68**
(off Gaskin St.)
Moore Cres. *Dag* —1B **74**
Moorehead Way. *SE3* —3J **107**

Moore Ho. *N8* —4J **31**
(off Pembroke Rd.)
Mooreland Rd. *Brom* —7H **125**
Moore Pk. Ct. *SW6* —7K **83**
(off Fulham Rd.)
Moore Rd. *SE19* —6C **122**
Moore Rd. *SW6* —7J **83**
Moore St. *SW19* —6C **122**
Moore St. *SW3* —4D **84** (3E **170**)
Moore Wlk. *E7* —4J **53**
Moorey Clo. *E15* —1H **71**
Moorfield Av. *W5* —4D **62**
Moorfield Rd. *N17* —2F **33**
Moorfield Rd. *Chess* —5E **146**
Moorfield Rd. *Enf* —1D **8**
Moorfield Rd. *Uxb* —6A **58**
Moorfields. *EC2* —5D **68** (6E **162**)
Moorfields Highwalk. *EC2* —5D **68**
(off Moor La., in two parts)
Moorgate. *EC2* —6D **68** (7E **162**)
Moorgate Pl. *EC2* —7E **162**
Moorgreen Ho. *EC1* —1A **162**
Moorhouse. *NW9* —1B **28**
Moorhouse Rd. *W2* —6J **65**
Moorhouse Rd. *Harr* —3D **26**
Moorings, The. *E16* —5A **72**
(off Prince Regent La.)
Moorland Clo. *Romf* —1H **39**
Moorland Clo. *Twic* —7E **96**
Moorland M. *N1* —7A **50**
Moorland Rd. *SW9* —4B **104**
Moorlands. *N'holt* —1C **60**
Moorlands Av. *NW7* —6J **13**
Moor La. *EC2* —5D **68** (6E **162**)
(in two parts)
Moor La. *Chess* —4E **146**
Moormead Dri. *Eps* —5A **148**
Moor Mead Rd. *Twic* —6A **98**
Moor Pk. Gdns. *King T* —7A **118**
Moor Pl. *EC2* —5D **68** (6E **162**)
Moorside Rd. *Brom* —3G **125**
Moor St. *W1* —6H **67** (1D **166**)
Moot Ct. *NW9* —5G **27**
Morant Pl. *N22* —1K **31**
Morant St. *E14* —7C **70**
Mora Rd. *NW2* —4E **46**
Mora St. *EC1* —3C **68** (2D **162**)
Morat St. *SW9* —1K **103**
Moravian Clo. *SW10*
　　　　　—6B **84** (7A **170**)
Moravian Pl. *SW10* —6B **84**
Moravian St. *E2* —2J **69**
Moray Av. *Hay* —1H **77**
Moray Clo. *Edgw* —2C **12**
Moray Clo. *Romf* —1K **39**
Moray M. *N7* —2K **49**
Moray Rd. *N4* —2K **49**
Moray Way. *Romf* —1K **39**
Mordaunt Gdns. *Dag* —7E **56**
Mordaunt Ho. *NW10* —1K **63**
Mordaunt Rd. *NW10* —1K **63**
Mordaunt St. *SW9* —3K **103**
Morden. —3K **137**
Morden Ct. *Mord* —4K **137**
Morden Ct. Pde. *Mord* —4K **137**
Morden Gdns. *Gnfd* —5K **43**
Morden Gdns. *Mitc* —4B **138**
Morden Hall Rd. *Mord* —3K **137**
Morden Hill. *SE13* —2E **106**
Morden La. *SE13* —1E **106**
Morden Park. —6G **137**
Morden Rd. *SE3* —2J **107**
Morden Rd. *SW19* —1K **137**
Morden Rd. *Mord & Mitc* —4A **138**
Morden Rd. *Romf* —7E **38**
Morden Rd. M. *SE3* —2J **107**
Morden St. *SE13* —1D **106**
Morden Way. *Sutt* —7J **137**
Morden Wharf Rd. *SE10* —3G **89**

Mordern Ho. *NW1* —3D **158**
Mordon Rd. *Ilf* —7K **37**
Mordred Rd. *SE6* —2G **125**
Morecambe Clo. *E1* —5K **69**
Morecambe Gdns. *Stan* —4J **11**
Morecambe St. *SE17* —4C **86**
Morecambe Ter. *N18* —4J **17**
(off Gt. Cambridge Rd.)
More Clo. *E16* —6H **71**
More Clo. *W14* —4F **83**
Morecoombe Clo. *King T* —7H **117**
Moree Way. *N18* —4B **18**
Moreland Ct. *NW2* —3J **47**
Moreland St. *EC1* —3B **68** (1B **162**)
Moreland Way. *E4* —3J **19**
Morella Rd. *SW12* —7D **102**
Morello Av. *Uxb* —5D **58**
Moremead Rd. *SE6* —4B **124**
Morena St. *SE6* —7D **106**
Moresby Av. *Surb* —7H **135**
Moresby Rd. *E5* —1H **51**
Moresby Wlk. *SW8* —2G **103**
More's Garden. *SW3* —6B **84**
(off Cheyne Wlk.)
Moreton Av. *Iswth* —1J **97**
Moreton Clo. *E5* —2H **51**
Moreton Clo. *N15* —6D **32**
Moreton Clo. *NW7* —6K **13**
Moreton Clo. *SW1* —5B **172**
Moreton Gdns. *Wfd G* —5H **21**
Moreton Ho. *SE16* —3H **87**
Moreton Pl. *SW1* —5G **85** (5B **172**)
Moreton Rd. *N15* —6D **32**
Moreton Rd. *S Croy* —5D **152**
Moreton Rd. *Wor Pk* —2C **148**
Moreton St. *SW1* —5G **85** (5B **172**)
Moreton Ter. *SW1*
　　　　　—5G **85** (5B **172**)
Moreton Ter. M. N. *SW1*
　　　　　—5G **85** (5B **172**)
Moreton Ter. M. S. *SW1*
　　　　　—5G **85** (5B **172**)
Moreton Tower. *W3* —1H **81**
Morford Clo. *Ruis* —7K **23**
Morford Way. *Ruis* —7K **23**
Morgan Av. *E17* —4F **35**
Morgan Clo. *Dag* —7G **57**
Morgan Ct. *Ashf* —5D **112**
Morgan Ho. *SW1* —4G **85** (4B **172**)
(off Vauxhall Bri. Rd.)
Morgan Mans. *N7* —5A **50**
(off Morgan Rd.)
Morgan Rd. *N7* —5A **50**
Morgan Rd. *W10* —5H **65**
Morgan Rd. *Brom* —7J **125**
Morgan Rd. *Tedd* —6J **115**
Morgan's La. *SE1*
　　　　　—1E **86** (5G **169**)
Morgan's La. *Hay* —5F **59**
Morgan St. *E3* —3A **70**
Morgan St. *E16* —5H **71**
Morgan Wlk. *Beck* —4D **142**
Morgan Way. *Wfd G* —6H **21**
Moriatry Clo. *N7* —4J **49**
Morie St. *SW18* —5K **101**
Morieux Rd. *E10* —1B **52**
Moring Rd. *SW17* —4E **120**
Morkyns Wlk. *SE21* —3E **122**
Morland Av. *Croy* —1E **152**
Morland Clo. *NW11* —1K **47**
Morland Clo. *Hamp* —5D **114**
Morland Clo. *Mitc* —3C **138**
Morland Ct. *E8* —7B **51**
Morland Gdns. *NW10* —7K **45**
Morland Gdns. *S'hall* —1F **79**
Morland Ho. *NW1*
　　　　　—2G **67** (1B **160**)
(off Cranleigh St.)

Morland Ho. *NW6* —1J **65**
(off Brondesbury Rd.)
Morland Ho. *SW1* —4J **85** (3E **172**)
(off Marsham St.)
Morland Ho. *W11* —6G **65**
(off Lancaster Rd.)
Morland Rd. *E17* —5K **33**
Morland Rd. *SE20* —6K **123**
Morland Rd. *Croy* —1E **152**
Morland Rd. *Dag* —7G **57**
Morland Rd. *Harr* —5E **26**
Morland Rd. *Ilf* —2F **55**
Morland Rd. *Sutt* —5A **150**
Morley Av. *E4* —7A **20**
Morley Av. *N18* —4B **18**
Morley Av. *N22* —2A **32**
Morley Ct. *E4* —5G **19**
Morley Ct. *Short* —4H **143**
Morley Cres. *Edgw* —2D **12**
Morley Cres. *Ruis* —2A **42**
Morley Cres. E. *Stan* —2C **26**
Morley Cres. W. *Stan* —3C **26**
Morley Hill. *Enf* —1J **7**
Morley Ho. *N16* —2G **51**
Morley Rd. *E10* —1E **52**
Morley Rd. *E15* —2H **71**
Morley Rd. *SE13* —4E **106**
Morley Rd. *Bark* —1H **73**
Morley Rd. *Chst* —1G **145**
Morley Rd. *Romf* —5E **38**
Morley Rd. *Sutt* —1H **149**
Morley Rd. *Twic* —6D **98**
Morley St. *SE1* —3A **86** (1K **173**)
Morna Rd. *SE5* —2C **104**
Morning La. *E9* —6J **51**
Morningside Rd. *Wor Pk* —2D **148**
Mornington Av. *W14* —4H **83**
Mornington Av. *Brom* —3A **144**
Mornington Av. *Ilf* —7E **36**
Mornington Clo. *Wfd G* —4D **20**
Mornington Ct. *NW1* —2G **67**
(off Mornington Cres.)
Mornington Ct. *Bex* —1K **129**
Mornington Cres. *NW1* —2G **67**
Mornington Cres. *Houn* —1K **95**
Mornington Gro. *E3* —3C **70**
Mornington M. *SE5* —1C **104**
Mornington Pl. *NW1* —2G **67**
Mornington Rd. *E4* —7K **9**
Mornington Rd. *E11* —7H **35**
Mornington Rd. *SE14* —7B **88**
Mornington Rd. *Ashf* —5E **112**
Mornington Rd. *Gnfd* —5F **61**
Mornington Rd. *Wfd G* —4C **20**
Mornington St. *NW1* —2F **67**
Mornington Ter. *NW1* —1F **67**
Mornington Wlk. *Rich* —4C **116**
Morocco St. *SE1* —2E **86** (7G **169**)
Morpeth Gro. *E9* —1K **69**
Morpeth Mans. *SW1*
　　　　　—4G **85** (3A **172**)
(off Morpeth Ter.)
Morpeth Rd. *E9* —1K **69**
Morpeth St. *E2* —3K **69**
Morpeth Ter. *SW1*
　　　　　—3G **85** (2A **172**)
Morpeth Wlk. *N17* —7C **18**
Morrab Gdns. *Ilf* —3K **55**
Morrel Ct. *E2* —2G **69**
(off Goldsmiths Row)
Morrell Clo. *New Bar* —3F **5**
Morris Av. *E12* —5D **54**
Morris Blitz Ct. *N16* —5F **51**
Morris Clo. *Croy* —5A **142**
Morris Ct. *E4* —3J **19**
Morris Gdns. *SW18* —7J **101**
Morris Ho. *NW8* —4C **66** (4C **158**)
(off Salisbury St.)

Mulgrave Rd. *Belm & Sutt*
—7H **149**
Mulgrave Rd. *Croy* —3D **152**
Mulgrave Rd. *Harr* —2A **44**
Mulholland Clo. *Mitc* —2F **139**
Mulkern Rd. *N19* —1H **49**
Mullards Clo. *Mitc* —1D **150**
Mullberry Pl. *E14* —7E **70**
(off Clove Cres.)
Mullen Tower. *EC1*
—4A **68** *(4J 161)*
(off Mt. Pleasant)
Muller Ho. *SE18* —5E **90**
Muller Rd. *SW4* —6H **103**
Mullet Gdns. *E2* —3G **69**
Mulletsfield. *WC1* —3J **67**
(off Cromer St.)
Mullins Path. *SW14* —3K **99**
Mullion Clo. *Harr* —1F **25**
Mull Wlk. N1 —6C **50**
(off Clephane Rd.)
Mulready Ho. *SW1*
—4J **85** *(4E 172)*
(off Marsham St.)
Mulready St. *NW8*
—4C **66** *(4C 158)*
Multimedia Ho. *NW10* —4J **63**
Multi Way. *W3* —2A **82**
Multon Rd. *SW18* —7B **102**
Mulvaney Way. *SE1*
(in two parts) —2D **86** *(7F 169)*
Mumford Ct. *EC2*
—6C **68** *(7D 162)*
Mumford Rd. *SE24* —5B **104**
Muncaster Clo. *Ashf* —4C **112**
Muncaster Rd. *SW11* —5D **102**
Muncaster Rd. *Ashf* —5D **112**
Muncies M. *SE6* —2E **124**
Mundania Rd. *SE22* —6H **105**
Munday Ho. SE1 —3D **86**
(off Deverell St.)
Munday Rd. *E16* —7J **71**
Munden St. *W14* —4G **83**
Mundford Rd. *E5* —2J **51**
Mundon Gdns. *IIf* —1H **55**
Mund St. *W14* —5H **83**
Mundy St. *N1* —3E **68** *(1G 163)*
Mungo Pk. Clo. *Bus H* —2B **10**
Munnery Way. *Orp* —3E **156**
Munnings Gdns. *Iswth* —5H **97**
Munro Dri. *N11* —6B **16**
Munro Ho. *SE1* —7J **167**
Munro M. *W10* —5G **65**
(in two parts)
Munro Ter. *SW10* —7B **84**
Munslow Gdns. *Sutt* —4B **150**
Munster Av. *Houn* —5C **96**
Munster Ct. *SW6* —2H **101**
Munster Ct. *Tedd* —6C **116**
Munster Gdns. *N13* —4G **17**
Munster M. *SW6* —7G **83**
Munster Rd. *SW6* —7G **83**
Munster Rd. *Tedd* —6B **116**
Munster Sq. *NW1*
—3F **67** *(2K 159)*
Munton Rd. *SE17* —4C **86**
Murchison Av. *Bex* —1D **128**
Murchison Rd. *E10* —2E **52**
Murdock Clo. *E16* —6H **71**
Murdock St. *SE15* —6H **87**
Murfett Clo. *SW19* —2G **119**
Muriel Ct. *E10* —7D **34**
Muriel St. *N1* —2K **67**
(in two parts)
Murillo Rd. *SE13* —4F **107**
Murphy Ho. *SE1* —3B **86** *(7B 168)*
(off Borough Rd.)
Murphy St. *SE1* —2A **86** *(7J 167)*

Murray Av. *Brom* —3K **143**
Murray Av. *Houn* —5F **97**
Murray Ct. *Harr* —6K **25**
Murray Ct. *Twic* —2H **115**
Murray Cres. *Pinn* —1B **24**
Murray Gro. *N1* —2C **68** *(1D 162)*
Murray Ho. SE18 —4D **90**
(off Rideout St.)
Murray M. *NW1* —7H **49**
Murray Rd. *SW19* —6F **119**
Murray Rd. *W5* —4C **80**
Murray Rd. *N'wd* —1G **23**
Murray Rd. *Rich* —2B **116**
Murray Sq. *E16* —6J **71**
Murray St. *NW1* —7G **49**
Murray Ter. *NW3* —4A **48**
Murray Ter. *W5* —4D **80**
Mursell Est. *SW8* —1K **103**
Musard Rd. *W6* —6G **83**
Musbury St. *E1* —6J **69**
Muscal. W6 —6G **83**
(off Field Rd.)
Muscatel Pl. *SE5* —1E **104**
Muschamp Rd. *SE15* —3F **105**
Muschamp Rd. *Cars* —2C **150**
Muscovy Ho. Eri —3E 92
(off Kale Rd.)
Muscovy St. *EC3* —7E **68** *(2H 169)*
Museum Chambers. WC1
(off Bury Pl.) —5J **67** *(6E 160)*
Mus. in Docklands. —7C **70**
Museum La. *SW7* —2B **170**
Mus. of Fulham Palace. —2G **101**
Mus. of Gardening History.
—3K **85** *(2G 173)*
Mus. of London. —5C **68** *(6C 162)*
Mus. of Methodism.
—4D **68** *(3F 163)*
Mus. of Richmond. —5D 98
(off Whittaker Av.)
Mus. of Rugby, The. —6J **97**
Museum Pas. *E2* —3J **69**
Museum St. *WC1* —5J **67** *(6E 160)*
Musgrave Clo. *Barn* —1F **5**
Musgrave Ct. *SW11* —1C **102**
Musgrave Cres. *SW6* —7J **83**
Musgrave Rd. *Iswth* —1K **97**
Musgrove Rd. *SE14* —1K **105**
Musjid Rd. *SW11* —2B **102**
Musket Clo. *E Barn* —6G **5**
Mus. of Artillery in the Rotunda.
—5D **90**
Musquash Way. *Houn* —2A **96**
Muston Rd. *E5* —2H **51**
Mustow Pl. *SW6* —2H **101**
Muswell Av. *N10* —1F **31**
Muswell Hill. —3F **31**
Muswell Hill. *N10* —3F **31**
Muswell Hill B'way. *N10* —3F **31**
Muswell Hill Pl. *N10* —4F **31**
Muswell Hill Rd. *N6 & N10*
—6E **30**
Muswell M. *N10* —3F **31**
Muswell Rd. *N10* —3F **31**
Mutrix Rd. *NW6* —1J **65**
Mutton Pl. *NW1* —6E **48**
Muybridge Rd. *N Mald* —2J **135**
Myatt Rd. *SW9* —1B **104**
Myatts Fields S. SW9 —2A 104
(off St Lawrence Way)
Mycenae Rd. *SE3* —7J **89**
Myddelton Av. *Enf* —1K **7**
Myddelton Clo. Enf —1A **8**
Myddelton Gdns. *N21* —7H **7**
Myddelton Rd. *N20* —3G **15**
Myddelton Pas. EC1
—3A **68** *(1K 161)*
Myddelton Rd. *N8* —3J **31**

Myddelton Sq. *EC1*
—3A **68** *(1K 161)*
Myddelton St. *EC1*
—3A **68** *(2K 161)*
Myddleton Av. *N4* —2C **50**
Myddleton Ho. N1
—2A **68** *(1J 161)*
(off Pentonville Rd.)
Myddleton M. *N22* —7D **16**
Myddleton Rd. *N22* —7D **16**
Myers La. *SE14* —6K **87**
Mylis Clo. *SE26* —4H **123**
Mylius Clo. *SE14* —7J **87**
Mylne Clo. *W6* —5C **82**
Mylne St. *EC1* —3A **68** *(1J 161)*
Myra St. *SE2* —5A **92**
Myrna Clo. *SW19* —7C **120**
Myron Pl. *SE13* —3E **106**
Myrtle Av. *Felt* —5G **95**
Myrtle Av. *Ruis* —7J **23**
Myrtleberry Clo. E8 —6F 51
(off Beechwood Rd.)
Myrtle Clo. *E Barn* —1J **15**
Myrtle Clo. *Uxb* —5B **58**
Myrtle Clo. *W Dray* —3B **76**
Myrtledene Rd. *SE2* —5A **92**
Myrtle Gdns. *W7* —1J **79**
Myrtle Gro. *Enf* —1J **7**
Myrtle Gro. *N Mald* —2J **135**
Myrtle Rd. *E6* —1D **72**
Myrtle Rd. *E17* —6A **34**
Myrtle Rd. *N13* —3H **17**
Myrtle Rd. *W3* —1J **81**
Myrtle Rd. *Croy* —3C **154**
Myrtle Rd. *Hamp H* —6G **115**
Myrtle Rd. *Houn* —2G **97**
Myrtle Rd. *IIf* —2F **55**
Myrtle Rd. *Sutt* —5A **150**
Myrtle Wlk. *N1* —2E **68** *(1G 163)*
Mysore Rd. *SW11* —3D **102**
Myton Rd. *SE21* —3D **122**
Mytton Ho. SW8 —7K 85
(off St Stephens Ter.)

Nadine Cl. *Wall* —7G **151**
Nadine St. *SE7* —5A **90**
Nagasaki Wlk. *SE7* —3K **89**
Nagle Clo. *E17* —2F **35**
Nag's Head. —3J **49**
Nags Head Ct. *EC1* —4D **162**
Nags Head La. *Well* —3B **110**
Nags Head Rd. *Enf* —4D **8**
Nags Head Shop. Cen. *N7* —4K **49**
Nailsworth Ct. SE15 —6E 86
(off Birdlip Clo.)
Nainby Ho. *SE11* —4J **173**
Nairne Gro. *SE24* —5D **104**
Nairn Rd. *Ruis* —6A **42**
Nairn St. *E14* —5E **70**
Naish Ct. *N1* —1J **67**
(in three parts)
Naldera Gdns. *SE3* —6J **89**
Nallhead Rd. *Felt* —5A **114**
Namba Roy Clo. *SW16* —4K **121**
Namton Dri. *T Hth* —4K **139**
Nan Clark's La. *NW7* —2G **13**
Nankin St. *E14* —6C **70**
Nansen Ho. NW10 —7K 45
(off Stonebridge Pk.)
Nansen Rd. *SW11* —3E **102**
Nansen Village. *N12* —4E **14**
Nant Ct. *NW2* —2H **47**
Nantes Clo. *SW18* —4A **102**
Nantes Pas. *E1* —5J **163**
Nant Rd. *NW2* —2H **47**
Nant St. *E2* —3H **69**
Naoroji St. *WC1* —3A **68** *(2J 161)*

Napier. *NW9* —1B **28**
Napier Av. *E14* —5C **88**
Napier Av. *SW6* —3H **101**
Napier Clo. SE8 —7B 88
Napier Clo. *W14* —3G **83**
Napier Clo. *W Dray* —3B **76**
Napier Ct. N1 —2D 68
(off Cropley St.)
Napier Ct. SW6 —3H 101
(off Ranelagh Gdns.)
Napier Ct. Hay —4A 60
(off Dunedin Way)
Napier Gro. *N1* —2C **68**
Napier Pl. *W14* —3H **83**
Napier Rd. *E6* —1E **72**
Napier Rd. *E11* —4G **53**
Napier Rd. *E15* —2G **71**
(in two parts)
Napier Rd. *N17* —3E **32**
Napier Rd. *NW10* —3D **64**
Napier Rd. *SE25* —4H **141**
Napier Rd. *W14* —3G **83**
Napier Rd. *Ashf* —7F **113**
Napier Rd. *Belv* —4F **93**
Napier Rd. *Brom* —4K **143**
Napier Rd. *Enf* —5E **8**
Napier Rd. *Iswth* —4A **98**
Napier Rd. *H'row A* —1A **94**
Napier Rd. *S Croy* —7D **152**
Napier Rd. *Wemb* —6D **44**
Napier Ter. *N1* —7B **50**
Napier Wlk. *Ashf* —7F **113**
Napoleon Rd. *E5* —3H **51**
Napoleon Rd. *Twic* —7B **98**
Napton Clo. *Hay* —4C **60**
Narbonne Av. *SW4* —5G **103**
Narborough Clo. *Uxb* —2E **40**
Narborough St. *SW6* —2K **101**
Narcissus Rd. *NW6* —5J **47**
Nardini. NW9 —1B 28
(off Concourse, The)
Naresby Fold. *Stan* —6H **11**
Narford Rd. *E5* —3G **51**
Narrow Boat Clo. *SE28* —2H **91**
Narrow St. *E14* —7K **69**
Narrow St. *W3* —1H **81**
Narrow Way. *Brom* —6C **144**
Narvic Ho. *SE5* —2C **104**
Nascot St. *W12* —6F **64**
Naseby Clo. *NW6* —7A **48**
Naseby Clo. *Iswth* —1J **97**
Naseby Ct. *Sidc* —4K **127**
Naseby Rd. *SE19* —6D **122**
Naseby Rd. *Dag* —3G **57**
Naseby Rd. *IIf* —1D **36**
Naseby Tower. SE14 —7A 88
(off Desmond St.)
Nash. —6J **155**
Nash Clo. *Sutt* —3B **150**
Nash Ct. E14 —1D 88
(off S. Colonnade, The)
Nash Ct. *Kent* —6B **26**
Nashe Ho. SE1 —3D 86
(off Burbage Clo.)
Nash Grn. *Brom* —6J **125**
Nash Ho. *E17* —3D **34**
Nash Ho. SW1 —5F 85 *(6K 171)*
(off Lupus St.)
Nash La. *Kes* —7J **155**
Nash Pl. *E14* —1D **88**
Nash Rd. *N9* —2D **18**
Nash Rd. *SE4* —4A **106**
Nash Rd. Chad H & Romf —4D **38**
Nash St. *NW1* —3F **67** *(1K 159)*
Nash Way. *Kent* —6B **26**
Nasmyth St. *W6* —3D **82**
Nassau Path. *SE28* —1C **92**
Nassau Rd. *SW13* —1B **100**

Nassau St. *W1* —5G **67** *(6A 160)*
Nassington Rd. *NW3* —4D **48**
Natalie Clo. *Felt* —7F **95**
Natalie M. *Twic* —3H **115**
Natal Rd. *N11* —6D **16**
Natal Rd. *SW16* —6H **121**
Natal Rd. *IIf* —4F **55**
Natal Rd. *T Hth* —3D **140**
Nathan Ct. N9 —7D 8
(off Causeyware Rd.)
Nathan Ho. SE11 —4A 86 *(4K 173)*
(off Reedworth St.)
Nathaniel Clo. *E1* —5F **69** *(6K 163)*
Nathaniel Ct. *E17* —7A **34**
Nathans Rd. *Wemb* —1C **44**
Nathan Way. *SE28* —4H **91**
National Army Mus.
—6D **84** *(7F 171)*
National Film Theatre. —4H **167**
National Gallery.
—7H **67** *(3D 166)*
National Maritime Mus. —6F **89**
National Portrait Gallery.
—7H **67** *(3D 166)*
Nation Way. *E4* —1K **19**
Natural History Mus.
—3B **84** *(2A 170)*
Nautilus Building, The. EC1
—3A **68** *(1K 161)*
(off Myddelton Pas.)
Naval Ho. *E14* —7F **71**
Naval Row. *E14* —7E **70**
Naval Wlk. *Brom* —2J **143**
Navarino Gro. *E8* —6G **51**
Navarino Mans. *E8* —6G **51**
Navarino Rd. *E8* —6G **51**
Navarre Rd. *E6* —2C **72**
Navarre St. *E2* —4F **69** *(3J 163)*
Navenby Wlk. *E3* —4C **70**
Navestock Clo. *E4* —3K **19**
Navestock Cres. *Wfd G* —7F **21**
Navestock Ho. *Bark* —2B **74**
Navigation Dri. *Enf* —1H **9**
Navigator Dri. *S'hall* —2G **79**
Navy St. *SW4* —3H **103**
Nayland Ho. *SE6* —4E **124**
Naylor Gro. *Enf* —5E **8**
Naylor Rd. *N20* —2F **15**
Naylor Rd. *SE15* —7H **87**
Nazareth Gdns. *SE15* —2H **105**
Nazrul St. *E2* —3F **69** *(1J 163)*
Neagle Ho. NW2 —3E 46
(off Stoll Clo.)
Neal Av. S'hall —4D **60**
Neal Clo. *N'wd* —1J **23**
Nealden St. *SW9* —3K **103**
Neale Clo. *N2* —3A **30**
Neal St. *WC2* —6J **67** *(1E 166)*
Neal's Yd. WC2 —6J **67** *(1E 166)*
Near Acre. *NW9* —1B **28**
Neasden. —3A **46**
Neasden Clo. *NW10* —5A **46**
Neasden Junction. —4A **46**
Neasden La. *NW10* —3A **46**
Neasden La. N. *NW10* —3K **45**
Neasham Rd. *Dag* —5B **56**
Neate St. *SE5* —6E **86**
(in two parts)
Neath Gdns. *Mord* —6A **138**
Neath Ho. SE24 —6B 104
(off Dulwich Rd.)
Neathouse Pl. SW1
—4G **85** *(3A 172)*
Neats Acre. *Ruis* —7F **23**
Neatscourt Rd. *E6* —5B **72**
Nebraska St. *SE1* —2D **86** *(7E 168)*
Neckinger. *SE1* —3F **87** *(7K 169)*
Neckinger Est. *SE16* —3F **87**

Neckinger St. *SE1*
—2F **87** (7K **169**)
Nectarine Way. *SE13*—2D **106**
Needham Ho. *SE11*—4J **173**
Needham Rd. *W11*—6J **65**
Needham Ter. *NW2*—3F **47**
Needleman St. *SE16*—2K **87**
Needwood Ho. *N4*—1C **50**
Neela Clo. *Uxb*—4D **40**
Neeld Cres. *NW4*—5D **28**
Neeld Cres. *Wemb*—5G **45**
Neeld Pde. *Wemb*—5F **45**
Neil Clo. *Ashf*—5E **112**
Neil Wates Cres. *SW2*—1A **122**
Nelgarde Rd. *SE6*—7C **106**
Nella Rd. *W6*—6F **83**
Nelldale Rd. *SE16*—4J **87**
Nellgrove Rd. *Uxb*—4D **58**
Nell Gwynne Av. *Shep*—6F **131**
Nello James Gdns. *SE27*—4D **122**
Nelson Clo. *Croy*—1B **152**
Nelson Clo. *Felt*—1H **113**
Nelson Clo. *Romf*—1H **39**
Nelson Clo. *Uxb*—3D **58**
Nelson Clo. *W on T*—7K **131**
Nelson Ct. *SE1*—2B **86** (6B **168**)
Nelson Gdns. *E2*—3G **69**
Nelson Gdns. *Houn*—6E **96**
Nelson Gro. Rd. *SW19*—1A **138**
Nelson Ho. SW1—6G **85** (7B **172**)
(off Dolphin Sq.)
Nelson Ind. Est. *SW19*—1K **137**
Nelson La. *Uxb*—3D **58**
Nelson Mandela Clo. *N10*—2E **30**
Nelson Mandela Rd. *SE3*—3A **108**
Nelson Pas. *EC1*—3C **68** (1D **162**)
Nelson Pl. *Sidc*—4A **128**
Nelson Pl. *N1*—2B **68** (1B **162**)
Nelson Rd. *E4*—6J **19**
Nelson Rd. *E11*—4J **35**
Nelson Rd. *N8*—5K **31**
Nelson Rd. *N9*—2C **18**
Nelson Rd. *N15*—4E **32**
Nelson Rd. *SE10*—6E **88**
Nelson Rd. *SW19*—7K **119**
Nelson Rd. *Ashf*—5A **112**
Nelson Rd. *Belv*—5F **93**
Nelson Rd. *Brom*—4A **144**
Nelson Rd. *Enf*—6E **8**
Nelson Rd. *Harr*—1H **43**
Nelson Rd. *Houn*—6E **96**
Nelson Rd. *H'row A*—1B **94**
Nelson Rd. *N Mald*—5K **135**
Nelson Rd. *Sidc*—4A **128**
Nelson Rd. *Stan*—6H **11**
Nelson Rd. *Uxb*—3D **58**
Nelson Rd. M. *SW19*—7K **119**
Nelson's Column.
—1J **85** (4D **166**)
Nelson Sq. *SE1*—2B **86** (6A **168**)
Nelson's Row. *SW4*—4H **103**
Nelson St. *E1*—6H **69**
Nelson St. *E6*—2D **72**
(in two parts)
Nelson St. *E16*—7H **71**
(in two parts)
Nelsons Yd. NW1—2G **67**
(off Mornington Cres.)
Nelson Ter. *EC1*—2B **68** (1B **162**)
Nelson Wlk. *SE16*—1A **88**
Nelson Wlk. *Eps*—7G **147**
Nemoure Rd. *W3*—7J **63**
Nene Gdns. *Felt*—2D **114**
Nene Rd. *H'row A*—1D **94**
Nene Rd. Roundabout. *H'row A*
—1D **94**
Nepaul Rd. *SW11*—2C **102**
Nepean St. *SW15*—6C **100**

Neptune Ct. *E14*—4C **88**
Neptune Rd. *Harr*—6H **25**
Neptune Rd. *H'row A*—1E **94**
Neptune St. *SE16*—3J **87**
Neptune Wlk. *Eri*—4K **93**
Nero Ct. *Bren*—7D **80**
Nesbit Rd. *SE9*—4B **108**
Nesbitt Clo. *SE3*—3G **107**
Nesbitts All. *Barn*—3C **4**
Nesbitt Sq. *SE19*—7E **122**
Nesham St. *E1*—1G **87**
Ness St. *SE16*—3G **87**
Nesta Rd. *Wfd G*—6B **20**
Nestles Av. *Hay*—3H **77**
Nestor Av. *N21*—6G **7**
Netheravon Rd. *W4*—4B **82**
Netheravon Rd. *W7*—1K **79**
Netheravon Rd. S. *W4*—5B **82**
Netherbury Rd. *W5*—3D **80**
Netherby Gdns. *Enf*—4D **6**
Netherby Rd. *SE23*—7J **105**
Nether Clo. *N3*—7D **14**
Nethercourt Av. *N3*—6D **14**
Netherfield Gdns. *Bark*—6H **55**
Netherfield Rd. *N12*—5E **14**
Netherfield Rd. *SW17*—3E **120**
Netherford Rd. *SW4*—2G **103**
Netherhall Gdns. *NW3*—6A **48**
Netherhall Way. *NW3*—5A **48**
Netherlands Rd. *Barn & New Bar*
—6G **5**
Netherleigh Clo. *N6*—1F **49**
Nether St. *N3 & N12*—1J **29**
Netherton Gro. *SW10*—6A **84**
Netherton Rd. *N15*—6D **32**
Netherton Rd. *Twic*—5A **98**
Netherwood. *N2*—2B **30**
Netherwood Rd. *W6*—3F **83**
Netherwood St. *NW6*—7H **47**
Nethewode Ct. Belv—3H **93**
(off Lwr. Park Rd.)
Netley Clo. *Cheam & Sutt*
—5F **149**
Netley Clo. *New Ad*—7E **154**
Netley Dri. *W on T*—7D **132**
Netley Gdns. *Mord*—7A **138**
Netley Rd. *E17*—5B **34**
Netley Rd. *Bren*—6E **80**
Netley Rd. *Ilf*—5H **37**
Netley Rd. *Mord*—7A **138**
Netley St. *NW1*—3G **67** (2A **160**)
Nettlecombe. NW1—7H **49**
(off Agar Gro.)
Nettleden Av. *Wemb*—6G **45**
Nettleden Ho. SW3
—4C **84** (4D **170**)
(off Marlborough St.)
Nettlefold Pl. *SE27*—3B **122**
Nettlestead Clo. *Beck*—7B **124**
Nettleton Ct. EC2—5C **68**
(off London Wall)
Nettleton Rd. *SE14*—1K **105**
Nettleton Rd. *H'row A*—1D **94**
Nettleton Rd. *Uxb*—4B **40**
Nettlewood Rd. *SW16*—7H **121**
Neuchatel Rd. *SE6*—2B **124**
Nevada Clo. *N Mald*—4J **135**
Nevada St. *SE10*—6E **88**
Nevern Mans. SW5—5J **83**
(off Warwick Rd.)
Nevern Pl. *SW5*—4J **83**
Nevern Rd. *SW5*—4J **83**
Nevern Sq. *SW5*—4J **83**
Nevil Ho. *SW9*—2B **104**
(off Loughborough Est.)
Nevill Ct. *EC4*—6A **68** (7K **161**)
(off E. Harding St.)
Neville Av. *N Mald*—1K **135**

Neville Clo. *E11*—3H **53**
Neville Clo. *NW1*—2H **67**
Neville Clo. *NW6*—2H **65**
Neville Clo. *SE15*—1G **105**
Neville Clo. *W3*—2J **81**
Neville Clo. *Houn*—2F **97**
Neville Clo. *Sidc*—4K **127**
Neville Ct. *NW8*—1A **158**
Neville Dri. *N2*—6A **30**
Neville Gdns. *Dag*—3D **56**
Neville Gill Clo. *SW18*—6J **101**
Neville Ho. *N11*—4K **15**
Neville Ho. *N22*—1K **31**
(off Neville Pl.)
Neville Pl. *N22*—1K **31**
Neville Rd. *E7*—7J **53**
Neville Rd. *NW6*—2H **65**
Neville Rd. *W5*—4D **62**
Neville Rd. *Croy*—7D **140**
Neville Rd. *Dag*—2D **56**
Neville Rd. *Ilf*—1G **37**
Neville Rd. *King T*—2G **135**
Neville Rd. *Rich*—3C **116**
Nevilles Ct. *NW2*—3C **46**
Neville St. *SW7*—5B **84** (5A **170**)
Neville Ter. *SW7*—5B **84** (5A **170**)
Neville Wlk. *Cars*—7C **138**
Nevill Rd. *N16*—4E **50**
Nevin Dri. *E4*—1J **19**
Nevin Ho. *Hay*—3E **76**
Nevinson Clo. *SW18*—6B **102**
Nevis Rd. *SW17*—2E **120**
Nevitt Ho. N1—2D **68**
(off Cranston Est.)
New Acres Rd. *SE28*—2J **91**
(in three parts)
Newall Ho. SE1—3C **86**
(off Bath Ter.)
Newall Rd. *H'row A*—1E **94**
Newark Cres. *NW10*—3K **63**
Newark Ho. *SW9*—2B **104**
Newark Knok. *E6*—6E **72**
Newark Pde. *NW4*—3C **28**
Newark Rd. *S Croy*—6D **152**
Newark St. *E1*—5H **69**
(in two parts)
Newark Way. *NW4*—4C **28**
New Ash Clo. *N2*—3B **30**
New Atlas Wharf. E14—3C **88**
(off Glengall Causeway)
New Barn Clo. *Wall*—6K **151**
New Barnet.—4F 5
New Barn Rd. *Swan*—7K **129**
New Barns Av. *Mitc*—4H **139**
(in two parts)
New Barn St. *E13*—4J **71**
New Barns Way. *Chig*—3K **21**
New Beckenham.—6B 124
New Bentham Ct. N1—7C **50**
(off Ecclesbourne Rd.)
Newbery Ho. N1—7C **50**
(off Northampton St.)
Newbold Cotts. *E1*—6J **69**
Newbolt Av. *Sutt*—5E **148**
Newbolt Ho. *SE17*—5D **86**
(off Brandon St.)
Newbolt Rd. *Stan*—5E **10**
New Bond St. *W1*—6F **67** (1J **165**)
Newborough Grn. *N Mald*—4K **135**
New Brent St. *NW4*—5E **28**
Newbridge Point. SE23—3K **123**
(off Windrush La.)
New Bri. St. *EC4*—6B **68** (1A **168**)
New Broad St. *EC2*
—5E **68** (6G **163**)
New B'way. *W5*—7D **62**
New B'way. *Hamp*—5H **115**

New B'way. *Uxb*—3D **58**
Newburgh Rd. *W3*—1J **81**
Newburgh St. *W1*
—6G **67** (1B **166**)
New Burlington M. *W1*
—7G **67** (2A **166**)
New Burlington Pl. *W1*
—7G **67** (2A **166**)
New Burlington St. *W1*
—7G **67** (2A **166**)
Newburn Ho. SE11
—5K **85** (5H **173**)
(off Newburn St.)
Newburn St. *SE11*
—5K **85** (5H **173**)
Newbury Clo. *N'holt*—6D **42**
Newbury Ct. *Sidc*—4K **127**
Newbury Gdns. *Eps*—4B **148**
Newbury Ho. *N22*—1J **31**
Newbury Ho. *W2*—6K **65**
(off Hallfield Est.)
Newbury M. *NW5*—6E **48**
Newbury Park.—5G 37
Newbury Rd. *E4*—6K **19**
Newbury Rd. *Brom*—3J **143**
Newbury Rd. *Ilf*—6J **37**
Newbury Rd. *H'row A*—1B **94**
Newbury St. *EC1*—5C **68** (6C **162**)
Newbury Way. *N'holt*—6C **42**
New Bus. Cen., The. *NW10*—3B **64**
New Butt La. *SE8*—7C **88**
(in two parts)
New Butt La. N. SE8—7C **88**
(off Reginald Rd.)
New B'way Bldgs. *W5*—7D **62**
Newby. NW1—3G **67** (2A **160**)
(off Robert St.)
Newby Clo. *Enf*—2K **7**
Newby Pl. *E14*—7E **70**
Newby St. *SW8*—3F **103**
New Caledonian Wharf. *SE16*
—3B **88**
Newcastle Clo. *EC4*
—6B **68** (7A **162**)
Newcastle Ct. EC4
—7C **68** (2D **168**)
(off College Hill)
Newcastle Ho. *W1*
—5E **66** (5G **159**)
(off Luxborough St.)
Newcastle Pl. *W2*
—5B **66** (5B **158**)
Newcastle Row. *EC1*
—4A **68** (4K **161**)
New Cavendish St. *W1*
—5E **66** (6H **159**)
New Change. *EC4*
—6C **68** (1C **168**)
New Chapel Sq. *Felt*—1K **113**
New Charles St. *EC1*
—3B **68** (1B **162**)
New Charlton.—4A 90
New Chu. Rd. *SE5*—7C **86**
(in two parts)
New City Rd. *E13*—3A **72**
New Clo. *SW19*—3A **138**
New Clo. *Felt*—5C **114**
New Colebrooke Ct. Cars—7E **150**
(off Stanley Rd.)
New College Ct. *NW3*—6A **48**
(off College Cres.)
New College M. *N1*—7A **50**
New College Pde. NW3—6B **48**
(off College Cres.)
Newcombe Gdns. *SW16*—4J **121**
Newcombe Pk. *NW7*—5F **13**
Newcombe Pk. *Wemb*—1F **63**

Newcombe Ri. *W Dray*—6A **58**
Newcombe St. *W8*—1J **83**
Newcomen Rd. *E11*—3H **53**
Newcomen Rd. *SW11*—3B **102**
Newcomen St. *SE1*
—2D **86** (6E **168**)
New Compton St. *WC2*
—6H **67** (1D **166**)
New Concordia Wharf. *SE1*
—2G **87** (6K **169**)
New Ct. *EC4*—2J **167**
New Ct. *N'holt*—5F **43**
Newcourt St. *NW8*
—2C **66** (1C **158**)
New Covent Garden Market.
—7H **85**
New Coventry St. *W1*
—7H **67** (3D **166**)
New Crane Pl. *E1*—1J **87**
Newcroft Clo. *Uxb*—5B **58**
New Cross.—7B 88
New Cross.—1B **106**
New Cross Gate.—1K 105
New Cross Gate.—1K **105**
New Cross Rd. *SE15 & SE14*
—7J **87**
Newdales Clo. *N9*—2B **18**
Newdene Av. *N'holt*—2B **60**
Newdigate Ho. *E14*—6B **70**
Newell St. *E14*—6B **70**
New Eltham.—2G 127
New End. *NW3*—4A **48**
New End Sq. *NW3*—4B **48**
New England Ind. Est. *Bark*
—2G **73**
Newent Clo. *SE15*—7E **86**
New Era Est. N1—1E **68**
(off Phillipp St.)
New Farm Av. *Brom*—4J **143**
New Farm La. *N'wd*—1G **23**
New Fetter La. *EC4*
—6A **68** (7K **161**)
Newfield Clo. *Hamp*—1E **132**
Newfield Ri. *NW2*—3D **46**
New Forest La. *Chig*—6K **21**
Newgale Gdns. *Edgw*—1F **27**
New Garden Dri. *W Dray*—2A **76**
Newgate. *Croy*—1C **152**
Newgate Clo. *Felt*—2C **114**
Newgate St. *E4*—3B **20**
Newgate St. *EC1*—6B **68** (7B **162**)
New Globe Wlk. *SE1*
—1C **86** (4C **168**)
New Goulston St. *E1*
—6F **69** (7J **163**)
New Grn. Pl. *SE19*—6E **122**
Newham Grn. *N22*—1A **32**
Newham's Row. *SE1*
—2E **86** (7H **169**)
Newham Way. *E16 & E6*—5H **71**
Newhaven Clo. *Hay*—4H **77**
Newhaven Cres. *Ashf*—5F **113**
Newhaven Gdns. *SE9*—4B **108**
Newhaven La. *E16*—4H **71**
Newhaven Rd. *SE25*—5D **140**
New Heston Rd. *Houn*—7D **78**
New Horizons Ct. *Bren*—6C **80**
Newhouse Av. *Romf*—3D **38**
Newhouse Clo. *N Mald*—7A **136**
Newhouse Wlk. *Mord*—7A **138**
Newick Clo. *Bex*—6H **111**
Newick Rd. *E5*—4H **51**
Newing Grn. *Brom*—7B **126**
Newington.—3C 86
Newington Barrow Way. *N7*
—3K **49**
Newington Butts. *SE11 & SE1*
—4B **86**

Nobel Ct.—Northlands St.

North La. Tedd —6K 115
Northleach Ct. SE15 —6E 86
(off Birdlip Clo.)
North Lodge. New Bar —5F 5
N. Lodge Clo. SW15 —5F 101
North Mall. N9 —2C 18
(off Plevna Rd.)
North M. WC1 —4K 67 (4H 161)
North Mt. N20 —2F 15
(off High Rd.)
Northolm. Edgw —4E 12
Northolme Gdns. Edgw —1G 27
Northolme Rd. N5 —4C 50
Northolt. —7E 42
Northolt. N17 —2E 32
(off Griffin Rd.)
Northolt Av. Ruis —5K 41
Northolt Gdns. Gnfd —5K 43
Northolt Rd. Harr —4F 43
Northolt Rd. H'row A —1A 94
Northover. Brom —3H 125
North Pde. Chess —5F 147
North Pde. Edgw —2G 27
North Pde. S'hall —6E 60
(off North Rd.)
North Pk. SE9 —6D 108
North Pl. SW18 —5J 101
North Pl. Mitc —7D 120
North Pl. Tedd —6K 115
N. Pole La. Kes —6H 155
N. Pole Rd. W10 —5E 64
Northport St. N1 —1D 68
North Ride. W2 —7C 66 (3C 164)
North Ri. W2 —6C 66 (1D 164)
North Rd. N2 —2C 30
North Rd. N6 —7E 30
North Rd. N7 —6J 49
North Rd. N9 —1C 18
North Rd. SE18 —4J 91
North Rd. SW19 —6A 120
North Rd. W5 —3D 80
North Rd. Belv —3H 93
North Rd. Bren —6E 80
North Rd. Brom —1K 143
North Rd. Chad H —5E 38
North Rd. Edgw —1H 27
North Rd. Felt —6F 95
North Rd. Harr —7A 26
North Rd. Hay —5F 59
North Rd. Ilf —2J 55
North Rd. Rich —3G 99
North Rd. S'hall —7E 60
North Rd. Surb —6D 134
North Rd. W Dray —3B 76
North Rd. W W'ck —1D 154
Northrop Rd. H'row A —1G 95
North Row. W1 —7D 66 (2F 165)
N. Row Bldgs. W1
(off North Row) —7E 66 (2G 165)
North Several. SE3 —2F 107
North Sheen. —3G 99
Northside Rd. Brom —1J 143
N. Side Wandsworth Comn. SW18 —5B 102
Northspur Rd. Sutt —3J 149
North Sq. N9 —2C 18
(off Hertford Rd.)
North Sq. NW11 —5J 29
Northstead Rd. SW2 —2A 122
North St. E13 —2K 71
North St. NW4 —5E 28
North St. SW4 —3G 103
North St. Bark —6F 55
(Barking Northern Relief Rd.)
North St. Bark —7G 55
(London Rd.)
North St. Bexh —4G 111
North St. Brom —1J 143
North St. Cars —3D 150
North St. Iswth —3A 98
North St. Romf —3K 39
N. Street Pas. E13 —2K 71
N. Tenter St. E1 —6F 69 (1K 169)
North Ter. SW3 —3C 84 (2C 170)
Northumberland All. EC3
(in two parts) —6E 68 (1H 169)
Northumberland Av. E12 —1A 54
Northumberland Av. WC2 —1J 85 (4E 166)
Northumberland Av. Enf —1C 8
Northumberland Av. Iswth —1K 97
Northumberland Av. Well —4H 109
Northumberland Clo. Eri —7J 93
Northumberland Clo. Stanw —6A 94
Northumberland Cres. Felt —6G 95
Northumberland Gdns. N9 —3A 18
Northumberland Gdns. Brom —4E 144
Northumberland Gdns. Iswth —7A 80
Northumberland Gdns. Mitc —5H 139
Northumberland Gro. N17 —7C 18
Northumberland Heath. —7J 93
Northumberland Ho. SW1 —1J 85
(off Northumberland Av.)
Northumberland Pk. N17 —7A 18
Northumberland Pk. Eri —7J 93
Northumberland Pk. Ind. Est. N17 —7C 18
Northumberland Pl. W2 —6J 65
Northumberland Pl. Rich —5D 98
Northumberland Rd. E6 —6C 72
Northumberland Rd. E17 —7C 34
Northumberland Rd. Harr —5D 24
Northumberland Rd. New Bar —6F 5
Northumberland Row. Twic —1J 115
Northumberland St. WC2 —1J 85 (4E 166)
Northumberland Way. Eri —1J 111
Northumbria St. E14 —6C 70
N. Verbena Gdns. W6 —5C 82
Northview. N7 —3J 49
North Vw. SW19 —5E 118
North Vw. W5 —4C 62
North Vw. Pinn —7A 24
N. View Cres. NW10 —4B 46
Northview Dri. Wfd G —2B 36
N. View Rd. N8 —4H 31
North Vs. NW1 —6H 49
North Wlk. W8 —7K 65
(off Bayswater Rd.)
North Wlk. New Ad —6D 154
(in two parts)
North Way. N9 —2E 18
North Way. N11 —6B 16
North Way. NW9 —3H 27
Northway. NW11 —5K 29
Northway. Mord —3G 137
North Way. Pinn —4B 24
North Way. Uxb —7A 40
Northway. Wall —4G 151
Northway Cir. NW7 —4E 12
Northway Cres. NW7 —4E 12
Northway Gdns. NW11 —5K 29
Northway Rd. SE5 —3C 104
Northway Rd. Croy —6F 141
Northways Pde. NW3 —7B 48
(off College Cres.)
Northweald La. King T —5D 116
North Wembley. —3D 44
N. Western Commercial Cen. NW1 —7J 49
N. West Pier. E1 —1H 87
Northwest Pl. N1 —2A 68
North Wharf. E14 —1E 88
N. Wharf Rd. W2 —5B 66 (6A 158)
Northwick Av. Harr —6A 26
Northwick Circ. Harr —6C 26
Northwick Clo. NW8 —4B 66 (3A 158)
Northwick Clo. Harr —1B 44
Northwick Ho. W9 —3A 158
Northwick Pk. Rd. Harr —6K 25
Northwick Rd. Wemb —1D 62
Northwick Ter. NW8 —4B 66 (3A 158)
Northwick Wlk. Harr —7K 25
Northwold Dri. Pinn —2A 24
Northwold Est. E5 —2G 51
Northwold Rd. N16 & E5 —2F 51
N. Wood Ct. SE25 —3G 141
Northwood Gdns. N12 —5G 15
Northwood Gdns. Gnfd —5K 43
Northwood Gdns. Ilf —4E 36
Northwood Hills. —2J 23
Northwood Hills Cir. N'wd —1J 23
Northwood Ho. SE27 —4D 122
Northwood Pl. Eri —3F 93
Northwood Rd. N6 —7F 31
Northwood Rd. SE23 —1B 124
Northwood Rd. Cars —6E 150
Northwood Rd. H'row A —1A 94
Northwood Rd. T Hth —2B 140
Northwood Way. SE19 —6D 122
Northwood Way. N'wd —1J 23
North Woolwich. —1E 90
North Woolwich Old Station Mus. —2E 90
N. Woolwich Rd. E16 —1H 89
N. Worple Way. SW14 —3K 99
Norton Av. Surb —7H 135
Norton Clo. E4 —5H 19
Norton Clo. Enf —2C 8
Norton Folgate. E1 —5E 68 (5H 163)
Norton Folgate Houses. E1
(off Puma Ct.) —5F 69 (5J 163)
Norton Gdns. SW16 —2J 139
Norton Ho. SW1 —3H 85 (2D 172)
(off Arneway St.)
Norton Ho. SW9 —2K 103
(off Aytoun Rd.)
Norton Rd. E10 —1B 52
Norton Rd. Dag —6K 57
Norton Rd. Wemb —6D 44
Norval Rd. Wemb —2B 44
Norway Ga. SE16 —3A 88
Norway Pl. E14 —6B 70
Norway St. SE10 —6D 88
Norway Wharf. E14 —6B 70
Norwich Ho. E14 —6D 70
Norwich M. Ilf —1A 56
Norwich Pl. Bexh —4G 111
Norwich Rd. E7 —5J 53
Norwich Rd. Dag —2G 75
Norwich Rd. Gnfd —1F 61
Norwich Rd. N'wd —3H 23
Norwich Rd. T Hth —3C 140
Norwich St. EC4 —6A 68 (7J 161)
Norwich Wlk. Edgw —7D 12
Norwood. —6E 122
Norwood Av. Romf —7K 39
Norwood Av. Wemb —1F 63
Norwood Clo. S'hall —4E 78
Norwood Clo. Twic —2H 115
Norwood Dri. Harr —6D 24
Norwood Gdns. Hay —4A 60
Norwood Gdns. S'hall —4D 78
Norwood Green. —4E 78
Norwood Grn. Rd. S'hall —4E 78
Norwood High St. SE27 —3B 122
Norwood Ho. E14 —7D 70
Norwood New Town. —6C 122
Norwood Pk. Rd. SE27 —5C 122
Norwood Rd. SE24 —1B 122
Norwood Rd. SE27 —2B 122
Norwood Rd. S'hall —3C 78
Norwood Ter. S'hall —4F 79
Notley St. SE5 —7D 86
Notson Rd. SE25 —4H 141
Notting Barn Rd. W10 —4F 65
Nottingdale Sq. W11 —1G 83
Nottingham Av. E16 —5A 72
Nottingham Ct. WC2 —6J 67 (1E 166)
Nottingham Ho. WC2 —6J 67 (1E 166)
Nottingham Pl. W1 —5E 66 (4G 159)
Nottingham Rd. E10 —6E 34
Nottingham Rd. SW17 —1D 120
Nottingham Rd. Iswth —2K 97
Nottingham Rd. S Croy —4C 152
Nottingham St. W1 —5E 66 (5G 159)
Nottingham Ter. NW1 —4G 159
Notting Hill. —7H 65
Notting Hill Ga. W11 —1J 83
Nottingwood Ho. W11 —7G 65
(off Clarendon Rd.)
Nova M. Sutt —1G 149
Novar Clo. Orp —7K 145
Nova Rd. Croy —1B 152
Novar Rd. SE9 —1G 127
Novello St. SW6 —1J 101
Nowell Rd. SW13 —6C 82
Nower Ct. Pinn —4D 24
Nower Hill. Pinn —4D 24
Noyna Rd. SW17 —3D 120
Nubia Way. Brom —3G 125
Nuding Clo. SE13 —3C 106
Nuffield Ct. Houn —7D 78
Nuffield Lodge. N6 —6G 31
Nuffield Lodge. W2 —5J 65
(off Admiral Wlk.)
Nugent Rd. N19 —1J 49
Nugent Rd. SE25 —3F 141
Nugents Ct. Pinn —1C 24
Nugent's Pk. Pinn —1C 24
Nugent Ter. NW8 —2A 66
Numa Ct. Bren —7D 80
Nun Ct. EC2 —6E 162
Nuneaton Rd. Dag —7E 56
Nunhead. —3H 105
Nunhead Cres. SE15 —3H 105
Nunhead Est. SE15 —4H 105
Nunhead Grn. SE15 —3H 105
Nunhead Gro. SE15 —3H 105
Nunhead La. SE15 —3H 105
Nunhead Pas. SE15 —3G 105
Nunnington Clo. SE9 —3C 126
Nunns Rd. Enf —2H 7
Nupton Dri. Barn —6A 4
Nurse Clo. Edgw —1J 27
Nursery App. N12 —6H 15
Nursery Av. N3 —2A 30
Nursery Av. Bexh —3F 111
Nursery Av. Croy —2K 153
Nursery Clo. SE4 —2B 106
Nursery Clo. SW15 —4F 101
Nursery Clo. Croy —2K 153
Nursery Clo. Enf —1E 8
Nursery Clo. Felt —7K 95
(in two parts)
Nursery Clo. Orp —7K 145
Nursery Clo. Romf —6D 38
Nursery Clo. Wfd G —5E 20
Nursery Ct. N17 —7A 18
Nursery Ct. W13 —5A 62
Nursery Gdns. Chst —6F 127
Nursery Gdns. Enf —1E 8
Nursery Gdns. Hamp —4D 114
Nursery Gdns. Houn —5D 96
Nursery Gdns. Sun —2H 131
Nursery La. E2 —1F 69
Nursery La. E7 —6J 53
Nursery La. W10 —5E 64
Nursery La. Uxb —4A 58
Nurserymans Rd. N11 —2K 15
Nursery Rd. E9 —6J 51
Nursery Rd. N2 —1B 30
Nursery Rd. N14 —7B 6
Nursery Rd. SW9 —4K 103
Nursery Rd. SW19 —2K 137
(Merton)
Nursery Rd. SW19 —7G 119
(Wimbledon)
Nursery Rd. Pinn —3A 24
Nursery Rd. Sun —2G 131
Nursery Rd. Sutt —4A 150
Nursery Rd. T Hth —4D 140
Nursery Row. Barn —3B 4
Nursery St. N17 —7A 18
Nursery Wlk. NW4 —3E 28
Nursery Wlk. Romf —7K 39
Nursery Waye. Uxb —1A 58
Nurstead Rd. Eri —7G 93
Nutbourne St. W10 —3G 65
Nutbrook St. SE15 —3G 105
Nutbrowne Rd. Dag —1F 75
Nutcroft Rd. SE15 —7H 87
Nutfield Clo. N18 —6A 18
Nutfield Clo. Cars —3C 150
Nutfield Gdns. Ilf —2K 55
Nutfield Gdns. N'holt —2A 60
Nutfield Rd. E15 —4E 52
Nutfield Rd. NW2 —3C 46
Nutfield Rd. SE22 —4F 105
Nutfield Rd. T Hth —4B 140
Nutfield Way. Orp —2E 156
Nutford Pl. W1 —6D 66 (7D 158)
Nuthatch Clo. Stai —1B 112
Nuthatch Gdns. SE28 —2H 91
(in two parts)
Nuthurst Av. SW2 —2K 121
Nutkin Wlk. Uxb —7A 40
Nutley Ter. NW3 —6A 48
Nutmead Clo. Bex —1J 129
Nutmeg Clo. E16 —4G 71
Nutmeg La. E14 —6F 71
Nuttall St. N1 —2E 68
Nutter La. E11 —6A 36
Nutt Gro. Edgw —2J 11
Nutt St. SE15 —7F 87
Nutty La. Shep —3E 130
Nutwell St. SW17 —5C 120
Nuxley Rd. Belv —6F 93
Nyanza St. SE18 —6H 91
Nye Bevan Est. E5 —3K 51
Nye Bevan Ho. SW6 —7H 83
(off St Thomas's Way)
Nylands Av. Rich —1G 99
Nymans Gdns. SW20 —3D 136
Nynehead St. SE14 —7A 88
Nyon Gro. SE6 —2B 124
Nyssa Clo. Wfd G —6J 21
Nyssa Ct. E15 —3G 71
(off Teasel Way)
Nyton Clo. N19 —1J 49

Oak Apple Ct. SE12 —1J 125
Oak Av. N8 —4J 31
Oak Av. N10 —7A 16
Oak Av. N17 —7J 17

Oak Av. Croy —1C 154
Oak Av. Enf —1E 6
Oak Av. Hamp —5C 114
Oak Av. Houn —7B 78
Oak Av. Uxb —2D 40
Oak Av. W Dray —3C 76
Oak Bank. New Ad —6E 154
Oakbank Av. W on T —7D 132
Oakbank Gro. SE24 —4C 104
Oakbrook Clo. Brom —4K 125
Oakbury Rd. SW6 —2K 101
Oak Clo. N14 —7A 6
Oak Clo. Sutt —2A 150
Oakcombe Clo. N Mald —1A 136
Oak Cottage Clo. SE6 —1H 125
Oak Cotts. W7 —2J 79
Oak Ct. SE15 —7F 87 (off Sumner Rd.)
Oak Cres. E16 —5G 71
Oakcroft Bus. Cen. Chess —4F 147
Oakcroft Clo. Pinn —2K 23
Oakcroft Rd. SE13 —2F 107
Oakcroft Rd. Chess —4F 147
Oakcroft Vs. Chess —4F 147
Oakdale. N14 —1A 16
Oakdale Av. Harr —5E 26
Oakdale Av. N'wd —2J 23
Oakdale Ct. E4 —5K 19
Oakdale Gdns. E4 —5K 19
Oakdale Rd. E7 —7K 53
Oakdale Rd. E11 —2F 53
Oakdale Rd. E18 —2K 35
Oakdale Rd. N4 —6C 32
Oakdale Rd. SE15 & SE4 —3J 105
Oakdale Rd. SW16 —5J 121
Oakdale Rd. Eps —7K 147
Oakdale Way. Mitc —7E 138
Oak Dene. SE15 —1H 105
Oakdene. W13 —5B 62
Oakdene Av. Chst —5E 126
Oakdene Av. Eri —6J 93
Oakdene Av. Th Dit —1A 146
Oakdene Clo. Pinn —1D 24
Oakdene Dri. Surb —7J 135
Oakdene M. Sutt —1H 149
Oakdene Pk. N3 —7C 14
Oakdene Rd. Orp —5K 145
Oakdene Rd. Uxb —2D 58
Oakden St. SE11 —4A 86 (3K 173)
Oake Ct. SW15 —5G 101
Oakeford Ho. W14 —3G 83 (off Russell Rd.)
Oakend Ho. N4 —7D 32
Oakenholt Ho. SE2 —1D 92
Oakenshaw Clo. Surb —7E 134
Oakes Clo. E6 —6D 72
Oakeshott Av. N6 —2E 48
Oakey La. SE1 —3A 86 (1J 173)
Oakfield. E4 —5J 19
Oakfield Av. Harr —3B 26
Oakfield Cen. SE20 —7H 123
Oakfield Clo. N Mald —5B 136
Oakfield Clo. Ruis —6H 23
Oakfield Ct. N8 —7J 31
Oakfield Ct. NW11 —7F 29
Oakfield Gdns. N18 —4K 17
Oakfield Gdns. SE19 —5E 122 (in two parts)
Oakfield Gdns. Beck —5D 142
Oakfield Gdns. Cars —1C 150
Oakfield Gdns. Gnfd —4H 61
Oakfield Ho. E3 —5C 70
Oakfield La. Kes —4A 156
Oakfield Lodge. Ilf —3F 55 (off Albert Rd.)
Oakfield Rd. E6 —1C 72
Oakfield Rd. E17 —2A 34
Oakfield Rd. N3 —1K 29
Oakfield Rd. N8 —6A 32
Oakfield Rd. N14 —3D 16
Oakfield Rd. SE20 —7H 123
Oakfield Rd. SW19 —3F 119
Oakfield Rd. Ashf —5D 112
Oakfield Rd. Croy —1C 152
Oakfield Rd. Ilf —3F 55
Oakfield Rd. Ind. Est. SE20 —7H 123
Oakfields Rd. NW11 —6G 29
Oakfield St. SW10 —6A 84
Oakford Rd. NW5 —4G 49
Oak Gdns. Croy —2C 154
Oak Gdns. Edgw —2H 27
Oak Glade. N'wd —1D 22
Oak Gro. NW2 —4G 47
Oak Gro. Ruis —7K 23
Oak Gro. Sun —7K 113
Oak Gro. W W'ck —1E 154
Oak Gro. Rd. SE20 —1J 141
Oakhall Ct. E11 —6K 35
Oakhall Dri. Sun —5H 113
Oak Hall Rd. E11 —6K 35
Oakham Clo. SE6 —2B 124
Oakham Clo. Barn —3J 5
Oakham Dri. Brom —4H 143
Oakhampton Rd. NW7 —7A 14
Oakhill. Clay —6A 146
Oakhill. Surb —7E 134
Oak Hill. Wfd G —7A 20
Oakhill Av. NW3 —4K 47
Oakhill Av. Pinn —2C 24
Oak Hill Clo. Wfd G —7A 20
Oakhill Ct. SE23 —6J 105
Oakhill Ct. SW20 —7F 119
Oak Hill Ct. Wfd G —7A 20
Oakhill Cres. Surb —7E 134
Oak Hill Cres. Wfd G —7A 20
Oakhill Dri. Surb —7E 134
Oak Hill Gdns. Wfd G —1G 35
Oakhill Gro. Surb —6E 134
Oak Hill Pk. NW3 —4K 47
Oak Hill Pk. M. NW3 —4A 48
Oakhill Path. Surb —6E 134
Oakhill Pl. SW15 —5J 101
Oakhill Rd. SW15 —5H 101
Oakhill Rd. SW16 —1J 139
Oakhill Rd. Beck —2E 142
Oakhill Rd. Surb —6E 134
Oakhill Rd. Sutt —3K 149
Oak Hill Way. NW3 —4A 48
Oak Ho. N2 —2B 30
Oak Ho. W10 —4G 65 (off Sycamore Wlk.)
Oakhouse Rd. Bexh —5G 111
Oakhurst Av. Barn & E Barn —7H 5
Oakhurst Av. Bexh —7E 92
Oakhurst Clo. E17 —4G 35
Oakhurst Clo. Chst —1D 144
Oakhurst Clo. Ilf —1F 37
Oakhurst Clo. Tedd —5J 115
Oakhurst Gdns. E4 —1C 20
Oakhurst Gdns. E17 —4G 35
Oakhurst Gdns. Bexh —7E 92
Oakhurst Gro. SE22 —4G 105
Oakhurst Rd. Eps —6J 147
Oakington Av. Harr —7E 24
Oakington Av. Hay —4F 77
Oakington Av. Wemb —3F 45
Oakington Ct. Enf —2G 7 (off Ridgeway, The)
Oakington Dri. Sun —2A 132
Oakington Mnr. Dri. Wemb —5G 45
Oakington Rd. W9 —4J 65
Oakington Way. N8 —7J 31
Oakland Pl. Buck H —2D 20
Oakland Rd. E15 —4F 53
Oaklands. N21 —2E 16
Oaklands. W13 —5A 62
Oaklands. Beck —1D 142
Oaklands Av. N9 —6C 8
Oaklands Av. Esh —7H 133
Oaklands Av. Iswth —6K 79
Oaklands Av. Sidc —7K 109
Oaklands Av. T Hth —4A 140
Oaklands Av. W W'ck —3D 154
Oaklands Clo. Bexh —5F 111
Oaklands Clo. Chess —4C 146
Oaklands Clo. Orp —6J 145
Oaklands Clo. Wemb —5D 44
Oaklands Ct. NW10 —1A 64 (off Nicoll Rd.)
Oaklands Ct. Wemb —5D 44
Oaklands Dri. Twic —7G 97
Oaklands Est. SW4 —6G 103
Oaklands Gro. W12 —1C 82
Oaklands M. NW2 —4F 47 (off Oaklands Rd.)
Oaklands Pk. Av. Ilf —2G 55
Oaklands Pas. NW2 —4F 47 (off Oaklands Rd.)
Oaklands Pl. SW4 —4G 103
Oaklands Rd. N20 —7C 4
Oaklands Rd. NW2 —4F 47
Oaklands Rd. SW14 —3K 99
Oaklands Rd. W7 —2K 79
Oaklands Rd. Bexh —4F 111
Oaklands Rd. Brom —7G 125
Oaklands Way. Wall —7H 151
Oakland Way. Eps —6A 148
Oak La. E14 —7B 70
Oak La. N2 —2B 30
Oak La. N11 —6C 16
Oak La. Iswth —4J 97
Oak La. Twic —7A 98
Oak La. Wfd G —4C 20
Oakleafe Gdns. Ilf —3F 37
Oaklea Pas. King T —3D 134
Oakleigh Av. N20 —2G 15
Oakleigh Av. Edgw —2H 27
Oakleigh Av. Surb —1G 147
Oakleigh Clo. N20 —3J 15
Oakleigh Ct. Barn —6H 5
Oakleigh Ct. Edgw —2J 27
Oakleigh Ct. S'hall —1D 78
Oakleigh Cres. N20 —2H 15
Oakleigh Gdns. N20 —1F 15
Oakleigh Gdns. Edgw —5A 12
Oakleigh M. N20 —1F 15
Oakleigh Park. —1G 15
Oakleigh Pk. Av. Chst —1E 144
Oakleigh Pk. N. N20 —1G 15
Oakleigh Pk. S. N20 —7H 5
Oakleigh Rd. Uxb —7E 40
Oakleigh Rd. N. N20 —2G 15
Oakleigh Rd. S. N11 —3K 15
Oakleigh Way. Mitc —1F 139
Oakleigh Way. Surb —1G 147
Oakley Av. W5 —7G 63
Oakley Av. Bark —7K 55
Oakley Av. Croy —4K 151
Oakley Clo. E4 —3K 19
Oakley Clo. E6 —6C 72
Oakley Clo. W7 —7J 61
Oakley Clo. Iswth —1H 97
Oakley Cres. EC1 —2B 68 (1B 162)
Oakley Dri. SE9 —1H 127
Oakley Dri. SE13 —6F 107
Oakley Dri. Brom —3C 156
Oakley Gdns. N8 —5K 31
Oakley Gdns. SW3 —6C 84 (7D 170)
Oakley Grange. Harr —3G 43
Oakley Ho. SW1 —4D 84 (3F 171)
Oakley Ho. W3 —7G 63
Oakley Pk. Bex —7C 110
Oakley Pl. SE1 —5F 87
Oakley Rd. N1 —7D 50
Oakley Rd. SE25 —5H 141
Oakley Rd. Brom —3C 156
Oakley Rd. Harr —6J 25
Oakley Sq. NW1 —2G 67
Oakley St. SW3 —6C 84 (7C 170)
Oakley Wlk. W6 —6F 83
Oakley Yd. E2 —3K 163
Oak Lodge. E11 —6J 35
Oak Lodge. W8 —3K 83 (off Chantry Sq.)
Oak Lodge Clo. Stan —5H 11
Oak Lodge Dri. W W'ck —7D 142
Oaklodge Way. NW7 —5G 13
Oakmead Av. Brom —6J 143
Oakmead Ct. Stan —4H 11
Oak Meade. Pinn —6A 10
Oakmead Gdns. Edgw —4E 12
Oakmead Pl. Mitc —1C 138
Oakmead Rd. SW12 —1E 120
Oakmead Rd. Croy —6H 139
Oakmede. Barn —4A 4
Oakmere Rd. SE2 —6A 92
Oakmont Pl. Orp —7H 145
Oak Pk. Gdns. SW19 —1F 119
Oak Pk. M. N16 —3F 51
Oak Pl. SW18 —5K 101
Oakridge Dri. N2 —3B 30
Oakridge La. Brom —5F 125
Oakridge Rd. Brom —4F 125
Oak Ri. Buck H —3G 21
Oak Rd. W5 —7D 62
Oak Rd. Eri —7J 93
Oak Rd. N Mald —2K 135
Oak Row. SW16 —2G 139
Oaks Av. SE19 —5E 122
Oaks Av. Felt —2C 114
Oaks Av. Romf —2J 39
Oaks Av. Wor Pk —3D 148
Oaks Cvn. Pk., The. Chess —3C 146
Oaksford Av. SE26 —3H 123
Oaks Gro. E4 —2B 20
Oakshade Rd. Brom —4F 125
Oakshaw Rd. SW18 —7K 101
Oakshott Ct. NW1 (in two parts) —2H 67 (1C 160)
Oaks La. Croy —3J 153 (in two parts)
Oaks La. Ilf —5J 37
Oaks Rd. Croy —5H 153
Oaks Rd. Stai & Stanw —5A 94
Oaks Shop. Cen., The. W3 —1J 81
Oaks, The. E4 —7B 20
Oaks, The. N12 —4E 14
Oaks, The. NW10 —7D 46
Oaks, The. SE18 —5G 91
Oaks, The. Brom —6E 144
Oaks, The. Enf —3G 7 (off Bycullah Rd.)
Oaks, The. Hay —2E 58
Oaks, The. Mord —4G 137
Oaks, The. Ruis —7G 23
Oak St. Romf —5J 39
Oaks Way. Cars —7D 150
Oaksway. Surb —1D 146
Oakthorpe Ct. N13 —5H 17
Oakthorpe Pk. Est. N13 —5H 17
Oakthorpe Rd. N13 —5F 17
Oaktree Av. N13 —3G 17
Oak Tree Clo. W5 —6C 62
Oak Tree Clo. Stan —7H 11
Oak Tree Ct. W3 —7H 63
Oak Tree Ct. N'holt —2A 60
Oak Tree Dell. NW9 —5K 27
Oak Tree Dri. N20 —1E 14
Oak Tree Gdns. Brom —5K 125
Oaktree Gro. Ilf —5H 55
Oak Tree Ho. W9 —4J 65 (off Shirland Rd.)
Oak Tree Rd. NW8 —3C 66 (2B 158)
Oakview Gdns. N2 —4B 30
Oakview Gro. Croy —1A 154
Oakview Lodge. NW11 —7H 29 (off Beechcroft Av.)
Oakview Rd. SE6 —5D 124
Oak Village. NW5 —4E 48
Oak Vs. NW11 —6H 29 (off Hendon Pk. Row)
Oak Way. N14 —7A 6
Oak Way. SW20 —4E 136
Oak Way. W3 —1A 82
Oakway. Brom —2F 143
Oak Way. Croy —6K 141
Oak Way. Felt —1G 113
Oakway Clo. Bex —6E 110
Oakways. SE9 —6F 109
Oakwood. —6C 6
Oakwood. Wall —7F 151
Oakwood Av. N14 —7C 6
Oakwood Av. Beck —2E 142
Oakwood Av. Brom —3K 143
Oakwood Av. Mitc —2B 138
Oakwood Av. S'hall —7E 60
Oakwood Bus. Pk. NW10 —4K 63
Oakwood Clo. N14 —6B 6
Oakwood Clo. Chst —6D 126
Oakwood Clo. Wfd G —6H 21
Oakwood Ct. E6 —7C 54
Oakwood Ct. W14 —3H 83
Oakwood Ct. Harr —6H 25
Oakwood Cres. N21 —6D 6
Oakwood Cres. Gnfd —6A 44
Oakwood Dri. SE19 —6D 122
Oakwood Dri. Bexh —4J 111
Oakwood Dri. Edgw —6D 12
Oakwood Gdns. Ilf —2K 55
Oakwood Gdns. Sutt —2J 149
Oakwood La. W14 —3H 83
Oakwood Lodge. N14 —6B 6 (off Avenue Rd.)
Oakwood Pk. Rd. N14 —7C 6
Oakwood Pl. Croy —6A 140
Oakwood Rd. NW11 —4J 29
Oakwood Rd. SW20 —1C 136
Oakwood Rd. Croy —6A 140
Oakwood Rd. Pinn —2K 23
Oakwood Vw. N14 —6C 6
Oakworth Rd. W10 —5E 64
Oarsman Pl. E Mol —4J 133
Oasis, The. Brom —2A 144
Oast Ct. E14 —7B 70
Oast Lodge. W4 —7A 82 (off Corney Reach Way)
Oates Clo. Brom —8F 143
Oatfield Ho. N15 —6E 32 (off Perry Ct.)
Oatfield Rd. Orp —7K 145
Oatland Ri. E17 —2A 34
Oatlands Rd. Enf —1D 8
Oat La. EC2 —6C 68 (7D 162)
Oatwell Ho. SW3 —5C 84 (4D 170)
Oban Clo. E13 —4A 72
Oban Ho. E14 —6F 71
Oban Ho. Bark —2H 73
Oban Rd. E13 —3A 72

Oban Rd. *SE25* —4D **140**
Oban St. *E14* —6F **71**
Oberon Ho. *N1* —2E **68**
  (off Arden Est.)
Oberon Way. *Shep* —3A **130**
Oberstein Rd. *SW11* —4B **102**
Oborne Clo. *SE24* —5B **104**
Observatory Gdns. *W8* —2J **83**
Observatory M. *E14* —4F **89**
Observatory. *SW14* —4J **99**
Occupation La. *SE18* —1F **109**
Occupation La. *W5* —4D **80**
Occupation Rd. *SE17* —5C **86**
Occupation Rd. *W13* —2B **80**
Occupation. *Eps* —7K **147**
Ocean Est. *E1* —4K **69**
  (in two parts)
Ocean St. *E1* —5K **69**
Ocean Wharf. *E14* —2C **88**
Ockenden M. *N1* —6D **50**
Ockendon Rd. *N1* —6D **50**
Ockham Dri. *Orp* —7A **128**
Ockley Ct. *Sidc* —3A **128**
Ockley Rd. *Sutt* —4A **150**
Ockley Rd. *SW16* —4J **121**
Ockley Rd. *Croy* —7K **139**
Octagon Arc. *EC2*
  —5E **68** (6G **163**)
Octavia Clo. *Mitc* —5C **138**
Octavia Ho. *SW1*
  —3H **85** (2C **172**)
Octavia Ho. *W10* —4G **65**
Octavia Rd. *Iswth* —3J **97**
Octavia St. *SW11* —1C **102**
Octavia Way. *SE28* —7B **74**
Octavius St. *SE8* —7C **88**
October Pl. *NW4* —3F **29**
Odard Rd. *W Mol* —4E **132**
Oddmark Rd. *Bark* —2H **73**
Odeon Ct. *E16* —5J **71**
Odeon Ct. *NW10* —1A **64**
Odeon Pde. *Gnfd* —6B **44**
  (off Allendale Rd.)
Odessa Rd. *E7* —3H **53**
Odessa Rd. *NW10* —2C **64**
Odessa St. *SE16* —2B **88**
Odger St. *SW11* —2D **102**
Odhams Wlk. *WC2*
  —6J **67** (1F **167**)
Odin Ho. *SE5* —2C **104**
O'Donnell Ct. *WC1*
  —4J **67** (3F **161**)
O'Driscoll Ho. *W12* —6D **64**
Odyssey Bus. Pk. *Ruis* —5K **41**
Offa's Mead. *E9* —4B **52**
Offenham Rd. *SE9* —4D **126**
Offers Ct. *King T* —3F **135**
Offerton Rd. *SW4* —3G **103**
Offham Ho. *SE17* —4E **86**
  (off Beckway St.)
Offham Slope. *N12* —5C **14**
Offley Pl. *Iswth* —2H **97**
Offley Rd. *SW9* —7A **86**
Offord Clo. *N17* —6B **18**
Offord Rd. *N1* —7K **49**
Offord St. *N1* —7K **49**
Ogden Ho. *Felt* —3C **114**
Ogilby St. *SE18* —4D **90**
Oglander Rd. *SE15* —4F **105**
Ogle St. *W1* —5G **67** (5A **160**)
Oglethorpe Rd. *Dag* —3F **57**
O'Gorman Ho. *SW10* —7A **84**
  (off King's Rd.)
O'Grandy Ho. *E17* —3D **34**
Ohio Cotts. *Pinn* —2A **24**
Ohio Rd. *E13* —4H **71**
Oil Mill La. *W6* —5C **82**
Okeburn Rd. *SW17* —5E **120**

Okehampton Clo. *N12* —5G **15**
Okehampton Cres. *Well* —1B **110**
Okehampton Rd. *NW10* —1E **64**
Olaf St. *W11* —7F **65**
Oldacre M. *SW12* —7E **102**
Old Bailey. *EC4* —6B **68** (1B **168**)
Old Barge Ho. All. *SE1* —3K **167**
Old Barn Clo. *Sutt* —7G **149**
Old Barn Way. *Bexh* —3K **111**
Old Barrack Yd. *SW1*
  (in two parts) —2E **84** (7G **165**)
Old Barrowfield. *E15* —1G **71**
Old Belgate Wharf. *E14* —3C **88**
Old Bellgate Wharf. *E14* —3C **88**
Oldberry Rd. *Edgw* —6E **12**
Old Bethnal Grn. Rd. *E2* —3G **69**
Old Bexley. —7H 111
Old Bexley Bus. Pk. *Bex* —7H **111**
Old Bexley La. *Bex & Dart*
  (in two parts) —2K **129**
Old Billingsgate Mkt. EC3 —7E **68**
  (off Lwr. Thames St.)
Old Billingsgate Wlk. *EC3*
  —7E **68** (3G **169**)
Old Bond St. *W1*
  —7G **67** (3A **166**)
Oldborough Rd. *Wemb* —3C **44**
Old Brentford. —7D 80
Old Brewer's Yd. *WC2*
  —6J **67** (1E **166**)
Old Brewery M. *NW3* —4B **48**
Old Bri. Clo. *N'holt* —2E **60**
Old Bri. St. *Hamp W* —2D **134**
Old Broad St. *EC2*
  —6D **68** (7F **163**)
Old Bromley Rd. *Brom* —5F **125**
Old Brompton Rd. *SW5 & SW7*
  —5J **83**
Old Bldgs. *WC2* —7J **161**
Old Burlington St. *W1*
  —7G **67** (2A **166**)
Oldbury Pl. *W1* —5E **66** (5H **159**)
Oldbury Rd. *Enf* —2B **8**
Old Castle St. *E1* —6F **69** (7J **163**)
Old Cavendish St. *W1*
  —6F **67** (7J **159**)
Old Change Ct. *EC4* —1C **168**
Old Chapel Pl. *SW9* —2A **104**
Old Charlton Rd. *Shep* —5E **130**
Old Chelsea M. *SW3*
  —6C **84** (7C **170**)
Old Chiswick Yd. W4 —6A **82**
  (off Pumping Sta. Rd.)
Old Church Ct. *N11* —5A **16**
Oldchurch Gdns. *Romf* —7K **39**
Old Church La. *NW9* —2K **45**
Old Church La. *Gnfd* —3A **62**
Old Church La. *Stan* —5G **11**
Oldchurch Ri. *Romf* —7K **39**
Old Church Rd. *E1* —6K **69**
Old Church Rd. *E4* —4H **19**
Oldchurch Rd. *Romf* —7K **39**
Old Church St. *SW3*
  —5B **84** (6B **170**)
Old Claygate La. *Clay* —6A **146**
Old Compton St. *W1*
  —7H **67** (2C **166**)
Old Cote Dri. *Houn* —6E **78**
Old Ct. Ho. W8 —2K 83
  (off Old Ct. Pl.)
Old Ct. Pl. *W8* —2K **83**
Old Courtyard, The. *Brom*
  —1K **143**
Old Dairy M. *NW5* —6F **49**
Old Dairy M. *SW12* —1E **120**
Old Deer Pk. Gdns. *Rich* —3E **98**
Old Devonshire Rd. *SW12*
  —7F **103**

Old Dock Clo. *Rich* —6G **81**
Old Dover Rd. *SE3* —7J **89**
Oldegate Ho. *E6* —7B **54**
Old Farm Av. *N14* —7B **6**
Old Farm Av. *Sidc* —1H **127**
Old Farm Clo. *SW17* —2C **120**
Old Farm Clo. *Houn* —4D **96**
Old Farm Pas. *Hamp* —1G **133**
Old Farm Rd. *N2* —1B **30**
Old Farm Rd. *Hamp* —6D **114**
  (in two parts)
Old Farm Rd. E. *Sidc* —2A **128**
Old Farm Rd. W. *Sidc* —2K **127**
Oldfield Clo. *Brom* —4D **144**
Oldfield Clo. *Gnfd* —5J **43**
Oldfield Clo. *Stan* —5F **11**
Oldfield Farm Gdns. *Gnfd* —1H **61**
Oldfield Gro. *SE16* —4K **87**
Oldfield Ho. W4 —5A 82
  (off Devonshire Rd.)
Oldfield La. N. *Gnfd* —2H **61**
Oldfield La. S. *Gnfd* —4G **61**
Oldfield M. *N6* —7G **31**
Oldfield Rd. *N16* —3E **50**
Oldfield Rd. *NW10* —7A **46**
Oldfield Rd. *SW19* —6G **119**
Oldfield Rd. *W3* —2B **82**
Oldfield Rd. *Bexh* —2E **110**
Oldfield Rd. *Brom* —4C **144**
Oldfield Rd. *Hamp* —1D **132**
Oldfields Cir. *N'holt* —6G **43**
Oldfields Rd. *Sutt* —3H **149**
Oldfields Trad. Est. *Sutt* —3J **149**
Old Fish St. Hill. EC4
  —7C **68** (2C **168**)
  (off Victoria St.)
Old Fleet La. *EC4* —6B **68** (7A **162**)
Old Fold Clo. *Barn* —1C **4**
Old Fold La. *Barn* —1C **4**
Old Fold Vw. *Barn* —3A **4**
Old Ford. —1B 70
Old Ford. —2C **70**
Old Ford Rd. *E2 & E3* —3J **69**
Old Forge Clo. *Stan* —4F **11**
Old Forge Cres. *Shep* —6D **130**
Old Forge M. *W12* —2D **82**
Old Forge Rd. *Enf* —1A **8**
Old Forge Way. *Sidc* —4B **128**
Old Gloucester St. *WC1*
  —5J **67** (5F **161**)
Old Hall Clo. *Pinn* —1C **24**
Old Hall Dri. *Pinn* —1C **24**
Oldham Ter. *W3* —1J **81**
Old Hatch Mnr. *Ruis* —7H **23**
Old Hill. *Chst* —1E **144**
Oldhill St. *N16* —1G **51**
Old Homesdale Rd. *Brom*
  —4A **144**
Old Hospital Clo. *SW17* —1D **120**
Old Ho. Clo. *SW19* —5G **119**
Old Ho. Gdns. *Twic* —6C **98**
Old Howlett's La. *Ruis* —6F **23**
Old Isleworth. —3B 98
Old Jamaica Rd. *SE16*
  —3G **87** (7K **169**)
Old James St. *SE15* —3H **105**
Old Jewry. *EC2* —6D **68** (1E **168**)
Old Kenton La. *NW9* —5H **27**
Old Kent Rd. *SE1 & SE15* —4E **86**
Old Kingston Rd. *Wor Pk* —2J **147**
Old Laundry, The. *Chst* —1G **145**
Old Lodge Pl. *Twic* —6B **98**
Old Lodge Way. *Stan* —5F **11**
Old London Rd. *Sidc* —7G **129**
Old Maidstone Rd. *Sidc* —7F **129**
Old Malden. —1A 148
Old Malden La. *Wor Pk* —3K **147**
Old Mnr. Ct. *NW8* —2A **66**

Old Mnr. Dri. *Iswth* —6G **97**
Old Mnr. Ho. M. *Shep* —3C **130**
Old Mnr. Rd. *S'hall* —3B **78**
Old Mnr. Way. *Bexh* —2K **111**
Old Mnr. Way. *Chst* —5D **126**
Old Mnr. Yd. *SW5* —4K **83**
Old Mkt. Sq. *E2* —3F **69** (1J **163**)
Old Marylebone Rd. *NW1*
  —5C **66** (6D **158**)
Oldmead Ho. *Dag* —6H **57**
Old M. *Harr* —5J **25**
Old Mill Clo. *E18* —3A **36**
Old Mill Pl. *Romf* —6K **39**
Old Mill Rd. *SE18* —6H **91**
Old Mitre Ct. *EC4* —6A **68** (1K **167**)
Old Montague St. *E1*
  —5G **69** (6K **163**)
Old Nichol St. *E2* —4F **69** (3J **163**)
Old N. St. *WC1* —5G **161**
Old Nursery Pl. *Ashf* —5D **112**
Old Oak Clo. *Chess* —4F **147**
Old Oak Common. —4A 64
Old Oak Comn. La. *W3 & NW10*
  —5A **64**
Old Oak La. *NW10* —3A **64**
Old Oak Rd. *W3* —7B **64**
Old Orchard. *Sun* —2A **132**
Old Orchard Clo. *Barn* —1G **5**
Old Orchard Clo. *Uxb* —6C **58**
Old Orchard, The. *NW3* —4D **48**
Old Pal. La. *Rich* —5C **98**
Old Pal. Rd. *Croy* —3B **152**
Old Pal. Ter. *Rich* —5D **98**
Old Pal. Yd. *SW1* —3J **85** (1E **172**)
Old Pal. Yd. *Rich* —5C **98**
Old Paradise St. *SE1*
  —4K **85** (3G **173**)
Old Pk. Av. *SW12* —6E **102**
Old Pk. Av. *Enf* —5H **7**
Old Pk. Gro. *Enf* —4H **7**
Old Pk. La. *W1* —1F **85** (5J **165**)
Old Pk. M. *Houn* —7D **78**
Old Pk. Ridings. *N21* —6G **7**
Old Pk. Rd. *N13* —4E **16**
Old Pk. Rd. *SE2* —5A **92**
Old Pk. Rd. *Enf* —3G **7**
Old Pk. Rd. S. *Enf* —4G **7**
Old Pk. Vw. *Enf* —3F **7**
Old Perry St. *Chst* —6J **127**
Old Pound Clo. *Iswth* —2A **98**
Old Pye St. *SW1* —3H **85** (1C **172**)
Old Pye St. Est. SW1
  —3H **85** (1C **172**)
  (off Old Pye St.)
Old Quebec St. *W1*
  —6D **66** (1F **165**)
Old Queen St. *SW1*
  —2H **85** (7D **166**)
Old Rectory Gdns. *Edgw* —6B **12**
Old Redding. *Harr* —5A **10**
Oldridge Rd. *SW12* —7E **102**
Old River Works. *N17* —6H **17**
Old Rd. *SE13* —4G **107**
Old Rd. *Dart* —5K **111**
Old Rd. *Enf* —1D **8**
Old Royal Free Pl. N1 —1A 68
  (off Liverpool Rd.)
Old Royal Free Sq. N1 —1A 68
  (off Old Royal Free Pl.)
Old Royal Naval College. —6F 89
Old Ruislip Rd. *N'holt* —2A **60**
Old School Clo. *SW19* —2J **137**
Old School Clo. *Beck* —2A **141**
Old School Ct. *N17* —3F **33**
Old School Cres. *E7* —6J **53**
Old School Rd. *Uxb* —4B **58**
Old Schools La. *Eps & Ewe*
  —7B **148**

Old School Sq. E14 —6C 70
  (off Pelling St.)
Old School Sq. *Th Dit* —6K **133**
Old Seacoal La. *EC4*
  (in two parts) —6B **68** (1A **168**)
Old S. Clo. *H End* —1B **24**
Old S. Lambeth Rd. *SW8* —7J **85**
Old Spitalfields Market.
  —5F **69** (5J **163**)
Old Sq. *WC2* —6K **67** (7J **161**)
Old Stable M. *N5* —3C **50**
Old Sta. Gdns. Tedd —6A 116
  (off Victoria Rd.)
Old Sta. Rd. *Hay* —3H **77**
Oldstead Rd. *Brom* —4E **124**
Old Stockley Rd. *W Dray* —2D **76**
Old Street. —3D **68**
Old St. *E13* —2K **71**
Old St. *EC1* —4C **68** (3C **162**)
Old Sungate Cotts. *Romf* —1F **39**
Old Sun Wharf. E14 —7A 70
  (off Narrow St.)
Old Swan Wharf. *SW11* —1B **102**
Old Swan Yd. *Cars* —4D **150**
Old Thackeray School. SW8
  —2F **103**
Old Theatre Ct. SE1
  (off Porter St.) —1C **86** (4D **168**)
Old Town. *SW4* —3G **103**
Old Town. *Croy* —3B **152**
Old Tramyard. *SE18* —4J **91**
Old Woolwich Rd. *SE10* —6F **89**
Old York Rd. *SW18* —5K **101**
O'Leary Sq. *E1* —5J **69**
Olinda Rd. *N16* —6F **33**
Oliphant St. *W10* —3F **65**
Oliver Av. *SE25* —3F **141**
Olivor Bus. Pk. *NW10* —2J **63**
Oliver Clo. *W4* —6H **81**
Oliver Ct. *SE18* —4G **91**
Oliver Gdns. *E6* —5C **72**
Oliver Goldsmith Est. *SE15*
  —1G **105**
Oliver Gro. *SE25* —4F **141**
Oliver Ho. *SE16* —2G **87**
  (off George Row)
Oliver Ho. SW8 —7J 85
  (off Wyvil Rd.)
Oliver M. *SE15* —2G **105**
Olive Rd. *E13* —3A **72**
Olive Rd. *NW2* —4E **46**
Olive Rd. *SW19* —7A **120**
Olive Rd. *W5* —3D **80**
Oliver Rd. *E10* —2D **52**
Oliver Rd. *E17* —5E **34**
Oliver Rd. *NW10* —2J **63**
Oliver Rd. *N Mald* —2J **135**
Oliver Rd. *Sutt* —4B **150**
Olivers Wharf. *E1* —1H **87**
  (off Wapping High St.)
Olivers Yd. *EC1* —4D **68** (3F **163**)
Olive St. *Romf* —5K **39**
Olivette St. *SW15* —3F **101**
Olive Waite Ho. *NW6* —7J **47**
Olivia Ct. Enf —1H 7
  (off Chase Side)
Ollerton Grn. *E3* —1B **70**
Ollerton Rd. *N11* —5C **16**
Olley Clo. *Wall* —7J **151**
Ollgar Clo. *W12* —1B **82**
Olliffe St. *E14* —3E **88**
Olmar St. *SE1* —6G **87**
Olney Ho. *NW8*
  —4C **66** (3D **158**)
  (off Tresham Cres.)
Olney Rd. *SE17* —6B **86**
  (in two parts)
Olron Cres. *Bexh* —5D **110**

Osier St. E1 —4J 69
Osier Way. E10 —3D 52
Osier Way. Mitc —5D 138
Oslac Rd. SE6 —5D 124
Oslo Ct. NW8 —2C 66
(off Prince Albert Rd.)
Oslo Ho. SE5 —2C 104
(off Carew St.)
Oslo Sq. SE16 —3A 88
Osman Clo. N15 —6D 32
Osman Rd. N9 —3B 18
Osman Rd. W6 —3E 82
Osmond Clo. Harr —2G 43
Osmond Gdns. Wall —5G 151
Osmund St. W12 —5B 64
Osnaburgh St. NW1 —4F 67 (3K 159)
Osnaburgh Ter. NW1 —4F 67 (3K 159)
Osney Ho. SE2 —2D 92
Osney Wlk. Cars —6B 138
Osprey Clo. E6 —5C 72
Osprey Clo. E11 —4J 35
Osprey Clo. E17 —7F 19
Osprey Clo. Sutt —5H 149
Osprey Clo. W Dray —2A 76
Osprey Ct. Beck —7C 124
Osprey Est. SE16 —4A 88
(off Plough Way)
Osprey Est. SE16 —4A 88
(off Greenland Quay)
Osprey M. Enf —5D 8
Ospringe Clo. SE20 —7J 123
Ospringe Ho. SE1 —2A 86 (6K 167)
(off Wootton St.)
Ospringe Rd. NW5 —4G 49
Osram Ct. W6 —3E 82
Osram Rd. Wemb —3D 44
Osric Path. N1 —2E 68
Ossian M. N4 —7K 31
Ossian Rd. N4 —7K 31
Ossington Bldgs. W1 —5E 66 (5G 159)
Ossington Clo. W2 —7J 65
Ossington St. W2 —7J 65
Ossory Rd. SE1 —6G 87
Ossulston St. NW1 —2H 67 (1D 160)
Ossulton Pl. N2 —3A 30
Ossulton Way. N2 —4A 30
Ostade Rd. SW2 —7K 103
Ostell Cres. Enf —1H 9
Ostend Pl. SE1 —4C 86
Osten M. SW7 —3K 83
Osterley. —7H 79
Osterley Av. Iswth —7H 79
Osterley Clo. Orp —1K 145
Osterley Ct. Iswth —1H 97
Osterley Ct. N'holt —3A 60
(off Canberra Dri.)
Osterley Cres. Iswth —1J 97
Osterley Gdns. S'hall —2G 79
Osterley Gdns. T Hth —2C 140
Osterley Ho. E14 —6D 70
Osterley La. S'hall & Iswth —5E 78
(in two parts)
Osterley Lodge. Iswth —7J 79
(off Church Rd.)
Osterley Pk. House. —6H 79
Osterley Pk. Rd. S'hall —3D 78
Osterley Pk. Vw. Rd. W7 —2J 79
Osterley Rd. N16 —4E 50
Osterley Rd. Iswth —7J 79
Osterley Views. S'hall —1G 79
Oster Ter. E17 —5K 33
Ostliffe Rd. N13 —5H 17
Oswald Rd. S'hall —1C 78
Oswald's Mead. E9 —4A 52
Oswald St. E5 —3K 51
Oswald Ter. NW2 —3E 46
Osward Pl. N9 —2C 18
Osward Rd. SW17 —2D 120
Oswin St. SE11 —4B 86
Oswyth Rd. SE5 —2E 104
Otford Clo. SE20 —1J 141
Otford Clo. Bex —6H 111
Otford Clo. Brom —3E 144
Otford Cres. SE4 —6B 106
Otford Ho. SE1 —2D 86 (7F 169)
(off Staple St.)
Otford Ho. SE15 —6J 87
(off Lovelinch Clo.)
Othello Clo. SE11 —5B 86 (5K 173)
Otho Ct. Bren —7D 80
Otis St. E3 —3E 70
Otley App. Ilf —6F 37
Otley Dri. Ilf —5F 37
Otley Ho. N4 —3A 50
Otley Rd. E16 —6A 72
Otley Ter. E5 —3K 51
Ottawa Gdns. Dag —7K 57
Ottaway Ct. E5 —3G 51
Ottaway St. E5 —3G 51
Otterbourne Rd. E4 —3A 20
Otterbourne Rd. Croy —2C 152
Otterburn Gdns. Iswth —7A 80
Otterburn Ho. SE5 —7C 86
(off Sultan St.)
Otterburn St. SW17 —6D 120
Otterden St. SE6 —4C 124
Otterfield Rd. W Dray —7A 58
Otter Rd. Gnfd —4G 61
Otto Clo. SE26 —3H 123
Otto St. SE17 —6B 86
Otway Gdns. Bush —1D 10
Oulton Clo. E5 —2J 51
Oulton Clo. SE28 —6C 74
Oulton Cres. Bark —5K 55
Oulton Rd. N15 —5D 32
Ouseley Rd. SW12 —1D 120
Outer Circ. NW1 —3C 66 (1D 158)
Outgate Rd. NW10 —7B 46
Outram Pl. N1 —1J 67
Outram Rd. E6 —1C 72
Outram Rd. N22 —1H 31
Outram Rd. Croy —2F 153
Outwich St. EC3 —7H 163
Outwood Ho. SW2 —7K 103
(off Deepdene Gdns.)
Oval Ct. Edgw —7D 12
Oval Cricket Ground. —6K 85 (7H 173)
Oval House Theatre. —6A 86
Oval Mans. SE11 —6K 85 (7H 173)
Oval Pl. SW8 —7K 85
Oval Rd. NW1 —1F 67
Oval Rd. Croy —2D 152
Oval Rd. N. Dag —1G 75
Oval Rd. S. Dag —2H 75
Oval, The. E2 —2H 69
Oval, The. Sidc —7A 110
Oval Way. SE11 —5K 85 (6H 173)
Overbrae. Beck —6C 124
Overbrook Wlk. Edgw —7B 12
(in two parts)
Overbury Av. Beck —3D 142
Overbury Rd. N15 —6D 32
Overbury St. E5 —4K 51
Overcliff Rd. SE13 —3C 106
Overcourt Clo. Sidc —6B 110
Overdale Av. N Mald —2J 135
Overdale Rd. W5 —3C 80
Overdown Rd. SE6 —4C 124
Overhill Rd. SE22 —7G 105
Overhill Way. Beck —5F 143
Overlea Rd. E5 —7G 33
Overmead. SE9 —7H 109
Oversley Ho. W2 —5J 65
(off Alfred Rd.)
Overstand Clo. Beck —5C 142
Overstone Gdns. Croy —7B 142
Overstone Ho. E14 —6C 70
Overstone Rd. W6 —3E 82
Overstrand Mans. SW11 —1D 102
Overton Clo. NW10 —6J 45
Overton Clo. Iswth —1K 97
Overton Ct. E11 —7J 35
Overton Ct. Sutt —7J 149
Overton Dri. E11 —7J 35
Overton Dri. Romf —7C 38
Overton Ho. SW15 —7B 100
(off Tangley Gro.)
Overton Rd. E10 —1A 52
Overton Rd. N14 —5D 6
Overton Rd. SE2 —3C 92
Overton Rd. SW9 —2A 104
Overton Rd. Sutt —6J 149
Overton Rd. E. SE2 —3D 92
Overtons Yd. Croy —3C 152
Overy Ho. SE1 —2B 86 (7A 168)
Ovesdon Av. Harr —1D 42
Ovett Clo. SE19 —6E 122
Ovex Clo. E14 —2E 88
Ovington Gdns. SW3 —3C 84 (2D 170)
Ovington M. SW3 —2D 170
Ovington Sq. SW3 —3C 84 (2D 170)
Ovington St. SW3 —4C 84 (3D 170)
Owen Clo. SE28 —1C 92
Owen Clo. Croy —6D 140
Owen Clo. N'holt —3K 59
Owen Gdns. Wfd G —6H 21
Owen Ho. Twic —7B 98
Owenite St. SE2 —4B 92
Owen Mans. W14 —6G 83
(off Queen's Club Gdns.)
Owen Rd. N13 —5H 17
Owen Rd. Hay —3K 59
Owen's Ct. EC1 —3B 68 (1A 162)
Owen's Row. EC1 —3B 68 (1A 162)
Owen St. EC1 —2B 68 (1A 162)
(in two parts)
Owens Way. SE23 —7A 106
Owen Wlk. SE20 —1G 141
Owen Way. NW10 —6J 45
Owgan Clo. SE5 —7D 86
Oxberry Av. SW6 —2G 101
Oxendon St. W1 —7H 67 (3C 166)
Oxenford St. SE15 —3F 105
Oxenholme. NW1 —2G 67 (1A 160)
(off Harrington Sq.)
Oxenpark Av. Wemb —7E 26
Oxestall's Rd. SE8 —5A 88
Oxford & Cambridge Mans. NW1 —5C 66 (6D 158)
(off Old Marylebone Rd.)
Oxford Av. NW10 —3D 64
Oxford Av. SW20 —2G 137
Oxford Av. Hay —7H 77
Oxford Av. Houn —5E 78
Oxford Cir. W1 —6G 67 (1A 166)
(off Oxford St.)
Oxford Cir. Av. W1 —6G 67 (1A 166)
Oxford Clo. N9 —2C 18
Oxford Clo. Ashf —7E 112
Oxford Clo. Mitc —3G 139
Oxford Ct. EC4 —2E 168
Oxford Ct. W3 —6G 63
Oxford Ct. W4 —5H 81
Oxford Ct. W7 —5K 61
(off Copley Clo.)
Oxford Ct. Felt —4B 114
Oxford Cres. N Mald —6K 135
Oxford Dri. SE1 —1E 86 (5G 169)
Oxford Dri. Ruis —2A 42
Oxford Gdns. N20 —1G 15
Oxford Gdns. N21 —7H 7
Oxford Gdns. W4 —5G 81
Oxford Gdns. W10 —6E 64
Oxford Ga. W6 —4F 83
Oxford M. Bex —7G 111
Oxford Pl. NW10 —3K 45
(off Neasden La. N.)
Oxford Pl. NW10 —3K 45
(off Press Rd.)
Oxford Rd. E15 —6F 53
(in two parts)
Oxford Rd. N4 —1A 50
Oxford Rd. N9 —2C 18
Oxford Rd. NW6 —2J 65
Oxford Rd. SE19 —6D 122
Oxford Rd. SW15 —4G 101
Oxford Rd. W5 —7D 62
Oxford Rd. Cars —6C 150
Oxford Rd. Enf —5C 8
Oxford Rd. Harr —6G 25
Oxford Rd. Ilf —5G 55
Oxford Rd. Sidc —5B 128
Oxford Rd. Tedd —5H 115
Oxford Rd. Wall —5G 151
Oxford Rd. W'stone —3K 25
Oxford Rd. Wfd G —5G 21
Oxford Rd. N. W4 —5H 81
Oxford Rd. S. W4 —5G 81
Oxford Sq. W2 —6C 66 (1D 164)
Oxford St. W1 —6E 66 (1G 165)
Oxford Wlk. S'hall —1D 70
Oxford Way. Felt —4B 114
Oxgate Cen. NW2 —2D 46
Oxgate Ct. NW2 —2C 46
Oxgate Gdns. NW2 —3D 46
Oxgate La. NW2 —2D 46
Oxgate Pde. NW2 —2C 46
Oxhawth Cres. Brom —5E 144
Oxleas. E6 —6F 73
Oxleas Clo. Well —2H 109
Oxleay Rd. Harr —1E 42
Oxleigh Clo. N Mald —5A 136
Oxley Clo. SE1 —5F 87
Oxleys Rd. NW2 —3D 46
Oxlip Clo. Croy —1K 153
Oxlow La. Dag —4F 57
Oxonian St. SE22 —4F 105
Oxo Tower Wharf. —7A 68 (3K 167)
Oxo Tower Wharf. SE1 —7A 68
Oxted Clo. Mitc —3B 138
Oxtoby Way. SW16 —1H 139
Oystercatcher Clo. E16 —6K 71
Oystergate Wlk. EC4 —3E 168
Oyster Row. E1 —6J 69
Ozolins Way. E16 —6J 71

Pablo Neruda Clo. SE24 —4B 104
Pace Pl. E1 —6H 69
Pacific Clo. Felt —1H 113
Pacific Rd. E16 —6J 71
Packenham Ho. E2 —3F 69 (1K 163)
(off Wellington Row)
Packington Rd. W3 —3J 81
Packington Sq. N1 —1C 68
(in three parts)
Packington St. N1 —1B 68
Packmores Rd. SE9 —5H 109
Padbury. SE17 —5E 86
(off Bagshot St.)
Padbury Clo. Bedf & Felt —1F 113
Padbury Ct. E2 —3F 69 (2K 163)
Padbury Ho. NW8 —4C 66 (3D 158)
(off Tresham Cres.)
Padcroft Rd. W Dray —1A 76
Paddenswick Rd. W6 —3C 82
Paddington. —6B 66 (1A 164)
Paddington Clo. Hay —4B 60
Paddington Ct. W7 —5K 61
(off Copley Clo.)
Paddington Grn. W2 —5B 66 (5A 158)
Paddington St. W1 —5E 66 (5G 159)
Paddock Clo. SE3 —2J 107
Paddock Clo. SE26 —4K 123
Paddock Clo. N'holt —2E 60
Paddock Clo. Wor Pk —1A 148
Paddock Gdns. SE19 —6E 122
Paddock Lodge. Enf —5K 7
(off Village Rd.)
Paddock Pas. SE19 —6E 122
(off Paddock Gdns.)
Paddock Rd. NW2 —3C 46
Paddock Rd. Bexh —4E 110
Paddock Rd. Ruis —3B 42
Paddocks Clo. Harr —4F 43
Paddocks Grn. NW9 —1H 45
Paddocks, The. W5 —3D 80
(off Popes La.)
Paddocks, The. Cockf —3J 5
Paddocks, The. New Ad —6C 154
Paddocks, The. Wemb —2H 45
Paddock, The. NW9 —5G 27
Paddock, The. Uxb —4D 40
Paddock Way. Chst —7H 127
Padfield Rd. SE5 —3C 104
Padnall Ct. Romf —3D 38
Padnall Rd. Chad H & Romf —3D 38
Padstow Ho. E14 —7B 70
Padstow Rd. Enf —1G 7
Padstow Wlk. Felt —1H 113
Padua Rd. SE20 —1J 141
Pagden St. SW8 —1F 103
Pageant Av. NW9 —1K 27
Pageant Cres. SE16 —1A 88
Pageantmaster Ct. EC4 —1A 168
Pageant Wlk. Croy —3E 152
Page Clo. Dag —5E 56
Page Clo. Hamp —6C 114
Page Clo. Harr —6F 27
Page Cres. Croy —5B 152
Page Grn. Rd. N15 —5G 33
Page Grn. Ter. N15 —5F 33
Page Heath La. Brom —3B 144
Page Heath Vs. Brom —3B 144
Pagehurst Rd. Croy —7H 141
Page Mdw. NW7 —7J 13
Page Rd. Felt —6F 95
Pages Hill. N10 —2E 30
Pages La. N10 —2E 30
Page St. NW7 —1C 28
Page St. SW1 —4H 85 (3D 172)
Page's Wlk. SE1 —4E 86
Pages Yd. W4 —6B 82
Paget Av. Sutt —3B 150
Paget Clo. Hamp —4H 115
Paget Gdns. Chst —1F 145
Paget La. Iswth —3H 97
Paget Pl. King T —6J 117
Paget Pl. Th Dit —1A 146
Paget Ri. SE18 —6E 90
Paget Rd. N16 —1D 50
Paget Rd. Ilf —4F 55
Paget Rd. Uxb —4E 58
Paget St. EC1 —3B 68 (1A 162)

Parkfield Rd. N'holt —2C **60**
Parkfields. SW15 —4E **100**
Parkfields. Croy —1B **154**
Parkfields Av. NW9 —1K **45**
Parkfields Av. SW20 —1D **136**
Parkfields Clo. Cars —4E **150**
Parkfields Rd. King T —5F **117**
Parkfield St. N1 —2A **68**
Parkfield Way. Brom —6D **144**
Park Gdns. E10 —1C **52**
Park Gdns. NW9 —3H **27**
Park Gdns. Eri —4K **93**
Park Gdns. King T —5F **117**
Park Ga. N2 —3B **30**
Park Ga. N21 —7E **6**
Park Ga. SE3 —3H **107**
Park Ga. W5 —5D **62**
Parkgate Av. Barn —1F **5**
Pk. Gate Clo. King T —6H **117**
Pk. Gate Ct. Hamp H —6G **115**
Parkgate Cres. Barn —1F **5**
Parkgate Gdns. SW14 —5K **99**
Parkgate M. N6 —7G **31**
Parkgate Rd. SW11 —7C **84**
Parkgate Rd. Wall —5E **150**
Park Gates. Harr —4E **42**
Park Gro. E15 —1J **71**
Park Gro. N11 —7C **16**
Park Gro. Bexh —4J **111**
Park Gro. Brom —1K **143**
Park Gro. Edgw —5A **12**
Park Gro. Rd. E11 —2G **53**
Parkhall Rd. N2 —4C **30**
Pk. Hall Rd. SE21 —3C **122**
Park Hall Trad. Est. SE21 —3C **122**
Parkham Ct. Short —2G **143**
Parkham St. SW11 —1C **102**
Park Hill. SE23 —2H **123**
Park Hill. SW4 —5H **103**
Park Hill. W5 —5D **62**
Park Hill. Brom —4C **144**
Park Hill. Cars —6C **150**
Park Hill. Rich —6F **99**
Pk. Hill Clo. Cars —5C **150**
Pk. Hill Ct. SW17 —3D **120**
Pk. Hill Ri. Croy —2E **152**
Parkhill Rd. E4 —1K **19**
Parkhill Rd. NW3 —5D **48**
Parkhill Rd. Bex —7F **111**
Pk. Hill Rd. Brom —2G **143**
Pk. Hill Rd. Croy —2E **152**
Pk. Hill Rd. Sidc —3H **127**
Pk. Hill Rd. Wall —7F **151**
Parkhill Wlk. NW3 —5D **48**
Parkholme Rd. E8 —6G **51**
Park Ho. N21 —7E **6**
Park Ho. Gdns. Twic —5C **98**
Park Ho. Pas. N6 —7E **30**
Parkhouse St. SE5 —7D **86**
Parkhurst Ct. N7 —4J **49**
Parkhurst Gdns. Bex —7G **111**
Parkhurst Rd. E12 —4E **54**
Parkhurst Rd. E17 —4A **34**
Parkhurst Rd. N7 —4J **49**
Parkhurst Rd. N11 —5K **15**
Parkhurst Rd. N17 —2G **33**
Parkhurst Rd. N22 —6E **16**
Parkhurst Rd. Bex —7G **111**
Parkhurst Rd. Sutt —4B **150**
Parkinson Ho. SW1
 —4G **85** (5C **172**)
 (off Tachbrook St.)
Parkland Ct. E15 —5G **53**
 (off Maryland Pk.)
Parkland Gdns. SW19 —1F **119**
Parkland Gro. Ashf —4C **112**
Parkland Rd. N22 —2K **31**
Parkland Rd. Ashf —4C **112**

Parkland Rd. Wfd G —7E **20**
Parklands. N6 —1F **49**
Parklands. Surb —5F **135**
Parklands Clo. SW14 —5J **99**
Parklands Clo. Barn —1G **5**
Parklands Ct. Houn —2B **96**
Parklands Dri. N3 —3G **29**
Parklands Gro. Iswth —1K **97**
Parklands Pde. Houn —2B **96**
Parklands Rd. SW16 —5F **121**
Parklands Way. Wor Pk —2A **148**
Park La. E15 —1F **71**
Park La. N9 —3K **17**
Park La. N17 —7A **18**
 (in two parts)
Park La. W1 —7D **66** (2F **165**)
Park La. Cars & Wall —4E **150**
Park La. Chad H —6D **38**
Park La. Cran & Houn —7J **77**
Park La. Croy —3D **152**
Park La. Harr —3F **43**
Park La. Hay —5G **59**
Park La. Rich —4D **98**
Park La. Stan —3F **11**
Park La. Sutt —6G **149**
Park La. Tedd —6K **115**
Park La. Wemb —5E **44**
Park La. Clo. N17 —7B **18**
Park Langley. —4E **142**
Park Lawns. Wemb —4F **45**
Parklea Clo. NW9 —1A **28**
Pk. Lee Ct. N16 —7E **32**
Parkleigh Rd. SW19 —2K **137**
Parkleys. Rich —4D **116**
Parkleys Pde. Rich —4D **116**
Park Lodge. NW8 —7B **48**
Park Lorne. NW8 —3C **66** (2D **158**)
 (off Park Rd.)
Park Mnr. Sutt —7A **150**
 (off Christchurch Pk.)
Park Mans. NW4 —5D **28**
Park Mans. NW8 —2C **66**
 (off Allitsen Rd.)
Park Mans. SW1 —2D **84** (7E **164**)
 (off Brompton Rd.)
Park Mans. SW8 —6J **85** (7F **173**)
Park Mans. SW11 —1D **102**
 (off Prince of Wales Dri.)
Parkmead. SW15 —6D **100**
Park Mead. Harr —3F **43**
Park Mead. Sidc —5B **110**
Parkmead Gdns. NW7 —6G **13**
Park M. SE24 —7C **104**
Park M. W10 —2G **65**
Park M. Chst —6F **127**
Park M. Stanw —7B **94**
Parkmore Clo. Wfd G —4D **20**
Park Pde. NW10 —2B **64**
Park Pde. W5 —3G **81**
Park Pde. Hay —6G **59**
Park Pl. E14 —1C **88**
Park Pl. SW1 —1G **85** (5A **166**)
Park Pl. W3 —4G **81**
Park Pl. W5 —1D **80**
Park Pl. Hamp H —6G **115**
Park Pl. Wemb —4F **45**
Park Pl. Vs. W2 —5A **66** (5A **158**)
Park Ridings. N8 —3A **32**
Park Ri. SE23 —1A **124**
Park Ri. Harr —1J **25**
Park Ri. Rd. SE23 —1A **124**
Park Rd. E6 —1A **72**
Park Rd. E10 —1C **52**
Park Rd. E12 —1K **53**
Park Rd. E15 —1J **71**
Park Rd. E17 —5B **34**
Park Rd. N2 —3B **30**
Park Rd. N8 —4G **31**

Park Rd. N11 —7C **16**
Park Rd. N14 —1C **16**
Park Rd. N15 —4B **32**
Park Rd. N18 —4B **18**
Park Rd. NW4 —7C **28**
Park Rd. NW8 & NW1
 —3C **66** (2D **158**)
Park Rd. NW9 —7K **27**
Park Rd. NW10 —1A **64**
Park Rd. SE25 —4E **140**
Park Rd. SW19 —6B **120**
Park Rd. W4 —7J **81**
Park Rd. W7 —7K **61**
Park Rd. Ashf —5D **112**
Park Rd. Barn & New Bar —4G **5**
Park Rd. Beck —7B **124**
Park Rd. Brom —1K **143**
Park Rd. Cheam & Sutt —6G **149**
Park Rd. Chst —6F **127**
Park Rd. E Mol —4G **133**
Park Rd. Felt —4B **114**
Park Rd. Hack —2F **151**
Park Rd. Hamp H —4F **115**
Park Rd. Hamp W —1C **134**
Park Rd. Hay —5G **59**
Park Rd. High Bar —4C **4**
Park Rd. Houn —5F **97**
Park Rd. Ilf —3H **55**
Park Rd. Iswth —1B **98**
Park Rd. King T —5F **117**
Park Rd. N Mald —4K **135**
Park Rd. Rich —6F **99**
Park Rd. Sun —7K **113**
Park Rd. Surb —6F **135**
Park Rd. Tedd —6K **115**
Park Rd. Twic —6C **98**
Park Rd. Uxb —7A **40**
Park Rd. Wall —5F **151**
Park Rd. Wemb —6E **44**
Park Rd. E. W3 —2H **81**
Park Rd. E. Uxb —2A **58**
Park Rd. Ho. King T —7G **117**
Park Rd. N. W3 —2H **81**
Park Rd. N. W4 —5K **81**
Park Row. SE10 —5F **89**
Park Royal. —3H **63**
Park Royal Junction. —1G **63**
Pk. Royal Metro Cen. NW10
 —4H **63**
Pk. Royal Rd. NW10 & W3 —3J **63**
Pk. Royal S. Leisure Complex. W3
 —4G **63**
Parkshot. Rich —4D **98**
Parkside. N3 —1K **29**
Parkside. NW2 —3C **46**
Parkside. NW7 —6H **13**
Parkside. SE3 —7H **89**
Parkside. SW1 —6F **165**
Parkside. SW19 —3F **119**
Parkside. W3 —1A **82**
Parkside. W5 —7E **62**
Parkside. Buck H —2E **20**
Parkside. Hamp H —5H **115**
Parkside. Hay —7G **59**
Parkside. Sidc —2B **128**
Parkside. Sutt —6G **149**
Parkside Av. SW19 —5F **119**
Parkside Av. Bexh —2K **111**
Parkside Av. Brom —4C **144**
Parkside Av. Romf —3K **39**
Parkside Bus. Est. SE8 —6A **88**
Parkside Clo. SE20 —7J **123**
Parkside Ct. E11 —6J **35**
 (off Wanstead Pl.)
Parkside Ct. N22 —6E **16**
Parkside Cres. N7 —3A **50**
Parkside Cres. Surb —6J **135**
Parkside Cross. Bexh —2K **111**

Parkside Dri. Edgw —3B **12**
Parkside Est. E9 —1J **69**
Parkside Gdns. SW19 —4F **119**
Parkside Gdns. E Barn —1J **15**
Parkside Ho. Dag —3J **57**
Parkside Lodge. Belv —5J **93**
Parkside Rd. SW11 —1E **102**
Parkside Rd. Belv —4H **93**
Parkside Rd. Houn —5F **97**
Parkside Ter. N18 —4J **17**
Parkside Way. Harr —4F **25**
Park Sq. E. NW1 —4F **67** (3J **159**)
Park Sq. M. NW1 —4J **159**
Park Sq. W. NW1 —4F **67** (3J **159**)
Parkstead Rd. SW15 —5C **100**
Park Steps. W2 —2D **164**
Parkstone Av. N18 —6A **18**
Parkstone Rd. E17 —3E **34**
Parkstone Rd. SE15 —2G **105**
Park St. SE1 —1C **86** (4C **168**)
Park St. W1 —7E **66** (2G **165**)
Park St. Croy —3C **152**
Park St. Tedd —6J **115**
Park Ter. Cars —3C **150**
Park Ter. Enf —1F **9**
Park Ter. Wor Pk —1C **148**
Park, The. N6 —6E **30**
Park, The. NW11 —1K **47**
Park, The. SE19 —7E **122**
Park, The. SE23 —1J **123**
Park, The. W5 —1D **80**
Park, The. Cars —5D **150**
Park, The. Sidc —5A **128**
Parkthorne Clo. Harr —6F **25**
Parkthorne Dri. Harr —6E **24**
Parkthorne Rd. SW12 —7H **103**
Park Towers. W1 —1F **85** (5J **165**)
 (off Brick St.)
Park Vw. N5 —4C **50**
Park Vw. N21 —7E **6**
Park Vw. W3 —5J **63**
Park Vw. Chad H —6D **38**
Parkview. Eri —3D **92**
Parkview. Gnfd —3A **62**
 (off Perivale La.)
Park Vw. N Mald —3D **136**
Park Vw. Pinn —1D **24**
Park Vw. Wemb —5H **45**
Park Vw. W Dray —7A **58**
Pk. View Ct. N12 —4H **15**
Pk. View Ct. SE20 —1H **141**
Parkview Ct. SW6 —2G **101**
Parkview Ct. SW18 —5J **101**
Parkview Ct. Har W —7D **10**
Pk. View Cres. N11 —4A **16**
Pk. View Est. E2 —2K **69**
Pk. View Gdns. N22 —1A **32**
Pk. View Gdns. NW4 —5E **28**
Pk. View Gdns. Bark —2J **73**
Pk. View Gdns. Ilf —4D **36**
Pk. View Ho. E4 —5H **19**
Parkview Ho. N9 —7C **8**
Pk. View Ho. SE24 —6B **104**
 (off Hurst St.)
Pk. View Mans. N4 —7B **32**
Pk. View Rd. N3 —1K **29**
Pk. View Rd. N17 —3G **33**
Pk. View Rd. NW10 —3C **46**
Parkview Rd. SE9 —1F **127**
Pk. View Rd. W5 —5E **62**
Pk. View Rd. Croy —1G **153**
Pk. View Rd. S'hall —1E **78**
Pk. View Rd. Uxb —6B **58**
Pk. View Rd. Well —3C **110**
Pk. Village E. NW1
 —2F **67** (1K **159**)
Pk. Village W. NW1 —2F **67**
Park Vs. Romf —6D **38**

Parkville Rd. SW6 —7H **83**
Park Vista. SE10 —6F **89**
Park Wlk. N6 —7E **30**
Park Wlk. SE10 —7F **89**
Park Wlk. SW10 —6A **84** (7A **170**)
Park Wlk. Barn —3G **5**
Parkway. N14 —2D **16**
Park Way. N20 —4J **15**
Parkway. NW1 —1F **67**
Park Way. NW11 —5G **29**
Parkway. SW20 —4F **137**
Park Way. Edgw —1H **27**
Park Way. Enf —2F **7**
Parkway. Eri —3E **92**
Park Way. Felt —7K **95**
Park Way. Ilf —3K **55**
Park Way. Ruis —1J **41**
Parkway. Uxb —7C **40**
Park Way. W Mol —3F **133**
Park Way. Wfd G —5F **21**
Pk. Way Ct. Ruis —1H **41**
Parkway, The. Hay —3K **77**
 (UB3 & UB4)
Parkway, The. Hay —6A **60**
 (UB4 & UB5)
Parkway, The. Houn —2K **95**
Parkway, The. Houn & S'hall
 —5J **77**
Parkway Trad. Est. Houn —6A **78**
Park West. W2 —7D **158**
Park W. Pl. W2 —6C **66** (7D **158**)
Parkwood. N20 —3J **15**
Parkwood. NW8 —1D **66**
 (off St Edmund's Ter.)
Parkwood. Beck —7C **124**
Parkwood Av. Esh —7G **133**
Parkwood Flats. N20 —3J **15**
Parkwood Gro. Sun —3J **131**
Parkwood M. N6 —6F **31**
Parkwood Rd. SW19 —5H **119**
Pk. Wood Rd. Bex —7F **111**
Parkwood Rd. Iswth —1K **97**
Parliament Ct. E1 —6H **163**
Parliament Hill. —3D **48**
Parliament Hill. NW3 —4C **48**
Parliament Hill Mans. NW5 —4E **48**
Parliament M. SW14 —2J **99**
Parliament Sq. SW1
 —2J **85** (7E **166**)
Parliament St. SW1
 —2J **85** (6E **166**)
Parliament Vw. SE1
 —4K **85** (3G **173**)
Parma Cres. SW11 —4D **102**
Parmiter Ind. Cen. E2 —2H **69**
 (off Parmiter St.)
Parmiter St. E2 —2H **69**
Parmoor Ct. EC1 —3C **162**
Parndon Ho. Lou —1H **21**
Parnell Clo. W12 —3D **82**
Parnell Clo. Edgw —4C **12**
Parnell Ho. WC1 —5H **67** (6D **160**)
Parnell Rd. E3 —1B **70**
 (in two parts)
Parnham St. E14 —6A **70**
 (in two parts)
Parolles Rd. N19 —1G **49**
Paroma Rd. Belv —3G **93**
Parr Clo. N9 & N18 —4C **18**
Parr Ct. N1 —2D **68**
 (off New North Rd.)
Parr Ct. Felt —4A **114**
Parrington Ho. SW4 —6H **103**
Parr Rd. E6 —1B **72**
Parr Rd. Stan —1D **26**
Parrs Clo. S Croy —7D **152**
Parrs Pl. Hamp —7E **114**
Parr St. N1 —2D **68**

Pegasus Ct. *King T* —3D **134**
Pegasus Pl. *SE11* —6A **86** (7J **173**)
Pegasus Pl. *SW6* —1J **101**
Pegasus Tower. SE14 —7A **88**
 (off Woodpecker Rd.)
Pegasus Way. *N11* —6A **16**
Peggotty Way. *Uxb* —6D **58**
Pegg Rd. *Houn* —7B **78**
Pegley Gdns. *SE12* —2J **125**
Pegwell St. *SE18* —7J **91**
Pekin Clo. *E14* —6C **70**
Pekin Ho. *E14* —6C **70**
 (off Pekin St.)
Pekin St. *E14* —6C **70**
Pelabon Ho. Twic —6D **98**
 (off Clevedon Rd.)
Peldon Ct. *Rich* —4F **99**
Peldon Pas. *Rich* —4F **99**
Peldon Wlk. *N1* —1B **68**
 (off Popham St.)
Pelham Av. *Bark* —1K **73**
Pelham Clo. *SE5* —3E **104**
Pelham Cotts. *Bex* —1H **129**
Pelham Ct. SW3 —4C **84** (4C **170**)
 (off Fulham Rd.)
Pelham Ct. *Sidc* —3A **128**
Pelham Cres. *SW7*
 —4C **84** (4C **170**)
Pelham Ho. W14 —4H **83**
 (off Mornington Av.)
Pelham Pl. *SW7* —4C **84** (3C **170**)
Pelham Rd. *E18* —3K **35**
Pelham Rd. *N15* —4F **33**
Pelham Rd. *N22* —2A **32**
Pelham Rd. *SW19* —7J **119**
Pelham Rd. *Beck* —2J **141**
Pelham Rd. *Bexh* —3G **111**
Pelham Rd. *Ilf* —2H **55**
Pelham St. *SW7* —4B **84** (3B **170**)
Pelican Est. *SE15* —1F **105**
Pelican Ho. *SE8* —4B **88**
Pelican Pas. *E1* —4J **69**
Pelican Stairs. *E1* —1J **87**
Pelican Wlk. *SW9* —4B **104**
Pelier St. *SE17* —6C **86**
Pelinore Rd. *SE6* —2G **125**
Pella Ho. *SE11* —5K **85** (5H **173**)
Pellant Rd. *SW6* —7G **83**
Pellatt Gro. *N22* —1A **32**
Pellatt Rd. *SE22* —5F **105**
Pellatt Rd. *Wemb* —2D **44**
Pellerin Rd. *N16* —5E **50**
Pelling St. *E14* —6C **70**
Pellipar Clo. *N13* —3F **17**
Pellipar Gdns. *SE18* —5D **90**
Pellipar Rd. *SE18* —5D **90**
Pelly Rd. *E13* —1J **71**
 (in two parts)
Pelter St. *E2* —3F **69** (1J **163**)
 (in two parts)
Pelton Rd. *SE10* —5G **89**
Pembar Av. *E17* —3A **34**
Pemberley Chase. *W Ewe* —5H **147**
Pemberley Clo. *W Ewe* —5H **147**
Pember Rd. *NW10* —3F **65**
Pemberton Gdns. *N19* —3G **49**
Pemberton Gdns. *Romf* —5E **38**
Pemberton Ho. SE26 —4G **123**
 (off High Level Dri.)
Pemberton Pl. *E8* —7H **51**
Pemberton Rd. *N4* —5A **32**
Pemberton Rd. *E Mol* —4G **133**
Pemberton Row. *EC4*
 —6A **68** (7K **161**)
Pemberton Ter. *N19* —3G **49**
Pembridge Av. *Twic* —1D **114**
Pembridge Cres. *W11* —7J **65**
Pembridge Gdns. *W2* —7J **65**

Pembridge M. *W11* —7J **65**
Pembridge Pl. *SW15* —5J **101**
Pembridge Pl. *W2* —7J **65**
Pembridge Rd. *W11* —7J **65**
Pembridge Sq. *W2* —7J **65**
Pembridge Vs. *W11 & W2* —7J **65**
Pembroke Av. *Enf* —1C **8**
Pembroke Av. *Harr* —3A **26**
Pembroke Av. *Pinn* —1B **42**
Pembroke Av. *Surb* —5H **135**
Pembroke Bldgs. *NW10* —3C **64**
Pembroke Cen., The. *Ruis* —1H **41**
Pembroke Clo. *SW1*
 —2E **84** (7H **165**)
Pembroke Cotts. W8 —3J **83**
 (off Pembroke Sq.)
Pembroke Ct. W7 —6K **61**
 (off Copley Clo.)
Pembroke Gdns. *W14* —4H **83**
Pembroke Gdns. *Dag* —3H **57**
Pembroke Gdns. Clo. *W8* —3J **83**
Pembroke Hall. NW4 —3E **28**
 (off Mulberry Clo.)
Pembroke Ho. W2 —6K **65**
 (off Hallfield Est.)
Pembroke Ho. W3 —2J **81**
 (off Park Rd. E.)
Pembroke Lodge. *Stan* —6H **11**
Pembroke M. E1 —4J **69**
 (off Wessex St.)
Pembroke M. *E3* —3A **70**
Pembroke M. *N10* —1F **31**
Pembroke M. *W8* —3J **83**
Pembroke Pde. *Eri* —5J **93**
Pembroke Pl. *W8* —3J **83**
Pembroke Pl. *Edgw* —7B **12**
Pembroke Pl. *Iswth* —2J **97**
Pembroke Rd. *E6* —5D **72**
Pembroke Rd. *E17* —5D **34**
Pembroke Rd. *N8* —4J **31**
Pembroke Rd. *N10* —1E **30**
Pembroke Rd. *N13* —3H **17**
Pembroke Rd. *N15* —5F **33**
Pembroke Rd. *SE25* —4E **140**
Pembroke Rd. *W8* —4H **83**
Pembroke Rd. *Brom* —2A **144**
Pembroke Rd. *Eri* —5J **93**
Pembroke Rd. *Gnfd* —4F **61**
Pembroke Rd. *Ilf* —1K **55**
Pembroke Rd. *Mitc* —2E **138**
Pembroke Rd. *Ruis* —1G **41**
Pembroke Rd. *Wemb* —3D **44**
Pembroke Sq. *W8* —3J **83**
Pembroke St. *N1* —7J **49**
 (in two parts)
Pembroke Vs. *W8* —4J **83**
Pembroke Vs. *Rich* —4D **98**
Pembroke Wlk. *W8* —4J **83**
Pembroke Way. *Hay* —3E **76**
Pembrook M. *SW11* —4B **102**
Pembury Clo. *SW9* —1A **104**
Pembury Av. *Wor Pk* —1C **148**
Pembury Clo. *E5* —5H **51**
Pembury Clo. *Brom* —7H **143**
Pembury Ct. *Hay* —6F **77**
Pembury Cres. *Sidc* —2E **128**
Pembury Pl. *E5* —5H **51**
Pembury Rd. *E5* —5H **51**
Pembury Rd. *N17* —1F **33**
Pembury Rd. *SE25* —4G **141**
Pembury Rd. *Bexh* —7E **92**
Pemdevon Rd. *Croy* —7A **140**
Pemell Clo. *E1* —4J **69**
Pemerich Clo. *Hay* —5H **77**
Pempath Pl. *Wemb* —2D **44**
Penally Pl. *N1* —1D **68**
Penang St. *E1* —1H **87**
Penard Rd. *S'hall* —3F **79**

Penarth Cen. *SE15* —6J **87**
Penarth St. *SE15* —6J **87**
Penberth Rd. *SE6* —2E **124**
Penbury Rd. *S'hall* —4D **78**
Pencombe M. *W11* —7H **65**
Pencraig Way. *SE15* —6H **87**
Pendall Clo. *Barn* —4H **5**
Penda Rd. *Eri* —7H **93**
Pendarves Rd. *SW20* —1E **136**
Penda's Mead. *E9* —4A **52**
Pendell Av. *Hay* —7H **77**
Pendennis Ho. *SE8* —4A **88**
Pendennis Rd. *N17* —3D **32**
Pendennis Rd. *SW16* —4J **121**
Penderel Rd. *Houn* —5E **96**
Penderry Ri. *SE6* —2F **125**
Penderyn Way. *N7* —4H **49**
Pendle Ct. *Uxb* —1D **58**
Pendle Ho. *SE26* —3G **123**
Pendle Rd. *SW16* —6F **121**
Pendlestone Rd. *E17* —5D **34**
Pendragon Rd. *Brom* —3H **125**
Pendragon Wlk. *NW9* —6A **28**
Pendrell Ho. WC2
 —6H **67** (1D **166**)
 (off New Compton St.)
Pendrell Rd. *SE4* —2A **106**
Pendrell St. *SE18* —6H **91**
Pendula Dri. *Hay* —4B **60**
Pendulum M. *E8* —5F **51**
Penerley Rd. *SE6* —1D **124**
Penfield Lodge. W9 —5J **65**
 (off Admiral Wlk.)
Penfields Ho. *N7* —6J **49**
Penfold Clo. *Croy* —3A **152**
Penfold La. *Bex* —2D **128**
 (in two parts)
Penfold Pl. *NW1* —5C **66** (5C **158**)
Penfold Rd. *N9* —1E **18**
Penfold St. *NW8 & NW1*
 —4B **66** (4B **158**)
Penford Gdns. *SE9* —3B **108**
Penford St. *SE5* —2B **104**
Pengarth Rd. *Bex* —5D **110**
Penge. —7J 123
Penge Ho. *SW11* —3B **102**
Penge La. *SE20* —7J **123**
Penge Rd. *E13* —1A **72**
Penge Rd. *SE25 & SE20* —3G **141**
Penhall Rd. *SE7* —4B **90**
Penhill Rd. *Bex* —6C **110**
Penhurst Pl. *SE1* —1H **173**
Penhurst Rd. *Ilf* —1F **37**
Penifather La. *Gnfd* —3H **61**
Peninsula Ct. *E14* —3D **88**
Peninsula Heights. *SE1*
 —5J **85** (5F **173**)
Peninsular Clo. *Felt* —6F **95**
Peninsular Pk. Rd. *SE7* —4J **89**
Penistone Rd. *SW16* —7J **121**
Penketh Dri. *Harr* —3H **43**
Penley Ct. *WC2* —7K **67** (2H **167**)
Penmayne Ho. SE11
 —5A **86** (5K **173**)
 (off Kennings Way)
Penmon Rd. *SE2* —3A **92**
Pennack Rd. *SE15* —6F **87**
Pennant M. *W8* —4K **83**
Pennant Ter. *E17* —2B **34**
Pennard Rd. *W12* —2E **82**
Pennards, The. *Sun* —3A **132**
Penn Clo. *Gnfd* —2F **61**
Penn Clo. *Harr* —4C **26**
Penn Ct. *NW9* —3K **27**
Penner Clo. *SW19* —2G **119**
Penners Gdns. *Surb* —7E **134**
Pennethorne Clo. *E9* —1J **69**
Pennethorne Ho. *SW11* —3B **102**

Pennethorne Rd. *SE15* —7H **87**
Penn Gdns. *Chst* —2F **145**
Penn Gdns. *Romf* —1G **39**
Penn Ho. NW8 —4C **66** (4C **158**)
 (off Mallory St.)
Pennine Dri. *NW2* —2F **47**
Pennine La. *NW2* —2G **47**
Pennine Pde. *NW2* —2G **47**
Pennine Way. *Bexh* —1K **111**
Pennine Way. *Hay* —7F **77**
Pennington Clo. *SE27* —4D **122**
Pennington Ct. *SE16* —1A **88**
Pennington Dri. *N21* —5D **6**
Pennington St. *E1* —7H **69**
Pennington Way. *SE12* —2K **125**
Penniston Clo. *N17* —2C **32**
Penn La. *Bex* —5D **110**
 (in two parts)
Penn Rd. *N7* —5J **49**
Penn St. *N1* —1D **68**
Pennycroft. *Croy* —7A **154**
Pennyfather La. *Enf* —3H **7**
Pennyfields. *E14* —7C **70**
 (in two parts)
Pennyford Ct. NW8
 —4B **66** (3A **158**)
 (off St John's Wood Rd.)
Penny La. *Shep* —7G **131**
Penny M. *SW12* —7F **103**
Pennymoor Wlk. W9 —4H **65**
 (off Ashmore Rd.)
Penny Rd. *NW10* —3H **63**
Penny Royal. *Wall* —6H **151**
Pennyroyal Av. *E6* —6E **72**
Penpoll Rd. *E8* —6H **51**
Penpool La. *Well* —3B **110**
Penrhyn Av. *E17* —1B **34**
Penrhyn Cres. *E17* —1C **34**
Penrhyn Cres. *SW14* —4J **99**
Penrhyn Gdns. *King T* —4D **134**
Penrhyn Gro. *E17* —1C **34**
Penrhyn Rd. *King T* —4E **134**
Penrith Clo. *SW15* —5G **101**
Penrith Clo. *Beck* —1D **142**
Penrith Clo. *Uxb* —7A **40**
Penrith Pl. *SE27* —2B **122**
Penrith Rd. *N15* —5D **32**
Penrith Rd. *N Mald* —4K **135**
Penrith Rd. *T Hth* —2C **140**
Penrith St. *SW16* —6G **121**
Penrose Gro. *SE17* —5C **86**
Penrose Ho. *SE17* —5C **86**
 (in two parts)
Penrose St. *SE17* —5C **86**
Penryn Ho. *SE11* —5K **173**
Penryn St. *NW1* —2H **67**
Penry St. *SE1* —4E **86**
Pensbury Pl. *SW8* —2G **103**
Pensbury St. *SW8* —2G **103**
Pensford Av. *Rich* —2G **99**
Penshurst. *NW5* —6E **48**
Penshurst Av. *Sidc* —6A **110**
Penshurst Gdns. *Edgw* —5C **12**
Penshurst Grn. *Brom* —5H **143**
Penshurst Ho. SE15 —6J **87**
 (off Lovelinch Clo.)
Penshurst Rd. *E9* —7K **51**
Penshurst Rd. *N17* —7A **18**
Penshurst Rd. *Bexh* —1F **111**
Penshurst Rd. *T Hth* —5B **140**
Penshurst Wlk. *Brom* —5H **143**
Penshurst Way. *Sutt* —7J **149**
Pensilver Clo. *Barn* —4H **5**
Penstemon Clo. *N3* —6D **14**
Pentagon, The. *W13* —7A **62**
Pentavia Retail Pk. *NW7* —7G **13**
Pentelow Gdns. *Felt* —6J **95**
Pentire Rd. *E17* —1F **35**

Pentland Av. *Edgw* —2C **12**
Pentland Av. *Shep* —5C **130**
Pentland Clo. *NW11* —2G **47**
Pentland Gdns. *SW18* —6A **102**
Pentland Pl. *N'holt* —1C **60**
Pentlands Clo. *Mitc* —3F **139**
Pentland St. *SW18* —6A **102**
Pentland Way. *Uxb* —3E **40**
Pentlow St. *SW15* —3E **100**
Pentlow Way. *Buck H* —1H **21**
Pentney Rd. *E4* —1A **20**
Pentney Rd. *SW12* —1G **121**
Pentney Rd. *SW20* —1G **137**
Penton Gro. *N1* —2A **68**
Penton Ho. *N1* —1J **161**
Penton Ho. *SE2* —1D **92**
Penton Pl. *SE17* —5B **86**
Penton Ri. *WC1* —3K **67** (1H **161**)
Penton St. *N1* —2A **68**
Pentonville. —2K 67
Pentonville Rd. *N1*
 —2K **67** (1F **161**)
Pentrich Av. *Enf* —1B **8**
Pentridge St. *SE15* —7F **87**
Pentyre Av. *N18* —5J **17**
Penwerris Av. *Iswth* —7G **79**
Penwerris Ct. *Houn* —7G **79**
Penwith Rd. *SW18* —2J **119**
Penwood Ct. *Pinn* —4D **24**
Penwood Ho. *SW15* —6B **100**
Penwortham Ct. *N22* —2K **31**
Penwortham Rd. *SW16* —6F **121**
Penylan Pl. *Edgw* —7B **12**
Penywern Rd. *SW5* —5J **83**
Penzance Ho. SE11
 —5A **86** (5K **173**)
 (off Seaton Clo.)
Penzance Pl. *W11* —1G **83**
Penzance St. *W11* —1G **83**
Peony Ct. *E4* —6B **20**
Peony Gdns. *W12* —7C **64**
Peperfield. *WC1* —3K **67** (2G **161**)
 (off Cromer St.)
Pepler Ho. *W10* —4G **65**
 (off Wornington Rd.)
Pepler M. *SE5* —5F **87**
Peploe Rd. *NW6* —2F **65**
 (in two parts)
Peplow Clo. *W Dray* —1A **76**
Pepper Clo. *E6* —5D **72**
Peppercorn Clo. *T Hth* —2D **140**
Peppermead Sq. *SE4* —5C **106**
Peppermint Clo. *Croy* —7J **139**
Peppermint Pl. *E11* —3G **53**
Pepper St. *E14* —3D **88**
Pepper St. *SE1* —2C **86** (6C **168**)
Peppie Clo. *N16* —2E **50**
 (in two parts)
Pepys Clo. *Uxb* —4D **40**
Pepys Clo. *SW4* —3F **103**
Pepys Cres. *E16* —1J **89**
Pepys Cres. *Barn* —5A **4**
Pepys Rd. *SE14* —1K **105**
Pepys Rd. *SW20* —1E **136**
Pepys St. *EC3* —7E **68** (2H **169**)
Perceval Av. *NW3* —5C **48**
Perceval Ct. *N'holt* —5E **42**
Perceval Ho. *W5* —7C **62**
Percheron Clo. *Iswth* —3K **97**
Perch St. *E8* —4F **51**
Percival Ct. *N17* —7A **18**
Percival David Foundation of
 Chinese Art. —4H 67 (3D **160**)
Percival Gdns. *Romf* —6C **38**
Percival Rd. *SW14* —4J **99**
Percival Rd. *Enf* —4A **8**
Percival Rd. *Felt* —2H **113**
Percival St. *EC1* —4B **68** (3A **162**)

Percival Way. Eps —4K 147
Percy Av. Ashf —5C 112
Percy Bryant Rd. Sun —7G 113
Percy Bush Rd. W Dray —3B 76
Percy Cir. WC1 —3K 67 (1H 161)
Percy Gdns. Enf —5E 8
Percy Gdns. Hay —3G 59
Percy Gdns. Iswth —3A 98
Percy Gdns. Wor Pk —1A 148
Percy M. W1 —6C 160
Percy Pas. W1 —6C 160
Percy Rd. E11 —7G 35
Percy Rd. E16 —5G 71
Percy Rd. N12 —5F 15
Percy Rd. N21 —7H 7
Percy Rd. SE20 —1K 141
Percy Rd. SE25 —5G 141
Percy Rd. W12 —2C 82
Percy Rd. Bexh —2E 110
Percy Rd. Hamp —7E 114
Percy Rd. Ilf —7A 38
Percy Rd. Iswth —4A 98
Percy Rd. Mitc —7E 138
Percy Rd. Romf —3H 39
Percy Rd. Twic —1F 115
Percy St. W1 —5H 67 (6C 160)
Percy Way. Twic —1G 115
Percy Yd. WC1 —3K 67 (1H 161)
Peregrine Clo. NW10 —5K 45
Peregrine Ct. SE8 —6C 88 (off Edward St.)
Peregrine Ct. SW16 —4K 121
Peregrine Ct. Well —1K 109
Peregrine Gdns. Croy —2A 154
Peregrine Ho. EC1 —1B 162
Peregrine Rd. Sun —2H 131
Peregrine Way. SW19 —7E 118
Perham Rd. W14 —5G 83
Peridot St. E6 —5C 72
Perifield. SE21 —1C 122
Perimeade Rd. Gnfd —2C 62
Periton Rd. SE9 —4B 108
Perivale. —1C 62
Perivale Gdns. W13 —4B 62
Perivale Grange. Gnfd —3A 62
Perivale Ind. Pk. Gnfd —2B 62
Perivale La. Gnfd —3A 62
Perivale Lodge. Gnfd —3A 62 (off Perivale La.)
Perivale New Bus. Cen. Gnfd —2C 62
Perkin Clo. Wemb —5B 44
Perkins Ct. Ashf —5B 112
Perkins Ho. E14 —5B 70
Perkin's Rents. SW1 —3H 85 (2C 172)
Perkins Rd. Ilf —5H 37
Perkins Sq. SE1 —4D 168
Perks Clo. SE3 —3G 107
Perley Ho. E3 —5B 70
Perpins Rd. SE9 —6H 109
Perran Rd. SW2 —1B 122
Perran Wlk. Bren —5E 80
Perren St. NW5 —6F 49
Perrers Rd. W6 —4D 82
Perrin Clo. Ashf —5B 112
Perring Est. E3 —5C 70
Perrin Ho. NW6 —3J 65
Perrin Rd. Wemb —4B 44
Perrin's Ct. NW3 —4A 48
Perrin's La. NW3 —4A 48
Perrin's Wlk. NW3 —4A 48
Perronet Ho. SE1 —3B 86 (off Princess St.)
Perrott St. SE18 —4G 91
Perry Av. W3 —6K 63
Perry Clo. Rain —2K 75
Perry Clo. Uxb —6D 58
Perry Ct. E14 —5C 88
Perry Ct. N15 —6E 32
Perryfield Way. NW9 —6B 28
Perryfield Way. Rich —3B 116
Perry Gdns. N9 —3J 17
Perry Gth. N'holt —1A 60
Perry Hall Rd. Orp —6K 145
Perry Hill. SE6 —3B 124
Perry How. Wor Pk —1B 148
Perrymans Farm Rd. Ilf —6H 37
Perry Mead. Enf —2G 7
Perrymead St. SW6 —1J 101
Perryn Ct. Twic —6A 98
Perryn Ho. W3 —7A 64
Perryn Rd. SE16 —3H 87
Perryn Rd. W3 —1K 81
Perry Ri. SE23 —3A 124
Perry Rd. Dag —5F 75
Perry's Pl. W1 —6H 67 (7C 160)
Perry St. Chst —7H 127
Perry St. Gdns. Chst —6J 127
Perry St. Shaw. Chst —7J 127
Perry Va. SE23 —2J 123
Persant Rd. SE6 —2G 125
Perseverance Pl. SW9 —7A 86
Perseverance Pl. Rich —4E 98
Perseverance Works. E2 —3E 68 (1H 163) (off Kingsland Rd.)
Pershore Clo. Ilf —5F 37
Pershore Gro. Cars —6B 138
Pert Clo. N10 —7A 16
Perth Av. NW9 —7K 27
Perth Av. Hay —4A 60
Perth Clo. SE5 —4D 104
Perth Clo. SW20 —2B 136
Perth Ho. N1 —7K 49
Perth Rd. E10 —1A 52
Perth Rd. E13 —2K 71
Perth Rd. N4 —1A 50
Perth Rd. N22 —1B 32
Perth Rd. Bark —2H 73
Perth Rd. Beck —2E 142
Perth Rd. Ilf —6E 36
Perth Ter. Ilf —7G 37
Perwell Av. Harr —1D 42
Perystreete. SE23 —2J 123
Petavel Rd. Tedd —6J 115
Peter Av. NW10 —7D 46
Peterboat Clo. SE10 —4G 89
Peterborough Ct. EC4 —6A 68 (1K 167)
Peterborough Gdns. Ilf —7C 36
Peterborough M. SW6 —2J 101
Peterborough Rd. E10 —5E 34
Peterborough Rd. SW6 —2J 101
Peterborough Rd. Cars —6C 138
Peterborough Rd. Harr —1J 43
Peterborough Vs. SW6 —1K 101
Peter Butler Ho. SE1 —2G 87 (off Wolseley St.)
Petergate. SW11 —4A 102
Peterhead Ct. S'hall —6G 61 (off Osborne Rd.)
Peter Ho. SW8 —7J 85 (off Luscombe Way)
Peter James Bus. Cen. Hay —2J 77
Peter James Enterprise Cen. NW10 —3J 63
Peterley Bus. Cen. E2 —2H 69
Peters Clo. Dag —1D 56
Peters Clo. Stan —6J 11
Peters Clo. Well —2J 109
Peter Scott Vis. Cen., The. —1D 100
Peters Ct. W2 —6K 65 (off Porchester Rd.)
Petersfield Clo. N18 —5H 17
Petersfield Ri. SW15 —1D 118
Petersfield Rd. W3 —2J 81
Petersham. —1E 116
Petersham Clo. Rich —2D 116
Petersham Clo. Sutt —5H 149
Petersham Dri. Orp —2K 145
Petersham Gdns. Orp —2K 145
Petersham Ho. SW7 —4B 84 (3A 170) (off Kendrick M.)
Petersham La. SW7 —3A 84
Petersham M. SW7 —3A 84
Petersham Pl. SW7 —3A 84
Petersham Rd. Rich —6D 98
Petersham Ter. Mitc —3J 151 (off Richmond Grn.)
Peter's Hill. EC4 —7C 68 (2C 168)
Peter's La. EC1 —5B 68 (5B 162)
Peter's Path. SE26 —4H 123
Peterstone Rd. SE2 —3B 92
Peterstow Clo. SW19 —2G 119
Peter St. W1 —7H 67 (2C 166)
Peterwood Pk. Croy —2K 151
Peterwood Way. Croy —2K 151
Petherton Ct. Harr —6K 25 (off Gayton Rd.)
Petherton Ho. N4 —1C 50 (off Woodberry Down Est.)
Petherton Rd. N5 —5C 50
Petiver Clo. E9 —7J 51
Petley Rd. W6 —6F 83
Peto Pl. NW1 —4F 67 (3K 159)
Peto St. N. E16 —6H 71
Peto St. S. E16 —7H 71
Petrie Clo. NW2 —6G 47
Petrie Ho. SE18 —6E 90 (off Woolwich Comn.)
Petros Gdns. NW3 —6A 48
Petticoat La. E1 —5E 68 (6J 163)
Petticoat Sq. E1 —6F 69 (7J 163)
Petticoat Tower. E1 —6F 69 (7J 163) (off Petticoat Sq.)
Pettits Clo. Romf —2K 39
Pettits La. N. Romf —1K 39
Pettits Pl. Dag —5G 57
Pettits Rd. Dag —5G 57
Pettiward Clo. SW15 —4E 100
Pettley Gdns. Romf —5K 39
Pettman Cres. SE28 —3H 91
Pettsgrove Av. Wemb —5C 44
Pett's Hill. N'holt —5F 43
Petts La. Shep —4C 130
Pett St. SE18 —4C 90
Petts Wood. —5G 145
Petts Wood Rd. Orp —5G 145
Petty France. SW1 —3G 85 (1B 172)
Petworth Clo. N'holt —7D 42
Petworth Gdns. SW20 —3D 136
Petworth Gdns. Uxb —1E 58
Petworth Rd. N12 —5H 15
Petworth Rd. Bexh —5G 111
Petworth St. SW11 —1C 102
Petyt Pl. SW3 —6C 84
Petyward. SW3 —4C 84 (4D 170)
Pevensey Av. N11 —5C 16
Pevensey Av. Enf —2K 7
Pevensey Clo. Iswth —7G 79
Pevensey Ct. W3 —2H 81
Pevensey Rd. E7 —4H 53
Pevensey Rd. SW17 —4B 120
Pevensey Rd. Felt —1C 114
Peverel. E6 —6E 72
Peverel Ho. Dag —2G 57
Peveret Clo. N11 —5A 16
Peveril Dri. Tedd —5H 115
Peveril Ho. SE1 —3D 86 (off Rephidim St.)
Pewsey Clo. E4 —5H 19
Peyton Pl. SE10 —7E 88
Pharamond. NW2 —6F 47
Pharaoh Clo. Mitc —7D 138
Pheasant Clo. E16 —6K 71
Phelp St. SE17 —6D 86
Phelps Way. Hay —4H 77
Phene St. SW3 —6C 84 (7D 170)
Philadelphia Ct. SW10 —7A 84 (off Uverdale Rd.)
Philbeach Gdns. SW5 —5H 83
Phil Brown Pl. SW8 —3F 103 (off Wandsworth Rd.)
Philchurch Pl. E1 —6G 69
Philimore Clo. SE18 —5J 91
Philip Av. Romf —1K 57
Philip Clo. Romf —1K 57
Philip Ct. W2 —5B 66 (5A 158) (off Hall Pl.)
Philip Gdns. Croy —2B 154
Philip Ho. NW6 —1K 65 (off Mortimer Pl.)
Philip La. N15 —4D 32
Philipot Path. SE9 —6D 108
Philippa Gdns. SE9 —5B 108
Philips Clo. Cars —1E 150
Philip St. E13 —4J 71
Philip Wlk. SE15 —3G 105 (in three parts)
Phillimore Gdns. NW10 —1E 64
Phillimore Gdns. W8 —2J 83
Phillimore Gdns. Clo. W8 —3J 83
Phillimore Pl. W8 —2J 83
Phillimore Ter. W8 —3J 83 (off Allen St.)
Phillimore Wlk. W8 —3J 83
Phillipp St. N1 —1E 68 (in two parts)
Phillips Ct. Edgw —6B 12
Philpot La. EC3 —7E 68 (2G 169)
Philpot Path. Ilf —3G 55
Philpots Clo. W Dray —7A 58
Philpot Sq. SW6 —3K 101
Philpot St. E1 —6H 69
Phineas Pett Rd. SE9 —3C 108
Phipps Bri. Rd. SW19 & Mitc —2A 138
Phipps Hatch La. Enf —1H 7
Phipps Ho. W12 —7D 64 (off White City Est.)
Phipp St. EC2 —4E 68 (3G 163)
Phoebeth Rd. SE13 —5C 106
Phoenix Bus. Cen. E3 —5C 70
Phoenix Cen. Brom —4K 143
Phoenix Clo. E8 —1F 69
Phoenix Clo. W W'ck —2F 155
Phoenix Ct. E4 —3J 19
Phoenix Ct. E14 —4C 88
Phoenix Ct. NW1 —2H 67 (off Purchese St.)
Phoenix Ct. Houn —5B 96
Phoenix Ct. S Croy —5F 153
Phoenix Ct. Wemb —3H 45
Phoenix Dri. Kes —4B 156
Phoenix Ho. Sutt —4K 149
Phoenix Ind. Est. Harr —4K 25
Phoenix Pl. WC1 —4K 67 (3H 161)
Phoenix Rd. NW1 —3H 67 (1C 160)
Phoenix Rd. SE20 —6J 123
Phoenix St. WC2 —6H 67 (1D 166)
Phoenix Trad. Est. Gnfd —1C 62
Phoenix Trad. Pk. Bren —5D 80
Phoenix Way. Houn —6B 78
Phoenix Wharf Rd. SE1 —7K 169
Phoenix Yd. WC1 —2H 161
Phyllis Av. N Mald —5D 136
Physic Pl. SW3 —6D 84 (7E 170)
Piazza, The. WC2 —2F 167
Piazza, The. Uxb —7A 40
Picardy Manorway. Belv —3H 93
Picardy Rd. Belv —5G 93
Picardy St. Belv —3G 93
Piccadilly. W1 —1F 85 (5K 165)
Piccadilly Arc. SW1 —4A 166
Piccadilly Circus. —7H 67 (3C 166)
Piccadilly Cir. W1 —7H 67 (3C 166)
Piccadilly Pl. W1 —3B 166
Pickard St. EC1 —3B 68 (1B 162)
Pickering Av. E6 —2E 72
Pickering Clo. E9 —7K 51
Pickering Gdns. N11 —6K 15
Pickering Gdns. Croy —6F 141
Pickering Ho. W2 —6A 66 (off Hallfield Est.)
Pickering Ho. W5 —4C 80 (off Windmill Rd.)
Pickering M. W2 —6K 65
Pickering Pl. SW1 —5B 166
Pickering St. N1 —1B 68
Pickets Clo. Bus H —1C 10
Pickets St. SW12 —7F 103
Pickett Cft. Stan —1D 26
Picketts Lock La. N9 —2D 18
Picketts Lock La. Ind. Est. N9 —2F 19
Pickford Clo. Bexh —2E 110
Pickford La. Bexh —2E 110
Pickford Rd. Bexh —3E 110
Pickfords Wharf. N1 —2C 68
Pickfords Wharf. SE1 —1D 86 (4E 168)
Pickfords Yd. N17 —6A 18
Pickhurst Grn. Brom —7H 143
Pickhurst La. Brom —5G 143
Pickhurst Mead. Brom —7H 143
Pickhurst Pk. Brom —5G 143
Pickhurst Ri. W W'ck —7E 142
Pickwick Clo. Houn —5C 96
Pickwick Ho. SE16 —2G 87 (off George Row)
Pickwick Ho. W11 —1F 83 (off St Ann's Rd.)
Pickwick M. N18 —4K 17
Pickwick Pl. Harr —7J 25
Pickwick Rd. SE21 —7D 104
Pickwick St. SE1 —2C 86 (7C 168)
Pickwick Way. Chst —6G 127
Pickworth Clo. SW8 —7J 85
Picton Pl. W1 —6E 66 (1H 165)
Picton St. SE5 —7D 86
Pied Bull Yd. WC1 —6E 160
Piedmont Rd. SE18 —5H 91
Pield Heath. —5A 58
Pield Heath Av. Uxb —4C 58
Pield Heath Rd. Uxb —4A 58
Pier Head. E1 —1H 87 (off Wapping High St.)
Pier Ho. SW3 —7D 170
Piermont Pl. Brom —2C 144
Piermont Rd. SE22 —5H 105
Pier Pde. E16 —1E 90 (off Pier Rd.)
Pierpoint Building. E14 —2B 88
Pierrepoint Rd. W3 —7H 63
Pierrepont Arc. N1 —2B 68 (off Pierrepont Row)
Pierrepont Row. N1 —2B 68 (off Camden Pas.)

Pier Rd. *E16* —2D **90**
Pier Rd. *Felt* —5K **95**
Pier St. *E14* —4E **88**
(in two parts)
Pier Ter. *SW18* —4K **101**
Pier Way. *SE28* —3H **91**
Pigeon La. *Hamp* —4E **114**
Piggott St. *E14* —6C **70**
Pigott St. *E14* —6C **70**
Pike Clo. *Brom* —5K **125**
Pike Clo. *Uxb* —1B **58**
Pikemans Ct. *SW5* —4J **83**
(off W. Cromwell Rd.)
Pike Rd. *NW7* —4E **12**
Pike's End. *Pinn* —4K **23**
Pikestone Clo. *Hay* —4C **60**
Pikethorne. *SE23* —2K **123**
Pilgrimage St. *SE1*
—2D **86** (7E **168**)
Pilgrim Clo. *Mord* —7K **137**
Pilgrim Hill. *SE27* —4C **122**
Pilgrim Ho. *SE1* —3D **86**
(off Lansdowne Pl.)
Pilgrims Clo. *N13* —4E **16**
Pilgrims Clo. *N'holt* —5G **43**
Pilgrim's La. *NW3* —4B **48**
Pilgrims M. *E14* —7G **71**
Pilgrim's Pl. *NW3* —4B **48**
Pilgrims Ri. *Barn* —5H **5**
Pilgrim St. *EC4*
—6B **68** (1A **168**)
Pilgrims Way. *E6* —1C **72**
Pilgrims Way. *N19* —1H **49**
Pilgrims Way. *S Croy* —5F **153**
Pilgrim's Way. *Wemb* —1H **45**
Pilkington Rd. *SE15* —2H **105**
Pillions La. *Hay* —4F **59**
Pilot Clo. *SE8* —6B **88**
Pilot Ind. Cen. *NW10* —4K **63**
Pilsden Clo. *SW19* —1F **119**
Pilton Est., The. *Croy* —2B **152**
Pilton Pl. SE17 —5C 86
(off Pingle St.)
Pilton Pl. Est. *SE17* —5C **86**
Pimento Ct. *W5* —3D **80**
Pimlico. —5G 85 (6A 172)
Pimlico Ho. NW1
—5F **85** (5J **171**)
(off Ebury Bri. Rd.)
Pimlico Rd. *SW1*
—5E **84** (5G **171**)
Pimlico Wlk. *N1* —1G **163**
Pinchin St. *E1* —7G **69**
Pincombe Ho. *SE17* —5D **86**
Pincott Pl. *SE4* —3K **105**
Pincott Rd. *SW19* —7A **120**
Pincott Rd. *Bexh* —5G **111**
Pindar St. *EC2* —5E **68** (5G **163**)
Pindock M. *W9* —4K **65**
Pineapple Ct. *SW1* —1B **172**
Pine Av. *E15* —5F **53**
Pine Av. *W W'ck* —1D **154**
Pine Clo. *E10* —2D **52**
Pine Clo. *N14* —7B **6**
Pine Clo. *N19* —2G **49**
Pine Clo. *SE20* —1J **141**
Pine Clo. *Stan* —4G **11**
Pine Coombe. *Croy* —4K **153**
Pine Ct. *N21* —5E **6**
Pine Ct. *N'holt* —4C **60**
Pinecroft Ct. *Well* —7A **92**
Pinecroft Cres. *Barn* —4B **4**
Pine Dene. *SE15* —1H **105**
Pinefield Clo. *E14* —7C **70**
Pine Gdns. *Ruis* —1K **41**
Pine Gdns. *Surb* —6G **135**
Pine Glade. *Orp* —4D **156**
Pine Gro. *N4* —2J **49**

Pine Gro. *N20* —1C **14**
Pine Gro. *SW19* —5H **119**
Pine Ho. W10 —4G 65
(off Droop St.)
Pinehurst Ct. *W11* —6H **65**
(off Colville Gdns.)
Pinehurst Wlk. *Orp* —7H **145**
Pinemartin Clo. *NW2* —3E **46**
Pine M. *NW10* —2C **64**
Pine Pl. Hay —4H 59
Pine Ridge. *Cars* —7E **150**
Pineridge Ct. *Barn* —4A **4**
Pine Rd. *N11* —2K **15**
Pine Rd. *NW2* —4E **46**
Pines Rd. *Brom* —2C **144**
Pines, The. *N14* —5B **6**
Pines, The. *SE19* —7B **122**
Pines, The. *Sun* —3J **131**
Pines, The. *Wfd G* —3D **20**
Pine St. *EC1* —4A **68** (3K **161**)
Pine Tree Clo. *Houn* —1K **95**
Pine Tree Lodge. *Short* —4H **143**
Pine Trees Dri. *Uxb* —4A **40**
Pineview Ct. *E4* —1K **19**
Pine Wlk. *Surb* —6G **135**
Pine Wood. *Sun* —1J **131**
Pinewood Av. *Pinn* —6A **10**
Pinewood Av. *Sidc* —1J **127**
Pinewood Av. *Uxb* —6B **58**
Pinewood Clo. *Croy* —3A **154**
Pinewood Clo. *Pinn* —6A **10**
Pinewood Ct. *SW4* —6H **103**
Pinewood Ct. *Enf* —3G **7**
Pinewood Gro. *W5* —6C **62**
Pinewood Lodge. *Bush* —1C **10**
Pinewood Pl. *Eps* —4K **147**
Pinewood Rd. *SE2* —6D **92**
Pinewood Rd. *Brom* —4J **143**
Pinewood Rd. *Felt* —3K **113**
Pinfold Rd. *SW16* —4J **121**
Pinglestone Clo. *W Dray* —7A **76**
Pinkcoat Clo. *Felt* —3K **113**
Pinkerton Pl. *SW16* —4H **121**
Pinkham Mans. *W4* —5G **81**
Pinkham Way. *N11* —7K **15**
Pinkwell Av. *Hay* —4F **77**
Pinkwell La. *Hay* —4E **76**
Pinley Gdns. *Dag* —1B **74**
Pinnace Ho. E14 —3C 88
Pinnacle Hill. *Bexh* —4H **111**
Pinnacle Hill N. *Bexh* —3H **111**
Pinnacle Pl. *Stan* —4G **11**
Pinnell Rd. *SE9* —4B **108**
Pinner. —4C 24
Pinner Ct. *NW8* —3A **158**
Pinner Ct. *Pinn* —4E **24**
Pinner Green. —2A 24
Pinner Grn. *Pinn* —2A **24**
Pinner Gro. *Pinn* —4C **24**
Pinner Hill Farm. *Pinn* —1K **23**
Pinner Hill Rd. *Pinn* —1K **23**
Pinner Pk. *Pinn* —2E **24**
Pinner Pk. Av. *Harr* —3F **25**
Pinner Pk. Gdns. *Harr* —2G **25**
Pinner Rd. *Harr* —4E **24**
Pinner Rd. *N'wd & Pinn* —1H **23**
Pinner Rd. *Pinn* —4D **24**
Pinner Vw. *Harr* —4G **25**
Pinnerwood Park. —1A 24
Pinn Way. *Ruis* —7F **23**
Pintail Clo. *E6* —5C **72**
Pintail Ct. SE8 —6B 88
(off Pilot Clo.)
Pintail Rd. *Wfd G* —7E **20**
Pintail Way. *Hay* —5B **60**
Pinter Ho. SW9 —2J 103
(off Grantham Rd.)
Pinto Way. *SE3* —4K **107**

Pioneer Mkt. *Ilf* —3F **55**
(off Winston Way)
Pioneers Ind. Pk. *Croy* —1J **151**
Pioneer St. *SE15* —1G **105**
Pioneer Way. *W12* —6D **64**
Piper Clo. *N7* —5K **49**
Piper Rd. King T —3G 135
Piper's Gdns. *Croy* —7A **142**
Pipers Grn. *NW9* —5J **27**
Pipers Grn. La. *Edgw* —3K **11**
(in two parts)
Pipewell Rd. *Cars* —6C **138**
Pippin Clo. *NW2* —3C **46**
Pippin Clo. *Croy* —1B **154**
Pippins Clo. *W Dray* —3A **76**
Pippins Ct. *Ashf* —6D **112**
Piquet Rd. *SE20* —2J **141**
Pirbright Cres. *New Ad* —6E **154**
Pirbright Rd. *SW18* —1H **119**
Pirie Clo. *SE5* —3D **104**
Pirie St. *E16* —1K **89**
Pitcairn Clo. *Romf* —4G **39**
Pitcairn Ho. *E8* —7J **51**
Pitcairn Rd. *Mitc* —7D **120**
Pitcairn's Path. *Harr* —3G **43**
Pitchford St. *E15* —7F **53**
Pitfield Cres. *SE28* —1A **92**
Pitfield Est. *N1* —3E **68** (1G **163**)
Pitfield St. *N1* —3E **68** (1G **163**)
Pitfield Way. *NW10* —6J **45**
Pitfield Way. *Enf* —1D **8**
Pitfold Clo. *SE12* —6J **107**
Pitfold Rd. *SE12* —6J **107**
Pitlake. *Croy* —2B **152**
Pitman Ho. *SE8* —1C **106**
Pitman St. *SE5* —7C **86**
(in two parts)
Pitmaston Ho. SE13 —2E 106
(off Lewisham Rd.)
Pitsea Pl. *E1* —6K **69**
Pitsea St. *E1* —6K **69**
Pitshanger La. *W5* —4B **62**
Pitshanger Manor. —7D **62**
Pitt Cres. *SW19* —4K **119**
Pittman Gdns. *Ilf* —5G **55**
Pitt Rd. *T Hth & Croy* —5C **140**
Pitt's Head M. *W1*
—1E **84** (5H **165**)
Pittsmead Av. *Brom* —7J **143**
Pitt St. *W8* —2J **83**
Pittville Gdns. *SE25* —3G **141**
Pixley St. *E14* —6B **70**
Pixton Way. *Croy* —7A **154**
Place Farm Av. *Orp* —7H **145**
Plaisterers Highwalk. *EC2* —5C **68**
(off Noble St.)
Plaistow. —7J 125
(Bromley)
Plaistow. —3K 71
(West Ham)
Plaistow Gro. *E15* —1H **71**
Plaistow Gro. *Brom* —7K **125**
Plaistow La. *Brom* —7J **125**
(in two parts)
Plaistow Pk. Rd. *E13* —2K **71**
Plaistow Rd. *E15 & E13* —1H **71**
Plaistow Wharf. *E16* —1J **89**
Plane Ho. *Short* —2G **143**
Plane St. *SE26* —3H **123**
Planetree Ct. *W6* —4F **83**
(off Brook Grn.)
Plane Tree Cres. *Felt* —3K **113**
Plane Tree Wlk. *SE19* —6E **122**
Plantagenet Clo. *Wor Pk* —4K **147**
Plantagenet Gdns. *Romf* —7D **38**
Plantagenet Ho. *SE18* —3D **90**
(off Leda Rd.)
Plantagenet Pl. *Romf* —7D **38**

Plantagenet Rd. *Barn* —4F **5**
Plantain Gdns. *E11* —3F **53**
(off Hollydown Way, in two parts)
Plantain Pl. *SE1*
—2D **86** (6E **168**)
Plantation, The. *SE3* —2J **107**
Plantation Wharf. *SW11* —3A **102**
Plasel Ct. E13 —1K 71
(off Pawsey Clo.)
Plashet. —6C 54
Plashet Gro. *E6* —1A **72**
Plashet Rd. *E13* —1J **71**
Plassy Rd. *SE6* —7D **106**
Plate Ho. *E14* —5D **88**
Platina St. *EC2* —3F **163**
Plato Rd. *SW2* —4J **103**
Platt Halls. *NW9* —2B **28**
Platt's La. *NW3* —4J **47**
Platts Rd. *Enf* —1D **8**
Platt St. *NW1* —2H **67**
Platt, The. *SW15* —3F **101**
Plawsfield Rd. *Beck* —1K **141**
Plaxtol Clo. *Brom* —1A **144**
Plaxtol Rd. *Eri* —7G **93**
Plaxton Ct. *E11* —3H **53**
Playfair Ho. *E14* —6C **70**
Playfair Mans. W14 —6G 83
(off Queen's Club Gdns.)
Playfair St. *W6* —5E **82**
Playfield Av. *Romf* —1J **39**
Playfield Cres. *SE22* —5F **105**
Playfield Rd. *Edgw* —2J **27**
Playford Rd. *N4* —2K **49**
(in two parts)
Playgreen Way. *SE6* —3C **124**
Playground Clo. *Beck* —2K **141**
Playhouse Yd. EC4
—6B **68** (1A **168**)
Plaza Bus. Cen. *Enf* —2F **9**
Plaza Pde. *NW6* —2K **65**
Plaza, The. *W1* —6G **67** (7B **160**)
Pleasance Rd. *SW15* —5D **100**
Pleasance, The. *SW15* —4D **100**
Pleasant Gro. *Croy* —3B **154**
Pleasant Pl. *N1* —7B **50**
Pleasant Pl. *S Harr* —1H **43**
Pleasant Row. *NW1* —1F **67**
Pleasant Vw. *Eri* —5K **93**
Pleasant Way. *Wemb* —2C **62**
Plender Pl. *NW1* —1G **67**
(off Plender St.)
Plender St. *NW1* —1G **67**
Pleshey Rd. *N7* —4H **49**
Plesman Way. *Wall* —7J **151**
Plevna Cres. *N15* —6E **32**
Plevna Rd. *N9* —3B **18**
Plevna Rd. *Hamp* —1F **133**
Plevna St. *E14* —3E **88**
Pleydell Av. *SE19* —7F **123**
Pleydell Av. *W6* —4B **82**
Pleydell Ct. EC4 —6A 68
(off Lombard La.)
Pleydell Est. *EC1* —2D **162**
Pleydell St. *EC4* —1K **167**
Plimsoll Clo. *E14* —6D **70**
Plimsoll Rd. *N4* —3A **50**
Plough Ct. *EC3* —7D **68** (2F **169**)
Plough Farm Clo. *Ruis* —6F **23**
Plough La. *SE22* —6F **105**
Plough La. *SW19 & SW17*
—5K **119**
Plough La. *Purl* —7J **151**
Plough La. *Tedd* —5A **116**
Plough La. *Wall* —4J **151**
Plough La. Clo. *Wall* —5J **151**
Ploughmans Clo. *NW1* —1H **67**
Ploughmans End. *Iswth* —5H **97**
Plough Pl. *EC4* —6A **68** (7K **161**)

Plough Rd. *SW11* —3B **102**
Plough Rd. *Eps* —7K **147**
Plough St. *E1* —6F **69** (7K **163**)
Plough Ter. *SW11* —4B **102**
Plough Way. *SE16* —4K **87**
Plough Yd. *EC2*
—4E **68** (4H **163**)
Plover Ho. *SW9* —7A **86**
(off Brixton Rd.)
Plover Way. *SE16* —3A **88**
Plover Way. *Hay* —6B **60**
Plowden Bldgs. *EC4* —2J **167**
Plowman Clo. *N18* —5J **17**
Plowman Way. *Dag* —1C **56**
Plumber's Row. *E1* —5G **69**
Plumbridge St. *SE10* —1D **106**
Plum Clo. *Felt* —1J **113**
Plum Gth. *Bren* —4D **80**
Plum La. *SE18* —7F **91**
Plummer La. *Mitc* —2D **138**
Plummer Rd. *SW4* —7H **103**
Plumpton Clo. *N'holt* —6E **42**
Plumpton Way. *Cars* —3C **150**
Plumstead. —4J 91
Plumstead Common. —6H 91
Plumstead Comn. Rd. *SE18*
—6F **91**
Plumstead High St. *SE18* —4H **91**
Plumstead Rd. *SE18* —4F **91**
Plumtree Clo. *Dag* —6H **57**
Plumtree Clo. *Wall* —7H **151**
Plumtree Ct. EC4
—6B **68** (7A **162**)
Plymouth Ho. *Bark* —7A **56**
(off Keir Hardie Way)
Plymouth Rd. *E16* —5J **71**
Plymouth Rd. *Brom* —1K **143**
Plymouth Wharf. *E14* —4F **89**
Plympton Av. *NW6* —7H **47**
Plympton Clo. *Belv* —3E **92**
Plympton Pl. *NW8*
—4C **66** (4C **158**)
Plympton Rd. *NW6* —7H **47**
Plympton St. *NW8*
—4C **66** (4C **158**)
Plymstock Rd. *Well* —7C **92**
Pocklington Clo. *NW9* —2A **28**
Pocklington Clo. *W12* —3C **82**
(off Goldhawk Rd.)
Pocklington Lodge. *W12* —3C **82**
Pocock Av. *W Dray* —3B **76**
Pocock St. *SE1* —2B **86** (6A **168**)
Podmore Rd. *SW18* —4A **102**
Poet's Rd. *N5* —5D **50**
Poets Way. *Harr* —4J **25**
Pointalls Clo. *N3* —2A **30**
Point Clo. *SE10* —1E **106**
Pointer Clo. *SE28* —6D **74**
Pointers Clo. *E14* —5D **88**
Pointers Cotts. *Rich* —2C **116**
Point Hill. *SE10* —7E **88**
Point Pl. *Wemb* —7H **45**
Point Pleasant. *SW18* —4J **101**
Point Ter. E7 —5K 53
(off Claremont Rd.)
Point, The. *Ruis* —4J **41**
Point West. *SW7* —4K **83**
Poland St. *W1* —6G **67** (1B **166**)
Polebrook Rd. *SE3* —3A **108**
Pole Cat All. *Brom* —2H **155**
Polecroft La. *SE6* —2B **124**
Polehamptons, The. *Hamp*
—7G **115**
Pole Hill Rd. *E4* —7K **9**
Pole Hill Rd. *Uxb & Hayes* —4D **58**
Polesden Gdns. *SW20* —2D **136**
Polesworth Ho. *W2* —5J **65**
(off Alfred Rd.)

Polesworth Rd. *Dag* —7D **56**
Police Sta. La. *Bush* —1A **10**
Polish War Memorial. —7K **41**
Pollard Clo. *E16* —7J **71**
Pollard Clo. *N7* —4K **49**
Pollard Ho. *N1* —2K **67** (1G **161**)
Pollard Rd. *N20* —2H **15**
Pollard Rd. *Mord* —5B **138**
Pollard Row. *E2* —3G **69**
Pollards Cres. *SW16* —3J **139**
Pollards Hill E. *SW16* —3K **139**
Pollards Hill N. *SW16* —3J **139**
Pollards Hill S. *SW16* —3J **139**
Pollards Hill W. *SW16* —3K **139**
Pollard St. *E2* —3G **69**
Pollards Wood Rd. *SW16* —3J **139**
Pollard Wlk. *Sidc* —6C **128**
Pollen St. *W1* —6G **67** (1A **166**)
Pollitt Dri. *NW8* —4B **66** (3B **158**)
Pollock Ho. W10 —4G **65**
(off Kensal Rd.)
Pollock's Toy Mus.
—5G **67** (5B **160**)
Polperro Clo. *Orp* —6K **145**
Polsted Rd. *SE6* —7B **106**
Polthorne Gro. *SE18* —4G **91**
Polworth Rd. *SW16* —5J **121**
Polygon Rd. *NW1*
—2H **67** (1C **160**)
Polygon, The. NW8 —1B **66**
(off Avenue Rd.)
Polygon, The. *SW4* —4G **103**
Polytechnic St. *SE18* —4E **90**
Pomell Way. *E1* —6F **69** (7K **163**)
Pomeroy Ho. W11 —6G **65**
(off Lancaster Rd.)
Pomeroy St. *SE14* —7J **87**
Pomfret Rd. *SE5* —3B **104**
Pomoja La. *N19* —2J **49**
Pond Clo. *N12* —6H **15**
Pond Clo. *SE3* —2H **107**
Pond Cottage La. *W W'ck* —1C **154**
Pond Cotts. *SE21* —1E **122**
Ponders End. —5D 8
Ponders End Ind. Est. *Enf* —5F **9**
Ponder St. *N7* —7K **49**
(in two parts)
Pond Farm Est. *E5* —3J **51**
Pondfield Ho. *SE27* —5C **122**
Pondfield Rd. *Brom* —1G **155**
Pondfield Rd. *Dag* —5H **57**
Pond Grn. *Ruis* —2G **41**
Pond Hill Gdns. *Sutt* —6G **149**
Pond Ho. *SW3* —4C **84** (4C **170**)
Pond Lees Clo. *Dag* —7K **57**
Pond Mead. *SE21* —6D **104**
Pond Path. *Chst* —6F **127**
Pond Pl. *SW3* —4C **84** (4C **170**)
Pond Rd. *E15* —2G **71**
Pond Rd. *SE3* —2H **107**
Pondside Clo. *Hay* —6F **77**
Pond Sq. *N6* —1E **48**
Pond St. *NW3* —5C **48**
Pond Way. *Tedd* —6C **116**
Pondwood Ri. *Orp* —7J **145**
Ponler St. *E1* —6H **69**
Ponsard Rd. *NW10* —3D **64**
Ponsford St. *E9* —6J **51**
Ponsonby Pl. *SW1*
—5H **85** (5D **172**)
Ponsonby Rd. *SW15* —7D **100**
Ponsonby Ter. *SW1*
—5H **85** (5D **172**)
Pontefract Ct. N'holt —5F 43
(off Newmarket Rd.)
Pontefract Rd. *Brom* —5H **125**
Ponton Rd. *SW8* —6H **85** (7D **172**)
Pont St. *SW1* —3D **84** (2E **170**)

Pont St. M. *SW1* —3D **84** (2E **170**)
Pontypool Pl. *SE1*
—2B **86** (6A **168**)
Pool Clo. *Beck* —5C **124**
Pool Clo. *W Mol* —5D **132**
Pool Ct. *SE6* —2C **124**
Poole Clo. *Ruis* —2G **41**
Poole Ct. *Houn* —2C **96**
Poole Ho. *SE11* —3H **173**
Pool End. —5C 130
Pool End Clo. *Shep* —5C **130**
Poole Rd. *E9* —6K **51**
Poole Rd. *Eps* —6K **147**
Pooles Bldgs. *WC1* —4J **161**
Pooles Cotts. *Rich* —2D **116**
Pooles La. *SW10* —7A **84**
Pooles La. *Dag* —2E **74**
Pooles Pk. *N4* —2A **50**
Poole St. *N1* —1D **68**
Poole Way. *Hay* —3G **59**
Pool Ho. NW8 —5B **66** (5C **158**)
(off Penfold St.)
Poolmans St. *SE16* —2K **87**
Pool Rd. *Harr* —7H **25**
Pool Rd. *W Mol* —5D **132**
Poolsford Rd. *NW9* —4A **28**
Poonah St. *E1* —6J **69**
Pope Clo. *SW19* —6B **120**
Pope Clo. *Felt* —1H **113**
Pope Rd. *Brom* —5B **144**
Popes Av. *Twic* —2J **115**
Popes Ct. *Twic* —2J **115**
Popes Dri. *N3* —1J **29**
Popes Gro. *Croy* —3B **154**
Popes Gro. *Twic* —2J **115**
Pope's Head All. EC3
—6D **68** (1F **169**)
Popes La. *W5* —3D **80**
Pope's Rd. *SW9* —3A **104**
Pope St. *SE1* —2E **86** (7H **169**)
Popham Clo. *Hanw* —3D **114**
Popham Gdns. *Rich* —3G **99**
Popham Rd. *N1* —1C **68**
Popham St. *N1* —1B **68**
(in two parts)
Pop-In Commercial Cen. *Wemb*
—5H **45**
Popinjays Row. Cheam —5F 149
(off Netley Clo.)
Poplar. —7D 70
Poplar Av. *Mitc* —1D **138**
Poplar Av. *S'hall* —3F **79**
Poplar Av. *W Dray* —7B **58**
Poplar Bath St. *E14* —7D **70**
Poplar Bus. Pk. *E14* —7E **70**
Poplar Clo. *E9* —5B **52**
Poplar Clo. *Pinn* —1B **24**
Poplar Ct. *SW19* —5J **119**
Poplar Ct. *N'holt* —2A **60**
Poplar Ct. *Twic* —6C **98**
Poplar Cres. *Eps* —6J **147**
Poplar Farm Clo. *Eps* —6J **147**
Poplar Gdns. *SE28* —7C **74**
Poplar Gdns. *N Mald* —2K **135**
Poplar Gro. *N11* —6K **15**
Poplar Gro. *W6* —2E **82**
Poplar Gro. *N Mald* —2K **135**
Poplar Gro. *Wemb* —3J **45**
Poplar High St. *E14* —7D **70**
Poplar Ho. SE4 —4B 106
(off Wickham Rd.)
Poplar M. *W12* —1E **82**
(off Uxbridge Rd.)
Poplar Mt. *Belv* —4H **93**
Poplar Pl. *SE28* —7C **74**
Poplar Pl. *W2* —7K **65**
Poplar Pl. *Hay* —7J **59**

Poplar Rd. *SE24* —4C **104**
Poplar Rd. *SW19* —2J **137**
Poplar Rd. *Ashf* —5E **112**
Poplar Rd. *Sutt* —1H **149**
Poplar Rd. S. *SW19* —3J **137**
Poplars Av. *NW2* —6E **46**
Poplars Clo. *Ruis* —1G **41**
Poplars Rd. *E17* —6D **34**
Poplars, The. *N14* —5A **6**
Poplar St. *Romf* —4J **39**
Poplar Vw. *Wemb* —2D **44**
Poplar Wlk. *SE24* —3C **104**
(in two parts)
Poplar Wlk. *Croy* —2C **152**
Poplar Way. *Felt* —3J **113**
Poplar Way. *Ilf* —4G **37**
Poppins Ct. *EC4* —6B **68** (1A **168**)
Poppleton Rd. *E11* —6G **35**
Poppy Clo. *Wall* —1E **150**
Poppy La. *Croy* —7J **141**
Porchester Clo. *SE5* —4C **104**
Porchester Ct. *W2* —7K **65**
Porchester Gdns. *W2* —7K **65**
Porchester Gdns. M. *W2* —6K **65**
Porchester Ga. W2 —7K 65
(off Bayswater Rd., in two parts)
Porchester Mead. *Beck* —6C **124**
Porchester M. *W2* —6K **65**
Porchester Pl. *W2*
—6C **66** (1D **164**)
Porchester Rd. *W2* —6K **65**
Porchester Rd. *King T* —2H **135**
Porchester Sq. *W2* —6K **65**
Porchester Ter. *W2* —7A **66**
Porchester Ter. N. *W2* —6K **65**
Porch Way. *N20* —3J **15**
Porcupine Clo. *SE9* —2C **126**
Porden Rd. *SW2* —4K **103**
Porlock Av. *Harr* —1G **43**
Porlock Ho. *SE26* —3G **123**
Porlock Rd. *W10* —4F **65**
Porlock Rd. *Enf* —7A **8**
Porlock St. *SE1* —2D **86** (6F **169**)
Porrington Clo. *Chst* —1D **144**
Porson Ct. *SE13* —3D **106**
Portal Clo. *SE27* —3A **122**
Portal Clo. *Ruis* —4J **41**
(in two parts)
Portal Clo. *Uxb* —7A **40**
(in two parts)
Porta Way. *E3* —4B **70**
Portbury Clo. *SE15* —1G **105**
Port Cres. *E13* —4K **71**
Portcullis Ho. *SW1* —7E **166**
Portcullis Lodge Rd. *Enf* —3J **7**
Portelet Ct. N1 —1E 68
(off De Beauvoir Est.)
Portelet Rd. *E1* —3K **69**
Porten Houses. W14 —3G 83
(off Porten Rd.)
Porten Rd. *W14* —3G **83**
Porter Rd. *E6* —6D **72**
Porters & Walters Almshouses.
N22 —7E 16
(off Nightingale Rd.)
Porters Av. *Dag* —6B **56**
Porter Sq. *N19* —1J **49**
Porter St. *SE1* —1C **86** (4D **168**)
Porter St. *W1* —5D **66** (5F **159**)
Porters Wlk. E1 —7H 69
(off Pennington St.)
Porters Way. *W Dray* —3B **76**
Porteus Rd. *W2* —5A **66** (5A **158**)
Portgate Clo. *W9* —4H **65**
Porthcawe Rd. *SE26* —4A **124**
Porthkerry Av. *Well* —4A **110**
Portia Ct. *SE11* —5B **86**
(off Opal St.)

Portia Ct. *Bark* —7A **56**
Portia Way. *E3* —4B **70**
Porticos, The. *SW3* —7A **170**
Portinscale Rd. *SW15* —5G **101**
Portland Av. *N16* —7F **33**
Portland Av. *N Mald* —7B **136**
Portland Av. *Sidc* —6A **110**
Portland Clo. *Romf* —5E **38**
Portland Commercial Est. Bark
—2C **74**
Portland Ct. *SE1* —3D **86** (7E **168**)
(off Gt. Dover St.)
Portland Cres. *SE9* —2C **126**
Portland Cres. *Felt* —4F **113**
Portland Cres. *Gnfd* —4F **61**
Portland Cres. *Stan* —2D **26**
Portland Dri. *Enf* —1K **7**
Portland Gdns. *N4* —6B **32**
Portland Gdns. *Romf* —5D **38**
Portland Gro. *SW8* —1K **103**
Portland Ho. SW1 —3G 85
(off Stag Pl.)
Portland M. *W1* —6G **67** (1B **166**)
Portland Pl. SE25 —4G 141
(off Portland Rd.)
Portland Pl. *W1* —4F **67** (4J **159**)
Portland Ri. *N4* —1B **50**
Portland Ri. Est. *N4* —1C **50**
Portland Rd. *N15* —4F **33**
Portland Rd. *SE9* —2C **126**
Portland Rd. *SE25* —4G **141**
Portland Rd. *W11* —7G **65**
Portland Rd. *Ashf* —3A **112**
Portland Rd. *Brom* —4A **126**
Portland Rd. *Hay* —3G **59**
Portland Rd. *King T* —3E **134**
Portland Rd. *Mitc* —2C **138**
Portland Rd. S'hall —3D **78**
Portland Sq. *E1* —1H **87**
Portland St. *SE17* —5D **86**
Portland Ter. *Rich* —4D **98**
Portland Wlk. *SE17* —6D **86**
Portman Av. *SW14* —3K **99**
Portman Clo. *W1* —6D **66** (7F **159**)
Portman Clo. *Bexh* —1K **129**
Portman Clo. *Bexh* —3E **110**
Portman Dri. *Wfd G* —2B **36**
Portman Gdns. *NW9* —2K **27**
Portman Gdns. *Uxb* —7C **40**
Portman Ga. *NW1* —4D **158**
Portman Mans. W1
—5D **66** (5F **159**)
(off Chiltern St.)
Portman M. S. *W1*
—6E **66** (1G **165**)
Portman Pl. *E2* —3J **69**
Portman Rd. *King T* —2F **135**
Portman Sq. *W1* —6E **66** (7G **159**)
Portman St. *W1* —6E **66** (1G **165**)
Portman Towers. W1
—6D **66** (7F **159**)
Portmeadow Wlk. *SE2* —2D **92**
Portmeers Clo. *E17* —6B **34**
Portnall Rd. *W9* —2H **65**
Portnoi Clo. *Romf* —2K **39**
Portobello Ct. Est. *W11* —6H **65**
Portobello M. *W11* —7J **65**
Portobello Rd. *W10* —5G **65**
Portobello Rd. *W11* —6H **65**
Portobello Road Market. —5G **65**
Portpool La. *WC1* —5A **68** (5J **161**)
Portree Clo. *N22* —7E **16**
Portree St. *E14* —6F **71**
Portrush Ct. S'hall —6G 61
(off Whitecote Rd.)
Portsdown. *Edgw* —5B **12**
Portsdown Av. *NW11* —6H **29**
Portsdown M. *NW11* —6H **29**

Portsea Hall. *W2* —6D **66** (1D **164**)
(off Portsea Pl.)
Portsea M. *W2* —1D **164**
Portsea Pl. *W2* —6C **66** (1D **164**)
Portslade Rd. *SW8* —2G **183**
Portsmouth Av. *Th Dit* —7A **134**
Portsmouth M. *E16* —1K **89**
Portsmouth Rd. *SW15* —7D **100**
Portsmouth Rd. Th Dit & Surb
—7A **134**
Portsmouth St. *WC2*
—6K **67** (1G **167**)
Portsoken St. *EC3*
—7F **69** (2J **169**)
Portswood Pl. *SW15* —6B **100**
Portugal Gdns. *Twic* —2G **115**
Portugal St. *WC2*
—6K **67** (1G **167**)
Portway. *E15* —1H **71**
Portway Gdns. *SE18* —7B **90**
Pory Ho. SE11 —4K 85 (4H **173**)
Poseidon Ct. *E14* —4C **88**
Postern Grn. *Enf* —2F **7**
Postern, The. *EC2* —6D **162**
Post La. *Twic* —1H **115**
Postmill Clo. *Croy* —3J **153**
Post Office All. *Hamp* —2F **133**
Post Office App. *E7* —5K **53**
Post Office Ct. EC4
(off Barbican) —6D **68** (1F **169**)
Post Office Way. *SW8* —7H **85**
Post Rd. S'hall —3F **79**
Postway M. *Ilf* —3F **55**
(in two parts)
Potier St. *SE1* —3D **86**
Potter Clo. *Mitc* —2F **139**
Potteries, The. *Barn* —5D **4**
Potterne Clo. *SW19* —7F **101**
Potters Clo. *Croy* —1A **154**
Potters Fld. Enf —4K 7
(off Lincoln Rd.)
Potters Fields. *SE1*
—1E **86** (5H **169**)
Potters Gro. *N Mald* —4J **135**
Potters Heights Clo. *Pinn* —1K **23**
Potter's La. *SW16* —6H **121**
Potters La. *Barn* —4D **4**
Potters Lodge. *E14* —5E **88**
Potters Rd. *SW6* —2A **102**
Potter's Rd. *Barn* —4E **4**
Potter St. *N'wd* —1J **23**
Potter St. *Pinn* —1K **23**
Pottery La. *W11* —1G **83**
Pottery Rd. *Bex* —2J **129**
Pottery Rd. *Bren* —6E **80**
Pottery St. *SE16* —2H **87**
Pott St. *E2* —3H **69**
Poulett Gdns. *Twic* —1A **116**
Poulett Rd. *E6* —2D **72**
Poulner Way. *SE15* —7F **87**
(in two parts)
Poulters Wood. *Kes* —5B **156**
Poulton Av. *Sutt* —3B **150**
Poulton Clo. *E8* —6H **51**
Poultry. *EC2* —6D **68** (1E **168**)
Pound Clo. *Surb* —1C **145**
Pound Grn. *Bex* —7G **111**
Pound Pk. Rd. *SE7* —4B **90**
Pound Pl. *SE9* —6E **108**
Pound St. *Cars* —5D **150**
Pound Way. *Chst* —7G **127**
Pountney Rd. *SW11* —3E **102**
Poverest. —5K 145
Poverest Rd. *Orp* —5K **145**
Povey Ho. SE17 —4E 86
(off Tatum St.)
Powder Mill La. *Twic* —7D **96**

Powell Clo. Chess —5D 146
Powell Clo. Edgw —6A 12
Powell Clo. Wall —7J 151
Powell Ct. E17 —3D 34
Powell Gdns. Dag —4G 57
Powell Rd. E5 —3H 51
Powell Rd. Buck H —1F 21
Powell's Wlk. W4 —6A 82
Powergate Bus. Pk. NW10 —3K 63
Power Rd. W4 —4G 81
Powers Ct. Twic —7D 98
Powerscroft Rd. E5 —4J 51
Powerscroft Rd. Sidc —6C 128
Powis Ct. W11 —6H 65
(off Powis Gdns.)
Powis Ct. Bus H —1C 10
(off Rutherford Way)
Powis Gdns. NW11 —7H 29
Powis Gdns. W11 —6H 65
Powis M. W11 —6H 65
Powis Pl. WC1 —4J 67 (4F 161)
Powis Rd. E3 —3D 70
Powis Sq. W11 —6H 65
(in two parts)
Powis St. SE18 —3E 90
Powis Ter. W11 —6H 65
Powlett Pl. NW1 —7E 48
Pownall Gdns. Houn —4F 97
Pownall Rd. E8 —1G 69
Pownall Rd. Houn —4F 97
Pownsett Ter. Ilf —5G 55
Powster Rd. Brom —5J 125
Powys Clo. Bexh —6D 92
Powys Ct. N11 —5D 16
Powys La. N14 & N13 —4D 16
Poynders Ct. SW4 —6G 103
Poynders Gdns. SW4 —7G 103
Poynders Rd. SW4 —6G 103
Poynings Rd. N19 —3G 49
Poynings Way. N12 —5D 14
Poyntell Cres. Chst —1H 145
Poynter Ct. N'holt —2B 60
(off Gallery Gdns.)
Poynter Ho. NW8 —4B 66 (3A 158)
(off Fisherton St.)
Poynter Ho. W11 —1F 83
(off Queensdale Cres.)
Poynter Rd. Enf —5A 8
Poynton Rd. N17 —2G 33
Poyntz Rd. SW11 —2D 102
Poyser St. E2 —2H 69
Praed M. W2 —6B 66 (7B 158)
Praed St. W2 —6B 66 (1A 164)
Pragel St. E13 —2A 72
Pragnell Rd. SE12 —2K 125
Prague Pl. SW2 —5J 103
Prah Rd. N4 —2A 50
Prairie St. SW8 —2E 102
Pratt M. NW1 —1G 67
Pratts Pas. King T —2E 134
Pratt St. NW1 —1G 67
Pratt Wlk. SE11 —4K 85 (3H 173)
Prayle Gro. NW2 —1F 47
Preachers Ct. EC1 —4B 68 (4B 162)
(off Charterhouse Sq.)
Prebend Gdns. W6 & W4 —4B 82
(in two parts)
Prebend Mans. W4 —4B 82
(off Chiswick High Rd.)
Prebend St. N1 —1C 68
Precinct Rd. Hay —7J 59
Precincts, The. Mord —6J 137
Precinct, The. N1 —1C 68
(in two parts)
Precinct, The. W Mol —3F 133
Premier Corner. W9 —2H 65
Premier Ct. Enf —1D 8
Premiere Pl. E14 —7C 70
Premier Ho. N1 —7B 50
Premier Pk. Rd. NW10 —2H 63
Premier Pl. SW15 —4G 101
Prendergast Rd. SE3 —3G 107
Prentice Ct. SW19 —5H 119
Prentis Rd. SW16 —4H 121
Prentiss Ct. SE7 —4B 90
Presburg Rd. N Mald —5A 136
Presburg St. E5 —3K 51
Prescelly Pl. Edgw —1F 27
Prescot St. E1 —7F 69 (2K 169)
Prescott Av. Orp —6F 145
Prescott Clo. SW16 —7J 121
Prescott Ho. SE5 —6B 86
(off Hillingdon St.)
Prescott Pl. SW4 —3H 103
Presentation M. SW2 —2K 121
Preshaw Cres. Mitc —3C 138
President Dri. E1 —1H 87
President Ho. EC1 —3B 68 (2B 162)
Presidents Quay. E1 —4K 169
President St. EC1 —1C 162
Press Ho. NW10 —3K 45
Press Rd. NW10 —3K 45
Prestage Way. E14 —7E 70
Prestbury Rd. E7 —7A 54
Prestbury Sq. SE9 —4D 126
Prested Rd. SW11 —4C 102
Prestige Way. NW4 —5E 28
Preston. —1E 44
Preston Av. E4 —6A 20
Preston Clo. SE1 —4E 86
Preston Clo. Twic —3J 115
Preston Ct. New Bar —4F 5
Preston Ct. Sidc —4K 127
(off Crescent, The)
Preston Dri. E11 —5A 36
Preston Dri. Bexh —1D 110
Preston Dri. Eps —6A 148
Preston Gdns. NW10 —6B 46
Preston Gdns. Ilf —6C 36
Preston Hill. Harr —7E 26
Preston Ho. SE1 —3F 87
(off Stanworth St.)
Preston Ho. SE17 —4E 86
(off Preston Clo.)
Preston Ho. Dag —3G 57
(off Uvedale Rd.)
Preston Pl. NW2 —6C 46
Preston Pl. Rich —5E 98
Preston Rd. E11 —6G 35
Preston Rd. SE19 —6B 122
Preston Rd. SW20 —7B 118
Preston Rd. Shep —5C 130
Preston Rd. Wemb & Harr —1E 44
Preston's Rd. E14 —7E 70
Prestons Rd. Brom —3J 155
Preston Waye. Harr —1E 44
Prestwich Ter. SW4 —5G 103
Prestwick Clo. S'hall —5C 78
Prestwick Ct. S'hall —7G 61
(off Baird Av.)
Prestwood Av. Harr —4B 26
Prestwood Clo. SE18 —6A 92
Prestwood Clo. Harr —4B 26
Prestwood Gdns. Croy —7C 140
Prestwood Ho. SE16 —3H 87
(off Drummond Rd.)
Prestwood St. N1 —2C 68 (1D 162)
Pretoria Av. E17 —4A 34
Pretoria Clo. N17 —7A 18
Pretoria Cres. E4 —1K 19
Pretoria Rd. E4 —1K 19
Pretoria Rd. E11 —1F 53
Pretoria Rd. E16 —4H 71
Pretoria Rd. N17 —7A 18
Pretoria Rd. SW16 —6F 121
Pretoria Rd. Ilf —5F 55
Pretoria Rd. Romf —4J 39
Pretoria Rd. N. N18 —6A 18
Prevost Rd. N11 —2K 15
Price Clo. NW7 —6B 14
Price Clo. SW17 —3D 120
Price' Ct. SW11 —3B 102
Price Ho. N1 —1C 68
(off Britannia Row)
Price Rd. Croy —5B 152
Price's St. SE1 —1B 86 (5B 168)
Price's Yd. N1 —1K 67
Price Way. Hamp —6C 114
Prichard Ct. N7 —6K 49
Pricklers Hill. Barn —6E 4
Prickley Wood. Brom —1H 155
Priddy's Yd. Croy —2C 152
Prideaux Pl. W3 —7K 63
Prideaux Pl. WC1 —3K 67 (1H 161)
Prideaux Rd. SW9 —3J 103
Pridham Rd. T Hth —4D 140
Priestfield Rd. SE23 —3A 124
Priestlands Pk. Rd. Sidc —3K 127
Priestley Clo. N16 —7F 33
Priestley Gdns. Romf —6B 38
Priestley Ho. EC1 —4C 68 (3D 162)
(off Old St.)
Priestley Ho. Wemb —3J 45
(off Barnhill Rd.)
Priestley Rd. Mitc —2E 138
Priestley Way. E17 —3K 33
Priestley Way. NW2 —1C 46
Priest Pk. Av. Harr —2E 42
Priests Av. Romf —2K 39
Priest's Bri. SW14 & SW15 —3A 100
Priest's Ct. EC2 —7C 162
Prima Rd. SW9 —7A 86
Prime Meridian Line, The. —7F 89
Primrose Av. Enf —1J 7
Primrose Av. Romf —7B 38
Primrose Clo. SE6 —5E 124
Primrose Clo. Harr —3D 42
Primrose Clo. Wall —7F 139
Primrose Ct. SW12 —7H 103
Primrose Gdns. NW3 —6C 48
Primrose Gdns. Bush —1A 10
Primrose Gdns. Ruis —5A 42
Primrose Hill. —1E 66
Primrose Hill. EC4 —6A 68 (1K 167)
Primrose Hill Ct. NW3 —7D 48
Primrose Hill Rd. NW3 —7D 48
Primrose Hill Studios. NW1 —1E 66
Primrose La. Croy —1J 153
Primrose Mans. SW11 —1E 102
Primrose M. NW1 —7D 48
(off Sharpleshall St.)
Primrose M. SE3 —7J 89
Primrose Rd. E10 —1D 52
Primrose Rd. E18 —2K 35
Primrose Sq. E9 —7J 51
Primrose St. EC2 —5E 68 (5G 163)
Primrose Wlk. SE14 —7A 88
Primrose Wlk. Eps —7B 148
Primrose Way. Wemb —2D 62
Primula St. W12 —6C 64
Prince Albert Ct. NW8 —1D 66
(off Prince Albert Rd.)
Prince Albert Rd. NW1 & NW8 —3C 66 (1C 158)
Prince Arthur M. NW3 —4A 48
Prince Arthur Rd. NW3 —5A 48
Prince Charles Dri. NW4 —7E 28
Prince Charles Rd. SE3 —2H 107
Prince Charles Way. Wall —3F 151
Prince Consort Dri. Chst —1H 145
Prince Consort Rd. SW7 —3A 84 (1A 170)
Princedale Rd. W11 —1G 83
Prince Edward Mans. W2 —7J 65
(off Hereford Rd.)
Prince Edward Rd. E9 —6B 52
Prince George Av. N14 —5B 6
Prince George Rd. N16 —4E 50
Prince George's Av. SW20 —2E 136
Prince George's Rd. SW19 —1B 138
Prince Henry Rd. SE7 —7B 90
Prince Imperial Rd. SE18 —1D 108
Prince Imperial Rd. Chst —1F 145
Prince John Rd. SE9 —5C 108
Princelet St. E1 —5F 69 (5K 163)
Prince of Wales Clo. NW4 —4D 28
Prince of Wales Dri. SW8 —7F 85
Prince of Wales Dri. SW11 & SW8 —1C 102
Prince of Wales Mans. SW11 —1E 102
Prince of Wales Pas. NW1 —2A 160
Prince of Wales Rd. E16 —6A 72
Prince of Wales Rd. NW5 —6E 48
Prince of Wales Rd. SE3 —2H 107
Prince of Wales Rd. Sutt —2B 150
Prince of Wales Ter. W4 —5A 82
Prince of Wales Ter. W8 —2K 83
Prince Regent Ct. NW8 —2C 66
(off Avenue Rd.)
Prince Regent La. E13 & E16 —3K 71
Prince Regent M. NW1 —2A 160
Prince Regent Rd. Houn —3G 97
Prince Regent's Ga. NW8 —4C 66
Prince Rd. SE25 —5E 140
Prince Rupert Rd. SE9 —4D 108
Princes Arc. SW1 —4B 166
Princes Av. N3 —1J 29
Princes Av. N10 —3F 31
Princes Av. N13 —5F 17
Princes Av. N22 —1H 31
Princes Av. NW9 —4G 27
Princes Av. W3 —3G 81
Princes Av. Cars —7D 150
Prince's Av. Gnfd —6F 61
Princes Av. Orp —5J 145
Princes Av. Surb —1G 147
Princes Av. Wfd G —4E 20
Princes Cir. WC2 —6J 67 (7E 160)
Princes Clo. N4 —1B 50
Princes Clo. NW9 —4G 27
Princes Clo. SW4 —3G 103
Princes Clo. Edgw —5B 12
Princes Clo. Sidc —3D 128
Prince's Clo. Tedd —4H 115
Princes Ct. SE16 —3B 88
Prince's Ct. SW3 —3D 84 (1E 170)
(off Brompton Rd.)
Princes Ct. Wemb —5E 44
Princes Ct. Bus. Cen. E1 —7H 69
Princes Dri. Harr —3J 25
Prince's Gdns. SW7 —3B 84 (1B 170)
Princes Gdns. W3 —5G 63
Princes Gdns. W5 —4C 62
Prince's Ga. SW7 —2B 84 (7B 164)
(in six parts)
Prince's Ga. Ct. SW7 —2B 84 (7A 164)
Prince's Ga. M. SW7 —3B 84 (1B 170)
Princes La. N10 —3F 31
Prince's M. W2 —7K 65
Princes M. Houn —4E 96
Princes Pde. NW11 —6G 29
(off Golders Grn. Rd.)
Princes Pk. Av. NW11 —6G 29
Princes Pk. Av. Hay —7F 59
Princes Pk. Circ. Hay —7F 59
Princes Pk. Clo. Hay —7F 59
Princes Pk. La. Hay —7F 59
Princes Pk. Pde. Hay —7F 59
Princes Pl. SW1 —4B 166
Princes Pl. W11 —1G 83
Prince's Plain. Brom —7C 144
Prince's Ri. SE13 —2E 106
Princes Riverside Rd. SE16 —1K 87
Princes Rd. N18 —4D 18
Princes Rd. SE20 —6K 123
Princes Rd. SW14 —3K 99
Prince's Rd. SW19 —6J 119
Princes Rd. W13 —1B 80
Princes Rd. Ashf —5B 112
Princes Rd. Buck H —2F 21
Princes Rd. Felt —2H 113
Princes Rd. Ilf —4H 37
Princes Rd. Kew —1F 99
Princes Rd. King T —7G 117
Princes Rd. Rich —5F 99
Prince's Rd. Tedd —4H 115
Princessa Ct. Enf —5J 7
Princess Alice Ho. W10 —4E 64
Princess Alice Way. SE28 —2H 91
Princess Av. Wemb —2E 44
Princess Ct. N6 —7G 31
Princess Ct. W1 —5D 66 (6E 158)
(off Bryanston Pl.)
Princess Ct. W2 —7K 65
(off Queensway)
Princess Cres. N4 —2B 50
Princess La. Ruis —1G 41
Princess Louise Clo. W2 —5B 66 (5B 158)
Princess Mary Ho. SW1 —4H 85 (3D 172)
(off Vincent St.)
Princess May Rd. N16 —4E 50
Princess M. NW3 —5B 48
Princess M. King T —3F 135
Princess Pde. Dag —2G 75
Princess Pde. Orp —3E 156
Princess Pk. Mnr. N11 —5K 15
Prince's Sq. W2 —7K 65
Princess Rd. NW1 —1E 66
Princess Rd. NW6 —2J 65
Princess Rd. Croy —6C 140
Princess St. SE1 —3B 86
Prince's St. EC2 —6D 68 (1E 168)
Princes St. N17 —6K 17
Princes St. W1 —6F 67 (1K 165)
Princes St. Bexh —3F 111
Princes St. Rich —4E 98
Princes St. Sutt —4B 150
Princes Ter. E13 —1K 71
Prince St. SE8 —6B 88
Princes Way. SW19 —7F 101
Princes Way. Buck H —2F 21
Princes Way. Croy —5K 151
Princes Way. Ruis —4C 42
Princes Way. W W'ck —4H 155
Prince's Yd. W11 —1G 83
(off Princedale Rd.)

Quilp St. SE1 —2C 86 (6C 168) (in two parts)
Quilter Ho. W10 —3H 65
Quilter St. E2 —3G 69 (1K 163)
Quilter St. SE18 —5K 91
Quinta Dri. Barn —5A 4
Quintin Av. SW20 —1H 137
Quintin Clo. Pinn —4K 23
Quinton Clo. Beck —3E 142
Quinton Clo. Houn —7K 77
Quinton Clo. Wall —4F 151
Quinton Ho. SW8 —7J 85 (off Wyvil Rd.)
Quinton Rd. Th Dit —1A 146
Quinton St. SW18 —2A 120
Quixley St. E14 —7F 71
Quorn Rd. SE22 —4E 104

Rabbit Row. W8 —1J 83
Rabbits Rd. E12 —4C 54
Rabournmead Dri. N'holt —5C 42
Raby Rd. N Mald —4K 135
Raby St. E14 —6A 70
Raccoon Way. Houn —2A 96
Rachel Clo. Ilf —3H 37
Rachel Point. E5 —4G 51
Racine. SE5 —1E 104 (off Peckham Rd.)
Rackham M. SW16 —6G 121
Rackman Clo. Well —2B 110
Rackstraw Ho. NW3 —7D 48
Racton Rd. SW6 —6J 83
Radbourne Av. W5 —4C 80
Radbourne Clo. E5 —4K 51
Radbourne Ct. Harr —6B 26
Radbourne Cres. E17 —2F 35
Radbourne Rd. SW12 —7G 103
Radcliffe Av. NW10 —2C 64
Radcliffe Av. Enf —1H 7
Radcliffe Gdns. Cars —7C 150
Radcliffe Ho. SE16 —4H 87 (off Anchor St.)
Radcliffe M. Hamp H —5G 115
Radcliffe Path. SW8 —2F 103
Radcliffe Rd. N21 —1G 17
Radcliffe Rd. SE1 —3E 86
Radcliffe Rd. Croy —2F 153
Radcliffe Rd. Harr —2A 26
Radcliffe Sq. SW15 —6F 101
Radcliffe Way. N'holt —3B 60
Radcot Point. SE23 —3K 123
Radcot St. SE11 —5A 86 (6K 173)
Raddington Rd. W10 —5G 65
Radfield Way. Sidc —7H 109
Radford Ho. E14 —5D 70
Radford Ho. N7 —5K 49
Radford Rd. SE13 —6E 106
Radford Way. Bark —3K 73
Radipole Rd. SW6 —1H 101
Radius Pk. Felt —4H 95
Radland Rd. E16 —6H 71
Radlet Av. SE26 —3H 123
Radlett Clo. E7 —6H 53
Radlett Pl. NW8 —1C 66
Radley Av. Ilf —4A 56
Radley Clo. Felt —1H 113
Radley Ct. SE16 —2K 87
Radley Gdns. Harr —4E 26
Radley Ho. NW1 —4D 66 (3E 158) (off Gloucester Pl.)
Radley Ho. SE2 —2D 92 (off Wolvercote Rd.)
Radley M. W8 —3J 83
Radley Rd. N17 —2E 32
Radley's La. E18 —2J 35
Radleys Mead. Dag —6H 57
Radley Sq. E5 —2J 51
Radley Ter. E16 —5H 71 (off Hermit Rd.)
Radlix Rd. E10 —1C 52
Radnor Av. Harr —5J 25
Radnor Av. Well —5B 110
Radnor Clo. Chst —6J 127
Radnor Clo. Mitc —4J 139
Radnor Ct. W7 —6K 61 (off Copley Clo.)
Radnor Ct. Har W —1K 25
Radnor Cres. SE18 —7A 92
Radnor Cres. Ilf —5D 36
Radnor Gdns. Enf —1K 7
Radnor Gdns. Twic —2K 115
Radnor Gro. Uxb —2C 58
Radnor M. W2 —6B 66 (1B 164)
Radnor Pl. W2 —6C 66 (1C 164)
Radnor Rd. NW6 —1G 65
Radnor Rd. SE15 —7G 87
Radnor Rd. Harr —5H 25
Radnor Rd. Twic —1K 115
Radnor St. EC1 —3C 68 (2D 162)
Radnor Ter. W14 —4H 83
Radnor Ter. Sutt —7J 149
Radnor Wlk. E14 —4C 88 (off Barnsdale Av.)
Radnor Wlk. SW3 —5C 84 (6D 170)
Radnor Wlk. Croy —6A 142
Radnor Way. NW10 —4H 63
Radstock Av. Harr —3A 26
Radstock Clo. N11 —6K 15
Radstock St. SW11 —7C 84 (in two parts)
Raeburn Av. Surb —1H 147
Raeburn Clo. NW11 —6A 30
Raeburn Clo. King T —7D 116
Raeburn Ho. N'holt —2B 60 (off Academy Gdns.)
Raeburn Rd. Edgw —1G 27
Raeburn Rd. Hay —2F 59
Raeburn Rd. Sidc —6J 109
Raeburn St. SW2 —4J 103
Raffles Ct. NW4 —4D 28
Raffles Sq. E15 —7F 53
Rafford Way. Brom —2K 143
R.A.F. Northolt. —6J 41
Raggleswood. Chst —1E 144
Raglan Clo. Houn —5D 96
Raglan Ct. SE12 —5J 107
Raglan Ct. S Croy —5B 152
Raglan Ct. Wemb —4F 45
Raglan Rd. E17 —5E 34
Raglan Rd. SE18 —5F 91
Raglan Rd. Belv —4F 93
Raglan Rd. Brom —4A 144
Raglan Rd. Enf —7A 8
Raglan St. NW5 —6F 49
Raglan Ter. Harr —4F 43
Raglan Way. N'holt —6G 43
Ragley Clo. W3 —2J 81
Raider Clo. Romf —1G 39
Railey M. NW5 —5G 49
Railshead Rd. Iswth —4B 98
Railton Rd. SE24 —4A 104
Railway App. N4 —6A 32
Railway App. SE1 —1D 86 (5F 169)
Railway App. Harr —4K 25
Railway App. Twic —7A 98
Railway App. Wall —5F 151
Railway Arches. E10 —7D 34 (off Capworth St.)
Railway Arches. E11 —2G 53 (off Leytonstone High Rd.)
Railway Arches. E11 —1F 53 (off Sidings, The)
Railway Arches. E17 —5C 34 (off Yunus Khan Clo.)
Railway Av. SE16 —2J 87 (in two parts)
Railway Children Wlk. Brom —2J 125
Railway Cotts. SW19 —4K 119
Railway Cotts. Twic —6E 96
Railway Gro. SE14 —7B 88
Railway M. E3 —3C 70 (off Wellington Way)
Railway M. W11 —6G 65
Railway Pas. Tedd —6A 116
Railway Pl. SW19 —6H 119
Railway Pl. Belv —3G 93
Railway Ri. SE22 —4E 104
Railway Rd. Tedd —4J 115
Railway Side. SW13 —3A 100 (in two parts)
Railway St. N1 —2J 67
Railway St. Romf —7C 38
Railway Ter. E17 —1E 34
Railway Ter. SE13 —5D 106
Railway Ter. Felt —1J 113
Rainborough Clo. NW10 —6J 45
Rainbow Av. E14 —5D 88
Rainbow Ind. Est. W Dray —7A 58
Rainbow Quay. SE16 —3A 88
Rainbow St. SE5 —7E 86
Raine St. E1 —1H 87
Rainham Clo. SE9 —6H 109
Rainham Clo. SW11 —6C 102
Rainham Ho. NW1 —1G 67 (off Bayham Pl.)
Rainham Rd. NW10 —3E 64
Rainham Rd. N. Dag —2G 57
Rainham Rd. S. Dag —4H 57
Rainhill Way. E3 —3C 70 (in two parts)
Rainsborough Av. SE8 —4A 88
Rainsford Clo. Stan —4H 11
Rainsford Rd. NW10 —2H 63 (in two parts)
Rainsford St. W2 —6C 66 (7C 158)
Rainton Rd. SE7 —5J 89
Rainville Rd. W6 —6E 82
Raisins Hill. Pinn —3A 24
Raith Av. N14 —3C 16
Raleana Rd. E14 —1E 88
Raleigh Av. Hay —5K 59
Raleigh Av. Wall —4H 151
Raleigh Clo. NW4 —5E 28
Raleigh Clo. Pinn —7B 24
Raleigh Clo. Ruis —2H 41
Raleigh Ct. W13 —5B 62
Raleigh Ct. Beck —1D 142
Raleigh Ct. Wall —6F 151
Raleigh Dri. N20 —3H 15
Raleigh Dri. Surb —1J 147
Raleigh Gdns. SW2 —6K 103
Raleigh Gdns. Mitc —3D 138 (in two parts)
Raleigh Ho. E14 —2D 88 (off Admirals Way)
Raleigh Ho. SW1 —6H 85 (7C 172) (off Dolphin Sq.)
Raleigh M. N1 —1B 68 (off Packington St.)
Raleigh Rd. N2 —2C 30
Raleigh Rd. N8 —4A 32
Raleigh Rd. SE20 —7K 123
Raleigh Rd. Enf —4J 7
Raleigh Rd. Felt —3H 113
Raleigh Rd. Rich —3F 99
Raleigh Rd. S'hall —5C 78
Raleigh St. N1 —1B 68
Raleigh Way. N14 —1C 16
Raleigh Way. Felt —5A 114
Ralph Brook Ct. N1 (off Chart St.) —3D 68 (1F 163)
Ralph Ct. W2 —6K 65 (off Queensway)
Ralph Perring Ct. Beck —4C 142
Ralston St. SW3 —5D 84 (6E 170)
Ramac Ind. Est. SE7 —4K 89
Rama Clo. SW16 —7J 121
Rama Ct. Harr —2J 43
Ramac Way. SE7 —4K 89
Rama La. SE19 —7F 123
Ramar Ho. E1 —5G 69 (off Hanbury St.)
Rambler Clo. SW16 —4G 121
Rame Clo. SW17 —5E 120
Ramilles Clo. SW2 —6J 103
Ramillies Pl. W1 —6G 67 (1A 166)
Ramillies Rd. NW7 —2F 13
Ramillies Rd. W4 —4K 81
Ramillies Rd. Sidc —6B 110
Ramillies St. W1 —6G 67 (1A 166)
Ramones Ter. Mitc —4J 139
Rampart St. E1 —6H 69
Ram Pas. King T —2D 134
Rampayne St. SW1 —5H 85 (5C 172)
Ram Pl. E9 —6J 51
Rampton Clo. E4 —3H 19
Ramsay Ho. NW8 —2C 66 (off Townshend Est.)
Ramsay M. SW3 —6C 84 (7C 170)
Ramsay Pl. Harr —1J 43
Ramsay Rd. E7 —4G 53
Ramsay Rd. W3 —3J 81
Ramscroft Clo. N9 —7K 7
Ramsdale Rd. SW17 —5E 120
Ramsden Dri. Romf —1G 39
Ramsden Rd. N11 —5J 15
Ramsden Rd. SW12 —6E 102
Ramsden Rd. Eri —7K 93
Ramsey Clo. NW9 —6B 28
Ramsey Clo. Gnfd —5H 43
Ramsey Ho. SW9 —7A 86 (off Vassall Rd.)
Ramsey Rd. T Hth —6K 139
Ramsey St. E2 —4G 69
Ramsey Wlk. N1 —6D 50 (off Handa Wlk.)
Ramsey Way. N14 —7B 6
Ramsfort Ho. SE16 —4H 87 (off Camilla Rd.)
Ramsgate Clo. E16 —1K 89
Ramsgate St. E8 —6F 51
Ramsgill App. Ilf —4K 37
Ramsgill Dri. Ilf —5K 37
Rams Gro. Romf —4E 38
Ram St. SW18 —5K 101
Ramulis Dri. Hay —4B 60
Rancliffe Gdns. SE9 —4C 108
Rancliffe Rd. E6 —2C 72
Randall Av. NW2 —2A 46
Randall Clo. SW11 —1C 102
Randall Clo. Eri —6J 93
Randall Ct. NW7 —7H 13
Randall Pl. SE10 —7E 88
Randall Rd. SE11 —5K 85 (4G 173)
Randall Row. SE11 —4K 85 (4G 173)
Randell's Rd. N1 —1J 67 (in two parts)
Randisbourne Gdns. SE6 —3D 124
Randle Rd. Rich —4C 116
Randlesdown Rd. SE6 —4C 124 (in two parts)
Randolph App. E16 —6A 72
Randolph Av. W9 —2K 65 (4A 158)
Randolph Clo. Bexh —3J 111
Randolph Clo. King T —5J 117
Randolph Cres. W9 —4A 66
Randolph Gdns. NW6 —2K 65
Randolph Gro. Romf —5C 38
Randolph M. W9 —4A 66
Randolph Rd. E17 —5D 34
Randolph Rd. W9 —4A 66
Randolph Rd. Brom —1D 156
Randolph Rd. S'hall —2D 78
Randolph St. NW1 —7G 49
Randon Clo. Harr —2F 25
Ranelagh Av. SW6 —3H 101
Ranelagh Av. SW13 —2C 100
Ranelagh Bri. W2 —5K 65
Ranelagh Clo. Edgw —4B 12
Ranelagh Dri. Edgw —4B 12
Ranelagh Dri. Twic —4B 98
Ranelagh Gdns. E11 —5A 36
Ranelagh Gdns. SW6 —3G 101
Ranelagh Gdns. W4 —7J 81
Ranelagh Gdns. W6 —4B 82
Ranelagh Gdns. Ilf —1D 54
Ranelagh Gdns. Mans. SW6 (off Ranelagh Gdns.) —3G 101
Ranelagh Gro. SW1 —5E 84 (5H 171)
Ranelagh Ho. SW3 (off Elystan Pl.) —5D 84 (5E 170)
Ranelagh M. W5 —2D 80
Ranelagh Pl. N Mald —5A 136
Ranelagh Rd. E6 —1E 72
Ranelagh Rd. E11 —4G 53
Ranelagh Rd. E15 —2G 71
Ranelagh Rd. N17 —3E 32
Ranelagh Rd. N22 —1K 31
Ranelagh Rd. NW10 —2B 64
Ranelagh Rd. SW1 —5G 85 (6B 172)
Ranelagh Rd. W5 —2D 80
Ranelagh Rd. S'hall —1B 78
Ranelagh Rd. Wemb —6D 44
Ranfurly Rd. Sutt —2J 149
Rangbourne Ho. N7 —5J 49
Rangefield Rd. Brom —5G 125
Rangemoor Rd. N15 —5F 33
Ranger's House. —1F 107
Ranger's Rd. E4 —1B 20
Rangers Sq. SE10 —1F 107
Range Way. Shep —7C 130
Rangeworth Pl. Sidc —3K 127
Rangoon St. EC3 —1J 169
Rankin Clo. NW9 —3A 28
Rankine Ho. SE1 —3C 86 (off Bath Ter.)
Ranleigh Gdns. Bexh —7F 93
Ranmere St. SW12 —1F 121
Ranmoor Clo. Harr —4H 25
Ranmoor Gdns. Harr —4H 25
Ranmore Av. Croy —3F 153
Ranmore Path. Orp —4K 145
Ranmore Rd. Sutt —7F 149
Rannoch Clo. Edgw —2C 12
Rannoch Rd. W6 —6E 82
Rannock Av. NW9 —7K 27
Ransome's Dock Bus. Cen. SW11 —7C 84
Ransom Rd. SE7 —4A 90
Ranston St. NW1 —5C 66 (5C 158)
Ranulf Rd. NW2 —4H 47
Ranwell Clo. E3 —1B 70
Ranworth Rd. N9 —2D 18
Ranyard Clo. Chess —3F 147
Rapesco Ho. SE14 —7A 88 (off Goodwood Rd.)
Raphael Dri. Th Dit —7K 133
Raphael St. SW7 —2D 84 (7E 164)
Rapley Ho. E2 —3G 69 (2K 163) (off Turin St.)
Rashleigh Ct. SW8 —2F 103
Rashleigh Ho. WC1 (off Thanet St.) —3J 67 (2E 160)

Rasper Rd. N20 —2F 15
Rastell Av. SW2 —2H 121
Ratcliff. —6A 70
Ratcliffe Clo. SE12 —7J 107
Ratcliffe Cross St. E1 —6K 69
Ratcliffe Ho. E14 —6A 70
Ratcliffe La. E1 —6A 70
Ratcliffe La. E14 —6A 70
Ratcliffe Orchard. E1 —7K 69
Ratcliff Rd. E7 —5A 54
Rathbone Ho. NW6 —1J 65
Rathbone Mkt. E16 —5H 71
Rathbone Pl. W1 —5H 67 (6C 160)
Rathbone Point. E5 —4G 51
Rathbone Sq. Croy —4C 152
Rathbone St. E16 —5H 71
Rathbone St. W1 —5G 67 (6B 160)
Rathcoole Av. N8 —5K 31
Rathcoole Gdns. N8 —5K 31
Rathfern Rd. SE6 —1B 124
Rathgar Av. W13 —1B 80
Rathgar Clo. N3 —2H 29
Rathgar Rd. SW9 —3B 104
Rathlin Wlk. N1 —6D 50
Rathmell Dri. SW4 —6H 103
Rathmore Rd. SE7 —5K 89
Rattray Ct. SE6 —2H 125
Rattray Rd. SW2 —4A 104
Raul Rd. SE15 —2G 105
Raveley St. NW5 —4G 49
(in two parts)
Raven Clo. NW9 —2A 28
Ravendale Rd. Sun —2H 131
Ravenet St. SW11 —1F 103
Ravenfield Rd. SW17 —3D 120
Ravenhill Rd. E13 —2A 72
Ravenings Pde. Ilf —1A 56
Ravenna Rd. SW15 —5F 101
Ravenor Ct. Gnfd —4F 61
Ravenor Pk. Rd. Gnfd —3F 61
Raven Rd. E18 —2A 36
Raven Row. E1 —5H 69
Ravensbourne Av. Brom —7F 125
Ravensbourne Av. Stai —1A 112
Ravensbourne Ct. SE6 —7C 106
Ravensbourne Gdns. W13 —5B 62
Ravensbourne Gdns. Ilf —1E 36
Ravensbourne Ho. NW8 —5C 66 (5C 158)
(off Broadley St.)
Ravensbourne Ho. Brom —5F 125
Ravensbourne Pk. SE6 —7C 106
Ravensbourne Pk. Cres. SE6 —7B 106
Ravensbourne Pl. SE13 —2D 106
Ravensbourne Rd. SE6 —7B 106
Ravensbourne Rd. Brom —3J 143
Ravensbourne Rd. Twic —6C 98
Ravensbury Av. Mord —5A 138
Ravensbury Ct. Mitc —4B 138
(off Ravensbury Gro.)
Ravensbury Gro. Mitc —4B 138
Ravensbury La. Mitc —4B 138
Ravensbury Path. Mitc —4B 138
Ravensbury Rd. SW18 —2J 119
Ravensbury Rd. Orp —3K 145
Ravensbury Ter. SW18 —2K 119
Ravenscar. NW1 —1G 67
(off Bayham St.)
Ravenscar Rd. Brom —4G 125
Ravenscar Rd. Surb —2F 147
Ravens Clo. Brom —2H 143
Ravens Clo. Enf —2K 7
Ravens Clo. Surb —6D 134
Ravenscourt. Sun —1H 131
Ravenscourt Av. W6 —4C 82
Ravenscourt Clo. Ruis —7E 22
Ravenscourt Gdns. W6 —4C 82
Ravenscourt Pk. W6 —3C 82
Ravenscourt Pk. Barn —4A 4
Ravenscourt Pk. Mans. W6
(off Paddenswick Rd.) —3D 82
Ravenscourt Pl. W6 —4D 82
Ravenscourt Rd. W6 —4D 82
(in two parts)
Ravenscourt Sq. W6 —3C 82
Ravenscraig Rd. N11 —4B 16
Ravenscroft Av. NW11 —7H 29
Ravenscroft Av. Wemb —1E 44
Ravenscroft Clo. E16 —5J 71
Ravenscroft Cotts. Barn —4D 4
Ravenscroft Cres. SE9 —3D 126
Ravenscroft Pk. Barn —3A 4
Ravenscroft Rd. E16 —5J 71
Ravenscroft Rd. W4 —4J 81
Ravenscroft Rd. Beck —2J 141
Ravenscroft St. E2 —2F 69 (1K 163)
Ravensdale Av. N12 —4F 15
Ravensdale Gdns. SE19 —7D 122
Ravensdale Rd. N16 —7F 33
Ravensdale Rd. Houn —3C 96
Ravensdon St. SE11 —5A 86 (6K 173)
Ravensfield Clo. Dag —4D 56
Ravensfield Gdns. Eps —5A 148
Ravenshaw St. NW6 —5H 47
Ravenshill. Chst —1F 145
Ravenshurst Av. NW4 —4E 28
Ravenside Clo. N18 —5E 18
Ravenside Retail Pk. N18 —5E 18
Ravenslea Rd. SW12 —7D 102
Ravensleigh Gdns. Brom —5K 125
Ravensmead Rd. Brom —7F 125
Ravensmede Way. W4 —4B 82
Ravens M. SE12 —5J 107
Ravenstone. SE17 —5E 86
Ravenstone Rd. N8 —3A 32
Ravenstone Rd. NW9 —6B 28
Ravenstone St. SW12 —1E 120
Ravens Way. SE12 —5J 107
Ravenswood. Bex —1E 128
Ravenswood Av. Surb —2F 147
Ravenswood Av. W W'ck —1E 154
Ravenswood Ct. King T —6H 117
Ravenswood Cres. Harr —2D 42
Ravenswood Cres. W W'ck —1E 154
Ravenswood Gdns. Iswth —1J 97
Ravenswood Ind. Est. E17 —4E 34
Ravenswood Rd. E17 —4E 34
Ravenswood Rd. SW12 —7F 103
Ravenswood Rd. Croy —3B 152
Ravensworth Rd. NW10 —3D 64
Ravensworth Rd. SE9 —3D 126
Ravent Rd. SE11 —4K 85 (3H 173)
Ravey St. EC2 —4E 68 (3G 163)
Ravine Gro. SE18 —6J 91
Rav Pinter Clo. N16 —7E 32
Rawalpindi Ho. E16 —4H 71
Rawchester Clo. SW18 —1H 119
Rawlings St. SW3 —4D 84 (3E 170)
Rawlins Clo. N3 —3G 29
Rawlins Clo. S Croy —7A 154
Rawlinson Ct. NW2 —7E 28
Rawlinson Ho. SE13 —4F 107
(off Mercator Rd.)
Rawlinson Point. E16 —5H 71
(off Fox Rd.)
Rawlinson Ter. N17 —3F 33
Rawnsley Av. Mitc —5B 138
Rawreth Wlk. N1 —1C 68
(off Basire St.)
Rawson St. SW11 —1E 102
(in two parts)
Rawsthorne Clo. E16 —1D 90
Rawsthorne Ct. Houn —4D 96
Rawstone Wlk. E13 —2J 71
Rawstorne Pl. EC1 —3B 68 (1A 162)
Rawstorne St. EC1 —3B 68 (1A 162)
Raybell Ct. Iswth —2K 97
Rayburne Ct. W14 —3G 83
Rayburne Ct. Buck H —1F 21
Ray Clo. Chess —6C 146
Raydean Rd. New Bar —5E 4
Raydons Gdns. Dag —4E 56
Raydons Rd. Dag —5E 56
Raydon St. N19 —2F 49
Rayfield Clo. Brom —6C 144
Rayford Av. SE12 —7H 107
Ray Gdns. Bark —2A 74
Ray Gdns. Stan —5G 11
Ray Gunter Ho. SE17 —5B 86
(off Marsland Clo.)
Ray Ho. N1 —1D 68
(off Colville Est.)
Rayleas Clo. SE18 —1F 109
Rayleigh Av. Tedd —6J 115
Rayleigh Clo. N13 —3J 17
Rayleigh Ct. N22 —1C 32
Rayleigh Ct. King T —2G 135
Rayleigh Ri. S Croy —6E 152
Rayleigh Rd. E16 —1K 89
Rayleigh Rd. N13 —3H 17
Rayleigh Rd. SW19 —1H 137
Rayleigh Rd. Wfd G —6F 21
Ray Lodge Rd. Wfd G —6F 21
Ray Massey Way. E6 —1C 72
(off High St. N.)
Raymead Av. T Hth —5A 140
Raymede Towers. W10 —5F 65
(off Treverton St.)
Raymere Gdns. SE18 —7H 91
Raymond Av. E18 —3H 35
Raymond Av. W13 —3A 80
Raymond Bldgs. WC1 —5K 67 (5H 161)
Raymond Clo. SE26 —5J 123
Raymond Ct. N10 —7A 16
Raymond Ct. Sutt —6K 149
Raymond Postage Ct. SE28 —7B 74
Raymond Rd. E13 —1A 72
Raymond Rd. SW19 —6G 119
Raymond Rd. Beck —4A 142
Raymond Rd. Ilf —7H 37
Raymond Way. Clay —6A 146
Raymouth Ho. SE16 —4J 87
(off Rotherhithe New Rd.)
Raymouth Rd. SE16 —4H 87
Raynald Ho. SW16 —3J 121
Rayne Ct. E18 —4H 35
Rayne Ho. W9 —4K 65
(off Delaware Rd.)
Rayners Clo. Wemb —5D 44
Rayners Cres. N'holt —3K 59
Rayners Gdns. N'holt —2K 59
Rayners Lane. —1D 42
Rayners La. Pinn & Harr —5D 24
Rayners Rd. SW15 —5G 101
Rayner Towers. E10 —7C 34
(off Albany Rd.)
Raynes Av. E11 —7A 36
Raynes Park. —4E 136
Raynes Pk. Bri. SW20 —2E 136
Raynham. W2 —6C 66 (7D 158)
(off Norfolk Cres.)
Raynham Av. N18 —6B 18
Raynham Rd. N18 —5B 18
Raynham Rd. W6 —4D 82
Raynham Ter. N18 —5B 18
Raynor Clo. S'hall —1D 78
Raynor Pl. N1 —7C 50
Raynton Clo. Harr —1C 42
Raynton Clo. Hay —4H 59
Raynton Dri. Hay —4H 59
Ray Rd. W Mol —5F 133
Rays Av. N18 —4D 18
Rays Rd. N18 —4D 18
Rays Rd. W W'ck —7E 142
Ray St. EC1 —4A 68 (4K 161)
Ray St. Bri. EC1 —4K 161
Ray Wlk. N7 —2K 49
Raywood Clo. Hay —7E 76
Reachview Clo. NW1 —7G 49
Read Clo. Th Dit —7A 134
Read Ct. E17 —6C 34
Reade Ct. W3 —3J 81
(off Stanley Rd.)
Reade Wlk. NW10 —7A 46
Read Ho. SE11 —7J 173
Reading Ho. SE15 —6G 87
(off Friary Est.)
Reading Ho. W2 —6A 66
(off Hallfield Est.)
Reading La. E8 —6H 51
Reading Rd. N'holt —5F 43
Reading Rd. Sutt —5A 150
Reading Way. NW7 —5A 14
Reads Clo. Ilf —3F 55
Reapers Clo. NW1 —1H 67
Reapers Way. Iswth —5H 97
Reardon Ct. N21 —2G 17
Reardon Path. E1 —1H 87
Reardon St. E1 —1H 87
Reaston St. SE14 —7K 87
Rebecca Ct. Sidc —4B 128
Reckitt Rd. W4 —5A 82
Record St. SE15 —6J 87
Recovery St. SW17 —5C 120
Recreation Av. Romf —5J 39
Recreation Rd. SE26 —4K 123
Recreation Rd. Brom —2H 143
Recreation Rd. Sidc —3J 127
Recreation Rd. S'hall —4C 78
Recreation Way. Mitc —3H 139
Rector St. N1 —1C 68
Rectory Bus. Cen. Sidc —4B 128
Rectory Clo. E4 —3H 19
Rectory Clo. N3 —1H 29
Rectory Clo. SW20 —3E 136
Rectory Clo. Shep —3C 130
Rectory Clo. Sidc —4B 128
Rectory Clo. Stan —6G 11
Rectory Clo. Surb —1C 146
Rectory Ct. E18 —1H 35
Rectory Ct. Felt —4A 114
Rectory Ct. Wall —4G 151
Rectory Cres. E11 —6A 36
(in two parts)
Rectory Farm Rd. Enf —1E 6
Rectory Fld. Cres. SE7 —7A 90
Rectory Gdns. N8 —4J 31
Rectory Gdns. SW4 —3G 103
Rectory Gdns. Beck —1C 142
(off Rectory Rd.)
Rectory Gdns. N'holt —1D 60
Rectory Grn. Beck —1B 142
Rectory Gro. SW4 —3G 103
Rectory Gro. Croy —2B 152
Rectory Gro. Hamp —4D 114
Rectory La. SW17 —6E 120
Rectory La. Edgw —6B 12
Rectory La. Sidc —4B 128
Rectory La. Stan —5G 11
Rectory La. Surb —1B 146
Rectory La. Wall —4G 151
Rectory Orchard. SW19 —4G 119
Rectory Pk. Av. N'holt —3D 60
Rectory Pl. SE18 —4E 90
Rectory Rd. E12 —5D 54
Rectory Rd. E17 —4D 34
Rectory Rd. N16 —2F 51
Rectory Rd. SW13 —2C 100
Rectory Rd. W3 —1H 81
Rectory Rd. Beck —2C 142
Rectory Rd. Dag —6H 57
Rectory Rd. Hay —6J 59
Rectory Rd. Houn —2A 96
Rectory Rd. Kes —7B 156
Rectory Rd. S'hall —3D 78
Rectory Rd. Sutt —3J 149
Rectory Sq. E1 —5K 69
Rectory Way. Uxb —2D 40
Reculver Ho. SE15 —6J 87
(off Lovelinch Clo.)
Reculver M. N18 —4B 18
Reculver Rd. SE16 —5K 87
Red Anchor Clo. SW3 —6B 84 (7B 170)
Redan Pl. W2 —6K 65
Redan St. W14 —3F 83
Redan Ter. SE5 —2B 104
Red Barracks Rd. SE18 —4D 90
Redberry Gro. SE26 —3J 123
Redbourne Av. N3 —1J 29
Redbourne Dri. SE28 —6D 74
Redbourne Ho. E14 —6B 70
Redbridge. —6B 36
Redbridge Enterprise Cen. Ilf —2G 55
Redbridge Gdns. SE5 —7E 86
Redbridge La. E. Ilf —6B 36
Redbridge La. W. E11 —6K 35
Redbridge Roundabout. —6B 36
Redburn St. SW3 —6D 84 (7E 170)
Redburn Trad. Est. Enf —6E 8
Redcar Clo. N'holt —5F 43
Redcar St. SE5 —7C 86
Redcastle Clo. E1 —7J 69
Red Cedars Rd. Orp —7J 145
Redchurch St. E1 —4F 69 (3J 163)
Redcliffe Clo. SW5 —5K 83
(off Old Brompton Rd.)
Redcliffe Gdns. SW5 & SW10 —5K 83
Redcliffe Gdns. W4 —7H 81
Redcliffe Gdns. Ilf —1E 54
Redcliffe M. SW10 —5K 83
Redcliffe Pl. SW10 —6A 84
Redcliffe Rd. SW10 —5A 84
Redcliffe Sq. SW10 —5K 83
Redcliffe St. SW10 —6K 83
Redcliffe Wlk. Wemb —3H 45
Redclose Av. Mord —5J 137
Redclyffe Rd. E6 —1A 72
Redcourt. Croy —3E 152
Redcroft Rd. S'hall —7G 61
Redcross Way. SE1 —2C 86 (6D 168)
Redding Ho. SE18 —3C 90
Reddings Clo. NW7 —4G 13
Reddings, The. NW7 —3G 13
Reddins Rd. SE15 —6G 87
Reddons Rd. Beck —7A 124
Redenham Ho. SW15 —7C 100
(off Ellisfield Dri.)
Rede Pl. W2 —6J 65
Redesdale Gdns. Iswth —7A 80
Redesdale St. SW3 —6C 84 (7D 170)
Redfern Av. Houn —7E 96
Redfern Ho. E15 —1H 71
(off Redriffe Rd.)
Redfern Rd. NW10 —7A 46

Redfern Rd. *SE6* —7E **106**
Redfield La. *SW5* —4J **83**
Redfield M. *SW5* —4K **83**
Redford Av. *T Hth* —4K **139**
Redford Av. *Wall* —6J **151**
Redford Clo. *Felt* —2H **113**
Redford Wlk. *N1* —1C **68**
(off Popham St.)
Redgate Dri. *Brom* —2K **155**
Redgate Ter. *SW15* —6F **101**
Redgrave Clo. *Croy* —6F **141**
Redgrave Rd. *SW15* —3F **101**
Redgrave Ter. *E2* —3G **69**
(off Derbyshire St.)
Red Hill. *Chst* —5F **127**
Redhill Ct. *SW2* —2A **122**
Redhill Dri. *Edgw* —2J **27**
Redhill St. *NW1* —2F **67** (1K **159**)
Red Ho. La. *Bexh* —4D **110**
Redhouse Rd. *Croy* —6H **139**
Red Ho. Sq. N1 —7C 50
(off Ashby Gro.)
Redington Gdns. *NW3* —4K **47**
Redington Ho. N1 —2K 67
(off Priory Grn. Est.)
Redington Rd. *NW3* —3K **47**
Redland Gdns. *W Mol* —4D **132**
Redlands. *N15* —4D **32**
Redlands. *Tedd* —6A **116**
Redlands Ct. *Brom* —7H **125**
Redlands Rd. *Enf* —1F **9**
Redlands, The. *Beck* —2D **142**
Redlands Way. *SW2* —7K **103**
Red La. *Clay* —6A **146**
Redleaf Clo. *Belv* —6G **93**
Redleaves Av. *Ashf* —6D **112**
Redlees Clo. *Iswth* —4A **98**
Red Leys. *Uxb* —7A **40**
Red Lion Bus. Pk. *Surb* —3F **147**
Red Lion Clo. SE17 —6D 86
(off Red Lion Row)
Red Lion Ct. *EC4* —6A **68** (1K **167**)
Red Lion Ct. *SE1* —1C **86** (4D **168**)
Red Lion Hill. *N2* —2B **30**
Red Lion La. *SE18* —7E **90**
Red Lion Pde. *Pinn* —3C **24**
Red Lion Pl. *SE18* —1E **108**
Red Lion Rd. *Surb* —2F **147**
Red Lion Row. *SE17* —6C **86**
Red Lion Sq. *SW18* —5J **101**
Red Lion Sq. *WC1*
　　　　　—5K **67** (6G **161**)
Red Lion St. *WC1*
　　　　　—5K **67** (5G **161**)
Red Lion St. *Rich* —5D **98**
Red Lion Yd. *W1* —4H **165**
Red Lodge. *W W'ck* —1E **154**
Red Lodge Cres. *Bex* —3K **129**
Red Lodge Rd. *Bex* —3K **129**
Red Lodge Rd. *W W'ck* —1E **154**
Redman Clo. *N'holt* —2A **60**
Redman Ho. EC1 —5A 68 (5J 161)
(off Bourne Est.)
Redman Ho. SE1 —2C 86 (7D 168)
(off Borough High St.)
Redman's Rd. *E1* —5J **69**
Redmead La. *E1* —1G **87**
Redmead Rd. *Hay* —4G **77**
Redmond Ho. N1 —1K 67
(off Barnsbury Est.)
Redmore Rd. *W6* —4D **82**
Redo Ho. E12 —5E 54
(off Dore Av.)
Red Path. *E9* —6A **52**
Red Pl. *W1* —7E **66** (2G **165**)
Redpoll Way. *Eri* —3D **92**
Red Post Hill. *SE24 & SE21*
　　　　　—4D **104**

Red Post Ho. *E6* —7B **54**
Redriffe Rd. *E13* —1H **71**
Redriff Est. *SE16* —3B **88**
Redriff Rd. *SE16* —4K **87**
Redriff Rd. *Romf* —2H **39**
Redroofs Clo. *Beck* —1D **142**
Redrose Trad. Cen. *Barn* —5G **5**
Red Rover. —4C **100**
Redruth Clo. *N22* —7E **16**
Redruth Ho. *Sutt* —7K **149**
Redruth Rd. *E9* —1J **69**
Redstart Clo. *E6* —5C **72**
Redstart Clo. *SE14* —7A **88**
Redston Rd. *N8* —4H **31**
Redvers Rd. *N22* —2A **32**
Redvers St. *N1* —3E **68** (1H **163**)
Redwald Rd. *E5* —4K **51**
Redway Dri. *Twic* —7G **97**
Redwing Path. *SE28* —2H **91**
Redwing Rd. *Wall* —6K **151**
Redwood Clo. *N14* —7C **6**
Redwood Clo. *SE16* —1A **88**
Redwood Clo. *Buck H* —2E **20**
Redwood Clo. *Sidc* —7A **110**
Redwood Clo. *Uxb* —2D **58**
Redwood Ct. *N19* —7H **31**
Redwood Ct. *NW6* —7G **47**
Redwood Ct. *Surb* —7D **134**
Redwood Est. *Houn* —6K **77**
Redwood Gdns. *E4* —6J **9**
Redwood Mans. W8 —3K 83
(off Chantry Sq.)
Redwood M. *SW4* —3F **103**
Redwoods. *SW15* —1C **118**
Redwood Wlk. *Surb* —1D **146**
Redwood Way. *Barn* —5A **4**
Reece M. *SW7* —4B **84** (3A **170**)
Reed Clo. *E16* —5J **71**
Reed Clo. *SE12* —5J **107**
Reede Gdns. *Dag* —5H **57**
Reede Rd. *Dag* —6G **57**
Reede Way. *Dag* —6H **57**
Reedham Clo. *N17* —4H **33**
Reedham St. *SE15* —2G **105**
Reedholm Vs. *N16* —4D **50**
Reed Rd. *N17* —2F **33**
Reedsfield Clo. *Ashf* —4D **112**
Reedsfield Rd. *Ashf* —4D **112**
Reed's Pl. NW1 —7G 49
Reedworth St. *SE11*
　　　　　—4A **86** (4K **173**)
Reef Ho. *E14* —3E **88**
Reenglass Rd. *Stan* —4J **11**
Rees Dri. *Stan* —4K **11**
Rees Gdns. *Croy* —6F **141**
Reesland Clo. *E12* —6E **54**
Rees St. *N1* —1C **68**
Reets Farm Clo. *NW9* —6A **28**
Reeves Av. *NW9* —7K **27**
Reeves Corner. *Croy* —2B **152**
Reeves Ho. SE1 —2A 86 (7J 167)
(off Baylis Rd.)
Reeves M. *W1* —7E **66** (3G **165**)
Reeves Path. *Hay* —4H **77**
Reeves Rd. *E3* —4D **70**
Reeves Rd. *SE18* —6F **91**
Reform Row. *N17* —2F **33**
Reform St. *SW11* —2D **102**
Regal Clo. *E1* —5G **69**
Regal Clo. *W5* —5D **62**
Regal Ct. *N18* —5A **18**
Regal Cres. *Wall* —3F **151**
Regal Dri. *N11* —5A **16**
Regal La. *NW1* —1E **66**
Regal Pl. *E3* —3B **70**
Regal Pl. SW6 —7K 83
(off Maxwell Rd.)

Regal Row. *SE15* —1J **105**
Regal Way. *Harr* —6E **26**
Regan Ho. *N18* —6A **18**
Regan Way. *N1* —2E **68** (1G **163**)
Regatta Ho. *Tedd* —4A **116**
Regatta Point. *Bren* —6F **81**
Regency Clo. *W5* —6E **62**
Regency Clo. *Hamp* —5D **114**
Regency Ct. *Enf* —5J **7**
Regency Ct. *Sutt* —4K **149**
Regency Ct. *Tedd* —6B **116**
Regency Cres. *NW4* —2F **29**
Regency Dri. *Ruis* —1G **41**
Regency Gdns. *W on T* —7A **132**
Regency Ho. NW1
　　　　　—4F **67** (3K **159**)
(off Osnaburgh St.)
Regency Lawn. *NW5* —3F **49**
Regency Lodge. NW3 —7B 48
(off Adelaide Rd.)
Regency Lodge. *Buck H* —2G **21**
Regency M. *NW10* —6C **46**
Regency M. *Beck* —7E **124**
Regency M. *Iswth* —5J **97**
Regency Pl. SW1
　　　　　—4H **85** (3D **172**)
Regency St. *SW1*
　　　　　—4H **85** (3D **172**)
Regency Ter. SW7 —5B 84
(off Fulham Rd.)
Regency Wlk. *Croy* —6A **142**
Regency Wlk. Rich —5E 98
(off Grosvenor Av.)
Regency Way. *Bexh* —3D **110**
Regent Av. *Uxb* —7D **40**
Regent Bus. Cen. *Hay* —2K **77**
Regent Clo. *N12* —5F **15**
Regent Clo. *Harr* —6E **26**
Regent Clo. *Houn* —1K **95**
Regent Ct. *N3* —7E **14**
Regent Ct. *N20* —2F **15**
Regent Ct. *NW8* —2C **158**
Regent Gdns. *Ilf* —7A **38**
Regent Ho. W14 —4G 83
(off Windsor Way)
Regent Pl. *SW19* —5A **120**
Regent Pl. *W1* —7G **67** (2B **166**)
Regent Pl. *Croy* —1F **153**
Regent Rd. *SE24* —6B **104**
Regent Rd. *Surb* —5F **135**
Regents Av. *N13* —5F **17**
Regent's Bri. Gdns. *SW8* —7J **85**
Regents Canal Ho. *E14* —6A **70**
Regents Clo. *Hay* —5H **59**
Regents Clo. *S Croy* —6E **152**
Regents Clo. *Stan* —4K **11**
Regents Ct. E8 —1F 69
(off Pownall Rd.)
Regents Ct. *Brom* —7H **125**
Regent's Ct. King T —1E 134
(off Sopwith Way)
Regents Dri. *Kes* —5B **156**
Regents Ho. Ga. *E14* —7A **70**
Regents M. *NW8* —2A **66**
Regent's Park. —2F 67 (1K 159)
Regent's Pk. —2D **66** (1F **159**)
Regents Pk. Est. *NW1* —1A **160**
Regent's Pk. Gdns. M. *NW1*
　　　　　—1D **66**
Regent's Pk. Ho. NW8
(off Park Rd.) —3C 66 (2D 158)
Regent's Pk. Open Air Theatre.
　　　　　—3E **66** (2G **159**)
Regents Pk. Rd. *N3* —3H **29**
Regent's Pk. Rd. *NW1* —7D **48**
(in two parts)
Regent's Pk. Ter. *NW1* —1F **67**
Regent's Pl. *SE3* —2J **107**

Regents Plaza. *NW6* —2K **65**
(off Kilburn High Rd.)
Regent Sq. *E3* —3D **70**
Regent Sq. *WC1* —3J **67** (2F **161**)
Regent Sq. *Belv* —4H **93**
Regent's Row. *E8* —1G **69**
Regent St. *NW10* —3F **65**
Regent St. *SW1* —7H **67**
Regent St. *W1* —6F **67** (7K **159**)
Regent St. *W4* —5G **81**
Regents Wharf. E8 —1H 69
(off Wharf Pl.)
Regents Wharf. *N1* —2K **67**
Regina Clo. *Barn* —3A **4**
Regina Ct. *SE16* —2J **87**
Regina Ho. *SE20* —1K **141**
Reginald Rd. *E7* —7J **53**
Reginald Rd. *SE8* —7C **88**
Reginald Rd. *N'wd* —1H **23**
Reginald Sq. *SE8* —7C **88**
Regina Rd. *N4* —1K **49**
Regina Rd. *SE25* —3G **141**
Regina Rd. *W13* —1A **80**
Regina Rd. *S'hall* —4C **78**
Regina Ter. *W13* —1A **80**
Regis Ct. *N8* —4K **31**
Regis Ct. NW1 —5D 66 (5E 158)
(off Melcombe Pl.)
Regis Ho. W1 —5E 66 (5H 159)
(off Beaumont St.)
Regis Pl. *SW2* —4K **103**
Regis Rd. *NW5* —5F **49**
Regnart Bldgs. *NW1* —3B **160**
Reid Clo. *Pinn* —4J **23**
Reidhaven Rd. *SE18* —4J **91**
Reigate Av. *Sutt* —1J **149**
Reigate Rd. *Brom* —3H **125**
Reigate Rd. *Ilf* —2K **55**
Reigate Way. *Wall* —5J **151**
Reighton Rd. *E5* —3G **51**
Reinickendorf Av. *SE9* —6G **109**
Relay Rd. *W12* —1E **82**
Relf Rd. *SE15* —3G **105**
Reliance Arc. *SW9* —4A **104**
Reliance Sq. *EC2* —3H **163**
Relko Gdns. *Sutt* —5B **150**
Relton M. *SW7* —3C **84** (1D **170**)
Rembrandt Clo. *E14* —3F **89**
Rembrandt Clo. *SW1* —4G **171**
Rembrandt Ct. *Eps* —6B **148**
Rembrandt Rd. *SE13* —4G **107**
Rembrandt Rd. *Edgw* —2G **27**
Remembrance Rd. *E7* —4B **54**
Remington Rd. *E6* —6C **72**
Remington Rd. *N15* —6D **32**
Remington St. *N1*
　　　　　—2B **68** (1B **162**)
Remnant St. *WC2*
　　　　　—6K **67** (7G **161**)
Remsted Ho. NW6 —1K 65
(off Mortimer Cres.)
Remus Building, The. *EC1*
　　　　　—3A **68** (2K **161**)
(off Hardwick St.)
Remus Rd. *E3* —7C **52**
Rendle Clo. *Croy* —5F **141**
Rendlesham Rd. *E5* —4G **51**
Rendlesham Rd. *Enf* —1G **7**
Renforth St. *SE16* —3J **87**
Renfrew Way. *Shep* —7C **130**
Renfrew Clo. *E6* —7E **72**
Renfrew Ct. *Houn* —2C **96**
Renfrew Ho. *E17* —2B **34**
Renfrew Rd. *SE11*
　　　　　—4B **86** (3K **173**)
Renfrew Rd. *Houn* —2B **96**
Renfrew Rd. *King T* —7H **117**
Renmuir St. *SW17* —6D **120**

Rennell St. *SE13* —3E **106**
Rennels Way. *Iswth* —2J **97**
Renness Rd. *E17* —3A **34**
Rennets Clo. *SE9* —5J **109**
Rennets Wood Rd. *SE9* —5H **109**
Rennie Ct. *SE1* —4A **168**
Rennie Est. *SE16* —4H **87**
Rennie Ho. SE1 —3C 86
(off Bath Ter.)
Rennie St. *SE1* —1B **86** (4A **168**)
(in two parts)
Renown Clo. *Croy* —1B **152**
Renown Clo. *Romf* —1G **39**
Rensburg Rd. *E17* —5K **33**
Renshaw Clo. *Belv* —6F **93**
Renters Av. *NW4* —6E **28**
Renton Clo. *SW2* —6K **103**
Renwick Ind. Est. *Bark* —2B **74**
Renwick Rd. *Bark* —4B **74**
Repens Way. *Hay* —4B **60**
Rephidim St. *SE1* —3E **86**
Replingham Rd. *SW18* —1H **119**
Reporton Rd. *SW6* —7G **83**
Repository Rd. *SE18* —6D **90**
Repton Av. *Hay* —4F **77**
Repton Av. *Wemb* —4C **44**
Repton Clo. *Cars* —5C **150**
Repton Ct. *Beck* —1D **142**
Repton Ct. *Ilf* —1D **36**
Repton Gro. *Ilf* —1D **36**
Repton Ho. *E14* —6A **70**
Repton Ho. SW1 —4G 85 (4B 172)
(off Charlwood St.)
Repton Rd. *Harr* —4F **27**
Repton St. *E14* —6A **70**
Repulse Clo. *Romf* —1G **39**
Reservoir Clo. *T Hth* —4D **140**
Reservoir Rd. *N14* —5B **6**
Reservoir Rd. *SE4* —2A **106**
Reservoir Rd. *Ruis* —4F **23**
Resolution Wlk. *SE18* —3D **90**
Restell Clo. *SE3* —6G **89**
Restmor Way. *Wall* —2E **150**
Reston Pl. *SW7* —2A **84**
Restons Cres. *SE9* —6H **109**
Restoration Sq. *SW11* —1B **102**
Restormel Clo. *Houn* —5E **96**
Restormel Ho. *SE11* —4J **173**
Retcar Clo. *N19* —2F **49**
Retcar Pl. N19 —2F 49
(off Retcar Clo.)
Retford St. *N1* —2E **68** (1H **163**)
Retingham Way. *E4* —2J **19**
Retles Ct. *Harr* —7J **25**
Retreat Clo. *Harr* —5C **26**
Retreat Ho. *E9* —6J **51**
Retreat Pl. *E9* —6J **51**
Retreat Rd. *Rich* —5D **98**
Retreat, The. *NW9* —5K **27**
Retreat, The. *SW14* —3A **100**
Retreat, The. *Harr* —7E **24**
Retreat, The. *Surb* —6F **135**
Retreat, The. *T Hth* —4D **140**
Retreat, The. *Wor Pk* —2D **148**
Reubens Ct. *W4* —5H **81**
(off Chaseley Dri.)
Reunion Row. *E1* —7H **69**
Reveley Sq. *SE16* —2A **88**
Revell Ri. *SE18* —6K **91**
Revell Rd. *King T* —2H **135**
Revell Rd. *Sutt* —6H **149**
Revelon Rd. *SE4* —4A **106**
Revelstoke Rd. *SW18* —2H **119**
Reventlow Rd. *SE9* —1G **127**
Reverdy Rd. *SE1* —4G **87**
Reverend Clo. *Harr* —3F **43**
Revesby Rd. *Cars* —6B **138**
Review Rd. *NW2* —2B **46**

Risdon St. SE16 —3J 87
Risedale Rd. Bexh —3J 111
Riseholme Ct. E9 —6B 52
Riseldine Rd. SE23 —6A 106
Rise Park. —1K 39
Rise Pk. Pde. Romf —2K 39
Rise, The. E11 —5J 35
Rise, The. N13 —4F 17
Rise, The. NW7 —6G 13
Rise, The. NW10 —4K 45
Rise, The. Bex —7C 110
Rise, The. Buck H —1G 21
Rise, The. Edgw —5C 12
Rise, The. Gnfd —5A 44
Rise, The. Uxb —2B 58
Risinghill St. N1 —2K 67
Risingholme Clo. Bush —1A 10
Risingholme Clo. Harr —1J 25
Risingholme Rd. Harr —2J 25
Risings, The. E17 —4F 35
Rising Sun Ct. EC1 —5B 162
Risley Av. N17 —1C 32
Rita Rd. SW8 —6J 85
Ritches Rd. N15 —5C 32
Ritchie Ho. E14 —6F 71
Ritchie Ho. N19 —1H 49
Ritchie Rd. Croy —6H 141
Ritchie St. N1 —2A 68
Ritchings Av. E17 —4A 34
Ritherdon Rd. SW17 —2E 120
Ritson Ho. N1 —1K 67 (off Barnsbury Est.)
Ritson Rd. E8 —6G 51
Ritter St. SE18 —6E 90
Ritz Pde. W5 —4F 63
Rivaz Pl. E9 —6J 51
Riven Ct. W2 —6K 65 (off Inverness Ter.)
Rivenhall Gdns. E18 —4H 35
River Ash Estate. —7H 131
River Av. N13 —3G 17
River Av. Th Dit —7A 134
River Av. Ind. Est. N13 —5F 17
River Bank. N21 —7H 7
River Bank. E Mol & W Mol —3J 133
River Bank. Th Dit —5K 133
River Bank. W Mol —3E 132
Riverbank Rd. Brom —3J 125
Riverbank Way. Bren —6C 80
River Barge Clo. E14 —2E 88
River Brent Bus. Pk. W7 —3J 79
River Clo. E11 —6A 36
River Clo. Ruis —6H 23
River Clo. S'hall —2G 79
River Ct. SE1 —7B 68 (3A 168)
River Ct. Surb —5D 134 (off Portsmouth Rd.)
Rivercourt Rd. W6 —4D 82
River Crane Way. Felt —2D 114 (off Watermill Way)
Riverdale. SE13 —4E 106
Riverdale Ct. N21 —5J 7
Riverdale Dri. SW18 —1K 119
Riverdale Gdns. Twic —6C 98
Riverdale Rd. SE18 —5K 91
Riverdale Rd. Bex —7F 111
Riverdale Rd. Eri —5H 93
Riverdale Rd. Felt —4C 114
Riverdale Rd. Twic —6C 98
Riverdale Shop. Cen. SE13 —3E 106
Riverdene. Edgw —3D 12
Riverdene Rd. Ilf —3E 54
Riverfleet. WC1 —3J 67 (1F 161) (off Birkenhead St.)
River Front. Enf —3K 7
River Gdns. Cars —2E 150
River Gdns. Felt —5K 95
River Gdns. Bus. Cen. Felt —5K 95
River Gro. Pk. Beck —1B 142
Riverhead Clo. E17 —2K 33
Riverhill. Wor Pk —2K 147
Riverholme Dri. Eps —7K 147
Riverhope Mans. SE18 —3C 90
River Ho. SE26 —3H 123
River La. Rich —7D 98
Riverleigh Ct. E4 —5G 19
Rivermead. E Mol —3G 133
Rivermead. King T —5D 134
Rivermead Clo. Tedd —5B 116
Rivermead Ct. SW6 —3H 101
Rivermead Ho. E9 —5A 52
River Meads Av. Twic —3E 114
River Mt. W on T —7H 131
Rivernook Clo. W on T —5A 132
River Pk. Gdns. Brom —7F 125
River Pk. Rd. N22 —2K 31
River Pk. Trad. Est. E14 —3B 88
River Pl. N1 —7C 50
River Reach. Tedd —5C 116
River Rd. Bark —2J 73
River Rd. Buck H —1H 21
River Rd. Bus. Pk. Bark —3K 73
Riversdale Rd. N5 —3B 50
Riversdale Rd. Romf —1H 39
Riversdale Rd. Th Dit —5A 134
Riversfield Rd. Enf —3K 7
Rivers Ho. W4 —5G 81 (off Chiswick High Rd.)
Riverside. NW4 —7D 28
Riverside. SE7 —3K 89
Riverside. WC1 —3J 67 (1F 161) (off Birkenhead St.)
Riverside. Rich —5D 98
Riverside. Shep —7G 131
Riverside. Sun —2B 132
Riverside. Twic —1B 116
Riverside Apartments. N13 —5E 16
Riverside Av. E Mol —5H 133
Riverside Bus. Cen. SW18 —1K 119
Riverside Clo. E5 —1J 51
Riverside Clo. W7 —4J 61
Riverside Clo. King T —4D 134
Riverside Clo. Wall —3F 151
Riverside Cotts. Bark —2H 73
Riverside Ct. E4 —6H 9
Riverside Ct. SE3 —4H 107
Riverside Ct. SE16 —1K 87
Riverside Ct. SW8 —6H 85 (7D 172)
Riverside Ct. Felt —7G 95
Riverside Ct. Iswth —2K 97 (off Woodlands Rd.)
Riverside Dri. NW11 —6G 29
Riverside Dri. W4 —7K 81
Riverside Dri. Mitc —5C 138
Riverside Dri. Rich —3B 116
Riverside Gdns. N3 —3G 29
Riverside Gdns. W6 —5D 82
Riverside Gdns. Enf —2H 7
Riverside Gdns. Wemb —2E 62
Riverside Ind. Est. Bark —3A 74
Riverside Ind. Est. Enf —6F 9
Riverside M. Croy —3J 151
Riverside Pl. N11 —3B 16
Riverside Pl. Stanw —6A 94
Riverside Rd. E15 —2E 70
Riverside Rd. N15 —6G 33
Riverside Rd. SW17 —4K 119
Riverside Rd. Sidc —3E 128
Riverside Rd. Stanw —5A 94 (in two parts)
Riverside, The. E Mol —3H 133
Riverside Wlk. N12 & N20 —3E 14
Riverside Wlk. SE10 —3G 89 (Morden Wharf Rd.)
Riverside Wlk. SE10 —2F 89 (Tunnel Av.)
Riverside Wlk. SW6 —3G 101
Riverside Wlk. W4 —6B 82 (off Chiswick Wharf)
Riverside Wlk. Barn —6A 4
Riverside Wlk. Iswth —3J 97
Riverside Wlk. King T —3D 134
Riverside Wlk. W W'ck —1D 154
Riverside Works. Bark —7F 55
Riverside Workshops. SE1 (off Park St.) —1C 86 (4D 168)
Riverstone Ct. King T —1F 135
River St. EC1 —3A 68 (1J 161)
River Ter. W6 —5E 82
River Ter. WC2 —3G 167
Riverton Clo. W9 —3H 65
River Vw. Enf —3H 7
Riverview Gdns. SW13 —6D 82
River Vw. Gdns. Twic —2K 115
Riverview Gro. W4 —6H 81
Riverview Heights. SE16 —2G 87 (off Bermondsey Wall W.)
Riverview Pk. SE6 —2C 124
Riverview Rd. W4 —7H 81
Riverview Rd. Eps —4J 147
River Wlk. W6 —7E 82
River Wlk. W on T —6J 131
Riverway. N13 —5F 17
River Way. SE10 —3H 89 (in two parts)
River Way. Eps —5K 147
River Way. Twic —2F 115
River Wharf Bus. Pk. Belv —1K 93
Riverwood La. Chst —1H 145
Rivet Ho. SE1 —5F 87 (off Coopers Rd.)
Rivington Av. Wfd G —2B 36
Rivington Bldgs. EC2 —3E 68 (2G 163)
Rivington Ct. NW10 —1C 64
Rivington Cres. NW7 —7G 13
Rivington Pl. EC2 —3E 68 (2H 163)
Rivington St. EC2 —3E 68 (2G 163)
Rivington Wlk. E8 —1G 69
Rivulet Rd. N17 —7H 17
Rixon Ho. SE18 —6F 91
Rixon St. N7 —3A 50
Rixsen Rd. E12 —5C 54
Roach Rd. E3 —7C 52
Roads Pl. N19 —2J 49
Roan St. SE10 —6E 88
Robarts Clo. Pinn —6K 23
Robb Rd. Stan —6F 11
Robert Adam St. W1 —6E 66 (7G 159)
Roberta St. E2 —3G 69
Robert Bell Ho. SE16 —4G 87 (off Rouel Rd.)
Robert Clo. W9 —4A 66 (4A 158)
Robert Dashwood Way. SE17 —4C 86
Robert Gentry Ho. W14 —5G 83
Robert Jones Ho. SE16 —4G 87 (off Rouel Rd.)
Robert Keen Clo. SE15 —1G 105
Robert Lowe Clo. SE14 —7K 87
Roberton Dri. Brom —1A 144
Robert Owen Ho. N22 —1A 32 (off Progress Way)
Robert Owen Ho. SW6 —1F 101
Robert Runcie Ct. SW9 —4K 103
Roberts All. W5 —2D 80
Robertsbridge Rd. Cars —1A 150
Roberts Clo. SE9 —1H 127
Roberts Clo. SE16 —2K 87
Roberts Clo. Sutt —7F 149
Roberts Clo. W Dray —1A 76
Roberts Ct. N1 —1B 68 (off Essex Rd.)
Roberts Ct. SE20 —1J 141 (off Maple Rd.)
Roberts M. SW1 —3E 84 (1G 171)
Robertson Rd. E15 —1E 70
Robertson St. SW8 —3F 103
Roberts Pl. EC1 —4A 68 (3K 161)
Roberts Rd. E17 —1D 34
Roberts Rd. NW7 —6B 14
Roberts Rd. Belv —5G 93
Robert St. E16 —1F 91
Robert St. NW1 —3F 67 (2K 159)
Robert St. SE18 —5H 91 (in two parts)
Robert St. WC2 —7J 67 (3F 167)
Robert St. Croy —3C 152
Robeson St. E3 —5B 70
Robina Clo. Bexh —4D 110
Robina Clo. N'wd —1H 23
Robin Clo. NW7 —3F 13
Robin Clo. Hamp —5C 114
Robin Clo. Romf —1K 39
Robin Ct. E14 —3E 88
Robin Ct. SE16 —4G 87
Robin Cres. E6 —5B 72
Robin Gro. N6 —2E 48
Robin Gro. Bren —6C 80
Robin Gro. Harr —6F 27
Robin Hill Dri. Chst —6C 126
Robin Hood. —3A 118
Robinhood Clo. Mitc —3G 139
Robin Hood Dri. Harr —7E 10
Robin Hood Gdns. E14 —7E 70 (off Robin Hood La., in two parts)
Robin Hood Grn. Orp —5K 145
Robin Hood La. E14 —7E 70
Robin Hood La. SW15 —3A 118
Robin Hood La. Bexh —5E 110
Robinhood La. Mitc —3G 139
Robin Hood La. Sutt —5J 149
Robin Hood Rd. SW19 & SW15 —5C 118
Robin Hood Way. SW15 & SW20 —3A 118
Robin Hood Way. Gnfd —6K 43
Robin Ho. NW8 —2C 66 (off Barrow Hill Est.)
Robinia Cres. E10 —2D 52
Robins Ct. SE12 —3A 126
Robin's Ct. Beck —2F 143
Robinscroft M. SE10 —1E 106
Robins Gro. W W'ck —3J 155
Robinson Clo. E11 —3G 53
Robinson Ct. N1 —1B 68 (off St Mary's Path)
Robinson Cres. Bus H —1B 10
Robinson Ho. E14 —5C 70
Robinson Rd. E2 —2J 69
Robinson Rd. SW17 & SW19 —6C 120
Robinson Rd. Dag —4G 57
Robinson's Clo. W13 —5A 62
Robinson St. SW3 —6D 84 (7E 170)
Robinwood Pl. SW15 —4K 117
Robsart St. SW9 —2K 103
Robson Av. NW10 —7C 46
Robson Clo. E6 —6C 72
Robson Clo. Enf —2G 7
Robson Rd. SE27 —3B 122
Roby Ho. EC1 —4C 68 (3C 162) (off Mitchell St.)
Roch Av. Edgw —2F 27
Rochdale Rd. E17 —7C 34
Rochdale Rd. SE2 —5B 92
Rochdale Way. SE8 —7C 88
Roche Ho. E14 —7B 70
Rochelle Clo. SW11 —4B 102
Rochelle St. E2 —3F 69 (2J 163) (in two parts)
Rochemont Wlk. E8 —1G 69 (off Pownell Rd.)
Roche Rd. SW16 —1K 139
Rochester Av. E13 —1A 72
Rochester Av. Brom —2K 143
Rochester Av. Felt —2H 113
Rochester Clo. SW16 —7J 121
Rochester Clo. Enf —1K 7
Rochester Clo. Sidc —6B 110
Rochester Ct. NW1 —7G 49 (off Rochester Sq.)
Rochester Dri. Bex —6F 111
Rochester Dri. Pinn —5B 24
Rochester Gdns. Croy —3E 152
Rochester Gdns. Ilf —7D 36
Rochester Ho. SE1 —2D 86 (7F 169)
Rochester Ho. SE15 —6J 87 (off Sharratt St.)
Rochester M. NW1 —7G 49
Rochester M. W5 —4C 80
Rochester Pde. Felt —2J 113
Rochester Pl. NW1 —6G 49
Rochester Rd. NW1 —6G 49
Rochester Rd. Cars —4D 150
Rochester Rd. N'wd —3H 23
Rochester Row. SW1 —4G 85 (3B 172)
Rochester Sq. NW1 —7G 49
Rochester St. SW1 —3H 85 (2C 172)
Rochester Ter. NW1 —6G 49
Rochester Wlk. SE1 —4E 168
Rochester Way. SE3 & SE9 —1K 107
Rochester Way. Dart —7K 111
Rochester Way Relief Rd. SE3 & SE9 —1K 107
Roche Wlk. Cars —6B 138
Rochford. N17 —2E 32 (off Griffin Rd.)
Rochford Av. Romf —5C 38
Rochford Clo. E6 —2B 72
Rochford Wlk. E8 —7G 51
Rochford Way. Croy —6J 139
Rochfort Ho. SE8 —5B 88
Rock Av. SW14 —3K 99
Rockbourne M. SE23 —1K 123
Rockbourne Rd. SE23 —1K 123
Rock Clo. Mitc —2B 138
Rockell's Pl. SE22 —6H 105
Rockfield Ho. NW4 —4F 29 (off Belle Vue Est.)
Rockfield Ho. SE10 —6E 88 (off Welland St.)
Rockford Av. Gnfd —2A 62
Rock Gdns. Dag —5H 57
Rock Gro. Way. SE16 —4G 87 (in two parts)
Rockhall Rd. NW2 —4F 47
Rockhampton Clo. SE27 —4A 122
Rockhampton Rd. SE27 —4A 122
Rockhampton Rd. S Croy —6E 152
Rock Hill. SE26 —4F 123
Rockingham Clo. SW15 —4B 100
Rockingham St. SE1 —3C 86
Rockland Rd. SW15 —4G 101
Rocklands Dri. Stan —2B 26

Rockley Ct.—Rosecroft Av.

Rockley Ct. W14 —2F **83**
(off Rockley Rd.)
Rockley Rd. W14 —2F **83**
Rockmount Rd. SE18 —5K **91**
Rockmount Rd. SE19 —6D **122**
Rocks La. SW13 —1C **100**
Rock St. N4 —2A **50**
Rockware Av. Gnfd —1H **61**
Rockware Av. Bus. Cen. Gnfd
—1H **61**
Rockwell Gdns. SE19 —5E **122**
Rockwell Rd. Dag —5H **57**
Rockwood Pl. W12 —2E **82**
Rocliffe St. N1 —2B **68**
Rocombe Cres. SE23 —7J **105**
Rocque Ho. SW6 —7H **83**
(off Estcourt Rd.)
Rocque La. SE3 —3H **107**
Rodale Mans. SW18 —6K **101**
Rodborough Ct. W9 —4J **65**
(off Hermes Clo.)
Rodborough Rd. NW11 —1J **47**
Roden Gdns. Croy —6E **140**
Rodenhurst Rd. SW4 —6G **103**
Roden St. N7 —3K **49**
Roden St. Ilf —3E **54**
Roden Way. Ilf —3E **54**
(off Roden St.)
Roderick Rd. NW3 —4D **48**
Rodgers Ho. SW4 —7H **103**
(off Clapham Pk. Est.)
Rodin Ct. N1 —1B **68**
(off Essex Rd.)
Roding Av. Wfd G —6H **21**
Roding Ho. N1 —1A **68**
(off Barnsbury Est.)
Roding La. Buck H & Chig 1C **21**
Roding La. N. Wfd G —6H **21**
Roding La. S. Ilf & Wfd G —4B **36**
Roding M. E1 —1G **87**
Roding Rd. E5 —4K **51**
Roding Rd. E6 —5F **73**
Rodings Row. Barn —4B **4**
(off Leecroft Rd.)
Rodings, The. Wfd G —6F **21**
Roding Trad. Est. Bark —7T **55**
Roding Vw. Buck H —1G **21**
Rodmarton St. W1
—5D **66** (6F **159**)
Rodmell. WC1 —3J **67** (2F **161**)
(off Regent Sq.)
Rodmell Clo. Hay —4C **60**
Rodmell Slope. N12 —5C **14**
Rodmere St. SE10 —5G **89**
Rodmill La. SW2 —7J **103**
Rodney Clo. Croy —1B **152**
Rodney Clo. N Mald —5A **136**
Rodney Clo. Pinn —7C **24**
Rodney Ct. NW8 —4A **66** (3A **158**)
Rodney Ct. Barn —3C **4**
Rodney Gdns. Pinn —5K **23**
Rodney Gdns. W'ck —4J **155**
Rodney Ho. E14 —4D **88**
Rodney Ho. N1 —2K **67**
(off Donegal St.)
Rodney Ho. SW1 —5G **85** (6B **172**)
(off Dolphin Sq.)
Rodney Ho. W11 —7J **65**
(off Pembridge Cres.)
Rodney Pl. E17 —2A **34**
Rodney Pl. SE17 —4C **86**
Rodney Pl. SW19 —1A **138**
Rodney Rd. E11 —4K **35**
Rodney Rd. SE17 —4C **86**
Rodney Rd. Mitc —3C **138**
Rodney Rd. N Mald —5A **136**
Rodney Rd. Twic —6E **96**
Rodney St. N1 —2K **67** (1H **161**)

Rodney Way. Romf —1H **39**
Rodway Rd. SW15 —7C **100**
Rodway Rd. Brom —1K **143**
Rodwell Clo. Ruis —1A **42**
Rodwell Pl. Edgw —6B **12**
Rodwell Rd. SE22 —6F **105**
Roe. NW9 —7G **13**
Roebourne Way. E16 —1E **90**
Roebuck Clo. Felt —4K **113**
Roebuck Ho. SW1
—3G **85** (1A **172**)
(off Palace Ho.)
Roebuck La. N17 —6A **18**
Roebuck La. Buck H —1F **21**
Roebuck Rd. Chess —5G **147**
Roedean Av. Enf —1D **8**
Roedean Clo. Enf —1D **8**
Roedean Cres. SW15 —6A **100**
Roe End. NW9 —4J **27**
Roe Green. —4J **27**
Roe Grn. NW9 —5J **27**
Roehampton. —7C **100**
Roehampton Clo. SW15 —4C **100**
Roehampton Dri. Chst —6G **127**
Roehampton Ga. SW15 —6A **100**
Roehampton High St. SW15
—7C **100**
Roehampton Lane. —1D **118**
Roehampton La. SW15 —4C **100**
Roehampton Va. SW15 —3B **118**
Roe La. NW9 —4H **27**
Roffey St. E14 —2E **88**
Rogate Ho. E5 —3G **51**
Roger Dowley Ct. E2 —2J **69**
Roger Harriss Almshouses. E15
(off Gift La.) —1H **71**
Roger Reede's Almshouses
Romf —4K **39**
Rogers Est. E2 —3J **69**
Rogers Gdns. Dag —5G **57**
Rogers Ho. SW1 —4H **85** (3D **172**)
(off Page St.)
Roger's Ho. Dag —3G **57**
Rogers Rd. E16 —6H **71**
Rogers Rd. SW17 —4B **120**
Rogers Rd. Dag —5G **57**
Rogers Ruff. N'wd —1E **22**
Roger St. WC1 —4K **67** (4H **161**)
Rogers Wlk. N12 —3E **14**
Rohere Ho. EC1 —3C **68** (2C **162**)
Rojack Rd. SE23 —1K **123**
Rokeby Gdns. Wfd G —1J **35**
Rokeby Pl. SW20 —7D **118**
Rokeby Rd. SE4 —2B **106**
Rokeby Rd. Harr —3H **25**
Rokeby St. E15 —1F **71**
Rokell Ho. Beck —5D **124**
(off Beckenham Hill Rd.)
Roker Pk. Av. Uxb —4A **40**
Rokesby Clo. Well —2H **109**
Rokesby Pl. Wemb —5D **44**
Rokesly Av. N8 —5J **31**
Roland Gdns. SW7
—5A **84** (5A **170**)
Roland Ho. SW7 —5A **84** (5A **170**)
(off Cranley M.)
Roland Rd. E17 —5K **69**
Roland Rd. E17 —4F **35**
Roland Way. SE17 —5D **86**
Roland Way. SW7
—5A **84** (5A **170**)
Roland Way. Wor Pk —2B **148**
Roles Gro. Romf —4D **38**
Rolfe Clo. Barn —4H **5**
Rolinsden Way. Kes —5B **156**
Rolland Ho. W7 —5J **61**
Rollesby Rd. Chess —6G **147**
Rollesby Way. SE28 —6C **74**

Rolleston Av. Orp —6F **145**
Rolleston Clo. Orp —7F **145**
Rolleston Rd. S Croy —7D **152**
Roll Gdns. Ilf —5E **36**
Rollins St. SE15 —6J **87**
Rollit Cres. Houn —5E **96**
Rollit St. N7 —5A **50**
Rolls Bldgs. EC4 —6A **68** (7J **161**)
Rollscourt Av. SE24 —5C **104**
Rolls Pk. Av. E4 —5H **19**
Rolls Pk. Rd. E4 —5J **19**
Rolls Pas. WC2 —7J **161**
Rolls Rd. SE1 —5F **87**
Rolt St. SE8 —6A **88**
Rolvenden Gdns. Brom —7B **126**
Rolvenden Pl. N17 —1G **33**
Roman Clo. W3 —2H **81**
Roman Clo. Felt —5A **96**
Roman Clo. Rain —2K **75**
Romanfield Rd. SW2 —7K **103**
Roman Ho. EC2 —6D **162**
Romanhurst Av. Brom —4G **143**
Romanhurst Gdns. Brom —4G **143**
Roman Ind. Est. Croy —7E **140**
Roman Ri. SE19 —6D **122**
Roman Rd. E2 & E3 —3J **69**
Roman Rd. E3 —1B **70**
Roman Rd. E6 —4B **72**
Roman Rd. N10 —7A **16**
Roman Rd. NW2 —3E **46**
Roman Rd. W4 —4A **82**
Roman Rd. Ilf —6F **55**
Roman Sq. SE28 —1A **92**
Roman Way. N7 —6A **49**
Roman Way. SE15 —7J **87**
Roman Way. Croy —2B **152**
Roman Way. Enf —5A **8**
Romany Gdns. E17 —1A **34**
Romany Gdns. Sutt —7J **137**
Roma Read Clo. SW15 —7D **100**
Roma Rd. E17 —3A **34**
Romayne Ho. SW4 —3H **103**
Romberg Rd. SW17 —3E **120**
Romborough Gdns. SE13 —5E **106**
Romborough Way. SE13 —5E **106**
Romero Clo. SW9 —3K **103**
Romero Sq. SE3 —4A **108**
Romeyn Rd. SW16 —3K **121**
Romford Greyhound Stadium.
—5J **39**
Romford Rd. E15 & E7 —6G **53**
Romford St. E1 —5G **69**
Romilly Rd. N4 —2B **50**
Romilly St. W1 —7H **67** (2D **166**)
Romily Ct. SW6 —2G **101**
Rommany Rd. SE27 —4D **122**
(in two parts)
Romney Clo. N17 —1H **33**
Romney Clo. NW11 —1A **48**
Romney Clo. SE14 —7J **87**
Romney Clo. Ashf —5E **112**
Romney Clo. Chess —4E **146**
Romney Clo. Harr —7E **24**
Romney Ct. NW3 —6C **48**
Romney Ct. W12 —2F **83**
(off Shepherd's Bush Grn.)
Romney Dri. Brom —7B **126**
Romney Dri. Harr —7E **24**
Romney Gdns. Bexh —1F **111**
Romney M. W1 —5E **66** (5G **159**)
Romney Pde. Hay —2F **59**
Romney Rd. SE10 —6F **89**
Romney Rd. Hay —2F **59**
Romney Rd. N Mald —6K **135**
Romney Row. NW2 —2F **47**
(off Brent Ter.)
Romney St. SW1 —3J **85** (2E **172**)
Romola Rd. SE24 —1B **122**

Romsey Gdns. Dag —1D **74**
Romsey Rd. W13 —7A **62**
Romsey Rd. Dag —1D **74**
Romulus Ct. Bren —7D **80**
Ronald Av. E15 —3G **71**
Ronald Clo. Beck —4B **142**
Ronald Ct. New Bar —3E **4**
Ronald Ho. SE3 —4A **108**
Ronaldshay. N4 —1A **50**
Ronalds Rd. N7 —5A **50**
(in three parts)
Ronalds Rd. Brom —1J **143**
Ronaldstone Rd. Sidc —6J **109**
Ronald St. E1 —6J **69**
Rona Rd. NW3 —4E **48**
Ronart St. W'stone —3K **25**
Rona Wlk. N1 —6D **50**
(off Ramsey Wlk.)
Rondel Ct. Bex —6E **110**
Rondu Rd. NW2 —5G **47**
Ronelean Rd. Surb —2F **147**
Ron Leighton Way. E6 —1C **72**
Ronver Rd. SE12 —1H **125**
Rood La. EC3 —7E **68** (2G **169**)
Rookby Ct. N21 —2G **17**
Rook Clo. Wemb —3H **45**
Rookeries Clo. Felt —3K **113**
Rookery Clo. NW9 —5B **28**
Rookery Cres. Dag —7H **57**
Rookery Dri. Chst —1E **144**
Rookery La. Brom —6B **144**
Rookery Rd. SW4 —4G **103**
Rookery Way. NW9 —5B **28**
Rooke Way. SE10 —5H **89**
Rookfield Av N10 —4G **31**
Rookfield Clo. N10 —4G **31**
Rooksmead Rd. Sun —2J **131**
Rooks 1er. W Dray —2A **76**
Rookstone Rd. SW17 —5D **120**
Rook Wlk. E6 —6B **72**
Rookwood Av. N Mald —4C **136**
Rookwood Av. Wall —4H **151**
Rookwood Gdns. E4 —2C **20**
Rookwood Ho. Bark —2H **73**
Rookwood Rd. N16 —7F **33**
Roosevelt Way. Dag —6K **57**
Rootes Dri. W10 —5F **65**
Ropemaker Rd. SE16 —2A **88**
Ropemaker's Field. E14 —7B **70**
Ropemakers Fields. E14 —7B **70**
Ropemaker St. EC2
—5D **68** (5E **162**)
Roper La. SE1 —2E **86** (7H **169**)
Ropers Av. E4 —5J **19**
Ropers Orchard. SW3 —6C **84**
(off Danvers St.)
Roper St. SE9 —5D **108**
Ropers Wlk. SW2 —7A **104**
Roper Way. Mitc —2E **138**
Ropery Bus. Pk. SE7 —4A **90**
Ropery St. E3 —4B **70**
Rope St. SE16 —4A **88**
Rope Wlk. Sun —3A **132**
Rope Wlk. Gdns. E1 —6G **69**
Rope Yd. Rails. SE18 —3F **91**
Ropley St. E2 —2G **69** (1K **163**)
Rosa Alba M. N5 —4C **50**
Rosa Av. Ashf —4C **112**
Rosalind Ct. Bark —7A **56**
(off Meadow Rd.)
Rosalind Ho. N1 —2E **68**
(off Arden Ho.)
Rosaline Rd. SW6 —7G **83**
Rosaline Ter. SW6 —7G **83**
(off Rosaline Rd.)
Rosamond St. SE26 —3H **123**
Rosamund Clo. S Croy —4D **152**
Rosamun St. S'hall —4C **78**

Rosary Clo. Houn —2C **96**
Rosary Gdns. SW7 —4A **84**
Rosary Gdns. Ashf —4D **112**
Rosaville Rd. SW6 —7H **83**
Roscoe St. EC1 —4C **68** (4D **162**)
(in two parts)
Roscoe St. Est. EC1
—4C **68** (4D **162**)
Roscoff Clo. Edgw —1J **27**
Roseacre Clo. W13 —5B **62**
Roseacre Clo. Shep —5C **130**
Roseacre Rd. Well —3B **110**
Rose All. EC2 —5E **68** (6H **163**)
(off Bishopsgate)
Rose All. SE1 —1C **86** (4D **168**)
Rose & Crown Ct. EC2 —7D **162**
Rose & Crown Pas. Iswth —1A **98**
Rose & Crown Yd. SW1
—1g **85** (4B **166**)
Rose Av. E18 —2K **35**
Rose Av. Mitc —1D **138**
Rose Av. Mord —5A **138**
Rosebank. SE20 —7H **123**
Rosebank. SW6 —7E **82**
Rosebank. W3 —6K **63**
Rosebank Av. Wemb —4K **43**
Rose Bank Clo. N12 —5H **15**
Rosebank Clo. Tedd —6A **116**
Rosebank Gdns. E3 —2B **70**
Rosebank Gdns. W3 —6K **63**
Rosebank Gro. E17 —3B **34**
Rosebank Rd. E17 —6D **34**
Rosebank Rd. W7 —2J **79**
Rosebank Vs. E17 —4C **34**
Rosebank Wlk. NW1 —7H **49**
Rosebank Wlk. SE18 —4C **90**
Rosebank Way. W3 —6K **63**
Rose Bates Dri. NW9 —4G **27**
Roseberry Av. T Hth —2C **140**
Roseberry Gdns. N4 —6B **32**
Roseberry Pl. E8 —6F **51**
Roseberry St. SE1 —4H **87**
Roseberry Av. E12 —6C **54**
Roseberry Av. EC1 —4A **68** (4J **161**)
Roseberry Av. N17 —2G **33**
Roseberry Av. Harr —4C **42**
Roseberry Av. N Mald —2B **13G**
Roseberry Av. Sidc —7J **109**
Roseberry Ct. EC1 —4A **68**
(off Rosebery Av.)
Rosebery Gdns. N8 —5J **31**
Rosebery Gdns. W13 —6A **62**
Rosebery Gdns. Sutt —4K **149**
Rosebery Ind. Est. N17 —2H **33**
Rosebery Ind. Pk. N17 —2H **33**
Rosebery M. N10 —2G **31**
Rosebery Rd. N9 —3B **18**
Rosebery Rd. N10 —2G **31**
Rosebery Rd. SW2 —6J **103**
Rosebery Rd. Bush —1A **10**
Rosebery Rd. Houn —5G **97**
Rosebery Rd. King T —2H **135**
Rosebery Rd. Sutt —6H **149**
Rosebery Sq. EC1 —4J **161**
Rosebery Sq. King T —2H **135**
Rosebine Av. Twic —7H **97**
Rosebury Rd. SW6 —2K **101**
Rosebury Sq. Wfd G —7K **21**
Rosebury Va. Ruis —2J **41**
Rose Bush Ct. NW3 —5D **48**
Rose Ct. E1 —6K **163**
Rose Ct. S Harr —2G **43**
Rose Ct. Wemb —2E **62**
(off Vicars Bri. Clo.)
Rosecourt Rd. Croy —6K **139**
Rosecroft. N14 —2C **16**
Rosecroft Av. NW3 —3J **47**

A-Z London 317

Rosecroft Gdns. NW2 —3C 46
Rosecroft Gdns. Twic —1H 115
Rosecroft Rd. S'hall —4E 60
Rosecroft Wlk. Pinn —5B 24
Rosecroft Wlk. Wemb —5D 44
Rosedale Av. Hay —5F 59
Rosedale Clo. SE2 —3B 92
Rosedale Clo. W7 —2K 79
Rosedale Clo. Stan —6G 11
Rosedale Ct. N5 —4B 50
Rosedale Ct. Harr —4K 43
Rosedale Gdns. Dag —7B 56
Rosedale Rd. N16 —1D 50
Rosedale Pl. Croy —7K 141
Rosedale Rd. E7 —5A 54
Rosedale Rd. Dag —7B 56
Rosedale Rd. Eps —5C 148
Rosedale Rd. Rich —3E 98
Rosedale Rd. Romf —2J 39
Rosedale Ter. W6 —3D 82
(off Dalling Rd.)
Rosedene. NW6 —1F 65
Rosedene Av. SW16 —3K 121
Rosedene Av. Croy —7J 139
Rosedene Av. Gnfd —3E 60
Rosedene Av. Mord —5J 137
Rosedene Ct. Ruis —1G 41
Rosedene Gdns. Ilf —4E 36
Rosedene Ter. E10 —2D 52
Rosedew Rd. W6 —6F 83
Rose End. Wor Pk —1F 149
Rosefield Clo. Cars —5C 150
Rosefield Gdns. E14 —7C 70
Roseford Ct. W12 —2F 83
(off Shepherd's Bush Grn.)
Rose Garden Clo. Edgw —6K 11
Rose Gdns. W5 —3D 80
Rose Gdns. Felt —2J 113
Rose Gdns. S'hall —4E 60
Rose Glen. NW9 —4K 27
Rose Glen. Romf —1K 57
Rosehart M. W11 —6J 65
Rosehatch Av. Romf —3D 38
Roseheath Rd. Houn —5D 96
Rosehill. —1A 150
Rosehill. Clay —6A 146
Rosehill. Hamp —1E 132
Rosehill. Sutt —2K 149
Rosehill Av. Sutt —1A 150
Rosehill Ct. Mord —7A 138
(off St Helier Av.)
Rosehill Ct. Pde. Mord —7A 138
(off St Helier Av.)
Rosehill Gdns. Gnfd —5K 43
Rosehill Gdns. Sutt —2K 149
Rosehill Pk. W. Sutt —1A 150
Rosehill Rd. SW18 —6A 102
Rose Hill Roundabout. —7A 138
Roseland Clo. N17 —7J 17
Rose La. Romf —3D 38
Rose Lawn. Bus H —1B 10
Roseleigh Av. N5 —4B 50
Roseleigh Clo. Twic —6D 98
Rosemary Av. N2 —4K 29
Rosemary Av. N3 —2K 29
Rosemary Av. N9 —1C 18
Rosemary Av. Enf —1K 7
Rosemary Av. Houn —2B 96
Rosemary Av. W Mol —3E 132
Rosemary Clo. Croy —6J 139
Rosemary Clo. Uxb —5C 58
Rosemary Dri. E14 —6F 71
Rosemary Dri. Ilf —5B 36
Rosemary Gdns. SW14 —3J 99
Rosemary Gdns. Chess —4E 146
Rosemary Gdns. Dag —1F 57
Rosemary Ho. N1 —1D 68
(off Colville Est.)

Rosemary La. SW14 —3J 99
Rosemary Rd. SE15 —7F 87
Rosemary Rd. SW17 —3A 120
Rosemary Rd. Well —1A 108
Rosemary St. N1 —1D 68
Rosemead. NW9 —7B 28
Rosemead Av. Felt —2H 113
Rosemead Av. Mitc —3G 139
Rosemead Av. Wemb —5E 44
Rosemont Av. N12 —6F 15
Rosemont Rd. NW3 —6A 48
Rosemont Rd. W3 —7H 63
Rosemont Rd. N Mald —3J 135
Rosemont Rd. Rich —6E 98
Rosemoor St. SW3 —4D 84 (4E 170)
Rosemount Clo. Wfd G —6J 21
Rosemount Dri. Brom —4D 144
Rosemount Point. SE23 —3K 123
Rosemount Rd. W13 —6A 62
Rosenau Cres. SW11 —1D 102
Rosenau Rd. SW11 —1C 102
Rosendale Rd. SE21 —3D 122
Rosendale Rd. SE24 & SE21 —7C 104
Roseneath Av. N21 —1G 17
Roseneath Rd. SW11 —6E 102
Roseneath Wlk. Enf —4K 7
Rosen's Wlk. Edgw —3C 12
Rosenthal Rd. SE6 —6D 106
Rosenthorpe Rd. SE15 —5K 105
Rose Pk. Clo. Hay —4A 60
Rosepark Ct. Ilf —2D 36
Roserton St. E14 —2E 88
Rosery, The. Croy —6H 141
Rose Sq. SW3 —5B 84 (5B 170)
Roses, The. Wfd G —7C 20
Rose St. WC2 —7J 67 (2E 166)
(in two parts)
Rosethorn Clo. SW12 —7H 103
Rosetta Clo. SW8 —7J 85
Rosetti Ter. Dag —4B 56
(off Marlborough Rd.)
Roseveare Rd. SE12 —4A 126
Roseville Av. Houn —5E 96
Roseville Rd. Hay —5J 77
Rosevine Rd. SW20 —1E 136
Rose Wlk. Surb —5H 135
Rose Wlk. W W'ck —2E 154
Rose Way. SE12 —5J 107
Roseway. SE21 —6D 104
Rose Way. Edgw —4D 12
Rosewell Clo. SE20 —7H 123
Rosewood. Th Dit —2A 146
Rosewood Av. Gnfd —5A 44
Rosewood Clo. Sidc —3C 128
Rosewood Ct. E11 —4F 53
Rosewood Ct. Brom —1A 144
Rosewood Dri. Shep —5B 130
Rosewood Gdns. SE13 —2E 106
Rosewood Gro. Sutt —2A 150
Rosewood Ho. SW8 —6K 85 (7G 173)
Rosewood Sq. W12 —6C 64
Rosher Clo. E15 —7F 53
Roshni Ho. SW17 —6C 120
Rosina St. E9 —6K 51
Roskell Rd. SW15 —3F 101
Roslin Rd. W3 —3H 81
Roslin Way. Brom —5J 125
Roslyn Clo. Mitc —2B 138
Roslyn M. N15 —5D 32
Roslyn Rd. N15 —5D 32

Rossall Cres. NW10 —3F 63
Ross Av. NW7 —5B 14
Ross Av. Dag —2F 57
Ross Clo. Harr —7B 10
Ross Clo. Hay —4F 77
Ross Ct. NW9 —3A 28
Ross Ct. W13 —5B 62
(off Cleveland Rd.)
Rosscourt Mans. SW1 —3F 85 (1A 172)
(off Buckingham Pal. Rd.)
Rossdale. Sutt —5C 150
Rossdale Dri. N9 —6D 8
Rossdale Dri. NW9 —1J 45
Rossdale Rd. SW15 —4E 100
Rosse M. SE3 —1K 107
Rossendale St. E5 —2H 51
Rossendale Way. NW1 —1G 67
Rosseth M. NW8 —1B 66
Rossetti Ct. WC1 —5H 67 (5C 160)
(off Ridgmount Pl.)
Rossetti Ho. SW1 —4H 85 (4D 172)
(off Erasmus St.)
Rossetti M. NW8 —1B 66
Rossetti Rd. SE16 —5H 87
Rosshaven Pl. N'wd —1H 23
Rossignol Gdns. Cars —2E 150
Rossindel Rd. Houn —5E 96
Rossington Clo. Enf —1C 8
Rossington St. E5 —2G 51
Rossiter Fields. Barn —6C 4
Rossiter Rd. SW12 —1F 121
Rossland Clo. Bexh —5H 111
Rosslyn Av. E4 —2C 20
Rosslyn Av. SW13 —3A 100
Rosslyn Av. Dag —7F 39
Rosslyn Av. E Barn —6H 5
Rosslyn Av. Felt —6J 95
Rosslyn Clo. Hay —5F 59
Rosslyn Clo. Sun —6G 113
Rosslyn Clo. W W'ck —3H 155
Rosslyn Cres. Harr —4K 25
Rosslyn Cres. Wemb —4E 44
Rosslyn Gdns. Wemb —3E 44
(off Rosslyn Cres.)
Rosslyn Hill. NW3 —4B 48
Rosslyn M. NW3 —4B 48
Rosslyn Pk. M. NW3 —5B 48
Rosslyn Park R.U.F.C. —4B 100
Rosslyn Rd. E17 —4E 34
Rosslyn Rd. Bark —7H 55
Rosslyn Rd. Twic —6C 98
Rossmore Clo. NW1 —4C 66 (4D 158)
(off Rossmore Rd.)
Rossmore Ct. NW1 —4D 66 (3E 158)
Rossmore Rd. NW1 —4C 66 (4D 158)
Ross Pde. Wall —6F 151
Ross Rd. SE25 —3D 140
Ross Rd. Twic —1F 115
Ross Rd. Wall —5G 151
Ross Way. SE9 —3C 108
Rosswood Gdns. Wall —6G 151
Ross Wyld Lodge. E17 —3C 34
(off Forest Rd.)
Rostella Rd. SW17 —4B 120
Rostrevor Av. N15 —6F 33
Rostrevor Gdns. Hay —1G 77
Rostrevor Gdns. S'hall —5C 78
Rostrevor M. SW6 —1H 101
Rostrevor Rd. SW6 —1H 101
Rostrevor Rd. SW19 —5J 119
Rotary St. SE1 —3B 86 (7A 168)
Rothay. NW1 —3F 67 (1K 159)
(off Albany St.)

Rothbury Gdns. Iswth —7A 80
Rothbury Rd. E9 —7B 52
Rothbury Wlk. N17 —7B 18
Rotherfield Ct. N1 —7D 50
(off Rotherfield St., in two parts)
Rotherfield Rd. Cars —4E 150
Rotherfield St. N1 —7C 50
Rotherham Wlk. SE1 —5A 168
Rotherhill Av. SW16 —6H 121
Rotherhithe. —2J 87
Rotherhithe New Rd. SE16 —5H 87
Rotherhithe Old Rd. SE16 —4K 87
Rotherhithe St. SE16 —2J 87
Rother Ho. SE15 —4H 105
Rothermere Rd. Croy —5K 151
Rotherwick Hill. W5 —4F 63
Rotherwick Ho. E1 —7G 69
(off Thomas More St.)
Rotherwick Rd. NW11 —7J 29
Rotherwood Clo. SW20 —1G 137
Rotherwood Rd. SW15 —3F 101
Rothery St. N1 —1B 68
(off St Marys Path)
Rothesay Av. SW20 —2G 137
Rothesay Av. Gnfd —6G 43
(in two parts)
Rothesay Av. Rich —4H 99
Rothesay Ct. SE6 —2H 125
(off Cumberland Pl.)
Rothesay Ct. SE11 —7J 173
Rothesay Ct. SE12 —3K 125
Rothesay Rd. SE25 —4D 140
Rothley Ct. NW8 —4B 66 (3A 158)
(off St John's Wood Rd.)
Rothsay Rd. E7 —7A 54
Rothsay St. SE1 —3E 86
Rothsay Wlk. E14 —4C 88
(off Charnwood Gdns.)
Rothschild Rd. W4 —4J 81
Rothschild St. SE27 —4B 122
Roth Wlk. N7 —2K 49
Rothwell Ct. Harr —5K 25
Rothwell Gdns. Dag —7C 56
Rothwell Ho. Houn —6E 78
Rothwell Rd. Dag —1C 74
Rothwell St. NW1 —1D 66
Rotten Row. NW3 —1A 48
Rotten Row. SW7 & SW1 —2C 84 (6B 164)
Rotterdam Dri. E14 —3E 88
Rotunda, The. Romf —5K 39
(off Yew Tree Gdns.)
Rouel Rd. SE16 —3G 87
Rouel Rd. SE16 —4G 87
(Yalding Rd.)
Rougemont Av. Mord —6J 137
Roundabout Ho. N'wd —1J 23
Roundacre. SW19 —2F 119
Roundaway Rd. Ilf —1D 36
Roundel Clo. SE4 —4B 106
Round Gro. Croy —7K 141
Roundhay Clo. SE23 —2K 123
Roundhedge Way. Enf —1E 6
Round Hill. SE26 —2J 123
Roundhill Dri. Enf —4E 6
Roundhouse Theatre, The. —7E 48
Roundshaw. —7J 151
Roundshaw Cen. Wall —7J 151
(off Mollison Dri.)
Roundtable Rd. Brom —3H 125
Roundtree Rd. Wemb —5A 44
Roundways. Ruis —3H 41
Roundway, The. N17 —1C 32
Roundway, The. Clay —6A 146
Roundwood. Chst —2F 145

Roundwood Av. Uxb —1E 76
Roundwood Clo. Ruis —7F 23
Roundwood Rd. NW10 —6B 46
Rounton Rd. E3 —4C 70
Roupell Ho. King T —7F 117
(off Florence Rd.)
Roupell Rd. SW2 —1K 121
Roupell St. SE1 —1A 86 (5K 167)
Rousden St. NW1 —7G 49
Rouse Gdns. SE21 —4E 122
Rous Rd. Buck H —1H 21
Routemaster Clo. E13 —3K 71
Routh Ct. Felt —1F 113
Routh Rd. SW18 —7C 102
Routh St. E6 —5D 72
Rover Ho. N1 —1E 68
(off Whitmore Est.)
Rowallan Rd. SW6 —7G 83
Rowallen Pde. Dag —1C 56
Rowan. N10 —2F 31
Rowan Av. E4 —6G 19
Rowan Clo. SW16 —1G 139
Rowan Clo. W5 —2E 80
Rowan Clo. Ilf —5H 55
Rowan Clo. N Mald —2A 136
Rowan Clo. Stan —6E 10
Rowan Clo. Wemb —3A 44
Rowan Ct. E13 —2K 71
(off High St.)
Rowan Ct. SE15 —7F 87
(off Garnies Clo.)
Rowan Ct. SW11 —6D 102
Rowan Cres. SW16 —1G 139
Rowan Dri. NW9 —3C 28
Rowan Gdns. Croy —3F 153
Rowan Ho. Hayes —2G 143
Rowan Ho. Sidc —3K 127
Rowan Lodge. W8 —3K 83
(off St Mary's Pl.)
Rowan Pl. Hay —7H 59
Rowan Rd. SW16 —2G 139
Rowan Rd. W6 —4F 83
Rowan Rd. Bexh —3E 110
Rowan Rd. Bren —7B 80
Rowan Rd. W Dray —4A 76
Rowans Bowl. N4 —2A 50
Rowans, The. N13 —3G 17
Rowans, The. Sun —5H 113
Rowan Ter. W6 —4F 83
(off Rowan Rd.)
Rowantree Clo. N21 —1J 17
Rowantree Rd. N21 —1J 17
Rowantree Rd. Enf —2G 7
Rowan Wlk. N2 —5A 30
Rowan Wlk. N19 —2G 49
Rowan Wlk. W10 —4G 65
Rowan Wlk. Barn —5E 4
Rowan Wlk. Brom —3D 156
Rowan Way. Romf —3C 38
Rowanwood Av. Sidc —1A 128
Rowben Clo. N20 —1E 14
Rowberry Clo. SW6 —7E 82
Rowcross St. SE1 —5F 87
Rowdell Rd. N'holt —1E 60
Rowden Pk. Gdns. E4 —7H 19
(off Chingford Rd.)
Rowden Rd. E4 —6J 19
Rowden Rd. Beck —1A 142
Rowden Rd. Eps —4H 147
Rowditch La. SW11 —2E 102
Rowdon Av. NW10 —7D 46
Rowdown Cres. New Ad —7F 155
Rowdowns Rd. Dag —1F 75
Rowe Gdns. Bark —2K 73
Rowe La. E9 —5J 51
Rowena Cres. SW11 —2C 102
Rowe Wlk. Harr —3E 42
Rowfant Rd. SW17 —1E 120

Ruskin Av. E12 —6C 54
Ruskin Av. Felt —6H 95
Ruskin Av. Rich —7G 81
(in two parts)
Ruskin Av. Well —2A 110
Ruskin Clo. NW11 —6K 29
Ruskin Ct. N21 —7E 6
Ruskin Ct. SE5 —3D 104
(off Champion Hill)
Ruskin Dri. Well —3A 110
Ruskin Dri. Wor Pk —2D 148
Ruskin Gdns. W5 —4D 62
Ruskin Gdns. Harr —5F 27
Ruskin Gro. Well —2A 110
Ruskin Ho. SW1 —4H 85 (4D 172)
(off Herrick St.)
Ruskin Mans. W14 —6G 83
(off Queen's Club Gdns.)
Ruskin Pk. Ho. SE5 —3D 104
Ruskin Rd. N17 —1F 33
Ruskin Rd. Belv —4G 93
Ruskin Rd. Cars —5D 150
Ruskin Rd. Croy —2B 152
Ruskin Rd. Iswth —3K 97
Ruskin Rd. S'hall —7C 60
Ruskin Wlk. N9 —2B 18
Ruskin Wlk. SE24 —5C 104
Ruskin Wlk. Brom —6D 144
Ruskin Way. SW19 —1B 138
Rusland Heights. Harr —4J 25
Rusland Pk. Rd. Harr —4J 25
Rusper Clo. NW2 —3E 46
Rusper Clo. Stan —4H 11
Rusper Ct. SW9 —2J 103
(off Clapham Rd.)
Rusper Rd. N22 & N17 —2B 32
Rusper Rd. Dag —6C 56
Russell Av. N22 —2A 32
Russell Clo. NW10 —7J 45
Russell Clo. SE7 —7A 90
Russell Clo. W4 —6B 82
Russell Clo. Beck —3D 142
Russell Clo. Bexh —4G 111
Russell Clo. Ruis —2A 42
Russell Ct. E10 —7D 34
Russell Ct. N14 —6C 6
Russell Ct. SE15 —2H 105
(off Heaton Rd.)
Russell Ct. SW1 —5B 166
Russell Ct. SW16 —5K 121
Russell Ct. WC1 —4J 67 (4E 160)
Russell Ct. New Bar —4F 5
Russell Ct. Wall —5G 151
(off Ross Rd.)
Russell Gdns. N20 —2H 15
Russell Gdns. NW11 —6G 29
Russell Gdns. W14 —3G 83
Russell Gdns. Ilf —7H 37
Russell Gdns. Rich —2C 116
Russell Gdns. W Dray —5C 76
Russell Gdns. M. W14 —2G 83
Russell Gro. NW7 —5F 13
Russell Gro. SW9 —7A 86
Russell Ho. E14 —6C 70
Russell Ho. SW1 —5G 85 (5A 172)
(off Cambridge St.)
Russell Kerr Clo. W4 —7J 81
Russell La. N20 —2H 15
Russell Lodge. E4 —2K 19
Russell Lodge. SE1 —3D 86
(off Spurgeon St.)
Russell Mead. Har W —1K 25
Russell Pde. NW11 —6G 29
(off Golders Grn. Rd.)
Russell Pl. NW3 —5C 48
Russell Pl. SE16 —3A 88
Russell Rd. E4 —4G 19
Russell Rd. E10 —6D 34
Russell Rd. E16 —6J 71
Russell Rd. E17 —3B 34
Russell Rd. N8 —6H 31
Russell Rd. N13 —6E 16
Russell Rd. N15 —5E 32
Russell Rd. N20 —2H 15
Russell Rd. NW9 —6B 28
Russell Rd. SW19 —7J 119
Russell Rd. W14 —3G 83
Russell Rd. Buck H —1E 20
Russell Rd. Enf —1A 8
Russell Rd. Mitc —3C 138
Russell Rd. N'holt —5G 43
Russell Rd. Shep —7E 130
Russell Rd. Twic —6K 97
Russell Rd. W on T —6J 131
Russell's Footpath. SW16 —5J 121
Russell Sq. WC1 —5J 67 (4E 160)
Russell St. WC2 —7J 67 (2F 167)
Russell Wlk. Rich —6F 99
Russell Way. Sutt —5K 149
Russell Yd. SW15 —4G 101
Russet Av. Shep —3G 131
Russet Clo. Uxb —4E 58
Russet Cres. N7 —5K 49
Russet Dri. Croy —1A 154
Russets Clo. E4 —4A 20
Russett Way. SE13 —2D 106
Russia Ct. EC2 —7D 162
Russia Dock Rd. SE16 —1A 88
Russia Row. EC2 —6C 68 (1D 168)
Russia Wlk. SE16 —2A 88
Russington Rd. Shep —6F 131
Rusthall Av. W4 —4K 81
Rusthall Clo. Croy —6J 141
Rustic Av. SW16 —7F 121
Rustic Pl. Wemb —4D 44
Rustic Wlk. E16 —6K 71
(off Lambert Rd.)
Rustington Wlk. Mord —7H 137
Ruston Av. Surb —7H 135
Ruston Gdns. N14 —6K 5
Ruston M. W11 —6G 65
Ruston Rd. SE18 —3C 90
Ruston St. E3 —1B 70
Rust Sq. SE5 —7D 86
Rutford Rd. SW16 —5J 121
Ruth Clo. Stan —4F 27
Ruth Ct. E3 —2A 70
Rutherford Clo. Sutt —6B 150
Rutherford Clo. Uxb —4B 58
Rutherford Ho. Wemb —3J 45
(off Barnhill Rd.)
Rutherford St. SW1 —4H 85 (3C 172)
Rutherford Tower. S'hall —6F 61
Rutherford Way. Bus H —1C 10
Rutherford Way. Wemb —4G 45
Rutherglen Rd. SE2 —6A 92
Rutherwyke Clo. Eps —6C 148
Ruth Ho. W10 —4G 65
(off Kensal Rd.)
Ruthin Clo. NW9 —6A 28
Ruthin Rd. SE3 —6J 89
Ruthven St. E9 —1K 69
Rutland Av. Sidc —7A 110
Rutland Clo. SW14 —3H 99
Rutland Clo. SW19 —7C 120
Rutland Clo. Bex —2D 128
Rutland Clo. Chess —6F 147
Rutland Ct. SE5 —4D 104
Rutland Ct. SE9 —2G 127
Rutland Ct. SW7 —7D 164
Rutland Ct. W3 —6G 63
Rutland Ct. Chst —1E 144
Rutland Ct. Enf —5C 8
Rutland Dri. Mord —6H 137
Rutland Dri. Rich —1D 116
Rutland Gdns. N4 —6B 32
Rutland Gdns. SW7 —2C 84 (7D 164)
Rutland Gdns. W13 —5A 62
Rutland Gdns. Croy —4E 152
Rutland Gdns. Dag —5C 56
Rutland Gdns. M. SW7 —2C 84 (7D 164)
Rutland Ga. SW7 —2C 84 (7D 164)
Rutland Ga. Belv —5H 93
Rutland Ga. Brom —4H 143
Rutland Ga. M. SW7 —7C 164
Rutland Gro. W6 —5D 82
Rutland Ho. W8 —3K 83
(off Marloes Rd.)
Rutland Ho. N'holt —6E 42
(off Farmlands, The)
Rutland M. NW8 —1K 65
Rutland M. E. SW7 —1D 170
Rutland M. S. SW7 —1C 170
Rutland M. W. SW7 —1C 170
Rutland Pk. NW2 —6E 46
Rutland Pk. SE6 —2B 124
Rutland Pk. Gdns. NW2 —6E 46
(off Rutland Pk.)
Rutland Pk. Mans. NW2 —6E 46
Rutland Pl. EC1 —4B 68 (5B 162)
Rutland Pl. Bush —1C 10
Rutland Rd. E7 —7B 54
Rutland Rd. E9 —1K 69
Rutland Rd. E11 —5K 35
Rutland Rd. E17 —6C 34
Rutland Rd. SW19 —7C 120
Rutland Rd. Harr —6G 25
Rutland Rd. Hay —4F 77
Rutland Rd. Ilf —3F 55
Rutland Rd. S'hall —5E 60
Rutland Rd. Twic —2H 115
Rutland St. SW7 —3C 84 (1D 170)
Rutland Wlk. SE6 —2B 124
Rutley Clo. SE17 —6B 86 (7K 173)
Rutlish Rd. SW19 —1J 137
Rutter Gdns. Mitc —4A 138
Rutters Clo. W Dray —2C 76
Rutt's Ter. SE14 —1K 105
Rutts, The. Bush —1C 10
Ruvigny Gdns. SW15 —3F 101
Ruxley. —7E 128
Ruxley Clo. Eps —5H 147
Ruxley Clo. Sidc —6D 128
Ruxley Corner Ind. Est. Sidc —6D 128
Ruxley Ct. Wor Pk —5J 147
Ruxley Cres. Clay —6B 146
Ruxley La. Eps —6H 147
Ruxley M. Eps —5H 147
Ruxley Ridge. Clay —7A 146
Ruxley Towers. Clay —7A 146
Ryalls Ct. N20 —3J 15
Ryan Clo. SE3 —4K 107
Ryan Clo. Ruis —1K 41
Ryan Ct. SW16 —7J 121
Ryan Dri. Bren —6A 80
Rycott Path. SE22 —7G 105
Rycroft Way. N17 —3F 33
Ryculff Sq. SE3 —2H 107
Rydal Clo. NW4 —2F 29
Rydal Ct. Edgw —5A 12
Rydal Ct. Wemb —7F 27
Rydal Cres. Gnfd —3B 62
Rydal Dri. Bexh —1G 111
Rydal Dri. W W'ck —2G 155
Rydal Gdns. NW9 —5A 28
Rydal Gdns. SW15 —5A 118
Rydal Gdns. Houn —6F 97
Rydal Gdns. Wemb —1C 44
Rydal Mt. Brom —4H 143
Rydal Rd. SW16 —4H 121
Rydal Water. NW1 —3G 67 (2A 160)
Rydal Way. Enf —6D 8
Rydal Way. Ruis —4A 42
Rydens Ho. SE9 —3A 126
Rydens Rd. W on T —7C 132
Ryde Pl. Twic —6D 98
Ryder Clo. Brom —5K 125
Ryder Ct. E10 —2D 52
Ryder Ct. SW1 —4B 166
Ryder Dri. SE16 —5H 87
Ryder M. E9 —5J 51
Ryder's Ter. NW8 —2A 66
Ryder St. SW1 —1G 85 (4B 166)
Ryder Yd. SW1 —1G 85 (4B 166)
Ryde Va. Rd. SW12 —2G 121
Rydon M. SW19 —7E 118
Rydons Clo. SE9 —3C 108
Rydon St. N1 —1C 68
Rydston Clo. N7 —7J 49
Rye Clo. Bex —6H 111
Ryecotes Mead. SE21 —1E 122
Ryecroft Av. Ilf —2F 37
Ryecroft Av. Twic —7F 97
Ryecroft Lodge. SW16 —6B 122
Ryecroft Rd. SE13 —5E 106
Ryecroft Rd. SW16 —6A 122
Ryecroft Rd. Orp —6H 145
Ryecroft St. SW6 —1K 101
Ryedale. SE22 —6H 105
Ryefield Av. Uxb —7D 40
Ryefield Ct. N'wd —2J 23
Ryefield Cres. N'wd —2J 23
Ryefield Path. SW15 —1C 118
Ryefield Pde. N'wd —2J 23
(off Joel St.)
Ryefield Rd. SE19 —6C 122
Rye Hill Pk. SE15 —4J 105
Rye Ho. SW1 —5F 85 (5J 171)
(off Ebury Bri. Rd.)
Ryeland Clo. W Dray —6A 58
Ryelands Cres. SE12 —6A 108
Rye La. SE15 —1G 105
Rye Pas. SE15 —3G 105
Rye Rd. SE15 —4K 105
Rye, The. N14 —7C 6
Rye Wlk. SW15 —5F 101
Rye Way. Edgw —6A 12
Ryfold Rd. SW19 —3J 119
Ryhope Rd. N11 —4A 16
Ryland Clo. Felt —4H 113
Rylandes Rd. NW2 —3C 46
Ryland Rd. NW5 —6F 49
Rylett Cres. W12 —2B 82
Rylett Rd. W12 —2B 82
Rylston Rd. N13 —3J 17
Rylston Rd. SW6 —6H 83
Rymer Rd. Croy —7E 140
Rymer St. SE24 —6B 104
Rymill St. E16 —1E 90
Rysbrack St. SW3 —3D 84 (1E 170)
Rythe Ct. Th Dit —7A 134

Saatchi Gallery. —1K 65
Sabah Ct. Ashf —4C 112
Sabbarton St. E16 —6H 71
Sabella Ct. E3 —2B 70
Sabine Rd. SW11 —3D 102
Sable Clo. Houn —3A 96
Sable St. N1 —7B 50
Sach Rd. E5 —2H 51
Sackville Av. Brom —1J 155
Sackville Clo. Harr —3H 43
Sackville Gdns. Ilf —1D 54
Sackville Ho. SW16 —3J 121
Sackville Rd. Sutt —7J 149
Sackville St. W1 —7G 67 (3B 166)
Sackville Way. SE22 —1G 123
Saddlebrook Pk. Sun —7G 113
Saddlers Clo. Pinn —6A 10
Saddlers M. SW8 —1J 103
Saddlers M. Hamp W —1C 134
Saddlers M. Wemb —4K 43
Saddlescombe Way. N12 —5D 14
Saddle Yd. W1 —1F 85 (4J 165)
Sadler Clo. Mitc —2D 138
Sadler Ho. EC1 —3B 68 (1K 161)
(off Spa Grn. Est.)
Sadlers Ride. W Mol —2G 133
Sadler's Wells Theatre. —3A 68
Saffron Av. E14 —7F 71
Saffron Clo. NW11 —6H 29
Saffron Clo. Croy —6J 139
Saffron Ct. E15 —5G 53
(off Maryland Pk.)
Saffron Ct. Felt —7E 94
Saffron Hill. EC1 —5A 68 (5K 161)
Saffron Rd. Romf —2K 39
Saffron St. EC1 —5A 68 (5K 161)
Saffron Way. Surb —1D 146
Saffron Wharf. SE1 —2F 87 (6K 169)
Sage Clo. E6 —5D 72
Sage St. E1 —7J 69
Sage Way. WC1 —2G 161
Sahara Ct. S'hall —7C 60
Saigasso Clo. E16 —6B 72
Sailmakers Ct. SW6 —2A 102
Sail St. SE11 —4K 85 (3H 173)
Saimel. NW9 —7G 13
(off Satchell Mead)
Sainfoin Rd. SW17 —2E 120
Sainsbury Rd. SE19 —5E 122
St Agatha's Dri. King T —6F 117
St Agatha's Gro. Cars —1D 150
St Agnes Clo. E9 —1J 69
St Agnes Pl. SE11 —6A 86 (7K 173)
St Agnes Well. EC1
(off City Rd.) —4D 68 (3F 163)
St Aidans Ct. Bark —2B 74
St Aidan's Rd. SE22 —6H 105
St Aidan's Rd. W13 —2B 80
St Alban's Av. E6 —3D 72
St Alban's Av. W4 —4K 81
St Albans Av. Felt —5B 114
St Alban's Clo. NW11 —1J 47
St Albans Ct. EC2 —6D 162
St Alban's Cres. N22 —1A 32
St Alban's Cres. Wfd G —7D 20
St Alban's Gdns. Tedd —5A 116
St Alban's Gro. W8 —3K 83
St Alban's Gro. Cars —7C 138
St Alban's La. NW11 —1J 47
St Albans Mans. W8 —3K 83
(off Kensington Ct. Pl.)
St Alban's Pl. N1 —1B 68
St Albans Rd. NW5 —3E 48
St Alban's Rd. NW10 —1A 64
St Albans Rd. Ilf —1K 55
St Alban's Rd. King T —6E 116
St Alban's Rd. Sutt —4H 149
St Alban's Rd. Wfd G —7D 20
St Alban's St. SW1
(in two parts) —7H 67 (3C 166)
St Albans Ter. W6 —6G 83
St Albans Vs. NW5 —3E 48
St Alban Tower. E4 —6G 19
St Alfege Pas. SE10 —6E 88
St Alfege Rd. SE7 —6B 90
St Alphage Garden. EC2
(in two parts) —5C 68 (6D 162)
St Alphage Highwalk. EC2 —6D 162

St George's Ter. NW1 —7D 48
St George St. W1 —7F 67 (1K 165)
St George's Wlk. Croy —3C 152
St George's Way. SE15 —6E 86
St George's Wharf. SE1 —2F 87 (6K 169) (off Shad Thames)
St Gerards Clo. SW4 —5G 103
St German's Pl. SE3 —1J 107
St German's Rd. SE23 —1A 124
St Giles Av. Dag —7H 57
St Giles Av. Uxb —4E 40
St Giles Cir. W1 —6H 67 (7D 160)
St Giles Clo. Dag —7H 57
St Giles Ct. WC2 —7E 160
St Giles High St. WC2 —6H 67 (7D 160)
St Giles Ho. New Bar —4F 5
St Giles Pas. WC2 —1D 166
St Giles Rd. SE5 —7E 86
St Giles Ter. EC2 —5C 68 (off Beech St.)
St Gothard Rd. SE27 —4D 122 (in two parts)
St Gregory Clo. Ruis —4A 42
St Helena Ho. WC1 —3A 68 (2J 161) (off Margery St.)
St Helena Rd. SE16 —4K 87
St Helena St. WC1 —3A 68 (2J 161)
St Helens. Th Dit —7K 133
St Helen's Cres. SW16 —1K 139
St Helen's Gdns. W10 —5F 65
St Helen's Pl. EC2 —6E 68 (7G 163)
St Helen's Rd. SW16 —1K 139
St Helen's Rd. W13 —1B 80
St Helen's Rd. Eri —2D 92
St Helen's Rd. Ilf —6D 36
St Helier. —7C 138
St Helier Av. Mord —7A 138
St Helier Ct. N1 —1E 68 (off De Beauvoir Est.)
St Helier's Av. Houn —5E 96
St Helier's Rd. E10 —6E 34
St Hilda's Av. Ashf —5A 112
St Hilda's Clo. NW6 —1F 65
St Hilda's Clo. SW17 —2C 120
St Hilda's Rd. SW13 —6D 82
St Hubert's Ho. E14 —3C 88
St Hughes Clo. SW17 —2C 120
St Hugh's Rd. SE20 —1H 141
St James. SE14 —1A 106
St James Apartments. E17 —5A 34 (off High St.)
St James Av. N20 —3H 15
St James Av. W13 —1A 80
St James Av. Sutt —5J 149
St James Clo. N20 —3H 15
St James Clo. SE18 —5G 91
St James Clo. Barn —4G 5
St James Clo. N Mald —5B 136
St James Clo. Ruis —2A 42
St James Ct. E2 —3G 69 (off Bethnal Grn. Rd.)
St James Ct. E12 —2A 54
St James Ct. SE3 —1K 107
St James' Ct. SW1 —3G 85 (1B 172)
St James' Gdns. Wemb —7D 44
St James Ga. Buck H —1E 20
St James Gro. SW11 —2D 102
St James M. E14 —3E 88
St James M. E17 —5A 34 (off St James's St.)
St James Residences. W1 (off Brewer St.) —7H 67 (2C 166)
St James' Rd. E15 —5H 53
St James' Rd. N9 —2C 18
St James Rd. Cars —3C 150
St James Rd. Mitc —7E 120
St James' Rd. Surb —6D 134
St James Rd. Sutt —5J 149
St James's. —1H 85 (5C 166)
St James's. SW1 —1G 85
St James's App. EC2 —4E 68 (4G 163)
St James's Av. Beck —3A 142
St James's Av. Hamp H —5G 115
St James's Chambers. SW1 (off Ryder St.) —1G 85 (4B 166)
St James's Clo. NW8 —1D 66 (off St James's Ter M.)
St James's Clo. SW17 —2D 120
St James's Cotts. Rich —5D 98
St James's Ct. N18 —6A 18 (off Fore St.)
St James's Ct. Harr —6A 26
St James's Ct. King T —3E 134
St James's Cres. SW9 —3A 104
St James's Dri. SW17 & SW12 —1D 120
St James's Gdns. W11 —1G 83
St James's La. N10 —4F 31
St James's Mkt. SW1 —7H 67 (3C 166)
St James's Palace. —2G 85 (6B 166)
St James's Pk. —2H 85 (6C 166)
St James's Pk. Croy —7C 140
St James's Pas. EC3 —1H 169
St James's Pl. SW1 —1G 85 (5A 166)
St James's Rd. SE1 —6G 87
St James's Rd. SE16 —3G 87
St James's Rd. Croy —7B 140
St James's Rd. Hamp H —5F 115
St James's Rd. King T —2D 134
St James's Sq. SW1 —1G 85 (4B 166)
St James's St. E17 —5A 34
St James's St. SW1 —1G 85 (4A 166)
St James's Ter. NW8 —1D 66 (off Prince Albert Rd.)
St James's Ter. M. NW8 —1D 66
St James St. W6 —5E 82
St James's Wlk. EC1 —4B 68 (3A 162)
St James Ter. SW12 —1E 120
St James Way. Sidc —5E 128
St Jeromes Gro. Hay —6E 58
St Joan's Rd. N9 —2A 18
St John Fisher Rd. Eri —3D 92
St John's. —2C 106
St John's Av. N11 —5J 15
St John's Av. NW10 —1B 64
St John's Av. SW15 —5F 101
St Johns Chu. Rd. E9 —5J 51
St Johns Clo. N14 —6B 6
St John's Clo. N20 —3F 15 (off Rasper Rd.)
St John's Clo. SW6 —7J 83
St John's Clo. Wemb —5E 44
St John's Cotts. SE20 —7J 123
St John's Ct. N4 —2B 50
St John's Ct. N5 —4B 50
St John's Ct. SE13 —2E 106
St John's Ct. W6 —4D 82 (off Glenthorne Rd.)
St John's Ct. Buck H —1E 20
St John's Ct. Eri —4K 93
St John's Ct. Harr —6K 25
St John's Ct. Iswth —2K 97
St John's Ct. N'wd —1G 23 (off Murray Rd.)
St John's Cres. SW9 —3A 104
St Johns Dri. SW18 —1K 119
St John's Est. N1 —2D 68
St John's Est. SE1 —6J 169
St John's Gdns. W11 —7G 65
St John's Gate. —4A 162
St John's Gro. N19 —2G 49
St John's Gro. SW13 —2B 100
St John's Gro. Rich —4E 98
St John's Hill. SW11 —5B 102
St John's Hill Gro. SW11 —4B 102
St John's Ho. E14 —4E 88
St Johns Ho. SE17 —6D 86 (off Lytham St.)
St John's La. EC1 —4B 68 (4A 162)
St John's M. W11 —6J 65
St John's Pde. W13 —1B 80
St Johns Pde. Sidc —4A 128 (off Sidcup High St.)
St John's Pk. SE3 —7H 89
St John's Pk. Mans. N19 —3G 49
St John's Pas. SW19 —6G 119
St John's Path. EC1 —4A 162
St Johns Pathway. SE23 —1J 123
St John's Pl. EC1 —4B 68 (4A 162)
St John's Rd. E4 —4J 19
St John's Rd. E6 —1C 72
St John's Rd. E16 —6J 71
St John's Rd. E17 —2D 34
St John's Rd. N15 —6E 32
St John's Rd. NW11 —6H 29
St John's Rd. SE20 —6J 123
St John's Rd. SW11 —4C 102
St John's Rd. SW19 —7G 119
St John's Rd. Bark —1J 73
St John's Rd. Cars —3C 150
St John's Rd. Croy —3B 152
St John's Rd. E Mol —4H 133
St John's Rd. Eri —5K 93
St John's Rd. Felt —4C 114
St John's Rd. Hamp W —2C 134
St John's Rd. Harr —6K 25
St John's Rd. Ilf —7J 37
St John's Rd. Iswth —2K 97
St John's Rd. N Mald —3J 135
St John's Rd. Orp —6H 145
St John's Rd. Rich —4E 98
St John's Rd. Sidc —4B 128
St John's Rd. S'hall —3C 78
St John's Rd. Sutt —2K 149
St John's Rd. Well —3B 110
St John's Rd. Wemb —4D 44
St John's Sq. EC1 —4B 68 (4A 162)
St John's Ter. E7 —6K 53
St John's Ter. SE18 —6G 91
St John's Ter. SW15 —3A 118 (off Kingston Va.)
St John's Ter. W10 —4F 65
St John St. EC1 —2A 68 (1K 161)
St John's Va. SE8 —2C 106
St John's Vs. N11 —5J 15 (off Friern Barnet Rd.)
St John's Vs. N19 —2H 49
St John's Vs. W8 —3K 83
St John's Way. N19 —2G 49
St John's Wood. —2B 66
St John's Wood Ct. NW8 —2B 158
St John's Wood High St. NW8 —2B 66 (1C 158)
St John's Wood Pk. NW8 —1B 66
St John's Wood Rd. NW8 —4B 66 (3A 158)
St John's Wood Ter. NW8 —2B 66
St John's Yd. N17 —7A 18
St Joseph's Clo. W10 —5G 65
St Josephs Ct. SE7 —6K 89
St Joseph's Dri. S'hall —1C 78
St Joseph's Flats. NW1 —3H 67 (1C 160) (off Drummond Cres.)
St Joseph's Gro. NW4 —4D 28
St Joseph's Rd. N9 —7C 8
St Joseph's St. SW8 —1F 103
St Joseph's Va. SE3 —3F 107
St Jude's Rd. E2 —2H 69
St Jude St. N1 —5E 50
St Julian's Clo. SW16 —4A 122
St Julian's Farm Rd. SE27 —4A 122
St Julian's Rd. NW6 —1J 65
St Katharine Docks. —1G 87 (3K 169)
St Katharine's Precinct. NW1 —2F 67
St Katharine's Way. E1 (in two parts) —1F 87 (4K 169)
St Katherine's Rd. Eri —2D 92
St Katherine's Row. EC3 —2H 169
St Katherines Wlk. W11 —1F 83 (off St Ann's Rd.)
St Keverne Rd. SE9 —4C 126
St Kilda Rd. W13 —1A 80
St Kilda Rd. Orp —7K 145
St Kilda's Rd. N16 —1D 50
St Kilda's Rd. Harr —6J 25
St Kitts Ter. SE19 —5E 122
St Laurence Clo. NW6 —1F 65
St Lawrence Bus. Cen. Twic —2K 113
St Lawrence Clo. Edgw —7A 12
St Lawrence Cotts. E14 —1E 88
St Lawrence Ct. N1 —7D 50 (off De Beauvoir Est.)
St Lawrence Dri. Pinn —5K 23
St Lawrence Ho. SE1 —3E 86 (7H 169) (off Purbrook St.)
St Lawrence St. E14 —1E 88
St Lawrence Ter. W10 —5G 65
St Lawrence Way. SW9 —2A 104
St Leonard M. N1 —2E 68
St Leonard's Av. E4 —6A 20
St Leonard's Av. Harr —5C 26
St Leonard's Clo. Well —3A 110
St Leonard's Ct. N1 —1F 163
St Leonards Ct. SW14 —3J 99
St Leonard's Gdns. Houn —1C 96
St Leonard's Gdns. Ilf —5G 55
St Leonard's Rd. E14 —5D 70 (in two parts)
St Leonard's Rd. NW10 —4K 63
St Leonard's Rd. SW14 —3H 99
St Leonard's Rd. W13 —7C 62
St Leonard's Rd. Clay —6A 146
St Leonard's Rd. Croy —3B 152
St Leonard's Rd. Surb —5D 134
St Leonard's Rd. Th Dit —6A 134
St Leonards Sq. NW5 —6E 48
St Leonards Sq. Surb —5D 134
St Leonard's St. E3 —3D 70
St Leonard's Ter. SW3 —5D 84 (6E 170)
St Leonard's Wlk. SW16 —7K 121
St Loo Av. SW3 —6C 84 (7D 170)
St Louis Rd. SE27 —4D 122
St Loy's Rd. N17 —2E 32
St Lucia Dri. E15 —1H 71
St Luke Clo. Uxb —6A 58
St Luke's. —4C 68 (3D 162)
St Luke's Av. SW4 —4H 103
St Luke's Av. Enf —1J 7
St Luke's Av. Ilf —5F 55
St Luke's Clo. EC1 —4C 68 (3D 162)
St Luke's Clo. SE25 —6H 141
St Lukes Ct. E10 —7D 34 (off Capworth St.)
St Luke's Est. EC1 —3D 68 (2E 162)
St Luke's M. W11 —6H 65
St Luke's Pas. King T —1F 135
St Luke's Path. Ilf —5F 55
St Luke's Rd. W11 —5H 65
St Luke's Rd. Uxb —1A 58
St Luke's Sq. E16 —6H 71
St Luke's St. SW3 —5C 84 (5D 170)
St Luke's Yd. W9 —2H 65 (in two parts)
St Malo Av. N9 —3D 18
St Margarets. —6B 98
St Margaret's. Bark —1G 73
St Margaret's Av. N15 —4B 32
St Margaret's Av. N20 —1F 15
St Margaret's Av. Ashf —5D 112
St Margaret's Av. Harr —3G 43
St Margaret's Av. Sidc —3H 127
St Margaret's Av. Sutt —3G 149
St Margarets Av. Uxb —4C 58
St Margarets Bus. Cen. Twic —6B 98
St Margarets Clo. EC2 (off Lothbury) —6D 68 (7E 162)
St Margaret's Ct. N11 —4K 15
St Margarets Ct. SE1 —1C 86 (5D 168)
St Margarets Ct. SW15 —4D 100
St Margarets Ct. Edgw —5C 12
St Margaret's Cres. SW15 —5D 100
St Margaret's Dri. Twic —5B 98
St Margaret's Gro. E11 —3H 53
St Margaret's Gro. SE18 —6G 91
St Margaret's Gro. Twic —6A 98
St Margaret's La. W8 —3K 83
St Margaret's Pas. SE13 —3G 107
St Margarets Path. SE18 —5G 91
St Margaret's Rd. E12 —2A 54
St Margaret's Rd. N17 —3E 32
St Margaret's Rd. NW10 —3E 64
St Margarets Rd. SE4 —4B 106 (in two parts)
St Margaret's Rd. W7 —2J 79
St Margaret's Rd. Edgw —5C 12
St Margarets Rd. Iswth & Twic —4B 98
St Margaret's Rd. Ruis —6F 23
St Margarets Roundabout. —6B 98
St Margaret's Ter. SE18 —5G 91
St Margaret St. SW1 —2J 85 (7E 166)
St Mark's Clo. SE10 —7E 88
St Marks Clo. SW6 —1J 101
St Marks Clo. Harr —7B 26
St Mark's Clo. New Bar —3E 4
St Marks Ct. E10 —7D 34 (off Capworth St.)
St Marks Ct. NW8 —2A 66 (off Abercorn Pl.)
St Marks Ct. W7 —2J 79 (off Lwr. Boston Rd.)
St Mark's Cres. NW1 —1E 66
St Mark's Ga. E9 —7B 52
St Mark's Gro. SW10 —7K 83
St Mark's Hill. Surb —6E 134
St Marks Ho. SE17 —6D 86 (off Lytham St.)
St Marks Ind. Est. E16 —1B 90
St Mark's Pl. SW19 —6H 119
St Mark's Pl. W11 —6G 65
St Mark's Ri. E8 —5F 51
St Mark's Rd. SE25 —4G 141
St Mark's Rd. W5 —1E 80

Scrubs La. *NW10* —3C **64**
Scrutton Clo. *SW12* —7H **103**
Scrutton St. *EC2* —4E **68** (4G **163**)
Scudamore La. *NW9* —4J **27**
Scutari Rd. *SE22* —5J **105**
Scylla Cres. *H'row A* —5B **94**
Scylla Rd. *SE15* —3G **105**
(in two parts)
Scylla Rd. *H'row A* —6D **94**
Seabright St. *E2* —3H **69**
Seabrook Dri. *W W'ck* —2G **155**
Seabrook Gdns. *Romf* —7G **39**
Seabrook Rd. *Dag* —3D **56**
Seaburn Clo. *Rain* —2K **75**
Seacole Clo. *W3* —6K **63**
Seacourt Rd. *SE2* —2D **92**
Seafield Rd. *N11* —4C **16**
Seaford Clo. *Ruis* —1F **41**
Seaford Rd. *E17* —3D **34**
Seaford Rd. *N15* —5D **32**
Seaford Rd. *W13* —1B **80**
Seaford Rd. *Enf* —4K **7**
Seaford Rd. *H'row A* —5A **94**
Seaford St. *WC1* —3K **67** (2F **161**)
Seaforth Av. *N Mald* —5D **136**
Seaforth Cres. *N5* —5C **50**
Seaforth Gdns. *N21* —7E **6**
Seaforth Gdns. *Eps* —4B **148**
Seaforth Gdns. *Wfd G* —5F **21**
Seaforth Pl. *SW1* —1B **172**
Seagar Bldgs. *SE8* —1C **106**
Seagar Pl. *E3* —5B **70**
Seagrave Clo. *E1* —5K **69**
Seagrave Lodge. *SW6* —6J **83**
(off Seagrave Rd.)
Seagrave Rd. *SW6* —6J **83**
Seagry Rd. *E11* —7J **35**
Sealand Rd. *H'row A* —6C **94**
Sealand Wlk. *N'holt* —3B **60**
Seal Ho. *SE1* —3D **86** (7F **169**)
(off Pardoner St.)
Seal St. *E8* —4F **51**
Searle Pl. *N4* —1K **49**
Searles Clo. *SW11* —7C **84**
Searles Dri. *E6* —5F **73**
Searles Rd. *SE1* —4D **86**
Searson Ho. *SE17* —4B **86**
(off Canterbury Pl.)
Sears St. *SE5* —7D **86**
Seasprite Clo. *N'holt* —3B **60**
Seaton Av. *Ilf* —5K **55**
Seaton Clo. *E13* —4J **71**
Seaton Clo. *SE11* —5A **86** (5K **173**)
Seaton Clo. *SW15* —1D **118**
Seaton Dri. *Ashf* —2A **112**
Seaton Gdns. *Ruis* —3H **41**
Seaton Point. *E5* —4G **51**
Seaton Rd. *Hay* —4F **77**
Seaton Rd. *Mitc* —2C **138**
Seaton Rd. *Twic* —6G **97**
Seaton Rd. *Well* —7C **92**
Seaton Rd. *Wemb* —2E **62**
Seaton St. *N18* —5B **18**
Sebastian Ho. *N1* —2E **68** (1G **163**)
(off Hoxton St.)
Sebastian St. *EC1* —3B **68** (2B **162**)
Sebastopol Rd. *N9* —4B **18**
Sebbon St. *N1* —7B **50**
Sebergham Gro. *NW7* —7H **13**
Sebert Rd. *E7* —5A **53**
Sebright Ho. *E2* —2G **69**
(off Coate St.)
Sebright Pas. *E2* —2G **69**
Sebright Rd. *Barn* —2A **4**
Secker Cres. *Harr* —1G **25**
Secker Ho. *SW9* —2B **104**
(off Loughborough Est.)

Secker St. *SE1* —1A **86** (5J **167**)
Secombe Centre. —5K **149**
Second Av. *E12* —4C **54**
Second Av. *E13* —3J **71**
Second Av. *E17* —5C **34**
Second Av. *N18* —4D **18**
Second Av. *NW4* —4F **29**
Second Av. *SW14* —3A **100**
Second Av. *W3* —1B **82**
Second Av. *W10* —4G **65**
Second Av. *Dag* —1H **75**
Second Av. *Enf* —5A **8**
Second Av. *Hay* —1H **77**
Second Av. *Romf* —5C **38**
Second Av. *Wemb* —2D **44**
Second Clo. *W Mol* —4G **133**
Second Cross Rd. *Twic* —2J **115**
Second Way. *Wemb* —4H **45**
Sedan Way. *SE17* —5E **86**
Sedcombe Clo. *Sidc* —4B **128**
Sedcote Rd. *Enf* —5D **8**
Sedding St. *SW1* —4E **84** (3G **171**)
Sedding Studios. *SW1* —4E **84**
(off Sedding St.)
Seddon Highwalk. *EC2* —5C **68**
(off Barbican)
Seddon Ho. *EC2* —5C **162**
Seddon Rd. *Mord* —5B **138**
Seddon St. *WC1* —3K **67** (2H **161**)
Sedgebrook Rd. *SE3* —2B **108**
Sedgecombe Av. *Harr* —5C **26**
Sedgefield Ct. *N'holt* —5F **43**
(off Newmarket Av.)
Sedgeford Rd. *W12* —1B **82**
Sedgehill Rd. *SE6* —4C **124**
Sedgemere Av. *N2* —3A **30**
Sedgemere Rd. *SE2* —3C **92**
Sedgemoor Dri. *Dag* —4G **57**
Sedge Rd. *N17* —7D **18**
Sedgeway. *SE6* —1H **125**
Sedgewick Av. *Uxb* —7D **40**
Sedgewood Clo. *Brom* —7H **143**
Sedgmoor Pl. *SE5* —7E **86**
Sedgwick Ho. *E3* —5C **70**
Sedgwick Rd. *E10* —2E **52**
Sedgwick St. *E9* —5K **51**
Sedleigh Rd. *SW18* —6H **101**
Sedlescombe Rd. *SW6* —6J **83**
Sedley Clo. *Enf* —1C **8**
Sedley Ct. *SE26* —2H **123**
Sedley Ho. *SE11* —5K **85** (5H **173**)
(off Newburn St.)
Sedley Pl. *W1* —6F **67** (1J **165**)
Sedum Clo. *NW9* —5H **27**
Seeley Dri. *SE21* —4E **122**
Seelig Av. *NW9* —7C **28**
Seely Rd. *SW17* —6E **120**
Seething La. *EC3* —7E **68** (2H **169**)
Seething Wells. —6C **134**
Seething Wells La. *Surb* —6C **134**
Sefton Av. *NW7* —5E **12**
Sefton Av. *Harr* —2H **25**
Sefton Clo. *Orp* —4K **145**
Sefton Ct. *Enf* —2G **7**
(in two parts)
Sefton Ct. *Houn* —1F **97**
Sefton Rd. *Croy* —1G **153**
Sefton Rd. *Orp* —4K **145**
Sefton St. *SW15* —3E **100**
Segal Clo. *SE23* —7A **106**
Sekforde St. *EC1* —4B **68** (4A **162**)
Sekhon Ter. *Felt* —3E **114**
Selan Gdns. *Hay* —5K **59**
Selbie Av. *NW10* —5B **46**
Selborne Av. *E12* —4E **54**
Selborne Av. *Bex* —1E **128**
Selborne Gdns. *NW4* —4C **28**

Selborne Gdns. *Gnfd* —1A **62**
Selborne Rd. *E17* —5B **34**
Selborne Rd. *N14* —3D **16**
Selborne Rd. *SE5* —2D **104**
Selborne Rd. *Croy* —3E **152**
Selborne Rd. *Ilf* —2E **54**
Selborne Rd. *N Mald* —2A **136**
Selborne Rd. *Sidc* —4B **128**
Selborne Wlk. *E17* —5B **34**
Selborne Wlk. Shop. Cen. *E17*
—4B **34**
Selbourne Av. *Surb* —2F **147**
Selbourne Ho. *SE1* —7E **168**
Selbourne Rd. *N22* —1K **31**
Selby Chase. *Ruis* —2K **41**
Selby Clo. *E6* —5C **72**
Selby Clo. *Chess* —7E **146**
Selby Clo. *Chst* —6E **126**
Selby Gdns. *S'hall* —4E **60**
Selby Grn. *Cars* —7C **138**
Selby Ho. *W10* —3G **65**
(off Beethoven St.)
Selby Rd. *E11* —3G **53**
Selby Rd. *E13* —5K **71**
Selby Rd. *N17* —7K **17**
Selby Rd. *SE20* —2G **141**
Selby Rd. *W5* —4B **62**
Selby Rd. *Ashf* —6E **112**
Selby Rd. *Cars* —7C **138**
Selby St. *E1* —4G **69**
Selden Ho. *SE15* —2K **105**
(off Selden Rd.)
Selden Rd. *SE15* —2J **105**
Selden Wlk. *N7* —2K **49**
Seldon Ho. *SW1* —5G **85** (6A **172**)
(off Churchill Gdns.)
Seldon Ho. *SW8* —7G **85**
(off Stewart's Rd.)
Selhurst. —6D **140**
Selhurst Clo. *SW19* —1F **119**
Selhurst New Rd. *SE25* —6E **140**
Selhurst Pl. *SE25* —6E **140**
Selhurst Rd. *N9* —3J **17**
Selhurst Rd. *SE25* —6E **140**
Selina Ho. *NW8* —4B **66** (3B **158**)
(off Frampton St.)
Selinas La. *Dag* —7E **38**
Selkirk Rd. *SW17* —4C **120**
Selkirk Rd. *Twic* —2G **115**
Sellers Hall Clo. *N3* —7D **14**
Sellincourt Rd. *SW17* —5C **120**
Sellindge Clo. *Beck* —7B **124**
Sellons Av. *NW10* —1C **64**
Selsdon Av. *S Croy* —6D **152**
Selsdon Clo. *Romf* —1J **39**
Selsdon Clo. *Surb* —5E **134**
Selsdon Ct. *S'hall* —6F **61**
(off Dormers Ri.)
Selsdon Pk. Rd. *S Croy* —7K **153**
Selsdon Rd. *E11* —7J **35**
Selsdon Rd. *E13* —1A **72**
Selsdon Rd. *NW2* —2B **46**
Selsdon Rd. *SE27* —3A **122**
Selsdon Rd. *S Croy* —5D **152**
Selsdon Way. *E14* —3D **88**
Selsea Pl. *N16* —5E **50**
Selsey Cres. *Well* —1D **110**
Selsey St. *E3* —5C **70**
Selsey St. *E14* —5C **70**
Selvage La. *NW7* —5E **12**
Selway Clo. *Pinn* —3K **23**
Selwood Dri. *Barn* —5A **4**
Selwood Pl. *SW7* —5B **84** (5A **170**)
Selwood Rd. *Chess* —4D **146**
Selwood Rd. *Croy* —2H **153**
Selwood Rd. *Sutt* —1H **149**
Selwood Ter. *SW7*
—5B **84** (5A **170**)

Selworthy Clo. *E11* —5J **35**
Selworthy Rd. *SE6* —3B **124**
Selwyn Av. *E4* —6K **19**
Selwyn Av. *Ilf* —6K **37**
Selwyn Av. *Rich* —3E **98**
Selwyn Clo. *Houn* —4C **96**
Selwyn Ct. *E17* —5C **34**
(off Yunus Khan Clo.)
Selwyn Ct. *SE3* —3H **107**
Selwyn Ct. *Edgw* —7C **12**
Selwyn Cres. *Well* —3B **110**
Selwyn Rd. *E3* —2B **70**
Selwyn Rd. *E13* —1K **71**
Selwyn Rd. *NW10* —7K **45**
Selwyn Rd. *N Mald* —5K **135**
Semley Ga. *E9* —6B **52**
Semley Ho. *SW1* —4F **85**
(off Semley Pl.)
Semley Pl. *SW1* —4E **84** (4H **171**)
Semley Rd. *SW16* —2J **139**
Senate St. *SE15* —2J **105**
Senator Wlk. *SE28* —3H **91**
Seneca Rd. *T Hth* —4C **140**
Senga Rd. *Wall* —1E **150**
Senhouse Rd. *Sutt* —3F **149**
Senior St. *W2* —5K **65**
Senlac Rd. *SE12* —1K **125**
Sennen Rd. *Enf* —7A **8**
Sennen Wlk. *SE9* —3C **126**
Senrab St. *E1* —6K **69**
Sentinel Clo. *N'holt* —4C **60**
Sentinel Sq. *NW4* —4E **28**
September Ct. S'hall —1F **79**
(off Dormers Wells La.)
September Ct. *Uxb* —2A **58**
September Way. *Stan* —6G **11**
Septimus Pl. *Enf* —5B **8**
Sequoia Clo. *Bus H* —1C **10**
Sequoia Gdns. *Orp* —7K **145**
Sequoia Pk. *Pinn* —6A **10**
Seraph Ct. *EC1* —3C **68** (1B **162**)
(off Moreland St.)
Serbin Clo. *E10* —7E **34**
Sergeant Ind. Est. *SW18* —6K **101**
Serica Ct. *SE10* —7E **88**
Serjeant's Inn. *EC4*
—6A **68** (1K **167**)
Serle St. *WC2* —6K **67** (7H **161**)
Sermon La. *EC4* —1C **168**
Serpentine Gallery.
—2B **84** (6A **164**)
Serpentine Rd. *W2*
—1C **84** (5C **164**)
Serviden Dri. *Brom* —1B **144**
Servite Ho. Wor Pk —2B **148**
(off Avenue, The)
Servius Ct. *Bren* —7D **80**
Setchell Rd. *SE1* —4F **87**
Setchell Way. *SE1* —4F **87**
Seth St. *SE16* —2J **87**
Seton Gdns. *Dag* —7C **56**
Settle Rd. *E13* —2J **71**
Settles St. *E1* —5G **69**
Settrington Rd. *SW6* —2K **101**
Seven Acres. *Cars* —2C **150**
Seven Dials. *WC2* —6J **67** (1E **166**)
Seven Dials Ct. WC2 —6J **67**
(off Short Gdns.)
Sevenex Pde. *Wemb* —5E **44**
Seven Kings. —1J **55**
Seven Kings Rd. *Ilf* —1J **55**
Sevenoaks Clo. *Bexh* —4H **111**
Sevenoaks Ct. *N'wd* —1E **22**
Sevenoaks Rd. *SE4* —6A **106**
Sevenoaks Way. *Sidc & Orp*
—7C **128**
Seven Sisters. —5F **33**
Seven Sisters. *N15* —5F **33**

Seven Sisters Rd. *N7 & N4*
—3K **49**
Seven Sisters Rd. *N15* —6D **32**
Seven Stars Corner. *W6* —3C **82**
Seventh Av. *E12* —4D **54**
Seventh Av. *Hay* —1J **77**
Severnake Clo. *E14* —4C **88**
Severn Ct. *King T* —1D **134**
Severn Dri. *Esh* —2A **146**
Severn Way. *NW10* —5B **46**
Severus Rd. *SW11* —4C **102**
Seville M. *N1* —7E **50**
Seville St. *SW1* —2D **84** (7F **165**)
Sevington Rd. *NW4* —6D **28**
Sevington St. *W9* —4K **65**
Seward Rd. *W7* —2A **80**
Seward Rd. *Beck* —2K **141**
Sewardstone. —2K **9**
Sewardstone Gdns. *E4* —5J **9**
Sewardstone Rd. *E2* —2J **69**
Sewardstone Rd. *E4* —7J **9**
Seward St. *EC1* —3B **68** (3B **162**)
Sewdley St. *E5* —3K **51**
Sewell Rd. *SE2* —3A **92**
Sewell St. *E13* —3J **71**
Sextant Av. *E14* —4F **89**
Seymer Rd. *Romf* —3K **39**
Seymour Av. *N17* —2G **33**
Seymour Av. *Eps* —7E **148**
Seymour Av. *Mord* —7F **137**
Seymour Clo. *E Mol* —5G **133**
Seymour Clo. *Pinn* —1D **24**
Seymour Ct. *E4* —2C **20**
Seymour Ct. *N10* —2E **30**
Seymour Ct. *N21* —6E **6**
Seymour Ct. *NW2* —2D **46**
Seymour Dri. *Brom* —1D **156**
Seymour Gdns. *SE4* —3A **106**
Seymour Gdns. *Felt* —4A **114**
Seymour Gdns. *Ilf* —1D **54**
Seymour Gdns. *Ruis* —1B **42**
Seymour Gdns. *Surb* —5F **135**
Seymour Gdns. *Twic* —7B **98**
Seymour Ho. NW1
—3H **67** (2D **160**)
(off Churchway)
Seymour Ho. WC1
—4J **67** (3E **160**)
(off Tavistock Pl.)
Seymour Ho. Sutt —6K **149**
(off Mulgrave Rd.)
Seymour M. *W1* —6E **66** (7G **159**)
Seymour Pl. *SE25* —4H **141**
Seymour Pl. *W1* —5D **66** (6E **158**)
Seymour Rd. *E4* —1J **19**
Seymour Rd. *E6* —2B **72**
Seymour Rd. *E10* —1B **52**
Seymour Rd. *N3* —7E **14**
Seymour Rd. *N8* —5A **32**
Seymour Rd. *N9* —2C **18**
Seymour Rd. *SW18* —7H **101**
Seymour Rd. *SW19* —3F **119**
Seymour Rd. *W4* —4J **81**
Seymour Rd. *Cars* —5E **150**
Seymour Rd. *E Mol* —5G **133**
Seymour Rd. *Hamp H* —5G **115**
Seymour Rd. *King T* —1D **134**
Seymour Rd. *Mitc* —7E **138**
Seymour Rd. Ind. Est. *E10* —1B **52**
Seymour St. *W2 & W1*
—6D **66** (1E **164**)
Seymour Ter. *SE20* —1H **141**
Seymour Vs. *SE20* —1H **141**
Seymour Wlk. *SW10* —6A **84**
Seymour Way. *Sun* —7H **113**
Seyssel St. *E14* —4E **88**
Shaa Rd. *W3* —7K **63**
Shacklegate La. *Tedd* —4J **115**

Shackleton Clo. SE23 —2H 123
Shackleton Ct. E14 —5C 88
Shackleton Ct. W12 —2D 82
Shackleton Ho. NW10 —7K 45
Shackleton Rd. S'hall —7D 60
Shacklewell. —4F 51
Shacklewell Grn. E8 —4F 51
Shacklewell Ho. E8 —4F 51
Shacklewell La. N16 —5F 51
Shacklewell Rd. N16 —4F 51
Shacklewell Row. E8 —4F 51
Shacklewell St. E2 —3F 69 (2K 163)
Shadbolt Clo. Wor Pk —2B 148
Shad Thames. SE1 —1F 87 (5J 169)
Shadwell. —7H 69
Shadwell Ct. N'holt —2D 60
Shadwell Dri. N'holt —3D 60
Shadwell Gdns. E1 —7J 69 (off Sutton St.)
Shadwell Pier Head. E1 —7J 69
Shadwell Pl. E1 —7J 69 (off Shadwell Gdns.)
Shadybush Clo. Bush —1B 10
Shaef Way. Tedd —7A 116
Shafter Rd. Dag —6J 57
Shaftesbury Av. W1 & WC2 —6J 67 (3C 166)
Shaftesbury Av. Enf —2E 8
Shaftesbury Av. Felt —6J 95
Shaftesbury Av. Harr & S Harr —1F 43
Shaftesbury Av. Kent —5D 26
Shaftesbury Av. New Bar —4F 5
Shaftesbury Av. S'hall —4E 78
Shaftesbury Circ. S Harr —1G 43
Shaftesbury Ct. E6 —6E 72 (off Sapphire Clo.)
Shaftesbury Ct. N1 —2D 68 (off Shaftesbury St)
Shaftesbury Ct. SW6 —1K 101 (off Maltings Pl.)
Shaftesbury Ct. SW16 —3H 121
Shaftesbury Cres. Stai —7A 112
Shaftesbury Gdns. NW10 —4A 64
Shaftesbury Lodge. E14 —6D 70 (off Upper N. St.)
Shaftesbury M. SE1 —3D 86 (off Falmouth Rd.)
Shaftesbury M. SW4 —5G 103
Shaftesbury M. W8 —3J 83 (off Stratford Rd.)
Shaftesbury Pde. S Harr —1G 43
Shaftesbury Pl. EC2 —5C 68 (off London Wall)
Shaftesbury Pl. W14 —4H 83 (off Warwick Rd.)
Shaftesbury Point. E13 —2J 71 (off High St.)
Shaftesbury Rd. E4 —1A 20
Shaftesbury Rd. E7 —7A 54
Shaftesbury Rd. E10 —1C 52
Shaftesbury Rd. E17 —6D 34
Shaftesbury Rd. N18 —6K 17
Shaftesbury Rd. N19 —1J 49
Shaftesbury Rd. Beck —2B 142
Shaftesbury Rd. Cars —7B 138
Shaftesbury Rd. Rich —3E 98
Shaftesburys, The. Bark —2G 73
Shaftesbury St. N1 —2C 68 (in two parts)
Shaftesbury Way. Twic —3H 115
Shaftesbury Waye. Hay —5A 60
Shafto M. SW1 —3D 84 (2F 171)
Shafton M. E9 —1K 69
Shafton Rd. E9 —1K 69
Shaftsbury Ct. SE5 —4D 104
Shafts Ct. EC3 —6E 68 (1G 169)
Shahjalal Ho. E2 —2G 69 (off Pritchards Rd.)
Shakespeare Av. N11 —5B 16
Shakespeare Av. NW10 —1K 63
Shakespeare Av. Felt —6J 95
Shakespeare Av. Hay —6J 59 (in two parts)
Shakespeare Ct. New Bar —3E 4
Shakespeare Cres. E12 —6D 54
Shakespeare Cres. NW10 —1K 63
Shakespeare Dri. Harr —6F 27
Shakespeare Gdns. N2 —4D 30
Shakespeare Ho. N14 —2C 16
Shakespeare Rd. E17 —2K 33
Shakespeare Rd. N3 —1J 29
Shakespeare Rd. NW7 —4G 13
Shakespeare Rd. SE24 —5B 104
Shakespeare Rd. W3 —1J 81
Shakespeare Rd. W7 —7K 61
Shakespeare Rd. Bexh —1E 110
Shakespeare's Globe Exhibition. —4C 168
Shakespeare's Globe Theatre. —1C 86 (4C 168)
Shakespeare Tower. EC2 —5D 162
Shakespeare Way. Felt —4A 114
Shakspeare M. N16 —4E 50
Shakspeare Wlk. N16 —4E 50
Shalcomb St. SW10 —6A 84 (7A 170)
Shalden Ho. SW15 —6B 100
Shaldon Dri. Mord —5G 137
Shaldon Dri. Ruis —3A 42
Shaldon Rd. Edgw —2F 27
Shalfleet Dri. W10 —7F 65
Shalford Ct. N1 —2B 68 (off Charlton Pl.)
Shalford Ho. SE1 —3D 86
Shalimar Gdns. W3 —7J 63
Shalimar Rd. W3 —7J 63
Shallons Rd. SE9 —4F 127
Shalstone Rd. SW14 —3H 99
Shalston Vs. Surb —6F 135
Shamrock Rd. Croy —6K 139
Shamrock St. SW4 —3H 103
Shamrock Way. N14 —1A 16
Shandon Rd. SW4 —6G 103
Shand St. SE1 —2E 86 (6H 169)
Shandy St. E1 —5K 69
Shanklin Ho. E17 —2B 34
Shanklin Rd. N8 —5H 31
Shanklin Way. SE15 —7F 87
Shannon Clo. NW2 —3F 47
Shannon Clo. S'hall —5B 78
Shannon Corner. —4C 136
Shannon Corner Retail Pk. N Mald —4C 136
Shannon Ct. N16 —3E 50
Shannon Gro. SW9 —4K 103
Shannon Pl. NW8 —2C 66
Shannon Way. Beck —6D 124
Shanti Ct. SW18 —1J 119
Shap Cres. Cars —1D 150
Shapland Way. N13 —5E 16
Shap St. E2 —2F 69
Shapwick Clo. N11 —5J 15
Shardcroft Av. SE24 —5B 104
Shardeloes Rd. SE14 —2B 106
Shard's Sq. SE15 —6G 87
Sharland Clo. T Hth —6A 140
Sharman Ct. Sidc —4A 128 (off Carlton Rd.)
Sharnbrooke Clo. Well —3C 110
Sharnbrook Ho. W14 —6J 83
Sharon Clo. Surb —1C 146
Sharon Gdns. E9 —1J 69
Sharon Rd. W4 —5K 81
Sharon Rd. Enf —2F 9
Sharpe Clo. W7 —5K 61
Sharp Ho. SW8 —3F 103
Sharp Ho. Twic —6D 98
Sharpleshall St. NW1 —7D 48
Sharpness Clo. Hay —5C 60
Sharpness Ct. SE15 —7F 87 (off Daniel Gdns.)
Sharp's La. Ruis —7F 23
Sharratt St. SE15 —6J 87
Sharsted St. SE17 —5B 86 (6K 173)
Sharvel La. N'holt —1K 59
Sharwood. WC1 —2K 67 (1H 161) (off Penton Ri.)
Shaver's Pl. SW1 —3C 166
Shaw Av. Bark —2E 74
Shawbrooke Rd. SE9 —5A 108
Shawbury Rd. SE22 —5F 105
Shaw Clo. SE28 —1B 92
Shaw Clo. Bus H —2D 10
Shaw Ct. W3 —3J 81 (off All Saints Rd.)
Shaw Dri. W on T —7A 132
Shawfield Ct. W Dray —3A 76
Shawfield Pk. Brom —2B 144
Shawfield St. SW3 —5C 84 (6D 170)
Shawford Ct. SW15 —7C 100
Shawford Rd. Eps —6K 147
Shaw Gdns. Bark —2E 74
Shaw Ho. E16 —1E 90 (off Claremont St.)
Shaw Ho. Belv —5F 93
Shaw Path. Brom —3H 125
Shaw Rd. SE22 —4E 104
Shaw Rd. Brom —3H 125
Shaw Rd. Enf —1E 8
Shaws Cotts. SE23 —3A 124
Shaws Path. King T —1C 134 (off High St.)
Shaw Sq. E17 —1A 34
Shaw Way. Wall —7J 151
Shearing Dri. Cars —7A 138
Shearling Way. N7 —6J 49
Shearman Rd. SE3 —4H 107
Shears Ct. Sun —7G 113
Shears, The. —7G 113
Shearwater Ct. SE8 —6B 88 (off Abinger Gro.)
Shearwater Rd. Sutt —5H 149
Shearwater Way. Hay —6B 60
Sheaveshill Av. NW9 —4A 28
Sheaveshill Ct. NW9 —4K 27
Sheaveshill Pde. NW9 —4A 28 (off Sheaveshill Av.)
Sheen Comn. Dri. Rich —4G 99
Sheen Ct. Rich —4G 99
Sheen Ct. Rd. Rich —4G 99
Sheendale Rd. Rich —4F 99
Sheenewood. SE26 —4H 123
Sheen Ga. Gdns. SW14 —4J 99
Sheengate Mans. SW14 —4K 99
Sheen Gro. N1 —1A 68
Sheen La. SW14 —5J 99
Sheen Pk. Rich —4E 98
Sheen Rd. Orp —4K 145
Sheen Rd. Rich —5E 98
Sheen Way. Wall —5K 151
Sheen Wood. SW14 —5J 99
Sheepcote Clo. Houn —7J 77
Sheepcote La. SW11 —2D 102
Sheepcote Rd. Harr —6K 25
Sheepcotes Rd. Romf —4E 38
Sheephouse Way. N Mald —1K 147
Sheep La. E8 —1H 69
Sheep Wlk. Shep —5C 130
Sheep Wlk. M. SW19 —6F 119
Sheep Wlk., The. Wok —7B 130
Sheerness M. E16 —2F 91
Sheerwater Rd. E16 —5B 72
Sheffield Rd. H'row A —6E 94
Sheffield Sq. E3 —3B 70
Sheffield St. WC2 —6K 67 (1G 167)
Sheffield Ter. W8 —1J 83
Sheffield Way. H'row A —5F 95
Shelbourne Clo. Pinn —3D 24
Shelbourne Pl. Beck —7B 124
Shelbourne Rd. N17 —2H 33
Shelburne Dri. Houn —6E 96
Shelburne Rd. N7 —4K 49
Shelbury Clo. Sidc —3A 128
Shelbury Rd. SE22 —5H 105
Sheldon Av. N6 —7C 30
Sheldon Av. Ilf —2F 37
Sheldon Clo. SE12 —5K 107
Sheldon Clo. SE20 —1H 141
Sheldon Ct. SW8 —1J 103 (off Lansdowne Grn.)
Sheldon Ct. Barn —4E 4
Sheldon Rd. N18 —4K 17
Sheldon Rd. NW2 —4F 47
Sheldon Rd. Bexh —1F 111
Sheldon Rd. Dag —7E 56
Sheldon St. Croy —3C 152
Sheldrake Clo. E16 —1D 90
Sheldrake Ct. E6 —2C 72 (off St Bartholomew's Rd.)
Sheldrake Pl. W8 —2J 83
Sheldrick Clo. SW19 —2B 138
Shelduck Clo. E15 —5H 53
Shelduck Ct. SE8 —6B 88 (off Pilot Clo.)
Sheldwich Ter. Brom —6C 144
Shelford Pl. N16 —3D 50
Shelford Ri. SE19 —7F 123
Shelford Rd. Barn —6A 4
Shelgate Rd. SW11 —5C 102
Shell Clo. Brom —6C 144
Shellduck Clo. NW9 —2A 28
Shelley. N8 —3J 31 (off Boyton Rd.)
Shelley Av. E12 —6C 54
Shelley Av. Gnfd —3H 61
Shelley Clo. SE15 —2H 105
Shelley Clo. Edgw —4B 12
Shelley Clo. Gnfd —3H 61
Shelley Clo. Hay —5J 59
Shelley Ct. E10 —7D 34 (off Skelton's La.)
Shelley Ct. E11 —4K 35 (off Makepeace Rd.)
Shelley Ct. N19 —1K 49
Shelley Ct. SW3 —6D 84 (7F 171) (off Tite St.)
Shelley Cres. Houn —1B 96
Shelley Cres. S'hall —6D 60
Shelley Dri. Well —1J 109
Shelley Gdns. Wemb —2C 44
Shelley Ho. SE17 —5C 86 (off Browning St.)
Shelley Ho. SW1 —6G 85 (7B 172) (off Churchill Gdns.)
Shelley Rd. NW10 —1K 63
Shelley Way. SW19 —6B 120
Shellness Rd. E5 —5H 51
Shell Rd. SE13 —3D 106
Shellwood Rd. SW11 —2D 102
Shelmerdine Clo. E3 —5C 70
Shelson Av. Felt —3H 113
Shelton Rd. SW19 —1J 137
Shelton St. WC2 —6J 67 (1E 166) (in two parts)
Shene Ho. EC1 —5A 68 (5J 161) (off Bourne Est.)
Shenfield Ho. SE18 —1B 108 (off Portway Gdns.)
Shenfield Rd. Wfd G —7E 20
Shenfield St. N1 —2E 68 (1H 163) (in two parts)
Shenley Av. Ruis —2H 41
Shenley Rd. SE5 —1E 104
Shenley Rd. Houn —1C 96
Shenstone. W5 —1C 80
Shenstone Clo. Dart —4K 111
Shepherd Clo. W1 (off Lees Pl.) —7E 66 (2G 165)
Shepherdess Pl. N1 —3C 68 (1D 162)
Shepherdess Wlk. N1 —2C 68 (1D 162)
Shepherd Ho. E14 —6D 70
Shepherd Mkt. W1 —1F 85 (4J 165)
Shepherd's Bush. —2E 82
Shepherd's Bush Grn. W12 —2E 82
Shepherd's Bush Mkt. W12 —2E 82
Shepherd's Bush Pl. W12 —2F 83
Shepherd's Bush Rd. W6 —4E 82
Shepherd's Clo. N6 —6F 31
Shepherds Clo. Romf —5D 38
Shepherds Clo. Shep —6D 130
Shepherds Ct. W12 —2F 83 (off Shepherd's Bush Grn.)
Shepherds Grn. Chst —7H 127
Shepherd's Hill. N6 —6F 31
Shepherds La. E9 —6K 51
Shepherds Leas. SE9 —4G 109
Shepherd's Path. NW3 —5B 48 (off Lyndhurst Rd.)
Shepherds Path. N'holt —6C 42 (off Arnold Rd.)
Shepherds Pl. W1 —7E 66 (2G 165)
Shepherd St. W1 —1F 85 (5J 165)
Shepherds Wlk. NW2 —2C 46
Shepherd's Wlk. NW3 —5B 48
Shepherds Wlk. Bus H —2C 10
Shepherds Way. S Croy —7K 153
Shepiston La. Hay —4D 76
Shepley Clo. Cars —3E 150
Sheppard Clo. Enf —1C 8
Sheppard Clo. King T —4E 134
Sheppard Dri. SE16 —5H 87
Sheppard Ho. E2 —2G 69 (off Warner Pl.)
Sheppard Ho. SW2 —1A 122
Sheppard St. E16 —4H 71
Shepperton. —6E 130
Shepperton Bus. Pk. Shep —5E 130
Shepperton Ct. Shep —6D 130
Shepperton Ct. Dri. Shep —5D 130
Shepperton Film Studios. —3B 130
Shepperton Green. —4C 130
Shepperton Rd. N1 —1C 68
Shepperton Rd. Lale & Stai —4A 130
Shepperton Rd. Orp —6G 145
Sheppey Gdns. Dag —7C 56
Sheppey Rd. Dag —7B 56
Sheppey Wlk. N1 —6C 50
Shepton Houses. E2 —3J 69 (off Welwyn St.)
Sherard Ct. N7 —3J 49
Sherard Rd. SE9 —5C 108
Sheraton Bus. Cen. Gnfd —2C 62
Sheraton Ho. SW1 —6F 85 (7K 171) (off Churchill Gdns.)

Siddons Ho. W2 —5B **66** (6B **158**)
(off Harbet Rd.)
Siddons La. NW1 —4D **66** (4F **159**)
Siddons Rd. N17 —1G **33**
Siddons Rd. SE23 —2A **124**
Siddons Rd. Croy —3A **152**
Side Rd. E17 —5B **34**
Sidewood Rd. SE9 —1H **127**
Sidford Ho. SE1 —2J **173**
Sidford Pl. SE1 —3A **86** (2H **173**)
Sidgwick Ho. SW9 —2K **103**
(off Lingham St.)
Sidings M. N7 —3A **50**
Sidings, The. E11 —1E **52**
Sidlaw Ho. N16 —1F **51**
Sidmouth Av. Iswth —2J **97**
Sidmouth Dri. Ruis —3J **41**
Sidmouth Ho. SE15 —7G **87**
(off Lympstone Gdns.)
Sidmouth Ho. W1
(off Cato St.) —6C **66** (7D **158**)
Sidmouth Pde. NW10 —7E **46**
Sidmouth Rd. E10 —3E **52**
Sidmouth Rd. NW2 —7E **46**
Sidmouth Rd. Well —7C **92**
Sidmouth St. WC1
  —3K **67** (2F **161**)
Sidney Av. N22 —5E **16**
Sidney Boyd Ct. NW6 —7J **47**
Sidney Elson Way. E6 —2E **72**
Sidney Est. E1 —6J **69**
(Bromhead St.)
Sidney Est. E1 —5J **69**
(Wolsey St.)
Sidney Gdns. Bren —6D **80**
Sidney Gro. EC1 —2B **68** (1A **162**)
Sidney Miller Ct. W3 —1H **81**
(off Crown St.)
Sidney Rd. E7 —3J **53**
Sidney Rd. N22 —7E **16**
Sidney Rd. SE25 —5G **141**
Sidney Rd. SW9 —2K **103**
Sidney Rd. Beck —2A **142**
Sidney Rd. Harr —3G **25**
Sidney Rd. Twic —6A **98**
Sidney Rd. W on T —7J **131**
Sidney Sq. E1 —5J **69**
Sidney St. E1 —5H **69**
Sidworth St. E8 —7H **51**
Siebert Rd. SE3 —6J **89**
Siemens Rd. SE18 —3B **90**
Sienna Ter. NW2 —2C **46**
Sigdon Pas. E8 —5G **51**
Sigdon Rd. E8 —5G **51**
Sigers, The. Pinn —6K **23**
Sigmund Freud Statue. —6B **48**
(off Adelaide Rd.)
Signmakers Yd. NW1 —1F **67**
(off Delancey St.)
Sigrist Sq. King T —1E **134**
Silbury Av. Mitc —1C **138**
Silbury Ho. SE26 —3G **123**
Silchester Rd. W10 —6F **65**
Silecroft Rd. Bexh —1G **111**
Silesia Bldgs. E8 —7H **51**
Silex St. SE1 —2B **86** (7B **168**)
Silicone Bus. Cen. Gnfd —2C **62**
Silk Clo. SE12 —5J **107**
Silk Ct. E2 —3G **69**
(off Squirries St.)
Silkfield Rd. NW9 —5A **28**
Silk Ho. NW9 —3K **27**
Silk Mills Pas. SE13 —2D **106**
Silk Mills Path. SE13 —2D **106**
Silk Mills Sq. E9 —6B **52**
Silks Ct. E11 —1H **53**
Silkstream Pde. Edgw —1J **27**

Silkstream Rd. Edgw —1J **27**
Silk St. EC2 —5C **68** (5D **162**)
Sillitoe Ho. N1 —1D **68**
(off Colville Est.)
Silsoe Ho. NW1 —2F **67**
Silsoe Rd. N22 —2K **31**
Silver Birch Av. E4 —5G **19**
Silverbirch Clo. N11 —6K **15**
Silver Birch Clo. SE28 —1A **92**
Silver Birch Clo. Dart —4K **129**
Silver Birch Clo. Uxb —4A **40**
Silver Birch Gdns. E6 —4D **72**
Silverburn Wlk. NW5 —6E **48**
Silverburn Ho. SW9 —1B **104**
(off Lothian Rd.)
Silver Chase Ct. Enf —1G **7**
Silvercliffe Gdns. Barn —4H **5**
Silver Clo. SE14 —7A **88**
Silver Clo. Harr —7C **10**
Silver Cres. W4 —4H **81**
Silverdale. NW1 —3G **67** (1A **160**)
(off Hampstead Rd.)
Silverdale. SE26 —4J **123**
Silverdale. Enf —4D **6**
Silverdale Av. Ilf —5J **37**
Silverdale Cen., The. Wemb
  —1F **63**
Silverdale Clo. W7 —1J **79**
Silverdale Clo. N'holt —5D **42**
Silverdale Clo. Sutt —4H **149**
Silverdale Ct. EC1 —3B **162**
Silverdale Dri. SE9 —2C **126**
Silverdale Dri. Sun —2K **131**
Silverdale Factory Cen. Hay
  —3J **77**
Silverdale Gdns. Hay —2J **77**
Silverdale Ind. Est. Hay —3J **77**
Silverdale Rd. E4 —6A **20**
Silverdale Rd. Bexh —2H **111**
Silverdale Rd. Hay —2H **77**
Silverdale Rd. Pet W —5G **143**
Silverhall St. Iswth —3A **98**
Silverholme Clo. Harr —7E **26**
Silver Jubilee Way. Houn —2K **95**
Silverland St. E16 —1D **90**
Silver La. W W'ck —2E **155**
Silverleigh Rd. T Hth —4B **139**
Silvermead. E18 —1J **35**
Silvermere Rd. SE6 —7D **106**
Silver Pl. W1 —6G **67** (2B **166**)
Silver Rd. SF13 —3D **106**
(in two parts)
Silver Rd. W12 —7F **65**
Silver Spring Clo. Eri —6H **93**
Silverston Way. Stan —6H **11**
Silver St. N18 —4J **17**
Silver St. Enf —3J **7**
Silverthorn. NW8 —1K **65**
(off Abbey Rd.)
Silverthorne Rd. SW8 —2F **103**
Silverthorn Gdns. E4 —2H **19**
Silverton Rd. W6 —6F **83**
Silvertown. —1B **90**
Silvertown Way. E16 —6G **71**
Silvertree La. Gnfd —3H **61**
Silver Wlk. SE16 —1A **88**
Silver Way. Hil —2D **58**
Silver Way. Romf —3H **39**
Silver Wing Ind. Est. Croy
  —6K **151**
Silverwood Clo. Beck —7C **124**
Silverwood Clo. N'wd —1E **22**
Silvester Ho. W11 —6H **65**
(off Basing St.)
Silvester Rd. SE22 —5F **105**
Silvester St. SE1 —2D **86** (7E **168**)
Silvocea Way. E14 —6F **71**
Silwood Est. SE16 —4J **87**

Silwood St. SE16 —4J **87**
Simla Ho. SE1 —2D **86** (7F **169**)
(off Kipling Est.)
Simmons Clo. N20 —2H **15**
Simmons Clo. Chess —6C **146**
Simmons La. E4 —2A **20**
Simmons Rd. SE18 —5F **91**
Simmons Way. N20 —2H **15**
Simms Clo. Cars —2C **150**
Simms Rd. SE1 —4G **87**
Simnel Rd. SE12 —7K **107**
Simon Clo. W11 —7H **65**
Simon Ct. W9 —3J **65**
(off Saltram Cres.)
Simonds Rd. E10 —2C **52**
Simone Clo. Brom —1B **144**
Simone Ct. SE26 —3J **123**
Simon Peter Ct. Enf —2G **7**
Simons Ct. N16 —2F **51**
Simons Wlk. E15 —5F **53**
Simpson Clo. N21 —5D **6**
Simpson Dri. W3 —6K **63**
Simpson Ho. NW8
  —3C **66** (2C **158**)
Simpson Ho. SE11
  —5K **85** (6H **173**)
Simpson Rd. Houn —6D **96**
Simpson Rd. Rich —4C **116**
Simpson's Rd. E14 —7D **70**
Simpsons Rd. Brom —3J **143**
Simpson St. SW11 —2C **102**
Simpson Way. Surb —6C **134**
Simrose Ct. SW18 —5J **101**
Sims Wlk. SE3 —4H **107**
Sinclair Ct. Croy —2E **152**
Sinclair Dri. Sutt —7K **149**
Sinclair Gdns. W14 —2F **83**
Sinclair Gro. NW11 —6F **29**
Sinclair Ho. WC1 —3J **67** (2E **160**)
(off Sandwich St.)
Sinclair Mans. W14 —2F **83**
(off Richmond Way)
Sinclair Pl. SE4 —6C **106**
Sinclair Rd. E4 —5G **19**
Sinclair Rd. W14 —2F **83**
Sinclaire Clo. Enf —1A **8**
Singapore Rd. W13 —1A **80**
Singer St. EC1 —3D **68** (2F **163**)
Singleton Clo. SW17 —7D **120**
Singleton Clo. Croy —7C **140**
Singleton Rd. Dag —5F **57**
Singleton Scarp. N12 —5D **14**
Sinnott Rd. E17 —1K **33**
Sion Ct. Twic —1B **116**
Sion Rd. Twic —1B **116**
Sippets Ct. Ilf —1H **55**
Sipson. —6C **76**
Sipson Clo. W Dray —6C **76**
Sipson La. W Dray & Hay —6C **76**
Sipson Rd. W Dray —3B **76**
(in two parts)
Sipson Way. W Dray —7C **76**
Sir Abraham Dawes Cotts. SW15
  —4G **101**
Sir Alexander Clo. W3 —1B **82**
Sir Alexander Rd. W3 —1B **82**
Sir Cyril Black Way. SW19
  —7J **119**
Sirdar Rd. N22 —3B **32**
Sirdar Rd. W11 —7F **65**
Sirdar Rd. Mitc —6E **120**
Sir Henry Floyd Ct. Stan —2G **11**
Sirinham Point. SW8 —6K **85**
(off Meadow Rd.)
Sirius Building. E1 —7K **69**
(off Jardine Rd.)
Sir John Soane's Mus.
  —6K **67** (7G **161**)

Sir Nicholas Garrow Ho. W10
(off Kensal Rd.) —4G **65**
Sir Oswald Stoll Foundation, The.
(off Fulham Rd.) SW6 —7K **83**
Sir Oswald Stoll Mans. SW6
(off Fulham Rd.) —7K **83**
Sir William Powell's Almshouses.
  SW6 —2G **101**
Sise La. EC4 —1E **168**
Sisley Rd. Bark —1J **73**
Sispara Gdns. SW18 —6H **101**
Sissinghurst Clo. Brom —5G **125**
Sissinghurst Rd. Croy —7G **141**
Sister Mabel's Way. SE15 —7G **87**
Sisters Av. SW11 —3D **102**
Sistova Rd. SW12 —1F **121**
Sisulu Pl. SW9 —3A **104**
Sittingbourne Av. Enf —6J **7**
Sitwell Gro. Stan —5E **10**
Siverst Clo. N'holt —6F **43**
Sivill Ho. E2 —3F **69** (1K **163**)
(off Columbia Rd.)
Siviter Way. Dag —7H **57**
Siward Rd. N17 —1D **32**
Siward Rd. SW17 —3A **120**
Siward Rd. Brom —3K **143**
Six Acres Est. N4 —2A **50**
Six Bridges Ind. Est. SE1 —5G **87**
Sixth Av. E12 —4D **54**
Sixth Av. W10 —3G **65**
Sixth Av. Hay —1H **77**
Sixth Cross Rd. Twic —3G **115**
Skardu Rd. NW2 —5G **47**
Skeena Hill. SW18 —7G **101**
Skeffington Rd. F6 —1D **72**
Skeggs Ho. E14 —3E **88**
Skelbrook St. SW18 —2A **120**
Skelgill Rd. SW15 —4H **101**
Skelley Rd. E15 —7H **53**
Skelton Clo. E8 —6F **51**
Skelton Rd. E7 —6J **53**
Skelton's La. E10 —7D **34**
Skelwith Rd. W6 —6E **82**
Skerne Rd. King T —1D **134**
Sketchley Gdns. SE16 —5K **87**
Skelly Rd. Enf —3A **8**
Skiers St. E15 —1G **71**
Skiffington Clo. SW2 —1A **122**
Skillen Lodge. Pinn —1B **24**
Skinner Ct. E2 —2H **69**
Skinner Pl. SW1 —4G **171**
Skinners La. EC4
  —7C **68** (2D **168**)
Skinners La. Houn —1F **97**
Skinner's Row. SE10 —1D **106**
Skinner St. EC1 —3A **68** (2K **161**)
Skip La. Hare —1A **40**
Skipsey Av. E6 —3D **72**
Skipton Clo. N11 —6K **15**
Skipton Dri. Hay —3E **76**
Skipton Ho. SE4 —4A **106**
Skipwith Ho. EC1 —5A **68** (5J **161**)
(off Bourne Est.)
Skipworth Rd. E9 —1J **69**
Skomer Wlk. N1 —6C **50**
Skyline Plaza Building. E1 —6G **69**
(off Commercial Rd.)
Skylines. E14 —2E **88**
Sky Peals Rd. Wfd G —7A **20**
Sladebrook Rd. SE3 —3B **108**
Slade Ct. New Bar —3E **4**
Sladedale Rd. SE18 —5J **91**
Slade Ho. Houn —6D **96**
Sladen Pl. E5 —4H **51**
Slades Clo. Enf —3F **7**
Slades Dri. Chst —4F **127**
Slades Gdns. Enf —2F **7**
Slades Hill. Enf —3F **7**

Slades Ri. Enf —3F **7**
Slade, The. SE18 —6J **91**
Slade Tower. E10 —2C **52**
(off Leyton Grange Est.)
Slade Wlk. SE17 —6B **86**
Slagrove Pl. SE4 —5C **106**
Slaidburn St. SW10 —6A **84**
Slaithwaite Rd. SE13 —4E **106**
Slaney Ct. NW10 —7E **46**
Slaney Rd. N7 —5A **50**
Slater Clo. SE18 —5E **90**
Slatter. NW9 —7G **13**
Slattery Rd. Felt —1B **114**
Sleaford Ind. Est. SW8 —7G **85**
Sleaford St. SW8 —7G **85**
Sledmere Ct. Felt —1G **113**
Slewyn Ct. Wemb —3J **45**
Slievemore Clo. SW4 —3H **103**
Slindon Ct. N16 —3F **51**
Slingsby Pl. WC2 —7J **67** (2E **166**)
Slippers Pl. SE16 —3H **87**
Sloane Av. SW3 —4C **84** (4D **170**)
Sloane Ct. E. SW3
  —5E **84** (5G **171**)
Sloane Ct. W. SW3
  —5E **84** (5G **171**)
Sloane Gdns. SW1
  —4E **84** (4G **171**)
Sloane Sq. SW1 —4D **84** (4F **171**)
Sloane St. SW1 —2D **84** (7F **165**)
Sloane Ter. SW1 —4E **84** (3G **171**)
Sloane Ter. Mans. SW1
  —4E **84** (3G **171**)
Sloane Wlk. Croy —6B **142**
Slocum Clo. SE28 —7C **74**
Sloman Ho. W10 —3G **65**
(off Beethoven St.)
Slough La. NW9 —5J **27**
Sly St. E1 —6H **69**
Smaldon Clo. W Dray —3C **76**
Smallberry Av. Iswth —2K **97**
Smallbrook M. W2
  —6B **66** (1A **164**)
Smalley Clo. N16 —3F **51**
Smalley Rd. Est. N16 —3F **51**
(off Smalley Clo.)
Smallwood Rd. SW17 —4B **120**
Smarden Clo. Belv —5G **93**
Smarden Gro. SE9 —4D **126**
Smart's Pl. N18 —5B **18**
Smart's Pl. WC1 —6J **67** (7F **161**)
Smart St. E2 —3K **69**
Smeaton Clo. Chess —6D **146**
Smeaton Ct. SE1 —3C **86**
Smeaton Rd. SW18 —7J **101**
Smeaton Rd. Wfd G —5J **21**
Smeaton St. E1 —1H **87**
Smedley St. SW8 & SW4 —2H **103**
Smeed Rd. E3 —7C **52**
Smiles Pl. SE13 —2E **106**
Smith Clo. SE16 —1K **87**
Smithfield St. EC1
  —5B **68** (6A **162**)
Smith Hill. Bren —6E **80**
Smithies Ct. E15 —5E **52**
Smithies Rd. SE2 —4B **92**
Smith's Ct. W1 —2B **166**
Smithson Rd. N17 —1D **32**
Smiths Point. E13 —1J **71**
(off Brooks Rd.)
Smith Sq. SW1 —3J **85** (2E **172**)
Smith St. SW3 —5D **84** (5E **170**)
Smith St. Surb —6F **135**
Smith's Yd. SW18 —2A **120**
Smith Ter. SW3 —5D **84** (6E **170**)
Smithwood Clo. SW19 —1G **119**
Smithy St. E1 —5J **69**
Smock Wlk. Croy —6C **140**

Speranza Rd. SE18 —5K 91
Sperling Rd. N17 —2E 32
Spert St. E14 —7A 70
Speyside. N14 —6B 6
Spey St. E14 —5E 70
Spey Way. Romf —1K 39
Spezia Rd. NW10 —2C 64
Spice Ct. E1 —7G 69 (off Asher Way)
Spice Quay Heights. SE1 —1F 87 (5K 169)
Spicer Clo. SW9 —2B 104
Spicer Clo. W on T —6A 132
Spicer Ct. Enf —3K 7
Spice's Yd. Croy —4C 152
Spigurnell Rd. N17 —1D 32
Spikes Bri. Rd. S'hall —6C 60
Spilsby Clo. NW9 —1A 28
Spindle Clo. SE18 —3C 90
Spindlewood Gdns. Croy —4E 152
Spindrift Av. E14 —4C 88
Spinel Clo. SE18 —5K 91
Spinnaker Ho. E14 —2C 88
Spinnells Rd. Harr —1D 42
Spinney Clo. Beck —4D 142
Spinney Clo. N Mald —5A 136
Spinney Clo. W Dray —7A 58
Spinney Clo. Wor Pk —2B 148
Spinney Dri. Felt —7E 94
Spinney Gdns. SE19 —5F 123
Spinney Gdns. Dag —5E 56
Spinney Oak. Brom —2C 144
Spinneys, The. Brom —2D 144
Spinney, The. N21 —7F 7
Spinney, The. SW13 —7D 82
Spinney, The. SW16 —3G 121
Spinney, The. Barn —2E 4
Spinney, The. Sidc —5E 128
Spinney, The. Stan —4K 11
Spinney, The. Sun —1J 131
Spinney, The. Sutt —4E 148
Spinney, The. Wemb —3A 44
Spire Ho. W2 —7A 66 (off Lancaster Ga.)
Spires Shop. Cen., The. Barn —3B 4
Spirit Quay. E1 —1G 87
Spitalfields. —5F 69 (5J 163)
Spitalfields. E1 —5F 69
Spital Sq. E1 —5E 68 (5H 163)
Spital St. E1 —5G 69 (5K 163)
Spital Yd. E1 —5E 68 (5H 163)
Spitfire Est., The. Houn —5A 78
Spitfire Rd. H'row A —6E 94
Spitfire Rd. Wall —7K 151
Spitfire Way. Houn —5A 78
Splendour Wlk. SE16 —5J 87 (off Verney Rd.)
Spode Ho. SE11 —2J 173
Spode Wlk. NW6 —5K 47
Spondon Rd. N15 —4G 33
Spoonbill Way. Hay —5B 60
Spooner Ho. Houn —6E 78
Spooners M. W3 —1K 81
Spooner Wlk. Wall —5J 151
Sportsbank St. SE6 —7E 106
Spottons Gro. N17 —1C 32
Spout Hill. Croy —5C 154
Spratt Hall Rd. E11 —6J 35
Spray La. Twic —6J 97
Spray St. SE18 —4F 91
Spreighton Rd. W Mol —4F 133
Spriggs Ho. N1 —7B 50 (off Canonbury Rd.)
Sprimont Pl. SW3 —5D 84 (5E 170)
Springall St. SE15 —7H 87
Springalls Wharf. SE16 —2G 87 (off Bermondsey Wall W.)
Spring Bank. N21 —6E 6
Springbank Rd. SE13 —6F 107
Springbank Wlk. NW1 —7H 49
Springbourne Ct. Beck —1E 142 (in two parts)
Spring Bri. M. W5 —7D 62
Springbridge Rd. W5 —7D 62
Spring Clo. Barn —5A 4
Spring Clo. Dag —1D 56
Spring Clo. La. Sutt —6G 149
Spring Corner. Felt —3J 113
Spring Cotts. Surb —5D 134
Spring Ct. NW6 —6H 47
Spring Ct. Eps —7B 148
Spring Ct. Rd. Enf —1F 7
Springcroft Av. N2 —4D 30
Springdale M. N16 —4D 50
Springdale Rd. N16 —4D 50
Spring Dri. Pinn —6J 23
Springfield. E5 —1H 51
Springfield. Bus H —1C 10
Springfield Av. N10 —3G 31
Springfield Av. SW20 —3H 137
Springfield Av. Hamp —6F 115
Springfield Clo. N12 —5E 14
Springfield Clo. Stan —3F 11
Springfield Ct. Ilf —5F 55
Springfield Ct. Wall —5F 151
Springfield Dri. Ilf —5G 37
Springfield Gdns. E5 —1H 51
Springfield Gdns. NW9 —5K 27
Springfield Gdns. Brom —4D 144
Springfield Gdns. Ruis —1K 41
Springfield Gdns. W W'ck —2D 154
Springfield Gdns. Wfd G —7F 21
Springfield Gro. SE7 —6A 90
Springfield Gro. Sun —1H 131
Springfield La. NW6 —1K 65
Springfield Mt. NW9 —5A 28
Springfield Pde. M. N13 —4F 17
Springfield Pl. N Mald —4J 135
Springfield Ri. SE26 —3H 123 (in two parts)
Springfield Rd. E4 —1B 20
Springfield Rd. E6 —7D 54
Springfield Rd. E15 —3G 71
Springfield Rd. E17 —6B 34
Springfield Rd. N11 —5A 16
Springfield Rd. N15 —4G 33
Springfield Rd. NW8 —1A 66
Springfield Rd. SE26 —5H 123
Springfield Rd. SW19 —5H 119
Springfield Rd. W7 —1J 79
Springfield Rd. Ashf —5B 112
Springfield Rd. Bexh —3H 111
Springfield Rd. Brom —4D 144
Springfield Rd. Harr —6J 25
Springfield Rd. Hay —1A 78
Springfield Rd. King T —3E 134
Springfield Rd. Tedd —5A 116
Springfield Rd. T Hth —1C 140
Springfield Rd. Twic —1E 114
Springfield Rd. Wall —5F 151
Springfield Rd. Well —3B 110
Springfields. New Bar —5E 4 (off Somerset Rd.)
Springfield Wlk. NW6 —1K 65
Springfield Wlk. Orp —7J 145 (off Andover Rd.)
Spring Gdns. N5 —5C 50
Spring Gdns. SW1 —1H 85 (4D 166)
Spring Gdns. Romf —5J 39
Spring Gdns. Wall —5G 151
Spring Gdns. W Mol —5F 133
Spring Gdns. Wfd G —7F 21
Spring Grove. —1J 97
Spring Gro. SE19 —7F 123
Spring Gro. W4 —5G 81
Spring Gro. Hamp —1F 133
Spring Gro. Mitc —1E 138
Spring Gro. Cres. Houn —1G 97
Spring Gro. Rd. Houn & Iswth —1F 97
Spring Gro. Rd. Rich —5F 99
Spring Hill. E5 —7G 33
Spring Hill. SE26 —4J 123
Springhill Clo. SE5 —3D 104
Spring Ho. WC1 —2J 161
Springhurst Clo. Croy —4B 154
Spring Lake. Stan —4G 11
Spring La. E5 —7H 33
Spring La. N10 —3E 30
Spring La. SE25 —6H 141
Spring M. W1 —5D 66 (5F 159)
Spring M. Eps —7B 148
Spring Park. —3C 154
Spring Pk. Av. Croy —2K 153
Spring Pk. Dri. N4 —1C 50
Springpark Dri. Beck —3E 142
Spring Pk. Rd. Croy —2K 153
Spring Pas. SW15 —3F 101
Spring Path. NW3 —5B 48
Spring Pl. N3 —3J 29
Spring Pl. NW5 —5F 49
Springpond Rd. Dag —5E 56
Springrice Rd. SE13 —6F 107
Spring Rd. Felt —3H 113
Spring Shaw Rd. Orp —1K 145
Spring St. W2 —6B 66 (1A 164)
Spring Ter. Rich —5E 98
Spring Tide Clo. SE15 —1G 105
Spring Va. Bexh —4H 111
Springvale Av. Bren —5D 80
Spring Va. Ter. W14 —3F 83
Spring Villa Rd. Edgw —7B 12
Spring Wlk. E1 —5G 69
Springwater. WC1 —5G 161
Springwater Clo. SE18 —1E 108
Springway. Harr —7H 25
Springwell Av. NW10 —1B 64
Springwell Clo. SW16 —4K 121
Springwell Ct. Houn —2B 96
Springwell Rd. SW16 —4A 122
Springwell Rd. Houn —2B 96
Springwood Cres. Edgw —2C 12
Sprowston M. E7 —6J 53
Sprowston Rd. E7 —5J 53
Spruce Ct. W5 —3E 80
Sprucedale Gdns. Croy —4K 153
Spruce Hills Rd. E17 —2E 34
Spruce Pk. Short —4H 143
Sprules Rd. SE4 —2A 106
Spurfield. W Mol —3F 133
Spurgeon Av. SE19 —1D 140
Spurgeon Rd. SE19 —1D 140
Spurgeon St. SE1 —3D 86
Spurling Rd. SE22 —4F 105
Spurling Rd. Dag —6F 57
Spurrell Av. Bex —4K 129
Spur Rd. N15 —4D 32
Spur Rd. SE1 —6J 167
Spur Rd. SW1 —2G 85 (7A 166)
Spur Rd. Edgw —4K 11
Spur Rd. Felt —4K 95
Spur Rd. Iswth —7A 80
Spurstowe Rd. E8 —6H 51
Spurstowe Ter. E8 —6H 51
Spurway Pde. Ilf —5D 36 (off Woodford Av.)
Square Rigger Row. SW11 —3A 102
Square, The. W6 —5E 82
Square, The. Cars —5E 150
Square, The. Ilf —7E 36
Square, The. Rich —5D 98
Square, The. Uxb —1F 77
Square, The. Wfd G —5D 20
Squarey St. SW17 —3A 120
Squire Gdns. NW8 —3B 66 (2A 158) (off Grove End Rd.)
Squire's Bri. Rd. Shep —4B 130
Squires Ct. SW4 —1J 103
Squires Ct. SW19 —4J 119
Squires La. N3 —2K 29
Squires Mt. NW3 —3B 48
Squire's Rd. Shep —4C 130
Squires, The. Romf —6J 39
Squires Wlk. Ashf —7F 113
Squires Way. Dart —4K 129
Squires Wood Dri. Chst —7C 126
Squirrel Clo. Houn —3A 96
Squirrel Clo. Orp —7J 145
Squirrel M. W13 —7K 61
Squirrels Clo. N12 —4F 15
Squirrels Clo. Uxb —7C 40
Squirrels Ct. Wor Pk —2C 148 (off Avenue, The)
Squirrels Drey. Short —2G 143 (off Park Hill Rd.)
Squirrels Grn. Wor Pk —2B 148
Squirrel's La. Buck H —3G 21
Squirrels, The. SE13 —3F 107
Squirrels, The. Pinn —3D 24
Squirrels Trad. Est., The. Hay —3H 77
Squirries St. E2 —3G 69
Stable Clo. N'holt —2E 60
Stables Mkt., The. NW1 —7F 49
Stables M. SE27 —5C 122
Stables, The. W10 —6F 65 (off Bassett Rd.)
Stables, The. Buck H —1F 21
Stables Way. SE11 —5A 86 (5J 173)
Stable Wlk. N2 —1B 30
Stable Way. W10 —6E 64
Stable Yd. SW1 —6A 166
Stable Yd. SW15 —3E 100
Stable Yd. Rd. SW1 —2G 85 (6B 166)
Stableyard, The. SW9 —2K 103
Stacey Av. N18 —4D 18
Stacey Clo. E10 —5F 35
Stacey St. N7 —3A 50
Stacey St. WC2 —6H 67 (1D 166)
Stack Ho. SW1 —4E 84 (4H 171) (off Cundy St.)
Stackhouse St. SW3 —1E 170
Stacy Path. SE5 —7E 86
Stadium Bus. Cen. Wemb —3H 45
Stadium Retail Pk. Wemb —3G 45
Stadium Rd. SE18 —7D 90
Stadium Rd. E. NW4 —7D 28
Stadium St. SW10 —7A 84
Stadium Way. Wemb —4F 45
Staffa Rd. E10 —1A 52
Stafford Clo. E17 —6B 34 (in two parts)
Stafford Clo. N14 —5B 6
Stafford Clo. NW6 —3J 65 (in two parts)
Stafford Clo. Sutt —6G 149
Stafford Ct. SW8 —7J 85
Stafford Ct. W7 —6K 61 (off Copley Clo.)
Stafford Cripps Ho. SW6 —6H 83 (off Clem Attlee Ct.)
Stafford Cross Bus. Pk. Croy —5K 151
Stafford Gdns. Croy —5K 151
Stafford Mans. SW1 —3G 85 (1A 172) (off Stafford Pl.)
Stafford Mans. SW4 —4J 103
Stafford Pl. SW1 —3G 85 (1A 172)
Stafford Pl. Rich —7F 99
Stafford Rd. E3 —2B 70
Stafford Rd. E7 —7A 54
Stafford Rd. NW6 —3J 65
Stafford Rd. Harr —7B 10
Stafford Rd. N Mald —3J 135
Stafford Rd. Ruis —4H 41
Stafford Rd. Sidc —4J 127
Stafford Rd. Wall & Croy —6G 151
Staffordshire St. SE15 —1G 105
Stafford St. W1 —1G 85 (4A 166)
Stafford Ter. W8 —3J 83
Staff St. EC1 —3D 68 (2F 163)
Stag Clo. Edgw —2H 27
Stag Lane. —2B 118
Stag La. SW15 —3B 118
Stag La. Buck H —2E 20
Stag La. Edgw & NW9 —2H 27
Stag Pl. SW1 —3G 85 (1A 172)
Stags Way. Iswth —7K 79
Stainbank Rd. Mitc —3F 139
Stainby Clo. W Dray —3A 76
Stainby Rd. N15 —4F 33
Stainer Ho. SE3 —4A 108
Stainer St. SE1 —1D 86 (5F 169)
Staines Av. Sutt —2F 149
Staines Rd. Felt & Houn —1C 112
Staines Rd. Ilf —5G 55
Staines Rd. Twic —3E 114
Staines Rd. E. Sun —7J 113
Staines Rd. W. Ashf & Sun —6D 112
Staines Wlk. Sidc —6C 128
Stainford Clo. Ashf —5F 113
Stainforth Rd. E17 —4C 34
Stainforth Rd. Ilf —7H 37
Staining La. EC2 —6C 68 (7D 162)
Stainmore Clo. Chst —1H 145
Stainsbury St. E2 —2J 69
Stainsby Pl. E14 —6C 70
Stainsby Rd. E14 —6C 70
Stainton Rd. SE6 —6F 107
Stainton Rd. Enf —1D 8
Stalbridge Flats. W1 (off Lumley St.) —6E 66 (1H 165)
Stalbridge St. NW1 —5C 66 (5D 158)
Stalham St. SE16 —3H 87
Stalham Way. Ilf —1F 37
Stambourne Way. SE19 —7E 122
Stambourne Way. W W'ck —2E 154
Stamford Brook Arches. W6 —4C 82
Stamford Brook Av. W6 —3B 82
Stamford Brook Gdns. W6 —3B 82
Stamford Brook Mans. W6 —4B 82 (off Goldhawk Rd.)
Stamford Brook Rd. W6 —3B 82
Stamford Clo. N15 —5G 33
Stamford Clo. NW3 —3A 48 (off Heath St.)
Stamford Clo. Harr —7D 10
Stamford Clo. S'hall —7E 60
Stamford Ct. W6 —4C 82
Stamford Dri. Brom —4H 143
Stamford Gdns. Dag —7C 56
Stamford Ga. SW6 —7K 83
Stamford Gro. E. N16 —1G 51
Stamford Gro. W. N16 —1G 51
Stamford Hill. —1F 51
Stamford Hill. N16 —2F 51

Station Pde. NW2 —6E **46**
Station Pde. SW12 —1E **120**
Station Pde. W3 —6G **63**
Station Pde. W4 —7J **81**
Station Pde. W5 —1F **81**
Station Pde. Ashf —4B **112**
Station Pde. Bark —7G **55**
Station Pde. Barn —4K **5**
Station Pde. Bexh —2E **110**
(off Pickford La.)
Station Pde. Buck H —4G **21**
Station Pde. Dag —6G **57**
Station Pde. Edgw —7K **11**
Station Pde. Felt —1K **113**
Station Pde. Harr —4F **43**
(HA2)
Station Pde. Harr —2A **26**
(HA3)
Station Pde. N Har —4F **43**
Station Pde. N'holt —7E **42**
Station Pde. Rich —1G **99**
Station Pde. Sidc —2A **128**
Station Pde. Sutt —6A **150**
(off High St.)
Station Pas. E18 —2K **35**
Station Pas. SE15 —1J **105**
Station Path. E8 —6H **51**
(off Graham Rd.)
Station Path. SW6 —3H **101**
Station Pl. N4 —2A **50**
Station Ri. SE27 —2B **122**
Station Rd. E4 —1A **20**
Station Rd. E7 —4J **53**
Station Rd. E10 —3E **52**
Station Rd. E12 —4C **54**
Station Rd. E17 —6A **34**
Station Rd. N3 —1J **29**
Station Rd. N11 —5A **16**
Station Rd. N17 —3G **33**
Station Rd. N19 —3G **49**
Station Rd. N21 —1G **17**
Station Rd. N22 —2J **31**
Station Rd. NW4 —6C **28**
Station Rd. NW7 —6F **13**
Station Rd. NW10 —2B **64**
Station Rd. SE13 —3E **106**
Station Rd. SE20 —6J **123**
Station Rd. SE25 —4F **141**
Station Rd. SW13 —2B **100**
Station Rd. SW19 —1A **138**
Station Rd. W5 —6F **63**
Station Rd. W7 —1J **79**
Station Rd. Ashf —4B **112**
Station Rd. B'side —3H **37**
Station Rd. Barn & New Bar
—5E **4**
Station Rd. Belv —3G **93**
Station Rd. Bexh —3E **110**
Station Rd. Brom —1J **143**
Station Rd. Cars —4D **150**
Station Rd. Chad H —7D **38**
Station Rd. Chess —5E **146**
Station Rd. Croy —1G **152**
Station Rd. Edgw —6B **12**
Station Rd. Hamp —1E **132**
Station Rd. Hamp W —1C **134**
Station Rd. Harr —4K **25**
Station Rd. Hay —4G **77**
(in three parts)
Station Rd. Houn —4F **97**
Station Rd. Ilf —3F **55**
Station Rd. King T —1G **135**
Station Rd. N Mald —5D **136**
Station Rd. N Har —5F **25**
Station Rd. Shep —5E **130**
Station Rd. Short —2G **143**
Station Rd. Sidc —2A **128**
Station Rd. Sun —7J **113**

Station Rd. Tedd —6A **116**
Station Rd. Th Dit —7K **133**
Station Rd. Twic —1K **115**
Station Rd. W Dray —2A **76**
Station Rd. W W'ck —1E **154**
Station Rd. N. Belv —3H **93**
Station Sq. Orp —5G **145**
Station St. E15 —7F **53**
Station St. E16 —1F **91**
Station Ter. NW10 —2F **65**
Station Ter. SE5 —1C **104**
Station Ter. M. SE3 —5J **89**
Station Vw. Gnfd —1H **61**
Station Way. Buck H —4F **21**
Station Way. Sutt —6G **149**
Station Yd. Twic —7A **98**
Staunton Ho. SE17 —4E **86**
(off Tatum St.)
Staunton Rd. King T —6E **116**
Staunton St. SE8 —6B **88**
Staveley. NW1 —3G **67** (1A **160**)
(off Varndell St.)
Staveley Clo. E9 —5J **51**
Staveley Clo. N7 —4J **49**
Staveley Clo. SE15 —1H **105**
Staveley Gdns. W4 —1K **99**
Staveley Rd. W4 —6J **81**
Staveley Rd. Ashf —6F **113**
Staverton Rd. NW2 —7E **46**
Stave Yd. Rd. SE16 —1A **88**
Stavordale Rd. N5 —4B **50**
Stavordale Rd. Cars —7A **138**
Stayner's Rd. E14 —4K **69**
Stayton Rd. Sutt —3J **149**
Steadfast Rd. King T —1D **134**
Steadman Clo. Uxb —3C **40**
Steadman Ct. EC1
(off Old St.) —4C **68** (3D **162**)
Steadman Ho. Dag —3G **57**
(off Uvedale Rd.)
Stead St. SE17 —4D **86**
Steam Farm La. Felt —4H **95**
Stean St. E8 —1F **69**
Stebbing Ho. W11 —1F **83**
(off Queensdale Cres.)
Stebbing Way. Bark —2A **74**
Stebondale St. E14 —4E **88**
Stedham Pl. WC1 —7E **160**
Stedman Clo. Bex —3K **129**
Stedman St. SE17 —4C **86**
Steeds Rd. N10 —1D **30**
Steele Ho. E15 —2G **71**
(off Eve Rd.)
Steele Rd. E11 —4G **53**
Steele Rd. N17 —3E **32**
Steele Rd. NW10 —2J **63**
Steele Rd. W4 —3J **81**
Steele Rd. Iswth —4A **98**
Steele's M. N. NW3 —6D **48**
Steele's M. S. NW3 —6D **48**
Steele's Rd. NW3 —6D **48**
Steele's Studios. NW3 —6D **48**
Steele Wlk. Eri —7H **93**
Steel's La. E1 —6J **69**
Steelyard Pas. EC4 —3E **168**
Steen Way. SE22 —5E **104**
Steep Hill. SW16 —3H **121**
Steep Hill. Croy —4E **152**
Steeple Clo. SW6 —2G **101**
Steeple Clo. SW19 —5G **119**
Steeple Ct. E1 —4H **69**
Steeplestone Clo. N18 —5H **17**
Steeple Wlk. N1 —1C **68**
(off Basire St.)
Steerforth St. SW18 —2A **120**
Steers Mead. Mitc —1D **138**
Steers Way. SE16 —2A **88**

Stelfox Ho. WC1 —3K **67** (1H **161**)
(off Penton Ri.)
Stella Rd. SW17 —6D **120**
Stelling Rd. Eri —7K **93**
Stellman Clo. E5 —3G **51**
Stembridge Rd. SE20 —2H **141**
Stephan Clo. E8 —1G **69**
Stephendale Rd. SW6 —3K **101**
Stephen Fox Ho. W4 —5A **82**
(off Chiswick La.)
Stephen M. W1 —5H **67** (6C **160**)
Stephen Pl. SW4 —3G **103**
Stephen Rd. Bexh —3J **111**
Stephens Ct. E16 —4H **71**
Stephens Ct. SE4 —3A **106**
Stephens Lodge. N12 —3F **15**
(off Woodside La.)
Stephenson Ct. Cheam —7G **149**
(off Station App.)
Stephenson Ho. SE1 —3C **86**
Stephenson Rd. E17 —5A **34**
Stephenson Rd. W7 —6K **61**
Stephenson Rd. Twic —7E **96**
Stephenson St. E16 —4G **71**
Stephenson St. NW10 —3A **64**
Stephenson Way. NW1
—4G **67** (3B **160**)
Stephen's Rd. E15 —1G **71**
Stephen St. W1 —5H **67** (6C **160**)
Stepney. —5K 69
Stepney Causeway. E1 —6K **69**
Stepney Grn. E1 —5J **69**
Stepney High St. E1 —5K **69**
Stepney Way. E1 —5H **69**
Sterling Av. Edgw —4A **12**
Sterling Clo. NW10 —7C **46**
Sterling Gdns. SE14 —6A **88**
Sterling Ho. SE3 —4K **107**
Sterling Pl. W5 —4E **80**
Sterling Rd. Enf —1J **7**
Sterling St. SW7 —3C **84** (1D **170**)
Sterling Way. N18 —5J **17**
Stern Clo. Bark —2C **74**
Sterndale Rd. W6 —3F **83**
Sterne St. W12 —2F **83**
Sternhall La. SE15 —3G **105**
Sternhold Av. SW2 —2H **121**
Sterry Cres. Dag —5G **57**
Sterry Dri. Eps —4A **148**
Sterry Dri. Th Dit —6J **133**
Sterry Gdns. Dag —6G **57**
Sterry Rd. Bark —1K **73**
Sterry Rd. Dag —4G **57**
Sterry St. SE1 —2D **86** (7E **168**)
Steucers La. SE23 —1A **124**
Stevannie Ct. Belv —5G **93**
Steve Biko La. SE6 —4C **124**
Steve Biko Rd. N7 —3A **50**
Steve Biko Way. Houn —3E **96**
Stevedale Rd. Well —2C **110**
Stevedore St. E1 —1H **87**
Stevenage Rd. E6 —6E **54**
Stevenage Rd. SW6 —7F **83**
Stevens Av. E9 —6J **51**
Stevens Clo. Beck —6C **124**
Stevens Clo. Bex —4K **129**
Stevens Clo. Hamp —5C **114**
Stevens Clo. Pinn —5A **24**
Stevens Grn. Bus H —1B **10**
Stevens La. Clay —7A **146**
Stevenson Clo. SE16 —5G **87**
Stevenson Clo. Barn —7G **5**
Stevenson Ho. NW8 —1A **66**
(off Boundary Rd.)
Stevens Rd. Dag —3B **56**
Stevens St. SE1 —3E **86** (7H **169**)
Steventon Rd. W12 —7B **64**
Stewards Holte Wlk. N11 —4A **16**

Steward St. E1 —5E **68** (5H **163**)
(in two parts)
Stewart Av. Shep —4C **130**
Stewart Clo. NW9 —6J **27**
Stewart Clo. Chst —5F **127**
Stewart Clo. Hamp —6C **114**
Stewart Quay. Hay —2G **77**
Stewart Rainbird Ho. E12 —5E **54**
(off Parkhurst Rd.)
Stewart Rd. E15 —4F **53**
Stewartsby Clo. N18 —5H **17**
Stewart's Gro. SW3
—5B **84** (5B **170**)
Stewart's Rd. SW8 —7G **85**
Stewart St. E14 —2E **88**
Stew La. EC4 —7C **68** (2C **168**)
Steyne Ho. W3 —1J **81**
(off Horn La.)
Steyne Rd. W3 —1H **81**
Steyning Gro. SE9 —4D **126**
Steynings Way. N12 —5D **14**
Steyning Way. Houn —4A **96**
Steynton Av. Bex —2D **128**
Stickland Rd. Belv —4G **93**
Stickleton Clo. Gnfd —3F **61**
Stilecroft Gdns. Wemb —3B **44**
Stile Hall Gdns. W4 —5G **81**
Stile Hall Pde. W4 —5G **81**
Stileman Ho. E3 —5B **70**
Stile Path. Sun —3J **131**
Stiles Clo. Brom —6D **144**
Stiles Clo. Eri —5H **93**
Stillingfleet Rd. SW13 —6C **82**
Stillington St. SW1
—4G **85** (3B **172**)
Stillness Rd. SE23 —6A **106**
Stillwell Dri. Uxb —4B **58**
Stilton Cres. NW10 —7K **45**
Stilwell Roundabout. Uxb —7C **58**
Stipularis Dri. Hay —4B **60**
Stirling Av. Pinn —1B **42**
Stirling Av. Shep —3G **131**
Stirling Clo. SW16 —1H **139**
Stirling Ct. W13 —7B **62**
Stirling Gro. Houn —2G **97**
Stirling Ho. SE18 —5F **91**
Stirling Rd. E13 —2K **71**
Stirling Rd. E17 —3A **34**
Stirling Rd. N17 —1G **33**
Stirling Rd. N22 —1B **32**
Stirling Rd. SW9 —2J **103**
Stirling Rd. W3 —3H **81**
Stirling Rd. Harr —3K **25**
Stirling Rd. Hay —7K **59**
Stirling Rd. H'row A —6B **94**
Stirling Rd. Twic —7E **96**
Stirling Rd. Path. E17 —3A **34**
Stirling Wlk. Surb —6H **135**
Stirling Way. Croy —7J **139**
Stiven Cres. Harr —3D **42**
Stockbeck. NW1 —2G **67** (1B **160**)
(off Ampthill Est.)
Stockbury Rd. Croy —6J **141**
Stockdale Rd. Dag —2F **57**
Stockdove Way. Gnfd —3K **61**
Stocker Gdns. Dag —7C **56**
Stock Exchange. —6D 68 (1F 169)
Stockfield Rd. SW16 —3K **121**
Stockholm Ho. E1 —7G **69**
(off Swedenborg Gdns.)
Stockholm Rd. SE16 —5J **87**
Stockholm Way. E1 —1G **87**
Stockhurst Clo. SW15 —2E **100**
Stockingswater La. Enf —2G **9**
Stockland Rd. Romf —6K **39**
Stockleigh Hall. NW8 —2C **66**
(off Prince Albert Rd.)
Stockley Clo. W Dray —2D **76**

Stockley Country Pk. —7C **58**
Stockley Farm Rd. W Dray —3D **76**
Stockley Park. —1D 76
Stockley Rd. Uxb & W Dray
—6C **58**
Stockley Rd. W Dray —4D **76**
Stock Orchard Cres. N7 —5K **49**
Stock Orchard St. N7 —5K **49**
Stockport Rd. SW16 —1H **139**
Stocksfield Rd. E17 —3E **34**
Stocks Pl. E14 —7B **70**
Stock St. E13 —2J **71**
Stockton Clo. New Bar —4F **5**
Stockton Gdns. N17 —7H **17**
Stockton Gdns. NW7 —3F **13**
Stockton Ho. S Harr —1E **42**
Stockton Rd. N17 —7H **17**
Stockton Rd. N18 —6B **18**
Stockwell. —2K 103
Stockwell Av. SW9 —3K **103**
Stockwell Clo. Brom —2K **143**
Stockwell Gdns. SW9 —1K **103**
Stockwell Gdns. Est. SW9 —2J **103**
Stockwell Grn. SW9 —2K **103**
Stockwell Grn. Ct. SW9 —2K **103**
Stockwell La. SW9 —2K **103**
Stockwell M. SW9 —2K **103**
Stockwell Pk. Cres. SW9 —2K **103**
Stockwell Pk. Est. SW9 —2K **103**
Stockwell Pk. Rd. SW9 —1K **103**
Stockwell Pk. Wlk. SW9 —3A **104**
Stockwell Rd. SW9 —2K **103**
Stockwell St. SE10 —6E **88**
Stockwell Ter. SW9 —1K **103**
Stodart Rd. SE20 —1J **141**
Stoddart Ho. SW8
—6K **85** (7H **173**)
Stofield Gdns. SE9 —3B **126**
Stoford Clo. SW19 —7G **101**
Stokenchurch St. SW6 —1K **101**
Stoke Newington. —3F 51
Stoke Newington Chu. St. N16
—3D **50**
Stoke Newington Comn. N16
—2F **51**
Stoke Newington High St. N16
—3F **51**
Stoke Newington Rd. N16 —5F **51**
Stoke Pl. NW10 —3B **64**
Stoke Rd. King T —7J **117**
Stokesby Rd. Chess —6F **147**
Stokes Cotts. Ilf —1G **37**
Stokes Ct. N2 —4C **30**
Stokesley St. W12 —6B **64**
Stokes Rd. E6 —4C **72**
Stokes Rd. Croy —6K **141**
Stokley Ct. N8 —4J **31**
Stoll Clo. NW2 —3E **46**
Stoms Path. SE6 —5C **124**
Stonard Rd. N13 —3F **17**
Stonard Rd. Dag —5B **56**
Stondon Ho. E15 —1H **71**
(off John St.)
Stondon Pk. SE23 —6A **106**
Stondon Wlk. E6 —2B **72**
Stonebanks. W on T —7J **131**
Stonebridge. —1K 63
Stonebridge Pk. NW10 —7K **45**
Stonebridge Rd. N15 —5F **33**
Stonebridge Shop. Cen. NW10
—1K **63**
Stonebridge Way. Wemb —6H **45**
Stone Bldgs. WC2 —6H **161**
Stonechat Sq. E6 —5C **72**
Stone Clo. SW4 —2G **103**
Stone Clo. Dag —2F **57**
Stone Clo. W Dray —1B **76**
Stonecot Clo. Sutt —1G **149**

Tavistock Rd. NW10 —2B 64
Tavistock Rd. W11 —6H 65 (in two parts)
Tavistock Rd. Brom —4H 143
Tavistock Rd. Cars —1B 150
Tavistock Rd. Croy —1D 152
Tavistock Rd. Edgw —1G 27
Tavistock Rd. Uxb —5F 41
Tavistock Rd. Well —1C 110
Tavistock Rd. W Dray —1A 76
Tavistock Sq. WC1 —4H 67 (3D 160)
Tavistock St. WC2 (in two parts) —7J 67 (2F 167)
Tavistock Ter. N19 —3H 49
Tavistock Tower. SE16 —3A 88
Tavistock Wlk. Cars —1B 150
Taviton St. WC1 —4H 67 (3C 160)
Tavy Bri. SE2 —2C 92
Tavy Bri. Cen. SE2 —2C 92
Tavy Clo. SE11 —5K 173 (in two parts)
Tawney Rd. SE28 —7B 74
Tawny Clo. W13 —1B 80
Tawny Clo. Felt —3J 113
Tawny Way. SE16 —4K 87
Tayben Av. Twic —6J 97
Taybridge Rd. SW11 —3E 102
Tay Bldgs. SE1 —7G 169
Tayburn Clo. E14 —6E 70
Tayfield Clo. Uxb —3E 40
Tayler Ct. NW8 —1B 66 (off Dorman Way)
Taylor Av. Rich —2H 99
Taylor Clo. N17 —7B 18
Taylor Clo. SE8 —6B 88
Taylor Clo. Hamp H —5G 115
Taylor Clo. Houn —1G 97
Taylor Ct. E15 —5E 52
Taylor Ct. SE20 —2J 141 (off Elmers End Rd.)
Taylor Rd. Mitc —7C 120
Taylor Rd. Wall —5F 151
Taylors Bldgs. SE18 —4F 91
Taylors Clo. Sidc —3K 127
Taylors Ct. Felt —2J 113
Taylors Grn. W3 —6A 64
Taylors La. NW10 —7A 46
Taylor's La. SE26 —4H 123
Taylors La. Barn —1C 4
Taylorsmead. NW7 —5H 13
Taymount Grange. SE23 —2J 123
Taymount Ri. SE23 —2J 123
Tayport Clo. N1 —7J 49
Tayside Ct. SE5 —4D 104
Tayside Dri. Edgw —3C 12
Taywood Rd. N'holt —3D 60
Teak Clo. SE16 —1A 88
Tealby Ct. N7 —5K 49 (off George's Rd.)
Teal Clo. E16 —5B 72
Teal Ct. NW10 —6K 45
Teal Ct. SE8 —6B 88 (off Abinger Gro.)
Teal Dri. N'wd —1E 22
Teale St. E2 —2G 69
Tealing Dri. Eps —4K 147
Teal Pl. Sutt —5H 149
Teasel Clo. Croy —1K 153
Teasel Way. E15 —3G 71
Tebworth Rd. N17 —7A 18
Teck Clo. Iswth —2A 98
Tedder Clo. Chess —5C 146
Tedder Clo. Ruis —5J 41
Tedder Clo. Uxb —7B 40
Tedder Rd. S Croy —7J 153
Teddington. —5A 116
Teddington Bus. Pk. Tedd —6K 115 (off Station Rd.)
Teddington Pk. Tedd —5K 115
Teddington Pk. Rd. Tedd —4K 115
Ted Roberts Ho. E2 —2H 69 (off Parmiter St.)
Tedworth Gdns. SW3 —5D 84 (6E 170)
Tedworth Sq. SW3 —5D 84 (6E 170)
Tees Av. Gnfd —2J 61
Tees Ct. W7 —6H 61 (off Hanway Rd.)
Teesdale Av. Iswth —1A 98
Teesdale Clo. E2 —2G 69
Teesdale Gdns. SE25 —2E 140
Teesdale Gdns. Iswth —1A 98
Teesdale Rd. E11 —6H 35
Teesdale St. E2 —2H 69
Teesdale Yd. E2 —2H 69
Teeswater Ct. Eri —3D 92
Tee, The. W3 —6A 64
Teevan Clo. Croy —7G 141
Teevan Rd. Croy —1G 153
Teignmouth Clo. SW4 —4H 103
Teignmouth Clo. Edgw —2F 27
Teignmouth Gdns. Gnfd —2A 62
Teignmouth Pde. Gnfd —2A 62
Teignmouth Rd. NW2 —5F 47
Teignmouth Rd. Well —2C 110
Telcote Way. Ruis —7A 24
Telecom Tower, The —5G 67 (5A 160)
Telegraph Hill. NW3 —3K 47
Telegraph La. Clay —5A 146
Telegraph M. Ilf —1A 56
Telegraph Pas. SW2 —7J 103
Telegraph Path. Chst —5F 127
Telegraph Pl. E14 —4D 88
Telegraph Rd. SW15 —7D 100
Telegraph St. EC2 —6D 68 (7E 162)
Teleman Sq. SE3 —4K 107
Telephone Pl. SW6 —6H 83
Telfer Clo. W3 —2J 81
Telfer Ho. EC1 —3C 68 (2B 162) (off Lever St.)
Telferscot Rd. SW12 —1H 121
Telford Av. SW2 —1H 121
Telford Clo. E17 —7A 34
Telford Clo. SE19 —6F 123
Telford Dri. W on T —7A 132
Telford Ho. SE1 —3C 86 (off Tiverton St.)
Telford Rd. N11 —5B 16
Telford Rd. NW9 —6C 28
Telford Rd. SE9 —2H 127
Telford Rd. W10 —5G 65
Telford Rd. S'hall —7F 61
Telford Rd. Twic —7E 96
Telfords Yd. E1 —7G 69 (off Pennington St.)
Telford Ter. SW1 —7A 172
Telford Way. W3 —5A 64
Telford Way. Hay —5C 60
Telham Rd. E6 —2E 72
Tell Gro. SE22 —4F 105
Tellson Av. SE18 —1B 108
Temeraire St. SE16 —2J 87
Temperley Rd. SW12 —7E 102
Templar Ct. NW8 —2A 158
Templar Dri. SE28 —6D 74
Templar Ho. NW2 —6H 47
Templar Pl. Hamp —7E 114
Templars Av. NW11 —6H 29
Templars Cres. N3 —2J 29
Templars Dri. Harr —6C 10
Templars Ho. E15 —5D 52
Templar St. SE5 —2B 104
Temple. EC4 —2J 167
Temple Av. EC4 —7A 68 (2K 167)
Temple Av. N20 —7G 5
Temple Av. Croy —2B 154
Temple Av. Dag —1G 57
Temple Bar. —1J 167
Temple Chambers. EC4 —2K 167
Temple Clo. E11 —7G 35
Temple Clo. N3 —2H 29
Temple Clo. SE28 —3G 91
Templecombe Rd. E9 —1J 69
Templecombe Way. Mord —5G 137
Temple Ct. SW8 —7J 85 (off Thorncroft St.)
Templecroft. Ashf —6F 113
Temple Dwellings. E2 —2H 69 (off Temple St.)
Temple Fortune. —5H 29
Temple Fortune Hill. NW11 —5J 29
Temple Fortune La. NW11 —6H 29
Temple Fortune Pde. NW11 —5H 29
Temple Gdns. EC4 —7A 68 (2J 167) (off Middle Temple La.)
Temple Gdns. N13 —2G 17
Temple Gdns. NW11 —6H 29
Temple Gdns. Dag —3D 56
Temple Gro. NW11 —6J 29
Temple Gro. Enf —2G 7
Temple Hall Ct. E4 —2A 20
Templehof Av. NW4 —7E 28
Temple La. EC4 —6A 68 (1K 167)
Templeman Rd. W7 —5K 61
Templemead Clo. W3 —6A 64
Temple Mead Clo. Stan —6G 11
Templemead Ho. E9 —4A 52
Temple Mill La. E10 & E15 —4D 52 (in two parts)
Temple Mills. —4D 52
Temple Pde. Barn —7G 5 (off Netherlands Rd.)
Temple Pk. Uxb —3C 58
Temple Pl. WC2 —7K 67 (2H 167)
Temple Rd. E6 —1C 72
Temple Rd. N8 —4K 31
Temple Rd. NW2 —4E 46
Temple Rd. W4 —3J 81
Temple Rd. W5 —3D 80
Temple Rd. Croy —4D 152
Temple Rd. Houn —4F 97
Temple Rd. Rich —2F 99
Temple Sheen. SW14 —4J 99
Temple Sheen Rd. SW14 —4H 99
Temple St. E2 —2H 69
Templeton Av. E4 —4H 19
Templeton Clo. N15 —6D 32
Templeton Clo. N16 —5E 50
Templeton Clo. SE19 —1D 140
Templeton Pl. SW5 —4J 83
Templeton Rd. N15 —6D 32
Temple Way. Sutt —3B 150
Temple W. M. SE11 —3B 86 (off West Sq.)
Templewood. W13 —5B 62
Templewood Av. NW3 —3K 47
Templewood Gdns. NW3 —3K 47
Templewood Point. NW2 —2H 47 (off Granville Rd.)
Tempo Ho. N'holt —3B 60
Tempsford Clo. Enf —3H 7
Tempsford Ct. Harr —6K 25
Temsford Clo. Harr —2G 25
Tenbury Clo. E7 —5B 54
Tenbury Ct. SW12 —1H 121
Tenby Av. Harr —2B 26
Tenby Clo. N15 —4F 33
Tenby Clo. Romf —6E 38
Tenby Ct. E17 —5A 34
Tenby Gdns. N'holt —6E 42
Tenby Ho. W2 —6A 66 (off Hallfield Est.)
Tenby Ho. Hay —3E 76
Tenby Mans. W1 —5E 66 (5H 159) (off Nottingham St.)
Tenby Rd. E17 —5A 34
Tenby Rd. Edgw —1F 27
Tenby Rd. Enf —4D 8
Tenby Rd. Romf —6E 38
Tenby Rd. Well —1D 110
Tench St. E1 —1H 87
Tenda Rd. SE16 —4H 87
Tendring Way. Romf —5C 38
Tenham Av. SW2 —1H 121
Tenison Ct. W1 —7G 67 (2A 166)
Tenison Way. SE1 —1K 85 (5H 167)
Tenniel Clo. W2 —7A 66
Tennis Ct. La. E Mol —3K 133
Tennison Rd. SE25 —4F 141
Tennis St. SE1 —2D 86 (6E 168)
Tenniswood Rd. Enf —1K 7
Tennyson. N8 —3J 31 (off Boyton Clo.)
Tennyson Av. E11 —7J 35
Tennyson Av. E12 —7C 54
Tennyson Av. NW9 —3J 27
Tennyson Av. N Mald —5D 136
Tennyson Av. Twic —1K 115
Tennyson Clo. Enf —5E 8
Tennyson Clo. Felt —6H 95
Tennyson Clo. Well —1J 109
Tennyson Ct. SW6 —1K 101 (off Maltings Pl.)
Tennyson Ho. SE17 —5C 86 (off Browning St.)
Tennyson Ho. Belv —5F 93
Tennyson Mans. W14 —6H 83 (off Queen's Club Gdns.)
Tennyson Rd. E10 —1D 52
Tennyson Rd. E15 —7G 53
Tennyson Rd. E17 —6B 34
Tennyson Rd. NW6 —1H 65 (in two parts)
Tennyson Rd. NW7 —5H 13
Tennyson Rd. SE20 —7K 123
Tennyson Rd. SW19 —6A 120
Tennyson Rd. W7 —7K 61
Tennyson Rd. Ashf —5A 112
Tennyson Rd. Houn —2G 97
Tennyson St. SW8 —2F 103
Tensing Rd. S'hall —3E 78
Tentelow La. S'hall —5E 78
Tenterden Clo. NW4 —3F 29
Tenterden Clo. SE9 —4C 126
Tenterden Dri. NW4 —3F 29
Tenterden Gdns. NW4 —3F 29
Tenterden Gdns. Croy —7G 141
Tenterden Gro. NW4 —3F 29
Tenterden Ho. SE17 —5E 86 (off Surrey Gro.)
Tenterden Rd. N17 —7A 18
Tenterden Rd. Croy —7G 141
Tenterden Rd. Dag —2F 57
Tenterden St. W1 —6F 67 (1K 165)
Tenter Ground. E1 —5F 69 (6J 163)
Tenter Pas. E1 —6F 69 (1K 169) (off N. Tenter St.)
Tent Peg La. Pet W —5G 145
Tent St. E1 —4H 69
Terborch Way. SE22 —5E 104
Teredo St. SE16 —3K 87 (in two parts)
Terence Ct. Belv —6F 93 (off Charton Clo.)
Teresa M. E17 —4C 34
Teresa Wlk. N10 —5F 31
Terling Clo. E11 —3H 53
Terling Rd. Dag —2G 57
Terling Wlk. N1 —1C 68 (off Popham St.)
Terminal Ho. Stan —5J 11
Terminus Pl. SW1 —3F 85 (2K 171)
Terrace Av. NW10 —4E 64
Terrace Gdns. SW13 —2B 100
Terrace La. Rich —6E 98
Terrace Rd. E9 —7J 51
Terrace Rd. E13 —2J 71
Terrace Rd. W on T —7J 131
Terraces, The. NW8 —2B 66 (off Queen's Ter.)
Terrace, The. E4 —3B 20 (off Newgate St.)
Terrace, The. EC4 —1K 167
Terrace, The. N3 —2H 29
Terrace, The. NW6 —1J 65
Terrace, The. SE8 —4B 88 (off Longshore)
Terrace, The. SE23 —7A 106
Terrace, The. SW13 —2A 100
Terrace, The. Wfd G —6D 20
Terrace Wlk. SW11 —7H 171
Terrace Wlk. Dag —5E 56
Terrapin Rd. SW17 —3F 121
Terretts Pl. N1 —7B 50 (off Upper St.)
Terrick Rd. N22 —1J 31
Terrick St. W12 —6D 64
Terrilands. Pinn —3D 24
Territorial Ho. SE11 —4K 173
Terront Rd. N15 —4C 32
Tersha St. Rich —4F 99
Tessa Sanderson Pl. SW8 —3F 103 (off Daley Thompson Way)
Tessa Sanderson Way. Gnfd —5H 43
Testerton Wlk. W11 —7F 65
Testwood Ct. W7 —7J 61
Tetbury Pl. N1 —1B 68
Tetcott Rd. SW10 —7A 84 (in two parts)
Tetherdown. N10 —3E 30
Tetty Way. Brom —2J 143
Teversham La. SW8 —1J 103
Teviot Clo. Well —1B 110
Teviot Est. E14 —5D 70
Teviot St. E14 —4E 70
Tewkesbury Av. SE23 —1H 123
Tewkesbury Av. Pinn —5C 24
Tewkesbury Clo. N15 —6D 32
Tewkesbury Gdns. NW9 —3H 27
Tewkesbury Rd. N15 —6D 32
Tewkesbury Rd. W13 —1A 80
Tewkesbury Rd. Cars —1B 150
Tewkesbury Ter. N11 —6B 16
Tewson Rd. SE18 —5J 91
Teynham Av. Enf —6J 7
Teynham Ct. Beck —3D 142
Teynham Grn. Brom —5J 143
Teynton Ter. N17 —1C 32
Thackeray Av. N17 —2G 33
Thackeray Clo. SW19 —7F 119
Thackeray Clo. Harr —1E 42
Thackeray Clo. Iswth —2A 98
Thackeray Clo. Uxb —6D 58
Thackeray Ct. SW3 —5D 84 (5E 170)
Thackeray Ct. W14 —3G 83 (off Blythe Rd.)
Thackeray Dri. Romf —7A 38
Thackeray Ho. WC1 —3E 160
Thackeray Lodge. Felt —6F 95
Thackeray M. E8 —6G 51
Thackeray Rd. E6 —2B 72
Thackeray Rd. SW8 —2F 103

Thackeray St. W8 —3K 83
Thackrah Clo. N2 —2A 30
Thakeham Clo. SE26 —4H 123
Thalia Clo. SE10 —6F 89
Thamas Watson Cottage Homes. (off Leecroft Rd.) Barn —4B 4
Thame Rd. SE16 —2K 87
Thames Av. SW10 —1A 102
Thames Av. Dag —4G 75
Thames Av. Gnfd —2K 61
Thames Bank. SW14 —2J 99
Thamesbank Pl. SE28 —6C 74
Thames Barrier Ind. Area. SE18 (off Faraday Way) —3B 90
Thames Barrier Vis. Cen. —3B 90
Thamesbrook. SW3 —5C 84 (off Dovehouse St.)
Thames Circ. E14 —4C 88
Thames Clo. Hamp —2F 133
Thames Ct. SE15 —7F 87 (off Daniel Gdns.)
Thames Ct. W7 —6J 61 (off Hanway Rd.)
Thames Cres. W4 —7A 82
Thames Ditton. —6A 134
Thames Ditton Miniature Railway. —1A 146
Thames Dri. Ruis —6E 22
Thames Exchange Building. EC4 —3D 168
Thames Eyot. Twic —1A 116
Thamesfield Ct. Shep —7E 130
Thamesfield M. Shep —7E 130
Thames Flood Barrier, The. —3A 90
Thamesgate Clo. Rich —4B 116
Thames Ga. Way. Dag —2F 75
Thameshill Av. Romf —2J 39
Thames Ho. EC4 —7C 68 (2D 168) (off Up. Thames St.)
Thames Ho. SW1 —4J 85 (off Millbank)
Thameside. Tedd —7D 116
Thameside. W Mol —3F 133
Thameside Cen. Bren —6F 81
Thameside Ind. Est. E16 —2B 90
Thameside Wlk. SE28 —6A 74
Thames Lock. Sun —3A 132
Thamesmead. —1A 92
Thames Mead. W on T —7J 131
Thamesmead Central. —7A 74
Thamesmead East. —2G 93
Thamesmead North. —6C 74
Thames Mdw. Shep —7F 131
Thames Mdw. W Mol —2E 132
Thamesmead South. —2D 92
Thamesmead South West. —2K 91
Thamesmead West. —3H 91
Thamesmere Dri. SE28 —7A 74
Thames Pl. SW15 —3F 101 (in two parts)
Thamespoint. Tedd —7D 116
Thames Quay. E14 —2D 88
Thames Quay. SW10 —1A 102 (off Chelsea Harbour)
Thames Rd. E16 —1B 90
Thames Rd. W4 —6G 81
Thames Rd. Bark —3J 73
Thames Rd. Ind. Est. E16 —2B 90
Thames Side. King T —1D 134
Thames Side. Th Dit —6B 134
Thames St. SE10 —6D 88
Thames St. Hamp —1F 133
Thames St. King T —2D 134 (in two parts)
Thames St. Sun —4K 131
Thames St. W on T —7H 131
Thames Va. Clo. Houn —3E 96
Thamesview Houses. W on T —6J 131
Thames Village. W4 —1J 99
Thames Wlk. SW11 —7C 84
Thanescroft Gdns. Croy —3E 152
Thanet Ct. W3 —6G 63
Thanet Dri. Kes —3B 156
Thanet Ho. WC1 —3J 67 (2E 160)
Thanet Pl. Croy —4C 152
Thanet Rd. Bex —7G 111
Thanet St. WC1 —3J 67 (2E 160)
Thane Vs. N7 —3K 49
Thane Works. N7 —3K 49
Thant Clo. E10 —3D 52
Tharp Rd. Wall —5H 151
Thatcham Ct. N20 —7F 5
Thatcham Gdns. N20 —7F 5
Thatcher Clo. W Dray —2A 76
Thatchers Way. Iswth —5H 97
Thatches Gro. Romf —4E 38
Thavie's Inn. EC1 —6A 68 (7K 161)
Thaxted Ct. N1 —2D 68 (1F 163) (off Fairbank Est.)
Thaxted Ho. Dag —7H 57
Thaxted Pl. SW20 —7F 119
Thaxted Rd. SE9 —3G 127
Thaxted Rd. Buck H —1H 21
Thaxton Rd. W14 —6H 83
Thayers Farm Rd. Beck —1A 142
Thayer St. W1 —6E 66 (6H 159)
Theatre Mus. —2F 167
Theatre Royal. —6F 53
Theatre Sq. E15 —6F 53
Theatre St. SW11 —3D 102
Theberton St. N1 —1A 68
Theed St. SE1 —1A 86 (5K 167)
Thelma Gdns. SE3 —1B 108
Thelma Gro. Tedd —6A 116
Theobald Cres. Harr —1G 25
Theobald Rd. E17 —7B 34
Theobald Rd. Croy —2B 152
Theobalds Av. N12 —4F 15
Theobalds Ct. N4 —3C 50
Theobald's Rd. WC1 —5K 67 (5G 161)
Theobald St. SE1 —3D 86
Theodora Way. Pinn —3H 23
Theodore Ct. SE13 —6F 107
Theodore Rd. SE13 —6F 107
Therapia La. Croy —7H 139 (in two parts)
Therapia Rd. SE22 —6J 105
Theresa Rd. W6 —4C 82
Therfield Ct. N4 —2C 50
Thermopylae Ga. E14 —4D 88
Theseus Wlk. N1 —1B 162
Thesiger Rd. SE20 —7K 123
Thessaly Ho. SW8 —7G 85 (off Thessaly Rd.)
Thessaly Rd. SW8 —7G 85
Thesus Ho. E14 —6E 70
Thetford Clo. N13 —6G 17
Thetford Gdns. Dag —1E 74
Thetford Ho. SE1 —3F 87 (7J 169) (off Maltby St.)
Thetford Rd. Ashf —4A 112
Thetford Rd. Dag —7D 56
Thetford Rd. N Mald —6K 135
Thetis Ter. Rich —6G 81
Theydon Gro. Wfd G —6F 21
Theydon Rd. E5 —2J 51
Theydon St. E17 —7B 34
Thicket Cres. Sutt —4A 150
Thicket Gro. SE19 —7G 123
Thicket Gro. Dag —6C 56
Thicket Rd. SE20 —7G 123
Thicket Rd. Sutt —4A 150
Thicket, The. W Dray —6A 58
Third Av. E12 —4C 54
Third Av. E13 —3J 71
Third Av. E17 —5C 34
Third Av. W3 —1B 82
Third Av. W10 —3G 65
Third Av. Dag —1H 75
Third Av. Enf —5A 8
Third Av. Hay —1H 77
Third Av. Romf —6C 38
Third Av. Wemb —2D 44
Third Clo. W Mol —4G 133
Third Cross Rd. Twic —2H 115
Third Way. Wemb —4H 45
Thirleby Rd. SW1 —3G 85 (2B 172)
Thirleby Rd. Edgw —1K 27
Thirlestane Ct. N10 —2E 30
Thirlmere. NW1 —3F 67 (1K 159) (off Cumberland Mkt.)
Thirlmere Av. Gnfd —3C 62
Thirlmere Gdns. Wemb —1C 44
Thirlmere Ri. Brom —6H 125
Thirlmere Rd. N10 —1F 31
Thirlmere Rd. SW16 —4H 121
Thirlmere Rd. Bexh —2J 111
Thirsk Clo. N'holt —6E 42
Thirsk Rd. SE25 —4D 140
Thirsk Rd. SW11 —3E 102
Thirsk Rd. Mitc —7E 120
Thistlebrook. SE2 —3C 92
Thistlecroft Gdns. Stan —1D 26
Thistledene. Th Dit —6J 133
Thistledene Av. Harr —3C 42
Thistle Gro. SW10 —5A 84
Thistle Ho. E14 —6E 70
Thistlemead. Chst —2F 145
Thistlewaite Rd. E5 —3H 51
Thistlewood Clo. N7 —2K 49
Thistleworth Clo. Iswth —7H 79
Thistleworth Marina. Iswth —4B 98 (off Railshead Rd.)
Thistley Clo. N12 —6H 15
Thistley Ct. SE8 —6D 88
Thomas A'Beckett Clo. Wemb —4K 43
Thomas Baines Rd. SW11 —3B 102
Thomas Burt Ho. E2 —3H 69 (off Canrobert St.)
Thomas Ct. E17 —5D 34
Thomas Cribb M. E6 —6E 72
Thomas Darby Ct. W11 —6G 65 (off Lancaster Rd.)
Thomas Dean Rd. SE26 —4B 124
Thomas Dinwiddy Rd. SE12 —2K 125
Thomas Doyle St. SE1 —3B 86 (7A 168)
Thomas England Ho. Romf (off Waterloo Gdns.) —6K 39
Thomas Hewlett Ho. Harr —4J 43
Thomas Ho. Sutt —7K 149
Thomas La. SE6 —7C 106
Thomas More Highwalk. EC2 (off Beech St.) —5C 68
Thomas More Ho. EC2 —6C 162
Thomas More Sq. E1 —7G 69 (off Thomas More St.)
Thomas More St. E1 —7G 69
Thomas More Way. N2 —3A 30
Thomas Neals Shop. Mall. WC2 —1E 166
Thomas N. Ter. E16 —5H 71 (off Barking Rd.)
Thomas Pl. W8 —3K 83
Thomas Rd. E14 —6B 70
Thomas Rd. Ind. Est. E14 —5C 70 (in two parts)
Thomas St. SE18 —4F 91
Thomas Turner Path. Croy (off George St.) —2C 152
Thomas Wall Clo. Sutt —5K 149
Thompson Av. Rich —3G 99
Thompson Clo. Ilf —2G 55
Thompson Rd. SE22 —6F 105
Thompson Rd. Dag —3F 57
Thompson Rd. Uxb —1A 58
Thompson's Av. SE5 —7C 86
Thomson Cres. Croy —1A 152
Thomson Ho. E14 —6C 70
Thomson Ho. SE17 —4E 86 (off Tatum St.)
Thomson Ho. SW1 —6D 172
Thomson Ho. S'hall —7C 60 (off Broadway, The)
Thomson Rd. Harr —3J 25
Thorburn Sq. SE1 —4G 87
Thorburn Way. SW19 —1B 138
Thoresby St. N1 —3C 68 (1D 162)
Thorkhill Gdns. Th Dit —1A 146
Thorkhill Rd. Th Dit —1A 146
Thornaby Gdns. N18 —6B 18
Thorn Av. Bus H —1B 10
Thorn Bank. Edgw —6B 12
Thornbury. NW4 —4D 28 (off Prince of Wales Clo.)
Thornbury Av. Iswth —7H 79
Thornbury Clo. N16 —5E 50
Thornbury Ct. W11 —7J 65 (off Chepstow Vs.)
Thornbury Ct. Iswth —7J 79
Thornbury Rd. SW2 —6J 103
Thornbury Rd. Iswth —7H 79
Thornbury Sq. N6 —1G 49
Thornby Rd. E5 —3J 51
Thorncliffe Rd. SW4 —6J 103
Thorncliffe Rd. S'hall —5D 78
Thorn Clo. Brom —6E 144
Thorn Clo. N'holt —3D 60
Thorncombe Rd. SE22 —5E 104
Thorncroft Rd. Sutt —5K 149
Thorncroft St. SW8 —7J 85
Thorndean St. SW18 —2A 120
Thorndene. SE28 —7B 74
Thorndene Av. N11 —1K 15
Thorndike Av. N'holt —1B 60
Thorndike Clo. SW10 —7A 84
Thorndike Ho. SW1 —5H 85 (5C 172) (off Vauxhall Bri. Rd.)
Thorndike St. SW1 —4H 85 (4C 172)
Thorndon Clo. Orp —2K 145
Thorndon Gdns. Eps —5A 148
Thorndon Rd. Orp —2K 145
Thorne Clo. E11 —4G 53
Thorne Clo. E16 —6J 71
Thorne Clo. Ashf —7E 112
Thorne Clo. Eri —6H 93
Thorne Ho. E14 —3E 88
Thorne Ho. Clay —7B 146
Thorneloe Gdns. Croy —5A 152
Thorne Pas. SW13 —2A 100
Thorne Rd. SW8 —7J 85
Thornes Clo. Beck —3E 142
Thorne St. SW13 —3A 100
Thornet Wood Rd. Brom —3E 144
Thorney Ct. W8 —2A 84 (off Palace Ga.)
Thorney Cres. SW11 —7B 84
Thorneycroft Clo. W on T —6A 132
Thorney Hedge Rd. W4 —4H 81
Thorney St. SW1 —4J 85 (3E 172)
Thornfield Av. NW7 —1G 29
Thornfield Ct. NW7 —1G 29
Thornfield Ho. E14 —7C 70
Thornfield Pde. NW7 —7B 14 (off Holders Hill Rd.)
Thornfield Rd. W12 —2D 82
Thornford Rd. SE13 —5E 106
Thorngate Rd. W9 —4J 65
Thorngrove Rd. E13 —1K 71
Thornham Gro. E15 —5F 53
Thornham St. SE10 —6D 88
Thornhaugh M. WC1 —4H 67 (4D 160)
Thornhaugh St. WC1 —4H 67 (4D 160)
Thornhill Av. SE18 —7J 91
Thornhill Av. Surb —2E 146
Thornhill Bri. Wharf. N1 —1K 67
Thornhill Cres. N1 —7K 49
Thornhill Gdns. E10 —2D 52
Thornhill Gdns. Bark —7J 55
Thornhill Gro. N1 —7K 49
Thornhill Ho. W4 —5A 82 (off Wood St.)
Thornhill Houses. N1 —7A 50
Thornhill Rd. E10 —2D 52
Thornhill Rd. N1 —7A 50
Thornhill Rd. Croy —7C 140
Thornhill Rd. Surb —2E 146
Thornhill Rd. Uxb —4B 40
Thornhill Sq. N1 —7K 49
Thornhill Way. Shep —5C 130
Thornicroft Ho. SW9 —2K 103 (off Stockwell Rd.)
Thornlaw Rd. SE27 —4A 122
Thornley Clo. N17 —7B 18
Thornley Dri. Harr —2F 43
Thornsbeach Rd. SE6 —1E 124
Thornsett Pl. SE20 —2H 141
Thornsett Rd. SE20 —2H 141
Thornsett Rd. SW18 —1K 119
Thornsett Ter. SE20 —2H 141 (off Croydon Rd.)
Thorn Ter. SE15 —3J 105
Thornton Av. SW2 —1H 121
Thornton Av. W4 —4A 82
Thornton Av. Croy —6K 139
Thornton Av. W Dray —3B 76
Thornton Clo. W Dray —3B 76
Thornton Dene. Beck —2C 142
Thornton Gdns. SW12 —1H 121
Thornton Heath. —4C 140
Thornton Heath Pond. —5A 140
Thornton Hill. SW19 —7G 119
Thornton Ho. SE17 —4E 86 (off Townsend St.)
Thornton Pl. W1 —5D 66 (5E 158)
Thornton Rd. E11 —2F 53
Thornton Rd. N18 —3D 18
Thornton Rd. SW12 —7H 103
Thornton Rd. SW14 —4K 99
Thornton Rd. SW19 —6F 119
Thornton Rd. Barn —3B 4
Thornton Rd. Belv —4H 93
Thornton Rd. Brom —5J 125
Thornton Rd. Cars —1B 150
Thornton Rd. Croy & T Hth —7K 139
Thornton Rd. Ilf —4F 55
Thornton Rd. E. SW19 —6F 119
Thornton Row. T Hth —5A 140
Thornton's Farm Av. Romf —1J 57
Thornton St. SW9 —2A 104
Thornton Way. NW11 —5K 29
Thorntree Ct. W5 —5E 62
Thorntree Rd. SE7 —5B 90
Thornville Gro. Mitc —2B 138
Thornville St. SE8 —1C 106

Tolpaide Ho. *SE11* —4J 173
Tolpuddle Av. *E13* —1A 72
(off Queens Rd.)
Tolpuddle St. *N1* —2A 68
Tolsford Rd. *E5* —5H 51
Tolson Rd. *Iswth* —3A 98
Tolverne Rd. *SW20* —1E 136
Tolworth. —2H 147
Tolworth Clo. *Surb* —1H 147
Tolworth Gdns. *Romf* —5D 38
Tolworth Junction. —2H 147
Tolworth Pde. *Chad H* —5E 38
Tolworth Pk. Rd. *Surb* —2F 147
Tolworth Ri. N. *Surb* —1H 147
Tolworth Ri. S. *Surb* —2H 147
Tolworth Rd. *Surb* —2E 146
Tolworth Tower. *Surb* —2H 147
Tomahawk Gdns. *N'holt* —3B 60
Tom Coombs Clo. *SE9* —4C 108
Tom Cribb Rd. *SE28* —3G 91
Tom Groves Clo. *E15* —5F 53
Tom Hood Clo. *E15* —5F 53
Tom Jenkinson Rd. *E16* —1J 89
Tomkyns Ho. *SE11* —4J 173
Tomlins All. *Twic* —1A 116
Tomlin's Gro. *E3* —3C 70
Tomlinson Clo. *E2*
—3F 69 (2K 163)
Tomlinson Clo. *W4* —5H 81
Tomlins Orchard. *Bark* —1G 73
Tomlins Ter. *E14* —6A 70
Tomlins Wlk. *N7* —2K 49
Tom Mann Clo. *Bark* —1J 73
Tom Nolan Clo. *E15* —2G 71
Tom Oakman Cen. *E4* —2A 20
Tompion Ho. *EC1*
—4B 68 (2B 162)
(off Percival St.)
Tompion St. *EC1*
(in two parts) —3B 68 (2A 162)
Tom Smith Clo. *SE10* —6G 89
Tomson Ho. *SE1* —3F 87 (7J 169)
(off Riley Rd.)
Tomswood Ct. *Ilf* —1G 37
Tomswood Hill. *Ilf*
—1F 37 & 6K 21
Tomswood Rd. *Chig* —6K 21
Tom Williams Ho. *SW6* —6H 83
(off Clem Attlee Ct.)
Tonbridge Cres. *Harr* —4E 26
Tonbridge Houses. *WC1*
—3J 67 (2E 160)
(off Tonbridge St.)
Tonbridge Rd. *W Mol* —4D 132
Tonbridge St. *WC1*
—3J 67 (1E 160)
Tonbridge Wlk. *WC1* —1E 160
Toneborough. *NW8* —1K 65
(off Abbey Rd.)
Tonfield Rd. *Sutt* —1H 149
Tonge Clo. *Beck* —5C 142
Tonsley Hill. *SW18* —5K 101
Tonsley Pl. *SW18* —5K 101
Tonsley Rd. *SW18* —5K 101
Tonsley St. *SW18* —5K 101
Tonstall Rd. *Mitc* —2E 138
Tony Cannell M. *E3* —3B 70
Tony Law Ho. *SE20* —1H 141
Tooke Clo. *Pinn* —1C 24
Took's Ct. *EC4* —6A 68 (7J 161)
Tooley St. *SE1* —1D 86 (4F 169)
Toorack Rd. *Harr* —2H 25
Tooting. —5C 120
Tooting Bec. —3E 120
Tooting Bec Gdns. *SW16*
(in two parts) —4H 121
Tooting Bec Rd. *SW17 & SW16*
—3E 120

Tooting B'way. *SW17* —5C 120
Tooting Graveney. —6D 120
Tooting Gro. *SW17* —5C 120
Tooting High St. *SW17*
—6C 120
Tooting Mkt. *SW17* —4D 120
Tootswood Rd. *Brom* —5G 143
Topaz Wlk. *NW2* —7F 29
Topham Sq. *N17* —1C 32
Topham St. *EC1*
—4A 68 (3J 161)
Top Ho. Ri. *E4* —7K 9
Topiary Sq. *Rich* —3F 99
Topley St. *SE9* —4A 108
Topmast Point. *E14* —2C 88
Top Pk. *Beck* —5G 143
Topp Wlk. *NW2* —2E 46
Topsfield Clo. *N8* —5H 31
Topsfield Pde. *N8* —5J 31
Topsfield Rd. *N8* —5J 31
Topsham Rd. *SW17* —3D 120
Torbay Ct. *NW1* —7F 49
Torbay Man. *NW6* —1H 65
(off Willesden La.)
Torbay Rd. *NW6* —7H 47
Torbay Rd. *Harr* —2C 42
Torbay St. *NW1* —7F 49
Torbitt Way. *Ilf* —5K 37
Torbridge Clo. *Edgw* —7K 11
Torbrook Clo. *Bex* —6E 110
Tor Ct. *W8* —2J 83
Torcross Dri. *SE23* —2J 123
Torcross Rd. *Ruis* —3K 41
Tor Gdns. *W8* —2J 83
Tor Ho. *N6* —6F 31
Tormead Clo. *Sutt* —6J 149
Tormount Rd. *SE18* —6J 91
Tornay Ho. *N1* —2K 67
(off Priory Grn. Est.)
Torney Ho. *E9* —7J 51
Toronto Av. *E12* —4D 54
Toronto Rd. *E11* —4F 53
Toronto Rd. *Ilf* —1F 55
Torquay Gdns. *Ilf* —4B 36
Torquay St. *W2* —5K 65
Torrance Clo. *SE7* —6B 90
Torrens Ct. *SE5* —3D 104
Torrens Rd. *E15* —6H 53
Torrens Rd. *SW2* —5K 103
Torrens Sq. *E15* —6H 53
Torrens St. *EC1* —2A 68
Torres Sq. *E14* —5C 88
Torre Wlk. *Cars* —1C 150
Torriano Av. *NW5* —5H 49
Torriano Cotts. *NW5* —5G 49
Torriano M. *NW5* —5G 49
Torridge Gdns. *SE15* —4J 105
Torridge Rd. *T Hth* —5B 140
Torridon Ho. *NW6* —2K 65
(off Randolph Gdns.)
Torridon Rd. *SE6 & SE13*
—7F 107
Torrington Av. *N12* —5G 15
Torrington Clo. *N12* —4G 15
Torrington Ct. *SE26* —5G 123
(off Crystal Pal. Pk. Rd.)
Torrington Dri. *Harr* —4F 43
Torrington Gdns. *N11* —6B 16
Torrington Gdns. *Gnfd* —1C 62
Torrington Gro. *N12* —5H 15
Torrington Pk. *N12* —5F 15
Torrington Pl. *E1* —1G 87
Torrington Pl. *WC1*
—5H 67 (5C 160)
Torrington Rd. *E18* —3J 35
Torrington Rd. *Dag* —1F 57
Torrington Rd. *Gnfd* —1C 62
Torrington Rd. *Ruis* —3J 41

Torrington Sq. *WC1*
—4H 67 (4D 160)
Torrington Sq. *Croy* —7D 140
Torrington Way. *Mord* —6J 137
Tor Rd. *Well* —1C 110
Torr Rd. *SE20* —7K 123
Tortington Ho. *SE15* —7G 87
(off Friary Est.)
Torver Rd. *Harr* —4J 25
Torwood Rd. *SW15* —5C 100
Tothill Ho. *SW1* —4H 85 (3D 172)
(off Page St.)
Tothill St. *SW1* —2H 85 (7D 166)
Totnes Rd. *Well* —7B 92
Totnes Vs. *N11* —5B 16
(off Telford Rd.)
Totnes Wlk. *N2* —4B 30
Tottan Ter. *E1* —6K 69
Tottenhall Rd. *N13* —6F 17
Tottenham. —2F 33
Tottenham Ct. Rd. *W1*
—4G 67 (4B 160)
Tottenham Grn. E. *N15* —4F 33
Tottenham Hale. —2G 33
Tottenham Hale Gyratory. —3G 33
Tottenham Hale Gyratory. *N15*
—4G 33
Tottenham Hale Retail Pk. *N15*
—4G 33
Tottenham Hotspur F.C. —7B 18
Tottenham La. *N8* —6J 31
Tottenham M. *W1*
—5G 67 (5B 160)
Tottenham Rd. *N1* —6E 50
Tottenham St. *W1*
—5G 67 (6B 160)
Totterdown St. *SW17* —4D 120
Totteridge. —1B 14
Totteridge Comn. *N20* —2H 13
Totteridge Grn. *N20* —2D 14
Totteridge La. *N20* —2D 14
Totteridge Village. *N20* —1B 14
Totternhoe Clo. *Harr* —5C 26
Totton Rd. *T Hth* —3A 140
Toulmin St. *SE1* —2C 86 (7C 168)
Toulon St. *SE5* —7C 86
Tourist Info. Cen. —4G 111
(Bexley)
Tourist Info. Cen.
—6C 68 (1C 168)
(City of London)
Tourist Info. Cen. —3C 152
(Croydon)
Tourist Info. Cen. —6E 88
(Greenwich)
Tourist Info. Cen. —4J 25
(Harrow)
Tourist Info. Cen. —3D 94
(Heathrow Airport)
Tourist Info. Cen. —3F 97
(Hounslow)
Tourist Info. Cen. —2D 134
(Kingston Upon Thames)
Tourist Info. Cen. —4E 106
(Lewisham)
Tourist Info. Cen.
—5E 68 (6G 163)
(Liverpool Street Station)
Tourist Info. Cen. —3F 55
(Redbridge)
Tourist Info. Cen. —5D 98
(Richmond upon Thames)
Tourist Info. Cen. —4F 169
(Southwark)
Tourist Info. Cen. —5J 163
(Tower Hamlets)

Tourist Info. Cen. —1B 116
(Twickenham)
Tourist Info. Cen.
—3F 85 (2K 171)
(Victoria Station)
Tourist Info. Cen.
—2K 85 (6H 167)
(Waterloo International
Terminal)
Tournay Rd. *SW6* —7H 83
Tours Pas. *SW11* —4A 102
Toussaint Wlk. *SE16* —3G 87
Tovil Clo. *SE20* —2H 141
Tovy Ho. *SE1* —5G 87
(off Avondale Sq.)
Towcester Rd. *E3* —4D 70
Tower Bri. *SE1 & E1*
—1F 87 (5J 169)
Tower Bri. App. *E1*
—1F 87 (4J 169)
Tower Bri. Bus. Complex. *SE16*
—3G 87
Tower Bridge Experience.
—4J 169
Tower Bri. Plaza. *SE1*
—1F 87 (5J 169)
Tower Bri. Rd. *SE1* —3E 86
Tower Bri. Sq. *SE1* —6J 169
Tower Bri. Wharf. *E1*
—1G 87 (5K 169)
Tower Clo. *NW3* —5B 48
Tower Clo. *SE20* —7H 123
Tower Ct. *E5* —7F 33
Tower Ct. *N1* —7C 50
(off Canonbury St.)
Tower Ct. *NW8* —2C 66
(off Mackennal St.)
Tower Ct. *WC2* —1E 166
Tower 42. —6E 68 (7G 163)
Tower Gdns. *Clay* —7B 146
Tower Gdns. Rd. *N17* —1C 32
Towergate Clo. *Uxb* —5A 40
Tower Hamlets Rd. *E7* —4H 53
Tower Hamlets Rd. *E17* —3C 34
Tower Hill. —7F 69
Tower Hill. *EC3* —7E 68 (3H 169)
Tower Hill Ter. *EC3* —3H 169
Tower Ho. *E1* —5G 69
(off Fieldgate St.)
Tower La. *Wemb* —3D 44
Tower M. *E17* —4C 34
Tower Mill Rd. *SE15* —7F 87
Tower of London, The.
—7F 69 (3J 169)
Tower Pl. *EC3* —3H 169
Tower Ri. *Rich* —3E 98
Tower Rd. *NW10* —7C 46
Tower Rd. *Belv* —4J 93
Tower Rd. *Bexh* —4G 111
Tower Rd. *Twic* —3K 115
Tower Royal. *EC4*
—7D 68 (2E 168)
Towers Av. *Hil* —3E 58
Towers Bus. Pk. *Wemb* —4J 45
(off Carey Way)
Towers Ct. *Uxb* —3E 58
Towers Pl. *Rich* —5E 98
Towers Rd. *Pinn* —1C 24
Towers Rd. *S'hall* —4E 60
Tower St. *WC2* —6J 67 (1E 166)
Tower Ter. *N22* —2K 31
Tower Vw. *Croy* —1A 154
Tower Yd. *Rich* —5F 99
Towfield Ct. *Felt* —2D 114
Towfield Rd. *Felt* —2D 114
Towgar Ct. *N20* —7F 5
Towncourt Cres. *Orp* —5G 145
Towncourt La. *Orp* —6H 145

Towncourt Path. *N4* —1C 50
Towney Mead. *N'holt* —2D 60
Towney Mead Ct. *N'holt* —2D 60
Townfield Rd. *Hay* —1H 77
Townfield Sq. *Hay* —7H 59
Town Fld. Way. *Iswth* —2A 98
Town Hall App. Rd. *N15* —4F 33
Town Hall Av. *W4* —5K 81
Town Hall Rd. *SW11* —3D 102
Town Hall Wlk. *N16* —4D 50
(off Church Wlk.)
Townholm Cres. *W7* —3K 79
Town La. *Stanw* —1A 112
(in two parts)
Townley Ct. *E15* —6H 53
Townley Rd. *SE22* —5E 104
Townley Rd. *Bexh* —5F 111
Townley St. *SE17* —5D 86
(in two parts)
Townmead Bus. Cen. *SW6*
—3A 102
Town Mdw. *Bren* —6D 80
Town Mdw. Rd. *Bren* —7D 80
Townmead Rd. *SW6* —3K 101
Townmead Rd. *Rich* —2H 99
Town Quay. *Bark* —1F 73
Town Quay Wharf. *Bark* —1F 73
Town Rd. *N9* —2C 18
Townsend Av. *N14* —4C 16
Townsend Ho. *EC1* —4B 68
(off Finsbury Est.)
Townsend Ho. *SE1* —4G 87
(off Strathnairn St.)
Townsend Ind. Est. *NW10* —2J 63
Townsend La. *NW9* —7K 27
Townsend Rd. *N15* —5A 33
Townsend Rd. *Ashf* —5A 112
Townsend Rd. *S'hall* —1C 78
Townsend St. *SE17* —4E 86
Townsend Way. *N'wd* —1H 23
Townsend Yd. *N6* —1F 49
Townshend Clo. *Sidc* —6B 128
Townshend Ct. *NW8* —2C 66
(off Townshend Rd.)
Townshend Est. *NW8* —2C 66
Townshend Rd. *NW8* —1C 66
(in two parts)
Townshend Rd. *Chst* —5F 127
Townshend Rd. *Rich* —4F 99
Townshend Ter. *Rich* —4F 99
Towns Ho. *SW4* —3H 103
Townson Av. *N'holt* —2J 59
Townson Way. *N'holt* —2J 59
Town Sq. *Iswth* —3B 98
(off Swan St.)
Town, The. *Enf* —3J 7
Town Tree Rd. *Ashf* —5C 112
Town Wharf. *Iswth* —3B 98
Towpath. *W on T* —5J 131
Towpath, The. *SW10* —1B 102
Towpath Wlk. *E9* —5B 52
Towpath Way. *SE25* —6F 141
Towton Rd. *SE27* —2C 122
Toynbec Clo. *Chst* —4F 127
Toynbee Rd. *SW20* —1G 137
Toynbee St. *E1* —5F 69 (6J 163)
Toyne Way. *N6* —6D 30
Tracey Av. *NW2* —5E 46
Tracy Ct. *Stan* —7H 11
Trade Clo. *N13* —4F 17
Trader Rd. *E6* —6F 73
Tradescant Rd. *SW8* —7J 85
Tradewinds Ct. *E1* —7G 69
(off Asher Way)
Trading Est. Rd. *NW10* —4J 63
Trafalgar Av. *N17* —6K 17
Trafalgar Av. *SE15* —5F 87
Trafalgar Av. *Wor Pk* —1F 149

Trafalgar Bus. Cen. Bark —4K 73
Trafalgar Clo. SE16 —3A 88
Trafalgar Gdns. E1 —5K 69
Trafalgar Gdns. W8 —3K 83 (off South End)
Trafalgar Gro. SE10 —6F 89
Trafalgar Ho. SE17 —5C 86 (off Bronti Clo.)
Trafalgar Pl. E11 —4J 35
Trafalgar Pl. N18 —5B 18
Trafalgar Rd. SE10 —6F 89
Trafalgar Rd. SW19 —7K 119
Trafalgar Rd. Twic —2H 115
Trafalgar Square. —1H 85 (4D 166)
Trafalgar Sq. WC2 & SW1 —1H 85 (4D 166)
Trafalgar St. SE17 —5D 86
Trafalgar Ter. Harr —1J 43
Trafalgar Trad. Est. Enf —4F 9
Trafalgar Way. E14 —1E 88
Trafalgar Way. Croy —2A 152
Trafford Clo. E15 —5D 52
Trafford Ho. N1 —2D 68 (off Cranston Est.)
Trafford Rd. T Hth —5K 139
Traitors' Gate. —4J 169
Tralee Ct. SE16 —5H 87 (off Masters Dri.)
Tramsheds Ind. Est. Croy —7H 139
Tramway Av. E15 —7G 53
Tramway Av. N9 —7C 8
Tramway Path. Mitc —4C 138 (in three parts)
Tranley M. NW3 —4C 48
Tranmere Ct. Sutt —7A 150
Tranmere Rd. N9 —7A 8
Tranmere Rd. SW18 —2A 120
Tranmere Rd. Twic —7F 97
Tranquil Pas. SE3 —2H 107
Tranquil Va. SE3 —2G 107
Transay Wlk. N1 —6D 50
Transept St. NW1 —5C 66 (6D 158)
Transmere Clo. Orp —6G 145
Transmere Rd. Orp —6G 145
Transom Clo. SE16 —4A 88
Transom Sq. E14 —5D 88
Transport Av. Bren —5A 80
Tranton Rd. SE16 —3G 87
Trappes Ho. SE16 —4H 87 (off Camilla Rd.)
Traps La. N Mald —1A 136
Travellers Site. E17 —6G 19
Travellers Way. Houn —2A 96
Travers Clo. E17 —1K 33
Travers Rd. N7 —3A 50
Travis Ho. SE10 —1E 106
Treacy Clo. Bus H —2B 10
Treadgold St. W11 —7F 65
Treadway St. E2 —2H 69
Treasury Pas. SW1 —6E 166
Treaty Cen. Houn —3F 97
Treaty St. N1 —1K 67
Trebeck St. W1 —1F 85 (4J 165)
Trebovir Rd. SW5 —5J 83
Treby St. E3 —4B 70
Trecastle Way. N7 —4H 49
Tredegar M. E3 —3B 70
Tredegar Rd. E3 —2B 70
Tredegar Rd. N11 —7C 16
Tredegar Sq. E3 —3B 70
Tredegar Ter. E3 —3B 70
Trederwen Rd. E8 —1G 69
Tredown Rd. SE26 —5J 123
Tredwell Clo. SW2 —2K 121
Tredwell Clo. Brom —4C 144
Tredwell Rd. SE27 —4B 122
Tree Clo. Rich —1D 116
Treen Av. SW13 —3B 100
Tree Rd. E16 —6A 72
Tree Top M. Dag —6K 57
Treetops Clo. SE2 —5E 92
Treeview Clo. SE19 —1E 140
Treewall Gdns. Brom —4K 125
Trefgarne Rd. Dag —2G 57
Trefil Wlk. N7 —4J 49
Trefoil Ho. Eri —2E 92 (off Kale Rd.)
Trefoil Rd. SW18 —5A 102
Trefusis Ct. Houn —1K 95
Tregaron Av. N8 —6J 31
Tregaron Gdns. N Mald —4A 136
Tregarvon Rd. SW11 —4E 102
Tregenna Av. Harr —4E 42
Tregenna Clo. N14 —5B 6
Tregenna Ct. S Harr —4E 42
Trego Rd. E9 —7C 52
Tregothnan Rd. SW9 —3J 103
Tregunter Rd. SW10 —6K 83
Trehearn Rd. Ilf —1H 37
Treherne Ct. SW9 —1B 104
Treherne Ct. SW17 —4E 120
Trehern Rd. SW14 —3K 99
Trehurst St. E5 —5A 52
Trelawney Est. E9 —6J 51
Trelawney Ho. SE1 (off Pepper St.) —2C 86 (6C 168)
Trelawney Rd. Ilf —1H 37
Trelawn Rd. E10 —3E 52
Trelawn Rd. SW2 —5A 104
Trelawny Clo. E17 —4D 34
Trellick Tower. W10 —4H 65 (off Golborne Rd.)
Trellis Sq. E3 —3B 70
Treloar Gdns. SE19 —6D 122
Tremadoc Rd. SW4 —4H 103
Tremaine Clo. SE4 —2C 106
Tremaine Rd. SE20 —2H 141
Trematon Ho. SE11 —5A 86 (5K 173) (off Kennings Way)
Trematon Pl. Tedd —7C 116
Tremlett Gro. N19 —3G 49
Tremlett M. N19 —3G 49
Trenance Gdns. Ilf —3A 56
Trenchard Av. Ruis —4K 41
Trenchard Clo. NW9 —1A 28
Trenchard Clo. Stan —6F 11
Trenchard Ct. NW4 —5C 28
Trenchard Ct. Mord —6J 137
Trenchard St. SE10 —5F 89
Trenchold St. SW8 —6J 85
Trendell Ho. E14 —6C 70
Trenholme Clo. SE20 —7H 123
Trenholme Rd. SE20 —7H 123
Trenholme Ter. SE20 —7H 123
Trenmar Gdns. NW10 —3D 64
Trent Av. W5 —3C 80
Trent Gdns. N14 —6A 6
Trentham St. SW18 —1J 119
Trent Ho. SE15 —4J 105
Trent Ho. King T —1D 134
Trent Pk. Country Pk. —1A 6
Trent Rd. SW2 —5K 103
Trent Rd. Buck H —1E 20
Trent Way. Hay —2G 59
Trent Way. Wor Pk —3E 148
Trentwood Side. Enf —3E 6
Treport St. SW18 —7K 101
Tresco Clo. Brom —6G 125
Trescoe Gdns. Harr —7C 24
Tresco Gdns. Ilf —2A 56
Tresco Ho. SE11 —5J 173
Tresco Rd. SE15 —4H 105
Tresham Cres. NW8 —4C 66 (3C 158)
Tresham Rd. Bark —7K 55
Tresham Wlk. E9 —5J 51
Tresidder Ho. SW4 —7H 103
Tresilian Av. N21 —5E 6
Tressell Clo. N1 —7B 50
Tressillian Cres. SE4 —3C 106
Tressillian Rd. SE4 —4B 106
Tress Pl. SE1 —4A 168
Trestis Clo. Hay —4B 60
Treswell Rd. Dag —1E 74
Tretawn Gdns. NW7 —4F 13
Tretawn Pk. NW7 —4F 13
Trevanion Rd. W14 —4G 83
Treve Av. Harr —7H 25
Trevelyan Av. E12 —4D 54
Trevelyan Cres. Harr —7D 26
Trevelyan Gdns. NW10 —1E 64
Trevelyan Ho. SE5 —7B 86 (off John Ruskin St.)
Trevelyan Rd. E15 —4H 53
Trevelyan Rd. SW17 —5C 120
Trevenna Ho. SE23 —3K 123 (off Dacres Rd.)
Trevera Ct. Enf —5F 9
Treveris St. SE1 —1B 86 (5B 168)
Treverton St. W10 —4G 65
Treverton Towers. W10 —5F 65 (off Treverton St.)
Treves Clo. N21 —5E 6
Treves Ho. E1 —4G 69 (off Vallance Rd.)
Treville St. SW15 —7D 100
Treviso Rd. SE23 —2K 123
Trevithick Clo. Felt —1H 113
Trevithick St. SE8 —6C 88
Trevone Ct. SW2 —7J 103 (off Doverfield Rd.)
Trevone Gdns. Pinn —6C 24
Trevor Clo. Brom —7H 143
Trevor Clo. E Barn —6G 5
Trevor Clo. Harr —7E 10
Trevor Clo. Iswth —5K 97
Trevor Clo. N'holt —2A 60
Trevor Cres. Ruis —4H 41
Trevor Gdns. Edgw —1K 27
Trevor Gdns. N'holt —2A 60
Trevor Gdns. Ruis —4J 41
Trevor Pl. SW7 —2C 84 (7D 164)
Trevor Rd. SW19 —7G 119
Trevor Rd. Edgw —1K 27
Trevor Rd. Hay —2G 77
Trevor Rd. Wfd G —7D 20
Trevor Sq. SW7 —2D 84 (7E 164)
Trevor St. SW7 —2C 84 (7D 164)
Trevor Wlk. SW7 —2C 84 (7D 164) (off Trevor Pl.)
Trevose Ho. SE11 (off Orsett St.) —5K 85 (5H 173)
Trevose Rd. E17 —1F 35
Trewenna Dri. Chess —5D 146
Trewince Rd. SW20 —1E 136
Trewint St. SW18 —2A 120
Trewsbury Ho. SE2 —1D 92
Trewsbury Rd. SE26 —5K 123
Triandra Way. Hay —5B 60
Triangle Bus. Cen., The. NW10 —3B 64
Triangle Cen. S'hall —1H 79
Triangle Ct. E16 —5B 72
Triangle Pas. Barn —4F 5
Triangle Pl. SW4 —4H 103
Triangle Rd. E8 —1H 69
Triangle, The. E8 —1H 69
Triangle, The. EC1 —3B 162
Triangle, The. N13 —4E 16
Triangle, The. Bark —6G 55
Triangle, The. King T —2H 135
Triangle, The. Sidc —7A 110 (off Burnt Oak La.)
Triangle, The. Wemb —5F 45
Trickett Ho. Sutt —7K 149
Tricycle Theatre. —7H 47
Trident Bus. Cen. SW17 —5D 120
Trident Gdns. N'holt —3B 60
Trident Ho. E14 —6E 70
Trident St. SE16 —4K 87
Trident Way. S'hall —3K 77
Trig La. EC4 —7C 68 (2C 168)
Trigon Rd. SW8 —7K 85
Trilby Rd. SE23 —2K 123
Trillo Ct. Ilf —7J 37
Trimdon. NW1 —1G 67
Trimmer Wlk. Bren —6E 80
Trim St. SE14 —6B 88
Trinder Gdns. N19 —1J 49
Trinder Rd. N19 —1J 49
Trinder Rd. Barn —5A 4
Tring Av. W5 —1F 81
Tring Av. S'hall —6D 60
Tring Av. Wemb —6G 45
Tring Clo. Ilf —5H 37
Tring Ct. Twic —4A 116
Trinidad Gdns. Dag —7K 57
Trinidad Ho. E14 —7B 70
Trinidad St. E14 —7B 70
Trinity Av. N2 —3B 30
Trinity Av. Enf —6A 8
Trinity Buoy Wharf. E14 —7G 71
Trinity Bus. Pk. E4 —6G 19
Trinity Chu. Pas. SW13 —6D 82
Trinity Chu. Rd. SW13 —6D 82
Trinity Chu. Sq. SE1 —3C 86 (7D 160)
Trinity Clo. E8 —6F 51
Trinity Clo. E11 —2G 53
Trinity Clo. NW3 —4B 48
Trinity Clo. SE13 —4F 107
Trinity Clo. SW4 —4G 103
Trinity Clo. Brom —1C 156
Trinity Clo. Houn —4C 96
Trinity Clo. S Croy —7E 152
Trinity Cotts. Rich —3F 99
Trinity Ct. SE1 —3C 86 (off Brockham St.)
Trinity Ct. SE7 —4B 90
Trinity Ct. SE25 —6E 140
Trinity Ct. SE26 —3J 123
Trinity Ct. W2 —6A 66 (off Gloucester Ter.)
Trinity Ct. WC1 —3G 161
Trinity Ct. Croy —2C 152
Trinity Ct. Enf —2H 7
Trinity Cres. SW17 —2D 120
Trinity Gdns. E16 —5H 71
Trinity Gdns. SW9 —4K 103
Trinity Grn. E1 —4J 69
Trinity Gro. SE10 —1E 106
Trinity Ho. SE1 —3C 86 (off Bath Ter.)
Trinity M. SE20 —1H 141
Trinity M. W10 —6F 65
Trinity Path. SE23 —3J 123
Trinity Pier. E14 —7G 71
Trinity Pl. EC3 —7F 69 (2J 169)
Trinity Pl. Bexh —4F 111
Trinity Ri. SW2 —1A 122
Trinity Rd. N2 —3B 30
Trinity Rd. N22 —7D 16 (in two parts)
Trinity Rd. SW18 & SW17 —4A 102
Trinity Rd. SW19 —6J 119
Trinity Rd. Ilf —3G 37
Trinity Rd. Rich —3F 99
Trinity Rd. S'hall —1C 78
Trinity Sq. EC3 —7E 68 (2H 169)
Trinity St. E16 —5H 71
Trinity St. SE1 —2C 86 (7D 168) (in two parts)
Trinity St. Enf —2H 7
Trinity Tower. E1 —7G 69 (off Vaughan Way)
Trinity Wlk. NW3 —6A 48
Trinity Way. E4 —6G 19
Trinity Way. W3 —7A 64
Trio Pl. SE1 —2C 86 (7D 168)
Tristan Sq. SE3 —3G 107
Tristram Clo. E17 —3F 35
Tristram Rd. Brom —4H 125
Triton Ho. E14 —4D 88
Triton Sq. NW1 —4G 67 (3A 160)
Tritton Av. Croy —4J 151
Tritton Rd. SE21 —3D 122
Triumph Clo. Hay —1E 94
Triumph Ho. Bark —3A 74
Triumph Rd. E6 —6D 72
Triumph Trad. Est. N17 —6B 18
Trocadero Entertainment Cen. —7H 67 (3C 166)
Trocette Mans. SE1 —3E 86 (off Bermondsey St.)
Trojan Ct. NW6 —7G 47
Trojan Ind. Est. NW10 —6B 46
Trojan Way. Croy —3K 151
Troon Clo. SE16 —5H 87
Troon Clo. SE28 —6D 74
Troon St. E1 —6A 70
Trosley Rd. Belv —6G 93
Trossachs Rd. SE22 —5E 104
Trothy Rd. SE1 —4G 87
Trotman Ho. SE14 —1J 105 (off Pomeroy St.)
Trott Rd. N10 —7J 15
Trott St. SW11 —1C 102
Troughton Rd. SE7 —5K 89
Troutbeck. NW1 —2K 159
Troutbeck Rd. SE14 —1A 106
Trout Rd. W Dray —7A 58
Trouville Rd. SW4 —6G 103
Trowbridge Rd. E9 —6B 52
Trowlock Av. Tedd —6C 116
Trowlock Way. Tedd —6D 116
Troy Ct. SE18 —4F 91
Troy Ct. W8 —3J 83 (off Kensington High St.)
Troy Ind. Est. Harr —5K 25
Troy Rd. SE19 —6D 122
Troy Town. SE15 —3G 105
Trubshaw Rd. S'hall —3F 79
Truesdale Rd. E6 —6D 72
Trulock Ct. N17 —7B 18
Trulock Rd. N17 —7B 18
Truman Clo. Edgw —7C 12
Trumans Rd. N16 —5F 51
Trumble Gdns. T Hth —4B 140
Trumpers Way. W7 —3J 79
Trumpington Rd. E7 —4H 53
Trump St. EC2 —6C 68 (1D 168)
Trundlers Way. Bush —1D 10
Trundle St. SE1 —6C 168
Trundley's M. SE8 —5K 87
Trundley's Rd. SE8 —5K 87
Trundley's Ter. SE8 —4K 87
Truro Gdns. Ilf —7C 36
Truro Ho. Pinn —1D 24
Truro Rd. E17 —4B 34
Truro Rd. N22 —7D 16
Truro St. NW5 —6E 48
Truro Way. N'holt —3G 59
Truslove Rd. SE27 —5A 122
Trussley Rd. W6 —3E 82

Trust Wlk. *SE21* —1B **122**
Tryfan Clo. *Ilf* —5B **36**
Tryon Cres. *E9* —1J **69**
Tryon St. *SW3* —5D **84** (5E **170**)
Trystings Clo. *Clay* —6A **146**
Tuam Rd. *SE18* —6H **91**
Tubbs Rd. *NW10* —2B **64**
Tucklow Wlk. *SW15* —7B **100**
Tudor Av. *E17* —7B **34**
Tudor Av. *Hamp* —7E **114**
Tudor Av. *Wor Pk* —3D **148**
Tudor Clo. *N6* —7G **31**
Tudor Clo. *NW3* —5C **48**
Tudor Clo. *NW7* —6H **13**
Tudor Clo. *NW9* —2J **45**
Tudor Clo. *SW2* —6K **103**
Tudor Clo. *Ashf* —4A **112**
Tudor Clo. *Chess* —5E **146**
Tudor Clo. *Chig* —4K **21**
Tudor Clo. *Chst* —1D **144**
Tudor Clo. *Hamp* —5G **115**
Tudor Clo. *Pinn* —5J **23**
Tudor Clo. *Sutt* —5F **149**
Tudor Clo. *Wall* —7G **151**
Tudor Clo. *Wfd G* —5E **20**
Tudor Ct. *N1* —6E **50**
Tudor Ct. *N22* —7D **16**
Tudor Ct. *SE9* —4C **108**
Tudor Ct. *W3* —2G **81**
Tudor Ct. *Felt* —4A **114**
Tudor Ct. *Sidc* —3A **128**
Tudor Ct. *Stanw* —6A **94**
Tudor Ct. *Tedd* —6K **115**
Tudor Ct. N. *Wemb* —5G **45**
Tudor Ct. S. *Wemb* —5G **45**
Tudor Cres. *Enf* —1H **7**
Tudor Dri. *King T* —5D **116**
Tudor Dri. *Mord* —6F **137**
Tudor Enterprise Pk. *Harr* —3K **43** (HA1)
Tudor Enterprise Pk. *Harr* —3H **25** (HA3)
Tudor Est. *NW10* —2H **63**
Tudor Gdns. *NW9* —2J **45**
Tudor Gdns. *SW13* —3A **100**
Tudor Gdns. *W3* —5G **63**
Tudor Gdns. *Harr* —2H **25**
Tudor Gdns. *W W'ck* —3E **154**
Tudor Gro. *E9* —7J **51**
Tudor Ho. *E9* —7J **51**
Tudor Ho. W14 —4F *83*
  (off Windsor Way)
Tudor ho. Pinn —2A **24**
  (off Pinner Hill Rd.)
Tudor Pde. *SE9* —4C **108**
Tudor Pde. *Romf* —7D **38**
Tudor Pl. *SE19* —7F **123**
Tudor Pl. *Mitc* —7C **120**
Tudor Rd. *E4* —6J **19**
Tudor Rd. *E6* —1A **72**
Tudor Rd. *E9* —1H **69**
Tudor Rd. *N9* —7C **8**
Tudor Rd. *SE19* —7F **123**
Tudor Rd. *SE25* —5H **141**
Tudor Rd. *Ashf* —6F **112**
Tudor Rd. *Bark* —1K **73**
Tudor Rd. *Barn* —3D **4**
Tudor Rd. *Beck* —3E **142**
Tudor Rd. *Hamp* —7E **114**
Tudor Rd. *Harr* —2H **25**
Tudor Rd. *Hay* —6F **59**
Tudor Rd. *Houn* —4H **97**
Tuam Rd. *King T* —7G **117**
Tudor Rd. *Pinn* —2A **24**
Tudor Rd. *S'hall* —7C **60**
Tudor Sq. *Hay* —5F **59**
Tudor Stacks. *SE24* —4C **104**

Tudor St. *EC4* —7A **68** (2K **167**)
Tudor Wlk. *Bex* —6E **110**
Tudor Way. *N14* —1C **16**
Tudor Way. *W3* —2G **81**
Tudor Way. *Orp* —6H **145**
Tudor Way. *Uxb* —6C **40**
Tudor Well Clo. *Stan* —5G **11**
Tudor Works. *Hay* —1B **78**
Tudway Rd. *SE3* —3K **107**
Tufnell Park. —4G 49
Tufnell Pk. Rd. *N19 & N7* —4G **49**
Tufton Ct. SW1 —3J *85* (2E *172*)
  (off Tufton St.)
Tufton Gdns. *W Mol* —2F **133**
Tufton Rd. *E4* —4H **19**
Tufton St. *SW1* —3J **85** (1E **172**)
Tugboat St. *SE28* —2J **91**
Tugela Rd. *Croy* —6D **140**
Tugela St. *SE6* —2B **124**
Tulip Clo. *E6* —5D **72**
Tulip Clo. *Croy* —1K **153**
Tulip Clo. *Hamp* —6D **114**
Tulip Clo. *S'hall* —2G **79**
Tulip Gdns. *E4* —3A **20**
Tulip Gdns. *Ilf* —6F **55**
Tull St. *Mitc* —7D **138**
Tulse Clo. *Beck* —3E **142**
Tulse Hill. —1B 122
Tulse Hill. *SW2* —6A **104**
Tulse Hill Est. *SW2* —6A **104**
Tulse Ho. *SW2* —6A **104**
Tulsemere Rd. *SE27* —2C **122**
Tumbling Bay. *W on T* —6J **131**
Tummons Gdns. *SE25* —2E **140**
Tunbridge Ho. *EC1* —1K **161**
Tuncombe Rd. *N18* —4K **17**
Tunis Rd. *W12* —1E **82**
Tunley Grn. *E14* —5B **70**
Tunley Rd. *NW10* —1A **64**
Tunley Rd. *SW17* —1E **120**
Tunmarsh La. *E13* —3K **71**
Tunnanleys. *E6* —6E **72**
Tunnel App. *E14* —7A **70**
Tunnel App. *SE10* —2G **89**
Tunnel App. *SE16* —2J **87**
Tunnel Av. *SE10* —2F **89**
  (in two parts)
Tunnel Av. Trad. Est. *SE10* —2F **89**
Tunnel Gdns. *N11* —7B **16**
Tunnel Link Rd. *H'row A* —5C **94**
Tunnel Rd. *SE16* —2J **87**
Tunnel Rd. E. *H'row A* —1D **94**
Tunnel Rd. W. *H'row A* —1C **94**
Tunstall Rd. *SW9* —4K **103**
Tunstall Rd. *Croy* —1E **152**
Tunstall Wlk. *Bren* —6E **80**
Tunstock Way. *Belv* —3E **92**
Tunworth Clo. *NW9* —6J **27**
Tunworth Cres. *SW15* —6B **100**
Tun Yd. SW8 —2F *103*
  (off Silverthorne Rd.)
Tupelo Rd. *E10* —2D **52**
Tupman Ho. SE16 —2G *87*
  (off Scott Lidgett Cres.)
Turenne Clo. *SW18* —4A **102**
Turin Rd. *N9* —7D **8**
Turin St. *E2* —3G **69** (2K **163**)
Turkey Oak Clo. *SE19* —7E **122**
Turks Clo. *Uxb* —3C **58**
Turk's Head Yd. *EC1*
  —4C **66** (3C *158*)
  (off Grendon St.)
Turk's Row. *SW3* —5D **84** (5F **171**)
Turle Rd. *N4* —2K **49**
Turle Rd. *SW16* —2J **139**
Turlewray Clo. *N4* —1K **49**
Turley Clo. *E15* —1G **71**
Turnagain La. *EC4* —7A **162**
Turnage Rd. *Dag* —1E **56**

Turnberry Clo. *NW4* —2F **29**
Turnberry Clo. *SE16* —5H **87**
  (off Ryder Dri.)
Turnberry Quay. *E14* —3D **88**
Turnberry Way. *Orp* —7H **145**
Turnbull Ho. *N1* —1B **68**
Turnbury Clo. *SE28* —6D **74**
Turnchapel M. *SW4* —3F **103**
Turner Av. *N15* —4E **32**
Turner Av. *Mitc* —1D **138**
Turner Av. *Twic* —3G **115**
Turner Clo. *NW11* —6K **29**
Turner Clo. *SE5* —7B **86**
Turner Clo. *Hay* —2E **58**
Turner Clo. *Wemb* —5D **44**
Turner Ct. *SE5* —7B **86**
Turner Ho. *NW8* —2C *66*
  (off Townshend Est.)
Turner Ho. SW1 —4H 85 (4D 172)
  (off Herrick St.)
Turner Ho. Twic —6D 98
  (off Clevedon Rd.)
Turner Pl. *SW11* —5C **102**
Turner Rd. *E17* —3E **34**
Turner Rd. *Edgw* —2E **26**
Turner Rd. *N Mald* —7K **135**
Turner's All. *EC3* —7E **68** (2G **169**)
Turners Mdw. Way. *Beck* —1B **142**
Turners Rd. *E14 & E3* —5B **70**
Turner St. *E1* —5H **69**
Turner St. *E16* —6H **71**
Turner's Way. *Croy* —2A **152**
Turners Wood. *NW11* —7A **30**
Turneville Rd. *W14* —6H **83**
Turney Rd. *SE21* —7C **104**
Turnham Green. —5K 81
Turnham Grn. Ter. *W4* —4A **82**
Turnham Grn. Ter. M. *W4* —4A **82**
Turnham Rd. *SE4* —5A **106**
Turnmill St. *EC1* —4B **68** (4A **162**)
Turnpike Clo. *SE8* —7B **88**
Turnpike Ct. *Bexh* —4D **110**
Turnpike Ho. *EC1*
  —3B **68** (2B **162**)
Turnpike La. *N8* —4K **31**
Turnpike La. *Sutt* —5A **150**
Turnpike La. *Uxb* —3A **58**
Turnpike Link. *Croy* —2E **152**
Turnpike Pde. *N8* —3B **32**
  (off Green Lanes)
Turnpike Way. *Iswth* —1A **98**
Turnpin La. *SE10* —6E **88**
Turnstone Clo. *E13* —3J **71**
Turnstone Clo. *NW9* —2A **28**
Turnstone Clo. *Ick* —5D **40**
Turpentine La. *SW1*
  —5F **85** (5K **171**)
Turpington Clo. *Brom* —6C **144**
Turpington La. *Brom* —7C **144**
Turpin Ho. *SW11* —1F **103**
Turpin Rd. *Felt* —6H **95**
Turpin's La. *Wfd G* —5J **21**
Turpin Way. *N19* —2H **49**
  (in two parts)
Turpin Way. *Wall* —7F **151**
Turquand St. *SE17* —4C **86**
Turret Gro. *SW4* —3G **103**
Turton Rd. *Wemb* —5E **44**
Turville Ho. *NW8*
  —4C **66** (3C *158*)
  (off Newent Clo.)
Turville St. *E2* —4F **69** (3J **163**)
Tuscan Rd. *SE18* —5H **91**
Tuscany Ho. *E17* —2B **34**
Tuskar St. *SE10* —6G **89**
Tustin Est. *SE15* —6J **87**
Tutshill Ct. *SE15* —7E *86*
  (off Newent Clo.)

Tuttlebee La. *Buck H* —2D **20**
Tuttle Ho. *SW1* —5H **85** (6C **172**)
  (off Aylesford St.)
Tweedale Ct. *E15* —5E **52**
Tweed Ct. *W7* —6J *61*
  (off Hanway Rd.)
Tweeddale Gro. *Uxb* —3E **40**
Tweeddale Rd. *Cars* —1B **150**
Tweed Glen. *Romf* —1K **39**
Tweed Ho. *E14* —4E **70**
Tweedmouth Rd. *E13* —2K **71**
Tweed Way. *Romf* —1K **39**
Tweedy Clo. *Enf* —5A **8**
Tweedy Rd. *Brom* —1J **143**
Tweezer's All. *WC2* —2J **167**
Twelvetrees Cres. *E3 & E16*
  (in two parts) —4E **70**
Twentyman Clo. *Wfd G* —5D **20**
Twickenham. —1A 116
Twickenham Clo. *Croy* —3K **151**
Twickenham Gdns. *Gnfd* —5A **44**
Twickenham Gdns. *Harr* —7D **10**
Twickenham Rd. *E11* —2E **52**
Twickenham Rd. *Felt & Hanw*
  —3D **114**
Twickenham Rd. *Iswth* —5A **98**
Twickenham Rd. *Rich* —4C **98**
Twickenham Rd. *Tedd* —4A **116**
  (in two parts)
Twickenham Rugby Union
  Football Ground. —6J 97
Twickenham Stadium Tours.
  —6J 97
Twickenham Trad. Est. *Twic*
  —6K **97**
Twig Folly Clo. *E2* —2K **69**
Twigg Clo. *Eri* —7K **93**
Twilley St. *SW18* —7K **101**
Twin Bridges Bus. Pk. *S Croy*
  —6D **152**
Twine Clo. *Bark* —3B **74**
Twine Ct. *E1* —7J **69**
Twineham Grn. *N12* —4D **14**
Twine Ter. E3 —4B 70
  (off Ropery St.)
Twining Av. *Twic* —3G **115**
Twinn Rd. *NW7* —6B **14**
Twin Tumps Way. *SE28* —7A **74**
Twisden Rd. *NW5* —4F **49**
Twybridge Way. *NW10* —7J **45**
Twycross M. *SE10* —5G **89**
Twyford Abbey Rd. *NW10* —3F **63**.
Twyford Av. *N2* —3D **30**
Twyford Av. *W3* —7G **63**
Twyford Ct. *N10* —3E **30**
Twyford Ct. *Wemb* —2E **62**
  (off Vicars Bri. Clo.)
Twyford Cres. *W3* —1G **81**
Twyford Ho. *N5* —3B **50**
Twyford Ho. N15 —6E 32
  (off Chisley Rd.)
Twyford Pl. *WC2*
  —6K **67** (7G **161**)
Twyford Rd. *Cars* —1B **150**
Twyford Rd. *Harr* —1F **43**
Twyford Rd. *Ilf* —5G **55**
Twyford St. *N1* —1K **67**
Tyas Rd. *E16* —4H **71**
Tybenham Rd. *SW19* —3J **137**
Tyberry Rd. *Enf* —3C **8**
Tyburn La. *Harr* —7K **25**
Tyburn Way. *W1* —7D **66** (2F **165**)
Tyers Est. *SE1* —6G **169**
Tyers Ga. *SE1* —2E **86** (7G **169**)
Tyers St. *SE11* —5K **85** (6G **173**)
Tyers Ter. *SE11* —5K **85** (6G **173**)
Tyeshurst Clo. *SE2* —5E **92**
Tylecroft Rd. *SW16* —2J **139**

Tylehurst Gdns. *Ilf* —5G **55**
Tyler Clo. *E2* —2F **69**
Tyler Rd. *S'hall* —3F **79**
Tylers Ct. E17 —4C 34
  (off Westbury Rd.)
Tyler's Ct. *W1* —1C **166**
Tylers Ct. *Wemb* —2E **62**
Tylers Ga. *Harr* —6E **26**
Tylers Path. *Cars* —4D **150**
Tyler St. *SE10* —5G **89**
  (in two parts)
Tylney Av. *SE19* —5F **123**
Tylney Rd. *E7* —4A **54**
Tylney Rd. *Brom* —2B **144**
Tynan Clo. *Felt* —1J **113**
Tyndale La. *N1* —7B **50**
Tyndale Mans. *N1* —7B *50*
  (off Upper St.)
Tyndale Ter. *N1* —7B **50**
Tyndall Gdns. *E10* —2E **52**
Tyndall Rd. *E10* —2E **52**
Tyndall Rd. *Well* —3K **109**
Tyne Ct. W7 —6J 61
  (off Hanway Rd.)
Tyneham Clo. *SW11* —3E **102**
Tyneham Rd. *SW11* —2E **102**
Tyne Ho. *King T* —1D **134**
Tynemouth Clo. *E6* —6F **73**
Tynemouth Dri. *Enf* —1B **8**
Tynemouth Rd. *N15* —4F **33**
Tynemouth Rd. *SE18* —5J **91**
Tynemouth Rd. *Mitc* —7E **120**
Tynemouth St. *SW6* —2A **102**
Tyne St. *E1* —6F **69** (7K **163**)
Tynley Av. *SE19* —5F **123**
Tynwald Ho. *SE26* —3G **123**
Type St. *E2* —2K **69**
Tyrawley Rd. *SW6* —1K **101**
Tyre La. *NW9* —4A **28**
Tyrell Clo. *Harr* —4J **43**
Tyrell Ct. *Cars* —4D **150**
Tyrell Ho. Beck —5D 124
  (off Beckenham Hill Rd.)
Tyrols Rd. *SE23* —1K **123**
Tyrone Rd. *E6* —2D **72**
Tyron Way. *Sidc* —4J **127**
Tyrrell Av. *Well* —5A **110**
Tyrrell Ho. SW1 —6G 85 (7B 172)
  (off Churchill Gdns.)
Tyrrell Rd. *SE22* —4G **105**
Tyrrels Sq. *Mitc* —1C **138**
Tyrrel Way. *NW9* —7B **28**
Tyrwhitt Rd. *SE4* —3C **106**
Tysoe St. *EC1* —3A **68** (2K **161**)
Tyson Gdns. *SE23* —7J **105**
Tyson Rd. *SE23* —7J **105**
Tyssen Pas. *E8* —6F **51**
Tyssen Rd. *N16* —3F **51**
Tyssen St. *E8* —6F **51**
Tytherton Rd. *N19* —3H **49**

U
Uamvar St. *E14* —5D **70**
Uckfield Gro. *Mitc* —7E **120**
Udall St. *SW1* —4G **85** (4B **172**)
Udney Pk. Rd. *Tedd* —6A **116**
Uffington Rd. *NW10* —1C **64**
Uffington Rd. *SE27* —4A **122**
Ufford Clo. *Harr* —7A **10**
Ufford Rd. *Harr* —7A **10**
Ufford St. *SE1*
  —2A **86** (6K **167**)
Ufton Ct. *N'holt* —3B **60**
Ufton Gro. *N1* —7D **50**
Ufton Rd. *N1* —7D **50**
  (in two parts)
Uhura Sq. *N16* —3E **50**

Ujima Ct. *SW16* —4J **121**
Ullathorne Rd. *SW16* —4G **121**
Ulleswater Rd. *N14* —4D **16**
Ullin St. *E14* —5E **70**
Ullswater Clo. *SW15* —4K **117**
Ullswater Clo. *Brom* —7G **125**
Ullswater Clo. *Hay* —2G **59**
Ullswater Ct. *Harr* —7E **24**
Ullswater Cres. *SW15* —4K **117**
Ullswater Rd. *SE27* —2B **122**
Ullswater Rd. *SW13* —7C **82**
Ulster Gdns. *N13* —4H **17**
Ulster Pl. *NW1* —4F **67** (4J **159**)
Ulster Ter. *NW1* —3H **159**
Ulundi Rd. *SE3* —6G **89**
Ulva Rd. *SW15* —5F **101**
Ulverscroft Rd. *SE22* —5F **105**
Ulverstone Rd. *SE27* —2B **122**
Ulverston Rd. *E17* —2F **35**
Ulysses Rd. *NW6* —5H **47**
Umberston St. *E1* —6G **69**
Umbria St. *SW15* —6C **100**
Umfreville Rd. *N4* —6B **32**
Undercliff Rd. *SE13* —3C **106**
Underhill. —5D 4
Underhill. *Barn* —5D **4**
Underhill Ct. *Barn* —5D **4**
Underhill Ho. *E14* —5C **70**
*Underhill Pas. NW1 —1F **67***
(off Camden High St.)
Underhill Rd. *SE22* —5G **105**
Underhill St. *NW1* —1F **67**
Underne Av. *N14* —2A **16**
Undershaft. *EC3* —6E **68** (1G **169**)
Undershaw Rd. *Brom* —3H **125**
Underwood. *New Ad* —5E **154**
*Underwood Ct. E10 —1D **52***
(off Leyton Grange Est.)
Underwood Rd. *E1* —4G **69**
Underwood Rd. *E4* —5J **19**
Underwood Rd. *Wfd G* —7F **21**
Underwood Row. *N1* —3C **68** (1D **162**)
Underwood St. *N1* —3C **68** (1D **162**)
Underwood, The. *SE9* —2D **126**
Undine Rd. *E14* —4D **88**
Undine St. *SW17* —5D **120**
Uneeda Dri. *Gnfd* —1H **61**
*Unicorn Building. E1 —7K **69***
(off Jardine Rd.)
Union Clo. *E11* —4F **53**
Union Cotts. *E15* —7G **53**
Union Ct. *EC2* —7G **163**
Union Ct. *SW4* —2J **103**
Union Ct. *Rich* —5E **98**
Union Dri. *E1* —4A **70**
Union Gro. *SW8* —2H **103**
Union M. *SW4* —2J **103**
Union Rd. *N11* —6C **16**
Union Rd. *SW8 & SW4* —2H **103**
Union Rd. *Brom* —5B **144**
Union Rd. *Croy* —7C **140**
Union Rd. *N'holt* —2E **60**
Union Rd. *Wemb* —6E **44**
Union Sq. *N1* —1C **68**
Union St. *E15* —1F **71**
Union St. *SE1* —1B **86** (5A **168**)
Union St. *Barn* —3B **4**
Union St. *King T* —2D **134**
Union Theatre. —5B 168
Union Wlk. *E2* —3E **68** (1H **163**)
Union Yd. *W1* —6F **67** (1K **165**)
Unitair Cen. *Felt* —6E **94**
*Unit Workshops. E1 —6G **69***
(off Adler St.)
Unity Clo. *NW10* —6C **46**
Unity Clo. *SE19* —5C **122**
Unity Clo. *New Ad* —7D **154**
Unity M. *NW1* —2H **67**
Unity Way. *SE7* —3B **90**
*Unity Wharf. SE1 —2F **87** (6K **169**)*
(off Mill St.)
University Clo. *NW7* —7G **13**
University Gdns. *Bex* —7F **111**
University Pl. *Eri* —7J **93**
University Rd. *SW19* —6B **120**
University St. *WC1* —4G **67** (4B **160**)
University Way. *E16* —7E **72**
Unwin Av. *Felt* —5F **95**
Unwin Clo. *SE15* —6G **87**
*Unwin Mans. W14 —6H **83***
(off Queen's Club Gdns.)
Unwin Rd. *SW7* —3B **84** (1A **170**)
Unwin Rd. *Iswth* —3J **97**
Upbrook M. *W2* —6A **66** (1A **164**)
Upcerne Rd. *SW10* —7A **84**
Upchurch Clo. *SE20* —7H **123**
Upcroft Av. *Edgw* —5D **12**
Updale Rd. *Sidc* —4K **127**
Upfield. *Croy* —3H **153**
Upfield Rd. *W7* —5K **61**
Upgrove Mnr. Way. *SE24* —7A **104**
Uphall Rd. *Ilf* —5F **55**
Upham Pk. Rd. *W4* —4A **82**
Uphill Dri. *NW7* —5F **13**
Uphill Dri. *NW9* —5J **27**
Uphill Gro. *NW7* —4F **13**
Uphill Rd. *NW7* —4F **13**
Upland M. *SE22* —5G **105**
Upland Rd. *E13* —4J **71**
Upland Rd. *SE22* —5G **105**
Upland Rd. *Bexh* —3F **111**
Upland Rd. *S Croy* —5D **152**
Upland Rd. *Sutt* —7B **150**
Uplands. *Beck* —2C **142**
Uplands Av. *E17* —2K **33**
Uplands Bus. Pk. *E17* —3K **33**
Uplands Clo. *SW14* —5H **99**
*Uplands Ct. N21 —7F **7***
(off Green, The)
Uplands End. *Wfd G* —7H **21**
Uplands Pk. Rd. *Enf* —2F **7**
Uplands Rd. *N8* —5K **31**
Uplands Rd. *E Barn* —1K **15**
Uplands Rd. *Romf* —3D **38**
Uplands Rd. *Wfd G* —7H **21**
Uplands, The. *Ruis* —1J **41**
Uplands Way. *N21* —5F **7**
Upnall Ho. *SE15* —6J **87**
Upney La. *Bark* —5J **55**
Upnor Way. *SE17* —5E **86**
Uppark Dri. *Ilf* —6G **37**
Up. Abbey Rd. *Belv* —4F **93**
Up. Addison Gdns. *W14* —2G **83**
*Up. Bardsey Wlk. N1 —6C **50***
(off Douglas Rd. N.)
Up. Belgrave St. *SW1* —3E **84** (1H **171**)
*Up. Berenger Wlk. SW10 —7B **84***
(off Berenger Wlk.)
Up. Berkeley St. *W2* —6D **66** (1E **164**)
Up. Beulah Hill. *SE19* —1E **140**
*Up. Blantyre Wlk. SW10 —7B **84***
(off Blantyre Wlk.)
Up. Brighton Rd. *Surb* —6D **134**
Up. Brockley Rd. *SE4* —3B **106**
Up. Brook St. *W1* —7E **66** (2G **165**)
Up. Butts. *Bren* —6C **80**
*Up. Caldy Wlk. N1 —7C **50***
(off Caldy Wlk.)
*Up. Camelford Wlk. W11 —6G **65***
(off St Mark's Rd.)
Up. Cavendish Av. *N3* —3J **29**
Up. Cheyne Row. *SW3* —7C **170**
Upper Clapton. —2H 51
Up. Clapton Rd. *E5* —2H **51**
*Up. Clarendon Wlk. W11 —6G **65***
(off Clarendon Rd.)
*Up. Dartrey Wlk. SW10 —7A **84***
(off Whistler Wlk.)
*Up. Dengie Wlk. N1 —1C **68***
(off Baddow Wlk.)
Upper Edmonton. —5C 18
Upper Elmers End. —5B 142
Up. Elmers End Rd. *Beck* —4A **142**
Up. Farm Rd. *W Mol* —4D **132**
*Upper Feilde. W1 —7E **66** (2G **165**)*
(off Park St.)
*Upper Fosters. NW4 —4E **28***
(off New Brent St.)
Up. Green E. *Mitc* —3D **138**
Up. Green W. *Mitc* —2D **138**
(in two parts)
Up. Grosvenor St. *W1* —7E **66** (3G **165**)
Up. Grotto Rd. *Twic* —2K **115**
Upper Ground. *SE1* —1A **86** (4J **167**)
Upper Gro. *SE25* —4E **140**
Up. Grove Rd. *Belv* —6F **93**
*Up. Gulland Wlk. N1 —6C **50***
(off Oronsay Wlk.)
Upper Halliford. —4G 131
Up. Halliford By-Pass. *Shep* —5G **131**
Up. Halliford Grn. *Shep* —4G **131**
Up. Halliford Rd. *Shep* —3G **131**
Up. Hampstead Wlk. *NW3* —4A **48**
Up. Ham Rd. *Rich* —4D **116**
*Up. Handa Wlk. N1 —6D **50***
(off Handa Wlk.)
*Up. Hawkwell Wlk. N1 —1C **68***
(off Maldon Rd.)
Up. Hilldrop Est. *N7* —5H **49**
Upper Holloway. —2G 49
Up. Holly Hill Rd. *Belv* —5H **93**
Up. James St. *W1* —7G **67** (2B **166**)
Up. John St. *W1* —7G **67** (2B **166**)
*Up. Lismore Wlk. N1 —6D **50***
(off Clephane St.)
Upper Mall. *W6* —5C **82**
(in two parts)
Upper Marsh. *SE1* —3K **85** (1H **173**)
Up. Montagu St. *W1* —5D **66** (5E **158**)
Up. Mulgrave Rd. *Sutt* —7G **149**
Up. North St. *E14* —5C **70**
Upper Norwood. —1E 140
Up. Palace Rd. *E Mol* —3G **133**
Up. Park Rd. *N11* —5A **16**
Up. Park Rd. *NW3* —5D **48**
Up. Park Rd. *Belv* —4H **93**
Up. Park Rd. *Brom* —1K **143**
Up. Park Rd. *King T* —6G **117**
Up. Phillimore Gdns. *W8* —2J **83**
*Up. Ramsey Wlk. N1 —6D **50***
(off Ramsey Wlk.)
*Up. Rawreth Wlk. N1 —1C **68***
(off Basire St.)
Up. Richmond Rd. *SW15* —4B **100**
Up. Richmond Rd. W. *Rich & SW14* —4G **99**
Upper Rd. *E13* —3J **71**
Upper Rd. *Wall* —5H **151**
Upper Ruxley. —7F 129
Up. St Martin's La. *WC2* —7J **67** (2E **166**)
Up. Selsdon Rd. *S Croy* —7F **153**
*Up. Sheppey Wlk. N1 —6C **50***
(off Skomer Wlk.)
Up. Sheridan Rd. *Belv* —4G **93**
Upper Shirley. —4K 153
Up. Shirley Rd. *Croy* —2J **153**
Upper Sq. *Iswth* —3A **98**
Upper St. *N1* —2A **68**
Up. Sunbury Rd. *Hamp* —1C **132**
Up. Sutton La. *Houn* —7E **78**
Upper Sydenham. —3H 123
Up. Tachbrook St. *SW1* —4G **85** (3B **172**)
*Up. Talbot Wlk. W11 —6G **65***
(off Talbot Wlk.)
Up. Teddington Rd. *King T* —7C **116**
Upper Ter. *NW3* —3A **48**
Up. Thames St. *EC4* —7B **68** (2B **168**)
Up. Tollington Pk. *N4* —1A **50**
(in two parts)
Upperton Rd. *Sidc* —5K **127**
Upperton Rd. E. *E13* —3A **72**
Upperton Rd. W. *E13* —3A **72**
Upper Tooting. —3D 120
Up. Tooting Pk. *SW17* —2D **120**
Up. Tooting Rd. *SW17* —4D **120**
Up. Town Rd. *Gnfd* —4F **61**
Up. Tulse Hill. *SW2* —7K **103**
Up. Vernon Rd. *Sutt* —5B **150**
Upper Walthamstow. —4F 35
Up. Walthamstow Rd. *E17* —4E **34**
*Up. Whistler Wlk. SW10 —7A **84***
(off Worlds End Est.)
Up. Wickham La. *Well* —3B **110**
Up. Wimpole St. *W1* —5E **66** (5H **159**)
Up. Woburn Pl. *WC1* —3H **67** (2D **160**)
Uppingham Av. *Stan* —1B **26**
Upsdell Av. *N13* —6F **17**
Upshire Ho. *E17* —2B **34**
Upstall St. *SE5* —1B **104**
Upton. —5D 110
(Bexleyheath)
Upton. —7J 53
(Plaistow)
Upton Av. *E7* —7J **53**
Upton Clo. *Bex* —6F **111**
Upton Ct. *SE20* —7J **123**
Upton Dene. *Sutt* —7K **149**
Upton Gdns. *Harr* —5B **26**
Upton La. *E7* —7J **53**
Upton Lodge. *E7* —6J **53**
Upton Lodge Clo. *Bush* —1B **10**
Upton Park. —2B 72
Upton Pk. Rd. *E7* —7K **53**
Upton Rd. *N18* —5B **18**
Upton Rd. *SE18* —6G **91**
Upton Rd. *Bexh & Bex* —4E **110**
Upton Rd. *Houn* —3E **96**
Upton Rd. *T Hth* —2D **140**
Upton Rd. S. *Bex* —6F **111**
Upton Vs. *Bexh* —4E **110**
Upway. *N12* —6H **15**
Upwey Ho. *N1* —1E **68**
Upwood Rd. *SE12* —6J **107**
Upwood Rd. *SW16* —1J **139**
Urlwin St. *SE5* —6C **86**
Urlwin Wlk. *SW9* —1A **104**
Urmston Dri. *SW19* —1G **119**
Urmston Ho. *E14* —4E **88**
Urquhart Ct. *Beck* —7B **124**
*Ursula Lodges. Sidc —5B **128***
(off Eynswood Dri.)
Ursula M. *N4* —1C **50**
Ursula St. *SW11* —1C **102**
Urswick Gdns. *Dag* —7E **56**
Urswick Rd. *E9* —5J **51**
Urswick Rd. *Dag* —7D **56**
Usborne M. *SW8* —7K **85**
Usher Rd. *E3* —1B **70**
*Usher-Walker Ho. E16 —4F **71***
(off South Cres.)
Usk Rd. *SW11* —4A **102**
Usk St. *E2* —3K **69**
Utopia Village. *NW1* —7E **48**
Uvedale Rd. *Dag* —3G **57**
Uvedale Rd. *Enf* —5J **7**
Uverdale Rd. *SW10* —7A **84**
Uxbridge Rd. *W5 & W3* —7E **62**
Uxbridge Rd. *W7* —1K **79**
Uxbridge Rd. *W12* —1B **82**
Uxbridge Rd. *W13 & W5* —1B **80**
Uxbridge Rd. *Felt* —2A **114**
Uxbridge Rd. *Hamp* —4E **114**
Uxbridge Rd. *Harr & Stan* —7B **10**
Uxbridge Rd. *Hil & Uxb* —3C **58**
Uxbridge Rd. *King T* —4D **134**
Uxbridge Rd. *Pinn* —2A **24**
Uxbridge Rd. *S'hall & W7* —1E **78**
Uxbridge St. *W8* —1J **83**
Uxendon Cres. *Wemb* —1E **44**
Uxendon Hill. *Wemb* —1F **45**

Valance Av. *E4* —1B **20**
Valan Leas. *Brom* —3G **143**
Vale Clo. *N2* —3D **30**
Vale Clo. *W9* —3A **66**
Vale Clo. *Orp* —4E **156**
Vale Clo. *Twic* —3A **116**
Vale Cotts. *SW15* —3A **118**
Vale Ct. *W3* —1B **82**
Vale Ct. *W9* —3A **66**
Vale Ct. *New Bar* —4E **4**
Vale Cres. *SW15* —4A **118**
Vale Cft. *Pinn* —5C **24**
Vale Dri. *Barn* —4C **4**
Vale End. *SE22* —4F **105**
Vale Est., The. *W3* —1A **82**
Vale Gro. *N4* —7C **32**
Vale Gro. *W3* —2K **81**
Vale La. *W3* —5G **63**
Vale Lodge. *SE23* —2J **123**
Valence Av. *Dag* —1D **56**
Valence Cir. *Dag* —3D **56**
Valence House Mus. —3E 56
Valence Rd. *Eri* —7K **93**
Valence Wood Rd. *Dag* —3D **56**
Valencia Rd. *Stan* —4H **11**
Valentia Pl. *SW9* —4A **104**
Valentine Av. *Bex* —2E **128**
Valentine Ct. *SE23* —2K **123**
(in two parts)
Valentine Pl. *SE1* —2B **86** (6A **168**)
Valentine Rd. *E9* —6K **51**
Valentine Rd. *Harr* —3F **43**
Valentine Row. *SE1* —2B **86**
Valentines Rd. *Ilf* —1F **55**
Valentine's Way. *Romf* —2K **57**
Vale Of Health. —3A 48
Vale of Health. *NW3* —3B **48**
Vale Pde. *SW15* —3A **118**
Valerian Way. *E15* —3G **71**
Valerie Ct. *Sutt* —7K **149**
Vale Ri. *NW11* —1H **47**
Vale Rd. *E7* —6K **53**
Vale Rd. *N4* —7C **32**
Vale Rd. *Brom* —1E **144**
Vale Rd. *Eps* —4B **148**
Vale Rd. *Mitc* —3H **139**
Vale Rd. *Sutt* —4K **149**
Vale Rd. *Wor Pk* —3B **148**
Vale Rd. N. *Surb* —2E **146**
Vale Rd. S. *Surb* —2E **146**

Vicar's Rd. NW5 —5E 48
Vicars Wlk. Dag —3B 56
Viceroy Clo. N2 —4C 30
Viceroy Ct. NW8 —2C 66
(off Prince Albert Rd.)
Viceroy Ct. Croy —1D 152
Viceroy Pde. N2 —3C 30
(off High Rd.)
Viceroy Rd. SW8 —1J 103
Vickers Clo. Wall —7K 151
Vickers Rd. Eri —5K 93
Vickers Way. Houn —5C 96
Vickery Ct. EC1 —4C 68 (3D 162)
(off Bartholomew Sq.)
Victor Cazalet Ho. N1 —1B 68
(off Gaskin St.)
Victor Gro. Wemb —7E 44
Victoria & Albert Mus. —3B 84 (2B 170)
Victoria Arc. SW1 —3F 85
(off Victoria St.)
Victoria Av. E6 —1B 72
Victoria Av. EC2 —5E 68 (6H 163)
Victoria Av. N3 —1H 29
Victoria Av. Barn —4G 5
Victoria Av. Hil & Uxb —6D 40
Victoria Av. Houn —5E 96
Victoria Av. Surb —6D 134
Victoria Av. Wall —3E 150
Victoria Av. Wemb —6H 45
Victoria Av. W Mol —3F 133
Victoria Bldgs. E8 —1H 69
(off Mare St.)
Victoria Clo. Barn —4G 5
Victoria Clo. Harr —6K 25
Victoria Clo. Hay —6F 59
Victoria Clo. W Mol —3E 132
Victoria Colonnade. WC1 —5J 67 (6F 161)
(off Southampton Row)
Victoria Cotts. E1 —5G 69
(off Deal St.)
Victoria Cotts. Rich —1F 99
Victoria Ct. E18 —3K 35
Victoria Ct. SE26 —6J 123
Victoria Ct. W3 —2G 81
Victoria Ct. Wemb —6G 45
Victoria Cres. N15 —5E 32
Victoria Cres. SE19 —6E 122
Victoria Cres. SW19 —7H 119
Victoria Dock Rd. E16 —6H 71
Victoria Dri. SW19 —7F 101
Victoria Embkmt. SW1 & WC2 —2J 85 (6F 167)
Victoria Gdns. W11 —1J 83
Victoria Gdns. Houn —1C 96
Victoria Gro. N12 —5G 15
Victoria Gro. W8 —3A 84
Victoria Gro. M. W2 —7J 65
Victoria Hall. E16 —1J 89
(off Wesley Av., in two parts)
Victoria Ho. E6 —6E 72
Victoria Ho. SW1 —4G 85 (5J 171)
(off Francis St.)
Victoria Ho. SW1 —5F 85 (3B 172)
(off Ebury Bri. Rd.)
Victoria Ho. SW8 —7J 85
(off S. Lambeth Rd.)
Victoria Ho. Edgw —6C 12
Victoria Ind. Est. W3 —5A 64
Victoria La. Barn —4C 4
Victoria La. Hay —5E 76
Victoria Mans. NW2 —7D 46
Victoria Mans. SW8 —7J 85
(off S. Lambeth Rd.)
Victoria M. NW6 —1J 65
Victoria M. SW4 —4F 103
Victoria M. SW18 —1A 120
Victorian Gro. N16 —4E 50
Victorian Rd. N16 —3E 50
Victoria Pde. Rich —1G 99
(off Sandycombe Rd.)
Victoria Pk. —1A 70
Victoria Pk. Ind. Cen. E9 —7C 52
(off Rothbury Rd.)
Victoria Pk. Rd. E9 —1J 69
Victoria Pk. Sq. E2 —3J 69
Victoria Pas. NW8 —3B 158
Victoria Pl. Rich —5D 98
Victoria Pl. Shop. Cen. SW1 —4F 85 (3K 171)
Victoria Point. E13 —2J 71
(off Victoria Rd.)
Victoria Retail Pk. Ruis —5B 42
Victoria Ri. SW4 —3F 103
Victoria Rd. E4 —1B 20
Victoria Rd. E11 —4G 53
Victoria Rd. E13 —2J 71
Victoria Rd. E17 —2E 34
Victoria Rd. E18 —2K 35
Victoria Rd. N4 —7K 31
Victoria Rd. N15 —4G 33
Victoria Rd. N18 & N9 —4A 18
Victoria Rd. N22 —1G 31
Victoria Rd. NW4 —4E 28
Victoria Rd. NW6 —2H 65
Victoria Rd. NW7 —5G 13
Victoria Rd. NW10 —5K 63
Victoria Rd. SW14 —3K 99
Victoria Rd. W3 —5K 63
Victoria Rd. W5 —5B 62
Victoria Rd. W8 —3A 84
Victoria Rd. Bark —6F 55
Victoria Rd. Barn & New Bar —4G 5
Victoria Rd. Bexh —4G 111
Victoria Rd. Brom —5B 144
Victoria Rd. Buck H —2G 21
Victoria Rd. Bush —1A 10
Victoria Rd. Chst —5E 126
Victoria Rd. Dag —5H 57
Victoria Rd. Eri —6K 93
(in two parts)
Victoria Rd. Felt —1K 113
Victoria Rd. King T —2F 135
Victoria Rd. Mitc —7C 120
Victoria Rd. Ruis —1J 41
Victoria Rd. Sidc —3K 127
Victoria Rd. S'hall —3D 78
Victoria Rd. Surb —6D 134
Victoria Rd. Sutt —5B 150
Victoria Rd. Tedd —6A 116
Victoria Rd. Twic —7B 98
Victoria Sq. SW1 —3F 85 (1K 171)
Victoria St. E15 —7G 53
Victoria St. SW1 —3G 85 (2K 171)
Victoria St. Belv —5F 93
Victoria Ter. N4 —1A 50
Victoria Ter. NW10 —4B 64
Victoria Ter. SW8 —2F 103
Victoria Ter. W5 —1D 80
Victoria Ter. Harr —1H 43
Victoria Vs. Rich —3F 99
Victoria Way. SE7 —5K 89
Victoria Way. Ruis —5B 42
Victoria Wharf. E14 —7A 70
Victoria Works. NW2 —2D 46
Victoria Yd. E1 —6G 69
Victor Rd. NW10 —3D 64
Victor Rd. SE20 —7K 123
Victor Rd. Harr —3G 25
Victor Rd. Tedd —4J 115
Victors Dri. Hamp —6C 114
Victors Way. Barn —3C 4
Victor Vs. N9 —3J 17
Victory Av. Mord —5A 138
Victory Bus. Cen. Iswth —4K 97
Victory Ct. W9 —4J 65
(off Hermes Clo.)
Victory Pl. E14 —7A 70
Victory Pl. SE17 —4D 86
Victory Pl. SE19 —7E 122
Victory Rd. E11 —4K 35
Victory Rd. SW19 —7A 120
Victory Rd. M. SW19 —7A 120
Victory Wlk. SE8 —1C 106
Victory Way. SE16 —2A 88
Victory Way. Houn —5A 78
Victory Way. Romf —2H 39
Vidler Clo. Chess —6C 146
Vienna Clo. Ilf —2B 36
View Clo. N6 —7D 30
View Clo. Harr —4H 25
View Ct. SE12 —3A 126
View Cres. N8 —5H 31
Viewfield Clo. Harr —7E 26
Viewfield Rd. SW18 —6H 101
Viewfield Rd. Bex —1C 128
Viewland Rd. SE18 —5K 91
View Rd. N6 —7D 30
View, The. SE2 —5E 92
Vigar Ct. Barn —3B 4
Viga Rd. N21 —6F 7
Vigilant Clo. SE26 —4G 123
Vignoles Rd. Romf —7G 39
Vigo St. W1 —7G 67 (3A 166)
Viking Clo. E3 —2A 70
Viking Ct. SW6 —6J 83
(off Halford Rd.)
Viking Gdns. E6 —4C 72
Viking Ho. SE5 —2C 104
(off Denmark Rd.)
Viking Pl. E10 —1B 52
Viking Rd. S'hall —7C 60
Viking Way. Eri —3J 93
Villacourt Rd. SE18 —7A 92
Village Arc. E4 —1A 20
Village Clo. E4 —5K 19
Village Clo. NW3 —5B 48
(off Belsize La.)
Village Ct. SE3 —3G 107
(off Hurren Clo.)
Village Heights. Wfd G —5C 20
Village M. NW9 —2K 45
Village Pk. Clo. Enf —6K 7
Village Rd. N3 —2G 29
Village Rd. Enf —5K 7
Village Row. Sutt —7J 149
Village, The. NW3 —2A 48
Village, The. SE7 —6A 90
Village Way. NW10 —4K 45
Village Way. SE24 —6D 104
Village Way. Ashf —4B 112
Village Way. Beck —2C 142
Village Way. Pinn —7C 24
Village Way E. Harr —7E 24
Villa Rd. SW9 —3A 104
Villas on the Heath. NW3 —3A 48
Villas Rd. SE18 —5G 91
(in three parts)
Villa St. SE17 —5D 86
Villa Wlk. SE17 —5D 86
(off Inville Rd.)
Villiers Av. Surb —5F 135
Villiers Av. Twic —1D 114
Villiers Clo. E10 —2C 52
Villiers Clo. Surb —4F 135
Villiers Gro. Sutt —7F 149
Villiers Path. Surb —5E 134
Villiers Rd. NW2 —6C 46
Villiers Rd. Beck —2K 141
Villiers Rd. Iswth —2J 97
Villiers Rd. King T —4F 135
Villiers Rd. S'hall —1D 78
Villiers St. WC2 —1J 85 (3E 166)
Vincam Clo. Twic —7E 96
Vincennes Est. SE27 —4D 122
Vincent Av. Surb —2J 147
Vincent Clo. SE16 —2A 88
Vincent Clo. Barn —3E 4
Vincent Clo. Brom —4K 143
Vincent Clo. Sidc —1J 127
Vincent Clo. W Dray —6C 76
Vincent Ct. N4 —1J 49
Vincent Ct. NW4 —4F 29
Vincent Ct. SW9 —1K 103
Vincent Ct. W1 —6D 66 (7E 158)
(off Seymour Pl.)
Vincent Ct. N'wd —1H 23
Vincent Dri. Shep —3G 131
Vincent Dri. Uxb —1B 58
Vincent Gdns. NW2 —3B 46
Vincent Ho. SW1 —4H 85 (4C 172)
(off Vincent Sq.)
Vincent M. E3 —2C 70
Vincent Rd. E4 —6A 20
Vincent Rd. N15 —4C 32
Vincent Rd. N22 —2A 32
Vincent Rd. SE18 —4F 91
Vincent Rd. W3 —3J 81
Vincent Rd. Croy —7E 140
Vincent Rd. Dag —7E 56
Vincent Rd. Houn —2B 96
Vincent Rd. Iswth —1H 97
Vincent Rd. King T —3G 135
Vincent Rd. Wemb —7F 45
Vincent Row. Hamp H —6G 115
Vincents Path. N'holt —6C 42
(off Arnold Rd.)
Vincent Sq. N22 —2A 32
Vincent Sq. SW1 —4H 85 (3C 172)
Vincent Sq. Mans. SW1 —4G 85 (3B 172)
(off Walcott St.)
Vincent St. E16 —5H 71
Vincent St. SW1 —4H 85 (3C 172)
Vincent Ter. N1 —2B 68
Vince St. EC1 —3D 68 (2F 163)
Vine Clo. Surb —6F 135
Vine Clo. Sutt —3A 150
Vine Clo. W Dray —4C 76
Vine Ct. E1 —5G 69
Vine Ct. Harr —6E 26
Vinegar All. E17 —4D 34
Vine Gdns. Ilf —5G 55
Vinegar St. E1 —1H 87
Vinegar Yd. SE1 —6G 169
Vine Gro. Uxb —7C 40
Vine Hill. EC1 —4A 68 (4J 161)
Vine La. SE1 —1E 86 (5H 169)
Vine La. Hil & Uxb —1B 58
Vine Pl. W5 —1E 80
(off Grange Pk.)
Vine Pl. Houn —4F 97
Viner Clo. W on T —6A 132
Vineries Bank. NW7 —5J 13
Vineries Clo. Dag —6F 57
Vineries Clo. W Dray —6C 76
Vineries, The. N14 —6B 6
Vineries, The. SE6 —1C 124
Vineries, The. Enf —3K 7
Vine Rd. E15 —7H 53
Vine Rd. SW13 —3B 100
Vine Rd. E Mol —4G 133
Vinery Way. W6 —3D 82
Vines Av. N3 —1K 29
Vine Sq. W14 —5H 83
(off Star Rd.)
Vine St. EC3 —6F 69 (1J 169)
Vine St. W1 —7G 67 (3B 166)
Vine St. Romf —4J 39
Vine St. Bri. EC1 —4A 68 (4K 161)
Vine Yd. SE1 —6D 168
Vineyard Av. NW7 —7B 14
Vineyard Clo. SE6 —1C 124
Vineyard Clo. King T —3F 135
Vineyard Gro. N3 —1K 29
Vineyard Hill Rd. SW19 —4H 119
Vineyard M. EC1 —3K 161
Vineyard Pas. Rich —5E 98
Vineyard Path. SW14 —3K 99
Vineyard Rd. Felt —3J 113
Vineyard Row. Hamp W —1C 134
Vineyards, The. Felt —3J 113
(off High St.)
Vineyards, The. Sun —3J 131
Vineyard, The. Rich —5E 98
Vineyard Wlk. EC1 —4A 68 (3J 161)
Viney Bank. Croy —7B 154
Viney Rd. SE13 —3D 106
Vining St. SW9 —4A 104
Vinlake Av. Uxb —3B 40
Vinopolis, City of Wine. —4D 168
Vinson Clo. Orp —7K 145
Vintners Ct. EC4 —7C 68
Vintners Hall. EC4 —7C 68 (2D 168)
(off Up. Thames St.)
Vintners Pl. EC4 —7C 68 (3D 168)
Vintry M. E17 —4C 34
Viola Av. SE2 —4B 92
Viola Av. Felt —6A 96
Viola Av. Stai —1A 112
Viola Sq. W12 —7B 64
Violet Av. Enf —1J 7
Violet Av. Uxb —5B 58
Violet Clo. E16 —4G 71
Violet Clo. SE8 —6B 88
Violet Clo. Wall —1E 150
Violet Gdns. Croy —5B 152
Violet Hill. NW8 —2A 66
Violet Hill Ho. NW8 —2A 66
(off Violet Hill)
Violet La. Croy —6B 152
Violet Rd. E3 —4D 70
Violet Rd. E17 —6C 34
Violet Rd. E18 —2K 35
Violet St. E2 —4H 69
V.I.P. Trading Est. SE7 —4A 90
Virgil Pl. W1 —5D 66 (6E 158)
Virgil St. SE1 —3K 85 (1H 173)
Virginia Clo. N Mald —4J 135
Virginia Clo. Romf —1J 39
Virginia Ct. WC1 —4H 67 (3D 160)
(off Burton St.)
Virginia Gdns. Ilf —2G 37
Virginia Ho. E14 —7E 70
Virginia Rd. E2 —3F 69 (2J 163)
Virginia Rd. T Hth —1B 140
Virginia St. E1 —7G 69
Virginia Wlk. SW2 —6K 103
Viscount Clo. N11 —6A 16
Viscount Ct. W2 —6J 65
(off Pembridge Vs.)
Viscount Dri. E6 —5D 72
Viscount Gro. N'holt —3B 60
Viscount Rd. Stanw —1A 112
Viscount St. EC1 —4C 68 (4C 162)
Viscount Way. H'row A —4G 95
Vista Av. Enf —2E 8
Vista Dri. Ilf —5B 36
Vista, The. SE9 —6B 108
Vista, The. Sidc —5K 127
Vista Way. Harr & Kent —6E 26
Vittoria Ho. N1 —1K 67
(off High Rd.)
Viveash Clo. Hay —3H 77

Vivian Av. NW4 —5D 28
Vivian Av. Wemb —5G 45
Vivian Comma Clo. N4 —3B 50
Vivian Ct. N12 —5E 14
Vivian Gdns. Wemb —5G 45
Vivian Mans. NW4 —5D 28
(off Vivian Av.)
Vivian Rd. E3 —2A 70
Vivian Sq. SE15 —3H 105
Vivian Way. N2 —5B 30
Vivien Clo. Chess —7E 146
Vivienne Clo. Twic —6D 98
Voce Rd. SE18 —7H 91
Voewood Clo. N Mald —6B 136
Vogans Mill. SE1 —2F 87 (6K 169)
Vogue Ct. Brom —1K 143
Vollasky Ho. E1 —5G 69 (5K 163)
(off Daplyn St.)
Voltaire Rd. SW4 —3H 103
Voltaire Way. Hay —7G 59
Volt Av. NW10 —3K 63
Volta Way. Croy —1K 151
Voluntary Pl. E11 —6J 35
Vorley Rd. N19 —2G 49
Voss Ct. SW16 —6J 121
Voss St. E2 —3G 69
Voyager Bus. Est. SE16 —3G 87
(off Spa Rd.)
Voyagers Clo. SE28 —6C 74
Vulcan Clo. E6 —6E 72
Vulcan Clo. Wall —7K 151
(off Handley Page Rd.)
Vulcan Ga. Enf —2F 7
Vulcan Rd. SE4 —2B 106
Vulcan Sq. E14 —4D 88
Vulcan Ter. SE4 —2B 106
Vulcan Way. N7 —6K 49
Vyner Rd. W3 —7K 63
Vyner St. E9 —1H 69
Vyner's Way. Uxb —5C 40
Vyne, The. Bexh —3H 111

Wadbrook St. King T —2D 134
Wadding St. SE17 —4D 86
Waddington Clo. Enf —4K 7
Waddington Rd. E15 —5F 53
Waddington St. E15 —6F 53
Waddington Way. SE19 —7C 122
Waddon. —3A 152
Waddon Clo. Croy —3A 152
Waddon Ct. Rd. Croy —3A 152
Waddon Marsh Way. Croy —1K 151
Waddon New Rd. Croy —3B 152
Waddon Pk. Av. Croy —4A 152
Waddon Rd. Croy —3A 152
Waddon Way. Croy —6A 152
Wade Ct. N10 —7A 16
Wade Ho. SE1 —2G 87 (7K 169)
(off Parkers Row)
Wade Ho. Enf —5J 7
Wades Gro. N21 —7F 7
Wades Hill. N21 —6F 7
Wades La. Tedd —5A 116
Wadeson St. E2 —2H 69
Wade's Pl. E14 —7D 70
Wadeville Av. Romf —6E 38
Wadeville Clo. Belv —6G 93
Wadham Av. E17 —7J 19
Wadham Clo. Shep —7E 130
Wadham Gdns. NW3 —1C 66
Wadham Gdns. Gnfd —6H 43
Wadham Rd. E17 —7J 19
Wadham Rd. SW15 —4G 101
Wadhurst Clo. SE20 —2H 141
Wadhurst Rd. SW8 —1G 103
Wadhurst Rd. W4 —3K 81
Wadley Rd. E11 —7G 35
Wadsworth Bus. Cen. Gnfd —2C 62
Wadsworth Clo. Enf —5E 8
Wadsworth Clo. Gnfd —2C 62
Wadsworth Rd. Gnfd —2B 62
Wager St. E3 —4B 70
Waggoners Roundabout. —1K 95
Waggon La. N17 —6B 18
Waggon M. N14 —1B 16
Waghorn Rd. E13 —1A 72
Waghorn Rd. Harr —3D 26
Waghorn St. SE15 —3G 105
Wagner St. SE15 —7J 87
Wagstaff Gdns. Dag —7C 56
Wagtail Clo. NW9 —2A 28
Wagtail Wlk. Beck —5E 142
Waight's Ct. King T —1E 134
Wainfleet Av. Romf —2J 39
Wainford Clo. SW19 —7F 101
Wainwright Gro. Iswth —4H 97
Waite Davies Rd. SE12 —7H 107
Waite St. SE15 —6F 87
Waithman St. EC4 —6B 68
(off Apothecary St.)
Wakefield Ct. SE26 —6J 123
Wakefield Gdns. SE19 —7E 122
Wakefield Gdns. Ilf —6C 36
Wakefield Ho. SE15 —1G 105
Wakefield M. WC1 —3J 67 (2F 161)
Wakefield Rd. N11 —5C 16
Wakefield Rd. N15 —5F 33
Wakefield Rd. Rich —5D 98
Wakefield St. E6 —1B 72
Wakefield St. N18 —5B 18
Wakefield St. WC1 —4J 67 (2F 161)
Wakeford Clo. SW4 —5G 103
Wakehams Hill. Pinn —3D 24
Wakeham St. N1 —6D 50
Wakehurst Rd. SW11 —5C 102
Wakeling Rd. W7 —5K 61
Wakeling St. E1 —6A 70
Wakeling St. E14 —6A 70
Wakelin Ho. N1 —7B 50
(off Sebbon St.)
Wakelin Ho. SE23 —7A 106
Wakelin Rd. E15 —2G 71
Wakeman Rd. NW10 —3E 64
Wakemans Hill Av. NW9 —5K 27
Wakering Rd. Bark —6G 55
(in two parts)
Wakerings, The. Bark —6G 55
Wakerley Clo. E6 —6D 72
Wakley St. EC1 —3B 68 (1A 162)
Walberswick St. SW8 —7J 85
Walbrook. EC4 —7D 68 (2E 168)
(in three parts)
Walbrook Ho. N9 —2D 18
(off Huntingdon Rd.)
Walbrook Wharf. EC4 —7C 68 (3D 168)
(off Bell Wharf La.)
Walburgh St. E1 —6H 69
Walcorde Av. SE17 —4C 86
Walcot Gdns. SE11 —3J 173
Walcot Rd. Enf —2G 9
Walcot Sq. SE11 —4A 86 (3K 173)
Walcott St. SW1 —4G 85 (3B 172)
Waldair Ct. E16 —2F 91
Waldeck Gro. SE27 —3B 122
Waldeck Rd. N15 —4B 32
Waldeck Rd. SW14 —3J 99
Waldeck Rd. W4 —6G 81
Waldeck Rd. W13 —6B 62
Waldeck Ter. SW14 —3J 99
(off Waldeck Rd.)
Waldegrave Av. Tedd —5K 115
Waldegrave Ct. Bark —1H 73
Waldegrave Gdns. Twic —2K 115
Waldegrave Pk. Twic —4K 115
Waldegrave Rd. N8 —3A 32
Waldegrave Rd. SE19 —7F 123
Waldegrave Rd. W5 —7F 63
Waldegrave Rd. Brom —4C 144
Waldegrave Rd. Dag —2C 56
Waldegrave Rd. Tedd —4K 115
Waldegrove. Croy —3F 153
Waldemar Av. SW6 —1G 101
Waldemar Av. W13 —1C 80
Waldemar Rd. SW19 —5J 119
Walden Av. N13 —4H 17
Walden Av. Chst —4D 126
Walden Av. Rain —2K 75
Walden Clo. Belv —5F 93
Walden Ct. SW8 —1H 103
Walden Gdns. T Hth —3K 139
Walden Ho. SW1 —4E 84 (4H 171)
(off Pimlico Rd.)
Walden Pde. Chst —6D 126
(in two parts)
Walden Rd. N17 —1D 32
Walden Rd. Chst —6D 126
Waldenshaw Rd. SE23 —1J 123
Walden St. E1 —6H 69
Walden Way. NW7 —6A 14
Waldo Clo. SW4 —5G 103
Waldo Ind. Est. Brom —3B 144
Waldo Pl. Mitc —7C 120
Waldorf Clo. S Croy —7B 152
Waldo Rd. NW10 —3C 64
(in two parts)
Waldo Rd. Brom —3B 144
Waldram Cres. SE23 —1J 123
Waldram Pk. Rd. SE23 —1K 123
Waldram Pl. SE23 —1J 123
Waldrist Way. Eri —2F 93
Waldron Gdns. Brom —3F 143
Waldronhyrst. S Croy —4B 152
Waldron M. SW3 —6B 84 (7B 170)
Waldron Rd. SW18 —3A 120
Waldron Rd. Harr —1J 43
Waldron's Path. S Croy —4C 152
Waldrons, The. Croy —4B 152
Waldrons Yd. S Harr —2H 43
Waldstock Rd. SE28 —7A 74
Waleran Clo. Stan —5E 10
Walerand Rd. SE13 —2E 106
Waleran Flats. SE1 —4E 86
Wales Av. Cars —5C 150
Wales Clo. SE15 —7H 87
Wales Farm Rd. W3 —5K 63
Waleton Acres. Wall —6G 151
Waley St. E1 —5A 70
Walfield Av. N20 —7E 4
Walford Ho. E1 —6H 69
Walford Rd. N16 —4E 50
Walfrey Gdns. Dag —7E 56
Walham Green. —1K 101
Walham Grn. Ct. SW6 —7K 83
(off Waterford Rd.)
Walham Gro. SW6 —7J 83
Walham Ri. SW19 —6G 119
Walham Yd. SW6 —7J 83
Walkato Lodge. Buck H —1F 21
Walkden Rd. Chst —5E 126
Walker Clo. N11 —4B 16
Walker Clo. SE18 —4G 91
Walker Clo. W7 —1J 79
Walker Clo. Felt —7H 95
Walker Clo. Hamp —6D 114
Walker Ho. NW1 —2H 67 (1C 160)
Walker's Ct. W1 —2C 166
Walkerscroft Mead. SE21 —1C 122
Walkers Pl. SW15 —4G 101
Walkford Way. SE15 —7F 87
Walkinshaw Ct. N1 —7C 50
(off Rotherfield St.)
Walks, The. N2 —3B 30
Walk, The. N13 —3F 17
(off Fox La.)
Walk, The. Sun —7H 113
Wallace Clo. SE28 —7D 74
Wallace Clo. Shep —4F 131
Wallace Clo. Uxb —2A 58
Wallace Collection. —6E 66 (7H 159)
Wallace Ct. NW1 —5C 66 (6D 158)
(off Old Marylebone Rd.)
Wallace Cres. Cars —5D 150
Wallace Ho. N7 —6K 49
(off Caledonian Rd.)
Wallace Rd. N1 —6C 50
Wallace Way. N19 —2H 49
(off St John's Way)
Wallasey Cres. Uxb —2C 40
Wallbrook Bus. Cen. Houn —3K 95
Wallbutton Rd. SE4 —2A 106
Wallcote Av. NW2 —1F 47
Wall Ct. N4 —1K 49
(off Stroud Grn. Rd.)
Wallend. —1E 72
Wall End Ct. E6 —1E 72
(off Wall End Rd.)
Wall End Rd. E6 —7D 54
Waller Dri. N'wd —2J 23
Waller Rd. SE14 —1K 105
Wallers Clo. Dag —1E 74
Wallers Clo. Wfd G —6J 21
Waller Way. SE10 —7D 88
Wallflower St. W12 —7B 64
Wallgrave Rd. SW5 —4K 83
Wallingford Av. W10 —5F 65
Wallington. —6G 151
Wallington Clo. Ruis —6E 22
Wallington Corner. Wall —4F 151
(off Manor Rd. N.)
Wallington Ct. Wall —6F 151
(off Stanley Pk. Rd.)
Wallington Green. —4F 151
Wallington Rd. Ilf —7K 37
Wallington Sq. Wall —6F 151
Wallis All. SE1 —6D 168
Wallis Clo. SW11 —3B 102
Wallis Ho. SE14 —1A 106
Wallis M. N8 —3A 32
(off Courcy Rd.)
Wallis Rd. E9 —6B 52
Wallis Rd. S'hall —6F 61
Wallis's Cotts. SW2 —7J 103
Wallman Pl. N22 —1K 31
Wallorton Gdns. SW14 —4K 99
Wallside. EC2 —6D 162
Wall St. N1 —6D 50
Wallwood Rd. E11 —7F 35
Wallwood St. E3 —5B 70
Wallwood St. E14 —5B 70
Walmar Clo. Barn —1G 5
Walmer Clo. E4 —2J 19
Walmer Clo. Romf —2H 39
Walmer Gdns. W13 —2A 80
Walmer Pl. W1 —5E 158
Walmer Rd. W10 —6E 64
Walmer Rd. W11 —7G 65
Walmer St. W1 —5D 66 (5E 158)
Walmer Ter. SE18 —4G 91
Walmgate Rd. Gnfd —1B 62
Walmington Fold. N12 —6D 14
Walm La. NW2 —6E 46
Walney Wlk. N1 —6C 50
Walnut Av. W Dray —3C 76
Walnut Clo. SE8 —6B 88
Walnut Clo. Cars —5D 150
Walnut Clo. Hay —7G 59
Walnut Clo. Ilf —4G 37
Walnut Ct. E17 —4E 34
Walnut Ct. W5 —2E 80
Walnut Ct. W8 —3K 83
(off St Mary's Pl.)
Walnut Fields. Eps —7B 148
Walnut Gdns. E15 —5G 53
Walnut Gro. Enf —5J 7
Walnut M. Sutt —7A 150
Walnut Rd. E10 —2C 52
Walnut Tree Av. Mitc —3C 138
Walnut Tree Clo. SW13 —1B 100
Walnut Tree Clo. Chst —1H 145
Walnut Tree Clo. Shep —3E 130
Walnut Tree Cotts. SW19 —5G 119
Walnut Tree Ho. SW10 —6K 83
(off Tregunter Rd.)
Walnut Tree Rd. SE10 —5G 89
(in two parts)
Walnut Tree Rd. Bren —6E 80
Walnut Tree Rd. Dag —2E 56
Walnut Tree Rd. Houn —6D 78
Walnut Tree Rd. Shep —2E 130
Walnut Tree Wlk. SE11 —4A 86 (3J 173)
Walnut Way. Buck H —3G 21
Walnut Way. Ruis —6A 42
Walpole Av. Rich —2F 99
Walpole Clo. W13 —2C 80
Walpole Ct. W14 —3F 83
(off Blythe Rd.)
Walpole Ct. Twic —2J 115
Walpole Cres. Tedd —5K 115
Walpole Gdns. W4 —5J 81
Walpole Gdns. Twic —2J 115
Walpole Ho. SE1 —2A 86 (7J 167)
(off Westminster Bri. Rd.)
Walpole Lodge. W5 —1C 80
Walpole M. NW8 —1B 66
Walpole M. SW19 —6B 120
Walpole Pl. SE18 —4F 91
Walpole Pl. Tedd —5K 115
Walpole Rd. E6 —7A 54
Walpole Rd. E17 —4A 34
Walpole Rd. E18 —1H 35
Walpole Rd. N17 —2C 32
(in two parts)
Walpole Rd. SW19 —6B 120
Walpole Rd. Brom —5B 144
Walpole Rd. Croy —2D 152
Walpole Rd. Surb —7E 134
Walpole Rd. Tedd —5K 115
Walpole Rd. Twic —2J 115
Walpole St. SW3 —5D 84 (5E 170)
Walrond Av. Wemb —5E 44
Walsham Clo. N16 —1G 51
Walsham Clo. SE28 —7D 74
Walsham Ho. SE14 —2K 105
Walsham Ho. SE17 —5D 86
(off Blackwood St.)
Walsham Rd. SE14 —2K 105
Walsham Rd. Felt —7K 95
Walsingham. NW8 —1B 66
Walsingham Gdns. Eps —4A 148
Walsingham Lodge. SW13 —1C 100
Walsingham Mans. SW6 —7K 83
(off Fulham Rd.)
Walsingham Pk. Chst —2H 145
Walsingham Pl. SW11 —6E 102
Walsingham Rd. E5 —3G 51
Walsingham Rd. W13 —1A 80
Walsingham Rd. Enf —4J 7
Walsingham Rd. Mitc —5D 138
Walsingham Wlk. Belv —6G 93
Walston Ho. SW1 —5H 85 (5C 172)
(off Aylesford St.)

Walter Ct. W3 —6J 63
(off Lynton Ter.)
Walter Grn. Ho. SE15 —1J 105
(off Lausanne Rd.)
Walter Hurford Pde. E12 —4E 54
Walter Rodney Clo. E6 —6D 54
Walters Clo. SE17 —0D 86
(off Brandon St.)
Walters Ho. SE11 —6B 86
(off Brandon Est.)
Walters Rd. SE25 —4E 140
Walters Rd. Enf —4D 8
Walter St. E2 —3K 69
Walter St. King T —1E 134
Walters Way. SE23 —6K 105
Walters Yd. Brom —2J 143
Walter Ter. E1 —6K 69
Walterton Rd. W9 —4H 65
Walter Wlk. Edgw —6D 12
Waltham Av. NW9 —6G 27
Waltham Av. Hay —3E 76
Waltham Dri. Edgw —2G 27
Waltham Ho. NW8 —1A 66
Waltham Pk. Way. E17 —1C 34
Waltham Rd. Cars —7B 138
Waltham Rd. S'hall —3C 78
Waltham Rd. Wfd G —6H 21
Walthamstow. —4C 34
Walthamstow Av. E4 —6G 19
Walthamstow Bus. Cen. E17
—2E 34

**Walthamstow Greyhound
Stadium. —7J 19**
Waltham Way. E4 —3G 19
Waltheof Av. N17 —1D 32
Waltheof Gdns. N17 —1D 32
Walton Av. Harr —5D 42
Walton Av. N Mald —4B 136
Walton Av. Sutt —3H 149
Walton Bri. Shep & W on T
—7G 131
Walton Bri. Rd. Shep —7G 131
Walton Clo. E5 —3K 51
Walton Clo. NW2 —2D 46
Walton Clo. SW8 —7J 85
Walton Clo. Harr —4H 25
Walton Ct. New Bar —5F 5
Walton Cft. Harr —4J 43
Walton Dri. NW10 —6K 45
Walton Dri. Harr —4H 25
Walton Gdns. W3 —5H 63
Walton Gdns. Felt —4H 113
Walton Gdns. Wemb —2E 44
Walton Grn. New Ad —7D 154
Walton Ho. E2 —4F 69 (3J 163)
Walton Ho. E4 —5H 19
(off Chingford Mt. Rd.)
Walton Ho. E17 —3D 34
(off Drive, The)
Walton La. Shep —7F 131
Walton La. Wey & W on T
—7G 131
Walton-On-Thames. —7J 131
Walton Pl. SW3 —3D 84 (1E 170)
Walton Rd. E12 —4E 54
(in three parts)
Walton Rd. E13 —2A 72
Walton Rd. N15 —4F 33
Walton Rd. E Mol & W Mol
—4D 132
Walton Rd. Harr —4H 25
Walton Rd. Romf —1F 39
Walton Rd. Sidc —2C 128
Walton Rd. W on T & W Mol
—5A 132
Walton St. SW3 —4C 84 (3D 170)
Walton St. Enf —1J 7
Walton Way. W3 —5H 63

Walton Way. Mitc —4G 139
Walt Whitman Clo. SE24 —4B 104
Walworth. —5C 86
Walworth Pl. SE17 —5C 86
Walworth Rd. SE1 & SE17 —4C 86
Walwyn Av. Brom —3B 144
Wanborough Dri. SW15 —1D 118
Wanderer Dri. Bark —3C 74
Wandle Bank NW19 —7B 120
Wandle Bank. Croy —3J 151
Wandle Ct. Croy —3J 151
Wandle Ct. Eps —4J 147
Wandle Ct. Gdns. Croy —3J 151
Wandle Ho. NW8 —5C 66 (5C 158)
(off Penfold St.)
Wandle Ho. Brom —5F 125
Wandle Pk. Trad. Est., The. Croy
—2B 152
Wandle Rd. SW17 —2C 120
Wandle Rd. Bedd —3C 152
Wandle Rd. Croy —3J 151
Wandle Rd. Mord —4A 138
Wandle Rd. Wall —3F 151
Wandle Side. Croy —3K 151
Wandle Side. Wall —3F 151
Wandle Way. SW18 —7K 101
Wandle Way. Mitc —5D 138
Wandon Rd. SW6 —7K 83
(in two parts)
Wandsworth. —5K 101
Wandsworth Bri. SW6 & SW18
—3K 101
Wandsworth Bri. Rd. SW6
—1K 101
Wandsworth Common. —1D 120
Wandsworth Comn. W. Side.
SW18 —5A 102
Wandsworth Gyratory. —5K 101
Wandsworth High St. SW18
—5J 101
Wandsworth Plain. SW18 —5K 101
Wandsworth Rd. SW8
—3F 103 (7E 172)
Wandsworth Shop. Cen. SW18
—6K 101
Wangey Rd. Chad H & Romf
—7D 30
Wangford Ho. SW9 —4B 104
(off Loughborough Pk.)
Wanless Rd. SE24 —3C 104
Wanley Rd. SE5 —4D 104
Wanlip Rd. E13 —4K 71
Wannock Gdns. Ilf —1F 37
Wansbeck Ct. Enf —3G 7
(off Waverley Rd.)
Wansbeck Rd. E9 & E3 —7B 52
Wansdown Pl. SW6 —7K 83
Wansey St. SE17 —4C 86
Wansford Rd. Wfd G —1A 36
Wanstead. —5K 35
Wanstead Clo. Brom —2A 144
Wanstead Gdns. Ilf —6B 36
Wanstead La. Ilf —6C 36
Wanstead Pk. Av. E12 —1B 54
Wanstead Pk. Rd. Ilf —6B 36
Wanstead Pl. E11 —6J 35
Wanstead Rd. Brom —2A 144
Wansunt Rd. Bex —1J 129
Wantage Rd. SE12 —5H 107
Wantz Rd. Dag —4H 57
Wapping. —1H 87
Wapping Dock St. E1 —1H 87
Wapping High St. E1 —1G 87
Wapping La. E1 —7H 69
Wapping Wall. E1 —1J 87
Warbank La. King T —7B 118
Warbeck Rd. W12 —2D 82
Warberry Rd. N22 —2K 31

Warboys App. King T —6H 117
Warboys Cres. E4 —5K 19
Warboys Rd. King T —6H 117
Warburton Clo. N1 —6E 50
(off Culford Rd.)
Warburton Clo. Harr —6C 10
Warburton Ct. Ruis —2J 41
Warburton Ho. E8 —1H 69
(off Warburton St.)
Warburton Rd. E8 —1H 69
Warburton Rd. Twic —1F 115
Warburton St. E8 —1H 69
Warburton Ter. E17 —2D 34
Wardalls Gro. SE14 —7J 87
Wardalls Ho. SE8 —6B 88
(off Staunton St.)
Ward Clo. Eri —6K 93
Ward Clo. S Croy —6E 152
Wardell Clo. NW7 —7F 13
Wardell Fld. NW9 —1A 28
Warden Av. Harr —1D 42
Warden Rd. NW5 —6E 48
Wardens Gro. SE1
—1C 86 (5C 168)
Wardle St. E9 —5K 51
Wardley St. SW18 —7K 101
Wardo Av. SW6 —1G 101
Wardour M. W1 —1B 166
Wardour St. W1 —6G 67 (7B 160)
Ward Point. SE11
—4A 86 (4J 173)
Ward Rd. E15 —1F 71
Ward Rd. N19 —3G 49
Ward Rd. SW19 —1A 138
Wardrobe Pl. EC4 —1B 168
Wardrohe Ter. EC4 —2B 168
Wardrobe, The. Rich —5D 98
(off Old Pal. Yd.)
Wards Rd. Ilf —7H 37
Ware Ct. Sutt —4H 149
Wareham Clo. Houn —4F 97
Wareham Ho. SW8 —7K 85
Waremead Rd. Ilf —5F 37
Warepoint Dri. SE28 —2H 91
Warfield Rd. NW10 —3F 65
Warfield Rd. Felt —7G 95
Warfield Rd. Hamp —1F 133
Warfield Yd. NW10 —3F 65
(off Warfield Rd.)
Wargrave Av. N15 —6F 33
Wargrave Ho. E2 —3F 69 (2J 163)
(off Navarre St.)
Wargrave Rd. Harr —3G 43
Warham Rd. N4 —5A 32
Warham Rd. Harr —2K 25
Warham Rd. S Croy —5B 152
Warham St. SE5 —7B 86
Waring & Gillow Est. W3 —4G 63
Waring Rd. Sidc —6C 128
Waring St. SE27 —4C 122
Warkworth Gdns. Iswth —7A 80
Warkworth Rd. N17 —7J 17
Warland Rd. SE18 —7H 91
Warley Av. Dag —7F 39
Warley Av. Hay —6J 59
Warley Clo. E10 —1B 52
Warley Rd. N9 —2D 18
Warley Rd. Hay —6J 59
Warley Rd. Ilf —1E 36
Warley Rd. Wfd G —7E 20
Warley St. E2 —3K 69
Warlingham Rd. T Hth —4B 140
Warlock Rd. W9 —4H 65
Warlters Clo. N7 —4J 49
Warlters Rd. N7 —4J 49
Warltersville Mans. N19 —7J 31
Warltersville Rd. N19 —7J 31
Warmington Clo. E5 —3K 51

Warmington Rd. SE24 —6C 104
Warmington St. E13 —4J 71
Warmington Tower. SE14
—1A 106
Warminster Gdns. SE25 —2G 141
Warminster Rd. SE25 —2F 141
Warminster Sq. SE25 —2G 141
Warminster Way. Mitc —1F 139
Warmley Ct. SE15 —6E 86
(off Newent Cl.)
Warmsworth. NW1 —1G 67
(off Pratt St.)
Warndon St. SE16 —4K 87
Warneford Rd. Harr —3D 26
Warneford St. E9 —1H 69
Warne Pl. Sidc —6B 110
Warner Av. Sutt —2G 149
Warner Clo. E15 —5G 53
Warner Clo. NW9 —7B 28
Warner Clo. Hamp —5D 114
Warner Clo. Hay —7F 77
Warner Ho. NW8 —3A 66
Warner Ho. SE13 —2D 106
(off Russett Way)
Warner Pde. Hay —7F 77
Warner Pl. E2 —2G 69
Warner Rd. E17 —4A 34
Warner Rd. N8 —4H 31
Warner Rd. SE5 —1C 104
Warner Rd. Brom —7H 125
Warners Clo. Wfd G —5D 20
Warners La. Rich —4D 116
Warners Path. Wfd G —5D 20
Warner St. EC1 —4A 68 (4J 161)
Warner Ter. E14 —5C 70
(off Broomfield)
Warner Yd. EC1 —4A 161
Warnford Ho. SW15 —6A 100
(off Tunworth Cres.)
Warnford Ind. Est. Hay —2G 77
Warnham. WC1 —3K 67 (2G 161)
(off Sidmouth St.)
Warnham Ct. Rd. Cars —7D 150
Warnham Ho. SW2 —7K 103
(off Up. Tulse Hill)
Warnham Rd. N12 —5H 15
Warple M. W3 —2A 82
Warple Way. W3 —1A 82
(in two parts)
Warren Av. F10 —3E 52
Warren Av. Brom —7G 125
Warren Av. Rich —4H 99
Warren Av. S Croy —7K 153
Warren Clo. N9 —7E 8
Warren Clo. SE21 —7C 104
Warren Clo. Bexh —5G 111
Warren Clo. Hay —5A 60
Warren Clo. Wemb —2D 44
Warren Ct. N17 —3G 33
(off High Cross Rd.)
Warren Ct. W5 —5C 62
Warren Ct. Beck —7C 124
Warren Ct. Croy —1E 152
Warren Cres. N9 —7A 8
Warren Cutting. King T —7K 117
Warrender Rd. N19 —3G 49
Warrender Way. Ruis —7J 23
Warren Dri. Gnfd —4F 61
Warren Dri. Ruis —7B 24
Warren Dri. N. Surb —1H 147
Warren Dri. S. Surb —1J 147
Warren Dri., The. E11 —7A 36
Warren Farm Cotts. Romf —4F 39
Warren Fields. Stan —4H 11
Warren Footpath. Twic —1C 116
Warren Gdns. E15 —5F 53
Warren La. SE18 —3F 91
Warren La. Stan —2F 11

Warren M. W1 —4G 67 (4A 160)
Warren Pk. King T —6J 117
Warren Pk. Rd. Sutt —6B 150
Warren Pl. E1 —6K 69
(off Caroline St.)
Warren Pond Rd. E4 —1C 20
(in two parts)
Warren Ri. N Mald —1K 135
Warren Rd. E4 —2K 19
Warren Rd. E10 —3E 52
Warren Rd. E11 —6A 36
(in two parts)
Warren Rd. NW2 —2B 46
Warren Rd. SW19 —6C 120
Warren Rd. Ashf —7G 113
Warren Rd. Bexh —5G 111
Warren Rd. Brom —2J 155
Warren Rd. Bus H —1B 10
Warren Rd. Croy —1E 152
Warren Rd. Ilf —5H 37
Warren Rd. King T —6J 117
Warren Rd. Sidc —3C 128
Warren Rd. Twic —6G 97
Warren Rd. Uxb —4A 40
Warrens Shawe La. Edgw —2C 12
Warren St. W1 —4F 67 (4A 160)
Warren Ter. Romf —4D 38
(in two parts)
Warren, The. E12 —4C 54
Warren, The. Hay —6J 59
Warren, The. Houn —7D 78
Warren, The. Wor Pk —4K 147
Warren Wlk. SE7 —6A 90
Warren Way. NW7 —6B 14
Warren Wood Clo. Brom
—2H 155
Warriner Gdns. SW11 —1D 102
Warrington Cres. W9 —4A 66
Warrington Gdns. W9 —4A 66
Warrington Pl. E14 —1E 88
(off Yabsley S)
Warrington Rd. Croy —3B 152
Warrington Rd. Dag —2D 56
Warrington Rd. Harr —5J 25
Warrington Rd. Rich —5D 98
Warrington Sq. Dag —2D 56
Warrior Sq. E12 —4E 54
Warsaw Clo. Ruis —6K 41
Warspite Ho. E14 —4D 88
Warspite Rd. SE18 —3C 90
Warton Rd. E15 —7E 52
Warwall. E6 —6F 73
Warwick. W14 —4H 83
(off Kensington Village)
Warwick Av. W9 & W2 —4K 65
Warwick Av. Edgw —3C 12
Warwick Av. Harr —4D 42
Warwick Chambers. W8 —3J 83
(off Pater St.)
Warwick Clo. Barn —5G 5
Warwick Clo. Bex —7F 111
Warwick Clo. Bus H —1D 10
Warwick Clo. Hamp —7G 115
Warwick Ct. W7 —6K 61
(off Copley Clo.)
Warwick Ct. WC1
—5K 67 (6H 161)
Warwick Ct. Brom —2G 143
Warwick Ct. Harr —3J 25
Warwick Ct. New Bar —5E 4
(off Station Rd.)
Warwick Ct. N'holt —5E 42
(off Newmarket Av.)
Warwick Cres. W2 —5A 66
Warwick Cres. Hay —4H 59
Warwick Dene. W5 —1E 80
Warwick Dri. SW15 —3D 100
Warwick Est. W2 —5K 65

Warwick Gdns. *N4* —5C **32**
Warwick Gdns. *W14* —3H **83**
Warwick Gdns. *Barn* —1C **4**
Warwick Gdns. *Ilf* —1F **55**
Warwick Gdns. *Th Dit* —5K **133**
Warwick Gdns. *T Hth* —3A **140**
Warwick Gro. *E5* —2H **51**
Warwick Gro. *Surb* —7F **135**
Warwick Ho. *SW9* —2A **104**
Warwick Ho. St. *SW1*
—1H **85** (4D **166**)
Warwick La. *EC4* —6B **68** (7B **162**)
Warwick Lodge. *Twic* —3F **115**
Warwick Pde. *Harr* —2B **26**
Warwick Pas. *EC4*
(off Old Bailey) —6B **68** (1B **168**)
Warwick Pl. *W5* —2D **80**
Warwick Pl. *W9* —5A **66**
Warwick Pl. *Th Dit* —6A **134**
Warwick Pl. N. *SW1*
—4G **85** (4A **172**)
Warwick Rd. *E4* —5H **19**
Warwick Rd. *E11* —5K **35**
Warwick Rd. *E12* —5C **54**
Warwick Rd. *E15* —6H **53**
Warwick Rd. *E17* —1B **34**
Warwick Rd. *N11* —6C **16**
Warwick Rd. *N18* —4K **17**
Warwick Rd. *SE20* —3H **141**
Warwick Rd. *W5* —2D **80**
Warwick Rd. *W14 & SW5* —4H **83**
Warwick Rd. *Ashf* —5A **112**
Warwick Rd. *Barn* —4E **4**
Warwick Rd. *Houn* —3K **95**
Warwick Rd. *King T* —1C **134**
Warwick Rd. *N Mald* —3J **135**
Warwick Rd. *Sidc* —5B **128**
Warwick Rd. *S'hall* —3D **78**
Warwick Rd. *Sutt* —4A **150**
Warwick Rd. *Th Dit* —5K **133**
Warwick Rd. *T Hth* —3A **140**
Warwick Rd. *Twic* —1J **115**
Warwick Rd. *Well* —3C **110**
Warwick Rd. *W Dray* —2A **76**
Warwick Row. *SW1*
—3G **85** (1K **171**)
Warwickshire Path. *SE8* —7B **88**
Warwickshire Rd. *N16* —4E **50**
Warwick Sq. *EC4* —6B **68** (7B **162**)
Warwick Sq. *SW1*
—5G **85** (5A **172**)
Warwick Sq. M. *SW1*
—4G **85** (4A **172**)
Warwick St. *W1* —7G **67** (2B **166**)
Warwick Ter. *E10* —5F **35**
(off Lea Bri. Rd.)
Warwick Ter. *SE18* —6H **91**
Warwick Way. *SW1*
—5F **85** (5J **171**)
Warwick Yd. *EC1* —4C **68** (4D **162**)
Washington Av. *E12* —4D **54**
Washington Clo. *E3* —3D **70**
Washington Ho. *E17* —2B **34**
(off Priory Ct.)
Washington Rd. *E6* —7A **54**
Washington Rd. *E18* —2H **35**
Washington Rd. *SW13* —7C **82**
Washington Rd. *King T* —2G **135**
Washington Rd. *Wor Pk* —2D **148**
Wasps R.U.F.C. —1D **82**
(Queens Park Rangers
Football Ground)
Wastdale Rd. *SE23* —1K **123**
Watchfield Ct. *W4* —5J **81**
Watcombe Cotts. *Rich* —6G **81**
Watcombe Pl. *SE25* —5H **141**
Watcombe Rd. *SE25* —5H **141**
Waterbank Rd. *SE6* —3D **124**

Waterbeach Rd. *Dag* —6C **56**
Water Brook La. *NW4* —5E **28**
Watercress Pl. *N1* —7E **50**
Waterdale Rd. *SE2* —6A **92**
Waterden Cres. *E15* —5C **52**
Waterden Rd. *E15* —5C **52**
Waterer Ho. *SE6* —4E **124**
Waterer Ri. *Wall* —6H **151**
Waterfall Clo. *N14* —3B **16**
Waterfall Cotts. *SW19* —6B **120**
Waterfall Rd. *N11 & N14* —4A **16**
Waterfall Rd. *SW19* —6B **120**
Waterfall Ter. *SW17* —6C **120**
Waterfall Wlk. *N14* —3A **16**
Waterfield Clo. *SE28* —1B **92**
Waterfield Clo. *Belv* —3G **93**
Waterfield Gdns. *SE25* —4D **140**
Waterford Ho. *W11* —7H **65**
(off Kensington Pk. Rd.)
Waterford Rd. *SW6* —7K **83**
(in two parts)
Water Gdns. *Stan* —6G **11**
Water Gdns., The. *W2*
—6C **66** (7D **158**)
Watergardens, The. *King T*
—6J **117**
Watergate. *EC4* —7B **68** (2A **168**)
Watergate St. *SE8* —6C **88**
Watergate Wlk. *WC2*
—1J **85** (4F **167**)
Waterhall Av. *E4* —4B **20**
Waterhall Clo. *E17* —1K **33**
Waterhead. *NW1* —3G **67** (1A **160**)
(off Varndell St.)
Waterhouse Clo. *E16* —5B **72**
Waterhouse Clo. *NW3* —5B **48**
Waterhouse Clo. *W6* —4F **83**
Waterhouse Sq. *EC1*
—5A **68** (6J **161**)
Wateridge Clo. *E14* —3C **88**
Water La. *E15* —6G **53**
Water La. *EC3* —7E **68** (3H **169**)
Water La. *N9* —1C **18**
Water La. *NW1* —7F **49**
Water La. *SE14* —7J **87**
Water La. *Ilf* —3J **55**
Water La. *King T* —1D **134**
Water La. *Rich* —5D **98**
Water La. *Sidc* —2F **129**
(in two parts)
Water La. *Twic* —1A **116**
Water Lily Clo. *S'hall* —2G **79**
Waterloo Bri. *WC2 & SE1*
—7K **67** (3G **167**)
Waterloo Clo. *E9* —5J **51**
Waterloo Clo. *Felt* —1H **113**
Waterloo Gdns. *E2* —2J **69**
Waterloo Gdns. *Romf* —6K **39**
Waterloo Pas. *NW6* —7H **47**
Waterloo Pl. *SW1*
—1H **85** (4C **166**)
Waterloo Pl. *Cars* —3D **150**
(off Wrythe La.)
Waterloo Pl. *Kew* —6G **81**
Waterloo Pl. *Rich* —4E **98**
Waterloo Rd. *E6* —7A **54**
Waterloo Rd. *E7* —5H **53**
Waterloo Rd. *E10* —7C **34**
Waterloo Rd. *NW2* —1C **46**
Waterloo Rd. *SE1*
—1K **85** (4H **167**)
Waterloo Rd. *Ilf* —2G **37**
Waterloo Rd. *Romf* —5K **39**
Waterloo Rd. *Sutt* —5B **150**
Waterloo Ter. *N1* —7B **50**
Waterlow Ct. *NW11* —7K **29**
Waterlow Rd. *N19* —1G **49**
Waterman Building. *E14* —2B **88**

Watermans Clo. *King T* —7E **116**
Watermans Ct. *Bren* —6D **80**
(off High St.)
Watermans M. *W5* —7E **62**
Waterman St. *SW15* —3F **101**
Waterman's Wlk. *EC4* —3E **168**
Watermans Wlk. *SE16* —2A **88**
Waterman Way. *E1* —1H **87**
Watermead. *Felt* —6J **113**
Watermead Ho. *E9* —5A **52**
Watermead La. *Cars* —7D **138**
Watermeadow La. *SW6* —2A **102**
Watermead Rd. *SE6* —4E **124**
Watermead Way. *N17* —3G **33**
Watermen's Sq. *SE20* —7J **123**
Water M. *SE15* —4J **105**
Watermill Bus. Cen. *Enf* —2G **9**
Watermill Clo. *Rich* —3C **116**
Water Mill Ho. *Felt* —2E **114**
Watermill La. *N18* —5K **17**
Watermill Way. *SW19* —1B **138**
Watermill Way. *Felt* —2D **114**
Watermint Quay. *N16* —7G **33**
Water Rd. *Wemb* —1F **63**
Waters Edge. *SW6* —1E **100**
Watersedge. *Eps* —4J **147**
Watersfield Way. *Edgw* —7J **11**
Waters Gdns. *Dag* —5G **57**
Waterside. *E17* —6J **33**
Waterside. *Beck* —1B **142**
Waterside Bus. Cen. *Iswth* —4B **98**
Waterside Clo. *E3* —1B **70**
Waterside Clo. *SE16* —2G **87**
Waterside Clo. *Bark* —4A **56**
Waterside Clo. *N'holt* —3D **60**
Waterside Clo. *Surb* —2E **146**
Waterside Dri. *W on T* —5J **131**
Waterside Ho. *E14* —2D **88**
Waterside Pl. *NW1* —1E **66**
Waterside Point. *SW11* —7C **84**
Waterside Rd. *S'hall* —3E **78**
Waterside Trad. Cen. *W7* —3J **79**
Waterside Way. *SW17* —4A **120**
Watersmeet Way. *SE28* —6C **74**
Waterson St. *E2* —3E **68** (1H **163**)
Waters Pl. *SW15* —2E **100**
Watersplash Clo. *King T* —3E **134**
Watersplash La. *Hay* —4J **77**
(in two parts)
Watersplash Rd. *Shep* —5C **130**
Waters Rd. *SE6* —3G **125**
Waters Rd. *King T* —2H **135**
Waters Sq. *King T* —3H **135**
Water St. *WC2* —2J **167**
Water Tower Clo. *Uxb* —5A **40**
Water Tower Hill. *Croy* —4D **152**
Water Tower Pl. *N1* —1A **68**
Waterworks Corner. —1G **35**
Waterworks La. *E5* —2K **51**
Waterworks Rd. *SW2* —6K **103**
Waterworks Yd. *Croy* —3C **152**
Watery La. *SW20* —2H **137**
Watery La. *Hay* —5G **77**
Watery La. *N'holt* —2A **60**
Watery La. *Sidc* —6B **128**
Wates Way. *Mitc* —6D **138**
Wateville Rd. *N17* —1C **32**
Watford By-Pass. *Edgw* —4C **12**
Watford Clo. *SW11* —1C **102**
Watford Rd. *E16* —5J **71**
Watford Rd. *Harr & Wemb* —7A **26**
Watford Way. *NW4* —4C **28**
Watford Way. *NW7 & NW4* —4F **13**
Watkin Rd. *Wemb* —3H **45**
Watkins Ct. *N'wd* —1H **23**
Watkinson Rd. *N7* —6K **49**
Watling. —7E **12**
Watling Av. *Edgw* —1J **27**

Watling Ct. *EC4* —1D **168**
Watling Farm Clo. *Stan* —1H **11**
Watling Gdns. *NW2* —6G **47**
Watling Ga. *NW9* —4A **28**
Watlings Clo. *Croy* —6A **142**
Watling St. *EC4* —6C **68** (1D **168**)
Watling St. *SE15* —6E **86**
Watling St. *Bexh* —4H **111**
Watlington Gro. *SE26* —5A **124**
Watney Cotts. *SW14* —3J **99**
Watney Mkt. *E1* —6H **69**
Watney Rd. *SW14* —3J **99**
Watney's Rd. *Mitc* —5H **139**
Watson Av. *E6* —7E **54**
Watson Av. *Sutt* —2G **149**
Watson Clo. *N16* —5D **50**
Watson Clo. *SW19* —6C **120**
Watson's M. *W1* —5C **66** (6D **158**)
Watsons Rd. *N22* —1K **31**
Watson's St. *SE8* —7C **88**
Watson St. *E13* —2K **71**
Watsons Yd. *NW2* —2C **46**
Wattisfield Rd. *E5* —3J **51**
Watts Clo. *N15* —5E **32**
Watts Gro. *E3* —5C **70**
Watts La. *Chst* —1F **145**
Watts La. *Tedd* —5A **116**
Watts Point. *E13* —1J **71**
(off Brooks Rd.)
Watts Rd. *Th Dit* —7A **134**
Watt St. *E1* —1H **87**
Watts St. *SE15* —1F **105**
Wat Tyler Ho. *N8* —3J **31**
(off Boyton Rd.)
Wat Tyler Rd. *SE10 & SE3*
—2E **106**
Wauthier Clo. *N13* —5G **17**
Wavell Dri. *Sidc* —6J **109**
Wavel M. *N8* —4H **31**
Wavel M. *NW6* —7K **47**
Wavel Pl. *SE26* —4F **123**
Wavendon Av. *W4* —5K **81**
Waveney Av. *SE15* —4H **105**
Waveney Clo. *E1* —1G **87**
Waveney Ho. *SE15* —4H **105**
Waverley Av. *E4* —4G **19**
Waverley Av. *E17* —3F **35**
Waverley Av. *Surb* —6H **135**
Waverley Av. *Sutt* —2K **149**
Waverley Av. *Twic* —1D **114**
Waverley Av. *Wemb* —5F **45**
Waverley Clo. *E18* —1A **36**
Waverley Clo. *Brom* —5B **144**
Waverley Clo. *Hay* —4F **77**
Waverley Clo. *W Mol* —5E **132**
Waverley Ct. *NW6* —7G **47**
Waverley Ct. *SE26* —5J **123**
Waverley Cres. *SE18* —5H **91**
Waverley Gdns. *E6* —5C **72**
Waverley Gdns. *NW10* —2F **63**
Waverley Gdns. *Bark* —2J **73**
Waverley Gdns. *Ilf* —2G **37**
Waverley Gdns. *N'wd* —1J **23**
Waverley Gro. *N3* —3G **29**
Waverley Ind. Est. *Harr* —3H **25**
Waverley Pl. *N4* —2B **50**
Waverley Pl. *NW8* —2B **66**
Waverley Rd. *E17* —3E **34**
Waverley Rd. *E18* —1A **36**
Waverley Rd. *N8* —6J **31**
Waverley Rd. *N17* —7C **18**
Waverley Rd. *SE18* —5G **91**
Waverley Rd. *SE25* —4H **141**
Waverley Rd. *Enf* —3G **7**
Waverley Rd. *Eps* —5D **148**
Waverley Rd. *Harr* —2C **42**

Waverley Rd. *S'hall* —7E **60**
Waverley Sv. *N17* —2F **33**
Waverley Way. *Cars* —6C **150**
Waverton Ho. *E3* —1B **70**
Waverton Rd. *SW18* —7A **102**
Waverton St. *W1* —1E **84** (4J **165**)
Wavertree Ct. *SW2* —1J **121**
Wavertree Rd. *E18* —2J **35**
Wavertree Rd. *SW2* —1K **121**
Waxlow Cres. *S'hall* —6E **60**
Waxlow Ho. *Hay* —5B **60**
Waxlow Rd. *NW10* —2J **63**
Waxwell Clo. *Pinn* —2B **24**
Waxwell Farm Ho. *Pinn* —2B **24**
Waxwell La. *Pinn* —2B **24**
Wayborne Gro. *Ruis* —6E **22**
Waye Av. *Houn* —1J **95**
Wayfarer Rd. *N'holt* —3B **60**
Wayfield Link. *SE9* —6H **109**
Wayford St. *SW11* —2C **102**
Wayland Av. *E8* —5G **51**
Wayland Clo. *E8* —5G **51**
Wayland Ho. *SW9* —2A **104**
(off Robsart St.)
Waylands. *Hay* —5F **59**
Waylands Mead. *Beck* —1D **142**
Waylett Ho. *SE11* —6J **173**
Waylett Pl. *SE27* —3B **122**
Waylett Pl. *Wemb* —4D **44**
Wayman Ct. *E8* —6H **51**
Wayne Kirkum Way. *NW6* —5H **47**
Waynflete Av. *Croy* —3B **152**
Waynflete Sq. *W10* —7F **65**
Waynflete St. *SW18* —2A **120**
Wayside. *NW11* —1G **47**
Wayside. *SW14* —5J **99**
Wayside. *New Ad* —6D **154**
Wayside Clo. *N14* —6B **6**
Wayside Ct. *Twic* —6C **98**
Wayside Ct. *Wemb* —3G **45**
Wayside Gdns. *Dag* —5G **57**
Wayside Gro. *SE9* —4D **126**
Wayside M. *Ilf* —5E **36**
Weald Clo. *SE16* —5H **87**
Weald Clo. *Brom* —2C **156**
Weald La. *Harr* —2H **25**
Weald Ri. *Harr* —7E **10**
Weald Rd. *Uxb* —2C **58**
Weald Sq. *E5* —2G **51**
Wealdstone. —3J **25**
Wealdstone Rd. *Sutt* —2H **149**
Weald, The. *Chst* —6D **126**
Weald Way. *Hay* —3G **59**
Weald Way. *Romf* —6H **39**
Wealdwood Gdns. *Pinn* —6A **10**
Weale Rd. *E4* —3A **20**
Weall Ct. *Pinn* —4C **24**
Weardale Gdns. *Enf* —1J **7**
Weardale Rd. *SE13* —4F **107**
Wearmouth Ho. *E3* —5B **70**
Wear Pl. *E2* —3H **69**
(in two parts)
Wearside Rd. *SE13* —4D **106**
Weatherbury. *W2* —6J **65**
(off Talbot Rd.)
Weatherbury Ho. *N19* —3H **49**
(off Wedmore St.)
Weatherley Clo. *E3* —5B **70**
Weaver Clo. *E6* —7F **73**
Weaver Clo. *Croy* —4F **153**
Weavers Clo. *Iswth* —4J **97**
Weavers Ho. *E11* —6J **35**
(off New Wanstead)
Weavers La. *SE1* —1E **86** (5H **169**)
Weavers Ter. *SW6* —6J **83**
(off Micklethwaite Rd.)
Weaver St. *E1* —4G **69**
Weavers Way. *NW1* —1H **67**

Wenlock Rd. Edgw —7C 12
Wenlock St. N1 —2C 68 (1D 162)
Wennington Rd. E3 —2K 69
Wensdale Ho. E5 —2G 51
Wensley Av. Wfd G —7C 20
Wensley Clo. SE9 —6D 108
Wensleydale Av. Ilf —2C 36
Wensleydale Gdns. Hamp —7F 115
Wensleydale Pas. Hamp —1E 132
Wensleydale Rd. Hamp —6E 114
Wensley Rd. N18 —6C 18
Wentland Clo. SE6 —2F 125
Wentland Rd. SE6 —2F 125
Wenttway Ct. W13 —4K 61 (off Ruislip Rd. E.)
Wentworth Av. N3 —7D 14
Wentworth Clo. N3 —7E 14
Wentworth Clo. SE28 —6D 74
Wentworth Clo. Ashf —4D 112
Wentworth Clo. Hayes —2J 155
Wentworth Clo. Mord —7J 137
Wentworth Clo. Surb —2D 146
Wentworth Ct. W6 —6G 83 (off Laundry Rd.)
Wentworth Ct. Twic —3J 115
Wentworth Cres. SE15 —7G 87
Wentworth Cres. Hay —3F 77
Wentworth Dri. Pinn —5J 23
Wentworth Dwellings. E1 —6F 69 (7J 163) (off Wentworth St.)
Wentworth Fields. Hay —2F 59
Wentworth Gdns. N13 —3G 17
Wentworth Hill. Wemb —1F 45
Wentworth M. E3 —4A 70
Wentworth Pk. N3 —7D 14
Wentworth Pl. Stan —6G 11
Wentworth Rd. E12 —4B 54
Wentworth Rd. NW11 —6H 29
Wentworth Rd. Barn —3A 4
Wentworth Rd. Croy —7A 140
Wentworth Rd. S'hall —4A 78
Wentworth St. E1 —6F 69 (7J 163)
Wentworth Way. Pinn —4C 24
Wenvoe Av. Bexh —2H 111
Wepham Clo. Hay —5B 60
Wernbrook St. SE18 —6G 91
Werndee Rd. SE25 —4G 141
Werneth Hall Rd. Ilf —3E 36
Werrington St. NW1 —2G 67 (1B 160)
Werter Rd. SW15 —4G 101
Wesleyan Pl. NW5 —4F 49
Wesley Av. E16 —1J 89
Wesley Av. NW10 —3K 63
Wesley Av. Houn —2C 96
Wesley Clo. N7 —2K 49
Wesley Clo. SE17 —4B 86
Wesley Clo. Harr —2G 43
Wesley Rd. E10 —7E 34
Wesley Rd. N2 —1C 30
Wesley Rd. NW10 —1J 63
Wesley Rd. Hay —7J 59
Wesley's House Mus. —4D 68 (4F 163)
Wesley Sq. W11 —6G 65
Wesley St. W1 —5E 66 (6H 159)
Wessex Av. SW19 —3J 137
Wessex Clo. Ilf —6J 37
Wessex Clo. King T —1H 135
Wessex Ct. Barn —4A 4
Wessex Ct. Beck —1A 142
Wessex Ct. Stanw —6A 94
Wessex Dri. Pinn —1C 24
Wessex Gdns. NW11 —1G 47
Wessex Ho. SE1 —5F 87
Wessex La. Gnfd —3H 61
Wessex St. E2 —3J 69
Wessex Way. NW11 —1G 47
Westacott. Hay —5G 59
Westacott Clo. N19 —1H 49
West Acton. —6G 63
West App. Orp —5G 145
W. Arbour St. E1 —6K 69
West Av. E17 —4D 34
West Av. N2 —3K 29
West Av. N3 —6D 14
West Av. NW4 —5F 29
West Av. Hay —7H 59
West Av. Pinn —6D 24
West Av. S'hall —7D 60
West Av. Wall —5J 151
W. Avenue Rd. E17 —4C 34
West Bank. N16 —7E 32
West Bank. Bark —1F 73
West Bank. Enf —2H 7
Westbank Rd. Hamp H —6G 115
West Barnes. —4D 136
W. Barnes La. N Mald & SW20 —5C 136
West Beckton. —6B 72
West Bedfont. —6B 94
Westbeech Rd. N22 —3A 32
Westbere Dri. Stan —5J 11
Westbere Rd. NW2 —4G 47
West Block. SE1 —2K 85 (off Addington St.)
Westbourne Av. W3 —6K 63
Westbourne Av. Sutt —2G 149
Westbourne Bri. W2 —5A 66
Westbourne Clo. Hay —4A 60
Westbourne Cres. W2 —7B 66 (2A 164)
Westbourne Cres. M. W2 —2A 164
Westbourne Dri. SE23 —2K 123
Westbourne Gdns. W2 —6K 65
Westbourne Green. —6H 65
Westbourne Gro. W11 & W2 —7H 65
Westbourne Gro. M. W11 —6J 65
Westbourne Gro. Ter. W2 —6K 65
Westbourne Ho. SW1 —5F 85 (5J 171)
Westbourne Ho. Houn —6E 78
Westbourne Pde. Hil —4D 58
Westbourne Pk. Pas. W2 —5J 65 (off Alfred Rd., in two parts)
Westbourne Pk. Rd. W11 & W2 —6G 65
Westbourne Pk. Vs. W2 —5J 65
Westbourne Pl. N9 —3C 18
Westbourne Rd. N7 —6K 49
Westbourne Rd. SE26 —6K 123
Westbourne Rd. Bexh —7D 92
Westbourne Rd. Croy —6F 141
Westbourne Rd. Felt —3H 113
Westbourne Rd. Uxb —4D 58
Westbourne St. W2 —7B 66 (2A 164)
Westbourne Ter. SE23 —2K 123 (off Waldram Pk. Rd.)
Westbourne Ter. W2 —6A 66
Westbourne Ter. M. W2 —6A 66
Westbourne Ter. Rd. W2 —5K 65 (1A 164)
Westbourne Ter. Rd. Bri. W2 —5A 66 (off Westbourne Ter. Rd.)
Westbridge Clo. W12 —2C 82
Westbridge Rd. SW11 —1B 102
West Brompton. —6K 83
Westbrook Av. Hamp —7D 114
Westbrook Clo. Barn —3G 5
Westbrook Cres. Cockf —3G 5
Westbrooke Cres. Well —3C 110
Westbrooke Rd. Sidc —2H 127
Westbrooke Rd. Well —3B 110 (in two parts)
Westbrook Rd. SE3 —1K 107
Westbrook Rd. Houn —7D 78
Westbrook Rd. T Hth —1D 140
Westbrook Sq. Barn —3G 5
Westbury Av. N22 —3B 32
Westbury Av. S'hall —4E 60
Westbury Av. Wemb —7E 44
Westbury Clo. Ruis —7J 23
Westbury Clo. Shep —6D 130
Westbury Ct. Bark —1H 73 (off Westbury Rd.)
Westbury Gro. N12 —6D 14
Westbury Ho. E17 —4B 34
Westbury La. Buck H —2F 21
Westbury Lodge Clo. Pinn —3B 24
Westbury Pl. Bren —6D 80
Westbury Rd. E7 —6K 53
Westbury Rd. E17 —4B 34
Westbury Rd. N11 —6D 16
Westbury Rd. N12 —6D 14
Westbury Rd. SE20 —1K 141
Westbury Rd. W5 —6E 62
Westbury Rd. Bark —1H 73
Westbury Rd. Beck —3A 142
Westbury Rd. Brom —1B 144
Westbury Rd. Buck H —2F 21
Westbury Rd. Croy —6D 140
Westbury Rd. Felt —1B 114
Westbury Rd. Ilf —2E 54
Westbury Rd. N Mald —4K 135
Westbury Rd. Wemb —7E 44
Westbury St. SW8 —2G 103 (off Portsalde Rd.)
Westbury Ter. E7 —6K 53
W. Carriage Dri. W2 —7C 66 (3C 164)
W. Central St. WC1 —6J 67 (7E 160)
W. Centre Av. NW10 —4D 64
W. Chantry. Harr —1F 25
Westchester Dri. NW4 —3F 29
West Clo. N9 —3A 18
West Clo. Ashf —4A 112
West Clo. Cockf —4K 5
West Clo. Gnfd —2G 61
West Clo. Hamp —6C 114
West Clo. Wemb —1F 45
Westcombe Av. Croy —7J 139
Westcombe Ct. SE3 —7H 89
Westcombe Dri. Barn —5D 4
Westcombe Hill. SE3 —7J 89
Westcombe Lodge Dri. Hay —5F 59
Westcombe Pk. Rd. SE3 —6G 89
W. Common Rd. Brom & Kes —1J 155
W. Common Rd. Uxb —5A 40
Westcoombe Av. SW20 —1B 136
Westcote Ri. Ruis —7E 22
Westcote Rd. SW16 —5G 121
West Cotts. NW6 —5J 47
Westcott Clo. N15 —6F 33
Westcott Clo. Brom —5D 144
Westcott Clo. New Ad —7D 154
Westcott Cres. W7 —6J 61
Westcott Ho. E14 —7C 70
Westcott Rd. SE17 —6B 86
West Ct. E17 —4C 34
West Ct. Houn —7G 79
West Ct. Wemb —2C 44
Westcroft Clo. NW2 —4G 47
Westcroft Clo. Enf —1D 8
Westcroft Gdns. Mord —3H 137
Westcroft Rd. Cars & Wall —4E 150
Westcroft Sq. W6 —4C 82
Westcroft Way. NW2 —4G 47
W. Cromwell Rd. W14 & SW5 —5H 83
W. Cross Cen. Bren —6A 80
W. Cross Route. W10 —7F 65
W. Cross Way. Bren —6B 80
Westdale Pas. SE18 —6F 91
Westdale Rd. SE18 —6F 91
Westdean Av. SE12 —1K 125
W. Dean Clo. SW18 —6K 101
West Dene. Sutt —6G 149
Westdown Rd. E15 —4E 52
Westdown Rd. SE6 —7C 106
West Drayton. —2A 76
W. Drayton Pk. Av. W Dray —3A 76
W. Drayton Rd. Uxb —6D 58
West Dri. SW16 —4G 121
West Dri. Harr —6C 10
West Dri. Sutt —7F 149
West Dri. Gdns. Harr —6C 10
West Dulwich. —2D 122
West Ealing. —7B 62
W. Ealing Bus. Cen. W13 —7A 62
W. Eaton Pl. SW1 —4E 84 (3G 171)
W. Eaton Pl. M. SW1 —2G 171
W. Ella Rd. NW10 —7A 46
West End. —2B 60
W. End Av. E10 —5F 35
W. End Av. Pinn —4B 24
Westend Clo. NW10 —7J 45
W. End Ct. NW6 —7K 47
W. End Ct. Pinn —4B 24
W. End Gdns. N'holt —2A 60
W. End La. NW6 —5J 47
W. End La. Barn —4A 4
W. End La. Hay —7E 76
W. End La. Pinn —3B 24
W. End Rd. Ruis & N'holt —2G 41
W. End Rd. S'hall —1C 78
Westerdale Rd. SE10 —5J 89
Westerfield Rd. N15 —5F 33
Westergate. W5 —5E 62
Westergate Rd. SE2 —6E 92
Westerham. NW1 —1G 67 (off Bayham St.)
Westerham Av. N9 —3J 17
Westerham Dri. Sidc —6B 110
Westerham Ho. SE1 —3D 86 (off Law St.)
Westerham Lodge. Beck —7C 124 (off Park Rd.)
Westerham Rd. E10 —7D 34
Westerham Rd. Kes —7B 156
Westerley Cres. SE26 —5B 124
Western Av. NW11 —6F 29
Western Av. W5 & W3 —4F 63
Western Av. Dag —6J 57
Western Av. Gnfd & W5 —2H 61
Western Av. Uxb & N'holt —6E 40
Western Av. Bus. Pk. W3 —4H 63
Western Beach Apartments. E16 —7J 71
Western Circus. —7B 64
Western Ct. N3 —6D 14
Western Ct. NW6 —2H 65
Western Ct. W3 —6K 63
Western Dri. Shep —6F 131
Western Gdns. W5 —7G 63
Western International Mkt. S'hall —4K 77
Western La. SW12 —7E 102
Western Mans. New Bar —5E 4 (off Gt. North Rd.)
Western M. W9 —4H 65
Western Pde. New Bar —5D 4
Western Pl. SE16 —2J 87
Western Rd. E13 —2A 72
Western Rd. E17 —5E 34
Western Rd. N2 —4D 30
Western Rd. N22 —2K 31
Western Rd. NW10 —4J 63
Western Rd. SW9 —3A 104
Western Rd. W5 —7D 62
Western Rd. SW19 & Mitc —1B 138
Western Rd. S'hall —4A 78
Western Rd. Sutt —5J 149
Western Ter. W6 —5C 82 (off Chiswick Mall)
Western Vw. Hay —2H 77
Westernville Gdns. Ilf —7G 37
Western Way. SE28 —3H 91
Western Way. Barn —6D 4
West Ewell. —7A 148
Westferry Cir. E14 —1C 88
Westferry Rd. E14 —7B 70
Westfield Clo. NW9 —3J 27
Westfield Clo. SW10 —7A 84
Westfield Clo. Enf —3F 9
Westfield Clo. Sutt —4H 149
Westfield Dri. Harr —4D 26
Westfield Gdns. Harr —4D 26
Westfield Ho. SW18 —1K 119
Westfield La. Harr —5D 26 (in two parts)
Westfield Pk. Pinn —1D 24
Westfield Pk. Dri. Wfd G —6H 21
Westfield Rd. NW7 —3E 12
Westfield Rd. W13 —1A 80
Westfield Rd. Beck —2B 142
Westfield Rd. Bexh —3J 111
Westfield Rd. Croy —2B 152
Westfield Rd. Dag —4E 56
Westfield Rd. Mitc —2C 138
Westfield Rd. Surb —5D 134
Westfield Rd. Sutt —4H 149
Westfield Rd. W on T —7C 132
Westfields. SW13 —3B 100
Westfields Av. SW13 —3A 100
Westfields Rd. W3 —5H 63
Westfield St. SE18 —3B 90
Westfield Way. E1 —3A 70
Westfield Way. Ruis —3G 41
W. Garden Pl. W2 —6C 66 (1D 164)
West Gdns. E1 —7H 69
West Gdns. SW17 —6C 120
Westgate. W5 —3E 62
Westgate Ct. SE12 —1J 125 (off Burnt Ash Hill)
Westgate Ct. SW9 —3A 104 (off Canterbury Cres.)
Westgate M. W10 —4G 65 (off West Row)
Westgate Rd. SE25 —4H 141
Westgate Rd. Beck —2D 142
Westgate St. E8 —1H 69
Westgate Ter. SW10 —5K 83
Westglade Ct. Kent —5D 26
West Green. —4B 32
West Grn. Pl. Gnfd —1H 61
West Grn. Rd. N8 —4B 32
West Gro. SE10 —1E 106
West Gro. Wfd G —6F 21
Westgrove La. SE10 —1E 106
W. Halkin St. SW1 —3E 84 (1G 171)
W. Hallowes. SE9 —1B 126
W. Hall Rd. Rich —1H 99
West Ham. —1J 71
W. Ham La. E15 —7F 53
West Hampstead. —6K 47
W. Hampstead M. NW6 —6K 47
West Ham United F.C. —2B 72
W. Harding St. EC4 —6A 68 (7K 161)

West Harrow. —7G 25
W. Hatch Mnr. Ruis —1H 41
Westhay Gdns. SW14 —5H 99
West Heath. —6D 92
W. Heath Av. NW11 —1J 47
W. Heath Clo. NW3 —3J 47
W. Heath Ct. NW11 —1J 47
W. Heath Dri. NW11 —1J 47
W. Heath Gdns. NW3 —3J 47
W. Heath Rd. NW3 —2J 47
W. Heath Rd. SE2 —6C 92
West Hendon. —7C 28
West Hill. —6H 101
West Hill. SW15 & SW18 —7F 101
West Hill. Harr —2J 43
West Hill. Wemb —1F 45
W. Hill Ct. N6 —3E 48
Westhill Pk. N6 —2D 48 (in two parts)
W. Hill Rd. SW18 —6H 101
W. Hill Way. N20 —1E 14
Westholm. NW11 —4K 29
W. Holme. Eri —1J 111
Westholme. Orp —7J 145
Westholme Gdns. Ruis —1J 41
Westhope Ho. E2 —4G 69 (off Derbyshire St.)
Westhorne Av. SE12 & SE9 —7J 107
Westhorpe Gdns. NW4 —3E 28
Westhorpe Rd. SW15 —3E 100
West Ho. Clo. SW19 —1G 119
West Ho. Cotts. Pinn —4B 24
Westhurst Dri. Chst —5F 127
W. India Av. E14 —1C 88
W. India Dock Rd. E14 —7B 70 (in two parts)
W. India Ho. E14 —7C 70
West Kensington. —4H 83
W. Kensington Ct. W14 —5H 83 (off Edith Vs.)
W. Kensington Mans. W14 —5H 83 (off Beaumont Cres.)
West Kilburn. —3H 65
Westlake Clo. N13 —3F 17
Westlake Clo. Hay —4C 60
Westlake Rd. Wemb —2D 44
Westland Clo. Stanw —6A 94
Westland Ct. N'holt —3B 60 (off Seasprite Clo.)
Westland Dri. Brom —2H 155
Westland Ho. E16 —1E 90 (off Rymill St.)
Westland Pl. EC1 —3D 68 (1E 162)
Westlands Clo. Hay —4J 77
Westlands Ter. SW12 —6G 103
West La. SE16 —2H 87
Westlea Rd. W7 —3A 80
Westleigh Av. SW15 —5D 100
Westleigh Ct. E11 —5J 35
Westleigh Dri. Brom —1C 144
Westleigh Gdns. Edgw —1G 27
Westlington Clo. NW7 —6C 14
W. Lodge Av. W3 —1G 81
W. Lodge Ct. W3 —1G 81
West London Crematorium. NW10 —4D 64
Westmacott Dri. Felt —1H 113
Westmacott Ho. NW8 (off Hatton St.) —4B 66 (4B 158)
West Mall. W11 —1J 83 (off Palace Gdns. Ter.)
Westmead. SW15 —6D 100
West Mead. Eps —6A 148
West Mead. Ruis —4A 42
Westmead Corner. Cars —4C 150
Westmead Rd. Sutt —4B 150
Westmere Dri. NW7 —3E 12
W. Mersea Clo. E16 —1K 89
West M. N17 —7C 18
West M. SW1 —4A 172
Westmill Ct. N4 —2C 50 (off Brownswood Rd.)
Westminster. —2J 85 (7E 166)
Westminster Abbey. —3H 85 (7E 166)
Westminster Abbey Chapter House. —1E 172
Westminster Av. T Hth —2B 140
Westminster Bri. SW1 & SE1 —2J 85 (7F 167)
Westminster Bri. Rd. SE1 —2K 85 (7F 167)
Westminster Bus. Sq. SE11 —5K 85 (6G 173)
Westminster Clo. Felt —1J 113
Westminster Clo. Ilf —2H 37
Westminster Clo. Tedd —5A 116
Westminster Ct. E11 —6J 35 (off Cambridge Pk.)
Westminster Dri. N13 —5D 16
Westminster Gdns. E4 —1B 20
Westminster Gdns. SW1 —4J 85 (3E 172) (off Marsham St.)
Westminster Gdns. Bark —2J 73
Westminster Gdns. Ilf —2G 37
Westminster Hall. —7E 166
Westminster Ho. Har W —7E 10
Westminster Ind. Est. SE18 —3B 90
Westminster Mans. SW1 —3H 85 (2D 172)
Westminster Pal. Gdns. SW1 —2C 172
Westminster RC Cathedral. —3G 85 (2A 172)
Westminster Rd. N9 —1C 18
Westminster Rd. W7 —1J 79
Westminster Rd. Sutt —2B 150
Westmoat Clo. Beck —7E 124
West Molesey. —4E 132
Westmoor Gdns. Enf —2E 8
Westmoor Rd. Enf —2E 8
Westmoor St. SE7 —3A 90
Westmoreland Av. Well —3J 109
Westmoreland Dri. Sutt —7K 149
Westmoreland Pl. SW1 —5F 85 (6K 171)
Westmoreland Pl. W5 —5D 62
Westmoreland Pl. Brom —3J 143
Westmoreland Rd. NW9 —3F 27
Westmoreland Rd. SE17 —6D 86 (in two parts)
Westmoreland Rd. SW13 —1B 100
Westmoreland Rd. Brom —5G 143
Westmoreland St. W1 —5E 66 (6H 159)
Westmoreland Ter. SW1 —5F 85 (6K 171)
Westmoreland Wlk. SE17 —6D 86 (in three parts)
Westmorland Clo. E12 —2B 54
Westmorland Clo. Twic —6B 98
Westmorland Ct. Surb —7D 134
Westmorland Rd. E17 —6C 34
Westmorland Rd. Harr —5F 25
Westmorland Sq. Mitc —5J 139 (off Westmorland Way)
Westmorland Ter. SE20 —7H 123
Westmorland Way. Mitc —4H 139
Westmount Ct. W5 —6F 63
Westmount Rd. SE9 —2D 108
West Norwood. —3B 122
West Norwood Crematorium. SE27 —3C 122
West Oak. Beck —1F 143
Westoe Rd. N9 —2C 18
Weston Av. Th Dit —7J 133
Weston Av. W Mol —3C 132
Westonbirt Ct. SE15 —6F 87 (off Ebley Clo.)
Weston Ct. N4 —3C 50
Weston Dri. Stan —1B 26
West One Ho. W1 (off Wells St.) —5G 67 (6A 160)
Westone Mans. Bark —7K 55 (off Upney La.)
Weston Gdns. Iswth —1J 97
Weston Green. —7J 133
Weston Grn. Dag —4F 57
Weston Grn. Rd. Esh & Th Dit (in two parts) —7J 133
Weston Gro. Brom —1H 143
Weston Ho. E9 —1J 69 (off King Edward's Rd.)
Weston Ho. NW6 —7G 47
Weston Pk. N8 —6J 31
Weston Pk. King T —2E 134
Weston Pk. Th Dit —7J 133
Weston Ri. WC1 —3K 67 (1H 161)
Weston Rd. W4 —3J 81
Weston Rd. Brom —7H 125
Weston Rd. Dag —4E 56
Weston Rd. Enf —2J 7
Weston St. SE1 —2E 86 (7F 169) (in three parts)
Weston Wlk. E8 —7H 51
Westover Hill. NW3 —2J 47
Westover Rd. SW18 —7A 102
Westow Hill. SE19 —6E 122
Westow St. SE19 —6E 122
West Pk. SE9 —2C 126
West Pk. Av. Rich —1G 99
W. Park Clo. Houn —6D 78
W. Park Clo. Romf —5D 38
W. Park Rd. Rich —1G 99
W. Park Rd. S'hall —1G 79
West Parkside. SE10 —2G 89
West Pier. E1 —1H 87
West Pl. SW19 —5E 118
West Point. E14 —7B 70
West Point. SE1 —5G 87
Westpoint Trad. Est. W3 —5H 63
Westpole Av. Barn & Cockf —4K 5
Westport Ct. Hay —4A 60
Westport Rd. E13 —4K 71
Westport St. E1 —6K 69
W. Poultry Av. EC1 —5B 68 (6A 162)
W. Quarters. W12 —6C 64
West Quay. SW10 —1A 102
W. Quay Dri. Hay —5C 60
West Ramp. H'row A —1C 94
W. Ridge Gdns. Gnfd —2G 61
West Ri. W2 —2D 164
West Rd. E15 —1H 71
West Rd. N2 —2B 30
West Rd. N17 —6C 18
West Rd. SE1 —2K 85 (6H 167)
West Rd. SW3 —5D 84 (6F 171)
West Rd. SW4 —5H 103
West Rd. W5 —5E 62
West Rd. Barn —1K 15
West Rd. Chad H —6D 38
West Rd. Felt —6F 95
West Rd. King T —1J 135
West Rd. Rush G —7K 39
West Rd. W Dray —3B 76
Westrow. SW15 —6E 100
West Row. W10 —4G 65
Westrow Dri. Bark —5A 56
Westrow Gdns. Ilf —2K 55
West Ruislip. —2E 40
W. Ruislip Ct. Ruis —2F 41 (off Ickenham Rd.)
W. Sheen Va. Rich —4F 99
Westside. N2 —3D 30
West Side. NW4 —2D 28
W. Side Comn. SW19 —5E 118
Westside Ct. W9 —4J 65 (off Elgin Av.)
West Smithfield. EC1 —5B 68 (6A 162)
West Sq. SE11 —3B 86 (2K 173)
West St. E2 —2H 69
West St. E11 —3G 53
West St. WC2 —6H 67 (1D 166)
West St. Bexh —3F 111
West St. Bren —6C 80
West St. Brom —1J 143
West St. Cars —3D 150
West St. Croy —4C 152
West St. Eri —4K 93
West St. Harr —1H 43
West St. Sutt —5K 149
West St. La. Cars —4D 150
W. Temple Sheen. SW14 —5H 99
W. Tenter St. E1 —6F 69 (1K 169)
West Ter. Sidc —1J 127
West Towers. Pinn —6B 24
Westvale M. W3 —2A 82
West Vw. NW4 —4E 28
Westview. W7 —6J 61
West Vw. Felt —7E 94
W. View Clo. NW10 —5B 46
Westview Clo. W10 —6E 64
Westview Cres. N9 —7K 7
Westview Dri. Wfd G —2B 36
Westville Rd. W12 —2C 82
Westville Rd. Th Dit —1A 146
West Wlk. E Barn —7K 5
West Wlk. Hay —1J 77
Westward Rd. E4 —5G 19
Westward Way. Harr —6E 26
W. Warwick Pl. SW1 —4G 85 (4A 172)
Westway. N18 —4J 17
West Way. NW10 —3K 45
Westway. SW20 —3D 136
Westway. W2 —5H 65 (6A 158)
Westway. W10 & W9 —5H 65
Westway. W12 & W10 —7B 64
West Way. Croy —2A 154
West Way. Edgw —6C 12
West Way. Houn —1D 96
Westway. Orp —5H 145
West Way. Pinn —4B 24
West Way. Ruis —1H 41
West Way. Shep —6F 131
West Way. W W'ck —6F 143
Westway Clo. SW20 —3D 136
Westway Ct. N'holt —1E 60
Westway Cross Retail Pk. Gnfd —1J 61
W. Way Gdns. Croy —2K 153
Westways. Eps —4B 148
West Ways. N'wd —2J 23
Westwell M. SW16 —6J 121
Westwell Rd. SW16 —6J 121
Westwell Rd. App. SW16 —6J 121
Westwick. King T —2G 135 (off Chesterton Ter.)
Westwick Gdns. W14 —2F 83
Westwick Gdns. Houn —2K 95
West Wickham. —1E 154
Westwood Av. SE19 —1C 140
Westwood Av. Harr —4F 43
Westwood Clo. Brom —2B 144
Westwood Clo. Ruis —6D 22
Westwood Ct. Gnfd —5H 43
Westwood Ct. Wemb —4B 44
Westwood Gdns. SW13 —3B 100
Westwood Hill. SE26 —5G 123
Westwood La. Sidc —5A 110
Westwood La. Well —3K 109
Westwood Pk. SE23 —7H 105
Westwood Pk. Trad. Est. W3 —5H 63
Westwood Pl. SE26 —4G 123
Westwood Rd. E16 —1K 89
Westwood Rd. SW13 —3B 100
Westwood Rd. Ilf —1K 55
West Woodside. Bex —1E 128
Wetheral Dri. Stan —1B 26
Wetherby Clo. N'holt —6F 43
Wetherby Gdns. SW5 —4A 84
Wetherby Mans. SW5 —5K 83 (off Earl's Ct. Sq.)
Wetherby M. SW5 —5K 83
Wetherby Pl. SW7 —4A 84
Wetherby Rd. Enf —1H 7
Wetherby Way. Chess —7E 146
Wetherden St. E17 —7B 34
Wetherell Rd. E9 —1K 69
Wetherill Rd. N10 —1E 30
Wetland Cen., The. —1D 100
Wevco Wharf. SE16 —6H 87
Wevell Ho. N6 —7E 30 (off Hillcrest)
Wexford Rd. SW12 —7D 102
Weybourne St. SW18 —2A 120
Weybridge Ct. SE16 —5H 87 (off Argyle Way)
Weybridge Point. SW11 —2D 102
Weybridge Rd. T Hth —4A 140
Wey Ct. Eps —4J 147
Weydown Clo. SW19 —1G 119
Weyhill Rd. E1 —6G 69
Weylands Clo. W on T —7D 132
Weylond Rd. Dag —3F 57
Weyman Rd. SE3 —1A 108
Weymarks, The. N17 —6J 17
Weymouth Av. NW7 —5F 13
Weymouth Av. W5 —3C 80
Weymouth Clo. E6 —6F 73
Weymouth Ct. E2 —2F 69 (off Weymouth Ter.)
Weymouth Ct. Sutt —7J 149
Weymouth Ho. SW8 —7K 85 (off Bolney St.)
Weymouth M. W1 —5F 67 (5J 159)
Weymouth Rd. Hay —3G 59
Weymouth St. W1 —5E 66 (6H 159)
Weymouth Ter. E2 —2F 69 (1K 163)
Weymouth Wlk. Stan —6F 11
Whadcoat St. N4 —2A 50
Whalebone Av. Romf —6F 39
Whalebone Ct. EC2 —7E 162
Whalebone Gro. Romf —6F 39
Whalebone La. E15 —7G 53
Whalebone La. N. Romf —1E 38
Whalebone La. S. Romf & Dag —7F 39
Whales Yd. E15 —7G 53 (off West Ham La.)
Wharfdale Clo. N11 —6K 15
Wharfdale Rd. N1 —2J 67
Wharfedale Ct. E5 —4K 51
Wharfedale Gdns. T Hth —4K 139
Wharfedale Ho. NW6 —1K 65 (off Kilburn Va.)

Wharfedale St. *SW10* —5K **83**
Wharf La. *Twic* —1A **116**
Wharf Pl. *E2* —1H **69**
Wharf Rd. *E15* —1F **71**
Wharf Rd. *N1* —2C **68** (1C **162**)
Wharf Rd. *NW1* —1H **67**
Wharf Rd. *Enf* —6F **9**
Wharf Rd. Ind. Est. *Enf* —6F **9**
Wharfside Rd. *E16* —5G **71**
Wharf St. *E16* —5G **71**
Wharf, The. *EC3*
　　　　—1F **87** (4H **169**)
Wharncliffe Dri. *S'hall* —1H **79**
Wharncliffe Gdns. *SE25*
　　　　—2E **140**
Wharncliffe Rd. *SE25* —2E **140**
Wharton Clo. *NW10* —6A **46**
Wharton Cotts. *WC1*
　　　　—3A **68** (2J **161**)
Wharton Ho. *SE1* —3F **87** (7J **169**)
　(off Maltby St.)
Wharton Rd. *Brom* —1K **143**
Wharton St. *WC1*
　　　　—3K **67** (2H **161**)
Whateley Rd. *SE20* —7K **123**
Whateley Rd. *SE22* —5F **105**
Whatley Av. *SW20* —3F **137**
Whatman Ho. *E14* —6B **70**
Whatman Rd. *SE23* —7K **105**
Wheatfields. *E6* —6F **73**
Wheatfields. *Enf* —1F **9**
Wheatfield Way. *King T* —2E **134**
Wheathill Rd. *SE20* —3H **141**
Wheatland Ho. *SE22* —3E **104**
Wheatlands. *Houn* —6E **78**
Wheatlands Rd. *SW17* —3E **120**
Wheatley Clo. *NW4* —2C **28**
Wheatley Cres. *Hay* —7J **59**
Wheatley Gdns. *N9* —2K **17**
Wheatley Ho. *SW15* —7C **100**
　(off Ellisfield Dri.)
Wheatley Mans. *Bark* —7A **56**
　(off Bevan Av.)
Wheatley Rd. *Iswth* —3K **97**
Wheatley St. *W1*
　　　　—5E **66** (6H **159**)
Wheat Sheaf Clo. *E14* —4D **88**
Wheatsheaf Clo. *N'holt* —5C **42**
Wheatsheaf La. *SW6* —7E **82**
Wheatsheaf La. *SW8* —7J **85**
　(in two parts)
Wheatsheaf Ter. *SW6* —7H **83**
Wheatstone Clo. *Mitc* —1C **138**
Wheatstone Rd. *W10* —5G **65**
Wheatstone Rd. *Eri* —5K **93**
Wheeler Clo. *Wfd G* —6J **21**
Wheeler Gdns. *N1* —1J **67**
　(off Outram Pl.)
Wheelers Cross. *Bark* —2H **73**
Wheelers Dri. *Ruis* —6E **22**
Wheel Farm Dri. *Dag* —3J **57**
Wheel Ho. *E14* —5D **88**
Wheelock Clo. *Eri* —7H **93**
Wheelwright St. *N7* —7K **49**
Whelan Way. *Wall* —3H **151**
Wheler Ho. *E1* —4F **69** (4J **163**)
　(off Quaker St.)
Wheler St. *E1* —4F **69** (4J **163**)
Whellock Rd. *W4* —3A **82**
Whenman Av. *Bex* —2J **129**
Whernside Clo. *SE28* —7C **74**
Whetstone. —2F **15**
Whetstone Clo. *N20* —2G **15**
Whetstone Pk. *WC2*
　　　　—6K **67** (7G **161**)
Whetstone Rd. *SE3* —2A **108**
Whewell Rd. *N19* —2J **49**
Whidborne Clo. *SE8* —2C **106**

Whidborne Ho. *WC1*
　　　　—3J **67** (2F **161**)
　(off Whidborne St.)
Whidborne St. *WC1*
　　　　—3J **67** (2F **161**)
Whimbrel Clo. *SE28* —7C **74**
Whimbrel Way. *Hay* —5B **60**
Whinchat Rd. *SE28* —3H **91**
Whinfell Clo. *SW16* —5H **121**
Whinyates Rd. *SE9* —3C **108**
Whipps Cross. *E11* —6H **35**
Whipps Cross. *E17* —5F **35**
Whipps Cross Rd. *E11* —5F **35**
　(off Wood St.)
Whipps Cross Rd. *E11* —5F **35**
　(in two parts)
Whiskin St. *EC1*
　　　　—3B **68** (2A **162**)
Whisperwood Clo. *Harr* —1J **25**
Whistler Gdns. *Edgw* —2F **27**
Whistler M. *SE15* —7F **87**
Whistler M. *Dag* —5B **56**
　(off Fitzstephen Rd.)
Whistlers Av. *SW11* —7B **84**
Whistler St. *N5* —5B **50**
Whistler Tower. *SW10* —7A **84**
　(off Worlds End Est.)
Whistler Wlk. *SW10* —7B **84**
Whiston Ho. *N1* —7B **50**
　(off Richmond Gro.)
Whiston Rd. *E2* —2F **69**
　(in two parts)
Whitbread Clo. *N17* —1G **33**
Whitbread Rd. *SE4* —4A **106**
Whitburn Rd. *SE13* —4D **106**
Whitby Av. *NW10* —3H **63**
Whitby Ct. *N7* —4J **49**
Whitby Gdns. *NW9* —3G **27**
Whitby Gdns. *Sutt* —2B **150**
Whitby Ho. *NW8* —1A **66**
　(off Boundary Rd.)
Whitby Pde. *Ruis* —2A **42**
Whitby Rd. *SE18* —4D **90**
Whitby Rd. *Harr* —3G **43**
Whitby Rd. *Ruis* —3K **41**
Whitby Rd. *Sutt* —2B **150**
Whitby St. *E1* —4F **69** (3J **163**)
　(in two parts)
Whitcher Clo. *SE14* —6A **88**
Whitcher Pl. *NW1* —6G **49**
Whitchurch Av. *Edgw* —7A **12**
Whitchurch Clo. *Edgw* —6A **12**
Whitchurch Gdns. *Edgw* —6A **12**
Whitchurch Ho. *W10* —6F **65**
　(off Kingsdown Clo.)
Whitchurch La. *Edgw* —7J **11**
Whitchurch Pde. *Edgw* —7B **12**
Whitchurch Rd. *W11* —7F **65**
Whitcomb Ct. *SW1* —3D **166**
Whitcomb St. *WC2*
　　　　—7H **67** (3D **166**)
White Acre. *NW9* —2A **28**
Whiteadder Way. *E14* —4D **88**
Whitear Wlk. *E15* —6F **53**
Whitebarn La. *Dag* —1G **75**
Whitebeam Av. *Brom* —7E **144**
Whitebeam Clo. *SW9* —7K **85**
White Bear Pl. *NW3* —4B **48**
White Bear Yd. *EC1*
　　　　—4A **68** (4J **161**)
　(off Clerkenwell Rd.)
White Bri. Av. *Mitc* —3B **138**
Whitebridge Clo. *Felt* —6H **95**
White Butts Rd. *Ruis* —3B **42**
Whitechapel.
　　　　—5G **69** (6K **163**)
Whitechapel High St. *E1*
　　　　—6F **69** (7K **163**)

Whitechapel Rd. *E1*
　　　　—5G **69** (7K **163**)
White Church La. *E1*
　　　　—6G **69** (7K **163**)
White Church Pas. E1
　　　　—6G **69** (7K **163**)
　(off White Church La.)
White City. —7D **64**
White City. —6E **64**
White City Clo. *W12* —7E **64**
White City Est. *W12* —7D **64**
White City Rd. *W12* —7E **64**
White Conduit St. *N1* —2A **68**
Whitecote Rd. *S'hall* —6G **61**
Whitecroft Clo. *Beck* —4F **143**
Whitecroft Way. *Beck* —5E **142**
Whitecross Pl. *EC2*
　　　　—5D **68** (5F **163**)
Whitecross St. *EC1*
　　　　—4C **68** (3D **162**)
Whitefield Av. *NW2* —1E **46**
Whitefield Clo. *SW18* —6G **101**
Whitefoot La. *Brom* —4E **124**
Whitefoot Ter. *Brom* —3G **125**
Whitefriars Av. *Harr* —2J **25**
Whitefriars Ct. *N12* —5G **15**
Whitefriars Dri. *Harr* —2H **25**
Whitefriars St. *EC4*
　　　　—6A **68** (1K **167**)
Whitefriars Trad. Est. *Harr* —3H **25**
White Gdns. *Dag* —6G **57**
Whitegate Gdns. *Harr* —7E **10**
Whitehall. —6G **149**
Whitehall. *SW1* —1J **85** (5E **166**)
Whitehall Ct. *SW1*
　　　　—1J **85** (5E **166**)
Whitehall Cres. *Chess* —5D **146**
Whitehall Gdns. *E4* —1B **20**
Whitehall Gdns. *SW1* —5E **166**
Whitehall Gdns. *W3* —1G **81**
Whitehall Gdns. *W4* —6H **81**
Whitehall La. *Buck H* —2D **20**
Whitehall Lodge. *N10* —3E **30**
Whitehall Pk. *N19* —1G **49**
Whitehall Pk. Rd. *W4* —6H **81**
Whitehall Pl. *E7* —5J **53**
Whitehall Pl. *SW1*
　　　　—1J **85** (5E **166**)
Whitehall Pl. *Wall* —4F **151**
Whitehall Rd. *W7* —2A **80**
Whitehall Rd. *E4 & Wfd G* —2B **20**
Whitehall Rd. *Brom* —5B **144**
Whitehall Rd. *Harr* —7J **25**
Whitehall Rd. *T Hth* —5A **140**
Whitehall St. *N17* —7A **18**
White Hart Clo. *Hay* —6F **77**
White Hart Ct. *EC2* —6G **163**
White Hart La. *N22 & N17* —1K **31**
White Hart La. *NW10* —6B **46**
White Hart La. *SW13* —3A **100**
White Hart La. *Romf* —1G **39**
White Hart Rd. *SE18* —4J **91**
White Hart Roundabout. *N'holt*
　　　　—2B **60**
White Hart Slip. *Brom* —2J **143**
White Hart St. *SE11*
　　　　—5A **86** (5K **173**)
White Hart Yd. *SE1*
　　　　—1D **86** (5E **168**)
Whitehaven Clo. *Brom* —4J **143**
Whitehaven St. *NW8*
　　　　—4C **66** (4C **158**)
Whitehead Clo. *N18* —5J **17**
Whitehead Clo. *SW18* —7A **102**
Whitehead's Gro. *SW3*
　　　　—4C **84** (4D **170**)
White Heart Av. *Uxb* —5E **58**
Whiteheath Av. *Ruis* —7E **22**

White Heather Ho. *WC1*
　(off Cromer St.) —3J **67** (2F **161**)
White Heron M. *Tedd* —6K **115**
Whitehorn Av. *W Dray* —7A **58**
White Horse All. *EC1* —5A **162**
White Horse Hill. *Chst* —4E **126**
White Horse La. *E1* —4K **69**
Whitehorse La. *SE25* —4D **140**
Whitehorse M. *SE1*
　　　　—3A **86** (1K **173**)
White Horse Rd. *E1* —5A **70**
　(in two parts)
White Horse Rd. *E6* —3D **72**
Whitehorse Rd. *Croy & T Hth*
　　　　—7C **140**
White Horse St. *W1*
　　　　—1F **85** (5K **165**)
White Horse Yd. *EC2*
　　　　—6D **68** (7E **162**)
White Ho. *SW4* —7H **103**
　(off Clapham Pk. Est.)
White Ho. *SW11* —1B **102**
White Ho. Dri. *Stan* —4H **11**
White Ho. Dri. *Wfd G* —6C **20**
Whitehouse Est. *E10* —6E **34**
Whitehouse La. *Enf* —1H **7**
White Ho., The. NW1
　(off Albany St.) —4F **67** (3K **159**)
Whitehouse Way. *N14* —2A **16**
White Kennett St. *E1*
　　　　—6E **68** (7H **163**)
Whitelands Ho. SW3
　　　　—5D **84** (5F **171**)
　(off Cheltenham St.)
Whiteledges. *W13* —6C **62**
Whitelegg Rd. *E13* —2H **71**
Whiteley Rd. *SE19* —5D **122**
Whiteleys Cen. *W2* —6K **65**
Whiteley's Cotts. *W14* —4H **83**
Whiteleys Pde. *Uxb* —4D **58**
Whiteley's Way. *Hanw* —3E **114**
White Lion Ct. *EC3* —1G **169**
White Lion Ct. *SE15* —6J **87**
White Lion Ct. *Iswth* —3B **98**
White Lion Hill. *EC4*
　　　　—7B **68** (2B **168**)
White Lion St. *N1* —2A **68**
White Lodge. *SE19* —7B **122**
White Lodge. *W5* —5C **62**
White Lodge Clo. *N2* —6B **30**
White Lodge Clo. *Sutt* —7A **150**
White Lyon Ct. *EC2* —5C **162**
Whiteoak Ct. *Chst* —6E **126**
White Oak Dri. *Beck* —2E **142**
White Oak Gdns. *Sidc* —7K **109**
Whiteoaks La. *Gnfd* —3H **61**
White Orchards. *N20* —7C **4**
White Orchards. *Stan* —5F **11**
White Post La. *E9* —7B **52**
White Post St. *SE15* —7J **87**
White Rd. *E15* —7G **53**
Whites Av. *Ilf* —6J **37**
White's Grounds. *SE1*
　　　　—2E **86** (7H **169**)
White's Grounds Est. *SE1*
　　　　—6H **169**
White's Mdw. *Brom* —4E **144**
White's Row. *E1* —5F **69** (6J **163**)
Whites Sq. *SW4* —4H **103**
Whitestile Rd. *Bren* —5C **80**
Whitestone La. *NW3* —3A **48**
Whitestone Wlk. *NW3* —3A **48**
White St. *S'hall* —2B **78**
Whiteswan M. *W4* —5A **82**
Whitethorn Av. *W Dray* —1B **76**
Whitethorn Gdns. *Croy* —2H **153**
Whitethorn Gdns. *Enf* —5J **7**
Whitethorn Pas. *E3* —4C **70**

Whitethorn Pl. *W Dray* —1B **76**
Whitethorn St. *E3* —5C **70**
Whitewebbs Way. *Orp* —1K **145**
Whitfield Ho. NW8
　　　　—4C **66** (4C **158**)
　(off Salisbury St.)
Whitfield Pl. *W1* —4A **160**
Whitfield Rd. *E6* —7A **54**
Whitfield Rd. *SE3* —1F **107**
Whitfield Rd. *Bexh* —7F **93**
Whitfield St. *W1* —4G **67** (4A **160**)
Whitford Gdns. *Mitc* —3D **138**
Whitgift Av. *S Croy* —5B **152**
Whitgift Cen. *Croy* —2C **152**
Whitgift Ho. *SE11*
　　　　—4K **85** (3G **173**)
Whitgift Sq. *Croy* —2C **152**
Whitgift St. *SE11*
　　　　—4K **85** (3G **173**)
Whitgift St. *Croy* —3C **152**
Whiting Av. *Bark* —7F **55**
Whitings. *Ilf* —5J **37**
Whitings Rd. *Barn* —5A **4**
Whitings Way. *E6* —5E **72**
Whitland Rd. *Cars* —1B **150**
Whitley Clo. *Stanw* —6A **94**
Whitley Ho. *SW1*
　　　　—6G **85** (7B **172**)
　(off Churchill Gdns.)
Whitley Rd. *N17* —2E **32**
Whitlock Dri. *SW19* —7G **101**
Whitman Rd. *E3* —4A **70**
Whitmead Clo. *S Croy* —6E **152**
Whitmore Clo. *N11* —5A **16**
Whitmore Est. *N1* —1E **68**
Whitmore Gdns. *NW10* —2C **64**
Whitmore Ho. E2 —1E **68**
　(off Whitmore Est.)
Whitmore Rd. *N1* —1E **68**
Whitmore Rd. *Beck* —3B **142**
Whitmore Rd. *Harr* —7G **25**
Whitnell Way. *SW15* —5E **100**
Whitney Av. *Ilf* —4B **36**
Whitney Rd. *E10* —7D **34**
Whitney Wlk. *Sidc* —6E **128**
Whitstable Clo. *Beck* —1B **142**
Whitstable Clo. *Ruis* —2G **41**
Whitstable Ho. W10 —6F **65**
　(off Silchester Rd.)
Whitstable Pl. *Croy* —4C **152**
Whittaker Av. *Rich* —5D **98**
Whittaker Pl. Rich —5D **98**
　(off Whittaker Av.)
Whittaker Rd. *E6* —7A **54**
Whittaker Rd. *Sutt* —3H **149**
Whittaker St. *SW1*
　　　　—4E **84** (4G **171**)
Whittaker Way. *SE1* —4G **87**
Whitta Rd. *E12* —4B **54**
Whittell Gdns. *SE26* —3J **123**
Whittingham. *N17* —7C **18**
Whittingham Ct. *W4* —7A **82**
Whittingstall Rd. *SW6* —1H **101**
Whittington Av. *EC3*
　　　　—6E **68** (1G **169**)
Whittington Av. *Hay* —5H **59**
Whittington Ct. *N2* —5D **30**
Whittington M. N12 —4F **15**
　(off Fredericks Pl.)
Whittington Rd. *N22* —7D **16**
Whittington Way. *Pinn* —5C **24**
Whittlebury Clo. *Cars* —7D **150**
Whittle Clo. *E17* —6A **34**
Whittle Clo. *S'hall* —6E **61**
Whittle Rd. *Houn* —7A **78**
Whittle Rd. *S'hall* —2F **79**
Whittlesea Clo. *Harr* —7B **10**
Whittlesea Path. *Harr* —1G **25**

Whittlesea Rd. Harr —7B 10
Whittlesey St. SE1 —1A 86 (5J 167)
Whitton. —7G 97
Whitton Av. E. Gnfd —5J 43
Whitton Av. W. N'holt & Gnfd —5F 43
Whitton Clo. Gnfd —6B 44
Whitton Dene. Houn & Iswth —5G 97
Whitton Dri. Gnfd —6A 44
Whitton Mnr. Rd. Iswth —6G 97
Whitton Rd. Houn —4F 97
Whitton Rd. Twic —6J 97
Whitton Road Roundabout. —6K 97
Whitton Wlk. E3 —3C 70
Whitton Waye. Houn —6E 96
Whitwell Rd. E13 —3J 71
Whitworth Ho. SE1 —3C 86
Whitworth Rd. SE18 —7E 90
Whitworth Rd. SE25 —3E 140
Whitworth St. SE10 —5G 89
Whorlton Rd. SE15 —3H 105
Whymark Av. N22 —3A 32
Whytecroft. Houn —7B 78
Whyteville Rd. E7 —6K 53
Whytlaw Ho. E3 —5B 70
Wickersley Rd. SW11 —2E 102
Wickers Oake. SE19 —4F 123
Wicker St. E1 —6H 69
Wicket Rd. Gnfd —3A 62
Wickets, The. Ashf —4A 112
Wicket, The. Croy —5C 154
Wickfield Ho. SE16 —2H 87
(off Wilson Gro.)
Wickford St. E1 —4J 69
Wickford Way. E17 —4K 33
Wickham Av. Croy —2A 154
Wickham Av. Sutt —5E 148
Wickham Chase. W W'ck —1F 155
Wickham Clo. E1 —5J 69
Wickham Clo. Enf —3C 8
Wickham Clo. N Mald —5B 136
Wickham Ct. Rd. W W'ck —2E 154
Wickham Cres. W W'ck —2E 154
Wickham Gdns. SE4 —3B 106
Wickham La. SE2 & Well —5A 92
Wickham M. SE4 —2B 106
Wickham Rd. E4 —7K 19
Wickham Rd. SE4 —4B 106
Wickham Rd. Beck —2D 142
Wickham Rd. Croy —2J 153
Wickham Rd. Harr —2H 25
Wickham St. SE11 —5K 85 (5G 173)
Wickham St. Well —2J 109
Wickham Way. Beck —4E 142
Wick La. E3 —1C 70
(in two parts)
Wickliffe Av. N3 —2G 29
Wickliffe Gdns. Wemb —2H 45
Wicklow Ho. N16 —1F 51
Wicklow St. WC1 —3K 67 (1G 161)
Wick M. E9 —6A 52
Wick Rd. E9 —6K 51
Wick Rd. Tedd —7B 116
Wicks Clo. SE9 —4B 126
Wick Sq. E9 —6B 52
Wicksteed Clo. Bex —3K 129
Wicksteed Ho. SE1 —3C 86
Wicksteed Ho. Bren —5F 81
Wickway Ct. SE15 —6F 87
(off Cator St.)
Wickwood St. SE5 —2B 104
Widdecombe Av. S Harr —2C 42
Widdenham Rd. N7 —4K 49
Widdin St. E15 —7G 53
Widecombe Gdns. Ilf —4C 36
Widecombe Rd. SE9 —3C 126
Widecombe Way. N2 —5B 30
Widegate St. E1 —5E 68 (6H 163)
Widenham Clo. Pinn —5A 24
Wide Way. Mitc —3H 139
Widewing Clo. Tedd —7B 116
Widford Ho. N1 —2B 68
(off Colebrooke Rd.)
Widgeon Clo. E16 —6K 71
Widley Rd. W9 —3J 65
Widmer Ct. Houn —2C 96
Widmore. —3A 144
Widmore Green. —1A 144
Widmore Lodge Rd. Brom —2B 144
Widmore Rd. Brom —2J 143
Widmore Rd. Uxb —4D 58
Wigan Ho. E5 —1H 51
Wigeon Path. SE28 —3H 91
Wigeon Way. Hay —6C 60
Wiggins Mead. NW9 —7G 13
Wigginton Av. Wemb —6H 45
Wightman Rd. N8 & N4 —4A 32
Wigley Rd. Felt —2B 114
Wigmore Ct. W13 —1A 80
(off Singapore Rd.)
Wigmore Hall. —7J 159
Wigmore Pl. W1 —6F 67 (7J 159)
Wigmore Rd. Cars —2B 150
Wigmore St. W1 —6E 66 (7H 159)
Wigmore Wlk. Cars —2B 150
Wigram Ho. E14 —7D 70
Wigram Rd. E11 —6A 36
Wigram Sq. E17 —3E 34
Wigston Clo. N18 —5K 17
Wigston Rd. E13 —4K 71
Wigton Gdns. Stan —1E 26
Wigton Pl. SE11 —5A 86 (6K 173)
Wigton Rd. E17 —1B 34
Wilberforce Rd. N4 —2B 50
Wilberforce Rd. NW9 —6C 28
Wilberforce Way. SW19 —6F 119
Wilbraham Ho. SW8 —7J 85
(off Wandsworth Rd.)
Wilbraham Pl. SW1 —4D 84 (3F 171)
Wilbury Way. N18 —5J 17
Wilby M. W11 —1H 83
Wilcox Clo. SW8 —7J 85
(in two parts)
Wilcox Gdns. Shep —3A 130
Wilcox Ho. E3 —5B 70
Wilcox Pl. SW1 —3G 85 (2B 172)
Wilcox Rd. SW8 —7J 85
Wilcox Rd. Sutt —4K 149
Wilcox Rd. Tedd —4H 115
Wild Ct. WC2 —6K 67 (1G 167)
(in two parts)
Wildcroft Gdns. Edgw —6J 11
Wildcroft Mnr. SW15 —7E 100
Wildcroft Rd. SW15 —7E 100
Wilde Clo. E8 —1G 69
Wilde Pl. N13 —6G 17
Wilde Pl. SW18 —7B 102
Wilder Clo. Ruis —1K 41
Wilderness M. SW4 —4F 103
Wilderness Rd. Chst —7F 127
Wilderness, The. E Mol —5G 133
Wilderness, The. Hamp —4F 115
Wilde Rd. Eri —7H 93
Wilderton Rd. N16 —7E 32
Wildfell Rd. SE6 —7D 106
Wild Goose Dri. SE14 —1J 105
Wild Hatch. NW11 —6J 29
Wild's Rents. SE1 —3E 86 (7G 169)
Wild St. WC2 —6J 67 (1F 167)
Wildwood Clo. SE12 —7H 107
Wildwood Gro. NW3 —1A 48
Wildwood Ri. NW11 —1A 48
Wildwood Rd. NW11 —6K 29
Wildwood Ter. NW11 —1A 48
Wilford Clo. Enf —3J 7
Wilfred Ct. N15 —5D 32
(off South Gro.)
Wilfred Owen Clo. SW19 —6A 120
Wilfred St. SW1 —3G 85 (1A 172)
Wilfrid Gdns. W3 —5J 63
Wilkes Rd. Bren —6E 80
Wilkes St. E1 —5F 69 (5K 163)
Wilkie Ho. SW1 —5H 85 (5D 172)
(off Cureton St.)
Wilkie Way. SE22 —1G 123
Wilkins Clo. Hay —5H 77
Wilkins Clo. Mitc —1C 138
Wilkins Ho. SW1 —6F 85 (7K 171)
(off Churchill Gdns.)
Wilkinson Clo. Uxb —1D 58
Wilkinson Ct. SW17 —4B 120
Wilkinson Ho. N1 —2D 68
(off Cranston Est.)
Wilkinson Rd. E16 —6A 72
Wilkinson St. SW8 —7K 85
Wilkinson Way. W4 —2K 81
Wilkin St. NW5 —6E 48
Wilkin St. M. NW5 —6F 49
Wilks Gdns. Croy —1A 154
Wilks Pl. N1 —2E 68
Willan Rd. N17 —2D 32
Willan Wall. E16 —7H 71
Willard St. SW8 —3F 103
Willcocks Clo. Chess —3E 146
Willcott Rd. W3 —1H 81
Will Crooks Gdns. SE9 —4A 108
Willenfield Rd. NW10 —2J 63
Willenhall Av. New Bar —6F 5
Willenhall Ct. New Bar —6F 5
Willenhall Dri. Hay —7G 59
Willenhall Rd. SE18 —5F 91
Willersley Av. Sidc —1K 127
Willersley Clo. Sidc —1K 127
Willesden. —6C 46
Willesden Green. —6D 46
Willesden La. NW2 & NW6 —6E 46
Willes Rd. NW5 —6F 49
Willett Clo. N'holt —3A 60
Willett Clo. Orp —6J 145
Willett Ho. E13 —2K 71
(off Queens Rd. W.)
Willett Pl. T Hth —5A 140
Willett Rd. T Hth —5A 140
Willett Way. Orp —5H 145
William Allen Ho. Edgw —7A 12
William Banfield Ho. SW6 —2H 101
(off Munster Rd.)
William Barefoot Dri. SE9 —4E 126
William Blake Ho. SW11 —1C 102
William Bonney Est. SW4 —4H 103
William Booth Rd. SE20 —1G 141
William Carey Way. Harr —6J 25
William Channing Ho. E2 —3H 69
(off Canrobert St.)
William Clo. N2 —3B 30
William Clo. SE13 —3E 106
William Clo. Romf —1J 39
William Clo. S'hall —2G 79
William Cobbett Ho. W8 —3K 83
(off Scarsdale Pl.)
William Ct. W5 —5C 62
William Covell Clo. Enf —1E 6
William Dromey Ct. NW6 —7H 47
William Dunbar Ho. NW6 —2H 65
(off Albert Rd.)
William Dyce M. SW16 —4H 121
William Ellis Way. SE16 —3G 87
(off St James's Rd.)
William Evans Ho. SE8 —4K 87
(off Bush Rd.)
William Fenn Ho. E2 —3G 69 (1K 163)
(off Shipton Rd.)
William IV St. WC2 —7J 67 (3E 166)
William Gdns. SW15 —5D 100
William Gibbs Ct. SW1 —3H 85 (2C 172)
(off Old Pye St.)
William Gunn Ho. NW3 —5C 48
William Guy Gdns. E3 —3D 70
William Henry Wlk. SW8 —6H 85 (7C 172)
William Hunt Mans. SW13 —6E 82
William Margrie Clo. SE15 —2G 105
William M. SW1 —2D 84 (7F 165)
William Morley Clo. E6 —1B 72
William Morris Clo. E17 —3B 34
William Morris Gallery. —3C 34
William Morris Ho. W6 —6F 83
William Morris Way. SW6 —3A 102
William Paton Ho. E16 —6K 71
William Pike Ho. Romf —6K 39
(off Waterloo Gdns.)
William Pl. E3 —2B 70
William Rathbone Ho. E2 —3H 69
(off Florida St.)
William Rd. NW1 —3F 67 (2K 159)
William Rd. SW19 —7G 119
William Rd. Sutt —5A 150
William Rushbrooke Ho. SE16 —4G 87
(off Rouel Rd.)
Williams Av. E17 —1B 34
William Saville Ho. NW6 —2H 65
(off Denmark Rd.)
Williams Clo. N8 —6H 31
Williams Clo. SW6 —7G 83
Williams Gro. N22 —1A 32
Williams Gro. Surb —6C 134
Williams Ho. NW2 —3E 46
(off Stoll Clo.)
William's La. SW14 —3J 99
Williams La. Mord —5A 138
William Smith Ho. Belv —3G 93
(off Ambrook Rd.)
Williamson Clo. SE10 —5H 89
Williamson Ct. SE17 —5C 86
Williamson Rd. N4 —6B 32
Williamson St. N7 —4J 49
Williamson Way. NW7 —6B 14
William Sq. SE16 —7A 70
(off Sovereign Cres.)
Williams Rd. W13 —1A 80
Williams Rd. S'hall —4C 78
Williams Ter. Croy —6A 152
William St. E10 —6D 34
William St. N17 —7A 18
William St. SW1 —2D 84 (7F 165)
William St. Bark —7G 55
William St. Cars —3C 150
William White Ct. E13 —1A 72
(off Green St.)
William Wood Ho. SE26 —3J 123
(off Shrublands Clo.)
Willifield Way. NW11 —4H 29
Willingale Clo. Wfd G —6F 21
Willingdon Rd. N22 —2B 32
Willingham Clo. NW5 —5G 49
Willingham Ter. NW5 —5G 49
Willingham Way. King T —3G 135
Willington Ct. E5 —3A 52
Willington Rd. SW9 —3J 103
Willis Av. Sutt —6C 150
Willis Ct. T Hth —6A 140
Willis Ho. E14 —7D 70
Willis Rd. E15 —2H 71
Willis Rd. Croy —7C 140
Willis Rd. Eri —4J 93
Willis St. E14 —6D 70
Will Miles Ct. SW19 —7A 120
Willmore End. SW19 —1K 137
Willoughby Av. Croy —4K 151
Willoughby Dri. Rain —7K 57
Willoughby Gro. N17 —7C 18
Willoughby Highwalk. EC2 —5D 68
(off Moor La.)
Willoughby Ho. EC2 —5E 162
Willoughby La. N17 —6C 18
Willoughby Pk. Rd. N17 —7C 18
(in two parts)
Willoughby Pas. E14 —1C 88
Willoughby Rd. N8 —3A 32
Willoughby Rd. NW3 —4B 48
Willoughby Rd. King T —1F 135
Willoughby Rd. Twic —5C 98
(in two parts)
Willoughbys, The. SW15 —3A 100
Willoughby St. WC1 —6E 160
Willoughby Way. SE7 —4K 89
Willow Av. SW13 —2B 100
Willow Av. Sidc —6A 110
Willow Av. W Dray —7B 58
Willow Bank. SW6 —3G 101
Willow Bank. Rich —3B 116
Willow Bri. Rd. N1 —6C 50
Willowbrook. Hamp H —5F 115
Willowbrook Est. SE15 —7G 87
Willow Brook Rd. SE15 —7F 87
Willowbrook Rd. S'hall —3F 78
Willowbrook Rd. Stai —2A 112
Willow Bus. Cen., The. Mitc —6D 138
Willow Bus. Pk. SE26 —3J 123
Willow Clo. SE6 —1H 125
Willow Clo. Bex —6F 111
Willow Clo. Bren —6C 80
Willow Clo. Brom —5D 144
Willow Clo. Buck H —3G 21
Willow Cotts. Hanw —3C 114
Willow Cotts. Rich —6G 81
Willow Ct. E11 —2G 53
(off Trinity Clo.)
Willow Ct. EC2 —3G 163
Willow Ct. NW6 —7G 47
Willow Ct. W4 —7A 82
(off Corney Reach Way)
Willow Ct. Edgw —4K 11
Willow Ct. Harr —1K 25
Willowcourt Av. Harr —5B 26
Willowdene. N6 —7D 30
Willowdene. SE15 —7H 87
Willow Dene. Bus H —1D 10
Willow Dene. Pinn —2B 24
Willowdene Clo. Twic —7G 97
Willowdene Ct. N20 —7F 5
(off High Rd.)
Willow Dri. Barn —4B 4
Willow End. N20 —2D 14
Willow End. Surb —1E 146
Willow Farm La. SW15 —3D 100
Willowfields Clo. SE18 —5J 91
Willow Gdns. Houn —1E 96
Willow Gdns. Ruis —2H 41
Willow Grange. Sidc —3B 128
Willow Grn. NW9 —1A 28
Willow Gro. E13 —2J 71
Willow Gro. Chst —6E 126
Willow Gro. Ruis —2H 41
Willowhayne Dri. W on T —7K 131

Wolverton—Woodside Ct.

Wyborne Way. *NW10* —7J **45**
Wyburn Av. *Barn* —3C **4**
Wyche Gro. *S Croy* —7D **152**
Wych Elm Lodge. *Brom* —7H **125**
Wych Elm Pas. *King T* —7F **117**
Wycherley Clo. *SE3* —7H **89**
Wycherley Cres. *New Bar* —6E **4**
Wychcombe Studios. *NW3* —6D **48**
Wychwood Av. *Edgw* —6J **11**
Wychwood Av. *T Hth* —3C **140**
Wychwood Clo. *Edgw* —6J **11**
Wychwood Clo. *Sun* —6J **113**
Wychwood End. *N6* —7G **31**
Wychwood Gdns. *Ilf* —4D **36**
Wychwood Way. *SE19* —6D **122**
Wyclif Ct. *EC1* —3B **68** (2A **162**)
(off Wyclif St.)
Wycliffe Clo. *Well* —1K **109**
Wycliffe Rd. *SW11* —2E **102**
Wycliffe Rd. *SW19* —6K **119**
Wyclif St. *EC1* —3B **68** (2A **162**)
Wycombe Gdns. *NW11* —2J **47**
Wycombe Ho. *NW8*

—4C **66** (3C **158**)
(off Grendon St.)
Wycombe Pl. *SW18* —6A **102**
Wycombe Rd. *N17* —1G **33**
Wycombe Rd. *Ilf* —5D **36**
Wycombe Rd. *Wemb* —1G **63**
Wydehurst Rd. *Croy* —7G **141**
Wydell Clo. *Mord* —6F **137**
Wydeville Mnr. Rd. *SE12* —4K **125**
Wye Clo. *Ashf* —4D **112**
Wye Clo. *Orp* —7K **145**
Wye Clo. *Ruis* —6E **22**
Wye Ct. *W13* —5B **62**
(off Malvern Way)
Wyemead Cres. *E4* —2B **20**
Wye St. *SW11* —2B **102**
Wyevale Clo. *Pinn* —3J **23**
Wyfields. *Ilf* —1F **37**
Wyfold Ho. *SE2* —2D **92**
(off Wolvercote Rd.)
Wyfold Rd. *SW6* —7G **83**
Wyhill Wlk. *Dag* —7J **57**
Wyke Clo. *Iswth* —6K **79**
Wyke Gdns. *W7* —3A **80**
Wykeham Av. *Dag* —6C **56**
Wykeham Clo. *W Dray* —5C **76**
Wykeham Ct. *N11* —2K **15**
(off Wykeham Rd.)
Wykeham Ct. *NW4* —5E **28**
(off Wykeham Rd.)
Wykeham Grn. *Dag* —6C **56**
Wykeham Hill. *Wemb* —1F **45**
Wykeham Ri. *N20* —1B **14**
Wykeham Rd. *NW4* —4E **28**
Wykeham Rd. *Harr* —4B **26**
Wyke Rd. *E3* —7C **52**
Wyke Rd. *SW20* —2E **136**
Wylchin Clo. *Pinn* —3H **23**
Wyldes Clo. *NW11* —1A **48**
Wyldfield Gdns. *N9* —2A **18**
Wyld Way. *Wemb* —6H **45**
Wyleu St. *SE23* —7A **106**
Wylie Rd. *S'hall* —3E **78**
Wyllen Clo. *E1* —4J **69**
Wymans Way. *E7* —4A **54**
Wymering Mans. *W9* —3J **65**
(off Wymering Rd., in two parts)
Wymering Rd. *W9* —3J **65**
Wymond St. *SW15* —3E **100**
Wynan Rd. *E14* —5D **88**
Wynash Gdns. *Cars* —5C **150**
Wynaud Ct. *N22* —6E **16**

Wyncham Av. *Sidc* —1J **127**
Wyncham Ho. *Sidc* —2A **128**
(off Longlands Rd.)
Wynchgate. *N14 & N21* —1C **16**
Wynchgate. *Harr* —7D **10**
Wynchgate. *N'holt* —5D **42**
Wyncroft Clo. *Brom* —3D **144**
Wyndale Av. *NW9* —6G **27**
Wyndcliff Rd. *SE7* —6K **89**
Wyndcroft Clo. *Enf* —3G **7**
Wyndham Clo. *Sutt* —7J **149**
Wyndham Ct. *W7* —4A **80**
Wyndham Cres. *N19* —3G **49**
Wyndham Cres. *Houn* —6E **96**
Wyndham Deedes Ho. *E2* —2G **69**
(off Hackney Rd.)
Wyndham Est. *SE5* —7C **86**
Wyndham Ho. *E14* —2D **88**
Wyndham M. *W1*

—5D **66** (6E **158**)
Wyndham Pl. *W1*

—5D **66** (6E **158**)
Wyndham Rd. *E6* —7B **54**
Wyndham Rd. *SE5* —7C **86**
Wyndham Rd. *W13* —3B **80**
Wyndham Rd. *Barn* —1J **15**
Wyndham Rd. *King T* —7F **117**
(in two parts)
Wyndham St. *W1*

—5D **66** (5E **158**)
Wyndham Yd. *W1*

—5D **66** (6E **158**)
Wyneham Rd. *SE24* —5D **104**
Wynell Rd. *SE23* —3K **123**
Wynford Ho. *N1* —2K **67**
(off Priory Grn. Est.)
Wynford Pl. *Belv* —6G **93**
Wynford Rd. *N1* —2K **67**
Wynford Way. *SE9* —3D **126**
Wynlie Gdns. *Pinn* —2K **23**
Wynndale Rd. *E18* —1K **35**
Wynne Ho. *SE14* —1K **105**
Wynne Rd. *SW9* —2A **104**
Wynnstay Gdns. *W8* —3J **83**
Wynter St. *SW11* —4A **102**
Wynton Gdns. *SE25* —5F **141**
Wynton Pl. *W3* —6H **63**
Wynyard Ho. *SE11* —5H **173**
Wynyard Ter. *SE11*

—5K **85** (5H **173**)
Wynyatt St. *EC1* —3B **68** (2A **162**)
Wyre Gro. *Edgw* —3C **12**
Wyre Gro. *Hay* —4J **77**
Wyresdale Cres. *Gnfd* —3K **61**
Wyteleaf Clo. *Ruis* —6E **22**
Wythburn Ct. *W1* —6D **66** (7E **158**)
(off Wythburn Pl.)
Wythburn Pl. *W1*

—6D **66** (1E **164**)
Wythenshawe Rd. *Dag* —3G **57**
Wythens Wlk. *SE9* —6F **109**
Wythes Clo. *Brom* —2D **144**
Wythes Rd. *E16* —1C **90**
Wythfield Rd. *SE9* —6D **108**
Wyvenhoe Rd. *Harr* —4G **43**
Wyvern Est. *N Mald* —4C **136**
Wyvil Rd. *SW8* —7J **85**
Wyvis St. *E14* —5D **70**

X

Xylon Ho. *Wor Pk* —2D **148**

Y

Yabsley St. *E14* —1E **88**
Yalding Rd. *SE16* —3G **87**

Yale Clo. *Houn* —5D **96**
Yale Ct. *NW6* —5K **47**
Yaohan Plaza. *NW9* —3K **27**
Yarborough Rd. *SW19* —1B **138**
Yardley Clo. *E4* —5J **9**
Yardley Ct. *Sutt* —4E **148**
Yardley La. *E4* —5J **9**
Yardley St. *WC1* —3A **68** (2J **161**)
(in two parts)
Yarlington Ct. *N11* —5K **15**
(off Sparkford Gdns.)
Yarmouth Cres. *N17* —5H **33**
Yarmouth Pl. *W1*

—1F **85** (5J **165**)
Yarnfield Sq. *SE15* —1G **105**
Yarnton Way. *SE2 & Eri* —2C **92**
Yarrow Cres. *E6* —5C **72**
Yarrow Ho. *E14* —3E **88**
Yateley St. *SE18* —3B **90**
Yates Ho. *E2* —3G **69**
(off Roberta St.)
Yeading. —4A 60
Yeading Av. *Harr* —2C **42**
Yeading Fork. *Hay* —5A **60**
Yeading Gdns. *Hay* —5K **59**
Yeading Ho. *Hay* —5B **60**
Yeading La. *Hay & N'holt* —6K **59**
Yeading Wlk. *N Har* —5D **24**
Yeames Clo. *W13* —6A **62**
Yeate St. *N1* —7D **50**
Yeatman Rd. *N6* —6D **30**
Yeats Clo. *NW10* —5A **46**
Yeats Clo. *SE13* —2F **107**
Yeend Clo. *W Mol* —4E **132**
Yeldham Rd. *W6* —5F **83**
Yelverton Lodge. *Twic* —7C **98**
Yelverton Rd. *SW11* —2B **102**
Yenston Clo. *Mord* —6J **137**
Yeoman Clo. *E6* —7F **73**
Yeoman Clo. *SE27* —3B **122**
Yeoman Ct. *SE1* —5F **87**
(off Cooper's Rd.)
Yeoman Ct. *Houn* —7D **78**
Yeoman Rd. *N'holt* —7C **42**
Yeomans Acre. *Ruis* —6J **23**
Yeomans M. *Iswth* —6H **97**
Yeoman's Row. *SW3*

—3C **84** (2D **170**)
Yeoman St. *SE8* —4A **88**
Yeomans Way. *Enf* —2D **8**
Yeoman's Yd. *E1* —2K **169**
Yeo St. *E3* —5D **70**
Yeovilton Pl. *King T* —5C **116**
Yerbury Rd. *N19* —3H **49**
(in two parts)
Yester Dri. *Chst* —7C **126**
Yester Pk. *Chst* —7C **126**
Yester Rd. *Chst* —7C **126**
Yew Av. *W Dray* —7A **58**
Yew Clo. *Buck H* —2G **21**
Yewdale Clo. *Brom* —6G **125**
Yewfield Rd. *NW10* —6B **46**
Yew Gro. *NW2* —4F **47**
Yews, The. *Ashf* —3D **112**
Yew Tree Clo. *N21* —7F **7**
Yewtree Clo. *E11* —6G **31**
Yew Tree Clo. *N22* —1G **31**
Yewtree Clo. *N Har* —4F **25**
Yewtree Clo. *Well* —1A **110**
Yew Tree Clo. *Wor Pk* —1A **148**
Yew Tree Ct. *NW11* —5H **29**
(off Bridge La.)
Yew Tree Ct. *Sutt* —7A **150**
(off Walnut M.)
Yew Tree Gdns. *Chad H* —5E **38**
Yew Tree Gdns. *Romf* —5K **39**

Yew Tree Lodge. *SW16* —4G **121**
Yew Tree Lodge. *Romf* —5K **39**
(off Yew Tree Gdns.)
Yew Tree Rd. *W12* —7B **64**
Yewtree Rd. *Beck* —3B **142**
Yew Tree Rd. *Uxb* —1B **58**
Yew Trees. *Shep* —4B **130**
Yew Tree Wlk. *Houn* —5D **96**
Yew Wlk. *Harr* —1J **43**
Yiewsley Ct. *W Dray* —1A **76**
Yoakley Rd. *N16* —2E **50**
Yoke Clo. *N7* —6J **49**
Yolande Gdns. *SE9* —5C **108**
Yonge Pk. *N4* —3A **50**
York Av. *SE17* —5C **86**
York Av. *SW14* —5J **99**
York Av. *W7* —1J **79**
York Av. *Hay* —5E **58**
York Av. *Sidc* —2J **127**
York Av. *Stan* —1B **26**
York Bri. *NW1* —4E **66** (3G **159**)
York Bldgs. *WC2*

—7J **67** (3F **167**)
York Clo. *E6* —6D **72**
York Clo. *SE5* —2C **104**
(off Lilford Rd.)
York Clo. *W7* —1J **79**
York Clo. *Mord* —4K **137**
York Ct. *N14* —7D **6**
York Ga. *N14* —7D **6**
York Ga. *NW1* —4E **66** (4G **159**)
York Gro. *SE15* —1J **105**
York Hill. *SE27* —3B **122**
York Ho. *SE1* —3K **85** (2H **173**)
York Ho. *W1* —5D **66** (5E **158**)
(off York St.)
York Ho. *Enf* —1J **7**
York Ho. *Wemb* —4F **45**
York Ho. Pl. *W8* —2K **83**
Yorkland Av. *Well* —3K **109**
York Mans. *SW5* —5K **83**
(off Earl's Ct. Rd.)
York Mans. *SW11* —1E **102**
(off Prince Of Wales Dri.)
York Mans. *W1* —5E **66** (5G **159**)
(off Chiltern St.)
York M. *NW5* —5F **49**
York M. *Ilf* —3E **54**
York Pde. *Bren* —5D **80**
York Pl. *SW11* —3B **102**
York Pl. *WC2* —3F **167**
York Pl. *Dag* —6J **57**
York Pl. *Ilf* —2E **54**
(off Baker St.) —5D **66** (5F **159**)
York Ri. *NW5* —3F **49**
York Rd. *E4* —4H **19**
York Rd. *E7* —6J **53**
York Rd. *E10* —3E **52**
York Rd. *E17* —5K **33**
York Rd. *N11* —6C **16**
York Rd. *N18* —6C **18**
York Rd. *N21* —7J **7**
York Rd. *SE1* —2K **85** (7H **167**)
York Rd. *SW18 & SW11*

—4A **102**
York Rd. *SW19* —6A **120**
York Rd. *W3* —6J **63**
York Rd. *W5* —3C **80**
York Rd. *Bren* —5D **80**
York Rd. *Croy* —7A **140**
York Rd. *Houn* —3F **97**
York Rd. *Ilf* —3E **54**
York Rd. *King T* —7F **117**
York Rd. *New Bar* —5F **5**

York Rd. *N'wd* —2J **23**
York Rd. *Rain* —7K **57**
York Rd. *Rich* —5F **99**
York Rd. *Sutt* —6J **149**
York Rd. *Tedd* —4J **115**
Yorkshire Clo. *N16* —3E **50**
Yorkshire Gdns. *N18* —5C **18**
Yorkshire Grey. *SE9* —5B **108**
Yorkshire Grey. *SE9* —5B **108**
Yorkshire Grey Pl. *NW3* —4A **48**
Yorkshire Grey Yd. *WC1* —6G **161**
Yorkshire Pl. *E14* —6A **70**
Yorkshire Rd. *E14* —6A **70**
Yorkshire Rd. *Mitc* —5J **139**
Yorkshire St. *E14* —6A **70**
York Sq. *E14* —6A **70**
York St. *W1* —5D **66** (6E **158**)
York St. *Bark* —1G **73**
York St. *Mitc* —7E **138**
York St. *Twic* —1A **116**
York St. Chambers. *W1*
(off York St.) —5D **66** (6E **158**)
York Ter. *Enf* —1H **7**
York Ter. *Eri* —1J **111**
York Ter. E. *NW1* —4E **66** (4H **159**)
York Ter. W. *NW1*

—4E **66** (4G **159**)
Yorkton St. *E2* —2G **69**
York Way. *N7 & N1*

—6H **49** (1F **161**)
York Way. *N20* —3J **15**
York Way. *Chess* —7E **146**
York Way. *Felt* —3C **114**
(in two parts)
York Way Ct. *N1* —1J **67**
(off Tiber Gdns.)
York Way Est. *N7* —6J **49**
Young Ct. *NW6* —7G **47**
Youngmans Clo. *Enf* —1H **7**
Young Rd. *E16* —6A **72**
Youngs Bldgs. *EC1* —3D **162**
Youngs Ct. *SW11* —1E **102**
Youngs Rd. *Ilf* —5H **37**
Young St. *W8* —2K **83**
Young Vic Theatre, The. —6K **167**
Yoxley App. *Ilf* —6G **37**
Yoxley Dri. *Ilf* —6G **37**
Yukon Rd. *SW12* —7F **103**
Yuletide Clo. *NW10* —7A **46**
Yunus Khan Clo. *E17* —5C **34**

Z

Zampa Rd. *SE16* —5J **87**
Zander Ct. *E2* —3G **69**
Zangwill Rd. *SE3* —1B **108**
Zealand Av. *W Dray* —7A **76**
Zealand Ho. *SE5* —2C **104**
(off Denmark Rd.)
Zealand Rd. *E3* —2A **70**
Zenith Lodge. *N3* —7E **14**
Zennor Rd. *SW12* —1G **121**
Zennor Rd. Ind. Est. *SW12*

—1G **121**
Zenoria St. *SE22* —4F **105**
Zermatt Rd. *T Hth* —4C **140**
Zetland Ho. *W8* —3K **83**
(off Marloes Rd.)
Zetland St. *E14* —5D **70**
Zion Pl. *T Hth* —4D **140**
Zion Rd. *T Hth* —4D **140**
Zoar St. *SE1* —1C **86** (4C **168**)
Zoffany St. *N19* —2H **49**

HOSPITALS and HOSPICES

covered by this atlas

with their map square reference

N.B. Where Hospitals and Health Centresre not named on the map, the reference given is for the road in which they are situated.

ACTON HOSPITAL —2G **81**
Gunnersbury La.
LONDON
W3 8EG
Tel: 020 83831133

ASHFORD HOSPITAL —2A **112**
London Rd., ASHFORD
TW15 3AA
Tel: 01784 884488

ATHLONE HOUSE —1D **48**
Hampstead La.
LONDON
N6 4RX
Tel: 020 83485231

ATKINSON MORLEY'S HOSPITAL —7D **118**
31 Copse Hill, LONDON
SW20 0NE
Tel: 020 89467711

BARKING HOSPITAL —7K **55**
Upney La.
BARKING
IG11 9LX
Tel: 0208 9838000

BARNES HOSPITAL —3A **100**
South Worple Way
LONDON
SW14 8SU
Tel: 020 88784981

BARNET HOSPITAL —4A **4**
Wellhouse La.
BARNET
EN5 3DJ
Tel: 020 82164000

BECKENHAM HOSPITAL —2B **142**
379 Croydon Rd.
BECKENHAM
BR3 3QL
Tel: 020 82896600

BECONTREE DAY HOSPITAL —2E **56**
508 Becontree Av.
DAGENHAM
RM8 3HR
Tel: 0208 9841234

BELVEDERE DAY HOSPITAL —1C **64**
341 Harlesden Rd., LONDON
NW10 3RX
Tel: 020 84593562

BELVEDERE PRIVATE CLINIC —5C **92**
Knee Hill, LONDON
SE2 0AT
Tel: 020 83114464

BETHLEM ROYAL HOSPITAL, THE —7C **142**
Monks Orchard Rd.
BECKENHAM
BR3 3BX
Tel: 020 87776611

BLACKHEATH BMI HOSPITAL, THE —3H **107**
40-42 Lee Ter.
LONDON
SE3 9UD
Tel: 020 83187722

BOLINGBROKE HOSPITAL —5C **102**
Bolingbroke Gro.
LONDON
SW11 6HN
Tel: 020 72237411

BRITISH HOME & HOSPITAL FOR INCURABLES
—5B **122**
Crown La.
LONDON
SW16 3JB
Tel: 020 86708261

BROMLEY HOSPITAL —4K **143**
Cromwell Av.
BROMLEY
BR2 9AJ
Tel: 020 82897000

BUSHEY BUPA HOSPITAL —1E **10**
Heathbourne Rd.
Bushey Heath
BUSHEY
WD23 1RD
Tel: 020 89509090

CAMDEN MEWS DAY HOSPITAL —6G **49**
1-5 Camden Mews
LONDON
NW1 9DB
Tel: 020 75304780

CARSHALTON WAR MEMORIAL HOSPITAL —6D **150**
The Park,
CARSHALTON
SM5 3DB
Tel: 020 86475534

CASSEL HOSPITAL, THE —4D **116**
1 Ham Comn.
RICHMOND
TW10 7JF
Tel: 020 89408181

CENTRAL MIDDLESEX HOSPITAL —3J **63**
Acton La.
LONDON
NW10 7NS
Tel: 020 89655733

CHADWELL HEATH HOSPITAL —5B **38**
Grove Rd.
ROMFORD
RM6 4XH
Tel: 020 89838000

CHARING CROSS HOSPITAL —6F **83**
Fulham Palace Rd.
LONDON
W6 8RF
Tel: 020 88461234

CHASE FARM HOSPITAL —1F **7**
127 The Ridgeway
ENFIELD
EN2 8JL
Tel: 020 83666600

CHELSEA & WESTMINSTER HOSPITAL —6A **84**
369 Fulham Rd.
LONDON
SW10 9NH
Tel: 020 87468000

CLAYPONDS HOSPITAL —4E **80**
Sterling Pllace
LONDON
W5 4RN
Tel: 020 85604011

CLEMENTINE CHURCHILL HOSPITAL, THE —3K **43**
Sudbury Hill
HARROW
HA1 3RX
Tel: 020 88723872

COLINDALE HOSPITAL —2A **28**
Colindale Av.
LONDON
NW9 5HG
Tel: 020 89522381

COTTAGE DAY HOSPITAL —3C **120**
Springfield University Hospital,
61 Glenburnie Rd.
LONDON
SW17 7DJ
Tel: 020 86826514

CROMWELL HOSPITAL, THE —4K **83**
162-174 Cromwell Rd.
LONDON
SW5 0TU
Tel: 020 74602000

DEVONSHIRE HOSPITAL, THE —5E **66** (5H **159**)
29-31 Devonshire St.
LONDON
W1N 1RF
Tel: 020 74867131

EALING HOSPITAL —1H **79**
Uxbridge Rd.
SOUTHALL
UB1 3HW
Tel: 020 89675000

EAST HAM MEMORIAL HOSPITAL —7B **54**
Shrewsbury Rd.
LONDON
E7 8QR
Tel: 0208 5865000

EASTMAN DENTAL HOSPITAL & DENTAL INSTITUTE,
THE —4K **67** (3G **161**)
256 Gray's Inn Rd.
LONDON
WC1X 8LD
Tel: 020 79151000

Hospitals & Hospices

EDENHALL MARIE CURIE CENTRE —5B **48**
11 Lyndhurst Gardens
LONDON
NW3 5NS
Tel: 020 77940066

EDGWARE COMMUNITY HOSPITAL —7C **12**
Burnt Oak Broadway
EDGWARE
HA8 0AD
Tel: 020 89522381

ERITH & DISTRICT HOSPITAL —6K **93**
Park Cres.
ERITH
DA8 3EE
Tel: 020 83022678

FARNBOROUGH HOSPITAL —4E **156**
Farnborough Comn.
ORPINGTON
BR6 8ND
Tel: 01689 814000

FINCHLEY MEMORIAL HOSPITAL —7F **15**
Granville Rd.
LONDON
N12 0JE
Tel: 020 83493121

FLORENCE NIGHTINGALE DAY HOSPITAL
—5C **66** (5D **158**)
1B Harewood Row
LONDON
NW1 6SE
Tel: 020 7259940

FLORENCE NIGHTINGALE HOSPITAL —5C **66** (5D **158**)
11-19 Lisson Gro.
LONDON
NW1 6SH
Tel: 020 72583828

GAINSBOROUGH CLINIC, THE —3A **86**
22 Barkham Ter.
LONDON
SE1 7PW
Tel: 020 79285633

GARDEN HOSPITAL, THE —3E **28**
46-50 Sunny Gardens Rd.
LONDON
NW4 1RP
Tel: 020 84574500

GOODMAYES HOSPITAL —5A **38**
Barley La.
ILFORD
IG3 8XJ
Tel: 020 89838000

GORDON HOSPITAL —4H **85** (4C **172**)
Bloomburg St.
LONDON
SW1V 2RH
Tel: 020 87468733

GREAT ORMOND STREET HOSPITAL FOR CHILDREN
—4J **67** (4F **161**)
Great Ormond St.
LONDON
WC1N 3JH
Tel: 020 74059200

GREENWICH & BEXLEY COTTAGE HOSPICE —5C **92**
185 Bostall Hill, LONDON
SE2 0QX
Tel: 020 83122244

GREENWICH DISTRICT HOSPITAL —5H **89**
Vanbrugh Hill
LONDON
SE10 9HE
Tel: 020 88588141

GROVELANDS PRIORY HOSPITAL —1D **16**
The Bourne
LONDON
N14 6RA
Tel: 020 88828191

GUY'S HOSPITAL —2D **86** (5E **168**)
St Thomas St.
LONDON
SE1 9RT
Tel: 020 79555000

GUY'S NUFFIELD HOUSE —2D **86** (6E **168**)
Newcomen St.
LONDON
SE1 1YR
Tel: 020 79554257

HAMMERSMITH & NEW QUEEN CHARLOTTE'S
HOSPITAL —6D **64**
Du Cane Rd.
LONDON
W12 0HS
Tel: 020 83831000

HARLEY STREET CLINIC, THE —5F **67** (5J **159**)
35 Weymouth St.
LONDON
W1N 4BJ
Tel: 020 79357700

HAYES GROVE PRIORY HOSPITAL —2J **155**
Prestons Rd.
BROMLEY
BR2 7AS
Tel: 020 84627722

HEART HOSPITAL, THE —5E **66** (6H **159**)
16-18 Westmoreland St.
LONDON
W1G 8PH
Tel: 020 75738888

HIGHGATE PRIVATE HOSPITAL —6D **30**
17 View Rd.
LONDON
N6 4DJ
Tel: 020 83414182

HILLINGDON HOSPITAL —5B **58**
Pield Heath Rd.
UXBRIDGE
UB8 3NN
Tel: 01895 238282

HOLLY HOUSE HOSPITAL —2E **20**
High Rd.
BUCKHURST HILL
IG9 5HX
Tel: 0208 5053311

HOMERTON HOSPITAL —5K **51**
Homerton Row
LONDON
E9 6SR
Tel: 020 85105555

HORNSEY CENTRAL HOSPITAL —5H **31**
Park Rd.
LONDON
N8 8JL
Tel: 020 82191700

HOSPITAL FOR TROPICAL DISEASES —4G **67** (4B **160**)
Mortimer Market, Capper St.
LONDON
WC1E 6AU
Tel: 020 73879300

HOSPITAL OF ST JOHN & ST ELIZABETH —2B **66**
60 Grove End Rd.
LONDON
NW8 9NH
Tel: 020 72865126

KING EDWARD VII'S HOSPITAL FOR OFFICERS
—5E **66** (5H **159**)
5-10 Beaumont St.
LONDON
W1N 2AA
Tel: 020 74864411

KING GEORGE HOSPITAL —5A **38**
Barley La.
ILFORD
IG3 8YB
Tel: 020 89838000

KING'S COLLEGE HOSPITAL —2D **104**
Denmark Hill
LONDON
SE5 9RS
Tel: 020 77374000

KING'S COLLEGE HOSPITAL, DULWICH —4E **104**
East Dulwich Gro.
LONDON
SE22 8PT
Tel: 020 77374000

KING'S OAK BMI HOSPITAL, THE —1F **7**
The Ridgeway
ENFIELD
EN2 8SD
Tel: 020 83709500

KINGSBURY COMMUNITY HOSPITAL —4G **27**
Honeypot La.
LONDON
NW9 9QY
Tel: 020 89031323

KINGSTON HOSPITAL —1H **135**
Galsworthy Rd.
KINGSTON UPON THAMES
KT2 7QB
Tel: 020 85467711

LATIMER DAY HOSPITAL —5G **67** (5A **160**)
40 Hanson St.
LONDON
W1W 6UL
Tel: 020 73809187

LEWISHAM UNIVERSITY HOSPITAL —5D **106**
Lewisham High St.
LONDON
SE13 6LH
Tel: 020 83333000

LISTER HOSPITAL, THE —5F **85** (6J **171**)
Chelsea Bridge Rd.
LONDON
SW1W 8RH
Tel: 020 77303417

LONDON BRIDGE HOSPITAL —1D **86** (4F **169**)
27 Tooley St.
LONDON
SE1 2PR
Tel: 020 74073100

LONDON CHEST HOSPITAL —2J **69**
Bonner Rd.
LONDON
E2 9JX
Tel: 020 73777000

LONDON CLINIC, THE —4E **66** (4H **159**)
20 Devonshire Place
LONDON
W1N 2DH
Tel: 020 79354444

LONDON FOOT HOSPITAL —4G **67** (4A **160**)
33 & 40 Fitzroy Square
LONDON
W1P 6AY
Tel: 020 75304500

LONDON INDEPENDENT HOSPITAL —5K **69**
1 Beaumont Square
LONDON
E1 4NL
Tel: 020 77900990

LONDON LIGHTHOUSE —6G **65**
111-117 Lancaster Rd.
LONDON
W11 1QT
Tel: 020 77921200

LONDON WELBECK HOSPITAL —5E **66** (6H **159**)
27 Welbeck St.
LONDON
W1G 8EN
Tel: 020 72242242

MAITLAND DAY HOSPITAL —4J **51**
143-153 Lower Clapton Rd.
LONDON
E5 8EQ
Tel: 020 89195600

MAUDSLEY HOSPITAL, THE —2D **104**
Denmark Hill
LONDON
SE5 8AZ
Tel: 020 77036333

MAYDAY UNIVERSITY HOSPITAL —6B **140**
Mayday Rd.
THORNTON HEATH
CR7 7YE
Tel: 020 84013000

MEADOW HOUSE HOSPICE —2H **79**
Ealing Hospital
Uxbridge Rd.
SOUTHALL
UB1 3HW
Tel: 020 8967 5179

MEMORIAL HOSPITAL —2E **108**
Shooters Hill
LONDON
SE18 3RZ
Tel: 020 88565511

MIDDLESEX HOSPITAL, THE —5G **67** (6B **160**)
Mortimer St.
LONDON
W1N 8AA
Tel: 020 76368333

MILDMAY MISSION HOSPITAL —3F **69** (2J **163**)
Hackney Rd.
LONDON
E2 7NA
Tel: 020 76136300

MOLESEY HOSPITAL —5E **132**
High St.
WEST MOLESEY
KT8 2LU
Tel: 020 89414481

MOORFIELDS EYE HOSPITAL —3D **68** (2E **162**)
162 City Rd.
LONDON
EC1V 2PD
Tel: 020 72533411

MORLAND ROAD DAY HOSPITAL —7G **57**
Morland Rd.
DAGENHAM
RM10 9HU
Tel: 0208 5932343

NATIONAL HOSPITAL FOR NEUROLOGY &
                    NEUROSURGERY (FINCHLEY), THE —4C **30**
Great North Rd.
LONDON
N2 0NW
Tel: 020 78373611

NATIONAL HOSPITAL FOR NEUROLOGY &
                    NEUROSURGERY, THE —4J **67** (4F **161**)
Queen Square
LONDON
WC1N 3BG
Tel: 020 78373611

NELSON HOSPITAL —2H **137**
Kingston Rd.
LONDON
SW20 8DB
Tel: 020 82962000

NEW VICTORIA HOSPITAL —1A **136**
184 Coombe La. West
KINGSTON UPON THAMES
KT2 7EG
Tel: 020 89499000

NEWHAM GENERAL HOSPITAL —4A **72**
Glen Rd.
LONDON
E13 8SL
Tel: 020 74764000

NORTH LONDON HOSPICE —3F **15**
47 Woodside Av.
LONDON
N12 8TT
Tel: 020 83438841

NORTH LONDON NUFFIELD HOSPITAL, THE —2F **7**
Cavell Drive
ENFIELD
EN2 7PR
Tel: 020 83662122

NORTH MIDDLESEX HOSPITAL, THE —5K **17**
Sterling Way
LONDON
N18 1QX
Tel: 020 88872000

NORTHWICK PARK HOSPITAL —7A **26**
Watford Rd., HARROW
HA1 3UJ
Tel: 020 88643232

NORTHWOOD & PINNER COMMUNITY HOSPITAL —1J **23**
Pinner Rd.
NORTHWOOD
HA6 1DE
Tel: 01923 824182

OBSTETRIC HOSPITAL, THE —4G **67** (4B **160**)
Huntley St.
LONDON
WC1E 6DH
Tel: 020 73879300

OLDCHURCH HOSPITAL —6K **39**
Oldchurch Rd.
ROMFORD
RM7 0BE
Tel: 01708 746090

PARKSIDE HOSPITAL —3F **119**
53 Parkside
LONDON
SW19 5NX
Tel: 020 89718000

PENNY SANGHAM DAY HOSPITAL —3D **78**
Osterley Pk. Rd.
SOUTHALL
UB2 4EU
Tel: 020 85719676

PLAISTOW HOSPITAL —2A **72**
Samson St.
LONDON
E13 9EH
Tel: 020 85866200

PORTLAND HOSPITAL FOR WOMEN & CHILDREN,
                    THE —4F **67** (4K **159**)
209 Great Portland St.
LONDON
W1N 6AH
Tel: 020 75804400

PRINCESS GRACE HOSPITAL —4E **66** (4G **159**)
42-52 Nottingham Place
LONDON
W1M 3FD
Tel: 020 74861234

PRINCESS LOUISE HOSPITAL —5F **65**
St. Quintin Av.
LONDON
W10 6DL
Tel: 020 89690133

QUEEN ELIZABETH HOSPITAL —7C **90**
Stadium Rd.
LONDON
SE18 4QH
Tel: 020 88565533

QUEEN MARY'S HOSPITAL —3A **48**
23 East Heath Rd.
LONDON
NW3 1DU
Tel: 020 74314111

QUEEN MARY'S HOSPITAL —6A **128**
Frognal Av.
SIDCUP
DA14 6LT
Tel: 020 83022678

QUEEN MARY'S HOSPITAL FOR CHILDREN —1A **150**
Wrythe La.
CARSHALTON
SM5 1AA
Tel: 020 82962000

QUEEN MARY'S UNIVERSITY HOSPITAL —6C **100**
Roehampton La.
LONDON
SW15 5PN
Tel: 020 87896611

Hospitals & Hospices

REDFORD LODGE PSYCHIATRIC HOSPITAL —2B **18**
15 Church St., LONDON
N9 9DY
Tel: 020 89561234

RICHARD HOUSE CHILDREN'S HOSPICE —7B **72**
Richard House Drive
LONDON
E16 3RG
Tel: 020 75110222

RICHMOND HEALTHCARE HAMLET —3E **98**
Kew Foot Rd.
RICHMOND
TW9 2TE
Tel: 020 89403331

RODING HOSPITAL (BUPA) —3B **36**
Roding La. South
ILFORD
IG4 5PZ
Tel: 020 85511100

ROEHAMPTON PRIORY HOSPITAL —4B **100**
Priory La.
LONDON
SW15 5JJ
Tel: 020 88768261

ROYAL BROMPTON HOSPITAL —5C **84** (5C **170**)
Sydney St.
LONDON
SW3 6NP
Tel: 020 73528121

ROYAL BROMPTON HOSPITAL (ANNEXE)
—5B **84** (5B **170**)
Fulham Rd., LONDON
SW3 6HP
Tel: 020 73528121

ROYAL FREE HOSPITAL, THE —5C **48**
Pond St.
LONDON
NW3 2QG
Tel: 020 77940500

ROYAL HOSPITAL FOR NEURO-DISABILITY —6G **101**
West Hill
LONDON
SW15 3SW
Tel: 020 87804500

ROYAL LONDON HOMOEOPATHIC HOSPITAL, THE
—5J **67** (5F **161**)
Great Ormond St.
LONDON
WC1N 3HR
Tel: 020 78378833

ROYAL LONDON HOSPITAL (MILE END) —4K **69**
Bancroft Rd.
LONDON
E1 4DG
Tel: 020 73777920

ROYAL LONDON HOSPITAL (WHITECHAPEL) —5H **69**
Whitechapel Rd.
LONDON
E1 1BB
Tel: 020 73777000

ROYAL MARSDEN HOSPITAL (FULHAM), THE
—5B **84** (5B **170**)
Fulham Rd.
LONDON
SW3 6JJ
Tel: 020 73528171

ROYAL NATIONAL ORTHOPAEDIC HOSPITAL —2G **11**
Brockley Hill, STANMORE
HA7 4LP
Tel: 020 89542300

ROYAL NATIONAL ORTHOPAEDIC HOSPITAL
(OUTPATIENTS) —4F **67** (4K **159**)
45-51 Bolsover St.
LONDON
W1P 8AQ
Tel: 020 89542300

ROYAL NATIONAL THROAT, NOSE & EAR HOSPITAL
—3K **67** (1G **161**)
330 Gray's Inn Rd., LONDON
WC1X 8DA
Tel: 020 79151300

ROYAL NATIONAL THROAT, NOSE & EAR HOSPITAL -
SPEECH & LANGUAGE UNIT —5C **62**
10 Castlebar Hill
LONDON
W5 1TD
Tel: 020 89978480

ST ANDREW'S AT HARROW —2J **43**
Bowden House Clinic, London Rd.
HARROW
HA1 3JL
Tel: 020 89667000

ST ANDREW'S HOSPITAL —4D **70**
Devas St.
LONDON
E3 3NT
Tel: 020 74764000

ST ANN'S HOSPITAL —5C **32**
St Ann's Rd.
LONDON
N15 3TH
Tel: 020 84426000

ST ANTHONY'S HOSPITAL —2F **149**
London Rd.
LONDON
SM3 9DW
Tel: 020 83376691

ST BARTHOLOMEW'S HOSPITAL —5B **68** (6B **162**)
West Smithfield
LONDON
EC1A 7BE
Tel: 020 73777000

ST BERNARD'S HOSPITAL —2H **79**
Uxbridge Rd.
SOUTHALL
UB1 3EU
Tel: 020 89675000

ST CHARLES HOSPITAL —5F **65**
Exmoor St.
LONDON
W10 6DZ
Tel: 020 89692488

ST CHRISTOPHER'S HOSPICE —5J **123**
51-59 Lawrie Pk. Rd.
LONDON
SE26 6DZ
Tel: 020 87789252

ST CLEMENT'S HOSPITAL —3B **70**
2A Bow Rd.
LONDON
E3 4LL
Tel: 020 73777000

ST GEORGE'S HOSPITAL (TOOTING) —5B **120**
Blackshaw Rd.
LONDON
SW17 0QT
Tel: 020 86721255

ST HELIER HOSPITAL —1A **150**
Wrythe La.
CARSHALTON
SM5 1AA
Tel: 020 82962000

ST JOHN'S AND AMYAND HOUSE —7A **98**
Strafford Rd.
TWICKENHAM
TW1 3AD
Tel: 020 87449943

ST JOHN'S HOSPICE —2B **66** (1A **158**)
Hospital of St John & St Elizabeth,
60 Grove End Rd.
LONDON
NW8 9NH
Tel: 020 72865126

ST JOSEPH'S HOSPICE —1H **69**
Mare St.
LONDON
E8 4SA
Tel: 020 85256000

ST LUKE'S HOSPITAL FOR THE CLERGY —4G **67** (4A **160**)
14 Fitzroy Square
LONDON
W1T 6AH
Tel: 020 73884954

ST LUKE'S KENTON GRANGE HOSPICE —5H **25**
Kenton Grange, Kenton Rd.
HARROW
HA3 0YG
Tel: 020 83828000

ST LUKE'S WOODSIDE HOSPITAL —4E **30**
Woodside Av.
LONDON
N10 3HU
Tel: 020 82191800

ST MARY'S HOSPITAL —6B **66** (7B **158**)
Praed St.
LONDON
W2 1NY
Tel: 020 77256666

ST PANCRAS HOSPITAL —1H **67**
4 St Pancras Way
LONDON
NW1 0PE
Tel: 020 75303500

ST RAPHAEL'S HOSPICE —1F **149**
St. Anthony's Hospital, London Rd.
SUTTON
SM3 9DW
Tel: 020 83354575

ST THOMAS' HOSPITAL —3K **85** (1G **173**)
Lambeth Palace Rd.
LONDON
SE1 7EH
Tel: 020 79289292

SHIRLEY OAKS HOSPITAL —7J **141**
Poppy La.
CROYDON
CR9 8AB
Tel: 020 86555500

SLOANE HOSPITAL, THE —1F **143**
125-133 Albemarle Rd.
BECKENHAM
BR3 5HS
Tel: 020 84666911

SOUTH LONDON AND MAUDSLEY TRUST
—3J **103**
108 Landor Rd.
LONDON
SW9 9NT
Tel: 020 74116100

SOUTHWOOD HOSPITAL —7E **30**
70 Southwood La.
LONDON
N6 5SP
Tel: 020 83408778

SPRINGFIELD UNIVERSITY HOSPITAL —3C **120**
61 Glenburnie Rd.
LONDON
SW17 7DJ
Tel: 020 86826000

SURBITON HOSPITAL —6E **134**
Ewell Rd.
SURBITON
KT6 6EZ
Tel: 020 83997111

TEDDINGTON MEMORIAL HOSPITAL —6J **115**
Hampton Rd.
TEDDINGTON
TW11 0JL
Tel: 020 84088210

THORPE COOMBE HOSPITAL —3E **34**
714 Forest Rd.
LONDON
E17 3HP
Tel: 020 85208971

TOLWORTH HOSPITAL —2G **147**
Red Lion Rd.
SURBITON
KT6 7QU
Tel: 020 83900102

TRINITY HOSPICE —4F **103**
30 Clapham Comn. N. Side
LONDON
SW4 0RN
Tel: 020 77871000

UNITED ELIZABETH GARRETT ANDERSON &
     SOHO HOSPITALS FOR WOMEN —3H **67** (2D **160**)
144 Euston Rd.
LONDON
NW1 2AP
Tel: 020 73872501

UNIVERSITY COLLEGE HOSPITAL —4G **67** (4B **160**)
Gower St.
LONDON
WC1E 6AU
Tel: 020 73879300

UPTON DAY HOSPITAL —4E **110**
14 Upton Rd.
BEXLEYHEATH
DA6 8LQ
Tel: 020 83017900

WELLINGTON HOSPITAL, THE —3B **66** (1B **158**)
8a Wellington Place
LONDON
NW8 9LE
Tel: 020 75865959

WEST MIDDLESEX UNIVERSITY HOSPITAL —2A **98**
Twickenham Rd.
ISLEWORTH
TW7 6AF
Tel: 020 85602121

WESTERN OPHTHALMIC HOSPITAL
—5D **66** (5E **158**)
153 Marylebone Rd.
LONDON
NW1 5QH
Tel: 020 78866666

WHIPPS CROSS HOSPITAL —6F **35**
Whipps Cross Rd.
LONDON
E11 1NR
Tel: 020 85395522

WHITTINGTON NHS TRUST —2G **49**
Highgate Hill
LONDON
N19 5NF
Tel: 020 72723070

WILLESDEN COMMUNITY HOSPITAL —7C **46**
Harlesden Rd.
LONDON
NW10 3RY
Tel: 020 84591292

RAIL, CROYDON TRAMLINK, DOCKSLANDS LIGHT RAILWAY AND LONDON UNDERGROUND STATIONS

with their map square reference

Abbey Wood Station. Rail —3C **92**
Acton Central Station. Rail —1K **81**
Acton Main Line Station. Rail —6J **63**
Acton Town Station. Tube —2G **81**
Addington Village Station. CT —6C **154**
Addiscombe Station. CT —1G **153**
Albany Park Station. Rail —2D **128**
Aldgate East Station. Tube —6F **69** (7K **163**)
Aldgate Station. Tube —6F **69** (1J **169**)
Alexandra Palace Station. Rail —2J **31**
All Saints Station. DLR —7D **70**
Alperton Station. Tube —1D **62**
Ampere Way Station. CT —1K **151**
Anerley Station. Rail —1H **141**
Angel Road Station. Rail —5D **18**
Angel Station. Tube —2A **68**
Archway Station. Tube —2G **49**
Arena Station. CT —5J **141**
Arnos Grove Station. Tube —5B **16**
Arsenal Station. Tube —3A **50**
Ashford Station. Rail —4B **112**
Avenue Road Station. CT —2K **141**

Baker Street Station. Tube —4D **66** (4F **159**)
Balham Station. Rail & Tube —1F **121**
Bank Station. Tube & DLR —6D **68** (1E **168**)
Barbican Station. Rail & Tube —5C **68** (5C **162**)
Barking Station. Rail & Tube —7G **55**
Barkingside Station. Tube —3H **37**
Barnehurst Station. Rail —2J **111**
Barnes Bridge Station. Rail —2B **100**
Barnes Station. Rail —3C **100**
Barons Court Station. Tube —5G **83**
Battersea Park Station. Rail —7F **85**
Bayswater Station. Tube —7K **65**
Beckenham Hill Station. Rail —5E **124**
Beckenham Junction Station. Rail & CT —1C **142**
Beckenham Road Station. CT —1A **142**
Beckton Park Station. DLR —7D **72**
Beckton Station. DLR —5E **72**
Becontree Station. Tube —6D **56**
Beddington Lane Station. CT —6G **139**
Belgrave Walk Station. CT —4B **138**
Bellingham Station. Rail —3D **124**
Belsize Park Station. Tube —5C **48**
Belvedere Station. Rail —3H **93**
Bermondsey Station. Tube —3G **87**
Berrylands Station. Rail —4H **135**
Bethnal Green Station. Rail —4H **69**
Bethnal Green Station. Tube —3J **69**
Bexley Station. Rail —1G **129**
Bexleyheath Station. Rail —2E **110**
Bickley Station. Rail —3C **144**
Bingham Road Station. CT —1G **153**
Birkbeck Station. CT —3J **141**
Blackfriars Station. Rail & Tube —7B **68** (2A **168**)
Blackheath Station. Rail —3H **107**
Blackhorse Lane Station. CT —7G **141**
Blackhorse Road Station. Rail & Tube —4K **33**
Blackwall Station. DLR —7E **70**
Bond Street Station. Tube —6F **67** (1J **165**)
Borough Station. Tube —2C **86** (7D **168**)
Boston Manor Station. Tube —4A **80**
Bounds Green Station. Tube —6C **16**
Bow Church Station. DLR —3C **70**
Bow Road Station. Tube —3C **70**
Bowes Park Station. Rail —7D **16**
Brent Cross Station. Tube —7F **29**
Brentford Station. Rail —6C **80**
Brimsdown Station. Rail —2F **9**
Brixton Station. Rail & Tube —4A **104**
Brockley Station. Rail —3A **106**
Bromley North Station. Rail —1J **143**
Bromley South Station. Rail —3J **143**
Bromley-by-Bow Station. Tube —3E **70**
Brondesbury Park Station. Rail —1G **65**
Brondesbury Station. Rail —7H **47**
Bruce Grove Station. Rail —2F **33**
Buckhurst Hill Station. Tube —2G **21**
Burnt Oak Station. Tube —1J **27**
Bush Hill Park Station. Rail —6A **8**

Caledonian Road & Barnsbury Station. Rail —7K **49**
Caledonian Road Station. Tube —6K **49**
Cambridge Heath Station. Rail —2H **69**
Camden Road Station. Rail —7G **49**
Camden Town Station. Tube —1F **67**
Canada Water Station. Tube —2J **87**
Canary Wharf Station. DLR —1C **88**
Canning Town Station. Rail, DLR & Tube —6G **71**
Cannon Street Station. Rail & Tube —7D **68** (2E **168**)
Canonbury Station. Rail —5C **50**
Canons Park Station. Tube —7K **11**
Carshalton Beeches Station. Rail —6D **150**
Carshalton Station. Rail —4D **150**
Castle Bar Park Station. Rail —5K **61**
Catford Bridge Station. Rail —7C **106**
Catford Station. Rail —7C **106**
Chadwell Heath Station. Rail —7D **38**
Chalk Farm Station. Tube —7E **48**
Chancery Lane Station. Tube —5A **68** (6J **161**)
Charing Cross Station. Rail & Tube —1J **85** (4E **166**)
Charlton Station. Rail —5A **90**
Cheam Station. Rail —7G **149**
Chessington North Station. Rail —5E **146**
Chessington South Station. Rail —7D **146**
Chingford Station. Rail —1B **20**
Chislehurst Station. Rail —2E **144**
Chiswick Park Station. Tube —4J **81**
Chiswick Station. Rail —7J **81**
Church Street Station. CT —2C **152**
City Thameslink Station. Rail —6B **68** (7A **162**)
Clapham Common Station. Tube —4G **103**
Clapham High Street Station. Rail —3H **103**
Clapham Junction Station. Rail —3C **102**
Clapham North Station. Tube —3J **103**
Clapham South Station. Tube —6F **103**
Clapton Station. Rail —2H **51**
Clock House Station. Rail —1A **142**
Cockfosters Station. Tube —4K **5**
Colindale Station. Tube —3A **28**
Colliers Wood Station. Tube —7B **120**
Coombe Lane Station. CT —5J **153**
Covent Garden Station. Tube —7J **67** (1F **167**)
Cricklewood Station. Rail —4F **47**
Crofton Park Station. Rail —5B **106**
Crossharbour Station. DLR —3D **88**
Crouch Hill Station. Rail —7K **31**
Crystal Palace Station. Rail —6G **123**
Custom House Station. Rail & DLR —7K **71**
Cutty Sark Station. DLR —6E **88**
Cyprus Station. DLR —7E **72**

Dagenham Dock Station. Rail —3F **75**
Dagenham East Station. Tube —5J **57**
Dagenham Heathway Station. Tube —6F **57**
Dalston Kingsland Station. Rail —5E **50**
Denmark Hill Station. Rail —2D **104**
Deptford Bridge Station. DLR —1C **106**
Deptford Station. Rail —7C **88**
Devons Road Station. DLR —4D **70**
Dollis Hill Station. Tube —5C **46**
Drayton Green Station. Rail —6K **61**
Drayton Park Station. Rail —4A **50**
Dundonald Road Station. CT —7H **119**

Ealing Broadway Station. Rail & Tube —7D **62**
Ealing Common Station. Tube —1F **81**
Earl's Court Station. Tube —4K **83**
Earlsfield Station. Rail —1A **120**
East Acton Station. Tube —6B **64**
East Croydon Station. Rail & CT —2D **152**
East Dulwich Station. Rail —4E **104**
East Finchley Station. Tube —4C **30**
East Ham Station. Tube —7C **54**
East India Station. DLR —7F **71**
East Putney Station. Tube —5G **101**
Eastcote Station. Tube —7A **24**
Eden Park Station. Rail —5C 142
Edgware Road Station. Tube —5C **66** (6C **158**)
Edgware Station. Tube —6C **12**
Edmonton Green Station. Rail —2B **18**
Elephant & Castle Station. Rail & Tube —4C **86**
Elmers End Station. Rail & CT —4K **141**
Elmstead Woods Station. Rail —6C **126**
Eltham Station. Rail —5D **108**
Elverson Road Station. DLR —2D **106**
Embankment Station. Tube —1J **85** (4F **167**)
Enfield Chase Station. Rail —3H **7**
Enfield Town Station. Rail —3K **7**
Erith Station. Rail —5K **93**
Essex Road Station. Rail —7C **50**
Euston Square Station. Tube —4G **67** (3B **160**)
Euston Station. Rail & Tube —3H **67** (2C **160**)
Ewell West Station. Rail —7A **148**

Fairlop Station. Tube —1H **37**
Falconwood Station. Rail —4H **109**
Farringdon Station. Rail & Tube —5B **68** (5A **162**)
Feltham Station. Rail —1K **113**
Fenchurch Street Station. Rail —7E **68** (2J **169**)
Fieldway Station. CT —7D **154**
Finchley Central Station. Tube —1J **29**
Finchley Road & Frognal Station. Rail —5A **48**
Finchley Road Station. Tube —6A **48**
Finsbury Park Station. Rail & Tube —2A **50**
Forest Gate Station. Rail —5J **53**
Forest Hill Station. Rail —2J **123**
Fulham Broadway Station. Tube —7J **83**
Fulwell Station. Rail —4H **115**

Gallions Reach Station. DLR —7F **73**
Gants Hill Station. Tube —6E **36**
George Street Station. CT —2C **152**
Gipsy Hill Station. Rail —5E **122**
Gloucester Road Station. Tube —4A **84**
Golders Green Station. Tube —1J **47**
Goldhawk Road Station. Tube —2E **82**
Goodge Street Station. Tube —5H **67** (5C **160**)
Goodmayes Station. Rail —1A **56**
Gordon Hill Station. Rail —1G **7**

Rail, Croydon Tramlink, Docklands Light Railway and Underground Stations

Gospel Oak Station. Rail —4E **48**
Grange Park Station. Rail —5G **7**
Gravel Hill Station. CT —6A **154**
Great Portland Street Station. Tube —4F **67** (4K **159**)
Green Park Station. Tube —1G **85** (4K **165**)
Greenford Station. Rail & Tube —1H **61**
Greenwich Station. Rail & DLR —7D **88**
Grove Park Station. Rail —3K **125**
Gunnersbury Station. Rail & Tube —5H **81**

Hackbridge Station. Rail —2F **151**
Hackney Central Station. Rail —6H **51**
Hackney Downs Station. Rail —5H **51**
Hackney Wick Station. Rail —6C **52**
Hadley Wood Station. Rail —1F **5**
Hammersmith Station. Tube —4E **82**
Hampstead Heath Station. Rail —4C **48**
Hampstead Station. Tube —4A **48**
Hampton Court Station. Rail —4J **133**
Hampton Station. Rail —1E **132**
Hampton Wick Station. Rail —1C **134**
Hanger Lane Station. Tube —3E **62**
Hanwell Station. Rail —7J **61**
Harlesden Station. Rail & Tube —2K **63**
Harringay Green Lanes Station. Rail —6B **32**
Harringay Station. Rail —6A **32**
Harrington Road Station. CT —3J **141**
Harrow & Wealdstone Station. Rail & Tube —4J **25**
Harrow-On-The-Hill Station. Rail & Tube —6J **25**
Hatton Cross Station. Tube —4H **95**
Haydons Road Station. Rail —5A **120**
Hayes & Harlington Station. Rail —3H **77**
Hayes Station. Rail —1J **155**
Headstone Lane Station. Rail —1F **25**
Heathrow Terminal 4 Station. Tube —5E **94**
Heathrow Terminals 1, 2, 3 Station. Tube —3D **94**
Hendon Central Station. Tube —5D **28**
Hendon Station. Rail —6C **28**
Herne Hill Station. Rail —6B **104**
Heron Quays Station. DLR —1C **88**
High Barnet Station. Tube —4D **4**
High Street, Kensington Station. Tube —2K **83**
Highams Park Station. Rail —6A **20**
Highbury & Islington Station. Rail & Tube —6B **50**
Highgate Station. Tube —6F **31**
Hillingdon Station. Tube —5D **40**
Hither Green Station. Rail —6G **107**
Holborn Station. Tube —6K **67** (6G **161**)
Holland Park Station. Tube —1H **83**
Holloway Road Station. Tube —5K **49**
Homerton Station. Rail —6K **51**
Honor Oak Park Station. Rail —6K **105**
Hornsey Station. Rail —4K **31**
Hounslow Central Station. Tube —3F **97**
Hounslow East Station. Tube —2G **97**
Hounslow Station. Rail —5F **97**
Hounslow West Station. Tube —2C **96**
Hyde Park Corner Station. Tube —2E **84** (6H **165**)

Ickenham Station. Tube —4E **40**
Ilford Station. Rail —3F **55**
Island Gardens Station. DLR —5E **88**
Isleworth Station. Rail —2K **97**

Kennington Station. Tube —5B **86**
Kensal Green Station. Rail & Tube —3E **64**
Kensal Rise Station. Rail —2F **65**
Kensington Olympia Station. Rail & Tube —3G **83**
Kent House Station. Rail —1A **142**
Kentish Town Station. Rail & Tube —5G **49**
Kentish Town West Station. Rail —6F **49**
Kenton Station. Rail & Tube —6B **26**
Kew Bridge Station. Rail —5F **81**
Kew Gardens Station. Rail & Tube —1G **99**
Kidbrooke Station. Rail —3K **107**
Kilburn High Road Station. Rail —1K **65**
Kilburn Park Station. Tube —2J **65**
Kilburn Station. Tube —6H **47**
King's Cross St Pancras Station. Tube —3J **67** (1E **160**)
King's Cross Station. Rail —2J **67**
King's Cross Thameslink Station. Rail —3J **67** (1G **161**)
Kingsbury Station. Tube —5G **27**
Kingston Station. Rail —1E **134**
Knightsbridge Station. Tube —2D **84** (7F **165**)

Ladbroke Grove Station. Tube —6G **65**
Ladywell Station. Rail —5D **106**
Lambeth North Station. Tube —3A **86** (1J **173**)
Lancaster Gate Station. Tube —7B **66** (2A **164**)
Latimer Road Station. Tube —7F **65**
Lebanon Road Station. CT —2E **152**
Lee Station. Rail —6J **107**
Leicester Square Station. Tube —7J **67** (2D **166**)
Lewisham Station. Rail & DLR —3E **106**
Leyton Midland Road Station. Rail —1E **52**
Leyton Station. Tube —3E **52**
Leytonstone High Road Station. Rail —2G **53**
Leytonstone Station. Tube —1G **53**
Limehouse Station. Rail & DLR —6A **70**
Liverpool Street Station. Rail & Tube —5E **68** (6G **163**)
Lloyd Park Station. CT —4F **153**
London Bridge Station. Rail & Tube —1D **86** (5F **169**)
London Fields Station. Rail —7H **51**
Loughborough Junction Station. Rail —3B **104**
Lower Sydenham Station. Rail —5B **124**

Maida Vale Station. Tube —3K **65**
Malden Manor Station. Rail —7A **136**
Manor House Station. Tube —7C **32**
Manor Park Station. Rail —4B **54**
Mansion House Station. Tube —7C **68** (2D **168**)
Marble Arch Station. Tube —6D **66** (1F **165**)
Maryland Station. Rail —6G **53**
Marylebone Station. Rail & Tube —4D **66** (4E **158**)
Maze Hill Station. Rail —6G **89**
Merton Park Station. CT —1J **137**
Mile End Station. Tube —4B **70**
Mill Hill Broadway Station. Rail —6F **13**
Mill Hill East Station. Tube —7B **14**
Mitcham Junction Station. Rail & CT —5E **138**
Mitcham Station. CT —4C **138**
Monument Station. Tube —7D **68** (2F **169**)
Moorgate Station. Rail & Tube —5D **68** (6E **162**)
Morden Road Station. CT —2K **137**
Morden South Station. Rail —5J **137**
Morden Station. Tube —3K **137**
Mornington Crescent Station. Tube —2G **67**
Mortlake Station. Rail —3J **99**
Motspur Park Station. Rail —5D **136**
Mottingham Station. Rail —1D **126**
Mudchute Station. DLR —4D **88**

Neasden Station. Tube —5A **46**
New Barnet Station. Rail —5G **5**
New Beckenham Station. Rail —7B **124**
New Cross Gate Station. Rail & Tube —1A **106**
New Cross Station. Rail & Tube —7B **88**
New Eltham Station. Rail —1G **127**
New Malden Station. Rail —3A **136**
New Southgate Station. Rail —5A **16**
Newbury Park Station. Tube —6H **37**
Norbiton Station. Rail —1G **135**
Norbury Station. Rail —1K **139**
North Acton Station. Tube —5K **63**
North Dulwich Station. Rail —5D **104**
North Ealing Station. Tube —6F **63**
North Greenwich Station. Tube —2G **89**
North Harrow Station. Tube —5F **25**
North Sheen Station. Rail —4G **99**
North Wembley Station. Rail & Tube —3D **44**
North Woolwich Station. Rail —2E **90**
Northfields Station. Tube —3C **80**
Northolt Park Station. Rail —4F **43**
Northolt Station. Tube —6E **42**
Northumberland Park Station. Rail —7C **18**
Northwick Park Station. Tube —7B **26**
Northwood Hills Station. Tube —2J **23**
Norwood Junction Station. Rail —4G **141**
Notting Hill Gate Station. Tube —1J **83**
Nunhead Station. Rail —2J **105**

Oakleigh Park Station. Rail —7G **5**
Oakwood Station. Tube —5B **6**
Old Street Station. Rail & Tube —4D **68** (3F **163**)
Osterley Station. Tube —7H **79**
Oval Station. Tube —6A **86**
Oxford Circus Station. Tube —6G **67** (7A **160**)

Paddington Station. Rail & Tube —6B **66** (1A **164**)
Palmers Green Station. Rail —4E **16**
Park Royal Station. Tube —4G **63**
Parsons Green Station. Tube —1J **101**
Peckham Rye Station. Rail —2G **105**
Penge East Station. Rail —6J **123**
Penge West Station. Rail —6H **123**
Perivale Station. Tube —2A **62**
Petts Wood Station. Rail —5G **145**
Phipps Bridge Station. CT —3B **138**
Piccadilly Circus Station. Tube —7H **67** (3C **166**)
Pimlico Station. Tube —5H **85** (5C **172**)
Pinner Station. Tube —4C **24**
Plaistow Station. Tube —2H **71**
Plumstead Station. Rail —4H **91**
Ponders End Station. Rail —5F **9**
Poplar Station. DLR —7D **70**
Preston Road Station. Tube —1E **44**
Prince Regent Station. DLR —7A **72**
Pudding Mill Lane Station. DLR —1D **70**
Putney Bridge Station. Tube —3H **101**
Putney Station. Rail —4G **101**

Queen's Road (Peckham) Station. Rail —1J **105**
Queens Park Station. Rail & Tube —2H **65**
Queensbury Station. Tube —3F **27**
Queenstown Road (Battersea) Station. Rail —1F **103**
Queensway Station. Tube —7K **65**

Ravensbourne Station. Rail —7F **125**
Ravenscourt Park Station. Tube —4D **82**
Rayners Lane Station. Tube —7D **24**
Raynes Park Station. Rail —2E **136**
Rectory Road Station. Rail —3F **51**
Redbridge Station. Tube —6B **36**
Regent's Park Station. Tube —4F **67** (4J **159**)
Richmond Station. Rail & Tube —4E **98**
Roding Valley Station. Tube —4G **21**
Rotherhithe Station. Tube —2J **87**
Royal Albert Station. DLR —7C **72**
Royal Oak Station. Tube —5K **65**
Royal Victoria Station. DLR —7J **71**
Ruislip Gardens Station. Tube —4J **41**
Ruislip Manor Station. Tube —1J **41**
Ruislip Station. Tube —1G **41**
Russell Square Station. Tube —4J **67** (4E **160**)

St Helier Station. Rail —6J **137**
St James Street, Walthamstow Station. Rail —5A **34**
St James's Park Station. Tube —2H **85** (1C **172**)
St John's Wood Station. Tube —2B **66**
St Johns Station. Rail —2C **106**
St Margarets Station. Rail —6B **98**
St Pancras Station. Rail —3J **67** (1E **160**)
St Paul's Station. Tube —6C **68** (7C **162**)
Sanderstead Station. Rail —7D **152**
Sandilands Station. CT —2F **153**
Selhurst Station. Rail —5E **140**
Seven Kings Station. Rail —1J **55**
Seven Sisters Station. Rail & Tube —5E **32**
Shadwell Station. DLR —7H **69**

Rail, Croydon Tramlink, Docklands Light Railway and Underground Stations

Shepherd's Bush Station. Tube —2F **83**
Shepherd's Bush Station. Tube —1E **82**
Shepperton Station. Rail —5E **130**
Shoreditch Station. Tube —4F **69** (4K **163**)
Shortlands Station. Rail —2G **143**
Sidcup Station. Rail —2A **128**
Silver Street Station. Rail —4A **18**
Silvertown & City Airport Station. Rail —1C **90**
Sloane Square Station. Tube —4E **84** (4G **171**)
Snaresbrook Station. Tube —5J **35**
South Acton Station. Rail —3J **81**
South Bermondsey Station. Rail —5J **87**
South Croydon Station. Rail —5D **152**
South Ealing Station. Tube —3D **80**
South Greenford Station. Rail —3J **61**
South Hampstead Station. Rail —7A **48**
South Harrow Station. Tube —3G **43**
South Kensington Station. Tube —4B **84** (3B **170**)
South Kenton Station. Rail & Tube —1C **44**
South Merton Station. Rail —3H **137**
South Quay Station. DLR —2D **88**
South Ruislip Station. Rail & Tube —5A **42**
South Tottenham Station. Rail —5F **33**
South Wimbledon Station. Tube —7K **119**
South Woodford Station. Tube —2K **35**
Southall Station. Rail —2D **78**
Southbury Station. Rail —4C **8**
Southfields Station. Tube —1H **119**
Southgate Station. Tube —1C **16**
Southwark Station. Tube —1B **86** (5A **168**)
Stamford Brook Station. Tube —4B **82**
Stamford Hill Station. Rail —7E **32**
Stanmore Station. Tube —4J **11**
Stepney Green Station. Tube —4K **69**
Stockwell Station. Tube —2J **103**
Stoke Newington Station. Rail —2F **51**
Stonebridge Park Station. Rail & Tube —7H **45**
Stoneleigh Station. Rail —5C **148**
Stratford (Low Level) Station. Rail —7F **53**
Stratford Station. Rail, Tube & DLR —7F **53**
Strawberry Hill Station. Rail —3K **115**
Streatham Common Station. Rail —7H **121**
Streatham Hill Station. Rail —2J **121**
Streatham Station. Rail —5H **121**
Sudbury & Harrow Road Station. Rail —5B **44**
Sudbury Hill Station. Tube —4J **43**
Sudbury Hill, Harrow Station. Rail —4J **43**
Sudbury Town Station. Tube —6B **44**
Sunbury Station. Rail —1J **131**
Sundridge Park Station. Rail —7K **125**
Surbiton Station. Rail —6E **134**
Surrey Quays Station. Tube —4K **87**
Sutton Common Station. Rail —2K **149**
Sutton Station. Rail —6A **150**
Swiss Cottage Station. Tube —7B **48**
Sydenham Hill Station. Rail —3F **123**
Sydenham Station. Rail —4J **123**
Syon Lane Station. Rail —7A **80**

Teddington Station. Rail —6A **116**
Temple Station. Tube —7K **67** (2H **167**)
Thames Ditton Station. Rail —7K **133**
Therapia Lane Station. CT —7J **139**
Thornton Heath Station. Rail —4C **140**
Tolworth Station. Rail —2H **147**
Tooting Bec Station. Tube —3E **120**
Tooting Broadway Station. Tube —5C **120**
Tooting Station. Rail —6D **120**
Tottenham Court Road Station. Tube —6H **67** (7D **160**)
Tottenham Hale Station. Rail & Tube —3H **33**
Totteridge & Whetstone Station. Tube —2F **15**
Tower Gateway Station. DLR —7F 69 (2J **169**)
Tower Hill Station. Tube —7F **69** (2J **169**)
Tufnell Park Station. Tube —4G **49**
Tulse Hill Station. Rail —2B **122**
Turnham Green Station. Tube —4A **82**
Turnpike Lane Station. Tube —3B **32**
Twickenham Station. Rail —7A **98**

Upney Station. Tube —7K **55**
Upper Halliford Station. Rail —2G **131**
Upper Holloway Station. Rail —2H **49**
Upton Park Station. Tube —1A **72**

Vauxhall Station. Rail & Tube —5J **85**
Victoria Coach Station Station. Bus —4F **85** (4J **171**)
Victoria Station. Rail & Tube —3F **85** (3K **171**)

Waddon Marsh Station. CT —1K **151**
Waddon Station. Rail —4A **152**
Wallington Station. Rail —6F **151**
Walthamstow Central Station. Rail & Tube —5C **34**
Walthamstow Queens Road Station. Rail —5C **34**
Wandle Park Station. CT —2A **152**
Wandsworth Common Station. Rail —1D **120**
Wandsworth Road Station. Rail —2G **103**
Wandsworth Town Station. Rail —4K **101**
Wanstead Park Station. Rail —4K **53**
Wanstead Station. Tube —6K **35**
Wapping Station. Tube —1J **87**
Warren Street Station. Tube —4G **67** (3A **160**)
Warwick Avenue Station. Tube —4A **66**
Waterloo East Station. Rail —1A **86** (5K **167**)
Waterloo International Station. Rail —2K **85** (6H **167**)
Waterloo Station. Rail & Tube —2A **86** (6J **167**)
Wellesley Road Station. CT —2D **152**
Welling Station. Rail —2A **110**
Wembley Central Station. Rail & Tube —5E **44**
Wembley Park Station. Tube —3G **45**
Wembley Stadium Station. Rail —5F **45**
West Acton Station. Tube —6G **63**
West Brompton Station. Rail & Tube —6J **83**
West Croydon Station. Rail & CT —1C **152**
West Drayton Station. Rail —1A **76**
West Dulwich Station. Rail —2D **122**
West Ealing Station. Rail —7B **62**
West Finchley Station. Tube —6E **14**
West Ham Station. Tube —3G **71**
West Ham Station. Rail —3G **71**
West Hampstead Station. Rail —6J **47**
West Hampstead Station. Tube —6K **47**
West Hampstead Thameslink Station. Rail —6J **47**
West Harrow Station. Tube —6G **25**
West India Quay Station. DLR —7C **70**
West Kensington Station. Tube —5H **83**
West Norwood Station. Rail —4B **122**
West Ruislip Station. Rail & Tube —2E **40**
West Sutton Station. Rail —4J **149**
West Wickham Station. Rail —7E **142**
Westbourne Park Station. Tube —5H **65**
Westcombe Park Station. Rail —5J **89**
Westferry Station. DLR —7C **70**
Westminster Station. Tube —2J **85** (7F **167**)
White City Station. Tube —7E **64**
White Hart Lane Station. Rail —7A **18**
Whitechapel Station. Tube —5H **69**
Whitton Station. Rail —7G **97**
Willesden Green Station. Tube —6E **46**
Willesden Junction Station. Rail & Tube —3B **64**
Wimbledon Chase Station. Rail —2G **137**
Wimbledon Park Station. Tube —3J **119**
Wimbledon Station. Rail, CT & Tube —6H **119**
Winchmore Hill Station. Rail —7G **7**
Wood Green Station. Tube —2A **32**
Wood Street, Walthamstow Station. Rail —4F **35**
Woodford Station. Tube —6E **20**
Woodgrange Park Station. Rail —5B **54**
Woodside Park Station. Tube —4E **14**
Woodside Station. CT —6H **141**
Woolwich Arsenal Station. Rail —4F **91**
Woolwich Dockyard Station. Rail —4D **90**
Worcester Park Station. Rail —1C **148**